北京大学中文系建系100周年纪念论文集·现代思想与文学卷

斯文在兹

袁行霈 题

北京大学中文系 编

北京大学出版社

编辑委员会

主　　编:陈晓明
执行主编:杜晓勤　贺桂梅

编辑委员会(按姓氏笔画排序):
宋亚云　陈保亚　吴晓东
陈晓明　杜晓勤　张　辉
贺桂梅　钱志熙　廖可斌

主编助理:李子鹤　李国华　程苏东

目 录

序言 ······ 吴晓东(1)

对比较文学和世界文学的一些思考 ······ 乐黛云(1)

前进的和建设的
　——中国新诗一百年(1916—2016) ······ 谢 冕(5)

曹禺剧作漫评 ······ 孙庆升(31)

复调小说：鲁迅的突出贡献 ······ 严家炎(51)

《中华民俗大典》的构想与设计 ······ 段宝林(67)

新诗：现代与传统的对话
　——兼释20世纪30年代的"晚唐诗热" ······ 孙玉石(91)

王国维创造"新学语"的历史经验 ······ 刘 烜(119)

"人化的自然"的美学意义 ······ 李思孝(134)

"流亡者文学"的心理指归
　——抗战时期知识分子精神史的一个侧面 ······ 钱理群(143)

纪念他们的步履
　——致敬北大中文系五位先生 ······ 洪子诚(167)

瞿秋白对中国革命文艺的贡献 ······ 黄书雄(187)

也谈北平作协执委与会刊 ······ 封世辉(203)

"文化语境"与"变异体"以及文学的发生学 ······ 严绍璗(212)

论毛泽东的美学思想
　——纪念毛泽东诞辰100周年 ······ 陈德礼(225)

The Beginnings of 16th-Century Venice Publications Related to China: Ramusio's *Navigationi et viaggi* ······ Nicholas Koss(238)

"皮之不存，毛将焉附"
　——试论国际文学关系研究的地位与作用 ······ 孟 华(262)

中国文艺理论 70 年的嬗变与发展
　　——以教材的编写为考察重点 ·················· 董学文（275）
老舍、吴组缃与"抗战人名诗"
　　——老舍致吴组缃七封信考释，兼谈人名诗的唱和 ··· 方锡德（295）
王国维文学批评的现代性 ························· 温儒敏（323）
胡适与刘半农往来书信的梳理和解读 ··············· 商金林（341）
危机时刻的阅读、思考与表述
　　——纪念"五四"运动一百周年 ················ 陈平原（366）
"细瘦的洋烛"及其他
　　——也读鲁迅 ······························ 曹文轩（383）
诗人寒山的世界之旅 ····························· 陈跃红（397）
生态文学与生态批评的当代价值 ··················· 王岳川（406）
"土"与"狠"的美学
　　——论贾平凹叙述历史的方法 ················ 陈晓明（433）
坐标与文化地形 ································· 戴锦华（457）
理想的困境
　　——析台湾话文论争兼及大陆国语运动 ·········· 计璧瑞（471）
汉奸如何裁判
　　——从周作人初任伪职的时间说起 ·············· 高远东（490）
本土的全球性：新世纪文学的想象空间 ············· 张颐武（502）
画与诗的界限，两个希腊的界限
　　——莱辛《拉奥孔》解题 ······················ 张　辉（512）
鸳蝴派与现代性的同步 ··························· 孔庆东（523）
中国现代主义起源的"名""言"之辩：重读《阿Q正传》 ··· 张旭东（536）
《长河》中的传媒符码
　　——沈从文的国家想象和现代想象 ·············· 吴晓东（562）
《太姥宝卷》的文本构成及其仪式指涉
　　——兼谈吴地神灵宝卷的历史渊源 ·············· 陈泳超（580）
严复"信达雅"爱及"所谓文字上的一种洁癖" ········ 王　风（599）

以媒介变革为契机的"爱欲生产力"的解放
　　——对中国网络文学发展动因的再认识 …………… 邵燕君(624)
王元化《文心雕龙创作论》的三重结构 ………………… 王丽丽(646)
丁玲的逻辑 ………………………………………………… 贺桂梅(671)
"有情"的位置：再读沈从文的"土改书信" ……………… 姜　涛(683)
"文学"概念的古今榫合 …………………………………… 周兴陆(698)
关于鲁迅与托派关系的一桩公案 ………………………… 蒋洪生(718)
论新历史主义的理论旨趣及其文化影响 ………………… 金永兵(744)
不以诗怨：惠特曼的《草叶集》 …………………………… 秦立彦(759)
阐释的僭政与意义的流亡：伽达默尔、德里达、施特劳斯三家异同略说 ………
　　…………………………………………………………… 张　沛(767)
艺术话语的思想脉络与中国艺术话语问题的提出 ……… 时胜勋(790)
生产者的诗学——鲁迅杂文一解 ………………………… 李国华(812)
文学革命与《域外小说集》的经典化 ……………………… 张丽华(829)
何谓"东北"？何种"文艺"？何以"复兴"？
　　——双雪涛、班宇、郑执与当前审美趣味的复杂结构 ……… 丛治辰(860)
La réception de Montaigne en Chine ………………………… 高　冀(893)

序 言

吴晓东

1998年,恰逢北京大学庆祝建校100周年之际,由北大中文系两位系主任费振刚和温儒敏先生联名主编的《百年学术——北京大学中文系名家文存(1898—1998)》出版。在这上下两部《百年学术》的前言中,两位先生这样追溯中文系的学术传统:

> 北大中文系学术最鼎盛的时期是二、三十年代,以及院系调整,清华、燕京等校中文系合并到北大后的那一段时期,其在中文学科的学术建树上对全国相关的系科有过辐射性影响。所谓北大中文系的学科特色,也主要在这些时期所形成。北大中文系在其发展的每一个阶段,都涌现过一些著名的学者,有的是属于大师级的人物,他们学术的理路和风格可能彼此不同,甚至互相砥砺,但都对学术抱有严肃诚挚的态度,共同形成了严谨和创新的学风。这是北大中文系极为宝贵的精神财富,是值得彰扬和承继的优良传统。北大中文系在本学科的形成和发展中始终是站在前沿的,其经验得失可以影现一门学术史的脉络。我们编这部文集,首先也是看重学术史的意义,试图以此概览北大中文系的学术变迁,同时也可以从一侧面探究中文学科近百年的历史足迹。①

《百年学术》选取了北京大学中文系历史上最有成就和学术影响的54人,始于林纾,终于朱德熙先生,"都是已经逝去的先贤"。而这部由两位系主任主编的文集,也由此为北大中文人借助于"先贤"的代表作来触摸自身的学术传统,提供了一个理想的途径。

两位系主任在《百年学术》前言中同时强调的是"近百年来,中国语言文学的教学与研究始终往现代化的方向转换,北大中文系不断突破旧有格局,形成新的学术规范,并逐步协调西方学术方法与中国传统固有的学术方法的关系",这种"始终往现代化的方向转换","并逐步协调西方学术方法与中国传统固有的学术方法的关系"也从一个侧面反映了北大中文系乃至整个学界中文学科各相关领域在近一个世纪以来所形成的一个重要学术轨迹。这与王瑶先生主编的、作为国家"七五"规划重点研究项目的《中国文学研究现代化进程》一书中提出的框架和理念是一脉相承的。陈平原教授在为该书写的"小引"中提到,1986年,中国社会科学院编印的《学术动态》第279期上刊载有王瑶在全国社会科学"七五"规划会议上的发言,题目叫《王瑶教授谈发展学术的两个问题》:

> 从中国文学研究的状况说,近代学者由于引进和吸收了外国的学术思想、文学观念、治学方法,大大推动了研究工作的现代化进程。……从王国维、梁启超,直至胡适、陈寅恪、鲁迅以至钱钟书先生,近代在研究工作方面有创新和开辟局面的大学者,都是从不同方面、不同程度地引进和汲取了外国的文学观念和治学方法的。他们的根本经验就是既有十分坚实的古典文学的根底和修养,又用新的眼光、新的时代精神、新的学术思想和治学方法照亮了他们所从事的具体研究对象。……近代学者的研究成果至少使文学的范围比较确定和谨严了,文学观念有了现代化的特点,叙述和论证都比较条理化和逻辑化,这些都可以说明,即使是研究中国古代的东西,也必须广泛从外国的学术文化中汲取营养。文学研究要发展,必须不断更新研究的观念和方法,而这就不能不吸收和利用外来学术文化的优秀成果。[②]

陈平原教授据此在"小引"中做了如下的进一步阐发:"一方面新理论新方法的引进开拓了学者的眼界;另一方面新理论新方法往往是根据西方学术发展总结出来的,与'中国文学'这一研究对象之间不免有隔阂。食古不化的固然没出息,一味照抄西方理论也只能昙花一现。如何走出这种两难困境,没有完美的答案,但有可以作为借鉴的先贤的足迹。本书的任务就是帮助读者辨认这些足迹。"[③]

在这个意义上,王瑶先生主编的《中国文学研究现代化进程》与《百年学术——北京大学中文系名家文存》内涵着相似的功能,分别以代表性论文汇编和个案分析的方式,彰显了学术思潮乃至传统的历史演进和嬗变,也以各自的方式勾勒出近百年中国学术史的一些面向。而陈平原教授所概括的"把中国文学研究现代化作为中国学术转型的一个侧面来理解和把握",尤其有助于触摸"近百年的中国文学研究的发展脉络"。④

而《百年学术——北京大学中文系名家文存》所收入的后十几位以吴组缃、季镇淮、王瑶、朱德熙等先生为代表的那一辈学者,则是在中华人民共和国成立之后中文学术传统的发展历程中,起到了承上启下的历史作用。以王瑶先生为例,后辈学人对王瑶的学术道路的梳理和总结中,注重的正是弥足珍贵的治学风范与学术精神,在传承前辈学者学术传统的同时,也因应时代的语境进一步发展出新的学统和风气。比如樊骏对王瑶治学的"历史感"和"现实感"的双重性的概括,对王瑶历史研究中"知人论世"原则的注重;又如夏中义所阐释的陈平原对王瑶的两点"接着说",一是"学在人生"、一是"政学分途";再如钱理群强调王瑶身上的鲁迅传统,强调学者与战士的统一性;还有陈平原更倾向于用"学者的人间情怀"来整理王瑶的学术与社会、历史、政治的关系……⑤这些归纳和总结都可能构成了北大中文系的后来者力图从前辈学者那里濡染和承继的精神传统。先辈学者奠定和沿承的既丰富又多元的学统都有春风化雨之功,也提供了后辈学人多重选择的可能性。

或许正是为了展示今天的北大中文人对学术传统的继承和创新,中文系领导班子决定编辑中文系110周年系庆学术成果集,把全体在职与离退休教师的自选代表作汇集在一起,以期集中展示中文系的科研面貌。与前些年中文系曾经每年编辑的一卷本《北大中文学刊》不同,如果说《北大中文学刊》是全体在职教师的学术论文年选,那么这次的系庆学术成果集在收入在职教师的自选代表作的同时,也囊括了离退休的老一辈师长的文章。每位教师选择学术生涯中的代表作一篇,总体上堪称汇集成了北大中文系全体教师的代表作大展。其中尤显珍贵的是诸位老一辈学者代表作的编入。老先生们虽然已经离退休,但大部分先生或者老当益壮,尚在冲击学术生命的顶峰;或者以自己的既有的学术成果,仍然对后辈学人产生持续而深入的影响。只要有这一辈老先生的存在,北大中文传统就是有形的和持久的。譬如洪子诚先生在本卷中提交的文章《纪念他们的步履——致敬北大中文系五位先生》,就是对老一辈学者的人格风范及其奠定的学术传统的具体而生动的总结：

> 我的"心灵原野"也有众多行人步履留下的小路：经典作家，长辈，同辈和学生……可以列出长长的清单。这里……要感谢的先生便是下面几位——乐黛云(1931)、谢冕(1932)、严家炎(1933)、孙玉石(1935)、钱理群(1939)。五位先生虽然经历、性格各异，但也有共通之处。他们的生命，基本上镶嵌在1949年成立的共和国历史之中，都曾有青少年时期热切追求革命，向往"新世界"的理想主义生命底色，也遭遇理想挫折和寻找生命更生的过程。他们在各自领域（比较文学、中国现当代文学和中国新诗研究）都是具有奠基性或开拓性贡献的学者。另外，学术与人生在他们那里难以分离，就如严家炎说的，"不但学问的终极目标应该为了人生——有益于人生，而且治学态度也是人生态度的一种表现"。也就是说，他们的学术研究，不仅基于知识性、职业性的兴趣，更是来自对历史和自身的问题的关切。因此，我曾经在写乐黛云的一篇文章里，用了"有生命热度的学术"⑥这样的题目。

洪子诚先生揭示出了老一辈中文学者学问与人生的紧密关联，而一句"有生命热度的学术"也正完美地概括出他所隶属的那一代北大中文学者的治学品格。而老一辈学者在提交的论文中的具体研究所展示出的学术思想和问题视野，也足为后辈学人楷模。比如乐黛云先生思考的是学科最重大的问题即比较文学和世界文学的关系问题（《对比较文学和世界文学的一些思考》），严家炎先生则把鲁迅研究纳入20世纪的西方诗学的视野，获得的是新的学术范式（《复调小说：鲁迅的突出贡献》），孙玉石先生的晚唐诗热研究，也是在西方现代主义思潮与中国传统诗学之间融会贯通的结果（《新诗：现代与传统的对话——兼释20世纪30代的"晚唐诗热"》），谢冕先生的文章则对新诗历程进行以百年为跨度的整体观照，从而体现出宏大的眼光和气魄（《前进的和建设的——中国新诗一百年(1916—2016)》），段宝林先生的《〈中华民俗大典〉的构想与设计》则在"世界一体化"的视野下对中华文化的"协和万邦"的特性进行总结，而在文艺学领域，几位老先生提交的文章也显示出把西方的马克思主义文论以及现代文论加以本土化的卓绝的努力。

而在职的中生代学者的研究则昭示着在老一辈学者培植之下新的学术转

型已趋完成。他们提交的代表作大都显示出对核心的重大的前沿性问题的探讨,以期显示中国当代学术规范和发展方向。类似的研究思路在80后90后青年学者那里也同样得到体现,而青年学者们也以自己的出色的研究成果,彰显出某种学科视野的未来性远景。套用洪子诚先生的话,这部系庆学术成果集《斯文在兹:北京大学中文系建系110周年纪念论文集·现代思想与文学卷》展示的是中文系关于20世纪以降的中国文学研究的"学术原野"。无论是改革开放以来在新时期学术荒野上筚路蓝缕辛勤开拓的奠基型教授,还是默默耕耘一丝不苟的学者,无论勇于担当学界脊梁和柱石的知名中年学者,还是崭露头角的后起之秀,都从整体上奠定和融汇进了北京大学中文系的学术传统。

如同前引三位系主任费振刚、温儒敏和陈平原先生所总结的那样,这部系庆学术成果集"现代思想与文学卷"也呈现出一以贯之的把中国本土学术传统与国际性的现代学术范式加以整合的学术思路,尤其是青年一代学者的成果,更体现出中文学科因应人类新的历史发展条件,试图整合人类既有思想和文化资源的学术雄心。而人类在21世纪的新的历史发展趋势,也要求人文学科一方面要有海纳百川的胸襟,进一步吸取外国思想和理论资源,同时也需要创造性地转化中国古人以及20世纪的思想和文化传统,才能在一个更宏阔的背景下构建现代中文学科具有前瞻性的发展战略。如果说20世纪90年代中国文学研究的各个学科都经历了研究理念和范式的转型,那么21世纪今天的人文学科可能走到了一个新的历史转型期。这个新的突破和转型的重要标志,可能正是打破人文学科界限的一体化趋势。这种整合不是意味着削弱既有的学科规范和坚实的基础,而是力图进一步共享学科理念,在此基础上激发新的问题意识和研究视野,从而为中文学科的创新型内涵式发展助力。

这部为北京大学中文系110周年系庆所编辑的学术成果论文集,也正是以"现代思想与文学"研究平台为单位进行汇集,也力图从整体上呈现某种北大中文系对20世纪以降的现当代中国思想与学术的综合性研究视景。

"现代思想与文学"研究平台是北京大学中文系试图整合现有的当代文学、现代文学、民间文学、文艺理论、比较文学五个教研室的科研与教学力量所组建的具有交叉性质的跨学科文学研究机构。就学科性质、领域、时段与对象等层面来说,这五个教研室之间有着天然的共通性,从而为以"现代思想与文学"为核心视野和研究理念,构建跨学科研究平台提供了基础。研究平台的创立,可以使文学研究更有效地建构现代社会和思想的综合图景,进一步凸显文学学科以思想性见长的共性特征,凸显人文价值的底蕴和人文关怀的立场,有助于把学术的根基建立在文化思想的沃土上,对以现代性为表征的现代以降的中国文学进行跨学科或者说多学科化的学术研究。

五个教研室天然的共通性还表现在,其中的当代文学、现代文学、民间文学的既有研究对象本身就以直面现代思想、文学与学术体系为指归,而文艺理论、比较文学教研室的中国现当代文艺学研究、西方现代理论研究以及中外文学的比较研究,也为20世纪以来的文学研究提供了西方思想的经典性资源,尤其是以现代性为轴心的理论视野。

而系庆学术成果集"现代思想与文学卷"的编辑,一方面可以呈现中文系现存五个教研室的各个专业方向自身的学科传统和积淀,另一方面也展现出一种具有总体性的现代学术思想特征。这也是"现代思想与文学"研究平台创建的初衷。创建"现代思想与文学"研究平台,在强调现代中文学科与古典传统并行不悖相得益彰的同时,也力图强化当代学术的现代性传统。奠基于"五四"运动的现代思想传统,以及由京师大学堂创建以来一代代北大中文系老一辈学者奠定的现代学术传统和规范,都深刻地影响着当今的中国文学学科,也在这部系庆学术成果集"现代思想与文学卷"中得到了充分的显现。而从"现代思想与文学"研究的角度进行展望,这些文章也显示出某种整体性特征,为平台的整合和综合性的研究,提供了一些依据和可能性前景。

在编辑系庆学术成果集的过程中始终感慨系之。从某种意义上说,这部《斯文在兹》是对《百年学术》的接续,把两者并置在一起进行观照,或许可以大致触摸到北大中文人百年传承的学脉,同时也可以借助《百年学术》中那些奠定了北大中文学统的先贤们的审视的目光,激发我们这些后辈的急迫感和使命感。在《百年学术》前言的结尾,两位老系主任说得好:

> 温习光荣的历史也使我们产生一种紧迫感:在新的形势下,北大历来作为"新学之冠"的地位面临挑战,北大中文系的优势地位也不可能总是无可争议的,我们没有理由不兢兢业业,适应新的时代,发扬优良的学

统,把前人所建树的学术事业继续向前推进。⑦

本人其实难以胜任这篇序言的工作,因此愿意以老系主任的鞭策做结,并与全体北大中文人共勉。

本卷的征集是在中文系领导班子的统筹和建议下,以教研室为单位进行文章的收集工作,在此特别感谢五个教研室的秦立彦、邵燕君、陈连山、王风、王丽丽老师。而本卷因为是以"现代思想与文学卷"的名目进行编辑,因此最后采取了杜晓勤老师的建议,把五个教研室提交的论文中与古典学相关的部分(分别是马振方、张少康、陈曦钟、杨铸、黄卉、陈连山、王娟、柳春蕊诸位先生的文章)移入"中国古典学卷",特此说明。

2020 年 8 月 30 日

注 释

① 费振刚、温儒敏主编《百年学术——北京大学中文系名家文存》,北京大学出版社、江西教育出版社,1998 年,第 1—2 页。
② 陈平原《中国文学研究现代化进程·小引》,载王瑶主编《中国文学研究现代化进程》,北京大学出版社,1996 年,"小引"第 2 页。
③ 同上书,"小引"第 5 页。
④ 同上书,"小引"第 6 页。
⑤ 相关言论参见孙玉石、钱理群编《阅读王瑶》(北京大学出版社,2014 年)以及陈平原编《王瑶与现代中国学术》(北京大学出版社,2017 年)。
⑥ 参见洪子诚《我的阅读史》,北京大学出版社,2011 年初版,2018 年第二版。
⑦ 费振刚、温儒敏主编《百年学术——北京大学中文系名家文存》,第 3 页。

对比较文学和世界文学的一些思考

乐黛云

世界进入了一个多元多变的时代。历史已不再是以线性历史为先设的、有序排列的、有固定结构和终极意义的研究对象,而是一种体现无限差异的、多元的开放性文本,像是随时变换的、"由点线连接编织而成的网络版的生活"(福柯)。这种变化显然为抵制文化的单极化、同质化,同时为建构一个全球文化多元发展的理想奠定了基础,也为文学研究提供了全新的视野。

目前众多学者对世界文学的热烈讨论正是以上思想新视野的一种反应。两年来上海出版的《中国比较文学》季刊组织了多期世界文学的讨论专栏,提出了许多不同的精彩意见。

在我看来,过去中国学者一般采用的世界文学概念多半是歌德和马克思的定义的延伸。前者强调世界文学是各民族优秀文学的聚合体,后者强调"由许多种民族的和地方的文学形成了一种世界文学",也就是在资本主义发展的背景下,由过去的"许多"形成了"一种",即一种不同原样的、总体性的新的世界文学。时代前进了,这两种界定看来都有某些缺陷。中国一些学者认为歌德与马克思意义上的世界文学与其说是一种文学现实,不如说是一种美好的理想和可贵的乌托邦。新的世界文学应不只是各种优秀作品的、互不相关的聚合,而是互识、互证、互补的,带有比较文学意味的,有机的结合;新的世界文学也不是融多种文学为一体的新的"合金",而是保持着、发展着各自特点,从其他文学吸取着营养,也为其他文学不断作出独特贡献的各不相同的文学的共同体。

中国学者对世界文学的探索,从开始就有一些不同的路向。其开端是鲁迅的"摩罗诗力说"(1907)。在这篇文章中,鲁迅提出了"首在审己,亦必知人"。"审己",即了解自己,这显然是首要的。例如谈到拜伦、雪莱的恶魔诗派对俄国和东欧的影响时他首先关注的是:"若夫斯拉夫民族,思想殊异于西欧",因此"普式庚所爱,渐去裴伦式勇士而向祖国纯朴之民",指出这是"国民性之不同"使然。鲁迅指出拜伦、雪莱在东欧影响深远,"入俄则起国民诗人普式庚,至波兰则作报复诗人密克微支,入匈牙利则觉爱国诗人裴彖飞"。但鲁迅对这些影响的论述都不是简单的汇总,更不是简单地"合为一体",而是主张在会通中保持各民族文学的差异性,同时又指出其在与另一种文学发生关系时如何从中受益。

沿着鲁迅的思路,中国比较文学学会第一任会长杨周翰提出,研究外国文学首先要有一中国人的灵魂,也就是强调首先要了解自己,要有深入的文化底蕴,才能使自己对外国文学的研究具有中国特色,而中国文学的理论、方法、欣赏习惯也就沿着这种有特色的解读逐步进入世界。

复旦大学陈思和教授对世界文学也有其独特的思考。早在1991年他就提出"中国文学中的世界性因素"。他提出中国文学"以独特面貌加入世界文化的行列,并丰富了世界文化的内容。在这种研究视野里,中国文学与其他国家的文学在对等的地位上共同建构起'世界'文学的复杂模式",并强调"中国文学这一元素加入到国际比较文学的总体背景上去以后,原来西方人赋予的整个世界观都将应该有所变化"。他的这些主张与当前对世界文学的讨论有许多吻合之处。他不仅在理论上进行了深入探讨,而且不遗余力地在文学实践中寻找这样的"世界性因素"。他多次谈到的"忏悔意识""恶魔意识""生存意识"等都不同程度地展示了不同文化所蕴含的普遍价值,这些价值通过自己文化的特色得到不同表现并沿着互识—互证—互补的比较文学途径,得到新的不同发展。今年8月,在上海召开的第10届中国比较文学年会暨国际讨论会上,一些学者对"世界性因素"的提法有所质疑,我想,如果不作本质主义式的了解,在强调差异性、变异性和网络性的前提下,"世界性因素"的存在是毋庸置疑的。当然,这个问题也还有待于进一步深入讨论。

北京的一些青年学者在探讨世界文学的过程中也有许多新的看法。他们特别强调了动态和开放的心态。如张沛《文学的解放》一文强调,在全球化的今天,"文学"必然是"世界的"。"文学"的"客观对应物"和"意向性客体"是世界。世界不仅是"在时间中的有形实在",而且"世界的存在具有一种发生的性质"。换言之,世界"世界着":"世界"正在不间断地进行着自身的绽露和延异。他们认为应该改变过去一成不变、主客二分的习惯思维定式,强调一切都是不确定的,变动不居的,正在形成过程中的。陈跃红《什么"世界",如何"文学"?》一文更明确地强调世界和文学都在不断变动之中。如巴赫金所说,别人的文化只有在他人文化的眼中,才能较为充分和深刻地揭示自己(但也不是全部,因为还会有另外的他人文化到来,他们会见得更多,理解得更多)。一种涵义在与另一种涵义相遇交锋之后,才会显现出自己的深层底蕴。因此,"有关世界文学的讨论实质上是探索一条在多元化语境下国际文学生态建构的路径,推动多元性文学价值理念和标准在世界文学生态中形成"。也就是说,世界文学就是在不断变动的世界中不断发展变化的文学。

那么今天比较文学与世界文学的关系又是怎样的呢?世界是自相差异的,文化更是自相差异的。识别这些差异,让这些差异在相互的碰撞中得到彰显,并互相吸收、受益而有新的发展,这是比较文学的本意。比较文学与世界文学作为现代概念,是相互确定和相互产生、互为对象的。二者存在于一种动态的建构关系之中。一方面,在全球化的今天,国别文学已不能再像以往那样进行相对封闭孤立的研究,而是不可避免地注入了新的比较文学与世界文学的因素,也就是说,比较文学的互为主观、互为参照、双向阐发等认识论和方法论原则不可阻挡地突破了国别文学的自我设限,打开了国别文学研究与比较文学和世界文学研究融为一体的新途径;另一方面,比较文学也不再局限于过去的框架,而是着重研究不断变化的各国文学之间的理论、关系和动态,即侧重研究变动不居的"文学间性""文化间性"和异质空间等新问题。

在这个意义上,是不是可以说:动态中的世界文学是比较文学的对象,没有作为对象的世界文学,比较文学就没有存在的必要;而比较文学则是世界文学的前导,有助于世界文学的凝聚和变异,没有作为认识论(互动认知)和方法论(互识、互证、互补)的比较文学,世界文学很难发展,甚至只能是无意义的材料堆积或散沙一盘。

从事实来看,比较文学确实为世界文学提供了真正的可能性:以跨文化、跨语言和跨学科的文学研究为核心的比较文学,特别是翻译,使得原先处于相对封闭状态的国别文学真正成为世界性的,也就是成为他国文学与文化的重要组成部分,即国别文学的特殊形式。如北大张辉教授所指出,如果不是杨绛先生的翻译,对一个不通西班牙语的人来说,《堂吉诃德》永远是个陌生存在,甚至只是一个不存在;而多亏了鸠摩罗什、玄奘,多亏了季羡林、金克木……佛经和梵语文学事实上也成为中国文学的一部分——不可或缺的一部分。圣经、莎士比亚的翻译等,亦复如是。而这些卓越翻译家和研究家,他们所做的正是比较文学的工作。换句话说,一方面,外来文学通过比较文学的途径为原来的本土文学增加了新的内容,使其获得了新的世界性特色;另一方面,本土文学也通过比较文学的途径为新进入的外来文学进行了新的诠释,因而给外来文学增添了新的、前所未有的因素,也就是增添了新的世界性质素。这就是某些学者强调过的,世界文学必然是从某种文化出发,对另一种文学进行新的特殊了解。

值得注意的是,新世纪以来,在中国,这种全球化的、世界文学和比较文学的新精神正在渗透到文学研究的各个领域,包括文学理论、文学批评、文学史、古典文学研究、现代文学研究等。这无疑会带来整个文学研究的重建和更新。

原载于《中国比较文学》2011年第4期。

前进的和建设的
——中国新诗一百年（1916—2016①）

谢　冕

百年来一件大事

这一个小标题是仿胡适的。1919年胡适应《星期评论》双十节纪念号的约稿作长文《谈新诗》，在此文正题的后面加"八年来一件大事"为副标题。文章的开头，胡适列举辛亥革命以来的种种预期均告失望，层出不穷的是"一种更坏更腐败更黑暗"的政治丑行。胡适说："与其枉费笔墨去谈这八年来的无谓政治，倒不如让我来谈谈这些比较有趣味的新诗。"②胡适这些话讲于百年前，回望这20世纪的百年，中国和世界发生过很多事，两次毁灭性的世界大战、从热战到冷战，留下的是伤残的肢体，妻子和婴儿的哭泣、废墟、集中营，还有墓场。诗人罗门写了其中的一座墓场：菲律宾，马尼拉，郊外，一个叫麦坚利堡的地方，那里埋葬了二战中死亡的七万名美国士兵——

> 死神将圣品挤满在嘶喊的大理石上
> 给升满的星条旗看　给不朽看　给云看
> 麦坚利堡是浪花已塑成碑林的陆上太平洋
> 一幅悲天泣地的大浮雕　挂入死亡最黑的背景
> 七万个故事焚毁于白色不安的战栗
> 史密斯　威廉斯　当落日烧红满野芒果林于昏暮
> 神都将急急离去　星也落尽
> 你们是那里也不去了

太平洋阴森的海底是没有门的③

诗人艾青同样用诗句表达过他对和平的期待,他写当时尚未坍塌的、又高又厚的柏林墙挡不住花香,也挡不住蝴蝶的翅膀。在中国大地,一百年的时间和空间都被泪水和血痕充填。一场战争接连另一场战争,一场动乱接连另一场动乱。也是一百多年前,清末一场维新运动中,几位先驱者血洒北京菜市口,其中的谭嗣同有诗句留世,那诗句表达了方生未死之间中国人的悲怆:

世间无物抵春愁,合向苍冥一哭休。
四万万人齐下泪,天涯何处是神州!④

这神州大地,不间断的征战和动乱,曾经硝烟,曾经饿殍,曾经山崩地裂,曾经血泪成河。巍峨的宫殿,雄伟的城墙,智慧的典章,可以在任何堂皇的名义下轰毁而无所存留。而得以与日月共辉煌的唯有诗歌。这正是:"屈平词赋悬日月,楚王台榭空山丘。"曾记得安徽有个六尺巷的故事,"万里长城今犹在,不见当年秦始皇"。秦始皇没有千秋万世,其实,长城也在不断坍塌之中。永生的却是这首小小的诗歌。这就是胡适当年视为较之世上万事万物"比较有趣"的、亦可说是永恒的话题:诗的产生与建设。一百年过去了,战乱留下的是痛苦和哀伤,而诗歌却是始终勃发着生机、不断给予人们以美和喜悦,诗歌是人类心灵的安慰。

中国新诗的一百年,是始于"破坏"而指归于建设的一百年,是看似"后退"而立志于前进的一百年。表面上看,古典的诗意和韵律受到了有意的"轻慢",而建立中国诗歌的新天地却是一项革故图新的诗学创举,是在古典辉煌的基础上另谋新路从而使传统诗意获得现代更新的头等大事——它不仅成就了千年诗歌史的大变革,而且开启和促进了中国新文学乃至新文化的历史新篇章。

变革源于忧患

这一次空前的诗学嬗变,表面看来很像是一场纯粹的西化运动,因为倡导者并不讳言他们理想的诗歌模式取法于西方。中国新诗的草创期,它的模板便是西方诗歌,其基本理论资源也来自西方,胡适甚至把译诗《关不住了》称为

"我的'新诗'成立的纪元"⑤。当然,最著名的断言来自当年新月派的理论台柱梁实秋:"我一向以为新文学运动的最大的成因,便是外国文学的影响;新诗,实际就是中文写的外国诗。""外国的影响,是好的,我们该充分的欢迎它侵略到中国的诗坛。"⑥这些斩钉截铁的断言,印证了中国新诗与西方诗歌的非同一般的渊源。

中国新诗迈出的第一步就是废弃旧的诗歌模式,建立新的诗歌模式,其主要标志是:以白话代替文言,以自由代替格律。这是新诗创造者改造旧诗的大手笔,也体现他们坚定的意志和宏远的眼光。举凡熟知中国文化的人都承认,历时数千年的中国古典诗歌业已创造了不可企及的辉煌,它成为中华文明的瑰宝,也是中华民族面对世界的骄傲。但一场诗歌革新的举动,竟然以"毁坏"几千年古典诗歌造就的旷世之美为代价,人们不免要问,到底出于何种考虑?那些急于革故图新的人们,为何不惜以新生的、同时也是粗粝的白话诗取代成熟的、同时又是精美绝伦的古典诗?到底为了何因,那时的先行者竟然下了这般破釜沉舟的决心,必欲以与中国古典诗歌彻底决裂的姿态而为中国诗歌另造新天?

这是一个相当复杂的问题。要解答这一问题,需要从中国近代史的背景去找原因。大约以第一次鸦片战争为起点,清道光、咸丰(1821—1861)年间,特别是公元19、20世纪之交,正是中国社会空前危难的时刻。接踵而至的内忧外患使中国社会陷入生死存亡的挣扎之中。1840、1860年间发生的两次鸦片战争,国门破敝,外国军队如入无人之境,终于导致京城沦陷,帝后出逃,圆明园沦为废墟。历经道、咸、同、光数代,割地赔款如同家常,国人哀忍于心。19世纪末,危境愈演愈烈。1892年,沙俄出兵帕米尔,掠我二万多平方公里领土;隔二年,1894年,日海军击沉我援朝之高升号兵船;是年,海军提督丁汝昌率舰迎战日军于大东沟,管带邓世昌战死。再一年,1895年,日军袭击我经营多年的北洋舰队,定远、来远、威远、靖远先后被击沉,北洋水军全军覆没,提督丁汝昌拒降,服毒自尽。

正是在这个背景上,也是国耻之年的1895年,康、梁始议变法图强,乃有公车上书之举,1898年6月11日光绪皇帝下"明定国是"诏,宣布维新变法,是年9月28日六君子惨烈弃市,变法告终,世称百日维新。中国近代第一场革新之梦破灭。中国面临的危机,引发中国有识之士不竭余力地寻求救亡图存的道路。那时的人们对世界缺少了解,对世界贸易和经济规律也缺乏了解,他们理所当然地把导致中国贫穷落后的原因归诸中国传统的文明。外国历史学家敏感地看到了这一点:

> 只是在经过许多灾祸之后的十九世纪九十年代,进化论和社会达尔文主义思想才被夹带而纳入儒家的意识,当作维新运动的必要纲领。最后,改革家的斗争主要不是直接反对帝国主义,而是反对那些使帝国主义得以实现其野心的中国的传统。清末的改良派和革命派都同意一句古老的儒家格言:"苟齐其家,其谁敢侮之?"中国的力量必定来自内部。对于以古代经典培养出来的学者来说,鼓舞他们寄希望于中国的未来的主要力量仍然来自它的过去。[7]

中国把挽救危亡的全部注意力,锁定了中国自身。知识界把中国危机的根源指向中国的传统文化和旧文学。一战结束,中国是战胜国,却遭到不公的待遇,"五四"运动是一场为挽救民族尊严而爆发的抗议浪潮,本是一个政治行动,很快就转换为对旧文化——其实即儒家文化的批判运动。中国新文学的开山之作、鲁迅的《狂人日记》明确地把批判的矛头对准了中国的历史:"我翻开历史一查,这历史没有年代,歪歪斜斜的每叶上都写着'仁义道德'几个字。我横竖睡不着,仔细看了半夜,才从字缝里看出字来,满本都写着两个字'吃人'!"[8]

他们理所当然地把中国积弱的原因归结于中国的传统文化。这种批判是有力的,也无过错。但事实是,中国的传统文化中既有让国人为之自豪的精华,也存在影响中国前进的消极成分,问题在于把中国的积弱完全归咎于传统,认为这是中国的"病根",并对之施以讨伐和全面否定,此举难免失之鲁莽和轻率。那时的人们面对无边的暗夜,救国无门,急切中找到了中国文化的痼疾,从而把文化的批判和革新视为救亡图新、重铸民魂的唯一出路。我们从"五四"的先驱者身上看到了这种愤懑和激情。鲁迅的从事文学的经历便是如此,他由寻找医治身体的"药"转而寻找疗救民族精神的"药"。鲁迅自述,这种转变起因于一次围观示众的、令他震惊的画面:

从那一回以后，我便觉得医学并非一件紧要事，凡是愚弱的国民，即使体格如何健全，如何茁壮，也只能做毫无意义的示众的材料和看客，病死多少是不必以为不幸的。所以我们的第一要著，是在改变他们的精神，而善于改变精神的是，我那时以为当然要推文艺，于是想提倡文艺运动了。⑨

这就是"五四"那一代作家的心路历程。中国新诗的革命运动走在了"五四"新文化运动的前列，早在《清议报》在横滨出版之初，编者即在该报设"诗界潮音集"发表诗歌，这种以新型的传媒手段为媒介发表诗歌的举措，传递了立志诗歌变革的意愿，实为正在酝酿中的诗界革命之先声。在正式提出新诗革命之前，业界沿用的"诗歌改良"的实践始于黄遵宪。1891 年，黄遵宪在《人境庐诗草》自序中说："仆尝以为诗之外有事，诗之中有人；今之世异于古，今之人亦何必与古人同？尝于胸中设一诗境：一曰复古人比兴之体；一曰以单行之神，运排偶之体；一曰取《离骚》乐府之神理，而不袭其貌；一曰用古文家伸缩离合之法以入诗。"⑩他在思考，他想在古典规范中"突围"，改良旧诗的意愿是坚定的，但毕竟障碍重重，他无法超越。诗歌改良的步伐于是就停止在他这里，他到底只是一位最初的勇敢探索者。

查文献，"诗界革命"一词首先见诸笔端的是梁启超。1899 年，他游历夏威夷并写作《夏威夷游记》，正是戊戌政变流亡去国的一次远游，即使在这样万事萦心的背景和心境下，梁启超依然没有中断他的诗歌变革的思考——因为他说过"欲新一国之民，不可不先新一国之小说"⑪，这当然涵盖了"必新诗歌"的理念。他殷切地呼唤发现诗歌新大陆的诗歌界的哥伦布和麦哲伦："要之支那非有诗界革命，则诗运殆将绝。虽然，诗运无绝之时也，今日者革命之机渐熟，而哥伦布、玛赛郎之出世必不远矣。"⑫随后，他亲自编选《晚清两大家诗钞》以倡导诗歌的解放，在此书题辞中他再一次深情预言："中国诗界大革命，时候是快到了。"⑬

在这些先行者的心目中，文学和诗的变革将导致人心的变革，最后达于实现"群治"的大目标。诗歌的变革是与国运的兴衰联系在一起的。国难深重，人们想到的是通过改变诗歌（当然还有小说和文艺）以改变人心，这就是此刻我们要予以强调的，新诗革命的理想诞生于忧患的事实。

诗体大解放

在"五四"新文学革命的总体追求中,创造新文学,首先就是创造新诗歌,改变中国传统诗歌囿于狭小的文人圈子而严重与民众疾苦、社会兴衰隔绝的状态。"五四"文学革命两篇宣言式的文字,胡适的《文学改良刍议》和陈独秀的《文学革命论》中对于旧文学的揭露和批判,其核心部分是针对诗歌而言的。胡适文中提及的"八事",举凡"不用典""不用陈套语""不讲对仗""不避俗字俗话"等都是针对古典诗词的弊端而发的。在陈独秀的文章中,这种批判的锋芒更是直接指向了诗歌的"积弊":"东晋而后,即细事陈启,亦尚骈丽。演至有唐,遂成骈体。诗之有律,文之有骈,皆发源于南北朝,大成于唐代。更进而为排律,为四六。此等雕琢的、阿谀的、铺张的、空泛的贵族古典文学,极其长技,不过如涂脂抹粉之泥塑美人……"⑭

革新者认为造成这种诗与人、诗与世隔绝的病根,一是文言,二是格律。而在诗界革命的倡导者那里,这二者却是无法逾越的"天堑"——文言和格律令他们的革新难以举步。我们从前引黄遵宪诗歌改革的主张中发现,他为未来诗歌寻求的出路,他的设计蓝图,都被不由自主地限定在原有的古典框架内,冲破文言造成的障碍已非易事,其他如"复古人比兴之体""用古文家伸缩离合之法以入诗",无处不有"旧面孔"的阴影在。首先是言、文脱节,再就是五、七言体的拘束,他即使想立"新",而脚跟却站在"旧"地,这"新"无论如何是立不起来的。这就是他们的"改良"终致失败的原由。

新诗实践者的以白话取代文言、以自由体取代格律体的决心就是据此而下的。晚清以来,对于诗歌与万众忧乐的脱节的不满已多有表达,改变诗歌现状,使之能够与现代社会的风云际会相谐,从而能应和日益精进的世界潮流,其目标是明确的。白话写诗可使言、文一致,口上怎么说,笔下就怎么写,再加上格律的打破,思想情感一如冲破闸门的水,可以无拘束地流淌。胡适清晰地表达了他关于创立新诗的理想,如下一段论述可以说是提纲挈领的:

> 这一次中国文学的革命运动,也是先要求语言文字和文体的解放。新文学的语言是白话的、新文学的文体是自由的、是不拘格律的。初看起

来,这都是"文的形式"一方面的问题、算不得重要。却不知道形式和内容有密切的关系。形式上的束缚、使精神不能自由发展、使良好的内容不能充分表现。若想有一种新内容和新精神。不能不先打破那些束缚精神的枷锁镣铐。因此、中国近年的新诗运动可算得是一种"诗体的大解放"。因为有了这一层诗体的解放、所以丰富的材料、精密的观察、高深的理想、复杂的情感、方才能跑到诗里去。⑮

这一段文字的核心意思,在于指出,通过使用白话和冲破格律的自由体以促成诗体的大解放。只有诗体获得解放,那些影响社会进步、民心改造的新知识、新思想、新精神才能得到承载和表达,也唯有如此,最终使诗歌能够通往民心、影响并最终改善民心、启发民智。前已述及,整个的"五四"文学革命其缘起在于感到要以文学的革新挽救当前的危机,而他们认为,解救危机的最直接也最有效的途径,则是使诗歌和文学能够为民众所接受和亲近,从而提升全民的智慧和觉悟。

"五四"的先行者确认,他们寻找到了拯救中国衰危的"药"。为了疗救病入膏肓的社会,他们不惜以"破坏"精美绝伦的古典美为沉重代价:创造新诗。看似一场大破坏的诗体大解放,其实质乃是人的思想冲破障碍的一场思想艺术的空前大建设。

嬗变从未止步

这种"以夷为师"的"破坏",终于使诗歌冲破了完美的、然而也是坚硬的格律的壁垒,以白话书写的诗歌终于获得了充分表达现代人的思想情感的自由。与这种成就取得的同时,接踵而来的则是历时久远的、对这番"大爆破"的质疑和拷问,最大的质疑是:这一新生的白话自由诗是否造成了与中国伟大诗歌传统的割裂或其中断?更有则质问,既然承认这是"中文写的外国诗",那么,它是否就此与中国诗歌分道扬镳了?这里有一段文字,传达了新诗创立初时读者对此的普遍的疑虑:

《新青年》提倡新文学以来、招社会非难、也不知多少。……其中独以新体诗招人反对最力。我们对于社会这种非难、亦应该分别办理。一种是一知半解的人、他们只知道古体律体五言七言、算是中国诗体正宗；斜阳芳草、春花秋月、这类陈腐的字眼、才足以装点门面；看见诗有用白话做的、登时惶恐起来、以为诗可以这般随便做去、岂不是把他们的斗方名士派辱没了吗？⑯

对这一问题，百年来一直存在争议。其实，从中国数千年诗歌历史看，诗歌的应时变革是恒常的状态，诗体的更迭一般并不意味着倒退或停滞，却更是意味着诗歌应和时代的前进和发展。文随世变。社会、民情、习俗、风尚、趣味，特别是语言的悄悄的和缓慢而持续的演变，这些人们不易觉察的因素，时刻发生在我们身边，无不影响着诗歌的走向。这其中，影响最大的则是语言的变化。口语总是如不肯停步的野马，随着时间的推移而不停地改变着人们的言说。而诗人写作则须对语言持一种不离不弃的虔诚，无疑，生活复杂化了，新的词汇随之涌现，这些新词，不断地膨胀着，要冲破旧设的藩篱，于是就有了改变现状的革新表达的诉求。

静则思变。从漫长的诗史看，一个时代的诗歌一旦成型，必然酝酿着一场新的艺术革命。定以蓄变，新陈代谢，这是世间万物始终存在的潜隐的规律，诗歌也是如此。史书载，我国最早的"诗"，多为极短句构成，最简的是《弹歌》，见于《吴越春秋》："断竹、续竹；飞土、逐宍。"⑰八个字，有韵，节奏感强，展现了一个飞动的画面。这是先人的智慧。早期的古典诗歌，以《诗经》为代表，基本是四字成句，四个字在我们的先人那里，已经能够非常熟练地表达复杂的情感和精致的内容。"昔我往矣，杨柳依依；今我来思，雨雪霏霏"⑱，整齐的句子，鲜明的意象，深刻的情思，以及优美的音韵，戍卒怀乡，内心凄苦，时隔千载依然动人心魄。

四言体因为艺术和思想的成熟，把《诗经》从"诗"神奇地转换为"经"，它使诗歌完成了中华文化的经典定位。中国诗歌以此为起点，开始旷古的远征。四言诗在曹氏三父子手中做到了极致。三曹中，尤以曹操成就最大。他的《短歌行》《观沧海》《龟虽寿》均为中国古典诗的经典之作：

  对酒当歌，人生几何。譬如朝露，去日苦多。
  慨当以慷，忧思难忘。何以解忧，唯有杜康。
  青青子衿，悠悠我心。但为君故，沉吟至今。⑲

这些四字组成的短句,相当饱满地展现生命的全部丰盈,时空辽阔,沉雄深厚,起伏跌宕,声韵悠远,人生功业与荣辱的彻悟溶于其中,堪称千古绝唱。不难看出,从"杨柳依依"到"青青子衿",四言诗已经创造了一个神奇而恢弘的诗歌时代。但是诗史并不就此止停,它仍在悄悄地、不停顿地积蕴力量,筹划着一场更为久远的、可以说是另一个划时代的诗学巨变。这是以五言替代四言的五言诗的"一个字"的革命。《古诗十九首》就这样展现在人们的视野,它带来一阵让人错愕的惊喜。

就四言诗而言,嵇康无疑是此中强手,当他在四言的海洋抒发无尽的"忧愤"[20]之时,他的同代人阮籍,已经走出了"四言"的疆域。阮籍以五言咏怀诗名世,沈德潜对阮籍的创作虽有微词,但依然肯定他延续了屈原的传统。[21]旧日评诗多以"诗经"与"离骚"为诗之两源,认定屈原的传统已是相当高的评价了。五言诗盛行于魏晋年间,当年出现了一大批杰出的诗人。"暧暧远人村,依依墟里烟,狗吠深巷中,鸡鸣桑树颠。"[22]陶渊明以清新生动的语言再现了乡村生活的场景,他无疑以一种崭新的方式创造了一个时代的高峰。

诗歌的"八代"或"六朝"的六百余年[23],是五言诗的天下。但是不知不觉间一个诗歌的桃花源出现了,这里的景:"芳草鲜美,落英缤纷。"这里的人:"不知有汉,无论魏晋。"峰回路转之间,诗界再一次产生巨变,要是我们不介意这种不准确的概括的话,这次诗学革命则依然是增添一二个字的"革命":从"一个字"(四言到五言)的革命发展为"两个字"(五言到七言)的革命。这种行进也是不假声色的、静悄悄的。六朝的鲍照在五言的丛林中作了"尝试",世称:"明远乐府,如五丁凿山,开人世所未有,后太白往往效之。"[24]这里指的是鲍照自谓"奉诏而作"的七言体《代白纻舞歌辞四首》,他开了风气之先。

闸门一旦打开,那水就止不住。唐诗的潮流还未涌动,卢思道(隋)便等不及了,一曲《从军行》开启了七言的先河。评论曰:"其诗以七言见长,风格刚劲,开初唐七言歌行的先声。"[25]这里是他的例句:"朔方烽火照甘泉,长安飞将出祁连。犀渠玉剑良家子,白马金羁侠少年。"由引文可以窥及并想见未来的唐家气象。这一次"两个字"的飞跃,把中国古典诗歌的成就推到了前无古人(甚至也是后无来者)的顶峰,而立大功的是如此这般新兴的七言体。七言诗,较之五言,只多两个字,却是无限地扩展了诗的表现空间。

接着而来的是人们耳熟能详的初、盛、中、晚;是李、杜、王维、白居易;是花月春江,是枫桥夜泊,是大漠孤烟,是灞桥折柳,是说不尽的平平仄仄,仄仄平平。不妨设想,单凭那七言绝句仅仅二十八个字,其组成至多不过是十六个词或词组(而且一般不允许一词重现),那些高歌狂饮在长安市上的诗人们,为我们造出了多少惊心动魄的千古绝唱!而更为可贵的是,他们并没有因为自己的辉煌而摈弃前人的智慧,唐人是包容的,他们写七言,也写五言,写律诗,也写绝句,古体近体,乐府歌行,他们都写。这些诗歌世界的辉煌,先前是不大讲的,因为是太"旧"了。辛亥革命前后求新的志士们对此是排斥的。例如钱玄同就认为这都是"独夫民贼"和"文妖"的嗜好。㉖这些来自诗人或学人的一时愤激的话语,我们当然无须认真。

辉煌伴随着非议,而诗的变革的脚步并未停止。辉煌到了绝顶,难道这路就不再走了?不对,诗体继续解放。从唐到宋,新生的变革是对已成定制的律绝的冲破。宋人可不管五、七成句的藩篱,它主张长短句的"杂糅"。它追求的是自由。当然宋词仍有它的体式,有各种词牌,也是对自由的"掌控"。但人们发现,许多日常用语理直气壮地进入了当时的诗(也就是宋的词)中。事情到了元、明两朝,就更不得了了,那些小令,简直就是日常口语的大展示。现今人们认为的"白话",不仅大模大样地进入小说,而且进入像《西厢记》《牡丹亭》这样典雅的"诗剧"中。

回过头来看,所谓的诗体解放,难道只是胡适等人的发明或"原创"?其实整部中国诗歌史就是一部不曾停止的诗体的演变史。以《诗经》《楚辞》为起源,三千年间诗歌的变革一直持续进行着,步伐有大有小,改革有强有弱,但每一次变革都在不同意义上促进了诗歌语言与日常语言的紧密联系,都在不同的程度上促进了诗歌艺术的发展和进步。反观19世纪末叶与20世纪初叶至今的中国新诗运动,其实就是整体的中国诗歌史的造山运动的组成部分。这种体认,早在新诗的草创期就有人提及了:"诗由三百篇而词赋,而乐府,而五言,而七言,而词,而曲,都是顺着一定的路径,由体裁底束缚而变为自由的。"㉗

胡适所说的"诗体大解放"与以往的诗歌变革相比,差别就在于,这次解放是大幅度的和极其深刻的,是一次"伤筋动骨"的大手术,具体说,在语言层面上,是否定文言改用白话,在诗体层面上,是打破格律改行自由。前已述及,诗歌语言的日常化，它的接纳口语入诗，乃是一种持常的行止。而诗歌格律体的建立，从初步到完善，也是一个持续不断的过程。而对于格律的弃取，无疑是一次石破天惊的行动。它仿佛是一场强烈的地震。

血脉依然贯通

从以上的论述我们得知，"五四"时期的诗体解放乃是数千年持续不断的诗体变革的一个延伸。这个延伸类似于历史上四言到五言、五言到七言，或者类似于从唐诗到宋词、宋词到元曲那样的平常状态，并无特别之处。但对比之下，不同之处也是有的：新诗变革的跨度有了大的扩展，是从文言写作的旧诗到用白话写作的新诗的大跨越。但冷静观察可以看到，使用汉语写作的根基没有变，传达中国情思的内涵也没有变。它充其量不过是中国诗歌内部的一场适应时代潮流的大调整。它顺应了时变，但没有"脱轨"。这里特别要加以强调的是，要是说诗体的变革并不是中国诗歌所特有的规律，那么，在诗歌顺应时代的要求，必欲以诗歌的改变来为改变民心的动机、并借以推动时代的进步来看，则完全是仅仅属于中国的一场"中国式的诗学革命"。

"诗言志"㉘是中国诗最基本的定义，亦可说是它的立命之本。由此可知中国诗学的核心是诗的调和万物的实用性，即儒家所谓的诗的教化作用。教化的范围是宏阔的，涉及整个社会人心的劝谕与调适，以此为起点，诗甚至可以起到改变社会风气的政治讽劝的作用，古时即有以诗为"谏书"之说。中国诗学强调诗应当在指导和匡正世道人心方面发挥它的特别功能，此即《诗大序》讲的，诗可以"经夫妇，成孝敬，厚人伦，美教化，移风俗"。所以才有"诗三百，一言以蔽之，曰：'思无邪'"㉙的概括。中国先人认为，一个地区诗教的展开可以改变那个地区的精神环境，所以，孔子才说："入其国，其教可知也，其为人也，温柔敦厚，诗教也。"㉚这样的诗学论述，在中国传统典籍中比比皆是。

在古代，诗在人们生活中的地位极高，普通人通过诗以表达情感和愿望，统治者也通过诗来考察民情和政绩。采诗和献诗乃成为一件"知得失，自考正"的重要手段。这再次证实，在中国，诗是有"实用"价值的。在古代，学诗、知礼可谓是人生之大事，所以孔子才教导他的儿子说："不学诗，无以言。"㉛最经典的关于诗的重要性论述则是如下一段话:"小子何莫学乎诗?诗可以兴,可以观,可以群,可以怨。迩之事父,远之事君。多识于鸟兽草木之名。"㉜圣人古训,诗歌本身的"兴、观、群、怨"的功能,最终是用以"事父"(齐家)和"事君"(治国)的。说到底,诗非凡物,诗乃齐家治国之物也。

儒家学说主张以礼治天下,而让人知礼,莫过于学诗。这就是中国的诗学传统。要是我们认同了这一点,则谈论中国新诗与中国传统诗歌的关系就顺畅了。一百年前,我们的前辈耽于国难深重,一时救国无门,思及重铸民魂在于"诗教",于是急切之中将一把手术刀递给了未来诗歌的改造——百年来充满争议的新诗就是这样呼唤并诞生的。由此观之,即使极端地说,新诗破坏了古典诗的"一切"(包括意境、韵味和声律),但是新诗却是非常完整地继承和维护了中国的诗学的正统,这就是"诗言志"延伸过来的教化民众的传统。也许由于手术刀的操作出现了"割痕",但是中国诗的血脉没有被割断。

中国诗学的血脉依然贯通今古,中国诗学传统并没有因白话新诗的出现而中断,而是得到了英气勃发的现代更新。这是一次传统诗学向着现代的延展。它的伟大成功在于既使诗歌有效地渗入民众,基本做到言文相谐,同时代表现代潮流的新思想、新观念顺利地进入诗中,而且又相当完整地保全了中国诗歌被朱自清认为的"开山纲领"㉝。

一百年前胡适诸人发起的这场诗学巨变,乃是一场目光远大的旷世之举。其初衷是以诗救国、以诗新民,是以非凡的毅力和胆识,搬来西方的经验以为"样本"另铸新辞,而其源头则可远远地追逐到中国诗学的根本:"诗言志"。这是一场史无前例的源于高远而归于宏大的诗学长征。

自由是生命线

新诗究竟为我们带来了什么?答案是它为我们带来了千年诗坛的新气象,诸多气象中首先是它的自由精神。挣脱了语言上文言的枷锁,挣脱了形式上格律的镣铐,新生的诗歌好比是千回万转的一道激流,终于冲破夹岸的重岩叠嶂,来到一马平川的广阔的原野。获得大解放的诗歌开始用稚嫩的嗓音,用没有任何束缚的方式传出它最初的声音。胡适在综述新诗最初的成果时,认为不仅是抒情,即使是写景的诗,"也须有解放了的诗体,方才可以有写实的描画",认为新诗的优长之处在于它的词汇量大,而"稍微细密一点,旧诗就不够用了"。㉞胡适特别看重新诗获得的新鲜而独立的声音,并使之与"旧词调"㉟基本"切割"——他重视新诗独特的有别于旧诗的自由独立的表达方式。"这时期的诗最重自由。"㊱

但自由不仅意味着诗歌形体的解放,而且意味着诗人人格的健全与独立,意味着觉醒的现代中国人表达新意识和新情感的有别于古的新精神。但看此时的新诗,无疑是幼稚的,简单的,甚至是粗粝的,但它却是生机勃发的。这时的诗里出现了一个独立的新人:"我和一株顶高的树并排立着,却没有靠着。"㊲这样简单的描写是全新的。这里还有一道"小河",胡适称"这首诗是新诗中的第一首杰作",朱自清誉为"融景入情,融情入理"之作。写的是农夫在小河中间筑堰,上流的水下不得——

> 不得前进、又不能退回、水只在堰前乱转。
> 水要保持他的生命,总要流动,便只在堰前乱转。
>
> 堰下的土,逐渐淘去,成了深潭。
> 水也不怨这堰——便只是想流动,
> 想同从前一般,稳稳的向前流动,
>
> 一日农夫又来,土堰外筑起一道石堰。
> 土堰坍了;水冲著坚固的石堰,还只是乱转。㊳

"乱转"一词甚有意思,它活现了那种急切中勇决冲宕寻求出路的情态。诗歌的生态就是如此,不断的设限,不断的冲破,不论是土堰,还是石堰,总要冲破。为了自由,一往无前,因为别无所求,"只想流动",在流动中获得自由。周作人这首诗,即使不看它的内在精神,但看它的文体,也具有创新启示。作者诗前小序云:"有人问,我这诗是什么体,连自己也回答不出。法国的波特来尔提倡起来的散文诗,略略相像,不过他是用散文格式,现在却一行一行的分写了。内容大致仿那欧洲的俗歌;俗歌本来是要叶韵,现在却无韵。或者算不得诗,也未可知;但这是没有什么关系。"由此可以看出当日的先驱者那种不拘一格的自由精神。

在最初从事新诗写作的人们那里,追求自由地表达乃是共同的愿望。俞平伯说:"我怀抱着两个做诗的信念:一个是自由,一个是真实。……真实和自由这两个信念,是连带而生的。因为真实便不能不自由了,惟其自由才能够有真正的真实。我宁说些老实话,不论是诗与否,而不愿做虚伪的诗:一个只占有诗底形貌,一个却占有了内心啊。"㊳与此相似的是横空出世的郭沫若,他形容当年写作的激情:

> 当我接近惠特曼的《草叶集》的时候,正是"五四"运动发动的那一年,个人的郁积,民族的郁积,在这时找出了喷火口,也找出了喷火的方法。我在那时候差不多是狂了。民七民八之交,将近三四个月的期间差不多每天都有诗兴来猛袭,我抓着也就把它们写在纸上。当时宗白华在主编上海《时事新报》的《学灯》,他每篇都替我发表,给予了我很大的鼓励,因而有我最初的一本诗集《女神》的集成。
>
> 但我要坦白地说一句话,自从《女神》以后我已经不再是"诗人"了。自然,其后我也还出过好几个诗集,有《星空》,有《瓶》,有《前茅》,有《恢复》。特别像《瓶》,似乎也陶醉过好些人,但在我自己是不够味的。要从技巧的立场来说吧,或许《女神》以后的东西要高明一些,但像产生《女神》时代的那种火山爆发式的内发情感是没有了。退潮后的一些微波,或甚至是死寂,有些人是特别的喜欢,但我是始终感觉着只有在最高潮时候的生命感是最够味的。㊵

郭沫若的《女神》最能代表"五四"时代的自由精神:自我解放、个性独立、狂飙突进、奔放激荡。他的诗歌意象是在传统中充盈着当代精神,凤凰也好,天狗也好,女神也好,都是来自古典,其内在精神却是古典所未见的完全的现代。郁达夫盛赞说:"完全脱离旧诗的羁绊自《女神》始。"㊶闻一多亦持此观点:"若讲新诗,郭沫若君的诗才配称新呢,不独艺术上他的作品与旧诗相去最远,最要紧的是他的精神完全是时代的精神——二十世纪底时代的精神。"㊷郭沫若在胡适草创之后出现在中国诗坛,仿佛是一个陌生的闯入者,但却是一个真正代表了新诗的时代精神的无拘无束的抒情的自我形象。但看他的天狗气吞日月的狂歌,他的凤凰涅槃的向死而生的咏唱,他的女神之再生的辛苦的创造,行文是天马行空,格式是前无古人。这就是自由的、独立的新诗。

　　自由给了诗歌以新的生命,除了郭沫若,还有当年的一批热情的歌者,他们行进在抗日战场上,在延河边,在白雪皑皑的东北平原,在峰峦叠嶂的太行山山高林密的腹地,那些为自由而斗争的诗人们,他们不向世界要些什么,正如艾青说的,他们只需要一支笔,天蓝的墨水,原稿纸,"而最主要的是发言的自由"。㊸他们以自由的声音和姿态向着世界发言。太阳从人类死亡之流的那一边,向我们滚来,震惊沉睡的山脉;自由,向我们来了,从血的那边,从兄弟尸骸的那边,像暴风雨,像海燕。㊹

　　自由体诗的形式只是一个构架,它可以为诗人提供阔大的驰骋空间,而自由体诗的生命则在于诗人的自由理想的追求与表达。而这正是全世界所有诗人的共同愿望。自由可以有诸多的表达方式,而新生的自由的体式无疑是其间最为顺达和亲切的方式。思想没有牢笼,自由得以飞翔。这里要插入一段近日发生的网络趣闻:2016年度瑞典诺贝尔文学奖公布前,网络盛传叙利亚诗人阿多尼斯将获奖(后来证实是假新闻),腾讯文化网的记者在巴黎一家咖啡店采访了阿多尼斯,以下是采访大略:

　　(问:你怎么看诗人与政治之间的距离?)答:……至于我自己,只对与自由、人类有关的政治感兴趣。(你说过"诗人的国度是自由",那么,你如何理解"自由"一词?在巴黎,你有敌人吗?)答:自由就好像空气,没有它,我们就无法呼吸,诗人的语言里流露出的就是自由。自由当然是有限制的,哪怕是在巴黎。不过这里仍然是一处能让我活得很好的地方。在这里,我没有敌人,所有的人都是我的朋友,哪怕我的"敌人"也是我的朋友。我爱所有的人。我的"敌人"是"思想",我的战争是"思想"的战争。我会反对一些观念和想法,但是我不与人作对。㊺

　　也巧,差不多是同时,网络上又传说,2016年真正的获奖者是美国摇滚歌手鲍勃·迪伦。随后,又传出他拒绝受奖。㊻在未经证实的声明中,这位真正的获奖者同样谈到了"自由":"瑞典科学院在给我授奖的理由中提到'诗意表达',我的理解是'自由'。自由,这是一个能引起众多解释的词语。在西方,人们理解的仅仅是一般的自由,而我们理解却是一种更为具体的自由,他在于有权力拥有不止一双鞋,有权力吃饱饭。"由此可见,中国新诗革命所造就的诗歌的自由体式以及它所代表的自由精神是多么可贵。它具有普泛的意义，它是诗的生命所在，所有的诗和诗人，只要他具有诗人的良心和品质，他们终将是自由的儿子。

音乐的文学

在中国传统诗学中，诗和歌本为一体，旧时的诗（词、曲）均可吟唱，于是方有流行至今的"诗歌"一词。相关典籍讲到诗歌与音乐乃至与舞蹈的关系："故歌之为言也，长言之也。说之，故言之。言之不足，故长言之；长言之不足，故嗟叹之；嗟叹之不足，故不知手之舞之足之蹈之也。"[47]朱熹在这段话的注中说："今礼乐之书皆亡，学者但言其义，至于器物则不复晓，盖失其本矣。"朱熹说的"器物"，在另一处说的"名物度数"，疑指同一物事，应当是指除了作为内容的"义"之外的那些诗的因素，我理解是指与诗歌表达丰沛情感有关的那些方式。朱熹叹息道：不复晓，失其本矣！

上面引述证实，诗歌的力量在于始发乎情，又以抒情的方式出之。长言也好，嗟叹也好，舞蹈也好，这些表现，一言以蔽之，关涉到诗的音乐性。中国古诗词是讲究声律的，这是先人有感于诗与歌密不可分的特性，倾数代之功的追求。南朝齐永明年间是中古诗歌的转型期，沈约、谢朓等人将汉语平上去入四声的原理运用到诗歌创作中，为此制定了若干规约，造出了"一简之内，音韵尽殊，两句之中，轻重悉异"的声韵效果，[48]终于完善了诗的音乐性的建构。前辈诗人、理论家经营了千余年，方才建立了中古以还近体诗的完整的声律体系。因为有了这一套严格规约，终于把中国古典诗歌送上了无可企及的巅峰。有道是，唐人"既闲新声，复晓古体，文质半收，风骚两挟，言气骨则建安为传，论宫商则太康不逮"[49]，这就造就了诗的盛唐。

诗的盛唐的诞生，当然有很多历史的、社会的、经济的、文化的乃至国际交流的等因素，但是诗体的完备，经验的积累，尤其是诗歌律则的建立，对于诗学的完成是完全不可忽视的原因。中国古典辉煌的出现，近体诗五、七言律、绝各体的完美而缜密的建树（当然也还有仍具生命力的古风、乐府和新生的词）功不可没。但无论如何，毕竟"生不逢时"，曾经的辉煌遭遇了近代以来前所未有的生存危机的威胁,正如本文最初所描述的,为了挽救内外交困的衰微的国运,革命者寻找民族病根的结果,理所当然地要以"摧枯拉朽"的猛烈向着这个精神的和审美的"极美王国"挑战。

当日的人们普遍认为是那些严格的格律影响了新思想的载入与传播。因此革命的第一步便是拆除格律造成的藩篱。一旦决心下了,行动最是神速,数年之间,不由得那些亲历者惊叹:"那已是三代以上的事了,我们都是三代以上的人了。"㉚笔者曾形容过当年的新诗革命者,仿佛是猴子进了古玩店,不分青红皂白一律把那些精美绝伦的器皿打翻在地,以为那些都是无价值的物件。这种扫荡性的"破坏"当然造成了伤害,也引起一阵叹息。但冷静省思并权衡利弊,毕竟这种翻天覆地的变革产生了崭新的诗歌形态,使得新诞生的诗歌和中国的社会现实产生了血肉相连的关联:诗,不再是文人书斋里的玩物,诗是经时济世、强国新民的有用之物。他们作了前无古人的贡献。

事实非常清楚,在最初的革新者那里,严格的格律是一种需要搬开的巨石——因为它阻碍了诗歌通往日常的生活,而且阻碍新潮语汇的进入以及社情民意顺畅而随意的表达。这种观念甚至一直延续到如今。直至20世纪五六十年代,也还是:"旧诗可以写一些,但是不宜在青年中提倡,因为这种体裁束缚思想,又不易学。"㉛其实,不妨追问一句,那些杰出的诗人谁曾经被这种完美的体裁"束缚"了?事实是,愈是有才能的诗人,愈是能够在严格的律则面前得心应手地显示他们的才能和智慧。正如闻一多认为的:"越有魄力的作家,越是要戴着脚镣跳舞才跳得痛快,跳得好。只有不会跳舞的才怪脚镣碍事,只有不会做诗的才感觉得格律的束缚。对于不会做诗的,格律是表现的障碍物;对于一个作家,格律便成了表现的利器。"㉜

由于诗体的大解放,新诞生的诗歌一时陶醉在无障碍也不受拘束的写作狂欢之中。他们没有发现他们究竟失去了什么,他们只有一种获得自由的满足。但毕竟这种舍弃造成了永远的伤痛。有些中国人引为骄傲的美丽从此消失了,而且似乎也是永远地辉煌不再!其实,即使是被新诗奉为范式的外国诗,它们在各自的语言中也是非常讲究诗的音乐美的。押韵、音步、句和节,都有极大的声音的安排与考究。外国诗中,如马雅可夫斯基,其诗行参差错落,却也是充满音乐性。马雅可夫斯基强调押韵的必要性:"没有韵脚诗就会分散。韵脚使你回到上一行,使你回想起前一行,使叙述一个思想的所有诗行共同行动。"⑬尽管胡适在试验新诗的初期并非只是一路冲杀,他对于保持诗的特质是有考虑的。例如他说过:"诗的音节全靠两个重要分子:一是预期的自然节奏、二是每句内部所用字的自然和谐。至于句末的韵脚、句中的平仄、都是不重要的事。"⑭但想法是一件事,而想法是否实现又是一件事。

就这样,人们用一百年的时光赞美并享用新诗革命所带来的成果,同时也用一百年的时光念想与追慕往昔的荣光。开先是创造社的成员,以郭沫若为代表,他们"创造"最力,他们为新诗贡献了"女神"式的全新的、经典性自由体诗,紧接着也是这一些人,就在这些曾经的"荒芜"上,开始思考那种被中断的永恒的美的延续。20世纪20年代,创造社的中坚成员开始认真地进入新诗的艺术层面的思考。郭沫若有专门研讨诗的节奏的文章,以此为开端,他与穆木天、王独清、冯乃超、郑伯奇等,⑮他们以通信的方式互通诗艺理念,他们的讨论超越了草创期的"破除"的话题,改变了当初为"新"而忘"诗"的偏向,开始认真面对诗的艺术建设的庄严的题目。他们开始为维护诗的审美品质而致力。他们此时揭起的名义是"唯美主义"。

事情在"新月"诗人那边其目的更为明确,那就是要为失去了格律的新诗"创格"⑯,他们要使自由得有点散漫的新诗再度格律化。他们重新谈论因为革命而被遗忘、被搁置的诸如韵脚、平仄、音节、节奏、格调、"调和的声音"等"陈旧"的话题,其实他们是在召唤诗的音乐之魂。"新月"的饶孟侃说:"假如一首诗里面只有意义,没有调和的声音,无论它的意思多末委婉,多末新颖,我们只能算它是篇散文。"⑰为此,也是"新月"的闻一多专文谈论诗的格律问题,指出"绝对的写实主义便是艺术的破产","世上只有节奏比较简单的散文,决不能没有节奏的诗",他主张"节的匀称和句的均齐",他明确倡导诗的"音乐的美(音节)""绘画的美(辞藻)"和"建筑的美(音节)"。⑱为了证实他的主张,闻一多推出了示范式的作品:《死水》。

从"唯白话"到"唯诗",历史走了一百年也没有走到。几代人为了恢复"调和的声音"在诗中的应有地位而进行着艰苦卓绝的努力。其间有创造社后期的一班人,"新月"的同仁,后来的卞之琳、何其芳和臧克家,直至当代痛感自由诗"无边的自由"而导致的诗歌语言的鄙俗化的人们,要是再把20世纪40年代至50年代陆续"倡导"的"民歌化"加上去,那么,这种寻求可真有点"前仆后继"的壮观。当诗歌流同于口语和散文,当诗歌失去了节律和音韵所赋予的歌唱的美感,诗歌还存在吗?一百年未曾回答,一百年仍然等待回答。

推进一体化

诗歌始终独立地生存着,一个王朝的消失并不意味着诗歌的消失,同样道理,一个王朝的建立,也未必意味着一个诗歌时代的新生。尽管中国诗史往往会以"唐诗""宋词""元曲"等朝代予以命名,但事实是,诗歌有它自己从诞生到极盛的生长周期,它并不与朝代的更迭同步。唐朝消失了而唐诗依然活着。话说回来,从中国诗歌发展的事实看,一个时代的政治、经济、文化也无不隐潜地、同时也是间接地影响着(甚至一定程度地决定着)诗歌的生态。最明显的如唐、宋,还有晚清和近代,前者已为历史学家和文学史家所充分描述,而后者,正在受到注视。

其实所谓的"辛亥以来的大事",正是指的中国新诗运动的产生与它所处的时代的决定性的影响。近代以来的诗歌巨变,是应动乱而多变的时代呼唤而诞生的。在此时,诗歌可谓是"临危受命",它不适当地承担了救国救民的重任。无独有偶,到了20世纪四五十年代,一个大变局又把诗歌从"边缘"推到了"中心"。也许是由于战争的需要,也许是一种植根于意识形态的对于乡村文明的迎合,决策者大力号召文人的诗通往民间的结合与改造。在"喜闻乐见"的标榜下,新诗的民歌化成为一种主流的导向。当年一场范围宏大的辩论,其论题就是"新民歌有没有局限性",所谓的"新民歌",指的就是当日被推为"共产主义方向"的"大跃进"民歌。这种基本属于七言四句的体式,它是否存在局限性,乃是一个陈旧的话题,已经不用"讨论",而人们依然陷于无尽的纠缠之中。

一个新政权的确立,有强势的行政力量推进并实现文艺(包括诗歌)的大一统。它希望创立一种与意识形态相一致的文学(诗歌)形态,特定的时代致力于推进颂歌体制的建立。在逐渐完善的"设计"中,这种诗歌从方法、形式、风格乃至用语渐趋一律化,其理论资源则是如下两点:第一,这是一种革命的现实主义与革命的浪漫主义相结合的诗歌;第二,这种诗歌是建立在民歌与古典诗歌的基础上的。大一统的诗歌冷淡并排斥"五四"新诗形成的自由传统。他们确认这种诗歌应成为现行生活秩序的肯定与歌颂的"唯一正确"的方式。

诸多事实都在证明这种意愿正在逐步成为事实。此前,在中国西北出现了一首仿照民歌体的叙事长诗,一时被树为"方向"。论者称:"革命的文艺如果不学会自己的民族形式,即劳动人民所喜闻乐见的形式,那怕内容很好,就不可能在几万万人的头脑里把旧文艺的影响打倒、肃清。"㊾随后又兴起一种时尚叫"三面红旗"(总路线、"大跃进"、人民公社),于是呼唤并制作了"大跃进民歌",据说也是新方向。论者称:"他们唾弃一切妨碍他们前进的旧传统、旧习惯。诗歌和劳动在社会主义、共产主义新思想的基础上重新结合起来,正是在这个意义上,新民歌可以说是群众共产主义文艺的萌芽。这是社会主义新时代的新国风。"㊿这些,都是为一种统一的诗歌所作的舆论准备,目标是建立和推进一种排他的、单一的、大一统的诗歌工程。

"大跃进民歌"运动是致力于诗歌一体化的一次最集中的表现,号召举国上下"人人是诗人",其结果是人人都用同样的词汇写同样的诗。事情开了头,接着就有无尽的跟进。到了"史无前例"的年月,诗歌在完成一体化的同时也走到了它的尽头。在"史无前例"的年代,诗歌被用来反复地、不厌倦地歌颂同一件事物、同一个人,表达同一个主题,而所有的颂歌使用的也都是同一种词语,同一种比喻,同一种调门。这一切证明,诗歌已经走向"断头路"。除非另辟蹊径,前面已无路可走。

然而,就在这绝望的时刻,诗歌表现了它的忘情的生命力,诗在萌动着,在冰雪覆盖的荒原上,诗歌的春天在悄悄孕育。一旦环境改变,自由的空气从敞开的窗口吹进来,诗歌新生的芽孢就开始迸发。幸存者们,从流放地一身褴褛、一身伤痕地归来;那些被剥夺了青春和阅读的青年,带着他们在"知青点"昏黄的油灯下写在笔记本上诗稿归来。在远离家乡的荒原边地,他们隐秘地传递着那些不被允许的阅读,抄家残存的诗集以及专供批判用的"封资修"书籍,成为一代人极度饥饿、极度贫乏中的精神"补给"。就这样,他们在地下状态下秘密的写作,终于接续了割断的文脉,他们接续了中断了的"五四"自由歌唱的传统。

破冰之旅

时机终于来到,20世纪70年代后半叶,持续了十年之久的空前动乱终于结束。那一年,十月的阳光分外明亮,人们打开久闭的门窗,让清新的空气吹进来。如同一百年前的际遇那样,在迎接阳光的同时,迎接了一个百年来的另一件"大事"——这当然不是别的,仍然是诗歌。在秋阳灿烂的北京街头,具体说在当年北京的西单"民主墙",在众多的关于"民主自由"的言说中,赫然出现的是诗歌庄严的宣告。

历史终于给了我们机会,使我们这代人能够把埋藏在心中十年之久的歌放声唱出来,而不致再遭到雷霆的惩罚。我们不能再等待了,等待就是倒退,因为历史已经前进了。

马克思指出:"你们赞美大自然悦人心目的千变万化无穷无尽的丰富宝藏,你们并不要求玫瑰花和紫罗兰散发出同样的芬香,但你们为什么却要求世界上最丰富的东西——精神只能有一种存在形式呢?我是一个幽默家,可是法律却命令我用严肃的笔调。我是一个激情的人,可是法律却指定我用谦逊的风格。没有色彩就是这种自由唯一允许的色彩。每一滴露水在太阳的照耀下都闪耀着无穷无尽的色彩,但是精神的太阳,无论它照耀着多少个体,无论它照耀着什么事物,却只准产生一种色彩,就是官方的色彩!精神的最主要的表现形式是欢乐、光明,但你们却要使阴暗成为精神的唯一合法的表现形式;精神只准披着黑色的衣服,可是自然界却没有一枝黑色的花朵。"四人帮的文化专制主义就是只准精神具有一种存在形式,即虚伪的形式;只准文坛上开一种花朵,即黑色的花朵。而今天,在血珀中升起黎明的今天,我们需要的是五彩缤纷的花朵,需要的是真正属于大自然的花朵,需要的是开放在人们内心深处的花朵。㉛

这是一纸诗歌新生的宣言书,也是一纸声讨文化专制主义的义正词严的檄文。在如上的一段话里,它引用了马克思对于当年普鲁士报刊审查制度的严词驳斥,在特殊的年代,这些引用具有鲜明的自我保护的用意,无疑也是睿智地选择了有力的批判的角度。诗歌就这样与奔涌而至的思想解放的大潮紧密地联系在一起。这仿佛就是距今大约一百年前"五四"新文化启蒙运动情景的重演。历史就是如此多情,它会在行进的某一个时段以特殊的方式唤起人们的记忆,而且不失时机地重现它近似的场景。毫无疑问,《今天》为我们带来了中国诗歌复兴的新信息,也带来一场空前激烈的诗学论争。此事也是历史对人们多情的提示,它同样要我们不忘距今大约一百年前伴随着新诗诞生的那场激辩。

对于朦胧诗在70年代末的崛起,如今的中国诗歌界已经作了充分的论证,对它的价值与贡献,也作了恰如其分的评价,已经没有必要重复了。事情也许就是如此,朦胧诗的出现带来了一场巨大的诗学革新的风暴。一方面,它扫荡了把诗歌引向愚昧而偏执的时代氛围;另一方面,它以自由而新鲜的写作修复了当代诗歌与"五四"传统的历史性断裂。而更重要的贡献则在于它改变了由于特殊的战争环境以及意识形态的需要所形成的排他的一体化格局。

盗火者从奥林匹斯山上盗来了光明的火种,它点燃了中国诗歌被尘封的创造热情。它犹如一柄斧斫,无畏地在坚冰之上打开一道裂缝,让那些盈盈春水喷涌而出,不仅是现代主义或象征主义的潮流,而是一种空前的思想艺术的大解放!它提醒我们重新认知,诗歌不仅是大众的,更是个人的,离开个人自由心灵的独特创造和独特表达,诗歌几乎就无法到达通往大众并唤起大众的目的。正如前引马克思所形容的,每一滴露水在太阳的照耀下都闪耀着无穷无尽的色彩,自然界不存在一种黑色的花朵,也不存在唯一的一种花朵,而是存在着千姿百态的、无穷无尽的、色彩缤纷的花朵。朦胧诗的崛起宣告了诗歌恢复它的自然生态时代的到临:"从星星的弹孔中 将流出血红的黎明。"㉒

2016年12月31日于北京大学采薇阁

原载《北京大学学报》2017年第3期。

注　释

① 中国新诗的纪元从何年算起,迄无确论,这里的"1916"只是个约数。朱自清在《中国新

文学大系·诗集》导言中说:"胡适之氏是第一个'尝试'新诗的人,起手是民国五年七月。新诗第一次出现在《新青年》四卷一号上,作者三人,胡氏之外,有沈尹默、刘半农二氏;诗九首,胡氏作四首,第一首便是他的《鸽子》。这时是七年正月,他的《尝试集》,我们第一部新诗集,出版是在九年三月。"朱自清未提及的另一个年份是1917年2月即《新青年》2卷6号,这一期刊物发表胡适的八首白话诗。这样一排列,试验新诗的年份分别为,胡适起手试验新诗的民国五年,是1916年;《新青年》2卷6号发表胡适诗八首,是1917年;《新青年》4卷1号正式发表三人诗作的年份民国七年,是1918年。这些年份,都可视为百年新诗的发端之年。胡适在《尝试集》自序中介绍说,他在美国留学期间,民国四年即1915年开始,就与友人梅光迪等讨论新诗革命的问题:"百年未有健者起,新潮之来不可止。文学革命其时矣!吾辈势不容坐视。"胡适著名的诗学主张"诗国革命何自始?要须作诗如作文",也是这一年写给友人任叔永的。

② 胡适《谈新诗——八年来一件大事》,《星期评论》"双十节纪念号"第五张,1919年。
③ 罗门《麦坚利堡》。
④ 谭嗣同《有感一章》。
⑤ 见姜涛《中国新诗总系 1917—1927》导言,人民文学出版社,2010年9月,第2页注1。
⑥ 梁实秋《新诗的格调及其他》,《诗刊》创刊号,1931年1月20日。
⑦ 费正清、刘广京编《剑桥中国晚清史》下卷,中国社会科学出版社,1993年,第6—7页。
⑧ 鲁迅《狂人日记》,《鲁迅全集》第一卷,人民文学出版社,1959年,第12页。
⑨ 鲁迅《呐喊·自序》,《鲁迅全集》第一卷,第5页。
⑩ 黄遵宪《人境庐诗草》自序,古典文学出版社,1957年,第1页。
⑪ 梁启超《论小说与群治之关系》:"欲新一国之民,不可不先新一国之小说。故欲新道德,必新小说;欲新宗教,必新小说;欲新政治,必新小说;欲新风俗,必新小说;欲新学艺,必新小说;乃至欲新人心,欲新人格,必新小说。何以故?小说有不可思议之力支配人道故。"此文原刊1902年11月14日《新小说》第1号。
⑫ 梁启超《夏威夷游记》,《饮冰室合集·文集之二十二》,上海中华书局,1936年。
⑬ 梁启超《晚清两大家诗钞》题辞,作于1920年10月。见《饮冰室合集·文集》第15册。
⑭ 陈独秀《文学革命论》,此文作于1917年2月1日,原载《新青年》2卷6号。
⑮ 胡适《谈新诗——八年来一件大事》。
⑯ 俞平伯《白话诗的三大条件》,见《新青年》第6卷第3号,1919年3月15日。
⑰ 见沈德潜《古诗源》。宍,古肉字。
⑱ 《诗经·采薇》诗句。
⑲ 曹操《短歌行》。

⑳ 嵇康有《幽愤诗》。《古诗源》："叔夜四言,时多俊语。不摹仿三百篇,允为晋人先声。"
㉑ 《古诗源》："阮公咏怀,反覆零乱,兴寄无端,和愉哀怨,杂集于中,令读者莫求归趣,此其为阮公之诗也。必求时事以实之,则凿矣。其原自《离骚》来。"
㉒ 陶潜《归田园居》。
㉓ 尚永亮《先秦汉魏六朝诗歌精选·前言》："自东汉至隋,共经历了八个朝代,前人习惯上将之称为'八代'。又因三国之吴、东晋和此后南朝宋、齐、梁、陈均建都长江边上的建康(今南京),故简称六朝。"陕西师范大学出版社,2009年5月。
㉔ 沈德潜《古诗源》。
㉕ 尚永亮《先秦汉魏六朝诗歌精选·前言》。
㉖ 钱玄同在《尝试集序》中说："西汉末年,出了一个杨雄,作了文妖的'原始家'。这个文妖的文章,专门摹拟古人;一部《法言》,看了真要叫人恶心;他的辞赋,又是异常雕琢。东汉一代,颇受他的影响。到了建安七子,连写封信都要装模作样,安上许多浮词。"原刊胡适《尝试集》,亚东图书馆,1920年。
㉗ 康白情《新诗底我见》,《少年中国》第1卷第9期,1920年3月15日。
㉘ 《尚书·尧典》："帝曰:夔,命汝典乐教胄子……诗言志,歌永言,声依永,律和声,八音克谐,无相夺伦,神人以和。"由此可知,此说大抵始于周代,后屡见于《庄子》《荀子》诸典籍。朱自清认为是中国诗学的"开山纲领"。
㉙ 《论语·为政》。
㉚ 《礼记·经解》。
㉛ 《论语·季氏》："(子)尝独立,鲤趋而过庭。曰:学诗乎？对曰:未也。不学诗,无以言。鲤退而学诗。"
㉜ 《论语·阳货》。
㉝ 见注㉘。
㉞ 见注⑮。
㉟ 胡适说："我所知道的'新诗人',除了会稽周氏兄弟之外、大都是从旧式的诗、词、曲里脱胎出来的。沈尹默君初作的新诗是从古乐府化出来的。……此外新潮社的几个新诗人,——傅斯年、俞平伯、康白情,——也都是从词曲里变化出来的、姑他们初做的新诗都带着词或曲的意味音节。此外各报所载的新诗、也有很多带着词调的。"《谈新诗》。胡适认为这些带着"词调"的是"一半词一半曲的过渡时代"。
㊱ 朱自清《中国新文学大系·诗集》导言。
㊲ 沈尹默《月夜》,见《新青年》第4卷1号,1918年1月15日。
㊳ 周作人《小河》,原载《新青年》第6卷2号,1919年2月15日。

㊴ 俞平伯《冬夜》自序,1923年1月25日。引自黄礼孩、陈陟云主编《新诗90年序跋选集》,《诗歌与人》杂志社,2009年。

㊵ 郭沫若《凤凰》序。出处同前注。

㊶ 郁达夫《女神之生日》,《时事新报·学灯》,1922年8月2日。

㊷ 闻一多《"女神"之时代精神》,《创造周报》第4号,1923年6月。

㊸ 艾青《诗论·诗人论》,三户图书社,1941年9月。

㊹ 以上分别是艾青《太阳》和田间《自由,向我们来了》的诗意。

㊺ 2016年10月20日,腾讯文化王晟发自巴黎,参见网页地址 https://cul.qq.com/a/20161020/005990.htm。

㊻ 随后新华社证实,此消息不确。鲍勃·迪伦于诺奖公布后确曾长达十多日未公开表态,被视为"无礼和自大"。2016年10月28日他电话回应说:"太棒了,难以置信。"

㊼ 《礼记·乐记》。

㊽ 这里的叙述参看了尚永亮为《诗韵华魂·先秦汉魏六朝诗歌精选》所作前言。引号内引文见《宋书·谢灵运传论》。

㊾ 唐人殷璠有关《河岳英灵集》的论评。

㊿ 刘半农《初期白话诗稿》序。原话是:"那一个时期中的事,在我们身当其境的人看去似乎还近在眼前,在于年纪轻一点的人,有如民国元二年出世,而现在在高中或大学初年级读书的,就不免有些渺茫。这也无怪他们,正如甲午戊戌、庚子诸大事故,都发生于我们出世以后的几年之中,我们现在回想,也不免有些渺茫。所以有一天,我看见陈衡哲女士,向她谈起要印这一部诗稿,她说:那已是三代以上的事了,我们都是三代以上的人了。"星云堂书店,1933年。

㉛ 毛泽东《关于诗的一封信》,《诗刊》创刊号,1957年1月25日。

㉜ 闻一多《诗的格律》,《晨报副刊·诗镌》第7号,1926年5月13日。

㉝ 引文见史美泗《日记摘抄》,《太学余音》,第155页。

㉞ 胡适《谈新诗》。

㉟ 其间,郭沫若《论节奏》发表于《创造月刊》第1卷第1期,1926年3月16日;穆木天《谭诗》、王独清《再谭诗》亦发表于同期刊物。这是一次新诗实践者密集而深入地讨论诗歌艺术的聚会。

㊱ 朱自清语,见《中国新文学大系·诗集》导言。朱自清说:"十五年四月一日,《晨报诗镌》出世,这是闻一多、徐志摩、朱湘、饶孟侃、刘梦苇、于赓虞诸氏主办的。他们要'创格',要发见'新格式与新音节'。"

㊲ 饶孟侃《新诗的节奏》,《晨报副刊·诗镌》第4号,1926年4月22日。

(58) 闻一多《诗的格律》,《晨报副刊·诗镌》第7号,1926年5月13日。

(59) 陆定一《王贵与李香香》序二,东北书店1946年11月出版,生活·读书·新知联合发行所1949年8月又版。

(60) 郭沫若、周扬《红旗歌谣》编者的话,红旗杂志社1959年9月。

(61) 《今天》编辑部《致读者》,《今天》第1期,1978年12月。

(62) 北岛《宣告》。

曹禺剧作漫评

孙庆升

一、从《雷雨》谈起

曹禺的处女作《雷雨》,写于1933年,发表在1934年,演出在1935年①。到了这一年,《雷雨》才蜚声剧坛,曹禺才为人所知。应该说,最先懂得曹禺的是巴金。他是《雷雨》的第一个热心的读者,由于他的独具慧眼,《雷雨》才得以在《文学季刊》上发表。当然,从根本上说,"《雷雨》是靠着它本身的力量把读者和观众征服了的"②。当《雷雨》在东京演出后,立刻引起了广泛的反响。日本《帝大新闻》曾发表专论,认为中国戏剧已经跨越"梅兰芳"阶段,进入了一个新时期。正在东京的郭沫若曾著文称它为"一篇难得的优秀的力作"③。在天津演出后,刘西渭(李健吾)称赞它"不失其为一出动人的戏,一部具有伟大性质的长剧"④。他们都正确肯定了《雷雨》的成就和地位。在经过长时间舞台实践的考验后,今天我们更可以看出《雷雨》在话剧史上的重要意义。

在《雷雨》以前,中国话剧虽然已经有了四分之一世纪的历史,但"把创作剧本约略数数看,大大小小的总共算来,却数不出三十个单行本,剧本写作者和导演者,也还不到三十人"⑤。刘西渭曾感叹"我们有悲欢离合,我们没有戏剧"⑥,意在说明,当时的话剧不仅数量少,而且普遍缺乏戏剧性。我们不妨把《雷雨》以前的话剧历史概括成两个阶段:从1907年第一个话剧团体"春柳社"成立到"五四"运动以前是第一阶段。严格说来,这一阶段虽有话剧而无话剧作家。当时演出的剧目不是翻译的外国故事,就是改编的传统故事,没有真正的话剧创作。"五四"以后到三十年代初是第二阶段,这一阶段虽有话剧作家而无成熟的话剧作品。除丁西林、田汉等少数剧作家的作品外,一般的剧本要么题材陈旧,脱不出移植、改编的窠臼;要么形式呆板,突不破平庸单调的旧框。话剧成了缺乏戏剧性的对话体故事,既不能同小说争夺读者,也不能同戏曲争夺观众,话剧创作远远落后于小说和新诗。进入三十年代,由于左翼戏剧运动的兴起,话剧创作的题材有了新的开拓,反映工农生活和小市民阶层生活的社会现实题材大为增加,但艺术上流于公式化的居多,有"话"无"剧"又成了较为普遍的现象。它说明中国话剧还处于初期发展阶段。《雷雨》的出现,开始改变了话剧的历史进程,开创了一个新时期,是话剧走向成熟的一个标志。《雷雨》既不同于"五四"时期的移植改编,又不同于三十年代初期的简单说教,它把现实的生活内容同崭新的戏剧形式很好地结合起来,成为一部空前成功的佳作。黎烈文说:"说到《雷雨》,我应当告白,亏了它,我才相信中国确乎有了'近代剧'。"⑦荒煤说:"像那种磅礴的气派,那种熟练的技巧等等,出现在中国剧坛上,简直可以说是第一次!"⑧

　　《雷雨》创造了好几个"第一次"。它第一次把希腊悲剧的模式和易卜生以来近代剧的结构技巧结合起来,写出了激动人心的中国式的悲剧。《雷雨》的活动空间是周、鲁两个家庭,而发生纠葛的时间前后延续三十年。作者成功地运用了回忆式(锁闭式)的结构,通过"序幕"和"尾声",把"过去的戏剧"同"现在的戏剧"结合起来,用"过去"推动"现在"的发展,从而表现了长时间多方面的丰富复杂的生活内容。它第一次成功地运用了"三一律"(当时的剧坛对"三一律"并没有运用得很好),把强烈的戏剧冲突和复杂的人物关系纵横交错组织成一个统一体,围绕一个中心事件,展开矛盾冲突,在有限时间内迅速把冲突推向高潮,产生强烈吸引人的艺术效果。曹禺为了安排人物之间的复杂关系(他们之间不仅有血缘纠葛,而且具有社会性的矛盾)和合理安排矛盾冲突的发展,几乎酝酿了五年(包括总体构思)。当时,还没有一部话剧作品有着《雷雨》这样复杂尖锐的冲突和统一严谨的结构。它对轻视艺术构思的戏剧界现状,无疑是一次有针对性的突破。《雷雨》还第一次成功地运用了"发现""突转"等技巧,较好地处理了偶然性与必然性的关系。曹禺说"一部《雷雨》全都是巧合"⑨,但不给人以虚假之感,相反,却产生了真实感人的艺术效果。其原因就在于作者善于通过偶然性的情节,表现出符合生活真实的必然性内容。

四凤重蹈鲁妈三十年前不幸遭遇的覆辙是偶然的,但作为旧社会的劳动妇女,遭受悲苦的命运则是必然的。四凤同周萍作为兄妹不期而遇的恋爱是绝无仅有的,但阔公馆里的使女遭受少爷的欺骗玩弄则是屡见不鲜的。把看来似乎离奇、不合情理的事件写得有声有色和逼真动人是曹禺的本领。《雷雨》还是中国第一部可演四小时以上的话剧作品。它在我国话剧由独幕到多幕,由小型到大型的发展过程中具有里程碑的意义。《雷雨》以前的话剧,包括多幕剧一般都是短剧。侯曜的《复活的玫瑰》名为五幕剧,实为五场,不过是一部较长的独幕剧。曹禺开了长剧的先河。犹如听惯了单首歌曲,再听交响乐,给人以气势雄伟之感。以上所有这些,都是我国过去话剧所没有达到的。《雷雨》正是依靠这些不同于过去的新鲜感,征服读者和观众的。

《雷雨》的成功,绝不仅是艺术技巧上的,还包括思想内容的进步性。《雷雨》的故事不是无足轻重的家庭琐事,它通过周、鲁两个家庭的变迁和种种矛盾关系的揭示,实际上反映出那个时代的某些侧面,反映了现实的社会阶级关系的某些本质方面。以周朴园为代表的封建资本家是凶残专横的,但历史的发展日益证明这个阶级面临着深刻的危机。他的威严不断受到了挑战:繁漪再也不愿成为家庭的玩偶,周冲也不是克绍箕裘的孝子;在家庭外,周朴园正遭到日益高涨的工人运动的反抗,而他对鲁妈的始乱终弃也受到心灵上的谴责和道义上的审判。周朴园处在多方面的夹击下,终将落到孤家寡人的可耻境地,这个把灾难加在别人头上的人,自己也将灾难临头。埋葬周朴园的人,必将是那些遭受周朴园压迫侮辱的人。这里尤其值得注意的是工人鲁大海的出现,就形象来说,比起作者更熟悉的人物也许显得有些概念化,但比起同时代一些作品中的工人形象又显得颇有光彩。他对资本家的认识,他的坚强斗争的性格,都是工人阶级所具备的本质特征,连国民党要人郑学稼也看出鲁大海"象征着一个红色的信号"[⑩]。这一形象的出现,表明工人运动和左翼文艺运动对作者的直接影响,使描写家庭悲剧的《雷雨》突破了家庭的范围,接触到了尖锐的社会斗争问题,有着很强的现实意义。

《雷雨》是曹禺的处女作,但却是一部相当成熟的作品,是一部具有思想的进步性与艺术的独创性的作品。它在我国现代文学史上产生了深远的影响,成为许多年轻剧作家学习借鉴的榜样。

二、不断创新的尝试

　　以曹禺的才能和素质,本可以沿着《雷雨》开始的业已成功的路子走下去,写出第二部第三部《雷雨》式的作品,但作家没有这样做。是什么原因促使作家改变方向,另辟蹊径呢？是作家的美学理想,是对艺术的创新要求,是对戏剧各个领域深入探索的雄心壮志。曹禺说:"我一直认为,无论写什么戏,下一个一定要和上一个不一样。"⑪ 这种"不一样",主要不是就题材内容说的,而是就风格样式说的。因此,他不满足已有的成功经验,不断开拓新的领域,继《雷雨》之后奉献给剧坛的,都是异于《雷雨》的不断创新的尝试。

　　茅盾在评论鲁迅的《呐喊》时指出:"鲁迅君常常是创造新形式的先锋;《呐喊》里的十多篇小说几乎一篇有一篇的新形式。"⑫ 曹禺在1949年之前创作的十来个剧本也可以说一个有一个的新形式。《日出》同《雷雨》就有很大的不同。作家有意舍弃《雷雨》中所用的结构,不再把戏集中于几个人物身上,而是用"片断的方法","用多少人生的零碎来阐明一个观念"。⑬ 作家曾把它比作是"一种用色点点成光影明亮的后期印象派图画"⑭。《日出》的这种尝试同样获得了成功。在某种意义上说,《日出》成功的难度更大。因为以情节见长的戏剧,可以通过强烈的冲突,巧合的事件,容易把人物写活,也容易取得剧场效果;而不以情节见长的戏剧,只能通过平常的生活,在相对静态中写人物,这就要求作家对人物性格有更多的了解和更好的把握,并且要善于在平静恬淡中升华为强烈的戏剧动作,才能收到好的戏剧效果。这几点曹禺都做到了。《日出》虽然用的是"片断的方法",写的是"人生的零碎",但并不使人感到零散。它以陈白露、方达生两个人物为贯穿线,通过他们的见闻,把"有余者"与"不足者"的社会两极,形象鲜明地呈现在舞台上,使整个剧情的进展节奏分明,具有连贯性和完整性。尤其值得称道的是第三幕,它所表现的下等妓院宝和下处,既不涉及淫秽,又不展览丑恶,始终同主题的严肃性和剧本的悲剧气氛相协调,收到有力地控诉黑暗社会的艺术效果。

　　在写了《雷雨》《日出》表现都市生活的剧本后,作者把笔锋转向农村,写出了《原野》这样一曲农民复仇的赞歌。《原野》也是悲剧,但又不同于《雷雨》《日出》,而带有较多的浪漫色彩。它的人物性格、复仇方式以及自然景物都具有传奇性。同这一特点相适应,它在形式上又有新的尝试。三幕九景(包括序幕)这种多场景的运用,使生活画面和情节富于变化,戏剧的节奏加快,像电影镜头一样,呈现出某种跳跃性。特别是人物性格与自然景物的交融,直觉与幻象的出现,打破了时空的界限,使过去与现在,阳界与阴界,或同时或交叉出现在舞台上,所有这些方面都丰富了戏剧的表现力。剧本明显地受着奥尼尔的表现主义的影响,从舞台实践的效果看,这次的探求并不全是成功的。《雷雨》《日出》的成功在于各自为自身的内容找到了相应的形式,内容与形式是和谐统一的。《原野》写的是现实的农民对地主复仇的故事,但加上了较多的超现实的传奇色彩,在表现手法上又大量采用了象征手法,制造了一种迷离恍惚的神秘气氛,不能不冲淡作品的现实意义。另外,作为农民形象的仇虎,有着许多非农民的气质,在他的心灵上似乎笼罩着一层永远抹不掉的因复仇所带来的悔恨与痛苦的阴影,这未必是妥当的。

　　既然是创新和探索,就难免有成败得失。可贵的是作者始终没有停止探索的脚步,不管戏剧艺术的道路多么崎岖,他都要奋然前行。《蜕变》是又一部同过去"不一样"的新作,其风格同前几个剧本是迥然不同的。写作《北京人》和《家》时表面看来曹禺似乎回到了《雷雨》的老路,实际上他是在继续进行新的追求。他在《日出·跋》里说,写完《雷雨》后,觉得它"太象戏"了,"我很想平铺直叙地写点东西,想敲碎了我从前拾得那一点点浅薄的技巧,老老实实重新学一点较为深刻的。我记起几年前着了迷,沉醉于柴霍甫深邃艰深的艺术里,一颗沉重的心怎样为他的戏感动着"。这种追求,在《日出》里已见端倪,在《北京人》里则达到了完全的实现。《北京人》是最为接近契诃夫风格的剧本。无论是愫方和文清藏而不露的爱情,还是曾霆和袁圆的两小无猜的嬉戏,以及瑞贞与愫方那种同病相怜、依依不舍的情愫,都充满着浓郁的抒情性和诗一般的韵味。这是一部"含泪的喜剧",也可以说是"悲喜剧"。以《北京人》的题材说,如果把它写成纯粹的悲剧,就会变成对旧家庭没落的挽歌,产生同情不该同情者的艺术效果,这当然不可取。作者对行将灭亡的事物采取了嘲弄、揶揄、讽刺的态度,在笑声里宣布旧制度的死亡,比在哭声中为旧制度送葬要高明得多。1942年写的《家》同《北京人》属于一个类型,但《家》比《北京人》的抒情性又提高了一步,成为一种对诗意的追求。作者的这种追求甚至达到了想写诗剧的程度,以岳飞为题材的《三人行》就是一部诗剧,可惜这部诗剧只写了一场,也未见发表。⑮

曹禺很早就表现出善于处理悲剧题材的本领,但他不满足只是做一个悲剧作家。他要向喜剧、笑剧等领域突进。《正在想》《镀金》是这方面的新收获,表现了作者同样具有高超的喜剧才能。这两个剧本都是独幕剧,又都是根据外国作品改编的,向来不为评论家所重视。实际上这两个剧本的内容和形式,都是现实的民族的,应该看作是创作,正如他改编的《家》是创作一样。《正在想》描写一个变戏法的班主,因戏法生意不好,改演文明戏以招徕观众的故事。据说这个剧本是用来讽刺汪精卫的,但由于表现得含而不露,这个意图很少为人所知。剧本的题材新鲜,形式别致,整个戏是一出"戏中戏"。通过戏与现实的相互交叉组织冲突,这里有"观众"与剧中人的搭话,有剧中人与演员搭话,有演员离开角色,以自己身份互相搭话,有意破坏戏剧表演的原则,人为制造间离效果,造成许多笑料,这是一出相当吸引人的闹剧。这个剧本虽是独幕,但篇幅较长,登场人物大大小小将近二十人,在现代独幕剧中是很少见的。《镀金》虽然也有闹剧成分,但主要是幽默喜剧。它通过马医生和马太太为女儿择婿,写出了小市民阶层的爱慕虚荣和自私心理。马氏夫妇生活并不富裕,但为了让女儿未来的丈夫看得起自己,便想方设法为自己"镀金",谎说女儿能弹琴,会画画,还特意由巴黎请来法国教师……诸如此类的谎言变成了"迷眼的沙子",使赵老先生和夫人,亲自登门为自己儿子求婚。剧本通过笑声对马、赵两家都进行了嘲讽,无论是择婿者,还是求婚者,自欺欺人者,还是受欺者,都在于他们本身的虚荣心。《镀金》的结构紧凑,进展利落,艺术上相当完整,是独幕剧中难得的佳作。

1949年前,曹禺还几次尝试写历史剧,都未能如愿,这方面的空白在1949年后创作的《胆剑篇》和《王昭君》中得到了很好的补偿。

从曹禺多方面的探索看来,他的"戏路"相当宽广。既能写惊心动魄的情节剧,又能写诗情画意的抒情剧;既能写催人泪下的悲剧,又能写令人捧腹的笑剧;既可以写出洋洋洒洒的大型多幕剧,也可以写出精练隽永的独幕剧,绝不墨守成规,囿于一格。他对戏剧艺术的探索和尝试,无论成功的还是不够成功的,都为中国话剧艺术的发展积累了经验。

三、现实主义的胜利

和曹禺同时代的剧作家有些是信奉"为艺术而艺术"的,他们创作的不少剧本,尽管也有某些艺术技巧,但连上演的机会也没有,充其量只能成为一种案头剧,在少数人那里找到知音,不可能在广大群众中引起共鸣。原因就在于这些作品脱离生活真实、脱离社会现实。在中国的土地上,能够受到广大群众欢迎,经得起时间考验,获得艺术生命力的几乎只有现实主义作品(这里并不排斥积极浪漫主义的作品)。值得庆幸的是曹禺的创作一开始就走上了现实主义道路。他对不同题材、体裁、形式、风格的探索,总的看来都没有脱离现实主义轨道。他的创作的成功,首先是现实主义的胜利。

曹禺是一位不妥协的旧制度和旧道德的反抗者,也是一位受压迫受剥削的不幸人们的热情代言人。他的剧作代表了广大人民对专制、压迫、虚伪、堕落的愤恨情绪,也反映了人民群众要求结束不合理的社会制度的强烈愿望。无论他的哪一部作品都找不到纯属个人的小资产阶级感情的自我表现;他的爱憎,他的理想,总是和广大人民息息相通的。他说:"当时大家为什么认为这些作品有些地方还可取呢?大约因为我衷心憎恶的人物,也是当时观众所痛恨的。"[16]这种同人民群众思想感情的一致,从根本上决定了他的作品的现实主义精神。

《雷雨》是一部家庭悲剧,生活面并不宽广,而且作者还说过"我并没有显明地意识着我是要匡正、讽刺或攻击什么"[17]。由于他同人民群众立场的一致,实际上他是用同人民一样的被抑压的愤懑,"毁谤着中国的家庭和社会","暴露大家庭的罪",[18]其现实主义精神是不容置疑的。

《日出》比起《雷雨》又有进展。它的视野扩大了,对现实的理解更深了,为我们提供了一幅半封建半殖民地都市生活的光怪陆离的图画。其中充满着官僚买办资产阶级对劳动群众的欺凌迫害,也充满着资产阶级内部的奢侈糜烂和尔虞我诈,相当深刻地揭示了以金钱为中心的社会黑暗和罪恶。写《日出》时,作者有了比写《雷雨》时更为明确的写作动机。他说:"我要写一点东西,宣泄这一腔愤懑,我要喊'你们的末日到了!'对这帮荒淫无耻、丢弃了太阳的人们。"⑲可以看出,作者对他所憎恶的旧社会旧制度,采取了势不两立的彻底批判态度。

诚然,这两个剧本都没有直接反映当时出现的重大历史事件,也看不出"九一八"事变后民族危机日益加深时期的"国难的痕迹"⑳。但是不是因此就说它们不是现实主义的呢?当然不能这样说。《雷雨》和《日出》取材虽然不是当时正在发生的重大事件,但却是那个时代存在的社会生活。1931年后时局虽然发生了重要变化,作家能及时地敏感地表现民族危机的时事固然很好,但在变化了的时局中,仍然存在着民族内部的阶级对立和新旧事物新旧思想的对立,存在着善与恶、美与丑、真与假的对立,存在着光明与黑暗的搏斗,正确地描写这些社会生活常态,同样是现实和革命斗争所需要的。究竟选取哪种题材最终决定于作家的生活积累和思想艺术修养水平。茅盾的《子夜》是为了配合中国社会性质的论战,为了回答托派的谬论而写的,但却成了中国现代文学史上少有的杰作。《雷雨》《日出》《北京人》没有有意地去配合什么,也是杰作。因为它们的内容都来自那个时代的现实,都适应了新民主主义革命的要求,因而都是具有鲜明的时代精神的现实主义作品。

题材的直接现实性不等于主题思想的正确性,也不等于反映现实的深刻性,关键要看作者反映的现实是否符合生活的本质。恩格斯说:"据我看来,现实主义的意思是,除细节的真实外,还要真实地再现典型环境中的典型性格。"㉑从题材的角度看来,《蜕变》是曹禺剧作中最为现实的,它通过一个伤兵医院的变化,写出民族战争中的"蜕旧变新"的过程。作品中洋溢着爱国热情和对不良社会风气的痛恨之感,表达了作者可贵的政治热情。但这部直接描写抗战现实的作品,按照恩格斯上述论断看来,并不是充分现实主义的。作者和当时的许多作家一样对形势的估计过于乐观。抗战初期出现的某些"新气象"只是一时的生活表象,并不代表生活的本质。作家着力刻画的革新派人物丁大夫以及她的支持者梁专员的崇高精神,是只有共产党员才具有的,这在国统区这种典型环境中是不典型的。梁专员作为单个的人,也许可以表现出某种善良的品质和作为,但在国统区这一特定环境下,他的行动不能不受到各种限制,像剧本所描写的他的改革措施如此畅行无阻就有些不可信了。尽管孤立看来作者提供给我们的人物形象很高大，但经不起思索，形象本身具有的某些感人力量被读者可能产生的疑问抵消了。人们会想到：一个腐败的政府，只要有几个贤明官吏，也可以"蜕旧变新"。正因为如此，一些"政府人士"也在一定程度上欢迎《蜕变》。但《蜕变》的前半部，即国民党统治下的伤兵医院"蜕变"以前的描写是符合生活真实的，使观众具体认识到周围环境的黑暗和腐败，而结束腐败现象，也是观众的愿望所在，因而《蜕变》的演出仍然受到观众的欢迎。至于蒋介石、张道藩曾一度责难和干涉《蜕变》的演出，那是因为有了"红兜肚"的缘故。

抗战胜利后，曹禺写了《桥》。剧本以抗战时期大后方某地的钢铁公司为背景，写出资产阶级中的两类人物：一是以总经理沈蛰夫和前任董事长凌光斗为代表，他们从爱国立场出发，努力克服困难，振兴工业；一是以现任董事长何湘如及其秘书卢仲由为代表，他们依附于反动政府，以发展工业为名，行发国难财之实。作者看到了民族资产阶级与官僚资产阶级中的不同表现和特点，写出了他们之间的矛盾和斗争，并对他们分别采取不同的态度，这在曹禺创作道路上无疑是一个进步。沈蛰夫的形象较之茅盾的《清明前后》中的林永清似乎更有光彩。可惜，这个剧本只发表了两幕，作者因赴美讲学而中断写作。单就已完成的两幕来看，作者已经塑造了几个性格相当鲜明的形象，如秉性率真、嫉恶如仇的归侨厂长古恭宪，风趣幽默的炼铁厂主任吴天长，逢迎巴结的地主杨味斋等都相当出色。《桥》中已经见不到了《蜕变》中出现的脱离典型环境的人物，每个人物都有充分的现实根据，说明作者在掌握现实主义创作方法上的进步。

曹禺剧作的现实主义前后经历了不同的发展变化。写《雷雨》时，作者比较冷静、客观，但从根本上说，曹禺不是现实的消极反映者，而是现实的积极干预者。从《日出》开始，他对黑暗现实就不单单是揭露和抨击（如果仅止如此，他就是一个批判的现实主义者），而是把批判与追求、抗议与同情、揭露与赞美结合起来，形成了鲜明的倾向性。他不仅揭露现实，而且有对现实的评价；不仅评价现实而且预示将来，追求理想。孟实（朱光潜）曾把这种态度称作是不应该有的"'打鼓骂曹'式的义气"[②]。实际上，这正是现实主义作品不可少的思想倾向性。现实主义不是客观主义，它应当也必须评价生活，应当有作者的观点。曹禺剧作的倾向性是鲜明的,但很少概念化;只是有时喜欢在现实生活的描写外,加上一点观念的东西,出现一些象征性的形象,但绝不是说教。在他的剧本里找不到作者的直接代言人,他的愤怒,他的不满,他的理想总的说来都是通过具体形象自然流露出来的。思想与形象的紧密结合,正是曹禺剧作的特点。但为什么还会使人感到有一种"义气"呢?这是因为作者的爱憎感情强烈,字里行间流露出不可遏制的激情,仿佛在作品的人物之外还有作者自己。由于富有激情,就使曹禺的作品虽凝重深沉而不悲观,即使像《雷雨》这样充满郁闷压抑气氛的悲剧,也有天性未失的周冲和敢于反抗斗争的鲁大海,仍然给人以希望,并不令人沮丧。对理想的追求,对光明的向往,也使曹禺剧作的现实主义增添了浪漫主义色彩。曹禺在谈到契诃夫时曾说"他的剧作在悲哀中孕育着希望,用对黑夜的挽歌来迎接光明"[23]。这句话用来说明曹禺1949年前的剧作也是基本合适的。

四、冲突、场面与结构

曹禺的剧作,不管是何种题材,哪种类型,几乎都有戏,即使不完全成功的作品也有某些足以吸引人的艺术性。究竟戏从何来,吸引人的秘诀在哪里?这是很值得探讨的问题。

人们都称赞曹禺剧作结构的艺术,我认为结构手法高超是曹禺创作吸引人的重要原因之一。侯金镜同志在谈到戏剧性时说过:"这个人物和那个人物的性格在特定的场合和事件中发生了关系,以至发生了冲击,戏剧结构的基础大约就有了。剧本中所有的人物和情节、故事的主线和次线都直接间接地被性格(的动作性)的关系以及相互间的冲击贯串起来,就有可能成为一个好戏。"[24]这里指出"成为一个好戏"的条件至少有两个:一是写出人物之间的性格冲突,二是把这些冲突按一定的结构方式贯串起来。几乎没有一个戏剧家不了解冲突的重要性,但并非每一个戏剧家都能写好冲突。在舞台上,我们看到过"争吵",但这不一定是戏剧冲突,我们也看见过"械斗",但也不就是戏剧冲突。吸引观众的冲突绝不是那种脱离生活真实,人为制造出来的纠纷,也不是单纯的思想分歧和对某些问题滔滔不绝的争辩。真正的戏剧冲突必须是同人物性格相联系的心灵的交锋和意志的较量。曹禺剧作正是以鲜明的人物性格的对立和斗争迸发出冲突的火花,从而吸引观众注意的。狄德罗说:"不要让任何人物企图达到他的意图而不与其他人物的意图发生冲突;让剧中所有人物都同时关心一件事,但每个人各有他的利害打算。"㉕《北京人》中文清与愫方暗中相爱,不能不警惕着另一方——思懿,思懿为了达到控制文清的目的,也不能不随时提防愫方,他们三方各自为了自己的意图陷于矛盾冲突之中,思懿当着愫方的面逼文清把信退还愫方,是矛盾冲突的一次爆发,此时此刻,三个人物都陷入感情起伏的漩涡,思懿的妒嫉、愫方的尴尬和文清的愤慨都极为强烈,给观众留下了深刻的印象。当然,冲突不一定总是发生在不同人物之间,有时也可以是人物自身的内心冲突。冲突不一定只存在于曲折复杂的情节里,也可以存在于日常生活场景中。从曹禺剧作来看,情节曲折的《雷雨》有着扣人心弦的冲突自不待说,就是以表现日常生活为主的《日出》《北京人》同样存在着激动人心的冲突。例如《日出》中的潘李之争,虽没有刀光剑影,但却有唇枪舌剑,两人之间含沙射影,旁敲侧击,你来我往,真是牵动人心的搏击。要想使戏剧感人就得像这样打开人物心灵的窗户,让人们洞察全部奥秘。曹禺所以能在平凡生活中写出动人的戏剧冲突来,恐怕就在于他肯把力量用在揭示人物性格上来,"写那些叫人揪心的,使人不能忘却的人物"㉖。

　　写好冲突是重要的,安排好冲突更重要。在一部戏剧作品里,"性格的动作性和性格之间的冲击,要在适合的扣子中才能被充分地表现出来,才能形成戏剧的结构"㉗。只有安排好冲突才能使剧情的发展有起伏,有波澜,不断把"戏"推向高潮,自始至终吸引观众。曹禺剧作的冲突一般都是由多组矛盾、多种线索组成的。有人统计《雷雨》有十五种矛盾关系㉘。《北京人》中祖孙三代人之间,以及同代人之间都存在着不同性质的冲突。《日出》就有金八、黑三与小东西之间的迫害与反迫害的冲突;潘月亭、李石清与黄省三之间的解雇与反解雇的冲突;陈白露与方达生之间的"去"与"留"的冲突;以及潘月亭与李石清之间、胡四与顾八奶奶之间明争暗斗、争风吃醋等冲突。但作者很善于把各个冲突用主题思想统领起来,贯串起来,形成一个彼此联系、互相制约的整体。《北京人》的各种矛盾冲突,都在说明封建家庭的腐朽和走向崩溃,《日出》把各种矛盾冲突都引向一个总的目标:"共同烘托出一个主要的角色,这'损不足以奉有余'的社会。"㉙小东西的无辜牺牲,黄省三的家破人亡,李石清的被解职以及潘月亭的破产和陈白露的自杀,根子都在那个大鱼吃小鱼的不合理的社会制度。尽管冲突很多,但由于作家把握住了结构的中心,故能做到多而不杂,繁而不乱,使全剧具有统一性、完整性。

　　曹禺在选择、安排戏剧场面上也表现出很高的艺术造诣,他是一位了解剧场、懂得观众的剧作家。他深知一般观众的心理:"他们要故事,要穿插,要紧张的场面。"㉚这不是迎合观众,而是群众观点。他总是考虑到中国观众的欣赏习惯,力求在自己作品中写出动人的情节和紧张的场面来。试看《北京人》里曾皓中风不语,思懿要把他抬往医院一场,一个死抓住门框不放,宁死不出家门;一个强行把手掰开,硬是把病人抬走。这一紧张场面的背后体现了曾皓与思懿为了争夺家庭统治权和遗产,长期形成的思想不和和尖锐的冲突。曹禺剧作中紧张的场面可以说比比皆是,光是下跪的场面,好几个剧本都写到。如周朴园命令周萍跪在繁漪面前劝她吃药,鲁妈逼四凤跪在地上向老天发誓永不再见周家的人,曾皓给自己儿子文清下跪求他不再吸鸦片烟等。这些紧张的场面都是强烈动作的反映,是同强烈的性格冲突相一致的,因而都具有吸引人的戏剧性。但一部戏剧作品不可能每一场面都有强烈的冲突,场面不可能总是紧张的,有些场面虽不紧张,但却动人,如抒情场面就是。曹禺既善于写紧张的场面,也善于写抒情场面。《日出》中陈白露对逝去的青春的回忆,《蜕变》中丁大夫送别儿子上前线,《北京人》里愫方与瑞贞互相倾诉心曲,都很精彩。像冲突必须表现性格一样,好的场面必须具有动作性。一般说来,外部动作强的往往形成紧张的场面,内心动作强的容易形成抒情场面。感人的抒情场面都是人物内心强烈活动的时刻,因为人物的感情必须达到"饱和"的程度才有情可抒,否则就会欲抒无情。在特定场合下,抒情还会采取自言自语的独白方式表现出来。《家》中觉新和瑞珏的自白就是放在新婚之夜,两人初见,互不了解,关系亲密而感情陌生的特定情境下进行的。可以说,作者选择了一个极好的时机,用一个极好的方式,表现了一个极好的场面。我认为,一部戏剧作品能够提起观众兴趣主要就是靠紧张性和抒情性。有尖锐的矛盾和强烈的冲突,才有紧张性,才能抓住观众;但戏剧毕竟不是惊险杂技表演,不能一味紧张,作者必须善于控制,掌握节奏,张弛交乘,浓淡相宜。悲剧气氛中的喜剧穿插,暴风骤雨后的抒情独白等,同样会引起观众的兴趣,因为紧张性和抒情性都是美,都可以通过美感作用使观众受到艺术感染。

曹禺在选择场面时还有这样的特点:他不热衷于追求宏伟热闹的场面。有时虽也写到嘈杂的声浪(如《日出》第三幕),但那仅仅是为了渲染舞台气氛。曹禺在选择场面时,倒是很注意事件的独特性。由于场面独具特点,故能给人留下难以忘怀的印象,长期留在观众的记忆里。我们看过《雷雨》,具体的对话和细节也许记不得了,但像"吃药""相认""窗""跪誓"等场面还历历在目,清晰可见。这些场面之所以给人以深刻的印象,不仅因为它们都是剧情发展的重要关节,在每一幕里都是小高潮,是走向全剧高潮的基因,而且这些场面同时又是人物"亮相"的好场所,是表现人物性格的好时机。曹禺还善于充分利用每一场面所提供的空间和时间把戏做足,把人物的感情尽可能全部挖出来,并且做到一个场面比一个场面更加深化,使剧情迅速发展。《雷雨》第四幕,四凤要跟周萍出走,开始是四凤说通了周萍,接着又说通了大海,轮到鲁妈时,她坚决拒绝了。因为只有她知道事情的原委,她不能让兄妹俩一同私奔。眼看出走无望了,鲁妈突然改变主意,同意他们出走,条件是走得远远的,永远不再回来。四凤刚要动身,繁漪上场,又开始了一系列阻止出走的动作,她先让周冲劝阻,不成,就当众宣布自己同周萍的隐私,最后又搬出周朴园,终于使隐瞒三十年的真相大白,酿成无可挽回的悲剧。这几个连续性的场面,起伏跌宕,有张有弛,在一件事上表现了这么多人物的冲突,说明作者具有高度概括生活的能力。

曹禺剧作的结构很考究,不只限于安排冲突和场面,诸如开端终局、分幕分场、人物上下、穿插照应等都很有章法,整个布局的起承转合都有精到的设计。这里我尤其欣赏曹禺对"转"的处理。如果四幕剧中的每一幕各自代表起承转合的话,第三幕的"转"似乎比较难写。难就难在它要解决双重任务:一是使第二幕作为上升阶段的剧情继续向纵深方向发展;二是使矛盾冲突开始向不同方向转化,而且必须写出转化的动因和条件。这就要求在前两幕已有的基础上写出新的戏来,而且还不能写尽,还要为最后的高潮和结局留下余地。一般戏剧理论家都认为,不能写好中间几幕戏就不能成为好戏。即使开端和终局写得好,也不可能提起观众的兴趣,因而也就不可能有内容的深度。《雷雨》《日出》刚好都是四幕剧,但第三幕都处理得很好,《雷雨》第二幕结尾,鲁贵、四凤被辞退,似乎戏已停止,但曹禺仅仅换了一个场景,就使戏继续下去,并使剧情大为生色。第三幕,周公馆的三个人物周冲、周萍、繁漪各自带着自己的目的相继来到鲁家,随着他们的到来,戏剧冲突也接踵而来。周冲一方面是受命来向鲁妈送钱,表示他对周家触犯大海、解雇鲁贵的歉意;一方面也是想亲自登门会见他所心爱的四凤。但这一行动不仅遭到鲁大海的奚落和斥责,也引起鲁妈的疑心和警惕,只有爱财如命的鲁贵才感到幸福降临似的得意和喜悦。如果说对周冲到来的不同反应进一步揭示了人物的性格,那么周萍的到来和繁漪的跟踪出现则进一步推动了剧情的进展。它激化了周萍与繁漪之间的矛盾,也激化了周家与鲁家的矛盾。鲁妈从中发现了四凤的隐情,也激化了鲁妈与四凤的母女矛盾。这幕戏既丰富了前两幕的人物性格,也为第四幕全剧高潮的到来和悲剧的结局做了很好的铺垫。《日出》的第三幕,同样改换了场景,不同的是出现了新的人物——翠喜、小顺子等。这一幕既是前两幕的一个发展,又是前两幕的一个对比。由于小东西的自杀,使前两幕开始了的金八、黑三对小东西的迫害这一线索有了结局,而宝和下处同华丽的休息厅两个不同场景的出现,就使同一社会的两极在舞台上展现出来,使"有余者"的天堂同"不足者"的地狱做了强烈对比,共同构成了一幅完整的社会图画。单就结构来说,第三幕同其他几幕的格调不很协调,一、二、四幕是在高级旅馆里展现的,是上层社会人与人之间尔虞我诈、醉生梦死的生活,而第三幕则是在下等妓院里,呈现出下层妇女们的凄惨景象,看来似乎有游离突兀之感。而且这一幕,实际上是把本来作为副线处理的下层社会生活放到了幕前,使正副两条线索做了一次交叉,结构上有主次绞结一起的毛病。故有的导演在上演《日出》时删去了第三幕。但结构不能孤立存在,它必须考虑到整个剧本的主题,从主题的要求看,有这一幕更便于表现"损不足以奉有余"的社会。作者为此加强了幕与幕之间的串联。他让前两幕就出现的方达生来找小东西,让福升和胡四登场,让黑三到宝和下处对小东西继续进行迫害,又通过报童叫卖声把黄省三一家服毒自杀的新闻揭示出来,所有这些都是为了加强与前两幕的照应,加强内在的联系性。这两个剧本的第三幕共同的特点是都变换了场景,扩充了生活画面,都增加了新的场面和情节,都使人物性格得到了进一步的揭示。就是说,都是由于注入了新的戏剧因素而获得成功的。它为戏剧创作提供了很好的经验。

曹禺在安排布局时很注意大处着眼,小处落墨,既能"立主脑",又能"密针线"。他的剧本,场面多,穿插也不少,但能合理安排,使多种线条集中在一个焦点上,这就使他的结构具有既复杂又单纯,既多样又集中,富于变化而又节奏分明的特点。曹禺深知艺术处理上的任何失真和漏洞都是观众所不能容忍的。哪怕一个细节,一句台词不得体,都会引起观众的疑惑,从而也就会分散观众的注意力,影响艺术效果。因此曹禺非常注意事件的衔接和情节的照应,尽量做到无懈可击。凡是观众可能产生疑问之处,他都尽可能做出交代和安排。如《雷雨》第一幕周冲向父亲请求,愿把自己的学费分一部分给四凤,话未等说完,就被周朴园逼繁漪吃药事打断。这件事本来无关紧要,但由于话只说了一半,观众还会关心周朴园究竟是否答应周冲的要求,会留下一个疑问,因此,作者后来又两次提到此事,最后一次竟是第四幕了,可见思考之严密。当然,在严密照应之余,也有某些"过分"之处。如为了写"相认"一场,周朴园让繁漪找雨衣,而且一定要那件旧的,并且不让仆人送去,一定要自己来拿,这就有些令人莫名其妙。这里暴露了若干人为的痕迹,显得不够自然天成。但瑕不掩瑜,这只是个别地方的处理失当。

五、外来影响与民族传统

曹禺剧作取得的艺术成就是多方面的(人物形象的刻画、对话艺术方面的成就本文已无篇幅论及),这同他在生活、思想、创作上多方面的努力是分不开的。在很大程度上也得力于中外古典文艺的熏陶和影响。话剧是外来形式,曹禺所受外国戏剧的影响更多,也更为直接。早在学生时代,曹禺就接触了希腊悲剧。他的《雷雨》在许多方面表现出希腊悲剧的影响。首先,从题材看来,妇女问题、两性关系和家庭问题是希腊悲剧作家,尤其是欧里庇得斯所十分注重的,他是描写家庭悲剧的能手。《美狄亚》所描写的一个热情女子遭到丈夫遗弃,愤而杀死两个孩子的悲剧;《希波吕托斯》所描写的后母向前妻之子求爱被拒绝而自杀的悲剧,或许就是曹禺构思《雷雨》的某种契机。其次,欧里庇得斯剧中所表现的对男子不道德行为的抨击，对妇女不幸命运的同情，很可能也是曹禺思想的一个来源。但影响不是照搬。曹禺剧作都生根于半封建半殖民地的中国社会现实生活的土壤里，它的故事人物和思想首先来自生活，有着鲜明的民族性和时代性。侍萍被周朴园抛弃，非但没有像美狄亚那样，杀死亲生孩子以泄愤，反而更加爱护孩子，忍辱负重，寄希望于未来。侍萍不能说毫无反抗性，但不是美狄亚那样感情激动起来就难以驾驭的西方复仇女神式的反抗，而是不求人怜悯，不要布施，艰苦自立，顽强斗争的一种生活意志，这种反抗方式带着中国劳动妇女的性格特点。同样是后母同前妻之子的爱情纠葛，繁漪同《希波吕托斯》中的淮德拉不同，她既未自杀，也未向丈夫反诬周萍侮辱她，而是以自己的方式为自己争取爱情和生活的自由。她也有嫉妒和怨愤，但从不采取极端手段，只是有节制地发泄，因为她虽接受了某种新思想的影响，但毕竟是一个旧式女子，她的行动不能不受到当时仍在起作用的传统封建思想的规范。繁漪的性格仍是中国民族性、时代性的反映。

曹禺曾说:"读外国剧本、中国剧本，真有好处，人们常说千古文章一大抄，'用'就得抄，但这种'抄'绝不能是人家怎样说你怎样说，而要把它'化'了，变成你从生活中提炼出来的东西。"㉛曹禺对外国作品的借鉴已经达到了"化"的程度。如果人们不了解背景材料，就完全有可能根本看不出有什么外来影响。作者在谈到《雷雨》所受外来影响时说,"我想不出执笔的时候，我是追念着哪些作品而写下《雷雨》"㉜，这正说明他已经把借鉴来的东西化成了自己生活的血肉。任何一个作家都不能排除对前人的学习和借鉴。鲁迅的《狂人日记》借鉴了果戈理的同名小说；莎士比亚的《错误的喜剧》来自罗马普鲁塔斯的《孪生兄弟》；莫里哀的《悭吝人》则取材于普鲁塔斯的《一罐金子》:这些大师的成功皆在于"化"。

除了题材情节的某些影响外，曹禺从希腊悲剧中更多的是借鉴了技巧和表现形式。关于"命运"问题就是如此。"悲剧之父"埃斯库罗斯不仅相信神是实有的，是人类生活的主宰，而且还相信因果报应，相信命运，认为命运不但是人甚至神也不能克服的。但是生活在 20 世纪 30 年代的曹禺，以他所掌握的科学知识来说，不可能是个有神论者，不可能相信有一种超自然的命运支配着人类。在《雷雨·序》里他就说过周冲的死亡和周朴园的健在,"都使我觉得宇宙里并没有一个智慧的上帝做主宰"。不错,在同一篇序里他又说:"在这斗争的背后或有一个主宰来使用它的管辖。这主宰,希伯来的先知们赞他为'上帝',希腊的戏剧家们称它为'命运',近代的人撇弃了这些迷离恍惚的观念,直截了当地叫它为'自然的法则',而我始终不能给它以适当的命名,也没有能力来形容它的真实相。"这段话不能说明他有命运观念,只是说明他认为希腊戏剧家有"命运"观念,而自己尚不能用科学的术语表达社会矛盾斗争的动因。曹禺虽然接受了希腊悲剧的影响,但不是"命运观念",而是"命运悲剧"。希腊悲剧作家认为人的力量有限,在命运面前无所作为,即使是具有超人的顽强性格和不妥协的斗争精神的悲剧英雄,也无法改变命运的安排。对于"命运",他不是从哲学上作为一种观点接受的,而是从美学上作为一种艺术接受的。即认为"命运悲剧"具有激动人心的力量,无形中接受了它的影响。这种命运悲剧的影响表现在《雷雨》中也只是一点,就是侍萍极力避免自己女儿不再重蹈自己覆辙的事终于发生了。但造成悲剧的原因并非"命运",那个称作"雷雨"的"好汉"也并非命运,而是阶级社会的"自然的法则"。看过《雷雨》,几乎用不着思索就会感到侍萍的不幸是当初抛弃她的周朴园一手造成的,而不是超自然的神秘力量造成的。曹禺只是"借用"了希腊命运悲剧的模式,装进了现实生活的内容,写出了阶级对立的事实。尽管作者当时的思想水平,还不能对此给予科学的说明,但他提供的情节和人物,已经能够使观众做出如上的回答。

  莎士比亚和易卜生也影响过曹禺。他们作品的情节生动性和人物形象的丰富性一直吸引着曹禺。莎士比亚的"每一个字都有形象,每一个字都有对照"[33]的杰出的语言才能使曹禺十分折服,直到很久,他还赞扬莎士比亚"戏中的舞台气氛和环境,不是靠布景,而是从人物的对话中表现出来。人物的台词是真正规定情景中的语言"[34]。易卜生的《群鬼》对《雷雨》的写作肯定也会有所启发。阿尔文太太的丈夫行为荒唐,同女仆生了一个女儿,若干年后这个女儿又来到阿尔文太太家里当女仆,同时又在受这个家里少爷的追求,而他们竟是同父异母的兄妹。《雷雨》的构思同《群鬼》有某些相似之处,但仅此而已。曹禺接受易卜生的影响,同接受希腊悲剧的影响一样,主要是在艺术形式方面,特别是人物形象的真实和复杂,话剧表现方法的丰富和多样,使他打开了眼界。

过去人们在评论曹禺所受外来影响时往往只强调对外国作品的学习和吸收的一面,而忽略作家自己的融化和独创的一面。例如,契诃夫无疑也是曹禺艺术追求的一个目标。他很赞赏契诃夫这样的风格:"没有一点张牙舞爪的穿插,走进走出,是活人,有灵魂的活人,不见一段惊心动魄的场面,结构很平淡,戏情人物也没有什么起伏生展。"㉟他的《日出》《北京人》无疑是向这个风格接近了,但《日出》毕竟不同于《三姊妹》("夯歌"与"军乐声"有相像之处),《北京人》也不同于《樱桃园》(抒情风格上相近),生活和情调都有很大的差异,比起《樱桃园》来,《北京人》似乎更接近于"大观园"。

曹禺所受外国戏剧作家的影响,还可以举出莫里哀、霍普特曼、奥尼尔等。总之,艺术技巧是可以向外国学习借鉴,而思想和生活是无法输入的。一个现实主义作家,不能离开自己民族传统和现实生活的土壤。民族性和时代性是必不可少的两个条件。比起外国作品的影响,中国传统文化的影响是更为内在的。

曹禺从少年时代就是中国戏曲的爱好者,并且有过话剧演出的实践经验。他读了大量的中国古典文学作品,有着对传统文化的丰富知识,这就使他的作品具有鲜明的民族风格。周冲夜访四凤,多么像宝玉私访晴雯,觉新与瑞珏的婚礼多么像一幅民间的风俗画,《日出》第三幕的民间小调,《原野》中憨厚单纯的白傻子这个喜剧角色,无不包含着中国传统戏曲艺术和民间通俗作品的韵味。《北京人》里的人物形象更带有民族传统性格的特点。曾思懿在许多方面都酷似《红楼梦》里的王熙凤,陈奶妈身上也仿佛有着刘姥姥的影子。曾文清那种养鸽鸟,作画吟诗,懒散、飘逸的嗜好和情趣,都说明着他是中国典型的封建阶级书香世家的子弟。传统戏曲的某些创作经验和编剧技巧,曹禺也做了很好的吸收。诸如不重要的地方几笔带过,重场戏大段发挥;悲剧中的喜剧性穿插;场面的选择以及场与场之间的衔接;剧情进展的起伏波澜;激情与含蓄的结合等都运用得很好。李渔所总结的戏曲创作的一些具体经验,如"有名脚色,不宜出之太迟","开手宜静不宜喧,终场忌冷不忌热","剧中有名之人、关涉之事,与前此后此所说之话,节节俱要想到","务使承上接下,血脉相连"等都在曹禺剧作中得到了印证。㊱

曹禺创作实践证明,借鉴与继承是创作成功的必要条件之一,正如毛泽东同志所说:"有这个借鉴和没有这个借鉴是不同的,这里有文野之分,粗细之分,高低之分,快慢之分。"㉚但借鉴与继承代替不了创造,有成就的作家都是有独创性的作家。还是曹禺说得好:"学习别人的东西,要善于'化',不能墨守成规。不要把别人学像了,把自己丢了,要学别人的'似',不要丢掉自己的'真'。"㉛曹禺正是在借鉴和继承前人创作经验的基础上,保持了自己的"真",逐渐形成自己的艺术风格特点的。曹禺剧作的数量并不算多,但他写得很认真,每部作品都是深思熟虑过的,很富有艺术个性。他的许多剧本一直保持经久不衰的艺术生命力,根本原因也正在这里。

1981 年 7 月初稿
10 月修改

原载《中国现代文学研究丛刊》1982 年第 2 期。

注 释

① 1935 年首次在东京上演,同年 8 月在天津上演。
② 巴金《雄壮的景象》,《大公报》1937 年 1 月 1 日。
③ 《关于曹禺的〈雷雨〉》,《沫若文集》第 11 卷。
④ 《雷雨》,《大公报》1935 年 8 月 31 日。
⑤ 沈从文《伟大的收获》,《大公报》1937 年 1 月 1 日。
⑥ 《咀华二集·八月的乡村》。
⑦ 《大胆的手法》,《大公报》1937 年 1 月 1 日。
⑧ 《还有些茫然》,《大公报》1937 年 1 月 1 日。
⑨ 《曹禺谈〈雷雨〉》,《人民戏剧》1979 年第 3 期。
⑩ 《论我国文学家及其作品》,《中央周刊》第四卷第四期,1941 年 9 月。
⑪ 《曹禺谈〈雷雨〉》。
⑫ 《读〈呐喊〉》,《文学周报》第 91 期,1923 年 10 月。
⑬ 《日出·跋》。
⑭ 同上。
⑮ 《曹禺同志漫谈〈家〉的改编》,《剧本》1956 年第 12 期。
⑯ 《曹禺选集·序言》,开明书店,1951 年。
⑰ 《雷雨·序》。

⑱ 同上。

⑲ 《日出·跋》。

⑳ 杨晦《曹禺论》,《青年文艺》第一卷第四期,1944年11月。

㉑ 《致玛·哈克奈斯》。

㉒ 《舍不得分手》,《大公报》1937年1月1日。

㉓ 《读剧一得·作者附记》,《论剧作》,人民文学出版社,1979年,第130页。

㉔ 《"戏"和"戏"的停滞与中断》,《论剧作》。

㉕ 《论戏剧体诗》,《西方美学史》(上卷),第264页。

㉖ 《戏剧创作漫谈》,《剧本》1980年第7期。

㉗ 《"戏"和"戏"的停滞与中断》,《论剧作》。

㉘ 陈衍《戏剧冲突散论》,《语文战线》1980年第3期。

㉙ 《日出·跋》。

㉚ 同上。

㉛ 《曹禺谈〈雷雨〉》。

㉜ 《雷雨·序》。

㉝ 雨果《莎士比亚的天才》,《古典文艺理论译丛》(三)。

㉞ 《读剧一得》。

㉟ 《日出·跋》。

㊱ 《闲情偶寄》。

㊲ 《在延安文艺座谈会上的讲话》。

㊳ 《读剧一得》。

复调小说:鲁迅的突出贡献

严 家 炎

一、奇异的复合音响

几乎每一位认真仔细地读过鲁迅小说的人,都会感到他的许多作品有一种特别的不大容易把握好的滋味,让人久久思索。这特别之处在于:鲁迅小说里常常回响着两种或两种以上不同的声音。而且这两种不同的声音,并非来自两个不同的对立着的人物(如果是这样,那就不稀奇了,因为小说人物总有各自不同的性格和行动的逻辑),竟是包含在作品的基调或总体倾向之中的。日本竹内好在他那本著作《鲁迅》中,就曾隐约地说出过这种感觉,他认为鲁迅小说里仿佛"有两个中心。它们既像椭圆的焦点,又像平行线,是那种有既相约、又相斥的作用力的东西"[①]。这种感觉不是偶然产生的。

以《狂人日记》为例,同一个主人公的日记,就既是疯子的千真万确的病态思维和胡言乱语,又能清醒深刻、振聋发聩地揭示出封建社会历史的某种真相;当然,这还只是表层的。在深层内容上,同样也响着两种声音:主人公一方面在激昂地愤怒地控诉礼教和家族制度"吃人"的罪行,另一方面,又在沉痛地发人深思地反省自身无意中也参与了"吃人"的悲剧,惭愧到了觉得"难见真的人"。战斗感与赎罪感同时并存。

《孔乙己》中,通过一个受凌辱的小人物的遭遇,尖锐批判了咸亨酒店里里外外人们的冷漠,把别人的痛苦当作笑料,让人对孔乙己不能不同情;同时又痛心地揭露了孔乙己自身虽然善良却又好吃懒做、不肯上进、一再偷窃等严重毛病,让人对孔乙己实在无法同情。一篇短短三千字的作品令读者产生如此复杂的感情,确实少有。

在《药》中,我们一方面痛切感到华老栓一家以及千千万万像华老栓家那样的普通百姓,他们是多么痛苦、愚昧,那么需要一场革命的大风暴来解救;而另一方面,要想掀起这场风暴的革命者夏瑜,却被他的亲伯父告密成了死囚,他被砍头后流的血又被愚昧群众当作医治亲人痨病的药;其结果是两个年轻的牺牲者最后被比邻安葬,两位母亲在次年清明节同时悲痛欲绝地出现在坟场上。小说迫使广大读者不能不认真思考:生活的出路究竟在哪里?中国的状况到底有没有条件发生它所需要的这场革命大风暴,发生之后实际效果又会怎样?

《故乡》中闰土取香炉和烛台的时候,"我"暗地里笑他这样迷信这样崇拜偶像,可临近结尾,说到后辈"应该有新的生活"时,"我"转而马上又自省:"现在我所谓的希望,不也是我手制的偶像么?"回响起另一种声音。

《头发的故事》中,N先生不断表达对中国近代革命的失望,他质问:"你们将黄金时代的出现预约给这些人们的子孙了,但有什么给这些人们自己呢?"而"我"对N的淡漠以至嘲弄却又持批判性态度。整个作品就由这两种不同音响组成。

《孤独者》中的魏连殳,当他坚持自己的人生理想,不愿与世俗同流合污时,穷困潦倒得连周围的孩子也躲避着他。到他肺病越来越严重,答应当了一名军阀的顾问,立刻门庭若市,成了人们口中的"魏大人"。他胜利了,然而是彻底失败了;他在"胜利"的喧笑中,独自咀嚼着失败的伤痛离开了人世。读完作品,我们耳朵边永远回荡着魏连殳那深夜的狼嗥般的哭声,他为他祖母哭,更为他自己哭,为一切理想主义者的失败哀哭。我们分明感觉到,这哭声,不但发自作品主人公魏连殳,也同样发自作者鲁迅本人。这是多重音响的复合,复杂到了令人难以用言语来形容的地步。

再说《祝福》。长期以来研究者都从封建礼法和封建迷信如何深深地残害祥林嫂这位两次守寡的劳动妇女,给她带来多大痛苦的角度来思考问题,所以总是将鲁四老爷以及柳妈为加害的一方、祥林嫂为受害的另一方加以对阵,得出儒释道(教)合伙吃人的结论。这样做并不错,但是远不完全,多少有些简单化。正像汪晖先生所说,当我们把祥林嫂的故事放在小说的叙事结构中时,发现小说主题就复杂化了:第一人称叙述者是小说中的"新党",是唯一能在价值观上对儒释道合流的旧的伦理体系给予批判的人物,而叙述过程恰恰层层深入地揭示出,这位叙述者似乎同样对祥林嫂之死负有责任。祥林嫂曾经把希望寄托在这个"识字的,又是出门人"的"新党"身上,但灵魂有无的问题却让"我"陷入两难的困境,"惶急""踌躇""吃惊""支吾",最终以"吞吞吐吐"的"说不清"作结;这或多或少加速了祥林嫂在绝望中走向死亡。尽管读者知道:第一人称叙事者的两难处境其实根源于祥林嫂的荒诞处境,因为她既需要"有灵魂"(她可以看到自己的儿子阿毛),又需要"无灵魂"(她可以免于两个男人把她身体锯成两半的痛苦),这本身是一种无可选择的悲剧。但鲁迅以带有反讽意味的叙述启示读者:面对绝望的现实,具有新思想的知识分子除了挺身反抗之外别无其他途径,否则就会成为旧秩序的"共谋"者。这种道德反省可以说就是《祝福》的副主题。②

我们还可举一些其他作品来说明鲁迅小说基调的复杂性:

《补天》写了女娲在苦闷和宣泄自己无穷精力的过程中抟土造人,然而造出来的一群群小东西却十分古怪,自己毫不喜欢,实际上女娲造的是对立物。小说既赞美了女娲炼石补天、抟土造人的创造精神,又对创造的结果是如此荒唐感到无可奈何的焦灼和失望。

《奔月》写了羿这位神话传说中射下九个太阳为人类建了大功的英雄。然而小说并不从他当年射日的雄姿写起,却着力突出他目前的境遇:他射光了封豕长蛇,熊豹山鸡,最后落了个英雄无用武之地,再也射不到什么东西,只能让老婆天天吃乌鸦炸酱面;他的历史功绩被人淡忘;弟子逢蒙转过来暗害他;不耐清苦的嫦娥,终于吞药飞升。小说透露的那种种复杂的感情非常值得玩味。

《非攻》中,墨子为弱小的宋国立了大功,使它免于受到强大的楚国的进攻和吞并,体现了墨侠精神,这是小说的主旨。但墨子回到宋国后的遭遇也很有意思:"一进宋国界,就被搜检了两回;走近都城,又遇到募捐救国队,募去了破包袱;到得南关外,又遇着大雨,到城门下想避避雨,被两个执戈的巡兵赶开了,淋得一身湿,从此鼻子塞了十多天。"小说就在墨子伤风中戛然而止。

《理水》确是正面肯定大禹治水,三过家门而不入,艰苦到无以复加的那种苦干实干精神的。禹的出场,从相互映照中构成了对大臣及文化山上学者们

的嘲讽。然而,皋陶所下的过于严厉的学大禹的命令,使商家"起了大恐慌"。小说结尾一段这样写:

> 幸而禹爷自从回京以后,态度也改变一点了:吃喝不考究,但做起祭祀和法事来,是阔绰的;衣服很随便,但上朝和拜客时候的穿着,是要漂亮的。所以市面仍旧不很受影响,不多久,商人们就又说禹爷的行为真该学,皋爷的新法令也很不错;终于太平到连百兽都会跳舞,凤凰也飞来凑热闹了。

大禹的这种微妙的变化也很耐人寻味。

诸如此类的多声部现象,确实构成鲁迅小说的基调。

佛典《楞严经》中提到过建筑上的"多重镜像"法:"道场中陈设,有八圆镜各安其方,又取八镜,覆悬虚空,与坛场所安之镜,方向相对,使其形影重重相涉。唐之释子借此布置,以为方便,喻示法界事理相融,悬二乃至十镜,交光互影,彼此摄入。"鲁迅的复调小说,很像这类"交光互影,彼此摄入"的境况。它也许就是鲁迅式感受世界、体验世界的独特方式吧!

当然,我无意于说鲁迅小说每篇都是"复调小说"。《呐喊》中,有些作品像《鸭的喜剧》《兔和猫》本来就是散文,如果不是在新文学的草创期,或者鲁迅的第一本散文集不是青少年时代的回忆因而不叫《朝花夕拾》,鲁迅未必会把它们编进小说集里。《彷徨》则整齐多了,不过个别篇章像《示众》也还只能算是一个场面的速写。尽管如此,鲁迅小说还是以多声部的复调为特点的。这是鲁迅的很大贡献。陀思妥耶夫斯基确实以复调小说著称,但他写的都是中长篇小说。短篇小说而能达到鲁迅这种成就,极不容易,可以说很了不起。

二、决定鲁迅小说成为复调小说的几个因素

首先,由鲁迅个人的经历和体验所决定的思想的复杂性。

鲁迅在《〈呐喊〉自序》中曾经说到过创作的起因。1932年在《〈自选集〉自序》中又说:

> 我做小说,是开手于一九一八年,《新青年》上提倡"文学革命"的时候

的……

我的作品在《新青年》上,步调是和大家大概一致的,所以我想,这些确可以算作那时的"革命文学"。

然而我那时对于"文学革命",其实并没有怎样的热情。见过辛亥革命,见过二次革命,见过袁世凯称帝,张勋复辟,看来看去,就看得怀疑起来,于是失望,颓唐得很了。……不过我却又怀疑于自己的失望,因为我所见过的人们、事件,是有限得很的;这想头,就给了我提笔的力量。

"绝望之为虚妄,正与希望相同。"

既不是直接对于"文学革命"的热情,又为什么提笔的呢?想起来,大半倒是为了对于热情者们的同感。这些战士,我想,虽在寂寞中,想头是不错的,也来喊几声助助威罢。首先,就是为此。自然,在这中间,也不免夹杂些将旧社会的病根暴露出来,催人留心,设法加以疗治的希望。

这几段话里包含了多层含义:它说明鲁迅的小说发端于对自己的绝望的怀疑,也就是感到自己对于历史过程的经验毕竟有限,因而没有理由将个人经验范围内的"绝望"当作整个世界的"绝望"。但对"绝望"的怀疑,又不意味着肯定"希望"。在鲁迅看来,"绝望"与"希望"都有点虚妄,只有对"绝望"的反抗才具有真实的意义。所以他说:"我的反抗,却不过是与黑暗捣乱。"而这种作为反抗对象的"黑暗",既存在于客观历史之中,又内在于作家个人的心中,"万难破毁的铁屋子"既是中国社会的象征,又是自身灵魂里的存在。③他既要对客观存在的社会生活进行批判,又试图挣脱内心的"大毒蛇"(《呐喊》自序)的缠绕。鲁迅前期思想的基础是个性主义,但他同时也感到了作为思想武器的个性主义的脆弱。后来他接受了集体主义,但又从实践中似乎预感到某种条件下它可能成为专制主义的别称。鲁迅一向主张小说作者不应自外于反省圈外,他在批评谴责小说时曾说:"中国之谴责小说有通病,即作者虽亦时人之一,而本身决不在谴责之中。倘置身局内,则大抵为善士,犹他书中之英雄;若在书外,则当然为旁观者,更与所叙弊恶不相涉,于是'嘻笑怒骂'之情多,而共同忏悔之心少,文意不真挚,感人之力亦遂微矣。"④从创作《呐喊》时期起,鲁迅就注意把自己同样放进小说具体情境之中。因此,上述种种困扰着他的矛盾,也必然渗透到作品之中,这就带来他的小说的极大丰富性与复杂性。

其次，为了表现一些相当复杂的思想体验，小说家鲁迅运用了多种不同的创作方法。他在运用写实主义的同时，还根据不同的需要，运用了象征主义、表现主义等其他方法。这些不同方法有时单独运用某一种；有时以一种为主，兼糅其他成分；有时两种方法双管齐下，同时并用。总之，非常有独创性。

第一篇白话小说《狂人日记》，它的正文是写实主义和象征主义同时并用的。刻画狂人，用写实主义，写出一个非常真实的医学上无可挑剔的"迫害狂"患者；寄寓思想，用象征主义，透过疯言疯语暗示出礼教和家族制度吃人的重大问题。应该说，在《狂人日记》中，象征主义起了非同小可的作用，没有它，一个短篇小说绝对不可能具有这样巨大丰富的思想容量；没有它，作品就不可能把反对肉体上吃人提高到揭露"礼教和家族制度吃人"这个高度；没有它，狂人所呼叫的"我自己被人吃了，可仍然是吃人的人的兄弟！""没有吃过人的孩子，或者还有？"等就完全失去了沉痛的味道；没有它，整篇《狂人日记》就只剩下了一堆疯话。当然，写实主义方法在作品中也绝不是可有可无的。只有真实精细地刻画狂人形象和他的"迫害狂"心理，才能够借他的疯话来安装进许多象征的、双关的、含有深意的内容。可以说，写实主义越成功，象征主义才能越加发挥它的威力。二者是相辅相成、相得益彰的关系。

有个问题既关联到《狂人日记》的复调内涵，也关联到这篇小说的创作方法，因而不得不稍作辨析，那就是对"小序"提到的狂人病愈后"赴某地候补"，该怎样理解？是否如有的学者所说，意味着他又回到了"吃人"的队伍？我以为，这样理解缺少充分的根据。因为，文言"小序"的作用，仅在于交代日记的来历，告诉读者它由一个"迫害狂"患者所记，以增强作品的真实感和可信性，并无其他更玄奥的含义。我们不必穿凿附会，求之过深。作者特意用了"供医家研究"一语，就证实"小序"和作品正文不同，它只是以写实主义态度刻画狂人的继续，并无象征主义成分在内，大可不必将"病愈"或"候补"作特殊的理解。即使由候补而真做了官，也不能说就一定在"吃人"。鲁迅本人当时就是北洋政府教育部的"佥事"——相当于司局级的官员。他做的事情，却是与新文学阵营密切配合，相互呼应：在1918年以"教育部通俗教育研究会"名义发表《劝告小说家勿再编写黑幕一类小说》的公开信，1920年促成教育部通令全国中小学校都采用国语（白话文），1921年又规定全国要使用新式标点符号，如此等。如果没有鲁迅、陈师曾、许寿裳等教育部内很有新思想的官员们的里应外合,新文学运动恐怕不能那么快取得胜利。所以,把病愈"候补"定要解释为重新回到"吃人"队伍,似乎既于情理不顺,亦不符合作品实际。

《药》是一篇写实主义的作品,但它并没有排斥象征手法的运用,没有排斥象征主义的某些成分。小说是这样开头的:

> 秋天的后半夜,月亮下去了,太阳还没有出,只剩下一片乌蓝的天;除了夜游的东西,什么都睡着。华老栓忽然坐起身,擦着火柴……

这除了交代华老栓去买人血馒头的时间以外,也象征地点明了故事发生的时代,告诉读者这是深夜,是最昏黑的时候,是人们还在沉睡的年代。"什么都睡着"五个字,作者绝不是随便落笔的,它是一种暗示。接下去写老栓买到人血馒头时的高兴心情:"他的精神,现在只在一个包上,仿佛抱着一个十世单传的婴儿,别的事情,都已置之度外了。他现在要将这包里的新的生命,移植到他家里,收获许多幸福。"用暗喻笔法反衬出老栓迷信思想的严重,预示悲剧的即将到来。作者没有把《药》的悲剧仅仅看作两个家庭的悲剧,而是看成整个中华民族的悲剧,是全民族千千万万个家庭的悲剧。因此,在写实之外,又增加了一点象征的色彩:特意安排两个悲剧的主人公一家姓"华",一家姓"夏",合起来恰恰是中国的古称——"华夏"。这是淡淡的不显眼的一笔,然而这一笔把悲剧的普遍而深广的意义提到了一个新的高度。

鲁迅许多小说有"实"有"虚",虚实相济,寄意深远。这种艺术效果的造成,恐怕就是和写实主义、象征主义两种创作方法的同时并用有关的。譬如,大家都熟悉的《故乡》结尾处那几段文字,其写法就是从实到虚,由写实到象征。作者先写:"我躺着,听船底潺潺的水声,知道我在走我的路。"然后由此生发开去,从"我与闰土隔绝",想到下一代应该有新的生活,又想到这种"希望"的过于茫远。终于离"实"就"虚",语意双关地将具体的"路"提高到抽象的人生道路上来,用"地上本没有路,走的人多了,也便成了路"作结束,简洁有力而余味无穷,既饱含哲理,又富有诗意。这还只是片段文字产生的效果。像小说《长明灯》,则是完全用象征主义方法写成的反封建作品了。

至于用表现主义方法写成的《故事新编》,更突出地显示了"复调小说"的多义性,寄托着作者不同境遇中的不同心态和不同意趣。

以《补天》为例,"原意是在描写性的发动和创造,以至衰亡的"。鲁迅大约在日本留学时期就开始接触弗洛伊德学说。但直到一九二二年冬天才来写《补天》,却和"五四"落潮期本人久已郁积的寂寞、苦闷的心情有关。小说中女娲懊恼、郁闷,将自己的精力和生命"四面八方的迸散"到软泥捏成的小东西身上,以及从炼石补天这场艰辛壮丽的劳动中获得创造的欢乐,实际上是和鲁迅自己创作生活中经验过的类似心情相呼应的。鲁迅在下面这句话中已泄漏了此中的秘密。他在《故事新编·序言》中说:《补天》"取了苾罗特说,来解释创造——人和文学的——的缘起"。《补天》的内容按理完全和文学创造无关。女娲不是作家,小说里也不曾交代她写过什么文学作品。为什么鲁迅要把和《补天》毫不相干的"文学的缘起"说成创作意图之一呢?只能有一个解释,就是小说本身确实同作者创作上的内心体验密不可分,甚至也就是这种内心体验的外化。

《奔月》《铸剑》与作者心境的关系,则更为直接也更为明显一些。《奔月》不写主人公羿当年连射九日的雄姿和气概,却着力突出他当前的境遇:这与鲁迅在厦门教书那一段的寂寞心情有关。《铸剑》写的是黑色人那种与专制暴君誓不两立以及行侠不图报的原侠精神,它可以说也是鲁迅自己精神气质的外化。这位黑色人的外貌长相简直就是鲁迅的自画像。而且他有一个姓名,叫作"宴之敖者",而这"宴之敖者",就是鲁迅曾经用过的一个笔名。由此可见,《铸剑》和作者鲁迅间的那种密切关系。

最近因要写《序》,读了郑家建先生的书稿《〈故事新编〉的诗学研究》。他对《起死》《出关》两篇所作的独到阐释,我很赞同。他对《起死》的解析是:"在最表层的解读上,可以把《起死》看作是鲁迅对庄子哲学中'齐物论'思想的一次绝妙的反讽。但是,在深层上,文本中却隐藏着一个对立的意义结构:哲学家/汉子。我以为,这个对立结构是知识者/民众这一意义结构的隐喻性表达。……实际上,呐喊/彷徨,希望/绝望,确信/质疑的矛盾,一直贯穿着鲁迅一生的精神历程。即使在他成为左翼阵营的精神领袖之后,这些矛盾依然盘踞在他的心灵深处。所以,可以说,写在其晚年的《起死》既是鲁迅对其一生从事启蒙的思想追求的一种隐秘的自我反讽:对于复活的汉子来说,他所迫切需要的是衣服和食物,他根本无法也无心理解庄子所关注的那些思想,即使唤醒他们,又会怎样呢？这是一个现代性的质疑。《起死》的创作就是鲁迅试图通过一个古代的语境来思考这一现代性问题的体现。"⑤家建还认为："对《出关》的解读，最关键之处就在于，要读通'关'的意义，这是文本叙述的焦点。'关'从某种意义上说，也是中国传统知识分子现实命运的一个象征。'关'是王权控制的界限。老子的西出函谷关，就是试图逃离王权的控制，然而，出了'关'又会怎样呢？这就如关尹喜所预言的'看他走得到，外面不但没有盐，面，连水也难得。肚子饿起来，我看是后来还要回到我们这里来的'。可见，即使暂时逃离了王权的控制，但仍然逃离不了生存的种种困扰。这就是一种摆在传统知识分子人生关口的尴尬。或许，这种尴尬也十分近似于鲁迅晚年的处境。……从某种意义上说，《出关》是鲁迅对他自己的现实处境和即将做出的人生选择的一次最清醒、深刻的思考。"⑥我以为，这些论述都相当精彩。

以上的解读都显示，表现主义创作方法对于寄托作者鲁迅的心态，拓展复调小说的多义性，确实起到了极重要的作用。

总之，运用多种不同的创作方法，这是鲁迅复调小说形成的又一个原因。

第三，是叙事角度的自由变化。

一篇短短的《孔乙己》竟能引起读者异常复杂的感受，就与作者安排了一个可以悄悄移位的叙事者有关系。过去许多研究者的文章，以及中学语文课的教学提示，都把《孔乙己》的叙事者说成是咸亨酒店的"小伙计"。这种说法不确切。如果叙事者真的是十二三岁的酒店小伙计，那么孔乙己给予读者的印象就会简单得多。这个孩子还不大懂事，处在"少年不识愁滋味"的时代，他跟酒店的顾客们差不多，都是鄙视孔乙己并把他看作调笑对象的。有一次，孔乙己考问他茴香豆的"茴"字怎样写，小伙计很势利地想："讨饭一样的人，也配考我么？便回过脸去，不再理会。"孔乙己热情地耐心地教他"茴"字的四种写法，他都很不耐烦地"努着嘴走远"了。可见，小说如果真的完全通过"小伙计"的眼睛来看，作品的"复调"效果就难以形成。即使从文字的表面上看，《孔乙己》的叙事者也是个成年人。小说是用事情过去许多年后追忆的方式来展开的。第一段里借介绍每碗酒的价钱就提示道："这是二十多年前的事，现在每碗要涨到十文。"这句插话仿佛不经意间说出，实际却十分重要，简直非同小可，但读者却往往忽略，它的重要性在于交代出故事发生在戊戌变法之前亦即科举制度尚未废除之前,而不在说明酒的涨价。在交代"我从十二岁起,便在镇口的咸亨酒店里当伙计"之后,第三段结尾说:"掌柜是一副凶脸孔,主顾也没有好声气,教人活泼不得;只有孔乙己到店,才可以笑几声,所以至今还记得。"所谓"至今还记得",也就是二十多年以后还记得。这就表明,曾经做过酒店伙计的这位叙事者,如今至少已有三十多岁,他已经见过一点世面,知道生活本身的艰辛,不再是一个只知道嘻嘻哈哈的人物。他已经把少年时代的人生经历重新咀嚼过一遍,已经嚼出了一点人生的苦涩的味道,对孔乙己这类封建科举制度的牺牲品增添了更多同情心。例如,当孔乙己说出"回字有四样写法",小伙计感到不耐烦而走开时,小说接下去写了这样一句话:"孔乙己刚用指甲蘸了酒,想在柜上写字,见我毫不热心,便又叹了一口气,显出极惋惜的样子。"这句显示孔乙己善良天真的话语,分明出自很懂事、很有同情心的大人嘴里,而且带着一点追悔说出来,不像是已经走开了的小伙计的口气。至于孔乙己很久不出现而在初冬时节用手撑着重新到酒店来喝酒一段,则完全用回忆的口吻:"他脸上黑而且瘦,已经不成样子;穿一件破夹袄,盘着两腿,下面垫一个蒲包。""我温了酒,端出去,放在门槛上。他从破衣袋里摸出四文大钱,放在我手里,见他满手是泥,原来他便用这手走来的。不一会,他喝完酒,便又在旁人的说笑声中,坐着用这手慢慢走去了。"直到最后一句:"我到现在终于没有见——大约孔乙己的确死了。"回忆中夹带怜悯和同情,构成一种特殊的氛围,让读者受到很深的感染。小说采用这样一个叙事者,在艺术上取得了特殊的效果:他有时可以用不谙世情的小伙计的身份面对孔乙己,把镜头推近,叙事显得活泼、有趣、亲切;但有时又可以把镜头拉远,回忆中带着极大的悲悯、同情,更易于传达出作者自身的感情和见解,甚至说出带点感叹的话:"孔乙己是这样的使人快活,可是没有他,别人也便这么过。"暗中鞭打那些只把孔乙己当作笑料的看客们。这就是可以悄悄移位的叙事者的好处。

此类情况还很多。

《阿Q正传》从"序"开头,有个仿佛是作者的人总在那里唠叨"我要给阿Q做正传,已经不止一两年了"。还插科打诨地说:"传的名目很繁多:列传、自传、内传、外传、别传、家传、小传……,而可惜都不合。"读者如果当真以为这小说是第一人称,那就上当了。随着正文叙事的越来越深入,这个"我"就逐渐隐去或者淡出,慢慢就变成了第三人称,因而能写到阿Q的性苦闷,阿Q参加革命的梦,等等。临刑前还写到了阿Q多年前看到而留下印象极深的那匹饿狼的眼睛,他觉得周围看客们的"可怕的眼睛""穿透了他的皮肉",就跟那匹饿狼一样。这些都是第一人称的"我"所无法完成的。显然,当小说越来越从喜剧变成悲剧的时候,作者必须更换叙事者身份,让真正的第三人称登场。

《采薇》本来运用全知叙事,但写到伯夷决定逃离养老堂这段关键情节,作者隐身而退,改用第三人称限知叙事,让叔齐听到了伤兵、管门人等三人的谈话,知道武王伐纣取得了胜利。《理水》写到大禹出场这一重要场面,叙事角度也有变化。这些改变或调整,都是为了要取得特定的效果。

连《风波》都是这样。有一处忽然插入"文豪"的"诗兴大发"以及对他的批评,被夏丏尊指为"第三人称的小说,而于中却夹入着作者主观的议论或说明",显得"不统一"。[7]其实这是作者有意为之。在西方,这种情况称做metafiction,有的学者翻译为"后设小说"。它在表现主义文学中经常出现,作品常会提醒读者,这是小说而不是现实,竭力拉开读者和作品的距离,不像传统的小说那样竭力将读者引入艺术的境界,给人"逼真"而"十分投入"的感觉。用林达·哈契恩的话来说:"后设小说,顾名思义,是关于小说的小说——也就是说,在它的内部包含着对于小说本身叙事的评论,或者包含着对于小说的语言本体的评论。"[8]鲁迅小说的叙事者经常是很自由的。他自己曾经说过:如果艺术的殿堂里竟有那么多清规戒律的话,他宁可不进去。[9]这话也适用于他的叙事艺术。

从《伤逝》,我们又看到了鲁迅叙事技巧的圆融老到以及如何影响到小说的多声部特点。

《伤逝》通过涓生如泣如诉的沉痛独白,实际提出了谁应该对爱情的摧折和子君的死亡负责?是社会环境的压迫?是子君自己的弱点?是男主人公的"卑怯"与不负责任?这些因素是如此错综地纽结在一起,令人难以作出确定的回答。更复杂的是,独白者虽对子君之死一再表示了真诚的悔恨,而在追忆过程中却又时时借社会环境与女方弱点之类客观因素为自己进行闪烁其词的开脱与辩解,显示出自身的二重品性,以致作品中仿佛有个隐身者不时在对涓生的灵魂进行犀利、严峻的拷问。当涓生说些夸张的语言(如"自觉了我在这里的位置，不过是叭儿狗和油鸡之间"；子君同意离去后"我便轻如行云"，如释重负）以及用"不该虚伪"来掩护自己赤裸裸的自私行为时，它们便立即成为对自身的反讽。由此，小说中便同时回响着多重的声音。

《在酒楼上》和《孤独者》两篇小说的叙事，则是另一种情况。

《在酒楼上》《孤独者》都是由第一人称叙述者"我"来叙述的，但叙述的不是他自己，而是作品的主人公。可是，这个"我"又不是简单的旁观者，而是独立的角色。他们不但对各自的作品的环境氛围和抒情基调承担着极大的作用，而且自身就融入小说情节中，和主人公构成对白的关系，甚至成为互相渗透、互相影响的对偶式人物（与《孔乙己》中情况完全不同）。"他们似乎是一对有着独特心灵感应的孪生人，虽各各不同，又密切相关，骨头连筋。"[⑩]究其实，这两组对偶式主人公，都各自是作者鲁迅内心的两个侧面。他们的对话背后，正隐藏着二十年代中期鲁迅内心深处的冲突。据周作人的回忆，《在酒楼上》写到的为小兄弟迁葬、《孤独者》写到的为祖母大殓，均取自作者自己的经历，[⑪]至于魏连殳"当兵"的情节则据说是鲁迅确曾动过的真实念头。如果对照鲁迅的经验和感受，那么，我们也会觉得：吕纬甫内心那种对于母亲、对于传统道德的妥协，那种面对辛亥革命后的现实所形成的颓唐而又自责的心态，也是鲁迅自己曾经有过的；魏连殳对周围人物桀骜而在孩子面前又驯顺、对于世界冷漠又热爱的精神特点，也和鲁迅灵魂的某一侧面相通。鲁迅曾直言不讳地对胡风说："我就是魏连殳。"小说所写的魏连殳的容貌"是一个短小瘦削的人，长方脸，蓬松的头发和浓黑的须眉占了一脸的小半，只见两眼在黑气里发光"，这不也是鲁迅的自画像么？而第一人称"我"对各自主人公消沉心态的否定性态度以及仿佛和自己血肉相关的感觉，也正表明鲁迅内心难以摆脱的挣扎。从这个意义上说，《在酒楼上》《孤独者》（还有《头发的故事》）的叙事特点是将自己的内心体验一分为二，化成两个人物——两个孪生兄弟似的人物，一部分以单纯独白的主观的方式呈现，另一部分则以客观的、非"我"的形式呈现。这种独特的方式，恰到好处地表现了作者自身经验过的许多内心矛盾，是鲁迅富有独创性的艺术尝试。它们在鲁迅小说中也是为数不多的。

由这种将矛盾着的自己一分为二地转化为两个艺术形象的方法，我们想到了陀思妥耶夫斯基。

三、鲁迅所受陀思妥耶夫斯基的影响

鲁迅小说接受外国作家的影响，来源当然是很多的，像夏目漱石、显克微支、契诃夫、安特列夫，应该说都有。只是从复调小说这个角度，我们在这里才特别提到陀思妥耶夫斯基。

鲁迅从青年时代起，就读陀思妥耶夫斯基的作品，而且很受震动。他感到震惊的是，陀思妥耶夫斯基竟然能把人物灵魂写得那么深。陀氏自己在1880年的笔记《手记·我》中曾经说："以完全的写实主义在人中间发现人，这是彻头彻尾俄国底特质。在这意义上，我自然是民族底的。……人称我为心理学家，这不得当。我但是在高的意义上的写实主义者，即我是将人的灵魂的深，显示于人的。"鲁迅显然赞同陀思妥耶夫斯基的这个说法，他在《〈穷人〉小引》中说："将这灵魂显示于人的，是'在高的意义上的写实主义者'。"又说："显示灵魂的深者，每要被人看作心理学家；尤其是陀思妥夫斯基那样的作者。他写人物，几乎无须描写外貌，只要以语气，声音，就不独将他们的思想和感情，便是面目和身体也表示着。又因为显示着灵魂的深，所以一读那作品，便令人发生精神的变化。"当《穷人》这部陀思妥耶夫斯基早年的中篇小说由未名社的韦丛芜从英译本翻译过来的时候，鲁迅特意亲自用日译本作了校订，还让韦素园用俄文原文作第二次校订，自己还写了这篇小引作为中译本的序，可见鲁迅对陀思妥耶夫斯基作品的认真。鲁迅曾经在理论文章、散文、序跋、书信中一而再、再而三地谈到过陀思妥耶夫斯基，也可见出对这位作家印象之深。鲁迅曾在《忆韦素园君》中说："对于(陀思妥耶夫斯基)这先生，我是尊敬、佩服的，但我又恨他残酷到了冷静的文章。他布置了精神上的苦刑，一个个拉了不幸的人来，拷问给我们看。"这像是责备，却又是赞美。在《两地书》第132封中，鲁迅称陀氏为"用笔墨使读者受精神上的苦刑的名人"。

这里就要说到鲁迅对陀思妥耶夫斯基小说人物复杂性的看法问题。鲁迅对陀氏小说人物的复杂性，是既欣赏，同时又感到有点受不了，但总体上又非常赞叹、佩服的。在《〈穷人〉小引》中，鲁迅说：

> 灵魂的深处并不平安，敢于正视的本来就不多，更何况写出？因此有

些柔软无力的读者,便往往将他只看作"残酷的天才"。

陀思妥夫斯基将自己作品中的人物们,有时也委实太置之万难忍受的,没有活路的,不堪设想的境地,使他们什么事都做不出来。用了精神的苦刑,送他们到那犯罪,痴呆,酗酒,发狂,自杀的路上去。有时候,竟至于似乎并无目的,只为了手造的牺牲者的苦恼,而使他受苦,在骇人的卑污的状态上,表示出人们的心来。这确凿是一个"残酷的天才",人的灵魂的伟大的审问者。

然而鲁迅又说:

凡是人的灵魂的伟大的审问者,同时也一定是伟大的犯人。审问者在堂上举劾着他的恶,犯人在阶下陈述他自己的善;审问者在灵魂中揭发污秽,犯人在所揭发的污秽中阐明那埋藏的光耀。这样,就显示出灵魂的深。

在晚年写的《陀思妥夫斯基的事》一文中,鲁迅将这一点说得更加明确,认为陀思妥耶夫斯基"到后来,他竟作为罪孽深重的罪人,同时也是残酷的拷问官而出现了。他把小说中的男男女女,放在万难忍受的境遇里,来试炼它们,不但剥去了表面的洁白,拷问出藏在底下的罪恶,而且还要拷问出藏在那罪恶之下的真正的洁白来。而且还不肯爽利的处死,竭力要放它们活得长久,而这陀思妥夫斯基,则仿佛就在和罪人一同苦恼,和拷问官一同高兴着似的。这决不是平常人做得到的事情……"但鲁迅认为,这种对人物灵魂的拷问,首先是作家不断拷问自己灵魂的结果:"其实,他早将自己也加以精神底苦刑了,从年青时候起,一直拷问到死灭。"⑫而且鲁迅认为,正是有了这种灵魂的拷问,才能使人获得精神的新生,这是必经之途:

这也可以说:穿掘着灵魂的深处,使人受了精神底苦刑而得到创伤,又即从这得伤和养伤和愈合中,得到苦的涤除,而上了苏生的路。(《〈穷人〉小引》)

可见,鲁迅对陀思妥耶夫斯基小说的独特成就总体上是肯定得很高的。他大致上从三个方面接受了陀思妥耶夫斯基:一是写灵魂的深,二是注重挖掘出灵魂内在的复杂性,三是在作品中较多地用全面对话的方式而不是用单纯的独白体的方式加以呈现。这三个方面互相紧密联系，构成了复调小说的基础。按照苏联文学研究家米哈伊尔·巴赫金的说法，陀氏笔下主人公都是一些有独立意识、爱思考的人，作者对他们必须采取全新的立场，很难按自己意志强制他们。这就有助于复调小说的形成。在这一点上，鲁迅小说与陀氏很有些相似之处，《狂人日记》中象征意义上的狂人，《药》中的夏瑜，《孤独者》中的魏连殳，《在酒楼上》的吕纬甫，乃至像《故乡》中的"我"，都是些思考者，鲁迅只能顺着他们的思想逻辑写他们，而不能随意左右他们或取代他们。如果比较一下陀思妥耶夫斯基《罪与罚》中的拉斯柯尔尼科夫和鲁迅《孤独者》中的魏连殳，就会发现，不但这两位主人公都较多地带有作家自身思想性格的烙印，而且他们的内在灵魂都极其复杂，都经历着内心的剧烈搏斗，都对黑暗进行着令人震撼的猛烈反抗而灵魂又经受着拷问。信奉尼采超人哲学的拉斯柯尔尼科夫，动手杀了那个本身很残忍的放高利贷的老太婆和她的妹妹，以证明自己并非虫豸，但精神随即崩溃，灵魂受到难以忍受的煎熬。终于皈依上帝，投案自首，到西伯利亚服苦役而走向新生——正如魏连殳受尽生活煎熬，放弃原先的人生态度，转而当了军阀杜师长的顾问，却又受了更大的内心煎熬终于加速死亡一样。当然，鲁迅在灵魂的拷问方面，没有陀氏那么强烈，那么令人难以忍受。他对陀氏的"伟大的忍从"——宗教信仰方面也有保留，有批评。他只能尊重魏连殳的性格，决不会让魏连殳走上皈依上帝的道路。

　　早在 1927 年，美国记者、作家 Robert Merrill Bartlett 评论鲁迅作品时就说："他的小说很像多斯托夫斯基(陀氏在当时的中译法之一——严注)和高尔基二人的作品，极富于同情心和热烈的情绪。"[13] 可见，把鲁迅和陀思妥耶夫斯基联系起来讨论，并不从现在开始。鲁迅当然没有看到过巴赫金的理论，他是从阅读陀氏作品中感受到了一些同自身的体验相仿佛、相呼应的成分或气息，因而受了影响的。

　　原载《中国现代文学研究丛刊》2001 年第 3 期。

注　释

① 竹内好《鲁迅》，李心峰译，浙江文艺出版社，1986 年，第 91—92 页。

② 参阅汪晖《反抗绝望——鲁迅的精神结构与〈呐喊〉〈彷徨〉研究》,上海人民出版社,1991年,第275—277页。
③ 此处前半段所作分析,得益于汪晖著作《反抗绝望》,谨表谢意。
④ 鲁迅《鲁迅小说史大略》,陕西人民出版社,1981年,第111页。
⑤ 郑家建《被照亮的世界——〈故事新编〉诗学研究》,福建教育出版社,2001年。
⑥ 同上。
⑦ 夏丏尊《记叙文中作者的地位并评现今小说界的文字》,见严家炎编《二十世纪中国小说理论资料》第二卷,北京大学出版社,1997年,第412—413页。
⑧ Linda Hutcheon《自恋的叙事:后设小说的佯谬》(*Narcissistic Narrative: The Metafictional Paradox*),纽约卢立治出版社,1980年,第1页。
⑨ 参阅《华盖集·题记》。
⑩ 汪晖《反抗绝望》,第331页。
⑪ 可参阅周遐寿(周作人)《鲁迅小说里的人物》,人民文学出版社,1957年,第114—116页、第130—133页。
⑫ 《〈穷人〉小引》,收入《集外集》。
⑬ Robert Merrill Bartlett《新中国之思想界领袖》一文原为英文,载美国《当代历史》(*Current History*) 1927年10月号。中文由石孚翻译,载1928年《当代》杂志第1卷第1期,1929年出版的李何林编《鲁迅论》一书中亦收此译文。

《中华民俗大典》的构想与设计

段宝林

一、《中华民俗大典》总序

伟大的中国既是东方文明古国,也是世界文明古国,56个民族兄弟般地团结、和睦共处在一个大家庭里。几千年来,中华文化传统源远流长连续不断,在世界上是绝无仅有的。中华文化的这种"协和万邦"的特性,非常突出,引起了海内外许多有识之士的珍视。著名的英国历史学家汤因比等人认为未来的"世界一体化"要以中国文化为主导。许多学者认为21世纪将是东方文化大放光彩的世纪。

民俗文化是人类文化的根基,是各族人民的集体创造,其内涵极其丰富、深邃。对一个民族来说,民俗文化是民族的精神支柱,具有极大的民族凝聚力。即使在遥远的海外,共同的中华风俗始终坚守不衰,成为华人团结的重要标志。各民族人民之所以能够经受住历史的风风雨雨一直生活到今天,均有赖于民俗文化的创造和传承。中国境内的所有民族,不论大小,都对中国文化作出了各自独特的贡献,有很多值得其他民族好好学习之处。因此,用科学方法,对各个民族的民俗文化进行全面系统的调查与研究,是一项极其重要而艰巨的历史任务。这对于加强各个民族之间的相互了解,对于加强民族团结和民族文化交流,对于发扬优秀的文化传统,更好地建设社会主义的物质文明和精神文明,对于各门学科,特别是社会人文学科各个领域的研究,都是必不可少的。

20世纪80年代以来,改革开放政策的实施,排除了过去"左"的干扰,中国的民俗文化研究取得了突飞猛进的发展，在党和政府的有力支持下，对各地民间文艺的全面普查和巨型民间文艺十套集成志书的编印出版（每省 1 卷，每套 30 卷，十套共 300 卷；地、市、县及乡镇卷的数量则更多得多），被人们誉为"中国文化的万里长城"，80 年代曾得到联合国教科文组织的表彰和资助，受到世界各国的钦佩与欢迎。

盛开的民间文艺之花是扎根在民俗文化的土壤之中的，因此，往更深更广的方面开拓，必然要求对整个民俗文化进行全面普查并出版系列丛书，以满足国内外对了解中国民俗文化日益增长的需要。《中华民俗大典》正是在这样的形势下出现的。它是时代的宁馨儿，也是历史的骄子，具有深远的社会意义。

民俗是人民生活方式的总称，是人民自己的生活文化。举凡节日喜庆、衣食住行、农工商学、家庭宗族、社区社团、生老病死、婚丧礼俗、宗教信仰、祀神驱鬼、民间医药卫生、民间科学技术以及民间文艺、游戏娱乐、民间体育等种种风俗习惯和民众创造，都涵盖于民俗文化之中。"十里不同风，百里不同俗"，"人类是按照美的规律进行创造的"，各地的民俗都是当地自然条件和历史社会条件所缔造的产物，在其产生的当时，都是作为一种美好的生活方式而被创造出来并流传开来的，所以民俗的实质就是一种生活美。

过去流行的"民俗是历史残留物"的理论是不全面的，不科学的。因为民俗中不只有古代文化的遗存，而且更有各个时代人民新的创造，是人民群众按照当时当地的条件和自己的审美理想而创造出来的生活美——最适宜于当地的最美好的生活方式。

中国人民是天才的人民，最富于创造也最善于把普通的日常生活艺术化，哪怕是在最困难的条件之下，他们也要千方百计使生活带上美的色彩。

什么是美？美学家们有许许多多的定义，但是几乎都说明不了"美是什么"这个根本问题。我在《庙会的民俗本质》（见拙作《立体思维与民间文艺》）一文中对此已经作过论证，这里就不多说了。而且，西方美学只是艺术哲学，是哲学中的一个分部，只研究艺术美，不研究生活美，我感到需要进行美学革命，于是提出了自己对美的新的定义，并且提出了生活美的概念：简要地说，我认为"美的就是可爱的"。美的生活就是在当时当地条件下最符合人们理想的生活，是人们的理想与现实条件的统一，所以作为生活美的民俗具有时代性、地方性和民族性,是多种多样的。这就是因为美的理想、观念往往因时而异、因地而异、因民族而异之故。

美的理想在各种不同的条件下具有各种不同的表现形式。此地认为美的,到外地往往不一定认为美,甚至会认为不美;过去认为美的(如妇女裹小脚之类),现在认为不美了。这是美的客观规律——美的形式多样性所决定的。

沙文主义者不认识美的多样性这一普遍规律,他们总是狭隘地只认为自己的民俗是最美好的而否定或嘲笑别的民族或地区的民俗也是美的。这是一种偏见,是片面思维的结果。用立体思维去观察民俗,就会看到不管怎样的奇风异俗,它们在当时当地条件下都是美的。这个道理我们中国人早在两三千年前就已经作为一种重要的原则认识,在《礼记·王制》中作了论述,尊重各地各族人民的风俗习惯,承认民俗美的多样性,就能促进互相了解,互相体谅,达到民族团结、地区和顺的目的:

> 凡居民材,必因天地寒暖燥湿,广谷大川异制,民生其间者异俗,刚柔轻重迟速异齐、五味异和、器械异制、衣服异宜。修其教,不易其俗;齐其政,不易其宜。中国戎夷,五方之民。皆有性也,不可推移。东方曰夷,被发文身,有不火食者矣;南方曰蛮,雕题交趾,有不火食者矣;西方曰戎,被发衣皮,有不粒食者矣;北方曰狄,衣羽毛穴居,有不粒食者矣。中国夷蛮戎狄,皆有安居、和味、宜服、利用、备器。五方之民,言语不通,嗜欲不同。达其志,通其欲。

古人已认识到中原与四方的各民族——五方之民,各有自己的风俗习惯。有的被发文身,刻脸交趾,有的穿皮衣、羽毛,有的吃生东西不用火,有的只吃肉、奶,不吃粮食谷粒。但不管有怎样的不同,都各有自己的"安居、和味、宜服、利用、备器",即吃、穿、住、用等方面的民俗美,这是各自不同的美。统治王朝只能"修其教,不易(不变)其俗;齐其政,不易其宜",要人们认识、承认并尊重各地各民族民俗美的多样性。这是一种非常明智的政策。这种明智的民俗政策,或许正是伟大的中国之所以能始终保持民族融合的势头,最终成为十几亿人口的伟大国家,使中央管辖的疆域不断扩大、繁荣发展的重要原因吧!

我们编写的这套巨型丛书《中华民俗大典》正是要全面包容中国各个民

族、各个地区民俗美的多样性,使各民族相互了解、相互尊重、相互学习,从而达到更加亲密无间的团结。

民俗是变化的。民俗美具有时代性,它是随着美的观念之变化而变化的。随着历史的进步,原来的美俗渐渐变成落后的陋俗了,于是又产生了新的民俗来取代了旧的。各种民俗都处在不断变化之中,社会变化愈快,民俗的变化也愈快。其变化的方向与轨迹如何呢?有什么规律可寻吗?

当然有的。任何事物的运动都是有规律的,只是有的运动规律过于复杂而不易全面地掌握而已。事实上,真、美与善是辩证地统一在一个民俗的整体之中的。真是事物的科学内核,善是事物的益处和好处。真和善是事物内容的美,它与美的各种形式总是紧密结合在一起的。真善美的完全结合,这就是民俗中"绝对的美"的主要内涵。

民俗的发展趋势是越来越美,绝对美的分子越变越多,总是不断向绝对的美前进。不排除发展中有曲折和反复(如某些地方某些人中的迷信行为之沉渣复起),但总的倾向是进化的,趋美的(科学总是要战胜迷信的)。我们不完全赞同民俗学与人类学中的"文化相对主义",这种相对主义在反对大民族主义的民俗歧视时,是起过进步作用的,但它并不符合科学的立体思维和辩证法,因而是有缺陷的。这种相对主义把各种民俗文化一视同仁,主张民俗无美丑之分、无是非、无客观标准。固然,主张民俗的多样性、相对性是对的,尊重落后民族的民俗也是难能可贵的,但是民俗的美与丑、落后与进步等还是有客观标准的。精耕细作、水利灌溉、科学施肥、防治病虫害的农业,总是比刀耕火种、破坏自然生态的"游耕"要进步吧;自觉将果皮、废纸、饮料瓶放进垃圾桶、吐痰入盂,公共场所不吸烟,总是比随手抛弃垃圾、随地吐痰、不问场合地到处抽烟要进步吧;抽水马桶总是比随地便溺或旧式茅坑要进步吧。随着社会生活条件、科技水平的进步,人们科学水平的提高,落后的民俗总是会跟着进步的,似乎不能说"进步"和"落后"都一样吧。科学的民俗学应该对民俗进行全面的客观的分析,既要了解它的现状及其产生的社会背景和各种条件,尊重各族人民的自我抉择;同时又要研究民俗发展的轨迹和路径,宣传更美好的先进的生活方式,普及科学知识,改善人们的生产与生活条件,改变落后的生活环境和审美观点,帮助人民自觉地自己动手去移风易俗,改变不科学、不合理的落后的生活方式,使民俗更加美好。民俗的趋美律总是要起作用的。任其自发地变化速度就慢,掌握它的变化规律去科学地、自觉地移风易俗,就可以加快民俗进步的速度。但是,如果违背了民俗的趋美律,不了解民俗改良首先要具备客观物质条件和群众审美观点的改变等主观条件,并且只能由人民自己动手自觉自愿地去改革,而鲁莽地搞强迫命令、越俎代庖,就要重犯 20 世纪 20 年代—30 年代"新生活运动"砸菩萨"破除迷信",和 1958 年"共产风",及 1966 年"文化大革命""破四旧"的极其严重的错误。强迫命令、急性病绝不能达到移风易俗的目的。这个真理,在实践中已经反复得到了证明。

由于生产水平低下,科学不发达,人们不了解自然和社会的科学发展规律,不能掌握自己的命运,只好依靠神佛、祖先的崇拜来消灾求福,产生了许多鬼神迷信的民俗。这是人类软弱与无知的表现,但许多文学艺术却同时在这些宗教迷信的民俗中创造、传承、发展着,深刻地、广泛地影响着人们的社会生活。随着社会的进步,教育的发达,许多旧的迷信风俗已在逐渐改变。这种改变一般是用更加符合真善美的新民俗取代或改造了旧民俗,迷信的成分为新的生活美所取代,使民俗更美了,也更符合科学了。这种移风易俗是符合民俗趋美律的,是成功的。这是人们的审美观念与生活条件变化而造成的自然结果,而不是简单化的"破旧立新"的成果。正相反,民俗的改造并非"不破不立""先破后立",而是相反:"不立不破""先立后破"。如果没有新的更美的民俗创造出来去代替旧民俗,旧的民俗是不可能真正破除的。在东部沿海地区的一部分先富起来的人之中,有些人精神空虚,建新庙拜旧神,造大坟求风水保佑财富永留其家,甚至造"生人坟";婚事丧事,大操大办互相攀比;某些商店起了封建色彩的、殖民地色彩的、格调低下的、怪里怪气的店名;某些企业开张,"剪彩"仪式上用黄金铸剪,剪断彩带后赠剪彩者,送四位甚至五位数的红封包,借着这种民俗形式以糖衣炮弹射向某些官员。这说明经济发展了,良风美俗不会自动产生,调查研究、移风易俗的任务十分艰巨。

各种风俗习惯都是一定社会历史的产物,他们开始时都是在当时当地条件下被认为最美的生活方式创造出来流传开来的。各种民俗都有其深厚的社会历史渊源,起过一定的社会作用,绝不是偶然的。所以即使是一些落后的迷信的民俗,也有它存在的缘由,甚至其中可能还包含着科学的内核和文化艺术的成果。需要用科学的态度去谨慎地、具体地分析它们,进而批判地继承,如果其中有精华的部分便发扬之,如果其中有糟粕的部分便扬弃之,如果其中有文化艺术的部分便推陈出新或整理后演出或借鉴其艺术成就而创作出新的文学艺术作品,而绝不能简单化地粗暴否定。过去在南方山区所存在的一些植物崇拜,如壮、瑶、苗、侗诸民族各有不同的大树崇拜,虽有迷信成分,但也有它的某些好处,如大瑶山地区的树崇拜曾使当地大片原始森林(水源林)得到很好的保护,使气候湿润,金秀河河水长年丰沛,各种生产得以进行。但是,1958年"大炼钢铁"时"破除迷信"——向树神宣战,砍光了一个个山头上大片的原始森林,却不能运出,结果树木腐烂,水土流失,森林——绿色水库被人为地破坏了,于是金秀河水暴涨暴落,在旱季就几乎断流,气候也变得干燥难耐。这种"破除迷信"的粗暴行动,实际上连科学也同时被破除掉了。这就说明在一些传统迷信的民俗中,往往同时也包含着一些合理的内核和科学的成分。人们在长期的生产活动中积累了极其丰富的经验,形成了各种民俗。在千百年实践中,人们意识到森林是山区生活、生产不可缺少的条件,但不知道它的科学原理,以为这是树神的恩泽,从而产生了树神崇拜的迷信民俗。在这种迷信中实际包含了生态平衡的科学内核,起了保护森林的作用。如果我们缺少辩证的立体思维,未能对民俗进行多角度、多层次的本质分析,而只看它表面的迷信崇拜,连它的科学成分也同时全盘否定了,就会造成严重的后果。甚至使人认为这些严重后果正是神佛对人们的"惩罚",反而更加深了人们的迷信观念,这就与"破除迷信"的初衷完全背道而驰了。

因此,我们对一切带有迷信色彩的民俗,都要用科学的态度进行谨慎的、认真的全面记录,然后还要进行科学的分析和批判,保存并发扬其中合理的成分和科学的内核,吸取其文化、艺术的美好因素,加以推陈出新的改造,使它更加美好,更符合人民群众新生活的需要。

如此的移风易俗是要靠群众自觉自愿地在科学的指导下来进行的。所以必须认真贯彻"全面搜集,慎重整理,加强研究"的正确方针,首先把一切旧的、哪怕是带有迷信内容的传统民俗,如实地记录下来,进行多层次的科学分析,作为移风易俗的参考。即使是一些过去流行但已不存在的传统民俗,为了研究民俗历史发展规律的需要,也必须加以全面地调查作为历史资料认真地保存下来。否则，历史的环节残缺不全，对研究现实和历史的渊源关系，对掌握历史发展规律都是非常不利的，对此我们要有清醒的认识，以免造成不可弥补的损失。

对于传统民俗在现代的新的、哪怕是微小的变异，以及对一些新出现的新民俗，哪怕还处在萌芽状态，尚未成俗，只是内含着一些民俗因素的事物，我们也要敏感地加以采集和研究。

为了更科学地记录和研究民俗事项，我们主张运用科学的六维立体思维方法而不用点性思维、线性思维、片面思维和平面思维、静止思维的方法。因为任何事物都在六维立体空间里存在着，本着实事求是的原则，我们理应运用六维的立体思维模式去分析一切事物（包括民俗），才能全面地认识它，科学地把握它的各个方面、各个层次的特点和本质。这种六维的立体思维，要求我们在观察和分析任何事物时，要由平面的二维空间（长、宽），发展到"多侧面的立体的三维空间"（长、宽、高）。这还不够，还要加上时间一维。由静止的立体发展到"动态的四维立体"，要分析事物的历史发展、来龙去脉和未来前景。这还不够，还要加上事物的内部空间一维，由表及里，深入观察"内层本质的第五维"，要分析事物的各个层次，由浅入深，揭示事物的本质特点和运动规律，达于多层次的五维立体空间。这还不够，还要加上环境一维，分析事物的生态环境、外部条件及其功能、后果，达于"全方位、多侧面、多层次、多种内外条件因素综合作用的六维立体空间"。这种动态的立体思维是最全面、最科学的思维模式，可以避免各种片面性、表面性和主观性，在研究复杂的社会现象如民俗这样的对象时，尤其需要这种唯物辩证的立体思维；《中华民俗大典》的编写调查提纲和体例正是运用这种六维的立体思维来制定的。我们在整个编写、审稿和出版过程中特别注意运用这种科学的立体思维，使它尽可能相对的大和相对的全，以符合"大典"的要求。

"世事洞明皆学问，人情练达即文章"，《红楼梦》中的这副对联是非常深刻的，对民俗学的建设尤有深远的借鉴价值。中国的民俗调查和记述，已有了两三千年的历史。但古代的民俗记录（包括《风俗通义》这样的专书），往往比较简略，语焉不详，并且比较零散，缺少专门的系统的调查，更不用说全国性的民俗普查了。

目前的中国正处在迅速实现现代化的历史进程之中,新生事物层出不穷,许多传统民俗不断被新民俗所取代,并随着老一代人的不断去世而逐渐失传,如不及时调查记录保存下千百年来人民创造和流传的各种传统民俗,必将造成难以弥补的巨大损失。这既愧对前人也愧对子孙后代,我们绝对不能让流传了千百年的传统民俗,在我们这一代手中得不到记录而失传。所以,调查与尽快记录这些即将失传的民俗文化遗产。对新出现的民俗及时记录、研究,进行史无前例的全面的民俗大普查,正是我们这一代人不可推卸的历史责任!这对于探讨中华文化及民俗的历史发展规律,对于在科学指导下的移风易俗以创造人民美好的新生活,都是非常必要的。我们不能因为任务艰巨而畏难退缩,以致坐失良机,眼睁睁地看着珍贵的民俗文化遗产不断在我们的视野中消失而无动于衷、无所作为。

正是基于以上的认识,我曾在中国民俗学会的两次大会的理事会上,提出了进行全国民俗普查的建议。这是一个紧迫的任务,但是非常艰巨,难度很大,所以始终处在筹备、酝酿的阶段。1994年,我们开始启动《中华民俗大典》,征求了过伟、周星、高丙中、万建中等先生的意见,希望能共同负责完成这一工作,得到了热烈的响应。我又起草了一个较为详细的"编写大纲"印发各地民俗专家,一方面征求意见,一方面组织队伍。老一辈的民俗学专家费孝通、钟敬文、季羡林、贾芝、杨堃、马学良等老先生都很支持这一工作。各省市自治区及港澳台海外的许多权威专家分头组织编委会,团结老中青各民族学者,从事各卷的调查与撰写。经过各地专家四年多的拼搏,如今广西卷、吉林卷、云南卷、广东卷、山东卷、天津卷、河南卷、宁夏卷、内蒙古卷、四川卷、湖北卷、上海卷、江苏卷、重庆卷、湖南卷等一批省市自治区分卷已经定稿,黑龙江、新疆、福建等卷也接近定稿。其他省市自治区的调查撰写工作正在紧张进行。全套丛书将陆续出版。

我们此次发动中国民俗学会会员和全国广大的民俗学家进行民俗普查(或补充调查)撰写《中华民俗大典》大型系列丛书,努力运用科学的方法,进行详尽的记录,对各地有特色的民俗,进行多侧面、多层次的立体描写,使用六维的立体思维,把许多民俗事项的各种细节(如仪式动作全过程、来龙去脉,社会功能、生态环境、发展变化趋势、演变规律、人民群众民俗心态与反映等)尽量详细地、具体地、形象地描写出来,使读者阅后有身历其境的感受,如见其状,如闻其声。在书中,一方面集中古今调查研究的重要成果,一方面对一些重点民俗进行重新调查,弥补过去的缺门空白点,进行全面的、立体的描写记述,克服以前民俗记录简略而零碎的缺陷,以便读者对中国各地和海外华人的各种主要的民俗事象有一个清楚明白而全面深入的了解,提供现今条件下的最大信息量,以满足各行各业专家和广大读者的多种要求。在行文上,尽量做到既有知识性、科学性,又有趣味性、可读性,既有丰富的学术内容,又深入浅出,通俗易懂,雅俗共赏,真实可靠,使之成为一部具有深远历史意义和社会实用价值的巨型的民俗经典文献。

我们这套巨型民俗系列丛书名为《中华民俗大典》,总共35卷,除各省市自治区(包括海南省和重庆市新建制)各一卷外,还包含香港、澳门、台湾及海外华人各一卷,每卷100万字左右,个别民族较多的省、区可适当增加字数。整套丛书,总字数共3000万字左右。

这是一项巨大的文化工程,是由中国民俗学会主办,发动全中国和海外华人民俗学家共同调查研究的文化工程。我们的主要目的是全面收罗过去千百年来的民俗调查研究成果,并尽可能全面地进行民俗普查和某些重点民俗的补充调查,把新旧民俗的各种资料尽可能都包容在书中,力求做到既大又全,这是我们的既定目标,我们在撰写工作中是努力这么做的,究竟做得怎样,就要由读者来评定了。如果各地的专家和读者在读后发现了缺漏、失误之处,请给我们提供具体的材料和意见,以便再版时改正,并不断补充新的民俗资料。

最后,我们怀着非常激动的心情,对一切关怀和帮助我们工作的各位领导和专家、读者,表示崇高的敬意和衷心的感谢;希望各位在未来的日子里,继续给我们以各种宝贵的支持和帮助,俾使这套闪耀中华文明之光、集中人民智慧的新型大典丛书早日出齐,更加完美。

二、凡 例

一、《中华民俗大典》是中华民俗资料信息的总汇,全面、真实、准确地记述和描写各地华人的各种风俗习惯、民俗文化,既有典型性、科学性,又有知识性、可读性。

二、每省、自治区、直辖市1卷,香港、澳门、台湾及海外华人各1卷,共35卷。

三、在民俗普查的基础上,综合所有古今民俗资料进行系统编写。

四、运用立体描写方法,介绍各类民俗的源流、活动形态、仪式、表演、传承情况及其社会功能、社会影响等。

五、内容尽可能全面完整。以现代民俗为主,也包括古代传统民俗;以良俗为主,对过时的落后民俗亦不回避。

六、对各地有特色的民俗作重点描写,细写民俗活动的全过程和动作的细节,及其产生原因、社会功能等情况,进行形象的真实描写,尽量使人有身历其境之感。对一般民俗则作概要的略述以贯彻"点面结合""详略有致"的原则。

七、各卷均按"《中华民俗大典》编写提纲"进行写作,以"概述""节日民俗""物质民俗""社团民俗""礼仪民俗""信仰民俗""民间科技与卫生民俗""民间游戏与文艺民俗""民俗采录研究简史"的顺序编排。

八、每类民俗下分数类,每类中有特色的民俗又以小标题分述之。民俗名词术语在正文中排黑体字。

九、附录"本卷参考书目""方言词汇简释"。

十、力求雅俗共赏、深入浅出,语言简明生动、精炼流畅;资料丰富翔实、准确可靠,图文并茂,编排恰当,眉目清楚,便于查阅。

三、《中华民俗大典》调查编写提纲

摘　要:《中华民俗大典》已列入"九五国家重点图书出版规划",是"中国民间文化遗产抢救工程"的重大项目之一;不仅抢救现存的民间民俗文化,同时抢救老学者们几十年来的田野调查学术成果,是对中华民俗文化一次空前的大总结。这里发表的是民俗调查最为详细的调查编写提纲。

关键词:《中华民俗大典》 民间文化普查 提纲

[分类号] K892 [文献标识码] A [文章编号] 1008—

一、环境

（一）地理环境：地理位置，山河湖海，气候特点；内部与外界的交通联系。

（二）人文环境：民族、男女人数、文化程度比例、平均寿命、历史沿革、著名人物、历史事件。

二、风俗习惯（含汉族和少数民族的民俗）

（一）节日民俗

每年有哪些节日（如年节、元宵、清明、三月三、泼水节、端阳节、火把节、七月七、中秋节、重阳节、冬至节、腊八等）。要对汉族和少数民族传统的大小节日作全面调查。

各种节日的来历、沿革、活动的时间、庆祝的方式，参加者的年龄、性别和职业，有什么特别的仪式、食品、娱乐、禁忌活动。

节日的准备工作如何？包括准备节日礼物、服装、物品等。节日活动是以家庭还是以社会团体为单位进行？有何庙会、集会、竞技？

节日性质和目的、功能是什么？对人民生活、思想有何影响？

（二）物质民俗（包括衣食住行和农工商副业等）

1. 衣饰民俗。男女老少、各行各业、四季晴雨的外衣、内衣、礼服、工作服的式样、质料和缝制者、做法、洗涤。最喜爱什么色彩和图形？有文身、束胸、缠足、凿齿等风俗？鞋、袜、帽、巾的质料、式样和做法。头、耳、鼻、眼、唇、手、腰、胸、颈等处的装饰品、化妆品名称与样式，如何使用？

发型的样式和梳结的方法（如梳辫子、披发、剪短发、剃头）。男人如何处理胡须？

需调查服饰与心理、信仰、禁忌等深层民俗的关系，注意其象征意义。重点服饰最好有尽可能多的插图、照片等形象资料。

2. 饮食民俗。主副食的品种、做法。每天吃几餐？作息时间如何安排？每餐吃些什么？如何做法？食具的名称和形状。

本地的口味、爱好（喜欢酸、甜、咸、辣）及其原因。本地特产和风味食品、菜肴、佐料的品种和烹调方法。燃料种类。

食品的储存方法（如咸菜、随酸、火腿、酸鱼、腊肉、果酱、笋干等品种及其制作过程）。

点心和干粮有哪些品种及其制作方法。饮料(茶、酒、果汁、开水或生水等)的品种和制作、饮用习俗(何时饮用,有何礼节、禁忌酒歌、酒令、猜拳方法)。

节日和请客时的饮食。座次的安排、食具的摆放有何讲究。

宴会的礼仪与禁忌。

生吃哪些食品(如各种水果及蔬菜、鱼片、生肉等)。

饮食卫生习俗与当地地方病的关系(如喜喝滚烫的食品与食道癌的关系)、槟榔、烟草等嗜好品的习俗。长寿老人的饮食习俗等。

对习俗应分别主次及各阶层的差异。了解各种食品的象征意义。

3. 居住民俗。各种民居的样式、规模(如村庄、宗族和大小家庭的安排,公共建筑的种类),住宅的结构与房间的安排,画平面图标出民居的园地、宿舍、厕所、厨房、火塘、畜禽窝棚、堂屋、窗户、神像、床铺的位置、大小高度。

家具的种类和位置,灯烛的种类和位置。

家庭防护设施民俗(如防震、防盗、防风、防水、隔音、太阳能、防寒设备等)。

房屋的建材、建筑维修民俗。

有无奠基、上梁或竣工仪式、唱词和集体帮工情况,张贴的对联、符咒与窗花、年画(壁画)。

房屋迁徙和租赁制度的民俗。

选址是否有风水或占卜?盖房中的仪礼与禁忌。

冬夏季节对民居的影响如何?居住卫生民俗。

4. 交通民俗。运输的方式(水、陆的运输工具及其使用情况),牲口的驮和拉,人力运输的挑、抬、背、提、扛、挂、搭、推车或拉车、滚、流、溜、吊等运输物件的方式、工具与技巧,其适用的对象,号子等劳动歌如何配合动作,记录其歌词。

船民、纤夫、脚夫、车夫的特殊民俗。道路桥梁、船舶码头、车辆种类、名称及其修建、保养的民俗。

运输业的经营与组织制度民俗。

旅行、运输时的信仰、禁忌及有关谚语。

告别、饯行、接风、馈赠等民俗。

与旅行、运输有关的各种设施与行业习俗(如客店、茶馆、饭店、驿站、娱乐场所等习俗)。

通讯联络的各种方式(如敲钟、点火、狼烟、信物、书信、口信、唱歌、呼叫、手势、土字、密语、黑话……电话、电报、传真,上互联网的短信、微信、群聊等)及其经验、禁忌、符号等。

5. 生产民俗。当地生产的概况与统计,农、工、商、服务业、文化产业等所占的比例,主要的生产方式。企业性质及比例(如公有承包、公私合营、股份制、合作制、私有、外资、合营等)。

(1) 农业作物的种类,从种到收各个环节及其习俗。当地的农耕经验、技术。

农具的种类、使用、制作与维修情况。

土地承包、劳动组织、分工协作的习俗。变工、雇工、换工、出租与承包的习俗。

社神、农神、水神、虫神信仰、祭祀、禁忌等民俗。

土地和农产品的计量方法。除草、除虫和灌溉方式。肥料的种类、来源与加工、使用方式。

农业劳动的方式与休息方式(时间安排,饮食、歌唱等如何安排)。

(2) 水利灌溉民俗(水源、水渠、水库、水井、水车、水磨等的修建和使用情况)。

(3) 农产品的收获和储存加工的习俗(最高、最低与一般产量的情况)。

(4) 农业经验的总结、传授与推广的民俗(如新年评比奖励、老人介绍经验、农科站讲习班、结对帮扶等)。

(5) 农产品的销售与加工习俗(舂、磨、碾、晒……以及加工、分配、预售、流动收购等习俗)。

(6) 山林的利用及其民俗。果树的栽培习惯。每年绿化的日程、经验。山神、树神信仰与绿化的关系如何。木材的砍伐与运输习俗。烧柴、打柴与各种燃料生产的习俗。

(7) 渔业与水产习俗。当地主要的鱼种,捕捞方法(网、钓、叉、鱼鹰等的种类)、养殖鱼、虾、蟹、莲藕、茨蔬、海带等水产品的方式与经验。

渔船的种类、大小、样式、制作和使用、管理习俗,渔具的种类与维修、使用的习俗。

渔民的劳动方式,劳动组织、分工、分配习俗。如何探知鱼群、鱼汛,如何在海上辨别方向和天气变化。渔民的信仰与禁忌习俗。鱼行、鱼贩与渔民的关系。渔民衣、食、住、行,人身礼仪的特殊民俗。

(8) 狩猎民俗。猎物种类、活动特点,狩猎的时间、地点与方式(用弓箭、弩机、陷阱或猎枪、猎犬、围猎的经验与技巧),狩猎工具的制作,猎犬的培驯。

狩猎的组织分工与分配习俗、好猎手的地位与荣誉。狩猎技术的传授与新猎手的培养。

狩猎的信仰、禁忌民俗与祭祀仪式(猎神的名称、来由及其祭祀)。

猎物的处理、加工与保存(如皮毛、肉、骨、角、蹄、胆、筋等的用途和保管)。

(9) 畜牧习俗。牲畜的种类及其比例。牧场的自然条件及冬夏季节的变换情况。如何转场?是否定居。

牧民组织分工。放牧的技巧和经验。牲口的繁殖与医疗。

产品的处理民俗(如奶油、奶茶、奶酒、奶渣、酸奶的制作,皮毛的剪用规律)。

家禽、家畜的喂养方法与经验。产品的处理和销售习俗。

畜牧业的信仰与禁忌。

如何对付野兽,对付暴风雪和旱灾。

(10) 蚕桑习俗。养蚕全过程的操作、仪式与信仰。对蚕的称呼。养蚕的各种经验与技术诀窍、设备制作。桑叶的来源与采摘。蚕茧的加工与保存。

(11) 纺织习俗。农村妇女如何从事纺织?有无作坊、工厂?纺纱工具与技术。织布机械的样式和制造。织锦、绣花与染色的传统技艺。纺织技巧、祖师爷的传说及其信仰习俗。

(12) 编织品的种类(竹篮、柳条或荆条筐、蒲包、席子)及其传统技术,经验的传授(师徒、口诀、家传……),制作和销售习俗。

(13) 手工业的民俗。家庭作业、工场、作坊的组织分工。工时安排。手工业的种类(如油坊、铁匠铺、染坊、酱坊、板厂等)。各行业组织(行会、工会、神会等)活动及信仰、禁忌和传说。工匠(木匠、泥瓦匠、石匠、皮匠、铁匠、篾匠等)的活动习俗。

分别农村、市镇的不同情况,重点写当地最有特色的手工业品及其习俗。

(14) 商业习俗。城市商店、商场、农村集镇商贩的各种习俗。

集市与庙会的日期与特色,影响的范围。行商如何活动,叫卖方式。商店的招牌、幌子与招牌、广告。

商业道德、信仰(商业谚语、口诀与财神信仰、禁忌)。

主要商品的种类和交易情况。批发、零售、经纪人的活动情况,商人与手工业者、农民的关系。

借贷、赊欠、分期付款、现款交易、以货易货、讨价还价的习俗。如何维持信誉。商业手语、行话。

本地商人活动的范围多大?外地商人的来路及活动习俗。

(三) 社团组织制度民俗

本地各阶层职业构成情况(统计、比例),各自的生活水平(工资、利润、储蓄、雇佣、奴仆、乞丐等情况)。

男女分工,妇女在生产与家庭生活中的地位与作用。歧视妇女的说法与做法。

1. 家庭与宗族制度习俗

家庭类型是几辈同堂的大家庭还是一夫一妻的小家庭?

宗族与宗祠有何活动和族规、家法、家谱?家长、族长一般是什么人,其权力如何行使,是夫权、母权、妻权还是平权,与子女是什么关系?如何对待老人与小孩?

如何继承(是长子还是幼子继承,何时交权)?父子、婆媳、姑嫂、兄弟之间的关系?

2. 亲戚关系

同族血亲的称呼有何特别之处?外族姻亲如何称呼,有何交往?"舅舅为大"在分家时、丧葬中的表现。

亲戚的名称有多少?如何计算?近亲和远亲如何区分?走动时间和方式。

干亲如何确定,有何仪式与活动、义务。

3. 邻里关系

参与邻家事务的性质与程度。如何对待邻家的老人与小孩?积怨与和好的方式。

4. 社区关系

村、镇、街道、市区是自然形成还是人为建立?有何传说,历史上的天灾人祸等重要事件。

社会首领的名称,人际关系与交际如何?如何管理?首领由世袭、民选还是指定,有何民主制度和规约。

社区节日与公共活动方式及其与村落组织、宗族的关系如何?

有何公益活动与公共设施(如寺庙、水井、公墓、邮电等)?

绘一幅典型村落平面图,标明各设施、建筑的位置及与山河的关系。

5. 社会团体

各种社团的性质(如经济、卫生、体育、文娱、宗教、青年、少年、老年、女性、行业、教育、军事等组织)及其名称(如读书会、青年会、互助会、福利会、书画社等),其组织制度与活动方式、活动地点与资金来源、目标与社会效果。各群体的关系,开放的还是封闭的,权力结构如何?学校的管理与建设情况。教师的地位与师生关系。

6. 民间法律民俗

有哪些习惯法(不成文法,如石牌话、理词、谚语等),发生纠纷如何调解?由谁来审判或调解,有无神判?有无理老?

7. 黑社会的组织名称、活动与组织情况。

当地对不良风习(如赌博、卖淫、偷盗、打骂、械斗等)的处置习俗。

8. 交友习俗和调解纠纷的习俗。

立法与司法的民俗(如契约、盟誓、神判、石牌民俗等)。

(四)礼仪民俗

1. 社交礼仪

有哪些重要的人际交往?如何招待客人?熟人见面如何打招呼问好?生人见面如何介绍,有何见面礼仪?拱手、握手、合十、作揖、举手、叉手胸前、伸舌头、碰头、碰鼻、接吻、拥抱、叩首磕头、鞠躬等)。

迎客的仪式、礼节、敬称,主客的座次安排,客套礼貌的习惯语言与动作。

待客的饮料、糕点与宴会。

礼物的种类与包装,各种交往中的礼物、礼金的名称、品种、数量及其作用。

如何送礼和受礼? 有关送礼的民间谚语与传说。

致歉与警告的礼仪。

交往中的禁忌。

书信民俗:通信联络的方式,在通信中如何尊称和谦称(如阁下、令尊、鄙人、家严等),如何问候,如何开头和结尾,有何礼仪规矩? 一般家信的频率。

2. 家庭礼仪

对长辈如何请安、服侍? 如何拜年、拜节? 夫妻、兄弟、姐妹之间的礼仪。如何互相尊重、体谅、密切关系?

谈心与家庭聚会的时间与礼仪,分家的礼仪习俗。

3. 人生礼仪

(1) 生育礼仪:求子的方法。节育和避孕的方法。计划生育的民俗。

知道有孕后的礼仪与风俗,胎教和保胎的习惯,怀孕妊娠中的禁忌和注意事项,对孕妇和怀孕的叫法。产妇如何生产,在何处生产,生产的姿势(坐卧或蹲式),对助产人的称呼、召唤和谢礼,难产和催生的处理,是否把生产看成不洁之事,有何禁忌。

对新生儿的称呼、处理,男女的不同对待,对双胞胎或怪胎的称呼和处理。脐带、胎盘(衣胞)的处理与存放地点。如何报喜、庆祝? 有无洗礼、割礼? 如何命名?

洗三、满月、百日、抓周的礼仪、礼物、占卜与禁忌,如何使婴儿健康、长命?

如何哺乳、下奶,对产妇如何处理,如何沐浴或坐月子,产妇的衣食与活动,门外的标志,丈夫的活动(产翁制等)。

弃婴与养子过继的风习。

育儿的方法如何? 幼儿教育何时开始,如何进行? 婴儿说话、走路、上学的礼仪。婴儿的发型与衣饰,长命锁、手镯、项圈及摇篮的式样与使用情况?

如何计算岁数（虚岁、实岁、生肖的计算等）？

婴儿如何命名，按什么原则、由谁命名，有何仪式？

拜干爹、干娘的民俗，如何称呼和交往？

为新生儿植树等民俗。

（2）家庭教育的民俗（包括生活能力、劳动教育、宗教教育、道德教育、礼仪教育、文化知识教育、艺术教育、体育教育、语言教育、识字教育等）。

学校教育的民俗（学校类型、学制、义务教育的年限），入学与升留级、毕业的礼仪，尊师、拜师的礼仪。

失学儿童如何处理？孤儿如何抚育？

（3）成年礼

多大岁数为成年，有何礼仪与标志（如割礼、文身、穿裙子、加冠、留须发等发型与衣饰的变化）。成年礼的时间、主持人与参加人。成年后的权利与义务。成年礼前的考验活动及其社会意义。成年与结婚的关系。

（4）寿礼

如何祝寿，小生日与大生日的异同，祝寿食品、仪式与礼节，寿堂的布置，拜寿的方式，参加人及礼品，闹寿的庆典、娱乐活动，寿礼及其象征意义。

（5）婚礼、恋爱、订婚和结婚的习俗

男女恋爱结婚的年龄。有无指腹为婚、近亲婚配。

婚姻禁忌（如同姓不婚、生肖相克等）。

择偶的条件与恋爱的方式（如对唱情歌、约会、情书等习俗）。

家长、媒人在婚姻中的作用。婚礼恋爱、订婚和结婚的男女年龄。

怎样订婚（订婚前的活动如相亲、看八字、送礼等，订婚的仪式）。

婚前准备（彩礼、嫁妆、礼服、性教育等）。

结婚程序、礼仪（日期如何确定，从迎娶到入洞房时男女家的活动），女方哭嫁和离家的礼仪，拜天地、挑盖头及歌舞聚会、戏剧活动情况，傧相、伴娘、陪房妈妈、司仪的确定及职责，听房习俗。

婚礼歌谣、祝辞与传说。结婚纪念物（如录像、照片、结婚树）。婚期游乐、婚假蜜月习俗。

（6）婚制习俗

一夫一妻、多妻或多夫、买卖婚、抢婚、交换婚、童养婚、等郎婚、再婚、离婚、典妻、招婿入赘、不落夫家、冥婚（为已死去的子女结婚）、娶殇婚（女死男娶）、嫁殇婚（男死女嫁）、守节、转房婚（夫死转嫁其父、兄、弟或子、侄）、中表婚、娼妓公妻制、同性恋及其他男女关系的风俗；

冥婚的仪式、动机、用何物代表死者（如鸡、木人、纸人、草人等），俗称什么。

婚礼场面及物品的照片等。

（7）丧葬礼仪习俗

对亡人的处理（洗擦、换衣、理发、整容、冷藏），停尸何处、方向，死者周围及口中、手中安放何物，有哪些陪葬物？停灵的时间，对亡人的岁数如何计算，有无"积闰"加岁？

报丧、吊丧与宗教念经超度、守灵的礼仪。何时入殓？棺材的质料、形式与做法。

葬式（土葬、水葬、火葬、天葬、树葬、腹葬、悬棺葬、洞葬、风葬、干尸葬等）与礼仪。墓地的选择（风水、占卜及其他方式），骨灰的处理（骨灰盒的放置，撒入大海、故乡、田地或埋入树下）。

二次葬的做法和礼仪。

坟墓的结构和陪葬品的放置、坟堆的形状与墓碑写法。如何守墓。

亲属丧服的种类与制作，有无特别的发型、文面、哭丧歌？孝子的活动。出殡的场面和礼仪，丧礼宴会、音乐、舞蹈习俗，邻里如何进行帮助？丧礼禁忌。男女老幼的丧礼有何不同？守灵、戴孝服丧和守灵的时间。对亡灵祭祀的礼仪（牌位的写法、形式，遗像的绘画与保存，祭祀的周期，是否有逢七即祭之俗）。

对死者灵魂的信仰（魂归故里、何时还魂、投胎轮回、如何入冥、再生转世）与丧葬礼仪的影响。招魂与送魂的礼仪与活动。关于阴间、天堂、地狱与鬼魂的传说。各种鬼的名称、形状与功能、禁忌等。

（五）信仰民俗

当地人崇信哪些神（佛道神仙，动植物精怪，日月云雷、山川、天地之神，各种人神如关帝、岳飞、孟姜女、紫姑、本主等）。

如何祭祖,祭神祭祖的时间、地点及各种礼仪活动。

有哪些宗教(道教、佛教、伊斯兰教、基督教、民间宗教等)、寺庙、庙会、游神走会情况?

有哪些图腾？如何祭祀、联络图腾?

如何祭祖、祭灶、祭社神(土地神)、求雨,祭祀的规模,主持人、参加人、祭坛、祭器、供品、香烛、音乐与宗教经典的念唱情况,如何行礼、作法?

神像有无,如何制作(泥塑、木雕、绘画、印刷、牌位写法等)?

僧侣、道士、神父、牧师、祭司、阴阳先生、巫师、巫婆、毕摩、东巴、么公、师公、道公等宗教职业者的活动与生活习俗,其社会作用如何？有何特权,如何产生和培训？他们的组织、戒律、社会地位和经济来源。

巫师的称呼,其活动习俗(巫师的特殊穿戴、声音、动作,如何下神、占卜、治病、求雨等),其社会地位、获取的报酬如何,他们的性别、歌舞、念经、符咒、做法等情况。

生活、生产及社会活动中的各种禁忌、预测、算命、相面、求签、扶乩、许愿还愿、占卜的习俗。对神秘数字的信仰习俗。民间元神论及破除迷信的情况。

(六) 民间科技与医药、卫生民俗

1. 人民群众对天文、气象和历法的传承知识,如以天干地支或十二生肖纪年、纪月、纪日的习惯。民间历书。日月星辰的名称与传说。民间的气象预报、地震预测方法。

关于动物、植物、矿物的知识和民间农业、林业、牧业、植业的经验与口诀。

民间速算法、计量法(重量、长度、工时、力量等计量单位的名称与数量)、民间的计算工具(如尺、秤、天平、升、斗等量具或用手指、手臂、结绳、筹码及算盘、砝码、计算尺、计算机等),最常用的有哪些？重要的农谚、医药卫生谚语、民间科技谚语等。

2. 民间卫生习惯(如关于洗脸、刷牙、洗脚、洗澡的习惯、用具,澡堂的设施),洗澡的方式是盆浴、河塘浴、淋浴或桑拿浴、蒸汽浴,男女的区别。洗衣、换衣的习惯,洗衣的工具,去污的材料如土肥皂、草木灰等。

家庭打扫环境卫生的习惯,如何除尘、扫地、拖地、大扫除？扫帚、簸箕、抹布、掸子、拂尘、拖把等的样式及其制作。厕所、马桶的卫生。

如何节约用水与能源。公共卫生的习俗。饮食卫生、起居作息、社区卫生、性卫生的风俗等防病的措施和陋俗。

灭鼠、灭蚊蝇、灭虫、除草的方法。

3. 民间医术、药材

有哪些具有特效的民间治病方法（如气功、推拿、小手术、针灸、火疗、水疗、蜡疗、沙疗、泥疗、医疗体育、民间秘方及其适应证、疗效），

当地特产的草药、药石、矿泉水及其疗效与民间使用情况，民间药膳。对健康长寿有益的药品、食品、衣物。

长寿老人的最高年龄、地理分布与生活习惯。长寿老人的养生经验、口诀等。

民间医生的名称，活动方式与治病的办法。巫师治病是否用药？有无符咒？如何求神？如何叫魂？赤脚医生、接生婆等人的技术培训与传承情况。

（七）民间游艺民俗

1. 民间体育与竞技的种类、名称与历史发展。如拳术与剑术、棍术等十八般武艺，游泳、赛马、摔跤、举重、气功、体操、田径、划船、拔河以及各种民间体育竞技的名称、特长，有何绝技？如何传承，如何训练，如何比赛，如何奖励，与劳动、生活、节日的关系如何。

动物的竞技（如斗牛、斗羊、斗鸡、斗蛐蛐、跑狗等），民间体育的组织与领导。

2. 民间杂技与马戏的技艺、演员艺人的培训与组织情况，其活动范围与影响。演出的方式，演出及幕后的台词、音乐与收费方式。动物的驯养习俗（猴、狗、兔、鸟等）。

3. 儿童游戏的种类与玩法：包括口头游戏、文字游戏与道具游戏（如跳皮筋、踢毽子、放风筝、打陀螺、滚铁圈、扔羊拐等）。包括室内及个人、集体游戏。对常见的有特色的活动进行具体描述。

民间玩具的品种、玩法及其照片等。

4. 成人娱乐休息的主要方式，如下棋、打牌、民间歌舞、说故事、演曲艺、戏曲、从事民间美术及其他游戏、文娱活动等。

5. 棋、牌的种类与玩法。有无赌博？

6. 本地特色戏曲的剧种名称、历史、流行地区、主要剧目及其内容、演出时间、场合（舞台、剧院、广场、庙会、堂会等）。其唱腔、对白语言、服装、布景、道具和乐器特点，化装与脸谱艺术；演员行当及其技艺的程序与传授，关于此戏曲起源与祖师爷的传说与祭祀情况，剧团组成、戏剧禁忌、社会功能、群众反应等。

7. 曲艺的曲种名称、历史、特点、流传地域、艺人与演员的身份、文化程度，主要曲目及其来源、内容，演出的人数、场所、乐器、道具与服装。如何收费？如何传授？曲艺团体。群众喜爱和参与情况。

8. 民间音乐：主要的民间歌曲代表作，乐器的品种、曲目、活动与演出时间、场合，民间歌节、歌会、歌坛，著名歌手与民间音乐家，音乐传承方式，民间音乐组织及其制度等。

9. 民间舞蹈的种类、名称、动作特点，如何伴唱、伴奏、化装，用何道具（如狮、龙、湖船、高跷、高台等）。参加跳舞的人数、场合、仪式及其与劳动、节日的关系，舞蹈技艺的学习和传授，著名艺人情况，舞蹈团体的组成等。

10. 民间美术的品种和名称及有关的民俗（如剪纸、年画、壁画、特色图案、木雕、泥塑、崖画、石刻、刺绣、染印、陶瓷艺术、糖人、面人、绢人、根雕、牙雕、骨雕、玉雕、书法等）和艺术特色，特殊技艺、著名艺人、有何绝技、传承情况，其社会功能、与人民生活的关系等。

11. 民间文学的品种及代表作品。包括歌谣、故事（神话、传说、笑话、生活故事、寓言、童话、动物故事、新故事等）、谚语、谜语、歇后语、民间长诗、曲艺、民间小戏等的演唱场合、社会功能与著名歌手、故事家、艺人的活动情况，技艺的传承情况。对有关民俗作形象的立体描写。

四、本地民俗、民间文学采录研究史

调查采录研究史分为古代（远古—1911 年）、现代（1912—1949 年）和当代（1949 年至今）。

当代包括民间文艺十套集成和地方民俗书刊的调查、出版情况。民间文化的研究、普及和宣传、教育的情况。民俗文化开发利用情况、民俗文化的产业经营情况。

过去本省市民俗文艺出版物的报刊和书目。

五、附录

本卷主要参考书目。

插图：本省市地图、多民族地区的民族分布图。

重点民俗的彩色照片及线描插图（要有地区特色），各项民俗事象的黑白照片和线描插图（分别插在内文有关民俗处），反映重要历史、文化的文物照片。

对衣饰、建筑、仪式场景等的插图必须尽量齐全。

六、撰写中需要特别注意的事项

（一）要写汉族与诸世居少数民族的民俗，可以按本提纲在各项民俗事项中同时写汉族与少数民族民俗，也可以先分汉族编和各个少数民族编，每个民族的民俗都按本提纲的顺序分别来写。

（二）要有概貌概述文字，更要对重点民俗事项进行六维立体描写记录。六维立体即：长、宽、高三维多侧面的各个方面，加上时间（起源和历史）第四维，再加上民俗事象的内部结构（功能、原因、本质、发展规律与方向等各层次）第五维，再加上外部生态环境第六维。

（三）本提纲与当地民俗实际相结合，可有所增减。

（四）以民俗的"现代态"为主，追溯"过去态"，延伸"发展态"，写出民俗的来龙去脉。

（五）以调查研究民俗事象为主，适当引用记录当地民俗在古籍中的古俗，和老人回忆的已消失了的旧俗。尽量完整地保存各种珍贵的民俗资料，为后代留下真实、全面、具体的民俗文化财富，作为建设新的民俗生活美和幸福美满的和谐社会的"基因库"，不愧为千古留存的民俗文化大典。

原载段宝林著《非物质文化遗产精要》，中国社会出版社，2008年。

新诗:现代与传统的对话
——兼释20世纪30年代的"晚唐诗热"

孙玉石

20世纪的一百年里一些看似偶然的文学现象,包含的往往是非常重要的可能性的思考。30年代现代派诗人群中出现的"晚唐诗热"及废名先生所作的诸多诠释,就涉及中国新诗与传统的联系和新诗自身本质及艺术走向等重要问题。回顾与讨论这一历史性的现象,以及其中所进行的对话与发现,对于已经成为历史的20世纪新诗的审视与21世纪新诗未来的走向,都将可能获得令人深思的启示和警醒。我曾经撰文讨论过对于这一问题的认识。[①]这里再就这一文学现象,力图从更多史料的扒梳中,作出进一步的探索。

一、"白话"与"反白话"

中国新诗从诞生之日起,在打破传统诗的语言、韵律等形式的束缚,实现"诗体大解放"的同时,就开始了对于传统诗歌艺术的回归和寻求。这种回归和寻求的思考与实践,伴随着整个的新诗运动。由于审美观念的差异,现实目的的不同,在这一回归与寻求中,出现了两种不尽相同的传统诗观。

一种是以胡适为代表的一些初期白话诗的作者。胡适将二千年的文学,分为贵族的文学和平民的文学,从汉魏六朝的"乐府",到唐宋的一些白话诗、白话词,构成了白话诗发展的传统。胡适以"明白易懂"为新诗主要的审美标准,将古代的"白话诗"潮流视为自己发展的源头,标举"元(稹)白(居易)"代表的白话诗传统,承认他们是白话新诗发展所依据和承袭的"正宗"。

胡适因此而否定晚唐的李商隐、温庭筠所代表的比较难懂一派的诗。他认为,"诗到唐末,有李商隐一派的妖孽诗出现",在北宋造成了"西昆体",以致一些北宋的大诗人,也"不能完全脱离这种恶影响"。②他说:"温庭筠、李商隐的诗所以能流传于后世,也是因为这种诗有两种大用处:一是人读了不懂;二是因为人读了不懂,故人不知道你究竟说了没有。"李商隐的《锦瑟》,"这首诗一千年来也不知经过多少人的猜想了,但是至今还没有人猜出他究竟说的是什么鬼话"。③胡适在强调诗的"明白清楚"的标准时,也谈到了美。但是,他说"美就是'懂得性'(明白)与'逼人性'(有力)二者加起来自然发生的结果"④。正是从这样的"美"的标准出发,他甚至认为,杜甫的《秋兴八首》,虽然"传诵后世,其实也都是一些难懂的诗谜。这种诗全无文学的价值,只是一些失败的诗顽艺儿而已"⑤。胡适把温李诗代表的这种难懂的文学潮流,称作是与"白话文学"相对立的"反白话"文学:"这种'反白话'的文学,无论怎样高妙,总挡不住白话文学的风行。"⑥

以"白话"与"反白话"划分文学潮流的传统文学观,表现了文学革命的先驱者在努力挣脱古典诗形式束缚的时候,对于文学工具与文学内容关系的理解所产生的美学观念的偏颇。美学观念的偏颇导致的是对于诗的审美建设自身的漠视。它的结果甚至可能是诗的艺术自身的丧失。诚如梁实秋批评的,这种观念指导下的"白话诗"的建设,注意的仅仅是"白话",而不是"诗"。对于这种漠视诗的特性的偏颇的反拨是:超越"白话"的层面,在中西诗歌艺术的双向吸收与对话中,坚持对于"诗"性特征的寻求。这种寻求成为1920年代中期以后许多现代诗人的一种艺术趋向。两种新诗美学探索共同诠释着这一趋向:一个是倾向于外在的诗形美的建构,如新月派诗人;一个是引进"象征"在意象建设方面的努力,如现代派诗人。虽然他们借鉴的外国诗传统很不相同,创作实践走的路子也不尽一样,但不满于诗与散文界限的混淆,针对胡适重视"白话"而漠视"诗"的倾向进行偏正,却是一致的。而自觉推崇以胡适的眼光看来是传统里"反白话"的诗的趋势,直接挑战胡适的传统诗观的,是30年代一些现代派诗人对于温李代表的晚唐诗词及这一诗人脉系的钟情和偏爱。

30年代,在现代派诗人群中间,确实出现了一个"晚唐诗热"。废名说,"现在有几位新诗人都喜欢李商隐的诗,真是不无原故哩"⑦。这些"新诗人",当时被颇具现代意识和眼光的李健吾称为"少数的前线诗人",即以戴望舒、卞之琳为代表的现代派诗人群系。

　　戴望舒和施蛰存,都曾经是晚唐诗词执着的钟爱者。戴望舒在新诗创作初期,曾经沉溺于"晚唐诗词家及其直接后继人的艺术",写出了《旧锦囊》(见诗集《我的记忆》)中的许多作品,里面明显地"回响着中国传统诗词的一种题材和意境"⑧。施蛰存在 30 年代就说,自己早在读中学的时候,就圈点阅读过《李义山集》《温飞卿集》《杜少陵集》,而一部《李长吉集》,竟"使我爱不忍释"⑨。卞之琳 80 年代追述自己创作与传统的联系说,"我前期诗作里好象也一度冒出过李商隐、姜白石诗词以至《花间》词风味的形迹","我在前期诗的一个阶段居然也出现过晚唐南宋诗词的末世之音"和"近于西方'世纪末'诗歌的情调"。⑩废名也在 30 年代说,"我最初说卞诗真个象温飞卿的词,其时任继愈君在座,他说也象李义山的诗","卞诗有温的秾艳的高致,他却还有李诗温柔缠绵的地方"。⑪何其芳 1936 年谈到他 30 年代初写诗的道路说:"这时我读着晚唐五代时期的那些精致的冶艳的诗词,蛊惑于那种憔悴的红颜上的妩媚,又在几位班纳斯派以后的法兰西诗人的篇什里找到了一种同样的迷醉。"⑫林庚写诗初期,非常喜欢李商隐的诗,在清华大学做助教的时候,常就李商隐的诗和"沧海月明珠有泪,蓝田日暖玉生烟""一春梦雨常飘瓦,尽日灵风不满旗"这样一些美丽飘忽的名句,与废名等诗人进行讨论。⑬林庚的新诗创作里,确然也接受了晚唐诗词的影响。废名当时就这样说,林庚的诗,"在新诗里很自然的,同时也是突然的,来一份晚唐的美丽"⑭。30 年代后期加入戴望舒《新诗》杂志编辑行列的冯至,后来回忆说,早在创办《沉钟》的 20 年代,"我在晚唐诗、宋词、德国浪漫派诗人的影响下写抒情诗和叙事诗"⑮。辛笛 30 年代开始在《新诗》杂志上发表现代派诗,后来成为 40 年代"中国新诗"派的代表人物。他忆述说,自己在大学读书时,对法国象征派的马拉美、韩波,现代派中的叶芝、艾略特、里尔克、霍布金斯、奥登等人的作品,"每每心折";"同时对我国古典诗歌中老早就有类似象征派风格和手法的李义山、周清真、姜白石和龚定庵诸人的诗词,尤为酷爱"。⑯这些材料已经足以说明,30 年代现代派诗人中间,出现了一个喜爱和耽读李商隐、温庭筠以及姜白石等宋代词人的"晚唐诗热",是一个不争的事实。在于反叛古典诗歌传统而产生的新诗的发展中,这显然是一个非同寻常的文学现象。

问题在于怎样理解这一现象。废名先是30年代前期在北京大学的讲义，后来于1944年出版的《谈新诗》一书，和他1934年11月在《人间世》杂志上发表的《新诗问答》一文，从理论上反驳了胡适"白话"与"反白话"的传统诗观，对于当时出现的"晚唐诗热"的文学现象，作出了自己经过认真思考的理论解释。我们不妨将这种解释，看作是30年代现代派诗人中出现的"晚唐诗热"的一种理论释放。废名阐释晚唐诗的这些理论解说，超越胡适的"白话"与"反白话"的二元对立的文学观念，由新诗传达的语言层面进入了对于诗的本质这个核心性问题的思考，体现了中国新诗运动中一些"少数的前线诗人"，已经进入对于传统具有现代性眼光的选择与观照的自觉，对于西方现代派诗歌与中国传统诗歌之间艺术联系的沟通与对话的努力。

当然，对胡适所谓"反白话"传统的反驳性的张扬，和胡适的片面张扬"白话"传统一样，都是出于自身创造和发展的现实的需要。钱钟书在谈到传统与变革的关系时说："新风气的代兴也常有一个相反相成的表现。它一方面强调自己是崭新的东西，和不相容的原有传统立异；而另一方面更要表示自己大有来头，非同小可，向古代也找一个传统作为渊源所自。……这种事后追认先驱（préfiguration rétroactive）的事例，仿佛野孩子认父母，暴发户造家谱，或封建皇朝的大官僚诰赠三代祖宗，在文学史上数见不鲜。它会影响创作，使新作品从自发的天真转而为自觉的有教养、有师法；它也改造传统，使旧作品产生新意义，沾上新气息，增添新价值。"⑰所谓的"白话诗"的寻宗与"晚唐诗热"的认同，实质上，都是一种"事后追认先驱"中不同文学观念的表现。胡适从他的文学审美观的需要出发，把"元白"的诗归为"自然的，活泼泼的，表现人生的白话文学"一路，而将温李的诗词归为"模仿的，沿袭的，没有生气的古文文学"一路，⑱认为"五四"以后的白话"新体诗"，乃是"三百篇"以来"元白"代表的"中国诗自然趋势所必至的"。⑲新诗发展到20年代末进行的自身反思中，已经出现了针对这种传统诗观的美学的反拨。他们认为，胡适是"新诗最大的罪人"，其主要过错，是他的"作诗须如作文"的主张，强调了诗的语言与日常口语的完全一致，模糊或混淆了诗与散文这两种文学体式之间的差异和界限，以"白话"的传统代替了"诗"的传统，从而忽视了对于诗的艺术本体的追求。废名同样反对胡适狭隘的诗学观念，则将诗的本体的思考转向对于所谓的"反白话"传统的关注与探求。胡适提出的所谓"反白话"的诗,其实是中国诗歌多元格局中存在的传达上比较"难懂"的隐晦蕴藉的一路。他们代表的是在某些方面更接近于西方现代性诗学特征的一个艺术传统。或者说,是使新诗走向现代性趋势中更能与传统进行艺术"对话",从而让传统参与构建先锋性艺术的潮流。废名将此称之为"趋势"。他说:"旧诗向来有两个趋势,就是'元白'易懂的一派同'温李'难懂的一派",胡适之先生"只是从两派之中取了自己所接近的一派,而说这一派是诗的正路,从古以来就做了我们今日白话新诗的同志,其结果我们今日的白话新诗反而无立足点"。与此同时,废名提出:"胡适之先生所推崇的白话诗,倒或者与我们今日新散文的一派有一点儿关系。反之,胡适之先生所认为反动派'温李'的诗,倒似乎有我们今日新诗的趋势。""我的意思不是把李商隐的诗同温庭筠的词算作新诗的前例,我只是推想这一派的诗词存在的根据或者正有我们今日白话新诗发展的根据了。"[20]这种将"温李"的诗与新诗"趋势"挂钩的设想,显然也是"事后追认先驱"的一种努力。它与胡适的推崇"元白"一样,都是在用自己的美学需要"改造传统",在传统与现代的存在的"根据"重叠与相通中,寻找自身存在的合理性。

不同的地方在于,废名等人在传统中的发现,比起胡适的传统诗观的选择来,更具有一种与世界现代诗歌潮流呼应的先锋性。胡适提出的"白话"与"反白话",显然是一个不太科学的概念。他用诗的情感传达方式的差异代替了诗的内在意蕴的认同与臧否,将"明白清楚"确定为诗的唯一的美的标准,而将非"明白清楚"却具有美的品格的诗,通通排斥在好诗之外的"另类"了。胡适并且用这个标准整理了我国古典诗歌传统,将一个理路的诗定为传统诗的"正宗",而将不同的理路定为传统中的"妖孽"和"异端"。这样就在美学情趣的选择上远离了世界诗与民族诗的现代性艺术走向。废名等30年代现代派诗人对于传统的思考显然进入了一个更深的层次。李健吾说:"通常以为新文学运动,诗的成就不如散文,但是就'现代'一名词而观,散文怕要落后多了。"[21]现代派诗人群体,就是进入了这样一个富有"现代"性艺术层次的人。他们的传统诗观超出为自身存在辩护的历史寻找,而具备了为现代诗的发展向古典诗歌探求同气相求艺术根源的觉识。他们的世界艺术视点已经融入20世纪蓬勃而起的"现代"潮流。他们是在扬弃西方浪漫主义而接近前期和后期象征主义、现代主义诗歌潮流的时候,开始对晚唐诗词的关注的;或者说,是由于对于"类似象征派的风格和手法"的晚唐诗词含蓄蕴藉传统的爱好,而对西方现代主义诗潮产生"一见如故"之感,从而努力在晚唐诗词中发现传统与西方现代派诗艺术相通的东西,为新诗先锋性探索的合理性寻找自身传统存在的"根据"。观照与转化历史是为了创造艺术现在的需要。废名等人"晚唐诗热"的文化选择及其中所包蕴的审美内涵,因此走进了一个更为开阔的历史空间,具有了更加鲜明的现代性需求的色彩。

二、"兴"与"象征"

需要进一步讨论的是:现代派诗人倡导并实践的"新诗的趋势",他们"晚唐诗热"中那些属于重新发现"传统"的美学追求,这里面蕴涵的一些重要美学范畴,具有怎样的现代与传统"对话"的可能性呢?

首先进入我们讨论视野的是中国传统诗的"兴"与"象征"的关系。20世纪的现代诗学中,很早就有人尝试着将温李一派的诗词与"象征"联系起来了。于20年代初将"象征派"观念引入传统诗的研究,来讨论温李诗词的,是深谙诗学三昧的梁启超。1922年,在清华学校文学社所作的一个长篇讲演里,梁启超按照诗的"表情方法",第一次将中国古典诗歌分成浪漫的、写实的、象征的三派。他所拟的讲演论题中,列出来的,就有"象征派的表情法"一节。虽然此节的内容在发表时没有写出来,但我们仍然可以从他讨论"蕴藉的表情法"的几种形态里,看到他对于"象征派"的论述和此中所包含的一些很有现代性的诗学观念。

梁启超说,第四类的"蕴藉的表情法","虽然把情感本身照原样写出,却把所感的对象隐藏过去,另外拿一种事物来做象征"。三百篇"多半是借一件事物起兴,跟着便拍归本旨",不大用那种"打灯谜似的象征法",还不能说是象征派,只是不久后被作为象征应用了。"纯象征派之成立,起自楚辞。篇中许多美人芳草,纯属代数上的符号,他意思别有所指。"屈原"怀抱着一种极高尚纯洁的美感,于无可比拟中,借这种名词来比拟,他既有极稔温的情感本质,用他极微妙的技能,借极美丽的事物做魂影,所以着墨不多,便尔沁人心脾"。"自楚辞开宗后,汉魏五言诗,多含有这种色彩。"如"庭中有奇树""迢迢牵牛星"等篇,乃至张平子的《四愁》,"都是寄兴深微一路,足称楚辞嗣音"。而沿着这个艺术脉系发展,产生了后来温李一派的晚唐诗词。"中晚唐时,诗的国土,被盛唐大家占领殆尽。温飞卿李义山李长吉诸人,便想专从这里头辟新蹊径,飞卿太靡弱,长吉太纤仄,且不必论,义山确不失为一大家,这一派后来衍为西昆体,专务捃撏辞藻,受人诟病。近来提倡白话诗的人不消说是极端反对他了。平心而论,这派固然不能算诗的正宗,但就'唯美的'眼光看来,自有他的价值。如义山集中近体的《锦瑟》、《碧城》、《圣女祠》等篇,古体的《燕台》、《河内》等篇,我敢说他能和中国文字同其运命。……这些诗,他讲的什么事,我理会不着,拆开一句一句的叫我解释,我连文义也解不出来。但我觉得他美,读起来令我精神上得一种新鲜的愉快。须知,美是多方面的,美是含有神秘性的,我们若还承认美的价值,对于这种文学,是不容轻轻抹煞啊。"㉒梁启超是胡适"白话"与"反白话"传统诗观的最早反驳者。他所说的"近来提倡白话诗的人",指的就是胡适。他显然不赞成胡适那样以"极端反对"的姿态对于温李诗词的评价。他以西方现代的诗学观念,第一次将温李的诗词与"唯美的""神秘性"的传统联系起来,肯定了它们独特的"不容轻易抹杀"的"美的价值"。温李代表的晚唐诗词这一类作品,从梁启超文章内容的逻辑上来看,应是属于他论述的第四类的"蕴藉表情法"中的"象征派"。从这些论述可以说,将《诗经》的"起兴",楚辞的"寄兴深微",到晚唐诗词承"楚辞嗣音"的"蕴藉"表情法,与西方"象征派"的"象征"联系起来,提出另一种更重视"美的价值"的传统诗观,梁启超大概是最早的一个人了。这里已经涉及了"兴"与"象征"的关系问题。

同样反对以"明白清楚"作为诗美标准的周作人,1923年就说,他"不很喜欢乐府调词曲调的新诗",新诗应"尽量的利用""旧诗词蕴蓄"。㉓从这种注重"蕴蓄"的美学兴趣出发,周作人由对白话诗过分直白浅露的不满,进入对传统与新诗现代性关系的思考。他于1926年在中国现代诗学史上第一次明确提出了传统诗学的"兴"与西方诗歌中的"象征"之间的联系,并表达了企望在二者的"融化"中寻求新诗发展道路的构想。他认为,中国文学革命,受古典主义的影响,"一切作品都象一个玻璃球,晶莹透澈得太厉害了,没有一点儿朦胧",缺少了一种"余香与回味"。救治的方法,就是运用"兴"或"象征"。诗的写法里,"所谓'兴'最有意思,用新名词来讲或可以说是象征"。象征是诗的最新的写法,但也是最旧,在中国"古已有之"。"这是外国的新潮流,同时也是中国的旧手法;新诗如往这一路去,融合便可成功,真正的中国新诗也就可以产生出来了。"㉔周作人对传统诗美学的重要发现,是"兴"的方法与"象征"的同一性。虽然周作人在这里并没有谈到晚唐诗词,但他所关注的"旧诗词的蕴蓄"和有"余香和回味"的"朦胧"一路的诗,应该说是包含了温李一派的诗在内的。

从梁启超、周作人展开的这个思路得到启发,我们仿佛可以找到30年代"晚唐诗热"产生的一个重要的原因:温李代表的晚唐诗词,承袭了《诗经》、楚辞里面"兴"与"象征"的传统,有一种"朦胧"的,处于"可解不可解"之间的审美特点。

古人关于温李诗词的论述里,有关这样一种思考的材料,是可以找到许多的。李商隐自己在《谢河东公(柳仲郢)和诗启》中就说道:"某前因暇日,出次西溪,既惜斜阳,聊裁短什。盖以徘徊胜境,顾慕佳辰,为芳草以怨王孙,借美人以喻君子。"可见他在创作中,运用《诗经》、楚辞中的比兴或寄托的传达方法的自觉意识,是很清晰的。历来诗论家也多看到这一点。清朱鹤龄《笺注李义山诗集》序说:"义山厄塞当涂,沉沦记室。其身危,则显言不可而曲言之;其思苦,则庄语不可而漫语之。……其《梓州吟》云:'楚语含情俱有托。'早已自下笺解矣。吾故曰:义山之诗,乃风人之绪音,屈宋之遗响。"清杭世骏《李义山诗注序》说:"盖诗人之旨,以比兴为本色,以讽喻为能事。……而《玉溪》一集,盖其尤也。"清陆崑曾于《李义山诗解凡例》中说:"诗自六朝以来,多工赋体,义山犹存比兴。"清沈厚塽《李义山诗集辑评》何焯引冯班语:"义山《无题》诸作,真有美人香草之遗,正当以不解解之。"《李义山诗集辑评》中何焯评《幽居冬暮》三四句"晓鸡惊树雪,寒鹜守冰池"曰:"此二句工于比兴。"《隋宫》:"于今腐草无萤火,终古垂杨有暮鸦。"何焯评曰:"兴在象外。"清叶燮《原诗》曰:"李商隐七绝,寄托深而措辞婉,实可空百代,无其匹也。"清冯浩笺注李义山《燕台诗四首》云:"总因不肯吐一平直之语,幽咽迷离,或彼或此,忽断忽续,所谓善于埋没意绪者。"清纪昀评李义山《凉思》一诗云:"起四句一气涌出,气格殊高。五句在可解不可解之间,然其妙可思。"关于温庭筠的词,明汤显祖将李白的《菩萨蛮》与温庭筠的《菩萨蛮》十四首相比较,认为两者皆"意中之意,言外之言,无不巧隽而妙入"。清张惠言《词选》序曰,温飞卿词"深美闳约"。《介存斋论词杂著》云:"飞卿则神理超越,不复可以迹象求矣。"清陈廷焯《白雨斋词话》云:"飞卿词全祖《离骚》,所以独绝千古;《菩萨蛮》、《更漏子》诸阕,已臻绝诣,后来无能为继。"又说:"飞卿短古,深得屈子之妙。词亦从楚骚来,所以独绝千古,难乎为继。""飞卿《菩萨蛮》十四章,全是变化楚骚,古今之极轨也。"当然,对于以《离骚》来论李诗温词,学术上也有不同意见。如清纪昀关于李义山的诗就说:"自释道源以后,注其诗者凡数家。大抵刻意推求,务为深解,以为一字一句皆属寓言,而《无题》诸篇,穿凿尤甚。今考商隐府罢诗中有'楚雨含云皆有托'句,则借夫妇以喻君臣,固尝自道。然《无题》之中,有确有寄托者,'来是空言去绝踪'之类是也;有戏为艳体者,'近知名阿候'之类是也;有实属狎邪者,'昨夜星辰昨夜风'之类是也;有失去本题者,'万里风波一叶舟'之类是也;有与《无题》相连误合为一者,'幽人不倦赏'之类是也;其摘首二字为题,如《碧城》、《锦瑟》诸篇,亦同此例。一概以美人香草解之,殊乖本旨。"(《四库全书总目提要·李义山诗集》)近人李冰若《栩庄漫记》谈到温词时也认为:"以说经家法,深解温词,实则论人论世,全不相符。温词精丽处,自足千古,不赖托庇于风骚而始尊。"这些或要对作品具体分析,或反对以说经家法说诗,都有一定道理;但是并不能否认这样一个事实:李诗温词在艺术表现上的"香草美人"的象征与"深美闳约"含蓄蕴藉,乃是"深得屈子之妙"的。

将温李一派的诗词隐蓄传达的特征,楚辞中的"香草美人"的寄托方法,与《诗经》的"兴"的感情表达的方法联系起来,论证诗的隐晦朦胧的"象征"的抒情特征,在20世纪古代与现代一些诗学研究者中间,几乎成为一种颇具理论色彩的共识。近人论李商隐、温庭筠者,多注意他们的诗与诗骚的"比兴"传统的关系,以及由此而产生的隐晦朦胧的特色。王国维说:"有唐一代,惟玉溪生诗,词旨最为微晦。遗山论诗,已有'无人作郑笺'之叹。"⑥钱钟书在《宋诗选注》中说,李商隐的诗里,"意思往往似有若无,欲吞又吐,不可捉摸";他用的典故词藻也常常"只为了制造些气氛,牵引些情调,仿佛餐厅里吃饭时的音乐"。他还引元好问《论诗》"诗家总爱西昆好,只恨无人作郑笺",王士祯《戏效元遗山〈论诗〉绝句》"一篇《锦瑟》解人难",毛奇龄《西河合集·诗话》卷七记张杉论李商隐诗"半明半暗,近通近塞,迷闷不得决",用来说明李商隐诗的难懂的特点。㉕在《谈艺录》里，钱钟书把李诗这种"不可捉摸"的特点与诗骚比兴传统联系起来，他说："《锦瑟》一篇借比兴之绝妙好词，究风骚之甚深密旨，而一唱三叹，遗音远籁，亦吾国此体绝群超伦者也。"㉖俞平伯在谈及温庭筠词的时候也说："飞卿之词，每截取可以调和之诸印象而杂置一处，听其自然融合，在读者心眼中，仁者见仁，智者见智。"㉘

将中国传统诗学的"兴"与西方现代诗学中的"象征"联系起来，这种诗学理论的"发现"，本身很可能是一种"误读"。即如有的研究者前此已经指出的那样。我关注的是这种"误读"的艺术的和美学的理由。西方19世纪中叶产生的象征主义诗学，有它独特的宗教教义的心理背景和"对应论"的哲学内涵。象征的物象与被象征的内涵之间，存在一种客观自然与抒情主体之间"天人感应"的神秘的联系，带有很浓厚的非现实的超验性。中国现代诗学的研究者，完全舍去了这种哲学性质与宗教气味，而注重于情感传达方式上的某种类似，吸收其物象与情感之间的默契应和的思想，这不仅对"象征"是一种引进需要的"改造"，对于"兴"本身也是一种现代接受的"选择"。用钱钟书的话说，是给旧有的传统或旧作品以"新意义""新气息"和"新价值"。因此，这种不是个别人而是许多诗学评论者"误读"的本身，也就有它在艺术表现方面理解沟通的一定的合理性。这种合理性，需要对他们的解读进行具体的考察，才能得到真切的认识。

关于"比兴"和"兴"内涵的理解，本来就很模糊。朱自清说，《诗大序》最早提出"兴"为诗六义之一。六义中，"风雅颂"似乎没有什么异说，而"赋比兴"的意义，特别是"比兴"的意义，"却似乎缠夹得多；《诗集传》以后，缠夹得更厉害，说《诗》的人你说你的，我说我的，越说越糊涂"㉙。在《毛诗》中，"兴"有两个意义，一是发端，一是譬喻。这两个意义合在一起，才是"兴"。因此，《毛诗正义》解郑司农（众）"兴者，托事于物"言："兴者，起也。取譬引类，起发己心，《诗》文诸举草木鸟兽以见意者，皆兴辞也。"郑玄以为"《诗》"之兴"是"象似而作之"。《笺》大多数说"兴者喻"。进入现代，中国诗学研究中，对于"兴"的范畴不同的理解所包含的"接受差异"，各自体现出现代人的审美体认或沟通传统与现代之间联系的美学思考。

第一，"假象于物"说。如刘师培说："兴之为体，兴会所至，非即非离，词微旨远,假象于物,而或美或刺,皆见于兴中。比之为体,一正一喻,两相譬况,词决旨显,体物写志,而或美或刺,皆见于比中。故比、兴二体,皆构造虚词,特兴隐而比显,兴婉而比直耳。赋之为体,则指事类情,不涉虚象,语皆征实,辞必类物。"㉚刘师培这种对于"兴"的理解,强调"假象于物"的传达方式和"兴隐而比显,兴婉而比直""非即非离,词微旨远"的审美效果,对"兴"与"比"作了细微的区别,已经接近对于"兴"这一范畴的美学把握。刘师培的思考,当然只是限于古典诗学的解说范围,尚没有进入观照西方诗的现代性境界。

第二,"情趣寓于意象"说。朱光潜说:"《诗经》中比兴两类就有意要拿意象来象征情趣,但是通常很少完全做到象征的地步,因为比兴只是一个引子,而本来要说的话终须直率说出。例如'关关雎鸠,在河之洲',只是引起'窈窕淑女,君子好逑',而不能代替或完全表现这两句话的意思。象'昔我往矣,杨柳依依;今我来思,雨雪霏霏',情趣恰隐寓于意象,可谓达到象征妙境,但在诗经中并不多见。"他具体分析了比与兴的差异,认为如"螽斯",虽偏于意象,只是所引事物与所咏事物有类似之处,是"比";如"关雎",所引事物与所咏事物,既有类似,又有情趣的暗合默契,是"兴"兼"比";而"蒹葭"一诗,偏重情趣,所引事物与所咏事物在情趣上有暗合默契处,可以由所引事物引起所咏事物的情趣,称为"兴"。㉛在朱光潜看来,这种"兴",实际上就是一种"象征"。朱光潜关注的是"情趣"和"物象"之间的关系。他在"兴"的传达方法中,看重抒情物象与抒情主体在情趣上的某种"类似"和达到的"暗合默契",这种对于"兴"的理解和诠释,已经有些与西方象征主义所说的"契合"理论相类似了。

第三,"情调象征"说。朱自清谈到修辞上的"象征"时说:"此地所谓象征,指'情调象征'而言,以表现情调、气氛、心境之类为主。"它与"比"的"切类以指事"不同,"只要有一种笼统的、模糊的空气就行。这种象征,中国普通总以入兴的项下"。他举姚际恒《诗经通论》,说这是"兴而比也",是"未全为比而借物取兴,与正意相关者"。他又引周作人以"桃之夭夭"的例子强调"兴"的气氛"烘托"的作用,说明"兴"与象征之间的关系。㉜

第四,"触物起情"说。这与上述"烘托"说大体上是相通的。钱钟书在谈到"寓物"与"拟物"的不同时说:"摹写心动念生时耳目之所感接,不举以为比喻,而假以为烘托,使读者玩其景而可以会其情,是为寓物。"㉝他又引胡寅《斐然集》卷一八《致李叔易书》载李仲蒙语:"索物以托情,谓之'比';触物以起情,谓之'兴';叙物以言情,谓之'赋'。"认为此说"颇具胜义"。并解释说:"'触物',似无心凑合,信手拈起,复随手放下,与后文附丽而不衔接,非同'索物'之着意经营,理路顺而词脉贯。"钱钟书引朱熹《诗经集传》注:"比者,以彼物比此物也。……兴者,先言他物以引起所咏之词也。"又引徐渭《青藤书屋文集》卷十七《奉师季先生书》:"诗之'兴'体,起句绝无意味,……此真天机自动,触物发声,以启其下段欲写之情,默会亦自有妙处,决不可以意义说者。"㉞这种以"索物""触物""叙物"来区别"比""兴""赋",指出"寓物"是不举物为喻,而假物象以"烘托","触物起情",在这一点上,与"引类譬喻""托物兴辞"是相通的。钱钟书认为,在西方,"寓物"抒情是与被 T.S·艾略特称之为"客观对应物"的概念类似的。他将"客观对应物"译为"事物相对""事物当对"。他说:"'叙物以言情'非他,西方近世说诗之'事物相对'(objective correlative)是也。"㉟李义山《锦瑟》"庄生晓梦迷蝴蝶,望帝春心托杜鹃","心之所思,情之所感,寓言假物,譬喻拟象",李仲蒙谓"索物以托情",西方"近说谓'情思须事物当对'(objective correlative),即其法尔"。㊱

第五,《楚辞》与"比兴"的关系。如刘师培说:"自战国之时,楚骚有作,词咸比兴,亦冒赋名,而赋体始淆。赋体既淆,斯包函愈广,故《六经》之体,罔不相兼。……屈原《离骚》,引辞表旨,譬物连类,以情为里,以物为表,抑郁沉怨,与风雅为节,其原出于《诗经》。"他将赋分为"骋词""阐理"与"写怀"三体,认为屈原的作品属于"写怀之赋,其源出于《诗经》",兼有《国风》《小雅》之长,"怨美人之迟暮,托哀吟于芳草。……诗歌比兴之遗也"。㊲他说出了屈原的作品与《诗经》"比兴"之间的联系,着重的当然是"兴"。又如梁启超说,象征在《诗经》里只有少数萌芽,真正的象征乃自楚辞始,"美人芳草,托兴深微,原是一种象征的作用"㊳朱自清则进一步说明,《楚辞》的"香草美人",是依《诗》取兴,引类譬喻(王逸),非开端之意,主要是以自然物象作"不远人情之比喻",与《诗》的"兴"在不直接比喻,而是在"托物兴辞""引类譬喻"这一点上,是相通的。《楚辞》开了咏史、游仙、艳情、咏物之作的源头。"而晚唐李商隐'无题'诸篇,更为煊赫,只可惜喻义不尽可明罢了。"㊴

在这些阐释里,我们不难看到,《诗经》、楚辞所构成的"诗骚"传统中,由

"兴"和"美人芳草"的"寓言假物,譬喻拟象"形成的"托物兴辞""托兴深微",已经成为古典诗歌的一种独特的抒情方式。无论是以意象隐藏情趣,是以景物"烘托"情感,或者是以情"寓物",这"情"与"景""物"之间,都有一种微妙的似联系又非联系的深层关联,"天机自动,触物发生",默会妙处,不可言说,给人以不甚确定的或更加幽晦的多层面的联想和启示,这样,它与"比"和"赋"的铺衍直露,直接以物喻情的表述方式不同,会给诗带来表情的"蕴藉"和审美的"余味"。而晚唐李商隐的"无题"等诗,又是这种传统的继承与"煊赫"。到这里,我们可以得出一个推论:晚唐温李一派的诗词,为一些现代派诗人所钟情与喜爱的"原故",正是因为他们承袭了这种"诗骚"的含蓄蕴藉的抒情方法,重视物象与情趣的"默会",使他们的一些作品,产生了对于自然和生活不同的感觉方式,传达方式,多有"不可以意义说"者,与人们或一种更深要求的现代审美趣味相吻合,表现出与现代西方象征派诗相类似的审美特征。

对于这一点,许多现代诗学研究者,都有过一些直接或间接的论述。梁启超以现代的眼光,在传统与西方的对照中来发现传统的特色与不足。他说自己关于中国古典诗歌的讲演,"专注重表现情感的方法",一个主要的目的,是让人们能够"把我所讲的做基础,拿来和西洋文学比较",看看我们的文学家"表示情感的方法,缺乏的是哪几种"。他特别在含蓄蕴藉的方法中发现了"象征派",并将它与传统诗的"神韵"一宗联系起来,给温李的诗词以很高的评骘。他认为这一潮流的诗中,有一种独特的韵味。"向来写情感的,多半是以含蓄蕴藉为原则,像那弹琴的弦外之音,像吃橄榄的那点回甘味儿,是我们中国文学家所最乐道。""拿这类诗和前头几回所引的相比较,前头的象外国人吃咖啡,炖到极浓,还掺上白糖牛奶,这类诗像用虎跑泉泡出的雨前龙井,望过去连颜色也没有,但吃下去几点钟,还有余香留在舌上。他是把情感收敛到十足,微微发放点出来,藏着不发放的还有许多,但发放出来的,确是全部的灵影,所以神妙。"⑩废名则认为,自古代以来,习惯以"盛"与"衰"的观念,来看唐诗的发展和艺术的高低,是不合理的。"好比晚唐人的诗,何以能说不及盛唐呢?他们用同样的方法作诗,文字上并没有变化,只是他们的诗的感觉不同,因之他们的诗我们读着感到不同罢了。"如月亮,李商隐的"嫦娥无粉黛","嫦娥应悔偷灵药,碧海青天夜夜心","过水穿楼触处明,藏人带树远含清,初生欲缺虚惆怅,未必圆时即有情",均与前人的感觉不同。又如雨,晚唐人的句子"春雨有五色,洒来花旋成"(李咸用《红薇》),这总不是晚唐以前的诗里所有的。以前人对雨总是"雨中山果落","春帆细雨来",到了晚唐人,他却望着天空的雨想到花想到颜色上去了。李商隐的想象与哀愁"比许多诗人都美"。温庭筠的词,"可以不用典故,驰骋作者的幻想","写美人简直是写风景,写风景又都是写美人","都是一个人的幻想"。李商隐的一些诗,"作者似乎并无意要千百年后我辈读者读懂,但我们却仿佛懂得,其情思殊佳,感觉亦美"。[41]朱自清说,李商隐的"艳情诗","有些实在是政治的譬喻,实在是感时伤事之作"[42]。这里面就有一个意象的象征性与情感寄托的模糊性的问题在内的。朱光潜在论述李商隐《锦瑟》一诗的时候,从意象与兴的密切关联这个环节,讨论到晚唐诗的"兴"与"象征"之间的联系,说得就更直截了当一些:"向来注者不明白晚唐诗人以意象触动视听的技巧……一首诗的意象好比图画的颜色阴影浓淡配合在一起,烘托一种有情致的风景出来。李义山和许多晚唐诗人的作品在技巧上很类似西方的象征主义,都是选择几个很精妙的意象出来,以唤起读者多方面的联想。这种联想有时切题,也有时不切题……诗的意象有两重功用,一是象征一种情感,一是以本身的美妙去愉悦耳目。这第二种功用虽是不切题的,却自有存在的价值。《诗经》中的'兴'大半都是用这种有两重功用的意象。"[43]

这样一些论述,接近了我们所探讨的问题的核心了。诸多现代诗学的论述中,大都有一个呼应西方象征主义诗与传统诗学的"兴"的联系的启觉意识。他们有意识或无意识地看到,在《诗经》、楚辞以及晚唐诗词中,常常使用的"兴"与"象征"的方法,颇为类似西方的象征主义的技巧,往往都产生于物象与情趣的"默会"与"契合"。"兴"与象征的直接结果,就是诗歌中具有的情感的与愉悦的"两重功用"的意象的创造。诗人以独特新奇的诗的感觉和超乎常人的想象力,创造象征某种情感或具有独立审美价值的意象,收敛的情感,只"微微发放点出来,藏着不发放的还有许多",用以唤起读者多方面的丰富的联想,给读者以无尽的余香和回味;它们无意让读者都懂得而人们又仿佛懂得,终会从中得到"情思殊佳,感觉亦美"的异样的收获。从这个意义上来说,李商隐、温庭筠代表的晚唐诗词,正是古典时代的朦胧诗。这样的诗的情感蕴涵、传达方式和审美效果,区别于传统的"白话"诗,也区别于"五四"之后流行的直白描述的现实主义、袒露呼喊的浪漫主义新诗的抒情模式,正是 30 年代现代派诗人在晚唐诗词中所要寻找的东西。众多诗学家潜心诠释的所在,正是现代派诗人"发现"传统的所源。30 年代部分现代诗人出现的"晚唐诗热"的秘密,也许主要从这里可以得到一些解释。

三、"象"与"隐"

与西方现代诗学的"对话"中,传统诗学的"隐",因为它所蕴涵的独特美学意义,以及在创作实践中体现出来的含蓄蕴藉模糊朦胧的境界,成为现代性的东西诗学"融汇"中一个重要的美学范畴。"晚唐诗热"产生的另一个原因,概与温李诗词中艺术表现方法所带有的"隐"的特征有关。

作为一个诗学范畴,"隐"在《文心雕龙》中早有论述。《谐隐》篇主要是从修辞的角度说的,"隐"者,是"遁辞以隐意,谲譬以指事"。魏以来,君子将"嘲隐"化为"谜语","或体目文字,或图象品物","义欲婉而正,辞欲隐而显",以达到在一定场合特殊的表达功能。《隐秀》篇,则对"隐"在文学创作中的重要性及其审美效果,作了清晰的阐释:"隐也者,文外之重旨者也;秀也者,篇中之独拔者也。隐以复意为工,秀以卓绝为巧。""隐之为体,义主文外,秘响傍通,伏采潜发,譬爻象之变互体,川渎之韫珠玉也。""深文隐蔚,余味曲包。"《岁寒堂诗话》又引《文心雕龙》阙文:"情在词外曰隐,状溢目前曰秀。"这里的"隐",起码已经含有三种艺术品格:(一)用以"隐"的物象本体以外,有更主要的意义,即"义主文外";(二)"隐"的意象往往具有复义或多义的性质;(三)"隐"的作品有朦胧性和神秘性,接近谜语,"深文隐蔚,余味曲包"即是。这些思想,为后来的蕴藉一派诗学所承袭和发展,司空图、严羽、王渔洋等人标举的"神韵"诗学理论,就是这一潮流的代表。

"隐"的产生及其艺术功能,与"兴"有密切的联系。刘师培谈到"《六经》之体,罔不相兼",认为比兴二体,皆构造虚词,"兴隐而比显,兴婉而比直"。"隐"与"婉"就是"兴"本身拥有的一种品格。闻一多在考察《诗经》中的"隐语"的时候,专门讨论了"隐"与"喻"审美价值的同与异。他认为,"隐"在《六经》中,相当于《易》的"象"和《诗》的"兴",而"预言必须有神秘性(天机不可泄露),所以占卜家的语言中少不了象"。《诗经》中的风和雅,"在各种性质的沓布(taboo)的监视下,必须带着伪装,秘密活动,所以诗人的语言中,尤其不能没有兴。象与兴实际都是隐,有话不能明说的隐,所以《易》有《诗》的效果,《诗》亦兼《易》的功能"。闻一多论述了这种"隐"的审美功能:"隐语的作用,不仅是消极的解决困难,而且是积极的增加兴趣,困难愈大,活动愈秘密,兴趣愈浓厚,这里便是隐语的,也便是《易》与《诗》的魔力的泉源。"闻一多揭示了"隐"与"兴""象"的不可分离的关系,他认为"隐"是神秘美产生的根源,而"兴""象"本身就带有神秘性。他还进一步阐明了"兴"和"隐"与西方诗歌之间美学追求的联系:"西洋人所谓意象,象征,都是同类的东西,而用中国术语说来,实在都是隐。"㊺

"隐"在诗歌里所以如此被重视,是因为作为"隐"的体现者的"意象""兴象"或"物象",作为情感传达的模糊载体,它的存在,拉开了诗的真实与现实生活真实之间的距离,渗入了创造者独特拥有的主观情绪,因而带上了超越生活真实的"伪装"性与"秘密"性,具有了类似"谜语"的某种性质;如果揭开这层朦胧难懂的神秘的面纱,解读到"隐"的深层内涵,便增加了接受者解读神秘与玄想构成的"魔力"的浓厚兴趣,产生比起阅读一般明白易懂作品所没有的意外的效果。读者在接受这一类审美创造的结晶的时候,自己也同时参与了创造另一番审美的世界。这是品尝的"余味",也是获得的"惊喜"。懂得了这些文本与接受的因果联系,把"隐"与"象征"连在一起,其美学上的根源,就是很容易理解的了。

正是由于这个原因,一些接受西方现代诗学影响的诗人或批评家,便自觉地将"隐"与"寄托"等传统的诗学范畴,放在一起,进行思考,探讨"隐"的独特美学蕴涵,以及它与西方象征诗学之间的内在联系。朱光潜认为,"隐"的本质是以有限寓无限的暗示:"诗的特殊功能就在以部分暗示全体,以片断情境唤起整个情境的意象和情趣。……以极经济的语言唤起极丰富的意象和情趣就是'含蓄'、'意在言外'和'情溢乎词'。严格地说,凡是艺术的表现(连诗在内)都是象征(symbolism),凡是艺术的象征都不是代替或翻译而是暗示(suggestion),凡是艺术的暗示都是以有限寓无限。"㊻李商隐的"庄生晓梦迷蝴蝶,望帝春心托杜鹃"二句,钱钟书诠释为对于自己诗创作的说明:举事寄意,故曰"托",深文隐旨,故曰"迷",这里讲的是诗的用字,实际道出了诗的寄托与隐藏的"寓言假物,譬喻拟象"的美学特点。这种"索物以托情",与西方旧说"以迹显本""以形示神"以及近说"情思须事物相对"的方法,是一致的。钱钟书考察了自谢赫论画之讲"气韵生动""神韵气力",到严羽论诗之讲"神韵",从谢赫讲的"取之象外,方厌膏腴,可谓微妙也",到司空图讲的"韵外之致","象外之象,景外之景","超以象外,得其环中",又引《与极浦书》云"可望而不可置于眉睫之间也"。引述严羽《沧浪诗话》称"诗之有神韵者":"如水中之月,镜中之象,言有尽而意无穷。"姜夔《诗说》:"语贵含蓄,句中有余味,篇中有余意,善之善者也。东坡云:'言有尽而意无穷,天下之至言也。'"然后,他对于诗的"文外余味"这一美学追求,作了这样的阐述:"综会诸说,刊华落实,则是:画之写景物,不尚工细,诗之道情事,不贵详尽,皆须留有余地,耐人玩味,俾由其所写之景物而冥观未写之景物,据其所道之情事而默识未道之情事。取之象外,得于言表(to overhear the understood),'韵'之谓也。曰'取之象外',曰'略于形色',曰'隐',曰'含蓄',曰'景外之景',曰'余音异味',说竖说横,百虑一致。"而这些说法,又与西方的一些诗歌主张是相通的。其中,与此类似的,有17世纪谈艺盛称之"不可名言"(je ne sais quoi)。西方古师教作文谓幽晦隐约则多姿致,质直明了则乏趣味。后世名家如狄德罗谓晓达不足感人,诗家当骛隐昧;儒贝尔谓文带晦方工,盖物之美者示人以美,而不以美尽示于人;利奥巴迪反复言诗宜朦胧,难捉摸,不固必,语无滞着则意无穷尽;浑沦恍惚,隐然而不皎然,读者想象绰然盘旋。叔本华云:"作文妙处在说而不说,正合希腊古诗人所谓'半多于全'之理。切忌说尽,法国诗人所谓'详尽乃使人厌倦之秘诀'。"爱伦·坡与马拉梅所主张,流传尤广,当世一论师说之曰:"使人起神藏鬼秘之感,言中未见之物仿佛匿形于言外,即实寓虚,以无为有,若隐而未宜,乃宛然如在。"⑯

在"隐"的范畴中,这些东西诗学的对话对于古典诗学审美品格的现代性发现,显示了中国现代诗学的一种趋向和选择:避去明白流畅和一览无余,追求"取之象外"所产生的"含蓄蕴藉","余音异味"。在这方面,梁启超与钱钟书前面引述的看法,非常相似。他以西方文学作为参照系,来考察中国古典诗歌的三种抒情方法,与"一泄无余"的"奔进的表情法"、"曲线式或多角式"的"回荡的表情法"相比较,他的审美情趣更倾向于接近西方象征派的"含蓄蕴藉的表情法",他这样肯定地说:"这种表情法,向来批评家认为文学正宗,或者可以说是中华民族特性的最真表现。"㊼ 在另一个地方他赞赏"言中有意,一种匣剑帷灯之妙,耐人寻味"的"含蓄",反对"五四"初期一些白话文学的"浅露寡味"和"一览无余"㊽。他又说,楚辞的《湘君》《湘夫人》等诗的文学优美处,"不在字句艳丽而在字句以外的神味"。李义山的《重过圣女祠》"全从以上几首脱胎,飘逸华贵诚然可喜,但女神的情感,便不容易着一字了"㊾。梁启超的审美取向显然是在从楚辞到晚唐诗这个脉系上的,并认为这一脉系为诗的发展的一种应该提倡的趋向:"王渔洋专提倡神韵,他所标举的话,是'不着一字,尽得风流''羚羊挂角,无迹可寻',虽然太偏了些,但总不能不认为诗中高调。"他不仅肯定这种诗的美学,而且想让它参与现代文学的创造:生当今日,"这一派诗,我们还是要尽力的提倡"㊿。梁启超的这种选择,不仅仅是表达自己对于一种"趋向"的偏爱,而是体认这一"趋向"乃是"中华民族特性的最真表现",在文学发展中所处的"正宗"地位。他对于传统诗的美学选择导致了一种诗的美学原则的肯定。

  诗中的"象",即"物象""意象""兴象",是"隐"的核心问题。在艾略特所说的"客观对应物"创造中,如何处理"物""我"的关系,真正达到"隐"的美学功能,是传统诗学与西方诗学对话中应该解决的一个问题。因此,从"物"与"我"内在关系的处理程度,进一步揭示"隐"的不同效果的美学功能,就成为面对传统的一个深层性思考。朱光潜说:"中国诗人好作隐语的习惯向来很深。屈原的'香草美人'大半有所寄托,是多数学者的公论。无论这种公论是否可靠,它对于诗的影响很大实无庸讳言。"㉛ 但这只是就一般的"隐"的含义而言。朱光潜更重要的探索,是从"隐"与"显"的对比中,讨论在"物象"创造中主体参与的程度,挖掘造成"隐"的美学效果因素的更深的层面。

  现代派诗的"晚唐诗热",涉及他们钟爱的宋代的诗人中,就有姜白石。钱钟书说,"他早年学江西诗派,后来又受了晚唐诗的影响",被评为"古体黄陈家格律,短章温李氏才情"(项世安)。㉜ 但是,王静安却不满意于姜白石的词,说他"格韵虽高,然如雾里看花,终隔一层"。朱光潜表示不赞成王静安的"雾里看花"为隔、"语语都在目前"为不隔的分法。他认为这里应该有个诗的传达上的"显"与"隐"的区别。诗和其他艺术一样,"须寓新颖的情趣于具体的意象。情趣与意象恰相熨帖,使人见到意象便感到情趣,便是不隔"。意象含糊或空洞,情趣不真切,不能在读者心中产生明了深刻的印象便是隔。一个是,意象不能模糊或空洞,一个是,情趣不能浅薄或琐碎,"物"与"象"的关系,必须有创造主体的准确把握与参与,太浅露了,则淡而无味,太深藏了,又近似解不开的谜语。这里就有个"有我"与"无我"尺度的调节问题。朱光潜说,王静安先生以为,"有我之境"(其实是"无我之境",即"同物之境")比"无我之境"(其实是"有我之境",即"超物之境")品格较低,但是没有说出理由来。他进一步这样阐释了其中的"理由":"超物之境"所以高于"同物之境"者,就由于"超物之境"隐而深,"同物之境"显而浅。在"同物之境"中物我两忘,我设身于物而分享其生命,人情和物理相渗透而我不觉其渗透。在"超物之境"中,物我对峙,人情和物理卒然相遇,默然相契,骨子里它们虽是忻合,而表面上却乃是两回事。在"同物之境"中作者说出物理中所寓的人情,在"超物之境"中作者不言情而情自见。"同物之境"中有人巧,"超物之境"中见天机。这就是西方人曾经说过的:"艺术最大的秘诀就是隐藏艺术。""有艺术而不叫人看出艺术的痕迹来,有才气而不叫人看出才气来,这也可以说是'隐'。这种'隐'在诗极为重要。"朱光潜还以温庭筠的《忆江南》为例:"梳洗罢,独倚望江楼,过尽千帆皆不是,斜晖脉脉水悠悠。肠断白蘋洲。"在言情诗中本为妙品,但收语就微近于"显",如果把"肠断白蘋洲"五字删去,意味更觉无穷。温庭筠的《瑶瑟怨》的境界与此词略同,却没有这种毛病:"冰簟银床梦不成,碧天如水夜云轻,雁声远过潇湘去,十二楼中月自明。"我们细味二诗的分别,便可见出"隐"的道理了。这里,一个是主观脱离物象,作者直接说出物理中所寓的人情,一个是主观融入物象,作者不言情而情自见。后者比起前者来,"隐"的效果就更深了。基于这样的认识,朱光潜对"隐"的美学内涵,利用传统的诗学作过这样的阐释:"王渔洋常取司空图的'不着一字,尽得风流'和严羽的'羚羊挂角,无迹可寻'四语为'诗学三昧'。这四句话都是'隐'字的最好注脚。"㉝

朱光潜所说的"人情"与"物理"的"卒然相遇,默然相契",达到了表面上是两回事,而骨子里却是"天合",其中有"物"与"我"结合的一种"天机"。实质上,这已经是在用西方象征主义诗歌的观念来表述中国诗歌美学的特征了。这种与"兴""象"相联系的诗的传达上"隐"的特征,它在诗中所占的重要地位,以及由此带来的"物"与"我"结合的"字句以外的神味",符合自楚辞到晚唐温李诗词所追求的艺术品格。同时,朱光潜为被王国维视为"雾里看花,终隔一层"的诗进行辩护,但又在"物象"与"情趣"之间关系的处理上寻找微妙的平衡,即意象和情趣的"熨帖"的"恰当",使得近于被认为是"雾里看花"的诗歌真正能够避免"隐"的过度追求而带来的晦涩难懂,达到"超物之境"的"默然相契"。即他所说的"情寓于象,宜于恰到好处",也就是戴望舒所说的诗应该是隐藏自己和表现自己之间的恰适的"隐藏度"。这种意象与情趣之间"恰当熨帖"的可贵的思考,是在东西诗学对话中展现的一种属于东方式的冷静的美学景观:现代诗学回顾传统时所具有的寻找符合民族审美规约的自身品格的自觉。30 年代现代派诗人吸收西方象征主义又表现了对象征主义诗歌美学的超越,最重要的理论思考的动因,可能就是这一点了。

四、"诗形"与"诗质"

经过上述对于"兴""象""隐"等内在蕴涵以及围绕这些范畴现代与传统、东方与西方诗艺对话的讨论,我们看到,30 年代出现的"晚唐诗热"的实质,并非要新诗只借鉴晚唐诗词单一的传统,也不是要新诗简单地追迹晚唐诗词的艺术规范,即不是要以温李的诗词为新诗的"前例",而是要在寻求传统里的现代性以完成东西方诗歌美学的"对话"中,实现新诗由胡适的追求"诗形"向现代派诗人的重视"诗质"的超越。废名所说的几位新诗人都喜欢晚唐诗词的"原故",他推想这一派诗词的存在与现代派诗发展有着相同的"根据",体现了一种追求诗的本质的更具现代性的新诗"趋势"的要求。

胡适代表的初期白话诗,重视诗内容上思想启蒙的功能和传达上达到"明白清楚"的"白话"手段,并且使传达的手段变成了诗美的本体,在很大程度上淡漠或取消了诗的审美功能。他们以古典诗向白话新体诗语言、韵律转换的"诗形"变革代替了新诗"诗质"的建立。尽管他也讲究诗歌的含蓄和寄托的美,但这是以传达的"明白清楚"为前提的浅层次的含蓄,缺乏带有神秘性的以"兴""象"为载体的更深的隐藏。新月派诗人,显然已经看到了这样的流弊。闻一多就曾经尖锐批评初期新诗极度缺乏"幻象力"和新奇意象的创造。但是他们自己在新格律诗的探索中,过分看重了"诗形"的输入、构想与重建,让对于"诗形"美的关注超越了对于"诗质"美的追求。他们的诗有时也讲究含蓄,也有淡淡的象征,但是诗情传达效果与读者接受可能之间没有多大的距离。诗中不缺少"象"但却匮乏"兴"与"隐",不缺少单纯而匮乏现代诗的"错综"与"复杂"。因之审美追求没有突破传统浪漫派诗潮抒情方法的总体格局,英美古典诗的浪漫气息超越了现代性的艺术探求。废名代表的现代派诗人群体,与胡适代表的初期白话诗人、新月派诗人两者都不同。现代派诗人自觉地向晚唐诗词的回归与寻求,显然是接受西方象征派、现代派诗潮影响,对于各种追求"诗形"的观念进行艺术反思后的所作的抉择。戴望舒提出诗应该"摆脱"对音乐和绘画的"依赖",把"诗情的程度"看作是诗歌本质的核心,在此基础上致力于诗歌语言与节奏的自然和谐性与散文美,从理论与实践上,确立了现代诗以质胜文的规范和方向。与此同时产生的他们在晚唐诗词中超于"诗形"之上的关注,追求温李诗词中诗歌内容上的"诗质",即废名所反复谈论的"诗的内容",这种对于古典文本所作的"发现"本身,是为了当代文本创造的现代性追求的实现。

为了超越"诗形"而实现直逼"诗质",废名为大家熟知的一个策略,是提出了一个颇带偏激性的观照传统的命题。他说:"新诗要别于旧诗而能成立,一定要这个内容是诗的,其文字则要是散文的。旧诗的内容是散文的,其文字则是诗的。"㉔"如果要做新诗,一定要这个诗是诗的内容,而写这个诗的文字要用散文的文字。已往的诗文学,无论旧诗也好,词也好,乃是散文的内容,而其所用的文字是诗的文字。"㉕由此,他在传统中找到了温李代表的晚唐诗词,认为他们的诗词,与一些传统诗词的主要区别,在于这些诗词的"内容是诗的"。也就是说,他们的优秀诗作,整个地是建立在丰富的想象与幻想上面。有诗人敏锐的"诗的感觉",装下了古典诗词所装不下的内容,他们的文采"又深藏了中国人所缺乏的诗人的理想",给人以美的效果;许多诗词传达注意隐藏,意象和文字很朦胧,并不一定要千百年后读者懂得但人们却仿佛懂得,思殊佳而感觉美,有一种永久的价值:"未必明时胜蚌蛤,一生长共月亏盈。"

废名这个命题的偏激在于,他以一个流派对传统的选择代替了对传统诗歌全景性的评价。将温李诗派以外的以往的诗词,都笼统称为只有诗的形式,是没有"诗的感觉"的"散文的内容",甚至说温李有"诗的感觉","苏陆黄辛"等都没有"诗的感觉",这些显然是不符合两千年来古典诗艺术发展实际的论断。诗的感觉的存在形态与传达方式的各自相异的追求,带来了诗歌本身多元潮流互补共生的构成。接近诗的本质的道路显然不止一条。用一种诗歌美学传统否定或遮蔽另一传统,这种胡适所走入的文学的观念误区,也未能为废名的偏激见解所避免。但是,"这沉默的哲人,往往说出深澈的见解,可以显示一部分人对于诗的探索"[56]。废名的偏激中隐含的比起胡适追认"元白"为白话诗的源头的更大的合理性是:他一方面以现代的眼光在传统诗的艺术表现中寻找属于现代性的因素,另一方面是在追求新诗与传统诗都应该具有的超越形式而存在的诗的本质。

什么是诗的本质?这是一个很难用抽象的思辨谈清楚的问题。它在这里的提出,不仅带有诗本身的艺术思考的普泛性,而且更带有诗进入20世纪西方现代"纯诗"观念影响后的理念驱动。后者的成分在这里甚至唱了主角。这或者可以说,在内容上,让诗摆脱"风化""美刺""教诲""宣传"等"说理"的外在功能的承载,趋向于诗人丰富的内心世界和潜意识的开掘,趋向于诗人对自然、情感与理智美的感悟与把握。如戴望舒说的,诗是个人灵魂隐秘的吞吞吐吐的东西,就是一种表现。或者如李健吾说的,是诗的"灵魂的充实":"对于少数诗人,如今它所最先满足的,不是前期浪子式的情感的挥霍。而是诗的本身,诗的灵魂的充实,或者诗的内在的真实。"[57]在传达上,让诗摆脱过分浅白直露的抒情,要以"兴""象"的烘托或称"客观对应物"的象征为主要艺术手段,不是直泻情感而是在意象中暗示情绪与理智,在富有更大内蕴的隐藏与朦胧中,给人以神秘的蕴涵与语言之外的余香和回味。这种真的诗的"诗的感觉",虽然很难确定,但从废名所赞赏的陈子昂的《登幽州台歌》和李商隐的"我是梦中传彩笔,欲书花叶寄朝云"是有"诗的内容"来看,从他对于温李诗词的论述来看,从他推举褒扬的卞之琳、林庚、冯至以及他自己的一些诗歌来看,他所标举的"诗的内容",起码是包含了富有诗意的新奇想象在内的。而其中对于幻想与想象力的强调,对于"诗的感觉"的强调,是废名论述温李诗词的一个重要侧面。这其实是屈原诗赋以来一个最富特色的美学传统。梁启超就把屈原丰富的想象力与幻想力创造的诗的境界称为"超现实"。谈到《九歌》中《山鬼》一篇的时候梁启超说,这是屈原"用象征笔法描写自己人格",而"想象力"是文学的"第二生命","从想象力中活跳出实感来,才算极文学之能事。就这一点论,屈原在文学史的地位,不特前无古人,截到今日止,仍是后无来者。……想象力丰富瑰伟到这样,何止中国,在世界文学作品中,除了但丁《神曲》外,恐怕还没有几家觏得上比较哩!"[58]李商隐、温庭筠的诗词,出色地继承了这个楚骚传统。废名认为,温庭筠的词不能说是"情生文文生情"的,"他是整个的想象","他是画他的幻想,并不是抒情",他的词给人一种"视觉的盛宴";"李商隐的诗,都是借典故驰骋他的幻想","他的想象很不容易捉住",但能够发现,"总是他的感觉美"。[59]梁启超也说,"义山天才确高,爱美心也很强"[60]。朱光潜说,温李诗词常常因为特异的感觉与想象,包括自然的、现实的与神话的,事实的与典故的,创造出一个个使人惊奇的意象和境界。而就神秘一点说,实在可以说,"诗是一种惊奇,一种对于人生世相的美妙和神秘的赞叹,把一切事态都看得一目了然,视为无足惊奇的人们就很难有诗意或是见到诗意"[61]。从这个意义上,也可以说:诗是淘洗去了过分拘泥真实的成分之后,对于人生世相美妙和神秘的惊奇与赞叹的艺术结晶。废名说:"我们的新诗一定要表现着一个诗的内容,有了这个诗的内容,然后'有什么题目,做什么诗;诗该怎样做,就怎样做'。要注意的这里乃是一个'诗'字。"[62]。他这里谈到"诗的内容",特别讲做诗要首先要关注的是一个"诗"字,文字的背后,隐含的就是新诗应该具有超越白话的"诗形"层面而属于"诗"的本质性的东西。诚如李健吾所说,"他们寻找的是纯诗(Pure poetry)","形式和内容,已经不在他们的度内,因为他们追求的诗,'只是诗'的诗"。[63]

废名提出上述的这个命题,特别强调"诗的内容"在诗中的重要性,最终是要在新诗创作中划清诗与散文、诗与非诗的界限,确立一个先锋性很强的现代流派追求的新诗现代性的审美品格。因此对于温李传统的发现,实际上也就可以说是对于一种"诗质"的发现。东西诗学对话背后所努力要重建的,是注重"兴"与"象征",注重"象"与"隐",注重诗的"感觉"与"想象",追求尽可能的获得"字句以外的神味",而这些古典诗歌传统的某些特征,同时也正是西方现代主义诗歌的主要特质。一种艺术追求背后隐藏的往往是对于一种艺术本质的信念。因此一些探索道路上发生的文学现象也就是可以得到理解的了。20

年代，朱自清、李健吾、穆木天就介绍或提倡西方象征派和"纯诗"的理论，在诗与散文被混淆而诗丧失诗的品格的时候，关注比"白话"的形式更重要的诗美本身的建设。30年代，卞之琳在向国人介绍西方象征派诗的时候，自然地发现他们身上的如"暗示"和"亲切"等特点，在中国传统诗中早已经是客观存在。他由发现而惊呼：这些不是中国传统诗中"固有"的吗？这一发现与惊呼，体现了对于诗传达的隐藏性和抒情的日常生活化的渴求。戴望舒在东西诗歌的双重吸收中提出的诗是处于表现自己和隐藏自己之间的理论构思，进一步把沟通的企望变成艺术创造中可以操作的美学实践。这些充满原创性探索的历史现象，都反映了西方现代主义诗学与中国传统诗学对话的要求，已经超越单纯的理论思考而成为一种迫切的现实。从梁启超的在古典诗"蕴藉"的潮流里发现"象征派"，周作人、朱自清、朱光潜等关于"兴"与象征的对应性认同，到废名对于"晚唐诗热"充满现实感的诠释，在这样一个历史探索演进的脉络里，我们可以清晰地看到，中国新诗发展中寻求一条更符合新诗本质道路的深层思考和努力。

这条道路，当然不能代替新诗其他艺术道路发展探索的可能性。诗的本质与诗的美，是一个多种形态的存在。不能以一个流派的审美标准抹杀其他一些流派诗美标准差异存在的合理性。许多现实感很强的诗不能用同一个标准去衡量去取。即使是在象征派、现代派诗中，也只能是多元中的选择，选择中的多样。向诗的本质的努力接近永远不可能建立一个大一统的新诗的世界。因此用晚唐诗词的传统来代替古典诗歌的整体认知和覆盖新诗的全部道路，当然是不科学的，也是不可能的。但是，在普遍淡漠和忽视诗的特性与本质，过分追逐"诗形"构建而使得新诗已经处于难以为继的"诗性危机"（如废名说的白话新诗"无立足点"）的时候，30年代"晚唐诗热"中所呈现的东西诗歌艺术"对话"的图景，使新诗在发现传统同时也再一次发现自身的本质，发现了一种艺术体裁草创时期应有的艺术自信，确实给新诗的发展带来了一种新的冲击和刺激，使得日渐趋于低潮中的新诗升起了重振与复兴的曙光。从这个意义上我们也可以进一步说，30年代的"晚唐诗热"里隐含了一种悄然出现的诗歌观念的变革。它着实代表了新诗现代性美学崛起的一个方向。一种对于古代诗歌审视评价的话语传达的是现代诗学观念强烈变革的声音。针对胡适等人的诗学观念的狭窄性,朱光潜当时就说,他不赞成一般批评家"对于六朝人及唐朝温、李一派作品常存歧视",这是因为,"诗的好坏难拿一个绝对的标准去衡量"。㉞他认为,在广泛多样的诗的传统中,"涉猎愈广博,偏见愈减少,趣味亦愈纯正。从浪漫派脱胎者到能见出古典派的妙处时,专在唐宋做工夫者到能欣赏六朝人作品时,笃好苏辛词者到能领略温李的情韵时,才算打通了诗的一关"㉟。这段经典性的表述所呈现的是这样的原则:只有在放弃"绝对的标准"之后的较少偏见的"纯正"趣味中,才能"打通"走进诗的艺术的"一关",才会以新的诗学观念观照传统,作出诗歌美学的深层的发现。回顾近一百年来诗歌从传统走向现代的历史,这一论断已经得到证明。从20年代的梁启超,到30年代的现代派诗人,确实"打通"了由传统到现代性诗学观念变革的这"一关"。30年代晚唐诗词"趋势"的重新被"发现"再一次说明,突破一些狭窄的诗学观念,在对于传统在选择与吸收中实现现代性重塑,是任何艺术,包括新诗在内,走向现代性意义的发展繁荣的必由之路。"少数的先锋诗人"围绕呼唤晚唐诗词展开的对于传统的重新选择和东西诗学的对话,集中体现了这样一些具有开放意识的诗人,拥有怎样发现传统里现代性的敏锐眼光和进行新诗艺术突围的坚实努力。

2000年2月28日写毕
2001年1月20日改定

原载《现代中国(第1辑)》,湖北教育出版社,2001年。

注　释

① 参见《对中国传统诗的现代性呼唤——废名关于新诗本质及其与传统关系的思考》,《烟台大学学报》1997年第2期;《呼唤传统:新诗现代性的寻求——废名诗观及30年代"晚唐诗热"阐释》,《现代汉诗:反思与求索》,作家出版社,1998年。
② 胡适《五十年来中国之文学》,《胡适文集》三,北京大学出版社,1998年,第251页。
③ 胡适《国语文学史》,《胡适文集》八,北京大学出版社,1998年,第54—55页。
④ 胡适《什么是文学——答钱玄同》,《胡适文集》二,北京大学出版社,1998年,第150页。
⑤ 胡适《白话文学史》(上卷),《胡适文集》八,第331页。

⑥ 胡适《国语文学史》,《胡适文集》八,第 55 页。

⑦ 废名《谈新诗》,人民文学出版社,1984 年,第 36 页。

⑧ 卞之琳《戴望舒诗集》序,《戴望舒诗集》,四川人民出版社,1981 年。

⑨ 施蛰存《我的创作生活之历程》,《灯下集》,开明书店,1937 年,第 73 页。

⑩ 卞之琳《雕虫纪历》自序,《雕虫纪历(增订版)》,人民文学出版社,1984 年,第 15—16 页。

⑪ 废名《谈新诗》,第 167 页。

⑫ 何其芳《论梦中道路》,《大公报》文艺副刊,第 182 期"诗歌特刊"第 1 期,1936 年 7 月 19 日。

⑬ 废名谈林庚时说:"他从前曾同我谈旧诗,他说有许多诗只有一句好,也本只有一句诗,其余的都是不能不加上去的罢了。……他又赞美李商隐的'沧海月明珠有泪'一句。我很佩服他的话。而实在我也很喜欢他的诗了。"(《谈新诗·十四 林庚同朱英诞的新诗》,《谈新诗》,第 184 页)

⑭ 废名《谈新诗》,第 185 页。

⑮ 冯至《诗文自选琐记》(代序),《冯至选集》一,四川文艺出版社,1985 年,第 8 页。

⑯ 辛笛《辛笛诗稿》自序,《辛笛诗稿》,人民文学出版社,1983 年。

⑰ 钱钟书《中国诗与中国画》,《七缀集(修订本)》,上海古籍出版社,1985 年,第 2—3 页。

⑱ 胡适《白话文学史》(上卷),《胡适文集》八,第 160 页。

⑲ 胡适《谈新诗——八年以来一件大事》,《中国新文学大系·建设理论集》,良友图书印刷公司,1935 年,第 300 页。

⑳ 废名《谈新诗》,第 26—28 页。

㉑ 刘西渭(李健吾)《鱼目集——卞之琳先生作》,《咀华集》,文化生活出版社,1936 年,第 133 页。

㉒ 梁启超《中国韵文里头所表现的情感》,《饮冰室文集》之三十七,《饮冰室合集》第 4 册,中华书局影印本,1989 年,第 117—120 页。

㉓ 周作人《旧梦》序,《自己的园地》,晨报社出版部,1923 年。

㉔ 周作人《扬鞭集》序,《语丝》第 82 期,1926 年 6 月 7 日。

㉕ 王国维《玉溪生诗年谱会笺》序,《王国维文集》一,中国文史出版社,1997 年,第 77 页。

㉖ 钱钟书《宋诗选注》,人民文学出版社,1958 年,第 111、113 页。

㉗ 钱钟书《谈艺录》,中华书局,1984 年,第 371 页。

㉘ 俞平伯《读词偶得·温飞卿菩萨蛮五首》,《俞平伯全集》四,花山文艺出版社,1997 年,第 15 页。

㉙ 朱自清《诗言志辨》,《朱自清全集》六,第 176 页。

㉚ 刘师培《论文杂记》,《中国中古文学史 · 论文杂记》,人民文学出版社,1984 年,第 136—137 页。

㉛ 朱光潜《诗论》,《朱光潜全集》三,安徽教育出版社,1987 年,第 67、41 页。

㉜ 朱自清《中国歌谣》,《朱自清全集》六,第 545 页。

㉝ 钱钟书《管锥编》二,中华书局,1986 年,第 628 页。

㉞ 钱钟书《管锥编》一,中华书局,1986 年,第 63—64 页。

㉟ 钱钟书《管锥编》二,第 629 页。

㊱ 钱钟书《谈艺录》,第 436—437 页。

㊲ 刘师培《论文杂记》,《中国中古文学史 · 论文杂记》,第 137、115—116、111 页。

㊳ 梁启超《晚清两大家诗钞》题辞,《饮冰室文集》之四十三,《饮冰室合集》第 5 册,中华书局影印本,1989 年,第 78 页。

㊴ 朱自清《诗言志辨》,《朱自清全集》六,第 213—214 页。

㊵ 梁启超《中国韵文里头所表现的情感》,《饮冰室文集》之三十七,《饮冰室合集》第 4 册,第 72、73、110 页。

㊶ 废名《谈新诗》,第 227—228、32—37 页。

㊷ 朱自清《经典常谈 · 诗第十二》,《朱自清全集》六,第 99 页。

㊸ 朱光潜《读李义山的〈锦瑟〉》,《朱光潜全集》八,安徽教育出版社,1992 年,第 409 页。

㊹ 闻一多《说鱼》,《闻一多全集》三,湖北人民出版社,1993 年,第 231—232 页。

㊺ 朱光潜《诗论》,《朱光潜全集》三,安徽教育出版社,1987 年,第 94 页。

㊻ 钱钟书《管锥编》四,中华书局,1986 年,第 1358—1361 页。

㊼ 梁启超《中国韵文里头所表现的情感》,《饮冰室文集》之三十七,《饮冰室合集》第 4 册,第 109 页。

㊽ 梁启超《晚清两大家诗钞题辞》,《饮冰室文集》之四十三,《饮冰室文集》第 5 册,第 74 页。

㊾ 梁启超《中国韵文里头所表现的情感》,《饮冰室文集》之三十七,《饮冰室合集》第 4 册,第 123—124 页。

㊿ 梁启超《中国韵文里头所表现的情感》,《饮冰室文集》之三十七,《饮冰室合集》第 4 册,第 112—113 页。

(51) 朱光潜《诗论》,《朱光潜全集》三,第 42 页。

(52) 钱钟书《宋诗选注》,第 241 页。

(53) 朱光潜《诗的隐与显——关于王静安的〈人间词话〉的几点意见》,《朱光潜全集》三,第

356—359页。
㊾ 废名《谈新诗》,第232页。
㊿ 同上书,第24—25页。
㊽ 刘西渭(李健吾)《鱼目集——卞之琳先生作》,《咀华集》,第132页。
㊼ 同上书,第134页。
㊻ 梁启超《屈原研究》,《饮冰室文集》之三十九,《饮冰室合集》第5册,第55—68页。
㊺ 废名《谈新诗》,第30、36、38页。
⑥⓪ 梁启超《中国韵文里头所表现的情感》,《饮冰室文集》之三十七,《饮冰室合集》第4册,第125页。
⑥① 朱光潜《诗的难与易》,《朱光潜全集》九,第248页。
⑥② 废名《谈新诗》,第21页。
⑥③ 刘西渭(李健吾)《鱼目集——卞之琳先生作》,《咀华集》,第132—133页。
⑥④ 朱光潜《诗论》,《朱光潜全集》三,第72页。
⑥⑤ 朱光潜《谈趣味》,《朱光潜全集》三,第348页。

王国维创造"新学语"的历史经验

刘 烜

一、以创造"新学语"为理论目标

在20世纪，翻译介绍外国著名的有关理论专著，这是十分必要的。外国有水泥，我们开始称之为"水门汀"，用的是音译，以后又称为"洋灰"，用的是意译，现在叫"水泥"，更妥帖了。这是为本土没有的物品寻找一个名词。但是到社会科学就复杂了，比如Communication，我们译"传播"，香港译"传意"，同样一门学问，我们称"传播学"，他们称"传意学"。这其实也好办，因指称的是同一门学问。但是用到审美经验上就更复杂了。因为中国的现代美学不如西方发达，不如西方有严整的体系，从总的方面说处于弱势文化的地位。可是中国已有的对审美经验的表述却十分丰富，有自己的特色，有西方没有的东西。中国在这方面的理论当之无愧地有世界独特的地位。我以为，王国维提出创造"新学语"的时候，就已经估量了这样的复杂情况了。

王国维将"境界"放在这么高的位置，实质上用"境界"的概念表达对抒情诗美的本质的新理解和分析。除了"境界"以外，王国维创造过"古雅"这个"新学语"（新概念或新术语），也是表示他对基本美学问题的见解。王国维写过《古雅在美学上之位置》一文，如果依照同样的做法，《人间词话》也可以题之为"境界在词美学上位置"。讨论"古雅"与"境界"的区别，对把握"境界"的实质是有帮助的。这个问题会使人自然地联想到康德的见解："有两种美，即自由美（Pulchritudo vaga）和附庸美（Pulchritudo adhaerens）。第一种不以对象的概念为前提，说该对象应该是什么。第二种却以这样的一个概念并以按照这概念的对象底完满性为前提。第一种唤做此物或彼物的(为自身而存的)美；第二种是作为附属于一个概念的(有条件的美)，而归于那些隶属一个特殊目的的概念之下的对象。""在判断自由美(单纯依形式而判断)时，那鉴赏判断是纯粹的。……经过这种区分人们可以消除鉴赏评判者们中间关于美的争吵，人可以指出：这个人是抓住了自由美，那个人抓住了附庸美，前者下了一个纯粹的，后者下了一个应用的鉴赏判断。"①康德的论述表明了他与博克那样的"感性——主观的"美学的区别，又和鲍姆嘉通、门德尔松等主张"理性——客观的"美学的区别。席勒对康德的智慧颇为称赞。席勒指出："在思想中浮现的绝大多数的经验的美不是完全自由的美，如所有的艺术作品和大多数的自然美，是处于一定目的概念下的逻辑的东西。这种情况会错误地导致，把美当作直观的完善性。这样，就把逻辑的完善与美相混同了。康德提出了动的美和固定的美，即自由美和依附美，希图以此来克服这一难点。其独特之处在于，他认为处于目的概念下的各种美不是纯粹的美，因此他认为阿拉伯纹样以及类似的东西作为美来说，比人的最高的美更纯粹。"②古雅美是以已成的某种艺术观念为范例、有一定实用目的的美，可以归之于附庸美；境界美即相当于自由美。创造境界或鉴赏境界的美出自纯粹的美的判断。这种自由美是美的极致，或者说是纯粹美的理想，王国维称之为"无我之境"，即排除了功利目的之后的纯粹美的自由境界。

"隔"与"不隔"在中国传统文艺批评中虽然被运用过，但是，王国维《人间词话》中谈这个问题，是属于他自己的理论创造。这是他运用西方美学中艺术直觉的理论来解释艺术特性的成功的创造。当世界美学的研究水平达到形成一个成熟的独立的学科的时候，它研究美学时将揭示其独特性作为理论上的热点。于是，艺术直觉就被强调起来了。王国维在《叔本华之哲学及其教育学说》一文中指出："美术之知识全为直观之知识，而无概念杂乎其间，故叔氏之视美术也，尤重于科学。盖科学之源虽存于直观，而既成一科学以后，则必有整然之系统，必就天下之物分其不相类者，而合其相类者，以排列之于一概念之下，而此概念复与相类之他概念排列于更广之他概念之下。故科学上之所表者，概念而已矣。美术上之所表者，则非概念，又非个象，而以个象代表其物之一种之全体，即上所谓实念者是也，故在在得直观之。如建筑、雕刻、图画、音乐等,皆呈于吾人之耳目者。唯诗歌(并戏剧、小说言之)一道,虽藉概念之助以唤起吾人之直观,然其价值全存于其能直观与否。诗之所以多用比兴者,其源全由于此也。"③这里所说的道理,用"隔"和"不隔"的说法来表达,就是强调能引起读者直观的作品才是有价值的。当然,作者的创作需要艺术直觉,读者读文学作品引起的直觉的感受,是在读者的想象中复现的。王国维强调的"直观之知识即经验之知识"也有这个意思,"经验"是具体的、亲历的,概念是抽象的、逻辑的。文学作品所以能征服人,就是凭借这种直觉的力量。王国维所用的"直观",相当于现在习用的"直觉"。他是参照日本译文的。他在1905年写的《论新学语之输入》一文中解释道:"夫 Intuition 者,谓吾心直觉五官之感觉,故听、嗅、尝、触,苟于五官之作用外加以心之作用,皆谓之'Intuition',不独目之所观而已。"④王国维颇强调直觉,在他看来,审美经验就是在直觉的范围中积累和传播的。

  王国维正面论"隔"与"不隔"的思想时说:"语语都在目前,便是不隔。"据查原稿,"都在目前"原为"可以直观",即"语语可以直观,便是不隔"。⑤这里可以看出,王国维对理论涵义的表达是反复推敲的。

  艺术直觉来临是快速的,具有瞬间性。为了把握它,就要抓住稍纵即逝的东西。王国维指出:"夫境界之呈于吾心而见于外物者,皆须臾之物。惟诗人能以此须臾之物,镌诸不朽之文字,使读者自得之。"⑥其实,读者领悟到境界,也是须臾之物。读者阅读文学作品的经验,也是审美经验,这是艺术直觉发挥的范围。艺术直觉虽然快速,但并不全然神秘,并不全然不可捉摸;其有神秘之境,不可捉摸之态,也能引导人深入思索,以便在审美体验中得到更多的乐趣。写诗词需追求"不隔",这是王国维的创造。"隔"本来也有人用过,比如刘熙载《艺概》中说:"词有点,有染。柳耆卿《雨霖铃》云:'多情自古伤离别,更那堪冷落清秋节。今宵酒醒何处?杨柳岸晓风残月。'上二句点出离别冷落,'今宵'二句乃就上二句意染之。点染之间,不得有他语相隔,隔则警句亦成死灰矣。"⑦这里"隔"字用在词的结构、气势这样的艺术技巧方面。王国维从新的美学的高度赋予了这个概念新的意义。这称之为"转换"也可以,但是,他是作为创造"新学语"的一种方式加以运用的。

二、理论的独创性与民族文化本性的观念

不同系统的文化本来总是在互相撞击、互相交流中发展的。中国20世纪大量介绍西方文化,但是真正作出自己的选择,在理论上有自己独创性贡献的人,简直是凤毛麟角。因为文化的发展常常要有一个消化的、酝酿的过程。中国又是一个有古老的文化传统的国家,吸收西方文化,总要与自己民族的传统相交融才是坦途。在这样文化发展的关键时刻,王国维的《人间词话》作出了独创性的贡献。它可以说是一个时代的文化发展的界碑,因而凡是思考中国文化发展的学者都重视《人间词话》的意义。它的意义超出了它本来属于的美学的范围,而具有更广泛的文化发展方面的影响。

要是笼统地说《人间词话》是中西文化交融的产物,这只说明了许多独创性文化成果的一般的特征;即使在王国维本人的创作中,文艺学、美学方面的文章,也都属于这个范围。从《红楼梦评论》到《人间词话》等许多文章的写作,也都有中西文化交融的特点。如若进一步分析,《红楼梦评论》带有明显的介绍叔本华等西方学说的印记,《人间词话》所以能作出独创性的贡献,就在于王国维将理论的立足点,回到自己民族文化的土壤上。因此,研究《人间词话》的方法也需不断改进,以便逐渐与研究对象的实际情况相适应。在《红楼梦评论》中,人们有效地注意到哪些论点来自叔本华美学著作,并作出相应的比较。同样,《人间词话》中也有理论上的渊源,但是如果从实地说"境界"提法来自中国的佛学或清代诗学,或者席勒的著作,还是日本学者的译文,就比较困难了。如果从这部著作中抽出某一成分与其他思想家的论点作比较,这很难说是合适的;究其根源,就是理论家自觉创造的因素,人们并不能全然把握;而正是这个自觉创造的因素对理论著作具有决定性的作用。

《人间词话》是一部独创性的理论著作。科学的研究必须重视它的独创性是如何得到的。在讨论这个问题的时候,我们首先想到王国维是如何看待中西文化的区别的。他在《论新学语之输入》一文中说:"抑我国人之特质,实际的也,通俗的也;西洋人之特质,思辨的也,科学的也。长于抽象而精于分类,对世界一切有形无形之事物,无往而不用综括(Generalization)及分析(Specification)之二法,故言语之多,自然之理也。吾国人之所长,宁在于实践之方面,而于理论之方面,则以具体的知识为满足,至分类之事,则除迫于实际之需要外,殆不欲穷究之也。"⑧王国维看到他写这篇文章时的十年前,西方学术的输入限于形而下学之方面,新概念尚易把握,"数年以来,形上之学渐入于中国。而又有一日本焉,为之中间之驿骑,于是日本所造译西语之汉文,以混混之势,而侵入我国之文学界。好奇者滥用之,泥古者唾弃之,二者皆非也"⑨。由这些言词看,就知道王国维的《人间词话》的核心概念"境界",以及围绕它的一系列概念,是一种自觉的创造,是选择中国诗学中已有的概念来表述新的美学观念的创造性工作。换句话说,王国维在《人间词话》中不是用汉语的词翻译外国美学的概念;他是赋予中国美学已有的概念以新的内涵。人们觉得《人间词话》更融会贯通,创造性有更大的发挥,实与此有关。

选择词话的形式来写理论著作,而不选择当时一般的论文的形式,这与作者个人的爱好有关,也与他的理论选择有关。这种形式本身给人一种民族文化的独特的感受。当然,这种形式也有自身的局限,即使《红楼梦评论》那样的论文的形式,在理论的展开论证方面也显然有不足。然而,王国维选择这种词话形式,在表达那个时代中国学者对文学艺术和美学的理解方面,这种形式和它所表达的当时中国人的艺术感受却是和谐的。《红楼梦评论》有新意,人们明确地指出其中有叔本华、康德等学者的观点;同样,《人间词话》有新意,人们更多地领会到,这是王国维对西方美学的自己的独特的感受;他是将西方美学当作自己创作的原料而汲取的。

王国维与当时站在思想文化前列的思想家一样,把革新的思想锋芒指向已经趋于保守的儒学。儒学本身应该说也是可以革新的,只是王国维的注意力并不在这方面,他选择的中国的美学理论并不是传统儒家的理论,他选择的是他认为在美学方面有独特建树的中国古代的美学理论。这种理论趋向引导他选择"境界"来谈美。1938年上海佛学书局出版的王恩泽居士的《王国维先生之思想》中指出,王国维著作中涉及解脱、人生的意义、对艺术的认识与佛学皆有相同或相似之处。《人间词话》在叙述自己的理论渊源时,并不引述与自己切近的词话著作,而是从中国古代诗学的整体出发的。《人间词话》第九则:"严沧浪诗话谓:'盛唐诸人,唯在兴趣。羚羊挂角,无迹可求。故其妙处,透彻玲珑，不可凑泊。如空中之音、相中之色、水中之月、镜中之象，言有尽而意无穷。'余谓北宋以前之词亦复如是。然沧浪所谓兴趣，阮亭所谓神韵，犹不过道其面目；不若鄙人拈出'境界'二字，为探其本也。"这是用中国传统的方式，说明什么是境界的重要的论断。王国维用词话的形式，选择严羽、王士禛的诗学，再加以讨论，表明他对中国诗学的发展潮流的理解。与儒家影响下的诗学潮流相对立，严羽讲"兴趣"，总结了以唐诗为中心的审美经验，这是在禅学影响下产生的，用严羽本人的话来说，是"以禅喻诗"的结果。清代的王士禛神韵说，应该说是严羽"兴趣"说的发展。要是讲诗学的渊源，从严羽的"以禅喻诗"发展到王士禛"诗禅一致"，神韵说对艺术的体验更精细，然而也显出更狭窄了一些。王国维称之为"犹不过道其面目"，就有批评的意思，这处理得很恰当。正是在这里，王国维说明境界理论的渊源，同时又说明境界理论与它们之间的根本区别。

  诚然，在中国诗学史上，"言外之意"是早就提出来了。诗的含义在言外，显然与玄学、道学的影响有关。因为在"言外"，所以写诗不能用直说，于是对比兴作出更进一步的研究，它们被作为表达诗的"言外之意"的艺术手段而被推崇。其实警句也有"言外之意"，但这主要不是用比兴，严格地说，不是在整体上用比兴的。王国维用"境界"，认为是自己的首创，所以说"不若鄙人拈出'境界'二字，为探其本也"。"探其本"即说明抒情诗美的特质。这样用"境界"确是王国维的创造。王国维的同时代人用"境界"者已有多家，但在"探其本"这一点上，就有原则性的区别。如果加以比较，也许可以加深对王国维的创造性的具体的了解。刘熙载《艺概》卷四："司空表圣云：'梅止于酸，盐止于咸，而美在酸咸之外。'严沧浪云：'妙处透彻玲珑，不可凑泊，如水中之月，镜中之象。'此皆论诗也，词亦以得此境为超诣。"《艺概》卷二"诗概"云："花鸟缠绵，云雷奋发，弦泉幽咽，雪月空明：诗不出此四境。"刘熙载对"境"的用法似与风格或美的类型近似，与王国维的"境界"有所不同。陈廷焯《白雨斋词话》曾多次论及诗坛及词坛，其最后一则词话以总结的语气说："诗有诗境、词有词境，诗词一理也。然有诗人所辟之境，词人尚未见者，则以时代先后远近不同之故……然则词中未造之境，以待后贤者尚多也。"原作者又作如下说明："皆境之高者，若香山之老妪可解，卢仝、长吉之牛鬼蛇神，贾岛之寒瘦，山谷之桀骜，虽各有一境,不学无害也。"更为明显的是陈廷焯在《白雨斋词话》卷一的用法:"辛稼轩,词中之龙也,气魄极雄大,意境却极沉郁。"在陈廷焯词学中,"沉郁"是他最倡导的;将"沉郁"与意境相联系,可见他十分重视"意境"。他的"意境"究竟指什么?看来只能体现"沉郁"根本的整体性的艺术美,类似现在用的"风格"那样的意思。这里用的"诗境"与王国维的"境界"确有很大区别。与王国维同时代的、并且有交往的况周颐曾指出:"词境以深静为至。……盖写景与言情,非二事也。善言情者,但写景而情在其中。此等境界,惟北宋人词往往有之。""词有穆之一境,静而兼厚、重、大也。淡而穆不易,浓而穆更难。知此,可以读《花间词》。"(《蕙风词话》卷二)况周颐的《蕙风词话》发表于1936年《艺文》月刊,人民文学出版社1960年出版《人间词话》时将之印在一起。况周颐与词人王鹏运、朱祖谋、郑文焯并称为"清末四大家"。从所引的材料就可以看出,况周颐走的是传统词学的路子,论填词方法确有体验,在理论上以《花间词》为范本阐明他的主张,以情景交融解释境界达到静穆的理想。应该说,在传统词学中达到了很高的水准。但是,这部《蕙风词话》出在《人间词话》之后,新意反而不如早出者为多,引人注意处就少多了。引述这些材料可以说明,王国维的理论创造与当时词学发展也是相衔接的。他关注了当时词学提出的许多为人共同关心的理论问题。王国维的成功是从理论的创造层次上分析,确应属于新的创造。在《人间词话》的研究中,研究理论渊源确是不可少的,近来的成果更为丰硕。就整个趋向说,重视历时的研究,即讨论"境界"概念产生于何时、典出何处的为多,而讨论当时的影响,即共时的研究比较少。

　　《人间词话》所以具有本民族文化的浓烈的色彩,在于它不是简单地演绎西方理论家的某种思想,而是得益于自己民族的传统,扎根于民族文化的土壤,同时为中华文化的发展、进步作出自己的贡献。总起来说,王国维的著作中,有民族文化本位的思想。王国维取得这样的理论成绩,首先得力于他对中华文化的精华的把握,得益于他对中华文化优秀传统的领悟。古代中国抒情诗最发达,按照王国维"一代有一代文学"的文学进化的学说,词是抒情诗进化的产物。在这类抒情诗中,因原来就与音乐相联系,特别是与弦乐有联系,较多地用于表现爱情、友谊。在美学上,与宏壮相对的优美传统在中国抒情诗中占主要地位。于是,以唐诗、宋词为代表的中国抒情诗用"境界"来概括其美的特质，无论在创作与欣赏中都是有意义的。这种"境界"的创造和接受中，艺术直觉、灵感的因素十分强烈。王国维的理论发现，显示了他与本民族文化有血肉般的联系。

王国维的著作具有民族本位的思想，其根源也有赖于他本人的知识结构方面的长处。在王国维寻找西方最先进的文化时，他对中国文化已有广泛的知识，因此他学习西方文化时，就时时与原有的中国文化加以对比。他没有、也从未想照搬西方文化，或者如后来有的中国知识分子那样，径直鼓吹"全盘西化"。把握西方的美学思想，他用来总结《红楼梦》的美学价值，用来讨论中国文化中的"古雅"的美。当他开始独立创造理论的时候，读者会感受到《人间词话》中有许多新的美学的意蕴，与当时中国传统的词话著作相比较，显然有全新的视角，有美学、诗学特征的新的把握，表达了当时对美学和诗学的理解，提高了当时的审美的水准。王国维写《人间词话》时的民族文化本位的思想，并非死抱住一切"国粹"泥而不化、抱残守缺。他在新的历史潮流面前努力开挖了中国美学中有历史价值和世界意义的资料。王国维曾经尖锐地指出，只有懂得西方哲学的人才能研究好中国哲学。因为没有世界的眼光，不知道西方美学的历史过程，就不可能在中国美学中把握住有世界意义的理论贡献。王国维独创的"境界"理论，承继了中国美学中的境界理论的传统，也吸取了严羽的"兴趣"、王渔洋的"神韵"这条中国美学史上的理论线索，总结了中国抒情诗创作和欣赏的审美经验。与此相联系，总结这些创作的中国古代美学也有自身的独特地位。王国维在创作《人间词话》之前，已经指出了对西方高深的形而上学，他心向往之；又觉得限于自身的文化底蕴又不能加入这个创造的洪流中去。相反，对中国的诗话、词话的理论表达方式，被有的研究者界定的"感悟式"或"印象式"的批评方式，王国维却再次使用了。在他接触西方文化之后，又重新使用这种方式。对比西方的系统的美学著作，中国传统的诗话、词话，在逻辑的使用上、理论体系的建立方面，显然不占优势。但是，只是从这点上加以比较，至少在美学这个领域中是不够全面的。在表达审美经验方面，只用逻辑的语言或分析的方式就有根本性的困难。因为这里有一个"前提"并没有解决：美能不能进行分析？从20世纪"新批评"方法盛行以来，对作品本文进行层次的分析以其可操作性流行于大学课堂，但是，从理论上说对美能不能分析这一问题其实并未解决。中国古代的艺术批评,如"清新庾开府,俊逸鲍参军",其中的"清新""俊逸"是对其作品进行整体的感受而得来的评语,很近于现代人所说对作品的"风格把握"。把握艺术作品风格,是一种整体的艺术感觉。"清新"的作品有几个层次,"俊逸"的作品又有几个层次,这是分不清的,也用不着那样去分析。在说明"清新""俊逸"时常举具体作品作为例证,以便使人体会到概念的内涵。这种表达方式在审美领域显示出有其优越性。而用逻辑的概念,经常感到表达不出来。这种状况,就是"只可意会,不可言传"。中国古代的文学批评方式,在这一点上是对全人类的美学的贡献。这涉及艺术直觉、灵感等有关艺术和美的根本性的问题。片面地指责这种方式是"低级的""原始的"是不科学的,因为在艺术和美的范围内,恰恰显示出这种方式有其不可替代的优越性。王国维《人间词话》是吸取了中国的优良传统而且能与西方的美学观念、与西方传统的分析与逻辑方法的运用结合起来,作出了创造性的贡献。

《人间词话》具有民族本位的思想,又能中西融合、浑然一体。这样的高度创造性,还由于王国维不脱离文学艺术的创作和欣赏的实际情况,直接面对文学艺术创作和欣赏的审美经验,从这点出发,去寻找中国美学中的已有概念和外国美学中有用的思想材料。在这里,他是从对文学艺术的整体把握出发去寻求有关的美学的新学语,并不是简单地解释外国美学的个别术语,搬用已有的框架;也不是随意地将文学艺术的个别现象作为解释某概念的例证。他的理论是从亲身的创作中总结出来的,从亲身欣赏词的经验中总结出来的;也是从整体上研究中国古代已有的理论,然后从新的美学的高度去丰富它们。总之,他的学术开拓是建立在艺术事实的基础上的。创造新学语,是为了说明实际的艺术现象,不是为了翻译不懂的概念或生造某种框架、体系之类的空中楼阁。这样,创造就有基础,就是说理论创造是扎根于人类艺术实践的基础上的。

三、在西方文化中汲取创造的动力

异质文化的交流是促进文化发展的强大动力,在一些文化历史转折期表现得特别明显。王国维创造能力的发挥,也是有幸生在这样的时代,运用传统词话形式,又明显地注入了新的血液。王国维的著作以境界为中心,围绕着这个中心提出了与此相关的理论概念。因此,王国维自己发表的《人间词话》结构严正有序,理论与历史的材料互相配合,西方逻辑的方法和中国古有的重实际审美经验的批评方法交相辉映。这与同时期的诗论、词话有明显的差异。

讨论《人间词话》中哪些论点接受了哪位西方美学家的哪部著作或哪个论点的影响,一般说这是初步的研究。因为《人间词话》并不是翻译著作,也不是对另一部西方美学著作的介绍,太拘泥于个别词话的对照,只能揭示其一些具体的材料上的联系。研究《人间词话》接受西方美学思想的影响,着眼点应放在如何汲取创造的动力,当然也要考察具体材料的汲取,以免使讨论架空。但是,即使是这些具体材料的汲取,也与整个理论著作的创造目标相联系。《人间词话》是有作者自己的创造性理论意图的著作。

王国维接受西方哲学、美学的影响,究其具体表现,可分为三种情况。第一种情况是理论概念上的借鉴和运用,第二种情况是美学体系和审美分析方面的影响,第三种情况涉及审美理想和哲学观念方面的最根本的问题。它们之间又是互相有联系的。当中国学者刚开始介绍西方文化的时候,属于直接的翻译、介绍,或者是据其一著作或某派学说进行文学研究。王国维本人也走过这段路程。然而,到了创作《人间词话》的时候,王国维的理论选择变得更成熟了。他面对的是理论的课题,他是按照这个课题的需要,去选择国外的理论。本来科学是没有国界的,科学的方法是运用来说明问题的工具。然而文学艺术却有自己民族的特色。而且王国维的理论选择虽然在总体上受叔本华、康德的思想影响最大,但是他已跨越了原未走过的介绍别人学说的历程,他对西方思想家的思想进行了消化和选择。本来,他对西方哲学有过"可信的不可爱,可爱的不可信"的疑惑,于是他选择他可以接受、可以用来解释他的理论问题的思想资料。这些情况,显然是分析《人间词话》如何接受外国影响的新的问题。

《人间词话》中的基本理论概念,在阐发它们的涵义时,可以说不少地方是参照了西方美学家的思想的;但是这些概念本身并未挪用或直接翻译西方美学的概念,他恰恰是用中国古代美学中已有的概念,已有的表述方式,王国维重新赋予它们新的涵义,形成一部有体系的美学著作。王国维"境界"这个概念,与中国古代美学史上"意境"是不同的;同样,与中国古代美学史上的"境界"也是不同的。《人间词话》中的"境界"是王国维的创造。这种创造是选用了中国美学中的材料,然而在理论概念上也有直接受西方影响的地方。"境界"的提出,显然受了席勒的影响。王国维多次引用过席勒的美育思想,他以培养全面发展的人作为出发点,强调了美育的重要性。他从区别政治权利、伦理法律与审美活动的不同特点上,说明美的特质,阐明审美是一个自由的王国。他将康德美学关于美的无功利的理论用到审美教育中来,取得了理论上的成功。席勒指出:"在权利的力量的国度里,人和人以力相遇,他的活动受到限制。在安于职守的伦理的国度中,人和人以法律的威严相对峙,他的意志受到束缚。在有文化教养的圈子里,在审美的国度中,人就只需以形象显现给别人,只作为自由游戏的对象而与人相处。通过自由去给予自由,这就是审美王国的基本法律。力量的国度只能通过自然去驯服自然的方式,使社会成为可能。伦理的国度只能通过使个人的意志服从公共意志的方式,使社会(在道德上)成为必要。只有审美的国度才能使社会成为现实,因为它通过个体的本性去实现整体的意志。"⑩这里的"国度"英语为 state,德语为 staat,王国维的"境界"就受到席勒的影响;当然,席勒的思想又是从康德美学思想发挥出发的。"境界"的提出,显然要为美找到一个独立的领域;人们在这个独立的领域中才能真正接受文学的精髓。兼通德国美学和中国美学的宗白华先生在《中国艺术意境之诞生》一文中指出:"什么是意境?人与世界接触,因关系的层次不同,可有五种境界:① 为满足生理的物质的需要,而有功利境界;② 因人群共存互爱的关系,而有伦理境界;③ 因人群组合互制的关系,而有政治境界;④ 因穷研物理,追求智慧,而有学术境界;⑤ 因欲返本归真,冥合天人,而有宗教境界。功利境界主于利,伦理境界主于爱,政治境界主于权,学术境界主于真,宗教境界主于神。但介乎后二者的中间,以宇宙人生的具体为对象,赏玩它的色相、秩序、节奏、和谐,借以窥见自我的最深心灵的反映;化实景而为虚境,创形象以为象征,使人类最高的心灵具体化、肉身化,这就是'艺术境界'。艺术境界主于美。"⑪读者从这里的分析中可以把握王国维提出"境界"理论时对西方美学思想的吸取,从而也有利于理解这些理论的学术背景和内涵。

《人间词话》接受了德国美学的影响,包含了康德、叔本华、席勒、尼采等人的思想。其中不少影响来自一种德国古典美学已经形成的传统。比如审美不关涉利害的观点;天才是人的禀赋,主要不是靠后天习得的,天才的独创性是艺术创作成功的主要标志;艺术的创作和艺术的接受中直觉的因素居于关键性的地位,甚至可以说,美是直接领悟的产物。王国维运用这些思想是面对文学艺术的问题,而不是只顾及其一思想家的理论本身。他是从论题的需要出发,择其有利者用之。他对以上几位美学家的美学思想中的主要之点聪明的领悟和灵巧的运用,与以前的美学著作比,显出了融会贯通的特色。其中特别应该指出王国维《人间词话》与康德美学思想的联系更为明显。

第一,康德关于审美意象的理论与"境界"的比较。在康德美学中审美意象的概念十分重要。"审美意象"(德语 Astetische Idenn)是用朱光潜先生的译文,宗白华先生译为"审美诸理想",因为康德用的是复数。这两种译法强调的着重点是一样的,即不要将这个词理解成抽象的东西,比如与"理念"相混淆。这是在讨论天才的创造力和艺术鉴赏力的时候提出来的。把握了"审美意象"就能把握住美,所以对艺术作品的鉴赏力也是和天才结合在一起的。在康德看来,艺术作品除了表现的形态之外,它还有自己的"灵魂",这就是表现审美意象的功能。这样"功能"需要"天才"去创造,也需要天才去鉴赏。康德说:"我们说的审美意象,是想象力所形成的那种表象,它能引人想到很多东西,却又不可能有任何明确的思想即概念,能与之完全相适合,因此也没有语言能充分表达它,使之变成了理解的。很明显,它是理性观念的对立物,而理性观念是一概念,没有任何一个直观(想象力作形式的表象)能与它相切合。"[12]

康德关于审美意象的分析,着重从成因、性质、作用等方面加以论述。审美意象的成因,是根据创造的想象力形成的,不是一般的形象的复现,比如记忆或表象。它的性质不同于概念,并不是可以用语言完全表达出来的。"审美意象"不同于一般的"表象",然而又因为具有具体感性的特点而又区别于概念,作用是传达美的情感。康德认为,这类审美意象在抒情诗中表现得最突出。康德说:"在一切艺术之中占首位的是诗(诗的根源几乎完全在于天才,它最不愿意受陈规和范例的指导),诗开拓人的心胸,因为它让想象力获得自由,在一个既定的概念范围之中,在可能表达这概念的无穷无尽的杂多的形式之中,只选出一个形式,因为这个形式才能把这个概念的形象显现联系到许多不能完全用语言来表达的深广思致,因而把自己提升到审美的意象。"⑬

第二,审美判断的无利害与"无我之境"的比较。康德关于美的分析,一个基本的出发点就是人的审美判断不是从既定的概念出发的,因为美感是无利害的快感,所以审美判断的根据只能是主观的。康德指出:"在这三种愉快里只有对于美的欣赏的愉快是唯一无利害关系的和自由的愉快;因为既没有官能方面的利害感,也没理性方面的利害感来强迫我们去赞许。因此人们关于这三种愉快可以说:在上述三种场合里,愉快是与偏爱,或与惠爱,或与尊重有关系。而惠爱是唯一的自由的愉快。一个偏爱的对象或一个受理性规律驱使我们去欲求的对象,是不给我们以自由的,不让我们自己从任何方面造出一件快乐的对象来的。一切利害关系是以需要为前提,或带给我们一种需要;而它作为赞许的规定根据是不让我们对于一个对象的判断有自由的。"⑭康德的论断重视英国经验主义者对经验的尊重,但是分清了审美的愉快和官能享受的区别。如果联系比较王国维"无我之境"的论述,就可以看出王国维将无利害的境界当成了艺术的最高理想。当然,这种完全超越于利害关系的"我",实际生活中却是带有理想的色彩。只是在理论上作为一种对审美境界的追求,却是有理论意义的。

康德的上述思想也被席勒所接受,只是席勒谈美育更重视实际的审美活动。席勒说:"因为在现实中不会遇到纯粹的审美作用(因为人绝不可能摆脱各种力量的制约),因此一部艺术作品的卓越只是在于最大限度地接近于那种审美纯洁性的理想。在我们所能达到的充分自由中,作品总会给我们留下某种特殊的心境和独特的倾向。当某一门类艺术及其作品所给予我们精神的心境越普遍,倾向越不受局限,那么这一门类艺术就越高尚,这类艺术品就越优秀。"⑮到了王国维写《人间词话》的时候,他重视创造"新学语",而并不是只翻译外国美学史的文章。所以,王国维用"无我之境"表述美学涵义的时候,显然是融汇了康德思想的。同时,席勒的话又使我们重新想起《人间词话》中"阅世愈浅,则性情愈真,李后主是也","后主则俨有释迦、基督担荷人类罪恶之意"。为什么"阅世愈浅,则性情愈真"呢?这里的"浅"显然指不受到利害关系束缚或少受利害关系的束缚,于是"性情愈真"了。李煜从当皇帝到做俘虏,生活状况有天壤之别,"阅世"难道还不深吗?从字面上讲却有矛盾。此处对照康德、席勒的思想,阅世的"浅",指利害关系束缚少,就可以明白这则词话的含意了。从当皇帝到做俘虏,生活从天上掉到地下,当然会感受到利害关系变化之大,可是如果能沉醉于美的创造,会暂时忘却从利害上考察这样的变化,于是在审美的领域中抒发了具有普遍性的心境,达到"倾向越不受局限,那么这一门艺术就越高尚,这类艺术品就越优秀"。回到康德美学,就是美具有普遍性,美的普遍性与概念的普遍性是不同的东西。李煜的词之所以比宋道君皇帝《燕山亭》高,就是因为后者"不过自道身世之感","后主则俨有释迦、基督担荷人类罪恶之意"。这是由于在审美中人有共通感的"心意状态"。

第三,天才与艺术创造的思想,在康德美学中占重要地位。叔本华在天才的本质问题上曾经发挥了康德的思想,他指出:"完全浸沉于对象的纯粹观审才能掌握理念,而天才的本质就在于进行这种观审的卓越能力。这种观审既要求完全忘记自己的本人和本人的关系,那么,天才的性能就不是别的而是最完美的客观性,也就是精神的客观方向,和主观的,指向本人亦即指向意志的方向相反。准此,天才的性能就是立于纯粹直观地位的本领,在直观中遗忘自己,而使原来服务于意志的认识现在摆脱这种劳役,即是说完全不在自己的兴趣、意欲和目的上着眼,从而一时完全撤销了自己的人格,以便(在撤销人格后)剩了为认识着的纯粹主体,明亮的世界眼。"⑯此处叔本华用的"世界眼",王国维曾称为"天眼"。王国维说的"无我之境"是"以物观物",就企图表达"纯粹观审"的意蕴。康德关于天才创造的艺术品具有典范意义的独创性的思想,在《人间词话》得到了广泛的共鸣。王国维揭示"一切文体所以始盛终衰者"的原因,就是天才的独创性产生新的文学形式,而后习用者多了,就会陷于因袭,失去神采,于是更有新的天才去创造。王国维论诗与词,都要找出最大的天才,说明他们的独创性;同时反对和韵,反对按题填词,就是反对机械模仿的意思。天才是天赋之才能,所以有自然性,并非完全靠后天的习得。《人间词话》评纳兰性德有"自然之眼"和"自然之舌",就是对词人有天才的称颂。

从以上所述可知,在王国维写作《人间词话》的美学思考时,康德的审美分析给予他很大的影响。王国维关注了席勒,因为席勒的美育思想与康德有联系,席勒的美学更富于实践性,很可能使王国维感到更为亲切。康德美学的思辨能力给予王国维直接的有益的影响,但是王国维并不追求在整个美学范围内建立自己的庞大的理论体系。叔本华关于人的哲学思考,仍然影响着王国维;但是王国维在这部著作中并不去追求人的生存的终极的意义了。一个美学家的成熟,也表现在他对已有美学资料能作出自己的自主的选择。

原载《文学评论》1997年第1期。

注　释

① 康德《判断力批判》(上),宗白华译,商务印书馆,1985年,第67—69页。
② 席勒《美育书简》,徐恒醇译,中国文联出版公司,1984年,第150页。
③ 《王国维全集》(第一卷),浙江教育出版社、广东教育出版社,2010年,第50页。
④ 《王国维全集》(第一卷),第128页。
⑤ 陈杏珍、刘烜《〈人间词话〉重订》,《河南师范大学学报(社会科学版)》1982年第5期,第85页。
⑥ 《人间词话附录》,《蕙风词话·人间词话》,人民文学出版社,1982年,第252页。
⑦ 刘熙载《艺概》,上海古籍出版社,1978年,第119页。
⑧ 《王国维全集》(第一卷),第126页。
⑨ 《王国维全集》(第一卷),第127页。
⑩ 席勒《美育书简》,第145页。
⑪ 宗白华《美学散步》,上海人民出版社,1981年,第59页。
⑫ 康德《判断力批判》(上卷),第160页,德文版第246页,此处用朱光潜先生译文。
⑬ 康德《判断力批判》(上卷),第173页。此处引文转引自李醒尘《西方美学史教程》,北京大学出版社,1994年,第320页。
⑭ 康德《判断力批判》(上卷),第46—47页。
⑮ 席勒《美育书简》,第113页。
⑯ 叔本华《作为意志和表象的世界》,石冲白译,杨一之校,商务印书馆,1982年,第259—260页。

"人化的自然"的美学意义

李思孝

"人化的自然"是马克思在《1844年经济学哲学手稿》中提出和论述的一个命题,指的是历史上发生的、作为已然而存在的一个客观事实,即当人从自然界分离出来后,人就把自然界当作客观对象进行加工改造,或者打上自己的烙印,或者改变其原初形态,成为满足人的生活资料和生产资料等各种需要的"无机的身体"。这一点不仅为人类社会发展历史所展示,而且也为自然科学的理论所阐释,后者就是从"生物圈"到"智力圈"的理论,分别为奥地利学者E·徐士和苏联学者В.И·维尔纳斯基所提出。根据这种理论,有机物是从无机物中逐渐生成的,生物是从有机物中逐渐进化的;大约300万年前,生物圈里出现了人,在相当长的时期内,人同生物圈维持一种平衡状态;大约一万年前,这种平衡状态被打破,人开始栽种植物,放牧动物,这标志着"智力圈"的出现。"人化的自然",就是伴随着"智力圈"而来的,只是开始它规模小,微不足道,随着人类智商的发展,特别是作为人类智慧结晶的现代工业和科学技术的发展,大规模地改造自然成为可能,及至今日,未被人化的纯粹的自然,已经微乎其微了。

那么,"人化的自然"具有什么美学意义呢?

人化的自然和自然的人化

"人化的自然"虽然是马克思提出来的,但类似的思想,在他以前就已经出现了,仅以卢梭、席勒、黑格尔三人为例。

在卢梭看来,所谓社会,其实就是人化的自然。自然指原始状况或前文明,社会即是自然的人化或文明,不过这种人化是一种异化,"出自造物主之手的东西,都是好的,而一到了人的手里,就全变坏了"(《爱弥儿》)。比如,导致三万多人丧生的 1755 年的里斯本大地震,卢梭认为,既不能由自然负责,也不能由上帝负责,而是由两万多座六七层高的楼房造成的,因而应该由社会的进步即文明负责。同样,科学和艺术的复兴,不是有助于敦风化俗,相反是伤风败俗。很明显,卢梭把文明同自然对立起来,他的理想是返回自然。返回自然并非伏尔泰所讽刺的是返回到四条腿走路,而是返朴归真,回到人性善良敦厚的"自然人",在莫扎特的歌剧《魔笛》中,那个穿树叶衣服的捕鸟人巴巴盖诺庶几近之。总之,卢梭的思想可概括为:

　　自然——文明——自然

席勒的思想同卢梭基本一致。比如他认为:"凡是人与人对立的地方,就回到自然界的原始状态。"(《威廉·退尔》)区别在于:卢梭的出发点是政治学,而席勒的出发点则是政治学和美学;卢梭要返回到原始自然和自然人性,席勒则要返回到表现原始自然和自然人性的艺术。在席勒看来,艺术的本质是"外观",即同实在相对立的游戏,而游戏的本质是自由,自由也是美的标志,是人从野蛮人达到文明人的最主要的标志。所以席勒认为,为了在经验中解决现实的政治问题,就必须诉诸艺术,通过审美教育的途径,因为审美教育是由美的对象产生美,而审美王国的基本法律,是"通过自由去给予自由"(《美育书简》)。在审美的王国里,现代文明所造成的社会的分裂、人性的分裂等,都可以通过艺术的中介——弥合,使状态在人格的不变中变化,人格在状态的变化中不变,从而为发展到理性的人架起一座桥梁。把这一思想概括为一个公式就是:

　　自然——文明——艺术

黑格尔是运用异化思想和辩证法的超级大师,他把散文式的现代社会与诗意般的希腊英雄时代对立起来,但他不想做向后看的历史预言家,他既藐视自然,也藐视艺术,而钟情于兼容逻辑与自然、超越艺术与宗教的哲学精神,因为它是宇宙精神从精神到物质、从物质到精神按三角形法则发展的体现。异乎寻常的是,他从英国古典政治经济学那里引进了劳动的概念,并把它作为人的自我确证的本质。这就是为什么,他欣赏希腊英雄时代人人动手自我创造的那种欢乐景象,欣赏作为改造自然劳动结晶的17世纪荷兰绘画。黑格尔还特别论述:"儿童的最早的冲动就有要以这种实践活动去改变外在事物的意味。例如一个小男孩把石头抛在河水里,以惊奇的神色去看水中出现的圆圈,觉得这是一个作品,在这作品中他看出他自己活动的结果。"(《美学》)尽管黑格尔思想的发展轨迹是:

逻辑——自然——精神

但在人与自然的关系上,他强调的是人的主体性和优越性。如果说,在卢梭、席勒那里是"人化的自然",那么,在黑格尔那里则是"自然的人化"。前者是名词、过去时("人化的自然"确切地说是"人化了的自然"),后者是动词、现在时;前者着眼于过去,后者则面向未来。

精神的人化和物质的人化

在真正意义上强调并论述"自然的人化"的,并不是黑格尔,而是马克思。

首先,马克思不像卢梭、席勒那样,把人化的自然看作好像是坏事,好像是到此为止了,现在的任务好像是迷途知返,应该回到过去。不,马克思认为,人的历史才刚刚开始,人类改造自然的斗争也才拉开序幕,因此,他提出:"哲学家们只是用不同的方式解释世界,而问题在于改变世界。"①

其次,马克思肯定黑格尔关于劳动的论述,但马克思同时揭露了它的两个致命的弱点或先天缺陷:其一,"黑格尔只知道或承认一种劳动,即抽象的精神的劳动";其二,黑格尔"只看到劳动的积极的方面,而没有看到它的消极的方面"。②这消极的方面,就是异化劳动或劳动的异化。

再次,马克思全面地阐述了劳动的本质特征及其作用。他指出,自由自觉的生命活动恰恰是人类的特征。诚然,动物也能劳动,但动物的劳动出自求生本能,而人则出自有意识的目的;动物只按其所属的物种的尺度和需要,而人则按照任何物种的尺度。他指出,劳动是人自我实现和自我确证的手段,人的自由自觉的特性见之于活动,就是劳动。由于劳动,自然界才表现为人的创造物和人的现实性。他指出,劳动是人和自然之间的物质交换过程,在这一过程中，一方面改变着客体对象的自然，一方面也改变着主体本身的自然。换句话说，劳动既改变了世界，同时也改变了人自身。于是，才有从猿到人，从自然到社会的发展历程。

最后，马克思也不忘指出劳动的负面作用，这就是异化劳动。异化劳动产生了影响人类的两个重要东西：一个是物质的，即资本；一个是精神的，即宗教。马克思说，资本是"从头到脚，每个毛孔都滴着血和肮脏的东西"③，从它滋生出商品拜物教；宗教则是"颠倒了的世界观"，"无情世界的感情"④。它把人们从现实引向天堂，从俗世引向冥世。当然，马克思也不忘提醒我们：只能正确认识和运用自然规律来从事劳动，不能滥用自然，否则，自然界就会报复和惩罚我们——一百年前他就给予了我们以宝贵的环保警示。

值得注意的是，在论述"自然的人化"时，马克思发展了黑格尔关于以认识和实践两种方式来人化或对象化的思想。他用费尔巴哈的术语，把人化的自然说成是"感性地摆在我们面前的、人的心理学"⑤。不过，费尔巴哈指的是认识，马克思指的是实践。马克思还用达尔文的术语，把"人化的自然"看成是"揭示出人对自然的能动关系"的"工艺学"⑥。不过达尔文指的是"动植物器官是怎样形成"的"自然工艺"，马克思指的是作为"人的社会生活条件"直接过程的生产工艺。这实际上是提出了两种不同的人化方式：精神的人化和物质的人化。精神的人化同心理学相对应，因为心理学离不开人的大脑和语言，大脑是思维的物质基础，语言是思维的基本工具，二者分别是脑髓和发音器官通过不断的劳动而发展的，并在其基础上产生了意识，特别是自我意识，促进了人的抽象能力和推理能力的发展，当人意识到自身之外还有对象存在时，他就把对象主体化，这就是人最初的人化，即精神的人化。相反，物质的人化同工艺学相对应，因为工艺学离不开人的双手和技巧，手不仅是劳动的器官，它还是劳动的产物，它不是孤立的，它同肌肉、韧带、骨骼以及身体的其他肢体一起发展，当它能制造工具时，人就获得了新的技巧，这样人就可以对自然改头换面，可以在自然中无中生有，人可以按自己的需要创造出第二自然来，这就是物质的人化。当然，精神的人化和物质的人化，是不能截然分开的，而是趋向融合统一，这是灵与肉、思与行的统一。所以马克思说："每一种本质力量的独特性，恰恰是这种本质力量的独特的本质，因而也是它的对象化之独特方式，它的对象性的、现实的、活生生的存在的方式。因此,人不仅在思维中,而且以全部感觉在对象世界中肯定自己。"⑦

劳动创造美和按美的规律

人化的自然,自然的人化,精神的人化,物质的人化,马克思从经济学和哲学层面上提出来的这些命题,蕴含着丰富的美学内涵,不仅为美学提供了别有洞天的探索平台、别具一格的论证方法,而且还提出了别开生面的美学命题,主要有二:一个是"劳动创造了美"⑧,一个是"人也按照美的规律来塑造物体"⑨。前者是美的发生学,后者是美的构造学。

"劳动创造了美"可以说是对席勒美即自由、艺术即游戏的美学思想的补充和发展。把美和艺术与自由联系起来,这是马克思和席勒共同的地方,但席勒把自由与劳动对立起来,而马克思虽然独具慧眼地揭示了劳动可以把人异化的事实,但他同时指出那是私有制社会形态下的特殊情况,从根本上说来,劳动是人的本质即自由自觉生命活动的表现,一旦排除掉产生劳动异化的私有制根源,比如在马克思设想的未来共产主义社会,由于扬弃了异化现象,劳动便成为人的第一需要和自我享受。另外,尽管席勒称自己属于美学上的"感性—客观"派,但他更多地把美看作是我们主体的一种状态,从而更多地沉湎于审美活动的主体享受,而马克思则更多地侧重于劳动的终极结果,即客观存在形态,"劳动创造了美"就充分表明了这一点。那么,劳动创造的这个美具备哪些内涵呢?前面说过,马克思把劳动看作人与自然之间的物质交换过程,这种过程体现了人与自然的二元关系。我们还知道,马克思把劳动看作是价值的源泉,换句话说,价值可以作为劳动产品的一种属性。比如,在商品这一劳动产品中,就包含着使用价值和交换价值。当然,美的价值同商品的价值是不同的,它是排斥物欲享受和利欲追求的,它关涉的总是令精神欣赏和愉悦的东西。据此,可以逻辑地得出结论:在马克思看来,美是一种价值。

"人也按美的规律来塑造物体",包含着对形式美的要求,不妨也可以说是对康德美学思想的利用和改造,因为没有人像康德那样对形式美作了那样详尽的阐述,这种阐述的出发点是他的先验唯心论,他从量上、质上、关系上、方式上对美作的分析,是把自然界丰富多彩的美纳入他的先验范畴之内,纳入纯粹形式的范畴之内,这不仅是一种首足颠倒,而且是一种削足适履。马克思正好相反,他认为形式美的最终根源是大自然,大自然具有"天然的美学属性",比如动物、蜘蛛的活动与织工的活动相似,蜜蜂建筑蜂房的本领使人间的许多建筑师感到惭愧。比如植物,其特点是千变万化的无穷无尽,玫瑰花和紫罗兰并不散发同样的清香;如同精神不能披黑色的衣服,自然界也没有一枝黑色的花朵。马克思指出:"色彩的感觉是美感的最普遍的形式。"[10]植物是如此,矿物同样如此。比如,银能反射出原来混合着的一切光线,金能反射出最强烈的色彩红色,因此,"奢侈、装饰、华丽"就成为金、银等贵重矿物的审美特性,给人们带来欣赏价值。但是,同样的奢侈、装饰、华丽,一旦同实用或交换联系起来,那么其美学价值也就立刻丧失,所以马克思说:"贩卖矿物的商人只看到矿物的商业价值,而看不到矿物的美和特性。"[11]

在有关"美的规律"的思想中,马克思特别强调了精神和享受的重要性。为什么说"如果音乐很好而听者又懂得音乐,那么音乐的消费会比香槟酒的消费更为高尚"? 因为音乐满足了我们的音乐感,"音乐家给我一种美的享受"[12]。按马克思的说法,"精神的最主要的表现形式是欢乐、光明",而精神的本质则是"自由"。这一切都体现在欣赏价值之中。至于享受,马克思把它看作是人的基本需要之一,同平均的、禁欲的、斯巴达式的、粗陋的共产主义不同,马克思认为,一个"具有高度文明的人",一个"具有尽可能丰富的属性和联系的人","他就必须有享受的能力"[13]。饮食男女的享受,只能算低级的享受,它跟人"执行自己的动物机能"相联系,而高级的享受则超越物质层面而到达精神层面,这只有美和艺术才能达到。但享受也绝非最终目的,人还要发展、发掘潜能,实现自我,成为全面和谐发展自由的人。艺术创作,按马克思的说法,应该像弥尔顿那样,如同春蚕吐丝,出自本能。如果缺少精神和享受,就违背了美的规律。资本主义的艺术生产就是如此,它是艺术自由的异化,所以马克思说,"当艺术生产一旦作为艺术生产出现,它们就再不能以那种在世界史上划时代的、古典的形式创造出来"[14],因为作家不再是从事精神生产和享受的艺术创作者,而是为资本家赚取利润的生产劳动者了。

物质的升华和精神的骤化

"人化的自然"的思想,不仅孕育出"劳动创造美"和"按美的规律"这样的美学命题,而且扩而大之,把一切人化的东西,无论物质的还是精神的,都可以变成审美对象,赋予它们程度不同的美学意义。比如,路是人化自然的最初的物质形态之一。鲁迅说,其实世上本没有路,走的人多了也便成了路。为了狩猎采撷,走出了去森林草原之路;为了捕鱼捞虾,走出了去江海湖泊之路;为了种植庄稼,走出了去田间旷野之路;为了彼此沟通,走出了去邻里部落之路。路是生产劳动和社会交往的产物。路是物质运输线,运去了种子、肥料、工具和劳动的汗水,运来了粮食、果实、猎物和丰收的喜悦。路是交通的动脉,把乡村、城市、地区、国家等连接起来。路还是文明的向导和友谊的纽带。玄奘西行,带来天竺佛祖的经典;鉴真东渡,播下大唐文明的种子;丝绸之路,接通了东西两大帝国,开阔了人们的眼界,展现出一片新天地。从最初的无意识的自然之路,到后来的有意识的人为之路,需要多少设计、修建、维护、保养,凝结着多少人们的意志、劳动、工艺、血汗甚至牺牲。正因为如此,路可以升华,成为精神的寓意或象征,从而有通向天堂之路,也有通向地狱之路;有荷兰画家霍贝玛的闲适的《乡道》,也有俄国画家列维坦的沉重的《弗拉基米尔卡》;有回肠荡气的伊凡诺夫的《小路》,也有劫夫的意气风发的《我们走在大路上》。如果说它们给予我们以视觉享受、听觉愉悦和感觉崇高,那么,弗洛伊德的《我开拓出一条道路》,马克思吟咏"走你的路,让人们去说吧",则展示出科学的辉煌。

桥和舟是路的延伸。舟是游动的桥,桥是稳固的舟。海德格尔把桥看成是容纳了天、地、人、神四元的所在空间,因此它既有实用的功能,也有审美的功能,呈现出丰富多彩的欣赏价值。与西方人偏爱空灵的舟如诺亚方舟、但丁之舟等不同,中国人更钟情于实在的桥,在历史上创造出诸如北京卢沟桥、河北赵州桥、苏州宝带桥、泉州洛阳桥、绍兴春波桥等形态各异、精美绝伦的名桥,它们已让我们应接不暇了,还要生发出"卢沟晓月""断桥残雪"的美景,"鹊桥相会"的神话以及"二十四桥仍在,波心荡、冷月无声"的千古绝唱。

与此相反,精神人化的最初形态之一是宗教。宗教是一种"神秘力量的幻象",即人间的力量采取了非人间的力量的形式,这种力量就是人类尚不能认识的自然界本身。在人的理性智慧还不发达的人类早期,人类便用诗性智慧即想象的创造的智慧这一"自然本能"去解释这种神秘力量,方式是以己度物,赋予自然物以异己的超常的生命和力量,然后又对它顶礼膜拜。所以费尔巴哈说,神学的秘密是人本学或精神病理学。宗教有神化和物化两种载体:神化是与其属性相一致的精神方式,这就是被称为"经"的各种教义;物化是精神对象化的物质方式,这就是各种寺、院、庙、观。这些东西是物质的,但其功能是精神。正如马克思讲到哥特式教堂时说:"这些天生的庞然大物对精神是能起某种物质的作用的。精神感觉到质量的重压,这种压力感就是崇拜的开端。"⑮所以世界各国最伟大的建筑,毫无例外,几乎都是宗教性建筑,表现出超凡入圣、立地成佛的气派。中国的佛教名寺,多在远离城镇和人间烟火的深山峻岭,如五台山、峨眉山、九华山、普陀山,追求的是"在山泉水清,出山泉水浊"的清高,"万籁此皆寂,惟闻钟磬音"的幽静,"澹然离言说,悟悦心自足"的常乐,"明月松间照,清泉石上流"的恬淡等。总之,都沐浴着佛光和佛家经典的洗礼,从而达到精神的骤化。

如同桥是路的延伸,塔是寺的延伸。塔原是佛教中供舍利的建筑,有实用功能,传入中国后,其实用功能淡化,逐渐成为山水风景的点缀,突出其观赏价值,因而其建筑造型变得异常丰富,有圆、四方、六角、八角、十二角等形,有木、土、石、铁、铜、琉璃等质,有楼阁、亭阁、密檐、覆钵等式,有单塔、双塔、五塔、群塔等制。西安的大雁塔、应县的木塔、正定的澄灵塔、登封的嵩岳寺塔等,是其中的杰作。而云南大理三塔,以其妩媚塔姿,洁白塔身,耸立于苍山洱海的蓝天、白云、青山、绿水之间,构成令人赏心悦目的美丽图景,堪称装点河山的典范。如果说十里长亭是古代驿道上的一个逗号,那么深山古塔则是长途跋涉中的一个惊叹号。前者同碧云天、黄叶地、西风紧、霜林醉、离人泪相联系,后者则催人奋进,"共怜筋力犹堪在,上到栖灵第九层",感发游兴,"谁似临平山上塔,亭亭,迎客西来送客行"。

这一切足以证明:纵然世界上客观地存在着美,但只有人参与活动的美,即把物质加以升华,把精神加以骤化的美,才是最具魅力的美,因为这验证了人的主体、人的价值、人的理想、人的本质。所以,马克思说:"实际创造一个对象世界,改造无机的自然界,这是人作为有意识的类的存在物(亦即这样一种存在物,它把类当作自己的本质来对待,或者把自己本身当作类的存在物来对待)的自我确证。"⑯

原载《文艺研究》2005 年第 6 期。

注 释

① 《马克思恩格斯选集》,人民出版社,1972 年,第 1 卷第 19 页。
② 《1844 年经济学哲学手稿》,刘丕坤译,人民出版社,1979 年,第 117、116 页。
③ 《马克思恩格斯选集》,第 2 卷第 265 页。
④ 同上书,第 1 卷第 1—2 页。
⑤ 《1844 年经济学哲学手稿》,第 80 页。
⑥ 《马克思恩格斯全集》第 23 卷,人民出版社,1972 年,第 409—410 页。
⑦ 《1844 年经济学哲学手稿》,第 79 页。
⑧ 同上书,第 46 页。
⑨ 同上书,第 51 页。
⑩ 《马克思恩格斯全集》第 46 卷(下),第 459 页。
⑪ 《1844 年经济学哲学手稿》,第 80 页。
⑫ 《马克思恩格斯全集》第 47 卷,第 152 页。
⑬ 《马克思恩格斯全集》第 46 卷(上),第 39 页。
⑭ 《马克思恩格斯选集》,第 2 卷,第 113 页。
⑮ 《马克思恩格斯全集》第 1 卷,第 38 页。
⑯ 《1844 年经济学哲学手稿》,第 50 页。

"流亡者文学"的心理指归
——抗战时期知识分子精神史的一个侧面

钱理群

一

> 你悲哀而旷达,辛苦而又贫困的旷野呵……
>
> ——艾青:《旷野》[①]

翻开这一页页几乎已掩埋在历史的封尘里的灰黄、易脆的纸片,扑面而来的,竟是绵绵无尽的苍凉的旷野,旷野上奔突着疲惫的"流亡者"——

三月,难忍的温暖的太阳炙热了黄沙的古河。古河是无尽长的荒野,矮树林和黄沙遮住了人们的视线,辽远的辽远的那里,才有一片黄柳围成的村庄和人烟。

现在在这黄沙的古河里,却聚集着无数的流民,马车,他们从自己肥美的田庄里逃了出来,像无家的野狗似的乱窜着。

"作孽,是谁前一辈作的孽呀!"

老太婆在拧着流下来的清水鼻涕,有着深厚的皱纹的脸孔,被三月的风吹得紫青了,不停的咒骂着,仿佛有谁在耐性的听着。

……

这里那里用破布和席棚,干树枝搭起来的草屋,坏了轮子的马车,堆集的筐篮和竹篓……搭着孩子的尿布,和湿了的被窝,漏着棉絮的衣服……到处走动着人们,烧着炊烟,在空旷的三月的晴空里飘荡着。

"我们就死在这儿吗?叫老鹰啄去眼珠。"

"那么,到那儿去呢?回去吗?回去寻死吗?"……

"连老子的坟也顾不得了。"……

——尹雪曼:《硕鼠篇》(1939年年末)②

烽火飞过黄河后,我和二三十个伙伴在匆忙中出走,那正是黄沙和雪花交替占有北国天空的时候。带着伤心的眼泪,带着无限的惆怅,带着一颗被抛别父母的悲哀窒息了的心,我们出走了!黄土路上,风沙道中,小身体背着大行囊,徒步奔波着。旅途中,有歌,有笑,也有衷心的惆怅,和对父母故乡无限依恋的情怀。就这样,横过了广漠的鲁西大平原,离别了黄河边上的家乡!

……

日升,

日落,

晨星,

晚霞,

寂寞的黄土路,

无边的大风沙;

茶店,

鸡声,

冷炕头,

菜油灯,

破庙里,

泥神是店东,

草铺上,

听微风摇曳殿角的小风铃!

睡眠是上好的葡萄酒,

又酸又甜一大缸,

醉里忘了奔波的劳累,
再不听犬吠柝声寂寞的响!

——公兰谷:《月夜投筒——寄到遥远的黄河边》③

……这一望无涯的黄土,一望无涯的尘雾……
……车外的旷野就毫无遮掩地裸露在我们面前;没有一根曾经生活过的枯草,没有一根还留着败叶的树;高的山峰像纯金的宝剑插入云霄,低的河床,纵横着车轮和马蹄的痕迹,你不能相信它什么时候滋润过,也不能相信什么时候再会滋润。驴,马,人,车子,恐怕从来不会显露过鲜明的样子;衣服永久是破旧的,毛色永久是灰暗的,面目永久是模糊的;白天里就在那黄色的尘雾里喘息,奔走,像鱼虾在泥塘里吃力地游泳,夜晚就走进那暗夜的寒冷的窑洞,人和畜生都缩紧在那坚硬的土炕上面或旁边,土炕上是永久扫不干净的灰土……

——绀弩:《风尘》(1939.5.25)④

这一群人,是破烂,狼狈,疲惫而狂热,扫过每一个村庄。那些村庄是荒凉了,房屋倒塌,街上和空场上有尸体,野狗在奔驰。……
……静静地,梦幻般地开始行走,大家走动,跨过尸体,弹穴和乱石,走到荒凉的、宽阔的沙滩上。在绝对的寂静中,大雪从灰暗的天幕飞落。
旷野铺着积雪,庄严的白色直到天边。林木、庄院、村落都荒凉;在道路上,他们从雪中所踩出的足印是最初的。旷野深处,积雪上印着野兽们底清晰的、精致的、花朵般的足印。林木覆盖着雪,显出斑驳的黑色来。澈夜严寒……
人们底脸孔和四肢都冻得发肿。脚上的冻疮和创痕是最大的痛苦。在恐惧和失望中所经过的那些沉默的村庄、丘陵、河流,人们永远记得。人们不再感到它们是村庄、丘陵、河流,人们觉得,他们是被天意安排在毁灭的道路上的可怕的符号。人们常常觉得自己必会在这座村落、或在这条河流后面灭亡。……人们是带着各自底思想奔向他们所想象的那个终点。这个终点,是迫近来了;又迫近来了;于是人们可怕地希望它迫近来。

旷野是庄严地覆盖着积雪。

——路翎:《财主底儿女们》(1944.5)⑤

如果说,每一个时代的文学都有自己的"中心意象"与"中心人物";那么,40年代战争中的中国文学的"中心意象"无疑是这气象博大而又意蕴丰富的"旷野",而"旷野"中的"流亡者"则是当然的"中心人物"——而且,正像前述引文中所显示,内含在这时代"中心意象"与"中心人物"里的"意味",是多义的,或者说,寄寓着作家不同层次的思考与发现。

首先,这意味着一个"国家""民族"(它又以一个又一个的"家庭"或"家族"为单位)的"流亡":这几乎是人们一眼就可以看出与感受的。因此,当那位"有着深厚的皱纹的脸孔,被三月的风吹得紫青"的老母亲声嘶力竭地高喊:"是谁前一辈子作的孽呀","连老子的坟也顾不得了"时,作者是在通过她传达着我们民族在面临"国破家亡"的劫难时,所感受到的撕心裂肺的屈辱、痛苦以及"愧对祖先"的负罪感的。整个抗战时期中国文学的"爱国主义""民族主义"的基调正是建筑在作家们对于"流亡"的国家、民族的群体心理、情感的这种真切体验与真实刻画基础上的。——这其中的意义与价值,自是不言而喻。

人们同样也很容易地就注意到,40年代文学中的"流亡者"形象,大都是知识者;因此,我们可以说,"流亡"是作家对于处于战争条件下的中国知识分子的历史命运、精神特征的一个艺术发现——自然,这也是作家的自我反省与自我发现。40年代走入文坛的小说家贾植芳在80年代曾有过这样的历史回顾:"大约自一九三七年抗战开始,中国的知识分子就进入了另一个时代,再也没有窗明几净的书斋,再也不能从容缜密的研究,甚至失去了万人崇拜的风光。五四时代知识分子以文化革命改造世界的豪气与理想早已梦碎,哪怕是只留下一丝游魂,也如同不祥之物,伴随的总是摆脱不尽的灾难和恐怖。抗战以后成长起来的知识分子只能在污泥里滚爬,在浊水里挣扎,在硝烟与子弹下体味生命的意义。"贾植芳并且有了这样的自我体认:"我只是个浪迹江湖,努力体现自我人生价值和尽到自己的社会责任,在五四精神培育下走上人生道路的知识分子。"⑥应该说,这是一个准确而重要的证明。鲁迅早就说过,"一要生存,二要温饱,三要发展"。这是20世纪中国的"当务之急";而对于40年代的中国知识分子,他们正是面对着战争无情地毁灭了生存的前提与基础——不仅是民族（国家）的生命，更是他们自我个体生命存在的前提与基础；他们面临着真实的、具体的死亡与饥饿的威胁。本来，"哭穷"与"悼亡"是知识分子最喜爱的文学题材，也是他们乐意塑造的"自我形象"。在"五四"时期郭沫若、郁达夫这批现代中国的"薄海民"们就在他们的作品里不止一次地写到了"饥饿"与"死亡"的威胁，这自然也有着他们的生活依据，但读者们却很容易地就觉察到，这是一种在想象中被夸大了的，也同时是被诗意化了的生存威胁；而40年代的作家（及读者）却无心领悟这其中的"美"，他们切身体验的、进而在他们笔下展示的"饥饿"与"死亡"，要世俗得多，更是赤裸裸与血淋淋的。——读者恐怕很难忘记，诗人艾青笔下那位"用固执的眼凝视着你，看你在吃任何食物，和你用指甲剔牙齿的样子"的"乞丐"的饥饿⑦，而饿得手发抖、眼睛昏花的老画家，"用尽残余的生命的力量描画孩子的饥饿"的情景，也许更加触目惊心："他看到同样两只饥饿的眼睛，在他的画纸上瞪着，望着人间，望着人间的粮食，还有那粗粗勾出来的宽阔的有一点突出的大额头，该是丰满却凹陷下去的双颊，因之显得有一点尖的下巴。"⑧这样的文字，常给人以刻骨铭心之感，正是因为它注入了作者自身的生命体验。这就是说，中国40年代的知识分子（作家）首先是作为一个战乱中在饥饿与死亡线上挣扎的真实的（现实的）"流亡者"存在的，这不仅使他们自身的精神气质打上了"流亡者（流浪汉）"的烙印——如贾植芳自己所说，他是个"浪迹江湖"的知识分子，著名的评论家刘西渭（李健吾）在40年代所写的《肖军论》里，也说"他有十足的资格做一个流浪人"；而且，他们对于自身及外部世界的关注，也必然集中于战争中的"人"的生命存在（境遇、形态、价值与意义）的体验与发掘。自然，这种体验与发掘，也有着不同层面。国家、民族的群体生命体验之外，更有着战争阴影笼罩下的个体生命体验与个体生命境遇的观照，也即"战争"与"人"（及"战争"与"文学"）的真实思考。

正是在这个意义上，路翎的《财主底儿女们》应该引起人们的特别重视——贾植芳在前述自叙里强调："路翎的不朽史诗《财主的儿女们》里主人公们的苦难与经历，正是这一个时代的缩影。"⑨小说最有力处，无疑是对主人公蒋纯祖，一位"流亡"的青年知识者的"旷野"情怀——路翎把它叫作"一九三七年冬季流动在中国底旷野上的……感情"⑩——的深刻揭示——

"逃亡到这样的荒野里，他们这一群是和世界隔绝了——他们觉得是如此。……他们是走在可怕的路程上了,不知道自己是从什么地方来,也不知道要到什么地方去。"战争毁灭了一切,人在战争中失去了一切,成了绝对孤独的个体存在:不再有"历史"与一切历史存在中的"联系"——"躺在旷野中……没有人知道他是谁,没有人知道他是曾经那样宝贵地生活过"。[11]贾植芳的一篇小说的主人公也这样说道:"我是被我生活过的生活忘掉了,遗弃了","有时我真茫然不知我是否有过过去,我现在是个什么。我现在好象在一个完全陌生的世界上生活着,象婴孩一样"[12],而且,"他们从那个遥远的世界上带来,并想着要把它们带回到那个遥远的世界上去的一切内心底东西,一切回忆、信仰、希望","一切曾经指导过他们的东西,因为无穷的荒野,现在成了无用的"[13],而陡然失去,"人们底回忆模糊了起来;回忆里的那一切,都好象是不可能的"[14],于是,失去了记忆的"人"既没有了"过去",同时也没有了"未来","唯一知道的,是他们必得生存"。"人"终于成了绝对孤独的、几乎是"绝缘"(割断了一切"缘分")状态下的生命存在。或者如路翎小说中一个人物所说,"人"成了"影子":"这样冷,这样落雨,这样荒凉啊!一个人,没有家,没有归宿,没有朋友,就象影子一样啊!"[15]——人们仿佛又看到了当年鲁迅的《影的告别》里那个"彷徨"于"无地","在黑暗里""独自远行"的"影子"。

于是,处于"旷野"中的"人"又有了"虚无"的体验。作家路翎这样真切地写道:"人们走在平原上,就有一种深沉的梦境那样的广漠,那样的忧郁,使人类底生命显得渺小,使孤独的人们处在一种恍惚的状态中,而接触到虚无的梦境;人们感觉到他们底祖先底生活,伟业与消亡;怎样英雄的生命,都在广漠中消失,如旅客在地平线上消失;留在飞翔的生命后面的,是破烂了的住所,从心灵底殿堂变成敲诈场所的庙宇,以及阴冷的,平凡的,麻木的子孙们。"[17]"蒙受了心灵底毁灭的人"[18],发出了这样的吼叫:"现在我才看得清楚,人,是要走一条血淋淋的路,是天老爷在冥冥中注定的啊!"[19]人终于正视了自己真实的生存境遇与价值;"生活在黑夜里",不过"是广漠的大地上的一个盲目的漂泊者",不过是"被天意安排在毁灭的道路上的可怕的符号"[20]——"人"("流亡者")于是陷入了"绝望"的深渊,"旷野"也显露出它的哲学的全部"残酷"。

二

无生老母当阳坐,驾定一只大法船,单渡失乡儿和女,赴命归根早还源。

——录自红阳教《传经卷》

战争中的人(中国的知识者)的心灵史并没有从这"绝望"与"残酷"的生命体验深入下去,而突然地转了方向——

路翎写道,正是"那种对自己底命运的痛苦的焦灼"使他的人物走到"落雪的旷野中去寻求安慰"[21]:中国知识者无力承受绝望,直面生命的沉重与残酷,必然要寻求心理的平衡与补偿,在确定自己"失去了的那个湖泊,那个家庭,以及那些朋友们","在这个世界上只是一个被凌辱的漂零者"的同时,又"渴望回到那个湖泊里去"。[22]

于是,旷野上响起了"归来"的呼唤,燃起了"希望"的火光。路翎的小说里也出现了这样的场面:"大家抖索着拥到火旁",人们"用沉静的,柔和的声音唱歌"——

从各种危险里暂时解脱,人们宝贵这种休憩。在沉静中发出来的歌声保护了人们底安宁的梦境。人们觉得,严寒的黑夜是被火焰所焦躁,在周围低低地飞翔,发出轻微的、轻微的声音。歌声更柔弱,黑夜更轻微,而火焰更振奋。……

……人类是孤独地生活在旷野中;在歌声中,孤独的人类企图找回失去了的,遥远了的,朦胧了的一切。年青的、瘪嘴的士兵是在沉迷中,他为大家找回了温柔、爱抚、感伤、悲凉、失望和希望,他要求相爱,像他曾经爱过,或者在想象中曾经爱过的那样。……朱谷良和蒋纯祖,尤其是蒋纯祖(他们都是路翎小说中的人物——引者注),是带着温暖的、感动的心情,听着那些他们在平常要觉得可笑的、在军队中流行的歌曲。他们觉得歌声是神圣的,他们觉得,在这种歌声里,他们底同胞,一切中国人——他们

正在受苦,失望,悲愤,反抗——在生活。㉓

"黑夜更轻微,而火焰更振奋",这显然具有某种象征的意味,标示着十分重要的"心理转换":在"黑夜"("黑暗")与"火焰"("光明")、绝望与"希望"、"残酷"与"温柔"、"憎恨"与"爱"、"孤独"与"沟通"、"悲凉"与"温暖"、"悲观"与"乐观"、"现实"与"梦"、"个体"与"群体"……之间,几乎是"本能"地("避重趋轻"地)选择了后者。

而且这似乎无可非议,很难作出任何价值判断——它从根底上出自人的本性。但对于中国的知识者,这却是一个决定性的选择。"后果"要经过长时期的"时间"淘洗,才会逐渐显露出来,并为人们所认识。

"找回失去了的,遥远了的,朦胧了的一切":理想,希望,爱,群体……归根结底,就是寻找软弱、孤独的个体赖以支撑自己的"归宿"。这确实是一种时代的心理欲求。作家李广田写过一篇题为《根》的散文,谈到在抗日战争的大后方一再地迁徙,心绪总不安宁,而突然领悟到自己的真正需要:在战争的风浪中寻找一块适于自己"生下去的土壤",在属于自己的归宿之地"生根",他觉得"'人'这种生物之不生'根'是奇怪的"。㉔而在沦陷区官场中沉浮的周作人,也写过一篇《无生老母的信息》;据说,民间流行的红阳教传言无生老母是人类的始祖,日日召唤她的失乡迷路、流落在外的子女回到她的身边,周作人认为,这种"归根返乡还元"的呼唤是人类"母神崇拜"的遗留,是根植于人的本性的。㉕而同时期的孤岛作家芦焚也突然向自己提出了这样的问题:"你是想回家吗?"㉖笔下的人物"我"就这样回到"果园城",去寻觅"失去的乐园"。㉗生活在不同环境、有着不同政治选择的三位作家,不约而同地寻找"归宿",这大概不是偶然的。

而且,这不仅是心灵的指归,也是文学的选择:在 40 年代的文学(特别是小说)里或显或隐、或正面或侧面地展现着"追寻"的主题模式。

我们在路翎的《财主底儿女们》之外,又读到了无名氏(卜乃夫)的《无名氏书》。——其实,作者在他的试笔之作《北极风情画》与《塔里的女人》里,就已经写出了"从追寻到幻灭"的生命模式,但只是露出了他的主题模式的"前半截"。㉘无名氏主题的真正展开是在他倾注了全部心血的《无名氏书》,这是一部七卷本的巨著,40 年代仅出版了前三卷。小说的主人公印蒂,是一个真正的

"流亡者",也有评论家称他为"二十世纪'荒原'里的浮士德",他的行为、心理、性格的核心,即是永恒的焦灼,和永恒的追寻,而他的追寻又是明确地指向"最终的拯救与归宿"。㉙正是这两个侧面,构成了《无名氏书》最深刻的内在矛盾。一方面,作家在他的《无名氏书》的每一部里都在探讨"人"的一种生存方式、生存体验——例如,第一部《野兽,野兽,野兽》里对"政治革命"的体验,《海蒂》对"爱情"的体验,《金色的蛇夜》对"罪恶"的体验,等等,并且把它推于极端,最后因追求的"彻底""偏执"而走向"幻灭"。但另一方面,全书的总体结构,却又在追求"合题"的全面与矛盾、危机的消解。作者写每一个片面的极端发展,正是为了推出最后的"归宿",即作者自己所说的"整合的理性主义之路"㉚,创造出一个"调和儒、释、耶三教"的新宗教新信仰㉛。有人称无名氏的这种建立新宗教、新信仰的努力,为"40年代中国的典型"㉜,使我们联想起周作人所说的"无生老母的信息",这确实是一个极好的暗示:当40年代的作家在自己的作品中寻求种种最终一劳永逸地结束一切矛盾与苦难的"归宿"时,他们事实上,就是在制造一种新的宗教与信仰。

对于不同的作家,作为"归宿"的"信仰"("崇拜物")有着不同的内涵,由此而展现了40年代小说"追寻归宿"主题的丰富性。

人们首先视为"归宿"的是"土地"。一篇题为《赞美》的文章的作者,叙述自己每当看到士兵们那么"从容而又那么安静"地"奔赴战争"时,总要想到"他们什么时候才回来呢?"又自己回答说:"他们不回来了。"但"他们并没有走","他们已从自己的土地回到自己的土地",找到了一个"宣示真理的美的地方。要去,他们要去,那本身就是全意义"。㉝——在这关于"战争哲学"的沉思里,"土地"显然被赋予了一种崇高、神圣的意义。这是一种自然的联想,在中国与外国的神话传说,也即人的原始记忆里,"土地"就是与国家、民族、历史这些"永恒"的载体联结在一起,并因此给人以"归宿"感的。在面临"国土沦丧"的威胁的抗战时期,"土地"对于人们,既是"现实"的,同时又是"象征"的。因此,当作家王西彦以"眷恋土地的人"称呼他的小说的主人公,并且写到这位庄稼汉在经历了一段离乡背井的流浪生涯,终于又不顾危险地回到自己家乡时,所做的第一件事,就是"伏倒身子,在地上爬行着,双手摸弄着每一块焦黑的泥土",喃喃地祈祷。他的"凭吊"既是"对那死去的爹的",也是对于脚下这受难的土地的"㊴——作家的这些极富象征性的描写,使他笔下的人物和行动都具有某种"宗教"的意味。而作家端木蕻良更是公开发表《土地的誓言》,声称"土地是我的母亲,我的每寸皮肤,都有着土粒,我的手掌一接近土地,我的心便平静。我是土地的族系,我不能离开她"㊵。在《我的创作经验》里,他又这样诉说"土地"与他的创作的关系:"土地传给我一种生命的固执。土地的沉郁和忧郁性,猛烈的传染了我,使我爱好沉厚和真实,使我也像土地一样负载了许多东西。……土地使我有一种力量,也使我有一种悲伤。……我活着好像是专门为了写出土地的历史而来的。"㊶而作家急于传达给读者的,正是"土地""神话似的丰饶,不可信的美丽,异教徒似的魅惑"㊷,可以说,作家是用宗教徒的感情去描写土地。因此,在作家笔下,"土地"不仅具有了独立的意义,而且被赋予某种神圣性。当读者读到如下的文字"来头(小说中的人物——引者注)急遽的从窗台跳出来,迎着(土地的)大海走去。他受了符咒的催促似的,毫不迟疑的向大海走去。大地以一种混然的大力溶解了他。在一个小小的漩涡的转折中,他便沉落了,不见了……来头已经失去他的所在,看不出他在什么地方,大地就这样淹没了他们两代"㊸,是不能不感到一种神秘的震撼力的。

"土地"与"农民"的天然联系,使得当人们以宗教的圣洁的情感谈到"土地"的时候,也同样以崇敬的眼光投向与"土地"融为一体的"农民"。40年代对"农民"的再发现,不仅是社会学、政治学,以至民族学意义的——这种意义因为抗日战争所特具的"以农民为主体的民族解放战争"性质而得到前所未有的强化,这是谁都可以看到的;而另一方面,当战争于眨眼之间毁灭一切的残酷性,使得人生活与观念中的一切都变得不稳定、不可靠,显示出生命的有限、短暂与脆弱时,"农民"就作为一个"永恒"的存在,被人们惊喜地发现。一个偶然闯入中国抗日战争的美国医生曾经这样谈到他终生难忘的"瞬间印象":当这位医生乘着轮船穿过三峡时,陷入了两岸炮火的夹击,透过阵阵烟幕,突然看见堤岸后面的田野里,有一个年老的农夫,驱着一头水牛,正在执犁而耕。尽管炮火轰响、子弹横飞,他竟毫无所动,依然有旋律地在同一片土地上走来走去,掘出的犁沟,和平时所掘出的,完全一个样子,没有不同的地方。当战火停息,人们看见了一个被毁灭的"世界":"堤岸上散布着倒下的旗子和静躺着的弯曲着的人体","平坦的田野上,被打出许多的洞穴,唯一的树丛——一个竹林——被削去了它的头顶","只有那个农夫,那条水牛,那个耕犁,却丝毫没有改变,还是本来的样子"。船继续被战火中断的航行,"那执犁的人,渐渐离远,在夕阳中画出了一个轮廓",并且在这位美国医生的感觉中,幻化成"有一种魔术在身"的神秘的"象征",㊴一个"瞬间永恒"。对于生活在中国这块土地上,并且与中国农民有着血肉联系的中国作家㊵,也许不会有这种神秘感,但他们在战争中对于农民永恒生命价值的思考,却比这位外国医生更为深刻。作家废名在他的《莫须有先生坐飞机以后》里,就一再强调农民在大自然赐予的阳光雨露、土地之上,生活着,劳动着,"从容地各在那里尽着生命之理",这就是"中国民族所以悠长之故"。侵略者入侵,又被赶走;统治者上台,又下台:这都是来去匆匆的历史过客,"农民——人民"(在中国作家心目中,"人民"与"农民"常是一个概念)却永远是历史的永恒因素,只要人民,普通的乡下人活着,中国就有希望。㊶——不仅是废名,差不多这一时期最有影响的小说家,如沈从文、师陀以至路翎,都有着类似的思考与发现。㊷这样,在他们笔下的"农民"形象,也就必然具有某种抽象的、形而上的象征意义,这是有别于二三十年代中国现代作家对于农民的认识与刻画的。㊸更重要的是,作家在农民形象里所注入的那种类似宗教的圣洁、崇高的感情,使人们感觉到,这种"农民崇拜"(或曰"人民崇拜")对于许多中国现代作家,已经成为他们在战争中失落了一切以后又寻找到的新的"信仰",在被战争抛出了世界以后又寻找到的新的"归宿"。

于是,又有了"女性崇拜"与"母亲崇拜"。"大地母亲""祖国母亲""农民母亲"(请回忆艾青的《大堰河,我的保姆》)……这类传统的意象(词语)组合已经道尽了"祖国""民族""大地""农民"意象与"母亲"意象之间的内在联系,它所强调的正是这些意象所特具的"归宿感"。前引周作人《无生老母的信息》将"归根返乡还元"的呼唤称为人类"母神崇拜"的遗留,自是一种深刻的揭示与说明。在这个意义上,我们可以承认,所有的"大地崇拜""农民崇拜""民族(国家)崇拜"……都应该看作是广义的"母亲(母神)崇拜"。不过,这里所要强调的,却是 40 年代小说中狭义的"母亲"形象(意象)。早就有研究者注意到,40年代中国作家所关注与歌颂的女性形象,已不再是二三十年代的西方型的"时代女性"(如茅盾的梅行素、章秋柳、孙舞阳,曹禺的繁漪,丁玲的梦珂、莎菲女士等),而是具有传统道德美的东方女性(经常举出的典型有:老舍《四世同堂》

里的韵梅,孙犁笔下的水生嫂以及曹禺的愫方、瑞珏等)。㊹进一步地考察,我们又发现,在二三十年代,作家努力发掘的是女性形象中的"女人性"——鲁迅早就说过,中国传统中,只有"母性"而无"女人性";因此,二三十年代作品中的女性形象对传统的反叛性是十分明显的。㊺而40年代的作家,却在努力发掘"母性",这本身即反映了对传统的"归依"。㊻而在老舍的《四世同堂》里,女主人公韵梅的"世界""由四面是墙的院子开展到高山大海",她的母亲的"爱"也由"家庭""放射"到"社会""国家",㊼这些描写显然带有很大的抽象性,其实是表达了作者的一种主观体验与意愿;"母性"("女性")不仅作为"家庭",更作为"国家""民族"的支撑力量。对"女性"作用的这种夸大,在社会学上自然是毫无意义的,但却反映了一种心理上甚至本能地对于"女性"("母性")的依恋、归依。难怪40年代作家写到"母亲""女性"时,常常不由自主地要将其"诗化"以至"圣洁化"。这是人们所熟知的孙犁的小说《荷花淀》的片段:"月亮升起来,院子里凉爽得很,干净得很,白天破好的苇眉子潮润润的,正好编席。女人坐在小院当中,手指上缠绞着柔滑修长的苇眉子。苇眉子又薄又细,在她的怀里跳跃着。……她像坐在一片洁白的雪地上,也像坐在一片洁白的云彩上。她有时望望淀里,淀里也是一片银白世界。水面笼起一层薄薄透明的雾,风吹起来,带着新鲜的荷叶荷花香。"㊽如此纯净的女性形象(人们甚至忍不住要将她称为"圣女")出现在纷乱的战火之中,简直是一个奇迹。这是典型的"战争浪漫主义"。㊾作家孙犁后来说,他在敌后根据地的妇女身上发现了"美的极致",而他的美学观是宁愿"省略"丑的极致,以表现纯化的美为追求的。这样的追求也属于孙犁的同代人:40年代作为"流亡者"的中国作家,越是出入于战争的"地狱"㊿,越是神往于一个至善至美的精神"圣地",以作为自己心灵的"归宿"。孙犁(及其同代人)笔下的"圣女"不过是这种"归宿"的"符号"。

对心灵的"归宿"的追求,也使中国作家以新的眼光重新审视中国的"家庭"。"家庭"题材的作品大量出现,是40年代中国文学中的突出现象——仅长篇小说,就出现了诸如老舍的《四世同堂》、巴金《寒夜》、林语堂《京华烟云》、靳以《前夕》、路翎《财主底儿女们》这样的长篇巨制。当然,更引人注目的是价值观的变化。在巴金写于30年代的《家》里,"家"是罪恶的渊薮,是牢笼,"走出家庭"就是唯一的出路:这几乎是二三十年代中国作家的共同信念;人们应该记得,现代文学的第一篇作品《狂人日记》如其作者鲁迅所说,即是"暴露大家庭的罪恶"的。40年代,巴金又写了《寒夜》,写的是"走"出了封建大家庭的"觉慧"们建立了自己的小家庭以后所面临的新的矛盾与困惑;但小说的女主人公曾树生却在"走"出家庭还是"留"在家中之间徘徊:不仅因为"走"出家庭又会落入金钱世界的陷阱,而且,"家庭"本身就有着一种难以摆脱的诱惑力。小说结尾,承受不了人世间风雨飘摇之苦的曾树生怀着对家庭的温暖、安宁的渴求,重又"归来":这是耐人寻味的。老舍笔下的"四世同堂"式的中国传统家庭,在战乱中也突然显示出一种魅力。同样是大家庭的家长,老舍的祁老人却不像巴金的《家》里的高老太爷那样独断专制、面目狰狞,而是以他特有的经验、威望、和善与宽容,在大动荡的年代,艰难地维护着家庭的稳定。在自称"中国通"的英国人富善先生眼里,这个"四世同堂"的家庭结构,既具有"凝聚力","使他们在变化中还不至于分裂涣散",又富有弹性,各代人"各有各的文化,而又彼此宽容,彼此体谅",在他看来,这样的家庭是能够承受侵略者的"暴力的扫荡,而屹然不动"的。[51]——这里的"家庭理想主义"自然也属于作家自己。

不仅是传统家庭,整个中国传统文化也在同样的心理背景下,被理想化与浪漫化(诗化)。路翎的《财主底儿女们》的另一位主人翁蒋少祖曾经是传统文化最激烈的反叛者,如今却在"那些布满斑渍的,散发着酸湿的气味"的古版书中,"嗅到了人间最温柔,最迷人的气息,感到这个民族底顽强的生命,它底平静的,悠远的呼吸"。[52]耐人寻味的是,蒋少祖这样的知识分子在传统文化中所要获取的,是类似"家庭"的"最温柔,最迷人的气息","平静的,悠远的呼吸",可见,这仍然是一种"归依"的心理欲求,而非理性的选择。

事实上,40年代的"流亡者文学"都充满着这类非理性的浪漫主义的诗意与激情,我们可以把它叫作"战争浪漫主义"——作家出于"寻找归宿"的本能的心理动因,通过"想象"("幻想")将作为"归宿"的国家、民族、家庭、土地、人民(农民)、传统(文化)……诗化(浪漫化)、抽象化与符号化,并赋予宗教的"神圣灵光",从而制造出关于国家、民族、家庭、土地、人民(农民)、传统(文化)……的种种现代"神话"与现代"崇拜"。这就必然导致对"磨难"的"美化","痛苦""牺牲"的"神圣化"("道德化")与"自我"的"英雄化"。真实的"生存痛苦"

在"想象"("幻觉")中转换成了虚幻的"精神崇高":正像路翎在《财主底儿女们》中所描述的,在中国这块土地上,不可能产生鲁迅式的"正视淋漓的鲜血""直面惨澹的人生"的勇士,从孤独、绝望的"旷野"里,走出的是一批又一批"使徒"。著名文学史家勃兰兑斯曾谈到19世纪波兰文学的浪漫主义倾向,使得"文学中的人物,尽管他们遭到历史外部接踵而来的艰辛困厄,却终究不是大不幸的人。以外部世界为其舞台的灾难在这里屡见不鲜。然而最大的悲剧,以人的心灵为其战场,甚至无需恶运的特殊的播弄的悲剧,却没有在同等程度上呈现在读者的眼前。这些诗人很自然地感到自己义不容辞,要向他们的读者说几句安慰人心引起希望的话,因而他们不去运用自己的想象力以探测苦难的最深处"㉝。这几乎说的就是20世纪40年代的中国文学;于是,正如一位研究者所说,"苦难终于没有引出更深刻的觉悟",中国抗战时期的"流亡者文学""在'哲学'面前停住了"。㉞

三

> 东方红,
> 太阳升,
> 中国出了个毛泽东。
> 他为人民谋幸福,
> 他是人民的大救星。
>
> ——陕北民歌

我们的探讨还想再深入一步:40年代中国的"战争浪漫主义"会进一步将抗战时期的"流亡者文学"与中国知识分子引向怎样的"最后归宿"?

于是,我们注意到了一篇题为《在甘泉宿店》的小说。小说描写了抗战时期"西北去的洪流":全国各地不同阶层的青年如何争赴革命圣地——陕北:"在甘泉客店中,门外是北风怒号,黄沙如雨,门内是一灯如豆,一个热血的青年低诉他的身世:大哥牺牲在'清党'后的监牢里,二姊在抗战后加入救护队,被敌机炸死,现在他,——老年母亲的最后一子,跋涉万里来到陕北,要站上抗战的前哨!门外,远处传来雄壮的也带点悲凉的歌声,又传来行军似的步伐声——这都是步行到延安的大队青年!在黑夜在风沙中行进⋯⋯"⑤这篇小说尽管情节十分简单,却引起了人们的广泛关注;著名小说家、文艺评论家茅盾还专门写了书评。有意思的是,茅盾在评论中强调小说是作者"用他的热烈的感情与丰富的想像写出"的⑥,据说作者也确实没有这样的生活经验。这篇小说的真正价值正在于它传达了某种"意愿"(现实的与心理的意愿),提供了一个重要的时代信息。

进一步考察,我们又发现,这一时期的"流亡者文学"里,有不少作品结尾都设置了一个"光明"与"希望"的前景目标:《第一阶段的故事》(茅盾)里,"苦闷得受不住了"的青年何家琪宣布他"打算离开上海,到——到那蓬勃紧张的地方,到——北方去!"⑦引起周围人一片惊喜。郭沫若的《地下的笑声》中主人公也如他的作者那般慷慨高呼:"我们要想办法离开这儿,到那没有人吃人的地方去。⋯⋯我们依然还是有出路的。"⑧李广田《引力》的情节、构思更带有象征性:女主人公梦华怀着对"理想"的希冀,千里迢迢从沦陷区向大后方"追寻"她的丈夫;追到目的地,却发现被称为"自由区"的大后方依然"到处是贫困,到处是疾病,到处是奴役,到处是榨取"⑨;在感到深切的失望时,又读到了丈夫的留信:他已经到"一个更新鲜的地方,到一个更多希望与更多进步的地方"⑩,于是,妻子又开始了新的追寻。在小说结尾,怀着全家团聚在"另一个天地里"的期待,她写下了自己的人生信念:"希望总在前边。"⑪值得注意的是,对于李广田这样的作家(包括茅盾、郭沫若在内的 40 年代越来越多的知识分子)来说,这"前边"的"希望"并非如同一时期不断呼唤"向天空凝眸"的沈从文那样,仅仅是"形而上"的可望不可即的"远景",⑫而是一个现实的存在,一个政治、经济、军事、文化的实体——中国共产党所领导的、以延安为中心的抗日根据地里的人民军队与人民政权。

40 年代,中国的知识分子,中国的老百姓,把"希望"的目光投向"延安",这样的历史选择,自然是有着深刻的政治、经济、文化的原因的;而本文仅想在选题的范围内,就这一选择的"心理动因"作一些探讨。

30 年代曾以《预言》与《画梦录》震动了文坛的何其芳,当有人问他:"你怎样来到延安的?"他这样回答:我是靠着"美,思索,为了爱的牺牲"这三个思想

"走完我的太长、太寂寞的道路,而在这道路的尽头就是延安"⑬。而在另一篇文章里,他又谈到人们来到延安就像"突然回到了久别的家中一样"⑭,这"归来"感自然也是属于诗人何其芳自己的。当何其芳宣布"延安"是他追寻"美,思索,为了爱的牺牲"的真理之路的"尽头"时,他就赋予了"延安"一种超现实的形而上的"终极"意义,而且正像"回到久别的家中"这一直观感觉所暗示的那样,这"终极目的地"也正是"人"的个体生命、心灵的"最后归宿"。

其实,这也是几乎所有奔向"延安"的知识分子(作家)共同的心理与感受。曾留学法国的老作家陈学昭这样写道:"我们象逃犯一样的,/奔向自由的土地,/呼吸自由的空气;/我们象暗夜迷途的小孩,/找寻慈母的保护与扶持,/投入了边区的胸怀","边区是我们的家!"⑮而一位年轻诗人徐放又如此描述自己"回到了延安"的感觉:"象孩子,/打远方归来,/睡在妈妈的怀里;/象种子,/深深地/落进润湿的土地里……"⑯另一位诗人井岩盾更是一往情深地写道:"流浪的时候……我感到孤单",而现在睡在延安窑洞里,"听和我拥挤着的/同志们轻轻地呼吸","我感到了温暖和安宁","象在孩子时候,/睡在祖母身边一样舒适"⑰……

人们不难注意到,几乎所有的诗人(作家)写到"延安"时,都要联想到"母亲""土地""家",这样的"意象叠合"正说明了从孤独、绝望的"旷野"里走出的中国的"流亡者",曾到"国家""民族""家庭""土地""农民(人民)""大地"……中去"寻找归宿",这一切"归宿"的象征物最后都外化为一个实体——"延安"。而"延安"本身又是一个概念的集合体:"延安"即是意味着(象征着)抗日根据地的军队、政权以及它们的领导者中国共产党和党的领袖毛泽东。——于是,我们在40年代的"流亡者文学"里,又听到了这样的毛泽东的颂歌:"他生根于古老而庞大的中国,/把历史的重载驮在自己的身上","'人民的领袖'不是一句空虚的颂词,他以对人民的爱博得人民的信仰";⑱他"披着一头长长的黑发,似一个和善的妈妈",他的讲话,"是慈母亲切的嘱语,/还是老人神秘的故事?"⑲而且,我们还读到了这样的印象记:"他完全像一位来自乡野的书生"⑳,这位"二十世纪四十年代的普洛美修斯","当跟他在一起谈话的时候,会使人感到他像是一个最慈蔼的教师或保姆","他的讲演是入情入理的,平白到连老百姓也听得懂","我觉得他是比孔夫子还强一着"㉑。这里,又重复出现了"毛泽东"与"国家"、"历史"、"人民"、"母亲"("老人""保姆")、"教师"、"乡野"("土地""农民")、"书生"("孔夫子""传统文化")……意象的多重叠合。这意味着："延安"(党、政权、军队以及领袖)在人们(知识者)的心理与意识上,终于成了"祖国"("民族""土地"的化身)、"人民"("农民")的代言人,"母亲""传统""家"("家长")的象征,成了"流亡"中的国家、民族、个体生命的"最后归宿":战乱中的"流亡者"就这样经过"战争浪漫主义"而达到了"精神的归依"。

我们还要进一步思索:这"精神的归依"又意味着什么?

这首先意味着将作为"归依"的对象——"延安""领袖"由"实体"虚化为一种"精神象征",并在这一抽象化过程中,赋予"归依对象"("延安"与"领袖")一种绝对的至善至美性和终极价值,从而将其诗化、浪漫化、圣洁化以至神化。于是,诗人们(40年代的中国作家大都具有一种诗人气质)以其特有的浪漫主义情调宣布:他们在"延安"(不是现实的"延安",而是在诗人的想象中抽象化与净化了的"延安")"找到了"在"童年的甜蜜的睡眠里"才出现的"黄金的王国"[72],发现了一个真正的人间"乐园"[73],"人间的'极乐世界'更何需天上找寻?"[74]小说家靳以也通过他的小说人物之口这样描绘他"发现"(自然是想象中的"发现")的"新世界":"这里花开在人的脸上,万人相爱的温情使我也变得年轻了,歌声随时起伏,象海的波涛","一切社会上的丑恶都不存在了,人们简直是在理想中生活"[75]。何其芳甚至在他的散文里宣称,人们已经找到了从根本上消除一切"不幸"与"痛苦"的那把"最后的钥匙"[76]。甚至在以冷静的现实主义刻画著称于世的茅盾的笔下,也出现了这样一幅"圣徒图",作家把它叫作"人类的高贵精神的辐射"——

> ……空气非常清冽,朝霞笼住了左面的山,我看见山峰上的小号兵了。霞光射住他,只觉得他的额角异常发亮,然而,使我惊叹叫出声来的,是离他不远有一位荷枪的战士,面向着东方,严肃地站在那里,犹如雕像一般。晨风吹着喇叭的红绸子,只这是动的,战士枪尖的刺刀闪着寒光,在粉红的霞色中,只这是刚性的。我看呆了。……
>
> 如果你也当它是"风景",那便是真的风景,是伟大中之最伟大者![77]

当然,这主要是一种"心理的真":在茫茫旷野、沉沉黑夜里,盲目地奔突,寻求,跌倒,又爬起,"流亡者"于发现天边闪现的一线"光明",就免不了在因为持久的追寻而变得分外敏锐的头脑中,将这真实的一线"光明"想象成绝对的、因而也就虚幻化了的一片"光明",即在量与质的夸张中,为自己创造出了一个纯粹、至美的"圣地""圣人"与"圣徒",这里的真诚与善良,是绝对不应有丝毫怀疑的。——延安的老作家周立波在1941年写过一首《一个早晨的歌者的希望》的诗,说"要大声的反复我的歌,/因为我相信我的歌是歌唱美丽",歌唱"青春"时代的"纯真的梦境";他并且预言,在未来的时代,"留在人间的他的记忆会很快的消亡,/正如他的歌会很快的消亡一样",但"他所歌唱的美丽和真诚,/会永远生存"。[78]他的预言是有根据的:对于"美丽(包括虚幻的美)和真诚"的追求,确实出于人的本性;在这个意义上,可以承认,一切对"美丽和真诚"的追寻、归依与歌唱,都"会永远生存"。

但包括周立波在内的思想单纯的延安作家(追求"单纯"也是那个时代的风尚)却没有、也不可能看到(预见到)在他们"美丽和真诚"的追求中所内含的负面的悲剧内容。作为后来者,我们没有任何理由苛求前人,同样,也没有任何必要因此而回避历史本来具有的严峻性质。事实正是如此:当40年代的中国作家、诗人们"真诚"地将他们千辛万苦终于寻到的"光明"在想象中夸大成没有任何矛盾、缺陷的绝对存在和终极归宿时,他们就将自己置于绝对地无条件地承认(满足,进而服从)"现实"的地位,自动放弃了作为知识分子存在标志的独立思考与批判权利。以至于在他们中间,出现了"逆向性思维"时——例如,那位永远的"流亡者"、不愿意选择"归依"的王实味,在他的杂文里及时地提醒人们:"创造新中国的革命战士"也会"沾染"旧时代的"肮脏"与"黑暗",要"更好地肩负起改造灵魂的伟大任务","首先针对着我们自己和我们底阵营进行工作",[79]大多数知识者、作家几乎是本能地、真诚地"拒绝"了他——本来,"拒绝"(如果是经过独立思考的)也是他们的权利,但他们却将持有不同意见的王实味视为"异己分子",听从某种命令,而对之"投井落石",他们自身的"悲剧"也就由此开始。

本来,当绝望、孤独中的人们试图寻求"归依"时,就已经表现了"人性"的软弱:对于绝望、孤独的"现实"的逃避以及对于作为"归宿"的强于自我的"异己"力量的依附。路翎在他的《财主底儿女们》里告诉我们,甚至在"旷野"里,尽管"不再遇到人们称为社会秩序"的强制,"所遇到的那些实际的、奇异的道德和冷淡的、强力的权威"（小说中的"石华贵""朱谷良"就是这类"旷野"中的"权威"），人（例如青年知识分子蒋纯祖）也会常常表现出"软弱，恐惧，逃避"，"依赖和顺从"。而现在当人们走出"旷野"，躺在"延安"（"母亲""祖国大地"……）的怀里时，他们就事实上寻得了一个生命的避风港与精神的逃薮，而这种"逃避"必然是以自我意志的丧失为代价的。勃兰兑斯说，"流亡者"的由浪漫主义的幻想所引起的"精神昂扬"是"危险的"，"这种精神昂扬的致命伤在于性格的软弱"，[㉚]这是一个深刻的观察。我们在中国抗战时期的"流亡者文学"里，经常可以读到这样"精神昂扬"的文字；例如，在一篇题为《巨像》的散文里，作者宣称，他在群体生命中，找到了自我生命的归宿，于是，"我一时觉得我是如此地伟大，崇高；幻想我是一尊人类英雄的巨像，昂然地耸立云端，为万众所瞻仰"。[㉛]这种突发的"精神昂扬"看起来是颇为奇怪的，但也自有它的"真实"：当"个人"想象自己是某种强力的"群体"的代表（化身）时，是会产生这类"君临一切""为万众所瞻仰"的幻觉；但在这"英雄主义"的"自我膜拜"的背后，正是隐藏着对于赋予自己以"力量"与"英雄"地位的"群体"的强力（权力意志）的依附、顺从与膜拜，从而显露出本质的怯懦。而这种"怯懦"，常为人们（包括当事人）所不察，也就越具有悲剧性。

但在悲剧的"后果"远没有显露时，人们暂时还可以保持一种良好的自我感觉。在前引那篇题为《巨像》的散文里，作者在将"归依"于群体的"现在的我"英雄化以后，又产生了一个幻觉："过去的我，却匍伏在我的面前，用口唇吻我的脚趾，感激的热泪滴在我的脚背上！"[㉜]用"今日之我"否定"过去的我"，所谓"今是而昨非"，本是大变动时代常有的精神现象，在这背后隐藏着的价值判断才是真正值得注意的：绝对"归依"于群体，"象一个小齿轮在一个巨大的机械里和其它无数的齿轮一样快活地规律地旋转"，将"我""消失在它们里面"的知识者，[㉝]被认为已经经过了"脱胎换骨的改造"，而得到承认，进而赐予"新人"的桂冠，——在一篇颇有影响的小说里，彻底抛弃了个人感情，全身心投入集体战斗事业的女主人公甚至得到了这样的赞语："仿佛她并不需要人的感情……只有魔鬼的意志在支持着她似的"，"我们不是她的匹配……她是魔鬼，是神，而不是人"。[㉞]尽管这样的描写有些夸张，但对人的"神性"的追求，确实已形成一种"时尚"。在这样的气氛下，在"群体"中仍保持一定独立性的努力以及对个人情感、欲望的眷顾,都受到否定、谴责与拒绝,是必然的。孤独的精神个体被视为是"没有改造好的",甚至是"可疑"与"危险"的,知识分子的"改造"就这样成为现实生活与文学的"主题",并且为渴求"光明"、寻找"归宿"的作家们自觉接受。在这些"改造"主题的作品里,充满了"原罪"感的知识分子往往与被"神化"("理想化""浪漫化")的农民相对比,以映照出前者的卑下、污浊、软弱,与后者的崇高、纯洁与有力。当人们在这类作品中读到这样的"自我忏悔":"我们还不是照样有这么多往昔的依恋,寂寞,梦幻,真丢人……"时⑥,却不能不感到惊异:当年人们在"旷野"里所感到的孤独、绝望,所产生的梦幻中的依恋,这一切"旷野情怀"、生命体验现在竟被视为"小资产阶级情调"而抛弃。历史再一次错过了机会,40年代"流亡者"文学经过"战争浪漫主义"转向了"改造"文学与"颂歌"文学——下一时期(五六十年代)的文学正悄悄孕育在这"转向"之中。

1992. 12. 18—12. 20
1992. 12. 30—1993. 1. 1
断断续续中写成

原载陈平原、陈国球主编《文学史(第三辑)》,北京大学出版社,1996年。

注　释

① 艾青《旷野》,《艾青选集》第一卷,四川文艺出版社,1986年,第278页。
② 尹雪曼《硕鼠篇》,原载《抗战文艺》第5卷第6期(1940年2月20日),《中国抗日战争时期大后方文学书系》第11卷,重庆出版社,1989年,第126—127页。
③ 公兰谷《月夜投简——寄到遥远的黄河边》,原载《时与潮文艺》第1卷第2期(1943年5月15日),《中国抗日战争时期大后方文学书系》第11卷,第45—47页。
④ 同上书,第6卷,第1618页。
⑤ 路翎《财主底儿女们》下册,人民文学出版社,1985年,第697、722、723—724页。
⑥ 贾植芳《在这个复杂的世界里——生活回忆录》,《新文学史料》1992年第1期,第43页。
⑦ 艾青《乞丐》,《北方》,文化生活出版社,1946年,第29页。

⑧ 靳以《生存——献给忘年的好友S》,《靳以选集》第4卷,四川人民出版社,1984年,689—690页。

⑨ 贾植芳《在这个复杂的世界里——生活回忆录》,《新文学史料》1992年第1期,第43页。

⑩ 路翎《财主底儿女们》下册,第629页。

⑪ 同上书,第697—698、678页。

⑫ 贾植芳《人生赋》,《贾植芳小说选》,江苏人民出版社,1983年,第48、49页;路翎《财主底儿女们》下册第691—692页中一个人物也这样说:"黑夜里面的冷雨,是听得有多么清楚啊!一滴,又一滴,你觉得你是孤零零的,而你底朋友是漂零在天边,他们把你忘记了!……到今天为止,你仍旧是你父母送你到世上来的时候那样赤裸……"

⑬ 路翎《财主底儿女们》下册,第698页。

⑭ 同上书,第698页。

⑮ 同上书,第698页。

⑯ 同上书,第691页。

⑰ 同上书,第652—653页。

⑱ 同上书,第632页。

⑲ 同上书,第691页。

⑳ 同上书,第723页。

㉑ 同上书,第709页。

㉒ 同上书,第709—710页。

㉓ 同上书,第700—701页。

㉔ 李广田《根》,原载《创作月刊》第1卷第4、5期,1942年10月15日;引自《中国抗日战争时期大后方文学书系》第11卷,第309、308页。

㉕ 周作人《无生老母的消息》,《知堂乙酉文编》,北京十月文艺出版社,2013年,第33页。

㉖ 芦焚《看人集·题记》,开明书店,1947年,第1页。

㉗ 芦焚《失乐园》,《黄花苔》,上海良友图书印刷公司,1937年,第78—85页。

㉘ 参看拙作《〈北极风情画〉、〈塔里的女人〉研究》,《中国现代文学研究丛刊》1990年第1期。

㉙ 参看丛甦《印蒂的追寻——无名氏论》,卜少夫、区展才主编《现代心灵的探索——无名氏作品研究》,台北黎明文化事业公司,1989年,第48页。

㉚ 转引自侯立朝《无名氏全书的整合观》,卜少夫、区展才主编《现代心灵的探索——无名氏作品研究》,第124页。

㉛ 转引自司马长风《无名氏的〈无名书〉》，卜少夫、区展才主编《现代心灵的探索——无名氏作品研究》，第345页。

㉜ 司马长风《主题情节不相衬》，载《无名氏研究》。

㉝ 方敬《赞美》，引自《中国抗日战争时期大后方文学书系》第11卷，第64、65页。

㉞ 王西彦《眷恋土地的人》，《眷恋土地的人》，作家出版社，1957年，第99页。

㉟ 端木蕻良《土地的誓言》，载香港《时代文学》1941年5、6期合刊。

㊱ 端木蕻良《我的创作经验》，《端木蕻良文集》第五卷，北京出版社，2009年，第358页。

㊲ 端木蕻良《土地的誓言》，载香港《时代文学》1941年5、6期合刊。

㊳ 端木蕻良《大地的海》，《端木蕻良文集》第二卷，北京出版社，1999年，第96—97页。

㊴ 贝西尔《美国医生看旧重庆》，1946年曾以《重庆杂谭》为题译为中文，引自1989年8月重庆出版社重译本第6、7、8页。

㊵ 在抗战时期，中国作家总是自觉地意识到并且不断地强调他们与农民的血肉关系，作家李广田在前引《根》里就反复申说："我大概还是住在都市里的乡下人"，"我的'根'也许是最容易生在荒僻的地方"，"我大概只是一株野草。我始终还没有脱掉我的作为农人子孙的性道"。（李广田《根》，《中国抗日战争时期大后方文学书系》第11卷，第309—310页）另一位40年代重要小说家芦焚（师陀）在这一时期写的小说集序言里也说："我是个乡下人。"

㊶ 参见拙文《中国现代堂·吉诃德的归来——〈莫须有先生传〉、〈莫须有先生坐飞机以后〉简论》，《云梦学刊》1991年第1期。

㊷ 这一时期对农民的思考与发现，另一类是以赵树理为代表的解放区作家，他们对农民的重视是更偏重于意识形态化的。

㊸ 正像赵园在她的《人与大地——中国现当代文学中的农民》（《上海文学》1990年第10期）中所说，40年代不少作品中出现了"农民形象的意义膨胀。'农民'，是某种程度地被作为'民族'的形象刻绘的"，"乡村小说包含了更为丰富的原始意象，甚至有了某种后来被称为'文化小说'的特征"。

㊹ 参看钱理群、吴福辉、温儒敏等《中国现代文学三十年》第十一章，上海文艺出版社，1987年。

㊺ 曹禺的繁漪更公开表示对"母性"的拒绝，她对着自己的儿子高喊："我不是你的母亲……是见着周萍又活了的女人！"（曹禺《雷雨》，《曹禺全集》第一卷，花山文艺出版社，1996年，第178页）

㊻ 郭沫若在40年代所写的新编历史剧《虎符》里，特地创造了"魏太妃"的形象，据说即根据周恩来的建议，要写出一个中国传统的"贤母"形象。

㊼ 老舍《四世同堂》下册,百花文艺出版社,1979年,第1095、1089页。
㊽ 孙犁《荷花淀》,《孙犁全集》第一卷,人民文学出版社,2004年,第31页。
㊾ 孙犁在1941年曾著文提倡"战时的英雄文学",强调"浪漫主义适合于战斗的时代,英雄的时代。这种时代,生活本身就带有浓烈的浪漫主义色彩"(孙犁《论战时的英雄文学》,《孙犁全集》第二卷,第449页)。
㊿ 路翎《财主底儿女们》中这样描写"旷野"中的流亡者:"好象是,他们是在地狱中盲目地游行,有着地狱的感情。"(路翎《财主底儿女们》下册,第698页)
51 老舍《四世同堂》下册,第671页。
52 路翎《财主底儿女们》下册,第884页。
53 勃兰兑斯《十九世纪波兰浪漫主义文学》,成时译,人民文学出版社,1980年,第138页。
54 赵园《艰难的选择》,上海文艺出版社,1986年,第212页。
55 茅盾《大时代的插曲》,原载《文艺阵地》第1卷12期,1938年10月1日。
56 同上。
57 茅盾《第一阶段的故事》,《茅盾全集》第四卷,人民文学出版社,1984年,第406—407页。
58 郭沫若《地下的笑声》,《郭沫若全集·文学编》第十卷,人民文学出版社,1985年,第139页。
59 李广田《引力》,《李广田文集》第2卷,山东文艺出版社,1984年,第406页。
60 同上书,第410页。
61 同上书,第417页。
62 沈从文《昆明冬景》,《沈从文文集》第10卷,花城出版社、三联书店(香港),1984年,第66页。
63 何其芳《一个平常的故事》,《何其芳文集》第2卷,人民文学出版社,1982年,第215页。
64 何其芳《从成都到延安》,载《中国抗日战争时期大后方文学书系》第9卷,第858页。
65 陈学昭《边区是我们的家!》,作于1943年7月16日,《延安文艺丛书·诗歌卷》,湖南人民出版社,1984年,第297、296页。
66 徐放《在归来的日子——我回到了延安》,作于1946年7月,同上书,第464页。
67 井岩盾《冬夜之歌》,作于1940年11月,同上书,第71页。
68 艾青《毛泽东》,作于1941年11月6日,同上书,第129页。
69 孙剑冰《他和大众在一起——记毛泽东同志在一个大会上》,同上书,第173页。
70 子冈《毛泽东先生到重庆》,作于1945年8月,《中国抗日战争时期大后方文学书系》第8卷,第56页。

㉛ 白危《毛泽东断片》,作于1939年4月20日,同上书,第8卷,第422、423、426—427页。

㉒ 冯牧《当我走进了人群——短歌四章》,《延安文艺丛书·诗歌卷》,第115页。

㉓ 丁玲《七月的延安》,同上书,第3页。

㉔ 舒湮《西行的向往》,《延安文艺丛书·散文卷》,第165页。

㉕ 靳以《前夕》(下),《靳以选集》第2卷,第350页。

㉖ 何其芳《论快乐》,《何其芳文集》第2卷,第231页。

㉗ 茅盾《风景谈》,《延安文艺丛书·散文卷》,第219页。

㉘ 周立波《一个早晨的歌者的希望》,《延安文艺丛书·诗歌卷》,第311、315页。

㉙ 王实味《政治家·艺术家》,《野百合花》,中国青年出版社,1999年,第111—112页。

㉚ 勃兰兑斯《十九世纪波兰浪漫主义文学》,第69页。

㉛ 聂绀弩《巨像》,作于1938年12月3日,《中国抗日战争时期大后方文学书系》第11卷,第647页。

㉜ 同上。

㉝ 何其芳《一个平常的故事》,《何其芳文集》第2卷,第223页。

㉞ 郁茹《遥远的爱》,《中国抗日战争时期大后方文学书系》第6卷,第1837页。小说女主人公对丈夫说:"我们的手既然负有推动时代的使命,我们的情感,也只好让它无情地被倾轧在它锋利的齿轮下。"(《中国抗日战争时期大后方文学书系》第6卷,第1765页)

㉟ 韦君宜《三个朋友》,《延安文艺丛书·小说卷》(上),第315页。

纪念他们的步履
——致敬北大中文系五位先生

洪子诚

冯至《十四行集》第 17 首写道,原野里有充满生命的小路,这是多少无名行人的步履踏出来的;"在我们心灵的原野里/也有一条条宛转的小路,/但曾经在路上走过的/行人多半已不知去处",他们中有"寂寞的儿童,白发的夫妇,/还有些年纪青青的男女,/还有死去的朋友……"冯至先生说:

> 我们纪念着他们的步履
> 不要荒芜了这几条小路。①

我的"心灵原野"也有众多行人步履留下的小路:经典作家,长辈,同辈和学生……可以列出长长的清单。这里设计几个条件来将范围缩小。之一是,他们和我同属一个世代,也就是出生在 1930 年代。二是都从事 20 世纪中国文学/文化研究,研究对象跟他们的生活处于重叠状态。第三,我不仅在书籍、论著上和他们见面,而且有程度不同的交往。不是要全面评价他们的成就和人生——这既不可能,也没有这个能力,只是讲我从他们身上学到些什么,得到怎么样的启示。这些零碎的感受,当然难以呈现他们富足、多彩的人生。

在这样的限定之后,要感谢的先生便是下面几位——乐黛云(1931)、谢冕(1932)、严家炎(1933)、孙玉石(1935)、钱理群(1939)。五位先生虽然经历、性格各异,但也有共通之处。他们的生命,基本上镶嵌在 1949 年成立的共和国历史之中,都曾有青少年时期热切追求革命,向往"新世界"的理想主义生命底色,也遭遇理想挫折和寻找生命更生的过程。他们在各自领域(比较文学、中国现当代文学和中国新诗研究)都是具有奠基性或开拓性贡献的学者。另外,学术与人生在他们那里难以分离,就如严家炎说的,"不但学问的终极目标应该为了人生——有益于人生,而且治学态度也是人生态度的一种表现"。也就是说,他们的学术研究,不仅基于知识性、职业性的兴趣,更是来自对历史和自身的问题的关切。因此,我曾经在写乐黛云的一篇文章里,用了"有生命热度的学术"②这样的题目。

乐黛云:受限人生和开放心灵

五位先生中最年长的是乐黛云,她出生于偏远的省份。1948年17岁时,从贵阳到重庆参加大学入学考试,同时被中央大学(1949年8月改名南京大学)、北京师范大学和北大录取。她选择了北大。当时北平还没有解放,入学时先到武汉,由北大派到武汉接收南方各省二十几名新生的教师带领,乘江轮到上海,再改海轮到塘沽。当时北大在城里的沙滩,乐黛云积极投入中共领导的学生运动,秘密印制、分发革命宣传品,到沈从文先生家劝说他留在即将解放的北平。50年代初,曾代表北京市学生参加社会主义阵营在布拉格召开的第二届世界学生代表大会。1952年毕业留校任教。在她面前展开的是彩色的生活前景。

我知道乐黛云的名字是上高中的时候,在《文艺报》《文艺学习》读到她的文章,特别是连载的《现代中国小说发展的一个轮廓》。由于政治、学术上出色表现,显然她得到"宠爱",对她有过"黛子"的昵称——这是我入学不久在中文系教师工会办的墙报上看到的。不过,北大读书的五年中,没有见过她的面,也没有听过她的课。原因是"反右"运动中她成为右派,主要依据是带头筹办同人刊物《当代英雄》。至今不清楚为什么使用这个刊名,虽说莱蒙托夫以此为名的小说当年颇为流行。刊物其实并未出版,我看过贴在中文系所在地走廊的创刊号目录,记得有小说,有论文,其中醒目的是与毛泽东《讲话》商榷的文章。因为办刊这件事成为右派的有九人之多,大多是当时文学史教研室的青年教师,其中有后来成为著名学者的金开诚、裴家麟、沈玉成、褚斌杰、傅璇琮。

乐黛云随后被开除公职,每月16元生活费,遣送到京西门头沟斋堂的农村监督劳动。她自己说,因为总不"认罪",右派"帽子"迟迟不能摘掉。1962年才回到中文系资料室当资料员。后来允许她上课,她和我同在现代汉语教研室的写作课教学小组。但和她来往不多。对她更多的了解,要到"文革"期间江西鲤鱼洲"五七干校"的时候。

乐黛云的学术贡献,是比较文学和中外文化交流方面,正如戴锦华说的:她在当代中国参与创建的比较文学领域,"启动了八十年代最重要的学术思想基地,带来了完全不同的视野、方法,孕育着参与、介入、变革中国与世界的力量"。

从我个人得到的帮助和启示方面,70年代末和80年代有几件事深留在记忆中。大概是1978年,中文系里举办许多讲座,我讲的题目是批判"主题先行"的创作观念。大概是说这一观念的提倡、推行,是服务于"四人帮"的政治,也违背了艺术的规律,只能导致公式化概念化的后果。讲座结束,正当我沉湎于自己的激情和学生的掌声中的时候,乐黛云走过讲台留给我的是一句冷静的话:"这个问题不能说得这么简单。"另一件事是关于"伪现代派"的争论。80年代文艺界的"现代派热",引发小说、诗歌、绘画、电影领域的先锋性探索。随后就有关于真、假现代派的争论。一种意见是,相较西方现代派作家作品,中国这个时期的"现代派"都不是"真正"的现代派,出现了"伪现代派"的概念。乐黛云在系里碰到我,问我怎么看。我肯定了一些批评文章对这些探索性作品的性质、价值的辨识。她显然不赞同我的意见,但也只是说:"现在谈规范太早了。"再有就是1988年夏天北戴河文学夏令营她的演讲,在启蒙的80年代对无限主体信仰的批判性分析引发的我的思考。

这些看似零碎的事情,其实提示了在那个思想、学术重建与革新的年代,乐黛云在思想文化问题上思考的基点。一个是受限个体在历史上的可能性,另一是中外文化关系上的视野和心态。后来我读了她论现代文学、文化的文章和她的自传,加深了对这些问题的认识。在80年代,她很早就与那种"无限个体"的幻觉保持距离,应该跟她的遭遇密切相关:1980年她在《新文学论丛》上发表的论《伤逝》的文章(其实写于1963,投稿《人民日报》未被接纳)说明这一点。自传《我就是我:这历史属于我自己》中,回顾来路她有这样的感慨:"我的生活充满了跌宕起伏,无论好事坏事全都来得出人意料,完全无法控制;大事如此,小事亦然。"所以她说:"……米歇尔·傅科曾经断言:个人总是被偶然的罗网困陷而别无逃路,没有任何'存在'可以置身于这个罗网之外。"③跌宕起伏、罗网困陷的经历和体验,让她在"时运好转"时不曾狂傲膨胀,而明白了这一点,也让她在跌落低谷时从不自暴自弃。她知道存在"荒谬",却不靠近虚无。可贵的是她从不夸张、放大个人的苦难处境,在这一点上她的境界无疑高于当年大部分"伤痕文学"。正如一位学者的评议:"在她看来,错误并不都在一面,而是由于许多个人无能为力、错综复杂的历史机缘所造成。"④从"本质"上说,她是对未来有坚定期待的理想主义者,她赠送我的自传上题词是:"让我们一起回忆过去,展望未来!"她坚信,受限处境中的个人行为轨迹,虽是生命中偶然的点和线;但将各种"偶然"连成一气,也有可能展现那"似有似无"的"必然"。这就是"别无逃路"的个人的勇气和积极承担的根据。

在思想文化问题和中西文化关系上,她依循的是鲁迅的"外之既不后于世界之思潮,内之仍弗失固有之血脉,取今复古,别立新宗"的理想,她说,鲁迅不满足于现实层面而超越于现世的终极精神追求,可以说都是她后来学术生涯的起点。她把20世纪初中国出现保守主义、自由主义、激进主义等,看作共同"存在于同一框架"的思想流派,认为它们之间的"张力和搏击正是推动历史前进的契机"。在她那里,"走向世界""勇于吸收",是一个坚定的、重要的命题。她推举闻一多40年代在《文学的历史动向》中的观点:一种文化的"本土形式",在经历花开极盛到衰谢的必然过程中,需要"新的种子从外面来到,给你一个再生的机会"。因此,她不轻视、鄙薄"伪现代派",认为活跃的探索呈现的"无序"状态并不都具负面意义;在文化交汇中,"误读"是必然的,误读"是促进双方文化发展的契机。恒守同一的解释,其结果必然是僵化和封闭"。我感觉她的内心深处,存有挣扎着反抗社会运作统一化的"反熵"(这个概念在1980年代文化热中曾流行一时)的责任承担;这一责任所面对的,不仅有突破隔离封闭体系,将文学,进而将人的生命引向开放、动态、发展状态的急迫,也有在"全球化"中抵抗另一种性质的统一、复制、同质化的危险的警惕。但她最警惕的是那种文化、思想上的狭隘民族主义。她深知如果没有一个更高的、超越性的文化理念和价值观,那只能走向衰敝。

其实,乐黛云先生最让我感动的一点是她的真实。拿我自己说,表与里,言与行总存在脱节,存在不一致,甚至互逆的情况;她却是我认识的人中,较少

"面具意识"的先生。听她说话,听她讲课,读她的书和文章,给人的突出印象是她一致,她的自然和自信。自然,就是不做作,就是率直坦诚,就是不左右摇摆,不见风转舵。就是在风云变幻、眼花缭乱的时势中,努力坚持自己独立的判断,不苟且,不阿世媚俗。就是保有开放、批评,但也包容、非排他性的心态。从1980年代以来,我多次见识她面对重要事变时的表现,在共同经历的许多事件中,我们的表现真的远不如她的沉着、勇敢(基于某种原因,这里例子从略)。

严家炎:"求实"的当代意义

尽管谢冕比严家炎先生大一岁,但先讲严家炎是有理由的:谢冕读大三的时候,严家炎已经是老师。他1933年生于上海宝山县,1950年高中毕业时,不愿遵从母亲要他报考"正规大学"的意愿,报名进入华东人民革命大学。他也是个怀抱革命理想的热血青年。这所培养革命干部的大学学制半年,学习社会发展史、中共党史、土改法等。1956年北大招收文艺学副博士研究生(当年学习苏联学位制度,设博士和副博士,副博士学制四年),已在厂矿宣传部门任职的严家炎,以同等学力报考录取,师从杨晦、钱学熙教授。前面说过,因为"反右",北大中文系文学史教研室许多青年教师成了右派,开不出课来,1958年便让严家炎肄业转为教师,虽说他并不情愿。

将近二十年前,我曾写过短文《"严"上还要加"严"——严家炎先生印象》[①],谈到严先生的学术和为人的品格。我的书和文章中,这个短文的读者可能最多,证据是2010年初人民大学国际汉学研讨会最后一天的"圆桌会议",我坐在瑞士汉学家冯铁旁边,他说因为读了《"严"上还要加"严"——严家炎先生印象》知道我的名字,而且我的文章这是他唯一读过的一篇。听了他的话,当时便后悔为什么花费那么多精力写论文和书,而没有多写这类文字。

在那篇文章里,我讲到"五七干校"期间我们搬用昆剧《十五贯》中人物名字,给他取了"过于执"(简称"老过")的绰号,讲到修排灌渠他当质量检查员,如何用三角量尺精细测量我们挖的水渠的坡度不合规格,要我们返工——因为当时正是中午收工时间,饥肠辘辘不让走,我们怨而不敢怒,所以这件事印象深刻。这些都是在说明他认真、严谨、求实,但也固执、迂、认死理的性格。"老迂"这个绰号自然是赞赏,但也表现我们遭遇他固执时的无奈和崩溃。他的认真严谨的"威慑力"我还有另外的体验。1958年我大二参加集体科研编写现代文学史,分给我的是叶圣陶、郁达夫两个小节。系里派他来指导,他把我叫到资料室,完全不顾当年路线至上、年轻人挑战"权威"的天然合理性的时代氛围,批评我材料没读多少就敢下判断。我虽然没有吭声,但对他的强调材料很不以为然。再就是1988年在北戴河,我说郭沫若的《李白与杜甫》迎合毛泽东的尊李抑杜。他立刻板起脸来:"你有什么材料,有根据吗?"我确实没有材料,顿时语塞,又有诗人任洪渊在一边,搁不住面子便和他吵起来,从海边回到住处,互不理睬一路无言,一时忘了他是我的老师。

1980年代初严家炎出版了两本重要的论文集,头一本是《知春集》,第二本是《求实集》。⑥"求实"既可以看作他的"宣言",是他的学术、人生目标,也是他对事物评价的标准。唐弢先生在《求实集·序》中说,"他正直,有点固执,肯承担责任;对于工作,即使不能说是忘我,也很少有为个人利益着想或者打算的时候"。说他的"求实"有时候近乎"迂",这里有一个例子。"文革"刚开始的时候,系里教师曾有针对他的批判会。当有人指责他"追随邵荃麟贩卖中间人物论"的时候,他的回答是,我没有"追随"他,我关于《创业史》的观点在60年下半年就已经形成,第一篇文章发表在61年6月⑦,写这些文章的时候我不知道邵荃麟的看法,没有受过他的影响。这个与邵荃麟争夺"错误""罪过"发明权的回答,让批判者一时无语。1963年6月他的《关于梁生宝形象》在《文学评论》刊出后,柳青怒气冲冲撰文反驳,因此严家炎在1964年至1965年批判邵荃麟期间,也被归入写"中间人物"支持者而受到波及。但是"文革"初严家炎到西安,看到柳青受冲击,主动去见陕西作协的造反派,认为柳青这样有成就的革命作家不应该受到这样的对待。后来柳青到北京治病,他也到医院看望,并为自己年轻"失言"致歉。在这里,"求实"体现了执着于事理而不计较个人得失恩怨的伦理原则。

不过据我所知,严家炎1960年代关于《创业史》的看法后来并未改变,他只是说那时候年轻说话不知分寸——指的是他对梁生宝形象塑造存在"三多三不足"(写理念活动多,性格刻画不足;外围烘托多,放在冲突中表现不足;抒情议论多，客观描绘不足）的概括。在《"严"上还要加"严"——严家炎先生印象》中，我检讨"文革"初曾起草有二十几位青年教师签名的大字报批判他。经过了"文革"，我却偏于认可他的主张。我想，在思想艺术上，我们都是被19世纪"现实主义"喂养的，长期累积的有关典型性、深度、艺术形象的丰满和逻辑依据等"经验"渗入骨髓。这是否阻塞了我们理解、亲近变革（不管是"现代派"，还是"社会主义现实主义"）的通道？这是留给我们的问题。

说到"求实"，容易和保守、墨守成规联系起来；对严先生而言，这是想当然的肤浅之见。表面看来，他确实很少把理论的标新立异和建构研究"新体系"作为学术目标。他没有设计理论框架的体系性宏大论著。是他不能吗？我倾向于是他不愿。正如解志熙说的，他关注的是学科研究中"长期积累的、有待解决的一个个问题"，"所以他的论文大多针对具体问题而发，并力求具体问题具体分析，使问题得到切实的解决"，在一点一滴的学术积累中切实推进这些领域的研究，这就是"求实戒虚"的学术态度和学术选择。⑧严先生的这种不怎么"典型"和"显眼"的态度和选择，在当今喧嚣浮躁风气弥漫，热衷建构缺乏问题意识的研究体系的学术界，越来越显现它的意义。

其实，"老过"在严肃、平和、中正的外显性格中，隐蔽着浪漫、也许还有那么一点狂放的一面，只是这一面还未被更多人认识（或看穿）。这表现在他在参与学科的奠基和研究拓展上作出的贡献——提出以"文学现代化"来理解20世纪现代文学的性质；最早提出将通俗小说、20世纪古体诗词写作，以及因政治、意识形态原因被排除的作家、文学现象纳入现代文学研究范围；最早开设现代小说流派研究课程和出版相关论著，改变被线性时间视角宰制的历史叙述局面；最先（现在仍存在争议）在大学讲授金庸小说，在20世纪文学史上给予金庸极高评价……

1990年代曾经有北大当代学者墨迹选⑨的书问世，严家炎题写的是李白的"狂风吹我心，西挂咸阳树"（《金乡送韦八之西京》）。我不大明白他借此"寄怀"的具体对象，但觉得一个感受到心被"狂风"所吹的人，肯定也不会是心如古井。如果一定说人生有一个，或某几个转折点的话，那么，他1991年美国斯坦福大学客座研究员之行，是可以考虑的时间——这一点，来源于谢冕先生的分析和提示。其实我也有可靠的根据，与他要好的朋友曾跟我说过，他说那时终于体会到什么是"幸福"。我很好奇,严先生那样严谨、严肃的人,怎么会喜欢金庸?他也会做飞檐走壁的梦吗?也动过上山修行的念头吗?读到郭襄告别杨过和小龙女的时候,也会一夜无眠吗?记得和贺桂梅访谈他的时候,我还专门问了这个问题:"你是出于研究上的动机,还是真喜欢?"他斩钉截铁地回答,是真喜欢。

你可能还不大相信,那我要告诉你,严先生读中学时,就写过一两万字的、没有发表的武侠小说。

谢冕:敏锐和勇气

谢冕和孙玉石先生大学比我高一年级,他们是 1955 级,我 56 级。我们都住在 32 斋(北大学生宿舍原称"斋",可能认为蕴含"旧时代"气息,1958 年改称"楼")。谢冕虽然只比我高一年级,却大我七岁;比他同年级的孙玉石、孙绍振也大三四岁。同届学生整体年龄的较大差别,在当代出现过两次,一次是 50 年代,另一次是"文革"后的 77、78 届。50 年代因为需要大量经济建设人才,一批干部经过"工农速成中学"后进入大学,也有不少参加工作三年以上的考进大学提高:他们被称为"调干生"。他们有自己的食堂,有区别于应届生的"调干助学金"或带着原来的薪金,普遍担任各个级别的学生干部;学生中出现的这一"阶层"划分,是这个时期大学校园的特殊"风景"。

谢冕就是"调干生"。他是福州人。福建在当代才子才女辈出,尤其是文学批评领域。他热爱文学,热爱新诗,1948 年在福州三一中学读初三时,便在《中央日报》(福州)发表散文《公园之秋》。中华人民共和国建立前夕,出于对正义、自由、光明的追求报名参军,在军队担任文化教员——我们有时候调侃他是没摸过枪的军人。1955 年他从军队复员,报考北大中文系,以实现文学的理想。大学的几年里,谢冕,连同福建同乡的张炯,以及被划为"右派"之前的林昭、张元勋、沈泽宜、江枫,在我眼里是北大"文艺界"的知名人士。

我认识谢冕和孙玉石是 1959 年初。《诗刊》主编臧克家、徐迟觉得已有 30 多年的新诗应该有一本"观点正确"的新诗史,他们认为靠老专家来写不行了(那时正刮着批判"资产阶级学术权威"的狂风),徐迟先生便到北大找到已崭露头角的还是学生的谢冕,让他组织几个人来承担这一任务。谢冕招募了同年级的孙绍振、孙玉石、殷晋培和56级的刘登翰,因为刘登翰和我要好,我便阴差阳错跻身其中。六个人住进北京城东北角的和平里中国作协宿舍,在一个两居室的单元里度过寒假半个多月的时间。读书、争吵、写作。谢冕是当然的领袖。我虽说喜欢诗,但对新诗史知道不多,学术研究更是懵懂无知。从他们,特别是谢冕那里学到很多:生活经验、历史知识和艺术感觉。最突出的是他的生活热情,审美感悟的直接、敏锐,那种富历史感的宏观视野,和在细节把握基础上充溢诗意的概括力。

谢冕热情,喜结交朋友,对人友善。他崇敬、追慕"至美",美文,美食,美景,美女,人道的社会,富道德感的完整的人……他赋予这些事物以浪漫诗意。在这个方面,他与福建老乡浪漫诗人蔡其矫同气相求;自然,在表达这种追慕上,他不如蔡先生勇敢。"文学是一种信仰"是他常说的话——在"信仰"已罕见(遑论"文学")的时代,这个表白让他在我们眼里是不老的"老文青"。1967年,北大未名湖边一株美丽的榆树被无端砍伐,他很长时间绕道而不愿经过那个现场。后来我在牛汉先生的书中看到了相似的强烈反应⑪:在咸宁"五七干校"一棵枫树被砍倒,他蹲在树坑前失声痛哭,并为此写了《悼念一棵枫树》:"叶片上还挂着明亮的露水/仿佛亿万只含泪的眼睛。"但在当代,不如意事多多,人有时又显得无能为力,谢冕许多时候并不快乐。北大1969年"清理阶级队伍",他和严家炎等几人无端被定为"反动小集团"受到批判。"五七干校"期间,又有检举信说他参加"5·16反革命集团"受到审查。后来他带领1972、1974级工农兵学员,不避辛劳到西双版纳和北京郊区农村生活劳动,指导他们写作,因讲课、批改作业的思想审美倾向不符激进潮流,"反右倾回潮"运动中又再次受到批判。遭遇的这些打击,他的痛苦和心理负担,事后却从不向他人倾诉,也未见在文章中讲述;他选择的是沉默。我在他的眼神和面容上读出:"我看得很明白,但我不说。"

大家都知道谢冕在当代文学学科建设上的贡献。他和张钟在北大中文系筹建第一个当代文学教研室,招收第一届当代文学博士研究生。他指导的学生许多人成为著名学者和批评家。他新诗的研究成果丰硕。更值得提起的是这三四十年先后主持的多个大型研究项目:《20世纪中国文学丛书》《百年中国文学总系》《中国新诗总系》《中国新诗总论》……

我在北大上过十来次当代文学基础课,90年代之后,常有学生对谢冕《在新的崛起面前》(以及《失去了平静以后》)⑪在当年引发的轰动、争议不解。他们从里面没有寻找到想象中的激昂慷慨、振聋发聩的言辞。确实,后来者不大能理解那个环境中这些表述意味着什么,也难以真切感知为此经受的压力。他的这些文章刊出后,不少名望极高的诗人对他非常不满,我也亲眼看过臧克家给他的严厉批评、劝告他"回头是岸"的来信。⑫后来在"清除精神污染"运动中,更受到了不间断的批判、围攻:他的"崛起论"一度被指责为"系统地背离社会主义文艺方向和道路"的"放肆"的理论。

但诗歌界许多人对他的功绩感念不忘。十多年前,诗歌"江湖"曾流传《中国当代诗坛108英雄座次排行榜》(作者署名百晓生),虽说是游戏之作,许多评议却并非没有根据。在这份榜单中谢冕被列入"世外高人榜副版",理由是"中国诗坛能有今日,一要感谢党,二要感谢谢教授。当年他在诗歌评论界竖起'朦胧派'这杆大旗,居功甚伟"。对于这个问题,90年代的一篇文章有颇透彻的分析。文章认为,他为一个思潮性的现象作了后来广泛流传的"新的崛起"的命名。"这种发现、概括和命名至少表现了谢冕两种弥足珍贵的品质:敏锐和勇敢。"在精神世界遭到长期压抑之后,"谢冕竟还会这样卓然不群地立举新说,使我们隐约地感到了中国文化生生不息的内在力量,更使我们在选择自己入世为文的姿态时有了一个直接的榜样"。文章还说:"我不怀疑当时中国有比谢冕知识准备更充足的学者,但毕竟是谢冕举起了旗帜。所以我们才强调勇敢对于一个学者的重要性;在关键时刻只有勇敢才能把知识转化为创造。从思想与文化影响的角度看,谢冕的概括与命名使原本处于朦胧状态的朦胧诗派开始自我发现,他唤醒了那些诗作者们作为一个诗人与作为一个流派的自觉并因此使他们渐成气候;同时他的命名与指认也使社会看到了朦胧诗派的存在,从而使这种存在牢固起来。"⑬

这里讲到了知识准备的问题。确实,并非知识越多就越聪明,"博学之士"就能成为一个时期,或某种潮流的核心人物。屠格涅夫曾谈到俄国19世纪40年代文学、思想界情况,他说,"在当时的情况下,这个知识不够的现象正是一种有特征意义的标志,差不多是一种必要";因为,"博学"在需求和爱好上,可能与社会大众的期望脱节,对他们的优点也包括缺陷不能充分理解。能够成为时代潮流中的"核心人物",在社会批评和美学批评上,在批判性的自我认识上做同时代人的领袖,关键在于他是否能贴近、了解社会民众的迫切需求。这个分析,也为80年代中国文学、思想界的情况所证实。从这一角度看,不因"博学"而导致平庸的敏锐又是非常重要的,它是勇气的根基。

90年代之后,谢冕与先锋探索诗歌的关系发生一些变化,他持续表示对90年代之后诗歌的失望。许多人认同他的指责,也有许多人失望于他的失望。他批评诗歌写作整体存在回避现实,走向"私人化"的趋向,失去新诗开创以来的"忧患意识"的传统。2018年出版的《中国新诗史略》⑭又再次尖锐指出:"……此刻我们的事实是,所有的诗人都在写着自以为是的诗,而所有的读者也都在自以为是地摇头。所谓诗人的自以为是,是说诗人并不知道自己该写什么,怎么写,诗人们在挖空心思写那些'深刻'的诗……平庸、琐碎和无意义就是他们的追求。那些所谓的纯诗所体现的哲理,其实就是千篇一律的浅薄。"又说:"人们对诗歌的不满由来已久,而诗歌业界中人却从来不予理会。……诗歌可以而且应当按照诗人的意愿为所欲为,但诗人同样没有理由对社会的重大问题无所用心。"⑮

对于90年代以来诗歌的描述、评价,我不全赞同他的看法;这个分歧,1997年福建武夷山现代汉诗讨论会上已经出现。他指出的许多消极现象并非不存在,但也不是诗界的全部。仍有不少优秀诗人在作着以有个性的方式去回应历史、时代问题的探索。90年代以来,我确实也读过不少优秀的作品:它们让我感动,深感在某些困难时刻,正是他们对时代和人的精神问题作出值得重视的反应。退一步说,即使是某些看似与历史重大问题无关的诗,也要区分不同情况。有的日常生活书写,也可能体现着维护个体心性独立,保护人的精神丰富性,抵抗政治教条的侵入和肢解的寄托。历史经验告诉我们,有的时候,离开政治,离开"重大问题"也是一种"政治",也可能足够"重大"。犹如谢冕近二十年来写的随笔:那里有咖啡和茶,有扬州的包子和北方的馅饼,有闽都岁时的风俗,有温州的月光……这是慰藉我们的"人间的春花秋月",是来自"心中的花朝月夕"(引自谢冕文章题目)。

20世纪90年代末,以赛亚·伯林写于1953年的《狐狸与刺猬》一文在学界颇为流行。⑯他引申希腊诗人阿奇洛克思残篇中的"狐狸多知,而刺猬有一大知"的话,来为作家、学者及普通人思维上的差异分类。狐狸追逐多个目标,其思维是零散、离心式的;而刺猬目标单一、固执,坚守一个单向、普遍的原则,以此规范一切言行。伯林认为,柏拉图、但丁、尼采、黑格尔属于刺猬类型,而亚里士多德、莎士比亚、歌德则像狐狸。或许,更大的可能是,人的性格、思维方式大多并存这两种成分,只是它们的占量、结构和分配方式不同。伯林在文章中用很大篇幅分析托尔斯泰的矛盾,说"托尔斯泰天性是狐狸,却自信是刺猬;他的天赋与成就是一回事,他的信念、连带他对他自身成就的诠释,又是一回事"⑰。我读谢冕的书、文章,和他交往,深感到他对细节、经验、可证之物的热爱和敏感,对具体事物特别的韵味、色彩、脉搏律动的精细把握,他的充满生命活力的灵活性,他的"有趣",和将"有趣"传染给周围的人的魅力。在这个时候,他相信只有具体的才是真实的……但有时他严肃起来,试图把握某个宏观的问题,庄严地表达某种信念,如试图为中国百年新诗的价值和未来作出单一判断和规划的时候,就仿佛成了刺猬,成了专执一念的、"一元化普遍信息"的信仰者。

其实,我们倒是一直记着他曾经发出的对"文学的绿色革命"的呼唤,对"线性发展的终结"和"统一的太阳已经破碎"的精彩宣告⑱——这些理念,这种企盼,正是他勇敢地鼎力支持"朦胧诗"的出发点。

不过话说回来,对于近些年来洋洋自得、欠缺必要自省的一些诗歌写作者,也确实需要放缓步履,降低浮躁,静下心来认真听听谢先生的这些"盛世危言"。

孙玉石:未竟的新诗史

与谢冕的激情洋溢不同,孙玉石先生内秀,温润(玉石!)。他为他的散文随笔集取了这样一些名字:《渴望一片永远的绿地》《一身都是月》《露珠与野草》《寻觅美的小路》《带向绿色世界的歌》……1957年他读大二发表在《红楼》上的组诗名字是《露珠集》,而《中国初期象征派诗歌研究》初版封面,绿色背景上是一小片绿叶。绿地、露珠、月色、小路……是提示他美感取向的关键词。

孙玉石1960年毕业后师从王瑶先生读研究生。"文革"期间在北大校报工作,没有去"五七干校",后来又是不同教研室,我和他来往并不多。不过退休之后,见面反倒频繁起来,这缘于有企业家资助,中文系成立了一个"空壳"(专业名词是"虚体",指没有人员和经费编制,没有办公地点)的中国新诗研究所:由谢冕领头,几个退休老头,加上风华正茂的吴晓东、姜涛、臧棣等,在一起做了不少事情。

1959年学生时期参加写作《新诗发展概况》的几个人,后来的生活、研究都程度不同与新诗批评、研究脱不开干系,但比较起来,只有谢冕和孙玉石矢志忠诚,不三心二意,见异思迁。对50年代参与的试图取代"资产阶级权威"的批判和集体科研事件,在后来的反思中,孙玉石的自责最为严苛。他也明白当年发生的一切与时代氛围有关,但坚持不将作出错谬判断的责任推给时代:"我们曾经很深地伤害过包括林庚先生在内的自己的一些老师们,今天我们是有愧于林庚先生的。我觉得我们不应当在历史过失面前集体无记忆,集体失语。"而他也将"新时期"以后自己对《野草》,对过去被压抑、扭曲和遗忘的象征派、现代派诗歌的研究,看作是"借着走近历史,对自己曾经的错误的一种忏悔和自赎"。[19]

孙玉石新诗史研究上的重要贡献在两个方面,一是对20世纪具有"现代主义"倾向的诗歌流脉的研究,从鲁迅的《野草》,到李金发、戴望舒、卞之琳,到40年代的穆旦、郑敏们。这项工作他持续了二三十年。包括资料的发掘、整理,诗人的思想艺术特征的揭示,这一诗歌流脉演化变革轨迹,对具体文本的很大覆盖面的解读。另一方面是诗歌阅读作为问题的提出。诗歌阅读、"解诗学"的问题,虽说三四十年代卞之琳、李健吾、朱自清等已提出,也有初步的发挥,但将它置于"批评学"和"阐释学"的位置上进行系统性的探索(当然,这一探索存在争议),应该说始于孙玉石。从1978年起,他就在北大开设鲁迅《野草》、初期象征派诗歌研究的课程。由于具有填补空白、打破禁区的开拓性意义,并且暗含对当时以"朦胧诗"为主体的诗歌革新的支援,受到学生热烈欢迎,在学界也有很大影响。讲课内容很快整理成《〈野草〉研究》(1982)[20]、《中国初期象征派诗歌研究》出版[21]。自此之后的二三十年,孙玉石的工作在这两个基点上展开:不断挖掘、开拓,并朝着体系化的目标推进。其成果结集为《中国现代诗歌艺术》《中国现代主义诗潮史论》《现实的与哲学的——鲁迅〈野草〉重释》《中国现代解诗学的理论与实践》等论著。

诗歌阅读上的导读、解读这些概念的出现，一定程度上和现代主义诗歌产生的"难懂""晦涩"的阅读问题相联系。孙玉石的"现代解诗学"的主张，既包含解读的理论设计，也有相当范围的实践示范。从80年代开始的二十多年里，他持续开设新诗导读课程，和学生一起讨论的作品涵盖新诗史三四十位诗人的几百首诗。解读的过程中提出的问题，如审美与感悟、与智性的关系，文本的制约框架和读者想象力的发挥，诗的意象、比喻、语词的"内部"分析与"外部"的时代社会、诗人传记的关系，诗的多义和歧义等，也就在他的论著中得到讨论。他的诗歌解读、分析是富于生命感，细致入微的，一方面是重视诗里面表达的生命感受，另一方面是阅读者在解读时的生命感受的投入。这和那些偏于技术、知识性的解读不大一样，而形成了独特的风格。当然，解读的理论和实践也留给我们需要继续思考、探索的问题。其中之一是，像我们这一代的新诗研究者在文化视野、知识、方法上的准备不足，我们的主要由浪漫派诗歌培植的艺术感受力，在面对更多样的诗歌文本时的困窘——这种困窘、无力感，可能意识到，但也可能就没有清醒的自觉。

孙玉石新诗史"重写"的工作，记取了50年代的教训，在观念、理论调整的同时，警惕着重蹈以先行理论肢解、铺排现象的失误。他坚持尽可能靠近、进入"历史现场"，期望重现事情发生的细节、氛围、情境。这种严谨的，重视史料的工作作风和学术态度，和严家炎先生是相通的。举一例来说，十年前，北大新诗研究所编辑出版了共十卷的《中国新诗总系》[②]，也就是百年的大型新诗选集。各位先生各编选一卷，孙玉石承担的是1927—1937的第二卷。他的《编后记》记叙了选集编选的经过。为了纠正一些新诗选本以至学术研究存在的粗疏的积习和流弊，他为自己设定的工作目标是：以诗集初版本、文艺杂志和报纸副刊原刊本作为依据，将"原始文本"与后来进入选集、文集发生的变化，和作者的修改（有的修改不止一次）比勘校对，来确定选入的文本。他并且重视未被注意的作者或佳作的发现。为了这个选本，他用了一年多的时间：翻阅了这个时期出版和后来出版涉及这个时期作品的诗集四百三十余部，文学杂志和报纸副刊二百余种。

读着这些文字,真的很感动,也感慨。我也参与这个"大系"的编选,承担的是60年代卷,认真的程度、花的力气、时间完全无法和孙先生相比。正如他自己说的,这项工作(推广来说也指他其他的学术工作)"耗费"了他的"无数生命精力"。㉓

但孙玉石有更大的抱负。他多次私下讲到最大的愿望是独自编写一部新诗史,说他以往做的许多事,包括为新诗的"现代主义"建立谱系,都是为这部诗史作准备。我们也一直期待着他实现这个目标——但它也确实还没有出现。所以,有时候我会有很矛盾的想法,他在资料整理、文本解读、选集编选上表现出来的臻于至善、"竭泽而渔"态度,是否全都必要?是否都值得倾注全部的精力和生命?

钱理群:热情与怀疑

虽然和乐黛云、谢冕等老师都是1930年代生人,但钱理群小七八岁,这个差别不是无关紧要。记得六七十年代会填无数的履历表,都有"何时参加革命工作"一项。对于钱理群和我来说,"革命"这个词主要是"想象"的性质。的确,青少年时期向往新世界的热情并非虚构,但"革命"总归欠缺某种"实体性"的内涵。因而,不大可能如乐、谢先生那样说出诸如参加革命"青春无悔"的肺腑之言。或者说,钱理群的"无悔"的青春,可能存在于另外的时间,譬如存在于70年代在贵州安顺的那些岁月;"无悔"的是遭遇精神危机时求索的悲苦和热情。这里透露了各自和革命、和当代史的某些有差别的关系方式。

大家都拿"著作等身"来讲一个人的著述之丰,对钱理群来说这倒不是比喻。自他和朋友合著《中国现代文学三十年》(1987)和独著《心灵的探寻》(1988)开始,至2020年1月20日,他出版的著作达90部,编纂65种;这还不算有的论著修订后的多次再版㉔。之所以标出准确的截止日期,是时间对他来说很重要㉕,况且他还有多个写作计划(多部的三部曲)在进行中,说不定哪一天又有新作问世。面对如此旺盛的创造力,朋友闲谈时一方面感叹他那硕大的脑袋里究竟贮存了多少东西,另一方面也在对比中惭愧于我们的太不努力。

钱理群最初是现代文学研究者——其实他在北大和人民大学就读的是新

闻专业——却超越"文学"的范围。他不想刻意划出艺术与生活、文学批评与社会批评的界线。文学批评、文学史于他自然十分重要，但亦介入其他领域，从事社会批评，也重视写作之外的社会活动。他不是书斋里的学者，面对公众的演讲、课堂教学、接待朋友、学生，和年轻人交谈……对他来说不是可有可无的，是生命的不可或缺的部分。在听讲者面前，他目光闪亮，神采飞扬，完全不能想象已是耄耋之人。在他和他人的文章中，常见到长时间谈话、讨论问题的记载。这样的情景，我们借助文学阅读有可能复现：如《罗亭》《贵族之家》《日瓦戈医生》中从傍晚到凌晨，或激烈或温情的辩论和对话，如19世纪40年代的别林斯基，争辩中"意气风发，目光精闪，瞳孔放大，绕室剧谈，声高语疾而意切"……这是一种发端于19世纪俄国而延伸至今的"生活方式"。当然，钱先生不是瘦骨嶙峋、脸色苍白、羞涩局促的别林斯基，他健壮、憨厚。面对可鄙可憎之物，面对来自制度或个性的丑恶，正义感让他也会如"扑向他的牺牲品，将他片片撕碎，使他狼狈可笑"的豹子（赫尔岑形容别林斯基）——在这个时候，他表现了在原则上不容折扣的正义凛然。其他大多数时间他善良，和蔼可亲。他的学问、表达的思想可能复杂深刻，而作为一个人则没有多少心机，有时甚且天真如孩童般。他的全部生活，由思考、写作、精神性对话构成，几乎没有什么其他爱好，生活自理能力也不大及格。我有时跟他开玩笑，说我会做饭、购物、听音乐，从电视看足球篮球，食欲好的时候也喜欢美食。可是这些都不在他的爱好范围。一起吃饭，问他今天饭菜味道怎样，他会一脸茫然，"我们吃了什么啊？"所以，他的妻子崔可欣说他整天云里雾里。最近他出版了摄影集，书名是《钱理群的另一面》[26]，似乎是为了改变他这样的形象。不过，"另一面"仍是"这一面"的延伸，我们无法产生另外的想象。

钱理群著述涉及的领域多方面。现代文学研究无疑是主要的。80年代他牵头撰写的《中国现代文学三十年》，至今仍有难以取代的生命力。沿着这个线索，在新世纪之后关注点延伸到"当代"，并从文学史扩展到当代史，特别是当代知识分子精神史的探索——这里有他作为亲历者的"拒绝遗忘"的责任担当。另一主题是对中小学语文教育的讨论。这十几二十年来，地方文化史也进入视野，成为研究的重要部分。这些领域表面看来有些凌乱，实际上是基于启蒙责任的，有内在关联的整体设计。钱理群说他是"左翼鲁迅"，我更愿意把他称作"坚守的启蒙者",尽管现在"左翼"比"启蒙"名声要响亮。在他的生活中,存在某些原点性质的因素,这让他在时局、风尚莫测变幻中虽有困惑、调整,但步履分寸不乱。这些"原点"是:一个人(鲁迅)、一座城(贵州安顺)、一个不断出发和返回的"自我"。之所以把"自我"放在"原点"的位置上,是因为在他看来,无论何种观念、目标,都不能游离于个人的情感、生命的体认。这也就是鲁迅的那种将问题聚焦于作者主体性进行思考的方法。一切不经由主体的情感心性的观念和命题,无论多么崇高、漂亮,都有虚飘不实的成分。有了这样的根基,也就可能拥有沟通观念和实践、历史和现实的条件。自然,说到对当代史的反思,正如赵园先生说的,我们都面临一个是否有反思的能力和如何为反思寻找资源的问题⑦。钱理群这些年的工作,都是在回应这样的挑战。

鲁迅无疑是钱理群最重要的研究对象,也是文学、社会批评的最重要的思想资源。他以鲁迅为对象的论著有18部,编纂的鲁迅文选15部,对鲁迅的著述编纂贯穿80年代以来的各个时期。不仅是专业性研究,还不遗余力做着普及的工作:向一般读者,特别是向青少年。他借着不间断的阐释,让鲁迅成为民族的精神财富,争取不同年龄、阶层的人"与鲁迅相遇"(他的一本书的名字)。他理解的鲁迅是博大的,是可以不断提取各种宝贵资源的矿藏,不过我觉得,他可能更亲近那个"掊物质而张灵明"的鲁迅。在思维和写作方法上,钱理群偏于"扩散型":某一论题依据情势变化和思考深入不断延展和重叙。在研究上,21世纪以来,为了处理更宏大的社会思想问题,文学的方法和历史的方法在他那里交错:重视文学现象的"现场返回",对当代史的观察又不回避情感与个人经验的加入。因此,他将他的《毛泽东时代和后毛泽东时代(1949—2009)》称为"另一种历史书写"。他的方法,可能让历史学者觉得不够"历史",而让文学研究者觉得偏离"文学"。但这是他为自己寻找的叙述方式。

前些年,因为钱理群和我的小书同在一家出版社出版,出版社便策划我们做了一次对话。⑧主持人高远东教授说我们一个是"积极浪漫主义",一个是"消极浪漫主义"。将浪漫主义区分为积极和消极,应该是高尔基的首创。高远东在这里当然是借用,但他说的没错。"文革"期间,钱理群在贵州安顺和他的朋友、学生读书讨论,寻求自身和民族的出路;我在那个时候也读书,主要却是为了对政治、运动的逃避。在研究领域和生活态度上,钱理群勇于开拓,迈向那未明之境,我却是收缩的,固守在自认为能比较稳当把握的范围,以求得身心上的舒适、安全。

20世纪90年代初,钱先生写了一本谈堂·吉诃德和哈姆雷特形象东移的书。㉙这不是他最成熟的书,却很重要。他对诞生于17世纪西方的文学典型的接受传播史的兴趣,相信不是纯学术的,是与八九十年代中国特殊的历史脉络和精神背景有关:在那个时候,知识分子的精神困境问题再次突显。这本书的贡献是,在顽强地维护理想的前提下引入必须的怀疑精神。在这本书的第七章,他着重讨论屠格涅夫1860年题为《哈姆雷特与唐·吉诃德》㉚的著名演讲。屠格涅夫盛赞堂·吉诃德的伟大勇敢的品格,而对"利己主义""怀疑主义"的哈姆雷特有严格的批评性分析。但他也指出这两种"对立天性"其实不可或缺:"堂·吉诃德们在寻找,哈姆雷特们在探讨。"并深刻指出哈姆雷特怀疑主义价值的真谛:"既不相信真理在目前可以实现,所以毫不调和地与虚伪为敌,因而就成为那个他所不能完全相信的真理的一个主要捍卫者。"㉛

也许是在承接屠格涅夫的这一论述,台湾的钱永祥先生在他的一本书里有这样的话:在现代社会,"人的尊严,正是靠热情与怀疑的适当配合而支撑起来的","在这个脉络里,庸俗无聊的心态特别需要提防。庸俗者没有怀疑,所以无所担当;无聊者缺乏热情,所以不求担当。庸俗者以为意义与价值的问题业已解决,生命不过是随着主流逐波弄潮;无聊者则根本不识意义与价值的追求包含着徒劳的悲剧成分,以为生命本身原是轻松幸福的尽兴一场"。㉜

钱理群与屠格涅夫可能有某些相似的地方。他也会从"一个比较遥远的视点"来"观看生命的悲剧";会"在各据点之间游动,在社会与个人要求之间、爱情与日常生活的要求之间、英雄的美德与现实主义的怀疑精神之间、哈姆雷特的道德与堂·吉诃德先生的道德之间……摆动",但他不会持一种"中间立场",不会"悬在一种适性随和而不作决断"的状态里。㉝他认识到,犹如屠格涅夫所说的,在那些负有创造性事业的人们的行为中,在他们的性格中必然掺和着某些可笑的成分,但"无论如何,没有这些可笑的怪物兼发明家,人类就不会有进步——而哈姆雷特们也就没有甚么可思索的"。㉞理想、热情,无论什么时候都应在这"两极天性"中占据主导的位置,而怀疑和否定,正是为了捍卫他也许并不完全相信的真理——这就是"积极浪漫主义"。

原载《南方文坛》2020 年第 4 期。

注　释

① 冯至《十四行集》，文化生活出版社，1949 年，第 35—36 页。
② 《我的阅读史》，北京大学出版社，2011 年。
③ 《我就是我：这历史属于我自己》，台北正中书局，1995 年，第 242 页、自序第 1 页。
④ 乐黛云编《清溪水慢慢流》，东方出版中心，2012 年，第 67 页。
⑤ 见《两忆集》，北京大学出版社，2009 年。
⑥ 《知春集》，人民文学出版社，1980 年；《求实集》，北京大学出版社，1983 年。
⑦ 指刊于《北京大学学报》1961 年第 3 期的《〈创业史〉第一部的突出成就》。
⑧ 解志熙《严谨的开拓者及其固执——〈论鲁迅的复调小说〉读后感言兼及对"五四"的反思》，《现代中国》第五辑，湖北教育出版社，2004 年。
⑨ 梁惠陵编《北京大学当代学者墨迹选》，北京大学出版社，1992 年。
⑩ 牛汉《命运的档案》，武汉出版社，2000 年。
⑪ 《诗刊》1980 年第 12 期。
⑫ 这封信已不存，也不见收入《臧克家全集》。直到 80 年代末，"朦胧诗"的地位已得到普遍承认时，臧克家先生对谢冕的"愤怒"仍不减。针对古远清在《中国当代诗论五十家》一书中谈到谢冕的部分，他 1987 年 3 月 31 日给古远清的信中说，你"夸他的才华、文采等方面较多，对他出尔反尔、随风转向以及他对青年指'路'的文章所引起的不良影响，批评得较少（一般青年学写诗的，千奇百怪，把诗坛弄得乌烟瘴气，受到广大读者的批评，这多少与谢的引导有关）"。见古远清编《谢冕评说三十年》，海天出版社，2014 年，第 176 页。
⑬ 李书磊《谢冕与朦胧诗案》，《文艺争鸣》1996 年第 4 期。
⑭ 谢冕《中国新诗史略》，北京大学出版社，2018 年。
⑮ 谢冕《中国新诗史略》，第 432—434 页。
⑯ 见贺照田主编《学术思想评论（第四辑）》，辽宁大学出版社，1999 年。收入这篇文章的伯林《俄国思想家》（彭淮栋译）由译林出版社 2001 年出版。
⑰ 以赛亚·伯林《俄国思想家》，译林出版社，2001 年，第 28 页。
⑱ 参见谢冕《文学的绿色革命》，贵州人民出版社，1988 年，第 144、189 页。
⑲ 谢冕等《回顾一次写作：〈新诗发展概况〉的前前后后》，第 39—40 页，北京大学出版社，

㉑ 2007年。
⑳ 《〈野草〉研究》,中国社会科学出版社,1982年。
㉑ 《中国初期象征派诗歌研究》,北京大学出版社出版。版权页标示的出版时间(1983年8月第一版)和印刷成书时间(1985年8月第一次印刷)不一致的情况,透露了这一研究课题当年具有某种"政治风险"的信息:书开始付印时,"清除精神污染"运动开展,肯定或未显示鲜明批判态度地处理"现代派"文学被看作是"资产阶级自由化"的表现,待情况有所好转的两年后才得以印刷出书。
㉒ 总主编谢冕,各分卷主编是姜涛、孙玉石、吴晓东、谢冕、洪子诚、程光炜、王光明、张桃洲、吴思敬和刘福春。人民文学出版社2010年出版。
㉓ 孙玉石《编后记》,《中国新诗总系》第2卷,第675页。
㉔ 如《心灵的探寻》就有1988年上海文艺出版社、1999年北京大学出版社和2014年生活·读书·新知三联书店等多种版本。
㉕ 他的《丰富的痛苦——"堂吉诃德"与"哈姆雷特"的东移》的《后记》,注明是1992年8月17日下午5时15分"写毕"。时间于他有一种紧迫性。
㉖ 作家出版社2019年出版。
㉗ 赵园《读〈回顾一次写作〉》,《文艺争鸣》2008年第2期。
㉘ 指钱理群的《鲁迅作品细读》和洪子诚的《文学的阅读》,北京出版社2017年"大家小书"版。
㉙ 《丰富的痛苦——"堂吉诃德"与"哈姆雷特"的东移》,时代文艺出版社,1993年。
㉚ 屠格涅夫在"贫苦文学家学者救济协会"上的公开演说。沈成康中译,刊于1958年第3期的《文艺理论译丛》。
㉛ 屠格涅夫《哈姆雷特与唐·吉诃德——1860年1月为贫苦文学家学者救济协会而作的公开演讲》,《文艺理论译丛》1958年第3期,沈成康中译。
㉜ 钱永祥《纵欲与虚无之上:现代情境里的政治伦理》,生活·读书·新知三联书店,2002年,第3页。
㉝ 以赛亚·伯林《俄国思想家》,第243页。
㉞ 《文艺理论译丛》1958年第3期。

瞿秋白对中国革命文艺的贡献

黄书雄

瞿秋白同志不仅是中国共产党的卓越的政治活动家和宣传家，也是我国无产阶级革命文学的奠基者之一。他早期的文学创作，在当时有着深广的影响，又是《国际歌》歌词较早的汉译者和俄苏文学最早的介绍者。一九三一年至一九三三年在上海参加左翼文化运动期间，他致力于马克思主义经典作家文艺论著的翻译和介绍，并且运用马克思主义文艺观解决革命文学面临的一系列问题，推动新文学向着正确方向前进。他在发展中国马克思主义文艺理论方面，作出了卓越的贡献。

一

"五四"新文化运动和新文学运动所以取得辉煌的胜利，是同当时中国开始传播马克思主义分不开的。但那时介绍到中国的马克思主义学说，主要是哲学和政治经济学说，以及科学社会主义理论，还没有对马克思主义文艺理论作过系统的介绍。

第一次大革命失败后，大批革命者转入文化战线，高举无产阶级文学的旗帜，同国民党反动派进行新的斗争。这一时期，由于无产阶级文艺思潮的发展，马克思主义文艺理论开始陆续被介绍进来。特别是一九二八年至一九二九年之间，持续一年多的激烈的无产阶级革命文学的论争，充分暴露了革命文学工作者马克思主义理论武装的不足，所以这一场论争反过来又大大促进了革命作家对马克思主义文艺理论的学习，为左翼文艺运动准备了思想条件。"左联"的成立，标志着我国文学革命的深入和发展。它从成立那天起，就明确地把马克思主义文艺理论作为自己的指导思想的理论基础,这也就促成了马克思主义文艺论著的较大规模的翻译和介绍。

这一时期马克思主义文艺论著的介绍,从一九二八年《创造月刊》二卷三期刊载列宁的《托尔斯泰——俄罗斯革命的明镜》(嘉生译,现通译为《列夫·托尔斯泰是俄国革命的镜子》),到一九三〇年《拓荒者》一卷二期刊登列宁的《党的组织和党的出版物》的主要段落(成文英即冯雪峰译,原译名为《论新兴文学》);从鲁迅一九二八年译介《苏俄的文艺政策》,到后来又译出卢那察尔斯基的《艺术论》《文艺与批评》和普列汉诺夫的《艺术论》等;此外,苏联弗理契、布哈林、波格达诺夫、德波林等人的著作,日本青野季吉、藏原惟人、川口浩等人的文章,也被大量地翻译过来。所有这些,确实为我国文艺理论战线开辟了新的天地,在当时起到不小的作用。但是我们又不能不看到,一些苏俄的文艺论著大多从日文转译过来,有时难免失真;而且翻译的内容,也受日本左翼文化工作者选译的影响,不免有局限性。何况普列汉诺夫、弗理契、布哈林、德波林、波格达诺夫等人的文艺思想和日本文艺理论工作者的阐释本身,就存在观念论、机械论性质的错误,而那时在我国,尚未有人从事马克思、恩格斯的文艺著作的翻译。所以,当鲁迅听到瞿秋白对自己从日文转译的几种马克思主义文艺理论著作译文的意见时,兴奋地说:"我们抓住他!要他从原文多翻译这类作品!以他的俄文和中文,确是最适宜的了。"①

正是在无产阶级文艺方兴未艾、急切需要科学理论武装的历史条件下,瞿秋白在鲁迅的热情支持下投入了马克思主义文艺理论的翻译介绍工作。

瞿秋白翻译的马克思主义文艺论著,保留在鲁迅亲自编辑出版的《海上述林》上卷。②他根据鲁迅提供的苏联的有关材料,一九三二年编译了马克思主义文艺论文集《现实》,其中收入了《恩格斯:论巴勒扎克》(今译《恩格斯:致玛·哈克纳斯》)、《恩格斯:论易卜生的信》(今译《恩格斯:致保尔·恩斯特》)两封信。另外,还包括普列汉诺夫的《易卜生的成功》《别林斯基的百年纪念》《法国的戏剧文学和法国的图画》《唯物史观的艺术论》等四篇论文,拉法格的一篇重要著作《左拉的〈金钱〉》。一九三三年翻译的《列宁论托尔斯泰》中,有《列甫·托尔斯泰象一面俄国革命的镜子》《L.N·托尔斯泰和他的时代》两篇重要论文。另外,《马克思恩格斯和文学上的现实主义》《马克思文艺论底断篇后记》，以及《恩格斯和文学上的机械论》、《文艺理论家的普列哈诺夫》（普列哈诺夫即今译普列汉诺夫，下同）、《拉法格和他的文艺批评》等文章，是瞿秋白根据国外有关资料，并结合当时左翼文艺运动和理论斗争的需要，编写的论述马克思主义文艺思想的文章。以上译介，从篇目上看不算多，但却是马克思、恩格斯和列宁等马克思主义经典作家文艺理论方面的代表作，而且大多是首次被介绍到中国的。

从《马克思恩格斯和文学上的现实主义》一文可以看到，瞿秋白把马克思、恩格斯批判拉萨尔的剧本的两封信，和恩格斯给哈克纳斯的信所阐明的关于文学上的现实主义主张，作了比较详细的介绍。第一，指出"马克思和恩格斯所主张的文学，正是善于表现革命倾向的客观的现实主义的文学"，但是他们"反对主观主义唯心论的文学"即"浅薄的浪漫主义"文学；他们肯定巴尔扎克等作家"对于资本主义的社会矛盾的真实描写"，肯定"资产阶级的现实主义文学的这种巨大的认识能力"，因为它"对于一般的文化发展和工人阶级的将来，可以有相当的价值"；他们明确提出了"除开详细情节的真实性以外，还要表现典型的环境之中的典型的性格"的现实主义文学要求，这是对现实主义文艺理论的重大发展。第二，无产阶级作家要超越资产阶级作家的现实主义，表现工人阶级的斗争，表现"平民群众，尤其是无产者的人物，典型和性格，尤其是集体性的新式英雄"。这就强调了马克思主义经典作家对无产阶级文学提出的新的历史使命。关于工人阶级及其斗争"应当在现实主义领域内占有自己的地位"的论断，为文艺指出了新的方向，开辟了一个新纪元。第三，介绍了马克思、恩格斯对拉萨尔的主观唯心主义创作倾向的批判，提出了"不应当'席勒化'，而应当'莎士比亚化'"。指出：马克思、恩格斯肯定莎士比亚，就在于他的创作"对于事实上的阶级斗争，广大群众的历史斗争的现实主义的描写"；而所谓"席勒化"，就是把作品中的"英雄"变成"只不过是主观的抽象的'思想'的号筒"。第四，介绍了马克思、恩格斯对巴尔扎克的世界观和创作关系的具体分析。首先肯定马克思、恩格斯运用了"辩证法唯物论的一元主义的方法，而不是多元主义的折衷论"，他们没有把思想家的巴尔扎克和艺术家的巴尔扎克对立起来，没有把艺术家的主观的宇宙观和他的描写的客观性对立起来，而是看到了巴尔扎克世界观本身有矛盾，从而在他的创作中也反映了这种矛盾。然而，巴尔扎克由于对现实有充分的理解，才使他的作品能反映出现实生活的某些本质的东西，才能取得"现实主义的胜利"。

《恩格斯和文学上的机械论》《文艺理论家的普列哈诺夫》两篇评述文章，通过介绍恩格斯对易卜生和挪威文学的评价，介绍作为文艺理论家的普列汉诺夫的功过，较集中地阐述了马克思主义的两个原则问题。其一是马克思主义者究竟应该怎样正确地对待唯物主义？唯物主义方法是研究历史的指南，而不是现成的公式。爱伦斯基（即保尔·恩斯特）的错误，正在于"唯物论的方法变成了它的反面了，因为运用这个方法的时候不把它当做研究历史的指导的线索，而把它当做现成的滥调，就这么勉强的去凑合历史上的事实"。用这种教条的，即机械论的方法去评价作家和文学现象，当然得不出正确的结论。其二是马克思主义者究竟应该怎样正确地对待文化遗产？普列汉诺夫由于哲学上政治上的错误，带来文化问题和文艺问题方面的错误。但是"我们应当坚定的站在无产阶级的立场，去研究普列哈诺夫的遗产"，"普列哈诺夫的文艺理论的遗产是宝贵的，我们不应当抛弃这种遗产，而应当注意的去研究，审查，采取普列哈诺夫美学之中的有用的材料"。很明显，这里阐发的是列宁的观点，所持的是马克思主义的正确态度，即对文化遗产既不是一笔抹杀，也不是全盘接受，而是分析、研究、批判、吸收和改造，即批判地继承的态度。

要特别提出的是，瞿秋白在《马克思文艺论底断篇后记》中，比较全面地介绍马克思、恩格斯批判拉萨尔的机会主义观点。拉萨尔自称是马克思的学生，但他逐渐发展了自己的机会主义，政治立场也转向了，和反动政客俾士麦沆瀣一气。他对欧洲一八四八年革命中动摇的小资产阶级领袖同情，这一切反映在他的剧作《息庆耿》（今译《济金根》）中，就是把代表没落阶级的骑士当作英雄来歌颂，使剧作成为"时代精神"的副产品。这正是反现实主义的创作方法的表现。瞿秋白的介绍，不仅正确说明作家世界观在文学创作中的重要作用，而且说明了文艺不能脱离政治的原因。正是基于以上认识，瞿秋白提出："文艺应当是改造社会底整个事业之中的一种辅助的武器。"在《论弗理契》[③]一文中，瞿秋白在批判弗理契受波格达诺夫唯心论影响，鼓吹"文艺组织生活论"时,详尽地阐明了列宁的反映论思想,指出,"乌梁诺夫(即列宁)认为艺术反映实质,艺术是一种特别的上层建筑,一种特别的意识形态,它反映实质而且影响实质",从而揭示了文艺是社会现实的反映而又影响现实这一规律。此外,在所译《关于列宁论托尔斯泰的两篇文章的注解》中,实际上是重申了列宁关于阶级社会中文学的阶级性和文学的党性原则的理论。

从以上的概述可见,瞿秋白在译介马克思主义文艺理论的代表性著作时,对马克思主义文艺观,诸如文学和生活的关系,文学和政治的关系,创作方法和世界观的关系,革命文艺的方向和任务,文学遗产的批判继承等,作了比较系统、比较准确的阐述。无疑,这在当时历史条件下,是一件开创性的工作,是起了很大作用的。综观这些译著,联系当时文坛实际,我们可以看到,在我国 30 年代左翼文化运动比较广泛、比较系统地介绍、传播马克思主义文艺理论活动中,瞿秋白的功绩是最卓著的。鲁迅曾说,传播马克思主义文艺理论,好比是普罗米修士把天上的火种传到人间。瞿秋白冒着随时被捕的危险,付出辛勤的劳动,翻译、介绍一批马克思主义文艺论著,把马克思主义文艺理论的"火种"传播到中国,不仅从理论上武装了革命作家,而且"催促"新文学走向"正确,前进的路"。④这是他作为我国马克思主义文艺理论的开拓者和建设者的第一个贡献。

二

瞿秋白致力于马克思主义文艺理论的传播,是有他明确的战斗目的的。要建设中国的无产阶级新文学,就要有马克思主义文艺理论的正确指导,正如他在一篇文章中所说:"真正革命文艺学说的介绍,那正是革命普洛文学的新的生命的产生。"在《现实》的《后记》中,瞿秋白谈到,恩格斯论巴尔扎克和易卜生的信,"这里包含着很宝贵的指示,可以看见恩格斯以及一般马克思主义对于文艺现象的观察方法,并且说明文艺理论不但要'解释和估量文艺现象',而且要指示'文艺运动和斗争的方法'。文艺理论不但要说明'文艺是什么',而且要说明'文艺应当怎么样'"⑤他明确表示,自己编撰关于现实主义,关于机械论,关于普列汉诺夫的错误和价值等评述,"这里不免略为关涉到中国文学界的现象"⑥。这就是说,他翻译、介绍马克思主义文艺理论,评述马克思主义文艺理论发展状况,是同中国无产阶级文学运动紧密联系的,"这是要把马克思列宁主义的方法,实际的运用到中国的文艺现象上来,尤其是群众之中的文艺生活"⑦。

  前面已经提到,随着无产阶级文艺思潮的发展,从一九二八年起,马克思主义文艺理论已陆续传入中国,但由于受翻译上的局限,特别是苏联文艺理论界和日本左翼文艺运动中"左"倾思潮的影响,以及中共党内"左"倾路线的干扰,左翼文艺运动虽然蓬勃发展,却又存在不少问题。如提出"文艺是宣传"的口号时,忽视文艺的特征,鼓吹用政治代替艺术,从而出现庸俗的留声机主义、照相机主义文艺;公式化的脸谱主义、团圆主义作品十分流行。在文艺和生活的关系上,也认为文艺可以"组织生活""创造生活"。至于对文艺大众化运动,也往往理解为形式问题,或者就是革命作家如何"化大众"的问题。而另一方面,买办资产阶级文人打出"艺术要超时代""超阶级"旗号;国民党御用文人也鼓吹反动的"民族主义文学";资产阶级"自由人""第三种人"则鼓吹"文艺自由",叫嚷"勿侵略文艺"。这里面既有属于粉碎阶级敌人文化"围剿"的问题,也有反击形形色色资产阶级文艺思潮的问题,在内部,则是如何认识和肃清"左"的错误理论影响,使无产阶级革命文学运动健康地成长、壮大的问题。所有这些都说明迫切需要"革命的无产文学的理论"来"加以解释,加以批评"⑧。瞿秋白付出辛勤劳动译介的马克思主义文艺论著,就是为革命的文艺工作者提供锐利的思想武器;而他运用马克思主义文艺理论的观点和方法,分析"中国文学界的现象",写下的"关涉"无产阶级文学运动的理论原则问题的一系列文章,则是作为我国马克思主义文艺理论的开拓者和建设者的又一杰出贡献。"关涉"的理论原则问题很多,下边我们仅从两个方面来具体谈谈。

  第一,如何建设无产阶级革命文学。

  "左联"从成立的第一天起,就树起了"无产阶级革命文学"这一面战斗的旗帜,把建设无产阶级文学作为自己的中心工作。但什么是"革命文学"呢?最初,倡导者们把它作为动员作家进行社会主义革命的口号,显然是脱离当时的新民主主义革命实际的。后来,又有人认为凡是写工农革命的就是无产阶级革命文学，凡是写了其他阶级的生活就不是无产阶级革命文学，显然也是一种偏颇的、狭隘的看法。还有人以为，"只要'绝对'客观地反映现实，'自然而然'就是革命文艺"，这更是"自然主义"文艺观的翻版。要解决什么是"革命文学"，就要先从无产阶级文学的性质和任务谈起。瞿秋白认为，"文艺大众化的运动必须是劳动群众自己的运动，必须在无产阶级领导之下"⑨。这就明确地指出了无产阶级文学运动是由无产阶级领导的，是由劳动群众参加的文学运动。这个运动的斗争任务则"是要在思想上武装群众，意识上无产阶级化，要开始一个极巨大的反对青天白日主义的斗争"；"反对这种青天白日主义的斗争，应当有一个巨大的反帝国主义的国际主义，反封建宗法的劳动民众的民权主义和社会主义的文艺运动——苏维埃革命的文艺运动"⑩。也就是说，无产阶级革命文学的任务，是和新民主主义革命的反对帝国主义、反对封建主义、反对官僚资本主义的任务联系在一起的，是为这个伟大的革命事业服务的。

谈到无产阶级文学的建设，首先牵涉到的就是文艺大众化的问题。诚如一九三一年"左联"执行委员会决议《中国无产阶级革命文学的新任务》中所指出："为完成当前迫切的任务，中国无产阶级革命文学必须确立新的路线。首先第一个重大的问题，就是文学的大众化。"因为这是关系到无产阶级革命文学怎么做、由谁来做的问题。然而，文艺大众化问题，却是"左联"时期几经讨论的问题。关于文艺大众化的讨论，可以说一次比一次深入、具体，而瞿秋白的有关文章也对它进行了多方面的理论探讨，为促进讨论的深入起了重大的作用。

瞿秋白以列宁关于文学的党性原则为指导思想，他在《普洛大众文艺的现实问题》一文的开头，就翻译引用了列宁的话："这将要是自由的文艺，因为这种文艺并不是给吃饱了的姑娘小姐去服务的，并不是给胖得烦闷苦恼的几万高等人去服务的，这是给几百万几千万劳动者去服务的，这些劳动者才是国家的精华，力量和将来呢。"⑪其实，这也就是文艺大众化理论的出发点。瞿秋白正是据此而强调，无产阶级文学是民众的文学，应重视"描写工人阶级的生活，描写贫民，农民兵士的生活，描写他们的斗争。劳动群众的生活和斗争，罢工，游击战争，土地革命，当然是主要的题材"⑫。重视描写劳动人民的生活与斗争,是对于文艺大众化的一个发展。同时,瞿秋白又清楚地阐明了要防止的两种倾向,一个是把劳动群众的斗争生活简单化,一个是忽视暴露压迫者凶残、旧社会黑暗。他说:"工人,农民,一切贫苦的民众,他们有自己的私人生活,他们受着宗法社会和封建观念的束缚,他们也有恋爱,他们也有家庭,他们要求生活,他们要求解放",所以革命文学"可以是表现民众的私人生活的故事,恋爱的故事,宗法社会的牺牲,成家立业幻想的破产"等;同时,对剥削阶级的"一切丑态,一切残酷狡猾的剥削和压迫的方法,一切没有出路的状态,一切崩溃腐化的现象,也应当从无产阶级的立场去揭发他们,去暴露他们"。[13]毫无疑问,瞿秋白这些精辟的论述,在当时有着重要的理论和实践的意义。

要完成文学更好地为人民服务的使命,就必须解决作家自身"无产阶级化"的问题。早在一九三〇年八月"左联"执行委员会作出的《无产阶级文学运动新的情势及我们的任务》的决议中,就发出了全体盟员"到工厂到农村到战线到社会的地下层中去"的号召;上述《中国无产阶级革命文学的新任务》的决议中,也提出了"现在这些非无产阶级出身的文学者生活的大众化与无产阶级化"的要求。这样的号召在当时无疑是很进步的,在现代文学史上也是一个创举。但是对作家一律提出"生活的大众化与无产阶级化",显然也有不切合实际之处。瞿秋白是怎样解决这个问题的呢?一方面,他针对不少"革命的文学家"和"文学青年"以为自己读了几本马克思主义的书,就"获得无产阶级的意识",于是也就已经"无产阶级化"了,就自己"以为是大众的教师",可以到落后的群众中去教训他们、改造他们了的空谈现象,写下了《"我们"是谁?》等文章,给予尖锐的批评,指出:他们还是小资产阶级知识分子的态度,"还没有跳出智识分子的'研究会'的阶段,还只是智识分子的小团体,而不是群众的运动"[14]。另一方面,他反复强调"革命的作家要向群众去学习",号召"文学青年""到群众中间去学习","去观察,了解,体验那工人和贫民的生活和斗争",只有这样,才"真正能够同着他们一块儿感觉到另外一个天地"。[15]这样的主张在今天对文艺创作仍然有着现实意义。瞿秋白不仅提出了作家了解群众、学习群众的问题,而且初步触及作家思想感情的转变问题。他说:"要知道:单是有无产阶级的思想是不够的,还要会像无产阶级一样的去感觉。"[16]

这里的"感觉"与"思想"并立，显然包含了感情态度的意思。在寻求文学更好地为人民服务的方法和途径上，瞿秋白的确进行了许多努力与探讨。当然，在那腥风血雨的反动统治年代，要真正从实践上做到到群众中去是不容易的。真正从理论到实践上解决文学工作者和工农群众相结合，把自己的思想感情来一个彻底的变化，那是延安文艺座谈会及其以后的事了。

关于文艺大众化问题，瞿秋白不仅从上述两个根本方面作了较好的阐述，而且对文学作品的语言、形式、体裁以及描写技术等问题，也作了具体的探讨。譬如，他强调大众文艺的语言"应当是更浅近的普通俗语，标准是：当读给工人听的时候，他们可以懂得"[17]。他也认为可以利用旧体裁，但这绝不意味着盲目模仿，而是"应当做到两点：第一，是依照着旧式体裁而加以改革；第二，运用旧式体裁的各种成分，而创造出新的形式"[18]。这也是符合马克思主义关于文化遗产的继承革新思想的。

提倡文艺大众化，要让大众看得懂，为大众所欢迎，是不是就不要艺术性呢？当时有人就嘲笑过通俗文艺，说什么"这样低级的形式还生产得出好的作品吗？"[19]而在无产阶级文学运动开始阶段，也确实出现了不少没有艺术力量的作品。瞿秋白面对这一现实，既有力地驳斥了文艺大众化反对者的讥讽，指出例如德国版画式的连环图画已经成了一种有艺术价值的作品，坚信真正的中国的艺术一定要从革命的大众文艺里产生出来；又从无产阶级文学的成长出发，指出了"这种简单化的艺术，会发生很坏的影响"。生活不是简单的。不仅工人、农民是活人，有丰富的生活，工人、农民的敌人、友人、同盟者也不是"纸剪成的死花样"，而是活人。所以，不能简单化、概念化地表现他们。瞿秋白说："关于工农自己，也是同样的，这里，也应当表现真正的生活，分化，转变，团结的过程，方才能够给以布尔塞维克的教育。"[20]而把极其复杂的社会生活变成一些"公律"，从而"机械地表演在文艺的形象里"，用这种"庸俗的简单化"方式，是达不到文艺的思想教育作用的。一九三二年华汉（阳翰笙）的小说《深入》《转变》《复活》三部曲合成为《地泉》重新出版时，瞿秋白应作者之请，写了序言《革命的浪漫谛克》，和茅盾等一起，总结初期革命文学作品的创作经验与教训。他在序言中尖锐地指出："《地泉》固然有了新的理想，固然抱着'改变这个世界'的志愿。然而《地泉》连庸俗的现实主义都没有能够做到。最肤浅的最浮面的描写,显然暴露出《地泉》不但不能够帮助'改变这个世界'的事业,甚至于也不能够'解释这个世界'。《地泉》正是新兴文学所要学习的:'不应当这么样写'的标本。"㉑他对那种脱离社会生活实际,按书本理论编造故事的批评,是深刻的。他在不少文章中还号召革命作家起来克服感情主义、个人主义、团圆主义和脸谱主义等倾向,目的就是为了促使无产阶级文学更健康地成长、壮大。

第二,无产阶级革命文学要用什么方法来表现。

这里涉及的是文学的创作方法问题。无产阶级文学要用什么样的创作方法来表现呢?早在革命文学倡导时期,太阳社成员就把无产阶级现实主义的主张从日本介绍过来。但那时它还没有被普遍注意。而初期革命文学作品,如前面所述,存在着严重的小资产阶级思想倾向,往往成为"政治倾向"的演绎。为了革命文学的发展,这时需要总结经验,克服弱点;为使作品更好地反映社会生活,探讨文学的创作方法问题也就引起了革命作家的普遍注意。瞿秋白在上述《地泉》序言中就曾明确提出:"新兴文学要在自己的错误里学习到正确的创作方法,要在斗争的过程之中锻炼出锐利的武器。"㉒

瞿秋白认为,作为"锐利武器"的"正确的创作方法",既不是虚假的浪漫主义,也不是庸俗的现实主义或者旧现实主义。他说:"我们应当走上唯物辩证法的现实主义的路线,应当深刻的认识客观的现实,应当抛弃一切自欺欺人的浪漫谛克,而正确的反映伟大的斗争,只有这样,方才能够真正帮助改造世界的事业。"㉓从瞿秋白的具体解释里不难看出,他所主张的创作方法就是无产阶级的现实主义。他在《普洛大众文艺的现实问题》中,曾明确地说:"普洛大众文艺,必须用普洛现实主义的方法来写。"他还为此而号召开始一个运动,即"一个为着普洛现实主义而斗争的运动"㉔。他认为,历史已为无产阶级开辟最后胜利的道路,无产阶级需要充分认识现实,而目的就是"为着要去改变现实"。因此,无产阶级文学用现实主义方法就最能适应这种需要。瞿秋白也是从这一主张出发,来考察革命文学创作的成败得失的。茅盾的长篇小说《子夜》刚出版,他热情著文给予充分的肯定,称它为"中国第一部写实主义的成功的长篇小说"㉕。后来他又写了《读〈子夜〉》一文,对作品进行比较详细的研究。他说:"在中国,从文学革命后,就没有产生过表现社会的长篇小说,

《子夜》可算第一部；它不但描写着企业家、买办阶级、投机分子、土豪、工人、共产党、帝国主义、军阀混战等，它更提出许多问题，主要的如工业发展问题，工人斗争问题，它都很细心的描写与解决。从'文学是时代的反映'上看来，《子夜》的确是中国文坛上新的收获，这可说是值得夸耀的一件事。"㉖瞿秋白在《〈鲁迅杂感选集〉序言》中，对鲁迅作了很高的、科学的评价，其中主要之点，也是充分肯定鲁迅的最清醒的现实主义和"韧"的战斗精神。

按照恩格斯的观点，现实主义文学创作必须从生活出发，不能从主观观念出发，必须反对用"矫揉造作和修饰"来改变社会生活本来面目的主观唯心主义的创作倾向；但优秀的文艺作品又从来都是有倾向性的，只是这种倾向性要"从作品的本身里面表现出来"。瞿秋白根据马克思、恩格斯论述巴尔扎克、海涅的倾向性思想，根据他们提倡"莎士比亚化"反对"席勒化"的主张，明确表示："文艺上反映着现实的时候，作家没有可能不表示某种立场的某种态度。他的每一个字眼里，都会包含着憎恶或是玩赏，冷淡或是热烈的态度。"但是，无产阶级"因为根本上是反对保存一切剥削制度的，所以才是唯一的真正客观的立场，——不但在哲学科学上是如此，在文艺上也是如此"㉗。这就在无产阶级现实主义创作理论中，把真实性和革命的倾向性辩证地统一了起来。

同样，现实主义既要按照生活的本来样子反映，又不排斥作家对生活理想的追求。瞿秋白指出："说'不要忘记现实主义的要素'，并不是要抛弃一切热情，理想，思想和'最终目的'。只有庸俗的实际主义者，才会只管今天的饭碗或者明天的饭碗，只顾个人的'衣食住行'。"㉘他对无产阶级革命文学提出了"要揭穿一切种种的假面具，要提出自己的理想和目的"㉙两项任务，也是把真实和理想辩证地统一起来的极好说明。总之，他认为文学要在"现实的将来的灯塔"照耀下，反映群众的生活和斗争，用一种"最热烈最英勇的情绪"鼓舞群众，指引群众"去为着光明而斗争"。㉚瞿秋白对无产阶级现实主义的概述，实质上就是我们今天所提出的革命现实主义。虽然瞿秋白在谈到无产阶级现实主义时，往往和"辩证法唯物论的文学创作方法"混用，见出他尚存不严密、不科学处，以及苏联"拉普"影响的痕迹，但确实和旧现实主义划清了界限，指导着无产阶级的文学创作。

瞿秋白在文学创作方法问题上的论述，更重要的贡献还在于正确地阐述了世界观和创作方法之间的关系。这是文艺理论中十分敏感、长期争论的问题，而且它还直接影响着无产阶级革命文学创作的发展、繁荣。长期以来，关于世界观和创作方法的关系的讨论，是从如何理解马克思、恩格斯关于巴尔扎克，列宁关于托尔斯泰的评价引起的。例如，恩格斯在给哈克纳斯的信中指出：巴尔扎克在政治上是正统派，他同情必然崩溃的阶级，但在作品中，他嘲笑、讽刺那些贵族男女，赞赏他政治上的死对头，共和党的英雄们。巴尔扎克不得不违反自己的阶级同情和政治偏见，而这一切是现实主义的最伟大胜利之一。从恩格斯的论述中是不是可以认为，世界观在文学创作中不起作用，现实主义的创作方法可以战胜落后的世界观，甚至作家的世界观愈反动愈能写出好作品呢？显然，这种论调是背离恩格斯的思想的。瞿秋白在《马克思恩格斯和文学上的现实主义》一文中，对这种论调给予彻底的批驳。他说："马克思和恩格斯对于巴尔扎克的宇宙观和艺术创作的估量，是整个的，一贯的。这在方法论上有极重要的意义，这正是辩证法唯物论的一元主义的方法，而不是多元主义的折衷论。他们并没有把思想家的巴尔扎克和艺术家的巴尔扎克对立起来，并没有把艺术家的主观的宇宙观和他的描写的客观性对立起来。"[31]他指出，巴尔扎克只有一个，他既不是纯粹贵族的作家或者天主教教会和国王的御用文人，也不是什么"革命家"，甚至于"社会主义者"，他代表的是"先进的"资产阶级化的贵族，是深刻的资产阶级意识的代表。尽管巴尔扎克把自己称作"法国社会的秘书"，只是"简单的纪录这部历史"，可是正如瞿秋白所肯定的，"他决不限于'旁观者的客观态度'"。[32]属于资产阶级的现实主义的作家是这样，对于无产阶级文学的作家来说，更是要自觉地"从无产阶级观点去反映现实的人生，社会关系，社会斗争"[33]。基于对世界观在文学创作中的重要作用的认识，瞿秋白在充分赞扬茅盾的长篇小说《子夜》为中国第一部写实主义的成功作品时，就鲜明地指出，这是"应用真正的社会科学，在文艺上表现中国的社会关系和阶级关系"的结果。[34]这里的"社会科学"，指的就是马克思主义理论指导。同样，他认为茅盾的小说《三人行》的失败，恰恰是作者还没有掌握辩证唯物主义的世界观，没有正确的运用"新现实主义的创作方法"。[35]在这里需要顺便提到的是，瞿秋白在我国较早地批判了资产阶级现代主义创作理论。他说:"在欧战之前就有一种很通行的艺术论,说艺术家的创作过程是下意识的,直觉的,不受自觉的宇宙观的监督的。这种艺术论自然是不正确的,非马克思主义的。"㊳瞿秋白的这些论述,有的提法不尽确切,作家世界观本身的复杂性、变化性,以及现实主义文艺观也包括在作家的世界观中等方面,尚未触及,但他坚持了世界观对创作的指导作用,否定了思想家与艺术家对立的论调,毫无疑义,对指引革命作家深入学习马克思主义,要深入群众生活,在社会实践和创作实践中逐步改造世界观,是起了积极的指导作用的。

阐明了文学创作受世界观指导、影响,这是问题的一个方面。是不是因此而认为世界观可以代替创作方法呢? 我国无产阶级文学运动初期,就存在着片面强调世界观的决定作用,以至用世界观代替创作方法的错误倾向。有的人把世界观看作就是作家的政治立场、党派性,而作家的创作就是这种政治立场、党派性的表现,至于作家的艺术才能、文学修养、创作个性、艺术技巧等,都是无关紧要的东西。他们还认为:正确的世界观的获得,可以离开社会实践,离开创作实践,只需读几本马克思主义的书,只需在作品中搬用几个原理就可以了。这一切显然是"左"倾教条主义影响的表现,将严重束缚无产阶级文学的发展。瞿秋白在他的一系列论著中,十分强调辩证法唯物论在创作中的指导作用,有时甚至搬用了苏联"拉普"的"辩证法唯物论的创作方法"的口号;但他绝不是认为世界观可以代替创作方法。相反,他强调说:"文艺的作品应当经过具体的形象,——个别的人物和群众,个别的事变,个别的场合,个别的一定地方的一定时间的社会关系,用'描写''表现'的方法,而不是用'推论''归纳'的方法,去显露阶级的对立和斗争,历史的必然和发展。这就须要深切的对于现实生活的了解。"㊴在具体论证艺术的社会功能时,他也是清醒地认识到:"要求文学家无条件的把政治论文抄进文艺作品里去,这固然是他不了解文艺的特殊任务在于'用形象去思索'","他实际上取消了文艺,放弃了文艺的特殊工具"。㊵他在批判"自由人""第三种人"的"艺术至上主义"、反对无产阶级建立自己的文艺时,反复强调,革命文艺也必须有"艺术力量",而且"真正为着群众服务的作家,他在煽动工作之中更加能够锻炼出自己的艺术的力量"。㊶他指出,那种"庸俗的留声机主义和照相机主义，无非是想削弱文艺的武器"㊵。由此可见，瞿秋白在批判资产阶级文人否定革命文艺存在的错误论调时，是一再申明革命文艺并不忽视艺术的特点、艺术的力量、艺术的价值的。他的著名论文《文艺的自由和文学家的不自由》，正是由于那鲜明的战斗性和严密的科学性，而被鲁迅喻为"皇皇大论"，被茅盾称作"到那时为止的一篇最谨严，说服力最强的马克思主义文艺理论文章"㊶。

由于历史的局限，特别是当时可以说全党都处在理论准备不足的情况下，瞿秋白在传播马克思主义文艺思想时，也不可能完全准确和完整。例如在阐述无产阶级现实主义时，他接受了"拉普"的影响，照搬了"辩证法唯物论的创作方法"的口号；在强调文艺不能脱离政治时，受卢那察尔斯基影响，提出了"每一个作家其实都是政治家"的口号。他对"五四"新文化运动的功绩和新文学的成就也是评价过低，以致把新文学称作"非驴非马"的"骡子文学"。但瑕不掩瑜，统观瞿秋白的全部有关译著，他对马克思主义文艺理论的基本原则，是作了正确的介绍和宣传的，对当时无产阶级文学运动面临的理论和实践问题，也是作出了基本正确的解答的，其中有着许多精辟的见解。我国三十年代无产阶级文学的发展，是和瞿秋白传播"革命文艺学"的贡献分不开的。

瞿秋白的一生是短暂的，他真正投身于中国左翼文化运动的时间只有三年，但他对中国革命的贡献，对中国无产阶级文学的建树则是不可磨灭的。鲁迅非常了解和佩服瞿秋白在文化上的才能。当听到瞿秋白被捕的消息，他就预感到瞿秋白将被敌人杀害。他在给曹靖华的信里说："这在文化上的损失，真是无可比喻。"瞿秋白牺牲后，鲁迅带着沉痛、悲愤心情扶病赶编他的译著《海上述林》，作为对烈士的纪念和对屠夫的抗议。鲁迅在亲自撰写的上卷介绍上说："本卷所收，都是文艺论文，作者既系大家，译者又是名手，信而且达，并世无双。其中《写实主义文学论》与《高尔基论文选集》两种，尤为皇皇巨制。此外论说，亦无一不佳，足以益人，足以传世。"㊷这是鲁迅对瞿秋白译著的高度评价，而且字里行间饱含对瞿秋白这一知己、战友和同志的无限深情。鲁迅在同瞿秋白合编的《引玉集》后记中写道："我已经确切的相信：将来的光明，必将证明我们不但是文艺上的遗产的保存者，而且也是开拓者和建设者。"历史早已作出这一结论。在社会主义文艺繁荣昌盛的今天，我们应当记住瞿秋白作为我国马克思主义文艺理论开拓者和建设者的不朽功勋。

原载《文艺研究》1984 年第 1 期。

注 释

① 冯雪峰《回忆鲁迅》，人民文学出版社，1952 年，第 129 页。
② 收入《瞿秋白文集》第 2 册，人民文学出版社，1953 年。本文第一部分未注明出处的引文，均见此册。
③ 收入《瞿秋白文集》第 2 册。本文第一部分未注明出处的引文，均见此册。
④ 鲁迅《二心集·我们要批评"家"》。
⑤ 《现实·后记》，《瞿秋白文集》第 2 册，第 1192—1193 页。
⑥ 同上。
⑦ 《欧化文艺》，《瞿秋白文集》第 2 册，第 883 页。
⑧ 同上。
⑨ 《"我们"是谁?》，《瞿秋白文集》第 2 册，第 877 页。
⑩ 《普洛大众文艺现实的问题》，《瞿秋白文集》第 2 册，第 867 页。
⑪ 同上书，第 853 页。
⑫ 同上书，第 865 页。
⑬ 同上。
⑭ 《"我们"是谁?》，《瞿秋白文集》第 2 册，第 875 页。
⑮ 《普洛大众文艺现实的问题》，《瞿秋白文集》第 2 册，第 872—873 页。
⑯ 同上书，第 873 页。
⑰ 同上书，第 861 页。
⑱ 同上书，第 863 页。
⑲ 苏汶《关于"文新"与胡秋原的文艺论辩》，《现代》第 1 卷第 3 号。
⑳ 《普洛大众文艺现实的问题》，《瞿秋白文集》第 2 册，第 870—871 页。
㉑ 瞿秋白遗著《乱弹及其他》，上海霞社，1938 年，第 314 页。
㉒ 同上。
㉓ 《乱弹及其他》，第 317 页。
㉔ 《普洛大众文艺现实的问题》，《瞿秋白文集》第 2 册，第 871 页。

㉕ 《〈子夜〉和国货年》,《瞿秋白文集》第1册,第438页。
㉖ 茅盾《〈子夜〉写作的前前后后》,《新文学史料》1981年第4期。
㉗ 《马克思文艺论底断篇后记》,《瞿秋白文集》第2册,第1009页。
㉘ 同上书,第1008页。
㉙ 《非政治主义》,《瞿秋白文集》第1册,第399页。
㉚ 《普洛大众文艺现实的问题》,《瞿秋白文集》第2册,第871页。
㉛ 《马克思恩格斯和文学上的现实主义》,《瞿秋白文集》第2册,第1022页。
㉜ 同上书,第1025页。
㉝ 《普洛大众文艺现实的问题》,《瞿秋白文集》第2册,第868页。
㉞ 《〈子夜〉和国货年》,《瞿秋白文集》第1册,第438页。
㉟ 《谈谈〈三人行〉》,《瞿秋白文集》第1册,第340页。
㊱ 《马克思恩格斯和文学上的现实主义》,《瞿秋白文集》第2册,第1023页。
㊲ 《普洛大众文艺现实的问题》,《瞿秋白文集》第2册,第868页。
㊳ 《文艺的自由和文学家的不自由》,《瞿秋白文集》第2册,第955页。
㊴ 同上书,第964页。
㊵ 同上。
㊶ 茅盾《纪念瞿秋白,学习瞿秋白》,《人民日报》1955年6月18日。
㊷ 《鲁迅全集》,人民文学出版社,1957年,第7卷,第778页。

也谈北平作协执委与会刊

封世辉

《新文学史料》一九八二年第三期上发表的王名衡（天蓝）的《关于北方左联的几点更正和补充》，对该刊一九七九年第四期上所发表的孙席珍的《关于北方左联的事情》与重新转载的当年辛波与郭虹合写的《北平作家协会成立大会速写》（重新转载时未注原出处，实际原载于一九三六年十二月二日出版的北平《时代文化》第二期）中"和事实有出入"与"有遗漏"的"个别地方"作了五点"更正和补充"。这五点"更正和补充"都是关于北平作家协会的执行委员与机关刊物的。王名衡同志是原北方左联盟员（有王西彦的文章、程应镠的回忆、天蓝悼词可证）与北平作协会员（有当年公布的会员名录可证），参加了北平作协的成立大会并为大会四个记录员之一（有大会签到纸上的签名与上述辛波与郭虹的大会报导为证），照理说作为知情人与当事人，他的"更正和补充"应当是可信的，而其实却不然——他所"更正和补充"的五点中，属于"更正"的实际是"更错"，属于"补充"的也多似是而非。

首先，来看王文"更正和补充"的第一点——"北平作家协会成立（大会）所选执委有王名衡，票数不很低"。关于北平作协成立会执委与候补执委选举结果，当时报刊上有三篇文章作了详细报导：一是参加大会的《北平新报》记者（那天参加大会的除到会会员外，还有为及时报导大会实况特邀的《北平新报》记者）当天写的《北平作家协会成立／通过成立宣言及简章草案／孙席珍等十一人当选执委》，刊于第二天（一九三六年十一月二十三日）的《北平新报》上；二是由参加大会的辛波与郭虹（胡述文）写的《北平作家协会成立大会速写》，刊于十天后所出版的由北平作协成员孙席珍、曹靖华、管舒予（管同，张致祥）、齐燕铭所办的半月刊《时代文化》第二期上；三是由大会四个记录员中的两位余修(鲁方明)、张枘(另两位为王西彦、王名衡)与参加大会的王介(金肇野,爱新觉罗·毓桐)大会后第四天写的,篇名也是《北平作家协会成立大会速写》,刊于一九三七年一月二十五日上海出版的《光明》半月刊第二卷第四期上。这三篇报导,除了《北平新报》在"紫扬"(臧恺之用得最多的笔名)前增添姓时将"臧"误作近音字"张"与对"第一届执行委员""第一届候补执行委员"的简称有所不同外,对所选出的执委、候补执委及其排列次序与各人所得票数的报导,乃至报导选举结果的行文基本格式,都是一致的——"(选举)结果(是):孙席珍三十三票,曹靖华三十三票,高滔三十二票,王余杞二十八票,管舒予二十一票,李何林十七票,杨丙辰十六票,顾颉刚十六票,李辉英十五票,澎岛十五票,谭丕谟十四票,以上十一人当选(为)(第一届)执(行)委(员);杨刚十三票,陆侃如十二票,冯沅君八票,紫扬七票,王西彦七票,以上五人当选(为)(第一届)候补执(行)委(员)"。这些报导中所说的这一选举结果是可信的,因为,第一,三篇报导的作者都是北平作协成立会的参加者,当场做有记录,并根据记录在当天或会后不几天写出报导;第二,三篇选举结果完全相同只能说明是如实报道,不可能是偶然的巧合,不会是某一篇漏报王名衡而其他两篇也同样恰恰漏报王名衡;第三,刊登这三篇报导的报纸与刊物都是次年"七七"事变后才停刊,如果对这一选举结果报道有误的话完全可以刊登更正,而实际上《北平新报》刊登过由北平作协所写的对该报这篇报导的更正(详见后),但不涉及成立会选举结果部分,因而三个报刊均未登关于作协成立会选举结果的补正,说明它们原来的报导如实无误;第四,北平作家协会与其前身秘密组织北方左联不同,它是公开活动的组织,成立大会实况、成员名单、成立宣言、活动情况等均公开在报刊公布于世,没有必要也不曾向社会隐匿自己的某一成员或某一领导者,连北方左联时期受中共北方局直接领导的特别支部的党员、秘密支持左翼文艺运动的周金(陈伯达)、孙席珍、管舒予、齐燕铭等人参加北平作协与在北平作协中担任领导职务都公开见报,原来居于二线领导北方左联的孙席珍公开站出来领导北平作协,在报刊披露其执委与总务主任的身份,王名衡当时还不是中共党员,如果如他说的他是北平作协成立会上选出的执委的话,肯定也会报道其执委身份的,他是这次选出的执委而有意不在报刊披露的情况是不存在的;第五,北平作协成立后公布的会员名录在名次排列上有个规律:在文坛名望较高或对筹建北平作协贡献较大的排名靠前，北平作协成立会所选的执委与候补执委，或者文坛名望较高，或者对筹建北平作协贡献较大，或者两者兼而有之，排名均比较靠前——全在前二十八名，其中十人在前十名，而王名衡为第八十二名，即倒数第九名，因而从成立会选出的执委与候补执委在会员名录中的位置与会员名录排名规律的角度来讲，王名衡也不大可能是执委，不可能当时公布的执委名单漏掉他。综合上述五点，完全可以肯定北平作协成立会上选出的该会执委中没有王名衡，所谓"北平作家协会成立（会）所选执委有王名衡"，完全是欺人之谈！至于这次会上执委选举中有没有人投王名衡的票，有的话他得几票，都还没找到可证材料，不过有一点是可肯定的——这次选出的执委与候补执委是以得票多少而定的，得七票就当选候补执委，王名衡连候补执委也未被选上，如果有人选他的话，票数最多也不会超过六票，因而说他得的"票数不很低"也是不符事实的。

其次，来看王文"更正和补充"的第二点——"执委选出后，推举五个常委：王名衡为常委之一，分工负责出版部工作"。常（务执）委是从执委中产生的，王名衡不是这次会上选出的执委自然不可能是这次会上推举的常委，这是不言而喻的。此外还可从其他方面说明王名衡不可能是这次会推举的常委。第一，这次会推选的常委、一般执委与候补执委都是据得票多少而定的，票最多的前十一人为执委，其中前五人为常委，票次多的第十二至十六名为候补执委，因而五个常委是孙席珍、曹靖华、高滔、王余杞、管舒予。假如如王名衡所说他是五常委之一的话，那么管舒予应不是常委。而实际上管舒予不仅是常委，在第四次执委会上常委工作调整后还接替孙席珍做过协会最重要的一个部总务部的主任（孙原为协会书记兼总务部主任。参见协会会刊《文学周刊》上孙席珍、管舒予分别用丁非与舒予署名合写的《关于北平作家协会》、孙席珍的《关于北方左联的事情》）。既然常委是成立会得选票最多的前五名执委而当时报刊公布的前五名得票最多的人中又没有王名衡，得票居第五位的管舒予又肯定是执委，那么当时报刊公布的得票最多的前五人名单不可能有遗漏，王名衡不可能是常委。第二，北平作协成立会选出的常委都是该协会的主要发起人或筹备委员——该协会最初由孙席珍、曹靖华等于一九三六年四月筹备发起，曾请鲁迅为将来的成立大会写几句祝词（参见《鲁迅全集》书信 360503

致曹靖华及孙席珍《再谈北方左联》),到六月份又有高滔(齐同)等参与筹备(见六月二十九日《北平新报·文化线》),在八月九日中山公园来今雨轩发起、筹备人的聚会上,推选了孙席珍、曹靖华、高滔、王余杞、管舒予、杨丙辰、澎岛(许寿彭)七人为筹备委员(见当月上海《救国时报》及辛波、郭虹合写的《北平作家协会成立大会速写》),在该协会成立会的选举中这七名筹委全被选为执委,其中五名常委全出自原来的筹委——从北平作协常委与其发起人、筹委的这种密切关系来看,王名衡不是主要发起人也不是筹委,是不可能被选入常委的。第三,北平作协成立会那天推选的常委都是在当时北平文坛上声望较高的人物——他们大多在二十年代已在文坛上有一定名声,在北平作协成立时孙席珍、曹靖华、高滔都是大学教师,孙席珍早在二十年代初就发表不少新诗,被人称作"诗孩",以后又写有大量小说,出版有《战场上》《金鞭集》等十本长短篇小说集,因首创专写战争的小说三部曲而被称为"战争小说家",其《阿娥》《没落》被译成英文介绍到国外,成为大学教师后,有《近代文艺思潮》等四部文学专著、《英国文学研究》等译作、《现代中国散文选》等编著出版;曹靖华发表有剧本《恐怖之夜》与散文《种花记》等创作,出版有《铁流》《星花》《蠢货》等六部俄苏文学作品译著;高滔出版有《文人国难曲》(长篇小说)等创作与《白痴》《贵族之家》等俄国文学译著之外,还发表有未结集的《风波》《曦》等十多篇小说,《骷髅山下的断塔》等散文,《我的歌儿》等诗作,以及伊凡诺夫、高尔基等十来位俄苏作家的小说译作;王余杞编过《荒岛》《海风》《每月文学》《当代文学》等较有影响的文学专刊,出版有《孤鸿》《浮沉》等四部长中篇小说,《秋》《将军》等五本小说集(其中二本为与他人合集),《一个美术家的爱》等文学译著;管舒予在"左联"时期已是比较重要的北平左翼文化人士,因而与一般的"左联"成员不一样,与孙席珍等人由直属中共北方局的特别支部领导(见孙席珍《再谈北方左联》),北平作协成立前发表过《电车上》《喉痛》《苍蝇》《雨中梦话》《人与非人的界限》等大量散文与杂文。王名衡在北平作协成立时还仅是个大学生,虽参与编辑过《大学艺文》,写过一些文学作品,但在文学界的声望与影响,是远远不能和上述五人相比的。因此从常委皆北平文坛声望较高的人士这一角度来说,王名衡也不大可能是常委。第四,在北平作协刚成立还没会刊的情况下,辛波、郭虹的《北平作家协会成立大会速写》发表在该协会会员办的同人刊物《时代文化》上。《时代文化》的四位同人这时不但全是北平作协会员，而且其中三人还是该会常委，在由三个常委主持的刊物上公布执委名单竟会漏掉一个常委而又不作补正，这是不大可能的。王名衡的名字既然不在该刊所刊文章谈及的全部执委名单之列而又不见该刊作补正补入，就说明他不是执委，更不可能是常委。第五，当时有关报刊在报导北平作协会员与执委上果有重要的失误的话，肯定会作补正的，比如《北平新报》曾刊登过北平作协会员名录，事后在四月七日就又刊登了这样的《北平作家协会启事》："前有本会会员孙荪全，介绍顾颉刚、吴世昌、朱宝昌、连士升、张秀亚、郑侃媐等各兄加入本会，顷闻该会员事先并未征得各位被介绍人之同意，殊属非是。本会前筹备委员会疏于检察，亦觉非常遗憾。兹特郑重声明，顾先生等并未正式参加本会，诸希公鉴。"此启事所更正的刊登北平作协会员名录的文章同时也报导了北平作协成立会所选出的该会执委与候补执委名单（执委与候补执委名单中没有王名衡），启事中既涉及了普通会员名录的更正，也涉及了北平作协成立会所选执委的更正——顾颉刚被误选为执委，如果王名衡是上述执委名单中漏掉的执委的话，那么在此启事中应说明他是以前报导中遗漏的执委，因为连是否会员这样的错误都更正了，没有不更正是否执委之误的道理，在关于执委的更正中没有只更正这人之误而不更正那人之误的道理。此启事中既未补充说王名衡是前报导中遗漏的执委，那就证明他不是北平作协成立时选出的执委，更不可能是当时推举的常委。综合上述五点，完全可以肯定王名衡不是北平作协成立时推举的常委，他自己说的那天推举的五个常委"王名衡为常委之一，分工负责出版部工作"是无中生有。

再次，来看王文"更正和补充"的第三点——"北平作协机关刊物定名为《联合文学》"。这一补正是似是而非的。第一，北平作协先后创办了四个机关刊物——孙席珍《关于北方左联的事情》中提到的《文学周刊》，一九三七年二月八日创刊，六月三十日终刊，共出二十一期（漏编号第十九期），为《北平新报》副刊，刊该报第二版，占对开版面四分之三，刊头下注明为"北平作家协会定期刊物之一"；二是《通俗文学》月刊，同年三月十日创刊，六月十日终刊，共出四期，为三十二开本的每期仅四十多页的小型刊物；三是《联合文学》第三期，同年六月（原刊未注明具体日期）出版，原为北平榴火文艺社所办的十六开本的每期百十页的大型刊物,第一期名为《榴火文艺》,第二期更名《联合文学》,第二期出刊后因榴火文艺社同人或离北平或在平忙于其他工作,无力继续编刊(参见刘春《我参加左联的回顾》),而此时北平作协原计划出版的大型会刊《北方文艺》因无经济能力又不能出刊,北平作协主要负责人孙席珍、管舒予就于这年四月起意将它接受过来代替原计划中的《北方文艺》(参见《北平新报·文学周刊》创刊号《编后》及第九期孙席珍、管舒予写的《关于北平作家协会》),后经北平作协执委会研究同意才把它接受下来,第三期版权页上"编辑者""发行者"虽仍署"榴火文艺社",但在封面上加印了"北平作家协会编行"字样,使这一期终刊号(第一卷第三期)成了北平作协会刊;四是《泥土文艺》,刊《京报》第八版,占对开版面四分之三,原为北平作协会员刘北斗主编的《文学周刊》,一九三七年三月二十六日创刊,从七月九日所出的第十六期起,北平作协加派新人参与编辑,更名为《泥土文艺》,刊名下加署"北平作家协会刊物之四"字样,七月十六日出第十七期后终刊。第二,北平作协创办之初计划出的刊物就是三个——大型会刊《北方文艺》,小型会刊《文学周刊》,普及刊物《通俗文学》。因此,无论从北平作协原计划出的三个刊物中没有《联合文学》来看,从北平作协实有四个会刊来看,还是从实际上只有半个《联合文学》属北平作协刊物而"定名为《联合文学》"的是北平榴火文艺社而不是北平作家协会来看,严格说王文所说的"北平作协机关刊物定名为《联合文学》"都是不对的。

复次,来看王文"更正和补充"的第四点——"《联合文学》编委由七人组成,是由原左联刊物的编委转过来的",七人中由王名衡任主编,陈落、杨述、余修(鲁方明)、彭础石等任编委。这一说法也是似是而非的。第一,此刊原由王景任、苟晴川(秦川)、伍石夫、刘伯文(刘春)等人创办,第一卷第一期由伍石夫编辑,第一卷第二期由刘伯文编辑,第一卷第三期由王名衡主持编辑(参见刘春《我参加左联的回顾》),不能将仅编了其中一期的编者称为整个刊物的编者;第二,王名衡等接编《联合文学》时北平左联已解散一年之久,北平作协也已成立半年多,原左联刊物早已一个都不存在,新出现的刊物也没一个是左联刊物,根本不存在"由原左联刊物编委转过来的"问题,以王名衡本人而论,他接编《联合文学》之前作为八个编委之一参与编辑的《大学艺文》就是在北平左联解散后由中共北平市委所领导的进步学生刊物而不是左联刊物(参见一九八〇年高承志、王作民复中国社会科学院文学研究所左联调查组的信。此二信均把《大学艺文》误作《大学文艺》,他自己就不是"由原左联刊物编委转过来的",可见七编委是由原左联刊物编委转来之说是欺人之谈。

最后,王文"更正和补充"的第五点——《联合文学》"自1936年底到七七事变共出版3期",也是与事实不尽相符的。此刊创刊号(《榴火文艺》第一卷第一期)是在一九三六年六月份出刊的,始更名的一期(《联合文学》第一卷第二期)是一九三七年二月一日出版的,始成为北平作协会刊的一期(《联合文学》第一卷第三期,即终刊号)是一九三七年六月出版的,无论从其始创刊、始更名、始成为"北平作协机关刊"哪种情况来算起,其始刊时间都不是"一九三六年底"。从王文不提此刊初名与前两期编者而只提"北平作协机关刊"《联合文学》及其编者来看,王文所提的刊物起止时间与所出期数当是指后者,那么刊物成为"北平作协机关刊"后只出了一期,其始刊时间即终刊时间,与王文说的"自1936年底至七七事变共出版3期"更对不上号了。

综上所述可以看出,王文"更正和补充"的五点没有一点完全合乎事实。在当事人回忆与己有关事情的文字中,特别是"更正和补充"他人文章的文字中,错误多到如此的无以复加的地步,可谓是叹为观止的典型了,实在是令人遗憾又使人惊愕!笔者在今年年初发现王名衡这篇"更正和补充"充满错误时曾疑惑过:王名衡同志是北平作协成立大会的记录员之一,对自己在这次会上是否被选为执委这样的大事本不应会弄错的,但为什么明明他连候补执委也未被选上而偏偏要说自己是被选出的执委常委呢?北平作协的会刊有四个这是有据可查的,也是使人不易忘的,而且孙席珍文章中又提到其中一个会刊《文学周刊》,但王名衡同志为什么只把实际上仅有一期属该会的《联合文学》称为该会的会刊呢?明明他是从他人的手里接编《联合文学》这个前期并不属于北平作协的刊物的,这也是他清楚又不易忘记的事,但为什么他避开接编的事实而只提刊物由他主编并出三期,要给人以刊物始终为北平作协会刊并始终由他主编的印象呢?明明这个刊物创刊时他正参与编辑《大学艺文》,距北平作协成立还有五个多月,到他接编、刊物改属北平作协时,北平作协已成立了七个来月,这两个时间都和北平作协成立的时间相距甚远,不易记混,但为什么他偏偏把此刊创刊时间说成是北平作协成立的季节"一九三六年秋"呢?

思之再三，终于悟出了王文的"严谨"与奥妙：原来，按王文的提法——北平作协会刊只有《联合文学》，它是北平作协一成立就创刊的，始终由王名衡主编，这后三点"更正和补充"，自然就无形中成了"更正和补充"的前两点——王名衡是北平作协成立当天被推选的该协会"负责出版部工作"的"常委"的证据了！同时也领悟到孙席珍等人的文章在《新文学史料》刊出后，当时在山西社会科学院搞文学研究，并不难及时看到孙文的王名衡同志为什么不马上予以"更正和补充"，而直等到两年多之后孙席珍同志病逝死而无言时，才出来予以"更正和补充"的原因了。然而，奥妙的构思毕竟与事实是两码事，并不能掩盖与制造历史事实。

北平作家协会是中国现代文学史上较为重要的一个组织，它是北方左联的后身，"七七"事变前夕全国各地的抗日救国大联合的文艺组织中最有作为的组织，弄清它的执委与刊物情况是完全必要的。但它在世时笔者还未能出世，笔者只能就所掌握的史料作上述辨正。我想，在上述辨正之外还可由而今健在的当事人来证实。从北平作协成立大会签到纸的影印件上我们得知参加大会并有选举资格的共三十四人，其中除一人的签名（两个字）因字迹太潦草又与他人签名部分笔迹重叠而分辨不出是谁以外，已知与会会员有苏殷、李辉英、刘北斗、刘西蒙、蒋弼、欧阳弼、李何林、王西彦、老鹰、澎岛（许寿彭、铁森）、余修（鲁方明、于岫）、孙席珍（丁菲、丁飞、丁非）、金肇野、冯夷（赵俪生）、赵荣声、管舒予（张致祥、管同）、紫扬（臧恺之、叔寒）、温涛、杨刚（杨冰、杨缤、贞白）、亚苏（张晋媛）、郭虹（胡述文）、张凝、张枒（张瑞珍）、汪华、今及、李威琛、孙苏全（孔祥偈）、闻国新、何一鸿、曹靖华、谭丕谟、高滔（齐同）、王余杞、王名衡（天蓝）〔签名是横七竖八写的，上述名单不反映到会与签名先后；名后括弧中的原名或常用笔名是笔者所加〕。希望这一名单中健在的同志能出来证实一下北平作协的常委都是谁，并把参加该会成立会人员的名单补齐。

附带提一下，《新文学史料》一九八四年第三期上刊登的《天蓝同志悼词》也有不确之处。文中说，王名衡同志"曾任北平左翼作家联盟委员兼出版委员，主编联盟机关刊物《联合文学》，同时并主编北平各大学进步文艺青年团体刊物《大学文艺》"——这里误把北平作家协会的机关刊物《联合文学》说成了是早已解散一年左右的北平左联机关刊物，把《大学艺文》误写作《大学文艺》，把王名衡先参与编辑《大学艺文》(一九三六年六月前)后主编《联合文学》(一九三七年四月后)误说成"同时""主编",把由高承志创办并负责领导的《大学艺文》误说成由王名衡主编(王只是高领导下的八个编委之一,参见一九八〇年高承志与王作民分别于五月二十四日与六月四日复中国社科院文研所左联调查组的信)。悼词中说的王名衡为北平左联出版委员,在1949年后诸多关于北平左联的回忆文字中也未见有人提及,也还是有待进一步查证的问题。

一九九一年十月北京

原载《新文学史料》1993年第3期。

"文化语境"与"变异体"以及文学的发生学

严绍璗

文学的发生学,是关于"文学"生成的理论。我国人文科学领域内对文学的研究,大多数学者都是在国别文学史的系统内加以展开的,即是对已经生成的"文学文本"在民族文化的范畴中进行阐述。(这里使用的是广泛意义上的"文本"概念,包括文学样式、文学创作和文学理论等,下同)。文学的发生学,更加关注文学内在运行的机制,从而阐明每一种文学文本之所以成为一种独特的文学样式的内在逻辑。

从文学研究的广谱上加以考察,"比较文学研究"确立了对文学研究的新的视角,这一学术与其说是提供了研究的方法论,不如说它是确立了突破狭隘陈说,从而重新构建文学研究的新理念。正是基于比较文学研究的这一基本学术特征,本来在传统的国别文学史的范畴内事实上无法解决的"文学的发生学"问题,终于被提到了"比较文学研究"领域中来了,从而使比较文学在研究趋向与研究结论方面,更接近于触摸到"文学"的本相实际。

文学的发生学,即探明文学文本之所以形成现在已经显现的面貌的内在成因。它与文学的诠释学不同,其学术意义并不在于"诠释"文学——在"诠释"的领域内,诠释的立场则是每一个诠释者的独特思想立场。由于每一个诠释者的时代不同,文化底蕴不同,美学趣味不同,当然也由于诠释者本人的生存价值不同和生存取向不同等,一个文学"文本"可以有而且也必然会有多种多样的"诠释"。但是,作为文学的发生学研究的有价值的成果,在关于"文学生成"的阐述上,其答案应该是趋向唯一的。当然,这种探索"唯一"的过程可以是多样的,但真正符合科学意义的结论从文学文本生成的本相上说应该是不二的。

比较文学研究意义上的发生学,可能多少与生命科学领域内关于探索"人之所以成为人"的命题在思维逻辑和实证推导方面有些类似。学术界尽可以对"人"(包括"人性")作出各种各样的"诠释",但是,科学家对于"人之所以成为人"的答案认定是唯一的,即他们认为,正是由于人的基因的独特的组合程序,才使人成为人。黑猩猩的基因组合与人的组合虽然只有2%的不同,但它们就不是"人"。因此,阐明人的成因,从基因组合的立场上说,便是破译其组合成"人"的相关的密码。这是唯一科学的结论。所谓"科学的结论",即是符合事实本相的结论,即是事物成因的唯一的真相。哲学家阐明人的"性",科学家阐明人的"成因"。同样的,比较文学的诠释学阐明各个时代的诠释者对文学"性"的理解,而发生学则阐明文学的"成因"。

现在,从我们对东亚文学发生的研究体验说来,或许有把握提出关于"文学的发生学"的范畴并解析其路径,并尽可能提供操作的程序。

在"文化语境"中"还原"文学文本

"文化语境"(Culture Context)是文学文本生成的本源。

从文学的发生学的立场上说,"文化语境"指的是在特定的时空中由特定的文化积累与文化现状构成的"文化场"(The field of Culture)。这一范畴应当具有两个层面的内容。其第一层面的意义,指的是与文学文本相关联的一定时空中特定的文化形态,包括生存状态、生活习俗、心理形态、伦理价值等组合成的特定的"文化氛围";其第二层面的意义,指的是文学文本的创作者(有意识或无意识的创作者,个体或群体的创作者)在这一特定的"文化场"中的生存方式、生存取向、认知能力、认知途径与认知心理,以及由此而达到的认知程度,此即是文学的创作者们的"认知形态"。事实上各类文学"文本"都是在这样的"文化语境"中生成的。因此,揭示文学的发生学的轨迹,首先应该借助"文化语境"的解析,即在"文化语境"中"还原"文学文本。

我们如果从东亚文学发展的实际轨迹加以考察(请注意:这是人类文明的摇篮之一,遗憾的是"比较诗学"中那些"普世性理论"的构造者常常缺乏这一领域的学识,却又冒充理论的"普世性"价值),那么,构成"文学的发生学"的

"文化语境",实际上存在着三个层面。第一层面是"显现本民族文化沉积与文化特征的文化语境",第二层面是"显现与异民族文化相抗衡与相融合的文化语境",第三层面是"显现人类思维与认知的共性的文化语境"。每一层"文化语境"都具有多元的组合。目前的研究可以证明,几乎所有的东亚文学都是在这样的文化语境中生成的。

一般说来,所谓"文学",可以说是在精神形态中以艺术形式显现的"人"的美意识。这里说的"艺术形式",则是创作者在自己生存的"文化场"中对他所关注的生活,以他或以他们自身的"认知形态"加以虚构、象征、隐喻,并且以编纂成意象、情节、人物、故事等的手段,从而来表现创作者作为"人"的美意识特征。因而,所谓在"文化语境"中"还原"文学,便是在一定的"文化语境"的层面中,透过组合成"文学"的各个"装置",例如意象、情节、人物、故事等,对其内含的各种虚构、象征、隐喻等进行"实在意义"上的解析,这样便可以凸显"文学文本"的内含的真正的美意识特征,并相应阐明"文学文本"的实际的成因。

例如从比较文学研究的立场上观察日本古代的文学,那么,我们常常会感到"文学史"给予我们的知识的匮乏——目前几乎所有的《日本文学史》(包括篇幅更加巨大的《东方文学史》),实在无力揭开深藏在日本文学文本之中的使各个"文本"之所以成为"如此形态"的秘密,例如,关于"记纪神话"中 Izanaki 和 Izanami 二神创造世界的形态,他们在下降大地之初,在创生的伊始,为什么首先要在大地上树立起"御柱"?为什么要实行男神从右向左旋转,而女神从左向右旋转呢?为什么二神依此规则实行"交合"后第一次的创生却因为生下一个"Hiruko"(水蛭子)而失败呢?为什么神话创造了一个"太阳女神"而不是"男神"呢?为什么太阳女神委派她的"孙子"而不是她的"儿子"再次下降大地,从而组织起对人间的统治呢?又例如在日本古代韵文文学的演进中,从"自由音素律"到格律化,为什么最终会确立"Misohitomoji"(三十一音素律)?为什么"三十一音素律"最终是以"5·7·5·7·7"的音节组成节奏?为什么这一被称为"短歌"的文学样式,在《万叶集》的"长歌"的尾声中又无一例外地被称为"反歌"呢?又例如在日本古代文人叙事文学创建之初出现的《竹取物语》,为什么故事以"竹取"开的头,却以"飞升"为其结尾呢?为什么女主人公被设定的"难题"其内容大多与佛教有关,而自己最后的"飞升"却又与佛教无涉呢？……由文本所提供的疑问实在是很多的，这些疑问如果思考下去，就必然会涉及日本古代文学中关于"发生学"的一系列具有根本意义的问题。如果我们能够把这些"疑问"放置于生成这些"疑问"的特定的"文化语境"中加以解析，其内含的各种虚构、象征、隐喻等便可以显彰其真实的意义。

日本当代具有权威意义的学者梅原猛教授，构筑起了庞大的"梅原古代学"。在关于日本"记纪神话"的解读方面，梅原教授认为，以《古事记》为核心的日本"记纪神话"，实际上是公元 8 世纪时日本皇室为安排政权接替而特意创作的作品，因为当时执政的元明女天皇正在依照她的婆婆持统女天皇，安排她自己的孙子接任天皇位，因而，《古事记》便特地把"太阳神"描述为"女性"，并且安排了"天孙降临"（太阳神把她的孙子降临大地，筹划实行人间的统治）的场面。①

这是很典型的"Euhemerization"（欧赫美尔主义）解密论！梅原先生对《古事记》的发生的阐述，由于在事实上脱离了相应的"文化语境"，因而对这一特定的"文学文本"中的虚构、象征、隐喻等的解析，陷入了重大的误区，终于使神话失去了民族的灵光，而沦落为政治的僵尸。②

如果我们把《古事记》放置于与它相关联的"文化语境"中解析，便有可能从本体上把握它的一系列的虚构、隐喻、象征等的真正意义。例如，在日本"记纪神话"中，太阳神为什么是女性神而不像希腊神话、中国神话那样是男性神呢？这应该从以《古事记》形成时代为中心的"显现本民族文化沉积与文化特征的文化语境"中加以探索。这一层面的"文化语境"，向研究者提供了日本 Yamato 民族的祖先把太阳神定格为"女神"，并进而把这位女神幻化为日本皇谱上具有第一意义的"远皇祖"的丰厚的民族文化资源，即日本古代社会中长期持续而且深刻化的"女性崇拜"的心理特征，它构成为特定时空中日本人普遍性的人生观与世界观，并且至今表现为一种社会时尚。③

至于"梅原古代学"中关于"天孙降临"的设问，即太阳神不是以第二代而是以第三代作为管理人间大地之首，在降临大地时又配以"五部产神"作为随从，授予"三神器"作为权力的象征。这一重大的组合，其实是以圣数（sacred-number）"三五"为核心构成，其内蕴的意义便涉及了第二层面的文化语境。从《古事记》的整体结构考察，这一神话群系具有与异民族文化相接触后形成的

"隐喻"(metaphor)系统。而其中若干个"隐喻"系统则是通过使用圣数来实现的。例如,《古事记》开首描述最初的创始天神的形成,首先出现的是"三柱神"(mihashira no kami),继而组成为"五柱神"(gohashira no kami),提供了第一个具有"隐喻性"的"三五"的组合。当创始男神 Izanaki 从黄泉归来,在水边洗涤污垢之时,他洗左眼而化成为神,称为"天照大御神"(Amederasu—oomikami),洗右眼而化成的神叫"月读命"(Tsukuyomi no mikoto),洗鼻子而化成的神叫"建速须佐之男命"(Takehayasusanoo no mikoto)。由此便开始建立了"太阳神的神话"群系。这个神话群系是以上述"三贵子"的诞生作为起始的——神话再次把"三"作为象征性"隐喻"推到了读者面前。后来,当太阳神的弟弟因为思念母亲而上高天原寻找姐姐,天神们以为他前来夺权,惊恐万状,于是姐弟互相以"生殖"孩子作为彼此没有歹心的"信物"——太阳神因此而"生殖"了五个儿子,她的弟弟因此而"生殖"了三个女儿——这里提供了又一个"三五"的组合。

研究者注意到《古事记》中的以圣数"三五"组成的结构,几乎皆是出现在神话的"创生"状态中——它内蕴着关于"生命创造与起源"的意义。其实,这正是亚洲大陆中国道家文化中关于"三极创生"的最经典性的命题。《老子》说:"道生一,一生二,二生三,三生万物。"这表明在关于宇宙起源的认知学说中,道家把"三"作为万物之始。从隐喻表述的心理意义上说,"三"便是万物创始的象征。中国早期的阴阳家在阐述宇宙和人体的生命运动时,又以"五"为万物均衡的中心,创"九宫之说"。于是,"三五"便作为"非数而数",成为"万物创生"与"万物恒定"的"sacred—number",具有了"隐喻"的意义。所以司马迁在《史记·天官书》中说"为国者,必贵三五","为天数者,必重三五",指的就是"三五"圣数所内蕴的"万物创生"与"万物恒定"的"隐喻"意义。从《古事记》所透露的文化语境以及与《古事记》形成相关联的文化语境考察[①],"记纪神话"中的"天孙降临"便正是在这样的文化氛围中被构思为具象,组合而形成具有"隐喻性的"故事。只有在这特定的文化语境中加以破译,才能揭示其内含的本质价值。

实际上,从发生学的立场上来阅读《古事记》,还存在着许多研究者尚未注意到的若干文化符号,需要从第三层"文化语境"中加以阐述。例如,在最初的"天神"形成的时候,在推出第一组"三五"组合的神像之后,事实上先后又形成了十尊天神,但是,"记纪神话"称它们为"神代七世"(Kamiyo Nanayo),我们知道,依据《圣经·旧约·创世记》的记载,希伯来人是把"主"对世界创造的周期定为以"七"为基数的。中国魏晋南北朝的"志怪"作品《刘阮说话》,记载"刘晨、阮肇入天台山采药",逢"仙女"作乐数日,返回人间,而"乡邑零落已七世矣"。据 Brain Morris 报告,说"祖尼人"的"分类体系的基本原则,是把空间划分为七方位",他并引用早期人类学家 Frank Cushing 关于印第安人的认知形态的调查说,"在氏族之内的印第安人的村庄,也是按照人们自身的归属判定为七个部分"。⑤这些简单的事例告诉我们,人类虽然分居于全球的天涯海角,但是,在其思维形式和认知形态方面,一定具有共性的成分,并且以多种"象征"与"隐喻"的形式表达出来,从而在各民族的文化内部,构成为第三层文化语境。⑥

"记纪神话"中 Izanaki 和 Izanami 二神创世之初,先在大地上立起一根"御柱"(《日本书纪》中称之为"国柱"),成为二神创世的第一个道具。那么,开创世界之初,男女二神为什么需要这样的道具呢?有学者称此为"宇宙的中轴",实在过于抽象。其实,这是内隐在神话中的一种"象征的积蓄",是实物形态的符号。本来,人类在对自身生命的起源的认知,是经历了漫长的道路。大约在公元前 6、5 世纪,人们开始把创造生命的权威,从女性逐步地转移到了男性身上。公元前 5 世纪,希腊哲学家 Anaxagoras(前 500 — 前 428)创立"种子说",认为万物起源的根源在于男性的"种子",女性不过是提供了生产的"场所"。同样的观念在古印度文化中也得到显现,古印度教三大教派之一的"Saiva Sakta"(湿婆教性力派)所崇拜的主神"Saiva",其形象的象征被称为"Linga",即是男性的生殖器。至于中国汉民族的文化中,其"祖先"的"祖"即是"且"字,从"象形"的视觉考察,则与考古发掘之"陶祖",同为男性生殖器的符号。这样一种在世界范围内的对生命起源的革命性的认识,同样以象征与符号的形式,隐藏在日本的创世神话中,以一种相关的话语,显示"生命之源"的力量,从而构筑起属于神话的叙事模式。

一般说来,在这样三层文化语境中解析文本,就有可能揭示文本中原先通过情节、人物、故事等而内含着的虚构、象征、隐喻、符号等所具有的真实意义,显现了各个文本所生成的"文化场"的基本特征,阐明了各个文本之所以具有"个性"的基本内因。⑦

文学的"变异体"与文学的发生学

从文学发生的立场上观察文学文本,则可以说,在"文明社会"中它们中的大多数皆是"变异体"(variants)文学。⑧

在人类文明发展的过程中,一个脱离了"野蛮"的民族,多少总会有与外部世界相接触的机会,在文化活动的层面上——无论主动或是被动——此种活动一定会形成"新"的文化语境。这种状况不一定只是在"弱势文化"中存在,就是在"强势文化"中也是普遍存在的。即使像在古代汉字文化圈内的各个民族,在他们吸纳汉文化的同时,也仍然以各种不同的方式在不同的层面上把他们自己的文化渗透于处于"强势"状态的汉文化之中;18世纪末至20世纪初期是欧洲殖民主义文化冲击世界的时代,然而,正是在这个时代,各"弱势民族"的文化,在世界文化的若干领域中成就着最伟大和最杰出的业绩,像"进化论"(evolutionism)、"文化人类学"(culture anthropology)等这些影响着后来社会历史进程的学说,以及像 Charles Darwin(达尔文)、Lewis Henry Morgan(摩尔根)和 Sir Edward Burnett Tylor(泰勒)等这样一些近代文化杰出的创造者,他们的"文化"中事实上留存有大剂量的"弱势民族"的文化成分。

当年,当比较文学研究从"法国学派"发展为所谓的"美国学派"的时候,据说是因为一些学者不屑于做"文学的输出输入"的买卖,这当然有其历史的必然性和学术的功绩。但事实上,这一观念的背后,多少也表露出从事比较文学研究的一部分学者十分地缺少像文化史学、文化人类学、考古学、文献学、民族学和民俗学的理论和知识。

其实,美国文化本身就是一个"变异体"文化群。它的核心就是"整合"(integration)。作为一个移民国家,来自世界各地的族群把自己的文化带入了美国,"美国文化"这个范畴无疑是一个经典性的"变异体"文化群。美国文化与其说是"melting pot",不如说是"salad bowl",所谓的"纯粹性""单一性"对它来说是不存在的。即使退一步,仅仅就美国文化的表现工具"英语"而言,它也是一种"变异体"语言,英语在形成与发展中,由于德国的入侵,带来了盎格鲁—费里斯方言,然后罗马人入侵,带来拉丁语,随后日耳曼民族入侵,这种语言发展为盎格鲁撒克逊语。后来,英语又收容了法语、希腊语、意大利语。目前,现代英语成为词汇量相当大,表现极为丰富的语言,因为它从"土著语言"演变成为一组"变异体"语言系统。奇怪的是美国的比较文学家们竟然意识不到自己文化的这样的基本属性而倡导所谓的"平行研究"。

今天当我们回过头来读一读这些相关的著作的时候,应该说,这是一个不争的事实。今天,尚有学者指摘"(比较文学)这个学科要立足很难",其实,这正是表现了他们对"这个学科"无知的"悲哀"了。

文化现象清楚地表明,在世界大多数民族中,几乎都存在着本民族文化与"异文化相抗衡与相融合的文化语境"。当我们从这一文化语境的视角操作还原文学文本的时候,注意到了原来在这一层面的"文化语境"中,文学文本存在着显示其内在运动的重大的特征,此即文本发生的"变异"活动,并最终形成文学的"变异体"。

文本的"变异"机制,是文学发生学的重要内容。

那么,什么是文学的"变异"呢?

人类早期的"文化"(包括文学),都是在古代居住民生存的特定的自然环境与人文环境中形成的,由此而在文化中孕育的气质,是文化内具的最早的"民族特性"。任何文化的"民族特性"一旦形成,就具有了"壁垒性"特征。其实,"文化"与"文化运动",从本质上说,应该是没有文化学家们所津津乐道的所谓"开放的文化"还是"闭锁的文化"之分的。这种由文化的"民族性"特征而必然生成的文化的"壁垒性",是普遍范围内各民族文化冲突的最根本的内在根源(这里是就排除了文明社会中经济对文化的制约和政治权力对文化的控制等各种因素而言的)。文化冲突并不一定是一件坏事(这里的"冲突",指的是在广泛的意义上发生的由接触而生的撞击现象),从文化运行的内在机制来说,文化冲突能够激活冲突双方文化的内在的因子,使之在一定的条件中进入亢奋状态。无论是欲求扩展自身的文化,还是希冀保守自身的文化,文化机制内部都会发生一系列的"变异"。

例如,6、7、8、9世纪时日本文学中原先存在的无格律的"自由"形态的"和歌",面临中国"汉诗"的重大冲击与挑战,为了寻求和歌的生存之路,争取获得与汉诗相抗衡的能力,"自由形态"的"和歌"内部发生了一系列重大的调整,其中包括从汉文"歌骚体"文学中获取有价值的文学材料,在反复的抗衡与挣扎之中,终于形成了"三十一音音素律",成为具备了固定音律节奏的"歌",其生命力一直继续到现代。以"音素"为节奏单位构成格律,是"和歌""民族"特征的表现,然而,以"三十一音"作为格律的"型",则对日本语的"歌"具有明显的强制性(不适应性)。这种新的文学样式,我们称之为"变异体",它的一系列的衍化过程,便可以称之为"变异"。在日本古文学中,从"记纪歌谣"到《万叶集》的"歌",可以说是"和歌"发生一系列"变异"的过程,从《万叶集》到《古今和歌集》是"格律和歌"最后定"型"的过程。"和歌"的格律化,便是在数百年间的文化撞击中形成的。

  文学的"变异体"形成之后,随着民族心理的熟悉与适应,原先在形成过程中内蕴的一些"强制性"因素在文学传递层面上会逐渐地被溶解(在学理层面上将是永久地留存的)。一旦这些因素被消解,不被人强烈地感受到了,人们因此也就忘记了,并且不承认它们与"异质文化"之间的具有"生命意义"的联系,并且进而认定为"民族"的了,以此为新的本源,又会衍生出新的文学样式。一个民族的文学的民族传统,其实就是在这样的"变异"过程中,得以延续、得以提升,并在此基础上再次衍生,就像"民族"的日本"和歌",后来又衍生出了连句、俳句等那样。

  脱离了比较文学的发生学立场,把处在运动过程中的文学文本,作为一个凝固的恒定的物体,因而常常在该文本的"生成"的阐述上失却了文化事实的本相。例如有的学者把中国文学中的"话本形式的叙事方法"认定为"是小说创作的最基本的(汉民族的)民族传统,丢掉了这一特征,事实上就是放弃了在小说表现领域中的(汉民族的)民族形式"。这其实是从"孤立主义"的自我意识来臆说自己文学的历史传统和民族形式,其实,只要把"话本"的样式做一点"变异体"的研究,就可以明白它的雏形却是在与一种异质文化相撞击的文化语境中形成的,这种异质文化形式,不仅最终造就了汉民族的"话本型小说",而且也造就像日本的"歌物语"那样的古小说形式。一个与异文化接触的民族,它的文学文本的发生与发展,一般说来,都可能具有"变异"的特征。所谓民族传统、民族形式,皆是在这样的"变异"过程中得以改造、淘汰、提升与延续的。对于世界大多数民族来说,"纯粹的"民族文学是不存在的,就像欧洲各君主国的皇室那样,并不存在"纯粹"的国别血统,却仍然维持着各国先后相承的君主谱系;也正如提倡所谓"平行研究"的一些美国学者那样,他本身就是一个与"异质"具有"血缘联系"的"跨文化体",他们或他们的先辈正是在这种"血缘输出输入"的"买卖"中形成的具有"变异特征"的新的"种族"。试图割断或否认这种"联系",好比是儿子否认自己是有父亲的、孙子否认自己是有爷爷的,臆造出一系列的"文化孤儿"与"文学孤儿",于是,便误导大众,以为只有"孤儿"才是具有最"纯粹的血统"。所以,尊重文学运动的内在机制,确立"变异体文学"的概念,则是从理论上对被各种虚妄的理论搅乱了"文学身份"的大多数文本进行重新构建,并由此可以在这一层面上揭开文学的真正的成因。

文学的"变异"是一个十分复杂的文化运行过程,根据我们对东亚文学文本的解析,可以说,几乎一切"变异"都具有"中间媒体"。这是一个尚未被研究者注意到的文化运转的过程。或者说,关于一切"变异"都具有"中间媒体"的论断,它事实上描述了文学变异的基本轨迹。

我们在对日本神话向古小说演进进行研究的过程中,发现中国文化的某些因子以一种被分解的形态介入其中;我们在对日本"短歌"的格律性形成的检讨中也发现了相同的文化现象,即某些汉诗被"分解"并成为新的韵文的过渡形式。例如《万叶集》中有著名的歌人大伴家持的《悲亡妾歌》,此歌曰:

从今者,秋风寒,将吹乌,如何独,长夜乎将宿(No,462)

又有著名的歌人柿本人麻吕的《雷神歌》,此歌曰:

雷神小动,刺云雨零耶,君将留(No,2513)

这两首"歌"并不是"汉诗",也不是真正的"和歌",当代日本的"万叶学家"把它们以"三十一音素律"加以"训读",然而对日本语文来说,这种"训读"表现出了明显的"不适应性"和"强制性"。从文学的发生学立场上考察这一样式,应该说它们是"汉文韵文体"进入"和歌"过程中一种被分解的形态。⑨异质文化(文学)以"嬗变"的形态,即异质文化整体或部分以一种被分解的形式,介入本土文学之中,在文本成为"变异体"之前,形成一个过渡性走廊,并成为未来新的文学(文化)样式的"成分",这就是"文学变异"中的"中间媒体"。当原先的文本衍生成为新的"变异体"形式时,这一"中间媒体"也就消融在新文本中了。"变异"过程中的此种"中间媒体"的作用,有些类似化学反应中的"催化剂"(catalyst),但它们的最后的形态却并不相同。"催化剂"在反应中起加速作用,反应结束后它仍然保有自身的性质。"中间媒体"成为两种文化撞击的通道,对文化接触起促进作用,但它本身也消融在这一撞击与接触的过程中。研究者运用比较文学的综合手段(语言学的、文献学的、文化人类学的、民族学的等),则可以将它们还原为原来的形态。

从文本的解析中揭发这一具有决定意义的"文学发生学"现象,并从实践上与理论上加以确认,将对文学文本的发生学研究,具有相当实际的意义。

文本的"变异"过程和"变异体"的成立,就其形式与内容考察,从最本质的意义上可以说,它们都是在"不正确的理解"中实现的。关于这一命题,本文作者已经在《中国比较文学》1998年第4期上为之专论,由这一命题而确认了在文学的"变异"中所形成的新的文学样式(文本),都是本土文学传统的延伸和在另一层面中的继承。

"文学的发生学"研究,极大地提升了比较文学领域中的传统的"影响研究"。其实,"影响研究"和"关系研究"的本质,正是在于从"文本"的立场上探索文学的成因。因此,当我们把"文学的发生学"作为比较文学的一个新的研究范畴提出来时,事实上,我们是把传统的"影响研究"的学术做到了可能接近于它的终极的目标了。在这样的意义上可以说,一切所谓的"影响研究",如果脱离了"文学发生学"的基本的理论的指导,便会失缺了研究的终极目标,其研究"成果"的价值将变得毫无意义。在同样的意义上说,"文学的发生学"也对"比较诗学"提出了极为深刻的理论要求,它使在本门研究中对作为建构理论基础的各类"文本"的阐述,可以建立在由"发生学"的研究成果所提供的真实又稳定的基础上,从而在观念与方法论方面,真正成为理论研究与文本实证相互观照的学术,使研究者从"概念的移译"与"名词的叠架"中摆脱出来,从被人称为"说大话、吹大牛、批发洋货、贻害青年"的无奈境地中摆脱出来,[⑩]从而真正达到"从作品与世界的关系出发来探讨文学的性质"的学术目标,[⑪]而真正成为智者的事业。

"文学的发生学"这一学术范畴本身所显示的基本特征,以及对它的解析所显示的路径与操作程序等,表明这一学术是"跨文化(文学)"研究中具有重要意义的成员,尽管它在学术范畴的界定方面可能还是不完整的,在具体的研究路径的提示方面还有不清晰的地方,但是,我以为比较文学的研究只有在对作为"研究基础"的各类"文本"的发生有了准确的把握之后,才有可能得出各种各样的见解、论说和理论,才能显示出这一学术的稳定的科学意义。

原载《中国比较文学》2000年第3期。

注　释

① 参见梅原猛《诸神流窜——论日本〈古事记〉》(中文版),经济日报出版社,1999年第一版(日文原文请参见日本集英社刊,1982年第一版)。
② Euhemerus(公元前4世纪—前3世纪初),古希腊美塞尼亚哲学家。其名著 *Sacred Writing* 提出了关于希腊神话中诸神起源的理论。他认为神话中的诸神,都是被"神化了的"氏族或部落的酋长或帝王。例如,他指宙斯原本就是克里特岛国的国王等。
③ 参见严绍璗《确立解读文学文本的文化意识》,北京大学外国语学院日语系、北京大学日本文化研究所编《日本语言文化论集(第二辑)》,北京出版社,2000年。
④ 参见严绍璗《日本古代文化中的道家思想》,《日本学(第七辑)》,北京大学出版社,1996年;刘萍《中国的阴阳学说与日本的古代文化》,《中日文化交流史大系》第三卷第四章,浙江人民出版社,1996年。
⑤ 《刘阮说话》文本见《文渊阁四库全书·子部·类书类》。Brain Morris 的报告,见他本人著 *Anthropological Studies of Religion*,剑桥大学出版社,1987年,第131—132页。
⑥ 关于在文学发生学中提出"文化语境"的第三层面,参见严绍璗《記紀神話における二神創世の型态——東アジア文化とのかかわり》,日本文部省国际日本研究中心,1996年。
⑦ 发生学研究中对文本"个性"的解读,与文本创作者关于文本的自我表述不一定是一致的,这好比是"人"对自我的认知与科学家对"这个人"的例如"生物学"的、"解剖学"的以及基因结构的认识不一定相同是同理的。
⑧ 这里说的"文明社会"是文化人类学的概念,指的是以农耕生产为族群主要的生存形态,金属生产工具的出现和文字的形成等为标志的社会形态。关于"变异体"文学的特

征，本文著者在《中国比较文学》1985年第1期上刊出《日本"记纪神话"变异体的模式和形态及其与中国文化的关联》以来，陆续有所阐发，张哲俊博士在《中国比较文学》2000年第2期的"人物志"上发表《踏实的学风 实在的研究——记严绍璗教授的学术道路和学术建树》一文，对著者构思的"变异体"理论的概述至为妥切，有兴趣的读者请参见作者相关的论著和张哲俊博士的文章。

⑨ 参见严绍璗《日本古代短歌诗型中的汉文学形态》，《北京大学学报（哲学社会科学版）》1982年第5期；《诗人不能产生语言 语言能够产生诗人》，《学人》总第10期，1996年9月等。

⑩ 这是2000年11月23日（星期四）上午，北大哲学系一教授在北京大学哲学楼就比较文学与比较文化研究的状态对本文作者的当面谈话。

⑪ 参见乐黛云、陈跃红、王宇根、张辉《比较文学原理新编》第五章，北京大学出版社，1998年，第204页。

论毛泽东的美学思想

——纪念毛泽东诞辰 100 周年

陈德礼

毛泽东的美学思想是马克思主义美学在中国独创性的运用和发展,它深深植根于中国古代优秀的文化艺术传统中,又与新时代的现实生活和文艺实践紧密结合,成为中华民族先进的审美意识和人民大众的审美需要在理论形态上的集中体现。毛泽东作为一代伟人,他具有渊博的古代文化知识,又有高深的古典文学修养,同时还是一位伟大的文艺家和诗人。他的文艺论著体系完整,博大精深;他的诗词创作内容精湛,艺术完美,包孕着丰富的美学内涵。但毛泽东一生始终以引导时代前进为最基本的实践内容,他首先是一位政治家、思想家、革命家,所以他总是站在时代的高峰,以旧世界挑战者的姿态,从文艺战略家的高度追求人生美、创造艺术美;他把辩证唯物主义和历史唯物主义的世界观、方法论同文艺接受和文艺创作的实际感受、体验结合起来,使他的美学思想不仅带有鲜明的革命性、战斗性和科学性的特色,而且具有与他自己的审美气质和审美志趣相统一的个性化的主体精神风貌。毛泽东的美学思想是作为革命家的毛泽东和作为艺术家的毛泽东在美学理想上实践与理论相统一的产物,既具有理论的概括性、普遍性,又具有实践的指导性,在我国美学发展史上具有划时代的意义。

1. 人类一切进步的社会实践活动,都是为了追求真善美统一的理想境界。先进阶级的革命实践活动更是如此。从这个意义上可以说,坚持真善美的统一,并在斗争实践中实现这种统一,是毛泽东美学思想的核心内容。

毛泽东多次指出:"真的、善的、美的东西总是在同假的、恶的、丑的东西相比较而存在,相斗争而发展的。"[①] 在毛泽东看来,没有假恶丑就没有真善美。

在人类社会和自然界,统一体总要分解为不同的部分,只是在不同的具体条件下,内容不同,形式不同罢了。他把美的发展摆在广阔的社会背景下进行历史考察,正确揭示了真假、善恶、美丑相互依存、互为条件的对立统一规律。毛泽东指出:"任何时候,好同坏,善同恶,美同丑这样的对立,总会有的……它们之间的关系都是对立的统一,对立的斗争。有比较才能鉴别。有鉴别,有斗争,才能发展。"② 美与丑的斗争不仅具有鲜明的时代内容和阶级内容,而且同真与假、善与恶的斗争密切相关。通过对真与假、善与恶的揭示、比较、鉴别,确立美与丑斗争的价值取向,在斗争中达到真善美的统一,这是毛泽东基本的哲学观,也是他十分重要的审美观。

毛泽东的真善美统一论,服从于他的整个社会革命论。无产阶级的革命实践,是在人类最高层次和境界上的求真、向善和爱美。对真的追求,就是对客观世界规律的探索,对社会发展规律的揭示。在此过程中,才产生压迫与反抗的冲突之美、人的自由精神之美、人类历史演进之美。这一切都需要通过斗争才能实现。毛泽东所推崇的鲁迅,在这方面提供了一个典范。1937年10月,毛泽东在延安陕北公学鲁迅周年逝世纪念大会上发表的《论鲁迅》的演讲中,指出鲁迅用他那一支又泼辣,又幽默,又有力的笔,画出了黑暗势力的鬼脸,画出了丑恶的帝国主义的鬼脸,简直是一个高等的画家。鲁迅用望远镜和显微镜观察社会,所以看得远,看得真。并指出他在黑暗势力与暴力的进袭中,是一株独立支持的大树,不是向两旁偏倒的小草。这该是何等美的人格啊!鲁迅之所以能做到这一点,与他掌握马克思主义世界观之后对社会发展规律的认识分不开(即看得远,看得真),也与他自觉地同违背社会发展规律的丑恶事物顽强斗争分不开。所以他成了一名创造美的"高等的画家",是一株"独立支持的大树"。五十年代后期,毛泽东曾命诗人何其芳编一本《不怕鬼的故事》来教育人们。如果说"鬼"可以理解为丑恶事物的代表的话,那"不怕鬼"自然就是敢于同丑恶事物作斗争了。毛泽东在修改何其芳为这本书写的序言时加上了这样一段话:"难道我们越怕鬼,鬼就越喜欢我们,发出慈悲心,不害我们,而我们的事业就会忽然变得顺利起来,一切光昌流丽,春暖花开了吗?"这就是说,对丑恶的事物("鬼")只有不怕,敢于同它们作斗争,才能实现美的愿望("光昌流丽,春暖花开"),"事物总是在一定条件下通过斗争同它的对方交换位置"的。③

在毛泽东的审美视野里,由真通向美,必然是一条追求奋斗、其乐无穷的道路。"当年鏖战急,弹洞前村壁。装点此关山,今朝更好看。"这既是他的革命战争观,也是他的审美观。人凭意志力同丑恶对象做无尽止的拼搏,在毛泽东的感受中始终具有一种审美意义。

美与丑的斗争需要有一个前提,就是要能正确认识丑,揭示丑,作出合乎客观实际的审美判断。在现实生活中,丑同美一样,存在于事物与事物的关系之中;作为社会现象的丑,则存在于一定的社会关系中。正确地揭示这种关系并按照人民的审美需要改变这种关系,就不仅是求真,也是创造美了。法国美学家狄德罗在《关于〈私生子〉的谈话》一文中曾说过:"艺术中的美和哲学中的真理有着共同的基础。真理是什么?就是我们的判断符合事物的实际。"④他所提出的"美在关系"的美学命题,其核心就是要表现出事物之间的这种"关系"的本质联系和普遍规律。不管丑的事物的表现形态多么错综复杂,都可以在事物间的必然联系中加以揭穿,这种揭穿的过程,往往会"成美底情绪的源泉"⑤。所以毛泽东强调比较与鉴别,强调在真的基础上辨别美丑。理应美化的,即美化之;理应丑化的,即丑化之。他对歌颂与暴露,香花与毒草,光明与黑暗的论述,都是基于此而作出的审美判断。

美的事物总是以符合生活发展规律的审美理想为准则的。这种理想作为人的感情和意志的集中体现,自然会同一定阶级的社会功利观相联系;但是,只有当这种理想所代表的社会功利观同社会发展的方向相一致时,它才具有审美意义。从这一方面说,美又同善紧密相关,并且如毛泽东所言,在不同的条件下具有不同的内容和形式。抗日战争时期,毛泽东曾提出一切赞成抗日的力量都是应予肯定的,即既是善又是美。在社会主义建设时期,他又提出了辨别香花和毒草的六条标准,其中最重要的是坚持社会主义道路和拥护党的领导两条。这是根据社会主义社会所遇到的新的矛盾、社会主义建设(包括科学文化事业)的需要提出来的,目的是坚持真理、剔除错误,从而促进社会主义各项事业能够健康地向前发展。可见,美要以善为前提,并归根结底应符合人的目的性,即服从于善。尽管这种善的内容和形式在不同时期会有变化,但对于无产阶级来说,毛泽东认为有两条鉴别原则是不变的,即考察它在人类历史发展进程中，对待人民的态度如何，是否于人民有利以及在历史上有无进步作用。与社会发展规律相一致并推动社会发展，代表人民的根本利益才是真正的善，才会产生真正的美。毛泽东的真善美统一观，正是站在人类社会历史发展的制高点上，以革命阶级的社会实践和审美理想为视野、为基点的。

2. 生活美与艺术美的关系，是毛泽东美学思想深入探讨的一个基本理论问题。毛泽东《在延安文艺座谈会上的讲话》（以下简称《讲话》）中指出：生活美是"最生动、最丰富、最基本的东西"，"它们使一切文学艺术相形见绌"，并着重指出，生活美、艺术美"虽然两者都是美，但是文艺作品中反映出来的生活却可以而且应该比普通的实际生活更高，更强烈，更有集中性，更典型，更理想，因此就更带普遍性"。在这里，毛泽东不仅指出了美的具体事物的两种不同存在形态，即"自然形态"与"观念形态"，而且指出两者都是美。肯定了生活美和艺术美的客观性质，坚持了美学上的唯物主义。作为"自然形态"的生活美，既包括天然生成的、未经人直接加工的自然美的具体存在形态，也包括未经艺术加工的社会美的具体存在形态，它们是艺术美"取之不尽、用之不竭的唯一的源泉"。这就不仅肯定了社会美的客观性，而且肯定了社会美的审美价值，同一切唯心主义美学观划清了界限。由此出发，毛泽东号召革命的文艺家重视生活美，自觉地通过各种途径和方式，深入生活，深入群众，永远保持同人民群众的血肉联系，不断地从生活美中汲取思想和艺术营养；从美学原则的高度提出了文艺为谁服务和如何服务，以及"沿着工农兵自己前进的方向去提高"等一系列无产阶级的、人民大众的美学命题。从不断发展变化的生活美出发，尊重人民大众的美学理想、美学趣味和美学需求的历史主体地位，这是最彻底的人民大众的美学。

俄国革命民主主义美学家车尔尼雪夫斯基曾经提出过"美是生活"的唯物主义的著名论断。但在论述生活美与艺术美的关系时，却认为艺术美只是生活美"苍白无力"的反映。与旧唯物主义者不同，毛泽东在《讲话》中以辩证唯物主义的世界观和方法论为指导，十分强调审美创造中的主体性作用，充分肯定文艺家的积极的主观能动作用。他指出作为"观念形态"的艺术美，"都是一定的社会生活在人类头脑中的反映的产物"，任何艺术美的创造，本质上都是主体与客体、主观与客观、精神与物质相统一谐调的社会实践过程，必然渗透着创造主体的主观精神因素。毛泽东把艺术对生活的审美反映与艺术家的审美创造结合起来,强调主体的审美理想、审美情感、艺术才能在反映过程中的能动作用;详细论述了审美理想如何指导文艺家对现实进行审美观照,将自然形态的生活加以集中和提炼,使之典型化,产生更集中、更强烈、更典型的审美效果。这样,毛泽东的美论也同机械唯物论彻底划清了界限。

毛泽东在论述生活美向艺术美的转化时,一方面重视作家、艺术家的主体能动性,另一方面又强调这种主体性的发挥和审美创造,最终要受到社会生活客观规律和人民群众审美需求的制约。艺术家尽管可以驰骋想象、虚构夸张和选择取舍,但却不能改变生活本身美的客观性质。丰富多彩的现实生活和现实生活中的美,归根结底是审美创造的源泉和根据。毛泽东认为这种自然形态的东西,才是"最生动、最丰富、最基本的东西",有出息的文学家、艺术家必须长期地无条件地到生活中去,研究一切生动的生活形式和斗争形式,才有可能进入创作过程,才能深刻地感受和挖掘生活美,发现生活美并创造艺术美。

所谓生活,既包括客观的外在生活,也包括主体的内心生活;既包括感受到的客观现实生活,也包括想象中和理想中的生活。作为在生活美基础上创造的艺术美,除了要反映客观现实美,同时也反映革命的人生美,艺术家自己内心生活美,以及艺术家想象和理想中的生活美。也就是说,审美创造中的现实对象,既包括作为客观存在的人类社会现实,也包括审美主体的精神世界和心理现实;从这种艺术美反映对象的特殊性出发,毛泽东在《讲话》中要求创作主体和历史主体——创作对象达到精神上、审美心理上的同一,他把"工农兵"和艺术家既视为主体,也视为对象。要求艺术家在深入工农兵的斗争生活中转变立场和感情,改造世界观,改造主观世界和客观世界的关系。这就从主客体的关系上明确了艺术美反映对象的特殊性,这种特殊性亦如马克思所说,取决于客观现实"对象的性质以及与其相适应的(主体的)本质力量的性质"的"这种关系的规定性"⑥。

在艺术美的创造过程中,尽管主客体的交互作用是受人的自觉意识调整和控制的,是受一定人格左右的,但这种自觉意识的产生(或说人格、人的主体性的实现)归根结底是人类社会实践的产物。从某种意义说,艺术美也可视作主体的自我实现。但主体的"自我实现"绝不能离开一定的社会历史条件无限扩张。文艺作品要表现人的内心世界、内心生活,但并非仅仅表现个体心理。人的心理之所以在艺术作品中具有无可置疑的重要性,正是由于"它是整个社会阶级或者至少整个社会阶层的心理,因而个别人物心灵中发生的过程就是历史运动的反映"⑦。毛泽东强调观察、体验、研究、分析一切人,一切阶级,一切群众,就是要求把握整个社会心理,把人与人的心理(包括艺术家自己的)放到整个历史运动过程中加以考察,从而进行正确的美学加工,既反映作家、艺术家所处时代的演进历程,也表现人民大众的思想感情、心灵历程,同时也显示作家、艺术家的审美心理现实。通过对内在外在的现实的典型概括和审美反映,达到生活美与艺术美的统一,认识价值和审美价值的统一。

3. 关于艺术美的创造规律,是毛泽东美学思想的理论重点,也是毛泽东美学思想的精华所在。从作家的创作规律方面说,提出了典型化原则、形象思维问题以及革命现实主义与革命浪漫主义相结合的创作方法问题;从审美特性方面说,提出了"缺乏艺术性的艺术品,无论政治上怎样进步,也是没有力量的"观点以及"革命的政治内容和尽可能完美的艺术形式的统一"的原则;从艺术品的美感效果方面说,提出了"惊醒""感奋"说以及阶级美感的差异性和共同美等问题,构成了比较完整的艺术美的生产、产品和消费的理论体系,有着重大的现实意义和实践意义。

毛泽东在《讲话》中提出文艺作品要把现实生活中的"矛盾和斗争"典型化,这样反映出来的生活"可以而且应该比普通的实际生活更高,更强烈,更有集中性,更典型,更理想,因此就更带普遍性"。典型化是指审美理想指导下的对生活材料的审美选择和艺术加工,这是一种审美创造过程,也是使艺术美实现六个"更"的前提条件。所谓"更高",指艺术作品不能停留在普通的实际生活的水平上,仅满足于对社会生活的镜子式被动的机械的反映,艺术美思想意义的高度"可以而且应该"超过生活美;"更强烈"指艺术形象对接受者的冲击力、感染力和说服力的程度,能使人"惊醒"和"感奋";"更集中"指艺术作品通过选择和组织素材所产生的整体效应,使粗糙的粗细杂陈、真伪互见、分散平淡的生活现象和生活感受得以凝聚和升华;"更典型"指社会生活本质或某些本质的方面和规律在个性化形式中显现的充分性;"更理想"指艺术虚构可以超越客观现实生活实际进程与实际表现形式,而合乎人们的主观愿望的相对自由性,其中渗透着艺术家健康的审美评价;"更带普遍性"指文艺作品所揭示的某些社会生活本质和规律方面的广度与深度,是就艺术美的社会作用、社会意义而言的。六个"更"是从艺术美的思想性与艺术性的统一、理智与情感的统一、个性与共性的统一、客观对象与主观评价的统一等方面,论述了艺术美在观念形态上高于生活美。它的理论意义在于,作为精神产品的艺术美,根本上是人类审美理想的体现,是人的本质力量在更高层次上的升华和对象化。正如诗人们所描述的:"不断地隐藏和挑选,删除或增添,他们逐渐找到一些不再跟自然一样,然而比自然更完美的形式:艺术家把这些形式称之为理想的美。"⑧

从艺术美的创造上看,内容和形式是统一的,形式的重要审美价值在于显现内容,内容的充分表达又离不开完美的艺术形式。所以毛泽东在《讲话》中"既反对政治观点错误的艺术品,也反对只有正确的政治观点而没有艺术力量的所谓'标语口号式'的倾向",认为"缺乏艺术性的艺术品,无论政治上怎样进步,也是没有力量的"。指出:"我们的要求则是政治和艺术的统一,内容和形式的统一,革命的政治内容和尽可能完美的艺术形式的统一。"毛泽东从无产阶级革命文艺的根本性质出发,指明了文艺内容美的价值取向和鉴别、评价标准。首先要表现进步的革命的思想观点和审美理想,体现革命阶级和人民大众的愿望和要求,在当时的历史条件下毛泽东规定为革命的政治内容;其次是表现美的情感和健康的情绪,毛泽东规定为与剥削阶级相对立的人民大众的情感,这种情感具有阶级性、人民性和历史性,具有深厚的历史内容;再次是审美地发现和捕捉真实的、富有时代精神的典型事物并加以艺术地表现,这当然主要是指准确而深刻地观察、分析、提炼纷繁复杂的社会生活,表现新的时代精神和新的人物形象,反映历史主体的实践历程和精神风貌。文艺的内容美,实质上是现实美与理想美的统一,是社会历史的发展规律、发展趋势和新的审美追求的统一。

在形式美问题上,毛泽东特别关心语言问题,提出要向人民大众学习语言,要学习和吸收从人民生活、人民思想感情、人民心灵深处流出来的美的语言。他特别看重大众化、生活化的语言美,认为"人民的语汇是很丰富的,生动活泼的,表现实际生活的"。并认为"我国现代语言保存了我国语言所固有的优点,又从国外吸收了必要的新的语汇成分和语法成分。因此我国现代语言是比古代语言更为严密,更富于表现力了"。⑨他实际上掀起了一场真正的人民语言的革命。毛泽东强调要有民族形式、民族风格和民族特色。他指出:"艺术的基本原理有其共同性,但表现形式要多样化,要有民族形式和民族风格。……音乐可以采取外国的合理原则,也可以用外国乐器,但是总要有民族特色,要有自己的特殊风格,独树一帜。"⑩艺术形式不仅是作品内容的存在形式,也是一个民族的文学艺术长期实践经验积累的产物,其中凝结着该民族特有的心理素质以及审美要求和审美趣味。这种表现形式上的民族风格,首先突出地表现在由感受方式、思维方式、表达方式以及民族语言成分本身特点所形成的民族的语体风格上,同时也表现在叙事形式、结构形式、体裁形式等方面,它是一种民族精神——文化特性在艺术作品中的体现。所以毛泽东又强调那种"新鲜活泼的、为中国老百姓所喜闻乐见的中国作风和中国气派"⑪。就是说,民族形式要以"中国老百姓所喜闻乐见"为标准,要与民族的欣赏习惯、爱好和能力相适应。既与那些已积淀为民族心理——行为方式的具有民族文化模式特点的形式,诸如思维、情感、行为等方式相适应,又与那些具体的民族的文艺表现形式相适应,其着眼点是体现具有民族作风、民族气派的民族精神。

　　文艺的形式和风格不是一成不变的,在发展的过程中,它总是根据内容的需要,不断吸收新的成分(包括古代的和外来的)来丰富自己,发展自己,以求与新的生活内容和审美情趣相适应。民族形式亦是如此。毛泽东多次指出,民族形式应是新鲜活泼的,即有创造性的、有发展变化的、不断推陈出新的。基于这一美学见解,他认为实现文艺的民族化,必须古为今用、洋为中用。《讲话》指出:"对于中国和外国过去时代所遗留下来的丰富的文学艺术遗产和优良的文学艺术传统,我们是要继承的,但是目的仍然是为了人民大众。对于过去时代的文艺形式,我们也并不拒绝利用,但这些旧形式到了我们手里,给了改造,加进了新内容,也就变成革命的为人民服务的东西了。"毛泽东一贯强调批判地继承古代优秀的艺术传统,借鉴外国宝贵的艺术经验,目的正是为了发展和创造适应人民群众新的审美需要的新文艺。

　　毛泽东以其广博、深邃的审美鉴赏和审美创造的实践经验,十分注重从内容美和形式美的矛盾统一、辩证结合中全面观察、研究文艺问题,十分重视艺术的审美本性。他从形象思维和抽象思维的内在机制研究诗歌,提出"诗要用形象思维";批评"宋人多数不懂诗是要用形象思维的",因而"一反唐人规律,所以味同嚼蜡"。对于思想内容反动却有"某种艺术性"的作品,他也主张要批判地借鉴其有用的艺术方面。对思想内容好,但缺乏艺术性和艺术魅力的作品,他劝诫通过作者自己的实践探求,通过评论帮助,"使较低级的艺术逐渐提高成为较高级的艺术"。他所强调的"政治和艺术的统一,内容和形式的统一,革命的政治内容和尽可能完美的艺术形式的统一",体现了他对艺术美的美学规律的深刻理解,也体现了无产阶级文艺在美学精神上的本质特征和根本追求,为社会主义文艺的繁荣与发展指明了方向。

4. 毛泽东的一生是战斗的一生。他所从事的革命实践,是崇高的,壮美的,这不仅铸造了他伟大的人格,也铸造了他美学思想的基本形态——崇高美。

早在青少年时代,毛泽东就树立了一种人生信念:与天奋斗,其乐无穷;与地奋斗,其乐无穷;与人奋斗,其乐无穷。他的一生总是跳动着一种无法抵御的意志力量,反复地展示着一个社会和人格的基本主题:反抗、斗争和革命。这大概可以看作是他崇高美学精神产生的人生观和哲学观基础。毛泽东在他的著名论著《矛盾论》中曾指出:矛盾是普遍存在的,矛盾推动着事物的发展。每一矛盾既有统一性,又有斗争性。旧的矛盾解决了,又会产生新的矛盾和斗争。所以,对立的统一是有条件的、暂时的、相对的,而对立的互相排斥的斗争则是绝对的。应该说,这是人类社会实践反复证明了的一条真理。在人类发展的历史长河中,社会先进力量征服邪恶势力、推翻腐朽统治是一种需要付出巨大生命代价的艰苦卓绝的反复曲折的斗争,彻底推翻剥削制度的革命斗争更是如此。这种斗争唤起人们对理想与进步的追求,激发起人们为理想而奋斗的无穷力量和牺牲精神,自然会产生使人们获得精神和人格升华的充满雄壮魅力的美。高唱"天翻地覆慨而慷"的毛泽东,他所从事的挑战是与旧世界彻底决裂,他所欣赏的美自然是更加震撼人心的器大声宏之美。

毛泽东青年时代在听杨昌济先生所授"修身"课时,曾在作为教材的泡尔生所著《伦理学原理》上写下大量批注。其中,在"世界一切之事业及文明,固无不起于抵抗决胜也"一段旁批注说:"河出潼关,因有太华抵抗,而水力益增其奔猛。风回三峡,因有巫山为隔,而风力益增其怒号。"这可看作是对崇高美的形象描绘,也是毛泽东最欣赏的美的境界。批注中还写道:"吾人览史时,恒赞叹战国之时,刘、项相争之时,汉武与匈奴竞争之时,三国竞争之时,事态百变,人才辈出,令人喜读。至若承平之代,则殊厌弃之。非好乱也,安逸宁静之境,不能长处,非人生之所堪,而变化倏忽,乃人性之所喜也。"这里指出了美的两种不同形态,即崇高与优美,并明确标明了自己的好恶。生活中那种处于矛盾相对静止、均衡状态下的柔和、平静、轻快、细腻等固然也是一种美;而处于矛盾激化状态下的斗争的艰苦曲折性以及所显示的伟大实践力量和崇高精神境界,对于人类历史发展的实践主体来说,往往具有更重要的意义。岳飞的壮怀激烈的《满江红》和文天祥"人生自古谁无死,留取丹心照汗青"的光照千古的诗句,曾经激励过多少爱国志士气贯长虹、宁死不屈的伟大精神?中国人民的解放事业,又有多少革命先烈写下了可歌可泣、动人心魄的壮美乐章!刘胡兰在敌人屠刀下大义凛然,视死如归,毛泽东为她题词:"生的伟大,死的光荣"。张思德为人民利益而死,毛泽东说他的死"重于泰山"。他在《别了,司徒雷登》一文中,高度赞扬闻一多"拍案而起,横眉怒对国民党的手枪,宁可倒下去,不愿屈服"和朱自清"一身重病,宁可饿死,不领美国的'救济粮'"的精神,提出应当"写闻一多颂,写朱自清颂",因为"他们表现了我们民族的英雄气概"。

  基于这种审美观,毛泽东在对文艺作品的评价、接受中显露的美学情趣也是以崇高美为上的。他在1931年写的《渔家傲·反第一次大围剿》中,曾根据神话传说中的共工的故事,写下"不周山下红旗乱"的诗句。他自己对这句诗的注释,取《淮南子》共工敢于挑战,与颛顼争为帝,并为改变天地勇于牺牲之说。共工以自己的生命换得"天倾西北,故日月星辰移焉",这在毛泽东看来,无论是实践效果还是人格都是一种崇高美。他喜欢那种既有丰富而典型的社会内容,又具有豪迈而粗犷的气魄的作品。如喜读屈原的《离骚》、刘邦的《大风歌》、曹操的《观沧海》《龟虽寿》以及李白、苏轼、辛弃疾的诗词等。他评李白诗"文采奇异,气势磅礴,有脱俗之气"[12]。也喜读柳亚子的诗,认为柳诗有"慨当以慷,卑视陆游陈亮,读之使人感发兴起"[13]的豪迈气势。在书法艺术上,他不喜欢那种"有筋没骨"[14]的作品,而喜欢唐代以张旭和怀素为代表的"恍恍如闻鬼神惊,时时只见龙蛇走"的狂放草书。对于戏曲艺术,他"喜欢听高(庆奎)派的戏,越听越爱听",因为高派"唱腔激昂,热情奔放"。对于高派的一些代表剧目,如《失空斩》《哭灵牌》《逍遥津》《李陵碑》《辕门斩子》等,他认为能"给人一种刚强奋力的感觉"⑮。对于革命文艺作品更是如此。1937年6月,毛泽东在致何香凝的信中盛赞她的画集,说"先生的画,充满斗争之意,我虽不知画,也觉得好。今日之事,惟有斗争乃能胜利。先生一流人继承孙先生传统,苦斗不屈,为中华民族树立模范,景仰奋兴者有全国民众,不独泽东等少数人而已"⑯。1939年6月,在致肖三的信中,也赞赏他的诗稿,"感觉在战斗,现在需要战斗的作品,现在的生活也全部是战斗"⑰。对于鲁迅的作品,毛泽东更是推崇备至,欣赏他那种"坚韧地反抗着、呼啸着前进"的"鲁迅精神"⑱。对于陈毅的诗,称其"大气磅礴"⑲,毛泽东与陈毅向来交谊甚密,这大概也是一个重要原因吧。

　　毛泽东自己的诗词风格也是以崇高美为其基调的。早在湖南省立第一师范学校读书期间,就好写诗词,"偶一下笔,却不同凡响:雄壮、豪放、气象万千,朋友们争相传诵"⑳。他一生写诗五十余首,除部分诗篇具有委婉细腻的风格之外,多数是以豪放雄健著称的。他诗心崇高,诗情如火,其黄钟大吕般的艺术气势,来自他那豪迈激越的个性气魄,是在丰富复杂的社会斗争实践和宏伟的革命理想中熔铸而成的艺术精神。1945年8月,毛泽东赴重庆与国民党谈判,期间柳亚子曾到"桂园"探望毛泽东,并向毛泽东"索句"。毛泽东便将1936年2月写的《沁园春》书于他。后在重庆《新民报晚刊》发表。当时在该报副刊任主编的吴祖光发表词作时加了一段按语:"毛润之先生能诗词,似鲜为人知,客有抄得其《沁园春·雪》一词者,风调独绝,文情并茂,而气魄之大乃不可及。"之后郭沫若也著文指出:毛泽东的词作"气魄宏大,实在是前无古人,可以使一些尚绮丽、竞雕琢的靡靡者流骇得倒退"㉑。一首《沁园春》轰动重庆山城,使大后方的文化人第一次领略到毛泽东那古今独步的胸襟气魄和政治家兼诗人的奇异文采。的确,他的诗雄浑、奔放、挺拔、畅达,达到了内容与形式的高度统一,不愧为当代诗词大家。他那"粪土当年万户侯""问苍茫大地,谁主沉浮"的英雄气概以及"敢叫日月换新天"的崇高信念,使得他的诗句处处焕发着俯瞰千古,风光无限的异彩。六十年代中期,相传为高亨先生所写的一首《水调歌头》很好地概括了毛泽东的性格和诗风:"掌上千秋史,胸中百万兵,眼底六洲风雨,笔下有雷声。唤醒蛰龙飞起,扫灭魔炎魅火,挥剑斩长鲸。春满人间世,日照大旗红。抒慷慨,写鏖战,记长征。天章云锦,织出革命之豪情。细捡诗坛李杜,词苑苏辛佳什,未有此奇雄。携卷登山唱,流韵壮东风。"[22]

  社会主义建设时期的崇高美,主要体现在以社会主义现实生活和共产主义理想相统一为基础的革命英雄主义和革命乐观主义精神。在文艺上的重要体现,就是革命现实主义和革命浪漫主义的结合。社会主义文艺为人类开拓并展开了一个崭新的、充满理想和希望的美学境界,着力表现人民群众创造历史的艰难曲折而又伟大崇高的社会主义、共产主义精神,是社会主义文艺作品的基本任务,这也决定了它的基本美学格调是阳刚之美、崇高之美。还在抗日战争时期,毛泽东就提出了"抗日的现实主义,革命的浪漫主义"的口号。1958年,毛泽东进一步概括为"革命的现实主义与革命的浪漫主义的结合"。所谓革命的浪漫主义,就其精神实质来说,是在作品中体现革命的理想和激情。1938年4月,毛泽东在"鲁艺"作"怎样做艺术家"的报告时曾指出:"艺术上的浪漫主义并不是完全没有道理的;我们每每鄙视浪漫主义,因为普遍一说到浪漫主义便有点下流的意思,好象浪漫主义便只是风花雪月哥哥妹妹的东西;殊不知浪漫主义原来的主要精神是不满现状,用一种革命的热情憧憬将来,此种思潮在历史上曾发生过伟大的积极作用。一种艺术作品只是流水帐式地记述现状,而没有对将来的理想是不好的。在现状中看出缺点,同时看出将来的光明希望,才是马克思主义的精神。"[23]毛泽东一生尊崇人民群众创造历史的伟大力量,赞扬为先进阶级的革命理想而奋斗的英雄气概和创造精神,所以他要求作家有广阔的胸怀,远大的理想,丰富的想象力,去表现新的人物,新的世界;去反映这个蕴藏着巨大的社会主义热情、英雄辈出、催人奋进,"天翻地覆慨而慷"的时代。历史创造者精神气度的艺术再现,构成了社会主义文艺崇高美的美学形态,这在毛泽东的感受中也最具有审美意义。把自己的审美意识时时提升到促进社会发展,使人能展望未来的高度;能表现伟大历史过程,又能推动历史过程进展的高度;能融入实践主体之中,又能引导实践主体向着宏伟目标奋进的高度。这就是一代伟人毛泽东基本的美学品格。

原载《北京大学学报(哲学社会科学版)》1993年第5期。

注　释

① 毛泽东《关于正确处理人民内部矛盾的问题》,《毛泽东选集》第五卷,人民出版社,1977年,第 390 页。
② 毛泽东《在中国共产党全国宣传工作会议上的讲话》,《毛泽东选集》第五卷,第 416 页。
③ 何其芳《毛泽东之歌》,载《人民文学》1977 年第 9 期。
④ 狄德罗《美学论文选》,人民文学出版社,1984 年,第 114 页。
⑤ 卢那卡尔斯基《艺术论》,《鲁迅译文集》第 6 卷,人民文学出版社,1958 年,第 66 页。
⑥ 马克思《1844 年经济学哲学手稿》,刘丕坤译,人民出版社,1979 年,第 79 页。
⑦ 《普列汉诺夫美学论文集》,曹葆华译,人民出版社,1983 年,第 187 页。
⑧ 夏多布里安《基督教真谛》,《古典文艺理论译丛》第二册,人民文学出版社,1961 年,第 100 页。
⑨ 《毛泽东新闻工作文选》,新华出版社,1983 年,第 406 页。
⑩ 毛泽东《同音乐工作者的谈话》,《党和国家领导人论文艺》,文化艺术出版社,1982 年,第 15—16 页。
⑪ 毛泽东《中国共产党在民族战争中的地位》,《毛泽东选集》(一卷本),人民出版社,1967 年,第 500 页。
⑫ 张贻玖《毛泽东和诗》,春秋出版社,1987 年,第 28—29 页。
⑬ 《毛泽东书信选集》,人民出版社,1984 年,第 261 页。
⑭ 商勇主编《一代革命家晚年纪事》,吉林人民出版社,1988 年,第 163 页。
⑮ 阎长林《在大决战的日子里》,中国青年出版社,1986 年,第 183—185 页。
⑯ 《毛泽东书信选集》,第 106 页。
⑰ 同上书,第 155 页。
⑱ 1937 年 10 月 19 日在延安陕北公学鲁迅逝世周年纪念大会上的讲话,载 1981 年 9 月 22 日《人民日报》。
⑲ 《毛泽东书信选集》,第 607 页。
⑳ 李锐《毛泽东的早期革命活动》,湖南人民出版社,1980 年,第 47 页。
㉑ 转引自《毛泽东文艺思想全书》,吉林人民出版社,1992 年,第 1277 页。
㉒ 转引自陈晋《英雄风骚与心路历程——毛泽东与中国文艺之六(上)》一文,载《文艺评论》1991 年第 6 期。
㉓ 同上。

The Beginnings of 16th-Century Venice Publications Related to China: Ramusio's *Navigationi et viaggi*

Nicholas Koss

In the 17th-century, due to the presence of Jesuits from Europe in China, the West began to have much information about the China of the late Ming and early Qing dynasties. From the 14th-century to the middle of the 16th century, however, the most a European could learn about China was from either the Marco Polo text or from the *Travels* of Odoric of Pordenone. This essay will mainly study the texts that were published in Venice in the second half of the 16th century dealing with China, especially the accounts of China in *Navigationi et viaggi* by Giovanni Battista Ramusio.

Printing in 16th-century Venice

Venice was the center of European publishing in the 16th century. Grendler, in his chapter on Venetian publishing "The Venetian Bookman," writes: "Northern rivals such as Lyons, Paris, and Basel challenged Venetian supremacy, but the Queen of the Adriatic probably still produced and sold more books than any other city at mid-century." (3) But there seems to be different views about printing in 16th-century Venice. For G. Fumagalli: "In the Cinquecento, so brilliant a period in the history of Italian culture, the art of printing was in an extremely flourishing condition at Venice, more so than in any other Italian or ultramontane city." (53) But for Horatio Forbes Brown: "The sixteenth century was not a period of great excellence in the history of the Venetian printing press; it was not a century of splendid books." (99) Nonetheless, with the emergence of the Renaissance in Italy, "printing was immediately received with enthusiasm and spread with an extraordinary rapidity which was unequalled in any other country" (Fumagalli 38). One estimate of the number of books published in Venice in the 16th century is 15,000 to 17,000, and the number of copies printed was often 1,000 (Grendler 6—9). The major publishers in Venice were Giolito, Giunti, and Manuzio. Ecclesiatical texts were one significant type of material published, as well as Classical Latin and Greek texts; also extensive were "romances and books of chivalry," "geographical works," and accounts of voyages (Brown 101—103).

16th-century Italian publications related to China

The first accounts of China published in the West were in Portugal and Spain. An early Portuguese account of China to reach Europe is that of Galeote Pereira. When the Chinese government attempted to halt trading with the Portuguese the Viceroy of Fukien and Chekiang had thirty Portuguese taken prisoners in March 1549. They were held in Fuchow for a year. As it turned out, the Viceroy, Chu Wan, was investigated for this action and found guilty of administering of capital punishment without Imperial permission. He commtted suicide and the remaining Portuguese prisoners were exiled to Kuanghsi. From there, most managed to escape. Among these prisoners was Galeote Pereira who by 1553 was back with the Portuguese. He wrote an account of his ordeal, and, in 1561, this was copied in Goa and forwarded to Rome "as an appendix to the annual Jesuit missionary reports to their headquarters in Europe" (Boxer 61). The Portuguese text was only published in the 20th century but a "slightly abridged" Italian translation was published in the *Nuovi avisi delle Indie di Portogallo. Quarta Parte* of 1565 (Boxer

61). This book was published in Venice by Michele Tramezzino, and there was also an edition prepared in Rome by Bartolomeo Grassi. From the Italian version, Richard Willis, a former Jesuit, did an English translation that first appeared in *History of Travayle in the West and East Indies* (London 1577) and later in Hakluyt's *The principall navigations, voiages and discoveries of the English nation* (1589). Pereira's account was also used by da Cruz and Mendoza (Boxer 62), but I do not know if they used the Italian published version or a manuscript of the Portuguese original. Whatever the case, we can still see the importance of this work that was first published in Venice as an important source for information about China.

The first printed book in Europe entirely devoted to China was by Dominican missionary, Fr. Gaspar da Cruz. In 1548, de Cruz sailed for Goa with the first group of Dominicans sent there. After various missionary activity in South East Asia, he spent a couple of months in Canton during the winter of 1556. When he returned to Portugal in 1569, he published the book *Tractado em que se cōtam muito por estēso as cousas da China* [Treatise in which the Things of China are Related at Great Length]. This work does not appear to have had much circulation beyond Portugal and Spain, though in 1625, an abridged English translation was published. There was no Italian translation produced in Venice.

The second European book about China, *Discurso de la navegacion que los Portugueses hacen a los Reinos y Provincias de Oriente, y de la noticia que se tiene de las grandezas del Reino de la China* [Discourse of the navigation made by the Portuguese to the kingdoms and provinces of the Orient, and of the existing knowledge of the greatness of the Kingdom of China], was published in Spain in 1577, but there is no Italian translation from Venice. An English translation however appeared in 1579 done by John Frampton.

Juan Gonzalez de Mendoza, a Spanish priest of the Order of St. Augustine, was requested by Pope Gregory XIV to write a book on China. Availing himself of most of the material in Portuguese and Spanish on China at that time, Mendoza, who had never been in China, wrote his *Historia de las cosas mas notables ritos y costumbres del gran reyno de la China* [*History of the Great and Mighty Kingdom of China*], which was published in 1585. *The History of the Great and Mighty Kingdom of China* is divided into two parts, with the first part composed of three books. Book One treats "that which is naturall"; Book Two, the supernatural; and Book Three, "morall and pollitike matters". The second part records three missions to China by Spanish missionaries: da Rada's of 1575; a visit by a group of Franciscans in 1579; and the trip of Martin Ignatius de Loyola in 1584. The first book describes China from its physical appearance, the second in terms of its spiritual state, and the third as a political entity. An Italian translation was prepared by Francesco Auanzo and published in 1586 in Rome by the press of Bartolomeo Grassi and a number of other publishers, and in Venice the same year by A. Muschio; further editions by Muschio appeared in 1588 and 1590.

Ramusio and *Navigationi et viaggi*

Giovanni Battista Ramusio (1485—1557) was born in Treviso, Italy, in 1485, to a family whose father was a Venetian government official. He was educated in Venice and the University of Padua, from which he did not get a degree but "was profoundly well versed in the classic languages of Latin and Greek, and the modern language of Portuguese, Spanish, French, and all the Italian dialects" (Barnes 19). He worked first for the Venetian senate and later for the Council of Ten, which ruled the Republic of Venice. His employment "seems to have had no direct influence" on his masterpiece *Navigationi et Viaggi* [*Navigations and Travels*] (Parks 129). A detailed analysis of all the Italian and English works related in the life of Ramusio is in the dissertation on Ramusio's *Navigationi et Viaggi* by Jerome Barnes, who writes: "There are not many works devoted solely to Ramusian study. It would stand to reason, then, that there is not a lot of biographical information available on Ramusio." (9)

Ramusio was the compiler, translator and editor for his three-folio-volume *Navigationi et viaggi*. Volume I, about travel accounts related to Africa and the Middle East, was published in 1550, and Volume III, on the New World of the Americas, in 1556. Ramusio died in 1557 and Volume II, on Southeast Asia, was published posthumously in 1559. At the time of the original publication of these volumes, Ramusio's name does not appear on the title page, but, with the publication of Volume II in 1559, "the publisher began to insert Ramusio's name as author of some of the discourses or introductions to individual narratives; but it was not until 1588 that Ramusio's name was finally inserted in all the places where it belonged" (Park, Contents 280).

This work is important because it "is the first large published collection of historical documents other than collections of laws and decretals; the first large and planned collection of travel documents ..." and it also led to "the concept of a separate literary genre for which we have still no better name than travel narrative" (Parks, History 127). His purpose "was to open up a wealth of information on the regions and territories that had been newly discovered or rediscovered, with the latent ambition of ensuring the greatest possible dissemination of such information" (Lejosne 150). Ramusio was also a Classical scholar and throughout the three volumes there are allusions to the Classics (Barnes 8). His friend, Andrea Navagero (1483—1529), "a historian as well as poet and scholar," is considered to have a crucial influence on Ramusio's interest in accounts of other areas of the world (Parks 131—138).

Here is a description of how Ramusio went about preparing his work for publication: first he gathered "the best primary sources available on exploration and discovery in all parts of the earth. He translated the texts into the Italian vernacular, and accompanied the texts with his own, brief commentaries and notes" (Barnes 35). Ramusio's concern with the Classics is represented by his

> desire to compare what had hitherto been known from ancient authors with what contemporaries were describing as seen with their own eyes. He translated the ancient Greek accounts of navigation between Africa and India, for example, and compared their information on spices and winds with that in the accounts he had of the Portuguese voyages. (Lane 282).

Altogether there are over 50 texts in the three volumes. For each text, there is an introduction in which

> Ramusio justifies his choice of texts and expounds on the way he verified for himself the accuracy of each text, mainly by using the humanist philological method. But his introductory statements also contain explanations on why he chose each individual author. Those texts show Ramusio's concern for the reliability of the authors in connection with their background and condition: the ideal figure being the one of an author who was himself well-traveled but who also had significant scholarly knowledge. (Lejosne 150)

Navigationi et viaggi was published by the leading publisher in Venice at the time at the company called "the heirs of Luc' Antonio Giunti." (Nuova 57), which was run by Tommaso Giunti and his brother Giovanni Maria. It specialized in the publication of liturgical books needed by the Church (Grendler 5—6). This firm produced usually about 10 editions per year, and the number of copies for each volume of *Navigationi et viaggi* was probably at least a thousand (Grendler 4). The delay in the publication of Volume II was that in 1557 a fire "had destroyed the print shop, part of the warehouse, and some manuscripts ready to be printed" (Nuova 57) so that the publication of Volume II could only take place in 1559, after the death of Ramusio. Here are the years for the publication of each volume:

  Vol I 1550, 1554, 1563, 1588, 1606,1613 (Parks 280)

  Vol II 1559, 1574, 1583, 1606(Parks 280)

  Vol III1556, 1565, 1606(Parks 280)

For some editions, such as the 1574 edition of Volume II, additional texts were added (Encyc. Brit.)

  These narratives in *Navigationi et viaggi* have information about China:

  Libro di Odoardo Barbosa

  Viaggio de Antonio Pigafetta

  Cinque lettere sull'isola del Gaipan

  Dall'<Asia> di Giovan de Barros

  They will now be studied to examine what they say about China.

China in "Libro di Odoardo Barbosa"

  In the first volume of *Navigationi et viaggi*, there is a one-page description of the country of China. This passage appears in the text near the end of Volume 1 entitled: Libro di Odoardo Barbosa. Duarte Barbosa lived in India for many years (c. 1500—c. 1516) and wrote his *Book* in 1518. His account describes regions of the world from Africa to Southeast Asia. There is a debate as to whether he is actually the author (Stanley iv—ix) but that needs not concern us here. M. Longworth Dames, who translated this work into English, writes that Barbosa's "careful and acute observations regarding the customs of the races of the East are, I believe, unrivalled among the writers of his period" (Vol. II xxxi). According to Lach, "The Italian version, incorporated in Ramusio's first volume of 1550, was first translated at Vittoria around 1524 from a Portuguese original by the Genoese emissary Martin Centurion, with the aid of Diogo Ribeiro, a Portuguese cartographer in the service of King Charles I" (Lach I, 1: 186). Ramusio's Italian text of Barbosa is the first publication of this work in any language.

In Chapter 180 of Barbosa's book as it appears in *Navigationi et viaggi* is a 900-word description of China. Most interestingly, the country is called "China," which suggests that the English use of this word came from the Italian. The main images presented in this account are large size of the country, the nature of the "King," a country closed to the foreigners, a description of the people and the process of making porcelain. The people are described in this way:

> The inhabitants of the country are white men, tall, well-made and gentlemen; and so likewise the women. They have got only one defect, that their eyes are very small, and on their chins they have three or four hairs and no more; the smaller their eyes are, so much the prettier they think them; and the same as regards the women. (trans. by Lisa Indraccolo)

This description continues with an exposition of their clothes, food and manner of eating using chopsticks. Also remarked is that they eat dogs. The Chinese are said to be "men of truth and good gentlemen," as well as "great merchants of all sorts of goods."Various "goods" are then related:porcelain, silk, musk, "very fine silver, seed pearl, and pearls that are not very round."Near the end of the description of China the difference between Western and Chinese ships is pointed out: "They also are great navigators in very large ships which they call jungos, of two masks, of a different make from ours, the sails are of matting, and so also the cordage."

Western Greek and Latin texts have a long history of short descriptions of China. The Latin geographer Pompeius Mela (fl. 43—50) presents China as "full of justice" and with "silent commerce."Pliny the Elder (23 or 24—79) reports on silk production. Publius Annius (late 1st early 2nd) notes the large extent of country. In the 13th-century texts of John of Plano Carpini and William of Rubruck, the Kitayans, who were the Chinese in the northern part of China, are carefully described. And, in the early part of the 14th-century, the accounts of Marco Polo and Odoric of Pordenone went into much more detail about the land of the Chinese. Ramusio, the Classical scholar, would have probably known the traditional Latin and Greek reports of China, and he included Marco Polo in his first edition of Volume II and Odoric in a later edition of the same volume, so it is probable that he knew what was new in the Barbosa account of China. The new information would include the fact that China was now closed to foreigners, the use of chopsticks by the Chinese, the eating of dog meat, and the manufacture of porcelain.

China in "Viaggio de Antonio Pigafetta"

Antonio Pigafetta (c. 1491—c. 1531), a Venetian, travelled with Magellen from 1519 to 1522 on the first voyage around the world. Little is known about his life: "The greater part of the life of Antonio Pigafetta is shrouded in darkness." (Blair, Vol. 33, 274n1) Returning from the voyage around the world, he wrote an account of his experience. His manuscript was never published in his lifetime, but he must have intended it for publication, for in 1524, "he was granted a copyright on his *Relation*, which he intended to print, for twenty years" (Blair, Vol 33, 274n1). There are four extant manuscripts of Pigafetta's text, three of which are in French, which has led to speculation that Pigafetta had written the original in French (Stanley li-lii). The Italian manuscript is available online with an Englsh translation by J. A. Robertson. A short Italian version of the text was published in 1536, and it has also been suggested that this version was translated by Ramusio

(Parks, Literary History 130). Pigafetta's account is of great worth for "its descriptions of the various peoples, countries, and products, of Oriental seas, and for its vocabularies, as well as for its account of the first circumnavigation" (Blair, Vol 33, 12). One-tenth of Pigafetta's manuscript appeared in Ramusio's *Navigationi et viaggi* (Lach I, 1, 176), and is found near the end of the 1550 edition of Volume I (380v—397v).

The thousand-word narrative about China contains descriptions of the following: the king, China's port and two most important cities, the principle ministers, obedience to the king and the punishment if disobedient, how the king is transported, the king's palace, the Chinese people, musk from China, and the nearby nations. This emphasize of this account is the king, his manner of ruling, and his palace, which take two-thirds of the narrative. Nothing else is treated in such detail. In this account, material not found in Barbosa is given. Pigefetta has much more about the king and his government. Nor was there any mention of the king's palace in Barbosa. Pigefetta does not go into detail about the Chinese people. He simply says: "The Chinese are white, and are clothed; they eat on tables like us. They have crosses, but it is not known why they have them." Whereas Barbosa emphasized porcelain, in Pigefetta, musk is referred but not at the length Barbosa devotes to porcelain. One interesting detail in exposition about the king is that the king "marries his sisters in order that his blood should not mix with that of others".

How Ramusio read the original text by Pigefetta can be seen, I would argue, from what I take to be his omissions from the text he was basing his account on. The larger omissions include descriptions of the guards at the gates of the capital city, the details about how musk is produced, and most of the passage on the nations close to China.

Here is what is omitted about the guards:

At the first stands a man with a great scourge in his hand, named

Satuhoran with Satubagan; at the second a dog called Satuhain; at the third, a man with an iron mace, called Satuhoran with pocumbecin; at the fourth, a man with a bow in his hand, called Satuhoran with anatpanan; at the fifth, a man with a lance, called Satuhoran, with tumach; at the sixth, a lion called Satuhorimau; at the seventh, two white elephants called Gagiapute. (Stanley 157—158)

I suspect that Ramusio must have felt that this might not be of interest to his intended reader. As for the description of the nations near China, it is almost entirely deleted, but the next to the last sentence is kept:"In the neighbouring mountains dwell people who kill their parents when they are old, so that they may cease from travail. " (Stanley 159) Ramusio, perhaps never imagining such a thing to be possible, decided to keep the sentence.

Ramusio also appears to omit things that he might not have understood. In the passage on how Chinese disobedient to the king, there is this sentence in the earlier version:"If any lord is disobedient to him, he is flayed, and his skin, dried in the sun, salted, and stuffed, is placed in an eminent part of the public place, with the head inclined and the hands on the head in the attitude of doing zongu, that is obeisance to the king. " (Stanley 157) The expression "doing zongu" does not appear in the Ramusio's text for *Navigationi et viaggi*. He must not have understood its' meaning and thus deleted it.

China in "Cinque lettere sull'isola del Gaipan"

The five letters in this part appeared first in the 1554 edition of Volume I (418—425v). According to Parks, "Ramusio apparently had access to official [Jesuit] archives for the first two letters, but he does not say so" (Contents 293). Two of the letters are from Francis Xavier (1506—1552), the first Jesuit to go to Asia. In Letter 2, dated January 14, 1549, written to Ignatius of Loyola in Rome, Francis explains the introduction of Buddhism from India to

Japan through China:

> As Paul [a Japanese Jesuit traveling with Francis] tells me, the law that they [the Japanese] have was introduced and originated in another land, which is called Cegnico, which is beyond China and Thartao: and the round-trip from Japan to Cegnico and back takes three years. I will provide to Your Grace ample information about Japan, of both its customs and literature, and also of what is taught in the great university of Cegnico, because in all of China and Thartao there is no other doctrine, according to Paul, than that taught in Cegnico. When I will have seen the literature and will have dealt with that university, I will write to you about everything at good length. (Unless otherwise indicated, this and all subsequent English translations of passages from *Navigationi et Viaggi* have been done by Giorgia Sfriso.)

Cegnico comes from "Tenjiku," the Japanese name for India (Lopez 71). Thartao probably refers to the Thar Desert which is partly in India. The "great university" could refer to a place such as Nalanda, the famed monastery and center of learning in India, which Japanese Buddhists traveled to and wrote accounts of. This passage would be an early reference to Buddhism in a 16th-century Western text, though no name is given for Buddhism except "law." Francis is presenting a positive view of Buddhism, but once Jesuits begin to live in China at the end of the 16th century, they eventually develop a negative attitude to Chinese Buddhism.

The second letter by Francis is dated October 5, 1549 and is addressed to the Jesuit community in Goa, India. The passage on Chinese people in Barbosa offers a favorable impression of them. In this letter of Francis, which is one of the first 16th-century accounts of specific Chinese persons, Francis is not pleased with some of the Chinese he has encountered. Here are his comments about the Chinese ship captain who takes Francis to Japan from Malacca:

> We sailed on board the ship of a heathen merchant, a Chinaman, who promised the Commandant at Malacca that he would carry us to Japan. By the goodness of God we had very favourable winds. However, as perfidy so often rules barbarians like him, our captain at one time changed his intention … (Coleridge 227).

Francis spares no words in calling the captain a barbarian ruled by perfidy.

This letter also mentions a Chinese companion of Francis, but without any reference to the type of person he was. This Chinese, named Emmanuel, almost dies on board the ship asduring a storm as they are traveling to Japan. During the same storm, the daughter of the captain died. Francis writes:

> The violence of the storm was so great that our efforts to help her were all in vain, and she sank in the waves in the sight of her father and of all of us, close to the ship. There was so much wailing and groaning all that day and the night which followed, that everything seemed very mournful and miserable, whether from thegrief of the barbarians, or the danger in which we were. For the pagans turned at once to appeasing their idol with sacrifices and ceremonies; they spent the whole day and night, without taking any rest, in killing birds and placing dishes before the idol. And when the captain asked why it was that his daughter had perished? the lots told him that if our friend Emmanuel had been killed in the sink, his girl would not have come to harm. You see what great danger we were in, as our life depended on the answer given by the devil and on the will of his servants. (Coleridge 228—229).

Here the Chinese are presented as being superstitious and devoted to an idol, which for Francis is the devil.

China in "Dall'<Asia> di Giovan de Barros"

João de Barros (1496—1570) was a Portuguese historian. He is best known for his work *Décadas da Ásia* [*Ten Year Accounts of Asia*] dealing with the Portuguese in Africa and Asia and their efforts at Christianization (Bandelier). It is "one of the first great accounts of European overseas exploration and colonization" and covers the years until 1538 (Encyc. Brit.). The first of the four volumes was published in 1552. Barros began writing in 1539: "His work was based on the Lisbon archives, interviews with returned Portuguese travelers and translations of Persian, Arabic and Indian manuscripts." (Dion 130) The second volume appeared in 1553, the third in 1563. The final one, published posthumously, came out in 1615 and dealt with years 1539—1600 (Encyc. Brit.). Ramusio took six chapters from the first volume of *Décadas da Ásia* published in 1552 and added them to the 1554 edition of Volume I of *Navigationi et vliaggi* (fols. 426—436) (Parks, Contents 294).

In his introduction to the text from Barros, Ramusio indicates that Barros has "promised to publish a book with geographic illustrations of China … and translated by a Chinese slave of his." It seems that at this time the Portuguese had Chinese slaves, for which they will be later severely criticized. This passage also shows Barros' concern about the geography of China, which is the focus of many of his descriptions of China.

In Chapter 4, Barros writes:

> The eighth part of the coast ends in a notable cape, which is the easternmost of the whole dry land that we know so far and which is almost in the middle of the maritime coast of the great region of China; our people call it cape of Liampo because of the famous city which is nearby and which is called by the natives Nimpo, and which our people have mistakenly called Liampo.

Also, in this chapter, Barros alludes to the 15 provinces in China and its three ports, and then gives a geographical description of the seacoast. He further explains the geographical location of the three provinces where the king resides. In this way, the material about China is much different from that in Barbosa, Pigefetta, and Francis Xavier.

Further differences are in Chapter 5, where first the financial situation of the king is presented: "I think that he [the king of China] has more income than all the kingdoms and powers in Europe." If previously we saw discussions of porcelain and musk, now it is metal work that is illustrated:

> The earth has in itself all sorts of metals in great quantities. There are many moremechanical jobs than in Flanders and Alamannia, because this people is so big that they make all sorts of works to sustain themselves, and these works are so excellent and thin that it doesn't look like they were made by hand, but rather made by nature.

Besides metal work, there is also reference to the huge amounts of silk in Ningbo.

Conclusion

What we have studied are 16th-century accounts of China that dealt with China in the middle of the Ming dynasty (1368—1644). Ramusio also included in *Navigationi et Viaggi* Marco Polo's account of China, under the names of Cathay (norther China) and Manzi (southern China). Polo's trip to the East was 1271—1295. Ramusio must have understood that these two places are now being called China, which was finally confirmed in the early 17th century by Jesuits in China. I have been puzzled, as I suppose others have been too, as to why Ramusio would include Medieval texts in his collection. But I realize now that he and the later editor would not have had a concept of the Middle Ages as we do now. For them, Polo and Odoric were simply writers who had written much about China two hundred years earlier.

The Polo text is in the first edition of Volume II (1559) and the *Travels of Odoric of Pordenone*, about his trip to China 1318—1328, in the 1574 edition of Volume II, which would not have been prepared by Ramusio, but probably was based on material he had gathered. At the time of his death in 1557, Ramusio had all the material for Volume II ready for the printer (Parks, Contents 280), but some of it might have been destroyed by the fire at the publishers in 1557. Ramusio's Italian version of Polo is said to be based on a significant Latin text that no longer exists, hence it is one of the important versions of Polo used in trying to establish the original text. Parts of Polo narrative found only in Ramusio include much of the marvelous description of the city of Kinsai (Hangchou), then the capital of southern China (Latham 24). A study in English of the Polo text in Ramusio is not a part of this essay, but it is an essential study needing to be done. It should be noted, however, that Ramusio's introductory material to Polo, in the section entitled "An Account of Places in the Books of Marco Polo Dealing with Rhubarb," contains the first description of tea in a Western text:

> he told me that in the whole country of Cataio [Cathay] another herb is used, that is, its leaves, which those people call Chiai Catai... This herb they boil it for long in water both dry and fresh, and they drink one or two cups of this decoction on an empty stomach, and it makes fevers, headaches, stomach-aches, and joint pains go away; but you have to drink it as hot as you can bear it. Moreover, they say it is good for many other illnesses, which he did not remember, but amongst the others there was gout. And he said that if someone feels their stomach too full because of food, he can drink some of this decoction and he can soon digest the food. And this herb is so appreciated that whoever has to travel wants to take some of it with him and they would happily exchange a sack of rhubarb for an ounce of Chiai Catai. And those people from Catai say that if this herb was known in our lands, or in Persia or France, the merchants would without a doubt cease to buy the rhubarb. (Giorgia Sfriso located this passage for me.)

In his *Navigationi et viaggi*, Ramusio has provided his readers with both earlier and current information on China. In the selection of the contemporary material to be included, it seems he was careful not to be repetitious, so that each text basically contains a different type of account of China, demonstrating the great care Ramusio took in preparing his collection. As the Jesuits were to discover in the 1580s, entering Ming China was not trouble-free. In the section of *Navigationi et viaggi* from Barbosa, there is mention of foreigners not being permitted to enter China, but Ramusio does not emphasize this problem, suggesting that he might have indeed hoped that Europeans would again try to travel to China. Barbosa, Pigafetta, and Barros have rather positives images of China, but, on the whole, they deal with exterior aspects of China such as geography, government, and Chinese people. With Francis Xavier, however, there is a positive reference to a major intellectual aspect of China: Buddhism. He also has negative comments on particular Chinese people. The irony here is that in the 17th-century Jesuits will have little good to say about Buddhism, and the Chinese will be praised as impressive followers of Confucian ideals.

The influence of a work is another way to consider its greatness. Ramusio, being the first to organize a collection of travel narratives, provided the inspiration and model for the Englishman Robert Hakluyt (1553—1616) at the end of the 16th century to publish his three-volume compilation primarily of English accounts of the world beyond England. Hakluyt expressed his indebtedness to Ramusio. He was able to have many more texts about China than Ramusio because by that time much more had been written in the Europe about China. And, Hakluyt clearly expressed his desire that his work would encourage and help the English to develop trade with other parts of the world. In England, the successor to Hakluyt was Samuel Purchas (1577？—1626), who in 1625 brought out his huge collection of travel accounts, including more information about China. For instance, he was the first to translate into English sections of the journals of Matteo Ricci (1552—1610) that had been published in Latin by Nicolas Trigault in 1615. Purchas was also a devout Protestant minister and saw his publication as helping with the conversion of China to Christianity. Just as Ramusio spent much of his life in readying *Navigationi et viaggi* for publication, both Hakluyt and Purchas similarly devoted their lives to preparing their collections of travel accounts.

WORKS CITED

PRIMARY SOURCES

Barbosa, Duarte. *Livro em que dá relação do que viu e ouviu no Oriente*, Lisboa, 1946.

https://web.archive.org/web/20130313165004/http://purl.pt/435/1/P221.html

English translations:

Stanley, Henry E. J. ed. and trans. *A Description of the Coasts of East Africa and Malabar by Duarte Barbosa*, Hakluyt Society, 1866.

Text:

https://archive.org/stream/descriptionofcoa00barbrich#page/n7/mode/2up/search/china

Dames, Mansel Longworth (1918—1921). *The book of Duarte Barbosa: an account of the countries bordering on the Indian Ocean and their inhabitants* (2 Volumes), Hakluyt Society, 1918—1921.

Text: Vol II

https://archive.org/stream/in.ernet.dli.2015.201185/2015.201185.The—Book_djvu.txt

Barros, João de Barros. *Ásia de Joam de Barros, dos fectos que os Portugueses fizeram no descobrimento et conquista dos mares et terras do Oriente. (Lixboa [Lisboa]: Impressa per Germão Galharde em Lixboa : a. xxviii. de Junho anno de. m. d. lii. [1552])

https://bdlb.bn.gov.br/acervo/handle/20.500.12156.3/31937

Francis Xavier. *The Life and Letters of St. Francis Xavier*. Vol 2. Edited and translated by Henry James Coleridge, Burns and Oates, 1876.

https://play.google.com/books/reader?id=aDYH62y0cR0C&printsec=frontcover&pg=GBS.PP1

Hakluyt, Robert. *The Principal Navigations: The Principal Navigations, Voiages, Traffiqves and Discouveries of the English Nation, made by Sea or ouer-land, to the remote and farthest distant quarters of the Earth …Vol. One*.

London. Imprinted at London by George Bishop, Ralph Newberie and Robert Baker, 1598.

http://memory.loc.gov/cgi-bin/ampage?collId=rbdk&fileName=d0301//rbdkd0301.db&recNum=4&itemLink=r?intldl/rbdkbib:@field(NUMBER+@od1(rbdk+d0301))&linkText=0

Hakluyt, Robert. *The Principal Navigations: The Principal Navigations, Voiages, Traffiqves and Discouveries of the English Nation, made by Sea or ouer-land, to the remote and farthest distant quarters of the Earth …Vol. Two*.

London. Imprinted at London by George Bishop, Ralph Newberie and Robert Baker, 1599.

https://babel.hathitrust.org/cgi/pt?id=aeu.ark:/13960/t4dn55d10&view=1up&seq=1

Hakluyt, Robert. *The Principal Navigations: The Second Volvme of the Principal Naviagations, Voyages, Traffiques and Discoueries of the English Nation, made by Sea or ouer-land, to the South and South-east parts of the World, at any time within the compass of these* 1600. *yeres* ... Imprinted at London by George Bishop, Ralph Newberie and Robert Baker, 1600.

https://archive.org/details/earlyenglishand04haklgoog

https://babel.hathitrust.org/cgi/pt?id=aeu.ark:/13960/t04x69r63&view=1up&seq=1

Pigafetta, Antonio. *Primo Viaggio Intorno al Mondo*. The manuscript in the Biblioteca Ambrosiana, Milan, Bilingual edition. Trans. by James Alexander Robertson. In Blair, Emma Helen and James Alexander Robertson, editors. The Philippine Islands, 1493—1898. Vol. 33—34. Arthur H. Clark, 1906.

http://www.gutenberg.org/files/42884/42884-h/42884-h.htm

Pigafetta, Antonio. *Il Viaggio fatto da gli Spagniuoli a torno a'l mondo*. Venice, 1536.

https://books.google.co.th/books?id=rrpRAAAAcAAJ&pg=PP5#v=onepage&q&f=false

Pigafetta, Antonio. *The First Voyage Round the World*. Trans. by Lord Stanley of Alderley, Hakluyt Society, 1874.

https://en.wikisource.org/wiki/The_First_Voyage_Round_the_World/Pigafetta%27s_Account_of_Magellan%27s_Voyage

Purchas, Samuel. *Hakluytus Posthumus or Purchas his Pilgrimes. Contayning a History of the World, in Sea voyages & lande-Travells, by Englishmen & others. Wherein Gods Wonders in Nature & Providence, The*

Actes, *Arts*, *Varieties*, & *Vanities of Men*, *with a world of the Worlds Rarities*, *are by a world of Eywitnesse-Authors*, *Related to the World. Some left written by M. Hakluyt at his death. More since added. His also perused & perfected. All examined*, *abbreviated.*, *Illustratedf with Notes. Enlarged with Discourses. Adorned with pictues and Expressed in Mapps. In fower Parts. Each containing five Bookes.* London：Imprinted for H. Fetherstone，1625.

http://international. loc. gov/cgi-bin/query/S？intldl/rbdkbib：@OR％28@field％28TITLE＋@od1％28Purchas＋his＋Pilgrimes＋％29％29＋@field％28ALTTITLE＋@od1％28Purchas＋his＋Pilgrimes＋％29％29＋％29

Modern edition：

Hakluytus posthumus，*or Purchas his Pilgrimes*：*contayning a history of the world in sea voyages and lande travells by Englishmen and others*，Hakluyt Society, Extra Series, nos. 14—33. Glasgow：James MacLehose & Sons for the Hakluyt Society，1905—1907. 20 vols.

https://archive. org/details/hakluytusposthum01purcuoft

Ramusio，Giovanni Baptista. *Delle Navigationi et viaggi* … Venetia：Giunti，1550—1559.

Vol I1550，1554，1563，1588，1606，1613

Volume I 1550

Wikimedia Commons

https://upload. wikimedia. org/wikipedia/commons/d/d4/Delle_navigationi_et_viaggi_－_volume_1_－_1550_01. pdf

Google Books

https://books. google. com. tw/books/about/Primo_volume_delle_nauigationi_et_viaggi. html？id＝iZ5TZHXOnYcC&redir_esc＝y

Vol II 1559, 1574, 1583, 1606

Volume II 1559

Wikimedia Commons

https://commons.wikimedia.org/wiki/File:Delle_navigationi_et_viaggi_-_volume_2_-_1559.pdf

Heidelberg historic literature - digitized

https://digi.ub.uni-heidelberg.de/diglit/ramusio1559bd2/0373

Volume II 1583

Internet Archive

https://archive.org/details/bub_gb_dpvHWQyVFTEC

Hathi Trust

https://babel.hathitrust.org/cgi/pt?id=ucm.5309452461&view=1up&seq=5

Google Books

https://books.google.com.tw/books/about/Secondo_volume_delle_navigationi_et_viag.html?id=dpvHWQyVFTEC&redir_esc=y

Vol III 1556, 1565, 1606

Volume III 1556

Beinecke Digital Collections

https://brbl-dl.library.yale.edu/vufind/Record/3549588

Volume III 1565

Wikimedia Commons

https://commons.wikimedia.org/wiki/File:Delle_navigationi_et_viaggi_-_volume_3_-_1565.pdf

Volume III 1606

Google Books

https://books.google.com.tw/books?id=vQ1MAAAAcAAJ&redir_esc=y

Internet Archive

https://archive.org/details/dellenavigationi00ramu/page/n3/mode/2up

SECONDARY SOURCES

Bandelier, Adolph Francis. "João de Barros." *The Catholic Encyclopedia*. Vol. 2. New York: Robert Appleton, 1907. http://www.newadvent.org/cathen/02309a.htm

Barnes, Jerome Randall. *Giovanni Battista Ramusio and the History of Discoveries: An Analysis of Ramusio's Commentary, Cartography, and Imagery in* Delle Naviationi et Viaggi. 2007. U of Texas, Arlington. PhD dissertation. https://rc.library.uta.edu/uta-ir/handle/10106/562

Brown, Horatio F. *The Venetian Printing Press: An Historical Study Based upon Documents for the most Part Hitherto Unpublisheds*, Putnam's 1891

https://archive.org/details/cu31924029498445

Dion, Mark. "Sumatra through Portuguese Eyes: Excerpts from João de Barros' *Decadas da Asia*." *Indonesia*, no. 9, April 1970, pp. 128—162. https://www.jstor.org/stable/pdf/3350626.pdf

Editors Encyclopedia Britannica. "João de Barros." *Encyclopedia Britannica*, 2019. https://www.britannica.com/biography/Joao-de-Barros.

Fumagalli, Giuseppe. "Italy." In Peddie, Robert Alexander and others. *Printing: A Short History of the Art*, Grafton, 1927

https://www.indianculture.gov.in/printing-short-history-art

Grendler, Paul F. *The Roman Inquisition and the Venetian Press*, 1540—1605, Princeton UP, 1977

https://muse.jhu.edu/book/38644

Lane, Frederic C. *Venice: A Maritime Republic*, Johns Hopkins U P, 1973.

Lach, Donald. *Asia in the Making of Europe. Vol. I: The Century of Discovery*. In two books. Chicago: U of Chicago P, 1970.

Lopez, Jr., Donald S. *From Stone to Flesh: A Short History of the Buddha*. U of Chicago P, 2013.

Nuovo, Angela. *The Book Trade in the Italian Renaissance*. Translated by Lydia G. Cochrane. Library of the Written Word VOLUME 26 The Handpress World. Brill, 2013

https://bibliothecae.unibo.it/article/view/5753/5474

Oaten, E. F. *European Travellers in India in 15th, 16th and 17th Centuries*. Routledge, 1909.

Text:

https://archive.org/details/EuropeanTravellersInIndiaFarley/page/n81/mode/2up?q=Barbosa

Parks, George B. "Ramusio's Literary History." *Studies in Philology*, vol. 52, no. 2, April 1955, pp. 127—148. JSTOR, www.jstor.com/stable/4173126

Parks, George B. "The Contents and Sources of Ramusio's Navigationi."*Bulletin of the New York Public Library*, vol 59, no. 6, June 1955, pp. 279—313.

"皮之不存，毛将焉附"
——试论国际文学关系研究的地位与作用

孟 华

长期以来，比较文学界似乎总是处于一种深重的精神焦虑中：比较文学是否还有存在的必要？还能存在多久？此类问题不断被提出，发展到极致，也就出现了形形色色的学科消解论。

消解论之一谓之曰："比较"的意识与方法在当代已为其他学科所普遍接受，不再是比较文学的专利，因而也就无须再为之保留专门的学科位置。

消解论之二鼓吹"文化研究"包罗万象，认为当下的世界是文化研究的一统天下，文化研究万能，大可涵盖一切，因而比较文学也就不必再羞羞答答地强调什么"文学"了，干脆让位，或及早"弃暗投明"，投奔"文化研究"的麾下方为上策。

消解论之三提倡以蓬蓬勃勃发展着的"翻译研究"替代"比较文学"。

消解论之四则以"哀其不幸，怒其不争"的情感，干脆极而言之地宣布比较文学的"学科之死"。

…………

乍一看来，这些学科消解论者似乎不无道理：他们质疑的现象绝大多数确曾或依然存在；更何况，世上万事万物原本都有其发生、发展、消亡的过程，一门学科既然可以应运而生，说她终有一天会完成其历史使命而退出舞台，归于沉寂，当也在情理之中。

但倘若稍退一步去环顾一下四周，我们却又会顿生疑窦。譬如中外文学、中外历史、中外哲学等其他人文学科，这些都是与比较文学比肩、相邻，甚至相辅相成的学科，为什么就没有人去质疑它们的生命力？莫说质疑，即便是提出问题本身,恐怕都会引来惊诧的目光①。那么,为何单单要将比较文学拎出来,而不问问"人文学科是否还有必要存在,还能存在多久"呢?

显然,问题的产生是与比较文学学科的独特身份有关。众所周知,"身份"不确是比较文学从学科诞生起就面临的窘境。我在另一篇短文中曾把这种由边缘地位而带来的身份不确称之为"原罪",并由此认为:比较文学"生来就属'跨',所以永远都是边缘的。而且毫无疑义,它还将背负着这个'原罪'进入到人类的第三个千年中去"②。

其实,比较文学的边缘地位与"跨"的特性,早已为国内外绝大多数比较学者所认同,似无再讨论的必要。但"原罪"绝不会因为你知道其存在而轻易地饶过你,它会随形势的发展而产生诸多顺应时代的变种。本文开头援引的若干消解论,不正是"原罪"在新形势下引发的新问题?看来,要想从根本上使本学科从"原罪"导致的种种疑虑中解脱出来,首先需要为本学科的独特身份"正名",确切而言,即要找到比较文学作为边缘学科而得以安身立命之根本。本文正是希望在此一方向上作些许的尝试。

一、历史的回顾

提到"正名",就不能不简单回顾一下本学科的发生、发展史及由此而形成的学科的基础。

比较文学生发于国别文学的研究之中。19世纪初,当某些研究国别文学的学者发现了文学实际上是超越国界的,无法孤立地存在时,也就萌发了要使用一个新词来界定此类现象的念头。幸与不幸,那时恰逢"比较"一词在欧洲大行其道,既然可以有"比较解剖学""比较语言学""比较宗教学""比较神话学"……为何不可以"时髦"一把,将对此类跨文学现象的研究称之为"比较文学"?但显而易见,该词在当时实际指称的就是由文学交流而导致的跨文学现象,后人称之为"国际文学交流",或"国际文学关系"。因此,国际文学关系研究代表了最原初、最基本的比较文学研究方向。而进行此类研究的比较文学即是文学交流的产物,是开放的、世界主义观念的产物。

在这一点上,国内比较学界似存在着某些误解。一些人认为,法国之所以成为比较文学的诞生地,是因为她自身拥有深厚的文学传统,是因为法兰西人希望"输出"自己的文学,炫耀本国文学的"光荣"。不可否认,一、二次世界大战前后的某些法国学者确曾表现出了一定程度的文化沙文主义倾向,但这是发展中出现的问题,绝非本学科的主流,更不代表学科诞生时的情况。倘若我们仔细研究一下比较文学的学科史,就会清楚地发现本学科在法国的诞生实际上得益于一种开放的意识。在《论文学》《论德意志》等著作中,被称作"世界比较文学先驱"的斯达尔夫人(Mme de Staël)竭力引起人们注意和重视的,恰恰是非法国文学、文化的财富;1817 年,当法国学者诺埃尔(François Noël)在《法文与拉丁文教材中的英国文学与伦理课文》(*Leçons anglaises de littérature et de morale sur le plan des leçons françaises et des leçons latines*)中第一次使用"比较文学"这个词时,他是用来说明进入了法文和拉丁文作品中的英国思想、文学作品的③。继他们而起的早期比较学者们,无论是维尔曼(Abel Willmain)、安培(Jean-Jacques Ampère),还是基内(Edgard Quinet)、查斯勒(Philarète Chasles),他们的工作都与探讨法国文学中的英、德、意等欧洲国家的影响有关④。实际上,如果没有欧洲各国间日趋频繁的交流⑤,没有在研究本国文学思潮(诸如"浪漫主义")时,苦于在单纯、孤立的国别文学研究中无法解释相应的文学现象,也就不会有"比较文学"一词的产生。早期的学者们并没有以法国文学为"源头""输出国",恰恰相反,他们正是意识到了本国文学与欧洲其他民族文学有着千丝万缕割不断的联系,才竭力主张打开视野,向"别处"去寻根问源的。⑥今天看来,他们的工作固然十分幼稚,往往仅限于将各国文学相交的部分罗列出来,而没有对其间深层的联系,内在的逻辑,文学、文化相遇、对话、互动的过程和问题作更深入的探讨,但这种梳理文学交流的努力在当时已属难能可贵,它充分显示出了学者们希望打破阻隔与界限,从国际的视角来研究文学的愿望,尽管这个"国际"还只囿于欧洲一隅。

这一历史的回顾,清楚地证明了比较文学的概念和思想是以"一种世界主义的、自由主义的、慷慨大度的精神,是否定一切排他主义及孤立主义的精神"为依托的⑦。尽管自那时以来的法国学者并非全都继承了这份精神,宣言者也未见得个个都实践了这崇高的理想,但我们无法否认布吕奈尔(Pierre

Brunel)们对本学科精神实质的总结恰当而精到,开放性正是比较文学的灵魂。而此种开放的精神难道不是源于文化、文学交流,并仰仗交流而发扬光大?

二、比较文学是一门研究文化交流的学问

显而易见,文化、文学交流是比较文学赖以生存、赖以发展的基础。正因如此,世界上便没有哪一本比较文学教材可以忽略本学科与文化、文学交流的关系,更没有哪一个比较学者可以否认文化、文学交流对本学科所起到的至关重要的作用。恰如基亚(Marius-François Guyard)所言:"每一个人都知道文化交流是人类……希望之一。……任何一种文学在孤立的情况下都不能不枯萎;而每一种最成功的民族文学都要依靠外来的因素。"[8]

然而,在讨论比较文学与文化交流的关系时,季羡林先生却提出了一个独到的观点。在《比较文学与文化交流》一文中,先生直截了当地提出了一个命题,他说:"比较文学的研究属于文化交流的范畴……自从有了人类社会以来,世界上各民族、各国家、各地区就在不断地进行着文化交流。……比较文学所要探索的正是文学方面的文化交流。"[9]

先生此说振聋发聩,触及了比较文学最核心、最本质的问题。他不仅在广度和力度上远远超越了前人,超越了本学科一切中外权威,而且还创立了新说。倘若说从文化交流的角度论述比较文学不自先生始,那么,如此明确地提出比较文学归属于文化交流,却不能不说是先生的首创。他第一次响亮地提出了比较文学只是"流"、文化交流方为"源"的源流观。这个看上去不起眼的源流之辨,实在是与本学科性命攸关的大问题。

文学、文化交流既然是源,它就是比较文学研究的生命线。前文对学科史的回顾已经清楚地揭示出:比较文学由其而生,因其而长,依其而存。明确了这一点,也就使处于边缘地位的比较文学获得了充分存在的理由:比较文学得天独厚,应的乃是"文化交流"之运,也就必定要伴随文化交流走完全程。只要这交流一天不消亡,对这种交流的研究就一天不会终止。而认同交往、促进对话早已成为当今世界发展的必然趋势,文化交流注定是要生机勃勃地

发展下去的,那么,研究"文学方面的文化交流"的比较文学又有何危机可言?学科的消亡又从何谈起呢?!形形色色的学科消解论是否从此可以休矣?

所以我以为,先生此说实在是为比较文学明确了身份,找回了自己得以安身立命之根本。只要坚守研究"文学方面的文化交流",比较文学从此便可以坦然地面对一切质疑,理直气壮地宣布自己存在的合理性与必然性。

三、国际文学关系研究在比较文学学科中的地位

论及"国际文学关系研究"在比较文学学科中实际占有的地位,我们似可以 20 世纪 60 年代比较文学"危机"为界,划分出前后两个阶段。此前,它在比较文学研究中占据着绝对主导的地位;此后,它在法国及欧洲大陆仍然颇受重视,在美国及美国影响所及的地方则愈来愈被忽视,在某些地方甚至被其他研究所取代,完全退出人们的视线。

这种变化当然有其历史的合理性。在 20 世纪 60 年代的那场比较文学"危机"前,"法国学派"表现出来的欧洲中心主义、法国中心主义,以及他们建立在"唯科学主义"基础上,只注意寻觅"事实联系"的实证方法,受到了美国学者及其他革新派的强烈质疑与严厉抨击,国际文学关系研究也因受其累而名声不佳。此外也应考虑到,自那时以来,其他分支研究领域(诸如比较诗学)得到迅速发展,这也占据了部分研究空间,分流了人们对国际文学关系研究的关注。

但面对今天危机说此伏彼起的局面,我们似有必要重新审视国际文学关系研究在本学科中的地位。无论它在历史上有过何种问题,它都是本学科中最直接研究"文学中的文化交流"的领域,它与本学科与生俱来的血脉关联和它的历史功绩都使我们有理由相信,它在本学科中的核心地位不应也不能改变。改变了,动摇了,就几近于"数典忘祖",比较文学学科就面临着失却自我,失却根本,站不稳脚跟的危险。此正所谓"皮之不存,毛将焉附"。

更何况,国际文学关系研究也在时时更新着自我:它从原先单向度研究发送国文学的影响,发展到对发送者与接受者进行双向互动关系的研究,且将对接受者主体的研究置于中心地位;从过去单纯考据式的研究方法,发展

到充分利用各种新理论、新方法的综合性研究。

在这方面,当代形象学的确立堪称是最具代表性的。"异国形象"在一定程度上折射出了异国文化在本国的介绍、传播、影响、诠释的情况,因而一直属于传统国际文学关系研究的范畴。到了当代,学者们借助于符号学、结构主义、接受美学等理论与方法论,对传统进行了重大革新,终于使之体系化,成就了冠名为"形象学"的研究方向,将此类研究大大向纵深推进。[10]除此之外,传统国际文学关系研究中的译介学从文化研究中受到启发,经历了关键性的"文化转向";媒介学也拓展了"媒介"的范围,并从以往对文化、文学传递的线性研究转而讨论文化交流的双向互动,而且十分关注"媒介"自身文化身份在交流中的变化……凡此种种,不一而足。

纵观这些研究领域内发生的变化,我们似乎可以总结说:学者们已不再满足于描述现象、勾勒史实,而是在掌握确凿的"事实联系"的基础上,注重以批判的精神质疑文学、文化交流中的种种现象,挖掘隐含其中的内在逻辑,探讨产生这些现象的原因。一言以蔽之,当今的国际文学关系研究在传统的历史研究中已成功地引入了问题意识,引入了文学批评的精神。

这令人不禁想起艾田伯(René Etiemble)先生四十余年前对比较文学未来的憧憬:"这种比较文学把历史方法和批评精神结合起来,把考据和文章分析结合起来,把社会学家的谨慎和美学理论家的勇气结合起来,这样比较文学立时便可以找到正确的对象和合适的方法。"[11]倘若先生看到今天国际文学关系研究的发展现状,他该是怎样的心境呢?

四、对国际文学关系研究范畴与方法的重新定位

作为对国际间文学、文化交流最直接的研究,"国际文学关系研究"必然要寻觅、勾勒、描述这些交流中的"事实的联系",因而必然具有浓厚的史学研究色彩。但如前所述,它绝非单纯的史学研究,更非是对所谓的"文学外贸关系"的简单梳理。众所周知,美国学者韦勒克(René Wellek)曾将传统的国际文学关系称之为"文学的'外贸关系'"。布吕奈尔对此反驳说:"以货换货的交易只需一个很简单的手势就行了;而文学则需要更多的细微的差别。"[12]实际

上,文学、文化交流属于高级"心智"活动,仅用"细微差别"来修饰恐怕仍然很不确切。我在下文将会谈到,它应当是一种综合性的,涉及内、外部各个层次的研究。

此类研究关注的是文学、文化交流中产生出来的种种特殊的跨文化、跨语言现象、事实,因而,它首先属于影响/接受研究的范畴。然而,回答"是什么""怎么样"只是研究的第一个层面,在此基础上,还必须探讨、分析"为什么"的问题,亦即这些现象、事实是缘何及如何在特定的文学、文化场的合力作用下生发、演变、成形的,探究这些现象(事实)产生的内在逻辑。因此,我们不仅要研究文学史实的外部联系,这些史实、现象与社会文化语境的关系,还必须涉及无"事实联系"的类比研究,才能把"关系"缘何产生分析清楚。这样,研究就势必被导向了文学内部的、美学的思考。

就以象征派(symbolisme)诗歌在中国的流变为例:

兴起于19世纪中叶(1860年左右)的法国象征主义诗歌流派,从19世纪90年代始在欧洲流播,20世纪20年代风靡全球。也是从1920年起,象征主义被引入中国,在中国新文学的土壤中绽放出一朵朵艳丽的奇葩。20年代中、后期,中国涌现出了如戴望舒、王独清、穆木天、冯乃超、蓬子、胡也频等一大批诗人,形成了中国新诗中的象征主义流派。⑬迄今为止,中国的象征主义诗歌已引发了学界极大的兴趣,研究成果大批涌现,而许多学者在研究中都感到"中国的象征主义更接近法国的象征主义"。斯洛伐克汉学家高利克(Marian Galik)曾对个中缘由作过这样的分析:"中国的旧文学广泛使用象征——确切地说是比喻和暗示的创作方法,由于传统文学的特殊魅力,也由于欧洲浪漫主义文学的强烈感染……还与作家们对世纪转折点上的文学作品感兴趣分不开。在这一转折期,象征主义文学的影响不仅突破了自身和西方文学的界限,而且几乎风靡了整个文化界。"⑭在对这个显然属于接受问题的讨论中,高利克既涉及了法中象征主义的渊源关系,接受者(中国诗人)所处的文化、文学语境,他更强调了象征主义与中国传统文学的契合,由此便将研究导向了比较诗学的范畴。

对于这后一点,中国学者其实早已予以了足够的关注。钱锺书先生在《谈艺录》中称象征派与中国的神韵派是"奇缘佳遇"⑮;梁宗岱先生在《诗与真·诗与真二集》中更是将象征手法与《诗经》里的兴作比,他以《诗经》里的《小雅·采薇》为例,认为《文心雕龙》对"兴"的解释"兴者,起也;起情者依微以拟义"颇能道出"象征底微妙"[16]。

倘若试将《采薇》与魏尔伦(Verlaine)的《白色的月》(*La lune blanche*)作比,会发现在"兴"与"象征"之间的确存在着许多耐人寻味之处。

采薇
昔我往矣,杨柳依依;
今我来思,雨雪霏霏。
行道迟迟,载渴载饥。
莫知我哀,我心伤悲!

白色的月
白色的月	La lune blanche
照着幽林,	Luit dans les bois;
离披的叶	De chaque branche
吐吐轻音,	Part une voix;
声声清彻:	Sous la ramée
哦,我的爱人![17]	O bien—aimée !

阅读这两首诗,我们会感到:恰如梁宗岱先生所言,"表面看来",前后文似乎没有什么显著的关系,然而两首诗的前半部分均"把那片自然风景作传达心情的符号",或"把我们底心情印上那片风景去",活现出诗人或喜或悲的心情。[18]梁宗岱先生是在介绍象征主义的文章中作此阐发的,但他的话却可视作是对高利克研究的最好注释。

由此可见,在回答为何中国的象征主义更像法国的象征主义时,单纯的"事实联系"的方法就完全不够用了,必须运用类比的方法,进行比较诗学的研究。不过,当进一步在美学原则上再作探讨时,却又会发现"兴"与"象征"的相似仍然只是表面上的,在其相似性背后,却蕴涵着深刻的文化差异。

法国象征派的"象征"(symbole),强调在象征者和象征物之间,在能指与所指间要建立起新的符指关系,要尽量削弱传统的、约定俗成的联想。而这恰恰与中国传统诗歌中重互文性、重由传统符指关系而产生的联想及约定俗成的喻意南辕北辙。因而两者的美学追求存在着很大的文化差异。中国现代派诗人并未(也不需要)全盘接受法国象征派诗歌的理论,他们借用了许多形式上的东西(通感、音乐性……)去激活本民族的传统,赋予其新意,使传统得以发展。因此,现象的类似,绝不意味着成因的一致。恰恰相反,生成语境的差异性往往导致目的、意义的不同。只有从美学的角度才能揭示中法文化的本质,并由此把握文学思潮、形式在接受中产生的流变,才能将国际文学关系研究搞得深透,从而真正回答"为什么"的问题。

上面这个例子已能说明国际文学关系研究有时需要借助类比研究的方法,从美学的层面来深化思考。而在回答"为什么"时,也还常常会涉及:文学与思想史、心理学、社会学、哲学、宗教、艺术等的跨学科研究(即便在传统研究中,这一点也很明显)。以下也试举一例予以说明。

众所周知,儒学在18世纪的欧洲,特别是在法国十分走红。若要深究个中缘由,就不能脱离开法国当时的社会、宗教危机,以及法国人当时的心态。一如我在《伏尔泰与孔子》一书中所指出的:"正当法国的知识分子由于'正在反抗一种老朽、腐败、衰竭无力的君主专制'……时,'中国思想'也在法兰西的土地上不胫而走……很显然,处于社会、宗教危机之中的法国人,眼光是向全球开放的。在这种全方位的审视中,任何能带来希望、激发想象的东西,都会被认为是有益的。那个被传教士们描绘得如此神奇、美妙的中国,那个富庶、强大、有着几千年文明史的古老帝国,不可能不对法国人产生强烈的刺激,其中最令人感兴趣的就是孔子的思想。"[19]显而易见,研究由此便涉及了思想史、心态史、宗教等领域,且是跨文化的跨学科。综上所述,我们可否对国际文学关系研究的范畴与方法作出如下重新定位? 国际文学关系研究以文学交流为研究对象,关注由交流而产生的种种跨文化、跨语言的现象与事实。在尽量还原"事实联系"的基础上,进而探讨这些现象(事实)的成因、演变过程、后果、效应及由此引发出来的各种文学、文化问题。它以影响/接受研究为主,亦需辅之以类比研究和跨学科研究,因而是本学科内的一种跨界的、综合性的研究。

五、国际文学关系研究与其他分支研究的关系

倘若认可这样一种重新定位,国际文学关系就不是与比较诗学不搭界的研究领域,它既需要借助比较诗学以深化研究,也理应成为比较诗学研究的基础。上文所引有关象征派诗歌的例子,或许已很直观地说明了国际文学关系研究与比较诗学间这种密切的关系:引入比较诗学的研究,才使其得以真正回答清楚"为什么"的问题;而在相反方向上,它也为比较诗学提供了一个绝好的研究课题。

不仅如此,一个讨论诗学问题的研究者,无论其研究对象是文类、修辞、文体,还是格律、意象、结构……在他认定自己进行的是"类比研究"前,首先需要确认被比较的双方在历史上是否发生过"交流",否则研究的大前提就很成问题。更何况我们今天使用的文学概念,绝大多数都是近现代以来从欧美直接或间接移植过来的,它们与欧美,甚至与日本文学、文化有着千丝万缕的联系。若不进行国际文学关系研究,不搞清这些概念自西徂东的文化旅行过程,不清楚它们在西文中如何表述,如何被译入日文,又如何直接、间接地被译介成中文,在译介过程中意义发生了怎样的游移、嬗变,在中国新文学观念、新文学史的形成中起到何种作用……进行所谓的比较诗学研究岂不是失去了根基?如此看来,钱锺书先生之所以强调说:"要发展我们自己的比较文学研究,重要任务之一就是要清理一下中国文学与外国文学的相互关系。"[20]内中当也蕴含了这一层意思罢。

除此之外,进行国际文学关系研究对一个比较学者应该还具有更重要、更深层的意义。它既可训练一个学者的历史感,又可培养进行学术研究所必需的实证精神与方法,而这两条都是一个比较学者必须修炼的基本功。

在《比较不是理由》的长文中,艾田伯曾辟专节描绘他心目中"理想的比较学者"。而在文章开篇处,他首先强调的是:"希望正确地理解我的意思。我的意思不是要把历史学从我们的教学中剔除出去……从历史的角度,起码对时空范围内充分的'事实联系'进行考察,我以为对每个比较学者来说都是合适的,甚至是必须的。"[21]联系这段文字的上下文,艾田伯先生实际上对比

较学者提出了两个要求:一是要具备历史知识与理论知识,二是要以实证的方法来进行研究。

无独有偶,厄尔·迈纳(Earl Miner)先生在《比较诗学》一书中也对历史感提出了几乎同样的观点。他以诗一般的语言说明文学观念不可能不受时间和变化的影响,因此要从历史发展中去探讨理论的源头:"当我们竭力使一大堆混杂不堪不断变化的思想凝固……我们便踏进了文学观念转变的历史洪流。当我们倾注一腔热情,不无魅力地发明我们那转瞬即逝的理论时,时钟的秒摆已敲响了新的一刻,日历已翻开了新的一页。"[22]

在文学理论、文学概念的时间性方面,杨周翰先生的相关论述或许对中国学者会显得更为清楚,也更为亲切。他在讨论巴罗克文学时,曾对某些学者认为中国古代文学中也存在着巴罗克风格的观点予以反驳:"中国9世纪的政治斗争并未改变中国历史的进程,而17世纪则是欧洲历史上的一道分水岭,一种从旧秩序向新秩序的转变。如果巴罗克是17世纪欧洲的独特产物,那么,与17世纪的欧洲如此不同的中国9世纪如何能产生巴罗克呢?只有牢记中国文人的历史背景与心态,才能更好理解李商隐的困惑和孟郊的孤凄的实质。他们都以完美的艺术表达了自身的情感,但他们不是巴罗克诗人。"[23]杨先生的结论言之凿凿,他以对比较双方精到的把握,以确凿的"史实"说话,令人信服地论证了每一种文学风格都产生于一种独特的历史语境中。这段充满了历史感和实证精神的论述,实在堪称类比研究的一个典范。

这里涉及的实证精神和方法,实为一切学术研究之基础。比较文学既然是一门人文学科,就不能不遵循学术研究的这一基本法则。胡适先生所倡导的"大胆的假设、小心的求证"的方法,也应是每一个比较学者治学的座右铭。而在比较文学范畴内,要培养和训练历史观念及实证精神与方法,还有什么方式能比具体从事国际文学关系研究更有效?从这个意义上来说,国际文学关系研究对所有自称为"比较学者"的人都至关重要。

回顾历史,国际文学关系研究或许是本学科中最富传奇色彩的一个分支领域:它曾立下过"开山"之功,是比较文学最原初、最主要的研究内容,享有至高无上的荣耀;曾几何时,它又跌入低谷,遭遇挫折,一度成为众矢之的。在某些地区,某些学者中,它至今仍笼罩在20世纪60年代"危机"的阴影中,遭到不应有的鄙视。然而，它既然生发于文学交流中，与生俱来就具有鲜活的生命力。无论外界是褒是贬，国际文学关系研究始终都在反思中前进。本学科特有的开放性与打通性，确保了它生生不息地向前发展。而它最根本的变化，就是在传统的历史研究中引入了问题意识与文学批评精神。

今日的国际文学关系研究，一如既往地以研究文学、文化交流为己任。但在尽力复原各国间文学、文化交流"事实联系"的基础上，它却瞄准了一个更高远的目标：反思这些现象与事实，以揭示出人类（在文化、文学方面）交流、对话、互视互补的内在逻辑与规律，反过来更积极地促进文化、文学的交流，与其他分支研究一起，更好地实现比较文学学科为人类谋福祉的人文主义终极目标。对于我们这门研究"文学方面的文化交流"的学科来说，国际文学关系研究维系着本学科的身份与根本。在当前纷纷扰扰的"危机说""消解论"中，倘若我们能够"咬定青山不放松"，是否也就可以从各种疑虑中抽身出来，"千磨万击还坚劲"？

原载《北京大学学报（哲学社会科学版）》2008 年第 3 期。

注　释

① 20 世纪在西方一度盛行的"文学之死"在国内也多有译介与反响，但似乎从未对文学研究学科的存在构成过威胁，更未见治中国文学的同行们产生多么严重的"危机感"。

② 孟华《比较文学"原罪论"》，载《中外文化与文论》1996 年第 1 期。

③ 参阅 Y. Chevrel, *La littérature comparée*, PUF, 1989, p. 8。

④ 参阅布吕奈尔等《什么是比较文学？》，葛雷、张连奎译，北京大学出版社，1989 年，第 20—23 页。

⑤ 参阅《什么是比较文学？》，第 52 页。另请参阅基亚《比较文学》，颜保译，北京大学出版社，1983 年，第 1 页。

⑥ 上述学者也关注他国文学中的法国因素，但从总体而言，重点仍在前者。

⑦ 《什么是比较文学？》，第 17 页。

⑧ 《比较文学》，第 118 页。

⑨ 《比较文学与文化交流》，载《比较文学与民间文学》，北京大学出版社，1991 年，第 313 页。

⑩ 关于形象学对传统的革新与继承，详见拙作《形象学研究要注重总体性与综合性》，载《中国比较文学》2000年第4期。

⑪ 《比较不是理由：比较文学的危机》，罗芃译，载《比较文学之道：艾田伯文论选集》，生活·读书·新知三联书店，2006年，第28页。

⑫ 《什么是比较文学？》，第38页。

⑬ 详见孙玉石《中国现代主义诗潮史论》，北京大学出版社，1999年，第44—50页。

⑭ 高利克《本世纪20年代欧洲文学思潮及其在中国的变形》，载《中国比较文学通讯》1988年第2期。

⑮ 钱锺书《谈艺录》，中华书局，1984年，第276页。

⑯ 梁宗岱《诗与真·诗与真二集》，外国文学出版社，1984年，第66页。

⑰ 魏尔伦《白色的月》，梁宗岱译，《梁宗岱译诗集》，湖南人民出版社，1983年，第50—51页。梁先生原文并未引用此诗，笔者为凸显出梁先生所述"兴"与"象征"间的相似，特于此援引梁先生自译的法国著名象征派诗人之诗作。

⑱ 本段内的引文均出自梁宗岱《象征主义》，载《诗与真·诗与真二集》，第66页。

⑲ 孟华《伏尔泰与孔子》，新华出版社，1993年，第59页。

⑳ 转引自张文定《海峡两岸比较文学发展的相同和不同趋势》，载《中国比较文学通讯》1988年第2期，第24—25页。

㉑ 《比较不是理由：比较文学的危机》，载《比较文学之道：艾田伯文论选集》，第31页。

㉒ 《比较诗学——文学理论的跨文化研究札记》，王宇根等译，中央编译出版社，1998年，第3—4页。

㉓ 杨周翰《欧洲中心主义》，1988年。中译文转引自乐黛云《重读杨周翰先生的〈欧洲中心主义〉》，载《中国比较文学》1999年第3期。

中国文艺理论 70 年的嬗变与发展
——以教材的编写为考察重点

董学文

一

新中国成立 70 年来的文艺理论研究和建设,伴随着社会主义前进的步伐,走过了不平凡的岁月。70 年里,我国文艺理论研究和建设有过高歌猛进的辉煌,也有过浅唱低吟的艰困;有过大面积的躁动与混乱,也有过反思后的冷静和清醒。不管什么时候,不管什么情况下,我国文艺理论研究和建设总是同祖国和人民同行的,总是在风浪中不断地探索跋涉的。

如果把这 70 年作为一个相对完整的时段,并用这 70 年文艺理论的发展同新中国成立之前的状况相比,同此间欧美和苏俄文艺理论的变化情况相比的话,那么,我们有理由也有自信做出如下的判断,即新中国文艺理论研究和建设是日新月异的,是在世界文论格局中后来居上的。得出这个判断不是凭空编造的,而是建基于新中国文艺理论 70 年来取得的巨大变化与成就,建基于纵向和横向客观比较与分析基础之上的。

我国文艺理论 70 年来取得的成就主要是什么呢?为了回答得简明,我想用三句话来加以概括:一、它使一个原本凋零赢弱的单薄的学科,变成了一门根基扎实、视野开阔、学理深厚又不断创新的重要基础性人文社会科学学科;二、它在半个多世纪的时间里不断汲取、吸收和借鉴国内外优秀思想文化成果,目前已经达到与国外优秀文艺理论同步发展、平行对话甚或有所超越有所创造的理论状态与水准;三、它在反复实践、试验和创新的过程中,总结了中外历史上正反两方面经验教训,对马克思主义指导文艺理论研究和建设的重要意义认识,提升到了空前自觉的高度。

毫无疑问,上面这种对我国文艺理论成就的概括,是有其特殊视角的。也就是说,这种概括,不是从某些具体的文论观点变化出发的,而是从宏观的整体状况进行总结的,因此,它可能有不够全面的问题。再者,这种概括,由于不是从文艺理论的某个具体时段或某一具体现象出发,而是从半个多世纪文艺理论运动历史长河的轨迹和趋势中加以归纳的,所以,它也会有遗漏、有盲区,且线条比较粗化。但这种宏观的概括有它的好处,那就是可以省略对一些细枝末节的辨析和评价,并能带来俯瞰文艺理论发展规律与前瞻趋势的效果。

新中国文艺理论发展的 70 年,应该说是一个不算长也不算短的时区。倘若再给这 70 年我国文艺理论的发展划出几个明显阶段的话,那么,我认为大体可以划分为这样三个阶段:第一个阶段是 1949 年至 1978 年,即通常所说的改革开放之前的所谓"前三十年"阶段;第二个阶段是 1979 年至 2012 年,大体是改革开放之后的所谓"后三十年"阶段,亦可说是中国特色社会主义文艺理论形成和发展的阶段;第三个阶段是党的十八大以来直至如今的阶段,这是习近平新时代中国特色社会主义文艺理论提出并付诸实践的阶段,也是"21 世纪中国的马克思主义"文艺理论提出并实践的阶段。这三个阶段的划分,当然是相对的,是从历史的大脉络出发的。倘若有研究者从某些具体的文艺理论现象出发,从某些重要观点的演变出发,或者更换一下探讨角度,从文艺理论体系建构的特征出发,那么,得出与上述三个阶段划分不同的另外阶段划分方案,也是完全可以成立的,也是有其实际意义和价值的。

新中国 70 年文艺理论研究和建设涉及的面很广,探讨的问题很多,为了论域的相对集中,本文在分析 70 年文艺理论演变和发展时,主要以文论教材的编写为重点,同时兼及一些相关的问题。

二

第一个阶段,可以说是破旧立新的阶段,是筚路蓝缕、高歌猛进的阶段。这一阶段,拉开了我国文艺理论当代学术传统的序幕,确立了当代文论的价值导向,重建了文论研究的规范,是我国文艺理论作为一门固定学科的确立期和奠基期。当然,这一阶段也经历了探索中的波折,前进中的坎坷。

众所周知,20世纪初到新中国成立之前,我国文艺理论研究在人文社会科学领域是个弱项。当时文艺理论研究的著作不多,比较规范的文论教材也很少。据有学者统计,到20世纪40年代,虽说对文艺自身规律的认识有一定突破和进展,但从论文和教材的数量上看,还不及30年代。由于历史传承的原因,40年代文艺理论教材有两种类型,一种是基本保留了30年代以来在内容和体系上以西方教材为主的范式;一种是提出了一些新理念,体例上也较之先前有较大调整,为其后的50年代文论教材的更新和发展提供了初步基础。这其中,有一定影响的,是重庆华中图书公司出版的田仲济著《新型文艺教程》(1940)、大连实业出版公司出版的王秋莹著《文学概论》(1943)、上海永祥印书馆刊行的顾仲彝、朱志泰合著《文学概论》(1945)、香港生活书店出版的以群著《文学底基础知识》(1945)、世界书局出版的张长弓著《文学新论》(1946)、上海生活书店出版的蔡仪著《文学论初步》(1946)、香港中国文化事业公司出版的林焕平著《文学论教程》(1948)等。[①]

新中国成立后,迅速改变了这种文艺理论凋零的局面。文艺理论研究不但从内容上发生了质的改变,而且学科规模和研究队伍也急剧扩展。在一些高校和科研部门建设了文艺理论教学和研究机构,聚集和培养了一批致力于文艺理论研究和教学的学者。与此同时,苏联专家来华讲学,引进并学习苏联文艺理论,也对我国新文艺理论的确立起到很大的作用。

新中国成立之初的相当一段时间内,我国在文艺理论上是实行"一边倒"政策——向苏联学习的。当时我们承认"必须学会自己不懂的东西",而苏联则"是我们的最好的先生,我们必须向他们学习"。[②]请苏联文艺学专家到中国来讲学,办文艺理论研究班,就是我们在文艺理论上向苏联看齐学习的具体表现。客观地说,这种学习和借鉴对推动新中国文艺理论的形成和进步,就是今天看来也是有益处、有帮助的。这种益处和帮助,我认为至少有两点:一是使我们的文论界初步了解了以马克思主义为指导的文艺理论学科的基本面貌,尽管它是"苏式"的马克思主义和"苏式"的文论系统,但确实是同新中国成立之前那种旧式西方文论格局严格区别开来了;二是它有利于我们实现一种对

"教科书理解模式"的建构,有利于实现以苏联文艺理论教材为新中国教材建设蓝本的转变,有利于实现对文艺学学科基本原理的全面把握。这对正在建立自己学科系统的中国学者来说,无疑是有指路的功能的。

以苏联专家毕达可夫1954年—1956年在北京大学讲学及举办文艺理论研究班为例。实践证明,这个研究班的确培养了不少优秀的文艺理论家和学者,在其后的我国许多高校和科研部门发挥了突出作用。毕达可夫的讲稿,一经由北京大学中文系文艺理论教研室译出,名为《文艺学引论》,1958年在高等教育出版社出版,便在文论界产生不小的影响。1956年—1957年到北京师范大学讲学的苏联专家是柯尔尊,讲稿由北师大中文系外国文学教研组译出,名为《文艺学概论》,1959年由高等教育出版社出版,也产生了类似影响。20世纪50年代,我国学者还翻译出版了季摩菲耶夫的《文学原理》、维诺格拉多夫的《新文学教程》、阿拉伯莫维奇的《文艺论教学大纲》等教材。这些书对推动我国文论研究和教材编写起到了示范的作用。

此间,受季摩菲耶夫、毕达可夫及其他苏联文艺理论教材的影响,也因国内高校文艺理论教学的急需,在1956年前后,我国相继出现了多种文艺理论教材,初步统计有不下十几种之多,翻译的文论著作就更丰富,可以说,新中国文艺理论研究和建设迎来了它的初创和奠基期。

当然应该承认,那时的向苏联文艺理论学习是有局限的。造成这种局限,既有时代条件的因素、苏联文论自身缺陷的因素,也有我们对马克思主义文论思想研究和理解不够的因素。对此,我国有些文论家是有清醒的认识的。譬如,毕达可夫文艺理论研究班班主任、北大中文系主任兼文艺理论教研室主任、著名文艺理论家杨晦先生,就在为《文艺学引论》教材出版写的"后记"中,郑重地谈了自己的看法。他指出:该书"所讲的只能是从苏联方面出发,所能运用的也多是苏联的文艺理论成就",因此,中国读者"必须避免教条主义的搬用"。③这就再清楚不过地告诉我们,马克思主义文艺理论研究要同中国的文艺实际相结合,要总结和提升中国自己的经验,言必称"希腊",本本主义是不行的。杨晦先生的看法,代表了中国学者自信而求实的态度。

我们不难看到,接下来的中国文艺理论,走的正是一条在马克思主义指引下,理论与本国实际相结合的道路。或者说,走的是一条探索如何实现马克思主义文艺理论中国化的道路。这样,我们的文艺理论就从学理和框架层面摆脱了"苏联文艺学模式"的弊端,汲取了中国化马克思主义文艺理论——特别是毛泽东文艺思想——的营养,并重点结合我国古今进步文艺作品的经验,为初步建立有中国特色马克思主义文艺理论奠定了基础、创造了条件。中国文艺理论研究和建设的实践告诉我们,教条主义是要不得的,经验主义和实用主义也是要不得的。作为人文社会科学的文艺理论,它的学术命题、学术思想、学术观点、学术标准、学术话语,都要跟自己国家的历史方位、文化传统、文艺水准和实际状况相吻合,不能犯水土不服的毛病。因之,我们必须"要按照立足中国、借鉴国外,挖掘历史、把握当代,关怀人类、面向未来的思路"④,着力构建具有中国特色的文艺理论体系。

在这方面,我认为20世纪60年代出现的以群主编的《文学的基本原理》(1963—1964年上海文艺出版社分上、下册出版,1978年被定为高校文科教材)和蔡仪主编的《文学概论》(1961年成立编写组,1963年形成讨论稿,1978年被定为高校文科教材,1979年6月人民文学出版社出第一版),这两部建国后首批全国统编教材,可以说是这一阶段我国构建有自己特色马克思主义文艺理论教材的杰出代表,是我国文艺理论研究达到新水平的重要标志。形象一点说,是我国文艺理论建设的两座高峰。这两部教材,"运用马克思主义的观点与方法,结合我国的文学实际,总结、发展了以前的文艺理论研究成果,建立起自己相对完整的理论体系,为我国建设具有自己特色的文艺理论奠定了基石。由于它们正处在草创阶段,加上时代因素与编著者的某些局限,难免有种种缺陷。但就总体而言,它们代表了新中国成立以来文艺理论教材的最高水平,标志着我国有自己特色的文艺理论的初步建立。在其后的很长时间,它们被许多高等院校采用,其框架结构与论述方式,也为以后的许多文艺理论教材模仿、采用,影响深远"⑤。剔出这两部教材中历史局限造成的瑕疵,把它们拿来同当今欧美和我国某些流行的文艺理论教材相比,应该说是立得住、不逊色的。

众所周知,在这两部教材出现之前,我国文艺理论教材主要有三种模式:一种是深受欧美影响的模式,主要在1949年之前使用,新中国成立之初做了一些改良,后来就基本弃之不用了的;一种是采用翻译过来的苏联教材或者采用国人编写带有苏联文艺理论模式特征的教材；一种是1958年提出"教育革命"口号后出现的一批比较简单化教材。这类教材多是学校组织集体编写，体例上有较大变化，突出强调了毛泽东《在延安文艺座谈会上的讲话》的思想及相关文艺论述，存在破多立少、科学性和知识性较差、思想方法片面绝对的弊端。

前述两部全国统编教材就不同了。它们没有对哪一种理论生搬硬套，而是在马克思主义指导下，遵循辩证唯物主义认识论，以文学的外部和内部规律以及创作和鉴赏的一般规律为主干，同时继承中国古代文论注重读者与批评、重视作者创作过程的优良传统，大大完善了文艺理论的结构系统。同时，紧密结合中国和世界的文艺实际，引用古今中外大量的文艺理论和文艺作品，以翔实、丰富、有力的内容来论证自己的理论，使文艺理论不再只是空洞的口号和论断，而是成为与文艺实际密切结合的有血有肉的完整的整体。这在新中国文论史上是第一次有价值的尝试，是发展有中国特色马克思主义文艺理论可贵的一步。回顾和总结新中国文艺理论历程的时候，我们应当有这种认识高度，应当有这种理论自觉，应该承认并开掘其突破性的进展和巨大的创新意义。

半个多世纪过去了，回过头来，当我们把这两部教材放在中国现代文艺理论发展史和世界文艺理论发展史的长河中加以考察的时候，我们是有理由也有权利指出它在创立有中国特色马克思主义文艺理论方面超越前人的不可磨灭的贡献的。单就打破了沿袭苏联教材模式这一点，单就与本国国情与文艺实际深度结合这一点，单就对马克思主义文艺观——包括中国化马克思主义文艺观——理解的准确度这一点，单就改变了当时学术风气、树立了良好学术规范这一点，单就它语言朴素平实、自然流畅，表达方式上十分中国化这一点，单就它制定出从本质论、作品论、发展论到创作论、批评鉴赏论逻辑框架这一点，说这两部教材标志着具有中国特色文艺理论教材的真正开始，标志着中国文艺理论研究进入了新水准的阶段，是完全能够成立的。直到20世纪90年代初期，有学者还这样评议："这两部教材在我国建国后文艺理论建设中的地位，是应当肯定的"，它们不仅长期以来"在社会上，在高等学校中的中文系教学中，发生了良好的作用"，而且后来的教材"从整体来看，在较长时期中并未超越它们的成就"。⑥这种个人意见也是实事求是的。

前些年,我国学界曾有一种看法,认为"文革"前包括上述两部统编教材在内的我国文艺理论研究,都是受"苏联模式"影响,都是教条主义的,因而主张应把这一页彻底地翻过去。这种看法是以偏概全、不符合实际的。诚然,这两部统编教材自身是存在某些简单化和政治化缺欠的,但这是时代的印迹,并非根本性的缺点。不难发现,两部统编教材之后"另行编写教材,也基本上是以其为蓝本,并没有超出其基本观点和理论体系的范围"⑦,理论发展的过程,很大程度上只是对先前缺陷的逐步克服。这一情况,就有力地说明了这两部教材在观念和范式上的价值。

文艺理论研究在"文革"时期是乏善可陈的。由于受到"左"的思潮影响,上述两部优秀的全国统编教材遭受冷落,此间出现的一些适应政治环境的文艺理论著述,其观点和学术内容多陷入绝对、偏激的泥淖,文艺理论作为一门学科的独立性地位也丧失了。这一时期,唯一值得一提的,是为满足给工农兵学员进行文艺理论教学的需要,开始出现了马克思主义经典作家文论思想的研究和篇章讲解式《马列文论》教材的编写。这一情况,是在先前文艺理论教材遭到批判、不能再讲授的环境下,我国文艺理论教师和文论工作者不得不采取的一个学习、宣传和普及马克思主义文论学说的方法。它对后来我国文艺理论的发展,还是起到一定推动作用的。

三

从改革开放伊始到21世纪初,是新中国文艺理论发展的第二个阶段。这一阶段,严格说来是从党的十一届三中全会召开算起的。中国社会主义现代化建设进入新时期,中国的文艺理论研究也进入了新阶段。邓小平同志《在中国文学艺术工作者第四次代表大会的祝词》中,肯定了"文化大革命前的十七年,我们的文艺路线基本上是正确的,文艺工作的成绩是显著的"⑧,并从多方面为新时期中国特色社会主义文艺理论的建设指明了方向和任务。毫无疑问,这一时期由于坚持改革开放,我国文艺理论的思考空间获得了极大拓宽,我国文艺理论事业取得了空前发展。这一阶段,我们形成了完整的文艺学学科发展架构,形成了文艺学本科、硕士、博士健全的学位授予机制,形成了阵容比较齐整的文艺学科研队伍,出现了研究领域扩容、拓深,大量教材、专著和论文迭出的可喜局面。

这一阶段,我国文艺理论研究和建设的最大特点,就是借国门洞开之机,大量引进外来学说,对文艺理论学科的特性认识更加多样和多元,其研究的外延不断拓展,内涵不断深化,呈现出前所未有的多方法、多角度、多层次的文艺理论研究和建设格局。这当中,有一些学者是以绍介、引进和诠释外国文艺学说特别是现代西方文艺学说为己任;有一些学者是以吸收和转化中国古代文艺理论的营养为己任;也有一些学者则是在复杂多元的文论境况下,把探索中国的马克思主义文艺理论如何从经典形态向当代形态转化与过渡作为重点。这三类学者,构成了你中有我、我中有你的交叉景观,他们又都在自己的领域内做出了令人瞩目的成绩和贡献。

第二个阶段的文论研究,如果从具体的语境出发,那么可以说是从清算多年存在的"左"的文艺思潮、拨乱反正、正本清源、恢复中国化马克思主义文艺理论传统开始的。之后,随着思想解放的进一步深入,随着真理标准的讨论,随着文艺"为人民服务、为社会主义服务"新提法取代"文艺为政治服务"的旧提法,大大激发了文艺理论的生产力,使我国文论研究迅速出现"五四"新文化运动以来从未曾出现过的中外文论大规模交汇、交融、交流和剧烈碰撞的局面。西方文艺学说——无论是近代的还是现代、后现代的——都接二连三、堂而皇之、大张旗鼓地被引进来,登上中国文艺理论的舞台。一时间,让人有一种目不暇接、五颜六色、眼花缭乱的感觉。这是由国际国内环境巨大变化造成的新面貌。这种面貌改变了学术交流不畅、原始资料匮乏、研究条件简陋的局面,使我国文艺理论研究获得了空前的机遇。

由于能够倾力且直接地汲取西方现当代文艺理论成果,所以,从80年代到90年代,我国文艺理论研究方法的变革、突破和更新,有力地推动了文论观念和话语体系的拓展,极大地转变了原有文论研究的思维模式,催生出文艺理论形态的多样化和各种文艺理论的分支学科。如文艺心理学、文艺符号学、文艺阐释学、文学叙事学、文艺生态学、文化人类学、精神分析、比较诗学、新批评、接受理论、结构主义、女性主义、后殖民主义、解构主义、新历史主义、少数话语研究、身份研究、区域研究、"西方马克思主义"、后现代主义、文化研究,等等。这些分支学科的著述,犹如雨后春笋,竞相迸发。这种多元探索、多向思维、多层深入的状况,极大地活跃了文艺理论工作者的头脑,使他们有了更广袤、更宽阔的理论空间,使他们更加看清了我国文艺理论在世界文论版图中的位置与特性,并为我国整个文论学科的发展注入了新动能。近来有学者这样说:"向国外文艺理论敞开开放的胸怀,用国外的理论来激发出文艺理论的新思想、新观念、新方法,并以此作为构建中国文艺理论的养分和基础,突破了过去僵化的文艺理论体系,使文艺理论学科成为当时最活跃的理论领域,这正是新时期文艺理论的重要经验。"⑨这个评论是许多人感同身受的。

新时期文艺理论研究和建设的经验,一言以蔽之,就在于它有开放的心态和探索的勇气。从开放而到引进,从引进而到消化,从消化而到反思,从反思而到创建,这正是新时期我国文艺理论走过的一条路,也是新时期我国文艺理论取得进展的一个标识。新时期文艺理论领域提出过许多新的"转向"、命题,也发生过多次激烈的学术论争。这些"转向"、命题和论争,尽管角度不同,学术见解有别,但从根本上讲,都是围绕着如何正确对待西方文艺理论学说、如何准确理解马克思主义的哲学观和文艺观、如何科学有效地发展中国特色社会主义文艺理论话语而进行的。或者换一种说法,这些"转向"、命题和论争,都是围绕着如何处理好"守正"与"创新"的关系而进行的。时间和实践是最好的老师。通过充分说理的讨论,学者们普遍意识到:"守正",最核心的内容就是要坚守马克思主义在文艺理论研究和建设上的指导地位;"创新",最本质的诉求就是要体现出具有时代色调的中国风格、中国气派和中国精神。文艺理论研究只满足于自身的自娱自乐是不行的。文艺理论研究不能只当"留声机",当"二道贩子",不能只从事从理论到理论的"知识旅行",更不能搞成只是少数人吹嘘、追捧和欣赏的"圈子文化"。文艺理论研究要保持一种与时代和人民相向而行甚或携手同行的理论襟怀和学术激情,改变理论研究眼睛向外、无视或滞后于社会现实和文艺实践的状况。有学者把文艺理论不停的"转向",归结为"40年来中国文论由政治范式到审美范式,由审美范式到文化研究范式的演进过程",并以为"这基本上是一个文论思维方式由本质主义到关系主义,再到文化历史主义,也即从简单到复杂的进化过程"。⑩这种归纳,显然比较表面和现象化。事实上,前述这种"演进过程",从范式转型角度讲是一种"进化",若从学理本质或价值取向上讲,则是一个逐渐疏远和偏离唯物史观的"退化"过程。

我们联系这一时期文艺理论教材的建设状况,也能说明这个问题。新时期的文艺理论教材建设,的确琳琅满目、百花齐放、可圈可点。据不完全统计,不把翻译的以及美学方面的教材计算在内,仅就我国学者自主编著的各级各类文艺理论教材,从20世纪80年代到本世纪之初,大概就有近二百部,它们犹如满天星斗,各自闪烁。但仔细分析,情况却很复杂。这里有基本沿袭60年代统编教材模式的,有力图加以修补、深化认识和进行局部突破的,有大体依据或效仿西方某一文论学说进行构建的,有别出心裁、另起炉灶、重新思考理论框架的,有主张编写教材要在马克思主义文艺理论上"出新不出格"①的,有主张要彻底"审美化"或"文化化"的,有主张贯穿"主体性"、实践存在论或生命哲学的,有主张采取反本质主义立场的,也有主张面对理论碰撞要进一步体现用历史唯物主义来指导文艺理论学科研究的。因此,这一时期我国文艺理论教材编写呈现出八仙过海、各显神通的景观。其中,影响较广泛的有《文艺学新编》(王向峰主编,辽宁大学出版社,1987)、《文艺学导论》(吴中杰著,江苏文艺出版社,1988)、《文学原理·发展论》(钱中文著,社会科学文献出版社,1989)、《文学原理》(王元骧著,浙江教育出版社,1989)、《文学原理》(孙子威主编,华中师范大学出版社,1989)、《艺术生产原理》(何国瑞主编,人民文学出版社,1989)、《文艺学新论》(狄其骢、王汶成、凌晨光著,山东教育出版社,1994)、《文学理论新编》(陈传才、周文柏著,中国人民大学出版社,1994)、《文学理论教程(修订版)》(童庆炳主编,高等教育出版社,1998)、《文学理论》(刘安海、孙文宪主编,华中师范大学出版社,1999)、《文学原理新释》(顾祖钊著,人民文学出版社,2000)、《文学原理》(董学文、张永刚著,北京大学出版社,2001)、《文学理论新读本》(南帆主编,浙江文艺出版社,2002)等。它们在不同程度上反映了新时期文艺理论研究在学术规范和观念领域的巨大变化。

从反思的角度看,应当承认,这一阶段我国文艺理论研究在迅猛发展的同时,确也普遍存在明显的弱点和不足。这个弱点和不足,倘若归纳起来,我认为主要是两个方面:一是在引进西方学说和探讨文艺理论问题时不能很好地同中国文艺和中国社会的实际紧密地结合起来,二是相当一部分文艺理论研究在哲学根基上出现或整体或局部的偏离唯物史观和唯物辩证法的倾向。其具体表现为:有些文艺理论研究很大程度上存在消化不良、水土不服或"劣币驱逐良币"的现象;有些文艺理论研究存在缺乏自主话语,"以洋为尊""以洋为美""唯洋是从",跟在别人后面亦步亦趋、东施效颦,或热衷于"去思想化""去价值化""去历史化""去中国化""去主流化"⑫的现象;相当一批文艺理论研究在对待引进国外学说时如何坚持正确的指导思想问题上,在如何建构中国化马克思主义文艺理论学说问题上,存在着"对马克思主义理解不深、理解不透,在运用马克思主义立场、观点、方法上功力不足,高水平成果不多,在建设以马克思主义为指导的学科体系、学术体系、话语体系上功力不足、高水平成果不多。社会上也存在一些模糊甚至错误的认识。有的认为马克思主义已经过时,中国现在搞的不是马克思主义;有的说马克思主义只是一种意识形态说教,没有学术上的学理性和系统性。实际工作中,在有的领域中马克思主义被边缘化、空泛化、标签化,在一些学科中'失语'、教材中'失踪'、论坛上'失声'"⑬这种情况。

　　面对这种情况,正是我们党提出了在理论上"必须走中国特色社会主义文化发展道路",必须"坚持社会主义先进文化前进方向","建设哲学社会科学创新体系,推动中国特色社会主义理论体系进教材进课堂进头脑"的号召。⑭进入新世纪不久,党中央在2004年就组织实施了"马克思主义理论研究和建设工程",其中"马工程"重点教材——《文学理论》,就是在这个时候集中全国十多位专家(后来又补充一些年轻专家)开始起步编写的。几年间,七易其稿,2009年由高等教育出版社、人民出版社出版,可谓新时期我国对文艺理论研究和建设投入最大的一个项目。这部教材今天看来虽仍有一些不尽如人意的地方,但从新时期文艺理论发展历程来看,它毕竟是明确高举马克思主义文论旗帜的重要成果,毕竟对扭转之前一段时间文论研究的严重混乱和"西化"倾向起到了遏制与校正的作用。该教材在指导思想中明确写道:"本书坚持以马克思主义为指导,用马克思主义立场、观点、方法观察和分析文学现象,揭示文学活动的特征和规律,帮助学生初步掌握系统的文学理论知识,树立科学的文学观。"⑮这就无可辩驳地再一次证明,我国文艺理论研究以马克思主义指导才是正路;只有依靠马克思主义,文学理论研究才能实现科学化;"只有牢固树立马克思主义文艺观……文艺才能发挥最大正能量"[16]。"马工程"重点教材《文学理论》的出版,大大推动了新时期我国文艺理论界对马克思主义指导作用的重新重视,大大提振了构建文艺理论自主学科体系、学术体系、话语体系的自觉和自信。

到了2009年,教育部启动的"马克思主义理论研究和建设工程"重点教材——《马克思主义文艺理论》项目又上马了。从全国各高校抽调来的12名文艺理论教授组成编写组,历时将近十年,几经修改,特别是后来增添和补充了习近平新时代中国特色社会主义文艺思想的相关论述,到2019年基本完成了全书的编写和修改工作。《马克思主义文艺理论》是继《文学理论》之后,又一文艺理论研究和建设的重大工程。《马克思主义文艺理论》这部教材,其最大的功绩,是它在历史和逻辑统一的前提下,首次实现了马克思主义文艺理论完整的体系性建构。这种体系性,不仅包含经典马克思主义文论和俄苏马克思主义文论,而且囊括中国化马克思主义文论尤其是21世纪中国马克思主义文论的全部内容。它把170多年马克思主义文艺思想发展的成就有机地组织在一部教材中,并勾勒出作为一门独立学科的"马克思主义文艺理论"的基本状貌,这不仅在中国文艺理论界,而且在世界文艺理论界,都是具有首创之功的。它是中国文艺理论家为世界文艺理论作出的新贡献。

四

新中国文艺理论的第三个阶段,同第二个阶段是彼此衔接着的。但为什么要把党的十八大以后至今单独划出一个阶段呢?那是因为我认为从文艺理论发展史角度考察,此间确实发生了一些带有新质特性的变化。

这一阶段,中国特色社会主义进入新时代,中国的文艺理论建设也进入了新时代。这一阶段,产生了中国特色社会主义文艺理论新形态,对应着"我国发展新的历史方位"[17],让人们看到了世界上绝无仅有的新时代中国马克思主义文艺理论的雏形。2016年5月17日,习近平同志在主持召开的哲学社会科学工作座谈会上发表重要讲话,明确提出要"加快构建中国特色哲学社会科学"⑬的重大战略任务。我们之所以把这一时期划为文艺理论发展的一个阶段,就是因为有习近平关于文艺问题系列重要论述发表作为标志。习近平的《在文艺工作座谈会上的讲话》《在哲学社会科学工作座谈会上的讲话》《在中国文联十大、中国作协九大开幕式上的讲话》以及2019年3月4日在全国政协联组会上的讲话和2019年7月16日致中国文联中国作协成立70周年的贺信,不仅高瞻远瞩地总结了70年来我国文艺工作的主要经验教训,而且带有世界眼光地擘画了新时代文艺创作和理论发展的未来;不仅深刻透彻地揭橥了新历史条件下文艺活动的普遍规律,而且鞭辟入里地阐释了中国特色社会主义文艺的新诉求、新前景和新路径;不仅探索创新了中国文艺理论发展的思路和方法,而且充满问题意识地解答了人们关切的时代之问、人民之问和实践之问。习近平关于文艺问题的系列重要论述,丰富了马克思主义文艺理论宝库,提升了中国特色文艺理论境界,把中国化马克思主义文艺理论推向了新阶段。

这第三阶段,还有一个显著特征,那就是它从历史逻辑和辩证法的高度,完成了新中国文艺理论一个螺旋式上升的过程,完成了一次大跨度的"正一反一合"的矛盾运动。可以说,它既是在更高层次上的理论回归,又是在更高层次上的理论创新;它既彻底摆脱了外来文论的不良影响,又透射出俯瞰21世纪的新锐发展的理论目光;它既是完全自主和中国化的理论,又自信地站到了世界文论版图的中央;它与前两个阶段是一脉相承的,其轨迹又显示出超迈和升华的特征。中国文艺理论在今天,已经成为世界文艺理论家族中日益重要的创造性力量。这是我们主张把这第三阶段单独列出的又一理由。

这第三阶段还在进行当中。通过分析此阶段业已提出的一些具体问题,我们也可以判断出这一阶段文艺理论内涵的变化。习近平同志在政治局第二十次集体学习时提出了"发展21世纪中国的马克思主义"的号召,随后在政治局第二十八次集体学习时又提出建设"当代中国马克思主义政治经济学"的要求。他一再强调,要根据时代变化和实践发展,不断深化认识,总结经验,实现理论创新和实践创新的良性互动,并在这种统一和互动中发展21世纪中国的马克思主义。我想,这个号召和要求,对我国文艺理论界同样是适用的。我国文艺理论面临着构建和发展"21世纪中国的马克思主义文艺学"的艰巨任务。

这是我国文艺理论界跟上形势、立足国情、世情和实际，提炼文艺新特点，总结文艺新规律，把实践经验上升为系统化理论成果，把当代中国文艺理论不断推向前进的需要，也是广大文艺理论工作者的梦想与追求。建设"21世纪中国的马克思主义文艺学"，正在成为第三阶段的实质性内容。

必须看到，中国的马克思主义文艺理论已经进入新的发展周期。在持续的传统与现代、东方与西方的张力结构中，当代中国马克思主义文艺理论已经展现出它的独特容貌。换句话说，在当代世界文艺理论的大棋盘上，中国的马克思主义文艺理论不仅获得了自己特有的身份，而且为人类文艺理论的未来提供了新的选择与发展的可能性。

在发展"21世纪中国的马克思主义"的统辖下，发展"21世纪中国的马克思主义文艺学"，它的好处在于，一方面可以把马克思主义指导的功能落到实处，进一步明确我国文艺理论的发展战略，提升文艺理论学科体系、学术体系、话语体系的总体水平，增强文论研究的创新动力和广阔空间，使马克思主义文艺理论中国化、时代化、大众化得以呈现；另一方面，可以进一步挖掘新材料、提出新观点，更好地吸纳中华优秀传统文化和外国先进文化的精髓，坚持问题导向，弘扬批判精神，使马克思主义文艺理论真正成为解决重大实际问题的钥匙。这是新的发展阶段赋予文艺理论的使命。习近平同志提出并倡导"以人民为中心的创作导向"，提出并倡导"中国精神"和"中华美学精神"，这也是新时代马克思主义文艺理论中国化的具体表现。有学者这样评述，认为"充分倡导以人民为中心的创作导向，是马克思主义文论中国化的典型特色"。"倡导中华美学精神，是富有新时代特色的理论创新，是马克思主义文论中国化的突出体现，是马克思主义文论与中华传统文化相融相合的成果。"[⑲]这个判断是能够成立的。

第三阶段在文艺理论体系和学理内容上的推进，主要表现在如下一些地方：其一，是初步解决了社会主义市场经济条件下文艺发展和市场经济的关系以及社会主义核心价值取向在这一关系中的地位和作用的问题。这是当代我国文艺理论面临的特有的问题，因为在社会主义市场经济条件下，文艺有适应和占有市场的一面，也有拒绝市场消极取向、独立于市场趋利性的一面。如何在观念、制度和政策上找到社会主义文艺和市场经济的平衡点，这是现实和历史给文艺理论提出的一道新课题。这个课题在习近平的系列文艺论述中,已经基本予以解决了。其二,是初步解决了处于与世界文化尤其是西方文化激荡中我国文艺理论如何既保持开放心态又能构建起独立的民族精神大厦的问题。这本是个老问题,但如今却有了新难点和新特点。例如,为什么说"中国精神是社会主义文艺的灵魂"?怎样才能"坚守中华文化立场、传承中华文化基因,展现中华审美风范"?如何"学习借鉴世界优秀文化成果","坚持洋为中用、开拓创新,做到中西合璧、融会贯通"?如何使"文艺在培育和弘扬社会主义核心价值观方面具有独特作用"?等等。[20]习近平的文艺论述,结合中国的文艺实际,都给予了有时代新意的回答。其三,是初步解决了全媒体时代文艺理论面临的诸多前所未遇的新问题。在全媒体时代,文艺的形态、存在方式、情感模式、思维理路、表达形式都发生了程度不同的改变。诚如有学者指出的:"人在这个时代成为介质人、媒介人。人如何在这场媒体革命面前讲述文艺,文艺如何表现介质化、媒介化存在的人,同样成为这个时代的一个典型文艺问题。""新文论体系构建必须关注新的时代人的新质,揭示文艺与人的新质的关联,推动文艺去表达人的新质、建构人的新质或批判人的新质。新文论体系有责任使人的新质透过其所倡导的优秀文艺作品取向,变成更好的新质、更丰富的新质。"[21]应该说,习近平的文艺论述,已经带动整个文艺理论界去攻关许多新的课题,已经把我国文艺理论研究推入到新的阶段。

五

新中国70年文艺理论走过的路,既是平坦的,也是坎坷的,既是康庄的,也是曲折的,其中有许多历史的经验值得总结。习近平同志在看望参加全国政协十三届二次会议文化艺术界、社会科学界委员时说:"希望大家深刻反映70年来党和人民的奋斗实践,深刻解读新中国70年历史性变革中所蕴藏的内在逻辑。"[22]我们文艺理论界也应当做好揭示这个"内在逻辑"的工作。

我们如果不畏浮云遮望眼,坚持真理,修正错误,实事求是,那么完全有资格说,新中国文艺理论的70年,就是一部马克思主义文艺理论中国化不断深入和加强的历史,就是在经典马克思主义文艺观和中国化马克思主义文艺观引领下,从具体历史语境和文艺实际出发,不断丰富和发展有自己特色文艺理论的历史。

70年的跨度,文艺理论研究和建设的三个阶段,从本质上讲,进行的都是中国特色社会主义文艺理论的实践和探索。这三个阶段之间有区别,但不能相互割裂、相互对立。总结和探讨新中国成立以来文艺理论的历史经验,应当把前后相连的三个阶段贯通起来考察。这样,我们才能站在文艺理论运动更高一级螺旋式上升的高度,通盘审视和把握以往文论发展所反映的主客观条件。

如何把这70年文艺理论变化的进程统和起来加以研究,这是一个重大而严肃的课题,需要文论研究者付出艰辛而长期的努力。这里,我只就其中的关键之点做些初步探讨性的尝试。

从学科的意义上看,中国文艺理论的话语体系,经历了一个从学习苏联到学习西方,直至自觉建构中国自己马克思主义文艺理论话语体系的过程。这个过程,既表明了中国文艺理论研究从不成熟、不完善逐步地走向成熟和完善,同时也表明马克思主义文艺观发挥了越来越大的作用。坚持以马克思主义为指导,这应是我国当代文艺理论建设区别于其他国家文艺理论建设的根本标志。我们应该把文论建设的主要精力,放到马克思主义指导下创造属于我们中国自己的文学理论上来。

从前瞻的意义上看,虽说大的形势为我们提升文艺理论话语权提供了历史机遇,但真正要提升我们在世界文艺理论上的话语权,还是任重道远的。应当承认,目前世界上的文论格局总体上还是"西强我弱",我国和其他一些发展中国家的文艺理论话语权,仍处在结构性的弱势地位。这是由复杂的多种多样历史原因造成的。作为最大的发展中国家、最大的社会主义国家,我们中国的文艺理论理应在国际文论话语体系中开辟出一条新路,理应披荆斩棘、勇往直前,破除迷雾、不懈拼搏,保持定力、凝聚智慧,为人类文艺理论科学做出更大贡献。但这要靠什么呢?归根结底,还是要靠马克思主义文艺观,特别是要靠中国化马克思主义文艺观。这是70年文艺理论历程得出来的结论。

这里可能有人会提出疑问:靠"西方马克思主义"文论学说来发展我国文艺理论行不行呢?我的回答很坦率:那是不行的。为什么这么说呢?因为在

"西方马克思主义"文论家中,"坚持用马克思主义哲学的基本立场观点方法,批判分析当代资本主义新变化新发展新形态的左派学者其实并不多;一些左派学者实质上已经背离了马克思主义哲学的精髓实质,借助各种外在资源和新奇的形式包装,将马克思主义哲学装扮成一种'时髦'的商贩文化;少数左派学者甚至在根本立场上已经放弃了马克思主义信仰,以不同方式批判、否定和解构马克思主义哲学"。㉓面对新时代的挑战,我们不能拜倒在"西马"文论的脚下。所以说,以文艺理论"西马化"来取代文艺理论"中国化",是不妥当的。我们应当重视对"西马"文论的研究,但这种研究,说到底是为了把握蕴藏其中的有价值的问题,从而为更好地理解和解决我们自身问题服务,为构建当代中国马克思主义文艺理论提供有益的借鉴和启示。习近平同志说:"对国外马克思主义研究新成果,我们要密切关注和研究,有分析、有鉴别,既不能采取一概排斥的态度,也不能搞全盘照搬。"㉔这应是我们对待"西马"问题态度上的根本遵循。

为什么有些人不喜欢马克思主义文论而热衷"西方马克思主义"文论? 原因很多。但我以为,这跟有些人习惯把马克思主义文艺理论当作恩格斯当年批评经济学家对待黑格尔全部遗产时所说的那样,认为它"不过是可以用来套在任何论题上的刻板公式,不过是可以用来在缺乏思想和实证知识的时候及时搪塞一下的词汇语录"㉕不无关系。这样对待马克思主义文艺理论,显然是将其中立场观点方法系,将马克思主义文论的活的灵魂与威力给窒息了。

众所周知,文艺理论话语权的核心是同国家意识形态密切联系在一起的。文艺理论话语权,体现的是包括国家价值观因素在内的文化观念和审美理念。文艺理论研究的实践反复证明:"无论时代如何变迁、科学如何进步,马克思主义依然显示出科学思想的伟力,依然占据着真理和道义的制高点。"㉖我国文艺理论研究和建设无论发展到那一步,都不能忘记这一条。不仅不能忘记,而且应该把其中的道义优势转化为学理的话语优势,以此稳实地站在世界文艺理论的前沿。"新中国成立以来特别是改革开放以来,中国发生了深刻变革,置身这一历史巨变之中的中国人更有资格、更有能力揭示这其中所蕴含的历史经验和发展规律,为发展马克思主义作出中国的原创性贡献。要有这样的理论自觉,更要有这样的理论自信。"㉗习近平的这一忠告,为我们总结文艺理论

70年的经验指明了方向。

我同意这样的看法,即70年间我国文艺理论经历的多次论争,其本质上都是围绕着如何正确认识、对待和运用马克思主义文艺观而进行的。以文艺与意识形态关系为例。20世纪50至70年代,学界和文论界一直把"文艺"界定为一种"特殊的社会意识形态";80年代后逐渐废止了这个界定,提出"文艺"是一种"审美意识形态"的看法;到本世纪初,有学者又指出"审美意识形态"概念及其理论不科学,文艺应当界定为"可以具有意识形态性的审美的社会意识形式"。这种变化,一方面说明了正确理解和领悟马克思主义对文论研究的极端重要性,一方面也说明了文艺理论的偏颇和失误多是由于对马克思主义文艺论述的误读和曲解造成的。

坚持以马克思主义为指导,这是我国文艺理论不断发展的前提。我们既不能被外国文艺理论和中国古代传统文论牵着鼻子走,也不能走某些西方学者那种随意把某种西方学说同马克思主义文艺理论"拼凑""融合""嫁接"的老路。坚持以马克思主义为指导,就要增强实现文艺理论中国化的自觉性,增强构建有中国特色文艺理论的勇气和信心。同时,也要看清存在"在建设以马克思主义为指导的学科体系、学术体系、话语体系上功力不足、高水平成果不多"的缺欠[28],不畏艰辛,不辱使命,为推动我国文艺理论的发展做出贡献。

再者,70年文艺理论的历史证明,"百花齐放、百家争鸣"的方针,的确"是促进艺术发展和科学进步的方针,是促进我国的社会主义文化繁荣的方针"[29]。什么时候"双百"方针贯彻好了,我们的理论批评和文艺创作就有大的发展;什么时候漠视或背离"双百"方针,我们的理论批评和文艺创作就会萧条沉闷。从事文艺理论研究和建设,一定要有学术讨论、争鸣和辩论的氛围,这是推动其发展的不竭动力。实践表明,学术争鸣不仅不会妨碍文艺理论发展,反而会成其为发展的助推器。文艺理论争鸣上的沉寂期,往往就是发展的停滞期。真理是越辩越明,是存在于讨论之中的。文艺理论研究和建设不能没有讨论,没有争鸣,不能自认为合理就行了,一定要在讨论、比较和争鸣中获得发展。任何轻视和放弃"双百"方针的心态和做法都是有害的。

历史告诉我们,坚持以马克思主义为指导,这是我国社会主义文艺理论先进性的根本保证;坚持以人民为中心的价值导向,这是我国社会主义文艺理论的本质特征;坚持解决"为了谁、依靠谁、我是谁"的问题,这是我国社会主义文艺理论的核心课题;坚持处理好古今中外文论之间的关系,立足实践,努力创新,这是我国社会主义文艺理论发展的主要途径。在这些原则问题上,我们是不能躲躲闪闪、含糊其词的,是不能"当绅士"、做"骑墙派"和"看风派"的,是不能搞爱惜羽毛那一套的。我们的文艺理论研究,"出现一些失误是难免的,但学费不能白付,要吃一堑长一智,举一反三,避免同一种失误一犯再犯"⑬。我们的文艺理论变革,是有方向、有立场、有原则的,它是走在中国特色社会主义的道路上,因之,马克思主义文艺观的原理不能丢。这是透过 70 年文艺理论运动的风风雨雨得出来的最基本的经验。

原载吉林大学中国文化研究所主办《华夏文化论坛》2019 年第 2 辑,吉林大学出版社,2019 年。

注 释

① 参见毛庆耆等《中国文艺理论百年教程》,广东高等教育出版社,2004 年,第 112—113、113—151 页。
② 《毛泽东选集》第 4 卷,人民出版社,1991 年,第 1481 页。
③ [苏]毕达可夫《文艺学引论》,北京大学中文系文艺理论教研室译,高等教育出版社,1958 年,第 528 页。
④ 习近平《在哲学社会科学工作座谈会上的讲话》,《人民日报》2016 年 5 月 19 日。
⑤ 毛庆耆等《中国文艺理论百年教程》,第 207 页。
⑥ 樊篱《文学理论教程》,湖南师范大学出版社,1990 年,第 371—372 页。
⑦ 赖大仁《也谈现行文学理论教材问题》,《光明日报》2002 年 8 月 14 日。
⑧ 《邓小平文选》第 2 卷,人民出版社,1994 年,第 207 页。
⑨ 蒋述卓《重视新时期 面向新时代》,《文艺报》2019 年 5 月 22 日第 3 版。
⑩ 泓峻《"在场者"与中国当代文论史》,《文艺报》2019 年 3 月 15 日第 3 版。
⑪ 狄其骢等人提出的文论教材编写思想。所谓"不出格",就是指不违背马克思主义文艺理论的基本原则。参见狄其骢、王汶成、凌晨光著《文艺学新论》,山东教育出版社,1994 年。
⑫ 习近平《在文艺工作座谈会上的讲话》,人民出版社,2015 年,第 25 页。
⑬ 习近平《在哲学社会科学工作座谈会上的讲话》。

⑭ 胡锦涛《坚定不移沿着中国特色社会主义道路前进 为全面建成小康社会而奋斗——在中国共产党第十八次全国代表大会上的报告》,人民出版社,2012年,第30、33、31页。

⑮ 本书编写组《文学理论》,高等教育出版社、人民出版社,2009年,第5页。

⑯ 习近平《在文艺工作座谈会上的讲话》,第13页。

⑰ 习近平《决胜全面建成小康社会 夺取新时代中国特色社会主义伟大胜利——在中国共产党第十九次全国代表大会上的报告》,人民出版社,2017年,第10页。

⑱ 习近平《在哲学社会科学工作座谈会上的讲话》。

⑲ 孙书文《新时代马克思主义文论中国化理论发展的新境界》,《文艺报》2019年8月26日。

⑳ 习近平《在文艺工作座谈会上的讲话》,第21、26、26、22页。

㉑ 马建辉《新文论体系构建与我国当代典型文艺问题》,《中国艺术报》2019年7月10日。

㉒ 习近平《在看望参加全国政协十三届二次会议的文化艺术界、社会科学界委员时谈话》,《人民日报》2019年3月5日。

㉓ 张亮《开启当代国外马克思主义哲学思潮研究新局面》,《光明日报》2019年9月2日。

㉔ 习近平《在中共中央政治局第四十三次集体学习时的讲话》,《人民日报》2017年9月30日。

㉕ 《马克思恩格斯选集》第2卷,人民出版社,2012年,第10页。

㉖ 习近平《在哲学社会科学工作座谈会上的讲话》。

㉗ 习近平《在中共中央政治局第四十三次集体学习时的讲话》。

㉘ 习近平《在哲学社会科学工作座谈会上的讲话》。

㉙ 《毛泽东文艺论集》,中央文献出版社,2002年,第158页。

㉚ 《习近平关于社会主义经济建设论述摘编》,中央文献出版社,2017年,第329页。

老舍、吴组缃与"抗战人名诗"

——老舍致吴组缃七封信考释，兼谈人名诗的唱和

方锡德

抗战期间，重庆文坛上曾经出现过一次"抗战人名诗"的写作与唱和的文学活动。这一文学活动，不仅在当时产生过较为广泛的影响，而且至今传为佳话。与战时重庆文坛上诸多有影响的文学活动明显不同，抗战人名诗的写作，并非官方或民间团体等"组织"主办，也没有党派色彩的干预。它的出现，更多地带有自发的性质，是现代作家在强烈的国族意识下，发自内心的一次情感抒发，是作家在文学交游中的一次才华展示。它传承了中国文学精神中的宝贵传统，并在特定的历史时代中发扬光大。

然而抗战期间这一文学活动的原初图景，至今仍未得到较为完整的叙述；其本身所蕴含的深层意义，也还没有得到应有的阐发。相反，自从吴组缃本人1982年在《〈老舍幽默文集〉序》[①]中简略地回忆了这一事件以来，又经过1994年田仲济的回忆散文《苦中寻乐人名诗》[②]的发表，再加上诸多报刊"花边文学"将之作为文人佳话的渲染，网络博客写手将之当成现代作家轶事的"添枝加叶"的重写，这一文学事件的叙述已经相当混乱。其间虽然有孙倩的研究论文《抗日统一战线话语下的文学空间——重庆〈新蜀报〉副刊〈蜀道〉研究》[③]的发表，却并不能阻止当今发达的大众传媒以讹传讹的流播。本文依据新发现的相关材料，以考释为主，试图尽可能地描述这一文学活动中的某些基本事实，希望能在一定程度上接近——但无法做到真正还原——这一文学活动的原初图景，而对人名诗的内容和这一文学活动中的诸多事件，不打算过多地去进行意义的阐释。因为如果连历史事件的原初面貌都变形或被扭曲，那么阐发的意义究竟如何，也就不难想见。

一、吴组缃人名诗《与抗战有关》的发表

1941年4月4日,重庆《新蜀报》副刊《蜀道》在头条显著位置,发表了吴组缃题为《与抗战有关——近体诗十首》的"抗战人名诗"。在这些诗作中,吴组缃以创格的近体诗,抒发心中的郁结,在民族存亡关头吁求中国作家团结御敌,诗风古朴隽逸,直追唐人风致。为了完整地呈现这七首五绝和三首五律的面貌,现将这些曾经引起当时文坛广泛注意的诗作抄录如下:

雨过
霁野柳无垢,霞村荆有麟(有晚唐风,冶秋批);
长虹刘白羽,火雪明华林。

田家
芳草何其芳,艾芜蒋牧良;
田间罗黑芷,高植黄芝岗。

城望
满城王冶秋,郭沫若洪流;
碧野张天翼,胡风陈北鸥(老舍句。直追老杜,冶秋批)。

晚凉
葛琴闻一多,陈子展高歌;
小默臧云远,梁宗岱立波。

八月
平陵何谷天,梁实秋光潜;
沙雁陈芦荻,绀弩黄药眠。

幽怀
巴金凌叔华,大雨周楞伽;
柔石骞先艾,朱溪陈梦家。

梵怨
恨水张春桥,丽尼陈梦韶;
何容徐玉诺,常任侠圣陶(酷似义山,冶秋批)。

野兴

望道郭源新,芦焚苏雪林;

烽白朗霁野,山草明霞村(老舍句)。

梅雨周而复,蒲风叶以群;

素园陈瘦竹(直是长吉句,冶秋批),老舍谢冰心。

归棹

凡海严既澄,一苇徐转蓬;

波儿袁水拍,蓬子落华生。

碧野陆小曼,白薇叶永蓁;

志摩卢冀野,王统照沙汀。

边解

皑岚盛焕明,王统照东平;

李守章曹白,柳无忌艾青。

周全平迪鹤,孟十还沉樱;

老向黄庐隐(与谢灵运"池塘生春草"句相当,自批),丁玲朱自清。

一个星期之后的1941年4月11日,由夏衍刚刚创办的香港《华商报》,就在其副刊《灯塔》的显著位置转发了吴组缃的这十首诗。稍有不同的是,《华商报》副刊编者做了两处改动:一是将副题改为"集作家名近体诗十首",二是删掉了原诗中所有的批注。副刊编者改动原作的副题,也许是为了更加突出采用作家人名为诗的特色;而删除批注,则很可能是副刊版面确实有限。

当吴组缃创作的十首"抗战人名诗"再次完整地呈现在人们面前时,就不难发现,1980年代以来流传的关于这一文学活动的诸种说法,的确存在着一些不够确切的地方:(1)这十首人名诗中,并没有老舍的完整创作,而只有老舍的三联诗句,即"胡风陈北鸥""山草明霞村"和"蒲风叶以群"。因此,1999年版《老舍全集》第13卷和张桂兴《老舍旧体诗辑注(修订本)》所收题为《集文艺界人名联句》的两首人名诗,在技术处理上就不够严谨周全。他们依据的是吴组缃1982年《〈老舍幽默文集〉序》中的回忆,而实际上,吴组缃在序中并没有明确指出他记忆中的这两首人名诗就是老舍的创作。当然,一定要将这两首人名诗看成老舍的创作,也未尝不可,但至少应当注明是老舍和吴组缃的共同创作。这样处理，不仅是尊重历史的本来面貌，更是尊重两位作家的深厚友谊。（2）1994年田仲济在回忆散文《苦中寻乐人名诗》中，抄录了抗战时期吴组缃给他题写的九首人名诗（包括《野望》《归棹》《边解》《有感》《忆昔》等五首律诗，《城望》《晚凉》《梵怨》《幽怀》等四首绝句），并把人名诗的写作与唱和的时间定在1942年，而且认为"报纸、杂志上从未刊载过"，显然不确。

那么，老舍与"抗战人名诗"还有关系么？新发现的老舍致吴组缃的七封书信及相关史料证明，老舍不仅自己写作人名诗，而且还是"抗战人名诗"写作的实际倡导者与推动者。

二、老舍的前三封信与人名诗的联句

吴组缃1982年在《〈老舍幽默文集〉序》中，曾经凭记忆列举了《忆昔》《野望》等三首人名诗，并谈到人名诗写作的动因：

> 在重庆最无聊的是空袭中躲防空洞的时候。常常进了洞就出不来，久久闷坐着，无以自遣。后来我们就拿文艺界的人名拼凑诗句。一次，老舍把膝头一拍，对我说："大雨冼星海！看这一句有多雄阔！有本领，你对！"我对上句"长虹穆木天"，他也说不差。一次我说："你听这一句：梅雨周而复。"他想了想拍手说："蒲风叶以群！多棒！"这两联，以后凑成两首五律，并加上了标题……这种人名诗，老舍不认为只是无聊消遣，说这也体现着文艺界大团结，彼此不存畛域的意思；又添了许多首加上《与抗战有关》的总题目，送到《新蜀报副刊》发表出来。

不难看出，即便吴组缃是博闻强记之人，他的这些回忆也明显地经过文学手法的加工。虽然与同样经历了这一文学事件的当事人田仲济的回忆相比，错误要少得多，但依然出现了一些误差。其中重要的有两点：一是《忆昔》当年并没有在《新蜀报》副刊《蜀道》发表；二是他回忆中的三首人名诗，与当年实际创作的律诗对比，诗题和诗句都有一些变动。不过，这些都可以通过史实的求证，而比较容易得到纠正。更值得注意的，还是他在回忆性叙述中所强调的人名诗写作的两点动因：一是在日军飞机空袭中躲防空洞的时候，老舍和他拿作家人名拼凑诗句以自遣；二是人名诗的写作与抗战有关，体现着文艺界的大团结,不只是无聊消遣,所以不仅写作,而且要发表出来。

把1939—1941年间重庆主要报纸《中央日报》《新华日报》《大公报》等对于日军飞机轰炸重庆的报道,与《冯玉祥日记》所载老舍、吴组缃有可能一起躲防空洞的日期比照参证,现在还无法确定人名诗写作活动的初始时间。依据现有材料推断,人名诗从写作到发表,其间应该有一个过程。这一写作过程有可能开始于1939年5月上旬的重庆大轰炸,到1941年4月吴组缃的十首人名诗发表时达到高潮,此后断断续续,一直延续到抗战结束。在这个过程中,老舍不仅参与其事,而且起着重要的推动作用。

作出这一推断,除了上述历史文献资料的查考外,更重要的证据就是新发现的老舍致吴组缃的信。这些信件大多与人名诗有关,其中的前三封信,看来写作于吴组缃的十首人名诗发表之前:

(一)

组缃兄:

  防空证收到,前已函陈,大概信迟,或竟自丢了,也未可知!

  下星期如能分身定当到陈桥去看先生及诸兄;终日忙乱,屡屡失信,太对不起了!

  文协友人不许我走,我只好取折中办法,改选后到成都讲演半月,以免完全失信。

  我家与何家住址,容到陈桥写下,先谢谢先生与您的关切!

  成都文协分会的通俗文艺请先生赐诗——交我转寄。

  小说写好没有?

  诗,每日只能写数行,到今日才有500行,如何是好?!

  匆匆,祝

吉!

伯峻兄安!

弟 舍躬 十三

(二)

组缃兄:

  今日午后见到先生,说明大会后再赴乡间,长期住下;特此奉闻,顺祝笔健!

　　伯峻兄墨健!

　　　　　　　　　　　　　　　　　　　弟　舍躬　十三晚

　　蒲风叶以群,"以"妙绝,对吧!

(三)

组缃兄:

　　昨晚奉函,忘了写二家住址,甚为荒唐!

　　(1)北平平则门内官门口西三条八号胡玉贞

　　(2)北平平则门内官门口青塔寺五号何欣

　　多分神,极谢!米已涨至125元,面则25元了!而且买不到!

　　匆匆,祝

吉!

　　　　　　　　　　　　　　　　　　　弟　舍躬　十四早

　　这三封信都没有注明年月,信封也没有保存下来,这为写作时间的判断造成了很大的困难。现在只能依据信函的内容进行求证。我初步推断,这三封信大概都写于1940年3月间。理由如下:

　　(1) 这三封信都使用了"抗到底半月刊社"的信笺。《抗到底》半月刊本是冯玉祥支持的抗战刊物,由何容、老向具体负责编辑出版。1939年12月,《抗到底》出至第26期,由于稿件缺乏,印刷困难,冯玉祥决定停办这一刊物。战时物资紧张,备用信笺不会留下太多,因而使用"抗到底半月刊社"的信笺也不会延续太长时间。幸存的何容致吴组缃的信件中,继续使用这一信笺最晚的时间在1940年1月29日,比老舍继续使用这一信笺的时间略早。老舍1939年12月9日从北路慰劳团返回重庆以后,一直住在何容处,因而有可能使用"抗到底半月刊社"剩余的信笺。而1940年4月下旬,老舍应冯玉祥邀请,迁居到市郊陈家桥冯玉祥公馆,已经不可能再使用这些信笺。

　　(2) 第一封信的写作时间,老舍署为"十三"日,应当可以判定是1940年3月13日。根据是老舍信中的一句话:"诗,每日只能写数行,到今日才有500行,如何是好?!"这里的"诗",当然是指长诗《剑北篇》。老舍自1940年2月开始写作《剑北篇》,一直为长诗的写作进度缓慢而苦恼。1940年3月26日《大公报·战线》刊发《剑北篇》第一段《小引》、第二段《蓉城——剑阁》时，同时刊发了老舍3月4日给友人的信《关于这首诗》。信中说《剑北篇》的写作"动手有一个月了，仅得四百行；平均每日只能凑成一二十句"①。按照这一说法推算，《剑北篇》写成400行的时间约在1940年3月4日，而老舍的写作进度又是平均每天一二十行，那么写成500行的时间，应该在3月中旬，而不可能拖到4月。《剑北篇》第一、二段和第三、四段共约536行，而第三、四两段（《剑门——广元》《汉中——留侯祠》）发表于1940年4月出版的赵清阁主编的《弹花》半月刊第3卷第6、7期合刊时，其写作时间标注为"1940年3月作"。准此，老舍的《剑北篇》写至500行的时间——也就是这第一封信的写作时间，应该是1940年3月13日。

（3）第二、三封信的写作时间分别署为"十三晚""十四早"。这是两封连续的信，第三封信是对第二封信的补充，实际可以看成一封信。由第一封信中的"我家与何家住址，容到陈桥写下"，而第三封信中就已经写下了老舍与何容两家在北平的住址（两家的收信人中，胡玉贞即胡絜青，何欣为何容长子）来看，这两封信肯定写于第一封信之后。但实际上老舍还没有去陈家桥，就已经写下了两家在北平的住址。这可能是当天午后就见到了冯玉祥，并向冯说明"大会后再赴乡间，长期住下"，因而暂时不必"分身"去陈家桥看望冯玉祥及"诸兄"了。老舍1940年5月15日致郁达夫信中说："现在，我是硬放了自己的假，来到乡间赶写长诗。"⑤后来，他又在《八方风雨》中回忆说，1940年夏天住在陈家桥冯公馆的花园里写《剑北篇》⑥。因此，这封信里所说的"赴乡间，长期住下"，显然是指他接受了冯玉祥的邀请并作出的安排。而与老舍、冯玉祥都有关系的"大会"，也只可能是1940年4月7日在国泰饭店召开的"文协"成立两周年重庆全体会员大会。所以这两封信也只能写于4月7日之前。这样看来，第二封信与第一封信应该写于同一天，都是3月13日。较为合理的解释可能是这样的：3月13日这一天的上午，老舍刚刚给吴组缃写了第一封信，谈了自己的近况和安排，而当天午后就见到了冯玉祥，并且收到了吴组缃的有关人名诗的信函，所以这一天晚上，他又写出了第二封信。

对于本文的论题来说，这第二封信中最要紧的却是这一句话："蒲风叶以群，'以'妙绝，对吧！"按照吴组缃在《〈老舍幽默文集〉序》中的回忆，"蒲风叶以群"是老舍用来对"梅雨周而复"的。这确乎是人名诗的绝对,尤其见出老舍格律诗的深厚功力:不仅对仗自然工整,不假任何人工雕琢的痕迹,更重要的是诗意诗境天然浑成。这就难怪老舍要自我欣赏,并击节叹赏了。然而奇怪的是,《蜀道》发表的诗作中,对于《野兴》一首的批注却只注明了"山草明霞村"一句出自老舍,而对"蒲风叶以群"这样的人名诗绝对,却语焉不详,难道是参加批注的王冶秋、吴组缃疏忽了?这确乎难以查考了。

三、老舍的第四封信与人名诗的求对联

也许是老舍当时一直患头晕症,也许是文协事务性的工作太忙,也许是他对吴组缃的近体诗才能充分信任……总之,老舍又一次向吴组缃发出了人名诗"求对"的信函:

(四)

组缃
　　二兄:
伯峻
　　已给志恭去信,不知肯来否。
　　老舍何容大雨(孙)
　　田军猛克华林
　　亦有一联求对:
　　山　草明　霞村
(欧阳山与草明有关,而明又成动字,故难。)
　　还有一句:
　　胡风陈北鸥
　　忙,不多说。
　　祝
多吵而不打,大吉!
　　子祥问好。

弟　舍躬　十八

这第四封信是一封专门谈论人名诗的信函。此信无疑是在何容处写的，因为不仅依然使用"抗到底半月刊社"的信笺，信末的一句附笔"子祥问好"更可以佐证。这封信的写作时间只有一个"十八"日，但究竟是写于3月，抑或2月、4月？在还没有找到更有力的证据之前，我想暂时还是定在3月18日。

在这封信中，老舍不仅用六位作家的名字写出了人名的妙对——"老舍何容大雨，田军猛克华林"，而且还提出了两联——"山草明霞村"和"胡风陈北鸥"——来向吴组缃求对，并说明了这个联句的难处。这就坐实了吴组缃人名诗《野兴》《城望》中关于这两句均出自老舍的批注，同时也使我们看到了老舍的这两个联句的最初出处。尤其是老舍一句幽默的祝词："祝多吵而不打，大吉！"给我们提供了广阔的联想空间：大概是在冯玉祥处工作的吴组缃、杨伯峻、王冶秋等人在躲防空洞的时候，又一次用现代作家人名联起了诗句，众人七嘴八舌，扬才比智，争论不休，最终由吴组缃将大家的诗歌才华集中起来，又凑成了一两首人名诗，并且连同大家"争吵"的情景，一并报告给没有参加这次"争吵"的老舍。这才引发了老舍的诗兴，脑中闪出这两联妙句，可他又忙于写作《剑北篇》，一时无暇分神凑成完整的诗篇，因而才向吴组缃求对，希望由吴组缃来完成。而吴组缃也没有辜负好友的托付，不仅以"碧野张天翼"和"烽白朗霁野"这样的上联，对上了"胡风陈白鸥"和"山草明霞村"这样绝妙的人名下联，而且终于完成了《城望》《野兴》这样大气磅礴、直追唐人风致的现代作家人名诗！

虽然至今无法厘清吴组缃在回忆散文中所说的"躲防空洞"的具体细节，但老舍以"求对"的方式，成为吴组缃人名诗写作的实际推动者，已经不难想见。

实际上，在战时重庆文坛上，作家们几个人一起聊天，或是参加小型聚会、餐会等，常常会出现以作家人名构成诗句的上联来征求应对的情况。吕健在1941年就曾写过一则"陪都文话"，记载了"老舍老向凤子，胡风胡考龙生"这一奇妙联句产生的情况：

> 有一次，在《新蜀报》招待文艺界的宴会中，与老舍对面而坐的是话剧名演员凤子女士。席间，正在宾主尽欢，谈笑风生时，诗人艾青忽然想出了一个奇妙的上联曰："老舍老向凤子"，征求应对。弄得老牌的幽默家老

舍也难免有几分"含羞答答"。经大家推敲良久,竟无人能对。盖"老向"原为王向辰之笔名,而在此则成为动词,欲求一可以为动词之文人名字,实至不易也。两星期后,才有人勉强对出,曰:"胡风胡考龙生ర。"胡考为漫画家;龙生亦为画家,高龙生,虽非纯文艺家,固亦文人之流也。⑦

赵清阁1998年在《长相忆·自序》中也曾回忆说:"老舍的旧体诗也有极高的造诣,二战时在重庆,朋友们每联句赌酒,他联的既快又精。他还善于集人名为诗,很有风趣,朋友们称赞他的这种诗作。"⑧吕剑当时的叙述和赵清阁晚年的回忆说明,吴组缃所讲述的"躲防空洞"也许只是人名诗写作的契机之一,活跃在战时重庆作家生活中的人名诗或人名联对的写作,其动因很可能是多种多样的,而并非仅仅是"躲防空洞"一种。但无论动因是一种或是多种,老舍实际上都是人名诗写作的倡导者和推动者,这一点看来可以确认。

在以上叙述中,有一个问题还没有作出解释:既然吴组缃的人名诗写作于1940年春天,为什么当时不发表,而非要等到一年之后?更何况姚蓬子主编的《新蜀报》副刊《蜀道》这年1月1日就已经创刊,而且几乎成了文协的"半个机关报"。当然,最简单的回答,就是吴组缃可能认为这些诗作还需要打磨,因为他是一个极为严谨认真的作家,如果自己觉得文章还不满意,绝不会拿去发表,因此,他抗战期间毁弃的文稿至少也有一二十篇。但实际情况则可能要复杂得多,因而要回答这一问题,还是有必要考察人名诗发表之后作家们的反响,以及这种反响与现实的深层联系。

四、姚蓬子、王冶秋的人名诗唱和

当吴组缃的总题《与抗战有关》的十首人名诗发表后,如前所述,在公开出版物上,最先作出反应的是1941年4月8日刚刚创刊的香港《华商报》。据夏衍回忆,《华商报》的出版,是中共"为了反击国民党顽固派发动的第二次反共高潮"而创办的,因为"从重庆、桂林等地将有一大批文化、新闻界人士撤退到香港,所以必须尽快出一份统一战线性质的报纸",宣传"要求团结、民主、进步,反对分裂、独裁、倒退"的主张。⑨《华商报》这样快速地转载"与抗战有关"的作家人名诗,其现实针对性和政治诉求,显而易见。

紧跟着《华商报》作出反应的是《新蜀报》副刊《蜀道》自身。《蜀道》主编姚蓬子以"一记者"之名，发表了题为《"与抗战有关"的尾巴（有跋）》的一首作家人名词和"跋"，现全文抄录如下：

"与抗战有关"的尾巴（有跋）
一记者
古调笑

　　梦家梦家，芳草老向金发，长江恨水徐盈，满城胡风丁玲；玲丁玲丁，望道柔石冰心。

　　右《古调笑》一阕，系读吴组缃先生"作家诗"有感而作。吴诗虽出诸游戏之笔，实写寄无穷之感慨，而遣词用韵，古迈隽逸，直追汉唐；视此效颦之作，其狗尾之续貂也。古人尝有以人名物名入诗词，其最著者，首推陈亚之为代表。陈有药名诗百首，刊《澄源集》行于世。陈为宋之维扬人，咸平进士，尝为于潜令，仕至太常少卿。据《渑水燕谈》所载云，家藏书数千卷，名画数十轴，晚年退居，有华亭双鹤，怪石一株尤奇崎，并杂植异花数十本于庭。兹录其《生查子》一词于次：

　　相思意已深，白纸书难足，字字苦参商，故向檀郎读。　分明记得约当归，远至樱桃熟；何事菊花时，犹未回乡曲？（词中所云：白纸、苦参、当归、菊花，均药名也。）[20]

　　姚蓬子在跋语中说，吴组缃的人名诗以游戏之笔，"实写寄无穷之感慨"，那么这种寄托在人名诗中的无穷感慨，其主要指向究竟是什么？"有感而作"的人名词《古调笑》，似乎要把这种无穷之感慨落实到字里行间：在"满城胡风"般肃杀的氛围中，"芳草"深愁"老向金发"，"长江"更是"恨水徐盈"，一切仿佛都在梦中，瞻望前途，却禁不住悲凉心冷。整首词充满着一种抑郁的情怀和幽怨的意绪。而这种压抑、郁闷、愁怨、悲凉，正是来自皖南事变之后的时代气氛和生活现实中。显而易见，姚蓬子的作家人名《古调笑》和跋语，把吴组缃人名诗的现实针对性及其蕴含的深层意义进一步揭示出来。

　　而在作家个人之间的文学交游中，王冶秋对吴组缃的人名诗，则表现了罕见的唱和热情。人名诗发表之后，他连续给吴组缃写信，作诗唱和。幸存的王冶秋在人名诗唱和中的两封信，就是这种高昂热情的表现。

组缃兄：

　　今晚见新作，不禁手痒，兹从鲁迅先生笔名中凑成一首，隐约中有尊崇之意，不知吾兄以为如何？希见教。

　　"白舌何家干？华圉敬一尊。

　　丰之余晓角，张禄如长庚。"

　　若觉尚有可取，便中寄交蓬子如何？祝

笔健！

弟　冶秋　四月十日

赠老舍

　　木斋郑振铎，

　　胡风黎烈文。

　　克家张恨水，

　　奚如叶以群。

　　首句示"报警"之意，何以"报警"？盖胡风起矣，房子已吹得有了裂（烈）文。此家因之张满恨水，何如树叶尚有群居之乐？——通篇写老舍。但恐老舍兄见到，认为不吉之音，故仅录奉

老兄一视，并乞改正为盼。此致

组缃兄

弟　王冶秋　四月十五夜。

　　又不妥处，"奚如叶以群"句，一恐引起以群悲伤，再恐引起老舍兄成立伪组织之"机"，似宜更改，然亦苦思不得矣。

　　又前诗蒙指正，至感。然鲁师笔名亦再无可以叶韵而又有意义的了。如何是好？

　　兄处有诗韵否？乞假一观。

　　《蜀道文集》弄出一人名诗地盘，甚同意。请兄交涉可也。

　　今日《蜀道》的那首词，"长江恨水徐盈"句，甚凄艳，非人名词简直想不出来，好得紧！又及。

王冶秋这两封信的写作时间都在 1941 年 4 月，无须细辨。这里只想就王冶秋信中涉及的某些问题作出些微申述。

吴组缃的人名诗在《蜀道》上发表后,确实激发了一些作家对于近体诗的热情。因为这不仅是一种才情的展示,更是一种学习或练习中国古典格律诗高难度艺术技巧的机会。自然,抗战兴起,在家国危亡之秋,民族生死之际,文人作家于流离失所、辗转颠沛之途,偶发诗兴,以现代人名入诗,寄情抒怀,或是聊以释放那过于艰难困苦生活的压力,这并非始自老舍和吴组缃。柳无忌《南岳日记》在1937年12月1日就曾记录了国立长沙临时大学——西南联大前身——文学院教授容庚、冯友兰所作的五首七绝"嵌名诗",其中容庚作的第一首抄录如下:

冯阑雅趣竟如何(冯友兰),闻一由来未见多(闻一多);
性缓佩弦犹可急(朱佩弦),愿公超上莫蹉跎(叶公超)。⑪

这种套射人名的打油诗固然"颇饶兴趣",但是要想达到老舍和吴组缃那样,直接用现代作家人名写诗,而不用衬字,也不做成"嵌名诗",却绝非易事,这不仅需要经过严格的格律诗训练,而且要具备深厚的学养和博大的情怀。显而易见,容庚、冯友兰、王冶秋的诗作都无法与吴组缃、老舍的人名诗相比拟。因而王冶秋的第一首鲁迅笔名诗,要受到吴组缃的"指正"也就是不可避免的了。现在已经无法知道吴组缃"指正"的具体内容,但从王冶秋要借诗韵书,就知道鲁迅笔名诗的押韵有问题,他虽然用的都是平声韵,但却把上平声的"十一真"和下平声的"八庚"两个韵部搅和在一起了,这显然不合近体诗对韵律的严格要求,更遑论其他。

王冶秋在第二封信中谈到吴组缃打算在《蜀道文集》辟出一块人名诗"地盘",不知道仅仅是吴组缃的计划,还是已经实行,现在已经难以查考。姚蓬子主编《蜀道》副刊时,确实抱负宏大,为了团结抗战,广为宣传,曾经决定编印《蜀道文集》。⑫其第一集收录了众多名家的散文随笔,并在1941年4月间出版。然而已经编好的第二集却不幸在5月28日《新蜀报》印刷厂的一场大火中被焚毁。根据时间判断,人名诗在《蜀道文集》中的"地盘",很有可能在第二集中已经辟出。倘若人名诗真的命运多舛,遭此"回禄之灾",那就实在是诗家的不幸了。

王冶秋在信中说"再恐引起老舍兄成立伪组织之'机'",并非纯粹的幽默,更不是空穴来风的无稽之谈,却实在是苦涩的自我解嘲。国民党政府于1941

年初掀起反共高潮的前后,老舍等"文协"负责人不断受到谣言的攻击,说"老舍受左翼包围","姚蓬子做了左翼的尾巴","文协有小组织在操纵",甚至指斥"文协"有越轨活动,等等。⑬而国民党"中宣部"某职员,面对老舍,竟直言政府对"文协"不满,以致老舍大为愤慨地说:"文协原来就没有工作,现在刚开始一点工作,政府就不谅解,则尽可将文协解散!惟文协总会为一空机关,今天重庆解散,明天延安也许就可成立一文协总会。"⑭在当时,老"舍"确实面临着"胡风黎烈文"的危机。因此,老舍这样重视人名诗,正是他在愤懑中吁求团结抗战的情感表达和宣泄。

五、老舍的第五封信与人名诗的三对联句

正因为老舍把人名诗的写作与团结抗战紧密联系在一起,所以当他看到吴组缃已经发表的人名诗,就立即写下了一封短信,对人名诗予以高度评价,不仅给出了定性,而且还进一步向吴组缃提出了人名诗写作的"新任务":

(五)

组缃:

　　读了抗战诗,甚佩!孟克之款已收到。问冶秋好!
　　有三联,祈完成小诗,加标题。头昏,不敢苦思也。

　　大雨洗星海
　　一虹穆木天

　　邮人卢冀野
　　田汉沈从文

　　师毅邹韬奋(如战国策然!)
　　"伯"奇魏建功(文协会员)

舍躬

这封短信未署日期,但从老舍提出的三联诗句,并未进入 1941 年 4 月 4 日发

表的人名诗《与抗战有关》,却出现在吴组缃没有发表的人名诗手稿中,即可判断老舍这封信写于《与抗战有关》发表之后。依据上述王冶秋读到《与抗战有关》之后的第一封信写于 4 月 10 日来推断,老舍的这封信也应当写于 4 月上旬或中旬,大概不会太离谱。

值得重视的是,老舍以"甚佩!"的态度,高度评价吴组缃的人名诗,并明确地将这些诗作定性为"抗战诗"。这说明,老舍并不认为这是游戏之作或无聊的消遣,而是文艺界不存畛域、团结抗战的一种表现,所以他才这样认真地对待。这也与吴组缃的回忆完全吻合。

当我们重返历史现场的时候,就会发现,1940 年春天写作这些人名诗的时候,正是国民党政府发动第一次反共高潮期间,这种政治现实,不能不或显或隐地影响到以民族抗战为指归的老舍、吴组缃等人。而 1941 年 4 月发表这些人名诗的时候,又恰是国民党政府第二次反共高潮的尾声。"皖南事变"后,大批左翼作家和进步文化人士为免遭国民党政府的迫害,不得不纷纷离开重庆,转往香港和桂林等地。而经过同年 3 月 15 日第三届文协理事的改选和 3 月 30 日常务理事的选举之后,具有官方背景的文人在文协理事中的势力显著增强。主持文协工作的老舍不断受到来自左右两方面的压力,处境十分艰难。文协成立初期的同心协力、团结抗战的氛围已经不复存在。当年 4 月 12 日,杨依华就指出了文协面临的困境:那些从事于文协实际的工作,如"诗歌晚会""小说晚会""戏剧晚会""诗歌朗诵会""鲁迅研究会"等活动,以及为《抗战文艺》撰稿的"少壮派"作家,在这一次的文协改选前后,"因为受不住那窒闷的空气的压迫,'少壮派'大都悄悄地'不见了'!他们有的南行,有的北去,有的'蛰伏',留在重庆的只寥寥几人。今后'文协'的工作还靠谁来支持呢?"⑮老舍 1945 年底在《八方风雨》中对此有更加苦涩而详细的说明:

> "文协"呢有许多会员到桂林和香港去,人少钱少,也就显着冷落。可是,在重庆的几个人照常的热心办事,不肯叫它寂寞的死去。办事很困难,只要我们动一动,外边就有谣言,每每还遭受了打击。我们可是不灰心,也不抱怨。我们诸事谨慎,处处留神。为了抗战,我们甘心忍受一切的委屈。⑯

虽然身处这样的困境,老舍却始终没有放弃团结抗战的历史使命,而抗战人名诗的写作与唱和，只不过是这种历史使命感的具体而微的表现之一。

虽然人名诗写作的契机，有可能是战时作家们一种自遣自娱的文学活动，但人名诗把这样多的分属不同政党、不同文学流派、不同艺术追求的作家们联系在一起，又确乎是"文协"在抗日旗帜下团结全中国一切作家的宗旨的最好体现。显然，没有抗战初期作家团结一致抗战的背景，也就不可能有人名诗的出现。然而，抗战人名诗在1940年春天写作和1941年4月发表，却有着更加现实的团结抗战的迫切需求，这大概就是吴组缃将这些诗作命名为"与抗战有关"，老舍称这些诗作为"抗战诗"的更现实也更深层的原因吧。

从幸存的吴组缃手稿来看，他对老舍布置的人名诗写作的"新任务"，真是尽心竭力，没有丝毫的懈怠和敷衍。他弃五绝而采用难度更高的五律，简直是一种自我挑战和自我折磨，那种认真的态度和精神，达到了让人震惊的地步！我粗略地统计，为了将老舍提出的三联诗句凑成完整的五律，他列出了三百多个作家的姓名、笔名和字号，开列了诗韵中六部的单字近二百个，按平仄列出的完整或残缺的五律构架就有十二首。最终，他完成了四首五律，未完成的也有四首——其中两首未标诗题，另两首的诗题分别是《有所思》和《春泛》。现依据吴组缃的手稿，将他完成的四首五律抄录如下：

忆昔

也频徐仲年，火雪明田间。
大雨洗星海，长虹穆木天。
佩弦卢冀野，振铎欧阳山。
王语今空了，丛芜黄药眠。

即事

罗烽夏丏尊，统照孔罗荪。
曼若李金发，奚如姚雪垠。
郑人高植地，田汉沈从文。
施蛰存尹默，萧军陈白尘。

咏史

圣陶徐懋庸，王任叔齐同。
师毅邹韬奋，伯奇魏建功。

唐弢方玮德，鲁彦马宗融。
陈纪滢曹禺，奚如韩侍桁。

有感
山青楼适夷，王语今徐迟。
茅盾易君左，海戈熊佛西。
十方刘白羽，六逸程朱溪。
曹聚仁光赤，何容陈大悲。

这四首人名诗中，《忆昔》与《有感》两首，1994年由田仲济楬橥报端，不过有异文和明显的错误。《即事》和《咏史》未见刊载。不难看出，老舍提出的三联都分别纳入前三首诗中，其中的前两联都有改动，而第三联则照单全收。私意揣摩，吴组缃弃"一虹"而起用"长虹"，将"卢冀野"替换成"高植地"，可能是为了对仗更加工整和诗意更加连贯。显然，"长虹"对"大雨"，较之"一虹"对"大雨"，更加贴切，一望而知。而用"高植地"来对"沈从文"，则似乎反倒不如"卢冀野"了。也许，吴组缃更着重的是"邺人"与"田汉"的意思贯通：既然身为"邺人"，当然应该"植地"，而不必去希冀"原野"；而老舍更欣赏的也许是"冀野"与"从文"之分吧。这些诗艺上的细微之处，当然可以进一步斟酌商讨，不过我更想说的，还是吴组缃在胃病困扰的痛苦中，还能如此认真勤奋地完成老舍交给的"任务"，难道仅仅是为了苦中寻乐、自遣自娱？如果不是为了团结抗战，不是为了友情的宝贵，不是为了对老舍工作的支持，他又何必如此自己跟自己较劲，自己折磨自己呢！

六、老舍的第六封信及其与郭沫若唱和的佚诗

老舍并非仅仅是人名诗写作的倡导者或"任务"的布置者，他同时也是人名诗写作的践行者。《老舍全集》和张桂兴《〈老舍全集〉补正》就已经收录了《赠太虚法师》《赠潘子农》《赠赵清阁》等四首人名诗，其中的《赠太虚法师》和《赠赵清阁》两首人名诗，尤为精彩。老舍致吴组缃的信中，同样留存有完整的人名诗篇章。

（六）

组缃兄：

　　此次稿费 450 元，已扣还前欠，尚差二十元，以后再扣；不知当否？

　　今年下乡大不易，拿人家的车马费，就须到会。一共只有二百元，若一月来往数次，则大大蚀本矣。假若可能，请将蚊帐及两件绸大衫，带至歌乐山，有人来渝，托他带来。若不便，即暂搁置也好。

　　头仍昏昏，连"人名诗"也作不上来，勉强凑了二首，祈正：题为赠沫若先生——因他也作了二首，故须应和。

　　祝

吉！

冶秋好！

弟　舍躬

　　达夫郭沫若，徐步丘东平。
　　万籁天方白，一文王独清。
　　冰心成舍我，芝冈（仄）落花生。
　　望道臧云远，丹林杨振声。

　　达夫郭沫若，独秀钟天心。
　　天翼张光宇，田涛苏雪林。
　　景深叶籁士，云远杨邨人（似通不通，而有诗景）。
　　于立群中玉，丁玲曹聚仁（丁玲，玉声也，玉磬一响，群贤毕至，曹，聚，仁，都不空了。于立群为郭太太，中玉，徐中玉也）。

这封信依然没有署写作日期，只能依据信中的内容来推断。我初步推断，这封信的写作时间可能在 1941 年 5 月。理由如下：

（1）从老舍信中请吴组缃把存放在他那里的蚊帐和夏天衣物托人带至重庆来看，这封信的写作时间应在春夏之交。在 1943 年 10 月老舍夫人胡絜青到达重庆之前，老舍居无定所，他的衣物、被套、书籍、文稿一直存放在吴组缃家里，由吴组缃夫人沈菽园代为保管、清洗，甚至缝补。每当季节更换，需要衣物时,老舍便请吴组缃托人传送,所以这封信中才有关于带送衣物的嘱托。

(2) 依据老舍当时主持的刊物看,能够由他派发稿酬的只有《抗战文艺》一种。查吴组缃在《抗战文艺》上一共发表过 5 篇文章,其中大部分文章的发表时间都在冬季,只有发表于 1941 年 3 月 20 日出版的第 7 卷 2、3 期合刊上的长篇小说《鸭嘴涝》(上篇续载)和论文《如何创作小说中的人物》,其给付稿费的时间,与春夏之交最为接近。又依据当时的稿酬标准最高限于千字十五元的通行惯例,那么刊发的文章必须要有三四万字,才有可能获得 450 元的稿费。而吴组缃的这两篇文章字数正好接近四万字。准此,老舍的这封信应当写于 1941 年的春夏之交。

(3) 老舍自 1940 年起,夏天就住到乡下,一为写作,二为躲避日机轰炸。但信中说今年下乡大不易,原因是给付车马费的"会",活动颇多,如果住在乡下,一月进城几趟,就会"大大蚀本",老舍当时极为贫困,言语之间,难免微词。考老舍当时被聘参加的,而又有可能给予车马费的"会"大概有两个:一是 1940 年 4 月成立,聘老舍为委员的文艺奖助金管理委员会;二是 1940 年 10 月成立,郭沫若担任主任的文化工作委员会,老舍被聘为兼任委员。前者的活动不多,后者则在 1941 年春夏之间报告、讲演不断。例如,文工会举办的文艺讲演会,就邀请老舍在 4 月 27 日演讲过小说的创作方法。因此,老舍这里所说的"会",很可能就是郭沫若主持下的文工会。其频繁活动的时间,大概也可以佐证这封信的写作时间。另外,老舍在这年 11 月开始发表的《滇行短记》中曾说到,这一年"春初即患头晕,一直到夏季",也可以与信中所说的"头仍昏昏"相印证。

看来,郭沫若"也作了两首"与老舍颇有关系,否则他无须应和。但郭沫若作的两首诗究竟是人名诗,抑或其他?一时间还无法求证。查抗战期间,郭沫若与老舍的唱和或题赠一共有两次,共 6 首诗,内容基本上是称赞或劝慰,不同于 1946—1949 年间对老舍持批判的态度。

第一次唱和是 1941 年皖南事变之后,郭沫若遵照周恩来"勤业、勤学、勤交友"的"三勤"指示,与老舍、冰心等作家有了较多的交往,因而也就有了这年 7 月 16 日的《和老舍原韵并赠三首》与 7 月 18 日的《秋风》等。前者中的"老舍原韵"之诗作,至今不明。我认为,郭沫若所和的老舍原诗,很可能就是《老舍全集》收录的那首《赠吴组缃》。先对比一下老舍的原诗和郭沫若的和诗：

赠吴组缃

自南自北自西东，大地山河火狱中。

各祷神明屠手足，齐抛肝脑决雌雄。

晴雷一瞬青天死，弹雨经宵碧草空。

若许桃源今尚在，也应铁马踏秋风。

和老舍原韵并赠三首（其二）

蜀道诗人多自东，君今随国入蜀中。

草堂不独传臣甫，玄阁徒危憾尔雄。

奇语惊人拼万死，高歌吐气作长虹。

文章自有千秋在，明月山间江上风。

我作出这样的推断，依据主要有四条：(1) 遍查《老舍全集》和张桂兴《老舍旧体诗辑注（修订本）》，只有这一首《赠吴组缃》与郭沫若和诗的韵脚基本相同。说"基本相同"，是因为郭诗的第三韵是"虹"而不是"空"，似乎不合。不知道郭沫若 1959 年将这首诗编入《潮汐集·汐集》时是否作了修改？(2) 老舍的原作对于大地山河沦于战争火狱，忧心如焚，郭沫若的和诗，在称赞老舍的同时，多有劝慰之意。这也比较符合"和诗"的"顺其意"或"反其意"的常见思路。(3) 张桂兴据袁良骏的考证，将《赠吴组缃》的写作时间断为"约作于 1947 年 10 月"老舍旅居美国纽约与吴组缃见面之时，似乎还有待于进一步求证。因为据吴组缃家书，他随冯玉祥考察美国，停留于纽约的时间是 1946 年 11 月 27 日—12 月 19 日，1947 年 6 月 16 日回到上海。在纽约停留期间，吴组缃与老舍多次会面，家书中也曾详细报告过他与老舍会面的情况，以及老舍的生活、写作和思想情绪等，却没有提到老舍赠诗一事。(4)《老舍全集》中附有这首诗的原件照片，是用魏碑体书写的条幅。查老舍旅居美国期间的著作、信函基本上已经改用钢笔或圆珠笔书写，因为已经难以置备"文房四宝"了。如果以上推断可以成立的话，那么老舍的这首《赠吴组缃》，就应当写作于 1941 年皖南事变之后至 7 月 16 日之间，而不是写作于 1947 年。而郭沫若所和的"老舍原韵"大概也有了着落。

郭沫若与老舍的第二次唱和发生在 1944 年 4 月老舍创作生活廿年纪念

时。他在 4 月 1 日写了五言古诗《赠舒舍予》,4 月 17 日又在《新华日报·新华副刊》上发表了白话诗《文章入冠——祝老舍先生创作生活廿年》。

但是这两次唱和在时间上、诗篇的数量上,都与老舍信中所说的"他也作了两首"难以合榫。田仲济 1994 年的回忆散文提到,郭沫若 1942 年写作的两首人名诗在报上揭载,但我尚未找到原报,只找到郭沫若的一首人名诗:

> 胡风沙千里,凌鹤张天翼。
> 白薇何其芳,丽尼顾而已。[⑰]

老舍的两首《赠沫若先生》,显然是在赞扬郭沫若。按人之常情常理推断,郭沫若的两首诗也应当有称赞老舍之意,"礼尚往来",所以老舍觉得"故须应和"。这是老舍为人的准则,即便是好友,他也不愿愧领别人的情意,同时他也不会无来由地赞美别人。可是看郭沫若的这首人名诗,似乎并无嘉誉老舍之处,何况时间也对不上。看来,老舍信中所说的郭沫若"也作了两首",只能暂时存疑:也许这是郭沫若与老舍的又一次唱和吧,只是有待进一步发现而已。

七、老舍的第七封信及其与吴组缃唱和的佚诗

吴组缃在 1990 年曾经写有一篇散文《同老舍的一次唱和》[⑰],对老舍的近体诗赞誉有加:"老舍先生当年喜欢写些旧体绝,多是近体律绝,即兴抒写,满纸佳什佳句。"他在散文中根据老舍 1944 年题赠的条幅,抄录了老舍的七律《村居杂吟之一(半老无官诚快事)》和附注:

> 甲申初夏,在渝文友相约为余贺学习文艺写作二十年。组缃兄倡议最力,廿年纸墨,成就无多,既感且愧,因录旧作一律,略答勉励之厚意。
> 四月二十七日于东川北碚之鼠肥斋　　老舍

《老舍全集》第 13 卷有此条幅的照片,《老舍旧体诗辑注(修订本)》据老舍散文《旧诗与贫血》也收录了这首诗。吴组缃还回忆起自己当年步老舍原韵奉酬唱和的一首七律:

莫惜年光争战老,好将笔墨寄诗魂。
半生踪迹天何阔,一室低徊我自尊。
远水遥山无限路,桂宫柏寝有多门。
中庭明月闲盈仄,露湿苍苔怀旧痕。

老舍的题赠和吴组缃的酬唱,充分说明了这两位作家之间的非同寻常的友情。其实他们两人在抗战期间,像这样相互扶持、相互帮助、相互酬谢、相互慰藉的唱和,已经无法准确统计其次数。"抗战人名诗"的写作,不就是两人的文学交游中,一次绝妙的配合与唱和吗!

查《老舍全集》和《老舍旧体诗辑注(修订本)》已收录的老舍题赠吴组缃的诗,有《赠吴组缃》《端午大雨,组缃兄邀饮,携伞远征。幺娃小江,著新鞋来往,即跌泥中。诗纪二事》等三首。第一首诗的写作时间,上文已略作辨析。后两首的写作时间,两书均未注明。查1942年端午节为6月18日。吴组缃日记在1942年7月7日曾记载,6月21日"老舍送来新作旧诗数首",并记录了这两首诗。⑬据此,这两首诗的写作时间可以定为1942年6月18—20日之间。

除了已知的这三首诗外,新发现的老舍题赠吴组缃的佚诗或未刊稿,还有三首。

1947年3月,由沈从文主编的《平明日报》副刊《星期文艺》,发表了老舍总题为《剑南客居三首》的近体诗:《赠组缃》《观星》《北碚辞岁》。现将前两首抄录如下:

赠组缃

嘉陵江上雾,歌乐山中花,
晓色闻啼鸟,疏钟送晚霞。
囊空歉酒肉,世乱贵桑麻;
梦里哀西柳,玉泉残月斜。

观星

午夜银河朗,天横白玉纱。
昂头心事渺,负手泪横斜。
星海万萤火,乾坤一粒砂;

> 如何人世上，血斗任龙蛇。⑲

《北碚辞岁》写作于 1940 年 12 月底，《老舍全集》和《老舍旧体诗辑注（修订本）》已收录。前两首则未见收集，故可以判定为佚诗。

五律《观星》曾经得到郭沫若的唱和，这就是《郭沫若全集》文学编第 2 卷收录的《秋风》一诗。据编者注释云："本篇是和老舍的《礼星》诗韵。"对照郭诗《秋风》与老舍的《观星》，两诗韵脚完全相同。老舍的诗对于人世上的"龙蛇""血斗"，心忧如焚，愤懑中难免"负手泪横斜"，显然是对 1941 年皖南事变及其后的社会政治现实痛心疾首；郭沫若的和诗同样心忧"寒意"，与老舍心有同戚，然而却表达了乐观的态度："满地干戈日，未应梦虺蛇。"既是"秋风"中的期盼，也是对老舍的劝慰。这些都可证明郭诗《秋风》所和之诗确为老舍的《观星》。然而《郭沫若全集》的编者（抑或 1959 年版《潮汐集》的编者）却将《观星》误植为《礼星》，因而平添混乱。这可能是因为老舍在手书中习惯于把"观"字写成草书，与简化字的"礼"颇为近似，以至于编者"观""礼"莫辨了。郭沫若的和诗《秋风》作于 1941 年 7 月 18 日，以此推断，老舍《观星》的写作时间，大致可以推定为 1941 年夏初。

依据《剑南客居三首》的倒时序排列看，《赠组缃》的写作时间可能晚于另两首。但究竟是作于 1941 年夏还是 1942 年夏，一时间还无法考证。老舍在《旧诗与贫血》中曾经谈到，1941 年、1942 年夏天乡居的时候，"我似乎添了个'旧诗季节'"，两年夏季曾经各作过十几首近体诗。㉑吴组缃 1942 年 7 月 7 日在日记中也曾记录老舍 6 月 21 日"送来新作旧诗数首"，可惜他只记载了两首，并未全部抄录。是否这首《赠组缃》就是"数首"之一，无法判断。但有两点似乎可以肯定：一是这首诗确实是赠给吴组缃的，因为"梦里哀西柳"，大概只属于吴组缃的故都之思。二是这首诗只可能作于 1941 年夏或 1942 年夏。

新发现的老舍致吴组缃信中，还存有一幅题赠吴组缃的小斗方《嘲组缃乡居》，用工整的楷体写在毛边纸上：

> 家居赴集路，无酒更无钱。
> 客至临花坐，风来含笑眠。
> 纸窗竹弄影，土壁画如烟。
> 晴午逃空袭，山坡望碧天。

嘲组缃乡居　　　　　老舍

遗憾的是，同样未署日期。抗战期间，吴组缃居家重庆的地址先后有两处，一是陈家桥白鹤场后坝33号，二是1943年后移居的莲花滩。因此老舍诗中所说的歌乐山赴集路（具体地址是赴集路5号），不知道是不是冯玉祥办公地址的歌乐山"康庄"？只能待考。1942年9月，吴组缃在老舍帮助下，任教于中央大学师范学院国文系之后，基本上不再去康庄办公，冯玉祥交办的一些文字事务，都由副官或卫队士兵直接送到吴组缃的家里。据此，再加上诗的内容来推断，老舍这首诗的写作时间还应是1941年或1942年的夏季。

老舍这幅题诗有些特别之处：一是这首诗生动地描画了抗战时期文人作家乡居的生活情趣，虽然在敌机频频轰炸中过着简朴且艰苦的生活，但在苦涩中却蕴涵着乐观的生活态度，实在难能可贵。二是现在见到的老舍题诗条幅，书法大多是魏碑的底子，拙中带着强劲，而这一幅题诗，却是工楷书写，于规整中见出端严劲秀。"字如其人"，物以稀为贵，这幅题诗或许显露了老舍性格中的另一面，因而也就愈加珍贵了。

老舍致吴组缃的信中，当然不会缺少人名诗，《赠组缃》就是：

（七）

组缃兄：

田兄之稿金已代催，蓬子下乡了，日内即归，当有办法。

赠组缃：

徽音吴组缃，嘉德（黄，西风编者）何其芳；
望道梁宗岱，振声林语堂；
十方（张）闻亦博，六逸谢无量（平）！
金发邵洵美（发不多，露顶，有金光闪闪，故曰金发！），沈从文力扬（文协会员）！

问志诚兄好

舍躬　六、七。

日期署的是6月7日，但没有署年份。信中的"田兄"待考。老舍1941年5月30日端午节前后，忙于筹办"诗人节"活动，这一段时间内，他住在白象街新蜀报馆内。不然的话,他也不会对姚蓬子的行踪了如指掌。而姚蓬子"下乡",则很可能与同年5月28日《新蜀报》在乡下的印刷厂大火有关,因为他是副刊《蜀道》的主编,正在印刷出版中的诸多文稿都急需处理。据此推断,这封信应当写于1941年6月7日。

人名诗《赠组缃》无疑是在赞誉自己的好友,诗中对吴组缃的品德、声音、学识以及文学才能,大加称赞,虽然带着老舍惯有的幽默,不乏游戏之笔,却出于诚挚之心。"徽音吴组缃",尤为精妙,不难见出老舍过人的才思。而"金发邵洵美",说的是吴组缃过早脱发,三十出头即已谢顶。好朋友之间开点小玩笑,无伤大雅,可作为人名诗,虽然加了注释,却终究难免牵强。

抗战期间,老舍与吴组缃是真正的知心朋友。他们在贫病交迫的生活中,为着民族的大义,为了团结抗战的历史使命,坚守着中国知识分子最可宝贵的骨气和节操。他们一反文人相轻的恶习,相响以湿,相濡以沫,相互帮助,相互欣赏,为现代作家的交游和友谊,立下了光辉的典范。当1944年4月老舍创作生活廿年纪念时,吴组缃依然写了一首七律《敬贺舒舍予兄创作生活二十年纪念》,来表达对这位"有客同心当骨肉"的过命朋友的祝贺,并由郭沫若在4月17日的"纪念茶话会上"朗诵了这首人名诗:

> 统照戴望舒老向,文炳十方杨振声。
> 碧野长虹方玮德,青崖火雪明辉英。
> 高歌曹聚仁薰宇,小默齐同金满城。
> 子展洪深高植地,寿昌凡海蒋山青。㉒

吴组缃对老舍的道德、文章、人望,进行了全方位的赞美,并祝愿他长寿,青山不老。吴组缃以人名诗这种独特的艺术形式,对老舍这位"文协"的总务部长,对这位中华民族危亡时刻坚持奋斗不懈的伟大的民族文化英雄,献出了他全部的敬意和最美好的祝福!吴组缃在这首人名诗中,又一次在诗的艺术上进行自我挑战,由五律而七律,登上了人名诗写作难度的高峰。吴组缃的这首七律发表后,人名诗的写作活动大概也临近尾声,因为此后已经很难看到人名诗了。

结　语

　　在以上的考释中，我依据新发现的材料，列举了老舍在1940年代人名诗写作中的三个半联、四个联句、三首完整的人名诗，以及新发现的老舍题赠吴组缃的二首格律诗，我也列举了吴组缃未曾发表过的四首五律人名诗。我力图说明，这些新发现的和人们已知的人名诗，并非游戏之作，而是老舍、吴组缃等作家在特定的历史环境中，为文艺界的团结和民族抗战所作出的一份贡献。

　　而由于老舍、吴组缃的努力，人名诗这种特有的诗歌形式，也焕发出新的生命，呈现出一种新的面貌。在中国诗歌史上，人名诗被认为是杂体诗的一种，与其同列的还有药名诗、物名诗等诸多不同类别。人名诗源出汉魏六朝，至唐而著，汉末孔融即有《离合作郡姓名字诗》，唐人杜甫、李商隐、皮日休、陆龟蒙、宋人王安石、苏轼等都作过人名诗。不过严格的说，他们所作的其实还只是"嵌名诗"，人名之间往往需要衬字来连接或过渡。真正不用衬字的人名诗，那不仅是一种高难度诗歌技艺的运用，而且还需要广博的见闻，丰厚的学识，因而这样的人名诗并不多见。至今能够流传且为研究者讨论的，大概也不外唐人权德舆的《古人名诗》、宋人艾性夫的《人名诗戏效王半山》等为数不多的诗作。过去人们习惯性地认为，人名诗只是近体诗中的另类，是诗人的游戏之作，无关乎家国大事，所以也难登大雅，不能成为诗国的座上宾。然而，人名诗却几乎把近体诗技艺中的各种花样发展到极致，为诗人熟练地掌握近体诗的各种规范技巧提供了另一种试验的途径，更何况古代的人名诗也并非全然是游戏之作，其中也不乏感时忧国的篇章。而在现代，经过老舍、吴组缃等诗家的创造性转化，人名诗已经与国家民族的危亡和个人的心灵际遇紧密地结合到一起，在中华民族抗战的时代，生发出更加夺目的光彩！

原载《现代中文学刊》2010年第2期。

注 释

① 吴组缃《〈老舍幽默文集〉序》,《老舍幽默文集》,湖南人民出版社,1983年。
② 田仲济《苦中寻乐人名诗》,山东《大众日报》1994年9月24日。该文收入《田仲济文集》第2卷时改题为《一九四二年重庆文学界的人名诗》,江苏文艺出版社,2007年。
③ 孙倩《抗日统一战线话语下的文学空间——重庆〈新蜀报〉副刊〈蜀道〉研究》,其中一节为"抗战人名诗"的意义》,北京大学硕士学位论文(未刊稿),2005年。该文的删节本以同题刊于《中国现代文学研究丛刊》2005年第6期。
④ 引自《老舍全集》第13卷,人民文学出版社,1999年,第470页。
⑤ 引自《老舍全集》第15卷,人民文学出版社,1999年,第600页。
⑥ 参见老舍《八方风雨》,《老舍全集》第14卷,人民文学出版社,1999年,第394页。
⑦ 吕健《"老舍老向凤子"——陪都文话之一》,《华商报·灯塔》1941年5月5日第21期。
⑧ 赵清阁《长相忆》,《学林出版社》,1999年。
⑨ 参见夏衍《懒寻旧梦录(增补本)》,生活·读书·新知三联书店,2006年,第305—306页。
⑩ 刊1941年4月14日《新蜀报》副刊《蜀道》第406期。《蜀道》主编此时为姚蓬子。
⑪ 柳无忌《南岳日记》,《柳无忌散文选——古稀话旧》,中国友谊出版公司,1984年,第100—101页。另四首是:(1)鼎沈洛水是耶非(沈有鼎),秉璧犹能完莹归(郑秉璧);养士三千江上浦(浦江清),无忌何时破益围(柳无忌)。(2)从容先着祖生鞭(容肇祖),未达元希扫虏烟(吴达元);晓梦醒来身在楚(孙晓梦),皑岚依旧听鸣泉(罗皑岚)。(3)久旱苍生望岳霖(金岳霖),谁能济世与寿民(刘寿民);汉家重见王业治(杨业治),堂前燕子亦卜孙(燕卜孙)(此绝冯芝生作)。(4)卜得先甲与先庚(周先庚),大家有喜报俊升(吴俊升);功在朝廷光史册(罗廷光),停云千古留大名(停云楼,我们的宿舍)。
⑫ 《关于蜀道文集》,《新蜀报》副刊《蜀道》第355期,1941年2月8日。
⑬ 杨依华《陪都文坛近事记》,《华商报·灯塔》第10期,1941年4月20日。
⑭ 吕健《老舍快语——陪都文话之三》,《华商报·灯塔》第24期,1941年5月9日。
⑮ 杨依华《陪都文坛近事记》(4月12日,重庆寄),《华商报·灯塔》第10期,1941年4月20日。
⑯ 老舍《八方风雨》,《老舍全集》第14卷,第397页。
⑰ 《亦庄亦谐嵌名诗》,《解放日报》"报刊文摘",1995年7月30日。
⑱ 吴组缃《同老舍的一次唱和》,《光明日报》1990年10月30日。
⑲ 参见《吴组缃日记摘抄》,方锡德摘抄整理,《新文学史料》2008年第1期。

⑳ 老舍《剑南客居三首》,北平《平明日报》副刊《星期文艺》第 11 期"诗专号",沈从文主编,1947 年 3 月 9 日第 3 版。

㉑ 老舍《旧诗与贫血》,《老舍全集》第 14 卷,第 324—325 页。

㉒ 吴组缃《敬贺舒舍予兄创作生活二十年纪念》,《新蜀报》副刊《蜀道》第 1121 期,1944 年 4 月 18 日。

王国维文学批评的现代性

温儒敏

中国现代文学批评是从什么时间开始的？许多研究者一直将起跑线划在"文学革命"发难的1917年。但是，如果我们对王国维在20世纪初所作的文学批评进行一番研究，那么，上述的这种划分就是很值得重新考虑的。王国维1904年发表了《〈红楼梦〉评论》，破天荒地借用西方批评理论和方法来评价一部中国古典文学杰作。多年来，人们尽管没有否认它所体现的批评眼光与方法已经开始突破传统批评的框架，但是，又都不轻易地把它作为现代批评史的发端。为什么呢？这大概由于在人们的印象中，王国维虽然评论《红楼梦》时显得一度"西化"，但其后又似乎回归传统，潜心于传统诗学研究和文史考证。王国维文学批评新旧混杂的特征，使得一些文学史家干脆把他打发到古典批评的领域中去，或者在正式评述现代批评的发生之前，将他作为预言者而挂上一笔。

可是这样的"处理"并不能正确估定王国维在批评史上的地位，也不能清楚地勾勒现代文学批评发生期的历史状态。我国文学批评由古典形态向现代形态过渡表现在王国维身上，并不是简单的新旧替换，而是中西批评的汇通交融。传统批评的某些特点在他引进的西方理论的刺激下发生作用，逐渐酝酿成一种新型的批评。王国维宣告了古典批评时代的终结，同时也拉开了现代批评时代的序幕。本文试从以下几方面进行一点探讨。

一、"误读"中的批评新视景

王国维垦拓现代批评的第一个步骤，是引进西方的批评思维方法，以突破传统批评的局限。

这种希望借用外来文化推进和改造本土文化的自觉,与晚清西学输入的大趋势是一致的。王国维在《论近年之学术界》(1905年)中,认为借用外力刺激是有利于中国学术思想的发展的,六朝佛学的输入就曾极大地改变了汉以后儒家抱残守缺、"思想凋敝"的状态,而"自宋以后以至本朝,思想之停滞略同于两汉,至今日而第二之佛教又见告矣,西洋之思想是也"。①王国维意识到西学输入是中国学术思想第二度受外力影响的时期,可以预料整个学术思想包括文学批评理论方法都将发生巨大的变动。他在这种清醒的审时度势中,着手引进西方批评理论方法,以突破传统。

我国传统批评不无精微之处,在世界各种不同文化背景的批评理论共存的"语境"中,确能独具异彩。一般而言,我国传统批评多采用的诗话、词话、小说评点等松散自由的形式,偏重直觉与经验,习惯于作印象式或妙悟式的鉴赏,以诗意简洁的文字,点悟与传达作品的精神或阅读体验;另有一种传统批评,就是作纯粹实证式的考据、注疏和索隐。但不管哪一种方法,都不太注重语言抽象分析和逻辑思辨,缺少理论系统性。中国传统的文学批评所依赖的不是一定的理论和标准,而是文人大致相同的阅读背景下所形成的彼此接近的思维习惯和审美趣味,以及由这些因素所影响形成的共同的欣赏力和判断力。这些都是沟通批评家与作者、读者感受体验的桥梁。传统文学批评基本上只是在相对封闭的"阅读圈子"中进行的。正如有的研究者所说:"中国人的批评文章是写给利根人读的,一点即悟,毋庸辞费。"②

然而中国社会进入近代之后,日益开放通达的时势使人们越来越不可能再像古代文人那样具有共同诵读燕习的条件,传统的阅读批评"圈子"被打破,文学批评越来越要兼具文化信息传播的功能。光靠悟性的点拨不行了,理论化、明晰化、系统化就势必成为批评所要追求的目标。王国维对传统批评的长短得失醒觉憿悟。他知道,传统批评唯有革新拓展,才能适应时代的变化,而当务之急,是依靠西方批评理论方法来刺激调整日趋沉滞的批评思维方式。1904年王国维写的《〈红楼梦〉评论》,就是第一篇具有批评思维方法启蒙意图的论作。

这篇论文第一次站到哲学与美学的高度,对《红楼梦》的艺术价值作总体考察，它肯定《红楼梦》是完全可以进入世界文学名著等级的"绝大著作"③。在王国维之前的中国文学批评史上，从未有人以如此系统的哲学与美学理论对《红楼梦》进行过独特的考察，他采用的富于逻辑思辨的分析推理的批评眼光与方法，连同它的文章体式，都使当时学术界与批评界感到惊奇不已。虽然人们不一定能很快就真正理解与接受这篇"奇文"，但它所产生的冲击促使人们开始思索：文学批评看来确实有各不相同的路数，传统批评是否也应当拓展自己的视野？

《〈红楼梦〉评论》对旧红学研究拘泥"考证之眼"明确表示不满，提出要"破其惑"。这里所说的"惑"，指的是传统批评的某些不足，特别是清代乾嘉学风炽盛之后文学批评领域几乎也成了考据派的一统天下，造成"读小说者，亦以考证之眼读之"的风气。考据作为批评的准备条件和一种研究手段，是有实用性的，但如果以"考证之眼"代替审美批评的目光，就会陷于偏狭僵化，死板地将文学当成历史或档案材料，不可能体验把握作品的艺术世界与审美价值。《红楼梦》自诞生到王国维写评论，其间一百多年，一直得不到应有的评价，障碍有多方面，但拘于"考证之眼"不能不说是一大原因。旧红学的考据派、索隐派，其兴味全在小说的作者、版本、写作背景等外缘实事，很少顾及作品本文的美学评价，而"国人之所聚讼"的焦点，则是小说主人公到底是曹雪芹抑或纳兰性德之类问题。于是一部伟大的文学作品，无意中就被贬低为一般的自传野史或谤书。不是说考据派、索隐派在《红楼梦》研究方面毫无必要和成绩，但对于文学批评来说，如果以考据索隐代替审美批评，根本上就是忽视文学的特性，不懂得"诗比历史更富于哲学意味"④的道理。王国维是中国第一个对亚里士多德这一文学观深有领会的批评家。他注意到"美术之所写者，非个人之性质，而人类全体之性质也"，他由此认为文学往往是一种象征系统，表达出作家的经验，具有审美的伦理的追求，因此文学批评必须有审美的眼光，从总体上把握作品的精神与价值。王国维写《〈红楼梦〉评论》，正是要从批评的眼光和方法上向传统批评挑战，借用外来理论方法以求打破传统批评思维模式。《〈红楼梦〉评论》既不是传统批评那种印象式妙悟式的评点，也全然没有拘泥考索的小家子气，其批评思维特点是智性的、思辨的、逻辑的，着眼点始终在作品审美和伦理精神的总体评价。它先从"人生与美术"的关系引出对文学本质的思考，借用德国哲学家叔本华有关哲学的观点，说明文艺的特性与价值在于能使人"忘物我之关系"，从日常"生活之欲"所导致的苦痛中得到解脱。王国维以此作为评论《红楼梦》的出发点，将小说中贾宝玉的故事视为一个象征"生活之欲"的历练及其最终获得解脱的过程，并进而以西方文论中有关悲剧能"洗涤"人精神的观点，论证《红楼梦》的悲剧特征。他还指出这部伟大作品一反传统文学中"大团圆"的公式，大背于国民性中盲目乐天的精神。文章带着形而上思索意味，论证了"解脱"作为伦理学的意义代表人生的理想，不宜用一般知识论的立场来加以评判，同样，认为文学艺术所具有的"解脱"的追求，也出自"渴慕救济"以超越忧患的理想，其审美价值因此等同于伦理价值。文章最后针对旧红学的局限，提出文学批评须着重于"美术之特质"，善于从作品个别的具体的描写中，体验与发现"人类全体之性质"，即带普通性的意蕴与价值。

《〈红楼梦〉评论》带有明显的试验性，它的基本立论并不一定很稳妥，论述中也存在牵强附会的错误。例如，为了证说贾宝玉最后出家是对"人生之欲"的彻底醒悟，即叔本华所说的"解脱"，王国维似乎更加看重并且显然拔高评价小说后四十回在全书中的地位与艺术价值，这就有点先入为主，以既定的理论推绎代替对作品实际描写的分析。⑤又如，将贾宝玉"衔玉而生"的"玉"比附解释为"人生之欲"的"欲"，认定《红楼梦》开头所述有关石头误落尘俗的神话，暗合西方的宗教"原罪"说，并论指小说的基本结构也是写"原罪"的惩罚及其解脱，这也有点削足适履，生拉硬套。如果说《红楼梦》中的"玉"确有象征意义，它所喻指的也绝非叔本华意志哲学中所说的"生活之欲"，而是指人的灵明本性，这是一种东方式的哲学观念。《红楼梦》第二十五回有所谓"通灵玉蒙蔽遇双真"的描写，其中以"玉"喻指人的灵明本性的象征含义，是很明显的。

王国维对《红楼梦》整体象征意义的评说并不符合作品实际，其实是一种"误读"。他的目标是引进西方理论，评论中先树起一套从叔本华等西方哲人那里借来的论点，然后去阐解《红楼梦》，最终是为了证说西方理论方法，以突破"考证之眼"的局限。这种"误读"也可能是由于王国维忧生伤世的性情，在叔本华与《红楼梦》中同时找到共鸣点，以致在评论中就难免不受偏爱情绪的支配，而硬是将叔本华哲学与《红楼梦》联系起来。

王国维以严谨治学著称，这种"误读"真让人出乎意料。以往有的研究者指出，《〈红楼梦〉评论》并不是成功的批评论作，认为其立论牵强附会，不切合作品实际。其实，这也就是指出了"误读"，不过并没有注意这是有意的"误读"。对于本文的论题来说，更有价值的，并不是辨析这些"误读"本身的内容和错误程度，而是把"误读"作为一种理论现象，发现其前因后果。

王国维对《红楼梦》的"误读"是带目的性的，背后有着对现代批评新思维的渴求。这种"误读"有意与传统批评的妙悟式或考证式的路数拉开距离，把作品纯粹看作代表作家人生体验的一种符号和象征系统，运用推理分析，从中读解普遍的人生价值与审美价值。这虽然有点牵强附会，但却尝试了一种现代性的批评视野和方法，以前所未有的理论思辨力给当时学术批评界以强刺激，打开了人们的眼界。"误读"可以说是矫枉过正，也许正是这种偏激，才使王国维断然摆脱了传统批评的束缚。

因此，王国维对《红楼梦》的"误读"，不光出于一种历史的冲动，也有理论上的自觉。他既有旧学根底，又受过较完整的"西学"训练，和前人乃至同时代人比较起来，其知识结构更坚实而开放。他是从哲学入手治文学批评的，因此一开始就注重对传统批评思维方法的改进，以西方批评思维的长处来补足我国传统批评思维的短处。1905年在《论新学语之输入》中，他曾清醒地比较了中西思维的不同特点。他说：

> 抑我国人之特质，实际的也，通俗的也；西洋人之特质，思辨的也，科学的也，长于抽象而情于分类，对世界一切有形无形之事物，无往而不用综括（Generalization）及分析（Specification）之二法。故言语之多，自然之理也。吾国人之所长，宁在于实践之方面，而于理论之方面则以具体的知识为满足，至分类之事，则除迫于实际之需要外，殆不欲穷究之也。……故我中国有辩论而无名学，有文学而无文法，足以见抽象之分类二者，皆我国人之所不长，而我国学术尚未达自觉（Self-consciousness）之地位也。⑥

王国维并不盲目地认为西方的思维方法就是绝对的好。他知道，"抽象之过往往泥于名而远于实"，从理论到理论往往成为欧洲学术之一"大弊"。但他更急于要改变的,还是中国学术思维包括文学批评思维缺乏抽象概括能力的状况。他所指出的"概用其实而不知其名,其实亦遂漠然无所依",正是我国传统批评中普遍存在的不足。因此,王国维认为要将我国文学批评从创作的附庸提高到自觉的独立的学科地位,就不能满足于传统批评思维方法,而要适当吸收西方近代批评的推理思辨的方法。王国维在评《红楼梦》时的有意"误读",是与这一改革的动机相联系的。他在"文学革命"发动的十多年前就着手为现代文学批评奠基,完全出于理论上的自觉。

二、"以外化内"与"中西汇通"

在《〈红楼梦〉评论》之后,王国维又写了《屈子文学之精神》(1906 年)。从中,也可见出王国维的批评从古典形态向现代形态转化的一些轨迹。

《屈子文学之精神》力求对屈原《离骚》的美学特征作总体把握。与《红楼梦》一样,《离骚》是足以代表中国文学最高水平的杰作,而且早有传统批评家的权威定论。王国维敢于对它进行现代批评试验,这本身就是带有挑战性的。

《屈子文学之精神》写得比较练达笃实,不像前两年评《红楼梦》时那样以先锋性的"误读"毫无顾忌地引进西方理论。他注意采取审慎的态度,择取西方的批评概念,巧妙地利用、组织与阐释传统批评在同一论题上的思想资料,开拓屈原研究的新视景。

《屈子文学之精神》使传统批评家也能接受。它继承了传统批评中常用的诸如"循其上下而省之","旁行而观之",以及"论世逆志"等手段,对屈原创作与所处的历史文化环境(特别是地域文化)的关系作全面考察,注意到特定的社会制度与政治、哲学、伦理等方面对于诗人创作的影响。但王国维并不停留于对这些外缘现象的考证和罗列。在他看来,诗人并不是被动接受外在影响的,尤其是像屈原这样千古传唱的杰出诗人。他的独具的人格与审美情性在创作中起决定性作用。因此,批评家应当将目光集中到这三者的关系中来,即:历史文化环境—诗人的人格与创作心态—作品的审美特质。

王国维对这三者关系的考察,利用了传统"辨骚"论作中所积累的一些思想资料，但基本思路借鉴了西方批评的概念推绎方法。其中核心的批评概念即是"欧穆亚"(humour)⑦。这是从叔本华那里借用的概念，指的是一种人生姿态，也可以推衍为一种创作心态，并不等于当今一般所说修辞意义或写作技巧上的"幽默"。叔本华在《意志与表象的世界》中说："幽默依赖了一种主观的、然而严肃和崇高的心境，这种心境是在不情愿地跟一个与之极其抵牾的普通外在世界相冲突，既不能逃离这个世界，又不会让自己屈服于这个世界。"于是，"幽默"便成为一种跟外在世界起调节作用的特殊心境。当试图通过某一概念调节心境，将"自己的观点"与"外在世界"包摄起来，这一概念与所要思索表述的原本内容之间便产生"双重的乖讹"；或者将深邃的严肃隐藏在诙谐有趣的外表之下，使严肃更显得"照耀全局"。这些都是叔本华所说的"欧穆亚"。王国维借此解释屈原创作心态的形成及其所产生的美学精神，是比较恰当的。因此能将"辨骚"的水平大大提高一步，将事实证说提高为审美批评。

王国维认为，春秋以前的道德政治思想分南北二派，以老庄为主的南方派富想象，于理想中求安慰，往往"遁世无闷，嚣然自得"；以孔、墨为主的北方派则重感情，持坚忍强毅的精神以"改作社会"，所以对待社会既不满又不能超脱，"一时以为寇，一时以为亲，如此循环遂生欧穆亚之人生观"。他认为屈原综合了南北文化的特点，兼有"北方人之感情"与"南方人之想象"，这就使他始终处在一种无法消解的矛盾与困扰之中。一方面，屈原怀抱高尚圣洁的人生和政治理想，不为现实所接受，反遭摈弃与排挤，自己也视现实为"寇"；另一方面，他又矢志"改作社会"，对国家和人生现实充满热情，又视之为亲"。这两种心态此起彼伏，对立统一，造成一种人生姿态的尴尬与困扰。他既无可逃脱，又深感无聊，只好以诙谐游戏的形式抒愤泄郁，表达无可奈何的情绪与坚毅执着的人格精神。王国维由此解释《离骚》："《天问》《远游》凿空之谈，求女谬悠之语，庄语之不足，而继之以谐。"《离骚》东一句，西一句，天上一句，地下一句，一会儿"庄"，一会儿"谐"，都由于诗人"自己的观点"与"外在世界"分裂所导致的情感矛盾与困扰。屈原不断在想象驾凤鸟，挟飘风，御云霓，要超离现实作逍遥游，以出世的幻景来决绝现实的"寇"的世界；但这种超离与决绝又是那样痛苦和犹疑，诗人对"旧乡"毕竟又那样亲近，那样依恋不舍。王国维指出《离骚》中蕴含"亲"与"寇"两种情思的象征描写交替出现,其实就是诗人矛盾心境的折射,也是他深悲极憾的一种调节和自慰。王国维把这种创作心态及"游戏"中蕴含严肃的审美表现称为"欧穆亚"(幽默)。这种幽默不只是喜剧性的,而主要是悲剧性的美学范畴,或者说,是悲剧性的崇高与喜剧性的诙谐的结合。王国维以此勾勒把握"屈子文学之精神",第一次真正从美学理论高度准确地阐说了屈原创作的基本特征,在大量"辨骚"论作中可谓独具卓识。

《屈子文学之精神》比《〈红楼梦〉评论》晚写两年,但显得比《〈红楼梦〉评论》圆熟得多。这与其说是理论方法的使用进步练达了,不如说是革新传统的"战略"调整了。《〈红楼梦〉评论》是破天荒运用西方的批评理论,渴求以一种全新的姿态一下子拉开与传统批评的距离,难免出现"误读"的硬套,当时确实也需要靠那种我行我素、挥斥方遒的劲头,给沉滞的传统批评思维带来大刺激。但王国维毕竟是一个扎实从容的学问家,他大刀阔斧引出现代批评的开篇之后,很快就意识到光靠揭竿造反式的行动是不可能真正革新传统、创建现代批评的,搬用的外来理论也许一时可以产生冲击力,却未必能真正站稳脚跟,因此关键的功夫还在于如何谨慎地选择和借鉴西方批评理论方法去调整、补充传统批评的不足。

《屈子文学之精神》并没有显出颠覆传统的企图,表面上甚至还退回传统,而且也确实结合运用了传统批评的某些手段与材料,但作为基本的批评思路却是现代的,其中的概念推理与审美分析的结合,是传统批评所缺少的,体现了王国维革新传统批评的新思路:不是以西替中,不是以外来批评理论颠覆和取代传统批评,而是"以外化内",即以外来理论去观照、调整和补充传统的批评,寻求中外批评的契合点,最终达到"中外汇通"。到1906—1908年写《人间词话》,这种批评理论方法上的"中外汇通"就更自觉,也更完整。

三、"第二形式之美"说的原创性

王国维在革新批评思维方法的同时,对审美批评理论作了相当深入系统的探索。这种探索借用西方美学理论来观照、阐释传统文论中某些美学命题,引发一些创造性的理论建树，对现代文学理论批评产生深远的影响。

王国维的审美批评理论具有一定的体系性与自足性。如果我们勾勒一下王国维审美批评理论的轮廓，就会发现它的体系就如同一座金字塔。作为塔底的基础部分涉及面很宽，核心是文学的审美本质论，即认为文学是"可爱玩而不可利用"的。围绕这一核心，王国维研究了文学的外缘关系，区分文学与政治、宗教、道德、科学等方面的界限，同时又进行文学的内部关系研究，提出并着重探讨文学的"第二形式之美"的创论（即"古雅"说）。在作为基础部分的文学审美本质论之上，王国维树立了他的批评论，包括前文所述的他对批评思维方法的探索，还包括有关批评审美范畴的讨论。其中"意境说"是整个批评理论金字塔的顶端，也是最富光彩的部分。这里，我们先来考察王国维审美批评理论的基础部分，特别是"第二形式之美"这一创论，后再讨论他的理论体系的其他部分，其中"意境"说将作为另一重点放到下一部分去考察。

文学的本质是什么？古往今来，众说纷纭，解释的角度和层面各有不同。王国维则是侧重从审美功能的角度去解说的。他对美的性质进行界定，从而完成对文学性质的界定。他认为：

> 美之性质，一言以蔽之，曰：可爱玩而不可利用者是已。虽物之美者，有时亦足供吾人之利用，但人之视为美时，决不计及其可利用之点。其性质如是，故其价值亦存于美之自身，而不存乎其外。⑧

这段话集中表达了王国维基本的美学观点，即所谓"可爱玩而不可利用"，是指审美对象的超物质性。美纯粹是精神产品，只供游戏玩赏，满足精神的宣泄、寄托和安慰等种种需要，没有工具性物质性的利用价值。虽然有些美的物品也是可供日常生活"利用"的，但当人们把它作为美的对象欣赏之时，就会忘却或不顾及其实用性。这就说明不光审美对象是超物质性的，审美主体在进行审美活动时也是超利害的，审美态度是非功利的。因此衡定美的价值，应当注意到美的独立性。美的价值只在其自身，而并不依赖任何外在的利害关系。这也是美区分于道德、伦理、科学等其他人类精神产品的界限。

为什么说文学审美本质是超利害的，而且美的价值在"美之自身"呢？王国维试从"美在形式"的角度进行探讨。他说：

> 一切之美，皆形式之美也。就美之自身言之，则一切优美皆存于形式之对称变化及调和。至宏壮之对象，汗德（按即康德）虽谓之无形式，然以此种无形式之形式能唤起宏壮之情，故谓之形式之一种，无不可也。[9]

这里王国维主要接受了康德的观点。在《判断力批判》一书中，康德提出过"美"是不涉及概念，因而也不涉及利害欲念的"感情直观的纯形式"。作为对象的美与对象的实体存在无关，而仅仅依赖其"形式"。若"形式"恰好能适应人的想象力与理解力，达到一种自由谐和的状态，就会引起超越利害欲念的快感，即美感。王国维正是从康德这种"美在形式"论出发，提出文学审美"可爱玩而不可利用"的超利害观点。

这种观点虽然有"形式主义"之嫌，但目的却在于强调文学的独立价值，用以反对传统的"文以载道"观及单纯的实利工具论。王国维在《文学小言》（1906年）中将那种为"利禄"所支配的文学，斥为"馅馅的文学"，将那种一味投合流风，缺少真情而又媚俗求名的作态的文学，斥为"文绣的文学"。他主张真正的文学家不应该抱文学以外的功利目的去从事文学，不应"以文学为生活"，而应当"为文学而生活"，把文学本身作为目的。在他看来，中国历史上不大重视与承认文学的独立价值，文艺家"皆以侏儒倡优自处，世亦以侏儒倡优畜之"，"此亦我国哲学美术不发达之一原因"。[10]所以王国维由文学审美超功利的"可爱玩而不可利用"说，引出对文学独立的审美价值的强调与尊重，对传统文论来说是突破性的，激进的。

中国古代文论中占支配地位的始终是儒家的文学功利主义，即"美善相乐"[11]的思想。文学与政治、伦理、道德等社会目的联系紧密，美与实用就容易混同，文学审美的独立价值很难得到承认。另一派在批评史上有影响的道家倒是讲超脱，比较重视文学的超功利性，但也未曾有过像王国维这样对文学审美价值的明确系统的理论上的肯定。他第一次把审美无利害关系作为批评鉴赏的关节，并以此为出发点，探索审美批评的特殊规律。这种理论探求对于现代批评作为一门独立学科的形成，无疑是一种有力的推助。

但是我们这里特别要加以讨论的，是王国维在论述文学审美本质过程中所提出的"第二形式之美"⑫的命题，即所谓"古雅"说。这是王国维对于美的范畴分类的一种创论。

西方美学对美的分类，大致分为优美与崇高两大类，即审美的两大基本范畴。康德对此也有他自己的解释。他认为优美是一种有限的形式，感官可以直接把握，而崇高是一种无限的形式，必须借助想象，才能把握其整体。无论优美还是崇高，都是"美在形式"，所不同的是审美过程主体的感应效果不同。优美能直接使"精神之全力沉没于对象之中"，主体与对象可达自由谐和的结合，于静观的状态中产生"可爱玩"的美感愉悦，崇高则由于"对象之形式越乎吾人之力所能驭之范围，或其形式大不利于吾人"，使主体产生激动或震撼感，于是就会本能地"越乎利害之观念外，而达其对象之形式"，从而在超越的审美自由中获得另一种美感。⑬王国维吸收了康德对优美与崇高（王译称为"宏壮"或"壮美"）两个审美范畴的阐说，但他又有自己的理论发现。他试图把"古雅"即"第二形式之美"，作为优美与崇高之外的又一个审美范畴，去补充康德与西方美学理论的不足。

康德的超利害审美观建立在天才论基础上，把一切真正的艺术品都归之于天才的创造，而一切艺术品都不脱优美或崇高两大审美特征。王国维则认为康德的理论不完全。事实上，有些事物并非由天才创作的艺术品，却也有"可爱玩而不可利用"的审美效果，尽管不一定达到优美或崇高的审美效果。王国维举例说，古代存留下来的由一般工匠制作的文物，如钟鼎、摹印、碑帖、古籍等，当时并非作为艺术来创造，主要是为了实用，但现在实用性消失了，这些文物也变成"可爱玩"的东西，人们乐于欣赏其"形式"了。又如，文学作品中称得上天才的作品并不多，占绝大多数的并非神来兴到的天才之作，工力型创作也有一定的审美价值，可是其"形式之美"尚未达到康德所说的由天才创造的优美或崇高。如何解释和概括这种现象呢？王国维提出"古雅"，或"第二形式之美"的范畴。

王国维认为，"一切之美，皆形式之美也"。包括自然形态的美与经人工艺术创造的美，后者被称为"古雅"，即所谓"形式美之形式美"。前一种"形式美"实际上指内容材质，他把内容也形式化了。后一种"形式美"指人为创造的艺术形式。所以王国维称优美、宏壮为"第一形式"，古雅为"第二形式"。

"第一形式"须通过"第二形式"表现才形成艺术美,"故古雅之致存于艺术而不存于自然"。古雅与优美、宏壮的关系,是表现与被表现的关系。不过,"优美及宏壮之原质愈显,则古雅之原质愈蔽",天才的作品往往不显技巧做作痕迹,而是天然浑成,就是这个道理。由此王国维认为天才的达到优美宏壮的创作离不开"古雅"即"第二形式"的表现,而那些非天才的不够优美的、宏壮的创作,也完全可以靠"第二形式"的工致取得"古雅"之美,具有独立的"可爱玩"的鉴赏价值。

王国维认可康德的观点。指出优美和宏壮（崇高）的发现和表现,都必须依赖天才先天的慧眼与魄力,凡夫俗子"欲者不观",只能靠后天的经验与技巧达到"大抵能雅而不能美且壮"的"古雅"。即使是第一流的天才艺术家,其最优美最宏壮的作品中,也很难说就没有"神兴枯涸"之笔和"陪衬"的章句,而这些地方就可能只是有古雅之美了。因此王国维又把古雅称为"低度"的优美或宏壮,认为三种不同的审美范畴,都共有"可爱玩而不可利用"的本质特征。

"第二形式之美"说是王国维批评理论中富于创造性的部分,所涉及的美学问题比较复杂,值得深入研究。这里要指出的是,这一概念的提出不但强化了王国维超利害的审美批评意识,而且也扩展了批评的视野,把形式技巧性的批评提升到美学批评的高度。如果照搬康德那种天才论的美学理论,很难与实际批评对上号,大量并非由天才创作的所谓"二三流"的作品,包括相当一部分比较大众化的古代小说戏剧作品就可能被排除在批评的视野之外。而"第二形式之美"即"古雅"审美范畴的运用,就弥补了这种遗漏和不足。王国维关注宋元戏曲与明清小说这些俗文学领域的研究,并取得巨大成绩,就跟重视"第二形式之美"的独立价值有关。

此外,"第二形式之美"的审美概念提出,还涉及艺术修养构成创作的必要条件、审美意识积淀在创作与批评鉴赏中的作用、天才型创作与工力型创作的不同审美特点等一些深层次的理论课题,王国维虽然没有深入探讨,但在他的实际批评中包含有这些思索。在《文学小言》中,王国维讲"古今之成大事业大学问者"包括杰出文学家的成功不可不经过三个阶段。实际上就是强调学问修养的积累由量变到质变。[⑬]前文提到王国维主张整体性审美批评,还提到他反对摹仿的"文绣的"文学,但不等于说他就不重视作为"第二形式"的艺术技巧与表现手段。在《人间词话》和别的一些批评论作中,王国维对于诸如用字、音律、修辞、文体等属于所谓"古雅"美范围的对象,也是非常关注并认真评论的。《人间词话》提出另一重要的批评概念——境界说,其中也贯穿着对"第二形式之美"的思索。

四、"境界"说及相关的审美批评概念

从《〈红楼梦〉评论》到《屈子文学之精神》,再到《人间词话》,给人的印象是王国维一步步回归传统。《人间词话》不但用了诸如"意境""境界"之类传统的批评概念,而且体式也是残丛小语的词话。这部著作因此而甚得旧式读者的爱好,一些学者也认为它基本上属于古典形态的批评。[15]但是如果细加辨察,会发现《人间词话》表面上是传统的,内里却又是现代的,其传统的形式和审美意趣中已经注入了现代批评的精神。如果说《〈红楼梦〉评论》主要表现为直接借用西方批评的刺激以改变传统批评的思维,《屈子文学之精神》表现为"以外化内"开始寻求中西批评的契合点,那么《人间词话》就在相当程度上达到了中西批评思维方法的汇通。看起来这三篇(部)论作代表三个阶段,似乎逐步向传统回归,其实是一步步走向理论的成熟。《人间词话》利用并翻新了国人比较能接受的传统批评概念与文体,试图建构一套能同时超越传统与西方批评的新的批评理论。

《人间词话》因为采用了散漫随意的残丛小语方式,确实见不到《〈红楼梦〉评论》那种条理密贯的理论思辨性,加上词话中品评诗作或发挥诗思又采用顿悟式,缺少明显的逻辑联系,一般人们都不把它视为一部系统的理论专著。其实,《人间词话》具有不易发现的潜隐的逻辑性与系统性。根据《国粹学报》1908年至1909年最早刊行的《人间词话》64则,其编排是由王国维自己确定的,我们从中可以看出它隐含着的理论系统,而核心便是其"境界说"。

在中国文学批评史上,严羽的"兴趣"说,王士禛的"神韵"说,都是有代表性的批评概念,但在王国维看来它们虽有利于引导读者体味鉴赏作品,但基本上仍停留于对诸如风格、情趣、体式等某一侧面或表层的品评,只能"道

其面目",而未能进一步说明审美的效果是如何产生的。王国维特别将"意境（境界）"这一概念标示出来,以其为主轴建构一种比较系统的批评理论,并从审美关系上探讨文学的本质,这是对传统文论的一种现代性的突破。

"意境"或"境界"的概念都并非王国维的首创。自宋以后,特别是清代诗家,对这两个词的使用颇多,甚至也已经注意到"意"与"境"对立统一关系。⑯以往许多论者已经论述过王国维"意境"说与传统文论的渊源关系,并把王国维称为传统"意境"理论的集大成者。⑰这都是不无根据的。不过,对于本论题更重要的,是王国维在对传统"意境"理论的继承中所作的现代式的发挥与创造。

王国维构筑《人间词话》理论体系的第一步,是把"意境"（境界）升格为审美批评的核心概念,传统批评的其他审美范畴,诸如风骨、气象、格调、神韵、趣味、巧妙、韵律等,就成了次一等级的批评概念,并且都可以为意境所涵括统摄。意境又是带普遍性根本性的审美批评标准,王国维因此认为"词以境界为上。有境界,则自成高格,自有名句"。《人间词话》评骘了五六十位词家词作,都是以有无意境以及意境的深浅高下作为批评的基点,对其他方面诸如技巧、风格、体式的评论,都与意境的体味评判相联系,服从于意境的批评。传统批评（特别是诗话词话的印象式批评）一般都比较散漫,批评的标准也缺少明确性,王国维把"意境"升格为核心的批评概念,并努力从理论上界说其内涵,这就使批评的目光集中,产生类似聚焦的作用,明晰地切入并把握文学创作与鉴赏的审美本质。

那么王国维是如何界定意境（境界）的涵义的呢？他在《人间词话》乙稿序中说：

> 文学之事,其内足以摅己,而外足以感人者,意与境二者而已。上焉者意与境浑,其次或以境深,或以意深,苟缺其一,不足以言文学。原夫文学之所以有意境者,以其能观也。出于观我者,意余于境,而出于观物者,境多于意。然非物无以见我,而观我之时,又自有我在。故二者常互相错综,能有所偏重,而不能有所偏废也。

这里,王国维把意与境看作是构成文学本质关系,并从根本上决定了文学的审美性质与效果的两方面基本因素。所谓"意",指主观方面的各种因素,包括情感、想象、理解、兴趣等,其中情感是最主要的,对其余诸种因素起渗透、贯串和主导的作用;"境"则指艺术创造的形象、画面、景象等,是"意"的依托与具体表现。二者互相融汇,浑然一体,才能形成审美的世界,即意境或境界。如果二者不那么和谐一致,无论意胜于境或境胜于意,都不能达到最高的审美效果。传统文论中有"情景交融""形神兼备"一类的说法,与王国维的"意境"说比较接近。但王国维所说的境界或意境并不等于情景交融,而是一种比艺术形象本身更加广阔深邃的艺术世界。他从哲学与美学的高度阐释意与境或情与景的对立统一关系,将本来比较含混只可意会的传统批评范畴提升为有一定本质规定性、多少可以从理论上把握的批评概念。[18]

在对意境作大致的理论界定的基础上,王国维又进一步从创作的主客体关系的处理方面探讨了两对不同类型的意境,即"有我之境"与"无我之境","造境"与"写境"。

王国维说:"有我之境,以我观物,故物皆著我之色彩。无我之境,以物观我,故不知何者为我,何者为物。"其实"有我""无我"只是相对而言。只要是具有审美特性的意境(境界),都无不渗透着作者的主观(情感)因素,都是"有我"的。王国维讲"有我""无我",不过是指主观(情感)因素在创作中的显隐之别,强弱之别。他还区分了不同的审美特质,认为"无我之境"比之"有我之境"更属上乘,因为"有我之境"是人工巧合,可以明显感触到作者的情绪或匠意,比不上"无我之境"那样浑然天成,主客观因素的互相交融渗透,很难剥离分辨。虽然"有我""无我"之境都可以达致艺术审美效果,但后者比前者更难,更需要依赖艺术的天才创造力。他既追求完美的高水平高目标,又宽容兼顾不同的审美层次。"意境"概念的理论升格,使王国维获取了比传统文论家更阔大的批评视野与胸襟。

与"有我""无我"之境相关的,还有"造境"与"写境"的境界之分。王国维说:"有造境,有写境,此理想与写实二派之所由分。然二者颇难分别。因大诗人所造之境必合乎自然,所写之境亦必邻于理想故。"这里所说的偏重理想的"造境"与偏重写实的"写境",后人往往理解为指浪漫主义与现实主义。其实王国维并非讲两种不同的创作方法,或两种境界的品第高下,而是在探求那种称得上"大诗人"手笔的完美意境的产生原因。他显然认为成就完美意境的条件是既"合乎自然",又"邻于理想",这是通向纯粹审美世界的双轨。所谓"合乎自然",是指诗人创作时摆脱任何势利荣辱和"生命意志"的束缚,以一种全然忘我的姿态进入审美静观之中,由此观物观我,诗人本身也就自然化了。就能以自然之眼观物,以自然之舌言情,所表现的审美效果也就是合乎自然的,不做作不装束的。⑬所谓"邻于理想",在王国维看来是"合乎自然"的另一面,诗人只要进入上述这种自由无羁的创作状态,就可以按自身"美之理想"去发挥创造力,赋予客观描写的事物以理想的灵光,从而使作品具有超越性普遍性,产生不可穷尽的审美效应,即所谓"言外之味,弦外之响"。对于完美的创作状态来说,"合乎自然"与"邻于理想"是同样重要,缺一不可的。所以王国维眼中大凡成功杰出的诗人必定兼具"理想家"与"写实家"双重身份。

  在对意境这一审美范畴的理论探索和界定中,王国维引发出文学批评的具体尺度和标准。其中最主要的是真与自然。他说:"境非独谓景物也。喜怒哀乐,亦人心中之一境界。故能写真景物,真感情也,谓之有境界。否则,谓之无境界。"这里的真,并不完全等同于客观真实性的"真",或一般所说的真理的"真",而主要指作者主观性情的真,或本性的纯真。《人间词话》评论诗词,格外重视情感是否真切,摹写是否真实,而这一切又都追究到诗人是否进入超利害的纯粹的审美状态,展露抒发其毫无装束的"赤子之心"。

  "自然"是与"真"相联系的。王国维认为诗人保持天然的性情,以"赤子之心"去从事创作,超越功名利禄的世俗眼光,就能"以自然之眼观物,以自然之舌言情",达到浑然化一的高妙境界。王国维文学批评求"真"求"自然",也继承了道家美学传统中"见素抱朴""法天贵真"的精神,但把"真"与"自然"作为形成意境的条件和评价标准,是王国维的理论发挥。

  除了"真"和"自然",王国维在《人间词话》中还运用过其他一些批评范畴,如气象、格调、工巧、神韵、隔与不隔等,几乎都是沿袭传统批评的,不过王国维把这些范畴都归之于"真"和"自然"的规定之内,受"真"与"自然"制约,或者和"真"与"自然"有因果关系,用以从不同侧面或层次衡定意境的深浅高下。

  王国维早在"五四"前十多年就写出上述一些带经典意义的现代批评著

作，使我国传统文学批评开始向现代文学批评转化。其中虽然不可避免地带有历史性的局限和新旧混杂的痕迹，但他对于现代文学批评开创性的历史地位，则是必须肯定的。

1992年2月27日于京西镜春园且竹居

原载《中国社会科学》1992年第3期。

注　释

① 王国维《论近年之学术界》，《王国维文学美学论著集》，北岳文艺出版社，1987年，第106页。

② 夏济安《两首坏诗》，台湾《西洋文学批评》第3册。有关传统批评共同背景的观点，参考叶嘉莹的《王国维及其文学批评》一书序论，广东人民出版社，1982年。

③ 《〈红楼梦〉评论》。以下凡出自这篇论作的引文，均见《王国维文学美学论著集》，北岳文艺出版社，1987年。

④ 亚里士多德《诗学》，《西方文艺理论名著选编》上卷，北京大学出版社，1985年，第60页。

⑤ 不过，在王国维写《〈红楼梦〉评论》时，学术界尚未考证出《红楼梦》后四十回为高鹗所续。

⑥ 见《王国维文学美学论著集》，第111—112页。

⑦ 通译作"幽默"。

⑧ 《古雅之在美学上之位置》，《王国维文学美学论著集》，第37页。

⑨ 同上书，第38页。

⑩ 《论哲学家与美术家之天职》，《王国维文学美学论著集》，第35页。

⑪ 荀子《乐论》。

⑫ 《古雅之在美学上之位置》，《王国维文学美学论著集》，第37—41页。本节以下所引王国维文字均出自该文。

⑬ 康德对优美与崇高的审关范畴的论析详见《判断力批判》的第2章第23、27节。这里的引文是王国维所译，均见《古雅之在美学上之位置》。

⑭ 《文学小言》第5节中说：古今之成大事业大学问者，不可不历三种之阶级："昨夜西风凋碧树，独上高楼，望尽天涯路。"（晏同叔《蝶恋花》）此第一阶级也。"衣带渐宽终不

悔，为伊消得人憔悴。"（欧阳永叔《蝶恋花》）此第二阶级也。"众里寻他千百度，回头蓦见，那人正在灯火阑珊处。"（辛幼安《青玉案》）此第三阶级也。未有不阅第一第二阶级，而能遽跻第三阶级者。文学亦然。此有文学上之天才者，所以又需莫大之修养也。

⑮ 例如敏泽所著《中国文学理论批评史》，就认为王国维只是把传统文论中关于"境界"的论述继承并做了发展，"给予比较详细的论述"。

⑯ 传统文论中使用"意境"或"境界"二词的很多，如唐代《文镜秘府论》就提出过"意与境相兼始好"，托名王昌龄的《诗格》提出写诗三境，即"物境""情境"和"意境"。金圣叹评《西厢记》中多处用"境界"一词。朱承爵《存余堂诗话》说"作诗之妙，全在意境融澈"。况周颐《蕙风诗话》中也多处用"意境"一词，并主张写"情景真"的"境界"。梁启超的《饮冰室诗话》也曾用"独辟意境"称公度诗。

⑰ 可参考佛雏《王国维诗学研究》第3章第1节，北京大学出版社，1987年。

⑱ 依现代批评理论的眼光看来，王国维对"意境（境界）"涵义的界定还是很不明确的。王国维深知传统诗学概念的特长，他要充实并尽可能界定这些含糊的概念，使之多少能从理论上把握，但又不轻易用西方的批评理论来阐释中国传统的批评概念。其实，"意境"或"境界"作为一种批评术语，在西文中找不到一个词可以概括其所有内涵。看来王国维对此也是很清楚的。

⑲ 王国维这一观点显然受叔本华的影响。叔本华在《意志和表象的世界》中提出：诗人"本身就是自然自身，就是把自身客观化了的意志。只有自然才能领悟它自己"。王国维在《〈红楼梦〉评论》中赞同和引发叔本华这一观点，说"唯自然能知自然，唯自然能言自然"。

胡适与刘半农往来书信的梳理和解读

商金林

刘半农将他在1917年至1919年搜集的诗稿编成《初期白话诗稿》，1933年年初由星云堂书店线装影印出版。《初期白话诗稿》汇集了李大钊、沈尹默、沈兼士、周作人、胡适、陈衡哲、陈独秀、鲁迅八人写的新诗共二十六首。刘半农在1932年12月28日写的《〈初期白话诗稿〉序目》中说：

> 这些稿子，都是我在民国六年至八年之间搜集起来的。当时所以搜集，只是为著好玩。并没有什么目的，更没有想到过：若干年后可以变成古董。然而到了现在，竟有些像起古董来了。那一个时期中的事，在我们身当其境的人看去似乎还近在眼前；至于年纪轻一点的人，有如民国元二年出世，而现在在高中或大学初年级读书的，就不免有些渺茫。这也无怪他们，正如甲午、戊戌、庚子诸大事故，都发生于我们出世以后的几年之中，我们现在回想，也不免有些渺茫。所以有一天，我看见陈衡哲女士，向她谈起要印这一部诗稿，她说：那已是三代以上的事了，我们都是三代以上的人了。
>
> 白话诗是"古已有之"，最明显的如唐朝的王梵志和寒山拾得所做的诗，都是道地的白话。然而，这只是有人如此做，也有人对于这种的作品有相当的领会与欣赏而已。说到正式提倡要用白话作诗，却不得不大书特书：这是民国六年中的事。从民国六年到现在，已整整过了十五年。这十五年中国内文艺界已经有了显著的变动和相当的进步，就把我们这班当初努力于文艺革新的人，一挤挤成了三代以上的古人，这是我们应当于惭愧之余感觉到十二分的喜悦与安慰的；同时我以为用白话诗十五周纪念的名义来印行这一部稿子，也不失为一种藉口罢。

"一挤挤成了三代以上的古人"的话,似乎比人们常说的"隔世之感"要沉重得多。刘半农写这篇"序目"的时候,创办《新青年》,发动新文化运动的陈独秀早已被迫离开北大,1932年10月15日第四次被捕入狱;率先在《新青年》上提出"青春"的宇宙观和人生观的李大钊已于1927年4月28日壮烈牺牲;"五四"前后全身充满光辉的"周氏兄弟"已彻底决裂,"南枝向阳北枝寒"。中国左翼作家联盟成立后,周作人成了左翼文学界的众矢之的,而鲁迅则成了左翼文艺运动的领袖;胡适是文学革命的主要倡导者之一,"首举义旗"的《文学改良刍议》被陈独秀誉为"今日中国文界之雷音",而此时的胡适已成了"好好先生";①曾经不断拜访和催促鲁迅写小说的钱玄同也因鲁迅讨厌他的"唠叨",形同陌路,"默不与谈";而当年写白话诗写得很勤快的沈尹默也早已淡出文坛。"一挤挤成了三代以上的古人"的感叹所涵盖的内容还远不止这些。揣摩《初期白话诗稿》,的确能引起我们对新文化运动中"革新的人"的许多回忆,仅仅是刘半农和胡适的交往就能引发很多话题。

刘半农,名复,初字半侬,后改为半农,1891出生于江苏省江阴市城内一户清贫的知识分子家庭,自幼资质聪慧,1907年考入常州府中学堂,1911年武昌起义后常州府中学堂宣告暂停,刘半农从常州回到家乡江阴当上了小学教师。1912年春来到上海,在开明剧社当编辑,编译剧本。1913年入中华书局任编译员,同年在《小说月报》发表短篇小说《假发》时,署名半侬。此后在《中华小说界》《礼拜六》《小说海》《小说大观》《小说画报》等刊物上发表创作和译作,署名也多为"半侬",间或也用过"瓣秾"。"侬"乃方言中的"你","半"与"伴"和"瓣"是谐音,"半侬"("瓣秾")二字显然夹带有"寻人"和"陪伴你"的意味。当年《礼拜六》杂志的办刊宗旨仅仅是为了供人消遣和娱乐,有一则最让人诟病的广告是:"宁可不取小老嬷,不可不看礼拜六。"刘半农也沾染了这种风气,虽说他当年的创作和译作有的也很庄重的,但总体上还归属于"鸳湖派",就连他自己也承认是"红男绿女派小说家"②,这从署名上也看得出来。

受到《新青年》的感召,刘半农渐渐摒弃了往日的小说创作,成为最早在《新青年》开辟专栏的"青年作家"。影响最大的当推在《新青年》第三卷三号上发表的《我之文学改良观》③,以及在《新青年》第三卷五号上发表的《诗与小说精神上之革新》④。钱玄同认为刘半农的《我之文学改良观》和《诗与小说精神上之革新》"为当时新文学有力呼声"⑤。

1917年夏应蔡元培的邀请,刘半农当上北大文科预科国文教授。这年9月,应蔡元培的聘请,胡适担任北京大学教授,刘半农与胡适成了同事。他们一起参与《新青年》的编辑工作,努力从事新文化运动。胡适在《五十年来中国之文学》第十节中说:"民国七年一月,《新青年》重新出版,归北京大学教授陈独秀钱玄同沈尹默李大钊刘复胡适六人轮流编辑。"⑥钱玄同1917年10月18日日记记"至大学法科访半农,谈得非常之高兴"⑦。虽说钱玄同的日记并不全,但从仅存下来的"片言只语"中也可以看出他对刘半农的为人和思想学识都很赏识,多次说到刘半农新诗"做得很好,不让适之"⑧。刘半农也踌躇满志,在给钱玄同的信中说钱玄同、陈独秀、胡适和他四人是《新青年》"当仁不让"的"台柱"⑨。

刘半农到北京后,与周氏兄弟走得也很近。据《鲁迅日记》记载,仅在1918至1919的两年中,来往就多达四十余次。1918年2月10日,即旧历除夕之夜,刘半农在北京绍兴会馆,同周氏兄弟一起度过了一个难忘的良宵。他们在一起畅谈文艺,把"年三十"当作"平常日子过",谈得最投缘的是怎样来招引缪斯这位文艺女神,发展新文学事业,还说到要像日本刊物一样,在《新青年》上开辟"蒲鞭"专栏,鼓励和催促新文学的产生。鲁迅把刘半农当作同一战阵中的朋友。刘半农在《记砚石之称》一文中说到他当时"穿鱼皮鞋,犹存上海滑头少年气",与"蓄浓髯,戴大绒帽,披马夫式大衣"的周作人,⑩两人形成鲜明对比;又因为在《新青年》第二、三卷发表文章(包括《我之文学改良观》),仍署名"刘半侬",鲁迅曾用"开玩笑"方式指出"侬"字很有礼拜六气,于是刘半农就改"侬"为"农"。1918年1月15日出版的《新青年》四卷一号上,刘半农发表新诗《相隔一层纸》《题女儿小蕙周岁日造象》,以及论文《应用文之教授》时,均署名"半农",这是他第一次用"半农"这个名字,从此一直沿用下来。"侬"与"农",虽说这只是一字之差,却能说明刘半农在生命史上揭开了崭新的一页。鲁迅在《忆刘半农君》一文中说他到北京"几乎有一年多,他没有消失掉从上海带来的才子必有'红袖添香夜读书'的艳福的思想,好容易才给我们骂掉了"⑪。鲁迅在这里所说的"骂",正好说明那时他们之间的"亲近"和直率。刘半农在为《新青年》第四卷五号(1918年5月15日)拟的一则《补白》中宣称,"周氏兄弟,都是我的畏友"。而鲁迅的创作也受到刘半农的触动和推进。

本文试图透过胡适与刘半农往来书信的梳理与解读,为胡适、刘半农等《新青年》同人,以及"初期白话诗"研究提供新的史料和视角。

一、白话诗"讨论"成风气

1917年6月上旬,胡适从纽约乘船回国,7月5日抵东京,当天日记记:"在东京时,虞裳言曾见《新青年》第三卷第三号,因同往买得一册。舟中读之。此册有吾之《历史的文学观念论》(本为致陈独秀先生书中一节),及论文学革命一书。此外有独秀之《旧思想与国体问题》,其所言今日竟成事实矣。……此外有刘半农君《我之文学改良观》,其论韵文三事:(一)改用新韵,(二)增多诗体,(三)提高戏曲之位置,皆可采。第三条之细目稍多可议处。其前二条,则吾所绝对赞成者也。"⑫刘半农主张写真情实感的"真"诗,要求增多诗体,并以口语、方言入诗,这些"理论"得到胡适的赞同;而刘半农也与胡适"文学改良"的"刍议"相呼应,成了继胡适之后鼓吹白话诗最积极的一人。《初期白话诗稿》中存有胡适的两封短信。胡适的第一封短信写在"北京大学用笺"的顶头,现抄录于下:

  前见足下做的白话诗两首,极妙极妙。能钞一份见赐否?附上草稿一纸,太忙不能钞也。尚乞 赐正之。适

信笺主页是《唯心论》一诗的"草稿":

    唯心论
我笑你绕太阳的地球,一日里只打得一个回旋;
我笑你绕地球的月亮儿,总不会永远团圆;
我笑你千千万万大大小小的星球,总跳不出各人的轨道线;
我笑你一分钟行几万里的无线电,
终比不上我区区的心头一念。
我这心头一念,
才从竹竿巷,(今所居巷名。)

忽到竹竿尖;(吾村后最高峰名。)
忽在赫贞江上,
忽到凯约湖边;
我若真个害刻骨的相思,便一夜里绕遍地球三万转!

适　十月廿七。

　　这《唯心论》"草稿"写于1917年10月27日。当时尝试写新诗的还只有胡适、沈尹默和刘半农三人,最初的成果就是刊登在1918年1月15日《新青年》第四卷第一号"诗"专栏中的九首新诗,即《鸽子》(胡适)、《鸽子》(沈尹默)、《人力车夫》(胡适)、《人力车夫》(沈尹默)、《相隔一层纸》(刘半农)、《月夜》(沈尹默)、《题女儿小蕙周岁日造象》(刘半农)、《景不徙》(胡适)。沈尹默的《鸽子》《人力车夫》和《月夜》在当时的评价并不高。虽说1919年《新诗年选》中有"愚庵"(康白情)的"评语",认为《月夜》"在中国新诗史上,算是一首散文诗",且"具新诗的美德","其妙处可以意会而不可以言传"。可胡适在《谈新诗》(1919年10月)一文中则说"沈尹默君初作的新诗是从古乐府化出来的"。例如他的《人力车夫》,"稍读古诗的人都能看出这首诗是得力于《孤儿行》一类的古乐府的。"他推荐的是《三弦》,认为它是"新诗中一首最完全的诗",而《三弦》刊登于1918年8月15日出版的《新青年》五卷第二号,远在胡适写这封短信之后。

　　可见这封短信和《唯心论》"草稿"是写给刘半农的。"前见足下做的白话诗两首",当指刘半农的《相隔一层纸》和《题女儿小蕙周岁日造象》。《相隔一层纸》用的全是口语,生动活泼,成为初期白话诗的名篇。《题女儿小蕙周岁日造象》用的也是口语,诗人在对女儿小蕙浓浓的爱意中,抒写了"五四"时期追求个性解放的青年们的心情,受到学界的好评。

　　胡适说他"太忙",没空把《唯心论》"草稿"再抄一遍。可排在《初期白话诗稿》中的这首《唯心论》诗稿有"两份",卷首目录中的题名就叫《唯心论两稿》,排在前面的是"草稿",排在"草稿"后面的是改正稿,很可能是刘半农提了意见,胡适作了打磨后的"改定稿",现抄录于下:

唯心论

我笑你绕太阳的地球,一日夜只打得一个回旋;

我笑你绕地球的月亮儿,总不会永远团圆;
我笑你千千万万大大小小的星球,终跳不出自己的轨道线;
我笑你一秒钟行五十万里的无线电,
总比不上我区区的心头一念。
我这心头一念:
才从竹竿巷,忽到竹竿尖;
忽在赫贞江上,忽在凯约湖边;
我若真个害刻骨的相思,
便一分钟绕遍地球三千万转!

与"草稿"相比,"改定稿"的文字和标点都有改动。虽说把"总跳不出"改为"终跳不出"似乎并不见好,而将"一日里"改为"一日夜","各人的轨道线"改为"自己的轨道线","一分钟行几万里"改为"一秒钟行五十万里","终比不上"改为"总比不上","一夜里绕遍地球三万转"改为"一分钟绕遍地球三千万转",就很出彩,用字更准确,也更生动形象。删除"竹竿巷"和"竹竿尖"括号里的注,诗行更干练整洁。可在《新青年》第四卷第一号发表时又有了改动,现抄录于下:

一念有序(胡适)

今年在北京,住在竹竿巷。有一天,忽然由竹竿巷想到竹竿尖。竹竿尖乃是吾家村后的一座最高山的名字,因此便做了这首诗。

我笑你绕太阳的地球,一日夜只打得一个回旋;
我笑你绕地球的月亮儿,总不会永远团圆;
我笑你千千万万大大小小的星球,总跳不出自己的轨道线;
我笑你一秒钟走五十万里的无线电,总比不上我区区的心头一念!
我这心头一念:
才从竹竿巷,忽到竹竿尖,
忽在赫贞江上,忽到凯约湖边;
我若真个害刻骨的相思,便一分钟绕遍地球三千万转!

题名改为《一念》,加了"序",且将"终跳不出"还原为"总跳不出",这些改动肯定是得益于包括刘半农在内的《新青年》同人的"赐正"。在建设"新文学"的进程中,《新青年》同人既"锣鼓喧天"地大造舆论,八仙过海,各显神通;又谦虚求益,互帮互学,力求创作出更多的佳作来。这种亲和的氛围在胡适写给刘半农的另一封短信中表现得更鲜明,现抄录于下:

> 半农先生:
> 　　昨日收到《大风歌》,因大忙大忙,故不能亲自作复,但请玄同带笔回复。适意与玄同相同,皆谓第三章可删。第二章末句亦可删。先生以为何如?
> 　　适前天也做了一首诗:
> 　　　　云淡天高,好一片晚秋天气!
> 　　　　有一群白鸽子儿,飞向空中游戏。
> 　　　　　你看他乘风上下,夷犹如意。——
> 　　　　忽地里,翻身映日,白羽衬青天,
> 　　　　鲜明无比!
> 先生以为何如?　　适

刘半农请胡适看《大风歌》,胡适在回复时也请刘半农看他的《鸽子》。诗文相互调看,交流切磋,这在当年形成了一种风气。刘半农说他"在北京时",常和胡适"讨论(有时是争论)诗",并说胡适是"榨机","是白话诗的发难者",这从胡适的这两封短信中也能得到印证。⑬刘半农的《大风歌》就是后来收在《扬鞭集》中的《大风》,现抄录于下:

> 　　　　　　大风
> 　　我去年秋季到京,觉得北方的大风,实在可怕,想做首大风诗,做了又改,改了又做,只是做不成功。直到今年秋季,大风又括得利害了,才写定这四十多字。一首小诗,竟是做了一年了!
> 　　呼拉! 呼拉!
> 　　好大的风,
> 　　你年年是这样的括,也有些疲倦么?
> 　　呼拉! 呼拉!

便算是谁也不能抵抗你,你还有什么趣味呢?
呼拉!呼拉!……

(1918年)

诗很短,似乎并不像胡适信中说的有"三章",很可能是钱玄同和胡适"发难"后,刘半农"做了又改""改了又做",由原来的"三章"压缩成了"一首"。这短诗"做了一年",可见他们之间"讨论"("争论")还不止一次。至于胡适的这首《鸽子》在《新青年》第四卷一号刊登时也做了改动,现抄录于下:

鸽子(胡适)

云淡天高,好一片晚秋天气!
有一群鸽子,在空中游戏。
看他们,三三两两,
　　回环来往,
　　夷犹如意——
忽地里,翻身映日,白羽衬青天,鲜明无比!

将"有一群白鸽子儿,飞向空中游戏。/你看他们乘风上下,夷犹如意。——",改为"有一群鸽子,在空中游戏。/看他们,三三两两,/回环来往,夷犹如意——",这些改动显然与刘半农的"讨论"("争论")有关。白话诗"讨论"成风气,用刘半农的话说这是"革新的人"的"喜悦与安慰"。

二、为"尽职起见"赴欧留学

1918年9月15日,胡适在《新青年》第五卷三号发表的《"你莫忘记"》后"附言"云:

此稿作于六月二十八日。当时觉得这诗不值得存稿,所以没有修改他。前天读《太平洋》中《劫余生》的通信,竟与此稿如出一口。故又把已丢了的修改了一遍,送给尹默、独秀、玄同、半农诸位,请你们指正指正。

由此可见,截至1918年9月,胡适对刘半农还是很尊重的。可学界一直有胡适"小觑"和"攻击"刘半农的传言。李长之(迫迁)在《刘复》[⑬]一文中写道:

"那个在他一气就去法国之气,是一个多么可贵之气;这气不是骄傲,而正是谦虚;他反省自己之无学,从根本来研究语言。"点出刘半农"赴欧留学"是在跟胡适"赌气"。周作人在《知堂回想录》中说:"刘半农因为没有正式的学历,为胡博士他们所看不起,虽然同是'文学革命'队伍里的人,半农受了这个刺激,所以发愤去挣他一个博士头衔来,以出心头的一股闷气……"[15]在《刘半农》一文中说得更多:

> 他(刘半农)实在是《新青年》的人物,这不单是一句譬喻,也是实在的话。他本来在上海活动,看到了《新青年》的态度,首先响应,起来投稿,当时应援这运动的新力军,没有比他更出力的了。他也有很丰富的才情,那时写文言文,运用着当时难得的一点材料,他后来给我看,实在是很平凡很贫弱的材料,却写成很漂亮的散文,的确值得佩服。《新青年》的编辑者陈仲甫那时在北京大学当文科学长,就征得校长蔡子民的同意,于一九一七年的秋天招他来北大,在预科里教国文,这时期的北大很有朝气,尤其在中文方面生气勃勃(外文以前只有英文,添设德法文以及俄文,也是在这时候),国文教材从新编订,有许多都是发掘出来的,加以标点分段,这工作似易而实难,分任这工作的有好几个人,其中主要的便是半农。他一面仍在《新青年》上写文章,这回是白话文了,新进气锐,攻击一切封建事物最为尖锐,与钱玄同两人算是替新思想说话的两个健将。其时反对的论调尚多,钱玄同乃托"王敬轩"之名,写信见责,半农作复,逐条驳斥,颇极苛刻,当时或病其轻薄,但矫枉不忌过正,自此反对的话亦逐渐少见了。
>
> 不过半农在北大,并不是一帆风顺的。他在预科教国文和文法概论,但他没有学历,为胡适之辈所看不起,对他态度很不好,他很受刺激,于是在"五四"之后,要求到欧洲去留学。他在法国住过好几年,专攻中国语音学,考得法国国家博士回来,给美国博士们看一看,以后我们常常戏呼作刘博士……[16]

这之后,李长之和周作人的这些"资料"逐渐被放大。吴锐在《钱玄同评传》中说:

> 在《新青年》编辑中,只有刘半农没有留过学,又刚脱离鸳鸯蝴蝶派,

胡适便看不起他。在1919年10月5日召开的编辑会议上，胡适反对集体轮编制，认为像刘半农这样的人太浅薄，不配当编辑，刘半农一气之下出国留学去了。⑰

彭定安、马蹄疾在《鲁迅和刘半农》一文中说："刘半农因为受到攻击，便于1920年赴法留学。"⑱值得留意的是，李长之和周作人的"回忆"和"论述"，都写在刘半农逝世之后。相对于李长之和周作人及诸位"追随者"的表述，钱玄同1919年1月24日的日记更值得揣摩，是日日记中写道：

> 午后三时，半农来，说已与《新青年》脱离关系，其故因适之与他有意见，他又不久将往欧洲去，因此不复在《新青年》上撰稿。⑲

钱玄同"喜讲话，却不太随便臧否人物，故颇有世故之称"⑳。他的这几句话应该更可信。刘半农原本定于1919年5月赴法国留学，后因故延后了半年，直到1920年1月初才从北京启程，到上海又耽搁了一个月，直到2月7日才乘上赴欧的日轮。

"适之与他有意见"的话留到后面再说。先说刘半农的"不复在《新青年》上撰稿"，这只是一时的气话，不能当真，欧阳哲生说的刘半农第一个"表态退出"《新青年》㉑，并不恰当。1919年4月10日，由于受到来自各方面的压力，在蔡元培主持的北大教授会议上，正式决定废除学长制，成立由各科教授会主任组成的教务处，推马寅初为首任教务长，这等于间接废除陈独秀的文科学长职务，此后陈独秀就等于被排挤出北大。6月11日夜，陈独秀在北京城南散发《北京市民宣言》（传单）时被北洋政府逮捕，关押了98天，于1919年9月16日释放。由于有了这些变故，《新青年》出完第六卷五号后（1919年5月）停刊了五个月，直到同年11月1日才出版第六卷六号，这第六卷六号就有刘半农、胡适、李大钊和沈尹默为欢迎陈独秀出狱写作的白话诗。刘半农的白话诗题为《D——！》，就陈独秀被捕一事怒斥凶残的敌人，鼓励自己的战友，向封建军阀的刺刀和监狱发出了勇敢的挑战。诗中写道："威权幽禁了你，还没有幽禁了我，／更幽禁不了无数的同志，无数的后来兄弟。／……'只须世界上留得一颗橘子的子，／就不怕他天天喫橘子的肉，／剥橘子的皮！'"刘半农同期发表的白话诗还有《天下太平》和《烟》。

1919年12月,《新青年》自第七卷一号移上海印刷发行,由陈独秀一人主编。1920年1月1日出版的《新青年》第七卷二号有刘半农新诗《小湖》和《桂》。4月1日出版的《新青年》第七卷五号有刘半农的新诗《敲冰》。10月1日出版的《新青年》第八卷二号有刘半农的新诗《牧羊儿的悲哀》《地中海》和《登香港太平山》。

1920年9月,《新青年》从第八卷开始,实际上已成为上海共产主义小组的机关刊,而刘半农对《新青年》热情未减。1921年5月1日出版的《新青年》第九卷一号有刘半农的新诗《伦敦》。8月1日出版的《新青年》第九卷四号有刘半农的新诗《奶娘》《一个小农家的暮》《稻棚》《回声》,以及译作《夏天的黎明》(Wilfrid Wilson Gibson作)。1921年9月1日《新青年》出版九卷五号后,停刊近十个月,1922年7月1日补齐第六号后休刊。1923年6月15日,《新青年》(季刊)复刊,由瞿秋白主编。至此,《新青年》的黄金时代已经过去,包括周氏兄弟在内的绝大部分原《新青年》同人与《新青年》绝缘,远在巴黎的刘半农不再为《新青年》写稿,也是很自然的事。其实,旅欧期间的刘半农为《新青年》写的诗文有很多未能发表。他在1921年9月16日给周作人的信中写道:

> 仲甫可恶,寄他许多诗,他都不登,偏把一首顶坏的《伦敦》登出。
>
> 再:我的论歌谣的信,如尚未发表,请不发表。因为我打算再多找些证据,做一篇正式的文章。我此间有底子,不必将原信寄来。㉒

以上都是刘半农并未"退出"《新青年》的佐证。刘半农"赴欧"与"适之与他有意见"似乎也没有"因果"关系。刘半农赴欧是公费留学,是蔡元培亲自安排的。刘半农赴欧留学前向全校师生作的《留别北大学生的演说》㉓中说:

> ……我此番出去留学,不过是为希望能尽职起见,为希望我的工作做得圆满起见,所取的一种相当的手续,并不是把留学当作充满个人欲望的一种工具。
>
> 我愿意常常想到我自己的这一番话,所以我把他供献于诸位。
>
> 还有一层,我也引为附带的责任的,就是我觉得本校的图书馆太不完备,打算到了欧洲,把有关文化的书籍,尽力代为采购;还有许多有关东亚古代文明的书或史料,流传到欧洲去的,也打算设法抄录或照相,随时寄

回,以供诸位同学的研究。图书馆是大学的命脉;图书馆里多有一万本好书,效用亦许可以抵上三五个好教授。所以这件事,虽然不容易办,但我尽力去办。

结尾的话,是我是中国人,自然要希望中国发达,要希望我回来时,中国已不是今天这样的中国。但是我对于中国的希望,不是一般的去国者,对于"祖国"的希望,以为应当如何练兵,如何造舰。我是——

希望中国的民族,不要落到人类的水平线下去;

希望世界的文化史上,不要把中国除名。

要是为了跟胡适"赌气",非要拿个"博士"头衔不可,大概不会这么慷慨激昂。钱玄同1919年1月24日日记中写到"午后三时,(刘)半农来",谈及赴欧留学时写道:"半农初来(北大)时,专从事于新学。自从去年八月以来,颇变往昔态度,专好在故纸堆中讨生活。今秋赴法拟学言语学,照半农的性质,实不宜于研究言语学等沉闷之学。独秀劝他去研究小说、戏剧,我与尹默也很以为然,日前曾微劝之,豫才也是这样的说。他今日谈及此事颇为我等之说所动。四时顷逖先来。逖先也劝半农从事文学。逖先自己拟明秋赴法,也是想研究文学。但此二人所学虽同,而将来应用则大不相同,半农专在创新一方面,逖先则创新之外尚须用新条例来整理旧文学。"㉔钱玄同、陈独秀、沈尹默、鲁迅、朱希祖都劝刘半农"从事文学"。作为最熟识不过的朋友,他们都很关心刘半农赴欧留学及以后的发展,假如刘半农赴欧留学真是缘自胡适的"小觑"和"攻击",这些热心为他赴欧谋划的朋友大概是不会这样为他筹划的。

三、"中国旧戏"和"唱双簧"引发的分歧

至于"适之与他(刘半农)有意见",主要是胡适偏袒张厚载和汪懋祖,在对"中国旧戏"以及在对"唱双簧(骂倒王敬轩)"的评价上,彼此存有分歧。

张厚载出身于书香门第,幼年随京官父亲张仁寿生活在北京西河沿,"少时夙有剧癖",是年纪最小的剧评家。1915年,他考入北京大学法科政治系。自1917年始,张厚载先后在《新青年》等报纸杂志上与胡适、陈独秀、刘半农、钱玄同、傅斯年(同学)等辩论京剧废存。1918年6月15日,《新青年》第四卷

六号发表了张厚载的《新文学及中国旧戏》。张厚载在文章中认为陈独秀、胡适、钱玄同、刘半农的"文学改良"的言论"过于偏激",有违"自然的进化",进而罗列"中国戏剧"的"优点",主张保存"脸谱"和"武戏",绝不认可钱玄同说的"戏子打脸之离奇"和刘半农的"废唱而归于说白"。在批评刘半农的"废唱而归于说白"时说:

> 刘半农先生谓"一人独唱,二人对唱,二人对打,多人乱打,中国文戏武戏之编制,不外此十六字",云云。仆殊不敢赞同。只有一人独唱,二人对唱,则"二进官"之三人对唱,非中国戏耶?至于多人乱打,"乱"之一字,尤不敢附和。中国武戏之打把子,其套数至数十种之多,皆有一定的打法,优伶自幼入科,日日演习,始能精熟,上台演打,多人过合,尤有一定法则,决非乱来;但吾人在台下看上去,似乎乱打,其实彼等在台上,固从极整齐极规则的工夫中练出来也。

类似的见解在今天看来不无道理,可在当时就显得"十分陈腐",明显是在为复古派张目,这就必然会引起陈独秀、钱玄同和刘半农的反感,认为胡适约张厚载撰文是"污我《新青年》",于是就在同期的《新青年》上予以辩驳(详见陈独秀《答张豂子》、钱玄同《钱玄同答的信》、刘半农《刘半农答的信》)。刘半农反对旧剧的"脸谱""对唱"和"乱打",认为这违背了"美术之原理"(《刘半农答的信》)。而胡适则在《胡适之的跋》中袒护张厚载,他说:

> 豂子君以评戏见称于时,为研究通俗文学之一人,其赞成本社改良文学之主张,固意中事。

把张厚载称为"赞成本社改良文学之主张"的"同气",就让钱玄同和刘半农不能接受了。钱玄同写了《今之所谓"评剧家"》⑥回应说:

> 适之前次答张豂子信中有"君以评戏见称于时,为研究通俗文学之一人,其赞成本社改良文学之主张,固意中事"。这几句话,我与适之的意见却有点反对。我们做《新青年》的文章,是给纯洁的青年看的,决不求此辈"赞成",此辈既欲保存"脸谱",保存"对唱""乱打"等等"百兽率舞"的怪相,一天到晚,什么"老谭""梅郎"的说个不了。听见人家讲了一句戏剧要改良,于是斷斷致辨,说"废唱而归于说白乃绝对的不可能",什么"脸谱分

别甚精,隐寓褒贬",此实与一班非做奴才不可的遗老要保存辫发,不拿女人当人的贱丈夫要保存小脚,同是一种心理。简单说明之,即必须保存野蛮人之品物,断不肯进化为文明人而已。

刘半农随后发表《答对于〈新青年〉之意见种种》㉖,抨击张厚载"保存'脸谱'"的论调。他说:

> 先有王敬轩后有崇拜王敬轩者及戴主一一流人,正是中国的"脸谱"上注定的常事,何尝有什么奇怪?我们把他驳,把他骂,正是一般人心目中视为最奇怪的"捣乱分子"!至于钱玄同先生,诚然是文学革命军里一个冲锋健将。但是本志各记者,对于文学革新的事业,都抱定了"各就所能,各尽厥职"的宗旨;所从这一面看去,是《新青年》中少不了一个钱玄同;从那一面看去,却不必要《新青年》的记者,人人都变了钱玄同。

"先有王敬轩后有崇拜王敬轩者及戴主一一流人",说出了"文学革命"艰难奋进的历程。刘半农盛赞钱玄同是"文学革命军里一个冲锋健将","《新青年》中少不了一个钱玄同",这些话也都可以理解为是有心说给胡适听的。

众所周知,《新青年》同人在向旧思想、旧文学发起攻击以后,旧营垒中的那些守旧派仰仗传统势力在文坛上的主流地位,将《新青年》的呐喊视为"虫鸣"而不屑与辩,这就使得新旧思想没有正面交锋,不利于把新文化运动推进前进,《新青年》的同人有如1906年《新生》夭折时的鲁迅一样,感到寂寞与无聊,"既非赞同,也无反对,如置身毫无边际的荒原,无可措手的了,这是怎样的悲哀呵"㉗。为了从这样的寂寞里挣扎出来,刘半农在其负责编辑的《新青年》第四卷三号(1918年3月15日出版)上,以《文学革命之反响》为题,发表了由钱玄同模拟保守派文人口气写的《王敬轩君来信》,对新文学大加攻击;再由刘半农以"记者"的身份,在《复王敬轩的信》中予以痛快淋漓的回击,自编自演了一场论战,引蛇出洞,把讨论引向深入,唤起社会上的注意。

"王敬轩"自称是曾留学日本学过法政的人,是"中学为体,西学为用"的封建卫道士,反对新道德、新文学,"以保存国粹为当务之急"。他在来信中顽固地维护封建伦常,集封建复古主义者谬论之大成,恶毒攻击白话文学。如"贵报排斥孔子、废灭纲常之论,稍有识者虑无不发指","贵报又大倡文学革命之论,权舆于二卷之末;三卷中乃大放厥词,几于无册无之;四卷一号更以白话行文,且用种种奇形怪状之钩挑以代圈点。贵报诸子工于媚外,惟强是从","对于中国文豪,专事丑诋。尤可骇怪者,于古人则神圣施耐庵曹雪芹,而土芥归震川方望溪;于近人则崇拜李伯元吴趼人,而排斥林琴南陈伯严,甚至用一网打尽之计,目桐城为谬种,选学为妖孽",进而宣称"今之真能倡新文学者,实推严几道、林琴南两先生"。

刘半农在《复王敬轩的信》中条分缕析,先对王敬轩"大放厥辞"深表"感谢"。接着,将来信划分为八个部分,逐条进行批驳。指出王敬轩之流的"狂吠之谈,固无伤于日月",旧中国"朝政不纲,强邻虎视",并非因为"提倡新学"所至,而是封建社会的腐朽、没落造成的。"孔教之流毒无穷",故非"排斥孔丘"不可,"西教之在中国,不若孔教之流毒无穷",因此应当向国内介绍外国的各种先进思潮;"浓圈密点,本科场恶习",应在扫荡之列,西式句读符号,简单明了,可以引进应用;"桐城谬种、选学妖孽"们口头上"扶持名教",骨子里却是海淫海盗;林(琴南)译小说,只能看作一般闲书,原稿选择不精,翻译谬误甚多,语言过于古奥,如果用文学的眼光去评论它,则相差太远;严(复)译文章,有"削趾适履""附会拉拢"的毛病;至于"中国故有的赋、颂、箴、铭、楹联、挽联之类",更是"半钱不值";并断言"处于现在的时代,非富于新知,具有远大眼光者,断断没有研究旧学的资格。否则弄得好些:也不过造就出几个'抱残守缺'的学究来……弄得不好:便造就出许多'胡说乱道','七支八搭'的'混蛋'!把种种学问,闹得非驴非马,全无进境"。

由于王敬轩这个形象代表了一大批顽固守旧的遗老遗少,而刘半农的复信就等于向他们宣战。经这一骂,果真引发了"文学革命之反响",立马就有一位自称"崇拜王敬轩者"来信指责《新青年》,为"王敬轩"唱赞歌,信中说:

> 读《新青年》,见奇怪之言论,每欲通信辩驳,而苦于词不达意。今见王敬轩先生所论,不禁浮一大白。王先生之崇论宏议,鄙人极为佩服;贵志记者对于王君议论,肆口侮骂,自由讨论学理,固应又是乎![20]

可见封建的遗老遗少也一直在盼望能有人站出来为他们出气,王敬轩的"崇论宏议",道出了他们早已想要的"学理"。于是陈独秀就在《新青年》第四卷六号开设了"讨论学理之自由权",将"崇拜王敬轩者"来信作为"附录",前面有他写的《复崇拜王敬轩者》，文中写道：

> 本志自发刊以来，对于反对之言论，非不欢迎；而答词之敬慢，略分三等：立论精到，足以正社论之失者，记者理应虚心受教。其次则是非未定者，苟反对者能言之成理，记者虽未敢苟同，亦必尊重讨论学理之自由，虚心请益。其不屑与辩者，则为世界学者业已公同辨明之常识，妄人尚复闭眼胡说，则唯有痛骂之一法。讨论学理之自由，乃神圣自由也；倘对于毫无学理毫无常识之妄言，而滥用此神圣自由，致是非不明，真理隐晦，是曰"学愿"；"学愿"者，真理之贼也。

陈独秀痛斥"学愿""毫无学理毫无常识"，有一位署名"戴主一"的人站出来为桐城派曾国藩鸣不平，他说：

> 若曾国藩则沉埋地下，不知几年矣，于诸君何忤，而亦以"顽固"加之？诸君之自视何尊，视人何卑？无乃肆无忌惮乎？是则诸君直狂徒耳，而以《新青年》自居，颜之厚矣。㉙

可见顽固派对新文化的仇恨之深。针对这种咒骂，钱玄同以《新青年》记者身份写了回信，信中说：

> 本志抨击古人之处甚多，足下皆无异辞。独至说了曾国藩为"顽固"，乃深为足下所不许。曾国藩果不顽固耶？本志同人自问，尚不至尊己而卑人。然同人虽极无似，却也不至于以"卑"自居。若对于什么"为本朝平发逆之中兴名将曾文正公"便欲自卑而尊之，则本志同人尚有脑筋，尚有良心，尚不敢这样的下作无耻！㉚

经过这几次交锋，无人回应的局面就此打破了，还逼出了桐城派元老林琴南。林琴南看到《新青年》上有人反对陈独秀等人了，以为时机已到，就给蔡元培写了《致蔡鹤卿太史书》㉛，攻击北大"覆孔孟，铲伦常"，表示要"拼我残年，极力卫道"，"至死不易其操"。接着又写了《论古文白话之相消长》，以及文言小说《荆生》㉜和《妖梦》㉝。蔡元培坚定地站在新文化阵营的立场上，对以林琴南为首的复古派给以有力的回击。

《答王敬轩书》把满脑子封建思想的旧文人骂得体无完肤。刘半农答复中对双方分歧概括得极其精确:"先生说'能笃于旧学者,始能兼采新知',记者则以为处于现在的时代,非富于新知,具有远大眼光者,断断没有研究旧学的资格。"这样的论争逻辑是希望读者少沉迷于中国文化,多了解世界文明,这样才能有力地推动新文学、新文化的前进。

胡适非但没有认同钱玄同和刘半农的见解,反倒转载保守派文人汪懋祖发表于《国学季刊》上的《读〈新青年〉》㉝,隐射钱玄同。汪懋祖在信中说:

> 革新之道,形式尚非所急,当先淘汰一切背理之语。今日甲党与乙党相掊击,动曰"妖魔丑类",曰"寝皮食肉",其他凶暴之语,见于函电报章者尤比比……至于两党讨论是非,各有其所持之理由。不务以真理争胜,而徒相目以"妖",则是滔滔者妖满国中也,岂特如尊论所云桐城派之为妖于文界哉!
>
> 文也者,含有无上美感之作用,贵报方事革新而大阐扬之;开卷一读,乃如村妪泼骂,似不容人以讨论者,其何以折服人心……贵报固以提倡新文学自任者,似不宜以"妖孽""恶魔"等名词输入青年之脑筋,以长其暴戾之习也。

胡适居然站到汪懋祖一边,在同期《新青年》发表的《复汪懋祖》中明确表态"欢迎反对的言论"。他在《复汪懋祖》中写道:

> 来书说:"两党讨论是非,各有其所持之理由。不务以真理争胜,而徒相目以妖,则是滔滔者妖满国中也。"又说本报"如村妪泼骂,似不容人以讨论者,其何以折服人心?"此种诤言,具见足下之爱本报,故肯进此忠告。从前我在美国时,也曾写信与独秀先生,提及此理。那时独秀先生答书说文学革命一事,是"天经地义",不容更有异议。我如今想来,这话似乎太偏执了。我主张欢迎反对的言论,并非我不信文学革命是"天经地义"……舆论家的手段,全在用明白的文学,充足的理由,诚恳的精神,要使那些反对我们的人不能不取消他们的"天经地义",来信仰我们的"天经地义"。所以本报将来的政策,主张尽管趋于极端,议论定须平心静气,一切有理由的反对,本报一定欢迎,决不致"不容人以讨论"。

胡适把汪懋祖的攻击视为"诤言",并继续为张厚载辩护。1918年夏间在给钱玄同的信中说：

> 至于张镠子，我现在且不谈他。我已请他为我做文，我且等他的文章来了再说。好在我还有轮着编辑的一期，到了那时，我可以把他的文字或作我的文字的"附录"，或作"读者论坛"，都无不可。"本记者自有权衡"！
>
> 至于老兄说我"对于千年积腐的旧社会，未免太同他周旋了"，我用不着替自己辩护。我所有的主张，目的并不止于"主张"，乃在"实行这主张"。故我不屑"立异以为高"。……㉟

胡适给钱玄同的另一封信中对"唱双簧"一事不以为然，信中写道：

> ……适意吾辈不当乱骂人，乱骂人实在无益于事。……
>
> 至于老兄以为若我看得起张镠子，老兄便要脱离《新青年》，也未免太生气了。我以为这个人也受了多做日报文字和少年得意的流毒，故我颇想挽救他，使他转为吾辈所用。若他真不可救，我也只好听他，也决不痛骂他的。我请他做文章，也不过是替我自己找做文的材料。我以为这种材料，无论如何，总比凭空闭户造出一个王敬轩的材料要值得辩论些。老兄肯造一个王敬轩，却不许我找张镠子做文章，未免太不公了。老兄请想想我这对不对。——我说到这里，又想起老兄是个多疑的人，或者又疑我有意"挖苦"。其实我的意思只要大家说个明明白白，不要使我们内部有意见，就是了。㊱

"老兄肯造一个王敬轩，却不许我找张镠子做文章，未免太不公了"，这话就太过了。李大钊在《新的！旧的！》㊲一文中宣称新文化运动领导人是超前于时代而生，盛赞"半农先生向投书某君（王敬轩）棒喝"。鲁迅在《忆刘半农君》中也盛赞"答王敬轩的双镝信"㊳。而胡适竟然把"唱双簧"这场"大仗"说成是"凭空闭户造出"来的，只有张厚载写的《新文学及中国旧戏》和转载的汪懋祖的《读〈新青年〉》才"值得辩论"，与李大钊和鲁迅的赞誉判若天壤。张厚载是上海《新申报》特约通信员，是他将林纾的《荆生》《妖梦》介绍到上海《新申报》上发表的。这两篇小说将北大校长（蔡元培）、教务长（陈独秀）、教授（胡适、钱玄同）逐个丑化，"希望武人（军阀徐树铮）来维持礼教，摧残言论"㊴。刘半农在《〈初期白话诗稿〉序目》中说：

……黄侃先生还只是空口闹闹而已,卫道的林纾先生却要于作文反对之外借助于实力——就是他的"荆生将军",而我们称为小徐的徐树铮。这样文字之狱的黑影,就渐渐的向我们头上压迫而来,我们就无时无日不在慄慄危惧中过活……

《荆生》《妖梦》发表后,北大舆论大哗,一时群情激愤。张厚载离毕业仅剩两个月,但众怒难犯,被北大以"损坏校誉"之名开除了学籍。北大向来是不主张开除学生,特别是在毕业的前夕,张厚载是个例外。胡适偏袒张厚载和汪懋祖,刘半农对他有"意见"是很自然的事。钱玄同1919年1月24日日记中"适之与他(刘半农)有意见"的话,应当理解为钱玄同和刘半农对胡适都"有意见",周作人所说的钱玄同的"世故"也体现在这则日记中。胡适对"唱双簧"横加指责,钱玄同不可能没有"意见",借用刘半农的话来说事,让他对胡适的不满多了个出气口。

四、胡适"重情"与刘半农的"执著"

1920年3月刘半农入伦敦大学文学院学习。1921年6月转赴法国,入巴黎大学学习,并在法兰西学院听课。1925年7月回国。旅欧期间,刘半农惦念《新青年》,敦促胡适、周作人、沈尹默、沈兼士多写诗,使新诗取得真正意义上的"成功"。他也非常怀念在国内的朋友。1920年5月24日,《北京大学日刊》615号上发表的《刘复教授自伦敦致蔡校长书》中,刘半农介绍了他留学欧洲的行程、学习的计划,并表示了对老友的怀念,请蔡校长代为问候"夷初、尹默、士远、玄同、起孟、豫才、适之、守常、幼渔、百年、逖先、叔雅、仲甫、幼轩、辛白"诸人。而在这许多"老友"中写给胡适的两封信留存下来了,因而显得特别珍贵。

第一封信,写于1920年9月25日,见刘小蕙写的《父亲刘半农》一书中的"附录四"。㊵这封信比较长,先抄录头几节:

我们有九个多月不见了。想到我在北京时,常常和你讨论(有时是争论)诗。所以我现在写这封信,虽然是问问好,却不说"辰维……为慰",仍旧是说诗。我希望我们通一次信,便和我们见面谈一回天一样。

我很不满意,为什么我自从离开本国之后,没有看见过一首好诗(虽然我在国外看见的报章杂志很少）？更不满意的,便是为什么你,起孟,尹默,近来都不做诗？你的上山,起孟的小河,尹默的三弦,都可算白话诗开创时代的有成效的成绩；我的铁匠,虽然你不十分赞成,却也可以"附骥"。但是,看到我们当初的理想,这一些很零碎的小成绩,算得到什么？

你的《尝试集》已刻成了。但是,这只是"尝试"范围中的"成功",并不就是"成功"。

旧体诗的衰落,是你知道的。但是,新体诗前途的暧昧,也要请你注意。

刘半农把胡适、周作人、沈尹默和他几个人界定为"初期白话诗人",恳请胡适督促大家"多做",数落沈尹默"是个懒鬼",进而逐一评说胡怀琛、郭沫若、康白情、俞平伯、傅斯年、罗家伦等人的诗作,认为他们的诗都很"很平常"甚至"很糟"。郑重说明他写这封信的目的,"便是希望你（胡适）'诗炉从此生新火'",在新诗创作方面再创佳绩。随后写道：

我很气闷。我到了英国,没有接到过北京朋友一个字！写信给他们,他们只是不覆。现在再向你试一试,希望你不是"一丘之貉"！

但是,你如果写回信,与其是当天便写一张明信片,不如稍过一二天,定心了写一封较长的信。连北京近来的情形,校中的杂事,也同我谈谈。若是望了三四个月,只是望到一张明信片,虽然"慰情聊胜于无",却是相等的失望。

玄同起孟,是"打定主义"不写信给我的。或者是因为我的信,"不值得一覆"。所以我现在,暂时不写信给他,恐怕写了还是"不值得一看"。但是你若见他,请你代我问候；我的诗,也请你交给他看看。

刘半农问及《新青年》以后的"办法",诉说他"到了英国,没有接到过北京朋友一个字！"给钱玄同和周作人写信他们都不回复,希望胡适与他们不是"一丘之貉","定心了写一封较长的信。连北京近来的情形,校中的杂事,也同我谈谈"。他心里想的是《新青年》,是北大,是北京。

1920年夏,陈独秀到上海筹建共产主义组织,《新青年》迁回上海。《新青年》同人围绕着"编辑办法"、是由陈独秀一人来编还是"大家轮流编辑"、是否

"与群益书局续签合约"等议题展开了激烈的"讨论"。胡适力主"移回北京而不谈政治",进而又提出要"别组",另办《新青年》;周氏兄弟也赞成"移回北京"并保持原有同人刊物的性质。钱玄同看出"分裂"不可避免,于 1921 年 2 月 1 日致信胡适正式表明从此不给《新青年》"做文章",[41]与此后的《新青年》完全脱离关系。其实,七卷四号(1920 年 3 月 1 日)以后,钱玄同就因"无兴致"(陈独秀语)不在《新青年》发表文章了。不知内情的刘半农给钱玄同写信打探《新青年》以后的"办法",真是哪壶不开提哪壶。周氏兄弟对于《新青年》的分裂也感到很惋惜。周作人在给李大钊的信说"如仲甫(陈独秀)将来专用《新青年》去做宣传机关,那时我们的文章他也用不着了"[42]。1921 年 9 月 1 日,周作人在《新青年》第九卷五号发表了《病中的诗》(八首)、《山居杂诗》(七首)和译作《颠狗病》(西班牙伊巴涅支著)后,就再也没有给《新青年》写过稿。这些话当然不便写信跟刘半农说,于是就来个干脆"不覆"。其实无论是钱玄同还是周氏兄弟都是很惦念刘半农的。鲁迅 1921 年 8 月 9 日日记记:午后寄沈雁冰信附"半农译稿一篇"[43]。这译作就是同年 11 月 10 日刊登在《小说月报》第十二卷十一号上的译诗《王尔德散文诗五首》。鲁迅 1921 年 8 月 30 日日记记:下午寄陈仲甫"半农文二篇"[44],遗憾的是这两篇文章未能在《新青年》发表。

刘半农要胡适把他附在信里的诗交给沈尹默和周作人"看看",这诗大概就是收在《扬鞭集》里的《爱它?害它?成功!》和《教我如何不想她》。《爱它?害它?成功!》表现了诗人追求自然之美和个性解放的美学主张。《教我如何不想她》中"她"是祖国,也泛指诗人"心上的人儿",春夏秋冬,风月云海,都能引起诗人心底的思念。胡适自然能理解刘半农的心情,不仅写了回信,还寄了《新青年》杂志。1921 年 9 月 15 日,刘半农将他拟定的《创设中国语音学实验室的计划书》寄给蔡元培,同时寄信给胡适[45],请胡适促成创设中国语音学实验室的计划。信的开头便说:

> 六月前接到你寄给我的《新青年》,直到今天才能写信说声"多谢",也就荒唐极了。但自此以后,更没有见过《新青年》的面。我寄给仲甫许多信,他不回信;问他要报,他也不寄;人家送东西我吃,路过上海,他却劫去吃了!这东西真顽皮该打啊!

"六月前"应为 1921 年 3 月前后,"自此以后,更没有见过《新青年》的面",胡适是唯一一个给他寄过《新青年》的人,这可见得胡适的"中和"和"重情"。刘半农在这封信中说他"天天闹的是断炊,北大的钱,已三月没寄来","留学费也欠了三个月不发……我身间有几个沙,便买支面包吃吃,没有便算。但除闭眼忍受之外,也就没有别法"。本来是有公费资助的,突然停止,让刘半农陷入困顿,再加上拖家带口(妻子和二女一男)从伦敦迁移到一个完全陌生的巴黎,顾不上及时给胡适回信也是可以理解的。值得注意的是这封信里抄录了他梦中做的一首诗:

> 我的心窝和你的,
> 海与海般密切着;
> 我的心弦和你的,
> 风与水般协和着。
> 啊!
> 血般的花,
> 花般的火,
> 听他罢!
> 把我的灵魂和你的,
> 给他烧做了飞灰飞化罢!

"夜有所梦"源于"日有所思"。从这首诗中也可以想见刘半农对远在故国的"老友"有多怀念。这封信的结语是"你能写个信给我么?我给你请安"。这些感人的话语再一次展现了刘半农对《新青年》同人的真挚,对于白话诗的"执著"。就在给胡适写这封信的第二天1921年9月16日,刘半农也给周作人写了一封信,信中写道:

> ……离伦敦时寄给你几首诗,你见了么?如今又有几首,另纸写寄。还有几首旧体诗,是做了顽儿的。你若是说:"这是半农复古之征",那就冤枉了。
>
> 到十二月中 College de France 开了学,我便要着手实验中国语的自然音节了:打算把律诗、古诗、词、曲、散文、诗谣、说话等,一起实验比较,求出一个构成音节的共同原则来(这决不是平平仄仄)。这事如有结果,

我们做白话诗、散文诗等，就有了一个坚固的保障；一面我们自己，也可以有个很清楚的指导：你赞成么？

现在真是没饭吃……

寄给你的孩子照片，收到了么。㊽

生活那么艰辛，可即便在"大穷大病中"仍忘不了写诗，并且要研究出"一个构成音节的共同原则来"。研读刘半农写给胡适和周作人的这些信件，让我们看到当年的刘半农、胡适，以及钱玄同和周氏兄弟的真诚善良。像刘半农和胡适之间尽管彼此间有"意见"，但又都能接纳，对已经结成的情谊相当珍惜。至于刘半农的天真、活泼和执著，就更值得敬佩了。1918年李大钊在《新的！旧的！》中论及陈独秀和刘半农时说："独秀、半农最少应生在百年以后。""百年"过去了，刘半农《新青年》时代的思想和精神依然让我们感到是"新的"！刘半农1925回国后地位高了，思想更趋保守，"做打油诗，弄烂古文"，让鲁迅感到"憎恶"，但"这憎恶是朋友的憎恶"。对于刘半农在新文化运动中的劳绩，鲁迅是肯定的。1934年7月刘半农病逝，鲁迅作文哀悼说："他活泼，勇敢，很打了几次大仗。譬如罢，答王敬轩的双镄信，'她'字和'牠'字（按：应为'它'字）的创造，就都是的。这两件，现在看起来，自然是琐屑得很，但那是十多年前，单是提倡新式标点，就会有一大群人'若丧考妣'，恨不得'食肉寝皮'的时候，所以的确是'大仗'。现在的二十左右的青年，大约很少有人知道三十年前，单是剪下辫子就会坐牢或杀头的了。然而这曾经是事实。"㊾鲁迅正确地评价了刘半农的一生，称赏刘半农"先前的光荣"，"表现得活泼、勇敢"，这与李大钊所称赞的"新"是一致的！在我国对于新文化运动中，刘半农勋绩弘多，贡献无量。

原载《中国现代文学研究丛刊》2019年第7期。

注　释

① 详见阮无名《新文学初期的禁书》，张静庐辑注《中国现代出版史料甲编》，中华书局，1954年；刘半农《论胡适之的"好好先生"》，《世界日报·副刊》1926年12月7日。
② 《昨刘复追悼会·胡适之报告》，《世界日报》1934年10月15日第8版。
③ 《新青年》第3卷3号，1917年5月1日。

④《新青年》第3卷5号,1917年7月1日。
⑤《昨刘复追悼会·钱玄同报告》,《世界日报》1934年10月15日第8版。
⑥ 胡适《五十年来中国之文学》(1922年3月3日),1923年2月《申报》五十周年纪念刊《最近之五十年》;1924年3月《申报》馆出版单行本。
⑦ 杨天石主编《钱玄同日记》(上),北京大学出版社,2014年,第323页。
⑧ 杨天石主编《钱玄同日记》(上),第324页。
⑨《刘半农致钱玄同》(1917年10月16日),《中国现代文艺资料丛刊(第5辑)》,上海文艺出版社,1980年,第303页。
⑩ 徐瑞岳编《刘半农文选》,人民文学出版社,1986年,第288页。
⑪《鲁迅全集》第6卷,人民文学出版社,2005年,第74页。
⑫《胡适全集》第28卷,安徽教育出版社,2003年,第581—582页。
⑬《刘半农致胡适之》,刘小蕙《父亲刘半农》,上海人民出版社,2000年,第218—221页。
⑭ 人间世社编《二十今人志》,上海良友图书印刷公司,1935年,第45—46页。
⑮ 周作人《知堂回想录》,香港三育图书有限公司,1980年,第503页。
⑯ 陈子善编《知堂集外文·四九年以后》,岳麓社,1988年,第304—305页。
⑰ 吴锐《钱玄同评传》,百花洲文艺出版社,2015年,第69页。
⑱ 彭定安、马蹄疾编著《鲁迅和他的同时代人》(上卷),春风文艺出版社,1985年,第207页。
⑲ 杨天石主编《钱玄同日记》(上),第343页。
⑳ 周作人《钱玄同》,陈子善编《知堂集外文·〈亦报〉随笔》,岳麓书社,1988年,第540页。
㉑ 欧阳哲生《〈新青年〉编辑演变之历史考辨——以1920—1921年同人书信为中心的探讨》,《历史研究》2009年第3期。
㉒《刘半农致周作人》,《中国现代文艺资料丛刊(第5辑)》,第304页。
㉓《晨报副刊》1919年12月20日。
㉔ 杨天石主编《钱玄同日记》(上),第343页。
㉕《新青年》第5卷2号,1918年8月15日。
㉖《新青年》第5卷3号,1918年9月15日。
㉗ 鲁迅《〈呐喊〉自序》,《鲁迅全集》第1卷,第439页。
㉘ 崇拜王敬轩先生者《致陈独秀》,《新青年》第4卷6号"通信",1918年6月15日。
㉙ 戴主一《致〈新青年〉诸君》,《新青年》第5卷1号"通信",1918年7月15日。
㉚ 钱玄同《复戴主一》,《新青年》第5卷1号"通信",1918年7月15日。
㉛ 详见《请看北京学界思潮变迁之近状》,《公言报》1919年3月18日。

㉜ 上海《新申报》1919年2月17、18日。

㉝ 上海《新申报》1919年3月19—23日。

㉞ 《新青年》第5卷1号,1918年7月15日。

㉟ 《胡适全集》第23卷,安徽教育出版社,2003年,第225—226页。

㊱ 《胡适致钱玄同》,《中国现代文艺资料丛刊(第5辑)》,第297页。[《中国现代文艺资料丛刊(第5辑)》后注这封信写于"(一九一九年二月)廿夜",安徽教育出版社出版的《胡适全集》第23卷后注这封信写于1919年"7、8月间",吴元康在《近代史研究》2011年第5期发表《〈胡适全集〉第23卷若干中文书信系年辨误》,认定这封信写于"1918年？月20日"。]

㊲ 《新青年》第4卷5号,1918年5月15日。

㊳ 《鲁迅全集》第6卷,第73页。

㊴ 周作人《蠹螋与荆生》,陈子善编《知堂集外文·〈亦报〉随笔》,岳麓书社,1988年,第632页。

㊵ 《刘半农致胡适之》,见刘小蕙《父亲刘半农》,第218—221页。

㊶ 《钱玄同致胡适》(1921年2月1日),转引自欧阳哲生《新发现的一组关于〈新青年〉的同人来往书信》,《北京大学学报(哲学社会科学版)》2009年第4期。

㊷ 《周作人致李大钊》(1921年2月27日),转引自欧阳哲生《新发现的一组关于〈新青年〉的同人来往书信》。

㊸ 《鲁迅全集》第15卷,第439页。

㊹ 同上书,第441页。

㊺ 《刘半农致胡适》,收入《胡适来往书信选·上》,中华书局,1979年,编入《刘半农文选》(徐瑞岳编),人民文学出版社,1986年。

㊻ 《刘半农致周作人》,《中国现代文艺资料丛刊(第5辑)》,第306页。

㊼ 鲁迅《忆刘半农君》,《鲁迅全集》第6卷,第73页。

危机时刻的阅读、思考与表述
——纪念"五四"运动一百周年

陈平原

国家危难之际,学生们走出平静的书斋,奋起抗争,积极干政,与当局发生激烈碰撞,此所谓"学潮"。学潮古已有之,只是在二十世纪中国得到了发扬光大,成了一种重要的政治力量与风向标志。这里既有"三代遗风"的历史记忆,但更多的是西学东渐之后教育体制、思想潮流以及政党斗争的结果。值得注意的是,自古以来,学潮罕见有好结局的,或孤掌难鸣,或悲壮惨烈,虽在政治史上留下了印记,当事人却大都只能仰天长叹。"五四"是个例外,相对来说,整个温顺平和多了——政府逮捕了学生,但很快释放,且出席巴黎和会的中国代表团拒绝签字,学潮于是完满收官。学生呈现了强大的理想与激情,政府也展示了某种诚意,双方妥协的结果,使得"五四"成为中国历史上牺牲最小、成果最大、影响最为深远的一次学潮。

1919年5月4日三千大学生天安门前集会游行,那只是冰山一角。这次学潮最值得注意的,不在其规模或激烈程度,而在于"有备而来"。这里指的不是有纲领、有组织、有领导(恰好相反,此次学潮的参与者有大致相同的精神倾向,但无统一立场与领导),而是制度基础以及精神氛围已经酿成,"万事俱备,只欠东风"。巴黎和会不过是一个触媒,或者说一阵不期而至的"东风",使得启蒙思潮下逐渐成长起来的大、中学生们的"爱国心"与"新思想"喷薄而出。而由此树立的一种外争主权、内争民主的反叛形象,召唤着此后一代代年轻人。

在这个意义上,就"五四"谈"五四"是不得要领的,必须拉长视线,或往后梳理一百年来"五四"因不断被纪念与阐释,而成为一种重要的思想资源;或往前追溯晚清以降"新文化"是怎样逐步积聚能量,并最终破茧而出的。

关于"五四"运动的时间跨度,确实"是一个混乱的问题"①。目前的主流意见,或从《新青年》创办的1915年、或从《新青年》与北京大学结盟的1917年说起;至于终点,或1922年,或1925年,也都各有说头。本文坚持我的一贯立场,谈"五四"而从晚清说起,甚至平视晚清与"五四",将二者"混为一谈"。②

一、危机感的积累与传播

作为一个文化/政治符号,"五四"从一诞生就被强烈关注,③近百年来更是吸引无数研究者的目光。也正因此,每代学人谈"五四",都不是无的放矢,都会有自己的问题意识与感怀。对此,我的解释是:"'五四'对我们来说,既是历史,也是现实;既是学术,也是精神。"④

本以为这是理所当然的,没想到在与年轻一辈接触时,碰了个软钉子:学生们说,那是你们的姿态,很美好,但与我们无关;我们不谈"五四",照样活得好好的。凡在大学教书的,大概都会感觉到,今天的大学生乃至研究生,与十年前、二十年前大不一样。或自认已经超越,或坦承无法进入,反正,"五四"不再是年轻一辈急于体认、沟通或对话的对象。早些年还会嘲笑陈独秀的独断、钱玄同的偏激,或者胡适的"两只蝴蝶",如今连这个都懒得辩了。似乎,"五四"这一页已经翻过去了,除非撰写专业论文,否则没必要再纠缠。

二十年前,有感于"五四""只剩下口号和旗帜",我努力勾稽各种细节,以帮助读者"回到现场";十年前,针对国人对于"连续性"的迷信,我努力分辨"大至人类文明的足迹,小到现代中国的进程,都是在变革与保守、连续与断裂、蜕化与革新的对峙、抗争与挣扎中,艰难前行"。⑤今天谈论"五四"的最大障碍,则在于年轻一辈的"无感"。虽然也常起立唱国歌,但所谓"中华民族到了最危险的时候",早就被抛到了九霄云外。相信"伟大复兴"就在眼前的年轻一辈,很难体会百年前读书人的心境与情怀。

讲文学史时提及57则《吴趼人哭》、以及刘鹗《老残游记》开篇的危船,或众多文人学者认真谈论"亡国灭种"的可能性,学生们会觉得很可笑,怎么会如此杞人忧天呢?殊不知,那是晚清及"五四"两代人真实的感受。讲授此类课程,第一步是借助档案、诗文及图像,把学生们从太平盛世的梦幻中警醒,拉回到那风雨如晦的年代,这才可能有设身处地地阅读与感受。就好像从来丰衣足食的人,你要他/她深刻体会"饥饿"的感觉,不是一件容易的事。可这一步必须跨过去,否则很难让已被"厉害了,我的国"洗脑的年轻一辈,真正理解晚清以降无数爱国志士的思考与表达。

那可不是平静书斋里的玄思,而是危机时刻的文化及政治选择。首先是一代人不可抑制的危机感的萌现。"这种自我怀疑从传统政治秩序的外表向内核的深入,可从19世纪后半期改良主义思想的逐步展开中清楚地得到证明。"⑥任何时代都有阳光照不到的角落,也都有不讨人喜欢的枭声。问题在于,甲午战败以后的中国,其危若累卵的局面被逐渐揭示。经历戊戌变法失败、庚子事变爆发、辛亥革命落空、袁世凯称帝等众多生死攸关的关卡,平心而论,巴黎和会与山东问题,不算是近代中国最为严重的危机。

这就说到危机感的累积与传播。一次次国家危机,累积而成迫在眉睫的亡国之忧;而个别先觉者的心理感受,只有传染开去,才会成为真正的社会危机。从晚清到"五四",这种对国家失败的不满与怨恨,透过各种大众传媒与文学作品,得到广泛的传播。所以,与其说巴黎和会是中华民族最危险、最屈辱的时刻,不如说因新媒体的产生,危机意识得以迅速蔓延;因新思潮的荡漾,年轻一辈的爱国心被唤醒;因新教育的壮大,大、中学生作为一种新生力量正在崛起。

单纯的危机感并不构成政治变革的强大动力,必须是新的力量及可能性出现,方才可能让个体的精神苦闷转为群体的积极行动。戊戌变法失败后,众多新政被取消,唯独京师大学堂照样开办。虽然一路走来磕磕碰碰,但晚清开启的废科举开学堂,不仅在教育史,而且政治史上,都是重大的突破。三十年后,走上街头表达政治愿望,推进"五四"运动的,不仅是北大学生,还有众多师范、女学以及受过教育的外省青年。梁启超的《少年中国说》、陈独秀的《敬告青年》以及李大钊的《青春》,并非泛泛而论,而是特指受过教育的、有可能被唤醒的、充满理想与激情的青少年。

胡适晚年多次将"五四"运动称为"一场不幸的政治干扰",因为"它把一个文化运动转变成一个政治运动"。⑦但在我看来,文化与政治之间,本就剪不断、理还乱,以为靠当事人的主观意图就能保证文化运动不与现实政治发生关系,那实在过于天真⑧。所有文化及政治运动——尤其是两者兼而有之的学潮,一旦启动,受各种力量的牵制而变幻,最终往哪个方向发展、在什么地方止步,非发动者所能预测与控制(即便"伟大领袖"发动"无产阶级文化大革命",也都无法做到收放自如)。

所有的文化/政治运动,都不是无菌的实验室,绝难精密规划。某种意义上,"摸着石头过河"是常态,设计完美的社会改革,往往事与愿违。晚清起步的新文化,一脚深一脚浅,走到了"五四"这个关口,拐一个弯,借助"爱国""民主"与"科学"的口号,迅速获得了社会认可。这确实不是梁启超或陈独秀、胡适等人事先设计好的,而是因缘际会,师生携手,竟然打出一个新天地。不过,若将"五四"运动讲成了一个环环相扣、井井有条的故事,反而显得不太真实,也不可爱。在我看来,这属于"危机时刻"的当机立断,所有决策未经认真细致的路径推演,并非当事人预先设计好的。情急之下,有什么武器操什么武器,哪个理论顺手用哪个,正是这种"慌不择路",决定了晚清及"五四"那两代人的阅读、思考与表达。

二、杂览与杂学的时代

作为"过渡时代",晚清及"五四"的最大特征是中西混合、新旧杂糅。就像李伯元《文明小史》描写的,活跃在上海滩上的贾子猷(假自由)、贾平泉(假平权)、贾葛民(假革命)们,因私欲及眼界所限,往往将真经念歪了。比如,以西餐标榜新潮,以为这就是文明时代的标配。晚清小说及画报中,因而常常出现番菜馆的招牌以及吃西餐的场景。《文明小史》第18回(上)的插图很有戏剧性:前景吃西餐,后景抽鸦片,二者同台竞技,且有很好的经验交流。小说描写此"奇观",插图将其直观呈现,再加上自在山民的评语:"以吃鸦片为自由,以吃牛肉为维新,所谓自由维新者,不过如此,大是奇谈。"⑨这当然是恶谑。不过,在时人眼中,西方文明的传入,确实伴随着饮食方式的杂交与变异。因此,说"西餐"是一种显而易见、触手可及、好吃好玩的"西学",也未尝不可。

随着人员、物资以及文化交流的日渐频繁,饮食的多样化是必然趋势。若将这种趋势称之为"杂食",则应包括原料、制作、品味乃至就餐方式等。与之相对应的,是学习方式的变化,即"杂览"逐渐成为主流。从杂食到杂览,再到杂学、杂家,可以看出整个时代的生活及阅读风向。

先有考试方式的变化,后是科举制度的废除,传统中国读书人的"皓首穷经",失去了制度保证,自然迅速衰落。随之而来的,是努力适应瞬息万变的新时代,阅读因而变得急切、随意、零碎与偶然。其中一个重要原因是,新式学堂刚刚起步,到底该如何教、怎么学,大家都没有经验。单看章程,如《钦定高等学堂章程》(1902)、《钦定京师大学堂章程》(1902)、《奏定高等学堂章程》(1903)、《奏定大学堂章程》(1903)等,规划严整,像模像样,可那都是抄来的。若大学堂里的"文学科大学分九门",含中国史、万国史、中外地理、中国文学、英国文学、法国文学、俄国文学、德国文学、日本文学等学门,[⑩]完全是纸上谈兵。因为,"京师大学堂的各分科大学,正式成立的时间迟至 1910 年;而且,文科大学中真正开设的,也只有中国文学和中国史学两门"[⑪]。而且,接下来好几年,因战乱及经费短缺,无论北京大学还是其中国文学门,都在生死线上苦苦挣扎。[⑫]最高学府尚且如此,其他学校可想而知。专上学校的学生本就不多[⑬],看当年的教材及课程设计,学校实在没能提供系统且良好的教育[⑭]。

旧的教育体制已被打破,新体制及师资建设仍在路上,晚清至"五四"时代的青年学生,更多地得益于自由阅读,而不是学校的系统训练。那个时代的读书人,大都不为学堂章程所局限,阅读时兼及中西、新旧、雅俗,故呈现博而杂的知识结构。即便有机会出国留学的,真拿到专业学位且没有转行的,实在少得可怜。那是一个不怎么"讲专业"的时代,大家都渴望获得新知,"杂览群书/报"成为常态。这既是他们的长处,也是其短处。

与此前根柢六经的儒生不同,也与此后术业专精的学者迥异,这是杂食/杂览/杂学的一代,教育体制及新式学堂的稚嫩,决定了那代人的知识结构——视野开阔,博采旁收,思维活跃,浅尝辄止。这很容易让人联想起传统中国"于百家之道无不贯通"的"杂家"。作为一个哲学流派,春秋战国时代的杂家,名声并不显赫。而后世文人学者谈"杂家",更是将其与"显学""大道""通才""纯儒"相对立,带有明显的贬抑意味。单就不拘门户拥抱新知这一点而言,晚清及"五四"那两代读书人,颇有杂家之风。读书以广博而非深邃见长,学问切己而不是精细,立说不求圆融,多有感而发,故棱角分明、生气淋漓。至于说独创性或体系严密,则又未必。

晚清的梁启超以及"五四"的周氏兄弟,应该说是那个时代读书最认真,视野最广博,著述也最为勤奋的了。关于梁启超某文某书是否抄袭的争议由来已久,但学界一般认为此乃过渡时代的必然产物,作者以"觉世"而非"传世"为主要标的,对于外国的思想、学说、文风多有借鉴,不能以今天谨守知识产权的标准来衡量[15]。至于鲁迅1907年撰写并刊登在第二年第二、三期《河南》上的《摩罗诗力说》,学界普遍给予高度评价,不说文字古雅或立场激进,单是其视野之开阔,也都令人震撼。表彰十九世纪欧洲众多"无不刚健不挠,抱诚守真;不取媚于群,以随顺旧俗;发为雄声,以起其国人之新生,而大其国于天下"的杰出诗人[16],评价大致准确,若无广泛的阅读与借鉴,那是不可想象的。[17]周作人在北大讲授《欧洲文学史》,从1917年9月22日上午开始起草讲义,到1918年6月7日晚上完稿,再到同年10月列为"北京大学丛书之三"由商务印书馆刊行,实在可用"神速"二字来形容。多年后,作者谦称:"这是一种杂凑而成的书,材料全由英文本各国文学史,文人传记,作品批评,杂和做成,完全不成东西,不过在那时候也凑合着用了。"[18]该书论述确实不够深入,颇有将前人成果"拿来作底子"的,但这毕竟是中国人编写的第一部欧洲文学史,代表着当时学术研究的最高水平,因而依旧值得表彰。[19]

经学时代已经过去了,新时代的读书人,即便有教材或辞典的引导,也都得靠自己摸索,读书驳杂于是成了那代人的共同特点。在这个意义上,杂览、杂学或杂家,不再是贬义词。1944年周作人撰《我的杂学》,开篇引《儒林外史》第十八回关于"杂学""杂览"的议论,接下来是先抑后扬的引申发挥:

> 我平常没有一种专门的职业,就只喜欢涉猎闲书,这岂不便是道地的杂学,而且又是不中的举业,大概这一点是无可疑的。……至于说好的,自然要感谢,其实也何尝真有什么长处,至多是不大说谎,以及所说多本于常识而已。假如这常识可以算是长处,那么这正是杂览应有的结果,也是当然的事,我们断章取义的借用卫先生的话来说,所谓杂学到是好的也。[20]

听周作人细说自家阅读古文、小说、古典文学、外国小说、希腊神话、神话学、文化人类学、生物学、儿童文学、性心理学、医学史、妖术史、乡土研究、江户文物、浮世绘、俗曲、玩具、外国语、佛经等方面的著作,实在惊叹其涉猎之广与体会之深。这当然只是特异之才的知识地图,但也不妨将其作为一个时代阅读风气的象征。如此鄙视世人视为正途的"举业",而刻意强调"凡人"与"常识",且理直气壮地为"闲书"与"杂览"正名,可见新时代的阅读趣味。缘于知识饥渴与选择自由,不受新旧教条束缚,任意跨越学科边界,以思想通达见长,这便是杂学的精髓,也是晚清及"五四"那两代人最值得珍惜的阅读经验。

面对"三千年未有之大变局",没有完美的治国良方,也没有现成的阅读指南,只能自己摸索着前进。考虑到教育环境、书籍流通、外语水平以及翻译出版等限制,晚清及"五四"那两代人接受新知时容易望文生义,且多穿凿附会,这都可以谅解。[21]危机时刻的阅读与思考,不同于纯粹的书斋学问,但求有用,不求系统全面;既然是饥不择食,那就古今中外、天上地下、左右黑白,哪个适用哪个。后人读其著述,会发现很多熟悉的词汇、思路与学说,你可以追根溯源,但不宜过分坐实。随着学术的专业化以及数据库的广泛应用,理解晚清及"五四"新文化人的阅读视野,将变得越来越容易。随之而来的,就是警惕用力过度,将先贤兴之所至的"杂览",说成了旗帜鲜明的"专攻"。在我看来,今人谈论晚清及"五四"新文化人,既不要夸大他们的学问与智慧,也别低估他们求知的愿望与热情——那种上下求索的勇猛与果敢,此前没有,此后也难以为继。

三、纲常松弛的得失

1920年,周作人谈及为何引进希伯来思想与文艺,特别强调杂览对于破除中国人固定思维的好处:"中国旧思想的弊病,在于有一个固定的中心,所以文化不能自由的发展;现在我们用了多种表面不同而于人生都是必要的思想,调剂下去,或可以得到一个中和的结果。"[22]此前一年,蔡元培则感叹"吾国承数千年学术专制之积习,常好以见闻所及,持一孔之论"[23],对于持异议者,轻者逐出教席,重者消灭肉体。如今,借助于引进西方的大学体制,蔡先生希望建立自由思想的"安全岛"。一说思想的定于一尊,一谈学术之专制积习,虽没点破,实际上都指向学术及思想背后的政治体制。

对于"素无思想自由之习惯,每好以己派压制他派"的中国人[24],蔡元培力主兼容并包。《〈北京大学月刊〉发刊词》强调"兼容"不同学术流派,如哲学之唯心论与唯物论、文学之写实派与理想派、伦理学之动机论与功利论、宇宙论之乐天观与厌世观;《致〈公言报〉函并答林琴南函》则突出"兼容"不同政治主张,即大学教员以学术造诣为主,并不限制其校外活动。[25]这里有蔡元培的大学理念与个人修养,更与那是一个纲常松弛的时代有关。

为了保持大学独立,北大校长蔡元培八次辞职两次欧游,以此抗拒政府指令,追讨办学费用。此等举措,给北洋政府很大压力,让其内火中烧而又有苦难言,还不得不再三表示挽留。那是因为,蔡元培掌校的十年,清廷已被推翻,民国根基未稳,乱哄哄你方唱罢我登场。军阀混战,教育经费无着,令大学校长极为头痛。但事情也有另一面,那便是处此新旧转化之际,没有不可逾越的边界,也没有不可挑战的权威,乃"尝试"各种新制度的最佳时刻。等到北伐成功,国民党统一中国,开始推行"党化教育",教育界的情况发生了根本性的变化。不只是"教育独立"的口号被禁止,连大学课程的设置也都必须接受审查,教授治校的有效性受到了严峻的挑战,自由表达政见的文化空间更是岌岌可危。[26]

以辛亥革命为界,此前十五年与此后十五年,都属于社会动荡、民不聊生的时期。可正是这三十年,思想比较宽松,言论相对自由。若以学术思想为例,此前的"经学时代"与此后的"主义时代",都力主舆论一律,能不能做到是另一回事。某种意义上,晚清及"五四"的众声喧哗、百家争鸣,如此中国历史上难得一见的盛况,不是拜皇帝或总统所赐,也不是制度设计使然,而是因中央集权无法落实,各种力量互相掣肘,控制乏力,缝隙多多,于是各种思想学说自由竞争,尚未出现占绝对主导地位的,没有谁能一手遮天,"数千年学术专制之积习"于是暂时无法发挥作用。

回看历史,晚清报人的理想性与独立性,超乎你我的想象。秋瑾因谋反而被朝廷处死,不仅上海报纸,几乎所有重要媒体,都对朝廷此举持批评态度。接下来几年,媒体上不断出现谈论、表彰乃至纪念秋瑾的图与文,这在以后是不可想象的。[27]晚清舆论的相对自由,放在过去一百多年的中国史看,是个奇迹。但必须说明，不是朝廷主动开放报禁，而是他们没有能力控制。㉘应该这么说，晚清及"五四"思想文化潮流的活跃，和出版及新闻的相对宽松有直接关系。

不管"高调"还是"低调"，清末民国初从事报业及出版的启蒙者，都值得充分尊重。历史上，中国人对异端的容忍度极低，统治者对舆论的控制极严。有了《大清报律》（1908）、北洋政府《报纸条例》（1914）、南京国民党政府《出版法》（1930）等，虽限制多多，但有法总比无法好，起码让你知道如何规避。那时代，确实有不少报人为言论自由付出血的代价，比如创办《启蒙画报》《京话日报》及《中华报》的彭翼仲（1864—1921），1906年被清廷以"妄议朝政"的罪名流放新疆十年；而黄远生（1885—1915）、邵飘萍（1886—1926）、林白水（1874—1926）更是因实践自家的新闻理想而死于非命。即便如此，比起此前此后的舆论环境，晚清及"五四"时期还是最为宽松的。

1935年底，鲁迅撰《花边文学·序言》，提及那时候写作者的困境：

> 我曾经和几个朋友闲谈。一个朋友说：现在的文章，是不会有骨气的了，譬如向一种日报上的副刊去投稿罢，副刊编辑先抽去几根骨头，总编辑又抽去几根骨头，检查官又抽去几根骨头，剩下来还有什么呢？我说：我是自己先抽去了几根骨头的，否则，连"剩下来"的也不剩。㉙

凡写作者，重读鲁迅此文，罕有不出一身冷汗的。可读晚清及"五四"时期报章，最大的感受是，作者的见解不一定高明，但大都直抒胸臆，落笔时很少禁忌。

此前帝制风光，此后主义流行，只有中间这三十年没有"大一统"的可能性——不是统治者不想，而是做不到。"城头变幻大王旗"，对于因战争而引起的"思想混乱"，周氏兄弟并不特别反感。鲁迅曾将魏晋文章概括为清峻、通脱、华丽、壮大，后两者得益于"文学的自觉时代"，前两者则是乱世中纲常松弛，"更因思想通脱之后，废除固执，遂能充分容纳异端和外来的思想，故孔教以外的思想源源引入"㉚。周作人更直截了当地指出："小品文是文学发达的极致，它的兴盛必须在于王纲解纽的时代。"只有在乱世，才可能处士横议，百家争鸣，那"集合叙事说理抒情的分子，都浸在自己的性情里，用了适宜的手法调理起来"的"言志的散文"㉛，才得到真正发达。这也是周氏兄弟不太谈论"盛唐

气象",而对王纲解纽故人格独立、思想自由故文章潇洒的魏晋六朝特感兴趣的原因。㉜

缺乏强大的中央集权,地方自治又没有真正发育,晚清及"五四"前后的中国,社会激烈动荡,经济发展乏力,读书人生活窘迫,做学问也不够从容。只是因文网松动,思想格外活跃,尤其是其特立独行、勇于抗争,值得后人歆羡。

比起阅读上的杂览、政治上的抗争来,晚清及"五四"的怀疑精神更有普遍意义。借用鲁迅笔下狂人的追问:"从来如此,便对么?"㉝晚清及"五四"的"疑今"与"疑古",兼及文化、政治与学术,是这个时代的最强音。基于对当下中国的强烈不满,用批判的眼光来审视历史与现状。敢于并善于怀疑,"重新估定一切价值",持强烈的自我批判立场,此乃晚清及"五四"的时代特征,也是其最大的精神遗产。

中国历史上不乏异端人士,但他们之挑战主流意识形态,其思想的参照系仍是在中国传统文化内部。晚清和"五四"那两代人不一样,他们厕身古今中外的夹缝中,其选择不一定正确,但挣扎的痛苦、体会的真切、思考的深刻,前人后人都难企及。我们今天的好处是,曾经的偶像(西方或西学)出现明显的裂痕,可以有较大的审视距离与选择余地。既不要像"五四"那样,拿中国最差的东西和欧美最好的东西比较,也不要反过来,拿中国最好的东西与西方最不值得称道的东西对话。明白西方(或西学)不是铁板一块,科学技术、政治制度、思想学说,哪些是好东西,值得我们学习借鉴,哪些则必须拒斥乃至斗争,这种能力,今天比任何时候都迫切需要。我之所以再三强调和"五四"保持对话,不是说那里有理想的答案,而是将其作为磨刀石,砥砺思想,艰难前行。㉞

危机时刻的阅读与思考,会因心情峻急而有所扭曲与变形,但那种壁立千仞的姿态以及自我批判的立场,值得后人认真体味与尊重。晚清及"五四"那两代人思想的丰富与复杂,背后是选择的多样性。北伐完成,国民政府定都南京,这种混沌初开、思想多元的局面一去不复返。国共两党的政治立场天差地别,但思维方式很接近,都主张两极对立,黑白分明,不喜欢多元化的论述,讨厌第三条道路,于是,众声喧哗的局面结束,"取而代之的是立场坚定、旗帜鲜明的党派与主义之争,20世纪中国学术从此进入了一个新的时代"㉟。

四、报章为中心的思考与表述

既然无路可退,那就摸索前进,允许试错——晚清的宪政改革,民国初的帝制复辟,"五四"的批儒反孔,还有联省自治的提倡、无政府主义的宣传、共产学说的输入等,无数奇思妙想都能顺利出炉,且吸引公众目光,甚至成为时尚话题。我称之为"慌不择路",其实并非贬义。比起此前此后若干看起来很美实则很糟的社会设计,晚清及"五四"的四处出击、徘徊无地,乃民间觉醒及自我拯救的努力。也就是说,改革动力主要来自民间,不是朝廷或中央政府主动出击,自上而下地发布政令,而是众多先知先觉者借助大众传媒摇旗呐喊。

1922年,新文化主将胡适撰写《我的歧路》,其中涉及政治、媒体与教育之关系:

> 一九一七年七月我回国时,船到横滨,便听见张勋复辟的消息;到了上海,看了出版界的孤陋,教育界的沉寂,我方才知道张勋的复辟乃是极自然的现象,我方才打定二十年不谈政治的决心,要想在思想文艺上替中国政治建筑一个革新的基础。㊿

在反省戊戌变法、庚子事变以及辛亥革命的惨痛教训时,时人多意识到文化教育及思想启蒙的重要性。这也是《新青年》的横空出世且能得到广泛支持的原因。可所谓"出版界的孤陋"与"教育界的沉寂",那只是相对而言。晚清报业的发展以及传媒对于社会思潮的引领,学界其实多有论述。这里想强调的是,这是一个以报章为主要思考及表达方式的时代。

不管你从哪个角度编"五四文选"或"新文化读本",主要文本均来自报章,像梁漱溟《东西文化及其哲学》那样成体系的著述,是个特例。相对于书籍、辞典或教科书,那个时代的报章更多地承担了传播新知、启发民众、介入现实的重任。众多活跃的新文化人,政治立场不尽相同,但都喜欢在报纸杂志上发文章,甚至直接参与报章的编辑制作。以一代名刊《新青年》为例,几乎所有主要作者,在介入《新青年》事业之前,都曾参与报刊这一新生的文化事业,并多有历练。广为人知的,如陈独秀办《安徽俗话报》、蔡元培办《警钟日报》、吴稚晖办《新世界》、章士钊办《甲寅》、钱玄同办《教育今语杂志》、马君武协办《新民丛报》、高一涵编《民彝》、李大钊编《言治》、胡适编《竞业旬报》、刘叔雅编《民立报》、吴虞编《蜀报》，以及谢无量任《京报》主笔、苏曼殊兼《太平洋报》笔政、刘半农为《小说界》撰稿、周氏兄弟为《河南》《浙江潮》《女子世界》等刊作者并积极筹备《新生》杂志。㉜对于新文化的提倡、创作与传播，报章及出版明显比大学或中学的课堂更直接，也更有效。北京大学之所以成为新文化的重要阵地，主要不是因为教授们的课堂讲义或专门著述，而是《新青年》《每周评论》《新潮》《国民》等的声名远扬。

某种意义上，正是这种传播媒介的转变，决定了一代人的思考及表达方式。相对于此前以书籍为中心的时代，晚清及"五四"以报章为中心的思考与表述，呈现了瞬间反应、激烈表态、策略思维、思想草稿等特征。以下略为申说。

以前意识形态稳固，经书可长读不衰；如今社会动荡，世人求新求变，报章更能适应这一时代要求。报章的好处是迅速及时，努力解决迫在眉睫的难题，成功影响时代风气，缺点则是头痛医头、脚痛医脚，难以形成完整的思想体系。一切都在流转中，发言时不能墨守成规。不同于运筹帷幄的密室交谈，也不同于居高临下的广场演说，报刊文章更多处于对话状态——与时代对话、与读者对话、也与论敌对话。必须看清上下文，了解各自论述的来龙去脉，方才能准确判断其得失成败。比如《新青年》为何1916年2月起开始激烈批判孔教，很大原因是此前一个月，袁世凯令孔令贻继承原衍圣公爵位外加郡王衔，此前两个月，袁世凯废除共和悍然称帝，再往上追，则是此前两年，袁世凯下令官僚百姓祭孔拜天。晚清章太炎"深恶长素孔教之说，遂至激而诋孔"㉝，"五四"诸君则因袁氏称帝而激烈反孔，二者异曲同工。晚清志士及"五四"新文化人对于作为帝国精神支柱的儒学传统之质疑与批判，有诸子学兴起、大乘佛学复苏、儒家致用思想复兴，以及六经历史文献化等思潮的影响，㉞但激于时变，无疑是最为重要的因素。

报章兼及思想探索、知识传递与文化启蒙，文字浅俗是一回事，更重要的是立场鲜明，以及表达的情绪化。1904年刘师培在《中国白话报》第六期上发表《论激烈的好处》，署名"激烈派第一人"。这里的激烈，不仅是政治立场，更指向表达方式："这一种著书、出版、演说的人，宗旨也要激烈。"为什么？因为

"激烈方能使人感动,并发生影响"。㊵某种意义上,这是报章不同于著作的特点,无暇精雕细刻,也不追求藏之名山传之后世,注重的是现场效应,且寄希望于互相纠偏。此前两年,梁启超撰《敬告我同业诸君》,专门讨论报章为何"与学校异,与著书亦异",关键就在于立论必须偏激:

> 报馆者救一时明一义者也。故某以为业报馆者既认定一目的,则宜以极端之议论出之,虽稍偏稍激焉而不为病。何也?吾偏激于此端,则同时必有人焉,偏激于彼端以矫我者。又必有人焉,执两端之中以折衷我者。互相倚,互相纠,互相折衷,而真理必出焉。㊶

在梁启超看来,与其大家都求稳妥、周全,"相率为从容模棱之言",不如各走极端,以挑动国人之脑筋。读晚清及"五四"时期的论战文章,凡平正通达的(比如杜亚泉),都不如慷慨决绝的(比如陈独秀)受欢迎。胡适虽不认同陈独秀的武断、喜欢骂人、"必不容反对者有讨论之余地"㊷、立说以"气势"而非"论理"取胜,但承认正是这种"老革命党"的决绝姿态,使新文学事业得以摧枯拉朽般迅速推进。㊸

既然追求社会影响而不是文章自身的逻辑严密,那么,论述时就不能四平八稳,最好能出奇制胜。因此,写作时更多考虑"策略性",而不是"分寸感"。1927年2月,鲁迅在香港发表《无声的中国》专题演讲,提及:

> 中国人的性情是总喜欢调和,折中的。譬如你说,这屋子太暗,须在这里开一个窗,大家一定不允许的。但如果你主张拆掉屋顶,他们就会来调和,愿意开窗了。没有更激烈的主张,他们总连平和的改革也不肯行。㊹

这段妙语广为人知。不谈具体问题(如白话文之通行是否得益于钱玄同废掉汉字的极端言论),就思想方法而言,鲁迅的解释确实透出了新文化人写作的某些底牌,对于我们理解那代人的立论方式及文章风格,很有启发性。其实,类似的思考,多年前梁启超已经涉及:正因有了革命之提倡,道民权,说变法,倡西学,便没有多少障碍了。㊺陈独秀说得更直白:"譬如货物买卖,讨价十元,还价三元,最后的结果是五元。……改新的主张十分,社会惰性当初只能够承认三分,最后自然的结果是五分。"㊻"五四"新文化人正是洞悉国民的保守性,先将话题推到顶点,碰到反抗,再退回合理的位置。如此求胜心切,更多考虑策略与效果，而不是宗旨与逻辑，落实到文章体式，必定偏于"攻其一点不及其余"的"杂感"，而不是堂堂正正、自我完善的"论文"。如此剑走偏锋，当初很有效果，只是随着时代变迁，其负面效应逐渐显示出来。

我曾借用留学生胡适"常用札记做自己思想的草稿"㊼，推演到"五四"时期陈独秀、钱玄同、胡适、鲁迅、周作人等的"通信"与"随感"。既然是"草稿"而非"定本"，不妨即席发言、横冲直撞，《新青年》上最为激烈的议论，多采取这两种文体。㊽若放长视野，晚清及"五四"新文化人关于人类前途、文明进程、中国命运等宏大论述，都可看作二十世纪中国人的"思想的草稿"。

正因身处危机时刻，来不及深思熟虑，往往脱口而出，不够周密，多思想火花，少自坚其说，各种主义与学说都提到了，但都没能说透，留下了很多的缝隙，使得后来者有很大的对话、纠偏以及引申发挥的空间。这种既丰富多彩、又意犹未尽的"未完成性"，也是"五四"的魅力所在。

2019年3月3日于京西圆明园花园

原载《二十一世纪》2019年4月号。

注　释

① 参见周策纵著，周子文等译《五四运动——现代中国的思想革命》，江苏人民出版社，1996年，第6页。

② 采取这一学术立场的，包括美国学者张灏以及始终生活在中国大陆的我。思辨程度与操作方式不太一样，但殊途同归，都主张将1890年代至1920年代这三十年作为一个整体来把握与阐释。参见陈平原《"新文化"如何"运动"——关于"两代人的合力"》，《中国文化》2015年秋季号。

③ 历史上难得有这样的事件，当事人的自我命名迅速传播开去，且得到当时及后世读者的广泛认可。尘埃尚未落定，1919年5月9日《晨报》上已有北大教授兼教务长顾兆熊（孟余）的《一九一九年五月四日北京学生之示威活动与国民之精神的潮流》，5月26日《每周评论》则刊出学生领袖、北大英文系学生罗家伦的《"五四运动"的精神》，5月27日的《时事新报》上，张东荪的《"五四"精神之纵的持久性与横的扩张性》同样引人注目——"潮流""运动""精神"，关于"五四"的命名与定性竟如此及时且准确。此后，

一代代文人、学者、政治家及青年学生,便是在此基础上建构有关"五四"的神话。

④ 陈平原《走不出的"五四"?》,《中华读书报》2009 年 4 月 15 日。

⑤ 参见陈平原《触摸历史与进入五四》,《五四运动八十周年学术研讨会论文集》,(台湾)政治大学文学院,1999 年 6 月;陈平原《何为／何谓"成功"的文化断裂——重新审读五四新文化运动》,《南方都市报》2008 年 11 月 14 日。

⑥ 张灏著,高力克等译《危机中的中国知识分子——寻求秩序与意义》,山西人民出版社,1988 年,第 7 页。

⑦ 参见唐德刚译《胡适口述自传》,华文出版社,1992 年,第 206 页。

⑧ 参见陈平原《中国现代学术之建立——以章太炎、胡适之为中心》,北京大学出版社,1998 年,第 130—131 页。

⑨ 参见《李伯元全集》第一卷,江苏古籍出版社,1997 年,第 130 页。

⑩ 参见舒新城《中国近代教育史资料》中册,人民教育出版社,1961 年,第 588 页。

⑪ 参见陈平原《新教育与新文学——从京师大学堂到北京大学》,《学人(第十四辑)》,江苏文艺出版社,1998 年 12 月。

⑫ 1912 年 5 月 3 日京师大学堂改为北京大学校,严复于是成了北大首任校长。因争取办学经费没有着落,加上教育部义正词严的训令,不擅政务的严复,留下一封《论北京大学不可停办说帖》,挂冠而去。接下来,走马灯似的,从 10 月至 12 月,临时大总统先后任命章士钊、马良、何燏时为北大校长。原京师大学堂工科监督何燏时,接任北大校长后碰到一系列难题,先是学潮不断,后又经费无着,再加上教育部规划将北京大学与北洋大学合并,何校长 1913 年 6 月申请辞职,终于在 11 月获批。任期不到一年的何校长,同样留下了一则反对停办北京大学的呈文。至于 1913 年北大中国文学门的困境,参见陈平原《作为学科的文学史——文学教育的方法、途径及境界》,北京大学出版社,2016 年,第 290—291 页。

⑬ 1919 年 5 月 4 日那天参加游行的,有来自北京十三所专门以上学校的学生 3000 名左右。根据 5 月 5 日学生《上大总统书》的自述,以及约略与此同时的静观所撰《北京专门以上学校新调查》(1919 年 7 月 12 日《申报》),这十三所学校共有学生 7430 人。而当时北京有专上学校 25 所,按现有数字统计,学生约 11000 人。这个数字,与五月四日那天学生递交给美国公使的英文说帖的落款"北京高等以上学校学生一万一千五百人谨具"大致相符。

⑭ 以北京大学中国文学门(系)为例,新文化运动兴起是个分水岭,此前开设的课程很少,教材也都乏善可陈,参见陈平原《新教育与新文学——从京师大学堂到北京大学》。

⑮ 参见夏晓虹《晚清的魅力》,百花文艺出版社,2001 年,第 66—70 页;《觉世与传世——

梁启超的文学道路》,中华书局,2006 年,第 247—259 页。

⑯ 参见鲁迅《坟·摩罗诗力说》,《鲁迅全集》第一卷,人民文学出版社,1981 年,第 99 页。

⑰ 参见北冈正子著,何乃英译《摩罗诗力说材源考》,北京师范大学出版社,1983 年。与此类似的有《人之历史》《科学史教篇》,参见中岛长文《藍本〈人間の歷史〉》,《滋賀大國文》第 16、17 卷,1978,1979 年;宋声泉《〈科学史教篇〉蓝本考略》,《中国现代文学研究丛刊》2019 年 1 期。

⑱ 周作人《知堂回想录》,河北教育出版社,2002 年,第 426—427 页。

⑲ 参见陈平原《作为学科的文学史——文学教育的方法、途径及境界》,第 60 页、109 页。

⑳ 周作人《我的杂学》1944 年 4 至 7 月连载于上海《古今》半月刊,后全文收入《知堂回想录》,作为第 197 至 207 节。此处引文见周作人《知堂回想录》第 747 页。

㉑ 这点很像 20 世纪 70 年代末改革开放初期,知识界热情拥抱西学,那时没人细究诸多欧美思潮之间的内在矛盾,哪个顺手就用哪一个。众多不同时期不同流派的西方文学理论被混合使用,且随意引申,以至时过境迁,再阅读那些花里胡哨的论文,会有眩晕的感觉。

㉒ 周作人《圣书与中国文学》,《艺术与生活》,岳麓书社,1989 年,第 45 页。

㉓ 蔡元培《〈北京大学月刊〉发刊词》,《蔡元培全集》第三卷,中华书局,1984 年,第 211 页。

㉔ 参见蔡元培《传略(上)》,《蔡元培全集》第三卷,第 332 页。

㉕ 参见《蔡元培全集》第三卷,第 210—212 页、267—272 页。

㉖ 参见陈平原《"兼容并包"的大学理念》,《文汇读书周报》1998 年 6 月 6 日;《大学校长的理想与现实——蔡元培以退为进的抗争策略》,《新京报》2018 年 1 月 20 日。

㉗ 参见夏晓虹《纷纭身后事——晚清人眼中的秋瑾之死》,《晚清女性与近代中国》,北京大学出版社,2004 年,第 286—325 页。

㉘ 关于《大清报律》的制订、清政府摧残报业的手段以及新闻界如何抗争,参见方汉奇主编《中国新闻事业通史》第一卷,中国人民大学出版社,1996 年,第 947—961 页。

㉙ 鲁迅《花边文学·序言》,《鲁迅全集》第五卷,第 418 页。

㉚ 参见鲁迅《而已集·魏晋风度及文章与药及酒之关系》,《鲁迅全集》第三卷,第 503—504 页。

㉛ 参见周作人《〈冰雪小品选〉序》,《看云集》,岳麓书社,1988 年,第 109—110 页。

㉜ 参见陈平原《现代中国的"魏晋风度"与"六朝散文"》,《中国文化》1997 年第 15/16 期。

㉝ 鲁迅《呐喊·狂人日记》,《鲁迅全集》第一卷,第 428 页。

㉞ 参见陈平原《作为一种思想操练的五四》,北京大学出版社,2018 年,第 14 页。

㉟ 参见陈平原《中国现代学术之建立——以章太炎、胡适之为中心》,第 8 页。

㊱ 胡适《我的歧路》，《胡适全集》第二卷，安徽教育出版社，2003年，第467页。
㊲ 参见陈平原《触摸历史与进入五四》，北京大学出版社，2005年，第52—53页。
㊳ 参见章太炎《致柳翼谋书》，《章太炎政论选集》，中华书局，1977年，第764页。
㊴ 参见张灏著，高力克等译《危机中的中国知识分子——寻求秩序与意义》，第14—28页；王汎森《章太炎的思想》，上海人民出版社，2012年，第185—197页。
㊵ 参见陈平原《激烈的好处与坏处——也谈刘师培的失节》，《当年游侠人——现代中国的人文与学者》，生活·读书·新知三联书店，2006年，第66—89页。
㊶ 梁启超《敬告我同业诸君》，《新民丛报》第十七号，1902年10月2日。
㊷ 参见胡适、陈独秀《通信》，《新青年》第3卷3号，1917年5月。
㊸ 参见胡适《逼上梁山》，《中国新文学大系·建设理论集》，良友图书印刷公司，1935年，第27页。
㊹ 鲁迅《三闲集·无声的中国》，《鲁迅全集》第四卷，第13—14页。
㊺ 梁启超《敬告我同业诸君》："二十年前，闻西学而骇者，比比然也。及言变法者起，则不骇西学而骇变法矣。十年以前，闻变法而骇者比比然也，及言民权者起，则不骇变法而骇民权矣。一二年前，闻民权而骇者比比然也，及言革命者起，则不骇民权而骇革命矣。"
㊻ 陈独秀《调和论与旧道德》，《新青年》第7卷1号，1919年12月。
㊼ 参见《〈胡适留学日记〉自序》，《胡适留学日记》，商务印书馆，1947年。
㊽ 参见陈平原《触摸历史与进入五四》，第86—91页。

"细瘦的洋烛"及其他
——也读鲁迅

曹文轩

细瘦的洋烛

在《高老夫子》中,鲁迅写道:"不多久,每一个桌角上都点起一枝细瘦的洋烛来,他们四人便入座了。"

描写洋烛的颜色,这不新鲜;描写洋烛的亮光,这也不新鲜。新鲜的是描写洋烛的样子:细瘦的。这是一个很有耐心的人的观察。鲁迅小说被人谈得最多的当然是它的那些"宏大思想",而鲁迅作为一个作家所特有的艺术品质,一般是不太被人关注的。这是一个缺憾,这个缺憾是我们在潜意识中只将鲁迅看成是一个伟大的思想家而不太在意他是一个伟大的文学家所导致的。我们很少想起:鲁迅若不是以他炉火纯青的艺术向我们展示了他的文字,他还是鲁迅吗?

作为作家,鲁迅几乎具有一个作家应具有的所有品质。而其中,他的那份耐心是很少有的。

他的目光横扫一切,并极具穿透力。对于整体性的存在,鲁迅有超出常人的概括能力。鲁迅的小说并不多,但视野之开阔,在现代文学史上却无人能望其项背,这一点早成定论。但鲁迅的目光绝非仅仅只知横扫。我们还当注意到他在横扫之间隙中或横扫之后的凝眸,即将目光高度聚焦,察究细部。此时此刻,那个敢于与整个世界为敌的鲁迅完全失去了一个思想家的焦灼、冲动与惶惶不安，而显得耐心备至、沉着备至、冷静备至。他的目光细读着一个个极容易被忽略的小小的点或是局部，看出了匆匆之目光不能看到的情状以及无穷的意味。这种时刻，他的目光会锋利地将猎物死死咬住，绝不轻易松口，直到读尽读透那个细部。因有了这种目光，我们才读到了这样的文字：

> 四铭尽量的睁大了细眼睛瞪着看得她要哭，这才收回眼光，伸筷自去夹那早先看中了的一个菜心去。可是菜心已经不见了，他左右一瞥，就发现学程（他儿子）刚刚夹着塞进他张得很大的嘴里去，他于是只好无聊的吃了一筷黄菜叶。（《肥皂》）

> 马路上就很清闲，有几只狗伸出了舌头喘气；胖大汉就在槐阴下看那很快地一起一落的狗肚皮。（《示众》）

> 他刚要跨进大门，低头看看挂在腰间的满壶的簇新的箭和网里的三匹乌老鸦和一匹射碎了的小麻雀。（《奔月》）

鲁迅在好几篇作品中都写到了人的汗。他将其中的一种汗称为"油汗"。这"油汗"二字来之不易，是一个耐心观察的结果。这些描写来自目光的凝视，而又一些描写则来自心灵的精细想象：

> ……一枝箭忽地向他飞来。
> 羿并不勒住马，任它跑着，一面却也拈弓搭箭，只一发，只听得铮的一声，箭尖正触着箭尖，在空中发出几点火花，两枝箭便向上挤成一个"人"字，又翻身落在地上了。（《奔月》）

小说企图显示整体，然而，存在着但仿佛又是无形的整体是难以被言说的。我们在说《故乡》或《非攻》时，能说得出它的整体吗？当你试图进行描述时，只能一点一点地说出，而此时，你会有一种深切的感受：一部优秀的小说的那一点一点，都是十分讲究的。那一点一点都显得非同一般、绝妙无比时，那个所谓的整体才会活生生地得以显示，也才会显得非同寻常。这里的一点一点又并非仓库里的简单堆积，它们之间的关系、互相照应等，也是有无穷讲究的。在它们的背后有一个共同的基本原则、基本美学设定和一个基本目的。

它们被有机地统一起来,犹如一树藏于绿叶间的果子——它们各自皆令人赏心悦目,但它们又同属于同一棵树——一树的果子,或长了一树果子的树,我们既可以有细部的欣赏,也可以有整体的欣赏。但这整体的欣赏,不管怎么样,都离不开细部的欣赏。

就人的记忆而言,他所能记住的只能是细部。当我们在说孔乙己时,我们的头脑一片空白,我们若要使孔乙己这个形象鲜活起来,我们必须借助于那些细节:"窃书不能算偷……窃书!……读书人的事,能算偷么?"孔乙己伸开五指将装有茴香豆的碟子罩住,对那些要讨豆吃的孩子说:"不多不多!多乎哉?不多也。"……人的性格、精神,就是出自这一个一个的细节,那些美妙的思想与境界,也是出自这一个一个的细节。

鲁迅小说的妙处之一,就在于我们阅读了他的那些作品之后,都能说出一两个、三四个细节来。这些细节将形象雕刻在我们的记忆里。

在小说创作中,大与小之关系,永远是一个作家所面对的课题。大包含了小,又出自小;大,大于小,又小于小……若将这里的文章做好,并非易事。

屁塞

何为屁塞?

《离婚》注 6 作解:人死后常用小型的玉、石等塞在死者的口、耳、鼻、肛门等处,据说可以保持尸体长久不烂,塞在肛门的叫"屁塞"。

《离婚》中,地方权威人士七大人手中总拿"一条烂石",并不时地在自己的鼻旁擦拭几下。那劳什子就是"古人大殓的时候塞在屁股眼里的"屁塞。只可惜七大人手中所拿的屁塞刚出土不久,乃是"新坑"。这屁塞是七大人的一个道具,一个符号,它是与七大人的形象联系在一起的,没有这一屁塞,七大人也就不是七大人,其情形犹如某位政界名人手中的烟斗或是衔在嘴角的一支粗硕的雪茄。不同的只是,后者之符号、之装饰,是对那个形象的美化——因有那支烟斗和雪茄,从而使他们变得风度翩翩、光彩照人,并显出一番独特的个人魅力,而屁塞在手,则是对那个形象的丑化。

丑化——这是鲁迅小说的笔法之一。

除子君等少数几个形象鲁迅用了审美的意识（子君之美也还是病态之美：带着笑涡的苍白圆脸、苍白的瘦的臂膊，配有条纹的衫子、玄色的裙），一般情况之下，鲁迅少有审美之心态。与爱写山清水秀、纯情少女与朴质生活的沈从文、废名相比，鲁迅笔下少有纯净的人物和充满诗情画意的场景。这也许不是丑化，生活原本如此。秃子、癞子、肥胖如汤圆的男子或是瘦高如圆规的女人……鲁迅笔下有不少丑人。在鲁迅的笔下，是绝对走不出翠翠（《边城》）、萧萧（《萧萧》）、细竹（《桥》）这样的形象来的，他的笔下甚至都出不了这些漂亮而水灵的人名。这里也没有太多漂亮或壮丽的事情，大多为一些庸碌、无趣，甚至显得有点恶俗的事情。虽有闰土（"深蓝的天空中挂着一轮金黄的圆月，下面是海边的沙地，都种着一望无际的碧绿的西瓜，其间有一个十一二岁的少年，项带银圈，手捏一柄钢叉，向一匹猹尽力的刺去，那猹却将身一扭，反从他的胯下逃走了"），但到底难保这份"月下持叉"的图画，岁月流转，那英俊少年闰土的"紫色的圆脸，已经变作灰黄，而且加上了很深的皱纹"，并且由活泼转变为木讷与迟钝。

除《社戏》几篇，鲁迅的大部分小说是不以追求意境为目的的。中国古代的"意境"之说，只存在于沈从文、废名以及郁达夫的一些作品，而未被鲁迅广泛接纳。不是鲁迅没有领会"意境"之神髓，只是因为他觉得这一美学思想与他胸中的念头、他的切身感受冲突太甚，若顺了意境，他就无法揭露这个他认为应该被揭露的社会之阴暗、人性之卑下、存在之丑恶。若沉湎于意境，他会感到有点虚弱，心中难得痛快。他似乎更倾向于文学的认识价值——为了这份认识价值，他宁愿冷淡甚至放弃美学价值。当然放弃美学价值，不等于放弃艺术。我们这里所说的"美学价值"是从狭义上说的，大约等同于"美感"，而与"艺术"并不同义。

从文学史来看，两者兼而有之，相当困难，因为它们似乎是对立的。沈从文、川端康成、蒲宁在创造了意境时，确实丢失了鲁迅、陀思妥耶夫斯基的锐利、深切、苍郁与沉重，而鲁迅、陀思妥耶夫斯基在获得这一切时，又确实使我们再也无法享受意境所给予我们的陶醉。后来的现代派为什么将笔墨全都倾注于不雅之物以至于使人"恶心"，也正在于它是以追求认识价值为唯一目的。美似乎与深度相悖、相克，是无法统一的，尽管事实并不尽然，但，人们感觉上认可了这一点。当下的中国作家虽然并未从理性上看出这一点,但他们已本能地觉察出这其中的奥妙,因此,在"深刻"二字为主要取向的当下,他们不得不将所有可能产生诗情画意的境界一律加以清除,而将目光停留在丑陋的物象之上。鲁迅与他们的区别是,鲁迅是有度的,而他们是无度的。鲁迅的笔下是丑,而他们的笔下是脏。丑不等于脏,这一点不用多说。

鲁迅也许还是从现实中看出了一些诗情画意,这从他的一些散文以及小说中的一些描写上可以看出,但,像他这样一个思想家、这样一个要与他所在的社会决裂、与他所在的文化环境对峙的"战士",他会不得不舍弃这些,而将人们的目光引向存在着的丑陋,为了加深人们的印象,他甚至要对丑陋程度不够的物象加以丑化。这大概就是鲁迅的小说中为什么有那么多秃头和癞头疮的潜在原因。

乌鸦肉的炸酱面

羿,传说中古代的善射英雄;嫦娥,美女,盗用丈夫不死之药而奔月,成为广袖舒飘、裙带如云的月精。但鲁迅却不顾人们心中的习惯印象,一下将他俩放入了世俗化生活图景中:天色已晚,"暮霭笼罩了大宅",打猎的羿才疲惫而归,今日运气依然不佳,还是只打了只乌鸦,嫦娥全无美人的举止与心态,嘴中咕哝不已:"又是乌鸦的炸酱面,又是乌鸦的炸酱面!"炸酱,北方的一种平民化的调料;炸酱面,北方的一种平民化的食品。这类食品一旦放到餐桌上,立即注定我们再也无法与贵族生活相遇,也再难高雅。而且糟糕的是,还是乌鸦肉的炸酱面——不是草莓冰激凌,不是奶油蛋糕,不是普鲁斯特笔下精美的"小玛特莱娜"点心,而是乌鸦肉的炸酱面!当看到"乌鸦肉的炸酱面"这样的字眼以及这几个字的声音仿佛响起、再以及我们仿佛看到了这样的食品并闻到了乌鸦肉的炸酱面的气味(尽管我们谁也没有吃过乌鸦肉的炸酱面)时,羿和嫦娥就永远也不可能再是英雄与美人了。

我们发现了一个不可思议的现象:英雄、美人竟与食品有关。夏多布里昂笔下的美人阿达拉以及文学作品中的其他全部的美人(自然包括林黛玉),是不可能让他们吃炸酱面的,尤其不能吃乌鸦炸酱面或乌鸦炸酱面之类的食品。

这些人必须饮用琼浆玉液，若无处觅得琼浆玉液，文学作品就得巧妙回避，不谈吃喝。红楼四大家族中的美人们，倒是经常要吃的，但吃的都非寻常百姓家的食品，红楼食谱，早已是学者与烹调专家们研究的对象。我们无法设想林黛玉去吃乌鸦肉的炸酱面，尽管这一点是毫无道理的——实际生活中的林黛玉兴许就喜欢吃呢，但你就是不能从生活出发。其实，人们不仅如此看待文学作品中的人物，即便是生活中的人，你一旦将谁视为英雄与美人时，也会在潜意识里忽略他们的吃喝拉撒之类的生活行为。记得小时读书，父亲的学校来了一位漂亮的女教师，围一条白围巾，并且会吹笛子，皮肤是城里人的皮肤，头发很黑，眼睛细长，嘴角总有一丝微笑，爱羞涩，是我儿时心目中的美人，也是我们全体孩子——男孩子、女孩子心目中的美人。但有一天，当我们早晨正在课堂里早读时，一个女孩跑进教室，神秘而失望地小声告诉大家：姜老师也上厕所，我看见了！从此，我们就不觉她美了——至少大打折扣。人会在心目中纯化一个形象，就像他会在心目中丑化一个人物形象一样。前者是省略，后者是增加。前者是将形象与俗众分离，是一种提高式的分离，后者也是将形象与俗众分离，但却是一种打压式的分离。人们看文学作品中的英雄与美人，比看生活中的英雄与美人更愿意纯化。文学家深谙此道，因此一写到英雄与美人，往往都要避开那些俗人的日常行为和生物性行为。沈从文永远也不会写翠翠上厕所。其实，你可以设想：生活在乡野、生活在大河边的翠翠，很可能是要随地大小便的——该掌嘴，因为你玷污了、毁掉了一个优美的形象。我们如此恶作剧，只是提示一个事实：文学中的高雅、雅致、高贵，是以牺牲（必须牺牲）粗鄙一面为代价的。

理论道：源于生活，高于生活。

然而，鲁迅可以完全不忌讳这一切，因为鲁迅心中无美人，也无英雄。非但如此，鲁迅还要将那些已经在人们心目中定型的英雄与美人还原到庸常的生活情景中。

俗化——又是鲁迅的笔法之一。

收在《呐喊》与《彷徨》中的作品自不必说，那些人物，大多本就是世俗中人，本就没有什么好忌讳的。而《故事新编》中的全部故事，几乎涉及的都是传说中或古代的英雄、大哲、圣人与美人。流传几千年，这些人物高大如山，都是我们必须仰视的。而鲁迅大概是开天辟地第一遭，给他们撤掉了高高的台阶，使他们纷纷坠落到尘世中，坠落到芸芸众生中间。他们仿佛来自一个驴喊马叫的村庄，来自一个空气浑浊、散发着烟草味的荒野客栈，一个个灰头土脸，一个个都遮不住地露出一副迂腐与寒酸之相。这里没有崇敬，更无崇拜，只有嘲弄与嬉笑。他们与当代作家笔下的一个叫王老五的人或一个叫李有才的人别无两样，是俗人，而非哲人、圣人、美人。

禹的妻子（鲁迅戏称禹太太）竟大骂我们心中的禹："这杀千刀的！奔什么丧，走过自家的门口，看也不进来看一下，就奔你的丧！做官做官，做官有什么好处，仔细像你的老子，做到充军，还掉到池子里变大忘八！这没良心的杀千刀！……"（《理水》）

那位"三过家门而不入"的伟大的禹呢？

周武王伐纣，伯夷、叔齐兄弟愤愤然："老子死了不葬，倒来动兵，说得上'孝'吗？臣子想要杀主子，说得上'仁'吗？……"不愿再做周朝食客，"一径走出养老堂的大门"，直往首阳山而去，然而这里却无茯苓，亦无苍术可供兄弟二人食用，饥不择食，采松针研面而食，结果呕吐不止，其状惨不忍睹。后终于发现山中有"薇菜"可食，并渐渐摸索出若干薇菜的做法：薇汤、薇羹、薇酱、清炖薇、原汤焖薇芽、生晒嫩薇叶……烤薇菜时，伯夷以大哥自居，还比兄弟"多吃了两撮"。（《采薇》）

"不食周粟"的义士呢？

墨子告别家人，带上窝窝头，穿过宋国，一路风尘来到楚国的郢城，此时"旧衣破裳，布包着两只脚，真好像一个老牌的乞丐了"。找到了设计云梯、欲怂恿楚王攻打宋国的公输般，颇费心机地展开了他的话题。"北方有人侮辱了我"，墨子很沉静地说："想托你去杀掉他……"公输般不高兴了。墨子又接着说："我送你十块钱！"这一句话，使主人可真的忍不住发怒了，沉着脸，冷冷的回答道："我是义不杀人的！"墨子说：那你为什么要去无缘无故地攻打宋国呢？公输般终于被说服了，还将墨子介绍给楚王。去见楚王前，公输般取了衣服让墨子换上，墨子还死要面子："我其实也并非爱穿破衣服的……只因为实在没有工夫换……"还是换上了，但太短，显得像"高脚鹭鸶似的"。墨子最终如愿以偿，以他的"非攻"思想劝阻了楚攻打宋的念头，踏上了归国之途，然而经过

宋国时,却被执矛的巡逻兵赶到雨地里,"淋得一身湿,从此鼻子塞了十多天"。(《非攻》)

这便是创造了墨家学说而被后人顶礼膜拜的墨子。

而那位漆园的庄周、梦蝶的庄周又如何?

路过一坟场,欲在水溜中喝水,被鬼魂所缠,幸亏记得一套呼风唤雨的口诀,便念念有词:天地玄黄,宇宙洪荒。日月盈昃,辰宿列张,赵钱孙李,周吴郑王。冯秦褚卫,姜沈韩杨。太上老君急急如律令!敕!敕!敕!司命大神飘然而至,鬼魂不得不四处逃散,但司命见了庄周也老大不高兴:"庄周,你找我,又要闹什么玩意儿了?喝够了水,不安分起来了吗?"庄周与司命谈起生死:生就死,死就是生……又是庄周梦蝶、是庄周做梦成蝶还是蝶做梦成庄周那一套。司命不耐烦,决心想戏弄一番庄周,马鞭朝草蓬中一点,一颗骷髅变成一个汉子跑了出来,而司命搁下庄周一人,自己隐去了。那汉子赤条条一丝不挂,见庄周竟一口咬定庄周偷了他的包裹和伞,无论庄周怎么辩解,汉子就是不依,庄周说:"慢慢的,慢慢的,我的衣服旧了,很脆,拉不得。你且听我几句话:你先不要专想衣服罢,衣服是可有可无的,也许是有衣服对,也许是没有衣服对。鸟有羽,兽有毛,然而王瓜茄子赤条条。……"云云,不知胡诌一些什么。汉子根本不承认自己已死了数百年——这绝不可能,故当庄周说让司命还他一个死时,他竟说:"好,你还我一个死罢。要不然,我就要你还我的衣服,伞子和包裹,里面有五十二个圜钱,斤半白糖,二斤南枣……"庄子说:"你不反悔?""小舅子才反悔!"——注意这一句,这大概是一句北方话,其世俗气息、生活气息浓郁到无以复加。(《起死》)

令我们仰止的精神之山、之父,只这一句话——虽还不是出自他口,但因他是与说这种语言的人(鬼)对话,也就一下被打落到平庸的日常情景中而顿时成了一大俗人,并且还是一个颇为可悲的俗人。

中国文学关心世俗、好写世俗当然不是从鲁迅开始的——小说本出自市井,胎里就带有世俗之痕迹、之欲望,但将神圣加以俗化,不知在鲁迅先生之前是否还有别人,即使有,大概也不会像鲁迅写得如此到位,又如此非同一般的。

鲁迅无论是写《故乡》《祝福》《阿Q正传》《肥皂》《弟兄》之类,还是写《非攻》《采薇》《奔月》《理水》《起死》之类,都以俗作为一种氛围,一种格调。俗人、俗事，即便是不俗之人，也尽其所能将他转变为俗人——越是不俗之人，鲁迅就越有要将他转变为俗人的欲望。俗人、俗事，离不开俗物。因此，鲁迅常将炸酱面、辣椒酱、大葱、蒸干菜这些平民百姓的食品写入作品。这些食品之作用，绝不可以小觑，乌鸦肉的炸酱面一旦被提及，我们就再也无法进入"红楼"的高雅与托尔斯泰笔下的高贵了。一碗炸酱面从何而来的改变雅俗的力量？食色性也，食是人的生活的一个基本面，这个基本面反映着人的生存状态。这就是好莱坞的电影在呈现贵族生活时为什么总是要将许多镜头留给豪华大厅中的早餐或葡萄美酒夜光杯之晚宴的原因。

鲁迅的行为，用今日之说法，就是解构神圣——用调侃的方式解构。中国20世纪80、90年代文学的某些品质，在鲁迅那里就已经存在着了，只不过当时的批评家未能找到恰当的批评言辞罢了。需指出的是，鲁迅之作与今日之痞文在实质上是很不相同的。首先，鲁迅在将一切俗化时，骨子里却有着一股清冷与傲慢。他是一种居高临下的俯视，俗在他而言，并非一种品质，而是一种兴趣，更确切的说法是，俗是他的一种对象——被嘲弄的对象。通过嘲弄，他达到了一种优越感流过心头乃至流遍全部肉身的愉悦。俗不是他融入其中——更不是他乐于融入其中的状态，而是他所看到的、激起了他嘲弄之欲望的状态。在看这些作品时，我们总能隐隐觉得，鲁迅抽着烟，安坐一旁，目光中满是智慧与悲凉。

中国当下文学的俗化（痞化），则是作者本身的俗化（痞化）作用的结果。而在构思之巧妙、语言之精绝、趣味之老到等艺术方面，当下文学与鲁迅之间就更见距离之遥遥了。

鲁迅为什么将一切俗化？可从鲁迅对现实、对传统文化的态度等方面找到解释，但还应该加上一条：鲁迅出身于一方富庶人家，但他从小所在，却是在汪洋大海般的俗生活图景之中。此种情景，周家大院外无处不在，甚至也随着家佣们带进大院，鲁迅熟悉这一切，甚至在情调上也有所熏染。

鸟头先生

《理水》中有一个滑稽可笑的人物，鲁迅未给他名字，只叫他"鸟头先生"。

知情人，一眼便能看出，这是鲁迅在影射顾（顾）颉刚。"鸟头"二字来自"顾"一字。《说文解字》："雇"，鸟名；"頁"（页）本义为头。

就单在《理水》一篇中，鲁迅就影射了潘光旦（"一个拿拄杖的学者"）、林语堂、杜衡、陈西滢等，《奔月》影射了高长虹，《起死》又再度影射了林语堂。《采薇》中有："他也喜欢弄文学，村中都是文盲，不懂得文学概论，气闷已久，便叫家丁打轿，找那两个老头子，谈谈文学去了；尤其是诗歌，因为他也是诗人，已经做好一本诗集子。"又有："做诗倒也罢了，可是还要发感慨，不肯安分守己，'为艺术而艺术'。"这样的话总让人生疑：又是在影射谁呢？至于说鲁迅在杂文中影射或干脆指名道姓地骂了多少人，大概得有几打了。当年，顾颉刚受不了，要向法律讨一个说法。其时，鲁迅在广州，顾致函鲁迅："拟于九月中回粤后提起诉讼，听候法律解决。"望鲁迅"暂勿离粤，以俟开审"。鲁迅却迅速答复：请就近在浙起诉，不必打老远跑到广东来，我随时奔赴杭州。鲁迅之手法，曾遭许多人抨击，但他最终也未放弃这一手法。甚至在小说中，也经常使用这一手法。说鲁迅的小说是又一种杂文，多少也有点道理。然而，我们却很少想到：鲁迅的影射手法，却也助长了他小说的魅力。

"春秋笔法"，这是中国特有的笔法。借文字，曲折迂回地表达对时政的看法，或是影射他人，甚至是置人于死地，这方面，我们通过千百年的实践积累了丰厚的经验，甚至摸索出和创建了许多技巧（有些技巧与中国的文字有关，它们还是那些以其他文字写作的人学不来的）。这一历史既久，影射就成了一种代代相传的惯用武器。在人看来，这一武器面对中国特有的社会体制，面对特有的道德观念和特有的民族性，是行之有效并且是很有杀伤力的武器。"旁敲侧击""含沙射影""指桑骂槐"……一部成语词典，竟有一串成语是用来概括这种战术的。久而久之，这一战术成了普通百姓日常行为的一部分。若为某种说话不便的原因所制约，两个中国人会在一种看上去毫无障碍的情况之下，依然畅达对话，一切的一切都不会明确指出，只是云山雾罩，用的是代称、黑话之类的修辞方式。不在语境中的人听了，直觉得一头雾水，但对话的双方却心领神会。只可惜中国人说话的技巧，没有用到外交事务上，却用在了日常生活以及政治斗争上。正是因为这样一个文字上的传统，所以到了"文革"，才会有将一切文学作品都看成是影射之作而大加挞伐直至使许多人亡命的悲剧。

影射之法，自有它的历史原因。也就说，当初是因社会情势逼出来的。但，后来，它演变成了中国人的一种攻击方式、话语方式乃至成为一种心理欲求。影射竟成了一种生存艺术。

影射的最高境界自然是：似是非是。具体说，被影射者明知道这就是在攻击他，但却不能对号入座。若要达到这样的效果，就要讲隐蔽——越隐蔽就越地道；就要讲巧妙——越巧妙就越老到。这曲笔的运用，可以在前人的文字中找到无穷尽的例子。

影射之法，若从伦理角度而言，当然不可给予褒义，更不可给予激赏，但要看到它在艺术方面却于无形之中创造了一番不俗的业绩：它的隐晦（不得不具有的隐晦），恰恰暗合了艺术之含蓄特性。又因作者既要保持被影射者之形状又要力图拂去其特征、为自己悄悄预备下退路，自然就会有许多独到而绝妙的创造，作品中就会生出许多东西并隐含了许多东西。鲁迅将顾颉刚的"顾"一字拆解开来，演化为"鸟头先生"，既别出心裁，又使人觉得"鸟头先生"这一称呼颇有趣味，若不是鲁迅要影射一下顾颉刚，兴许也就很难有这种创造。而有时因硬要在故事中影射一下什么，便会使读者产生一种突兀和怪异：这文章里怎么忽然出来这样一个念头？便觉蹊跷，而一觉蹊跷，就被文字拴住了心思。

影射又契合了人窥探与观斗的欲望。我们倘若去回忆我们对鲁迅作品的阅读体会，你得承认：他作品中的影射始终是牵着你注意、使你发生好奇心的一种吸引力。

时过境迁，我们不必再去责备鲁迅当年的手段了——他使用这一手段，有时也是出于需要与无奈。更要紧的是，他将"影射"纳入了艺术之道——也许是无意的，但在客观效果上，它与艺术之道同工合流，竟在某些方面成全了他的小说。

从某种意义上讲，凡小说都是影射——整体性的影射。

故此，"影射"一词，也可以被当作一个褒义词看。

我们先前——比你阔的多啦！

"我们先前——比你阔的多啦！"不用说明，我们都知道这句"名言"出自何处。

我们记住了许多出自鲁迅小说的言辞:"妈妈的……""儿子打老子""那赵家的狗,何以看我两眼呢?我怕得有理""救救孩子""多乎哉?不多矣"……还有一些话,被人稍稍作了改动:"都说冬天的狼吃人,哪晓得春天的狼也吃人。"……

这些言辞可以在不同场合、从多种角度被我们引用,那一刻我们会觉得这些言辞在表达自己的意念方面皆准确无误,并意味无穷,而听者也无不会心。在引用这些言辞时,我们有时可能会想到它们是出自鲁迅的小说,有时干脆就记不起来,将它们当成了是自己的语言。

回首一部中国小说史,将小说写到这个份上的大概只有两人,一是曹雪芹,再一就是鲁迅。《红楼梦》的生活离我们已经十分遥远,但我们仍然记着焦大的那句话:这里,除了门口那两尊石狮子,没有一个干净的。被我们记住的还有其他许多。而其他小说家,即便是被我们推崇的,其小说也都没有如此效应。沈从文的小说自然写得很好,在夏志清、朱光潜眼里,唯有他才是真正的小说家。然而,我们即使记住了他笔下那些优美的句子,也是无法将它们取出用于我们的对话的——你在对话中说出一句"翠翠在风日里长养着,触目为青山绿水",总会让人觉得奇怪——那是另一种语言,是无法进入我们对话的语言,这种语言只能在特别的语境中才能被引用。

世界上有不少作家,他们作品中的一些言辞,都在后来被人传诵与引用。但这些言辞十有八九都是格言性质的。诗不用说,小说的情况也大致如此。而这些出自《红楼梦》与鲁迅小说中的言辞,却都不是格言,而就是一些看上去极为普通的日常语言。

如此语言何以有如此能量?对此,我们从未有过追问。鲁迅小说提供的事实未能得到理论上的阐明从而使其转化为经验,这是件很可惜的事情。

这些言辞,其中的一部分,也许是鲁迅无意识采用的,但有一部分肯定是鲁迅很理性地看出了它的意义。他在这些极其日常化的语言背后一定看到了什么——它们的背后沉淀着一个民族的根性、一个阶级的态度甚至是一种超越民族与阶级的属于人类的精神与心态。"儿子打老子",不再是某一具体行为。鲁迅看出了"儿子打老子"背后的一种心理,而这种心理是可以被引申的。

最终，他看出了这句话背后的精神胜利法的心理机制，而这种机制并非为一人所有，而是为一群人乃至整体意义上的人所有。同样，"我们先前——比你阔的多啦"的背后，也藏着巨大的可被挖掘的潜力。鲁迅发现了一个重大的秘密，人或一个民族就藏匿在一些其貌不扬的日常语言的背后——不是每一句话，而只是其中的一小部分。这一小部分混杂于其中，犹如沙子混杂在沙子中间。要发现它们是一些金子，这就牵涉到一个作家的眼力了。

鲁迅是有眼力的。

这些言辞作为符号，它代表着一种普遍性的意义或者说代表着一种基本性的状态。它们具有很强的涵盖能力与囊括能力。这些言辞看似形象，但在功能方面却具有高度的抽象性。因为这些言辞是饶有意味的，因此，我们就像感受一句包含了普遍性意义的成语一样感受了这些言辞。当我们再面对某一种现象或某一种状态而又深知若要将它们表述出来则是件很麻烦的事情时，我们立即就想到了"我们先前——比你阔的多啦"之类的言辞——只要一经说出，我们就再也无须多说，因为这个句子就代表着那个你欲言但难言的意思。

小说能在生长它的土地上达到这样的效果，自然是不易的。仅此一点，鲁迅就是难以越过的高峰。

咯支咯支

鲁迅自然是严肃的。那副清癯的面孔，给我们的唯一感觉就是庄严、清厉、穿透一切的尖刻。然而，他的小说却始终活跃在严肃与不严肃之间。我读《肥皂》——严格来说，不是读，而是听，听我父亲读，那时我10岁——

四铭从外面回来了，向太太说起他在街上看到了一个十八九岁的姑娘，是个孝女，只要讨得一点什么，便都献给祖母吃。围着的人很多，但竟无一个肯施舍的。不但不给一点同情，倒反打趣。有两个光棍，竟肆无忌惮地说："阿发，你不要看得这货色脏。你只要去买两块肥皂来，咯支咯支遍身洗一洗，好得很哩！"四铭太太听罢，"哼"了一声，久之，才又懒懒地问："你给了钱么？""我么？——没有。一两个钱，是不好意思拿出去的。她不是平常的讨饭，总得……。""嗡。"四铭太太不等四铭将话说完，便慢慢地站了起来，走到厨下去了。后来，在四铭与四铭太太吵架时,四铭太太又总提这"咯支咯支":"我们女人怎么样?我们女人,比你们男人好得多。你们男人不是骂十八九岁的女学生,就是称赞十八九岁的女讨饭:都不是什么好心思。'咯支咯支',简直是不要脸。""咯支咯支"这个象声词,在《肥皂》中多次出现。它第一次出现时,我就禁不住笑了。我的笑声鼓舞了父亲,再读到"咯支咯支"时,他就在音量与声调上特别强调它,让我一次又一次地去笑。几十年来,这个象声词一直以特别的意思储存在我的记忆里。这绝对是一个米兰·昆德拉所言的不朽的笑声。在这个笑声中,我领略到了鲁迅骨子里的幽默品质,同时,我也在这笑声中感受到了一种小市民的无趣的生活氛围,并为鲁迅那种捕捉具有大含量的细节的能力深感敬佩。

在现代文学史上,具有幽默品质的作家并不多,而像鲁迅这一路的幽默,大概找不出第二人。这种幽默也没有传至当代——当代有学鲁迅也想幽默一把的,但往往走样,不是失之油滑,就是失之阴冷。

鲁迅的幽默有点不"友善"。他的幽默甚至就没有给你带来笑声的动机。他不想通过幽默来搞笑。他没有将幽默与笑联系起来——尽管它在实际上会产生不朽的笑声。他的幽默不是出于快乐心情,而是出于心中的极大不满。他的幽默有点冷,是那种属于挖苦的幽默。鲁迅的心胸既是宽广的(忧民族之忧、愁民族之愁,很少计较个人得失,当然算得宽广),又是不豁达的(他一生横眉冷对、郁闷不乐、难得容人,当然算不得豁达)。他的幽默自然不可能是那种轻松的、温馨的幽默。也不是那种一笑泯恩仇的幽默。是他横竖过不去了,从而产生了那样一种要狠狠刺你一下的欲望。即使平和一些的幽默,也是一副看穿了这个世界之后的那种具有心智、精神优越的幽默。他在《孔乙己》《阿Q正传》中以及收在《故事新编》里头的那些小说中,都是这样一副姿态。那时的鲁迅,是"高人一等"的,他将这个世界都看明白了,并看出了这个世界的许多的可笑之处,虽然有着对弱小的同情,但他是高高在上的,是大人物对小人物的同情。

鲁迅的幽默是学不来的,因为那种幽默出自一颗痛苦而尖刻的灵魂。

二〇〇一年四月十日于北京大学燕北园

原载《语文学习》2010年第1期。

诗人寒山的世界之旅

陈跃红

今天是2020年元旦,新年第一天,这并不是一个特别的日子,但这却是一个特别的年份,庚子年呵!在中国人的历史记忆中,有一种近乎苦涩的况味,此刻不说也罢。

承蒙主办方的盛情邀请,有幸到这里来,北海冬日的晴空真是漂亮,讲堂设立在这公园里,有一种历史的厚重感和亲近感,毕竟,旁边就是国家中枢之地的中南海呵!

今天此刻,我特别愿意跟大家聊一个似乎与新年也能搭上点边儿的禅宗诗人话题。

这话题对于诸位应该是既陌生又不陌生,说陌生,相信在座几百人中,没有几位读过寒山的诗;说不陌生,恐怕多数人都知道苏州有座寒山寺,同时也大多记得唐代诗人那首家喻户晓的《枫桥夜泊》:"月落乌啼霜满天,江枫渔火对愁眠;姑苏城外寒山寺,夜半钟声到客船。"在苏州,寒山寺是著名的景点,尤其每逢新年,更会有很多游客去那里朝拜、撞钟、守岁迎新年。其中有不少还是专程从日本各地赶来朝拜的佛教信众。

今天所讲,重点不是寒山在中国的事迹,我尤其想跟大家交流的倒是那个属于全世界的寒山。其实,诗人寒山在中国诗歌史上并不很出名,但是作为一个写诗的禅宗和尚,他在日本、美国等地却肯定比在中国有名得多,20世纪60年代还是所谓网红级别的西方前卫青年偶像。今天你要是旅游去了日本和韩国,在许多博物馆、艺术馆、图书馆和寺庙中,经常可以见到关于寒山的文学和绘画艺术作品。所谓墙内开花墙外香,这无疑是中外文化交流史上非常有趣的话题,值得品味!

一、中国的寒山

那么,谁是寒山呢?姓甚名谁?不清楚。何方人氏?没法确认。

有记载说唐代寒山一生写了800多首诗,不过我们今日所能见到的,收在诗集中的其实只有340多首。通常所见版本的《寒山诗注》不仅有寒山的诗,还有拾得的诗。只要大致了解寒山的情况就知道,他当年写诗从来不是写在纸上,也不是写在墙壁上,他自己也没有编过自己的诗集。他的诗都是随意地写在树叶上面,或者写在切下来的桦树皮上,还有写在岩石上的,所以很多诗后来都散佚了。

到目前为止,虽然学术界对寒山有不少研究,但是关于他的生平行踪依旧是一笔糊涂账。比如,寒山是哪里人我们就不清楚。你说寒山寺在苏州吧,但他肯定不是苏州人。你说寒山修行写诗成名是在浙江天台山一带吧,但他也肯定不是浙江天台人。那么他究竟是哪里人呢?迄今的研究只能通过一些文字记载上的蛛丝马迹去寻找线索。他诗里说"寻思少年日,游猎向平陵",这里的"平陵"历史上是指咸阳附近的汉昭帝陵,所以他大概该是陕西人,具体说可能是陕西咸阳人。那么,他又是怎样从陕西一路向南,竟然跑到浙江天台去了呢?据说是为了访道求仙,理由很简单,寒山和一般科举屡考不第的文人一样,从少年到三十五岁,其实就是一个类似范进的,热衷功名却又屡试不第的儒生。据说他老是考不取功名,连妻子对他都相当冷淡,他诗中所言"却归旧来巢,妻子不相识",心灰意冷了,就去中国南方寻找精神归宿。沿着儒道释这一路走来,还就真是完成了古代中国文人精神历程的人生三阶段,科举功名不成(儒),就追求长生不老(道),长生而不得就回归内心,求个精神永恒(释)。大约在寒山30多岁的时候,他就这样来到了浙江天台山一带。那么,如此的兵荒马乱,交通不便,一介书生,他又是如何从陕西出发,最后抵达浙江的呢?说起来还是一部糊涂账。

不过,寒山选择落脚在天台山一带,我看八成与这里佛道兴盛的环境有关系。天台这地方今天人称之为道源佛宗,所谓道源指的是这里山上的道观曾经是道教的发源地之一,曾经大名鼎鼎的道观如桐柏观、福圣观都在这山上。

佛宗则是指佛教的重要宗派天台宗在这里，山下就有天台宗的祖庭，著名的国清寺。所以寒山到天台去有说得过去的理由，与其说是躲避安史之乱，倒不如说就是想去修道成仙。

寒山南下到了历史上的始丰县，如今这个地方似乎已经划入天台了。他在一处叫翠屏山的地方修道、读书、炼丹的同时还写诗。炼了一段，发现根本就没有什么仙丹，长生不老也不可能，于是就放弃修道，改去学佛坐禅。他的诗中说："炼药空求仙，读书兼咏史。今日归寒山，枕流兼洗耳。"禅是中国化的佛教，寒山大概是科举考伤心了，所以不打算去读那些抽象艰深的佛经，而是走禅宗的聪明取巧路子，所以就学禅。我感觉他其实就是想通过游山玩水，东想西想，去领悟人生真谛。禅宗作为古代中国人从佛教改造出来的东西，读不读经似乎还真不太要紧，但是要聪明，会领悟，通过棒喝和悟性，在日常生活中就可以入禅成佛。后来禅宗经过朝鲜半岛进入日本，在日本发展兴盛，成就许多大宗，又是一桩跨文化交流的盛事。除此而外，佛教在日本还发展了许多重要的宗派，其中就有日本前首相田中角荣一家都信奉的，被称为日本皇室宗教的天台宗。据说1972年田中访华，向周恩来总理提出要造访天台的国清寺祖庭，可是，那时候的国清寺因为"文革""破四旧"已经毁得破败不堪，总理没安排，承诺以后再邀请他去，多年以后，田中首相最终没去成，倒是他的儿子田中京2017年替他实现了夙愿。

所以，我们虽然说寒山是禅宗和尚，但是实际上他在世的时候，并没有和禅宗宗派团体有什么关系，反而是与儒、道、释都有非常复杂的关系，最终形成了一个复杂的形象。当代研究者中有个叫魏子云的评价寒山，说这个人"似儒非儒，非儒亦儒；似道非道，非道亦道；似僧非僧，非僧亦僧；似俗非俗，非俗亦俗"。这个评价，跟民间对济公和尚的评价差不多，可以说就是那种"酒肉穿肠过，佛祖心中留"的另类角色。

透过诗歌和有限的资料观察寒山在天台山修行的状态，他其实既不是天台山国清寺的正式剃度和尚，同时也不是天台山桐柏观入册封号的道士，他大概认为心里面有道或者有禅就可以了。他的道场在哪里？可以说没有，也许可以说是寒岩，但寒岩其实也就是个勉强遮风挡雨的石洞。平时寒山居无定所，就游荡在树林之下，山野之间，所谓"天地尽是我的道场"，这是大道场，大智慧。寒山就这样游荡着成了"天台三圣"。所谓"天台三圣",就是把寒山视为文殊化身,拾得是普贤化身,丰干是弥陀的化身。今天的天台山国清寺内有个三贤堂,日本天台宗对之非常推崇,有机会大家可以去看看。

关于寒山的活动踪迹,古代的典籍中多少能找到一些记载,唐宋之后来华日本僧人的记载也有佐证。譬如北宋真宗大中祥符八年(公元1015年),就有一位日本来华僧人念救,到天台捐资国清寺修建了三贤堂。北宋神宗熙宁五年(公元1072年),日本天台宗高僧成寻到天台山求法,参拜国清寺三贤堂,在他的《参天台五台山记》中就写道:"午时参礼三贤院。三贤者,丰干禅师、拾得菩萨、寒山菩萨,弥陀、普贤、文殊化现,禅师旁有虎。"后来的中日绘画中有所谓三个和尚加一只老虎的"四睡图"。"四睡图"有个传说,说台州刺史闾丘胤拜访丰干禅师求教禅宗道理,丰干禅师让他去问寒山和拾得。刚好寒山和拾得正在一起聊天谈禅,刺史上前对二位大师说,我特来拜访。两人问,谁叫你来找我们?刺史说,是丰干禅师指引。寒山拾得就说,丰干太多嘴了,看来我们在这里待不住了,于是两人起身,拿着破画卷和破扇子,摇摇摆摆出门去,一出门就消失不见了。刺史看到这个情景感到很惊讶,转回去找丰干问情况,走进丰干的房间发现丰干也不见了,只有一只老虎睡在那里。这就是四睡图的来源。

除了传说,也可见国内典籍记载,譬如《佛祖统纪》就记载过寒山的生活状态。用现代视角看,寒山的行为就是一个古代嬉皮士,放荡不羁,东游西逛。据说拾得是寒山在路边捡到的一个弃婴,寒山把弃婴捡回来交给丰干,丰干管着国清寺厨房,顺便就养大了拾得,后来丰干和拾得每天把寺里和尚吃剩的饭菜,装进竹筒留着,隔几天寒山就会来取。寒山每次来的时候都一路嬉闹一路诵诗,到了国清寺廊下还大声喊叫,甚至骂修行的和尚,所谓"廊下徐行,或叫噪凌人,或望空漫骂,和尚不耐",常常"以杖逼逐,翻身抚掌,呵呵而退"(《佛祖统纪》卷53),和尚恼火,拿大木杖追打,寒山也不生气,还拍拍手呵呵而退。寒山穿着也很奇特,"布襦零落,面貌枯瘁,以桦皮为冠,曳大木屐,或发辞气,宛有所归,归于佛理"(《大藏经》50卷830)。连穿的衣服都破烂到要拿绳子穿起来,而且"面貌枯瘁"越来越瘦,把桦树皮做成帽子戴起来,整日穿个木拖鞋,念念有词,放荡不羁,痞气十足。这样的生活方式,与美国20世纪60年代的嬉皮士也有些相似，难怪那时候的很多美国青年喜欢寒山。

寒山的诗歌，在唐宋时期的选本中都没怎么收录，实在是因为寒山的诗不太符合中国古代诗歌写作的传统。中国古代诗歌讲究格律和意境，比如李白的想象瑰丽、汪洋恣肆，杜甫的沉郁顿挫、格律严谨，但这些都跟寒山的诗没什么关系。寒山的诗是想到哪里就写到哪里，许多诗基本都是大白话和顺口溜，但他自己却认为："下愚读我诗，不解却嗤诮。中庸读我诗，思量云甚要。上贤读我诗，把著满面笑。"不过他的诗歌在身后一千年多年的传播史证明，似乎还真有些道理。

我先读一首大家听听："猪吃死人肉，人吃死猪肠。猪不嫌人臭，人反道猪香。猪死抛水内，人死掘土藏。彼此莫相啖，莲花生沸汤。"这是诗吗？前几句恐怕很难说是诗，但最后一句"彼此莫相啖，莲花生沸汤"，又让人眼前一亮。寒山还有诗曰："吾心似秋月，碧潭清皎洁。无物堪比伦，教我如何说。"马上就令人想起惠能的"菩提本无树，明镜亦非台。本来无一物，何处惹尘埃？"但两位并没有关系，一个在浙江，一个在广东，却都深得禅理。寒山的诗后来多成为禅宗的参禅工具和上堂法语，在古代的中国北方以及日本都很流行，明清之际民间有句俗语说"家有寒山诗，胜汝看经卷"。可见寒山就是那么一位，在正统中国诗歌中基本不被注意，而在民间却很有影响的禅宗诗人，道家和禅宗也很重视他的诗歌。有考证说唐代最早的寒山诗集是天台山桐柏观的道长徐灵府编定，晚唐禅宗大师曹山本寂也编定过《寒山子诗》七卷，对后世影响很大，在日本也流传很广。

二、寒山在日本

寒山在日本的影响远超他在中国的名气，一直被视为禅宗大诗人。他的独特形象，一头乱发、裂牙嗤笑、肩扛扫帚、手持画卷，一副疯和尚的模样深受日本人崇拜，被视为是日本天台宗的祖庭大师之一，也是历代日本艺术界和文学界创作的重要题材。

寒山之所以在日本流行，首先是天台宗的影响。据说鉴真大师东渡日本，带去的佛经中就有天台宗典籍。其随行弟子思托就是台州开元寺僧人，他在日本最早开讲佛学,后来成为日本国宝的鉴真大师像就是他所塑造。日本学人最澄(767—822)于804年入唐学法,最澄回国后,正式创立日本天台宗。北宋神宗熙宁五年,日本天台宗僧人成寻入宋求法,获《寒山子诗一帖》,令弟子带回日本,这是寒山诗最初进入日本,以后越来越多。现存最早的寒山诗集版本,即1189年的国清寺本,目前就收藏在日本的宫内厅书陵部。

禅宗无疑是日本人喜欢寒山的最重要原因。自镰仓时代起始,禅宗就风靡日本,作为禅宗诗人的寒山也因此流行。寒山的诗句许多本身就是偈语,可以为参禅和上堂开悟所用。寒山诗在日本流传,也与日本的诗歌风气和诗学理论有关,寒山不住寺庙,林中游荡,所谓"三界横眠闲无事,明月清风是我家"的人生态度,与平安、镰仓、室町时代讲究"不入世浊,自显生灭,不尽名利"的"风雅"诗学观念几近吻合,发展到后来,日本的和歌俳句也都浸染了这种特征。从美学角度看,寒山诗讲究清静、空灵和哲学机锋,与讲究寂静、幽玄和物哀的日本诗歌美学观念极为接近。当然,语言也有重要关系,日本人尤其喜欢白居易和元稹,白话诗歌的晓畅易懂对于接受和流行是重要的前提。

从12世纪到16世纪,日本禅宗寺院兴起一类文学,叫五山禅林文学,简称五山文学。这类文学的书写多以文学性的禅宗语录为主,兼集诗文、日记和论说,它促进了当时日本木版印刷的发展。日本学界认为,五山文学酝酿了日本禅文化的母胎,日本著名五山诗人绝海中津有诗云:"流水寒山路,深云古寺钟。"一看就感觉是脱胎于寒山的"可笑寒山道,而无车马踪",再比如平安时代的日本和歌鼻祖西行法师,江户时代的著名俳句大师松尾芭蕉,他们的诗风里面都有寒山的影子。寒山的形象和他的作品一直都是日本文学创作的素材,譬如日本近代著名作家森鸥外就曾经写了一篇名为《寒山拾得》的短篇小说,日本文学评论界不少人认为这是森鸥外最好的短篇小说之一。

三、寒山在美国

20世纪50—60年代,世界风云变幻,美国战后新一代年轻人在经历了经济繁荣和科技进步的同时,也深切体验了二次大战以来的精神信仰失落和心灵异化,形成了所谓"垮掉的一代"。在灵魂无所皈依之际,他们试图到西方以外去寻找精神寄托,除了摇滚、毒品和诗歌,他们也迷上了马丁·路德、圣雄甘地、切·格瓦拉等人。恰好此时,以铃木大拙为代表的一代日本禅师和学者大力推动禅宗西渡,给他们带去了寒山,顿时引发一代美国青年大学生的追捧。美国著名诗人加里·史奈德(Gary Snyder)在他翻译的寒山诗集里曾描绘了当时寒山在美国的流行状况,他说,寒山和拾得等古代诗僧,"他们的卷轴、扫帚、乱发、狂笑——成为后来禅宗画家特别喜欢描绘的对象。他们已成为不朽人物。而在今天美国的穷街陋巷里,果树园里,无业游民的营地上,或在伐木场营幕中,你时时会和他们撞个满怀"。寒山的生活风范与他们是如此相像,而这可是一位一千多年前中国的写诗和尚呵!那一段时间,在美国的常春藤大学校园,常常可以看见很多留长发,戴耳环,不穿鞋,唱歌、弹吉他,拿着一本诗集到处跑的美国学生。如果你问他手里是什么诗集?他八成会告诉你,那是寒山的诗集。一个中国古代默默无闻的诗僧,竟然成了20世纪西方先锋青年的偶像,其间的文化因果关系的确很有意思。

在当时美国"垮掉一代"许多人心目中,寒山就是他们的时代偶像。尽管当时寒山的诗在欧美各国汉学界也都有翻译,比如英国、法国、德国、荷兰、比利时等,但影响最大的,还是美国。当时美国一所大学编的中国诗歌选集,李白的诗选1首,杜甫的诗选1首,陶渊明的诗选1首,而寒山的诗竟然选了24首,现在看来真是不可思议!

"垮掉的一代"有个著名作家叫杰克·克鲁亚克(Jack Kerouac),读了寒山的诗后非常喜欢,就写了一本小说叫《法丐》(*The Dharma Bums*)(又翻译为《达摩流浪者》)来描绘他与寒山的故事。Dharma 的意思就是"达摩",也是法和规则的意思;Bums 就是游民,叫化子。这实际上是一本表现克鲁亚克与史奈德之间友谊的自传体小说。在小说中作者把寒山和史奈德都视为垮掉一代的精神宗师。《法丐》一书的扉页题献上写着四个字:"献给寒山。"诸位不妨想一想,一位美国的著名小说家,将自己的小说献给一个一千多年前中国浙江台州的和尚,这样的情景意味着什么?

最有意思的是在《法丐》一书的结尾,克鲁亚克描写他独自一人爬上了高山,试图呼唤寒山,在晨雾的迷茫中,寒山终于显灵了。小说这样写道:"在群山里,我呼唤寒山的名字,没人应我。我在晨雾里呼唤寒山,——一片静默。

……忽然，我似乎看见那难以想象的中国小流浪汉立在雾里，在他风霜的脸上，是一种冷然的幽默。这不是真实生活里的史奈德，不是埋头学佛家理论的他，或者参加疯狂宴会的他；这是我梦想中，比生活更真实的史奈德；他站着没有话说。然后，他高声一叫，'滚，你们这群心贼！'把不可言喻的千川、飞瀑、岩穴都唤了下来。"

在这里，你们谁还分得清这究竟是寒山呢，还是垮掉的一代的形象？寒山、史奈德、克鲁亚克、垮掉的一代、前卫青年与古代禅宗和尚，中外古今全都融汇成了一体，成了一组含义丰富无比的文学意象。而这一意象的丰富性和复杂性，恰好在"寒山"这个命名上找到了最绝妙的象征表达。我们知道，寒山并不是诗人的真名，寒山也不是诗集的名字，寒山也不等于"寒岩"，寒山也许是他的法名，可是，又是谁给的命名呢？不知道。寒山诗曰：

人问寒山道，寒山路不通；夏天冰未释，日出雾朦胧；似我何由届，与君心不同；君心若似我，还得到其中。

这里，诗、山、人、心，早已经成了浑然一体的象征，成为可以感觉而不可以言说的"心境"，由此走向了中国诗学精神所追求的那种物我合一，主客合一，天人合一，齐物道同的美学境界。可见，一种文化苦心经营的东西，在另一种文化中似乎是本来如此的状态，中西一旦实现互为镜像的交流，许多诗学的难题在相互参照过程中便似乎可以迎刃而解。看来，千年前的中国诗僧在世界三种文化中的命运，同样可以给我们诸多的启迪呵。

好啦！到这里讲座似乎该结束了，但是寒山的故事却仍然没有结束。刚才讲的都是从唐代到20世纪的寒山事迹，进入21世纪的今天，寒山故事已经又有了新的延伸。譬如在美国，1997年有位作家查尔斯·弗雷泽出版了一部长篇小说叫 Cold Mountain，其实就可以翻译成《寒山》，该书荣获美国国家图书奖，继而被米拉麦克斯公司拍成同名电影，一时风靡，中文片名译作《冷山》，小说的中文译本也叫《冷山》，我就不太明白了，为什么不翻译成"寒山"呢？原作者弗雷泽在该书卷首明明就引用了寒山的诗句"人问寒山道，寒山路不通"嘛。

寒山在地方和民间传统文化的形象也始终在不断发展，最初只是个与社会格格不入的孤高诗人形象，慢慢地却发展成具有忍耐力和眼光长远的精神智者，从玩世酷冷的疯和尚到与拾得兄弟情深，进而升华到对爱情忠贞的比喻，成为地方"和合文化"的象征和中华民族和谐文化的组成部分。如今你到台州，特别是到天台去看看，那里的政府部门和企业家们意识到文化对于社会发展和精神文明建设的重要意义，都在大力推广以寒山拾得为代言象征的"和合文化"哩！看来，寒山的历史和现代价值还有待继续挖掘和发扬光大！

2020年7月28日，暑热中于深圳南方科技大学公寓

注：此文是本人2020年1月1日在国家图书馆"文津讲坛"的演讲题目和文字，整理后发表于2020年6月6日《光明日报》第10版全版。全文约七千字。为体现演讲原貌，修改时有意保留了演讲的行文方式和叙述语气。

生态文学与生态批评的当代价值

王岳川

最新西方文论的发展，并没有因女权主义、后现代主义、后殖民主义、文化研究不断翻新而止步。20世纪后期，西方的"生态文化"和"生态批评"理论从发生发展到逐渐推向全球，已然成为一种跨学科的新的文艺理论研究方法。当然，就理论的传承脉络而言，可以说，生态文化和生态批评不是普通的关于人与环境的文学研究，而是属于文化研究的大范围中的一个新拓展的理论领域。这主要突出表现在几个重要维度上：当代西方文论研究进入了"理论生产缓慢期"，西方文学批评理论不再是层出不穷的花样翻新，而是重新重视作为自然和社会双重身份的"世界"，表现出文艺对自然形式的模仿价值；文学批评理论研究仍未定型，仍在注重新历史、把捉政治意识形态、确定种族和性别关系中不断寻找新的审美视角和文化地基，重新确定自我理论学科形态；西方文论生产有世界性影响的大师正在减少，经典性的文论文本也在减少，当代西方文论进入所谓"理论终结"时代或"后理论时代"。

一、生态文化的发端及其现实针对性

生态理论的发端与全球化的两个重大危机相关，其一是当今世界日益恶化的自然生态危机，其二是人类精神痼疾在现代消费社会中的人文精神生态危机。这两大危机均来源于现代性的恶果。

（一）现代性文化断根和消费主义症候

所谓现代性只有短短500年，再往前的西方是"黑暗的中世纪"。其后文艺复兴运动和宗教改革运动冲击了欧洲封建教会的统治,为资本主义和科学技术的诞生开辟了道路。18世纪以来,蒸汽机的发明使西方现代性开始加速。19世纪的热力学、电磁场理论、生物进化论使得东方成为僵化的"停滞的帝国",而现代性的西方开始成为人类的"话语权力中心":照相机的发明使画家对对象的逼真描摹相形见绌,蒸汽火车和汽车改变了人们的空间感觉,冰箱和电灯改变了人们的生活和审美观,电影出现改变了人类的感觉方式和视觉方式。20世纪,飞机、通信卫星、电视诞生,电脑出现,人类登月等,更是让西方在科技、军事、经济领域获得话语霸权。现代性与科技发明和人类殖民紧密相关,短短200年就使西方成为世界霸主。

　　现代性扩张导致的东方各国的"全盘西化"浪潮,已经被百年历史证明不是东方的福音,而是人类单面化和异化的开始。人类遭遇的问题,核大战也罢,资源耗尽也罢,环境污染也罢,海啸和外星球撞击地球也罢,告诉人们一个事实,现代性到了极度膨胀会反过来毁灭人类。现代性为人们承诺美好生活的同时,又带给人们太多的生态灾难:自然生态危机、社会生态危机、精神生态危机、文化生态危机,使得森林毁灭,水土流失,河海污染,物种退化,精神失落,道德沦丧,心态失衡,形成威胁人类生存的生态大灾场。[①]面对精神生态失衡的消费主义和文化霸权主义,哲人们提倡具有文化生态意义的重回乡土感受生命大地的精神复归方式。

　　如今,除了自然生态危机以外,在全球范围内人类还制造了900万机器人,智能机器人已将近50万,根据目前技术可以在十年左右复制4000多万,他们植入的智能半个世纪以内会反过来会成为世界上一支"铁军",一旦失控就有可能危害人类。更不用说克隆人和带有人加芯片的克隆人,具有的智商有可能整体上危害人类的生存。

　　1972年,罗马俱乐部发表了关于人类危机的著名报告《成长的界限》。认为经济过热与人口增长如果不加以有效遏制,地球及生活在地球上的人类将由于环境污染和食物不足而在100年内毁灭。报告有如一石激起千层浪,全球为之震惊。其后世界各国通过裁军、放慢经济发展、控制人口增长、注重资源利用、保护环境,企图避免或者推迟人类毁灭的命运。但不堪重负的地球和人类成长极限的濒危状态并未缓解,而且有日益恶化的症候。

人类的精神生态同样遭遇到空前的危机。在西方现代性的导引下，无论是亚洲还是非洲正在走向"理论翻新时代"和"肉体体验时代"。于是，升级、突破、扩展、肉身感、消费主义就成为这代人的精神轨迹。当代人成为从旧的"经验时代"蜕变出来又仰望着"理论时代"的中间人，他们从生活话语方式、日常行为模式、当下时尚态度中，将生活娱乐化、文化流星化、生命肉身化、精神平面化。于是在一种"新新人类"的日常生活化中，改变着当代人的想象、城市的色彩和气质、周边的环境和思维演变。

消费主义不断制造人们"疯狂追新"，集中表现在接近痴迷的"升级化"上：电脑在升级，病毒也升级；邮箱在升级，垃圾邮件也升级；游戏在升级，黑客也在升级；消费主义在升级，恐怖主义也在升级；身体在时尚升级（暴走、LOMO、街舞、文身），精神却在降级（疯病、自杀率、酗酒、下半身写作）；肉体在人造升级（色发、减肥、整容），灵魂却在沉睡中降级；生活无边自由方式在多元升级，精神生态却在颓败降级。如何使升级不成为一种外在的无根的形式，使生命不成为没有价值含金量的转瞬过渡，而是真正实现人的精神和存在的生态平衡，人们还必须往深里思深里想。

消费主义生成了一种据为己有意识，永远获取最好的商品，将世界上最引人注目的世俗享受据为己有。然而，消费主义具有双重欺骗性。人们过去重幸福，现在谈自由。似乎如今每个人都能够自由地选择自己的路。只要有钱就可以选择任何属于自己购买力和升级力的物品，而使自己的生活同样升级；似乎提供了消费者的自由，就完全解决了自由。事实并非如此。后工业时代消费主义在关于福利和幸福的承诺中，设置着习焉不察的虚假命题。消费主义的欺骗在于：允诺的是一种幸福的普遍性——似乎每个人都可以自由地选择。其另一欺骗性在于它设定了一个虚假命题：一旦你提供了消费者的自由，你就完全解决了自由问题。这样自由事实上被降格为了消费，它藐视了"自我实现原则"。作为人而言的自我实现，并非物质就可以满足的。物质满足仅仅是最基本的层次，而精神的满足、身份满足和价值实现的满足更为不易。当代不少人的精神疯狂不是根源于物质的匮乏，而在于精神的空洞化和价值基因的稀释化。消费社会以最大限度攫取财富为目的，不断为大众制造新的欲望需要。在个人暴富的历史场景中，每个人都感到幸福生活就是更多地购物和消费，消费本身成为幸福生活的现世写照，成为人们互相攀比互相吹嘘的话语平台。针对消费主义生活的名牌崇拜、消费中心主义、喧哗与贪婪等问题，人们开始反省生命生活的意义，体认到信息时代的生活是智者引导的"复杂生活"，它不能使人灵肉和谐，而只会让人丧失灵魂。

这一图景将这样的当下呈现在眼前：当代科技、城市空间、日常生活的巨大变化使当代人的感知方式、价值观念、行为模式、交流方式、身体权利、生死问题、虚拟空间和普遍伦理发生了重大的断裂和出位。今天的"网络化"的语言粗俗以及"闪族"的不期而至，使得当代图景更为扑朔迷离。在电脑时代肉身体验范围逐渐变小，其他感官功能日益荒废的情况下，肉体感觉往往只好通过非正常的途径获得。这种青春身体感，代表了对传统的完全抛弃和对自己另类自由生活的无边张扬。今天的升级时代，这个庞大的教育机构和艺术文化机制，已经很难阻挡青年人的所做所想，因为他们坚信两条：一是另类自由，二是无边自由。

其实，西方人在现代性的弊端中已经认识到"竭泽而渔""杀鸡取卵""急功近利"的种种危害，已经开始自我反思并迷途知返——标举"生态文化"。这意味着在现代性弊端的清理中，西方哲人们开始重视人性的深度拓展和文化精神的提升，并坚信生态学的自然环境出现了问题必须修正。在20世纪末21世纪初，西方出现了一个新动向——拆除大坝。1994年，美国垦务局宣布："美国的水库时代已经结束了。"1997年3月，来自全球反水坝运动的民众齐集巴西的库里替巴城，发起巴西反大型水坝行动并发表库里替巴宣言，标志着全球人民反水坝、支持保护河流生态及水资源可持续利用行动的一个里程碑。根据国际大坝委员会1998年到2001年对全球200多个大型电站作的调查，总结出一些负面影响：全球水坝造成了4000万—8000万移民，使当地社区相对贫困化，大坝造成生态系统的消失，而且使当地土著文化消失。可以说从建坝到拆坝，人类遭受到第二次自然的报复，开始意识到应该悬崖勒马。

（二）直面人类自然生态危机和精神生态危机

在我看来，生态文化问题是一种跨学科的人类与自然的命运考辨，是人类反思自然生态后进而开始反思文化生态。这种生态自然观使得西方人在现代性问题上意识到不能再盲人骑瞎马了，反身而诚开始研究生态文化、生态哲学、生态美学、生态艺术。这意味着被现代性所打压的传统艺术应该重新加以评估和阐释其人类心灵价值。

现代性包括"制度现代性"和"审美现代性",这两种现代性总是发生对立和分裂。"制度现代性"使人不断异化。过去创造一个螺丝钉,从铸铁开始到做成大抵是一个人完成。人在最初蓝图到最后产品的实现中,体现了创造的完美性。但现在就像卓别林《摩登时代》那样,人一辈子被分工化为只能拧一颗螺丝钉,人只是现代性大生产线中的一个环节,人被"异化"了。在制度现代性中人"异化"后,艺术的审美现代性不愿意跟着"异化",就开始反抗"异化"。于是,审美现代性以揭露反抗"异化"为其纲领,其反抗方式是把艺术"审美"转变为"审丑"——不愿意看到过去的艺术歌颂田园生活的美好,而将艺术变成了"反抗"的艺术——艺术表征出来的形态比生活形态更加丑陋:立体派画的人已然成了三只眼睛,蒙克《呼号》中人站在桥头惊恐至极以至于眼睛脑袋都大为变形,"野兽派"绘画在变形夸张中表现出对战争的恐惧和对未来的恐惧,一切都是丑陋的!

传统审美是"天人合一"中的和谐之美,不管是西方的艺术还是东方的艺术,不管是古希腊的艺术还是先秦的艺术,或者是文艺复兴时的艺术,大都是张扬美的艺术。人们惊叹于《维纳斯的诞生》《蒙娜丽莎》《伏尔加河上的纤夫》的精妙,感动于巴赫、莫扎特、贝多芬音乐的纯粹。但到了现代性艺术——如本雅明所说"悲悯性"艺术、马尔库塞所说"反抗性"艺术时,西方艺术突然蜕变为"丑":绘画和音乐进入现代性以后,变成了非常刺目刺耳的不和谐形式。究其原因,就在于马尔库塞的"艺术不再是审美,艺术变成了反抗"。

应如何看待西方现代文化好的方面并警惕"丑"的方面呢?如果把所有艺术弄得脏乱差是否可以呢?当然不可以!因为这除了游戏和作秀之外,没有更多的新思想诞生,没有对整个西方文化史和艺术史走向的准确定位。我们不应该跟在西方后面迈上这条不归路,而应该用生态文化精神去重新审视世界艺术的未来发展的可能性,一方面要求自然生态平衡,另一方面要求人的精神生态平衡。

生态文化美学必须重新构造简单生活方式。因为消费主义"身体"扩张与全球同质化潜在逻辑,使整个世界的消费主义日渐明显。反对消费主义、张扬绿色生态生活方式的人认为：现代化或现代生活不是高楼、汽车、病毒、荒漠、沙尘暴，真正的优质生活不需要太多人工的雕饰和过剩的物质炫耀。如今西方许多人已经认识到"拼命生产、拼命消费"生存方式的弊端，中产阶级中更悄然兴起了"简单生活"——把家搬到乡村，自钉木板房，不使用过多电器，挣有限的"薪水"，充分享受大自然中的空气、阳光。社会学家认为：这种返璞归真、回归自然、"少就是多"（less is more）的"简单生活"，在21世纪必将成为一种普遍的风气。也许，简单的生活，简单的消费，也就是像托尔斯泰晚年素朴的生活一样可能会重新呈现出精神的魅力。

我坚持认为，东方思想东方经验的缺席是人类的败笔，东方经验的和谐性和东方话语的包容性，可以纠偏西方现代性的单边主义和消费主义，平等地向全球播撒自己的有益经验并造福人类。东方尤其是中国文化中思想精髓，如绿色和谐思想、辩证思想、综合模糊思想、重视本源性和差异性的思想、强调"仁者爱人"等思想是中国思想对西方的一种滋养或者互动。与现代性强调人对自然的征服和最大限度地榨取剩余价值的经济学完全不同，在"后东方主义"时期，具有东方思想的生态美学和生态文化正在化解人和他人、人和自己、人和自然的冲突。由此，我们就不难理解为什么海德格尔晚年要关注老子《道德经》中的中国思想？为何罗兰·巴特要纵论日本的俳句、书法和天皇在东京中心虚位问题？为什么德里达要到中国大谈"宽恕"问题和中国文化现象？为什么赛义德在病榻上对遥远的东方中国如此神往？是什么使他们对东方发生了兴趣？除了东方经济的重新崛起以外，当然是文化"差异性"。差异性文化使得西方一流思想家开始了对"东方"的全新关注。

（三）生态理论的发生与发展

面对现实的自然生态和精神生态危机，生态文化应运而生。作为学术史的生态文化理论诞生于何时呢？学术界尚无定论。

"生态学"一词，是由希腊语 oicos（房子、住所）派生而来，最早出现在德语中，即 die Ökologie，英语为 the ecology。生态主义并非横空出世，其思想渊源与18世纪的浪漫主义运动有着分不开的关系。1854年美国作家梭罗在《瓦尔登湖》中阐释了自己的人与自然和谐的观念。他从生态平衡的角度反对喧嚣的城市，而赞美树林和溪流的自然世界。

1866年德国动物学家海克尔在《生物体普通形态学》中,阐述了动物植物关系演化的系统树,认为精神与物质应该和谐统一:"我们把生态学理解为关于有机体与周围环境关系的全部科学,进一步可以把全部生存条件考虑在内。"生态学是作为研究生物及其环境关系的学科而出现的。随着这一学科的发展,现代生态学逐步把人放在了研究的中心位置,人与自然的关系成为生态学关注的核心。这一说法应是生态理论的滥觞。

一般认为,1970年在西方兴起的"生态主义"(Ecologism)开始了生态文化的艰难历程。生态文化和生态批评出现,就是在这样一个大背景下开始的。相对于其他西方文论而言晚出的"生态批评"(Ecocriticism),一旦出现就在世界上迅速引起人们的理论兴趣,并不断加强这一理论的世界化进程。西蒙·C·埃斯托克(Simon C. Estok)认为,生态批评的诞生因为视角不同而有三个不同的日期:作为文化术语的"生态批评"最初由威廉·罗依克特(William Ruekert)1978年发表的文章"文学与生态学:生态批评的实验"提出,但是并没有引起人们重视;十五年后的1993年,帕特里克·墨菲创办《文学与环境跨学科研究》杂志,以其重量级的话语权力,重新阐释生态批评的重要性,引起广泛的关注和响应,标志着生态批评学派的逐渐形成,但是还没有学派的纲领和正式理论出版物;1996年切瑞尔·格罗特菲尔蒂、哈罗德·弗罗姆编《生态批评读本:文学生态学的里程碑》和劳伦斯·布依尔的《环境的想象》的出版,生态批评终于有了自己的理论纲领和重要的美学原则,并在学术界引起深度关注与研究,并不断在辩论中走向成熟的体系构架。

可以说,20世纪60年代以来,生态哲学(Ecophilosophy)、生态神学(Ecotheology)、生态政治学(Ecological politics)、生态经济学(Ecological economics)、生态人文主义(Ecological humanism)、生态女性主义(Ecofeminism)、生态文学(Ecoliterature)、生态艺术(Ecological art)、生态社会学(Ecosociology)、生态伦理学(Ecological)、生态人类学(Ecological anthropology)、生态心理学(Ecological psychology)、生态批评(Ecocriticism)、深生态学(Deep ecology)等研究领域如同雨后春笋,人们在西方文论的"高原平台期"中又发现一个新的研究角度——去掉人类中心主义,坚持自然中心主义,以人与自然的和谐共处作为生态理论的基本法则,以此消除人类沙文主义僭妄的生态批评。

与以前相比,"生态"一词体现出鲜明的价值倾向性和实践意味,"生态"一词所蕴含的人文精神含义更为深厚。生态哲学把对自然生态危机的根源追溯到现代文明的人类中心主义、二元对立思维模式上,将自然科学研究所提供的生态思维和生态方法渗透到人的世界观和生存体验中,努力把生态精神培育为一种通向全新文明前景的思维方式、价值基础、精神信仰和文化观念。总之,今天的生态文化运动已经变成了一场自然科学研究成果与人文思考相结合、理论研究与实践行动相结合、对现代文明的批判反思与对一种更加健康完善的新文明的建设性思考并重的文化运动。

与其他的西方文论突显形而上理论思辨性不同,生态理论是一种直面人类现实处境的实践理论。生态批评家大都反对雅克·德里达《文字学》"文本之外一无所有"的文本中心主义看法,坚持认为:语言或文本的存在仅仅是实体世界的文化表征,并不能说明物质世界无足轻重,文本之外的重要东西多不胜数,怎能说一无所有?贝特认为:"后现代主义宣称一切尺度都是文本尺度,生态诗学则主张我们必须牢牢把握一种可能性,即某种被称为诗歌的文本尺度可以使我们回忆起人类最古老的知识:没有大地尺度,我们就不复存在。"生态理论反对当代理论陷入"语言唯心主义"或"文化主义"的陷阱之中不能自拔,致力于将人类面临的现实危机和当下困境揭示出来,走出"语言的牢笼"的自我画地为牢,超越语言文本的心造幻影,关注时代的困境。莱德菲尔德在《塞来斯廷预言》和《第十种洞察力》中强调:现代社会的腐败和贪婪是物质中心化和精神边缘化的人性异化造成的,腐败源自整个世界物质主义弥漫的"有所企求"的贪欲,人们缺乏精神超越维度而处于现实欲望难平的浮躁焦虑中,这一系列现代文明病症导致了人类的整体精神失衡。一言以蔽之,西方人在近400年走上了文化偏执歧途,仅仅关注经济发展和消费水准,这种的严重文化偏执症,导致人痴迷于物质增长而丧失人性深度和人文厚度。当然,这些尖锐的批评,在西方马克思主义的文化批判中也是屡见不鲜的。

二、生态文学的特征与价值取向

生态文学是生态文化重要组成部分。生态文化在其制度形态层面被边缘化,如环境问题很晚才进入政治思考和环境保护制度等方面,注重保护物质生产的技术形式转变、能源形式转变,以及人类生活方式转变的生态场景,尽量不使其恶化;生态文化在精神形态层面,努力促进环境教育、科技发展生态化、生态哲学、生态神学、生态文学、生态艺术等领域的发展。

人类文明自从有文字记载以来已经有数千年的历史,而地球上的人类总数从最初的两千万发展到70亿,而已经长眠于地的人已经有百亿之众,与人类同存的其他物种大部分已经灭绝,一部分正在加速地消逝。面对这一惨烈的世界性场域,人类思想者在20世纪后期终于打破了西方传统人类中心主义世界观,在张扬生态文化中力求唤起全球性生态意识的觉醒。可以说,生态文学以注重人与自然的和谐和提倡自然中心主义反对人类中心主义为旨归,其文学特征在于以生态思想和生态视角为出发点,将以自然为本的文学和以人为本的文学相并列。哈佛大学教授布伊尔认为:生态文学是"为处于危险的世界写作"的。生态文学在某种意义上为人类防止人类生态灾难亮起了红灯,是全球化时代作家对地球命运的严重关注和无限忧虑在创作中的呈现,也是面临世界危机的人类生态价值自省。

其实,在海明威的《老人与海》中,人类中心主义表现得非常突出:"人"与"自然"的对立是构成故事的动机和基线,这一层次的关键是显示了杀戮和斗争是宇宙的根本规律。海水里,海母被海龟吃掉,而至弱的海母也能喷射毒汁捕获自己的战利品;海面上,老人捕马林鱼,鲨鱼撕咬老人的捕获品,老人尽全力搏斗:"老头儿对准鲨鱼的扁平的脑顶中央扎去,然后把刀子拔出,又朝同一个地方扎了一下。它依旧闭紧了咬住鱼,于是老头儿再从它的左眼上戳进去,但它还是缠住死鱼不放。老头儿又把刀子扎进它的脊骨和脑子中间去。这一次戳进去很容易,他觉得鲨鱼的软骨断了。……但它们是成群结队来的,他只看到它们的鳍在水里划出的纹路,看到它们扑到死鱼身上去时所放出的鳞光。他用棍棒朝它们的头上打去,听到上下颚裂开和它们钻到船下面去咬鱼时把船晃动的声音。凡是他能够感觉到的,听见的,他就不顾一切地用棍棒劈去。他觉得有什么东西抓住了他的那根棍,随着棍就丢掉了。他把舵把从舵上拽掉,用它去打,去砍,两只手抱住它,一次又一次地劈下去,但是它们已经窜到船头跟前去咬那条死鱼,一忽儿一个接着一个地扑上来,一忽儿一拥而上,当它们再一次折转身扑来的时候,它们把水面下发亮的鱼肉一块一块地撕去了。"海明威通过人与非人的对立,指明现实与自然、人与物的关系是互相杀戮的关系,没有强者,也无所谓目的。但到了最后,老人用生命换来的鱼,成了白骨空架,成了飘飘荡荡的垃圾,这宣布了老人的失败。无论人做出了多么惊心动魄的努力,在宇宙规律之中都显得渺小而不值一提,而且,将在潮水(喻时间)的冲刷下,化得无影无踪。这里隐含着这样一个潜在话语——人类是万物的主宰,可以对天地万物加以征服改造。然而,面对着大自然生态环境的惨遭破坏,以及自然加倍地报复,人们感到了巨大的生态压力和生态焦虑。人们看到所谓的现代性的全球"进步",带来的却是人类无尽的苦难和这颗星球不堪重负,于是,征服自然和杀戮的英雄主义逐渐让位于人与自然的和谐相处。

在我看来,所谓生态文学主要是指那些敏感地对现代世界生态危机加以揭示,对其人类中心主义价值观加以批判,对导致生态危机的现代文明加以反省的作品。生态文学并不将人类看成自然界的中心,也反对将人类的利益作为自然价值判断的绝对尺度。他们从一次次生态灾难的恶果和今后数不清的生态危机预警中体察到,只有将包括自然和精神的整个世界生态系统的整体利益作为人类未来终极前提和最高价值,人类才有可能有效而全面地消除威胁人类存在的生态危机,从而重新获得调整的、有利于人类的长远利益或根本利益的和谐生存的地球。

在生态文学领域,有广义的生态文学作品,即那些通过具有生态文化意识的传统文学作品,如梭罗《瓦尔登湖》、华兹华斯《序曲》、托马斯·哈代的威塞克斯系列小说等。这类作品并未直接提出"生态"这一关键词,甚至也没有将生态危机的后果推导到令人吃惊的程度,但是作品中不乏人与自然相交融的生命和谐意识,不乏对人与自然疏离对立的现代文明的深度批判;狭义的生态文学作品是作家有鲜明的生态文化立场,前卫地反思人与自然的关系,直面现代性生态危机而发出自己的批判之声,如雷切尔·卡森的《海的边缘》《寂静的春天》②、苏联作家艾特玛托夫的《白轮船》、美国小说家博伊尔的《地球之友》、日本女作家加藤幸子的《都市中的自然》和《森林的诱惑》等。

在生态文学的视野中,人类不仅与自然相分裂,人也与自我和社会相分裂——如今肉身沉重,而灵魂轻飘,似乎只要肉身安定了,让灵魂飘逝也无所谓。我们可以从俄国女作家拉祖莫斯卡娅的著名戏剧《青春禁忌游戏》中获得启示:在一个风雪交加的夜晚,四个即将毕业的高中生到老师家为她庆祝生日。他们唱起了生日歌并带来了生日礼物和祝福。然而当几个孩子表明了他们真实目的——考试成绩很差而想拿到老师手中的保险柜钥匙调换试卷,女教师在震惊中加以拒绝,明白了自己所信仰的教育已经完全失败,孩子们可以撕下面具为达到自己的目的而不择手段。为了彻底从精神上击垮老师,学生们开始了丑陋的表演:喝酒、甩东西、嘲笑真理和良心、讥讽女教师的处境,男学生竟然当着女教师的面假装强暴女学生。女教师的精神防线崩溃了,她意识到整个俄罗斯教育其实培养的是一群自私自利的小市民,在这场搏斗中她唯一凭借的是人类的起码良知,可是这太单薄了。为了阻止强暴女学生,她交出了钥匙并把自己锁进了卧室。老师的悲伤欲绝使其他的三个孩子突然醒悟,他们把钥匙挂在了女教师的卧室门口。天亮了,他们发现女教师已经吊死在卧室中。这一悲剧震撼人心!可以说,当代教育的失败、精神的无所依、价值的漂泊感和金钱至上主义,是因为现代性在强调金钱、速度和时间的同时,抛弃了人类赖以生存的诗意大地和精神拯救维度所致。

生态文学发出的是人类"诗意地栖居"的心灵诉求,其中心维度要把握的是人类与自然的互动生成关系,考量自然如何影响人的生存和心灵。就生态文学创作而言,注重生态哲学的深度思考,加深生态文化的审美体验,获得正确的生态价值判断,探索人在世界中重获"家园"感的新感知方式;就生态文学的作品构成而言,注重文本中的自然中心主义和人与自然的和谐,通过文本叙事加强人在生态人文方面的素养,在叙事文本的引导下探索走出全球生态危机的可能性,在文本的价值反思中获得生态文学意味对人的心灵的再塑造;就生态文学阅读而言,强调通过阅读提升人在自然母体中生存的内在精神世界观,对自然的颓败和地球的困境有感同身受的危机感,获得正当的生态思维和家园感并激发其热爱生命的天性,恢复人的精神世界和自然关系的内在和谐。"我们在阅读文学作品时,对于文本中揭示的调节人与环境相互作用的复杂机体可以有更新的理解。具有环境意识的文学研究提供了一个更加深广的机会,带着对自然之声的新鲜敏感去阅读文学作品。"③可以说,生态文学的创作和阅读的关键,是对人的自我狂妄的中心思维模式的重新调节,进而向生态中心世界观的不断迈进，获得对非人类生命形式和物理环境的全球整体概念的正确审美感知。

生态文学的特殊性在于，它是人类与自然从对抗—征服—报复的恶性循环中走出来，人与自然重新摆正位置的诉求在文学形式中的表达。不少生态文学作品预测了人类的苦难未来和走出困境的可能性，在生态文化预警中展示人与自然重新融为一体的"远景"，力求回归自然以逃避未来生态灾难和人类毁灭。因此，生态文学不是一般地描写自然风光中人与自然的闲适感，而是从文学文本中空前地凸显人类的重大困境，并对这种危及人类整体未来的困境加以审美解答，进而超越对具体问题的思考而直接深入到对智慧的深层关注中去，激发起人类与非人类的自然世界联系的内在情感，寻找人类与自然重归于好的和谐世界的新途径，探索人与自然发展的互惠型的人类自然新伦理。

三、生态批评的发展与基本特征

生态批评是一个言人人殊的话语体。大多数人认同彻丽尔·格罗特费尔蒂(Cheryll Glotfelty)的定义："生态批评是探讨文学与自然环境之关系的批评。"生态批评家们关注到现代化造成的生态破坏及温室效应已经引起了全球生态恶化，这种恶化的严重程度已经威胁到人类生存环境和未来发展。于是强调一方面从生态文化生态文学角度进入文学研究，另一方面从文学审美经验角度对遏制生态恶化获得生态平衡达到人类的可持续发展加以深度阐释，已然成为文学思想家和文学创作家在全球化时代必得担当的历史使命。

一般认为，"生态批评"这一概念由美国学者威廉·鲁克尔特 1978 年首次提出，他的《文学与生态学：一次生态批评实验》一文在《衣阿华评论》1978 冬季号上刊出，以"生态批评"概念明确地将"文学与生态学结合起来"。1992 年，"文学与环境研究会"在美国内华达大学成立。1994 年，克洛伯尔出版专著《生态批评：浪漫的想象与生态意识》，提倡"生态学的文学批评"(ecological literary criticism)或"生态学取向的批评"(ecological oriented criticism)。1995 年在科罗拉多大学召开了首次研讨会，会议部分论文以《阅读大地：文学与环境研究的新走向》为书名正式出版(1998)。其后，生态批评的著作有如雨后春笋般充斥文论界。④

1996年美国第一本生态批评论文集《生态批评读本》由格罗特费尔蒂和弗罗姆主编出版,其宗旨在于"分别讨论生态学及生态文学理论、文学的生态批评和生态文学的批评",使得生态批评更具有文学批评的特征和范式。在导言中格罗特费尔蒂(Cheryll Glotfelty)给生态批评加以定义:"生态批评研究文学与物理环境之间的关系。正如女性主义批评从性别意识的视角考察语言和文学,马克思主义批评把生产方式和经济阶级的自觉带进文本阅读,生态批评运用一种以地球为中心的方法研究文学。"

1998年英国第一本生态批评论文集《书写环境:生态批评与文学》在伦敦出版,分生态批评理论、生态批评的历史、当代生态文学三个部分。这本由克里治和塞梅尔斯主编的著作认为:"生态批评要探讨文学里的环境观念和环境表现。"

1999年夏季的《新文学史》是生态批评专号,共发表十篇专论生态批评的文章,2000年出版的生态批评著作主要有默菲教授主编的论文集《自然取向的文学研究之广阔领域》,托尔梅奇等主编的《生态批评新论集》,贝特的《大地之歌》等。2001年,布伊尔出版了新著《为危险的世界写作:美国及其他国家的文学、文化与环境》,麦泽尔主编出版了《生态批评的世纪》。2002年年初,弗吉尼亚大学出版社隆重推出第一套生态批评丛书:"生态批评探索丛书"。美国的格伦·洛夫于2003年末出版《实用生态批评》、英国的格雷格·加勒德于2004年8月出版《生态批评》。

对"生态批评"的定义,言人人殊,难有定论。米歇尔·P·布兰奇等人在《阅读大地》中说:"隐含(且通常明确包含)在这种新批评方式诸多作为之中的是一种对文化变化的呼唤。生态批评不只是对文学中的自然进行分析的一种手段,它还意味着走向一种更为生物中心的世界观,一种伦理学的扩展,将全球共同体的人类性观念扩大到可以容纳非人类的生活形式和物理环境。正如女权主义和非裔美国文学批评呼唤一种文化变化,即通过揭露早期观点的狭隘性而努力促成一种更具包容性的世界观一样,生态批评通过考察我们关于自然世界之文化假定的狭隘性如何限制了我们展望一个生态方面可持续发展的人类社会的能力而呼唤文化的改变。"

哈佛大学英文系教授劳伦斯·布伊尔(Lawrence Buell)在其著作《环境想象:梭罗、自然书写和美国文化的构成》中将生态精神贯穿到文学和文学理论更为深入的层面里。在这部堪称"生态文学批评的里程碑"的著作中,布伊尔将矛头指向了20世纪以来文学和批评中的一个主要倾向:对真实世界的指涉维度的丧失。⑤布伊尔认为:生态批评通常是在一种环境运动实践精神下开展的。换言之,生态批评家不仅把自己看作从事学术活动的人。他们深切关注当今的环境危机,很多人还参与各种环境改良运动,他们还相信,人文学科,特别是文学和文化研究可以为理解及挽救环境危机做出贡献。生态批评是跨学科的。宣扬美学上的形式主义或是学科上的自足性是成不了生态批评家的。生态批评从科学研究、人文地理、发展心理学、社会人类学、哲学(伦理学、认识论、现象学)、史学、宗教以及性别、种族研究中吸取阐释模型。其结果显然是在不同的生态批评家之间产生了方法论上的巨大差异。随着生态运动的壮大,"生态批评"这一术语的含义也越来越复杂。起初使用它的是研究自然写作及自然诗歌的文学学者,这些作品着眼于非人类世界及其与人的关系。与之相应的是早期的生态批评家的理论假设也比今天简单。比如,许多早期的生态批评家强烈反对现代文本性理论,并宣称生态批评的核心任务是要强调文学应该使读者重新去与自然"接触"。

大致上可以说,"生态批评"是从文学批评角度进入生态问题的文艺理论批评方式,一方面要解决文学与自然环境深层关系问题,另一方面要关注文学艺术与社会生态、文化生态、精神生态的内在关联。生态批评关注文本如何拒绝、展示或者激发人类热爱生命的天性:"集中在生命进程或者类似生命进程中的内在人类倾向,激发起我们与非人类的自然世界联系的想象和情感。在宗教信仰带来的安全感、现代性的焦虑、后现代的碎片与混乱之后,作家们开始探索人类归属世界的新途径,探索在我们与自然之间发展一种谨慎而互惠型伦理的新途径。因此,生态批评的一个重要驱动力就是定位、敞开并且讨论这种表现在文学形式中的渴求。"⑥生态批评运用现代生态学观点考察文学艺术与自然、社会以及人的精神状态的关系,同时运用文学想想叙事手段透视生态文化,探索人在世界中的诗化生存状态,思考人、自然、艺术与批评三者关系——对人与自然征服与报复关系的反思,对生态艺术批评的人文原则的确定,对现代主体中心问题和多元价值新构造的推演。正是在这一点上,我同意《阅读大地》的编者所说的:"具有生态敏感性的文学批评的一个重要作用就在于它具有一种潜能,推动人类全体成员培养起更加深厚的生态人文素养。"⑦

在我看来,生态批评有以下几个基本特征:

第一,生态批评以研究文学中的自然生态和精神生态问题为主,力求在作品中呈现人与自然世界的复杂动向,把握文学与自然环境互涉互动关系。生态批评在文学批评中使用频率增加而范围不断扩大,因而生态批评已经作为文学理论的重要术语收入西方文论术语词典。

第二,生态批评亦可从生态文化角度重新阐释阅读传统文学经典,从中解读出被遮蔽的生态文化意义和生态美学意义,并重新建立人与自我、人与他人、人与社会、人与自然、人与大地的诗意审美关系。

第三,生态批评对艺术创作中的人的主体性问题保持"政治正确"立场——既不能有人类中心主义立场,也不能绝对地自然中心主义立场,而是讲求人类与自然的和睦相处,主张人类由"自我意识"向"生态意识"转变。人类与地球是共存亡的生命契合关系,人类不再是自然的主宰,而是大地物种中的一员,与自然世界中的其他成员生死与共。

第四,生态批评将文学研究与生命科学相联系,从两个领域对文学与自然加以研究,注重从人类社会发展与生态环境变化角度进入文学层面,从而使生态批评具有了文学跨学科特性。生态批评是人类面对生态灾难之后的文学反思,是文学艺术家对人类在地球的地位的重新定位,是思想家对西方现代性弊端的重新清算。

第五,生态批评在对生态文化现象进行观照时,承继了绿色革命的意识形态,强调不能背离文学精神和文学话语,而要尽可能在文学文本形式和艺术手法层面展开话语叙事,通过"文学性"写作的形式美手法去体现出生态文化精神。

第六,生态批评的内容要求从生命本质和地球的双重视野中,考察人类的过去与未来存在状态。这一视角将已经流于形式主义的文学研究与危机重重的地球生存问题联系起来。文学从此可以抛弃形式主义的文字游戏,从语言消解的各种文学批评话语中振作起来,重新审视"人类的"生活意义和"世界的"生态意义。

总体上看,生态批评将文学与自然环境的关系作为自己研究的领域,它一方面必须是"文学性"研究,另一方面又必须触及"生态性"问题。这种"文学性"与"生态性"的整合不同于其他的文学批评或文学理论。生态批评对人类未来充满希望,并不断呼唤着诗意乐观的生存态度,拒斥"对未来的绝望",从而显示出生态批评的乐观主义精神特质。

当然任何一种新的理论出现,都有不完备乃至理论盲点,生态批评也不例外。这种新的批评模式在文学界引起广泛关注的同时,也得到社会的广泛批评。达纳·菲利普斯在《生态论的真相》一书中对生态批评提出若干异议,认为生态批评是旧瓶装新酒,理论上没有什么创新,而是用时髦的术语哗众取宠而已;生态批评仍没有形成自洽的理论体系,其理论根据的匮乏使之只不过成为激情的叙述话语;生态文学批评充满野心,想当然地把相当复杂的进化论及生态理论纳入文学批评之中而难以消化。但不管怎么说,生态批评仍从西方文论的"文本喧哗""话语游戏"中走出来,开始俯身生养死葬的大地,直面并关心人类存在的真实困境,这是不可否定的事实。

四、深生态学的理论张力与价值

生态文化理论发展,使得人们不仅注意文学与生态的表层关联,而且注意到表层下面掩盖的深层问题,[⑧]德国学者施韦兹(Schweiter,1875—1965)和美国学者泰勒(Taylor)提出的"尊重生命"理论,将人的道德范围从有感觉能力的动物扩大到了所有生命物。美国学者莱奥波德(Aldo Leopold,1887—1948)的"大地伦理学"则将道德主体的范围从个体生命物扩大到了生态系统,大地被看成人类生存的不可毁弃的整体系统。这种系统整体意识为深生态学的诞生提供了地基。[⑨]其后,"深生态学"应运而生。

(一) 深生态学的发展

"深生态学"(Deep ecology)的概念为挪威哲学家奈斯(Arne Naess)1982年首次提出,后来以访谈的形式出现在《十个方向》一书中。[⑩]奈斯认为,深生态学的核心是从人类精神史的深层生存视角出发提出人类何处去的关键问题。

"深"与"浅"相对,意味着在人所不明或为人忽视的地方,才是真正需要拷问和挖掘的场域。⑪这样"深生态学"就触及现代性弊端中最核心的问题——科学技术的发展更使人在自然面前巨人化,自然从人的平等共处中剥离出来,处在被人类征服蹂躏强制的弱势地位。作为宇宙主宰的人,自感大大优越于自然,在人定胜天的狂妄中肆无忌惮不计后果地盘剥自然。自然在人类现代性的掠夺下危机四伏——海洋过度捕捞、沙漠迅猛扩展、森林覆盖率下降、淡水资源严重匮乏、物种加速灭绝、城市空气污染等。直面大难临头的世界性生态危机,使人终于认清了自己的浅薄和贪婪。深生态学呼吁切实抛弃"人高于自然"的中心主义等级观念,而提倡人与其他物种"众生平等"的观念,遏制为了个人的贪婪而将地球引向毁灭的境地,从而挽救地球生态和人类未来。唐纳德·沃斯特认为:"我们今天所面临的全球性生态危机,起因不在生态系统自身,而在于我们的文化系统。"这种从社会文化的角度探讨生态问题的思路,已经成为生态文学创作者的文化共识。⑫

当代西方的困惑在于,这种商业文化、海洋文化、竞争文化、斗争文化遭遇到很大的问题。最近美国副总统戈尔在电影 *An Inconvenient Truth* (2006)触目惊心的叙述画面中,展示人类在现代性浪潮中遭到空前危机:生态危机、瘟疫层出、温室效应、南北极正在融化,文明最终在人类无止境的现实竞争和消耗资源中正走向自我毁灭。联合国提出三个1‰,指出有三种病百人中就出现一人,包括精神病1‰、自杀率1‰、艾滋病1‰。⑬今天的学者诗人似乎少有思想家诗人灵魂的痛苦,自然科学中心主义将人文科学的人文关怀边缘化!只有意识到现代性的危害,由穷奢极欲回到尊敬山体,敬畏水脉,爱护地球,和谐公平,这样人类未来才有美好的可能。

比尔·戴维尔(Bill Devall)在《深生态学》中认为:今天需要的则是将生态思维拓展到"生态智慧"中去。智慧这个词来自古希腊,它关系着伦理、准则、实践。生态智慧,或者说深生态学意味着从科学向智慧的转向。深生态学有以下特质:

第一,拒斥人类中心主义的狂妄,质疑西方伦理传统的人是万物之主的霸权观。重视资源保护与发展运动、动物权利与动物解放运动、人道主义哲学等哲学领域中的改革,并从生态学视角指出这些运动中存在的人类中心主义的不足,坚持应逐渐唤醒民众的生态意识。

第二,深生态学基本原则和理论构想是:"深生态学的基础是构成生态意识对我们自身与自然的直觉与经验,政治以及公共政策方面的立场都从这种意识中自然而然的流淌出来。"它的两个最重要的原则是"自我实现"与"建立在生态中心基础上的平等"。应该用生态中心主义取代人类中心主义,整个世界系统的价值应重估,应摆正自己在地球上的位置。

第三,对世界各种生命形式不分轩轾地加以认同。平等看待所有生命和自然,所有其他生命存在的利益与自己的利益既相关又相依。自然并不与人类利益相冲突,关怀自然是人类个体自我实现的一部分。

第四,发展生态乌托邦理想是人类进行环境教育的重要部分。生态乌托邦为人类提供了一个无法完全实现却让我们始终保持理想的所在,进而培养一种能够理解"自我与他人以及世界的不可分割的联系"的健全人格,实现人的内在自然(心理)与外在自然的和谐。

第五,对工具理性加以批判,强调用精神启蒙或艺术诗意表达的人文理性取代工具理性,从而提升生命质量和精神存在价值。

第六,深生态学不是抽象理论游戏,而是要在社会文化的实践行动中发出真实的声音,人们可以通过根据深生态学理论展开实践行为而变成更加成熟健全的人。[14]

(二)深生态学的现实语境

其一,现代以来,人类文化遭遇到空前的精神困境。这种困境说明东西方危机的表层是人与环境的自然生态危机,而深层是人的危机、情怀的危机和艺术的危机。在二十世纪五十、六十年代兴起的后工业社会所带来的后现代文化,使西方"现代性"遭到质疑。随着人类知识的空前膨胀,科技的霸权和扩张导致了现代性合法化危机。这一状况反过来深刻地规范着人类的心理机制和行为模式,导致一种反文化、反美学、反文学的极端倾向。生命的意义和艺术的深度同时消失,消费意识的渗透使自然与人类意识这两个领域日益商品化,进而,高雅文化与通俗文化的界限逐渐模糊。哲人们为了救赎几近窒息的心灵,解放被榨取殆尽的生命,开出的药方竟众口一词:以艺术之气韵给生命以血性,以艺术之意境提升人生的境界,使之摆脱物欲,重返精神家园。

于是，艺术灵性成为诗人哲人追求的目标。正唯此，海德格尔要人们转变向外求索的欲望，凝神静思，体会诗哲的灵魂感受着的愁绪，使自己成为趋近诗思的人。这种强调诗意的倾听和本质直观的方式，就是以有限的生命把握人生意义和价值。只有尽心澄情，才能存神见道。这一观点对西方艺术美学影响重大，其后阿多诺、布洛赫、马尔库塞都相当重视通过人的感性审美生成去解救人们被遮蔽的心性。

人过分追逐外在目的，往往不期然地使自己沦为可怜的"手段"。生态美学重视艺术对灵魂的提升功效。因为美和艺术把未来的理想先行带入历史现实，艺术积淀着人类远古无意识，并从一个更高的存在（道）出发，召唤人们进入审美境界，从纯审美中规范现实向纯存在转换。以艺术之清泉洗涤世俗之尘埃，在宁静的蕴涵中包孕着对人生和世界的一往情深，既超出现实又诗意地返回人生，这就是人与艺术精神的内在契合，或许也是人的超越性的本真写照。就此，比尔·戴维尔认为："深生态学努力发展个体、社会和所有自然之间的一种新的平衡而和谐关系。它可以从根本上满足我们的深层呼唤：忠诚于并且信任我们的直觉；勇敢的采取直接行动；怀着愉快的自信与感觉的和谐共同舞蹈，这种感觉的和谐是通过与我们身体的节奏、流水的节奏、天气和季节的变化、地球上所有生命的过程的自发而富有游戏精神的对话而被发现的。"⑮可以说，深生态学力图通过重新陶冶出具有生态意识的个体从事文化更新工作，从根本上铲除导致生态危机的现代文明的病根。

其二，人的断片化使得"精神生态"出了问题。

今天，在全球语境中探讨人在环境危机中精神生态何以可能达到和谐的问题，不仅表明"人的全面发展"成了问题，而且"精神生态"也成了问题。西方现代性的世俗化图景：从人的神话到神死了，大写的人死了，知识精英死了，剩下的是小写的人和比矮的人；从乌托邦到日常生活的合理化，世俗生活成为幸福的别名；从理性中心主义到感觉中心主义，整个世界和知识分子心态发生了整体倾斜，人的片面发展成为时代的标识。大卫·罗森伯格解释说"真正的关联性思维会消解掉建立起关联的作为断点的实体。人不存在了，自然不存在了，只有作为最初追问力量的连续体。这样，某种特定的情感就将光明或者晦暗的影子投注在对运动的观察上，投注在一种召唤的力量上，这种力量似乎来自自然,又似乎是受到我们影响,但实际上它谁也不属于,它是看者和被看者的连接。"⑯事实上,人在这个片断化的时代日益片断化和异化。人们已经从前现代的线性时间观中走出来,进入现代性的当下时间,更进一步进入后现代的时间的空间化——无时间。于是文化远离了贵族化和垄断化,远离了权威性和启蒙性,进入到肉身化、独白化、自恋化、欲望化、比矮化、自贬化、消费化。如何使文化和人的精神绿色生态化地发展,需要认真地思考和实践。

其三,深生态学是一种激进的深环境主义。

在我看来,深生态学是一种有深度的生态哲学,它在思考人与世界的关系或人类与非人类世界的深度关联中升华为"人类性"思考的生态智慧,这种整体性的高智慧将人与自然的关系作为其思考的核心和根本,从而超越了西方主客体二元对立的哲学传统。"自然本身作为一首具体的诗歌是充满混淆的。节奏和诗节从一个时刻向另一个时刻转变。但我们永远不是只决定我们所见之物的属性。我们希望看到结构,并且决定它在那里。当我们看的时候,世界为我们提供秩序。我们并没有选择栖居地。它允许我们在它里面生长繁荣。"⑰其实,这个世界无限丰富的生命现象背后有一种更为根本和深沉的生命力量存在,它是世界上一切存在物的前提。

深生态学理论家基本认同两个基本原则,"生态中心的平等原则"和"自我实现原则"。从这两个原则出发,深生态学在人与自然关系方面坚持生态系统的整体性思想,反对个体主义独立或外在于整体性。从而与整个西方传统的个人主义和个人至上相对抗。深生态学进而认为整体对个体具有决定性意义,没有任何个体能够脱离开人类整体系统而存在。⑱

深生态学的平等原则具有"众生平等"的高远性,所有的生命和存在都具有不可剥夺不可替代的内在价值。人类并不比任何物种高,而只是生态系统中平等的一部分。它对那种仅仅从人类利益出发对自然加以盘剥的人类中心主义的立场加以坚决地抵制。同样,深生态学对人类的未来并不悲观,而是在环境危机中对前景充满乐观的理论话语。他们将生态危机与文化远景问题联系起来,力求揭示人类文化心理和制度范式是如何影响地球生态的,并通过深度反思来重新厘定人类文化的重量。

五、生态批评对当代文论的意义

西方文化的全球化是人类多元文化丰富性凋敝的开始。人类的政治制度、人权准则、金融体系、科技发展都会全球化,这是人类共同进步的基本保证。但文化形态、审美感性、艺术精神、宗教信仰必须保持各自的身份特色,丢掉这一点人类的精神生态文化生态就会出现重大断裂和本体错位。

(一) 人类性价值中断与东西方前沿话语整合

生态批评文论既从生态学视野出发研究文学与宇宙生态系统关系,又从生态学角度看文学批评,强调生态学角度高于审美角度,审美之维服从生态之维,使生态与审美获得互动互释。更深一层看人类精神生态谱系:"人类性价值中断"问题困扰着人类,不管是美国还是欧洲,不管是亚洲还是非洲,所面临的共同问题都是——当代价值伦理、审美情趣和心性襟抱与传统的整体中断和大面沦落。传统的"价值中断"造成了人类总是从零开始,对过去创造的巨大物质与精神财富和人类深厚的价值本源加以否定,使所谓"追新逐后"的"唯新主义"成为对传统"釜底抽薪"的借口。其结果使人成了无根、无源、无本、无家之人,于是寻家、归家、精神复归——寻找人类故乡和精神家园成为现代后现代人类精神生命的真实写照。

在生态文化和生态批评问题上,有一个重要的问题必须提出来。生态文化问题的提出,一方面是从现代性内部产生的自我反思,另一方是东方文化对西方现代性文化的某种程度的纠偏。从历史上看,西方文化源头与东方文化有不解之缘。在相当长一段时间中,古希腊被看成是西方文明的本源。事实上,那种将希腊文明看成是西方文明传统的观念在当代受到越来越多的质疑。从某种意义上来讲,这是现代性以来的西方中心主义观念形成的一种文化偏见。希腊是西方文明一度中断而后发扬光大的文化形态。西方文明并不仅仅源于希腊的克里特岛,而且同古代近东地区尤其是底格里斯和幼发拉底两河流域文化紧密相关。

直言之,西方文明受东方文明影响很大。西方人将希腊作为西方文明的开端,并以各种现代性叙事阐释这一文化源头,进而片面地将西方文化看成人类最初的曙光。事实在于,希腊文化作为一种曾经失落的文明,是近代以来因现代性和全球化的需要而被创造出来的一种所谓连贯的文明形态。其实,西方文明既不是一种连续性文明,又不是独立成熟的文明形态,而是深深地受到东方文明影响的文明。美国史学家威尔·杜兰特在《世界文明史·东方的遗产》中如是说:"我们之所以由东方开始,不是因为亚洲乃我们所熟知为最古老文明之地,而是因为亚洲的文明形成希腊与罗马文化的背景与基石,而梅因(Sir Henry Maine)却误以为希腊与罗马文明乃是现代文明之源。当我们获知大多数重要的发明、经济与政治组织、科学与文学、哲学与宗教,都是来自埃及东方时,我们定会惊讶不止。"

两河流域和埃及文明中关于人与人的关系的处理和人与超自然力的神的关系的处理,启发了西方人。在文字、艺术、宗教等方面,西方文明对近东文明有着诸多借鉴:诸如建筑学、测量学、城建学、军事技术、制造术、雕刻艺术都是从两河流域和埃及传入,而天文学、数学、几何学、修辞学、历法、贸易艺术、钱币使用、国际条约的签订都是由两河流域和埃及的文明开创先河的。在这个意义上可以说,西方文化乃至宗教都有东方的因素,与东方有不解之缘,西方文明是吸收东方先进文明而获得精神能量的。正是将人置于宇宙中心,强调"人是万物的尺度"(古希腊哲学家普罗泰戈拉德),才使得现代西方人与古希腊人在坚持人文主义、高扬人性中找到了精神共鸣。

因此,今天的生态文化使东方文化又一次对西方前沿文化产生了影响,这一生态话语流动和互动互用,实在是人类走出生态危机和精神危机的福音。⑲

(二) 生态文化聆听物种灭绝的警钟

西方艺术家和美学家近些年来大力提倡生态文化和美学,这一方面有对工业社会或后工业社会出现的众多问题的反省,另一方面也有对艺术中近几十年来出现了过多的卑污和血腥的抵制。这种生态美学在全球播撒,得到了人们普遍认同。然而问题在于:"自本世纪以来,已有5400余种动物在人类统治下而提前灭绝。如今的人类,早已从为生存而有节制地向大自然索取变为无节制地奢求。人类大肆屠杀动物,血腥气充塞天地间。然动物物种有限而人类欲望无穷。这种无节制的疯狂攫取,破坏了自然界的生物链,最终会将人类自己也逼到死亡的境地。"我想,人类无疑成了这个世界最为凶狠野蛮的动物,这种"现代性"机器所导致的无节制的疯狂虐杀和私欲占有,使得人类亘古未有地陷入了虐杀与自杀的悖论之中。善待动物的吁求是值得新世纪人深思再深思的。

在我看来,在全球化的人与动物的紧张关系中,人的这种嗜血杀戮的本性,这种社会达尔文主义的鼓噪,事实上已经将人与动物的和谐关系彻底扭曲,使得人成为一种不断用各种理由(政治的、经济的、文化的、甚至艺术的理由)心安理得地从事冷漠的杀戮,进而使杀戮操作化表演化!从而丧失了人与万物同一的人性共识和基本法则。不仅如此,这种血腥感的制造者,事实上是人类中心主义虚拟的人类霸权推进者,虚幻地以为人可以处在动物物种之上,可以任意决定动物的生死,可以将自己的意志无限地强加在动物身上。人类正在滥用上帝权力的徽章,正在为人类从整个生物链条脱节埋下祸根。

生态批评要求人们做到:不断削弱骨髓里的贪婪之欲,不借任何冠冕堂皇的目的从事杀戮,不为了任何理由为自己制造杀戮的口实。因为自然报复的时间表,已经缩短并且排满,5400余种动物在人类统治下而提前灭绝,为人类难以言说的前景敲响了警钟!

(三)生态文化对人的生存意义的新导向

莱德菲尔德在生态美学意义上的"文化寻根",不同于寻根文学以乡土民俗、传统民族性精神的发掘与再现为特色,而是以人类文明的回顾与前瞻为宏观构思框架,试图引导人们觉悟到作者所坚信的某种新世界观——新时代(New Age)运动的思想。因此,西方20世纪后期的寻根文学不仅是文学现象,同时也是代表着西方民间思想运动的重要文化现象。

近几十年来,西方模仿东方生活形态,出现了"慢生活主义",而且大有风靡世界的趋势。1986年意大利作家卡罗·皮逊尼发起并带动了一股全球性的"慢生活"浪潮。1999年,第一届"慢城市国际大会"在意大利奥维托召开。"慢城市"有更多的空间和绿地供人们休闲娱乐,生活速度放慢,在意大利就有30多个小城加入了"慢城市"的行列。近年来,美国的"慢学校"开始出现,加利福尼亚伯克利马丁·路德·金学校就是代表。在这所学校没有拼命的竞争,没有严格的作息时间和所谓的竞争机制,授课时间和课程的安排都按照学生的需要来设置。于是,人们慢慢地运动,慢慢地呼吸,慢慢地吃东西,慢慢地聆听,慢条斯理地工作,温婉地交际,怡然自得,慢慢地享受生活,这是一种很高的境界。

同样,西方人对东方精神的吐纳,导致近年来欧洲出现了"极简单生活主义"。人们认识到,人陷入了一种贪婪"加法"的恶性循环,越干越多,越多越干,节奏越来越快,人生越来越忙,生命力越来越弱,时间越来越少。于是,西方人向东方学习,开始做"生命减法"——老子说"损之又损,以至于无为,无为而无不为"。人们感到生活原来可以如此简单——而事实上生活原本就是如此简单!

总体上说,面对消费主义和文化霸权主义,生态主义提倡具有文化生态意义的简单生活方式和简单消费方式。消费主义"身体"扩张与全球同质化潜在逻辑,使消费主义日渐明显。一些反对消费主义张扬绿色生态生活方式的人认为:现代化或现代生活不是高楼、汽车、病毒、荒漠、沙尘暴,真正的优质生活不需要太多人工的雕饰和超过需要的物质炫耀。如今许多人已经认识到"拼命生产、拼命消费"生存方式的弊端,中产阶级中更悄然兴起了"简单生活"——把家搬到乡村,自钉木板房,不使用过多电器,挣有限的"薪水",充分享受大自然中的空气、阳光。社会学家认为:这种返璞归真、回归自然、"少就是多"(less is more)的"简单生活",在 21 世纪必将成为一种普遍的风气。也许,简单的生活,简单的消费,也就是像托尔斯泰晚年素朴的生活可能会重新呈现出魅力。

事实上,人对外界空间的无尽征服,使人变得越来越渺小。现在科学家们基本达成了一种共识,那就是太阳系不只是一个,而是十万个。我们面对着浩瀚的时空大限,宇宙也不只是一个,而是复数——数十个或上百个。在这个复数的宇宙中,发光的物体只有百分之五,有百分之九十五不发光的物体默默地主宰着宇宙的命运。在其中,人只不过是一粒灰尘,所做的任何事情对于茫茫宇宙来说,都微不足道。

今天西方科学家警告人们:地球环境在恶化,而南极冰层的最终消融,其破坏一方面将使冰川下深冻的数百万年前仍然存活的瘟疫病菌随洋流传播,人类对这种病菌没有任何免疫力;另一方面,南北极的冰层融化后,海平面将升高几十米,这意味着沿海国家的日本将在海底,威尼斯将在海底,世界很多海边城市都将被淹,人类上万年的富饶的平川都将沉在海底。如果扩大城市和过度消费自然资源,增加温室效应,未来世界将并不美妙。因此,人类的未来应该是东西方共同来思考的未来,也是在东西方对话中生出新世界蓝图的未来。

如今,自然生态观使得西方人将其引入人文价值领域,开始研究生态文化、生态哲学、生态美学、生态艺术。这意味着人类从战胜自然的乖戾中,开始学会尊重自然和人性。生态美学呼吁,今日世界不需要用"审美性"的现代性去反抗"制度性"的现代性,而是用生态平衡去要求人的精神生态平衡。现代性出现了"异化"制度性的断裂,导致艺术方面也出现了精神性的断裂,只有通过生态文化的调理,才可以避免重蹈覆辙,而寻找人类文化身份的重建之路。

我们必须抛弃西方的现代文化与后现代艺术的低俗性和虚无性,冷静思考人类的未来是否可以将东西方文化中精神相通的要素整合起来,在相互理解中消除文化误读,发现差异性文化之间心灵相似性。在真正的文化生态整体上创新中,拿出巨大的心智和勇气着手解决人类共同面临的精神生态失衡问题,让人类告别冷战、战争、瘟疫、病毒、罪恶,走向新世纪绿色生态的自然和社会,让人性更具有生命的绿色![20]

如果我们什么都"拿来"而不"输出"的话,东西方文化就会出现文化生态平衡问题。可以认为,西方正在吸收东方文化精神而从事人类文化的新整合。换言之,新世纪西方知识界将目光转向东方,必将给西方中心主义的思维模式和社科认识模式以新思维,并注意到被西方中心主义边缘化的东方知识界。发现东方——必将带来重新估价一切价值的勇气和重新寻求人类未来文化新价值的文化契机。[21]

原载《北京大学学报(哲学社会科学版)》2009年第2期。

注 释

① 贝特在《大地之歌》尖锐指出:公元第三个千年刚刚开始,大自然却早已进入了危机四伏的时代。大难临头前的祈祷都是那么相似。全球变暖、冰川和永久冻土融化,海平面上升,降雨模式改变,海洋过度捕捞,沙漠迅猛扩展,森林覆盖率急剧下降,淡水资源

严重匮乏,物种加速灭绝。我们生存于一个无法逃避有毒废弃物、酸雨和各种有害化学物质的世界。城市的空气混合着二氧化氮、二氧化硫、苯、二氧化碳。农业已经离不开化肥和农药,而畜牧业,牲畜的饲料里竟然含有能导致人中枢神经崩溃的疯牛病毒。文学批评怎么能够不直面这样的世界?怎么能够不发出这样的质问:我们究竟从哪里开始走错了路?

② 其中,尤其需要注意的是雷切尔·卡森(Rachel Carson,1907—1964)的观点。她作为生态文学的创始人和整个生态文化和环境运动的推动者,描写自然环境的恶化,揭示生态困境问题,传播生态思想观念,对生态文学和环保运动的发展、诸多国家环境政策和发展战略产生了重要的影响。

③ Michael P. Branch(ed.),*Reading the earth*:*new directions in the study of literature and environment*,Moscow,Idaho:University of Idaho Press,1998,xiv.

④ 美国批评家斯莱梅克曾这样惊叹生态批评如此迅速地成为当今文学研究的显学:"从八九十年代开始,环境文学和生态批评逐渐成为一种全球性的文学现象。ecolist 和 ecocrit 这两个新词根在期刊、学术出版物、学术会议、学术项目以及无数的专题研究、论文里大量出现,有如洪水泛滥。"生态批评的主要代表人物有格罗特费尔蒂、劳伦斯·布耶尔、乔纳森·贝特、埃里克·托德、史密斯、莫菲、多默尼克·海德等人。

⑤ Cf. Lawrence Buell,*The enviroment imagination*:*Thoreau*,*nature writing and the formation of American culture*,Cambridge:Harvard University Press,1995.

⑥ Michael P. Branch(ed.),*Reading the earth*:*new directions in the study of literature and environment*,Moscow,Idaho:University of Idaho Press,1998,xii.

⑦ Michael P. Branch(ed.),*Reading the earth*,xii.

⑧ 深生态学的其他主要倡导者有:George Sessions,Bill Devall,Alan Drengson,Richard Sylvan,Warwick Fox,Freya Mathews,David Rothenberg。

⑨ 深生态学来源还包括自然主义田园牧歌的文学传统、生态科学、"新物理学"、女权主义、一些基督教资源、东方的精神传统,以及海德格尔、罗伯森·杰弗斯、约翰·缪尔等对深生态学有所贡献的思想资源。

⑩ 奈斯的主要著作《生态学、社会与生活方式》(*Ecology,Community and Life Style*)1989 年被翻译成英语。

⑪ 奈斯在论述深层生态学的体系时给出了一个结构图。图表分成四个层次:第一层次是"最高前提和生态智慧",第二层次是"八点深层生态学平台或原则",第三层次是"普遍规范结论和'事实'假说",第四层次是"具体规则或适用于具体情况的决定"。从第一层次到第四层次是"逻辑推导",从第四层次到第一层次是"追问"。

⑫ 生态思想史家沃斯特(Donald Worster)认为:在战后年代里,生态学取得了理论上的精深缜密、学术上的突出地位和资金上的完全保证,但也失去了很多内部一致性。它陷入了各分支领域的嘈杂纷争中……他们至少在很长时间内或很广范围内,无法就世界的基本面貌达成一致意见。

⑬ 根据联合国艾滋病规划署2007年统计数据,全球艾滋病感染者达6000万,死亡2500万。根据世界卫生组织统计,全球抑郁症发病率约为11%。全世界目前大约有1亿2000万人患有抑郁症。目前自杀是第五大死因,而在15岁到34岁死亡人群中,自杀是首位死因。参见王卫红主编《抑郁症、自杀与危机干预》,重庆出版社,2006年,第145页。

⑭ Eric Katz, Andrew Light, and David Rothenberg (ed.), *Beneath the surface : critical essays in the philosophy of deep ecology*, Cambridge, Mass. : MIT Press, 2000, xiii.

⑮ Bill Devall, George Sessions, *Deep ecology*, p. 7.

⑯ Eric Katz, Andrew Light, and David Rothenberg (ed.), *Beneath the surface*, pp. 161—162.

⑰ Eric Katz, Andrew Light, and David Rothenberg (ed.), *Beneath the surface*, p. 166.

⑱ Cf. Eric Katz, Andrew Light, and David Rothenberg(ed.). *Beneath the surface*.

⑲ Michael P. Branch (ed.):*Reading the earth : new directions in the study of literature and environment*.

⑳ Cf. Laurence Coupe(ed.). *The green studies reader : from Romanticism to ecocriticism*, London, New York : Routledge, 2000.

㉑ 参见王岳川《发现东方》,2003年北京图书出版社第一版,2011年北京大学出版社第二版。

"土"与"狠"的美学
——论贾平凹叙述历史的方法

陈晓明

中国文学在20世纪80年代追踪现代主义,90年代骤然间转向传统与乡土,一度让相当多的渴求文学创新变革的人们深感失望。于是,90年代初猛然批判《废都》,一度冷落《白鹿原》。90年代中国文学的撤退和转型由西北两位作家高调出场来表征,陈忠实携《白鹿原》,贾平凹携《废都》,联袂以"陕军东征"命名来亮相。很显然,除了"陕军阵营"的评论家热情助阵,有一阵短暂的沉寂,随后就是对《废都》的激烈批判。谁曾想到,历史在彷徨中硬是走出了一条路径。90年代以后,乡土中国叙事在乡村的土地上成就了自己伟业。不管如何,陈忠实、莫言、贾平凹、张炜、阎连科、刘震云、阿来等,他们把乡村这块土地上演绎的20世纪的中国历史如此真切地展现出来,无论如何都是百年世界文学中的奇景。尽管90年代以来的中国文学,与世界文学的距离渐行渐远,再也没有80年代那么热烈拥抱世界的渴望。它退回到自己的传统里,宁可在自己的方寸之地拳打脚踢。按德里达的意思,那些困境(aporia)是没有空间的——没有路径,甚至没有步伐;然而,中国的乡土叙事硬是默默地走出一条自己的路。尽管中国的乡土叙事,要说文学样式、艺术品性,那确实是在相当程度上属于欧洲19世纪的那种类型。这是从卡夫卡、普鲁斯特、加缪、博尔赫斯撤退回去的路径,重现的是现实主义的欧洲和苏俄的传统。那是托尔斯泰、陀思妥耶夫斯基、屠格涅夫、肖洛霍夫的那种精神形貌,当然,这里面始终有马尔克斯的这个南美的大神在显灵。然而,这些中国的乡下人,却是更专注中国的问题,中国的故事,中国人的品性和命运。

20世纪90年代以来的文学撤退与其说是一条正确的路径,不如说是于无穷彷徨中的意外收获。如果说90年代以来的乡土中国叙事确实取得成就,那就不只是在文学的旧有的论域里去阐释它的方方面面,也不必对它求全责备;而是要看百年中国文学发展至今,它坚持不懈所作出的自我突破,它是如何变得更加大气,如何能把自己往绝路上逼。即使是不得已为之的困兽犹斗,也显示它的勇气。例如,贾平凹自《废都》之后,不得不去摸索一条重返乡土中国的独特道路,《秦腔》确实是以其现实感迈开了硬实的步伐,但是随后的《古炉》《带灯》《极花》《老生》《山本》,一部比一部更深地走进历史,一部比一部更执着去接近现代历史之初始,这里面究竟隐含了什么样的意义?然而,更醒目和突出的问题是,贾平凹这些作品,一部比一部更"土",一部比一部更"狠",这又是做何打算?又是什么路数?这向"狠"的行为在他的创作道路中意味着什么呢?对于贾平凹更深地走进历史来说,这又"土"又"狠"与他讲述历史又有什么关系?更大点说,对于中国当代文学来说,又意味着什么呢?本文试图去接近这个问题,知道这个问题解释清楚有极大的难度,只能尝试打开这个论域,以就教于大方之家。

一、何为"土"?何以为"狠"?

贾平凹本来就土,一直就土,何来"越来越土"之说?贾平凹深爱他的故土,以他的家乡为荣。他多次表达过最爱回他的家乡陕南商州那地界,他时常还要回家乡那片土地上走走。早年他的《商州初录》以散文笔法,将陕南的土地山水写成江南风景。他的成名作《鸡窝洼人家》中,那处青山绿水,虽然有寒冬早春的料峭,但还是压不住山水的俊秀。即使是大雪满山,贾平凹还是不甘心,已经被雪覆盖住的"消失了的"从坡上流下来的那条山溪,贾平凹还是要写出"咕咕的细响","证明着它在雪下的行踪"。而沾满雪花的门前的竹丛,"倒像是丰收后的麦秸积子"。要如此费心把西北的冬天写出美好,不为别的,贾平凹那时打定主意,在他故土那片土地上,山好水好人更好——即使他们命运不济,但心灵美、道德情操美是满满的。在烟峰、回回、禾禾、麦绒之间,是奇怪的四角爱,这在今天看来如此压抑的情爱婚姻关系,在1984年小说写作发表的年月,却足以拨动人们的心弦。显然,贾平凹那时沉浸在人性论的氛围里,他要写出人性的美,这是对过往人性曾经受到压抑的反动。这篇小说把《被爱情遗忘的角落》推进了一步,乡村农民敢于追求自己的爱,这个故事不惜以拆散两个家庭来成全"真正的爱情"。这个动作在当时已经有点大,尽管在今天看来像是刻意压抑不得已采用的叙事策略。但唯其如此,贾平凹才能写得那么优美感伤,荡气回肠。稍后《远山野情》(1985)中的白香在生产队长、吴三大之间维持一种合作关系,虽然白香的品性被描写得正直善良,不管是为生活所迫,还是追求真诚,毕竟是发生了多角的性关系。那种山野的粗粝已经显露出棱角,只是依然美好的人性反复缠绕着温情馨香之意。

随后贾平凹发表数篇影响一时的作品,《天狗》(1985)、《黑氏》(1985)、《五魁》(1990)、《美穴地》(1990)这些作品一点一点地显露出性的能量。西北风土人情无疑做得充足,这是贾平凹最为拿手之处,而人性论则向着性情乃至性深化和细化,这也是对人性的尖锐透视。这些作品依然是在西北的民俗风情的范畴里获得合理性和正当性。显然,80年代后期以来,新时期的"人道""人性"话语也从观念化的批判"极左"路线转向更复杂的历史反思,其思想性方面遇到瓶颈,只能在人性的单纯深化方面做文章。张贤亮的《绿化树》《男人的一半是女人》,马健的《伸出你的舌苔或者空荡荡》以及马原的《虚构》《大师》等作品,着手在性方面打开一条路径,以求文学表现领域的拓展。其实,80年代后期,中国文学正是处于创新的焦灼之中,根本缘由在于思想动力的匮乏。"现代派"以玄奥,"寻根派"以暧昧,并未找到思想的立足点。秉持现实主义品格的作家,尤其是贾平凹偏居西北一隅,他正好可以从寻根的流风余韵里找到理由和依据,放手一搏性情的极限。看《五魁》《美穴地》,性情二字正是贾平凹用力最深处,原来温情脉脉浅尝辄止的爱情,现在正被女人的心性性情所替代。这里未尝没有心心相印,但突显出来的是性的魅惑,是身体、触摸和"浑身的血就汩汩地流"。贾平凹的笔也越发精细,不只是如游龙走丝在女人的身体曲线中运作,精妙无比;同时在心性、命运以及文化习俗之间起落开合,笔法神奇,韵味更足。

有一段时期,贾平凹对"匪事"津津乐道,这是在《白朗》之后,他又找到的另一种感觉。《五魁》里就有土匪出没,《晚雨》写得十分离奇。贾平凹写土匪,却反土匪惯犯形象,写成白面书生,识文断字,风流飘逸,当然也就有女人缘,这就使山寨的凶险生发出性情的风味。写过土匪之后，贾平凹从凶险的运笔中体验到小说的力道，暴力与情色已然是现代小说的必须要素，控制在合理的和合法的限度内，无疑会增强对人性的表现力，也使人物关系变得紧张利害。但是，在90年代初，贾平凹从"匪事"的凶险中突然抽身而出，蛰伏数年，拿出《废都》，引发激烈争议。何以要从凶险又回到情色？如今的情色，不再有"人性"和"人道"，毋宁说是一种生命本相的裸露——这一裸露是重要的，贾平凹现在一手抓住一种事物的本相；另一手散漫细腻出韵致风格。如他在后记里所说，《废都》实则是为着向古典美文致敬而写的。这样的写作方法倒是逐渐明晰了：一方面要有无遮挡的事物本相，或者说实在之物；另一方面要有与之相对的另一极的玄虚神气。《废都》生不逢时，90年代初的历史语境就是茫然无措和意气用事，正好把《废都》作为时代情绪聚焦的对象。

不必再去梳理这之间的过渡，我曾经在《他"披着狼皮"写作——从〈怀念狼〉看贾平凹的"转向"》一文里分析过《怀念狼》在贾平凹创作道路上的转折及预示的意味[①]，当时注重的是贾平凹这部小说中表现出的"邪异"，以及它对后来小说的美学风格趣味的影响。今天我在重新梳理贾平凹这个时期的创作变化时，我会看到贾平凹小说中出现的"美学替代"。不管是对生活的表现，还是对故事，对人物或行为，贾平凹在80年代依靠"人性论"作为表现乡土的观念性支撑，当人性论终结之后，人性赤裸地呈现出来。从此，贾平凹依靠凶险来使"人性"裂开或者变异，凶险一类的手法就成为美学的替代性表现策略。《怀念狼》实则是贾平凹第一次把乡土生活世界里最为原生自然的境况体现出来，让乡村的物的自然世界和人的生活世界直接裸露呈现，小说中甚至出现不少过去被看成龌龊的事物。在这样的世界里，人追逐狼，消灭狼，却也时时感受到人的生命的困顿，以至于恐惧人成为"非人"，甚至有朝一日（做梦）变成狼。那张会飞的狼皮显现了物的生命灵性，它侵吞了属人的生命。《怀念狼》在某种意义上昭示着贾平凹的写作已经脱离了"人学"的范畴。新时期以"大写的人"为纲领的人道主义那一套文学理念，其实到了90年代，已经难以支撑起文学的共同想象。在被称为"后新时期"的90年代，很简单的标志就是"人学的终结"。这并非只是西方后现代观念的影响，很大程度上是中国文学自身对历史反思的结果。人学演化向着主体论递进，但历史并未给予主体从容充实的语境。90年代以后的思想走向多元格局,文学思想以破为主(反思历史或重写历史)。《怀念狼》怀疑了人,强调了物的哲学,②故而它敢让物坦露出来,人、动物以及物的世界现在获得了一种平等,这是"物我相忘"的现代境界。是否值得肯定,我们可以再讨论,这里却是可以很清晰地看到"新时期"之后中国文学的变化线索。乡土中国的生活世界不再承载那么多的温情脉脉的"人情""人性""人道",那么,坦露出来的就是生活的原生态,就是乡村世界的自然形态。

如此,这才有《秦腔》《古炉》《带灯》《极花》《老生》以及最近的《山本》,这些作品与贾平凹前期相比已经起了明显的变化:贾平凹更倾向于去彰显乡村世界里的自然性、物质性与实在性,再少回旋那些温婉人情,性情女子;而世道人心,多为使狠斗强,伤痕累累。确实,也是随着乡村的自然和物的世界的直接坦露,贾平凹的小说笔法也用力更狠,他更关注20世纪的历史剧变,乡土中国进入现代的那些痛楚时刻,去表现那些生命冲突的历史事件,甚至不惜用浓重的笔墨去描写那些暴力冲突的现场,让这些生命向死的行动直接碎裂在干涩的土地上,让他们共同归于物的自然史。

二、"土"建起历史的实在性

21世纪以来,贾平凹写得越来越实,用笔也越来越狠。早先的《废都》试图透示出的飘逸之气一度还让他眷恋不已,在《怀念狼》里,在那粗陋的自然景象和生活事物之侧,他让那张狼皮不时灵动起来;《秦腔》是贾平凹切实回到土地上的长篇小说,他直接关切"三农"问题。一方面他描写了乡村生活的素朴琐碎,乡村的物的世界被表现得十分充分,体现出乡村的荒蛮景象。在小说艺术表现力方面,贾平凹还有心不甘,他还寄望于有一种飞扬的气韵能从那些荒芜的生活世界里显现出来。小说里还刻意插入秦腔乐谱,他想用秦腔声音的昂扬来表现小说叙事的飞扬冲动,与引生的疯疯癫癫交相呼应,多少可以疏离小说的滞重感。以贾平凹的话来解释:"写实并不是就事说事,为写实而写实,那是一摊泥塌在地上,是鸡仅仅能飞到院墙。在《秦腔》那本书里,我主张过以实写虚,以最真实朴素的句子去建造作品浑然多义而完整的意境,如建造房子一样,坚实的基,牢固的柱子和墙,而房子里全部是空虚,让阳光照进,空气流通。"③这就可以看到贾平凹在《秦腔》里还带着对"虚"的满腔期待,这"虚"当然可以理解为那种飞扬的飘逸感。故而《秦腔》努力地渲染引生的疯癫和白雪的象征化效果,不过,这飘扬起来的艺术感未必能与衰败的乡村的滞重感协调一致,《秦腔》对美学品性的追求实际上压抑住了乡土的事实性和实在性。

《古炉》是贾平凹最为彻底落地的写作,这里再没有飞扬飘逸起来的冲动,《古炉》已然去掉灵魂向虚的念想,而是实实在在地贴着地面来写。可以说,贾平凹的写作越来越"土",《古炉》的落地是彻底实在的,完全在土地上生长,就像那个狗尿苔一样,那是泥土里长出的植物,它不是低到尘埃里,而是低到在泥土里。狗尿苔的视点很低、很贱,一个孩子的视角,看不出什么道道,完全是率性而行,随遇而安,尽是琐碎的事与物,那是和他一样低的事和物。狗尿苔能看到的和感兴趣的大部分人物都是以植物、动物或者物件来命名,例如,夜霸槽、杏开、小半香、朱大柜、牛铃、牛路、马勺、天布、满盆、面鱼儿、六升、护院、水皮、守灯等。当然也有少部分不是的:欢喜、善人、秃子金、冬生、行运、迷糊、黄生生等。通过这样的名称,把人变成物,变成一些土地上的物,使人和物以及土地更自然地合为一体。让人也还原为物,如同物一样存在着,活动着。贾平凹甚至不惜用中国民间的转世之类的观念,让人与动物再做混淆。小说为了强调人的动物性,把霸槽认定为是白熊转世的,支书厉害是老虎变的,半香是水蛇变的,等等。莫言的《檀香刑》里也有赵小甲以根毛发看到人物的动物原形。关于人是动物的转世之说,在中国民间当是十分流行。固然,贾平凹这里也是根据动物的特征来给人物定性格特征,这些人物交替在活动,每个人物都写得活灵活现,都有自己的行为和故事。但是,贾平凹要强调他们的动物性,强调这个乡村世界的自然特征,其行为和故事始终被贾平凹赋予了朴实粗鄙、原生自然的属性。总之,在这个古炉村里,人与物,人与动物、植物都具有同一性,它们共同构成一个物的实在世界。贾平凹所有的长篇小说的书名其实都是抽象的和象征性的,如《浮躁》《废都》《白夜》《怀念狼》《秦腔》《带灯》《极花》《老生》,直至《山本》。唯有《古炉》是一个巨大的立在那里的实体性的物体,可以立在土地上,可以生产出物品——瓷器。《古炉》就是要把生活世界物化,让历史物化,让历史记忆实在化。所以贾平凹要写得"土",要让整个生活世界原原本本地立在土地上——它们具有实在性,历史具有无法置疑的实在性。

因而,写作《古炉》,贾平凹强调了"写实",他在后记里说道:"最容易的其实是最难的,最朴素的其实是最豪华的。什么叫写活了,逼真了才能活,逼真就得写实,写实就是写日常,写伦理。脚蹬地才能跃起,任何现代主义的艺术都是建立在扎实的写实功力之上的。"④这次写作《古炉》是为了还愿式的记住历史,不只是自己,还有让后人能记住。固然这是主要原因,他要以最为朴实的笔法写下他记忆中的那段历史。他要让历史落地,让历史具有物的实在性,也因为此,他需要在叙事艺术和美学风格方面有新的路数。

他写作《秦腔》还试图要以美学方面的虚空去透出西北的文化韵味,古炉就放弃了虚空和飞扬上升的气韵,他要落地,要土得实在。他要写出乡土中国在那个时期的真实朴素的记忆,那个时期的实实在在的现实。更为重要的在于,贾平凹要写出如此贫瘠落后,如此封闭守旧的西北村庄,去追问它如何与现代宏大的"继续革命"理念建立起联系呢?它们之间的连接点在哪里呢?那些土得掉渣的生活事相,那些吃喝拉撒的日常生活,那些为满足生存最低欲求的乡村山民,他们如何能理解历史理性的"宏伟抱负"呢?即使古炉村想出人头地的夜霸槽也曾糊涂着,但是,霸槽很快醒悟过来,他觉得要干一番事情的机会来了,他也可以称霸一方。

黄生生对水皮灶火说起他的战斗队叫"星火燎原独立战斗队",有点文化的水皮似乎解释得通,但看似愚顽的灶火却能真正拆穿实质。那不就是"一个人容易吃喝"么,对于灶火这样没文化的农民来说,黄生生的"闹革命"也不可能脱离生活,灶火倒看不起了黄生生。⑤麻子黑想当队长,竟然想着拿老鼠药下毒到磨子的面里,没想到把磨子的爹欢喜毒死了。更荒谬的是,麻子黑和派出所所长喝酒,说出了是自己下的老鼠药,意外毒死了欢喜,他以为不是故意的就能得到原谅。尽管这个故事有点夸张,农民愚昧到如此地步也难以令人置信。但在这个偏僻的老村子,这种事发生也未尝没有可能。小说显然是想表现农民对现代法制有多么陌生和无知,实则是他们对整个"现代"都茫然无知。支书朱大柜召开会议,传达上面的精神,秃子金等着报纸读完,他琢磨的是把报纸拿来垫在帽子里。支书讲了足足两顿饭的工夫,但村民早就不耐烦,他们感受最直接的是自己的"尾巴骨"坐不住了。

贾平凹在后记里说到他写这个村子的生活：

> 烧制瓷器的那个古炉村子，是偏僻的，那里的山水清明，树木种类繁多，野兽活跃，六畜兴旺，而人虽然勤劳又擅长于技工，却极度地贫穷，正因为太贫穷了，他们落后，简陋，委琐，荒诞，残忍。历来被运动着，也有了运动的惯性。人人病病恹恹，使强用狠，惊惊恐恐，争吵不休。在公社的体制下，象鸟护巢一样守着老婆娃娃热炕头，却老婆不贤，儿女不孝。他们相互依赖，又相互攻讦，象铁匠铺子都卖刀子，从不想刀子也会伤人。他们一方面极其的自私，一方面不惜生命。面对着他们，不能不爱他们，爱着他们又不能不恨他们，有什么办法呢？你就在其中，可怜的族类啊，爱恨交集。

贾平凹要写出的是古炉村生生不息的生活，他写了那么多的人，这是有意让人和物乃至动物一样，让全村人都轮番出场。人多命贱，要过日子，要吃喝拉撒，这就是乡村现实。所有的大事小事，好事恶事都从这日常生活中生长出来，外来的现代事件，外来的现代大道理，与这些事究竟有什么关系呢？它们是怎么发生关系呢？贾平凹与前此描写历史的作品有所不同，他在《古炉》里要探究那些历史事件是如何在中国乡村里生成和演化的，如此琐碎的日常生活，如此没有"意义"的行为，怎么能承载来临的大事件呢？那个被称为"现代"的东西在乡村里是一些什么情况呢？它们给生生不息的乡村带来了什么样的结果呢？

因为这样的历史意识，贾平凹要把这样的生活写实，就要写得土，写出它原本的样子状态，用"新写实"用过的老话来说，就是写出"原生态"。贾平凹经历过对"飘逸"美学的寻求，他本来可以在那一点上得心应手，但他在《古炉》里却又把那些飘逸飞扬的气韵全部删除，他要生活如此原生赤裸地显露出来，要写得如此质朴硬实，他要"和光同尘"⑦，去掉他原本想要有的形而上的虚念和虚空，和着泥土来写，贴着乡村的土地，就要土到泥土里。如此原生的乡土与到来的激进现代性才构成一种巨大的差异，因而也是根本的错位。

贾平凹当然不只是要揭示出这二者之间的差异和脱节，也正因为他着力于写出乡土原生生活事相，清楚地突显出这些以激进现代性为名的行动是如何从原生的乡土生活中生长起来，并壮大起来，演化出一场乡村集体暴力。这里演绎的乡村冲突骨子里与传统的乡村暴力没有区别,例如,它还是以姓氏宗族展开的派系斗争,其武器与传统的械斗也无区别:大刀和榔头。很显然,这部小说写武斗写得非常"狠",原来贫瘠的乡村生活,大家相安无事,但是,已经有潜藏的各种怨恨和心计。麻子黑用老鼠药意外毒死了欢喜,因为他想当生产队长。夜霸槽对支书朱大柜的怨恨,无非也是因为朱大柜的权力招致霸槽不满。霸槽对天布的敌意,因为天布是民兵连长。然而,这些怨恨归怨恨,或许偶尔爆发,或许就烂在肚里,但激进的现代理念使这些怨恨汇集在一起,演化为你死我活的乡村暴力。

这一和土同泥的实实在在的贫瘠生活,本来还有自得其乐,现在历史降临了大事件,把这个村庄也带进了历史中。他们并非以宏大的政治理念展开行动——他们本来就无法理解这些"崇高"事物——他们实则是按照乡村积累的恩怨情仇来行事,还是姓氏宗族的旧有派系斗争的延续,只是换了一种现代激进形式演化到更加残酷的地步而已。

王德威曾撰文以"暴力叙事与抒情风格"为题分析《古炉》,王德威的分析无疑极有见地,以他的"有情中国"理论入手,认为"贾平凹的挑战恰恰在于他企图以抒情的笔法书写并不抒情的题材"。⑧ 王德威的观点用于贾平凹其他的作品或许都是有见地的,但唯独用于评析《古炉》有点偏颇。《古炉》恰恰是贾平凹所有作品里最不抒情的一部。如前所引,贾平凹在《后记》里所述,他写《古炉》时,已经看到"激情充满,刻意作势,太过矫情"。他反复解释《古炉》强调要写实,甚至到了中国画里寻找小说的技法:"看似写实,其实写意,看似没秩序,没工整,胡摊乱堆,整体上却清明透彻。比如,怎样'破笔散锋'。比如,怎样使世情环境苦涩与悲凉,怎样使人物郁勃黝黯,孤寂无奈。"⑨ 当然,中国的写意画也是讲意境,有抒情的。只是《古炉》太重写实,明摆着是要写出素朴无华的乡土原生态,他要做到"破笔散锋"率性随意倒是真的,要写出那种苦涩、黝黯、孤寂倒是达到目的了。《古炉》不再求助于虚空的抒情,由落地的原生态到使狠,就像小说里的暴力真正发挥作用是那几把硬木榔头一样。连舞动起来霍霍生风的大刀都未见得真派上用场,倒是那些木榔头动不动砸在地下。从凶狠的砸开始,在乡土原生态的书写后面,跟着来的就是使"狠",贾平凹要写出霸槽、磨子、麻子黑、天布、秃子金、马勺……这些人的狠,他们比赛着使狠斗恶,看谁更凶狠。

当然,要说下手"狠",贾平凹还是留了一手,他对几个最为残忍的场面作了处理。在这场暴力冲突中,榔头队头目霸槽并没有动手杀人。榔头队和红大刀队以及金箍棒队的气焰都狠,相互仇视敌对,但并未出现直接杀人的凶狠现场。当然,霸槽的结局很悲惨,他和天布、麻子黑、马部长、守灯几个被押到河滩上枪毙。显然,一直到结局也没有诗意,没有抒情,没有飘逸的念想。结局是最狠的一笔,霸槽何曾想到,他的结局与半个多世纪前的阿Q殊途同归。小说的结尾处狗尿苔看到公路上开过来十几辆卡车,车上押着五六个五花大绑的犯人,天布和霸槽就在其中!狗尿苔看见霸槽是第一个被架了过来,"他的红毛衣是那么红,胳膊在后边绑着,看不到了那红毛衣没有了后襟,还穿着那件洗得发白的黄军裤,裤管被绳子扎了,他的双脚几乎没有着地,被架着奔跑,脚尖就划着地,沙滩上深深地划出了两道渠儿,像犁犁过的犁沟"⑩。

问题在于狗尿苔旁边就站着几个拿馍的人,他们等着枪一响,就冲上去,要拿馍沾霸槽的脑浆吃。显然,这里汇集了鲁迅《呐喊》里数篇小说的情景。霸槽等着被枪毙时,那几个邻村的村民就开始盘算着说霸槽聪明,他的脑子更能治病。这是鲁迅的《药》里华老栓和夏瑜故事的翻版。贾平凹无疑是有意使用这些大家熟知的鲁迅作品的经典细节,有心和鲁迅对话,试图回答从而也是重新提问。小说开篇不久第31页,水皮就考霸槽课本上的鲁迅,这显然是有意的伏笔。阿Q是愚昧和愚顽的,鲁迅的批判指向"阿Q胜利法";但是夜霸槽是村子里最聪明的人,他的鬼心眼最多,他有出人头地的抱负,他有能耐抓住机遇干成大事,组成榔头队。他的野心也算达到了,古炉村是榔头队的了,他成了古炉村的掌权人。支书朱大柜已经完全屈服于他的权威,霸槽动不动就坐在石狮子上。然而,他的结果如何呢?他还是被五花大绑押到刑场,阿Q被枪毙,夜霸槽一样被枪毙,围观的人群一样蜂拥而来,而且等着拿馍沾脑浆吃。解决了乡土中国农民的愚昧和精神麻木之后,乡土中国的难题并没有解决。阿Q的遭遇体现现代之初乡土农民被动卷入历史的命运。与其说鲁迅嘲笑和批判了阿Q,不如说他还带着深深的悲悯;而夜霸槽则是主动投身于激进现代性运动,他的主动性不是顺应了历史理性的主体的自觉吗?霸槽的形象显然十分复杂,是一个棘手的难题,贾平凹在乡村粗鄙的生存境遇中写出了这样现代激进的人物。⑪

贾平凹把最狠的下笔留给鲁迅,他把问题摆在那里,这个问题是在鲁迅当年提出的难题被克服之后(农民也翻身了),却出现另一种状况:乡村农民不再是愚昧的,而是聪明的;不再是精神麻木,而是有主动意识;不再是没有尊严,而是他在寻求尊严。然而,何以夜霸槽的结局会和阿Q一样?这才是"狠"的下笔!

贾平凹确实是越写越土,也越写越实,他不再过分眷恋那虚的,飘逸的或抒情的韵致,他通过"狠"的招数,以至于暴力行动来使"土"和"写实"获得一种力量的冲劲,它把乡村世界重新打回现代性的美学氛围里,把问题重新放置在现代性的谱系里,用历史的难题压垮美学的升华。他宁可变得丑陋,粗鄙,像那个狗尿苔一样,趴在地上,看到那些脚上的泥土,看到墙院的地基,看到中国20世纪的现代性的根茎。

三、"狠"穿过20世纪历史

在贾平凹的创作道路上,经历过《怀念狼》的放开,使得他可以放手处理一部小说中的不同方面的叙事,在粗鄙的物性和飞扬的灵性之间可以自由往来。于是可以看到,《秦腔》在虚实之间更倾向于虚的升扬,在荒芜的乡间升腾起的是秦腔挽歌的悠扬旋律。但是《古炉》落地成形,不再祈望有高扬的气韵,在那些土块般的生活事相之间,那些粗陋的物之上,再砸下几榔头。只有使狠才能压得住如此硬实的土块,如此硬实的土块也只有使狠才能碎裂,才能砸出空来,才能留下最后一口气升上去。《古炉》的结尾是婆和支书杏开从河滩上走来了,走了这么久,他们竟然还在走——这句话无疑意味深长。支书的腿已经瘸了,可他的手还又反背在后边。"杏开怀里的孩子哇哇地哭,像猫叫春一样悲苦和凄凉,怎么哄都哄不住。"⑫这是《古炉》的结束。这个孩子是夜霸槽的儿子,他能像阿Q一样,还有"二十年后又是一条好汉"的盲目(心气)吗?历史后来证明,乡土中国翻过去了这一页,激进现代性告一个段落。但是,贾平凹这里写得还是十分犹疑,他无法让中国现代性的难题终结。他十分坦诚地解释:他写作《古炉》是如何地困难,四年的写作,"常常就写不下去,泄气,发火,对着镜子恨自己,说:不写了!可不写更难受"⑬。

其实,《古炉》的"土"与"狠"让贾平凹不堪重负,与其说是他笔力不济,不如说是他心理负担深重。鲁迅在他那个年代肩扛黑暗的闸门,再重,他也有英勇和自信。百年后的贾平凹身处不同的历史情境,他很难厘清历史的复杂性。当代史与现代史的交集,如何在"黝暗"中去显现被遮蔽的历史路径,这更加困难。他干脆选择了在"狠"中让历史破碎,就像小说开篇那个传家的青花瓷瓶掉到地上碎裂了一样。这股用笔的"狠"何尝不是避实就虚呢?它使历史哲学的难题变成了一个美学的方法论——这也是一场美学的脱身术。

我们固然相信他是"孤寂无奈",但是,贾平凹从此却是找到了"土"与"狠"二重对位叙事法,这替代了他早先的"土"与"虚"变奏的浪漫风格。《古炉》之后,贾平凹出版了《带灯》,讲述中国乡镇樱镇维稳工作的困难,也表现出乡镇干部的艰辛与不易,当然,作品也下足笔力描写乡村民生的贫困和失序的现状。小说试图从正面塑造维稳的女干部带灯的形象,这是受过现代教育的具有政治性的乡村女干部,她善良聪慧,干练勤政,有大局意识,而且不失纯朴情怀。带灯确实是一个理想的社会主义新人的形象,她与贾平凹过去塑造的风情女子显然不同,也与90年代以来占据主流地位的身体欲望对象化的女子形象不同。显然,贾平凹设想通过带灯这个形象,写出社会主义新农村建设中的问题,肯定党和政府所作出的努力。这部作品在相当程度上继承了赵树理和柳青的传统,在揭示问题和寻求中国农村发展道路方面,贾平凹也要做出他的新尝试。或许是因为《古炉》抑制得太极端,《带灯》就重新表露出俊逸和抒情的意味,这当然是因为主人公带灯是一位清新美丽的女子的缘故,她身边还有更加小清新的竹子。为了加强抒情意味,小说中插入带灯发给省委领导元天亮的大量的诗意化的短信。但是,所有老百姓的故事,基层的各种纠纷,就是另一种状况,无不与贫困、艰难、凶狠联系在一起。矿难、邻里纠纷,甚至杀人逃亡、贫病而死,等等。贾平凹的叙述从容不迫,平实细致,最终推向一场凶狠的械斗,几乎是《古炉》里榔头队和红大刀队械斗的重演,其"狠"则有过之而无不及。《带灯》其实藏着艺术上的策略,它要写出今天乡村的困境和尖锐矛盾,这是继承了《秦腔》和《古炉》持续的主题,从《古炉》延续下来,历经《秦腔》乡村传统的失败,不管是以"秦腔"为代表的民间文化传统,还是五六十年代的现代政治传统,都以白雪的挽歌般的歌唱终结了。

在新世纪的进程中,《带灯》以清新俊秀的表面,包裹着乡村的困难、矛盾和撕裂的现实。尽管带灯的形象里包含着"社会主义新人"的理想,但她还是掩盖不住也驾驭不了乡村的原始与粗蛮。清新和俊秀无力表现新世纪的社会现实,贾平凹还是要动用剧烈的乡村冲突。在樱镇"动蛮使狠"的是拉布、换布、元老黑、元斜眼、元老四、元老五、乔虎、二猫这些人,表明乡村千百年的传统在现代的进程中并未有多少改变,这伙人后来在《极花》里再次出现,虽然并没有出现什么凶狠的打斗场面,在贫瘠的山村里以光棍的身份活动,也足以显示乡村的原始蛮力。对于贾平凹来说,这才是乡村的真实存在,是文学在乡村的着实落地,是乡土文学与乡土的魂灵同歌共舞,也是同归于尽的结果。在《带灯》里,一方面是清新俊秀,另一方面是粗拙琐碎,而最后的"狠"则使二者一起碎裂,留下来的是原生的乡村的实在性存在与美学形式的自我回归。这一点倒是应了王德威解释贾平凹的模式:"暴力叙事与抒情风格"。不过,二者显然不是平衡的,贾平凹还是有着对乡村中国最根本的认识。《带灯》本质上与《古炉》一样,结尾处总是有一场"狠"的大戏,这样的美学力道才能还原乡村的自然形式,它不能归驯于现代,毋宁说要以向死的行动回到自身最蛮荒的初始中去。

贾平凹在"狠"上下功夫越发炉火纯青了,《老生》下手如此之重,在小说开篇不久就来了几手狠招,让人十分惊异。《老生》开篇高举高打,请出一个百岁唱师唱《山海经》,在自然史的背景上来讲述20世纪的中国现代史。小说意境高远,一个空旷通透的神话世界与20世纪乡村社会剧变的历史结合在一起,这样的构思,不能不说贾平凹的老道。贾平凹又一次在《后记》里记述了他写作《老生》的缘起和心迹。那年春节他回老家,除夕夜到祖坟上点灯,他想到生与死的问题。离开棣花镇后,在家中书房里深思苦想,记忆里翻动着百多十年时代风云激荡,"社会几经转型,战争,动乱,灾荒,革命,运动,改革,在为了活得温饱,活得安生,活出人样,我的爷爷做了什么,我的父亲做了什么,故乡人都做了什么,我和我的儿孙又做了什么……"他要写出这段历史,花甲年龄了,"怎能不想不讲啊?!"

《老生》开篇就有传奇性,先"狠"后缓。先就讲王世祯、四凤、老黑、李得胜、三海之间的故事,情欲纷争的瓜葛里插进去保安队、游击队之间的生死斗争。不久就有老黑反水杀了王世祯,老黑被四姨太抓住,老黑被钉在门板上,挖老黑的心肝祭王世祯,老黑的眼珠子直接就喷出来。这里争斗的残酷性已经没有什么周旋的余地,直接就是动刀子、枪崩、咬舌头、割舌头、脑浆、血流一地,等等。因为有百岁唱师做法般地念着《山海经》,千万年的山川草木,奇禽怪兽,天地万物,无始无终,在生生不息的自然史的过程中,什么样的生命不是转瞬即逝,来去无终。对于自然史来说,生死是其本来的现象,天道天命,生命轮回,善恶报应,没有什么不在自然史的掌控中。尽管是在《山海经》呼唤来的自然史的背景上,贾平凹也依然意识到开篇下手的"狠",他在小说中就有意识地把后来平和的历史带入秦岭的那些厮杀的时刻(例如匡三后来身居高官)。这表明那些生死的打打杀杀,总是有生命留于后世。这表明那些"狠"终究还是不能摧毁生命的延伸。

与开篇的"狠"相对,《老生》是逐步走向和缓,它所描写的四个时期,语气趋缓,从容道来,细碎不辨,让生活自身现出生动与情趣。小说结尾显然是渐渐沉入虚无,不管是戏生给匡三唱《扯鬏衿》闹出误会蒙受屈辱,还是回当归村闹"瘟疫",这些都指向当代史的溃散。艰苦卓绝和残酷剧烈的历史已经烟消云散,匡三坐在轮椅上,戏生拿出剪刀剪纸花都惊得他和周围的人仓皇失措。曾经"狠"的角色,顶着"司令"之名却也不得不成为一个寻常衰朽的小老头。历史回归于寻常,当归村也并不当归,戏生却无处着落。小说把这个故事安放在倒流河边,从苍茫无限遥远的《山海经》起势,从秦岭酷烈的厮杀开始,历史在演进,心劲却像是在倒流,"狠"是一点点在松懈,直至最后陷入荒诞,落进消散,这就是贾平凹寻找的小说艺术,叙述形式和风格本身可以寓言般地给出20世纪历史的存在意味。

"狠"是贾平凹回到历史中去的方式,至少贾平凹会认为"狠"才能抓住20世纪历史的根本特质。"秦岭"的自然地理环境,就成为西北人生命原初生息、生存搏杀的蛮荒地域,在这里无疑可以上演20世纪中国的乡村传统与现代碰撞的剧烈戏剧。贾平凹的笔墨从故土乡村棣花镇向着秦岭深处延伸,《老生》引出了《山海经》的源头,贾平凹体会到自然史的博大精深,意犹未尽,2018年出版《山本》,要把秦岭的博物志与现代的剧烈到来交合在一起,在自然山川之间上演乡土中国蜕变的千年大戏。

《山本》与《老生》可以看成姐妹篇,尽管《老生》的时间跨度更大,《山本》聚焦于现代之初的那段时间,像是截取《老生》第一部分从细部开始放大,拓展成一部"秦岭志",也是写出现代到来在秦岭引发的剧烈变革。准确地说,20 世纪上半叶对于中国社会的现代转型来说,都是属于"现代之初",只是 20 世纪早期是现代之初的之初。可以看到,乡土中国是如何以传统的、民间的原生性面对现代的到来所发生的强烈反应,由此可以看到现代的社会组织及其动员通过激烈的革命机制可能建立起来新的社会秩序。这无疑是艰巨而痛苦的过程,在过往的革命文学的表述中,就是"砸碎旧社会"。毋庸讳言,这里面包含了强大而激烈的暴力冲突。

《山本》可以说是贾平凹的集大成之作,其运笔大气老道,小说看似随意自然却又精当准确;境界开阔又能体察入微;天道运势与现代理路,生生死死与世事人心;数条线索并进,运笔头头是道。细读《山本》,会觉得这是贾平凹艺术上最结实的一部作品。小说是否过分依赖"狠",可以再做讨论。要说"狠"的手法,《山本》可以说是超过贾平凹以往的小说,它未必营造特别"狠"的场面,但使"狠"却是更随意、更经常,暴力打斗或死人的事件时有发生。或许是因为小说聚焦于战争岁月,写的就是保安团、涡镇预备团以及红 15 军团之间的战争,其酷烈惨重也不可避免。照例贾平凹在《后记》里又要解释他的创作念想和过程:"那年月是战乱着,如果中国是瓷器,是一地瓷的碎片年代。大的战争在秦岭之北之南错综复杂地爆发,各种硝烟都吹进了秦岭,秦岭里就有了那么多的飞禽奔兽、那么多的魍魉魑魅,一尽着中国人的世事,完全着中国文化的表演。"⑭"瓷器的碎裂"是贾平凹对中国进入现代的基本的判断,战争当然会带来暴力,这也是历史事实,毋庸避讳。贾平凹这回是完全正面强攻,直面那段历史的惨烈。他的写法却又从反面入手,过去但凡有革命军队的作品,无疑是要从正面来表现革命军队的活动。但这一次,贾平凹把三方面平行放在秦岭来写,甚至主要写涡镇由传统的农业生活进入现代有组织的战争活动的过程。把革命队伍放在侧面来写,所有的惨烈由保安队预备团来行使(即使牵涉到革命队伍,也只是个别人的独立行为,并赋予其反抗和生存的正当性)。涡镇这个乡村是一步步卷入现代战争,年轻一代的现代觉醒,以井宗丞、井宗秀兄弟，还有杜鲁成、阮天保为代表的这一代的农民，他们从传统的农业生产秩序中脱离出来，进入了现代战争活动。井宗丞和阮天保原本在县城读书，他们本来可能通过现代教育为中国社会的现代进步作出努力，但历史给予这二位青年的机遇没有那么从容。井宗秀、杜鲁成本是手艺人，他们自主或非自主都卷入了激进的暴力变革。贾平凹之如此用"狠"，取决于他对中国乡村进入现代的方式及命运的理解。正如《古炉》《老生》一样，他一定要通过"狠"来表现那些被卷入历史或急迫进入历史的人们的生存方式，体现他们历史与共的命运。

《山本》把"狠"使到极致，如果要从小说艺术来看，其意义究竟何在呢？要知道使"狠"是一着险棋，若无浑然一体的把握能力，无疑会自伤其身。就《山本》而言，贾平凹的笔法显现出少有的干脆利落。贾平凹过去的作品还是以阴柔为主基调，《古炉》之后寻求凶狠之变（穿插于其中的《高兴》《极花》另当别论），在使"狠"中贾平凹找到运笔的力道，时常倾向于冷硬一路。当然，贾平凹知道自己的独特优势在于随意散漫中营造无穷的趣味，日常生活在他笔下，无论琐碎还是龌龊，无论贵贱尊卑，都可以栩栩如生。别人在高处显灵（例如麦克尤恩、莫迪亚诺），他偏在低处炫技。之所以接二连三地使"狠"，这显然有他独到之处。因为有"狠"招在后，随时出手，故而他敢琐碎，敢拖沓。这些"狠"招主要表现在处理人物的死亡事件上。《山本》涉及的人物众多，贾平凹有本事让人物随意出场，寥寥几笔，让人物都有性格，都能留下印象。随时发生的死亡，是人物来去留下生命印迹的一种方式，也表明秦岭生存环境的险恶。不管是土匪横行乡里，还是后来发生的更大规模的现代暴力，寻常生活间突然就险象环生，生死就是瞬间。陆菊人娘的死，井宗秀爹的死，土匪五雷枪下死了多少人，接着是井宗秀竟然弄死了与五雷通奸的媳妇，土匪王魁又弄死五雷。蔡一风、林豹杀了牛文治，再领百来人暴动，又是血流遍地。不用说随后的故事转向几个队伍之间的冲突，爆发的多次战斗，一次比一次酷烈，攻县城或是守涡镇，无不是死伤遍地。贾平凹每次都要用寥寥几笔来具体描写死亡的时刻和状态，几笔就要出惨状，人物从出场到死用不了多长时间，走马灯一样，打打杀杀，大都同归于尽。笔力自如穿行于生命的各个部位，干脆利落，如庖丁解牛一般，让人惊异又唏嘘不已。但这么多"狠"的场景，死得如此之"狠"，贾平凹似乎过分着迷于"狠"笔法,用"狠"至此,多少有些过度。

贾平凹作小说,看似手法朴拙,其实颇动心思,他总是在虚实、刚柔之间做文章。在这部以酷烈为主导的小说中,贾平凹当然也知道不能总是打杀凶险,他也一直在描写人间的爱,这就是发生在井宗秀和陆菊人之间的心心相印。一边是无比的狠,另一边是无限的柔情。他们相识于青春年少时,井宗秀父亲突然亡故,家财破尽,杨老板把陆菊人陪嫁的三分地送给井宗秀安葬父亲。这块地却藏着秘密,只有陆菊人知道这块地是风水宝地,如果作为祖坟,可以福荫后代。显然,"风水宝地"的说法在西北的小说中颇为常见,早在1990年,贾平凹《美穴地》中那个风水先生柳子言就是为人探穴,故事离奇的是为自己探了一个美穴,夫妻双双自埋。而后代果然出了帝王将相,不过是在戏台上,儿子是一个演帝王的戏子。这显然是悲惨的反讽。贾平凹后来在《老生》里又用戏生这个人物来做结,都包含着他对历史和命运的反讽。"风水宝地"用得巧妙精彩的作品当推《白鹿原》,出版于1993年的《白鹿原》起势就用"风水宝地"作转折,小说直至结尾,鹿子霖已经家道败落,白嘉轩看着坐在土堆边的鹿子霖,还以为是换了那块"风水宝地"决定白鹿两家的运势家道。显然,这背后依然隐藏着未加道明的历史反讽,意味深长。井宗秀与陆菊人二人共同保守了那三分坟地的秘密,二人因恩生情,命运被系在一起,其情就非同一般。他们终生相亲,心心相印,关心呵护,却并未有过肌肤之亲。即使陆菊人守寡,二人也从未越轨半步。他们的感情发乎情,止乎礼,是否可信,另当别论。贾平凹一反常态,放弃他过去擅长刻画风情女子的做法,陆菊人是温柔敦厚做到家。这里面无疑是出于他对乡村中国的传统的某种保留,但也是他小说叙事必要的策略。一边是战乱杀戮,凶险残酷;另一边总要有温婉善良,无限柔情,井陆之恋就起到了这样的平衡。也是因为男主女主二人被笼罩在爱与善的氛围里,周边的"狠"就可以大开杀戒。反之也因为战乱时代"狠"的无边,井陆二人的爱与理解就变得异常珍贵。甚至贾平凹不惜把他们架到相互敬重的高度,保持住精神的洁净,成全人性的美德。因为二人守着那个秘密,否则这样的爱也会失了内涵。在通篇小说里,井宗秀也有使狠,但并未直接动手。先是谋害通奸的媳妇,再设连环套让土匪五雷王魁火拼,井宗秀这才开始建立涡镇的政权。井宗秀的"狠"都有道德上的合法性作依据。井宗秀统领涡镇,指挥几场战斗,也指使手下杀人。尤其是下令凌迟邢瞎子。小说到后来,局势严峻,井宗秀的心也越来越狠,越来越冷。但唯一没有变的,是他对陆菊人的柔情。小说的题记里写道:"世道荒唐过,飘零只有爱。"或许小说真想讲一个动乱年代的爱情,与马尔克斯的《霍乱时期的爱情》比肩,但难以承受岁月之"狠",这样的爱像是历史荒野中的孤零零的花朵。

四、现代性之初及其空无问题

贾平凹实际上迟迟未进入 20 世纪的历史叙事,相比较陈忠实写《白鹿原》,张炜写《古船》《家族》,莫言写《檀香刑》《丰乳肥臀》,阎连科写《受活》——这些作品多是写于 90 年代或新世纪初,并且都是在 20 世纪的时间框架中展开的历史叙事。贾平凹的乡土叙事一直偏向现实,以至于他更依赖性情和文化,这两样东西积淀不变,年代不明,甚至与历史无关。对于贾平凹来说,这就是他心目中的恒久价值,他的历史观就是不变的文化史观,根源就在自然人本主义的天命天道观。因此,在他看来,过去与当今时代完全具有同时代性,它们共享不变的时间。在《废都》里,唐朝的苍蝇可以飞进 20 世纪末叶的西京城,商州的风土人情与今日无异,柳子言的风水观念原封不动流传至今。然而,新世纪过去数年之后,贾平凹悄然发生变化,他说他是在现实触动下去反省历史,转向关注历史记忆的问题。新时期的"人学"和"文化热"终结之后,贾平凹的写作面临严峻挑战,有退回古典性的尝试,也有关注现实的努力。但进入历史还是他绕不过去的坎,《古炉》《老生》和《山本》就是他创作的必经之路。进入历史,贾平凹肯定也在思索,如何才能后来居上?至少能开辟自己的路径,这并非易事,下手"狠"或许也不失为一个表意策略。他几乎是直奔主题,不顾一切要抓住历史本质,干脆直接去描写那些打打杀杀。固然,面对 20 世纪中国激进现代性所带来的社会剧烈冲突,当代文学那些典型的历史叙事作品都选择了历史暴力为表现中心。20 世纪本身充斥着太多的暴力,正如阿兰·巴迪欧所说,这个"短 20 世纪"就是战争与革命的世纪。书写 20 世纪的历史,不得不面对生命本身,也无法回避众多生命消亡的事实,但文学如何去表现它却是体现出一种文学对历史的态度。

面对20世纪的剧烈动荡的历史，中国文学普遍尊崇现实主义手法，暴力叙事就不可避免成为主导的表现方法。莫言早在《红高粱》时期，就动用了大量的暴力，但那时还在现代派的潮流中，莫言可以通过语言的洪流，以强大的抒情和描写性修辞来虚化暴力。陈忠实的《白鹿原》就其在祠堂和戏楼的表现，不可谓不暴力，尤其是后者，至于其他的战斗场面也不乏暴力的凶狠，更不用说其中穿插的众多的死亡事件。《白鹿原》的策略是以文化作底蕴，关于传统性的坚持和白嘉轩的精神气节，形成与那些暴力和死亡相抗衡的一种精神意向。文学史留给贾平凹重写20世纪历史的难题会是更大挑战，作为一个成熟老到的作家，贾平凹当然要寻求自己的突破之路。他选择的方式是下手更狠，更直接，更干脆利落。贾平凹一直以阴柔意味作底，再进一步处理历史时，他却更愿意选择从直接暴力走向极端。贾平凹的处理方式不过表明中国当代文学整体上的美学倾向——依然是现代性美学占据主导地位，即那种富有历史感的有震撼力的悲剧美学。在莫言和阎连科的作品中或许可以看到一些现代主义或后现代主义的元素。在更多的处理历史叙事的作品中，还是单一的现实主义占据主导地位，可以更加亲近地与苏俄文学拉美文学对话，尤其是肖洛霍夫的《静静的顿河》和马尔克斯的《百年孤独》，这是中国文学历史叙事最重要的两部潜文本。固然，一个时期一群作家的经验和趣味决定了一个时期的文学流向，萨义德在论述一位19世纪法国作家雷蒙·施瓦布时评述道："意象乃历史的、准自然的人工制品，是由我们大家一起的互动所创造出来的"，"观念和意象虽然看起来是在自由流动，但它们先是人类及其制作之文本的产物，然后又变成了各种机构、社会、时代和文化的焦点。因为，意象是人类经验之诸恒量；它们使之合法化的观念呈现着不同的形式和不断变化着的价值"。⑮这里所说的文学的观念、意象，当然也可以推及文学的叙事方法，确实也会形成一个时代的趋向，在这种趋向中个人的创造才可能开辟出自己的路径。

在这样整体性的现代性的美学流向中，贾平凹对20世纪的历史叙事的独特性又在哪里？在陈忠实、莫言、张炜、阿来之后，贾平凹接连去挑战历史难点，他的要害在哪里呢？有一点或许是不容忽视的，贾平凹写得如此之"土"，如此之"狠"，这固然是他在美学上的二重呼应，只有"狠"可以对付"土"，"狠"可以把"土"再砸碎。但还原到现代性的历史中，却可以看到二者的另一种内在关系。"狠"在某种意义上来自于现代提供的契机,因为现代的到来,不管是现代带来更大规模的有组织的暴力,还是"土"被现代激发起来的内在之恶,都有一个非常令人困惑的问题,外在的到来的现代是如何与乡土中国本来的"土"发生关系的呢?这才是"土"与"狠"最为内在的历史关系,它就不只是贾平凹刻意为之的美学手法,而是历史契机给予的连接形式。贾平凹把乡土中国写得"土",具有物质实在性的土,本分的朴素的传统和民间的土,乡村本来与到来的激进现代性并无关系,乡村中的人们完全不能理解那些宏大事物,少数的"觉悟分子"被现代性所召唤,他们只能以自己原本的"恨"(按黑格尔的看法,只有恶有否定自身原有存在的力量,可以撬动自己的未来的面向)来迎接现代性的到来,它只能以自己的反抗与现代性结合一体,在破坏中介入现代性。郜元宝最近撰文细读《山本》,见解不凡,他认为《山本》中的人物都为"念头"所支配,这倒是一个非常有见地的角度。[16]这样的"念头"在某种程度上当然也可以看成主体的生命自觉,贾平凹对这些人物的描写,并不任意拔高他们具有现代觉醒意识,只是写他们各自的不同的行动,他们的行动由其现实存在所决定,从既定的困境中产生出那些改变自己命运的,也可能是毁灭自己命运的行动。

就这一意义来说,所有关于20世纪历史叙事的作品,贾平凹的数部作品是最为令人惊异地表现了乡土中国与到来的现代性连接的方式,二者之间原本的深刻差异被更大的外力结合为一体,从而完成现代性的转换。《古炉》里的夜霸槽并不了解到来的"继续革命";《老生》里的老黑服李得胜就是那一杆枪;至于《山本》里,激发井宗秀打掉五雷一伙土匪的可能就是陆菊人暗示的那块风水宝地……当然,其中也有几位率先投身于现代激进变革中去的人,这与他们大都接受过现代教育有关,例如李得胜、井宗丞等。《白鹿原》里的鹿兆鹏、鹿兆海、白灵都是接受了现代教育。他们或者壮志未酬身先死,并未真正与乡土中的人们建立起统一性。贾平凹显然也有意回避这些现代觉醒与现代启蒙教育的关系(这是顺应的关系),他宁可花费大量笔墨去描写原本"土"的乡土中国的农民,他们与激进现代性发生关系的方式(这是逆反的关系)。他们带着乡土中国原生的生存方式,爱与恨的方式,敌意与仇恨的方式,反抗与破坏的方式,入伙与复仇的方式……总之,是由千百年的传统和民间本分决定的生命自然形态,以完全懵懂的方式进入激进现代性。从这里可以看到,贾平凹最为细致而真切地揭示了乡土中国激进现代性初期形成的复杂结构。在过去经典的革命叙事里,通过启发、动员,乡村中国几乎迅速地就接受了新的社会理念,并且乡土农民全然形成了新的社会理念的自觉主体。贾平凹的历史叙事还原了那些历史最初时刻的碰撞和嵌入建立起来的关系,到来的历史事件几乎强行把乡土中的人们卷入其中,它为中国激进现代性的曲折和艰巨埋下了漫长的伏笔。

贾平凹显然意识到这种整合的深刻歧义性,变革并不能轻易塑造乡土的现代,毋宁说现代必然以反反复复的摧毁的形式去完成这一历史进程,乡土也必然以自毁性和他毁性的方式去与激进现代性相容。不管现代到来携带的强力机制,还是乡土面对现代、进入现代激发的自毁性,中国乡村的现代之初都不可避免以剧烈的冲突为根本形式,贾平凹不得不用凶狠的手法打开了现代之初的情境。就此而言,"狠"建构起了"早现代性"的美学辩证法——"狠"给予再生,也给予其速死。《山本》的结尾涡镇最后遭遇红15军团炮轰,涡镇从一个被土匪掠夺的村镇建成一个具有现代防卫能力的准军事化的堡垒,却被到来的更强大的现代摧毁得更加彻底。

中国乡村进入现代需要付出惨重的代价,中国作家总是倾向于对这样的历史时刻给予哀悼式的表现。同样的情形出现在阿来的《尘埃落定》里,最后一个土司山寨也是在大炮轰击下崩溃,那个傻子少爷"看见麦其土司的精灵已经变成一股旋风飞到天上,剩下的尘埃落下来,融入大地"。他在旅馆里等着被仇人杀死,他知道他的大限到了。《古炉》的结尾枪毙了夜霸槽并没有结束,还有狗尿苔和牛铃打赌吃二疙瘩屎。结果谁也没有得到一升面,倒是吃了二疙瘩屎。如此凶狠的争斗,历史最后能给予什么呢?那荒唐的二疙瘩屎无疑具有隐喻的意味。这轻淡戏谑的一笔,贾平凹用心更狠。

如此用狠,揭开了现代之初的情境,却给历史之结果留下诸多思考。贾平凹在《山本·后记》里发出感慨:"当这一切成为历史,灿烂早已萧瑟,躁动归于沉寂,回头看去","巨大的灾难,一场荒唐,秦岭什么也没改变,依然山高水长,苍苍莽莽,没有改变的还有情感,无论在山头或河畔,即便是在石头缝里和牛粪堆上,爱的花朵仍然在开,不禁慨叹万千"。[17]在贾平凹的历史观和价值观中,历史会成为过往而消失，唯有爱是实的，可以留存。历史的本质就是剧烈的斗争冲突，就是使狠斗勇，生生死死，循环往复。回到秦岭书写的贾平凹其实也是在秉持自然史的观念，在自然史的背景下来看人类历史的活动，无疑也很难超出生死的自然限定，终究都要归于死。历史哲学归结于更有中国传统的天命天道的自然史，这或许更接近中国故事的讲述方式；然而如何在历史哲学的意义上反思现代性历史，贾平凹也自觉无法处理这样的难题。就秦岭论秦岭，让秦岭的山川自然来解决一切，倒也简单明了。因为死的结果，你死我活的激烈争斗都会被归于自然的尘土。即使是爱，也要归于尘土。但人与人之间的爱终归是人类培养出来的美好感情，终归是能展现生命的美和价值。确实，贾平凹之使"狠"，这是他对秦岭历史的一种理解，也是他把历史冲突推到极端地步来审视的方式，其根本是要把历史争斗暂时化，所有的使"狠"最终都会同归于尽，唯有"爱"能有些微的留存。

小说里有两个细节值得推敲，井宗秀、井宗丞都在战斗中死去，但都死得很平淡，相比起他们在书中的主角地位，这样的死亡未免太突然又简单。如果结合贾平凹的历史观来看，这或许是他有意为之。这两个秦岭的风云人物——以及秦岭其他人物，或为体面的掌柜，或为横行霸道的土匪，或为凶恶的兵痞，或为无奈的村民，或为一世枭雄，走马灯一样，生生死死，目不暇接，无不灰飞烟灭。英雄豪杰，在这样的年代都被生死考验，都变得无足轻重。井宗丞就被邢瞎子把枪顶着头一声没吭就掉下山崖了。井宗秀看着几个女人打牌，从身后挨了一记黑枪就丧命了。那么风起云涌的一生，死得就这么轻易？爱用闲笔的贾平凹在这里甚至不多给几笔，这显然是别有用心。不管是山匪恶霸，还是国民党的西北军，或是地方势力的保安队或预备团，凶狠的争斗都逃不脱覆灭的命运。最后涡镇被红15军团的山炮轰成一片废墟。就如陆菊人和陈先生最后的对话所说：最后也就是秦岭上的一堆尘土么。此时幸存下来陆菊人依然生死未卜，是否还能带着爱的记忆活下去也不得而知。这就是历史，越是使"狠"，越是消失得快速和彻底，"狠"不过就是回到历史归宿/自然史中去的快捷方式而已。

贾平凹对现代历史主要抱着悲观的态度，他擅长于哀悼生命在历史中的消亡。就他21世纪以来反思历史的作品，他也写了一群人物，夜霸槽、李得胜、匡三、井宗俊、井宗丞、阮天保等，这些人物都试图成为历史主体，他们都能使狠逞强，做出过自己舍命的奋斗，都要在现代到来的历史中成为决定自己命运的人。但是，他们大都被历史直接吞噬。贾平凹没有办法给予这些人物与历史理性相一致的理由。夜霸槽相信自己有本事，因为自己身体上某个器官长了个痣；井宗秀得到陆菊人那三分坟地的暗示；这些天命观怂恿这些人物与历史争夺，结果被历史否定。当然，贾平凹以命运的结局嘲弄了人物的迷信，但人物与历史相遇也没有主体自觉的坚实理由。在贾平凹的历史叙事（实际上也是中国当代众多的历史叙事作品）中，这些奋力反抗的人物注定要失败，现代只能是以非理性的形式到来，其巨大深远的理性意义还不能为我们知晓，贾平凹并非先知，他也只能哀叹那些生命的消逝。尽管我们并不能苛责贾平凹，但如何理解现代历史的复杂性，人在历史中的自觉意识，现代主体生成的更为积极的力量，所有这些，还有待于乡土中国的历史叙事加深理解，对于贾平凹来说无疑也是一个需要面对的难题。

原载《文学评论》2018 年第 6 期。

注　释

① 参见拙文《他"披着狼皮"写作——从〈怀念狼〉看贾平凹的"转向"》，《文学评论》2015 年第 1 期。
② 参见拙文《他"披着狼皮"写作——从〈怀念狼〉看贾平凹的"转向"》，《文学评论》2015 年第 1 期。
③ 贾平凹《古炉·后记》，参见《古炉》，人民文学出版社，2011 年，第 607 页。
④ 贾平凹《古炉·后记》，参见《古炉》，第 607 页。
⑤ 贾平凹《古炉》，第 201 页。
⑥ 贾平凹《古炉·后记》，参见《古炉》，第 606 页。
⑦ "和其光，同其尘"，语出《老子·第五篇道章》，后演变为成语"和光同尘"。王弼注："无所特显，则物无所偏争也；无所特贱，则物无所偏耻也。"这里仅借用其意。我以为，老子本意在于能与光中和，并不争辉，而共同暗淡；与尘土相同，并不低贱，我平常。我以为，老子讲隐，讲低，讲无，故此意更接近老子。
⑧ 王德威《暴力叙事与抒情风格——贾平凹的〈古炉〉及其他》，《南方文坛》2011 年第

4 期。

⑨ 贾平凹《古炉·后记》,参见《古炉》,第 607 页。

⑩ 贾平凹《古炉》,第 599 页。

⑪ 郭洪雷在《讲述"中国故事"的方法——贾平凹新世纪小说话语构型的语义学分析》一文中,也谈到霸槽和阿 Q 的关系,并提到了与笔者讨论的细节,在此致谢。参见《文学评论》2015 年第 1 期。

⑫ 贾平凹《古炉》,第 601 页。

⑬ 贾平凹《古炉·后记》,参见《古炉》,第 607 页。

⑭ 贾平凹《山本》,作家出版社,2018 年,第 523 页。

⑮ 爱德华·W·萨义德《世界·文本·批评家》,李自修译,生活·读书·新知三联书店,2009 年,第 443 页。

⑯ 郜元宝《"念头"无数生与灭——读〈山本〉》,《小说评论》2018 年第 4 期。

⑰ 关于"自然史"的论述,可参见拙文《乡村自然史与激进现代性——〈白鹿原〉与"90 年代"的历史源起》,《学术月刊》2018 年第 5 期。

坐标与文化地形

戴锦华

引言

2015年,法国戛纳国际电影节上,两部华语片:侯孝贤的《刺客聂隐娘》和贾樟柯的《山河故人》入围了竞赛片名单。今天,甚至在中国电影圈,这已不能构成耸动性新闻,最多只能称为"好消息"。尤其是两位入围者均为备受欧洲,尤其是法国国际电影节钟爱的电影艺术家。最终,以侯孝贤再获最佳导演、贾樟柯获金马车/终身成就奖而曲终奏雅。

然而,这两部在戛纳获奖、在中国电影院线隆重上映(尽管票房战绩不佳)并斩获了无数华语电影奖项的影片,却间或在不期然间展露了某种文化政治的症候:"中国时间"的重归与悬疑。于《刺客聂隐娘》——这部主要借重中国大陆资本的台湾电影大师侯孝贤的作品说来,是"梦回唐朝",中国古代史脉络的再度显影和接续;于《山河故人》——这部几乎成为中国(大陆)艺术电影代名词的贾樟柯的新作,则是未来,三段故事的最后一段设定为2025年。甚至影片的一、二部分(20世纪90年代与21世纪之初的中国山西汾阳故事)都似乎置身在出自未来的怅然回望中。对于一个曾丧失或曰抹除了自己的历史的国度、对于一个百年来焦虑于时间的再度启动或曰时间的获得的文化说来,两部影片不期然展示的悠长、久远的历史维度与未来纵深,似乎以有别于经济学统计数据的方式,印证着中国的激变或曰国际视野中的中国崛起。有趣的是,这两部被述年代相距1500年的故事,却在其结局时刻,采取了某种结构相类的时间再现。影片的结局或许也正是《刺客聂隐娘》中最动人的段落:女主角放弃了印证"道心"的刺杀使命,履约护送来自东瀛(日本)的工匠返乡。伴着苍凉辽远的苏格兰风笛与非洲乐器演奏出的法国民谣 Rohan,一行人马在漫天枯草间渐行渐远。朝向大唐(/中国?)版图之外,朝向中国历史之外,朝向无名而未知的时间。而《山河故人》的第三段、2025 年的故事则远移到澳大利亚某地,女主角的儿子、那个被名之为到乐/Dollar 的孩子已长成为一个中国游离民,遗忘了母语、遗忘了母亲和母国,在青春的无助间躁动,空余母亲赠予的一串归家的钥匙。似乎是往昔梁小斌著名的朦胧诗句"中国,我的钥匙丢了"的反转,不是我们在红色的岁月、"红色的大街上"遗失了开启中国的钥匙,而是我们紧贴心口珍藏着钥匙,却遗忘或曰遗失了家(/国),遗忘了执匙开启便得以进入的大门。此间显影了另一处与今日中国有关的症候:不约而同地,两部影片在脚注了中国时间重启的同时,溢出了中国故事。加入世界时间?还是规避或悬置了对未来与方向的确认?进步?或前行?朝向何方?

坐标与文本

中国近 200 年的国族创伤记忆与 100 余年的曲折的现代化进程,不仅将欧美资本主义作为榜样与敌手深深地植入了中国社会与文化的内部,而且令表达为"赶超(欧美发达国家)"的现代主义逻辑成为 20 世纪百年中国的社会动力与政治文化坐标。若说,21 世纪之初,危机与纷争的底景显影了作为世界性事实的中国崛起,那么,今日中国所面临的是重新为自己选择并确定方向?进而为世界演示不同的可能? 一度,中国持续高速增长的 GDP、因幅员和发展的不平衡而展示的巨大的资本纵深、中国巨大的人口基数之上的潜在市场,间或令中国显现出充当全球资本主义发动机的潜能;然而,21 世纪之初的十余年间,中国不仅迅速地挥洒着其资本纵深,而且快速步入(如果不说是加剧)了全球资本主义困局。

颇具意味的是,21 世纪,作为唯一一个介入了"环球逐鹿"的非西方大国,资本主义的高速发展背书了"中国道路",而曲折经历了 20 世纪的中国道路则无疑是中国革命之路。然而,居于今日的世界高地之上,中国却是在 20 世纪最后 20 年间,最为深刻地将革命书写为创伤记忆、以"告别革命"为内在共识的国度(之一)。曾经,在20世纪的终结处,卡尔·马克思与汉娜·阿伦特或许并不对称的遭遇与对话,似乎以某种理论的表达总结、终了了20世纪。这或可视为对世纪之交中国主流知识界社会共识的一种描述:站在后者的角度上,对贫穷这一社会经济问题的、"不当的"政治解决,非但未能创造社会进步,相反酿造了社会灾难及无穷后患。①如果说,在全球思想史的视域之间,这意味着美国革命取代了法国革命成了君临性的现代范式,那么在世纪之交的中国,它同时意味一份有效的"告别革命"的政治实践。在某种隐形的社会常识系统中,这不仅是对"革命"、而且是对一切政治实践之为社会解决方案的拒绝。然而,冷战终结20年、新自由主义主宰30年,资本主义已经快速"返璞归真",急剧的贫富分化再度形构陡峭的金字塔形的全球结构——不仅是富国与穷国,更是富国与穷国中的富人与穷人。全球金融海啸固然一度撼动了金融帝国的主建筑,但最终只是消融了欧美国家"纺锤形"社会的中段与底端。在中国,即使忽略(尽管难于忽略)收入的巨大的灰色地带,在统计学可能触及的范围内,基尼系数早已拉响警报。于是,看似猝不及防地,汉娜·阿伦特遭遇了皮克提②。对后者——这位不断声明自己绝非左派、对社会主义毫无同情之意的主流经济学家说来,他面对这再度固化的、承袭型资本主义世界可能提出的解决、缓解方案都只能是政治性的,或者说必须以政治方案为前提或保障。但是,急需却未曾出现答案的是:姑且不论革命,各类政治方案如何得以达成或实践?这无疑内在联系着中国如何选择自己的方向与坐标。然而,如果警醒到法国革命作为唯一现代范式所携带的问题,直面"后冷战之后"的世界,冷战造就的全球结构已全然改观,那么,即使不论及革命,我们该如何定义、至少是想象政治选择中的左与右?依据着多数/99%或少数/1%的利益?仍然依据激进变革或现实秩序?后者看似自明:即参照着已然发生过的欧美世界的现代历史,问题便再度成为,在中国巨大的人口基数与资源状态之下,我们可否复制任何西方模式?对于前者,问题则在于,激进变革向何方?如果说,20世纪终结处的"大失败"③尚未耗竭共产主义构想④,且不论20世纪世界革命的实践对这一构想的玷污与冷战胜利这对这一构想的妖魔化,20世纪国际共产主义运动遗留给我们的遗产尚阻断在巨大的历史债务与创伤之下,20世纪遗留的历史谜题:关于新的历史主体、关于阶级与政党、关于民族国家与新国际……尚未有新的推演、清理与更新。当关于社会的未来的愿景尚在暮霭重重的迷茫中,激进变革便不时成为不服从的呐喊和种种符号学的反叛展演形式。

不错,冷战终结,资本主义全球化成了唯一的世界事实;片刻之后,资本主义不再拥有其外部(并因此而丧失了其潜能与活力),资本主义也开始失去其内部差异性;社会问题与苦难极速加剧。但更为深刻的问题接踵而至。即使我们暂且搁置自2001年"9·11"袭击、美国的反恐意识形态及战争到ISIS的全球扰动,搁置2008年迸发自华尔街的金融海啸、金融帝国的倾斜与未绝余震,搁置自1994年墨西哥恰帕斯玛雅原住民打响了"反全球化的第一枪"到占领华尔街运动及晚近发生的法国的"黑夜站立",搁置继政治犬儒主义的全球弥散之后,右翼民粹主义的世界性蔓延和践行;今日资本主义所遭遇的,不仅是危机与乱象,而且是以能源危机与生态灾难显影出的现代文明遭遇、碰触着的玻璃穹顶。颇具反讽的是,这阻断了现代主义无穷上升之承诺与愿景的玻璃穹顶,正遭遇着以生物学技术和数码媒介代表的又一度技术革命。此番,新的生物技术在全面入侵、改造人类身体和自然秩序的同时,首度问鼎死亡;而数码技术——互联网、数据库尤其是移动终端/移动通信平台,不仅整体地改变着通信、传播,改写了知识生产、生活方式,而且改变着人类社会的组织方式与社会生态;两者确乎将现代世界带到了某种临界点或突破点上。于是,一边是新技术奇异而充满魅惑的后人类邀请,一边阻断了未来视野,将今日世界定位于"末日生存"⑤。因此,甚至在好莱坞科幻类型的主屏上,不仅技术进步推进的未来场景不约而同地成了彼此截然分立的双重世界:光洁美丽、青春永驻的富人、统治者的顶层世界与劳动者和弃民们的底层社会的穷街陋巷,而且末日想象以颇为宽广的光谱再度覆盖了银幕空间。如果说,19世纪,终结资本主义的旗帜扬起,基奠于资本主义的掠夺、帝国主义的暴行与深重的社会苦难,那么,它同时立足于资本主义所激发和释放出的巨大的生产力潜能与社会能量;马克思主义的表述及展望因此盈溢着巨大的激情与欣悦。今天,当20世纪的历史创伤令"终结资本主义"几乎成了集体缄口的禁忌,资本主义的终结却以现代主义逻辑的反噬开启了现在进行时。置身于全球资本主义前沿,中国正迸发着惊人的后发优势,因此而多少颠倒着曾经欧洲中心的"历史进步"坐标;但是,当资本主义的终结意味着现代文明必须在野蛮主义与未来间重新选择方向,那么,中国是否应该或必须为自己和世界提供不同的可能以赢得未来？在持续百年的中国文化的古、今、中、西的四项坐标之间,我们将如何定位中国时间？如何形绘今日中国的文化地形？

2015—2016年间的一组文化文本似乎显现了丰富的文化症候。那便是作为全新的天桥剧场揭幕式、与百老汇经典音乐剧《剧场魅影》"并肩"上演的古装政论剧《北京法源寺》的演出与热议,一演再演;与2015年间风靡中国大陆、一时间达成老少咸宜、雅俗共赏、官民同乐的古装电视连续剧《琅琊榜》——此剧改编自未见经传的作者的网络长篇小说,经由民间影视制作商业机构斥重金制作,电视剧在全国热播、达到"现象级"的同时,获得国家与政府各类官方、民间电视奖项并通过商业渠道成功地全球发行。迥异其趣的,则是亚洲艺术电影第一人的侯孝贤的新作《刺客聂隐娘》。三部文本除了覆有共同的"古装"——其间间隔着千余年的光阴,文化生产机制各异、资本来源与文化动力不同、传播与接受层面天差地别,却似乎怪诞而有趣地共同勾勒出这坐标漂移的文化地形的一隅。

伦理与主体的意味

当今中国最重要的舞台剧导演、也是近乎唯一的重量级女性导演田沁鑫的剧作《北京法源寺》⑥选取了中国历史转折点的重要历史事件:"戊戌变法"为被述事件。在版本各异的主流历史叙述中,戊戌变法都事实上被视作现代中国历史的起点之一。当然,这一仅仅百天、以当事人身首异处、血洒法场为终结的历史事件,与其说是一个明确的终结与开端,不如说是一个历史的岔路口;在帝国主义列强的环伺下尝试延续封建帝国的历史,首先是其政治制度;或变法维新——采取相对温和的改良路线以君主立宪的形态完成古中国的现代化"跃迁"——其间昔日中华帝国的朝贡国日本便是一个切近的成功的例证(于是,在彼时的历史现场与此后的历史追述中便形成了日本明治维新的成功与中国戊戌变法的失败间的平行比照,由此形成了一系列关于古中国的社会、政治、文化的历史与价值判断,尽管这一比较中太多的省略项造成了诸多历史与现实的盲区);或戊戌变法的失败印证了中华古文明的老迈不堪、衰朽无力与积重难返,因此未有革命一途。由此开启了20世纪之为革命世纪的极端、酷烈而波澜壮阔的100年。

21世纪之初,话剧《北京法源寺》作为某种意义上的当下中国的新"主旋律"之作,作为对党和国家领导人习近平的《在文艺工作座谈会上的讲话》的自觉实践,该剧与其说是为某种政治立场和理念所统御的文本,不如说更像是为多种政治与社会潜意识所穿透的独特文本。事实上,剧作的编剧、导演田沁鑫对戊戌变法这一被述时间的选择:所谓以"盛世之音"演绎"末世之危"的组合,其自身已充满了社会文化意味。我们固然可以在中国文化的"盛世危言"的传统中寻找文化逻辑与依凭,亦可在叩访历史的特殊关头的重述国家政权之合法性的文化惯例间去确立阐释路径;但在笔者看来,这一时间点的有趣重合,可以或可能服务于某种现实的意识形态效果:中国正争取着近乎无穷的历史/未来纵深。因为戊戌变法之际,昔日中国/清王朝尽管面临着帝国主义列强亡国灭种的威胁,但近旁有日本效法欧美、维新成功、富国强兵的榜样,远方有欧美发达国家的目标,且英国的工业革命正激发出现代资本主义的巨大活力与生机;但事实上,剧目却或许在政治潜意识的驱动下,在这个有趣的时间点的重合上,再现了今日中国、也是今日世界胶着的社会议题——"告别革命"。在剧中,当变法尝试触及既有的政治制度,保守派开始反扑,光绪帝密诏维新派。维新派最终读懂了密诏的真意——年轻的皇帝在求救。此时,这一逻辑而怪诞的情景得以显影:在"忠君"的首要信条中,维新派必须即刻行动,救驾/勤王,这是维系既存秩序的底线与必需;但在彼时的历史情势下,这不仅意味着帝党颠覆后党,同时"围园劫后"则意味着"谋反",甚至革命。这一历史时刻的张力,不仅出自高层权力内部的自我倾轧,而且是再度抉择方向的历史时刻:救驾亦即谋反,维新是否演化为革命?而在剧情结构中,痛切的是,即使搁置包藏在这段历史中的诸多谜团,此时的维新派即使果决行动,他们也只是极端脆弱、激进的异端,全无政治/军事力量的支撑与加盟。换言之,权力高端的危机情势并不始终意味着革命情势。于是,剧情的重心,便由中国历史的政治抉择,转向了个人命运的道德抉择:在历史回望的视点中,登场伊始便确认了"中国英雄"[①]谭嗣同的意涵:殉。若说这正是此剧的重心所在:再度启动、更新中国文化主体与核心价值,借重佛教言说激活个人与家国间的连接("大慈悲"

"救众生而引刀一快"),那么,此间不期然间显露的社会症候,则是道德主体对政治主体的置换,个人生命的伦理抉择取代并悬置了政治选择与政治困境。一旦伦理评判取代了政治论述,那么这部政论剧自觉不自觉地令角色、也是历史形象的对照组:康有为("去留肝胆两昆仑")因道德底色的含混而黯然。同时黯然乃至消隐或放逐的,不仅是康有为代表的激进政治选择,也是他激进的政治思想:《大同书》。正是后者,不仅溢出了戊戌变法的政治构想,而且溢出了以欧洲为楷模和模板的资产阶级革命或启蒙思想的对"人类公理"的大胆设想。相对于今日与当下,所谓"讲述神话的年代",不仅参照着"中国崛起",更参照着"危机中的资本主义",康有为的政治理想原本更具思想资源与文化价值的意义;但这确乎可能再度开启中国时间、也许也是人类时间/未来的历史角色与表述却如此"逻辑地"消弭于一部以思考中国价值为其自觉的文本及社会思想舞台的幽暝中。因为剧作的社会前文本,正是"告别革命"的深刻共识与另类选择的彻底缺席。

于是,《北京法源寺》中,其被述的历史事件已然决定了"谋反"/"革命"/激进变革曾是(并最终成为)真切的现实选择与历史时刻,只是在饱满的戏剧张力迸发之际悄然转换为个人与伦理命题。有别于此,类似时刻与选项在《琅琊榜》与《刺客聂隐娘》中则全无踪影。而道德主体对政治主体的置换,却成为文本意义确立的不约而同。颇为有趣的是,在《琅琊榜》中,这并非绝对与唯一主角的生命意义与价值的确认,而是他呼风唤雨、运筹帷幄地推进与执行的政治规划:重整朝纲——在既存的政治制度内部重建道德秩序,即以明君替换昏君,以清官替换贪吏;而确保明君不会再度堕落为昏王的依据,是其人的人格特质与道德高度;确认清官不复贪腐的理由,则不仅是其人品而且是其职业伦理:兢兢业业、克勤克俭的自觉。这一政治规划的达成,则不仅以多重道德主体置换了政治主体,而且完成了主角自身作为政治主体的自我否认与抹除。而在《刺客聂隐娘》里,主角之为意义与道德主体的获取,正在放弃颠覆性的政治行动——刺杀暴君,以达成其政治选择:维系岌岌可危、不尽如人意、或甚不如人意的既存秩序。尽管有着艺术的高下与文化定位的巨大落差,《刺客聂隐娘》却的确再现了2003年张艺谋的另一部古装巨制《英雄》的叙事主题:刺客的故事最终落锤于放弃使命、选择不刺的结局;中国电影史上唯一的成熟类型:功夫或曰神怪武侠片作为中国动作片却终了于非行动。但不同之处在于,无名之不刺,出自对权力逻辑的了悟和认同:唯有将未来托付强权和暴力,才有和平与秩序的可能;而聂隐娘之不刺,则瞩目于维系秩序的别无选择:"死田季安,嗣子年幼,魏博必乱,弟子不杀。"而这一政治选择与承担同样在令聂隐娘获得了道德主体("与圣人同忧")的高度的同时自我抹除:她弃置刺客的指令与使命,飘然远逝。

或需赘言,类似文本无疑继续推进着社会文化的非政治化进程,并以其变奏形态再度形绘这一坐标错位或曰丧失了坐标的文化地形:事实上,不仅出自笔者的文本选择,亦无关乎古装/时装,几乎所有略具政治性的文化文本,都集中于高层权力集团内部的对决与选择,所谓"殿堂高耸,人间戏场",全然无关于民众、民间或人民。事实上,在新世代的网络文化中,"宫斗"一词,已成为英文 Politics 的"标准"中译。考虑到 20 世纪中国曾有过普及历史唯物主义教育的时代,农民起义、人民革命曾取代王朝更迭而成为历史教科书中的主线——"把颠倒的历史重新颠倒过来",对这一颠倒的颠倒,其意义便昭然若揭。或许更为有趣的是,《琅琊榜》与《刺客聂隐娘》这两部事实上"风马牛不相及"的文化文本,却再度不约而同地选用了类似美国西部片式的结构形态:神秘无名的外来者进入了文本中的元社会,最终以法外执法捍卫或修复了社会秩序,而后悄然消失/自我放逐至文本世界之外。当然,取代了"荒原"与"田园"之二项对立式的,是中国文化想象中的"江湖"与"朝廷"。且不论汉代以降,所谓"江湖"已不复朝廷权力不及的真实地理空间,而略类于公民社会之于现代国家,但是,甚至这一作为皇权补充物的"江湖",也并未在任何意义上成为故事中的想象空间,而只是某种子虚乌有的悬置,或曰空洞的能指。不同于西部片的结构设定——外来的牛仔相对于白人/殖民者的定居点具有充分的(尽管无疑是意识形态性的)异质性,这两部文本中的外来人则具有十足的内部性——不仅高度内在于权力结构,甚至极端繁复和紧密地置身于中国式的亲属关系的密网之中。

换言之,在大众文化与公众想象中,与另类政治解决方案同时丧失的,是想象权力之外部空间的愿望或能力。如果权力结构没有其外部,那么也就没有政治意义上的革命或变革,没有搁置另类愿景的所在,甚至没有希望的空间；有的只能是"改朝换代"——当权者的更迭，而民众——尽管渐次从大众文化中褪色、消失，其命运只能是永恒地在"兴亦苦、亡亦苦"间辗转。

能指之戏与非行动

在类似文本中，这些来自内部、回归内部的"外人"/他者同时症候性地遭遇着"命名"困境。影片《刺客聂隐娘》尽管以主角为片名，但在影片中，除了一处例外，她从未被称作聂隐娘或隐娘，相反在影片中她拥有一连串本名、别称、乳名或爱称。如果说，聂隐娘这一流传千年的能指对应的正是女侠客/女刺客的传奇，那么在影片中，对这一称谓的避讳或搁置（固然有其中国传统文化的依据）间或正是在意识与潜意识之间，表达了对激进政治与行动的拒绝或规避。唯一一处例外，是影片的尾声处，来自日本的负镜少年喊出了"隐娘"，而此时的聂隐娘已绝恩于师，放弃自己的刺客身份。而《琅琊榜》这部最终以四卷实体书和52集电视连续剧形式确定的浩繁篇幅，或可视为一个能指互译游戏：以"琅琊榜"榜首之人的身份登场的，是梅长苏/"江左梅郎"，他初入京城是化名苏哲，这个毫不用心、甚至欲盖弥彰的化名当然很快得到破解，但追索到此人即"江左梅郎"，并未终止一个贯穿始终的追问——他是谁？在剧情中，这份谜底看似清晰：他便是十二年前惊人冤案的罹难者、传统中国叙事中的典型角色、幸免于灭门九族之祸的忠臣之后，亦为"天纵奇才"之"白衣小将"林殊。然而，林殊这一能指除了为角色提供了行为动机并预设了他的内部身份，并未构成任何结构性所指的意涵。主角拒绝也不曾以林殊的身份出现（故事中的玄幻成分"合理"地抹除了梅长苏身为林殊的全部依凭），唯一充当了角色之意义或曰所指的，是一块牌位——一个死者或亡灵。有趣的是，《北京法源寺》亦开始于生者与牌位/亡灵的对话，但其主旨是最终令死者在场；而《琅琊榜》则最终令其缺席：梅长苏或林殊最终将自己"还原"为一个死者/一块牌位，一个在既存秩序与法理中占有了位置的牌位。而梅长苏得以自外部进入的"名片"/能指，出自琅琊阁："得麒麟才子者得天下。"然而，这预设或给定了破解路径的谜语，很快便锁定于梅长苏，"麒麟才子"由是成了主角的另一个能指；此能指远比其他能指更为重要的是，它界定了主角相对于权力核心的功能意义。

这也正是梅长苏给自己的定位：一个"权臣"，而非林殊这一能指所指向的"复仇者"。他因此必须被否认、最终被抹除，缘于他负载着剧中作为"宫斗"的全部政治行为与意义：权谋、厚黑、夺嫡、构陷……他存在的意义，便是以其"政治"主体的行动令未来的、理想的"政治"领袖不遭"政治"的玷污，仅仅作为道德主体而确立。

可以说，正是这围绕着人物命名的能指的游戏，令《琅琊榜》的主角成了某种"空洞"，一处为行动和"意义"所充满的空洞。不仅其行动意义是回溯性（昭雪冤案），而且其叙事便是主角逆行性地抹除自己的政治行动及其自身存在的痕迹。其政治诉求不是颠覆，甚至不是重建，而只是恢复——对旧有的/理想的（亦即曾寄托于蒙冤而死的前皇太子的）政治秩序的恢复。全剧的大团圆结局中，明君清官、母慈子孝、夫唱妇随……中国式伦理秩序的再度确立，梅长苏似乎从未到过，从未存在；或者说早已作为林殊而长眠。如果说，主角原本来自一道结构性的裂隙（历史冤案），那么他也正是在裂隙的弥合中消失。

也正是在这里，《北京法源寺》《琅琊榜》和《刺客聂隐娘》作为在不同社会层面、不同接受路径上大获成功的文化文本，显露出内在的差异与更为深刻的社会症候或曰政治潜意识。《北京法源寺》以谭嗣同之名成功地再度命名了"中国英雄"，以佛教蕴含支撑或曰刷新了其伦理意味和高度；同时颇具症候性地重叠了一个激进行动与非行动的选择或曰时刻：请袁世凯发兵与"谭嗣同不求救援"。于前者，尽管充满了历史的偶然，但在回望的视野之中，此举不论成败，都无异于行动所成就的非行动；与后者，舍生取义——以一己之躯承担历史命运，同时成就了（政治）非行动之（伦理）行动。在那一历史时刻，也是在舞台的再现之中，谭嗣同正是在自觉与不自觉之间将自己成就为一个可以填充多义的能指。如果考虑到今日，在后冷战之后的世界上，几乎所有包含群众动员于其中的社会运动（左翼之如反全球化抗争，右翼之如各种民粹集结），都带有符号学展演的性质，那么，此文本间的行动与非行动，政治与伦理意义及诉求的叠加与相互消解，便十分意味深长。与之相对，则是《琅琊榜》中充满了时间/情节链上的（政治，毋宁说权术）行动和实践。然而这行动却是名副其实的置换/"对倒"，其行动所成就的是对既存制度的保全与加固。由《琅琊榜》这部多层面上的流行文化文本显现的保守主义选择，或许更为真切地表达了在文化想象中社会性政治动能的萎缩或消失。

镜中女侠

此间,文化政治表达更繁复、更曲折的或许正是作者电影《刺客聂隐娘》。片名主角聂隐娘无疑是影片的视觉与意义中心。从某种意义上说,正是她的"形体和视线轮番占据着影片的主导位置"[⑧]。然而,在影片的叙事结构中,聂隐娘却始终是某种结构性的冗余,是一系列三角关系中"多余"的一角。在影片角色的情感关系中,首先是田元氏/田季安/聂隐娘(窈娘)的关系式,而聂隐娘显然在前史中已然出局。而在剧情的展开中,则是胡姬/田季安/田元氏与胡姬/田季安/聂隐娘(窈七)间的交错、重叠;于前者——宠妃与主母之争间,聂隐娘无疑是十足的局外人,于后者,胡姬与聂隐娘(窈七)间的相互认同,无疑是自怜性的投射与错认。在此,或许真正占据了意义中心三角关系的是王后嘉诚公主/聂隐娘(窈娘)/道姑嘉信公主。如果说,"青鸾舞镜"("罽宾国王得一鸾,三年不鸣,夫人曰:'尝闻鸾见类则鸣,何不悬镜照之。'王从其言。鸾见影悲鸣,终宵奋舞而绝……")令孤绝遗世、形影相吊这一关于孤独与镜像的主题潜在地贯穿了整部影片,那么,有趣的是,这一隐喻或曰意象却先在地隐含裂隙。因为在剧本的设置中,嘉诚、嘉信是一对孪生姐妹、且由同一位演员扮演——这在影片的视觉呈现中必然形成完美的镜像表达;然而,这组镜像性人物的设定,却不仅内在的抹除了孤独的主题,而且将政治潜意识里的冲突与选择内置于剧情核心:嘉诚/王后/殿堂之高映照着嘉信/道姑/江湖之远;嘉诚对既存秩序的尊重与护卫,映照着嘉信对现世统治秩序的蔑视与"剑道无亲"。而剧中聂隐娘所置身的意义张力,正在于作为两姐妹间争夺的价值客体与主人公认同选择间的主体位置。此间,更为有趣的是,嘉诚、嘉信,尽管分置殿堂与江湖,尽管选择成为秩序卫士或世外高人,但她们的意义与位置的确立,却同样参照着影片之元社会的秩序,只是路径不同:前者倾心维护,后者暴力修订。也可以说,前者维护的是现实中的统治逻辑;后者捍卫的,则是理想秩序。毋庸赘言,或许这正是"侠"这一前现代中国社会与文化中独特的功能角色的位置与意义。如果重提与美国西部片的类比,两者间或对应着一组经典角色设置:警官与牛仔,既是对手,更是互补:前者苦心经营,后者法外执法,其症候性的意义正隐现着美国历史的双重真相与叙述:移民的历史、白人垦殖者的故事与殖民的历史,殖民者暴力杀戮与掠夺的记录。而"侠"——某种前现代中国文化想象中近乎独一无二的个体独行而神秘(尽管无疑仍隶属于江湖社会、门派、师徒秩序),则事实上充当着某种王权秩序之裂隙的填充物。影片中,准确地说,是在影片的前史中,聂隐娘是一个在嘉诚与嘉信的意义位置间流动或传递的主体/客体。前史中,聂隐娘无疑曾深深认同于嘉诚公主,后者曾承诺与期盼聂隐娘成为她的继任者,但终在权力利益原则下将其抛弃,因而为嘉信掠去。故事开启便是嘉信将聂隐娘还回,令其由外部重归内部。在唐传奇的原作里,"师傅"及其掳人行为并无阐释或出处,归来的聂隐娘始终是个外人或异类;而在电影中,她却最终皈依正统,以不尽人意的现实秩序为上,成就了嘉诚的遗志,背叛并自绝于嘉信。剧情的逆转,令主角最终在文本中获取了意义的结构位置:聂隐娘方是对镜起舞之青鸾,而嘉诚是她的镜中像。或者说,因剧情中聂隐娘的最终抉择,嘉诚与嘉信间的对称镜像关系被阻断,维护秩序与法外之法的互补功能被扬弃或搁置,聂隐娘终于成了嘉诚期盼的自己的镜中之像。对应着聂隐娘/阿窈之为剧中人物关系中的冗余,嘉信及其指称的社会功能位置,则由此成为意义结构中被弃的冗余。在这一意义指向上,尽管聂隐娘最终叛出师门,却仍将自己重叠于嘉信的结构位置上:以自我放逐成就了社会性的放逐。

或许是在不期然间,《刺客聂隐娘》回归了中国电影独有的亚类型电影:神怪武侠片的源头,重现了曾占据银幕与叙事中心的功能角色:女侠。不同的是,在中国电影史之初——女侠形象占据绝对中心和压倒优势之际,那个自天外仗剑而来、锄强扶弱、匡扶正义,而后飘然仗剑而去的女侠,其社会文化的功能意义在于创生现代意义上的个人;而女侠作为巾帼英雄/刀马旦的变奏,却在这一叙事模式间,实践着历史性的后撤:以基督教为底色的现代性别秩序开始曲折地替代、置换前现代中国的阴阳/权力秩序。而在此,聂隐娘的自我放逐/遭社会放逐,所逐出的,却是侠/刺客/法外执法的内在威胁,同时也自我放逐/放逐了现实秩序之下或之内的对理想秩序与正义的执着。甚至,聂隐娘作为剧情结构中的绝对冗余,间或在社会潜意识的层面上,意味着类似社会位置或想象位置的消失。

结语

  于笔者,这组文类各异、生产与接受层面不同的文本,间或显现为一组重要而有趣的社会文化症候群,其中突出的文化症候:无论是伦理主体/主题置换政治主题/主题,还是"动作片"的非行动化,抑或主人公的"匿名"与能指的漂移之舞,与其说勾勒出某种坐标参照下的文化地形,不如说显影了某种张力下的悬置与漂浮。这幅文化地形图,与其说是再度标识了今日中国、今日世界的坐标,不如说,其症候意义所在,正在于显影了既有坐标系的失效、含混或错位。或需再次提及的是,于笔者,此间的张力不仅是出自文本自身的叙述逻辑所显现的诸多变形、扭结甚或悖谬,而且无疑出自全球化时代的世界情势与中国的国际角色及内部情境的结构性投影。于是,有无尽奢靡间的低回,有似纵深深广的闭锁,有快节奏"剪辑"间的"呆照",有大步前行时的离散和迷失。

  当新技术革命再度赋予现代文明冲顶的动能,能源危机与生态灾难所标识的此期文明的透明穹顶却同时迫近;当中国开始赢回"中国时间"并开始参与主导世界时间,种种历史目的论的时间却正纷纷碎裂;我们必须再度确认方向与方位,我们必须去获取或创生新的坐标。200年来,中国社会变革与社会革命的动力及目标正是"赶超"已创生或赢回世界意义上的"中国时间"。如今,彼岸已至、未来亦临,新的中国动力与目标是否已经确认?且不论,承诺了无穷发展的欧美现代主义,早已遭到了全面的挑战,多重危机中泥足深陷;即使现代世界仍拥有着深远的未来纵深,中国,作为第一个跻身全球资本主义前沿的非西方大国,作为一个被20世纪多重革命所更生、所造就的国家,当中国得以加入对世界未来的构想、规划,我们原本可以、也必须为自己、为世界提供别样的路径,别样的可能。

原载《华中科技大学学报(社会科学版)》2017年第3期。

注　释

① 参见汉娜·阿伦特《论革命》，陈周旺译，译林出版社，2011年2月。
② 托马斯·皮克提（Thomas Piketty）《21世纪资本论》（*CAPITAL in the Twenty First Century*），这卷长达600页的经济学著作于2013年出版法文版，并迅速译为英文，由哈佛大学出版社出版，全球热销并引发热议。中文版，巴曙松等译，2014年9月由中信出版社出版。
③ 1989—1990年间东欧剧变、苏联解体，延续40年的全球冷战对峙以西方阵营的不战而胜宣告结束。国际左翼观点将其称为"（全球共产主义运动的）大失败"。
④ 21世纪之初，欧美左翼思想家开始重提"共产主义"议题。颇为著名的是法国理论家阿兰·巴迪乌（Alain Badiou）发表在《新左派评论》2008年1—2月号上的文章《共产主义构想》（*The Communist Hypothesis*），后发行单行本。
⑤ 齐泽克（Slavoj Zizek）的专著《末日生存》（*Living in the End Times*，Rev Upd edition，Verso，April 18，2011）。
⑥ 话剧《北京法源寺》，改编自台湾作家、政治异见者李敖的同名长篇小说，田沁鑫编导，2015年12月在北京新天桥剧场首演，2016年于全国各地巡演，2017年将重返国家话剧院舞台。
⑦ 2015年4—5月间，田沁鑫监制的话剧《英雄24小时》上演，相对西方价值和表述，寻找和追问"中国英雄何在"、"何谓中国英雄"。该剧无疑成了《北京法源寺》的热身和垫场。
⑧ 参见尼克·布朗（Nick Brown）《电影叙事修辞学》（*The Rhetoric of Filmic Narration*），Umi Research Pr，March 1982，p. 89.

理想的困境
——析台湾话文论争兼及大陆国语运动

计璧瑞

20世纪30年代台湾乡土文学暨台湾话文论争已成为台湾文化及文学研究的关注对象,论争双方的观点往往被当作时下阐释者利用的资源。一些情况下,研究者侧重阐发双方的胜负得失,并将阐发的结果作为今天文化和文学思潮交锋的砝码。重温当年的交锋,更为吸引人的其实是论争者对殖民地环境下语言问题的深刻思考、他们较强的运用白话文的能力,特别是他们身处的无法摆脱的困境。这里,乡土文学与台湾话文除了一部分概念的争论外[①],内容基本重叠;大陆的国语运动[②]在文学革命兴起后也与后者合而为一,本文侧重探讨语言文字问题,因此更多使用"台湾话文"与"国语运动"的概念。国语运动不仅是当年台湾话文论争双方的参照,也可以作为今天分析这场论争的参照。同时,今天的这种参照或许有助于在更大的框架内多角度理解现象,更全面地探讨汉语言文字从传统到现代的过渡中在两岸遇到的相近和相异的问题。

台湾话文论争的出现源于殖民社会知识分子为对抗殖民统治、寻求大众启蒙的有效方式,希望通过语言文字寻找文化身份、确立民族精神自我的艰难尝试。相比大陆国语运动,台湾话文论争也是汉语言文字遭遇时代剧变试图寻找出路的表现,虽然规模较小,脉络并不复杂,但显然它面临的是比前者更为艰难的处境。20世纪20年代初陈端明、黄呈聪、黄朝琴对普及白话文的大声疾呼,20年代中后期连温卿关于"将来之台湾语"的设想、连雅堂整理台语的工作以及张我军对白话文和台湾话关系的认识等可谓这场论争的先声。在殖民统治、左翼思潮、大陆白话文运动和新文学运动的综合影响下,台湾话文论争双方提出了他们在殖民地台湾抵抗同化、启蒙大众、扫除文盲、传播新学的基本主张和具体方案,其根本点就在于提倡台湾话文或推广中国白话文的差异。从现有材料看,虽然双方态度上的对立比较明显,但这种差异并没有今天一部分人理解的那样大,常常表现为对同一问题或事物不同侧面的强调;双方对语言问题的认识也受到了大陆国语运动和文学革命的影响。在这场论争的同时,大陆也正在展开大众语讨论,其中部分论者对白话文的认识和对大众语文的理解与台湾话文倡导者比较接近,显示出不同空间下知识分子彼此相似的追求。更值得探讨的是,论争虽然提出了不同的设想,但它们都因社会境遇、地域文化等限制,存在某种缺陷,缺乏足够的现实可行性。知识分子的愿望始于理想,也终于理想。

一

今天,台湾话文论争双方的观点已经广为人知,但他们对台湾社会和语言问题的认知仍然是令人惊叹的。台湾话文倡导者不但对殖民地人民面临的政治、文化困境有深刻体悟,对言语的本质以及国语与方言、传统与现实的关系也有比较深入的认识,特别是他们对大陆发生的白话文和新文化运动相当关注,对一些重要人物如胡适等人的主张也十分熟悉。

作为论争的开端,黄石辉以《怎样不提倡乡土文学》[③]表达了这样的论述逻辑:台湾的事物、台湾的经验,只有台湾人用台湾话才能真正表现;我们的目标是文艺大众化,必须使用大众理解的语言文字;现有的新文学大众看不懂,因此它不适用于台湾,又因此应提倡以台湾话写作的乡土文学。文章还提出了一些值得注意的问题,一是雅俗之分没有意义,"中国的文学革命倡起当时,一班抱残守缺的老头儿,何尝不看白话文为粗俗?但是到了今日,那些之乎也者的古文学,却反变成俗不可耐的东西了","所谓雅俗,都是由于人们的认识而定的,并不是固定不变的","我们为要普及大众文艺起见,也是不能顾虑到什么雅俗的"。二是"无论什么语言都有文学的价值"。三是注意到汉字的稳定性和台湾与大陆文字的统一性,"台湾话虽然只能用于台湾,其实和中国全国都有连带的关系,我们用嘴说的固然要给他省人听不懂,但是用文字写的便不会给他省人看不懂了"。四是新文学不是文艺大众化的利器,"近来所做的新小说、新诗,亦完全以同学识的人们为对象,其中要找出真正大众化的作品,其实反不及旧小说"。五是文艺大众化的要务是"以环绕着我们的广大群众为对象",而不是"去找远方的广大群众"。涵盖了论争所涉及的大部分问题和倡导者的基本观点,显示出对台湾特殊性的强调,并把台湾话文的提倡当作紧迫的现实问题。另一重要人物郭秋生的《建设"台湾话文"一提案》④探讨了语言与文字、国语与方言的关系,对历史上言文乖离现象的梳理与胡适《白话文学史》的论述结构十分相近。文章继续突出台湾的特殊处境,从政治体制、教育制度、语言文字的历史传统和现实状况等各个方面论证台湾人需要将现有的方言转化为文字,而这种文字"又纯然不出汉字一步"。他对殖民语言与被殖民者固有语言文字间的矛盾冲突、语言文字对维系民族文化的重要意义、作为方言的台湾语与大陆通行语言的关系等论述,直至今日仍然很有说服力。文章赋予台湾话文建设以更强烈的使命感,不仅要达到言文一致、扫除文盲、表现现实的目标,还应承担保存民族文化,对抗殖民同化的责任。此后他的论述重心集中在台湾话文的具体设想上,主张从歌谣整理入手从事"基础的打建",并继续强调以汉字作为台湾话文的表现手段。论争后期他在《还在绝对的主张建设"台湾话文"》中继续表达对汉字发展和中国国语运动的认知,以及对殖民地台湾特殊性的强调。郭秋生的理论探讨和实际设想都比较深入细致,台湾话文的提倡因他的论述增强了说服力。黄纯青的《台湾话改造论》⑤在言文一致的基本原则下,根据对汉字和各地汉语发音分布的考察,主张将台湾话改造成有附加条件的独立的台湾话,并提出了台湾话改造的四点主张,以实现三大目标。⑥从他选取的大陆通行语言与台湾话对照例证看,两者的互通完全没有问题。

为实现言文一致以建设台湾话文,倡导者们提出了诸多主张:如采用代字、另做新字、读音整理、采集歌谣、使用大陆注音字母、曲话就文或曲文就话等,无不体现倡导者解决现实问题的高度热情。在他们看来,言文一致的台湾话文的确是维系民族文化、促进台湾文学发展、拯救台湾大众的唯一途径;相反,大陆白话文在台湾因不能与台湾话言文一致而只属于知识阶级,因而也是贵族的:"其实中国白话文未必能够比浅白的文言文容易使台湾大众理解",

"况且中国话比较日本话未必会更加切应现在台湾大众的需要",⑦"中国白话文这个表现形式,在咱台湾竟也是一条惊人的铁链"⑧,"文言文之缺陷的全部同时是中国白话文缺陷的全部啦"⑨。同时,他们虽然将台湾话定位于汉语方言的一支,但白话文与台湾话的差异,以及这种差异因地域和殖民社会的阻隔而无法消除,也是他们认为白话文不能通行于台湾的重要原因。

基于解决紧迫社会问题的需要,台湾话文倡导者具有强烈的现实目的性和执着的信念,相信只要台湾话文建设完成,一切问题都能够迎刃而解,因而对自己的设想坚信不疑。大众代言人的自我身份认定也增加了一份乐观和自信。论争后期,黄石辉对台湾话文的优势还作了十分理想的描述⑩。

台湾话文的反对者也是大陆白话文的支持者。论争伊始,他们应和台湾话文倡导者的主张,在语言运用上提出了不同意见,列举种种理由证明白话文优于台湾话文并适用于台湾。反对者毓文对文艺大众化并无异议,但认为乡土文学不合时宜,值得提倡的是"以历史的必然性的社会的价值为目的底文学,即所谓'布尔塞维克'的'普鲁文学'";大众化应有更开放的视野,因为文学是全世界的公器,不仅仅属于某一特定人群。同时,"台湾话还且幼稚,不够作为文学的利器,所以要主张中国的白话"。⑪文章对文学价值的理解也与倡导者不同,并未打破雅俗之分。另一位白话文支持者克夫并不反对乡土文学,但认为"在理论上过于形式的和理想的,对于经验和实际似有失了本来的真面目",且这种乡土文学过于简单化,而文学应该是艺术的。他同时认为大陆白话文对台湾人来说很容易懂,再创造一种新字不够经济。他的理想是:"若能够把中国白话文来普及于台湾社会,使大众也能懂得中国话,中国人也能理解台湾文学,岂不是两全其美!"⑫点人的态度较为温和,认为乡土文学过于分散,而语言应该统一;白话文不会妨碍台湾特色的表达,台湾话文的可操作性却是值得怀疑的。和克夫一样,他也认为学习白话文并不困难,再造台湾话文不经济,主张"文字要在可能的范围内尽量地采用中国白话文,而于描写和表现要绝对的保著地方色"⑬。反对者们更为注重白话文与台湾的亲和关系,相信这种关系能够促成白话文在台湾的普及:"中国白话文虽然不是台湾言文一致的文学,但我却敢相信是和台湾话最亲近的文学。"⑭"要晓得现在中国所流行的白话文,是在各种方言之中通行最广的。虽没有学过它的人,若稍念过书的人,谁也能够去赏读的。""中国白话文是采取在中国通行最广的方言,所以无论在任何地方谁都晓得。台湾现在和中国虽然没有干涉,但其生活、风俗、习惯、语言等总是永不能和中国脱离的。所以中国白话文一旦搬到我们台湾来,就大受欢迎,在乡间僻壤都有它的足迹。"⑮

归纳起来,白话文支持者反对台湾话文的理由一是台湾话尚嫌粗陋,难以实现艺术的表达;二是台湾话文建设面临诸多困难,台湾话文倡导"超越现实";三是台湾话文地域性太强,难以和大陆沟通,一旦确立可能导致台湾与大陆的更深的隔绝,而白话文没有这些缺陷。由于白话文早已登陆台湾,白话文支持者在语言问题上显然没有他们的论争对手那么强烈的紧迫感和目的性,相对而言视野没有完全放在台湾和当下,⑯其文化立场带有左翼知识分子的部分特征,即强调文学的阶级性和世界性。

论争有时出现比较激烈的情绪化表述,但实际上,双方立场虽存在明显差异,但在看待大陆白话文上并没有尖锐的对立,即便台湾话文倡导者也并不反对使用白话文,他们每个人几乎都能写一手顺畅的白话文,如郭秋生所言:"我极爱中国的白话文,其实我何尝一日离却中国的白话文?但是我不能满足中国白话文,也是时代不许满足的中国白话文使我用啦!"⑰倡导者对台湾话在白话文系统中所处的方言位置也没有疑问,只是对白话文在台湾的推广和适用程度持否定态度,这种否定一方面是由于白话文不能言文一致,另一方面与对白话文和台湾话文之间差异程度的认识相关,倡导者理解中的差异显然大得多。⑱对台湾话文,双方的差距比较明显,白话文支持者可能不反对乡土文学和台湾特色,但几乎没有正面肯定过台湾话文存在的意义。当然他们并未像倡导者批评的那样试图"废去台湾话"⑲,只是对"台湾话文"表示异议。有趣的是,双方都指称对方罔顾台湾社会现实,过度理想化,⑳但对共同身处的同一社会现实的理解侧重点不同,倡导者更强调两岸分离、地域和语言的差异;反对者更突出台湾与大陆文化的同一性,同时认为台湾话文建设缺少行政力量,无法成功:"中国白话文能够那样普遍实行,是依藉政府的力量,才能成功,以现实的台湾和中国比较起来,适成相反。想要靠台湾当局来替你提倡乡土文学,这是万万不可能。"㉑如果将双方论述相近的一面放到一起,根本就形不成对立:倡导者认为台湾话文应使用汉字,要让中国人看得懂;反对者主张推行大陆白话文但要融合台湾特色。由此可见,台湾话文和大陆白话文的差异并不明显[22]。另外,论争双方的根本目标是一致的,如点人所说:"乡土文学的问题,无论是赞成、是反对,都是为着台湾文坛的。"[23]黄石辉则相信双方"到真象的结局,总有互相理解的一日"[24]。因此论争不是不同利益之争,也没有显示出一方对另一方的压制与掌控,而是台湾知识分子面对共同处境提出的不同解决方案之争。

二

对这场论争的分析当然不能忽视双方以外的两大力量,一是语言文化层面的大陆国语运动和白话文,二是政治层面的日本殖民者,即两方的论争实质上属于四方力量的角逐。这两大力量甚至直接决定了论争的基本内涵和双方的论述依据,很难想象没有它们的存在论争还会不会发生。日本殖民力量自不待言,它所控制的台湾社会现实施加给论争双方的压力是等同的,即既不利于台湾话文建设也不利于白话文通行,它在具体论争中不作为焦点被讨论反衬出它是论争双方都要面对和抵抗的力量。大陆的国语运动和白话文所扮演的角色更为多面,它们往往成为双方开启思路、确定立场的重要参照;白话文虽然作为具体的语言形态被讨论,但同时还作为重要的文化因素出现。

论争者对世界文化的发展潮流并不陌生,无论是倡导者关注的各国实行言文一致,还是反对者感兴趣的文学的世界性,都表明他们的思维背景并不局限于一时一地。真正激发他们尝试语言变革,提出台湾话文的设想和方案的,除殖民因素外,无疑是大陆国语运动和文学革命的成功实践。大陆的成功使倡导者看到了言文不一的文言文终于能够被取代,看到了台湾话文成功的可能性,并坚信言文一致的时代已经到来。他们的论述自始至终没有脱离大陆经验的参照,无论对这种经验适用于台湾持何种态度。由此,大陆运动中的主要观点和主张不断被引用,从清末黄遵宪的"我手写我口",到胡适的"国语的文学,文学的国语"都在双方的论述中不断被重复,后者直接演变为倡导者的"台湾话的文学,文学的台湾话"以及"台湾白话的文学书与文学书中的台湾白话"。黄石辉对台湾话文采用代字的设想直接受到胡适的启发:"采用代字可使得吗？使得！绝对使得！我们且看胡适之怎样说。"他所引用的胡适《建设的文学革命论》中的说法使他确信"代字的采用是不要客气的"㉕。郭秋生还因在台湾话文倡导中的主导作用被反对者讥称为"台湾的老大胡适"或"似是而非的胡适"。清末语言文字改革运动以来言文一致的追求几乎成了倡导者的绝对准则："我们提倡乡土文学的根本观念，是根据着言文一致的见解和理论，目的是在疗救台湾的文盲症。"㉖"在'言文一致'的观点上，我们是绝对需要台湾话的文学。"㉗他们对国语运动的发展进程并不陌生，貂山子在谈到确立台湾标准语的时候就设想"像中国集各地方的人士，开个言语统一会，决定标准语刊行几部标准白话书亦无不可"。同时要在文学上取得成就："若借着胡适先生的话说，就是'台湾白话的文学书与文学书中的台湾白话'的办法。"㉘负人的《台湾话文杂驳》提及国语运动中的重要人物吴稚晖的《二百兆平民的大问题》和胡适的文章，并且提出"'文字的普及与言语的统一'要分做两路去观察"，这种说法非常接近于清末民国初语言文字改革家劳乃宣的主张，劳氏针对汉字繁杂、方言众多的现实指出："夫文字简易与语言统一，皆为今日中国当务之急。然欲文字简易，不能遽求语言之统一；欲语言统一，则必先求文字之简易：'至鲁''至道'，有不能一蹴几者。"㉙因此语言文字改革应分两步走："第一步是'方言统四'。第二步才是'国语统一'。"㉚劳乃宣当年用文言表达的意思，台湾话文倡导者已经可以用顺畅的白话表达了。20年代北京大学国学门收集全国歌谣，出版《歌谣周刊》；随后中央研究院整理全国俗曲；"平民教育促进会"调查定县秧歌，出版《定县秧歌选》，以及顾颉刚的《吴歌甲集》等，"这些调查工作，是建设'大众语文学'必要的准备"。㉛这也与后来郭秋生提议收集整理民谣、李献璋编辑出版《台湾民间文学集》㉜如出一辙。

　　国语运动对台湾的白话文支持者更是正面的激励，简言之，国语运动的成功和白话文在大陆的普及直接增强了他们在台湾推行白话文的信心。他们对白话文的肯定除了有汉字通行台湾，且有古典白话小说在台湾民间的普及、台湾白话新文学已经取得丰硕成果等作为依据外，还有重要的一点，就是白话文具有统一语言的性质，而且这里的统一指的是全中国的统一，而不是方言区内部或某一地区的统一。他们看重共同语对文化普及、信息交流的重要性，甚至把语言统一视作国家统一的因素之一。㉝他们相信大陆国语运动的经验一样适用于台湾。论争的具体表述显示，倡导者更注意国语运动的具体主张，反对者更注重国语运动的结果。借用黎锦熙将劳乃宣对方言和国语的理解概括为"方言的大众语"和"统一的大众语"㉞的说法，论争中台湾话文的设想接近于前者，大陆白话文的理念接近于后者，即台湾话文倡导者更强调言文一致，白话文支持者更强调语言统一。也就是说，对大陆国语运动的感知，论争双方并没有完全处于同一层面。

晚清拼音化运动即已提出的言文一致和语言统一的主张经历了由初期的矛盾冲突走向语言统一的历程，至民国初年，这两大主张逐渐被"教育普及"和"国语统一"所取代。这是因为"语言文字的统一是统治意志的外化形式之一"，"此时的共同语认识，其背景更为严重，这是在外来压力下中国开始形成国家观念的产物"。㉟在随后的方言逐渐统一于国语的进程中，国语被认为是一种标准方言，"与其他异于标准的各种'母语'方言并行不悖；随时代而演进，依交通而扩大，应文化而充实，藉文艺而优美：这都是自然而然的"㊱。1911年清政府学部议决《统一国语办法案》；1913年，教育部读音统一会召开，议决"注音字母"方案；1916年国语研究会㊲成立，发起将"国文"改为"国语"的运动；1920年教育部宣布改小学国文科为国语科，白话文正式进入基础教育；1926年国语运动大会宣言将北京方言定为公共语言，成为统一全国的标准国语；1932年北京方言才被定为国语的"活"标准，商务印书馆出版由教育部正式公布的《国音常用字汇》，作为推行国语的标准字典。可见尽管经由政府教育机构的强力推行，国语的形成还是经历了一个相对自然的发展过程。在台湾，言文一致和语言统一的矛盾却无法在短短几年的台湾话文论争中得以调和。倡导者尽管描述了以台湾话文推行全岛的美好前景，但显然认为当务之急是言文一致，以致常常忽略台湾各地方言的差异，并被反对者质疑会出现众多的很难相互沟通的乡土文学；而台湾话文建设需要的时间恐怕会大大超过他们的预期。反对者以整个中国作为思考范围，且具备了一定的现代民族国家意识："当一国的国家定了国语以后，其中已是不知牺牲了几多方言了。""俺们台湾，既非一个独立的国家，又不是世界文明的发生地，又不是可能闭关自守，住民的语言有时混杂，自然没有完成标准的话文的希望。"㊳因而认为拿来已通行全中国的白话文是顺理成章，也没有考虑与本地方言如何协调的问题。矛盾的根本点还在于台湾已隔绝于大陆之外,国语统一的效力无法到达台湾;由于没有任何行政资源,根本不存在国语或建设完成的台湾话文与方言协调融合的时空,更不用说还有另一种强力语言(日语)借统治者之力推行。汉语方言逐渐统一于标准语的情形无法在日据台湾再现。

关于大陆国语运动获得了政府支持、台湾话文建设缺少行政资源的现实,白话文支持者已有所表述。这也是台湾话文倡导者面对的同一现实。事实上语言文字运动"必须依赖行政力量的支持才会有成效,这已为拼音化运动所证明,当年王照、劳乃宣依赖袁世凯、端方,声势浩大,屡屡向学部逼宫,几乎成功;民初之所以能采定'国音',也是教育部召开了'读音统一会'。光靠民间推行不可能有成果,从卢戆章到此时王璞的'注音字母传习所',其收效甚微是必然的"㊴。论争双方都不可能期待获得殖民者的支持甚或宽容,这是他们共有的最为根本的困境。相比之下,由于台湾话文尚未发育,除了言文一致的优势外,它所面临的困难似乎更甚于白话文,这是倡导者虽有种种设想和方案却始终未能实施的原因。㊵

台湾话文的倡导源于台湾话常常有音无字,现有汉字不足以表现口语,所以强调言文一致,这与晚清拼音化运动的重要主张几乎完全吻合,只是当时主张使用拼音者是把解决有音无字、言文不一当作采用字母文字的理由,而台湾话文倡导的基本精神还是要保留汉字。从拼音化运动的经验看,即便使用拼音,言文一致也很难实现,因为地区性的言文一致必然导致更大范围内的言文不一,放弃汉字又难以被接受,所以众多旨在言文一致的拼音方案最终被遗忘。而汉字作为表意文字,具有高度稳定的书写形态,它的"系统不随地域变","与声音的关系很松散,因而它有多靠形状表示意义的能力,也因而可以不随着口语移动"。口语的变化则比书面语快得多,"语言的惰性总是更多地更明显地表现在书面上"。而"绝大多数人学写,是以书面语为师,而书面语又绝大多数不像'话'"。"'五四'时期提倡用白话写,有不少人努力在笔下学口语,可是写到三十年代,文学革命有了成果,这成绩见于书面,量不小,质相当高,但我们可以看一看,那是纯粹的白话吗?""我们看白话发展的历史,常常会发现白话作品不随着口语变的保守现象。"因此,"言文一致并非不可能,但不容易做到"。㊶再看当年国语研究会的理解:"同一领土之语言皆国语也。然有无量数之国语较之统一之国语孰便,则必曰统一为便;鄙俗不堪书写之语言,较之明白近文,字字可写之语言孰便,则必曰近文可写者为便。然则语言之必须统一,统一之必须近文,断然无疑矣。"㊷根据上述史实和分析可以预想,台湾话一旦成文并在全岛统一,也必然会走大陆白话文的道路,出现口语与书面语之间的距离,诚如赖明弘所言:"纯然的台湾话文何在?大众要看你这篇文岂不是须再去学学汉文,……究竟实际上有言文一致没有?"㊸这句话既是就论争对象的文章没有言文一致而言,也道出了绝对言文一致的难以实现。这是台湾话文倡导者面临的又一困境。

倡导者实际上也意识到"言"不等于"文"的问题,所以他们在主张"文学是代表说话"的同时,也在认真考虑台湾话的改造。"台湾话的改造和统一确亦是乡土文学的一大任务,如果台湾话不能改造、不能统一,则我们所提倡的乡土文学便没有达到目的,不得算做成功了。"㊹"总而言之,台湾话的改造一定要从粗涩不圆滑的既成言语文字化(条件的)做起,而后以言文一致的文学之力,徐徐引入优雅圆滑之域,方才有效果实益。"㊺但是台湾话虽与大众亲密无间,改造后的台湾话文是否依然如此却不能肯定,即改造后的"文"还能否等同于"言"是值得怀疑的,改造的结果很可能意味着对言文一致原则的自我瓦解。

台湾话虽然与民众有天然的亲和力,对保存民族文化、表现大众情感和心理方面有很高的价值,但是否符合现代社会传授知识和思想的需要,是有大大的疑问的,以此建设台湾话文、扫除文盲可能需要漫长的时间。这是台湾话文倡导者面临的第三种困境。郭秋生意识到"只是现在的民间文学其内容还离时代颇远","台湾话文的建设,如果止在基础工作的把既成民间文学文字化而已,则不过是一种对内的整理,配不称是建设,也不能算是理想。旧时代的形骸于史的民俗学的虽是很可贵的资料,然而所要济当面之急的目的,并不是在此,而是在乎配给'知识'于大众这处所"。㊻黎锦熙在肯定民谣、俗曲调查的基础上也指出:"中国的'大众语文学'无论怎样的丰富,无论怎样具有形式方面的天真与质素之美,其内容方面所谓意识,就现代的眼光看起来那简直是完全要不得的。……从教育的意义上建设'大众语文学'第一步当然应该就固有的形式先行撤换意识。"㊼台湾话文整理的最重要成果《台湾民间文学集》,其内容恰恰符合上述分析。白话文支持者提出的"我们要输入外国的潮流、外国的思想,来介绍台湾的民众知道"㊽的任务,尚处于整理状态的台湾话文恐难胜任,相反,白话文却具备这种优势。

再来看白话文在台湾的处境,如前所述,它的根本困境在于文化阻隔和殖民统治。尽管30年代前期以前它已经得以通行于知识界,但这种通行在殖民高压下是十分脆弱的,日语的普及大大挤压了白话文的空间;汉文废止则直接断送了白话文的生存可能。白话文的优势只是理论上的,支持者心目中"台湾人最亲近的、有联络性的、现实的、有统一的中国白话文"终于没能普及于日据台湾。此外,白话文支持者在一些具体问题上的认识也有可商榷之处,一是偏重知识阶层的立场,对下层社会文化问题的理解没有台湾话文倡导者那样深切,对如何向大众普及白话文也没有切实的设想,想当然地认为大众接受白话文不会有太大困难。二是与此相联系,在语言文字上固守雅俗的划分,这与他们的普罗文学主张形成矛盾,与进步文化潮流不相吻合。三是语言统一的立场可能导致忽视殖民地台湾人对自身方言的情感因素,论争双方的情绪对立可能与此有关。㊾

有研究者因台湾话文倡导是基于现实社会的需要而称之为是现实的,因大陆白话文与民众有隔膜且难以推行而称之为是理想的。其实从各自主张的可行性分析看,双方都带有明显的理想色彩,如果从建设一种新的语言文字的角度考虑,台湾话文倡导的理想色彩更加浓厚。双方都认为自己的设想符合现实需要,并不存在一方比另一方更现实的问题,因为归根结底这种需要并不自发产生于民间,更多地属于知识分子启发民众的精神意愿。台湾话文倡导者认为白话文不能满足台湾社会的需要因而提倡台湾话文,白话文支持者认为白话文适用于台湾且台湾话文不可行所以反对台湾话文。而论争中真正的民众并不在场,他们没有能力和机会表达对任何一种设想的肯定或否定,或者说,知识分子的设想还没有在民间得到验证。这里不是说这场论争与无数由知识分子发起的思想或行动运动有何不同,知识分子当然有责任为民众代言,但看待一种设想是理想还是现实还要看它在实际运用中是否被接受,如果缺乏实际运用或推行的可能,或于实际中被证明不可行,这种设想就只能是理想或空想的。当然所谓实际运用通常会有相对自然的进程,大陆的国语运动基本上保持了这一进程,台湾话文论争却与此相反,自然的进程被殖民社会所打断。这里存在一个悖论:殖民社会激发了建设台湾话文的设想,却没有为设想的实施或白话文的通行提供任何条件,特定处境中萌发的理想注定无法在同一处境中实现。

三

考察台湾话文的倡导,还有一点可能是饶有兴味的,那就是它与大陆广义的国语运动晚期的大众语讨论[50]有着相似的精神特质。这两个几乎同时发生的论争彼此间并无实际联系,但其同质性和差异性值得探究。台湾话文和大众语的倡导虽然空间处境不同,其基本原则和出发点却是一致的,即言文一致和语言文字能为大众所用;大众语和台湾话文各自扮演的角色也十分相近,都自认为是在文言和白话之后能够启蒙大众、普及文化的有效手段;[51]在言文合一理想上,台湾话文和大众语面对的困境也相类似,即方言的难以统一及有音无字;倡导者对这两种理想化的语言都采用了"建设"的说法,而这种建设又都最终没有完成;[52]他们均在现实社会问题的压力下感受到白话文的不足并试图以更新更进步的语言形态取代之;真正的"大众"均在论争中失语,但"为大众"却为他们的主张赢得了意识形态的进步性。

如此同质性背后其实存在耐人寻味的差异,即相近的现象却有不同的形成因素,最根本的是对待白话文的态度。台湾话文的倡导其实基于白话文在台湾本地没有民众基础,难以为台湾大众所掌握的现实,其最直接的原因是白话文不能适用于台湾,同时倡导者对这种不适用性多少也有些无奈;[53]他们的理论依据基本来自大陆白话文运动,这从他们对胡适的尊崇中可见一斑;白话文虽被认为有贵族化倾向,却没有被当作需要深刻反省和检讨的对象,甚至白话文在大陆的成功也增强了台湾话文倡导的信心;言文一致虽然被强调,但倡导者实际上也注意到其中的困难,试图以过渡的方式逐渐实现台湾话文的改造,达致"优雅圆滑";左翼思潮的影响基本上体现在关怀大众的层面上,并未突出强烈的阶级和斗争色彩。而由左翼知识分子主导的大众语讨论从开始就显示了超越白话文和已发生的国语运动的动机。此前的文艺大众化讨论中,瞿秋白等从左翼立场出发,将大众文艺直接与文化领域内的阶级斗争相联系,⁵⁴认为"五四"以来的文学革命和白话文运动仍然主要属于资产阶级的革命,已不能满足无产阶级革命的要求,因此称白话文为"新文言"和"贵族主义"的,"必须完全打倒才行";⁵⁵"五四以来的白话文运动是失败了的。五四式的白话,实际上只是一种新式的文言,……所以五四式的白话,是不能用的","我们要用的话是绝对的白话,是大多数的工农大众所说的普通话,这种普通话既不是五四式的假白话,也不是章回体上的旧白话","用这种大众日常所说的绝对白话写出来的东西,才能为大众看得懂,听得懂,因之,这样的作品也才能在大众中起作用"。⁵⁶文言和"五四"式白话被称作"前者是封建的残骸,后者是民族资产阶级的专利"⁵⁷。在这种思维的影响下,随后的大众语讨论虽更多讨论了语言问题,但部分大众语提倡者对国语运动取得的成就仍持消极态度:"现在的大众语运动,并不是语言文字的改良运动,和所谓国语运动两样。""闹了多年的国语运动之所以没有结果,就因为它是一个孤立的语文改良运动,和社会现实不相联系。"⁵⁸"大众语不能认为'五四'式的白话文的延长或改良。""大众语运动正是配合着更高级的社会发展浪潮,针对着白话文的危机而勃起的。"⁵⁹即便其中有论者比较客观地评价了白话文的功用,却也认为"所谓'国语'运动事实上是失败的了"⁶⁰。无产阶级立场和左翼社会运动的兴起促使左翼知识分子要求确立无产阶级对文化运动的领导地位,由于国语运动中官方和所谓"资产阶级"发挥了巨大作用,对国语运动(甚至"五四"新文化运动)成就的消极认识其实来源于对非无产阶级领导文化运动和语言变革的不满。因此,他们明确地将大众语与白话文区隔开来;将语言运动和社会运动联系起来,认为大众语"虽然是随着文言——白话之后产生的一种语言,但它必然是超过文言和白话一种较高级的语言"⁶¹。"大众语运动是应该和实际的社会运动联系起来的。""和大众语运动相联系的这个历史的活动,比和白话文运动相联系的那个,是更伟大更高级的。"⁶²"为了彻底的战胜文言与新文言,我们必然要去找得一个更新的武器。——于是乎,所谓'大众语'者被人提出来了。"⁶³将白话文和大众语看作等级不同的语言,将语言运动视为社会运动,都是阶级立场和革命意识在语言问题上的突出表现,它有别于此前的国语运动,也有别于台湾话文的倡导,更激进、更富有斗争性和革命性。⁶⁴由此可见,所谓白话文的不足在台湾和大陆的具体内涵并不相同。

由于大众语讨论的上述动机和立场,提倡者搁置了国语统一这一在国语运动期间已经初见成效的现实,回到了从清末就开始追求的言文一致。从现代汉语的发展历程来看,这也和台湾话文倡导一样成为难以实现的理想。提倡者为解决这一矛盾,纷纷继续提出汉字拼音化的主张,认为这是未来实现言文一致的最佳途径,而对汉字的存废并未表现出过多的焦虑,甚至直接提出打倒象形汉字。这与台湾话文倡导者保留汉字的主张相比同样是激进和革命的。

温和与激进、继承"五四"与试图超越"五四"、强调阶级意识与思考语言问题本身,既体现台湾话文倡导和大众语讨论的差异,又显示台湾与大陆不同的社会境遇。简言之,1930年代初期大陆左翼思潮的斗争对象是复古势力和资产阶级,阶级斗争成为主旋律;台湾话文倡导则必须兼顾在殖民时代维护民族传统的责任。在言文一致的追求上,保留汉字比拼音化有着更大的内在矛盾,但是放弃汉字无疑意味着台湾知识分子主动放弃了对殖民者语言文字的抵抗。[65]差异并不意味着优劣高下之分,试图超越"五四"不等于比继承"五四"更具进步性和现实性,它们和台湾话文论争双方的主张一样,都是同一时期不同人群根据不同需要提出的不同设想,只是前两者存在于不同的社会空间之中。

分析台湾话文论争很难不令人联想到大陆的国语运动,本文并非试图寻找两者间的一一对应,只是尝试在国语运动的参照下对台湾话文论争作出某种解读。缺少这一参照,解读的面貌可能会有所不同,这应该是引入国语运动的意义。无论是长达四十年的国语运动还是历时四年的台湾话文论争,汉民族在时代剧变中期冀以语言文字变革寻求民族新生之路,是它们的共同特质,其中台湾知识分子的处境无疑更加艰难,他们能够依靠的力量那么少,面临的困境却那么多,论争双方的理想虽没有在当时实现,但他们的艰辛努力值得后人尊敬。

原载美国加州大学台湾研究中心"台湾研究丛刊"卷3:《台湾研究与历史》,2007年10月。

注　释

① 倡导者对乡土文学的理解基本上等同于大众文学；部分反对者则从概念的起源上作出辨析，比较注重概念本身，并未注意倡导者实际的使用内涵。

② 国语运动有广狭两种界定。广义的国语运动从晚清始，延续到20世纪30年代中期，涵盖了其间的拼音化运动和白话文运动、国语罗马字运动、大众语讨论等。狭义的国语运动从国语研究会(1917)始，到20世纪20年代初。参见王风《文学革命与国语运动之关系》，夏晓虹、王风等《文学语言与文章体式——从晚清到"五四"》，安徽教育出版社，2006年，第48页注③。本文采用广义的说法。

③ 黄石辉《怎样不提倡乡土文学》，《伍人报》9—11号，1930年8月16日—9月1日；转引自中岛利郎编《1930年代台湾乡土文学论战资料汇编》，高雄春晖出版社，2003年。以下所引论争双方的文章均收入该《资料汇编》。

④ 郭秋生《建设"台湾话文"一提案》，《台湾新闻》，1931年7月7日起连载33回。

⑤ 黄纯青《台湾话改造论》，《台湾新闻》，1937年10月15日起连载14回。

⑥ "独立台湾话"的附加条件是："第一，与厦门话要有一致，第二，与中国话要有共通性。"四点主张是："一，言文无一致，要改做一致；二，读音无统一，要改做统一；三，语法无讲求，要讲求；四，言词太错杂，要整理。"三大目标是："南进之国是，可以促进。台湾话将灭，可以防止。汉文将亡，可以补救。"

⑦ 负人《台湾话文杂驳》，《南音》1卷7号，1932年5月25日。

⑧ 郭秋生《再听阮一回呼声》，《南音》1卷9、10号，1932年7月25日。

⑨ 郭秋生《还在绝对的主张建设"台湾话文"》，《台湾新民报》980、982、983、985、987—992、994、995号，1933年11月11日起连载12回。

⑩ 黄石辉《解剖明弘君的愚论》，《台湾新民报》974—978号，1933年11月5—9日。

⑪ 毓文《给黄石辉先生——乡土文学的吟味》，《昭和新报》140、141号，1931年8月1、8日。

⑫ 克夫《"乡土文学"的检讨——读黄石辉君的高论》，《台湾新民报》，1931年8月15日。

⑬ 点人《检一检"乡土文学"》，《昭和新报》，1931年8月29日。持相同观点的还有张深切，"以台湾话文当作台湾文学的主体文则不可，若以中国白话文为主体文，在对白之间而穿插台湾话文，以灵活描写上的事情，则亦无不可也"，"暨不能脱离了政治和经济的牵制与压迫，所以在台湾要干，勿论任何工作，谈何容易，其实无不属于纸上谈兵，尤其是对台湾大众特别有利的事业，即可谓绝无希望的了。我们应要这样深切认识，须免徒费了精神、时间、经济和力量以及一切"。见张深切《观台湾乡土文学战后的杂感》，《台湾新民报》972号，1933年11月3日。

⑭ 越峰《对〈建设台湾乡土文学的刍议〉的异议》,《台湾新民报》914、915 号,1933 年 9 月 5、9 日。

⑮ 逸生《对乡土文学来说几句》,《台湾新民报》935 号,1933 年 9 月 27 日。

⑯ 如刘鲁《几句乡土话》:"我的乡土外还有大乡土,这乡土话,联络得来方有用处,联络不来便算不得乡土文艺,只好叫做家里文艺。"《台湾新闻》,1931 年 12 月 15 日。枥马《几句补足》的口吻更绝对:"乡土文学可以断定是一种排外主义的文学,因为被大陆隔离的我们台湾,绝对地没有产生进步的文化的能力。"《台湾新民报》934、935 号,1933 年 9 月 26、27 日。

⑰ 郭秋生《建设"台湾话文"一提案》,《昭和新报》,日期不详。论争后期倡导者列举了白话文的许多不利之处,如郭秋生在谈白话文和文言文一样也走向衰落的时候更多地出于论辩的需要,忘记了殖民者本就允许文言文存在、限制白话文的社会现实。见郭秋生《还在绝对的主张建设"台湾话文"》。

⑱ 负人举例说明台湾话与"国语文"的差异:"台湾话'我真烦恼'要写'我苦闷不过了';'无啥要紧'要写做'算不了什么事';'往何处'要写'到那里去'。"见《台湾话文杂驳》。其实这两种表达方式都可以算作白话文,当然台湾话的发音不同。

⑲ 负人《台湾话文杂驳》指出"废去台湾话改用别种文字是做不到的"。这和反对者反对"台湾话文"有距离,因为反对者不强调绝对的言文一致,反对"台湾话文"也就不等于反对台湾话。

⑳ 黄石辉批评赖明弘"因为'大同团结'而反对乡土文学,反对台湾话文,分明是无视客观情势";批评克夫"他笑我理想的,其实他自己太理想的呀!你想,台湾人个个去学中国话这是正确的吗?我敢断言,这是不可能的"。分别见黄石辉《答负人》,《南音》1 卷 8 号,1932 年 6 月 13 日;《乡土文学的再检讨给克夫先生的商量》,原刊处不详。赖明弘称对方的主张"虚无实体","现下的提倡似乎对于台湾的客观情势之重要点没有观察"。分别见赖明弘《对最近文坛上的感想》,《新高新报》337、340 号,1932 年 8 月 26 日、9 月 16 日;《对乡土文学台湾话文彻底的反对》,《台湾新民报》954、956—959 号,1933 年 10 月 16、18—21 日。克夫认为"当时的提倡者理想的程度过高,而且太置重于形式问题而没却客观的情势所致,才会终归徒劳无益"。见克夫《对台湾乡土文学应有的认识》,《台湾新民报》940、941、943—945 号,1933 年 10 月 2、3、5—7 日。

㉑ 逸生《对乡土文学来说几句》。点人在最初的论争文章中就已经表明语言文字改革需要依靠国家力量。见点人《检一检"乡土文学"》。

㉒ 两者的差异被论争赋予了话语性质,带有建构的痕迹,因为两者的存在并不对等,台湾话文仍处于虚拟状态。

㉓ 点人《劝乡土文学台湾话文早日脱出文坛》,《台湾新民报》996号,1933年11月27日。

㉔ 黄石辉《乡土文学的再检讨给克夫先生的商量》。

㉕ 黄石辉《再谈乡土文学》,《台湾新闻》,1931年7月24日。

㉖ 黄石辉《对〈台湾话改造论〉的一商榷》,原刊处不详。

㉗ 黄石辉《乡土文学的再检讨给克夫先生的商量》。

㉘ 貂山子《就乡土文学问题答越峰先生的异议》,《台湾新民报》922、924、927、928号,1933年9月13、15、18、19日。

㉙ 这一说法见于劳乃宣给上海《中外日报》的信。他接着谈到:"盖设主音不主形之字,欲人易识,必须令其读以口中本然之音;若与其口中之音不同,则既需学字,又须学音,更觉难矣。假使以官话字母强南人读以北音,其扞格必有甚于旧日主形之字者。故必各处之人教以各处土音,然后易学易记。……果能天下之人皆识土音简易之字,即不能官音,其益已大矣。至于学习官音,乃别是一层功夫,不能于学习简易文字时兼营并进也。……迨土音简易之字既识之后,再进而学官音,其易有倍蓰于常者;盖以此方人效彼方语,必求肖音;已识主音之字,则有所凭藉。……此文字简易与语言统一有不能不历之阶级也。"《中外日报》1906年2月28日,转引自《清末文字改革文集》,文字改革出版社,1958年,第58页。

㉚ 黎锦熙《国语运动史纲》,商务印书馆,1934年,第16页。所谓"统四",指把全国方言划分为四种大众语:京、宁、苏、闽广方言。

㉛ 《国语运动史纲》,第85页。

㉜ 李献璋编著《台湾民间文学集》,台北新文学社,1936年。

㉝ 邱春荣《致乡土文学运动的诸位先生》,《台湾新民报》,950—953号,1933年10月12—15日。

㉞ 《国语运动史纲》,第20页。

㉟ 王风《晚清拼音化与白话文催发的国语思潮》,见《文学语言与文章体式——从晚清到"五四"》,第32页。

㊱ 《国语运动史纲》,第27页。

㊲ 国语研究会虽为民间团体,其成员却有浓厚的官方和学界的背景。

㊳ 邱春荣《致乡土文学运动的诸位先生》。

㊴ 王风《文学革命与国语运动之关系》,见《文学语言与文章体式——从晚清到"五四"》,第49页。鲁迅关于文艺大众化也曾提出:"若是大规模的设施,就必须政治之力的帮助,一条腿是走不成路的,许多动听的话,不过文人的聊以自慰罢了。"鲁迅《文艺的大众化》,《大众文艺》2卷3期,1930年3月。

㊵ 台湾知识分子提出的几种语言文字方案,如台湾罗马字、台湾话文和大陆白话文,只有白话文在知识阶层得以通行。这并不得益于行政力量,毋宁说是由于白话文已存在较完整的形态,且知识分子认同大陆白话文和文学革命运动;而罗马字和台湾话文尚无基本形态。

㊶ 张中行《文言与白话》,《张中行作品集》卷1,中国社会科学出版社,1995年,第21、23、26、170、173页。作者还谈到:"我们可以从另一个角度,先认可言文不一致,看看这条路是不是可行。中古系统的白话帐不必算了,只说'五四'以来的,大量的优秀作品证明,这条路不只可行,而且像是势在必行。"《张中行作品集》卷1,第173页。

㊷ 《中华民国国语研究会暂定章程》,《新青年》3卷1号,1917年3月。

㊸ 赖明弘《对乡土文学台湾话文彻底的反对》。

㊹ 黄石辉《对〈台湾话改造论〉的一商榷》。

㊺ 郭秋生《读黄纯青先生的〈台湾话改造论〉》,《台湾新民报》,1931年11月7日、14日。

㊻ 郭秋生《还在绝对的主张建设"台湾话文"》。

㊼ 《国语运动史纲》,第90页。

㊽ 枥马《几句补足》。

㊾ 这里可能还涉及语言忠诚度的问题。由于台湾和大陆的阻隔以及殖民因素,未接触白话文的台湾民众对本地方言的忠诚度可能会高于大陆同等方言区的民众。这方面尚未发现材料可供分析。

㊿ 大陆的大众语讨论发生于1934年,是在1930—1932年左翼知识分子关于文艺大众化讨论基础上,为反对当时文言复兴的主张而形成的,也是国语运动各个阶段中唯一主要由左翼知识分子主导的语言讨论。

(51) 陈子展提出:"所谓大众语,包括大众说得出、听得懂,看得明白的语言文字。"《文言——白话——大众语》。胡愈之认为"'大众语'应该解释作'代表大众意识的语言'";"'大众语文'一定是接近口语的";"中国语言最后成为大家用的最理想的工具,必须废弃象形字,而成为拼音字"。《关于大众语文》。两篇文章原刊《申报·自由谈》1934年6月18、23日,收入《文艺大众化问题讨论资料》,上海文艺出版社,1987年。以下所引大众语讨论文章均收入该书及任重编《文言、白话、大众语论战集》,上海民众读物出版社1934年出版。概括起来,言文一致、代表大众意识、能为大众所使用、今后的发展方向是拼音化,可谓倡导者基本认同的大众语内涵。

(52) 在大陆,语言文字的大众化随着抗战文艺的兴起和解放区文艺的提倡取得了一定的进展,但讨论中理想的大众语形态始终没有真正成为占统治地位的文学语言。1949年以后,伴随着语言文字改革、全国性的扫盲运动和教育普及,"国语统一"(1949年以后称为"推广普通话")终获成功,大众化更多地具有思想内容上的意义,汉字拉丁化和进一步简化的尝试到 1970 年代都已中止,白话文和普通话已经自然地、没有遭遇挑战地成为现代汉语言文字的主体。

㊳ 郭秋生《建设"台湾话文"一提案》。

㊴ 瞿秋白《大众文艺的问题》:"现在决不是简单的笼统的文艺大众化的问题,而是创造革命的大众文艺的问题。这是要来一个无产阶级领导之下的文艺复兴运动,无产阶级领导之下的文化革命和文学革命。""无产阶级的五四,——这固然有时是反对资产阶级的斗争,可是在现在的阶段上,这显然还是资产阶级民权主义的任务。问题是在这里!"《文学月报》创刊号,1932 年 6 月。

㊵ 瞿秋白《欧化文艺》,《瞿秋白文集》卷 2,人民文学出版社,1953 年,第 882 页。

㊶ 寒生《文艺大众化与大众文艺》,《北斗》2 卷 3、4 期合刊,1932 年 7 月。

㊷ 起应(周扬)《关于文学大众化》,《北斗》2 卷 3、4 期合刊。

㊸ 徐懋庸《大众语简论》,《新中华杂志》2 卷 18 期。

㊹ 闻心《大众语运动的几个问题》,《新生周刊》1 卷 23—25 期。

㊺ 黄宾《关于白话文与文言文论争的意见》,《中华日报·星期评论》,1934 年 8 月 13 日。

㊻ 任白戈《"大众语"的建设问题》,《新语林》创刊号,1934 年 7 月 5 日。

㊼ 起应(周扬)《关于文学大众化》。

㊽ 胡绳《文言与新文言》,《中华日报·动向》,1934 年 6 月 28 日。

㊾ 这种斗争性和革命性主要针对讨论中比较激进的观点而言,一些论者对白话文运动的历史地位和功绩给予了适当的评价:"白话文运动是战后受民族自决主义的影响,中国民族资产阶级要求革新并建立现代中国的表现。"(樊仲云《关于大众语的建设》,《申报·自由谈》,1934 年 6 月 30 日)"在内容上,白话文现在创造了不少的进步的作品,是理论翻译文的唯一工具。"(高荒《由反对文言文到建设大众语》,《中华日报·星期专论》,1934 年 7 月 15 日)

㊿ 此前台湾话罗马字的尝试没有取得进展,放弃汉字自然等于殖民者语言文字不受抵抗地全面通行。

汉奸如何裁判
——从周作人初任伪职的时间说起

高远东

周作人出任伪职是抗战时期文教界的一件大事,舆论界的口诛笔伐广泛见诸报纸杂志,战后的汉奸审判更作出了正义的裁决。然而翻查各种文献、研究与传记著作,关于周作人初任伪职的时间却存在许多混乱甚至错误。笔者以为,弄清这一问题至为重要,不仅因为关系到周作人仕伪的事实,而且关系到国人裁判此一事实的依据,关系到国人对此一事实作道德与法律裁判的正当性问题。由于周作人日记(1937—1945)部分仍未公开出版,研究者的探究不能不受到牵掣,因此笔者的有关考订和思考只能是初步的,仅以提出问题为目的。

一

周作人仕伪似乎只是一个单纯的事实问题,其实不然。伪职之"伪"不仅关涉价值,而且关涉民族文化价值中最夹缠不清的部分。因此弄清"伪职"一词的含义便十分必要。众所周知,伪职问题与政权的合法性有关,对于一个具备充分合法性的政权,伪职问题是不存在的。在中国古代,虽然走马灯一样替换的王朝都在自奉正统,但政权的更替与人民的选择无关,无非依靠暴力,"成者王,败者寇"而已。依现代政治理论,一个政权的合法性——其所以不"伪"的依据,惟有靠国民的主权行使来获得。若未经国民的认可,其为合法的理由总是有限的。像近代以来中国的北洋政权、国民党政权,就都是这样。不过,具体到周作人,其出任伪职的事实却是板上钉钉。这是因为,一方面,尽管国民党政权的合法性存在着问题,但随着日本侵华的步步深入,共产党——国民党政权合法性的最大质疑者——已与国民党第二次合作,抗战时期的国民政府已成为近代以来最具民意基础的中央政权,具备了合法性;①另一方面,周作人所出仕的华北傀儡政权乃由日本侵略者一手扶植建立,既未经国民政府的认可,更未经即使是沦陷区人民的委托,因此其性质只能是彻头彻"伪"的。我以为明了这一点很重要,也是公正认识此问题的前提。

周作人出任伪职之"伪"或许并不难判断,但处理其所任之"职"却须小心。这是因为,伪职之"职"既有大小,其仕伪之罪过也就宜分轻重。到底任何职才称得上"仕伪",才宜于接受汉奸审判的裁判和惩罚,很多人对此并不见得清楚。记得上海沦陷后,郑振铎在《三记刘张二先生的被刺》中对"虹口方面的公共汽车恢复"后"女卖票员"的应征者加以挞伐,把养家糊口的稻粱谋视同"仕伪",这就过分了。夏衍《懒寻旧梦录》中也记叙上海解放后遇到了该依何种原则甄别、处理"华影"工作人员的问题②。如果套用旧称,伪职之中是分"官"和"吏"的。"官"者,政府机关或军队中经过任命、具有一定等级的公职人员之谓也,而"吏"则是没有品级或品级低微的小公务员。这两种伪职的区别是一清二楚的,周作人因此在晚年的回忆录中一再称其"老而为吏"。虽然古人做大官亦可自谦"为吏",但周作人要表达的并非此义,而是含有减轻罪责的主观命意在的。抗战惨胜之后,国民政府于1945年11月23日发布《处理汉奸案件条例》,对出任伪职者的立案范围作出了规定。只有出任下列十种伪职,才为宜受汉奸案惩治者:

一、曾任伪组织简任③职以上公务员,或荐任职之机关首长者。

二、曾任伪组织特任工作者。

三、曾任前两款以外之伪组织文武职公务员,凭借敌伪势力侵害他人、经告诉或告发者。

四、曾在敌人之军事、政治、特务或其他机关工作者。

五、曾任伪组织所属专科以上学校之校长或重要职务者。

六、曾任伪组织所属金融或实行机关首长或重要职务者。

七、曾在伪组织管辖范围内,任报馆、通讯社、杂志社、书局、出版社社长、编辑、主笔或经理,为敌伪宣传者。

八、曾在伪组织管辖范围内,主持电影、制片厂、广播台、文化团体,为敌伪宣传者。

九、曾在伪党部、新民会、协和会、伪参议会及类似机关,参与重要工作者。

十、敌伪管辖范围内之文化、金融、实业、自由职业、自治或社会团体人员,凭借敌伪势力、侵害他人,经告诉或告发者。④

这只是战后汉奸审判针对"人"的立案范围,除了看其是否出任伪职,还得看其所作所为如何,所以国民政府随后又有针对"事"的《惩治汉奸条例》(1945年12月6日)⑤的正式出台。

二

周作人初任伪职的时间,一些传记和研究著作如张菊香、张铁荣《周作人年谱》、姚锡佩《周作人出任伪职考》、舒芜《历史本来是清楚的——关于周作人出任华北教育督办伪职的问题》、钱理群《周作人传》等均定为1939年1月12日,据说在这一天,周作人决定接受伪北京大学图书馆馆长一职。

《周作人年谱》(1985年9月,南开大学出版社;2000年4月,天津人民出版社,此处以天津人民出版社版为据)如此记叙此事:

> 一月十二日
> 收伪北京大学聘为北京大学图书馆馆长的聘书,即复函接受这一聘任,并在当日日记中记:"下午收北大聘书,仍是关于图书馆事,而事实上不能不当。"这是周作人接任伪职的起始。⑥

《周作人出任伪职考》(《鲁迅研究动态》1987年第1期)这样叙述:

> 七日,他回访钱稻孙,表示接受伪北大图书馆馆长职……十二日,他心虚地在《日记》中记:"下午收北大聘书,仍是关于图书馆事,事实上不能不当。"此后,又接受了北大文学院院长这一伪职。

《历史本来是清楚的——关于周作人出任华北教育督办伪职的问题》(《鲁迅研究动态》1987年第1期)如此叙述:

周作人在抗日战争期间，在沦陷了的北平，一步步走上叛国附敌的道路。1938年2月9日，出席日本《大阪每日新闻》社召开的"更生中国文化建设座谈会"。1939年1月12日，受聘担任伪"北京大学"图书馆馆长，后来又担任文学院长。1941年1月6日，出任伪"华北政务委员会常务委员兼教育总署督办"，1943年2月8日，督办伪职被解除。从1943年3月起，任汪伪"国民政府委员""华北综合调查研究所副理事长"等职。

《周作人传》之《走向深渊》一章的相关叙述，也与上述类似。

然而，通观以上记叙，确定1939年1月12日为周作人"接任伪职的起始"的证据始终只有日记，而这并不足为据。原因很简单，首先，日记为私人文件，不足以充当其任伪职的直接证据——充其量也只是旁证而已。而直接证据——如伪北大的聘书、伪北大官方文件等至今未及检视。其次，《周作人年谱》虽提到周收到伪北大图书馆长聘书后，"即复函接受这一聘任"，但这封表示接受伪职的信其实并不存在，因为它只是年谱作者对周作人日记误读之后的推论。周作人日记一般无句逗，行书潦草，《知堂回想录》中尝戏称其手札为北大"恶札第二"，因此对于读者，无论断句还是辨识文字都存在一定困难。而上引周作人日记的本文恰恰就是误认。周氏1939年1月12日日记原文为：

下午收北大聘书仍是关于图书馆事而事实上不能去当函复之

针对学界不同的流行文本，笔者尝就此写信请教周作人日记的权利所有者、周作人的长子周丰一先生，丰一先生的回信①上郑重地加盖了印章，肯定是日周作人日记文字确为：

下午收北大聘书，仍是关于图书馆事，而事实上不能去，当函复之。

这不仅不能证明这一天为其"接任伪职的起始"，反而正好否定了它。

国内学界关于此条日记的引误最早见之于《周作人年谱》(1985年)，其后《周作人出任伪职考》(1987年)、《周作人传》等著作均有所沿袭，其时著作权法尚未颁布，研究者因得以接触、使用日记本文，却未曾及时纠正。国家著作权法颁布后，周作人家属依法收回了日记的所有权利。由于北平沦陷期间记录的敏感性，这一部分日记迟迟得不到出版，这就间接使研究者的查证更加困难了,或许这就是学界长期沿袭此错误而不得更正的原因吧。⑧

周作人出任伪北大图书馆馆长究竟在何时?我以为,在未检视有关聘书、伪北大官方文件前依凭孤证定为1939年1月12日在方法上是不妥的,何况对日记还作了错误的辨识。姚锡佩《周作人出任伪职考》谓1939年1月7日他"回访钱稻孙"时,就"表示接受伪北大图书馆馆长职"。如果这属实,那么到12日下午他收到馆长聘书时,却又犹豫了,并决定回函拒绝,"事实上不能去"。但我们也知道,周作人最终还是接受了伪北大图书馆馆长一职,只是时间并非1939年1月12日这一天。那么究竟在那一天呢?笔者尝查阅北京大学有关伪校档案,无法得知,因而根据现有材料只能确定一个范围。

周作人因汉奸案被捕后,沈兼士、董洗凡、张怀、俞平伯、邓以蛰等人曾联名向首都高等法院上书陈情,所附《周作人服务伪组织之经过》(1946年6月18日)一文可采信之处甚多,但关于周作人出任伪北大图书馆馆长的时间,却并无明确说明。1992年7月,南京市档案馆编辑出版了《审讯汪伪汉奸笔录》,其中第二十二是关于周作人的审讯记录,审讯官尝问及北平伪政府成立后所任职务,周作人的回答与1946年7月15日所作《辩诉状》如出一辙,均以"二十八年一月"为其出长伪北大图书馆的时间。

看来,目前能确认的周作人出任伪北大图书馆馆长的时间,恐怕只能是1939年1月12日以后至1月31日以前这段时间了。

三

然而,周作人出长伪北大图书馆未必就是其初任伪职的时间,也未必就是可确定其为"汉奸"的时间。当时首都高等法院检察官起诉书、首都高等法院特种刑事判决以及最高法院特种刑事判决所采纳的"仕伪"事实,均以其"民国二十八年八月出任伪北京大学教授兼文学院长"为起始。这是因为,伪北大图书馆馆长之职尚属低微,不够《处理汉奸案件条例》所规定的立案级别,因而也就在《惩治汉奸条例》的惩罚之外了。当今学者责周氏之"仕伪",往往把其出长伪北大图书馆看得比他作伪北大教授和伪文学院长更重,更喜欢花费笔墨,其实是不妥的,那或是看问题不够历史、想当然地以现在教授的行情衡量换算的结果。

当然,1939年1月周作人在遇刺之后出长伪北大图书馆,在其"仕伪"的心灵拔河史上是重要的一刻。他虽以处"被俘虏"⑨的状态自况其不得已,但若未迈出这一步,相信也就不一定有1939年8月出任伪北大教授兼文学院长的第二步;没有第二步,也就不会有1941年1月任伪华北政务委员会常务委员兼教育总署督办的第三步。俗话说可一而再,不可再而三,到这仕伪的"三部曲"一走完,任谁都会陷于万劫不复,难以翻身了。

那么,周作人先后究竟出任过哪些伪职呢?笔者粗略地统计了一下,计有如下十四个:

1. 伪教育部教科书编审委员、学制研究会委员(1938年3月~1940年12月30日)⑩
2. 伪北京大学图书馆馆长(1939年1月)
3. 伪北京大学教授兼文学院长(1939年8月)⑪
4. 伪华北政务委员会常务委员兼教育总署督办(1941年1月4日)
5. 伪东亚文化协议会会长(1941年10月)
6. 新民总会委员(?)
7. 伪华北政务委员会咨询委员(1941年10月)
8. 伪北平图书馆馆长(1942年4月14日)⑫
9. 伪华北政务委员会委员(1943年2月)
10. 伪国民政府委员(1943年3月)
11. 伪华北综合研究所副所长(1943年6月)
12. 伪《华北新报》理事及报导协会理事(1944年5月)
13. 伪中日文化协会华北分会理事长(1944年12月)
14. 安清道义总会顾问(?)

这大大小小的"伪职",依周作人《辩诉状》关于任职性质的说明,"以伪北大文学院院长六年、伪教育总署督办二年为本职,此他悉属附带之兼职"。在兼职中又分两种情况,"其一,为当然的兼职,如因任督办而兼剿共委员会委员,因任学院长而兼东亚文化协议会理事等皆是。其二,为名义的兼职,如《华北新报》股份有限公司理事、报导协会理事、安清道义总会顾问等,忽然送来聘书,不能不为收下;或并不知其事务所在于何处,在事实上可谓毫无关系"。这种陈述是可信的。而其所任职之机关,除了伪政府,多为伪方所设之大学、图书馆、报纸、文化团体等机构,但也有实为敌方所设置或控制的华北综合调查研究所⑬这样的情报机构,笔者在周氏所任诸伪职之中,对其任此职觉得最不可原谅。

四

1945 年 12 月 6 日周作人为军统局所诱捕,所依据的当然是《处理汉奸案例条例》第二条第一款和第五款,即其为"曾任伪组织简任职以上公务员,或荐任职之机关首长者"和"曾任伪组织所属专科以上学校之校长或重要职务者",此乃确凿的事实。1946 年 6 月 17 日检察官以所犯《惩治汉奸条例》第二条第一项第一款之罪——"图谋反抗本国"、依照《特种刑事诉讼条例》第一条、《刑事诉讼法》第二百三十条第一项而对其正式起诉,7 月到 9 月三次公审后,11 月 16 日,首都高等法院"三十五年度特字第一○四号"判决文下达,主要内容为:

主　文

周作人共同通谋敌国、图谋反抗本国,处有期徒刑十四年,褫夺公权十年,全部财产除酌留家属生活费外没收。

事　实

周作人在战前曾任北京大学、师范大学等校教授多年。"七·七事变",中日战事发生,北平沦陷,伪临时政府成立,受伪教育部部长汤尔和再三怂恿,于民国二十八年八月出任伪北京大学教授兼该伪校文学院院长,秉承敌寇意旨,间有聘用敌国人为教授。三十年一月,升任伪华北政务委员会常务委员兼伪教育总署督办,推行伪府政令。同年十月,兼任伪东亚协议会会长,促进中日两国文化交流。至三十二年二月,伪华北政务委员会改组,周作人被排挤,卸去伪常务委员及伪教育总署督办之职,改任普通委员。同年六月,兼任伪华北综合调查研究所副理事长,协助敌人调查研究华北资源。三十三年五月,兼任伪《华北新报》理事及伪报导协会理事,发行有利敌伪之宣传报纸。同年十二月,兼任伪中日文化协会华北分会理事长,实施沟通中日文化,至日寇投降、伪组织解体为止。又在伪教育总署督办任内,曾兼任伪北平图书馆馆长,及伪华北咨询委员会委员等职,经军事委员会调查统计局捕获,转解本院,检察官侦查起诉。

理　由

本件被告周作人对于历任上开本兼各伪职,迭据在侦查及审判中供认不讳,核与自白书及军事调查委员会统计局附卷之罪行调查表所载亦属相符。该项伪职或隶属于伪华北临时政府、或隶属于伪国民政府之伪华北政务委员会,是该被告既已继续参加伪组织之机构、且担任重要之职务,对于通谋敌国、图谋反抗本国之事实显有预见与决心,自不能不负共同正犯之责任。据被告辩称:当初华北沦陷时,奉前北京大学蒋校长之命,与昔存今故之孟森、冯祖荀、马裕藻共同留平,保管校产。

因周不服而请复判,12月19日最高法院"三十六年度特复字第四三八一号"判决发出,主文为:

原判决撤消。

周作人通谋敌国、图谋反抗本国,处有期徒刑十年,褫夺公权十年。

周作人全部财产除酌留家属必须生活费外没收。

对判决书中"通谋敌国、图谋反抗本国"的判词,周作人始终是不接受的。与他后来一再声称的"不辩解""一说就俗"不同,在受审时周作人一再摆事实讲道理,说他如何在伪北大、在伪华北教育督办任职期间竭尽消极抵抗之力,保护北京大学校产,维护沦陷区的教育,并无"通谋敌国、图谋反抗本国"之实。中华人民共和国成立后他在致周恩来总理信及《知堂回想录》中也不懈地表达此意思。表面上看,周作人所言句句属实,但极而言之,其作为也只是努力维护了伪方的立场和利益而已。我们考察抗战时期沦陷区历史,对敌伪双方按理是应该有所区别的,二者的立场和利益有时也不尽一致。在亡国的情况下,这种不一致甚至也可发展为未来民族和国家复生的火种。但问题是那时中国并未亡国,大后方的军民正在浴血抵抗,抗日的政府空前地代表着民族和民众的意志。即使在沦陷区,也始终存在着积极的抵抗。此时建立的伪政权,虽不无维持沦陷区秩序之效能，但也的确是为配合敌方的侵略战争而设立的——这就是法庭判词之所谓"通谋敌国、图谋反抗本国"的意思。伪政权的属性就是如此！判周作人犯汉奸罪有什么冤枉的呢？为什么说伪政权不能代表沦陷区人民的立场和利益呢？因为国土虽然沦陷，国权却必须统一，在战时只有一个政府代表民族和国家。不能说国土分裂为二了，政权的正当性也可以分裂为二。所以伪政权虽可尽维持沦陷区秩序之责，却不能代表沦陷区的国民主权，无论政治上法理上都是这样。对于周作人的汉奸罪而言，只要周作人出任了伪职，无论实际作为如何，主观动机如何，客观上就是入了"通谋敌国、图谋反抗本国"的局，就得以此治罪。我相信周作人其实完全明白此理，否则他也不会在《汪精卫先生庚戌蒙难实录序》赞美他"投身饲饿虎"了。如果真的以为汪成立伪政权或自己出任伪职是对的，何必把它表述为"饲饿虎"呢？

周作人出任伪职之过，比较有迷惑性的辩解是他所谓"得罪了名教，未得罪民族"之说。我们思想中的民族大义，可能确系从名教的忠君臣节演变而来，在抗战时期甚至是直接移用为国民伦理义务的。忠孝节烈的观念积淀着旧道德的诸多糟粕，症结在它不把人作为目的，它的背后隐藏着一个牢固的主从结构，这是新文化运动极力要破除和革新的内容。周作人在1939年新年遇刺，在生命遇到威胁的情况下以"遭胁迫"的心态出仕（但后来他有时又表述为"既非胁迫，亦非自愿"），从旧道德而言，其作为国民是失忠，作为士人是失节。从新道德而言，其作为国民同样是失忠，作为知识分子同样是失节。遭胁迫而做错事，事出有因，把人当作目的的新道德主张从宽，可不追究其责，并非说你做的事就是对的。周作人的"名教罪人而非民族罪人"的辩解刻意混淆二者的界限，其实是一种诡辩——判他十年汉奸罪也只是要他承担起"入地狱"的责任而已，并未剥夺他的生命。

总之，周作人出任伪职，是我们中国文化的耻和痛，也揭示和牵扯着新旧文化、新旧道德、现代和传统社会转型、国民和个人伦理建设等诸多内容。汉奸如何裁判的问题，从法律层面看有其严格的规定，在政治层面也有其严峻的考虑，在道德层面更是一个涉及伦理和实践的极境判断。理想的裁判情况当然应首先基于事实，应基于"把人当作目的"的最高原则去做，但实际上要做到这点，须通贯法律、政治、道德诸领域并顾及战争时期的特殊困境，确实又很难。战后一般报刊与社会舆论惯用泛道德化的观点随意指责,不免把汉奸指控扩大化⑭,而有辩解能力的周作人,又刻意利用新文化新道德的人权精神为自己脱罪。这都加大了汉奸裁判的难度和复杂性。在周作人出任伪职事件中,我们最大的教训之一,是那些锄奸组织,在周作人不是汉奸的时候把他当汉奸刺杀,而到他真正出任伪职时却不闻不问,反倒是争着利用了。这真是令人感叹!汉奸裁判似乎可作为一面镜子,既照周作人,也照我们自己。

2005年初稿。2016年9月改定。2020年7月文字有增删。

原载《鲁迅研究月刊》2016年第10期。

注　释

① 陈思和《关于周作人的传记》(《中国现代文学研究丛刊》1991年第3期)以为,周作人并不承认清党运动以来建立的国民党政权,因而当抗日战争发生,便拒不承担其作为中华民国国民的责任和义务,及其仕伪,仍有逻辑的一贯性云云。笔者以为此乃想当然的说法,并无任何证据可以证实。相反,周虽然对国民党的清党运动有过批评,但除了在张作霖执政的一年内离开北大外,他始终未放弃国立北京大学教授的教职,对民国和国民政府也始终是承认的,也就是说,其为国民一分子的身份在主观上并未否认,在客观上也是不容否认的。

② 《懒寻旧梦录》(生活·读书·新知三联书店,1985年)第615页有如下回忆:"……而我分管文艺方面的具体工作,特别是电影方面,对于孤岛时期参加过'华影'的人,算不算'附逆'的问题,党内也有不同意见,幸亏陈毅同志作了明确的指示:'凡在敌伪经营的文艺单位工作过,但没有帮助敌伪迫害过爱国民主人士的人,可以不作附逆论处。'"

③ 民国时代将政府文官分为四等,分别为:特任、简任、荐任、委任,特任为一等,简任为二等,荐任为三等,委任为末等。周作人之伪"华北政务委员会常务委员"及"教育总署督办"职即属特任。

④ 参见《处理汉奸案例条例》第二条,南京市档案馆编《审讯汪伪汉奸笔录(下)》,江苏古籍出版社,1992年,第1490—1491页。

⑤ 1948年4月28日陈达材、陈友琴、区声白致胡适信中有谓:"今之所谓惩治汉奸条例……查此条例之制造,乃在民国二十七年抗战初期,尔时对内地人士之防范,或不厌求密,故从刑一律求严,无非遏止事前通敌、危害本国而设。"可知此类文件,于抗战初

期即已有之。

⑥ 着重号为笔者所加,下同。

⑦ 周丰一先生的回信为:

高远东先生

　　来函收悉。所询先父日记事,您的摘录无误。所提及之书,失实之处又何止此!但坚信其中是非曲直,可由学者在研究中自己去发现为好。

　　又,先父日记及信笺均属私有,由于历史原因被一些人擅自盗用,并公开发表,实属侵权,拟依法解决,无必要与之争论也。

　　即此奉复,并颂

编安

周丰一(印章)

1993 年 7 月 17 日

⑧ 笔者数年前曾与《周作人年谱》作者之一张铁荣兄讨论过此事,他承认即为辨读周氏该日日记的"始作俑者",并提出此句的另一断法,即"仍是关于图书馆事,而事实上不能去当,函复之"。笔者以为此断法句感不类,且语义未变,故不曾采纳。遗憾的是,2000 年 4 月天津人民出版社再版《周作人年谱》对笔者所提亦"不曾采纳",仍一字不易,沿袭了旧误。

⑨ 见《知堂回想录》。按现代人权理论把战争中的"被俘虏"类同为"被绑架、遭胁迫",在此状态下,个人可不必为其违背公民良心的行为负责。

⑩ 该编审会由汤尔和自兼会长,隶属伪教育部。据《鲁迅研究动态》1987 年第 1 期载陈涛致鲁迅研究室信称,周作人等"名誉"编审"都是汤以会长名义聘任的,没有具体工作,不上班,每月送车马费一百元"。1938 年周所做的,亦仅与会二三次而已。此职在 1940 年 12 月 30 日——周出任伪教育督办后才辞掉。当为周出任伪职的初始。

⑪ 1939 年 3 月 28 日伪北大委派其为北京大学文学院筹备员。北京大学档案馆"伪北大档案"之《文学院沿革》谓:"二十八年一月,临时政府教育部恢复北京大学,设立总监督办公处,以汤尔和为总监督。四月任周作人为文学院长,筹备开学。借用工学院祖家街校舍,八月开学。"(原文无标点)此说不同于周氏所说的"八月":估计四月为校方的任命时间,八月为周作人的赴任时间。

⑫ 据《首都高等法院审判笔录》(1946 年 7 月 19 日),周作人自称"二十八年任北平图书馆长",《周作人参加伪组织之经过》一文亦称其"首先恢复北平图书馆",但《首都高等法院特种刑事判决三十五年特字第一〇四号》(1946 年 11 月 16 日)初称其"曾兼任伪北平图书馆馆长",次页又有"国立北平图书馆复函……旋于同年四月十四日该伪教育总

署令委周某兼代国立北京图书馆馆长"等语,到底是"北平图书馆"还是"北京图书馆"?待查。

⑬ 华北综合调查研究所一般以为由伪方设置,因为1942年春刚成立时,伪实业总署督办王荫泰兼任正理事长,日人为副理事长,但一切布置妥帖后,王氏便以署务繁忙,推荐周作人改任副理事长,周于6月赴任。据周《辩诉状》称,"该所组织有日人理事长一人,副理事长中日各一人",可见此时该机构已沦于敌手,其核心职能——对华北资源的调查研究已完全与伪方无关。周所任副理事长,仅负责监督所内资料处、文化局而已,美其名曰"监督文化部门研究,不使倾于反动"。

⑭ 如北大复员后傅斯年关于伪北大"伪教授""伪学生"进行甄别的言论,延安《解放日报》连载的文化界汉奸名录等,划分汉奸的标准就过宽了。而且不搞"疑罪从无"。

本土的全球性:新世纪文学的想象空间

张颐武

一

2012年以来,有两个引人注目的现象,其实正好象征着中国文学的重要的、不可逆的变化,也在喻示着中国文学所建构的新的"本土的全球性"。一是2012年莫言获得诺贝尔文学奖。这当然显示了近年来中国文学的全球的能见度的极大的彰显,也凸显了本土文学经过了这些年的发展具有的某种全球性的意义。二是郭敬明的《小时代》从小说改编成电影,在受到相当多的年轻受众的支持的同时,也引发了多重的争议。这些争议其实彰显了中国文学的读者的变化,我们可以发现我们原来所"不见"的新的读者在近十多年的文学变化中实际上支撑着文学的深刻变化和力量的转移。这种变化正是中国高速发展和全球化的文化后果。

二十一世纪以来,中国文学已经经历了十四年的历程。这一段时间在整个中国文学史上,当然是相当短暂的,但对于现代以来的中国文学来说,却是相当长的一个时段了。我们可以发现其实经历了二十世纪八十年代"新时期"的十年,九十年代的"后新时期"的十年,进入二十一世纪之后的文学呈现了新的面貌,其时间的长度也已经超过了前两个阶段。现在的状况是,文学的形态和景观都已经发生了深刻的变化,但我们对于这些新的状况和景观的阐释仍然难以找到新的思路和表达。

我们所经历的剧烈而复杂的变化让文学的状况和"新时期"/"后新时期"清晰地彰显了其区别性。中国文学的当下性正是来自它本身的新的空间的展开。这其实是在重构中国的文学的想象力的时代。这个时代的基础在于世界和中国的改变使得文学存在的理由有了根本性的变化。但现在所出现的,却是理论的"滞后"和"失灵"以及现实本身的"逃离"或"超越"。一方面,我们还在使用"新时期"以来惯熟的一套话语和分析策略来套在当下的文学现状之上,使得现状其实脱离了我们的把握而成为一种特殊的、没有阐释的表征。我们的研究仍然在延续,但其话语已经凸显了一种不适的症候,用来阐释当下文学,这就必然地带来了阐释的失效。另一方面,我们又常常将一些难以归类和阐发的新的现象进行某种缺少理论性的"描述",用罗列现状和复述故事来化解我们对于现状的无能为力。文学的现实状况并不能通过这样的罗列现象而得以被理解和分析。当下我们所需要的正是对于中国文学在新世纪的全球文化格局中的"状态"的把握。这既需要对于文学现状的真实的理解,也需要对于当下中国所出现的文学文本的真实的理解。这其实仍然是我在二十世纪九十年代所提出的面对"阐释中国"的焦虑的延伸。中国的文学总是在历史的变化中展现出超出我们的想象的新的景观。对于这些新景观的认知其实是我们重新发现中国文学的机会和可能。今天的中国文学的关键问题似乎是一个过去我们一直难以深入了解的问题,这就是所谓"本土的全球性"。

所谓"本土的全球性"所指的正是文学发生的新的变化的关键。过去仅仅在中国内部认知的文学现象现在已经具有了全球性的意义,中国文学的原有的"走向世界"的焦虑其实已经终结。中国文学已经超出了有关民族和世界的二元对立的争议和困惑,走入了一个本土即世界,全球即本土的新的格局之中。我们都已经知道,在中国本土创作的文学已经成为世界文学[①]的有机的组成部分。中国"新文学"对于现代和世界的追逐,其实已经得到了新的文学状况的超越。"本土的全球性"正是说明中国文学内部的变化已经在影响着全球华语文学的格局和世界文学的格局。

二

十多年来的"新世纪文学"和"新时期"与"后新时期"在怎样不同的状况下展开,这其实指向了社会的剧烈变化。在我们共同经历的这十多年的发展中,一方面中国的经济和社会有了前所未有的高速的成长,另一方面社会进入了前所未有的与"全球化"相互融合的阶段,而中国内部的"全国化"的进程对于整个文化的影响也非常巨大。② 中国文学的内部与外部的环境都发生了前所未有的巨大的变化。

在这样的状况之下,在文学领域中中国内部有两个后果最为引人注目:

一、文学的读者发生了前所未有的深刻变化。这个变化其实是"新时期"文学中有待文学启蒙的作为整体的文学读者转化为了并不需要启蒙,而是通过文学获得一种新的自我想象的新的文学读者。

一是中国的中产群体在前所未有地放大。他们对于文学的需求正在放大。中产阶层当然是一个模糊的概念,但其实多数人心里都有一本账,知道自己是否处于这样的状态。这些年来中产的社会主流的意味已经非常明确,他们的人数众多,价值观占据了社会的主流,电视剧或者电影都以他们作为描述的对象,他们是社会的"中间"力量,也是社会的"中坚"力量。一方面比上不足,另一方面比下有余,他们的特点也多两面性。一面其实中国中产都说穷,一面消费能力并不低,成为世界各大奢侈品牌的主要客户;一面诸多困扰和抱怨,一面其实收入和机会都在上升中;一面大都市里觉得艰难,一面三四线城市的中产正在快速追赶。理解中产性格这种两面性其实是最为重要的。中国的中产阶层的发展已经让他们成了社会的主流意识的代表。理解他们也就了解了中国社会的走向。中产阶层的最大的特点是"自我实现不足"的焦虑甚强。全世界的中产阶层都有这种苦闷。看到网络精英或者演艺界的明星一夕暴富,感到羡慕,但自身的生活却不得不常常是在职场中"熬住"。描述他们的生活,可以以"不容易"来形容。中产阶层一般完成成家立业的事情需要大学毕业以后二十年,这其实不是中国的特例,是全世界的通则。但今天的媒体和网络让人看到了生活的多姿多彩,让人产生的期望其实极高,往往觉得耐不住二十年。同时前些年的中国生活改变的速度极快,大家的期望值也很高。看自己的工资和房价的比例,看看旁边的人可能就是奇迹,往往内心焦虑,挫折感甚强。中年人往往还平和,因为他们经历过当年的匮乏时代,但年轻人就往往急得不得了,恨不得明天就有房有车,和西方的中产中的最高端一样生活。而这个群体其实是全世界电影的最中心的消费者。原来电影的消费者仅仅是大都会的中产群体,他们支撑了中国电影2002年大片时代开始以来的中国电影的票房。而今天的三四线城市的中产把这一切放大到了一个新的格局之中。

二是80、90后青年群体的放大。今天的80后当年也是中产阶层的后备军,正在成为主力;90后开始成为中产的后备军了。他们在中国历史上最丰裕的时期成长,没有体验过"匮乏时代"的压力,没有对过去极端贫困的记忆。虽然还有许许多多贫困家庭出身的孩子,需要社会的重视和帮助,但无论如何,就这一代人来说,物质条件已经是上几代人无可比拟的了。他们又大多是独生子女,受到了家庭和社会的最大关爱,所享受的家庭温暖和全面教养也是上几代人所不能比拟的。互联网和全球化所带来的新的观念,让他们有远比上几代人更开阔的视野。市场经济带来了非常多元的选择,也带来了面对未来的可能性。这些都为今天青少年独特的文化性格提供了必要的条件。在我看来,这一代人的价值观有强烈的个体性,同时充满丰富的想象力和创造力。这当然既有正面的因素,也有明显的问题。积极方面在于充分展现个体创造力,以一种开阔的视野来看待事物。消极方面,也难免出现饱受批评的问题。这正是消费导向文化复杂性的表现,今天的文化主流一般对消费文化有不少抨击。实际上,除了其自身的缺陷之外,消费文化也有它的合理性。消费文化一方面拉动经济,具有经济方面的重要意义。另一方面,也带动了一种努力向上、积极追求自身价值实现的激励机制的生成。这一代人实际上是生活在消费文化之中。他们更注重个性的自我完成,更注重自我感受。他们对于青春文学或网络文学的情有独钟,带动了以青少年为中心的文学趣味对于文学具有的相当重要、不可忽视的影响。他们开始作用和影响文学的格局。

这样两类读者的崛起其实意味着中国文学具有了一个与当下以西方为中心的"世界文学"相似的读者群,他们的境遇和想法已经越来越接近于西方的读者。"世界文学"与中国文学"走向世界"之间的紧张的关系已经不复存在,文学读者的变化正是喻示着文学本身的变化。

二、文学本身的结构发生了复杂的变化。在"新时期"我们视为统一的文学界其实已经出现了三个不同的走向。

一是二十世纪八十年代以来的原有的,我们在"新时期"和"后新时期"视为文学全部的那一部分文学,经过了这些年的复杂的转型已经构成了一种独特的"纯文学",成为当下文学景观中重要的一支。这种"纯文学"仍然是社会一般观念中对于文学的认识中的主流。它包含原有的文学期刊、文学组织和文学活动等,当然也包含着文学近年来随着社会普遍的丰裕化和中国社会发展方式而发生的转变,社会对于高雅文化的追求的放大和公共政策对于文化的倾斜,无论是公众对于"纯文学"的仰慕和支持或者政府财政的支撑都是"纯文学"赖以继续发展的新的基础。"纯文学"完全摆脱了二十世纪九十年代时面对的萎缩的困境,而是进入了一个能够保持其自身稳定发展的阶段。"纯文学"的社会影响力虽然已经不可能和二十世纪八十年代相比拟,它当下已经成为读者中相对固定、都是高雅文艺的爱好者所构成的"纯文学"读者的阅读对象,这一对象按照网络的说法就被称为"文艺青年"。纯文学的创作仍然保持着二十世纪九十年代以来的规模,但其影响却有所缩减。在公众中有影响的作者实际上不超过十位。莫言获得诺贝尔文学奖使得纯文学和大众之间建立了前所未有的联系,使得纯文学获得了前所未有的公众知名度,使它变成了中国文化的某种象征之物。中国的纯文学,现在既是全球华语文学的主流,也是世界文学不可或缺的一部分。中国纯文学已经纯熟地运用西方现代主义之后发展起来的复杂技巧和表达方式,来观照中国生活,提供新的想象力。

二是以青春文学为代表的类型文学作为一种新的文学的增量在当下具有重要的影响。这种类型文学是以中产群体的大众为对象的。一方面是以郭敬明、落落、笛安等为代表的青春文学有着不可替代的影响。这种文学是伴随着80后群体的成长而发展的。同时诸如官场、职场、科幻等独特的类型也都有相当的影响。如刘慈欣等人的科幻小说可以说是最为典型的二十一世纪才成熟的文学类型,业已赢得了国内和国际多方面的好评。

三是网络文学伴随着新兴的网络技术从二十世纪的最后岁月开始崛起,在当下已经成为重要的文学潮流。网络文学已经形成了不同于传统的纸质文学的新的特点,也已经创造了诸多新的文化类型。如穿越、玄幻、盗墓和耽美等文学类型都是在网络中间发展的。网络文学的长度往往都很长,适应网络阅读的特性,也赢得了自己的读者。

这三种形态的文学中,"纯文学"在世界文学中已经获得了相当的位置,像莫言、刘震云、阎连科等人已经有了相当的国际共同的"纯文学"领域的声誉，在全球的小众化的"纯文学"之中占据一席之地。这和当年中国现当代文学作家和全球纯文学脱钩而独立发展的状况完全不同。而类型文学和网络文学则更加"内向化"，更加专注本土读者的需求，和本地的趣味反而结合得更加紧密。但由于读者本身已经具有了和全球的主流读者相似的状况和趣味，因此其"本土"的特性也是全球性的表征。

因此，我们可以看到在全球，中国文学的位置有了异常深刻的变化。

一是它已经是全球华语文学的无可争议的中心。在二十世纪五十年代之后，全球华语文学有了分化发展的过程，这一过程中，海外华语文学、台湾和港澳文学与大陆的文学是各自平行发展的。而八十年代大陆改革开放之后，海峡两岸暨香港、澳门和海外华语文学间的交流已经越来越紧密。但大陆文学难以成为全球华语文学的中心，而受到了港澳台和海外华语文学的多方面的影响。在现代主义技巧的引进等方面一直处于学习和借鉴的一方。但新世纪以来，由于中国大陆在全球的位置越来越重要，中国的"纯文学"市场是华语文学中最大也最为繁荣的，而大陆的纯文学作家也凸显了全球举足轻重的位置，而一些散居海外的华语文学作家也陆续回归大陆，如严歌苓、虹影等都曾经是海外华语的作家，但现在都已经回归大陆写作。我们已经可以清晰地看到，当年许多学者所预言的"华语语系文学"的平行的多重结构并未生成。③二十一世纪以来的全球华语文学以大陆为中心的特点已经更加明显。

二是中国文学已经成为世界文学的一部分。一方面是诸如莫言等作家已经具有了全球性的影响力。他们的作品已经超越了"民族性"和"世界性"的紧张的二元对立的关系。这也提供了中国"纯文学"直接进入世界文学谱系的新的经验。另一方面，中国文学的类型文学和网络文学其实也由于读者的变化而具有了"本土的全球性"，并获得了新的生长的可能性。

三

以上我们所讨论的文学环境的巨大变化其实给予文学新的意义和表达。无论是"纯文学"或是类型文学或是网络文学都开始具有新的形态。我们可以发现有三个新的要素开始成为横跨这三种文学形态的基本要素。一是以中产群体和年轻群体为"隐含读者"的文学表达。二是以人性的普遍性,而非限定在具体文化中被排除和放逐于世界之外的"国民性"成为表现的中心。三是文学的表达在本土性之中获得了一种新的世界性。

我想以严歌苓的小说《妈阁是座城》和金宇澄的《繁花》为例来稍微详尽地展开分析这三个方面的表征。

严曾经多年在海外生活,现在在国内写作,一直受到读者的关注,也是当下华语"纯文学"写作的重要作家。张艺谋也多次改编她的小说为电影。这次《妈阁是座城》的流行,似乎说明她的影响力一直不衰。

这部新作是以在妈阁的赌博为题材的,中心是赌徒的心态的探究,也就是对于人性的进一步的深切的理解和观照。这个题材严歌苓并不陌生,既是她所熟悉也是她所钟爱的。探究赌徒的心理似乎是严歌苓始终关注的焦点之一。早在近二十年前的1997年她就发表过一篇关于赌徒心态的小说《拉斯维加斯的谜语》。当年我看到那篇小说就非常喜欢,不久之后专门选入了我编选的一部小说选中。两相对照,让我别有感慨,觉得横在两部关于赌徒心态的小说之中的那些岁月不是虚度的,这两部相同题材的小说却有着相当不同的观察角度。

两部小说都是讲赌徒对于赌博的不可控制的狂热迷恋造成的生活的彻底改变。《拉斯维加斯的谜语》写的是当年从相对封闭的中国大陆到美国访问的老薛,由于赌老虎机赢了,从此迷上赌博,甚至为了赌博留在美国,从一个中国的大学教师成了美国的发广告的,他后来的生活就是赌博,最终沦落。这个故事有很强的历史感,老薛是个老好人,从一个相对封闭的社会到了光怪陆离的美国,和赌博相遇之后,激发了他赌博的兴趣,一发不可收。这里的老薛是在中国的环境中的一个"意外"的结果,是新的情境给予了老薛机会。老薛的选择其实是他没有选择的结果。这里的故事不是关于普遍的人性的,而是关于中国的历史和记忆的。老薛的作为是从一个封闭的社会到了全球化时代的对于外部世界的"震惊"的体验的后果。老薛是个特定的历史环境中的人物,被一种新的欲望所吸引而失掉了控制。

《妈阁是座城》则是在当下中国高速发展的前提之下写的妈阁故事,这个故事其实有其丰富的全球的背景,主角是澳门的一个女叠马仔梅晓鸥所经历的和狂热的赌博者的交往,这里有形形色色的赌徒,但他们都是在中国的发展中发迹的人,有女主角迷恋的红木家具厂老板,有房地产商人,还有她的前夫等。这些人在妈阁的赌场里一显身手,但却在迷狂中失掉了自我,变成了赌徒,最后倾家荡产仍然不可自拔。甚至女主角的儿子也对赌博发生了兴趣。这些赌徒熟悉赌博的规则,也有全球的日常生活的经验,他们早就没有了老薛的那份"震惊"。作者却是把这些赌博的迷恋者的状态阐释为一种人性本身的神秘,一种不可控制的狂热。这种狂热脱离了具体的历史和空间的限制,成为一种世代相传的基因和遗传的因素。小说一开始就讲到了梅晓鸥的祖先就是十九世纪到美国的移民,但嗜赌成癖,难以克服。赌博似乎是人性深处的一种非理性但强烈而不可遏制的欲望。在今天的语境中,其实严歌苓把具体的历史和背景淡化了,她所强化的是一种人性深处的复杂。这种复杂其实超越历史和文化的限制,成为一种普遍的人性的因子。这些人物都是人性的一种表征,而不是具体历史环境的表征。而她的隐含读者显然已经变为了中产的读者。

我感兴趣的是严歌苓的写作的变化。当年写《拉斯维加斯的谜语》时,她是一个海外的华语作家,写的是美国的题材,但她的作品在那时却是异常地具有强烈的中国的历史文化的背景,显得与我们的历史和文化息息相关。但到了《妈阁是座城》,她已经回到中国居住,写的也是中国的题材,但她的故事却是一个关于人性的普遍性的故事,是一个人类难以克服和超越的欲望对人的束缚的故事。前者关乎历史和文化,后者更多地置于人性和欲望之中。虽然题材相同,但严歌苓的观念和角度却有了惊人的变化。

这其实是说明了中国在当下的全球化之中已经越来越成为全球的重要部分,原来中国"纯文学"所具有的强烈的"中国性"的特殊性,已经被更多的对于人性的"普遍性"的关切所替代。在莫言获奖,全球的中产阶层文化中"优雅"和"复杂"的部分已经接纳了中国"纯文学"之后,历史的特殊性已经为对人性的普遍性的探求所超越。这其实是现在中国文学所表现出的"世界性"。中国文学已经超出了它现代以来的"感时忧国"的传统,而进入了全球纯文学的生产和消费的运作之中。就如同郭敬明《小时代》或韩国电视剧《来自星星的你》

这样的作品中的故事,其实与自己的历史背景和具体空间的联系相对淡薄,这些故事可以发生在任何全球都市之中一样,"纯文学"也经历了这样的过程。这实际上表明我们的文化具有了某种"世界性",非关题材,只是我们的观念和意识有了重要的变化。

另外如金宇澄的《繁花》,也是这方面的一个例证。这部作品其实是强烈地表现了一种上海的地域性的特色。这种对于地域性的追求甚至远比二十世纪三十年代和四十年代的"海派"文学更为强烈,刻意地模仿"新文学"之前的旧白话小说和张爱玲作品等的上海表现。这里刻意把时空的具体性表现得异常逼真,方言的运用也有很刻意为之的痕迹。但这部作品实际上讲述了从二十世纪六十年代开始的中国的特殊的人生,在一种和外部世界隔绝的状态中开始,却以全球普遍的中产状况结束。这里的故事是由封闭在特定时空的独特性,到一个个饭局构成的九十年代的普遍的光怪陆离的都市生活结束的故事。这里的个人的"小历史"在过去深受中国的"大历史"的影响,但到了九十年代之后,个人变成了中产的普遍的生活的一部分。个人的小历史仅仅由于个人的命运所支配,而和大历史脱钩了。这里的挣扎、欲望和奋斗都是市井里的小市民,这些小市民在计划经济时代,幸与不幸却还和大历史有关,但到了当下,却已经变成了一种人性的普遍性的展开。一种普遍的中产生活成了上海和全球共有的现象。地域性仅仅是一种符号和形象,而非事物的本质了。这部新的《海上花列传》式的作品正好和《海上花列传》相反,《海上花》是从传统社会进入一个特殊性的"现代性"的紧张,是传统的最后的余音。而《繁花》则是那一段特殊的"现代性"在一个新的全球化之中终结的表征。历史的过程已经走完,而新的时空是一个普泛化的以中产为中心的世界。这是抵达一个新时代的门槛时的新的故事。

我们可以说,现在看来,世界就是中国,中国也就是世界。我们今天终于不再需要走向世界,而是知道自己就在世界中,世界也就在自己的生命中。这就是一种"本土的世界性"的最为清晰的表征。

四

当下的中国文学的"本土的全球性"的特性其实已经超越了"五四"以来中

国新文学的历史的限定,当下的历史在新的时空中展开。我们已经通过这种新的"本土的全球性"告别了我们自己的过去,走进了这个我们置身其中的新世纪的历史之中。新的中国故事其实也正是由此在展开自己,一个新的文学的平台正在我们的面前搭起。

原载《当代作家评论》2014 年第 3 期。

注 释

① 关于"世界文学"的观念的演进和发展可参看王宁《当代西方的世界主义理论与思潮》,《上海思想界》2013 年 11 月号,第 85—103 页。
② "全国化"是我用来分析近年来中国电影发展的一个概念,"全国化"是指在文化领域中出现的由于互联网和中国急剧的城市化的进程造成的原有的界限的破除所形成的新的全国性的文化景观。可参看从 2011 年 6 月开始我连续发表的关于中国电影的"全国化"的系列文章:《"全国化"与电影》,《当代电影》2011 年第 6 期;《"全国化"的常态化》,《当代电影》2012 年第 3 期;《在"全国化"的平台上突破瓶颈——2012 中国电影的反思》,《当代电影》2012 年第 9 期;《全球化的全国化:2012 年的中国电影图景》,《当代电影》2013 年第 3 期。这些论文对于电影的讨论在相当程度上和文学发展有共通性。
③ 王德威《中文写作的越界与回归——谈华语系文学》,《上海文学》2006 年第 9 期。

画与诗的界限，两个希腊的界限
——莱辛《拉奥孔》解题

张　辉

一

《拉奥孔》出版于 1766 年，与莱辛的另一部重要著作《汉堡剧评》(1769)一道被视为现代美学经典。① 但这部古今交替时代的"美学书"却并不完全符合现代知识人对美学著作的一般期待。莱辛起初甚至没有按理论著作的成规去构思和写作该书。据称该书最初名字是《拾穗》，其动机也只是"为写一部书而做的杂录"而已。②

但经过深思熟虑之后确定的《拉奥孔》这个书名却更像一部文学作品的名字，更接近于"诗"而非"文"，这与康德的《判断力批判》、谢林的《艺术哲学》、黑格尔或鲍姆嘉通的《美学》等形成了鲜明对照。

不过，细心的读者会发现，《拉奥孔》确实提到过一次鲍姆嘉通的名字，并且是与鲍氏两卷本大作《美学》同时出现的。这唯一一次提及出现在《拉奥孔》"前言"倒数第三段，其后 29 章正文就再也没有这位"现代美学之父"的位置了。更有意思的是，莱辛在这里特别提及鲍姆嘉通，并不是试图与这位"同行专家"有所呼应，而恰恰是要旗帜鲜明地与之"划清界限"。莱辛写道：

> 鲍姆嘉通承认他的《美学》(Asthetica)里大部分例证都要归功于格斯纳(J. M. Gesner)的词典。我的推论如果没有鲍姆嘉通的那样严密，我的例证却较多地来自原来的作品(Quelle)。③

认真阅读这段文字，不难看出莱辛不仅不愿引鲍姆嘉通为同道，不愿将自己列入"美学家"行列,而且有意识地与鲍姆嘉通式的"美学"——这种现代学科形态——保持一定距离。也许两人处理的是类似的研究对象和问题,却有着完全不同的进路。在莱辛看来,鲍姆嘉通选择从词典(Wörterbuch)出发,而他自己则试图从"原来的作品"、从"本源(Quelle)"开始。

这有两层意思。首先,正像莱辛自己所说,他对画与诗的界限的讨论并不像他的德国"同行"那样,是对"一般原则(Allgemeiner Grundsätze)"的演绎,他写的不是某类"系统著作(systematischen Büchern)",而只是偶然所得(Ufälliger Weise)。这不能不让人想到前文所说的"诗",想到"拉奥孔"这个一般理论著作很少用的书名。其次,他关注的不是什么"从几条假定的定义出发,顺着最井井有条的次第,随心所欲地推演出结论来",而是事物之"本源"。这里莱辛也许是做了一个"文字游戏":Quelle这个词有多重指涉,可以指朱光潜先生译文中所说的"原本的作品",也有原材料、水源、源泉和本源的意思。④

莱辛在《拉奥孔》"前言"中对书名做了这样的解释:"因为我的出发点仿佛是拉奥孔,而且后来又经常回到拉奥孔,所以我就把拉奥孔作为标题。"⑤这段说明中的"仿佛(gleichsam)"一词,在某些英译本中被无意间忽视了(比如菲利莫尔[R. Phillimore]译本),但朱光潜先生对之所作的准确翻译却为我们理解《拉奥孔》的奥义给出了不可多得的微妙提示。原藏罗马宫殿的拉奥孔群雕以及维吉尔《埃涅阿斯纪》卷二中有关拉奥孔父子经历的30多行诗,"仿佛"是《拉奥孔》一书所讨论的中心,因而也是莱辛选择书名的依据;但显然,莱辛自己已经告诉我们,《拉奥孔》一书的内容远不止于此。

二

更值得我们重视的,还不是莱辛有意回避使用"系统著作"的书名这个"动作"。与我们现在通常给一本书命名的方式不太一样,莱辛时代的许多书不仅有我们现在依然使用的正题和副题,也有我们现在罕用的多行标题。⑥莱辛也采用了这一18世纪常见的命名方式,只是他的标题更加耐人寻味。

除了《拉奥孔》这个正题,《拉奥孔》一书的副题至少有三部分。全书完整标题如下:"拉奥孔/或称:论画与诗的界限/它们在题材和摹仿方式上都有区别。——普鲁塔克/兼论《古代艺术史》的若干观点。"

在这组看似平常的标题中,有一个特别值得重视的词,它在很大程度上提示了《拉奥孔》所关注问题的核心所在。这个词,就是第一副题"画与诗的界限"中的"诗"。

"诗"这个概念,汉语的字面意思我们非常熟悉,但这个词的德文原文的含义,也许需要对照英文翻译,才能更好地解释清楚。"画与诗的界限"的德文原文是"LAOKOON: Oder über die Grenzen der Malerei und Poesie"。英文有两个译法,其一为"Laocoön: Oron the Limits of Painting and the Poetic Arts";其二为"Laocoön: Oron the Limits of Painting and the Poetry"。德文Poesie被译成"poetic arts"和"poetry",为什么同一个"诗(Poesie)"有两个译法?这显然与如何理解Poesie有关。

首先,Poesie 不是 Gedichte,指涉的不是具体的诗篇(如英文中的poem)。与此同时,它也与歌德自传《诗与真》(*Dichtung und Wahrheit*)中使用的Dichtung形成对照。Dichtung更侧重虚构、想象,强调与"真"的对比,而Poesie并不止于此。其次,更重要的是,Poesie这个词背后显然有古希腊的影子。据《杜登德语词典》(*Deutsches Universal Wörterbuch*)Poesie词条解释,这个词在辞源上确实来自古希腊文,名词形式是poiesis,既表达创作(Das Dichten),又表达诗艺(Dichtkunst),而它的动词形式poiein则有德文zu machen也即英文to do/to make(做)的意思,涉及"制作"(dichten/verfertigen)。这即是问题的关键:Poesie不仅与静态的"诗"有关,更与"作诗(to make poetry)"这个行为有关。

循此,我们自然就很容易找到"诗(Poesie)"与《拉奥孔》中另外一个核心词"动作(Handlungen/Action)"的联系。也许不是简单的巧合,根据伯纳德特(Seth Benardete)及其学生戴维斯(Michael Davis)等人的新近研究,"作诗"而并不是简单地静态描述诗之为诗的艺术特点,也是亚里士多德《诗学》(peri poiütikŭs)的核心问题。"诗学"这个标题的古希腊文已经暗含了这层意思。在古典诗学的意义上,"作诗"与人的灵魂的塑造以及城邦对人的教化直接相关,甚至城邦本身就是最高级的诗。正是基于这种认识,尽管戴维斯依然用

"On Poetics"来翻译《诗学》,但在对《诗学》书名的分析中,他尤其重视其字面意思,将之直译为 On the Art of Poetry,即"论诗术",以此强调诗与"作诗"进而与行动的内在关联。⑦

仔细体会莱辛选择 Poesie 这个词的意味,有助于我们理解他在一部讨论画与诗的界限的书中为什么如此偏向于诗,如此反对"把绘画的理想移植到诗里"。正如朱光潜所说,莱辛讨论两种艺术的界限,不仅是为了区分不同符号美学的意义,更是为了彰显"静观的人生观"和"实践行动的人生观"之间的区别。在一种带有阴郁色彩和感伤情调的时代精神氛围中,莱辛所要求的却是"爽朗生动的气氛和发扬蹈厉的情感"。⑧相对于温克尔曼的"静穆的人",莱辛更看重的是"行动的人"。相对于温克尔曼的那个静穆的希腊,莱辛更看重的是一个具有本源意义的、行动的希腊——另一个完全不同的希腊。与其说莱辛是在选择一个与众不同而又与古希腊密切相关的概念,毋宁说他是在试图通过强调动态的、反映人的所作所为的"诗(Poesie)",呼唤乃至塑造"行动的人"——他心目中"有人气的英雄"。

事实上,《拉奥孔》一书的后两个标题可以进一步帮助我们理解莱辛选择"诗(Poesie)"这个概念的深意。不仅如此,它们甚至以非常精妙的方式提示读者关注《拉奥孔》中一再涉及的另一个话题:古今之争。

三

紧接副题"画与诗的界限"的第二副题是一段希腊文原文的普鲁塔克的话——"它们在题材和摹仿方式上都有区别(Υλη καιτροπαιζμιμησεωζδιαφερουσι. Πλουτ. ποτ. Α . καταΠ. ηκατα. . ενδ.)",与之对照的则是最后一行——第三副题,德文的"兼论《古代艺术史》的若干观点(Mit beiläufigen Erläuterungen verschiedener Punkte der alten Kusnstgeschichte)"。

莱辛为什么在这里有意识地分别使用古希腊文与德文?为什么要在标题中并举普鲁塔克的名字与温克尔曼的书名?一种古代文字和一种现代文字对举,一个直接出现的古代人与并不直接出现的现代人对举,是偶然的巧合,还是暗含了作者的某种思想倾向乃至价值判断?

莱辛引证普鲁塔克的观点，原因似乎很简单，因为《拉奥孔》的直接议题正是要说明画与诗在题材和摹仿方式上的区别，即二者之间的界限。在这个意义上，普鲁塔克首先是另一位古希腊人———西摩尼德斯（Simonides）的对立面，后者的著名主张"画是一种无声的诗，而诗则是一种有声的画"恰好与普鲁塔克的认识相反。但莱辛对普鲁塔克的引证，并不是一般的引经据典。在莱辛那里，普鲁塔克不仅与他的同时代人形成对话关系，而且也与莱辛自己的同时代人形成对话关系。在《拉奥孔》中，这些莱辛同时代人的重要代表人物之一就是鼎鼎大名的温克尔曼，《古代艺术史》的作者。

《拉奥孔》虽然是一部未完成的作品，但纵观全书 29 章内容，温克尔曼无可否认地是一个贯穿性人物。书的第一章就以大段引述温著《论希腊绘画和雕刻作品里的摹仿》中的观点开头。在正式出版的第十九章末尾，莱辛第二次提及温克尔曼的名字以及后者 1764 年新出版的《古代艺术史》，而这一次提及显然是后来有意加上去的，因为据考证，莱辛 1763 年就完成了第十九章的主体内容。⑨但这丝毫没有削弱、反倒增加了温克尔曼的重要性，因为第二十六章的开头又是以"温克尔曼先生的《古代艺术史》已经出版了"开头。第二十六至二十九章似乎又回到了第一章，回到了对温克尔曼的纠错与驳难。

将全书连缀起来看，温克尔曼在《拉奥孔》中的出现方式无论如何是意味深长的。某个人物——准确地说是最重要的论敌——在一部作品的开头被集中提及，中间有意识地一笔带过，而到了文章煞尾部分又成为关注的中心，这不能不说此人对作者具有特殊意义。至少，在《拉奥孔》中只有温克尔曼以这种自始至终出现的方式进入我们的视野。莱辛的另外两个最主要的论敌斯彭司（Spence）和克路斯（Caylus）只不过分别在第七至第十章以及第十一至第十五章集中出现。此外，另一个证据是，作为莱辛所讨论的"诗"的最重要代表——"典范中的典范"荷马——只集中出现在第十六至第二十三章。

对我们来说特别有意思的问题是，温克尔曼虽然在正文中是如此重要，但在《拉奥孔》标题中却是最后提及，而且似乎有意被作为"兼论"对象处在非常次要的位置。与普鲁塔克直接出现名字这一事实形成对照，莱辛仅是通过提及一部重要著作而使其主要"对手"温克尔曼间接出场。

德文 Beiläufig（附带的，随便的）委婉地传达了这层意思，而 Erläuterungen 与其说是"论",不如说是"解释""说明"。解释什么呢?解释《古代艺术史》的"若干观点(verschiedener Punkte)"。不过与这"若干"相对的德文形容词 verschieden 也有"不同""不一样"的意思。莱辛在这里应该是更多地强调了温克尔曼与自己在关键问题上的质的"不同",而非其观点的"若干"数量,是质的差异,而不只是量的多寡。

更主要的是,莱辛将普鲁塔克与温克尔曼对举,不能不使我们想到他在《拉奥孔》行文中一再穿插的那些古今对比的段落。我们要问,普鲁塔克和温克尔曼在这里并不仅仅是孤立存在的古人或现代人,而是古人与今人在某种意义上的代表吗?莱辛这样做是否在暗示:与画和诗的界限相伴随的,还有另一个被极大忽视的问题——古代与现代的界限?

四

可以说,第二副题与第三副题的古今对举以一种极其精妙的方式强化了第一副题中"诗(Poesie)"所蕴含的古典与现代的双重含义。"诗(Poesie)",既可以在现代的意义上指一般的"诗篇"或"诗歌",也迫使我们意识到它所具有的另一更古老的意涵——"诗的制作"。莱辛显然希望读者更加重视这个概念的远为复杂的古典含义,至少是这个概念与亚里士多德《诗学》的亲缘关系,正如狄尔泰所说,"亚里士多德是莱辛的美学基础"[10]。

不仅如此,读毕《拉奥孔》,我们可以肯定地说,莱辛不仅在画与诗的界限这个"美学问题"上站在了普鲁塔克们所代表的古代一边,而非温克尔曼所代表的现代一边,而且就其对古代与现代的整体判断而言,他也是一个坚定的、身处现代的"古代人"。这当然不仅仅出于论辩的策略,更是基于他对现代的基本判断。第二和第三副题中所透露的重要对比性消息在《拉奥孔》前言和正文中均可以找到更具体、更细致的印证。在一部书名貌似古典学和考古学研究的书中,莱辛把更多的关注投给了现代,投给了启蒙时代德意志现代精神所面临的困难选择。这样说并不是指《拉奥孔》中绝没有对古代人的批评,而只有对莱辛所谓的"我们现代人(WirNeuen)"(朱译为"我们近代人")的讽刺与否定。莱辛并不一味"泥古"。至少,我们可以看到他在画与诗的界限问题上并不赞赏希腊人西摩尼德斯的观点(前言),对公元五世纪的雅典画家泡生(Paoson)以及另一位画家庇越库斯(Piraecus)表现出的"低级趣味"也予以了无情鞭挞(第二章),而他对于斯多噶学派的判断则是"一切都缺乏戏剧性"(第一章)。同时,他对古罗马悲剧的评价也不甚高,认为"停留在平庸的水平以下",既"矫揉造作"又"浮夸"(第四章)。对罗马的著名悲剧家塞内加、哲学家西塞罗(第四章)甚至大诗人维吉尔(第十八章),他也并非没有微词。

莱辛也不简单"非今"。比如,事实上他对温克尔曼多少有所保留,甚至认为温氏的某些观点"非常正确""无可厚非"(第一章),而他对蒲伯、霍加兹等人的引述也并不是为了全盘否定他们的观点,而只是要尽可能呈现问题的复杂性(第十七章、第二十二章)。在某个场合,他甚至要求德国诗人听从法国批评家玛蒙特尔(J. F. Marmontel,1723—1799)的忠告(第十七章)。

只不过,所有这一切还是无法遮蔽一个更为重要的事实,那就是,在《拉奥孔》中,甚至在莱辛所有主要著述中,比较而言他更加肯定和尊崇古人:精神—文化属性意义上的古人,而不仅仅是时间属性意义上的古人。或者更准确地说,对莱辛而言,古人某些高贵的精神特征是他所更为推崇和敬仰的。甚至,他之所以在《拉奥孔》标题中要匠心独运地安排古今对举,最重要的原因乃是"我们现代人"已经距离那种高贵而自然的古代精神过于遥远了。现代人对古代精神的背离,在莱辛看来,最重要的是两个方面:一是现代人失去了古人所具有的真正节制(Mäßigung)与谨严(Genauigkeit)。在莱辛看来,"没有太过,也没有不及(keiner Sacheweder zu viel nach zu wenig zu tun),这是古人的特长",而现代人呢,"我们近代人在许多方面都自信远比古人优越,因为我们把古人的羊肠小径改成了康庄大道,尽管这些较直捷也较平稳的康庄大道穿到荒野里去时,终于又要变成小径"。⑪

这就是说,现代人的自信很大程度上是一种盲目自傲,自认为比古人优越、走上了"康庄大道",但实际上却失却了古人的一个重要品质——恰如其分。正是由于背离了"过犹不及"的古代精神,莱辛意义上的现代艺术批评家才不假思索地以画的原则代替了诗的原则,并"把诗塞到画的窄狭范围里"。也正是由于这种自以为是的优越感,才使得他们"作出[了]一些世间最粗疏的结论","以最坚定的口吻下[了]一些最浅陋的判断"。与其说是这些结论和判断体现了这些批判家的"错误的趣味",不如说是他们的"错误的趣味"和低下的精神品质才导致了这一系列非常不谨严的结论和判断。现代批评家在画与诗的问题上所犯的粗疏而浅陋的错误是他们精神质量的一个投影,也反映了现代人到底处于什么样的精神层次之上。⑫

二是现代人失去了古人所具有的高贵的自然本性。莱辛是通过讨论"为什么拉奥孔在雕刻里不哀号,而在诗里却哀号?"这个问题来作出自己的判断的。对他而言,雕刻中的拉奥孔之所以不哀号,并非如温克尔曼所云是由于希腊人的自然本性如此,而仅仅是由于造型艺术不适合直接呈现激情顶点的顷刻,必须描绘有包孕的顷刻罢了。换言之,是摹仿媒介或材料决定了这一切,并不是希腊人天生就能"节制住焦急的叹息",表现出"一种伟大而沉静的心灵"。

在莱辛看来,古希腊人完全不是温克尔曼所设想的那样克制而沉静。不仅如此,我们之所以无法看到古希腊人的真正面目,也恰恰是由于我们现代人自己已经完全失去了古代人那种高贵的自然本性,而只能从一个"近代欧洲人"的"教养"和"理智"出发去揣度古代人。眼中只有第一个希腊——静默的希腊,而全然没有第二个希腊——行动的希腊。

正是在这种"以今度古"的揣测中,现代人既无法看到莱辛意义上"古代野蛮人"的勇敢天性,更看不到希腊人身上闪耀的人性光辉,于是就满足于成为一个"文明人",以所谓"礼貌和尊严"取代发自内心的"号喊与哭泣"。真正的古希腊人不仅与"野蛮人"形成鲜明对照,而且使礼貌与被动忍耐的"现代人"也相形见绌。高贵的希腊人恰恰在两个重要方面高于现代人:他们不仅没有失去野蛮人的自然天性,而且还具有现代人所严重缺乏的优秀品质——追求光荣,恪尽职责。用莱辛的话来说就是:"[希腊人]既动情感,也感受到畏惧,而且要让他的痛苦和哀伤表现出来。他并不以人类弱点为耻;只是不让这些弱点防止他走向光荣,或是阻碍他尽他的职责。"⑬总之,现代人既失去了野蛮人也会具有的自然情感,也无法像理想的古希腊人那样在珍视真正情感的同时,不做情感泛滥的奴隶。

五

莱辛对现代人的判断似乎充满矛盾,他一方面说现代人失去了自然本能,一方面又说现代人无法做到克制和谨严。难道鱼与熊掌在这位尊崇古典而又不放弃启蒙的思想者那里是可以得兼的吗?既要"发乎情",又要"止乎礼",谈何容易!

在细致分析了莱辛所精心安排的四部分标题(一个正题,三个副题)并从"画与诗的界限"以及易被忽视的古今对举的角度理解《拉奥孔》全书的意义之后,我们也许可以在一定程度上理解莱辛的上述苦心及其面临的多重困境。

正像《拉奥孔》更为侧重诗但并没有丢弃画一样,莱辛在有意识地透过普鲁塔克与亚里士多德的视角——即古代视角——反观现代问题时,也并没有简单地站在现代的对立面。正如有的研究者所说的那样,尽管莱辛不是友人门德尔松那样的启蒙"卫士",但也不是启蒙的破坏者,而更是一个"改革者"。[14] 或者说,他是一个在启蒙中以古代为镜反思启蒙的启蒙者。他并不像一些人那样简单接受启蒙以及现代性的结果,而更多期望对启蒙本身的问题及其带来的结果有清醒认真的思考,做一个启蒙的诤友而非随从,保持古典意义上理性的智慧与清明、克制与谨严。

《拉奥孔》不仅关注标题中赫然标示的"画与诗的界限"这一"老生常谈"[15],而且关注更加重要的"两个希腊的界限"。这两个希腊分别是画与诗的希腊,即静穆的希腊与行动的希腊。前者是温克尔曼、斯彭司、克路斯……的希腊,后者是普鲁塔克、索福克勒斯、荷马……乃至莱辛自己的希腊。在众人趋之若鹜地关注造型艺术的希腊之时,特别讨论甚至弘扬另一个希腊——诗的希腊,并不仅仅是为了分别诗与画在艺术符号意义上的界限,更重要的是要人们看到,在被片面理解的静穆的希腊之外,还有一个不该被忽视的希腊——行动的希腊,活生生的希腊。

对莱辛而言,这两个希腊之间的关系甚至是,静穆的希腊应该"摹仿"行动的希腊,而不是相反(第五至第七章;第二十六章开头部分)。这大概也是这本共 29 章的书竟至少有十章以上（第一章、第十二章至十三章、第十六章、第十八至二十三章）在正面讨论荷马的原因吧。古希腊诗特别是荷马史诗正是莱辛所追溯和依从的"原本的作品"或"本源"。

　　进一步看，莱辛所下的关于"画与诗的界限"的符号美学的结论在现代艺术特别是电影艺术兴盛的时代——《阿凡达》时代——可能会"过时"，但他关于"两个希腊的界限"的判断与划分却由于对人类精神存在的天才揭示而历久弥新。

　　借助这一划分，可以透过古希腊彰显现代人的问题。现代人不仅丧失了自然本能与英雄德性，而且还在很大程度上无法真正看清古代人的本来面目。尤其是，当现代人习惯于按照自己心目中的所谓理想图景而非怀着一颗谦虚的心去尽可能按照希腊人的方式理解希腊、按照古人的方式理解古人时，看到的就只能是一个虚假的至少也是片面的希腊或古代，而没有了对古代——而不仅仅是古希腊的正确理解，现代精神毫无疑问将处于尴尬的无根状态。

　　从这个意义上说，莱辛所讨论的"两个希腊"表面看是一个符号美学命题，但在隐微的意义上已经涉及现代人如何正确理解古代这一重要问题。如莱辛在《拉奥孔》"前言"中所说，粗心的读者只知道他"仿佛"在讨论某个问题，而认真又训练有素的读者才可以分享他的真正关切。

　　不仅如此，莱辛对"两个希腊"的划分也指向人类精神发展更为深层次的问题。无论对于古人还是现代人而言，都可能面临拉奥孔式的悲剧。面对这种宿命般的悲剧，人们所能选择的方式归根结底只有两个：静穆地忍受或行动地面对。在莱辛看来，真正"有人气的英雄"，作为"智慧所能造就的最高产品""艺术所能摹仿的最高对象"，[16]会勇敢地选择诗的方式行动地面对，而不是像雕刻所表现出来的那样被动忍受命运的安排。因此他是在期许"我们现代人"能够区分两个不同的希腊，正确地效法古人。

原载《外国文学评论》2011 年第 2 期。

注　释

① 参见凯·埃·吉尔伯特、赫·库恩《美学史》(上卷)，夏乾丰译，上海译文出版社，1989年，第401—411页；朱光潜《西方美学史》(上)，人民文学出版社，1984年，第308—323页。

② 详见韦勒克《近代文学批评史(1750—1950)》(第一卷　古典主义时代)，杨岂深、杨自伍译，上海译文出版社，1987年，第213页。

③ 莱辛《拉奥孔》，朱光潜译，人民文学出版社，1979年，第4页。本文所引《拉奥孔》原文均据朱译。为便于说明问题，少量引文在朱译之后加括号附上德文原文；原文有多重意涵者，试对照朱译在文中略作辨析，所据《莱辛全集》本为 Werke und Brief in zwölf Bänden, Band 5－2, Herausgebeben von Wilfried Barner et al., Frankfurt am Main: Deutscher Klassiker Verlag, 1985—2003，《拉奥孔》全书见该集第7—206页。

④ 详见莱辛《拉奥孔》，第3—4页。

⑤ 莱辛《拉奥孔》，第4页。

⑥ 比如，莱辛的主要论敌之一、英国牛津大学的诗学教授斯彭司(Joseph Spence, 1699—1768)写于1747年的《鲍里麦提斯》(Polymetis)就有一个在现在人看来有些过长的副题："关于罗马诗人作品与古代艺术家遗迹之间的一致性的研究，拿二者互相说明的一种尝试"；而莱辛另一位论敌、法国文艺批评家克路斯伯爵(Count Caylus)，1757年也著有《从荷马的〈伊利亚特〉和〈奥德赛〉以及维吉尔的〈伊尼特〉中所找出的一些画面，附载对于服装的一般观察》，详见莱辛《拉奥孔》，第47、63页。

⑦ See *Aristotle's On Poetics*, translated by Seth Benardete and Michael Davis with an introduction by Michael Davis, South Bend: St. Augustine's Press, 2002, pp. xi—xxx.

⑧ 朱光潜《译后记》，《拉奥孔》，第217—218页。

⑨ 详见莱辛《拉奥孔》，第110页，注②。

⑩ 威廉·狄尔泰《体验与诗：莱辛·歌德·诺瓦利斯·荷尔德林》，胡其鼎译，生活·读书·新知三联书店，2003年，第36页。

⑪ 莱辛《拉奥孔》，第2页。

⑫ 详见莱辛《拉奥孔》，第2—3页。

⑬ 莱辛《拉奥孔》，第8—9页。

⑭ See Frederic C. Beiser, *Diotima's Children: German Aesthetic Rationalism from Leibniz to Lessing*, Oxford: Oxford University Press, 2009, p. 245.

⑮ 钱钟书《读〈拉奥孔〉》，收入《七缀集》，上海古籍出版社，1985年，第31页。

⑯ 莱辛《拉奥孔》，第30页。

鸳蝴派与现代性的同步

孔庆东

20世纪90年代初,具体而言是中国政府取消了从1989年秋起实施的、北京大学的新生必须军训一年的规定的1993年,中国大陆地区开始流行一首名为《新鸳鸯蝴蝶梦》的歌曲:"昨日像那东流水,离我远去不可留,今日乱我心,多烦忧……看似个鸳鸯蝴蝶不应该的年代,可是谁又能摆脱人世间的悲哀。花花世界,鸳鸯蝴蝶。在人间已是癫,何苦要上青天,不如温柔同眠。"北京大学的研究生则在这一轻浮的旋律里,换上几句自嘲的歌词:"读什么研究生,读什么研究生,不如温柔同眠。"

这首歌,本是该年大陆播出的台湾电视连续剧《包青天》的片尾曲,随着电视剧的热播,这首由黄安演唱的歌也唱遍了中国的每一个角落。①20多年过去了,今天中国各地的歌厅里面,这首歌的点唱率仍然很高,即使不会唱的人,对最后的几句也大都耳熟。以这首歌的传播为标志,中国大陆迅速进入了一个"新鸳鸯蝴蝶时代",也就是所谓的市场经济时代和大众文化时代。

正是在1993年,问世了两部在性描写方面非常引人注目的长篇小说,贾平凹的《废都》和陈忠实的《白鹿原》。《废都》模仿古代色情小说再版的方式,故意在性描写部分注明"以下删去"多少字或者以空格暗示。《白鹿原》则在数年后为了获得中国文学最高奖项"茅盾文学奖",专门改写了一个大量删去了性描写的版本。②

此后,中国当代文学就进入了一个"鸳鸯蝴蝶"的"花花世界",借用北京大学张颐武教授当年的常用词,可以称之为"欲望的涌流"。一方面,从1993年开始,长篇小说出版数量激增,从最初每年300部,发展到每年500部、700部,到2000年达到了1000部;此后基本稳定在每年800部左右,平均每天有两三部长篇小说面世。③另一方面，文学的雅俗界限开始模糊，以往自居于精英地位的"改革文学""寻根文学""先锋文学"都逐渐边缘化，借用王蒙一篇文章的题目，可以称之为"文学失去了轰动效应"④。对于层出不穷的新鸳蝴派作品，传统的文学批评界斥之为"沉渣泛起"。当代文学研究界对于贾平凹、陈忠实都在肯定其成就的同时进行了尖锐的批判。⑤而另外一些研究1949年以前的"现代文学"的学者，则有意无意把目光投向了早期的鸳鸯蝴蝶派（上海的贾植芳、苏州的范伯群等人早在1980年代就开始了这方面的研究）。1998年，笔者在北京大学出版社出版了以现代通俗文学为论述对象的《超越雅俗》⑥。同年，中国现代文学史最权威的教科书《中国现代文学三十年》（北京大学出版社）出版了修订本，该版本在每一个"十年"部分都专门设立了一章通俗文学的讲述内容，这标志着中国现代文学研究界，正式将以鸳蝴派为代表的现代通俗文学纳入了自己的叙述框架。此后其他的现代文学史教材均纷纷效仿⑦，有关鸳蝴派的文学知识，也成为报考现代文学专业研究生的重要备考内容。

鸳鸯蝴蝶派从"五四"以后，一直被视为"文学史上的逆流"。从"文学革命"开始，历经现当代文学的几个阶段，直至今日，"鸳鸯蝴蝶派"在大多数民众和学者的心目中，都是一个"低俗文学"的代名词。最著名的批判文字当数西谛（郑振铎）1921年前后写在《文学旬刊》上的那些短文，如：

> 自《礼拜六》复活（?）以后，他们看看可以挣得许多钱，就更高兴的又组织了一个《半月》。对于这种无耻的"文丐"，我们却也不高兴十分责备。对于这般身心都将就木的遗老遗少，我们也不高兴十分责备。只是我们很奇怪：许许多多的青年的活泼泼的男女学生，不知道为什么也非常喜欢去买这种"消闲"的杂志。难道他们也想"消闲"么？……"商女不知亡国（?）恨，隔江犹唱后庭花"。我真不知这一班青年的头脑如何还这样麻木不仁？（《消闲?》）

> 新近遇见了一位老朋友，谈起上海那些无聊的"小说匠"，我那朋友说："你们称他们为'文丐'，似乎还嫌太轻描，照他们那专好迎合社会心理一点而观，简直是'文娼'罢哩！"我以为"文娼"这两字，确切之至。（《"文娼"》）

面对如此尖刻的批判，许多被目为鸳鸯蝴蝶派代表作家的人物，都纷纷否认自己是鸳蝴派。海峡两岸的国共两党都看不起鸳蝴派,身在香港的鸳蝴"大哥大"包天笑也否认自己是鸳蝴派。1962年,包天笑特意写了一首《鸳鸯蝴蝶派》:"庄生蝴蝶梦非真,愿作鸳鸯亦可嘻。一代权威文学史,敢将名氏厕名人。"⑧一位张恨水的研究者对笔者说,他80年代去拜访张恨水的后人,谈及张恨水与鸳鸯蝴蝶派的关系时,竟然被主人下了逐客令。如此情形,使得"鸳鸯蝴蝶派"在相当长的时期内,成为一个几近空洞的能指。

通观迄今的研究,"鸳鸯蝴蝶派"这一称谓,有广义狭义之分。最早明确地将"鸳鸯蝴蝶"作为流派概念使用的是周作人,1918年4月19日,他在北京大学文科研究所作题为《日本近三十年小说之发达》的讲演时,批判中国的小说文体,特别提到"此外还有《玉梨魂》派的鸳鸯蝴蝶体,《聊斋》派的某生者体,那可更古旧得厉害,好像跳出在现代的空气以外的,且可不必论他"。在另一篇文章《中国小说中的男女问题》中,周作人写道:"近时流行的《玉梨魂》,虽文章很是肉麻,为鸳鸯蝴蝶派小说的祖师。"⑨周作人此处指的是民国初年流行的才子佳人哀情小说。鲁迅的认识基本与周作人相同,1931年,他在《上海文艺之一瞥》中叙述民国初的文坛,说道:"这时新的才子+佳人小说便又流行起来,但佳人已是良家女子了,和才子相悦相恋,分拆不开,柳阴花下,像一对胡蝶,一双鸳鸯一样,但有时因为严亲,或者因为薄命,也竟至于偶见悲剧的结局,不再都成神仙了,——这实在不能不说是一个大进步。"为什么要以"鸳鸯蝴蝶"一词来形容这类小说?一般理解为此类小说大多描写才子佳人的悲剧恋情,人们就借用魏子安《花月痕》第三十一回里韦痴珠说的"卅六鸳鸯同命鸟,一双蝴蝶可怜虫"来比喻,魏子安语又是出自陈文述《无题》诗"七十鸳鸯同命鸟,一双蝴蝶可怜虫"。另外在文体上,这类小说大量使用骈文,喜欢穿插诗词,辞藻华丽,并经常使用花鸟鱼虫作比喻,令人望之颇起鸳鸯蝴蝶双双对对之感。所以一经命名便迅速流传。所以,广义的鸳鸯蝴蝶派指的是1949年以前的整个近现代通俗文学,狭义的鸳鸯蝴蝶派指的是"五四"文学革命所批判的民国初年的言情小说。不同的学者根据不同的研究语境,有时候在广义和狭义之间,交替使用这个概念。可以与之互换的另一个称谓是"礼拜六派",范伯群较早的一本论著就叫《礼拜六的蝴蝶梦》(人民文学出版社1989年)。中国社会科学院的刘扬体先生称之为"流变中的流派"⑩。现在则逐渐走向一个比较规范的称呼:近现代通俗文学。

范伯群先生最早在《中国近现代通俗作家评传丛书》(南京出版社1994年)总序中表述了一个定义:"中国近现代通俗文学是指以清末民初大都市工商经济发展为基础得以滋长繁荣的,在内容上以传统心理机制为核心的,在形式上继承中国古代小说传统为模式的文人创作或经文人加工再创造的作品;在功能上侧重于趣味性、娱乐性、知识性和可读性,但也顾及'寓教于乐'的惩恶劝善效应;基于符合民族欣赏习惯的优势,形成了以广大市民层为主的读者群,是一种被他们视为精神消费品的,也必然会反映他们的社会价值观的商品性文学。"这个定义虽略显繁琐,但比较全面,也可从中看出其所指的复杂性。

从"五四"文学革命以激烈的反抗姿态举起文学组织化的旗帜后[11],鸳蝴派始终被视为"现代性"的阻力。其罪名是"游戏的文学",其性质经常被定义为封建、反动、下流、色情等。沈雁冰在《自然主义与中国现代小说》一文中,指出鸳鸯蝴蝶派在思想上是"游戏的消遣的金钱主义的文学观念",在艺术手法上是"记账式"和"虚伪做作"。[12]1949年以后的文学史著作,基本上固化了这种"知识"。例如北大编《中国文学史》(人民文学出版社1959年)第九编第六章第四节标题为"小说逆流——鸳鸯蝴蝶派和黑幕小说"。复旦大学编《中国现代文艺思想斗争史》(上海文艺出版社1960年)指出"五四"及其以后时期,"进步文艺界除了同封建文人、洋奴文人进行了大规模的论战以外,还一直跟封建遗少'名士派'、'鸳鸯蝴蝶派'进行着不懈的斗争。这两派是当时一股反动逆流的代表,他们在本质上是一致的,对他们的斗争实际上是对当时一般反动文艺思想的斗争"。田仲济、孙昌熙主编的《中国现代文学史》(山东人民出版社1979年)指出:"鸳鸯蝴蝶派是现代文学史中的一股逆流,是宣扬游戏、消遣和趣味主义的一个流派。……大都是描写庸俗无聊的男女私情,腐朽颓废的情调和没落苦闷的哀鸣。"于是几代青年人在没有阅读过鸳鸯蝴蝶派的作品的情况下,依靠文学史著作所编织的历史想象,"知道"了曾经存在过那种不堪入目的"恶"的文学,这种"认知"奠定了"五四"新文学的"为人生""为艺术"的合法性和精英性,新文学作家所取得的光荣和遭受的厄运,皆与这种"现代精英"的自我定位相关。

鸳鸯蝴蝶派公开赞成文学的"游戏性",这是事实。著名的《游戏杂志》[13]就

在序言里公然宣称,宇宙万物,无一不是游戏也:

> 不世之勋,一游戏之事也;万国来朝,一游戏之场也;号霸称王,一游戏之局也。楚汉相争,三分割据,及今思之,如同游戏;宋金互斗,半壁东南,及今思之,如同游戏;克复两京,功盖寰宇,及今思之,如同游戏;茅庐三顾,鱼水君臣,及今思之,如同游戏。况真有广寒听法曲,烽火戏诸侯之帝王也哉。考韩柳奇文,喻马说龙,游戏之笔也;良平妙策,鬼神傀儡,游戏之战也。风轮火琯,纵横九万里,其制作之始,不过游戏之具而已;祖德宗功,上下五千年,其肇始之初,不过游戏之偶而已;游戏岂细微事哉!顾游戏不独其理极玄,而其功亦伟。邹忌讽齐王谏也,宋玉对楚王问也;或则战胜于朝廷,或则自宽其谴责。其余如捕蛇者说,卖桔者言,莫不借游戏之词,滑稽之说,以针砭乎世俗,规箴乎奸邪也。然此亦非易言也,尽有如香薰班马,而不能一下游戏之笔者。盖知臣朔诙谐,亦别有过人处在也。当今之世,忠言逆耳;名论良箴,束诸高阁,惟此谲谏隐词,听者能受尽言。故本杂志搜集众长,独标一格,冀藉淳于微讽,呼醒当世,顾此虽名属游戏,岂得以游戏目之哉!且今日之所谓游戏文字,他日进为规人之必要,亦未可知也。

以"游戏"命名的还有《游戏世界》《游戏报》《新游戏》等。从严肃的新文学视角来看似乎大逆不道。然而问题就在于,游戏与"现代性",是不是不能兼容的。现代工业文明正是通过刺激和制造人的超越于基本生存之上的"游戏欲望",来把大众组织到工业生产的现代秩序当中的。游戏性的消费,越来越成为现代生产的服务目标。而近代中国通俗文学期刊的大量涌现,也正是晚清和民国初年,中国的民族工商业繁荣的结果。[14]强调文学的消费性,正是大众化的现代性的标志,正是打破了精英对文学的垄断的前现代的文学模式的一个必然结果。[15]

其次,鸳蝴派所说的"游戏",并非抛弃社会责任和人生伦理的单纯的"寻欢作乐"。鸳蝴派的代表性刊物《礼拜六》就明确提倡要"健康的游戏"。王钝根在《礼拜六》出版赘言中写道:"买笑耗金钱,觅醉碍卫生,顾曲苦喧嚣,不若读小说之省俭而安乐也。……一编在手,万虑都忘,劳瘁一周,安闲此日,不亦快哉!"[16]远在新月派提出"健康与尊严"[17]之前,礼拜派就强调了"健康"的重要。这个"健康"的概念,一方面是一个时髦的新词,另一方面则来源于儒家的"哀而不伤,乐而不淫"的中庸思想。在鸳蝴派看来,"五四"新文学恰恰是"不健康"的,哀而伤,乐而淫,没有"温柔敦厚"之旨。他们特意举出郁达夫的《沉沦》为例,批评这篇小说是伤风败俗的下流作品。而从新文学的立场看来,《沉沦》却是勇敢的"反封建"之作。周作人专门为《沉沦》进行过辩护,郭沫若亦指出"就因为有这样露骨的真率",使那些道学家们"感受着作假的困难"。[18]实际上,"五四"新文学就是需要以极端的姿态来震撼文坛,不可能采取"中庸"的姿态。"五四"新文学考虑的重点,其实不是"文学",而是"话语权"。鸳蝴派对这个问题的敏感度是滞后的和欠缺的,他们只知争论到底谁更"健康",而争论又恰恰不是鸳蝴派的强项,所以,鸳蝴派的话语权在短短几年间就被剥夺了。当然,在文学市场上,鸳蝴派依然占据着优势。[19]

分析鸳蝴派的性质,基本依据应该是他们自身的创作、主张和文化选择倾向。经过近20年来学界对鸳蝴派作品主要特点的研究,不难窥见其与现代性的复杂联系。这里需要指出的是,现代性在中国的语境里往往被当成一个先在的定义来使用,或者等同于"历史的进步性",或者等同于"有待后现代加以超越的落后性"。本文则希望保持这一概念的基本弹性和动态,从具体的研究对象的性质来观察其与现代性的相互指涉。

首先,鸳蝴派并没有一定要坚持的政治文化立场,他们的思想很少具有创新性,更缺乏原创性,基本上是"与时俱进"的。《天笑启事》曰:

> 鄙人近欲调查近三年来遗闻轶事为碧血幕之材料。海内外同志如能贶我异闻者,当以该书单行本及鄙人撰译各种小说相赠,并开列条件如下:一关于政治外交者,一关于商学实业界者,一关于各种党派者,一关于优伶妓女者,一关于侦探家及剧盗巨奸者,其他凡近来有名人物之历史及各地风俗等等,钜细无遗,精粗并蓄。[20]

这颇可以概括鸳蝴派对待文学素材的基本态度,只要"异闻",不论"精粗"。周瘦鹃1956年为自己作过辩白:"《礼拜六》曾经风行一时,每逢星期六清早,发行《礼拜六》的中华图书馆门前,就有许多读者在等候着;门一开,就争先恐后地涌进去购买。这情况,倒象清早争买大饼油条一样。……(作品)大抵是暴露社会的黑暗、军阀的横暴、家庭的专制、婚姻的不自由等,不一定都是些鸳鸯蝴蝶派的才子佳人小说……当然,在二百期《礼拜六》中,未始捉不出几对鸳鸯几只蝴蝶来,但还不至于满天乱飞遍地皆是吧!"㉑他们也反封建,也赞同民主与科学,也批判迷信,也批判中国民众的麻木。总之,他们对社会主流话语采取"亦步亦趋"的跟进姿态,只要文化界保留给他们一席之地,他们就对主流话语采取合作态度。从呼吁共和,到宣传抗战,鸳蝴派都声音很大,作品繁多。直到中国进入当代,鸳蝴派本身的一席之地彻底丧失了,他们才失去了呼应主流话语的资格。这种呼应,有时候在时间上甚至可以早于主流话语,因为鸳蝴派可以利用自身的商业性特点,说出主流话语不便于提早说出的话。例如抗日文学,便是鸳蝴派最早做出了实绩,因而遭到阿英的批判。《上海事变与鸳鸯蝴蝶派文艺》一文中说:"在上海事变期间,封建余孽的鸳鸯蝴蝶派作家,……在小说的写作方面,也是非常的努力。一般为封建余孽以及部分的小市民层所欢迎的作家,从成为了他们的骄子的《啼笑因缘》的作者张恨水起,一直到他们的老大家程瞻庐,以至徐卓呆止,差不多全部动员的在各大小报纸上大做其'国难小说'。"阿英指责这些小说"缺乏真实性……仍旧是过去作家的滥调与空想";"是鸳鸯蝴蝶的一体,只是披上了'国难'的外衣";"是谈不上技术的";"反映在张恨水的作品里的阶级意识,是封建余孽的意识。然而,是不纯粹的,在他的意识里,同样的也具有相当的资产阶级的要素的部分。"㉒而今天看来,这种充满"极左关门主义"味道的批判,却恰恰成了对鸳蝴派最早创作抗日文学的一种肯定。

其次,鸳蝴派对变革中的中国社会是采取合作姿态的。鸳蝴派基本赞同中华民国的共和体制,相信民主和法制,批判传统的"国民劣根性"。发表于《新新小说》的《侠客谈:刀余生传》㉓,小说中的匪首"刀余生"对虏来的人定了一个杀与不杀的"内部标准":

> 鸦片烟鬼杀!小脚妇杀!年过五十者杀!残疾者杀!抱传染病者杀!身体肥大者杀!侏儒者杀!躯干斜曲者杀!骨柴瘦无力者杀!面雪白无血色者杀!目斜视或近视者杀!口常不合者杀(其人心思必收检)!齿色不洁净者杀!手爪长多垢者杀!手底无坚肉脚底无厚皮者杀(此数皆为懒惰之证)!气呆者杀!目定者杀!口急或音不清者杀!眉蹙者杀!多痰嚏者杀!走路成方步者杀(多自大)!与人言摇头者杀(多予智)!无

事时常摇其体或两腿者杀(脑筋已读八股读坏)！与人言未交语先嬉笑者杀(贡媚已惯)！右膝合前屈者杀(请安已惯故)！两膝盖有坚肉者杀(屈膝已惯故)！齿常外露者杀(多言多笑故)！力不能举其身者杀(小儿不在此例)！凡若此者,均取无去。其能有一定职业,能劳动任事者,均舍去,且勿扰及财物。

从这个标准来看,鸳蝴派对于"强种保国""优胜劣汰"的认识比新文学还要急切。他们还主张一夫一妻的小家庭,提倡自由恋爱。《礼拜六》的宣传文字,渲染了一幅现代小家庭夫妻,晚上并肩阅读《礼拜六》的画面:"以小银元一枚换得新奇小说数十篇。游倦归斋,挑灯展卷,或与良友抵掌评论,或伴爱妻并肩互读。意兴稍阑,则以其余留于明日读之。"㉔而这些在新文学看来,却是读者的麻醉剂。新文学的代表性作品,恰是包含了对现代性的反思的,如鲁迅的《伤逝》,反思了自由恋爱,叶圣陶的小说,反思了现代教育,后来的革命文学,更是以批判资本主义社会体制为己任。新文学对现代性是保留了一份质疑的,新文学具有现代性和反现代性并存的"二重结构",而鸳蝴派对现代性基本是欢迎的。所以,指责鸳蝴派是封建主义的,或者是洋奴主义的,都不能令人信服。似乎只能说,鸳蝴派具有一定的封建士大夫情调。但这种情调,新文学的郁达夫、周作人、林语堂、钱钟书等人,也都不同程度地具有。

第三,鸳蝴派的语言是一种非常值得研究的白话。现代文学史上一般认为最早提倡白话文的是1917年7月胡适发表在《新青年》上的《文学改良刍议》。而在1917年1月,鸳蝴派的头号作家包天笑就提出了"白话正宗"说。他在《小说画报》的发刊词《短引》中说:"盖文学进化之轨道,必由古语之文学变而为俗话之文学,中国先秦之文多用俗话,观于楚辞、墨、庄方言杂出可为证也。"例言的第一条就大书曰:"小说以白话为正宗。本杂志全用白话体,取其雅俗共赏,凡闺秀、学生、商界、工人无不咸宜。"这比新文学的白话刊物早出许多。陈独秀在胡适的《文学改良刍议》发表时写下按语道:"白话文学,将为中国文学之正宗,余亦笃信而渴望之。吾生倘亲见其成,则大幸也。"但《新青年》到1918年5月15日出版的第四卷第五期,才全部改为白话。新文学的创作重镇《小说月报》更是到了1921年从鸳蝴派那里夺过来之后才全部使用白话的。更远在1901年10月,包天笑就创办了《苏州白话报》。后来现代文学的创作实绩证明,新文学的白话,是一种欧化程度较重的白话,与中国读者的阅读心理存在着相当大的距离。这种白话,被瞿秋白批评为"新文言"。他批评这种"五四式的新文言,是中国文言文法,欧洲文法,日本文法和现代白话以及古代白话杂凑起来的一种文字,根本是口头上读不出来的文字"㉕。

新文学觉察到了本身的语言问题,但是二三十年代的新文学并不能自己矫正。鲁迅说:"倘若此刻就要全部大众化,只是空谈。大多数人不识字,目下通行的白话文,也非大家能懂的文章;言语又不统一,若用方言,许多字是写不出的,即使用别字代出,也只为一处地方人所懂,阅读的范围反而收小了。总之,多作或一程度的大众化的文艺,也固然是现今的急务。若是大规模的设施,就必须政治之力的帮助,一条腿是走不成路的,许多动听的话,不过文人的聊以自慰罢了。"㉖后来经过毛泽东的理论建构和整个"延安文学"的大力矫正,现当代文学的语言才逐渐演化出一种新面貌,这一问题另当别论。而鸳蝴派的语言,是从中国传统的"白话小说"自然发展出来的白话为基础的。这种语言,一方面能够为中国的大多数读者所接受,另一方面也能接纳外来语言因素。从包天笑到张恨水,再到金庸,实际上都自觉地为现代文学的语言进行了不懈的探索。张恨水对语言一向是精雕细刻㉗,金庸的小说语言已经有很多学者进行过学理分析,王一川在《文化虚根时段的想象性认同——金庸的现代性意义》一文中,专门指出了金庸小说语言与"现代性"的关联:

> 从某种意义上说,汉语文学是汉语的艺术,阅读金庸无法回避金庸的特殊汉语组织。调动多种语言资源和手段而形成多语混成的汉语组织,是金庸小说的一个突出特点。金庸善于调动对话与独白、陈述与转述、方言与书面语、口语与俗语等多种语言形式去叙述故事、刻画性格,渲染出通俗娱乐效果;同时,这些语言本身又在成功的表现中显示出动人的形象魅力。也就是说,金庸小说的汉语组织不仅能够成功地刻画各种艺术形象,而且本身就具有形象性——正是在对于各种艺术形象的成功刻画中,金庸的汉语组织呈现出的动人的汉语形象。对这种汉语形象需要做进一步的专门分析。㉘

金庸对作品进行过多次修改,重点之一是努力去掉西化的语言痕迹。他在《飞狐外传》后记中写道:"这部小说的文字风格……有两种情形是改了的:第一,对话中删除了含有现代气息的字眼和观念,人物的内心语言也是如此。第二,改写了太新文艺腔的、类似外国语文法的句子。"中国的现代通俗小说到金庸这一代,建立了一种成熟的大众文学语言。在此发展过程中,始终存在着语言领域的复杂论争。从早期鸳蝴派的"骈四俪六"体,到张恨水的"新章回体",到解放区的"评书体",一直都在压迫与反压迫的境遇中浮沉着。直到近年王朔对金庸小说语言的攻击,实际上都潜伏着汉语内部矛盾体系的自我调整。1999年11月1日,《中国青年报》发表了一篇题为《王朔:我看金庸》的文章,其中谈到金庸的小说语言时,王朔说道:"老金从语言到立意基本没脱旧白话小说的俗套。老金大约也是无奈,无论是浙江话还是广东话都入不了文字,只好使死文字做文章,这就限制了他的语言资源,说是白话文,其实等同于文言文。按说浙江人尽是河南人,广东话也通古汉语,不至于文字上一无可为。"王朔自己的小说语言是一种鲜活的北京口语,但他对金庸的指责,除了读者批评的在没有认真阅读的前提下意气用事之外,还涉及一个什么样的文学语言才具备现代性的问题。

第四,鸳蝴派与国家的关系问题。文学的现代性内在地包括了一个文学与国家的关系问题。一部现代文学史,以国家意识形态的力量整合文学现象,并以此划分文学事实的重要性。在这一维度上,"五四"之后对鸳蝴派的批判,暗含着鸳蝴派对于建立现代民族国家正面价值的否定。而恰恰是这一点,可能有悖于文学史的事实。

鸳鸯蝴蝶派作家大多属于积极的爱国者,在民族立场上动摇背叛的不多。抗战期间,新文学作家依靠国家力量几乎全部转移到大后方,鸳蝴派作家除了张恨水之外,大都留在沦陷区,为了养家糊口以笔谋生,但像周作人、张资平那般失节事敌者很少。这也是他们敢于对新文学骄傲的所在。除了上文讲过的抗战文学之外,从晚清到"五四"运动,鸳蝴派作家在"爱国"的问题上,往往表现得比新文学作家要强烈。1915年5月9日日本向袁世凯提出侵略中国的"二十一条"后,许多鸳蝴派期刊出版了"国耻"专号,《礼拜六》还专辟《国耻录》,周瘦鹃写了《亡国奴日记》《中华民国之魂》《祖国重也》《为国牺牲》等爱国小说。在"还我青岛"的民声里,周瘦鹃还将《亡国奴日记》单印散发,激励民众。包天笑的《谁之罪》写学生抵制日货,姚鹓雏的《牺牲一切》写留学生辞去日本洋行工作,另谋出路。鸳蝴派"五虎上将"之一的李涵秋也将"五四"运动写入长篇小说《战地莺花录》,以主人公蹈海自杀,来激励爱国之心。王钝根更有实际行动,因不满《申报》老板对"国耻"的暧昧态度,愤然辞职,并在《礼拜六》发表《辞〈申报〉自由谈编辑启事》。到了1949年新中国成立后,鸳蝴派文学虽然已没有市场,但鸳蝴派作家却大都与国家政权保持着较为友好的关系。相比新文学作家在历次运动中的遭遇,鸳蝴派作家可以说非常幸运。

综上所述,鸳蝴派与中国的现代性其实存在着某种同步的关系,而非"逆流"的关系。或者说,作为大众文学,因其市场性的需要,鸳蝴派与现代性实际上存在一种"同谋"关系。当以匀质、普适为特点的现代社会占主流时,鸳蝴派就会繁荣兴旺。这样讲,并非单纯为鸳蝴派"翻案"(此工作基本已于21世纪之初完成),并非否定新文学,而是意在更仔细地认清现代文学的多重结构,认清现代文学与现代性的微妙关联。新文学一统天下的几十年间,虽然也有披着革命外衣的大众文学存在,但民众的基本"娱乐"和"游戏"的声音确实在主流话语系统中处于受压抑的状态。而今天被部分学者称为"新世纪文学"[28]的中国文学,则似乎走向了另一个极端,娱乐和游戏垄断天下,"人生的血泪"再一次受到压抑。[30]对未经思索的"民主""法制""自由"等概念的无条件认同,对革命史和人性崇高层面的丑化和调侃,成了文学界的不成文的真理。在对全球化一体化的反思中,中国的文学创作界,不可思议地淡出了。

原载《文学评论》2014年第5期。

注　释

① 电视连续剧《包青天》,台湾中华电视公司1993年出品。英文名:Justice Pao。制作人:赵大深。导演:孙树培。主演:包拯——金超群。主题曲:《包青天》。片尾曲Ⅰ:《新鸳鸯蝴蝶梦》;片尾曲Ⅱ:《携手游人间》。

② 《白鹿原》原载《当代》1992年第6期和1993年第1期,人民文学出版社1993年6月出版单行本。1998年陈忠实《白鹿原》修订本(人民文学出版社1997年版)获得第四届茅盾文学奖,排在第一位。其他三部获奖作品是王火《战争和人》、刘斯奋《白门柳》、刘玉民《骚动之秋》,影响均远不如《白鹿原》。

③ 见白烨主编《中国文情报告(2005～2006)》,社会科学文献出版社,2006年。

④ 阳雨(王蒙)《文学:失却轰动效应以后》,《文艺报》1988年1月30日。

⑤ 1993年学苑出版社出版了肖夏林主编的《废都废谁》,书中批判文章主要出自北京大学的青年学者之手。直到2000年,还有陈建新《历史题材小说的道德抉择》(《浙江大学学报》2000年第4期)在论及《白鹿原》等历史题材小说的性描写问题时指出:"旧时代的一些精神糟会沉渣泛起……这类文学现象的出现,既有其合理性,但也必须注意它可能带来的负面效应。在笔者看来,即使全面进入市场社会,作家仍应考虑作品的社会效果。作家的社会良心是作家在进行文学创作时必须时时顾及的。"

⑥ 此书原为1996年通过的博士学位论文。

⑦ 如中国人民大学出版社2000年出版的《中国现代文学史》(程光炜、刘勇、吴晓东、孔庆东、郜元宝等主编)已被列为普通高等教育十一五国家级规划教材,后在台湾出版繁体版,现改为北京大学出版社出版。

⑧ 参见包天笑《我与鸳鸯蝴蝶派》,原载1960年7月27日香港《文汇报》,2007年第11期《文学界》转载。

⑨ 1919年2月2日《每周评论》第7期。

⑩ 中国文联出版公司1997年出版了刘扬体的《流变中的流派——"鸳鸯蝴蝶派"新论》。

⑪ 本人认为"五四"新文学与以往旧文学的重要区别之一在于"组织性"。参见孔庆东《1921:谁主沉浮》,山东教育出版社,1998年。

⑫ 《小说月报》第13卷第7号,1922年7月。

⑬ 《游戏杂志》是1913年12月创刊于上海的月刊,由原《自由杂志》改名而来,王钝根、陈蝶仙主编,中华图书馆发行,设图画、滑稽文、诗词、译林、丛谈、小说、剧谈、传奇、乐府等栏目,1915年6月停刊。

⑭ 据《剑桥中国晚清史》,当清朝在公元1911年覆灭的时候,大约有六百个中国人自己兴办的使用机器的制造业和矿业企业。已经铺设的铁路约5600英里长。中国人在这些现代的商业冒险事业中的投资总额大概达到160000000元。

⑮ 参见鲍德里亚《消费社会》,南京大学出版社,2000年。

⑯ 钝根《〈礼拜六〉出版赘言》,1914年6月6日《礼拜六》第1期,转引自芮和师、范伯群、郑学弢、徐斯年、袁沧州编《鸳鸯蝴蝶派文学资料》上册,福建人民出版社,1984年,第7页。

⑰ 徐志摩1927年在《新月》创刊号发表《新月的态度》中提出了"健康"和"尊严"两个原则。

⑱ 周作人《〈沉沦〉》,1922年3月26日《晨报副刊》。郭沫若《论郁达夫》,《人物杂志》1946年第3期。

⑲ 参见孔庆东《超越雅俗》,北京大学出版社,1998年。
⑳ 包天笑《天笑启事》,见1907年《小说林》第7期与第9期扉页。
㉑ 周瘦鹃《闲话〈礼拜六〉》,见《拈花集》,上海文化出版社,1983年,第94—95页。
㉒ 钱杏邨《上海事变与鸳鸯蝴蝶派文艺》,转引自魏绍昌编《鸳鸯蝴蝶派研究资料》上卷,上海文艺出版社,1984年,第49—54页。
㉓ 冷血《侠客谈》,载《新新小说》第1卷第1号第2页。
㉔ 参见钝根《〈礼拜六〉出版赘言》。
㉕ 宋阳(秋白)《大众文艺的问题》,《文学月报》第一卷第一期,1932年6月。
㉖ 鲁迅《文艺的大众化》,上海《大众文艺》第二卷第三期,1930年3月。
㉗ 参见孔庆东《走向新文学的张恨水》,《张恨水研究论文集(三)》,国际文化出版公司,1997年。
㉘ 载《天津社会科学》2001年第5期。
㉙ 2007年《文艺争鸣》多次发表陈思和、陈晓明等人关于"新世纪文学"的文章。
㉚ 2004年9月12日《青年报》文章《青春小说作者娱乐明星化 "新伤痕文学"遭质疑》,报道80后年轻作家孔莎写作青春成长的"伤痕",但专家们予以否定,认为只有写作"文革"心灵伤痕的才能叫伤痕文学。《当代》2004年第5期发表曹征路描写下岗工人苦难的《那儿》,引起左翼批评界的重视,《文艺理论与批评》2005年第2期发表韩毓海《狂飙为我从天落——为〈那儿〉而作》对其加以论述,孟繁华称其为"新人民性的文学"(《文艺报》2007年12月15日),但未能引起较大范围的重视。

中国现代主义起源的"名""言"之辩:重读《阿Q正传》

张旭东

一

从"现代主义"的概念出发重读《阿Q正传》,也意味着从作品出发对这个批评的框架作出说明。在鲁迅作品里,说《野草》是一部"现代派"作品大概不会招致激烈的反对,在风格、意象、气质等各个方面,鲁迅的散文诗带有鲜明的、有意识的现代主义色彩。但鲁迅的小说,除《狂人日记》之外,似乎很难在形式或审美意义上归入现代主义的范畴,而在所有小说作品里,《阿Q正传》也许是离一般人头脑中的"现代派"或"现代主义"观念最远的,如果不加说明地把它同《荒原》《芬尼根的守灵》《城堡》或《喧嚣与愤怒》[①]相提并论,就会遭到怀疑和拒绝。这部作品最早是在北京《晨报副刊》上分九次连载,在1921年12月到1922年2月间每周或隔周刊登一次,署名巴人,明显是取"下里巴人"之意,可以说它是以一部通俗的滑稽小说或文学漫画的方式亮相的,在体裁和写作手法上,更接近白话章回体小说,既没有作为现代派作品标记的变形和张力,也没有现实主义小说情节上的蓄意性和紧张感。不要说按"高峰现代派"(high modernism)的标准,就用一般的"近代小说"标准衡量,《阿Q正传》都算不上是一部结构发达、细节充实的作品。相反,它表面上那种轻松调侃的语调、松散的结构、写意式的白描以及举例和图解式的叙事方法更像是在常识和公共舆论层面上展开的议论和讽刺,不但同"形式自律""语言的自我指涉""象征的单一体"等现代派特质相去甚远,而且同鲁迅其他小说相比,在形式创新和技巧性上似乎也没有特别的考虑。

但另一方面,没有人能否认,在鲁迅乃至所有新文学作品里面,《阿Q正传》是唯一一部达到或接近高峰现代派作品所心向往之的那种"纪念碑式的""自足的象征宇宙般的""源头性的""涵盖一切、解释一切"的高度,以至于能以其形象的独一无二性(singularity)同历史对峙、以自身形式的力量确立某种形而上的"世界图景"的作品。不管是否经由"现代主义"的形式中介,《阿Q正传》通过自身的阅读史已经把自己牢牢地放置在一个民族寓言的顶端,在这里,阿Q就是中国。《阿Q正传》的现代性和现代主义性质先天地来自它作为一个象征体系的内在张力和自给自足性。但如果仅仅把《阿Q正传》视为国民性批判的思想史材料,就会同鲁迅这部文学作品的形式本身所包含的丰富内容失之交臂,从而限制了阅读和理解这部作品的丰富的可能性。事实上,即便我们把《阿Q正传》当作一本国民性批判教科书来读,我们最终也必然会面对这本教科书寓言意义上的高度的抽象性和概括性,以及如字典一般的高度的自我指涉性和下定义的权威性。在这个意义上我们可以说《阿Q正传》的确是一个文学的"小宇宙",因为它自己创立了一个寓言的表意系统,一个语言指涉系统。如果小说里的人物、言论、行动等都可以被视为这部辞典的词条的话,那么这种"国民性批判"的思想收获不应该被局限在机械地掌握或背诵个别词条的名词解释,而是应该包括这部寓言辞典的内在构成法则——它的语言学逻辑,它的编纂法、它的语言社会学基础、它的表意本体论。只有这样,我们的阅读才超越了朴素阅读的直接性,而进入到批评的文学阅读领域。在这个领域,《阿Q正传》不但显露出自己作为文学制品的种种考虑和工艺性,也在一个剧烈的文化范式变更的关头,把错综复杂的历史内容包容和吸纳在一种具有高度凝聚力的现代主义表意系统之内。而现代主义的形式批评,在其回应作品结构本身的要求之外,也包含了进一步解释那种历史内容的努力。

重读《阿Q正传》,必须在近代欧洲小说概念上的"形式的缺乏"和现代主义意义上的"极端的形式性"之间作出一种历史的和批评的说明。为此,我提出这样一个假设:《阿Q正传》的题材内容(subject content)既不是阿Q这个人物造型,也不是由这个"典型人物"照亮的"典型环境"(乡村、革命的失败,等等),而是建立在中国文化价值系统全面崩溃这样一个历史境遇中,以回应并"再现"这一历史境遇为叙事旨趣的极富现代派特色的作品。连接这一"现实的"历史文化冲突和激进的、高度自律的现代主义风格的诗学机制,是"寓言"（allegory）的表意方式。通过寓言写作,作为"内容"的中国意义世界和价值体系的瓦解被结晶在一个自给自足的形式空间里；通过对"名""言""行""传"等传统基本表意单位的游戏性安排,《阿Q正传》把现代中国的"命名""身份""认同""言说""表意"和"价值"的困境乃至不可能性,转变为小说的叙事功能（因此《阿Q正传》没有"人物"）和叙事动力（因此《阿Q正传》没有"情节"）,由此把一种集体性的存在危机和意义危机转化为新文学得天独厚的真理内容（truth content）。重读《阿Q正传》有助于我们把鲁迅的写作在一个严格的批评的意义上定义为中国现代主义的起源。

正因为如此,重读《阿Q正传》就需要通过一种严格的形式分析来把这种历史的形式化或形式的历史化过程破译出来。要把"阿Q就是中国"这句话说明白,就需要再一次打开这个文本,而打开文本并不是只是一种技术性的形式细读；不是拿着一个工具箱,像拆瑞士钟表一样把这个文本拆开细察,由此来操演新批评、解构、精神分析或马克思主义批评技巧。打开文本的目的是重建文本与历史的关系,重建被作品封闭起来的这种关系同我们今天的相关性。如果我们接受"阿Q就是中国"这个鲁迅阅读史留给我们的遗产,那么今天的问题就是如何借助现代主义和现代性问题的批评中介,借助重读鲁迅,把一个貌不惊人的寓言故事的写作手法同"什么是中国""现代中国的表意系统如何可能"这样大得不能再大的问题重新勾连在一起。

从这个角度看问题,我们在这里使用的"现代主义"就不能再依赖于1980年代以来随着西方文学和审美"新潮"翻译介绍进来的种种意象性、风格化、形式创新、深度隐喻、叙事断裂和跳跃、意识流写作、元虚构等的集合；也不能仅仅停留在1990年代以来对所谓"现代性"问题所作的相对来说更为历史化和学术化的理解——比如在经济、技术、制度等方面所作的介绍；而是采用一个广义的历史概念和理论概念。新文学语境里的"现代主义",不应该是欧美"高峰现代派"（high modernism）的苍白模仿或微弱回声,或是在几个西化的孤岛上生成的感官印象的文艺版（如半殖民地上海的所谓"文学现代性"）,而是"内在化"这种外在的现代性条件、审美前提和技术可能性的一系列集体性的、系统性的努力。在这种内在化过程中,一种新的现代性经验和审美可能性出现了,它们标志了一种新的历史主体和文化主体的到场。

构成这种主体性内在空间的,不仅仅是对现代性一般历史条件(近代科学和近代物质文明,竞争和"进化",个人自由,民主政治,等等)知性上的承认和接受;更关键或更"内在"的是对这种外在或"客观"条件主观上的激烈的"克服"。这种"克服"往往包含以下几个共时性的步骤:首先是对中国近代历史境况的痛苦体验,即对于作为文明体系的中国的失败之切身感受;其次,是这种失败体验所导致的对于中国历史的"现代"批判和悬置,这既包含以一个乌托邦式的"新"的概念取代"旧"的现代意志,也包含对传统文化体制和价值系统进行全面批判的"偶像破坏"的意志,它们共同的效果是以"未来"之名,为中国的"现在"扫清历史的重负和障碍,为此不惜全盘否定过去,借助一种尼采式的"积极的遗忘"②,把过去变成一种寓言的形而上图景(比如鲁迅的"狂人"在历史书的字缝里"看出字来,满本都写着两个字是'吃人'"),由此反照出一种新的自我意识。在非西方现代主义文学实践中,虽然不能排除以"新"的现实为经验内容的正面意义的现代主义写作的可能性,但这种正面的或"实证的"现代主义写作,同负面的、否定的、寓言式的现代主义实践相比,只能居于非常次要的地位。换句话说,非西方现代主义的内在能量和形式创造性,更多地来自对"失败"进行寓言式的现象学重构和再现;来自把对传统的(前现代)形而上学批判转化为现代的形式强度和审美自由的诗学机制。这是"克服"的第三层含义。

从这几层含义着眼,《阿Q正传》都不失为鲁迅前期创作的集大成者和寓言写作的典范。这种典范性不应该被局限在常规的"内容"层面,因为在一般所谓"思想性"意义上,这部作品并没有超出"五四"启蒙主义否定传统和国民性批判的范围。但《阿Q正传》的文学性强度和特殊的寓言构造,却在形式或"审美判断"的层面上展开了一个更为丰富、广阔的思想空间。如果我们把《阿Q正传》视作中国传统意义系统和价值系统瓦解的寓言,我们就能在作品特殊的诗的强度和作者表意活动的高度创造性里,把"传统中国"的自我瓦解和"现代中国"从寓言中的诞生放在同一个历史叙事和批评实践中考虑,而不是把两者割裂开来,使两者都受制于一种武断的外在标准和逻辑,比如种种"现代文明""普世价值"或"文学本身"的标准。正是在《阿Q正传》这样的寓言作品里,作为意义系统和价值系统的"旧中国"以其内在的自我瓦解,为一种新的道德、新的伦理、新的审美和新的"人"的概念扫清了道路。也正是在这个最基本、最关键的意义上,《阿Q正传》的形式才变成批评意识的焦点,它的"现代主义"重读才具有超越形式批评的历史意义和文化政治意义。

由此可见,尽管非西方现代主义同西方经典现代主义一样,从经验世界的冲突和震惊中获得自身的形式创意;但非西方现代主义的经验对象(一个被形而上学化、图景化的"传统")和"震惊"来源(社会、文化、政治、经济等各个领域的"失败"),决定了它风格实质的独特性和特有的强度。更具体地说,非西方现代主义不但面对内在于一般的现代性体验的"历史的震惊",更要面对竹内好所谓"欧洲一步步地前进,东洋则一步步地后退。这个后退是伴随着抵抗的后退"这个意义上的"文明的震惊"③。这种"震惊"的双重构造,决定了非西方现代主义作品在形式和审美层面上的特殊逻辑,也决定了它需要一种不同于西方现代主义文学批评标准的取向来"打开文本"。

二

《阿Q正传》看似结构松散,像微型的传统章回体小说和欧洲近代流浪汉小说漫不经心的结合,但细读就会发现,它又是鲁迅所有作品中完整性和人工性最高的作品之一。考虑到它首先是在报纸上连载,它的内在形式考虑就更引人注目了。报刊连载对作品提出了特殊的要求,即每一部分都需要相对独立成篇,在基本的人物、事件、情节发展和道德寓意上都要有所成就、相对完整。前面我指出《阿Q正传》其实是一个没有人物、没有情节甚至没有事件的寓言结构,这无疑给小说的设计带来了非常苛刻的限制。同时,由于连载的每一个部分相对成篇,一开始出现时缺少作品整体框架的支持和援助,它就必须直接同意想的读者(the implied reader)取得相当程度的默契;甚至可以说,这种连载的形式预先设定了寓言同寓言的"听众"之间的某种阐释的循环,并遵循着某种不言自明的文学接受的逻辑或期待。

前面所说《阿Q正传》同某种"公共舆论"的呼应关系,一定程度上给这部作品带来了鲁迅其他作品所没有的"表演性"(这与后期《故事新编》里面一些篇目的戏谑性有质的不同)。可以想象,《阿Q正传》的连载是在某种"剧场效应"中展开和完成的,在这个过程中,作为"表演者"的作者不断得到观众/读者的掌声和喝彩。这种想象性的戏剧空间,有助于帮助读者理解《阿Q正传》内在的"时空整一性"和它外部接受的集体性——《阿Q正传》虽然貌似一出滑稽独角戏,但实际上它的背景不是江南水乡社戏的草台和灯火,而是一个唱诗班和一个半圆形露天剧场。这个文学剧场的情景与其说像希腊悲剧,不如说像现代审判。而所有读《阿Q正传》人,事实上都自觉不自觉地变成了一个庞大的陪审团的一员。审判席上的被告名叫"阿Q",但公开的秘密早已不胫而走:那个姓名、籍贯、形状都无法弄清的被告,那个马上要被枪毙,却还不知道喊救命的家伙,就是中国本身。这既是一场文化的审判,也是一场自然的审判。而《阿Q正传》的行文风格忽而像某种法庭告示的喜剧,忽而又像是某种"使徒传"或"游侠列传"的闹剧版。在这里,没有写实主义意义上的叙事设计和观念性,有的只是一个又一个简短的、没头没脑的逸闻趣事、小道消息。这些高度简略的故事假设了某种接受情境和受众的默契,这既是公共领域里秘密流传的政治笑话的情境,也是小群体、小圈子里讲笑话、"编段子"的情境。所以《阿Q正传》可以说在情节上没有任何令人意外之处,甚至可以说根本没有情节,因为所有的"故事"不仅仅是似曾相识,而且是读者耳熟能详的事例;把它们以寓言的方式再讲一遍,只是通过一种具有表演性的重复,进一步确证寓言阅读共同体的存在。因此小说所有发生的事情本身都不具有常规意义上的叙事价值,而更像是法庭上出具的一系列证词,或供医生诊断所用的病理记录。这反过来说明为什么在《阿Q正传》里,事件的编排是纯线性的,一件接一件,像相声演员一个接着一个地"抖包袱",几乎没有结构可言;语言文字也似乎对"表现力"和"戏剧性"之类的文学标记毫无兴趣,而只是高度程式化、高度"象征性"的,带有民间戏剧的脸谱化倾向。《阿Q正传》通篇好像只是一系列"奇闻逸事"的罗列,一切"意义"或"教训"都好像是预先确定好的,而它的喜剧性正来自这种可预料性:一切都只能如此,必然如此;一切都如此合乎逻辑;一切都在重复。阿Q的喜剧性在于他没有记性,没有记忆,既没有基于经验观察的反思能力,也没有基于内心活动的反思能力,因此阿Q没有改变的可能,只能一而再、再而三地重蹈覆辙,正如在特定的语言系统里,一个词的意义和功能是固定的，因为它来自它的结构功能，而不是它的使用情境。一切都是可笑的、滑稽的，但对于笑不起来的读者来说，一切都变成了寓言。

《阿Q正传》内在的完整性、质密性和寓意的强度本应是读者在阅读中最先感受到的东西，但由于寓言故事结构本身的破碎性、孤立性，却被一系列"故事"或"逸事"的可传达性所掩盖。《阿Q正传》无疑是鲁迅所有作品中最为人所熟知的一部，不夸张地讲，所有读过书的中国人都知道一些关于阿Q的事情，比如"精神胜利法"、"不许姓赵"、"假洋鬼子"，同吴妈的"恋爱的悲剧"，秀才娘子的床，同小D打架，等等。可以说阿Q仍在我们日常生活里、仍活在我们的心中。但这种对于奇闻逸事的熟悉往往会妨碍我们对文本的分析理解，因为它以一个虚假的、没有内容的阿Q形象阻断了细读（close-reading）的通道，阻断了批评的本能。这种阅读习惯使《阿Q正传》变成了一本还没有打开就已经被合上的书。所以重读《阿Q正传》，第一步就是从这个有关阿Q的种种形象和伪影像里挣脱出来，这是一种必须的阅读和批评的再陌生化过程。为此我愿意断言，阿Q不是一个形象，不是一个人物，更不是一个人，而是一个概念——一个由特殊的文学形式生产出来的寓言概念。寓言的表意手法使得这个概念栩栩如生，呼之欲出，但它最终带有概念的明确性、整体性、严格性和逻辑性。任何把阿Q作为"形象"来把握的阅读，都注定是模糊的、离题的。因此，当我们重读《阿Q正传》时，我们要问的不是"阿Q是谁？"，而是"阿Q"这个符号或观念属于一个什么样的符号系统、表意系统和价值系统？它是怎样被这个系统生产出来的，而它的产生又显示了系统内部怎样的秩序、危机和混乱？这种生产过程如何被纳入文学再现的领域，从而把某种历史性的真实带入了寓言的世界？

所以，重读《阿Q正传》，首先要坚持阿Q是一个符号，一个被符号系统规定的"能指"（signifier），它是被一个特定的语言世界和象征秩序所支配和制造出来的。无论阿Q做什么、说什么，都是由这个符号系统和意义系统预先决定的。更准确地讲，阿Q是这个结构的剩余物，它由这个系统生产出来，但这个系统又无法安置它；也就是说，它在这个系统里找不到安身之处，没有身份，没有用处，是一种残余、废料，像人体内的一个活性电子，或电脑软件里面一个没有用的程序，或一个设计上的漏洞，甚至是一个病毒，虽然已经被系统删除了，可是它仍存在于系统的深处。在认识论意义上，阿Q就是鲁迅在业已崩溃的中国文化价值系统里面发现的一个怪胎，一个游魂，一个剩余物，一个鬼影。但正是这种剩余物最淋漓尽致地把它所赖以存在的系统的弊病揭示了出来。在叙事学意义上，阿Q是鲁迅这个程序员植入到"未庄"这个小世界和"传统"这个大世界里的一个系统病毒。通过描述这个病毒的活动方式和"心理活动"，鲁迅从根本上，也就是说在寓言的意义上，再现了"中国"这个意义系统的全面瘫痪。

小说第一章（即"序"）头两段的重要性是怎么说也不为过的，如果读者跳过"序"，直接阅读后面的"情节"，如"优胜纪略"，革命和反革命，阿Q的恋爱，阿Q之死，等等，就会错过小说结构和立意最关键之处。简单化的阅读往往把阿Q归结为一种典型人物，虽然他的性格弱点都由中国社会秩序和道德秩序所决定，但他的行为举止又违背了这个系统的规范，从而阿Q的死一方面批判了传统和传统所决定的"国民性"，另一方面也通过阿Q人性的悲剧，带来某种人道主义的净化效果。但这种阅读往往完全没有注意到鲁迅在"序"中煞费苦心的交代和安排，而这一切并不仅仅是铺垫，而是确定了小说的形式重心和批判指向。事实上，《阿Q正传》第一章或"序"表明，真正令人难堪的不在于阿Q如何在生活中走投无路，处处尴尬，而是某种叙事性困难或命名的困难。在小说的一开头，鲁迅将这种尴尬，这种语言、意义和价值系统的失谐表现得非常清楚。可以说，《阿Q正传》的叙事起点正是叙事人公然地、长篇大论地、戏剧性地向读者诉说作"阿Q正传"的困难乃至不可能性——这是命名、体裁和叙事的困难与不可能性，因为这种困难和不可能性正是小说的核心内容。

从字面上看，《阿Q正传》是一部传记小说，它的虚构性必须建立在一个虚构的"传"的可信性之上。但恰恰在这个最基本的问题上，小说有意支吾其词，或是遮掩，或是搪塞，或是得过且过，最后越解释传主的身世变得越不清楚，而"传"的定义也越模糊起来。如果我们追问这种有意为之的自暴其短、越描越黑的开场白用意何在，我们就抓住了进入《阿Q正传》文本的秘密通道。

在"序"的开头"不朽之笔传不朽之人"绝非戏言，而是在中国文化语境里"立传"的基本意义框架，这里的偶然性仅仅是"阿Q"成为传主，但这个事实本身就显示出传统儒家文化价值系统和表意系统的悬置状态：帝王将相随着中国沦为半殖民地而退出了历史舞台；新的历史主体，即类似于近代欧洲市民阶级的中国中等阶级还没有浮出历史地表；"大多数"农村贫民阶层在被真正的革命性因素带入历史世界之前，只是作为"文化"的被动产物复制着这种文化基因的全套编码，作为文化的活化石或殉葬品而存在于历史之外。这种历史的真空造成了价值的真空。众所周知，儒家的不朽观念有三个"事功"基础：立言、立德、立行，即建立语言的功业、建立道德的功业和建立行为的功业。对于儒家道德观来说，最重要的是立德，其次是立行，再次才是立言。但就作为负载价值体系的记载、表义和阐释系统的内部需要来看，情况恰恰相反：立言是一切的基础，因为历史和道德"最终"是作为"文本"被经验和把握的。大家也知道中国是一个对书写执迷的国度——书写代表一种超越时空的文化特权、政治特权和道德特权，因此带有近乎神秘的力量，引起人们的膜拜。直到1949年前，中国农村里普通的不识字的农民，还有"敬惜字纸"的风俗。所以说，在古代世界里，"立言"本身是最大的象征资本的活动，类似于今天的金融资本，其虚拟经济可以影响甚至支配实体经济。因此在儒家秩序的道德力量仍然大体完好无损的情况下，作传绝不是随随便便的事情。"因为从来不朽之笔，须传不朽之人。"换句话说，传主必须是有德有行之人。他的行为举止、道德情操要配得上文字记录所隐含的不朽意味。一旦行被记载下来，它就通过一种高度程式化和体制化的语言，参与到不朽的排行里去了——或是名垂千古，或是遗臭万年。这就是自《春秋》以来"立言"的深意。但对于《阿Q正传》的叙事者来说，给阿Q做传的文化正当性在哪里是完全不清楚的。这是"命名的困难"的第一层含义：把"阿Q"放在"言"的世界里如何才讲得通；这个叙事行为对于"言""行"和"德"的传统概念有什么样的冲击。值得玩味的是，鲁迅并没有回答这个问题，即"阿Q"配不配有"传"、它的传所记录和传达的是怎样的一个行为世界和道德世界；他也没有回答"谁是阿Q？"（或更准确地讲，"阿Q是什么？"）的问题：是君子还是小人，是善还是恶，是人还是鬼，是例外还是常态，是实在还是虚无，等等。

所以"于是人以文传，文以人传"这句话在小说里非常重要，因为它点明了意义的双重不可能性。这里的"焦虑感"不仅仅来自作为传统意义世界和价值观的"不朽"概念的空洞化，还在更为特殊的意义上，把鲁迅年轻时代的"立人"理念在新文学所代表的重建语言世界的努力中凸显了出来。在无已"立"之"人"足以为亟待成型之"言"的内容,也无可用之"言"足以为即将诞生之"人"的形式的意义的虚无状态下,鲁迅所凭依的叙事动机和叙事功能,唯有思想里的"鬼"——一个挥之不去的鬼影和秘密,一个随时会出现的幽灵。《阿Q正传》是以这种幽灵的显形学式开篇的。语言总是一面被创造,一面就被遗忘,变成已逝生命留下的坚硬外壳,是幽灵抽身离去后又回过来游荡其间的符号废墟。在某种意义上,这就是语言和人的关系,词的世界和活生生的世界之间的关系。这是对于鲁迅书写一般性的观察,不过似乎跟我们阅读阿Q特别相关。日本学者丸尾常喜曾就"究竟谁靠谁传,渐渐的不甚了然起来,而终于归结到传阿Q,仿佛思想里有鬼似的"④这句话的日文翻译中出现的歧义性或多义性做过有益的讨论。在竹内好的译法("也许被什么怪物迷住了")和松枝茂夫、和田武司的译法("在我的头脑里,总好像有他的亡灵盘踞着似的")之间,丸尾偏向后者,赞同"把本无限定的'鬼'明确地界定为'阿Q的亡灵'",并进而建议把这一句话理解为"在我的脑海里总是有幽灵(鬼)的影像忽隐忽现不肯离去"。⑤

阿Q的幽灵性质,也决定了《阿Q正传》的形式构造:作为中国意义世界和价值世界的亡灵、游魂和怨鬼,"阿Q"萦绕不去的"精神性"、顽固性和无处不在的存在由寓言的超越时间的道德教诲确定下来。但这个幽灵的无家可归状态,它的无形、飘忽、虚弱和不确定性,却由寓言小说的简洁、破碎、点到为止、避免任何叙事或描写的展开而表现出来。只有这种"速朽的文章"才能避免形式的过度,才能把阿Q这个文化的游魂捕获并限制在不成型的、没有发展空间的、暂时性的语言碎片里,以阻绝它的系统化、体制化和宗教化形象。这种"渴望速朽"的寓言的意志对应着"现代精神"的双重性:即那种把过去浓缩为当下、凝聚为一个形而上意象的"诗化"倾向和那种把这个当下视为一个过渡性瞬间的"再历史化"倾向。"阿Q"作为对象和题材内容决定了这种"速朽的文章"的写作伦理,几年后在《野草》里,"速朽"进一步发展为一种文体自我意识,成为鲁迅现代主义诗学的核心概念。"速朽"的诗学,绝不仅仅是作者"否定"或"自我否定"那样简单,而是包含着一种历史和文化政治的基本判断、选择和决定,同时也代表着一种更为激进的现代主义态度:即语言形式和历史过程双重意义上的"不断革命",即赋予"革命"的瞬间即逝以"不断"的"恒常性",从而建立起时间与形式的新关系。

回过来说,《阿Q正传》遇到的第一个麻烦,是孔子所说的"名不正则言不顺"问题。这里的"言"具体讲是小说本身的"言语行为"(speech act)和叙事展开。在技术意义上,"名不正"的问题就是阿Q的存在无法套入现成传记格式和成规中去,即"传的名目很繁多:列传,自传,内传,外传,别传,家传,小传……,而可惜都不合"(1/512)。

但一般地讲,或者说在一个社会性象征的意义上讲,这就是作为生活世界的近代中国的存在方式、活动方式和思维方式。因此"阿Q"的传之所以不好立,在技术层面上是由于为他立传这个文学行为本身无法在"名"——命名、名分、名教——的层面上,即文化体制的意义上予以辩护和说明;但在更为实质的意义上,则是因为作为生活世界的中国已经处于意义的失序状态,无论"中国"做什么,都是无法自我说明、自我辩护、自我确证的。作为独立文明体系的中国,失去了对自己行为的最初命名权和最终阐释权。那个叫阿Q的人物或符号的每一个举动、行为和念头之所以都是荒谬可笑的,是因为整个中国已经进退失据,欲"言"无"词"。

《阿Q正传》的题目给了读者一个游戏性的保证——作者似乎要讲一个人的事迹。紧接着的问题是,这样一个传记应该归入哪一类?"本纪""世家""列传",都不行。叙事人犯愁的是,给阿Q作传这件事,如何摆放在一个既定的、给予意义和合法性的系统和格局中?这些问题越具体,越技术性,也就越给小说增加了一种喜剧色彩。而最终问题以一种不了了之的方式得到解决:从"闲话休提,言归正传"中信手拈来的最后两个字,或对《书法正传》的挪用,解决了命名的困难。对此叙事人的解释是:"(虽然)字面上很相混,也顾不得了。"(1/513)这个权宜之计式的解决,表明既有的命名体系,已经不再被当作解决它自身系统危机的意义来源和价值来源了,它只是作为戏仿的材料,作为一个语言和符号的废墟,被一种新的寓言活动随意拆卸和搬动。读者马上会看到,不但在范畴、体裁、格式等意义上阿Q无法落座,就在基本的传主信息方面,这个"阿Q"也无法验明正身。他没有姓,没有名,没有籍,甚至也没有"事"——没有什么值得大书特书的行状。阿Q的故事其实是没有办法讲的。作为一个形式设计的《阿Q正传》,在最根本的意义上,就是在讲一个没有办法讲的故事,在说一种"不可说"的事情,在一个根本不可能有意义的叙事空间里去生产意义,所以它生产出来的只能是"没有意义"。但对这个"无意义"的意义生产之不可能性的复制,形式上的复制,却正是《阿Q正传》作品本身。《阿Q正传》形式上的全部复杂性和单纯性都在于此。

现代文学史上对《阿Q正传》的读解不计其数,但大多失于读得太实,比如"哀其不幸,怒其不争",农民的落后性,需要启蒙,传统的"吃人",资产阶级革命的有限性等。它们都触及问题的某些方面,但却往往忽视了作为文学作品的《阿Q正传》的最表面但却最基本的一个文学表意和叙事问题:这是一个把故事和意义的不可能性作为主题内容的形式安排;是对"名不正则言不顺"的意义悖论的戏剧性演示;是在给一个不存在也无法指认的东西("阿Q")作传,因为这种东西("阿Q")所属的意义系统或肌体同它自身所产生的意义细胞或功能发生了致命的同体排斥现象,因而导致了类似文化自杀的结果(《孔乙己》是另一个例子)。换句话说,《阿Q正传》的实际内容或"故事本身"同阿Q这个人物或形象无涉,而是跟"阿Q"这个符号同它所属的语言系统的紧张关系,即排斥与被排斥、决定与被决定这样的结构冲突有关。这是"名"的危机,但不是个别名字的危机,而是一个命名系统的危机,是"名"的背后的意义系统和价值系统的危机。"阿Q"作为这个系统的产物,按照这个系统的指令运行,却忽然到处碰壁。但这不是"阿Q"这个符号出了什么问题,而是生产并定义"阿Q"的系统出现了全面的故障;这不是"阿Q"的危机,而是所有"阿Q"赖以存在的意义系统和价值系统的危机。"名"在这个意义上是一个价值问题。"名不正言不顺"在这个意义上是因为价值系统的空洞化混乱,任何一个意义指涉都变得不可能、滑稽化、空洞化。正是作品开头的两段,在故事开始之前,就已经把《阿Q正传》确立为近代中国集体传记的"元叙事"。

《阿Q正传》形式内的悲剧冲突,在于它在"再现"这种文明体系的崩溃时,却也在抗拒一种时代的诱惑,即把叙事角度移动到另一种稳妥而有效的命名体系,比如简单化的"西化"或"现代化"概念,从而对阿Q采取一种居高临下或"外来"的审视姿态。恰恰相反,《阿Q正传》在讲述一个"名不正言不顺"的故事的时候,明确地把自己限制在这个"名"与"言"的系统中,从而把这个系统本身的运行错误和结构性混乱,以"自暴其短"和"充分表演"的"示错"方式,淋漓尽致地表现出来。也就在这个意义上,我们应该进一步强调"阿Q"不是一个"人"或"人物",而是一个被病理学家充分利用的病毒、一种显示剂、一种试错软件。它的叙事功能和有效性完全是寓言式的被动的,也就是说,被系统支配和决定的。作为文化游魂的阿Q并不是在泛泛的意义上为现代性条件下传统的崩坏和人的"无家可归"状态增加一个注脚,而是代表一种特殊的历史冲突和过渡状态。因此鲁迅的寓言策略也就获得了一种更为隐秘的文化政治含义。激烈的彻底的寓言写作,本身就是在形式和"审美判断"的层面上拒绝把阿Q这样的文化幽灵形而上学化、体制化、固定化。这同卢卡奇在《小说理论》里把人的"超验的无家可归状态"作为近代小说的本体论论证正相反。⑥以西方审美现代性的逻辑,作为现代性基本状态的无家可归和意义飘零越是规定了小说的历史内容,小说作为一种"灵魂的形式"就越以其自身的审美价值和形式复杂性把这种飘零、虚无和无家可归状态确立为一种审美和伦理的常态甚至体制性权威。但《阿Q正传》式的寓言写作,却通过悬置、阻断语言和叙事内部的形式化和系统化倾向,而把文化价值体系的崩溃限制在一个暂时性的、有待被克服的和临界的状态,从而在语言实践的内部,把一种历史批判的道德强度和政治强度同语言和形式的试探性、初级性、不确定性和开放性结合在一起,通过放弃审美范畴内部的物化和体制化特权,而为某种期待中的集体性变革预留了空间。作为鲁迅"叙事作品"高峰的《阿Q正传》,在"语言的政治"意义上为他后期自觉的杂文写作埋下了伏笔。

三

值得注意的是,《阿Q正传》的故事性展开,事实上是内含在"序"开头的"元叙事"之中,作为元叙事交代的一个分支展开的。从第三自然段开始,关于为阿Q作传的困难或不可能性的讨论,集中到阿Q身份的不确定问题上("立传的通例,开首大抵该是'某,字某,某地人也',而我并不知道阿Q姓什么"[1/513])。但忽然间,随着赵太爷儿子进了秀才后赵家的"锣声镗镗",作为一个意义幽灵的阿Q,"喝了两碗黄酒","手舞足蹈"地登场了。为阿Q"正名",是小说故事性的最初叙事动力。《阿Q正传》的第一个"事件",是阿Q无姓、无名、无籍、无后。

没有姓氏意味着没有家世,即阿Q不属于任何家族,更谈不上什么门第。阿Q吹嘘自己姓赵,和赵太爷是本家,但却被打了耳光,被告知"你怎么会姓赵!——你那里配姓赵!"(1/513)。因此阿Q不但姓氏不可考,而且被既有种姓、家族和谱系学系统所排斥,这意味着阿Q的无姓不是一个意外事故,而是被体制性的力量排除在外。他同样无名。如果无姓意味着没有家庭或"族裔"归属,无名则暗示阿Q同样不是一个"个体":即没有类的身份也没有"原子式的个别性"。在符号和命名系统的意义上,阿Q是个不折不扣的野鬼和游魂。在"中国"的生死簿上,找不到"阿Q"的位置;而在阳世间,无名无姓意味着没有家谱,没有牌位,没有后世的香火。这个问题被阿Q对自己"无后"的烦恼进一步强化。

阿Q没有籍贯,具体说是没有老家和祖籍,抽象些讲是不属于任何共同体——没有故土,没有祖国,他仅仅是寄生在一个文化系统之中。事实上阿Q没有"在地性",因为他其实也不属于"未庄"——寄居在土谷祠,出没在未庄这个"共同体"的边缘,游走在"城"与"乡"、"人"与"鬼"、"安分"和"造反"之间。不但小说中谁都不知道他从哪里来,就连他自己,也常常不知道自己要到哪里去。在空间的意义上,阿Q同样是一个野鬼和游魂。

这种身份和定位的不确定性和游离性,在某一瞬间,却也带有某种暧昧的乌托邦含义,从而把阿Q同新文学里的知识分子形象叠合在一起:他们都是村庄或城镇里的边缘人和"癫僧";缺乏实际的谋生手段;抱有不切实际的幻想;置身于闲话、流言的对立面,永远作为后者的谈资,变成界定"常态"所需的"变态";他们的心思永远在别处,永远在微醉的时候做起"飞翔"的梦或有一种飞起来的感觉,但在"飘飘然"(1/540)之余,内心却又充满恐惧,因为这恐惧的内容,正是他们的无意识本身,是"他人的语言",是他们不知道的"常态"思维及其隐含的惩罚和暴力。下面这段话,描写阿Q走在离开未庄的路上:

> 他在路上走着要"求食",看见熟识的酒店,看见熟识的馒头,但他都走过了,不但没有暂停,而且并不想要。他所求的不是这类东西了;他求的是什么东西,他自己不知道。(1/531)

在现代中国批评史和思想史上，恐怕再没有比"《阿Q正传》代表了启蒙知识分子对中国农民阶级的同情的批判"更自负的误读了。对于以批判地重建中国文化自主性的现代中国知识分子来说，阿Q不是一个可以对象化的"典型形象"，而是内在于中国文化系统本身的幽灵，是这个系统的历史境遇和内在品格的症候，它存在于他们自身的集体基因之中——我们都来自阿Q。在土谷祠里唯一的那个有烛光照明的夜晚，阿Q躺在自己的小屋里"说不出的新鲜而且高兴"，随着"烛火像元夜似的闪闪的跳"，阿Q的"思想也迸跳起来"，充满了"造反""革命党""板刀、钢鞭、炸弹、洋炮"的意象；充满了对革命后社会秩序的设想（元宝、洋钱、秀才娘子的宁式床、钱家的桌椅；听使唤的小D；赵司晨的妹子、假洋鬼子的老婆）。(1/540)这个小屋里的场景，连同阿Q种种"灵魂深处一闪念"，都具有现代中国思想和知识分子的原型意义。

阿Q没有姓名字导致了书写上的困难：阿Q的自然存在无法在汉字的系统中标明，而只能借"洋字"或"英国的流行拼法"来获得确认——颇具讽刺意味的是，一个关于"中国本身"的故事（阿Q与中国的等号是我们接受的前提），却要借助声音和拉丁字母来命名。为阿Q"立传"时遇到的"名不正则言不顺"的问题，在命名和指示系统的具体层面上再次出现，进一步暗示了一个系统故障。阿Q的自然存在既是作为自然状态的"中国"构成性因素，又为"中国"这个意义和符号体系所无视和排斥，这种"名"与"言"、"名"与"实"、"文"与"质"、"文"与"野"的割裂状态，只能在讽刺性的寓言故事里获得一种"统一"的形式。鲁迅在这里顺便也把《新青年》的同事胡适和钱玄同也捎带进来，讥讽了一下汉字拉丁化的提议。纯粹语言学意义上，把"阿桂""阿贵"或"阿鬼"称作"Ah Quei"或"Ah Q"，同把"中国"（China/Cho-koku）称为"支那"（China/Shina）并无不同。离开汉字表意系统，阿Q可以命名了，但这个命名是以这个表意系统的贬值、无效、相对化和边缘化为前提的。但如果死守汉字的自给自足性，就无法命名和表意。因此"阿Q"作为命名一个无法命名的事物、讲述一个无法讲述的故事、为一个无传可立的"人"立传的寓言工作，本身是以一个文明系统的自我瓦解为前提、以这种瓦解作为写作的自我意识的。阿Q的诞生，是对一种空洞的内在性的讽刺性的外在化努力，也是对一种创伤性的外在化过程的痛苦的内在化努力。通过对阿Q命名的喜剧性说明，鲁迅既承认了强加于中国的外在命名体系的现实性,又同一心一意寻找和拥抱外在表意系统的启蒙知识分子保持距离。

"阿Q"无姓无名无籍无后的形式(或语言学)定义为《阿Q正传》"故事性"奠定了基础并提供了叙事展开的"情节"可能性。这既决定了小说抽象的寓言性质,也决定了解读这部作品的有效方式,即顺着寓言的腠理,通过符号分析和形式分析,追踪"阿Q"这个被意义系统的自相矛盾和不可能性生产出来的虚拟"人物"的"活动",从而对这个系统的瓦解作出批评的"现象学还原"。

正如《阿Q正传》的"故事性"内含于有关"名不正则言不顺"的"元叙事"交代,对阿Q的命名困难的叙事性展开,也包含了小说的整个结构设计。从小说第三自然段开始,有关"阿Q"的奇闻轶事——首先是关于他的身份认同的不可能性的小故事——一边以一种近乎随意的、流水账的方式被一件一件抖出来,但同时,稍加留心就会发现,这些模糊、不成形的"行状",又极富形式感地揭示出"阿Q"这个抽象符号活动的两重性:一方面,这个符号一直受到它本身所属的符号系统的排斥;另一方面,这个符号又在想尽一切办法,以一种可笑、绝望、徒劳的方式,一而再、再而三地试图返回这个系统,在这个系统中占据它理应占有的位置。第一个系列以"不许姓赵""不许恋爱""不许革命"等事件为代表,结果一律是阿Q被打出门去,像野狗一样落荒而逃——在种种有关阿Q这个符号的"抽象的肉感"中,阿Q在遭受劈头而来的痛击后拔腿逃窜,就是最生动的形象。

与此对称,像作曲的对位法一样同第一个系列交叉在一起的事件系列则从阿Q声称姓赵时"细细的排起来他还比秀才长三辈"(1/513)开始,从不同方面列举了阿Q寻找身份认同,并为此单枪匹马重建意义系统和价值体系的堂吉诃德式的努力。从第二章"优胜纪略"开始,阿Q的行状大都围绕这样一种悖论展开:阿Q没有身份,他希望改变身份获得承认;这是一种寻找归属感的斗争,因此阿Q的一系列没头没脑的愚蠢行为又都带有某种哲学意味:他所做的所有事情都是为了解决"我从哪里来?我到哪里去?我是谁?我的价值在哪里?"阿Q始终在为自己的认同而奋斗,始终在为自己争名分。但由于这里并没有新的价值体系,因此阿Q为身份认同和"承认"的奋斗就只能越俎代庖地、一厢情愿地去恢复那个已经分崩离析的、排斥他的意义系统和价值体系。

在此过程中，阿Q的主观愿望和私人语言对自己的承认同"客观性"及"公共语言"的冲突及其滑稽的形式解决，就是所谓"精神胜利法"的基本结构。而"精神胜利法"，归根结底正是语言问题。把比自己强大的对手指认为儿子，挨揍后把自己确立为老子，这是在内心重建表意链，从而找到自身恰当位置的过程。但"精神胜利法"的喜剧性在于，这个修补完整的语言只是阿Q的"私人语言"，没有跟他人的可交流性。"精神胜利法"并不是一个心理现象，所谓"moral victory"只有严格的寓言意义。无论对实力较量中的"胜利"的想象性获得，还是对道德优越感的虚拟追求，作为心理活动，它都简单荒唐可笑到不足以被视为一种病灶，因此"精神胜利法"在心理学意义上无足轻重，也无法概括普通中国人面对近代以来西方列强时的复杂心情。但在意义系统的想象性重建的形式意义上，阿Q的创造性却在于他"克服"了传统的表意系统的断裂和不可能性，从而明确了他的存在的意义和价值，不过他的"正名"努力只是在"儿子打老子了"这样的私人语言的命名、定义和同语反复这样的内部循环之中才被认可。它在阿Q的私人语言里说通了，但在赵太爷、小D、假洋鬼子、吴妈和小尼姑那里是不被接受的。

在小说里，我们不仅要注意到"寻找身份认同的努力"形式上的喜剧色彩，还要注意到它的结构性"内容"。《阿Q正传》第二、三章"优胜纪略"和"续优胜纪略"，集中地表明了这种作为符号的"阿Q"的"意识活动"，即它在整个既定符号体系里的"正名""复原"或"本位化"努力。因此这两章，又为后面各章里阿Q行状进一步的"故事性"展开奠定了寓言的概念基础。从阿Q寻找自己的名字开始，故事的真正寓言驱动力就同这种文化系统内部的"正名、复原、本位化"倾向重合起来。在谱系学意义上，如果阿Q要证明自己本姓赵，就必须同时证明自己在赵氏宗族里面的辈分，就必须"细细的排起来"。这个"正名"和"复位"的原型贯穿于阿Q所有的意识动作和行为动作。阿Q的不同寻常但似乎毫无来由的"自尊"（"阿Q又很自尊，所有未庄的居民，全不在他眼睛里，甚而至于对于两位'文童'，也有以为不值一笑的神情"[1/515]），并不是什么性格特点，而是为阿Q这个符号的"结构潜意识"所决定。作为传统文化体制的野鬼游魂的阿Q所有徒劳的尝试和挣扎，都是在为自己正名的同时，要求这个体制和系统本身的修复、归位和"拨乱反正"。因此，在严格的叙事分析意义上,阿Q的荒唐行为没有任何偶然性,而是沿着一系列传统等级秩序内部的二元对立展开的"试错"和"修复"工作。这一系列二元对立的等级关系包括:"上下"、"尊卑"、"强弱"、"贵贱"("我们先前——比你阔的多啦!"[1/515])、"官民"、"城乡"、"男女"、"真假"、"人与非人",等等。

阿Q的"自尊"和"要强",包含着强烈的肯定上下等级秩序的冲动。阿Q虽然身为农村无业游民,居无定所,身无分文,但自视甚高,不但不把王胡、小D之类放在眼里,就连读过书的人也不放在眼里。究其原因,无非是因为阿Q总在自觉不自觉地赞同和维护一个把它压在最底层的等级制度,并同这个等级的上端认同。这是阿Q抽象的"优胜"感的隐秘来源。被王胡打败后阿Q虽觉得屈辱,但更觉得"意外",这表明屈辱不仅仅是个人意义上的,因为阿Q潜意识里已把它同科举的废止联系在一起,即同从皇帝到乡绅的文化和官僚制度的崩坏联系在一起。"而他(王胡)现在竟动手,很意外,难道真如市上所说,皇帝已经停了考,不要秀才和举人了,因此赵家减了威风,因此他们也便小觑了他?"(1/521)阿Q没头没脑的行为中所包含的"道德勇气",即说明这个等级秩序在何等程度上成为阿Q的"内在性",从而说明这个空洞符号在何等程度上是这个系统"自我修复"努力的荒诞剧。阿Q最终只能"无可适从的站着"(1/521),因为它所认同和维护的意义系统和价值等级已经先行崩溃,弃他而去,留下阿Q这样残存在碎片中的"系统记忆",盲目地寻找"组织",按照"原则"行事,必然是"斯亦不足畏也矣"(1/537)。如果把未庄和县城里的"革命"归结为一种固有意义系统自身"名目"上的"改称"或改头换面("知县大老爷还是原官,不过改称了什么,而且举人老爷也做了什么——这些名目,未庄人都说不明白——官,带兵的也还是先前的老把总"[1/542]),那么我们也可以推断,传统对阿Q的背叛,逻辑地包含了"革命"对阿Q的排斥。这里暴露的绝不仅仅是"辛亥革命的局限性",而是"革命"本身作为一个"词汇",尚不足以改变历史的"语法",因而它的意义仍然是被同一个语言系统决定的,因此也仍旧要排斥"阿Q"这样的成问题的符号;这进一步明确了小说的寓言意图,即通过"阿Q"这样看似游离于系统正常运行状态的"流氓符码",来确认系统的"常态",从而演示其整体性失序。

阿Q虽然常常处于微醺状态,但对这个等级秩序的符号表征却有着与生俱来的敏锐的读识能力。"忘八蛋"这话令他"格外怕",因为"这话是未庄的乡下人从来不用,专是见过官府的阔人用的"(1/527)。与此相反,每当赵家的大竹杠落在头上,他却只会像野兽一样条件反射地逃窜,虽有生理上的"痛"感,隐隐能"悟到自己曾经被打",但却不通过语言,因此也谈不上形成了"怕"的经验、知识和概念。未庄"革命"后,阿Q被作为盗贼捉到大堂听审,仍能够透过紧张的心情和各种政治、社会符号的混乱,准确地判断出光头老头子"一定有些来历",随之产生正常的身体反应,"膝关节立刻自然而然的宽松,便跪了下去"。这种"自然而然"的举动被两旁站立的"长衫人物"鄙夷地称作"奴隶性",但他们"也没有叫他起来"。(1/548)撇开"鄙夷似的"神情和"奴隶性"这样口头上的——也就是说,名目上的,未庄人不明白的——羞辱,这是阿Q获得的第一次,也是最后一次实质性的"官方"承认。

《阿Q正传》称阿Q的"思想""其实是样样合于圣经贤传的"(1/524)。这里不仅指他"女人,女人!……"的实际想法可以被翻译成"不孝有三无后为大""若敖之鬼馁而"的正统语言,也指他历来的"正人"品行和严于男女之大防乃至排斥异端的"正气"。(1/525)这"正气"并非抽象或洁身自好式的,而是通过"排斥异端"的进攻性而达到了一种荒诞的严肃性。构成阿Q"思想"的一系列价值和意义的二元对立,最终达到一种"存在的政治"的本体论高度,即对"做人的资格"的辨别和鉴定:邻村的航船七斤因为被剪了辫子而被"弄得不像人样子了"(1/542),假洋鬼子因为拖着条假辫子而失去了"做人的资格",而他老婆因为会和没有辫子的男人睡觉也"不是好东西"(1/540)。在缺乏阶级敌人、民族敌人和历史的敌人("过去"与"现在"的对立)这类概念的环境里,"人与非人"之辩,既是终极的文化政治之辩,也是自我封闭的、空洞化的文化普遍主义对社会领域里各种实质性冲突进行"非政治化"的模糊、取代、无视和抹杀。在《阿Q正传》的形式范围内,我们清楚地看到,阿Q的"人"的概念是完全地、整体性地通过一系列传统的意义和价值二元对立而建立起来的。阿Q的欲望最终是"要做人"的欲望("我要姓赵","我要体面","我要女人","我要造反","我要活"["救命"],等等),但决定阿Q欲望之"能欲"和"所欲"的符号系统,结构性地决定了"做人的资格"的具体内容。

四

阿Q固然是一个幽灵,但作为一个符号系统的产物,作为这个系统的一个"程序错误",其"存在方式"却又是自给自足的、规范性的。也就是说,阿Q既一个纯文化、纯人工的产物,即一个符号或"观念";又代表一种纯粹的"自然状态",即一种没有记忆、没有反思的动物性生存。阿Q就像语言里的某一个词永远属于这个语言一样属于自己的系统生态,尽管它的存在同时又标明这个语言的系统故障。以"名不正则言不顺"的逻辑被发明出来的阿Q,注定跑不出这个"名"和"言"的秩序,在这个意义上,阿Q是最完满的——即处于纯粹的自然状态和纯粹的文化状态的——"中国人"(遵照"阿Q"的造词法或取名法,应该称为"China人"),又是这个概念最为寄生性的颓废、滥用、存疑和空洞化。

阿Q对这个体系的效忠令人想起孔乙己,他的半疯癫状态令人想起"狂人"。他们都是冰海沉船上的旅客,在海难时只能选择同船一道下沉——或者说,他们没有也不可能有别的选择。或许正是这种"文化忠诚"或"文化殉葬"的彻底性迫使鲁迅在自己的写作和政治选择里思考"生路"和"新生"的问题,生发出对"一二士"的期待和对"人国"的想象。鲁迅对未来的想象,都被这种阿Q式过度符号化的"自然的颓败"从反面决定。

同孔乙己一样,阿Q身上有一种健康、乐天的成分。阿Q嗜睡,睡眠是他把自己从现实逻辑的因果链中拯救出来,一次又一次回到一个没有记忆和创伤的"眼下"的必要手段,也是阻断通向持续的思考和想象的虚无的潮水。阿Q身上的"幸福意志"否定了一切不利于他的自我理解的客观证据,给予他一种坚信,让他通过一次又一次的碰壁,一次又一次地把他所属的价值系统的"意义的边缘"显示出来。睡眠把意义和无意义联系在一起,把两者一同归入混沌,超越了善恶、超越了羞耻感。

阿Q与此相关的另一个"性格特征"是健忘。在鲁迅笔下记忆和遗忘总是成对出现,反抗遗忘的斗争和反抗记忆的斗争无处不在,一同赋予鲁迅的写作以一种现代主义的紧张感和形式感。《为了忘却的记念》这一类的标题具有标志性,因为没有忘却,何来记念?没有遗忘,又何来记忆?鲁迅的记忆是遗忘下面的东西,是经历了遗忘的必要洗礼之后的剩余,是想忘但忘不掉的东西——正如希望在鲁迅是绝望之后、被绝望从反面决定的东西。在这个意义上,鲁迅不相信青年,不相信未来,不相信各种承诺和许诺。在鲁迅的散文诗作品和回忆性写作里,遗忘是正面的东西,它构成记忆,是通向记忆的唯一通道。而普通意义上的记忆只是为忘却做准备。真正的遗忘是记忆的开始,比如《伤逝》在结尾处说要用"遗忘和说谎做我的前导",因为这是朝向新的生路迈进第一步的超越善恶的"存在的决定",它超越了记忆的伦理和"不要忘记"的道德。尼采意义上的积极的、创造性的遗忘,是"现在"把自己从过去拯救出来的现代主义意志的表现。

从表面上看,阿Q的遗忘只是对这种现代主义"积极遗忘"的讽刺性戏仿。阿Q的健忘似乎无法为之辩解,也没有拯救的可能,因为它就是"不记事儿",是"好了伤疤忘了疼"。事件和历史对于阿Q永远都是第一次,都是一个单纯的"此刻":挨打,忘记;再挨打,再忘记,直至灭亡。因此阿Q的遗忘是现代主义遗忘的反面,是一种历史主义的遗忘:他总是被动地等着下一个事件、下一个打击,由此时间变得"匀质而空洞"⑦;而现代性的时间在终极意义上却是一种革命的时间,它把过去、现在和未来凝聚为一种紧张的构造,从这种构造的张力中获得"打破历史的连续统一体"的能量和激情。⑧值得注意的是,阿Q的历史主义遗忘,不仅是对现代主义有关历史记忆的激进虚无主义立场的戏仿,更因为它内在的"匀质的、空洞的时间",而变成近代中国一系列伪变化、伪革命的寓言批判。"从中兴到末路""革命""不许革命"等一系列小标题同晚清历史的一一对应关系,暗示了种种"进步""改良""西化""革命"的历史主义实质,即那种淹没在表面的、令人眼花缭乱的"新"和"变"下面的虚无。这种虚无感,通过寓言特殊的表意逻辑,在寓意的形式内部及其批判旨趣上,把一种历史主义的遗忘直接转变为一种尼采意义上的积极的、创造性的空白,从而为一种新的历史实质,或者说一种新的人的概念扫清了道路。

《阿Q正传》无疑是鲁迅最具匠心的作品之一。这种形式上的精心安排在小说的结尾,即阿Q之死上,表现得尤为惊人。阿Q在整部小说里所做的事都不是为自己,而是为了自己的"名分",也就是说,为了自己在一个意义和价值系统中的地位和承认。阿Q最终为自己做的唯一一件事,一个现代意义上的个人行为,是他临死前要喊但却没有喊出来的"救命"(1/552)。小说结尾的渲染性描写突出了阿Q死到临头还在操心观众效果,努力想死出个样子来,在判决书上画押时还拼命想画得圆一点。从维护意义指涉系统、以他人为驱动力这个意义上讲,阿Q可谓"鞠躬尽瘁、死而后已"。但最后这个悬在脑子里、含在口中的"救命",却使这一切的意义都变得暧昧起来。这个想说而未说的呼救标志着作为主体的阿Q和以阿Q为记号的意义系统的"微尘似的迸散"(1/552)。新文学中的"人"的起源,和二十世纪八十年代朦胧诗、新小说里的"人的解构"(比如余华《1986》结尾所描写的那种解剖学意义上的迸散⑨),都在这个瞬间找到了自己的道德起源和审美起源。在更为严格的历史和政治意义上,阿Q对于真实的肉体死亡的恐惧,宣告了鲁迅意义上的"人"或"个人"的开始。这是霍布斯意义上的、以生命的"暴毙"(violent death)为徽记的"自然状态"(the state of nature)对"历史"的终止和否决。⑩阿Q的"救命"同狂人的"救救孩子"一样,都标志着一个形而上的文化断裂和历史起点。阿Q最终"没有说",是因为阿Q并不代表一种新的主体的到来;他并不属于任何新的"人"的概念,但寓言家的文字却把一个未及发出的"心声"记录在案,它是来自"黑暗的闸门"⑪另一端的寂静,在"现代中国"所有的话语喧嚣下面发出更为低沉的咆哮。

阿Q临死前的恐惧唤起了记忆,因为对暴毙的恐惧最终如霍布斯所言,是对死于非命的"持续不断的危险"的"持续不断的恐惧"(continual fear and danger of violent death)⑫。阿Q作为颓败文化的"自然之子"的健忘和乐观在"过了二十年又是一个……"这样"无师自通"的轮回思想中达到高峰,但围观者随即报以如同"豺狼的嗥叫"般的喝彩(1/551)。一刹那间,阿Q恢复了记忆,恢复了对危险境地的意识和恐惧:

> 这刹那中,他的思想又仿佛旋风似的在脑里一回旋了。四年之前,他曾在山脚下遇见一只饿狼,永是不近不远的跟定他,要吃他的肉。他那时吓得几乎要死,幸而手里有一柄斫柴刀,才得仗这壮了胆,支持到未庄;可是永远记得那狼眼睛,又凶又怯,闪闪的像两颗鬼火,似乎远远的来穿透了他的皮肉。而这回他又看见从来没有见过的更可怕的眼睛了,又钝又锋利,不但已经咀嚼了他的话,并且还要咀嚼他皮肉以外的东西,永是不

近不远的跟他走。

> 这些眼睛们似乎连成一气,已经在那里咬他的灵魂。(1/551—552)

对恐惧的记忆随着死亡的迫近再次出现,两者在生命的边缘和绝境唤醒了生的意识。而随着"生"被"死"激活,危险和敌人也从昏暗的背景后面浮现出来,变为清晰的形象。这些连成一气的眼睛们不但在咬他的灵魂,更首先是作为幽灵的阿Q的塑造者。是他们把阿Q载上了他们的"口碑",而原因不过是因为阿Q被一位名人(赵太爷)打了嘴巴(1/519)。"续优胜纪略"一节中对这种"费解"的尊敬作了如下"穿凿"的解释:

> 或者因为阿Q说是赵太爷的本家,虽然挨了打,大家也还怕有些真,总不如尊敬一些稳当。否则,也如孔庙里的太牢一般,虽然与猪羊一样,同是畜生,但既经圣人下箸,先儒们便不敢妄动了。(1/520)

正是这样的语言把阿Q鬼魂似的存在确立为一个"现代英雄",因为同由那些无形又无处不在的"又凶又怯"的眼神和"口碑"构成的背景相比,阿Q是一个忘我的戏子,一个卓然不群的牺牲品。如果他是摆放在传统祭坛上的猪羊,那么他四周的看客和说客只是群氓和畜群,其地位在寓言世界里还远在阿Q之下。但《阿Q正传》的意义绝不止于国民性批判。小说开始于儒家传统的"名""言"之辩而终于未庄看客对一个没有唱戏的死囚的失望和嘲弄,在结构上发挥了《狂人日记》开始时"序"的功能,也预示了《祝福》所展示的叙事者同故事本身反讽的、批判的距离。小说内部指涉上的种种交叉和循环,把"人言""口碑""舆论""张着嘴的看客"和"豺狼的嗥叫"以及那些阴森恐怖的眼睛细密地、不露声色地编织在一起,从而建立起"历史"和"吃人"之间的具体联系——不是隐喻性质的抽象、间接的关联,而是寓言意义上的具体、直接的关联。而正是这种关联的文学强度和政治强度,使《阿Q正传》穿透了常规意义上的"现代主义"内涵(而这种内涵本身就已经具有对常规意义上的"文学"概念的突破),而获得一种形式上的独一性、不确定性和激进性。

回到作为"阿Q"代名词的"精神胜利法",我们看到,在现代性历史条件下,任何在"私人语言"范围里重建中国文化正当性和价值系统的努力,最终都会沦为阿Q式的自己给自己命名、正名、册封并把自己设想为"普遍"(无论以

"赵家"还是以"革命"为其具体体现)的喜剧。这种命名和正名的斗争,既不能通过主观地把他者排斥在视野之外获得任何实际结果,也不会通过接受某种想象中的"普世价值"和"国际语言"而告终,而是永远在"自我与他人""普遍与特殊"的辩证冲突中,不断地检验和确认种种个别性的内在强度和外延扩张力,从而不断厘定和修改"承认"的逻辑和价值的终极边界。[13]在这场远未结束的争夺价值世界的定义权的斗争中,阿Q的"精神胜利法"以"想象的胜利"标出了现代中国文化价值体系重建的历史低点和真实起点。而任何摆脱这个意义的零度和价值真空的努力,都必然意味着走出幻想的自给自足,而朝向针对他人的历史冲突、矛盾、较量的迈进;意味着走出空洞的意识魔术,而向真实的自我实现迈进。

"主人的真理在于奴隶"[14],黑格尔《精神现象学》中这个著名的论断,必须以一种新的、内在于劳动和生产活动之中的自由和伦理能够通过坚韧而漫长的"承认的斗争"而将自身确立为"普遍价值"为前提。否则,我们看到的只能是"奴隶的真理在于主人"。作为幽灵的阿Q,每当它飘飘然地飞起来的时候,实际上却仍是徒劳地游荡在"回家"的路上,不得其门而入,它的"鬼打墙"般地循环重复,时时在给一个业已倾塌的文化—权力体制的空洞和虚无赋形,将它作为性格和命运的轮回固定下来。在21世纪之初重读《阿Q正传》,在尊重"启蒙"精神遗产,把宗法制、等级意识和奴性"鬼"视为构成民族无意识的深层内容之外,更需要强调的是,《阿Q正传》不仅是一个特定社会历史转型的寓言(即"启蒙"和国民性批判),也是一个有关中国文明整体意义和价值表述"系统失序"的寓言。在后一种意义上,阿Q注定活得更长久,因为它所再现的语言、形式、身份认同和自我肯定的困难,将在中国文明历史复兴的漫长道路上一路同我们相伴。

2008年11月26日定稿于纽约格林威治村

原载《鲁迅研究月刊》2009年第1期。

注 释

① *The Sound and the Fury*,上海译文出版社版(李文俊译)译为《喧哗与骚动》。

② 参看尼采《历史对于人生的利弊》,姚可昆译,商务印书馆,1998年,第73—74页,"你们先给我生命吧,然后我也要从生活里给你们创造一个文化!";"历史的过量侵害了生命的造型的力……治历史病的治疗法叫作——'无历史的'与'超历史的'……[它]表示艺术与力量,就是能够忘记,而且把自己封闭在一个有限制的视界里,'超历史的',我用以称呼这些威力,它们使眼光离开演变的过程,转向以具有永恒和稳定的意义为特征的存在者……"斜体部分对姚译有所修改。

③ 竹内好《何谓近代——以日本与中国为例》,收入《近代的超克》,孙歌编,李冬木、赵京华、孙歌译,生活·读书·新知三联书店,2005年,第186页。

④ 《鲁迅全集》,人民文学出版社,2005年,第一卷,第512页。以下鲁迅引文只在正文中括号内注明卷数和页码。

⑤ 丸尾常喜《人与"鬼"的纠葛:鲁迅小说论析》,秦弓译,人民文学出版社,1995年,第99—100页。

⑥ 卢卡奇《小说理论》(*The Theory of the Novel—A historico-philosophical essay on the forms of great epic literature*, translated by Anna Bostock, Cambridge, MA: MIT Press),第29—39页。

⑦ 本雅明《历史哲学论纲》,收入《启迪:本雅明文选》,阿伦特编,张旭东、王斑译,生活·读书·新知三联书店,2008年,第273页。

⑧ 同上书,第273—274页。

⑨ 参看余华《现实一种》,上海文艺出版社,2004年。

⑩ 霍布斯《利维坦》(*Leviathan*, edited by Edwin Curley, Cambridge, MA: Hackett Publishing Company, 1994, Chapter XIII, "Of the Natural Condition of Mankind, As Concerning Their Felicity, and Misery"),第74—78页。

⑪ 鲁迅《我们现在怎样做父亲》,《全集》,1/135。

⑫ 霍布斯《利维坦》,第74—78页。

⑬ 就"普遍与特殊"的辩证法在当代世界文化冲突里的意义,参看张旭东《全球化时代的文化认同:西方普遍主义话语的历史批判(第二版)》,北京大学出版社,2006年,特别是第一讲,"总论:文化政治视野里的普遍与特殊:现代西方普遍主义话语的谱系"。

⑭ 黑格尔《精神现象学》,贺麟、王玖兴译,商务印书馆,1987年,第122—132页。黑格尔语境里的"Herr"和"Knecht",由中世纪遗留下来的领主和服劳役的雇工之间的关系作

为其具体历史背景,并非古代社会或奴隶制下的"主人"与"奴隶"关系。故米勒英译本将"Herr"和"Knecht"分别译作"Lord"和"Bondsman",近似于中文里的"老爷"与"佃户"或"老爷"与"下人"。

《长河》中的传媒符码
——沈从文的国家想象和现代想象

吴晓东

二十世纪中国文学中传达出浓郁的本土气息的莫过于沈从文的作品。在全球化的浪潮中,当我们试图回眸寻找具有中国本土特性的历史叙事时,首先想到的就是沈从文笔下的湘西这个最富有地域色彩的文学世界。湘西作为苗族和土家族世代聚居的地区,是一块尚未被儒家文化和现代文明彻底同化的土地,衡量这片土地上生民的生存方式,也自有另一套价值规范和准则。沈从文的独特处正在于力图以湘西本真和原初的眼光去呈现那个世界,实现着他作一个"地方风景的记录人"的愿望。他以带有几分固执的"乡下人"姿态执迷地创造了乡土景观,"不管将来发展成什么局面,湘西旧社会的面貌与声音、恐惧和希望,总算在沈的乡土文学作品中保存了下来"。因此,他笔下的湘西世界构成了乡土地域文化的一个范本,"帮助我们懂得,地区特征是中国历史中的一股社会力量"[①]。当二十世纪中国文学不可避免地走向世界文学的一体化进程的时候,沈从文正是以乡下人的固执的目光,为我们保留了本土文化的最后的背影。

但是,这个本土形象在沈从文研究界却渐渐成为一个本质化的唯一形象。研究者们只偏重于把沈从文看成一个地域作家,在强调沈从文的本土性和地域性的时候,往往又漠视了他的复杂性。尤其到了40年代,展现在我们面前的是一个新的沈从文,一个现代想象和国家想象的建构者。但是这个与历史、文化甚至政治语境绞结纠缠的沈从文,这个在地域叙事中热切思考和回应现代性和民族国家问题的沈从文却更容易被我们忽略。而这个有文化关怀和政治热情的沈从文,集中映现在充斥着传媒符码的《长河》中。

《长河》中的传媒符码

沈从文创作于四十年代初期的长篇小说《长河》②中一个有意味的现象是频繁出现了报刊的字样,既有如《创造》、《解放》、《申报》、《中央日报》、天津《大公报》等一些现代报刊史上重要的报刊,也涉及省报、沅陵县报等地方性报纸。这些传媒字眼的大量出现或许是值得深入探究的。能不能把它们作为一种现代大众传媒符码来把握？在一部描写湘西少数民族地域史的追求"江河小说"模式的创作中为什么会如此频繁地出现大众传媒符码？沈从文是在什么样的具体语境中运用这些传媒符码的？通过传媒符码的运用,沈从文在建构什么样的想象？这些符码又是怎样以一种小说文本内的结构性因素参与了小说叙事意义的生成,从而成为小说文化幻景的一部分？这都是令人感兴趣的问题。

《长河》中复现次数最多的是《申报》③的字样,一共出现了十六次。在小说故事的发生地——湘西辰河中部的小口岸吕家坪,《申报》的读者群主要有两类,一类是直接读者群,主要是地方行政人员(如小说中提到的"税局中人")和民间的士绅阶层。小说中士绅的代表,是在当地举足轻重的商会会长和橘子园主人滕长顺,他们都是《申报》二十多年的读者,是直接阅读《申报》的主体,《申报》既是他们从中了解天下大事的途径,又是一种身份、阶层乃至权力资本的象征。④吕家坪还有另一类《申报》的间接读者,代表人物就是小说的贯穿性的主人公老水手的形象,他是枫树坳的祠堂看守人,看守的就是橘子园主人滕长顺的祠堂。小说中两次写到他是"老《申报》间接读者,用耳朵从会长一类人口中读消息",证明《申报》已经从士绅阶层辐射到平民百姓,构成了整个湘西社会获得消息的重要来源。

但是,由此而过高估计《申报》所表征的大众传媒在《长河》时代的湘西所产生的作用,则会陷入过度阐释的陷阱。湘西世界还有另外一个公共舆论空间,而且是占据更主导地位的空间,这就是湘西大众口耳相递的传闻和道听途说的消息,构成了老中国更具普遍性的乡土口头传闻空间。老水手正是这一口头传闻舆论空间中的真正主角甚至是明星。他可谓是传统传媒方式——乡土传闻的化身,其本人就是一个微型的消息与新闻的集散地。沈从文动用了很大气力写老水手对消息的汇集与传播:"老水手到了吕家坪镇上,向商会会长转达橘子园主人的话语,在会长家同样听到了下面在调兵遣将的消息……还可从那些船老板和水手方面,打听出一些下河新闻。他还希望听些新闻,明天可过河到长顺家去报告。"因此橘子园主人滕长顺见到他总是会问:"有新闻没有?"小说叙事者接下来的干预性解释是:"话中实有点说笑意思,因为村子里唯有老水手爱打听消息,新闻格外多。"⑤

"消息"和"新闻"是小说《长河》的关键词。小说一开始,写的就是老水手坐守祠堂,一边摆摊子,一边听各路人谈各路消息:

> 祠堂既临官道,并且滨河,来往人多,过路人和弄船人经过坳上时,必坐下来歇歇脚,吸一口烟,松松肩上负担……听生意人谈谈各样行市,听弄船人谈谈下河新闻,以及农产物下运水脚行情,一条辰河水面上船家得失气运。遇到县里跑公事人,还可知道最近城里衙门的功令,及保安队调动消息。

祠堂"既临官道,并且滨河",而官道与河流,在湘西都是传播资讯的最重要的渠道。其中的那条辰河,更是沈从文图腾一般的符码,所负载的诸如经济学、社会学、文化学、人类学乃至主题学方面的语义,在沈从文的作品中怎样诠释都是不会过分的。沈从文的读者都熟悉他的创作谈《我的写作与水的关系》:

> 我虽离开了那条河流,我所写的故事,却多数是水边的故事。故事中我所最满意的文章,常用船上水上作为背景,我故事中人物的性格,全为我在水边船上所见到的人物性格。我文字中一点忧郁气氛,便因为被过去十五年前南方的阴雨天气影响而来,我文字风格,假若还有些值得注意处,那只是因为我记得水上人的言语太多了。

这篇发表于1934年,与《边城》写作差不多同期的文字强调的尚是"水"对沈从文作品的环境背景、人物性格以及文字风格的影响,但到了《长河》中,"水"尤其负载了在交通和资讯方面的功能。这对于考察沈从文后期创作视野的变化是有启示性的。如果说,《边城》中的河流凸显出的主要是民俗学和人类学方面的价值,那么,在《长河》中,它在政治经济、交通运输和资讯传播方面的作用则被沈从文充分渲染。老水手坐守的正是水陆交通要道,来来往往的人,经过老水手的祠堂时,"必坐下来歇歇脚",同时交流各种小道消息。《长河》故事情节的相当重要的组成部分,就是写传闻与消息的传播。它塑造的是乡土社会中的典型公众舆论空间,枫树坳祠堂从而与鲁迅的咸亨酒店,老舍的裕泰大茶馆,沙汀的其香居茶馆,一起构成了乡土公共空间的象征。

正是这种由小道消息和口头传闻所构成的乡土舆论空间,构成了《申报》登场的具体语境。《申报》的地位是在与民间传闻的对比中显现出来的。这种民间口头传播的消息大都是小道消息,其中又以谣言为主,缺乏可信度。而湘西人,尤其是那些关心外部世界和国家大事的当地士绅,他们了解到的更"真实可靠"同时也更重要的新闻都来自现代传媒。比如小说写到商会会长:"会长原是个老《申报》读者,二十年来天下大事,都是从老《申报》上知道的。"有人告诉他说老蒋明年要带兵和日本打一仗,他就表示不相信,因为他有更准确的消息来源:"世界大战要民国三十年发生,现在才二十五年,早得很!天津《大公报》上就说起过!"

由此可以看出,《申报》和《大公报》一类的现代大众传媒,建构了不同于乡土传闻的另一种话语和舆论空间。它带给湘西以"天下大事",带来的是不同于真假难辨的口头传闻的另一种"真实"性的新闻。当然这个"真实"是要打上引号的,换句话说,在我们今天看来,报纸的真实其实是建构出来的。但是在当时湘西人眼中,报纸才是真正可信任的资讯途径。小说中写道:"老《申报》到地照例要十一二天,会长还是相信国家重要事总会从报上看得出。报上有的才是真事情,报上不说多半不可靠。"在今天看来,迟到十一二天的报纸早失掉了时效性⑥,但是至少它的"真实"性是不容置疑的。这就是现代传媒所塑造的神话之一,即真实性的神话。

我所关注的问题是,在《长河》的叙事中,湘西这两种舆论空间——乡土传闻与现代传媒——塑造着民众不同的想象方式,从而也决定了湘西民众对外部消息的重述与重塑,进而决定了他们对外部世界的想象。对我的议题来说,被传播的消息是什么不是最主要的,更主要的是这些消息在湘西经过了怎样的改造和变形,又怎样介入和影响了湘西民众的生活世界。这时,我注意到了《长河》中的另一个关键词——"新生活"运动。湘西的两种舆论空间所塑造的不同想象方式,集中表现在贯穿《长河》始终的关于"新生活"运动的话题上。

"新生活"运动是 1934 年初由蒋介石亲自倡导、发起的一场全国范围内的所谓"文化复兴运动"。它所涵括的内容相当广泛,其核心是要恢复以"礼、义、廉、耻"为代表的传统道德规范和儒家价值观。1934 年 2 月 19 日,蒋介石在南昌的总理扩大纪念周集会上做了题为《新生活运动之要义》的讲演,提出要使"一般人民都能除旧布新,过一种合乎礼义廉耻的新生活","开始一个新生活运动",标志着历时十五年之久的新生活运动的开端。此后短短几个月里,新生活运动组织迅速遍及全国二十多个省市,张贴标语、散发传单、提灯游行、组织检查、发表演说,一时间好不热闹。⑦《长河》中就集中描述了湖南的常德轰轰烈烈的新生活运动的情形,毗邻的湘西也行将被它波及,这也说明国民党建立的统一民族国家的政权,还是有它在行政上的覆盖能力的,连湘西的普通百姓都感觉到"新生活"阴影的笼罩。

"新生活"由此构成了《长河》中的另一重要符码,这一字眼一共出现了整整五十次之多,既表现了外部世界的重大事件对湘西的影响,又标识着作者潜在的政治关怀。它显然是一种具有鲜明的政治色彩的符码,它的频繁出现既生成着小说的政治语境,又显示着风格特征,与你读《边城》的感觉是不一样的。《边城》是一个相对自足而纯粹的民俗世界,它拒斥的就是"申报""新生活"一类的字眼儿;而当《长河》充斥着关涉外部世界的异质性语汇时,小说所建构的语义空间也显然与《边城》有所不同。

对"新生活"运动的描述在《长河》中是以两种形态表现的,一是通过民间传闻和小道消息的固有的乡土传播途径,二是以商会会长为代表的士绅阶层读《申报》所得到的印象。

小说一开始,写的就是老水手坐守祠堂,听几个过路的乡下人谈新生活运动,这就是"新生活"在湘西民间口头传闻中的最初呈现,被渲染成一副凶神恶煞般的模样,使乡下人感到的是大难临头般的忧虑和恐慌,比如小说这样写一个背着猪笼的妇人的反应:

> 妇人把话问够后,简单的心断定"新生活"当真又要上来了,不免惶恐之至。她想起家中床下砖地中埋藏的那二十四块现洋钱,异常不安,认为情形实在不妥,还得趁早想办法,于是背起猪笼,忙匆匆的赶路走了。两只小猪大约也间接受了点惊恐,一路尖起声音叫下坳去。

《长河》接下来花费了许多笔墨写水手们谈论在常德所见到的"新生活"实施情形,写吕家坪人对"新生活"的传闻和议论,"新生活"在小说中演化成滑稽可笑的面目。小说中有一段写湘西人对"新生活"的嘲弄:

> 譬如走路要靠左,衣扣得扣好,不许赤脚赤背膊,凡事要快,要清洁……如此或如彼,这些事由水手说来,不觉得危险可怕,倒是麻烦可笑。请想想,这些事情若移到乡下来,将成个什么。走路必靠左,乡下人怎么混在一处赶场?不许脱光一身怎么下水拉船?凡事要争快,过渡船大家抢先,不把船踏翻吗?船上滩下滩,不碰撞打架吗?事事物物要清洁,那人家怎么做霉豆腐和豆瓣酱?浇菜用不用大粪?过日子要卫生,乡下人从哪里来卫生丸子?纽扣要扣好,天热时不闷人发痧?

类似的段落在小说中集中出现过四五处之多,可见沈从文非常重视"新生活"所指称的政治话语空间⑧。但沈从文所关心的并不是新生活运动的本意,他描述的其实是乡下人对"新生活"自己的观感和想象,是乡土舆论空间对国家大事件的态度和重塑,是民间话语以狂欢节的方式对官方话语的改造⑨。沈从文的策略是回避自己对"新生活"运动的直接判断,而是让湘西世界的公共舆论空间自行呈现对"新生活"的认知和想象。但是小说中叙事者讽喻的口吻却还是透露了作者对"新生活"运动的调侃与嘲弄的态度。沈从文的政治关怀通过对新生活运动的调侃得到了充分的传达。

小说自然夸张了乡下百姓对"新生活"的惊恐与调侃。但"新生活"之所以让乡下人感到可笑和恐惧,主要是因为它以一种夸张变形的不真实的方式在民间流传。而与传播小道消息的弄船人、老水手乃至背猪笼的妇人不同,税局中人、会长们是《申报》的读者,"新生活运动的演说,早从报纸看到了"⑩。因此,对于"新生活"即将来到湘西的传言,会长就有了自己的"权威"判断:"会长以为这是全国都要办的事情,一时间可不会上来。纵上河要办,一定是大城里先办,乡下暂时不用办……他的推测是根据老《申报》的小社评表示的意见。"

会长的权威性其实来自现代传媒的权威性。现代大众传媒正是以其"真实性"与权威性的幻觉实行对社会舆论空间的宰控。它也正是如此介入了湘西这样看似封闭保守的传统社会,在民间固有的新闻传播途径和舆论导向方式之外发挥着结构性的作用。这种作用尤其体现在以下几个层面:一是建构湘西人对外部世界和所谓"现代"的具体想象。对湘西这样的偏僻的乡土，现代大众传媒是展现"现代"视野的最佳途径。二是塑造国民现代素质和民主法制公正等现代意识[11]。三是辅助集权国家在具体的行政权力之外实施新闻与舆论的控制，传播国家主义的意识形态。这种对国家主义的意识形态的传播以及对国家想象的建构，尤其是大众传媒的重要的功能。沈从文的《长河》显示出，现代民族国家意识的建构过程，与现代大众传媒之间有着盘根错节的关系。与国家机器有形的管制不同，大众传媒在无形中建构着一种统一的"民族国家"想象性图景，并塑造着国民对于"国家"的信仰。《长河》中的湘西士绅和普通百姓就每每流露出相信国家的朴素情感：

> 长顺是个老《申报》读者，目击身经近二十年的变，虽不大相信官，可相信国家。对于官，永远怀着嫌恶敬畏之忱，对于国家，不免有了一点儿"信仰"。这点信仰和爱，和他的家业性情相称，且和二十年来所得的社会经验相称。他有种单纯而诚实的信念，相信国家不打仗，能统一，究竟好多了。国运和家运一样，一切事得慢慢来，慢慢的会好转的。
>
> 会长说："亲家，树大就经得起攀摇。中国在进步，《申报》上说得好，国家慢慢的有了中心，什么事都容易办。要改良，会慢慢改良的！"

长顺的想法恐怕是有代表性的，中国的相当一部分老百姓也是这样，"不大相信官，可相信国家"。长顺和会长代表的湘西士绅，就有这样一种相信国家的意识，而且这种国家意识是与《申报》的灌输紧紧联系在一起的。作者有意忽略了《申报》在中国现代传媒史中的特殊位置和具体特点，如办报方针及其演变、不同历史阶段所选择的意识形态策略以及与政权和国家主义之间的复杂绞结的关系等[12]，沈从文更是把《申报》笼统地看成现代传媒的象征和标识，所以它更是一个符码。但正是作为大众传媒符码的《申报》在塑造湘西百姓的"国家"意识，传播国家主义意识形态方面起着显而易见的作用。[13]无论是橘园主人，还是商会会长，其对"国家"的意识和"信仰"，都得益于《申报》（当然更包括《中央日报》）二十多年潜移默化的熏陶。至于老水手这类"老《申报》的间接读者"，则更加迷信传媒的权威性，并且更天真地相信报纸是上传下达的最好方式，甚至于相信蒋委员长也能通过《申报》了解到湘西一隅发生的事情[14]。

从某种意义上说,《申报》所代表的现代传媒已经构成了《长河》所描绘的湘西社会中一个值得重视的"公共空间"⑮。湘西人最早读《申报》的时间暂时无法考察。但沈从文至少在尚未离乡的青年时代,就已是《申报》等报刊的忠实读者⑯。据《从文自传》,在一二十年代之交,"军阀间暂时休战,'联省自治'的口号喊得极响,'兵工筑路垦荒','办学校','兴实业',几个题目正给许多人在京、沪及各省报纸上讨论"。沈从文或许还没有能力在报纸上参与这样的讨论,但当时地方为了"促进乡治的实现与实施,还筹备了个定期刊物,置办了一部大印报机,设立了一个报馆"。沈从文则临时调到新报馆作了校对。不知这是否可以看成沈从文后来踏上文学之旅,进而经常与现代传媒打交道的一个开始。但影响了沈从文一生的一个关键时刻毕竟在进入报馆后来临了。与他同住一间房子的一个印刷工人,"因为在长沙地方得风气之先,由于'五四'运动影响,成了个进步工人",买了好些新书新杂志,读的已经是"五四"时期的《改造》《超人》《创造周报》。这种新的阅读视野迅速征服了沈从文,"我对于新书投了降,不再看《花间集》,不再写《曹娥碑》,却欢喜看《新潮》、《改造》了"。沈从文还把现代传媒带给他的影响诉诸行动⑰,直至他从湘西走出来,成为现代传媒的一个主角⑱。

这种受新书报和新思想的感召而迎来人生转捩点的伟人"创始"神话在现代人物传记中司空见惯,已经没有什么特殊意味可言了。但沈从文所描绘的湘西与现代传媒的关系有助于我们理解为什么《长河》中如此频繁地出现传媒符码。它的功能是有多重性的。现代传媒既展示着一个崭新的现代视野,也意味着沟通湘西与外部世界的具体途径,同时建构着湘西人对于天下和国家的具体想象。有研究者通过对邸报的研究指出:

> 明清时的邸报能够跨越地域隔阂,造成知识分子与朝廷、天下的联系,建立他们对天下国家的具体感。它的媒介功能构成了一个个人参与、观看公众事物的场域。当邸报(包括小报)透过行政系统或商品行销由权力中心向外扩散,以至于构成传播网络时,它也就成为一个"天下"人共同观看的"舞台"……他们拥有一个共同的"公共场域"。⑲

现代大众传媒类似的功用则更明显。它一方面提供着民众辨识、想象"天下国家"的具体化的情境,另一方面,传媒本身也是一个社会活动场域,聚焦着民众的目光,充当着国家政策和国家政治经济生活的权威解释者和无冕发言人,同时也是现代生活和民族国家形象的最重要的具体建构者。我们往往忽略了大众传媒的这种建构的作用,以为传媒只是在客观报道和纪录天下的事情,其实传媒不仅在具体影响着我们的生活,而且在具体建构着我们的生活,甚至传媒就是我们的生活本身。所以阿尔都塞早就指出:媒介看起来似乎在反映现实,"而实际上是构建现实"[20]。《申报》作为现代传媒作用于湘西世界,也有一种构建现实的作用。体现在《长河》中,则是对"国家"想象的建构。而以《申报》为代表的现代传媒则是现代国家的政治与经济生活以及国家权力与统治对湘西宰控手段的一种既具体而又无形的体现。从这个意义上说,自进入现代以后,湘西社会就不再具有维持世外桃源之纯洁的可能性和现实性。[21]

考察《长河》中的传媒符码的意义正在这里。传媒符码的存在揭示了湘西社会的历史性,揭示湘西与天下国家的一体化的图景。正是《申报》这类现代传媒持续地作用于湘西关于外部世界以及"国家"的具体想象,同时也构成了建构湘西社会关于"国家"意识和想象的重要环节,使湘西这一少数民族聚居的偏僻角隅得以把自己与民族国家这一想象的共同体联系起来,把自己想象为民族国家中的一部分[22]。从这个意义上说,现代传媒在塑造国家主义意识形态方面可谓功不可没。

国家主义话语在《长河》中的介入,也同时复杂化了这部文本的政治倾向。以往的某些研究(譬如美国学者金介甫)有可能过度地强调了沈从文的少数民族立场,过度强调了沈从文的"力争湘西自治"的政治理想,可能是把西方语境中对中国地方性以及差异性问题的关注过多地带入了沈从文研究。尽管在沈从文那里,对湘西自治的主张与对民族国家的认同之间可能没有矛盾,但是研究者们过于强调其自治理想这一维度,则可能会忽略沈从文对于民族国家在心理和情感意义上的认同的一面。尤其《长河》时期更表现出这种认同感[23]。因此,对《长河》的概括至少应该包含两个方面:一方面《长河》是一部试图以江河小说的形式写湘西地方史的地域主义小说[24],另一方面,《长河》中建构的对"国家"以及"现代"范畴的想象,则使小说表现出超越湘西一隅的更广阔的政治与文化的包容性视野。

这就涉及了沈从文一贯坚持的表述策略,即"乡下人"与"城里人"的对举。

沈从文常常自称是乡下人,他在小说中经常建构的也是"乡下人"与"城里人"的二元格局。这种二元格局背后隐含的语义并非少数民族和现代国家之间的对立,而是乡土与都市的对峙、传统与现代的冲突。小说中叙述者有这样的声音:"虽说民国来五族共和,城里人,城里事情,总之和乡下人都太隔远了。"作者在肯定和认同"五族共和"的前提下把问题转化为"乡下人"与"城里人"的距离。这种"乡下人"与"城里人"的距离,也许揭示的是现代中国历史进程中所遭遇的更本质的问题。对乡土与都市、传统与现代始终如一的关注,使沈从文成为自觉思索现代性问题的作家。而在《长河》中,沈从文比在其他文本中更集中建构的正是关于"现代"的想象。正像他在《长河》题记中指出的那样:"'现代'二字已到了湘西。"那么,在小说文本中,"现代"究竟是如何被具体感知的?又是经由何种途径和方式获得理解的?沈从文建构的是一种什么样的"现代"想象?

美国一学者指出:"大众媒体为不同群体理解其他群体的生活提供了手段。他们的理解是通过建构社会不同阶层的形象来进行的;这些形象总是从主导阶级的视角来界定的。"⑤尽管《长河》所描述的湘西世界关于"城里人"的想象,在很大程度上来自大众传媒的塑造,但更值得注意的是,沈从文并没有通过所谓"主导阶级的视角"来理解城市,相反,他却是站在"乡下人"的立场来建构对"城里人"以及都市生活的想象:

> 城里大学堂教书的,一个时刻拿的薪水,抵得过家中长工一年收入!花两块钱买一个小纸条,走进一个黑暗暗大厅子里去,冬暖夏凉。坐下来不多一会儿,就可看台上的影子戏,真刀真枪打仗杀人,一死几百几千,死去的都可活回来,坐在柜台边用小麦管子吃橘子水和牛奶!上有天堂,下有苏杭,全苏州到处都是水,人家全泡在水里。杭州有个西湖,大水塘子种荷花养鱼,四面山上全是庙宇,和尚尼姑都穿绸缎袍子,每早上敲木鱼铙钹,沿湖唱歌。……总之,如此或如彼,这些事述说到乡下人印象中时,完全如哈哈镜一样,因为曲度不同,必然都成为不可思议的惊奇动人场面。

声音是叙事者的,但模仿的是乡下人的口吻,给人的感觉就像中国人看西洋景一样,都市生活在乡下人的叙述中就有一种奇观效应。当然细细分辨,叙

事者的口吻中还有一种嘲笑,又譬如下面一段:

> 顶可笑的还是城里人把橘子当补药,价钱贵得和燕窝高丽参差不多,还是从外洋用船运回来的。橘子上印有洋字,用纸包了,纸上也有字,说明补什么,应当怎么吃。若买回来依照方法挤水吃,就补人;不依照方法,不算数。说来竟千真万确,自然更使得出橘子地方的人不觉好笑。

这种嘲笑是沈从文的,还是乡下人的,也许是难以分辨的。但这种观照都市的视角,却是典型的乡下人视角。

沈从文在都市辗转了近二十年,但是对"乡下人"的那份自我体认仍没有舍弃,或许在自我期许之外更构成了文本写作的表义策略㉖。在《长河》中,"乡下人"则成为一种视角,传达着湘西人对"城里人"的想象。尽管沈从文早期小说中丑化城里人的描写策略有所改变,但那份"如哈哈镜一样"的夸张和变形却一如既往。而背后,则是沈从文在《长河》题记中表达的对"现代"冲击下的湘西的忧虑:"农村社会所保有那点正直朴素人情美,几几乎快要消失无余,代替而来的却是近二十年实际社会培养成功的一种唯实唯利庸俗人生观。敬鬼神畏天命的迷信固然已经被常识所摧毁,然而做人时的义利取舍是非辨别也随同泯灭了。'现代'二字已到了湘西,可是具体的东西,不过是点缀都市文明的奢侈品大量输入,上等纸烟和各样罐头在各阶层间作广泛的消费。抽象的东西,竟只有流行政治中的公文八股和交际世故。"这是对现代冲击下乡土生存方式的隐忧,也是对"现代"本身的反思。沈从文因此成为中国现代的文化守成主义思潮的重要一环㉗。与那些处处强调革新与改造的激进主义者不同,沈从文更看重传统与乡土生存方式及观念形态,如正直朴素人情美、做人时的义利取舍是非辨别,甚至敬鬼神畏天命的迷信等。换句话说,这些传统的存在是不能被一下子抛弃的,即使被替代,也要看看替代物好不好,不是一提到"现代",就都是好的。"现代"在沈从文那里,不是一个"进步"的代名词,它必须在中国语境中检验,在乡土语境中检验,在沈从文的湘西叙事中检验。㉘因此,沈从文对现代的反思就提供了中国现代作家认知"现代性"的别一种视野。它与鲁迅的现代或者李金发的现代,与胡适的现代或者吴宓的现代都有些不同,它复杂化了对中国"现代性"的理解和体认,从而有助于把一个非同质化的"现代"范畴引入到中国现代历史的进程中来,使"现代"自身成为一个蕴涵着多维的甚至悖反的内容的存在。

因此,沈从文通过"乡下人"的视角对"现代"的想象有助于我们认识中国现代性语境的丰富性。德里克认为,"对现代性体验的结果却是历史的丧失以及和过去的断裂"。沈从文正是意识到这种断裂的存在并进而屡屡表达自己的杞忧。"现代"在他这里是个需要具体分析的范畴,是无法直接纳入一个笼统的"现代性"的宏大叙事之中的。至少在沈从文理解中,现代的理念与现代的具体表现方式其实是分裂的,"现代"在湘西要么变了味,要么就只剩下皮毛。在《长河》时代,"现代"在湘西还是一个异质的存在物,还没有变成湘西的内部的同质的东西。湘西依旧残存的地域特征与异质的现代因素是纠缠在一起的,这种纠缠更印证着德里克所谓"中国是一个有着多种空间性和时间性的国家"㉙。这使沈从文所需要处理的观念和视野的矛盾从来就不像有些学者所描绘的那么单一。譬如中国本土的学者就突出强调沈从文的文化视野,而忽略了在诸如《长河》这类作品中表现出的政治关怀和热情㉚。而西方学者则过于强调沈从文作品的地域性特征以及对于地方自治的追求,而忽略(或者视而不见?)了《长河》在国家与现代想象问题上的复杂性。

《长河》最终体现出的是国家主义与地域话语之间的张力。而传统与现代、激进与守成的维度又掺杂在国家与自治话语之间,使《长河》成为一个内部开放的话语空间。多种话语和权力形态的绞结,使小说呈现出的秩序图景是极不稳定的,各种话语也处在一个非平衡状态的张力场中,左右冲撞,四处奔突。小说中每每体现出一种两难的境地;同时不稳定的秩序图景作用于小说的叙事形态,也使小说显示出一种动态的叙事格局。读《长河》你会感到内心很喧嚣,既有阅读情绪上的浮躁,也有意识形态上的困惑,你与作者一样寻找不到出路。这就是因为小说缺乏内在的远景形象,既是一种文化远景,也是意识形态远景。所以沈从文面临的矛盾是,一方面他要写长河式的诗史般的大叙事,另一方面则是历史的长河究竟要流向哪里,又是作者无法企及的。《长河》的叙事视野中缺乏一个新的历史观念和历史景象的维度㉛。而文化视野以及意识形态远景的缺乏,则使沈从文甚至无法给故事中湘西世界的复杂局面一个哪怕是想象性的解决。如果说《边城》的结尾已经预示着湘西自足的田园图景的破碎,那么,《长河》则表现出一种未完成性㉜。当湘西世界向何处去的问题与国家形象和现代视野纠缠在一起的时候,已经不是沈从文在纸上所能解决的。虽然《长河》题记中说:"作品设计注重在将常与变错综,写出'过去''当前'与那个发展中的'未来'。"但是在1942年写作《长河》的时候,这个"未来"尚遥遥无期。各种现实性的政治话语以及现代性话语的介入,使得《长河》真正要处理的主题远不如《边城》那么单纯。《长河》标志着沈从文从文化理想向政治理想,从审美想象向意识形态想象的过渡,这使《长河》不同于《边城》的人类学属性,而充分展示了意识形态特征。而《申报》所象征的现代传媒的介入,无疑更加彰显了这种意识形态属性。《长河》的意义就生成于关于传统与现代、乡土传闻与大众传媒、民族国家与区域自治、文化关怀与政治热情之间的夹缝中。

以《申报》为代表的现代报刊因此以一种大众传媒符码的方式构成了小说文本内部的结构性因素,同时也就作为一种政治、文化符码参与了小说叙事的生成,进而成为小说文化幻景的一部分,在《长河》中由一种外在于小说世界的传媒形象"变成了叙事意义的生产者"③,最终凝聚了沈从文《长河》时期的政治想象和文化想象。在研究界所乐于勾勒的一般视野中,沈从文的湘西世界是一个自足而封闭的世外桃源,其象征就是1934年的《边城》。而从《边城》到《长河》,沈从文的湘西世界似乎完成了一个历史阶段的跨越,仿佛是从"前史"一下子迈进了"现代史"。这与《长河》直接处理了湘西社会的"现代"想象和"国家"想象,直接介入了"现代性"语境以及现实政治语境大有关系。而这种"现代性"和现实政治语境在相当大的程度上是通过小说中具体的传媒符码建构的。

原载《视界(第12辑)》,河北教育出版社,2003年。

注　释

① 金介甫《凤凰之子:沈从文传》,符家钦译,中国友谊出版公司,2000年,第432页,引言第4页。
② 《长河》创作于1939年到1942年,据沈从文的《长河》题记,小说本来要写四卷,但最终只有第一卷问世。对这部小说国内学术评论界重视不够,但是夏志清在《中国现代小说史》中就曾经说"《长河》最能够充分体现沈从文艺术天才的各个方面"。此外最喜

《长河》的可能是沈从文的表侄,画家黄永玉:"我让《长河》深深地吸引住的是从文表叔文体中酝酿着新的变格。……他写小说不再光是为了有教养的外省人和文字、文体行家甚至他聪明的学生了。我发现这是他与故乡父老子弟秉烛夜谈的第一本知心的书。一个重要的开端。""为什么浅尝辄止了呢?它该是《战争与和平》那么厚的一部东西的啊!照湘西人本分的看法,这是一本最像湘西人的书,可惜太短。"(巴金、黄永玉等著《长河不尽流——怀念沈从文先生》,湖南文艺出版社,1989 年,第 452 页)

③ 《申报》是中国历史上办报时间最长的大报之一,1872 年在上海创刊,1949 年终刊。它对十九世纪末叶到二十世纪前半叶的中国报业史以及对民间阅读的影响力是难以估价的。《申报》在民间甚至成了报纸的代名词。比如江浙一带至今在民间语言中仍把报纸称为"申报纸"。比如我亲耳听到宁波老人说"把申报纸整整好",尽管现在已经不再有什么《申报》。徐铸成回忆说:"在我幼年的江南穷乡僻壤,都是把《申报》和报纸当作同义语的。比如,新媳妇要回娘家,会叫他的男人:'这些东西不好带,拿张申报纸来包包。'虽然捡出的可能是《新闻报》,或者是别的报纸。"所以人们往往尊称《申报》为"老申报"。(《报海旧闻》,上海人民出版社,1981 年,第 8 页)

④ 在湘西这样偏僻的乡土一隅,读《申报》肯定标志着身份,同时也标志着权力。

⑤ 在二十世纪初叶到二三十年代的具有前现代特征的湘西,考察新闻与消息传播的具体方式、途径与速度是令人着迷的话题。外边世界的消息传闻、政府的政令举措以及国家和世界的重大事变究竟是怎样传到偏僻的湘西一隅的?乡土传闻和现代传媒这两种形式在湘西社会舆论空间中各占据着什么样的位置,又分别起着什么样的相同和不同的作用?外部世界的新闻与消息怎样作用于当地人的想象?又如何在他们的记忆中持续?外部世界发生的大事件在乡土记忆中持续的时间与资讯发达程度之间又有怎样的一种关系?在湘西这样保留了乡土特征的前现代社会,曾经发生过的某一重大事变譬如袁世凯称帝或革命军北伐,即使过了很久,仍会持续占据人们的记忆和话题的中心。《长河》描写的故事发生在 1936 年,但"在当地人心中,还老只记着护国讨袁时,蔡锷带兵在这里与北方军队作战,印象深刻",因此小说中的人物二姑娘仍然在问"不是下头南军和北军又开了火,兵队要退上来?"这样落伍了十多年的问题。

⑥ 消息的传播在不同的历史时空和地域中,它的时效性也有所不同。在前现代社会中,迟到十一二天的报纸在当地人看来也许仍具有时效性。当然,湘西也有时效性更强的更"现代"的传媒,那就是当地"福音堂"的牧师才有的无线电,用小说中人物的话说,"天下消息当天都知道"。

⑦ 参见关志钢《新生活运动研究》,海天出版社,1999 年。

⑧ 小说还借乡下人的口吻讽刺了一下蒋介石:"我听高村人说,他船到辰州府,就在河边

眼看到'新生活'下船，人马可真多！机关枪，机关炮，六子连，七子针，十三太保，什么都有。委员司令骑在大白马上，把手那么叉着对民众说话，（鼻子嗡嗡的，摹仿长官声调）诸位同胞，诸位同志，诸位父老兄弟姊妹，我是'新生活'。我是司令官。我要奋斗！"据金介甫，沈从文在八十年代与他谈话中说，这里的委员司令指的就是蒋介石。参见金介甫《凤凰之子：沈从文传》，第 399 页。

⑨ 考察民间话语对官方话语的狂欢节式的改造，《长河》中的民间舆论空间对"新生活"的叙述和想象是一个绝好的例子。"新生活"在湘西民间传播的过程，由此是可以作为一个传播学的具体生动的案例进行分析的，从中可以考察乡土社会口头传闻所具有的一系列特征。

⑩ 《申报》刊载蒋介石的《新生活运动纲要（附新生活须知）》是在 1934 年 5 月 15 日第 10 版（署名蒋中正的重要文章放在 10 版，这在今天似乎是不可想象的）。《申报》此后仍陆续刊有关于"新生活"运动的报道。

⑪ 譬如小说借保安队长的师爷之口说出的地方报纸——沅陵县报上"凡事公正，公买公卖"的宣传和主张，以现代传媒的方式传达出来，就有别于乡土观念形态，而有了一种现代意味。

⑫ 这方面的相关研究参见徐载平、徐瑞芳《清末四十年申报史料》，新华出版社，1988 年；宋军《〈申报〉的兴衰》，上海社会科学院出版社，1996 年；马光仁主编《上海新闻史（1850—1949）》，复旦大学出版社，1996 年。

⑬ 1872 年《申报》创刊号告白称："凡国家之政治，风俗之变迁，中外交涉之要务，商贾贸易之利弊，与夫一切可惊可愕可喜之事，足以新人听闻者，靡不毕载，务求其真实无妄，使观者明白易晓，不为浮夸之辞，不述荒唐之语，庶几留心时务者于此可以得其概，而出谋生理者于此亦不至受其欺。此新闻之作，固大有益于天下也。"《申报》在漫长的办报历史中大体上坚持了初衷。即使在蒋介石统一中国之后，作为以新闻时事政论商务为主的报纸，它也有别于《中央日报》一类的固守主流意识形态的党报，尤其在三十年代初期，《申报》批评政府，抨击时政，遭到了国民党政府的查禁，从 1932 年 7 月 16 日起，《申报》全部被上海警备司令部扣在市邮政局的地下室内，一律不准邮往外地。严格说来，《申报》并不是大力提倡国家主义的报纸（考察历史上的《申报》与国家意识形态之间的盘根错节的关系是另一篇文章的议题），但恰恰是这样一份报纸同样参与了塑造湘西人的国家意识的过程。这就从更广泛的意义上证明了现代传媒在塑造民族国家、使国家成为一个想象的共同体的过程中所起的重要作用。

⑭ 《长河》原著中是这样写的："话既由油坊而起，老水手是个老《申报》间接读者，于是推己及人忖度着：'我们南京那个老总，知不知道这里开油业公司的事情？我们为什么不

登个报，让他从报上知道？他一定也看老《申报》，他还派人办《中央日报》，应当知道。'"

⑮ 这个"空间"主要是文本中建构的空间，或者说是沈从文所建构的湘西社会的可能存在的想象图景。至于这个图景是不是湘西社会本来固有的，不是本文处理的问题。当然可能湘西社会传媒空间的真实图景就是《长河》所描述的那样，但即使如此，我们也不能根据小说来指认湘西的历史真实。我们必须区分两个层面，一个是文本中建构的，一个是湘西实有的。我只能处理第一个层面的问题，即文本内部的问题。所以我强调《长河》中的传媒符码是文本内部因素，而且是结构性的因素。我的真正的兴趣其实是从文本的内部逻辑出发，探讨文本的文化和意识形态问题。或者说，是沈从文在文本中所处理和建构的问题，是沈从文反映在《长河》中的观念视野。当然，进一步追究沈从文有没有把他自己对国家的想象移植到了湘西世界之中，进一步追究《长河》中的国家话语是湘西社会所固有的，还是属于沈从文自己的观念领域内部的问题，也会是有意思的。我们的困难在于无法确认哪些是湘西社会原初的图景，哪些是沈从文自己建构出来的想象。我们很难做关于二十世纪初的湘西在田野和实证方面的研究，即使有这方面的资料与条件，也很难还原二十世纪初到三十年代湘西本来的真实形态，尤其国家想象问题更属于观念畛域，是很难诉诸实证研究的。

⑯《从文自传》中回忆，沈从文在军队中受一个司令官的秘书的影响，"同一个老书记约好，三人各出四毛钱，订一份《申报》来看。报纸买成邮花寄往上海后，报还不曾寄来，我就仿佛看了报，且相信他的话，报纸是了不得的东西，我且俨然就从报纸上学会许多事情了"。《沈从文文集》，第九卷，花城出版社、生活·读书·新知三联书店香港分店，1984年，第172页。

⑰《从文自传·一个转机》："我常常看到报纸上普通新闻栏说的卖报童子读书、补锅匠捐款兴学等记载，便想，自己读书既毫无机会，捐款兴学倒必须做到。有一次得了十天的薪饷就全部买了邮票，封进一个信封里，另外又写了一张信笺，说明自己捐款兴学的意思。末尾署名'隐名兵士'，悄悄把信寄到上海《民国日报·觉悟》编辑处去，请求转交'工读团'。"《沈从文文集》，第九卷，第221页。

⑱ 这个主角曾出演过天津《大公报》文艺副刊编辑的角色，尤其以《论"海派"》一文，直接引发了轰动三十年代中国文坛的"京派和海派"大论战，诸多文化人包括鲁迅都卷入了这场论争。

⑲ 王鸿泰《社会的想象与想象的社会——明清的信息传播与"公共社会"》，陈平原、王德威、商伟编《晚明与晚清：历史传承与文化创新》，湖北教育出版社，2002年，第139页。

⑳ 参见尼克·史蒂文森《认识媒介文化》，商务印书馆，2001年，第64页。

㉑ 正是在与充斥着现代传媒符码的《长河》的对比中，沈从文的《边城》中的田园牧歌世界昭示了它的十足的想象性，它只有人类学意义上的自足性，是一个文化乌托邦。因此它不是一个现实之物，而是一个象征之物。所以《边城》的核心语言，是一种象征表意和意象表意的语言，比如小说中的"渡船"、"碾坊"、倒掉的白塔的意象，二老傩送吓唬翠翠时说的话"大鱼来咬了你"，甚至"虎耳草"这类风物志意义上的意象，都是一种象征性表意语言。而一部文本中象征表意居多，文本的语言就是一种静态图景和画面占据主导地位的语言。这使《边城》的叙事节奏相对较慢，而《长河》的节奏就快得多。《长河》第一卷的故事时间大概只有几天，它在短短的时间段中容纳了更多的情节。

㉒ 而从湘西社会的现实层面考虑，对"国家"的认同也是保证自身安全乃至生存的一种策略。沈从文到了1981年仍在说："必须把湘西当成中国的湘西，才不至于出问题。"沈从文《〈沈从文散文选〉题记》，《沈从文文集》，第十一卷，第80页。

㉓ 这种对于"国家"意识的关注和传达恐怕还与《长河》写作的抗战历史背景有关。抗战爆发不久，沈从文就在老家将"同乡文武大老"（湘西沅陵行署第一届主任陈渠珍和苗民领袖龙云飞）请到家中恳谈，"结论就是'家乡人责任重大艰巨，务必要识大体，顾大局，尽全力支持这个有关国家存亡的战事，内部绝对不宜再乱'"（沈从文《〈散文选译〉序》，《沈从文文集》，第十一卷，第87页）。1938年冬，沈从文还致信给"湘西几个在乡军人"，提醒他们"莫错过这千载难逢的报国机会"（沈从文《莫错过这千载难逢的报国机会》，《沈从文文集》，第十二卷，第361页）。

㉔ 沈从文笔下的"关键词"之一是"照例"。《长河》的第一章《人与地》也"照例"是从湘西的人文与地理写起，勾勒居住在辰河"两岸的人民近三十年来的大略情形"，使这一章表现出风物志的倾向。"照例"字样的频频出现，标识着《长河》以"江河小说"的形式书写恒常的地方史的意向和动机。沈从文在《长河》题记中这样自述："作品起始写到的，即是习惯下的种种存在；事事都受习惯控制，所以货币和物产，于这一片小小地方活动流转时所形成的各种生活样式与生活理想，都若在一个无可避免的情形中发展。"所以，在"常"与"变"中，小说先写的是"常"，是习惯下的种种存在。小说从"洞庭多橘柚"写起，写辰河沿岸百里都是橘园，继而写到橘子的买卖，既写民俗、地方风物，又写了经济，即题记中所说"货币和物产"。这就是一种江河小说的模式。《长河》的开头表现出的沈从文的视野很开阔，也很大气。

㉕ 戴安娜·克兰《文化生产：媒体与都市艺术》，译林出版社，2001年，第90页。

㉖ 至少在沈从文写作生涯的二三十年代，"乡下人"的立场使他在作为"城里人"的读者阅读期待视野中有一种新奇和陌生感，他的创作也更容易"出彩"。

㉗ 这方面的论述参见刘洪涛《〈边城〉：牧歌与中国形象》，《文学评论》2002年第1期。

㉘ 回到作家的叙事中去还原历史,去把现代想象具体化,从而避免把现代性的问题本质化,是一个可以尝试的做法。一旦回到历史叙事中,现代性就自然呈现出一种多元景观。所以我关心对现代小说进行叙事分析,譬如通过沈从文的乡土叙事,可以更具体地考察各种各样的观念范畴——譬如现代性——是怎样在他的小说情境中展开的,这些问题又是怎样内在化为一种小说中的历史境遇的。杰姆逊即主张把"现代性"历史化、阶段化,就是说它不是一个本质性的概念,并不是有一个本真的,原初的,正宗的现代性存在于那里,现代性是必须还原到历史语境中来处理的问题。杰姆逊甚至认为现代性不是一个概念,而是一个叙事范畴:"当我们把'现代性'这个词仅仅运用于过去,它就会是一个有用的概念,能帮助我们生产出不同的历史叙事。"(参见杰姆逊《现代性的神话》,张旭东译,《上海文学》2002年第10期)这种说法的好处是使现代性的范畴成为一种叙事,成为一种可在历史叙事中进行分析的范畴,现代性的真实视野也必须在历史叙事中展开。杰姆逊说:"只有现代性的历史境遇才能够获得叙事形式。"反过来我们也可以说,只有在小说家的叙事形式中才能获得现代性的历史境遇。

㉙ 德里克《后现代主义与中国历史》,《中国学术(总第五辑)》,商务印书馆,2001年,第38页。

㉚ 沈从文的这种政治热情在《长河》中的传媒符码、"新生活"代表的政治符码以及追求自治的理念中都得到体现。

㉛ 比如《红楼梦》就是一部无法展现历史远景形象的小说,它的最终结局只能是寂灭。用《红楼梦》的语言来说即是"空",或者说是一片白茫茫大地真干净,用鲁迅的经典概括,则是"悲凉之雾,遍被华林"。这使《红楼梦》成为一个关于真正的颓败的文学和历史寓言。所以远景形象对于一部小说中的观念视野是隐含着的重要内容。

㉜ 这不仅是指《长河》只写出了第一卷,而主要是指小说在想象秩序和意识形态图景的意义上有一种"未完成性",小说没有继续写下去当与此有内在的关联。

㉝ 孟悦《中国文学"现代性"与张爱玲》,王晓明主编《批评空间的开创》,东方出版中心,1998年,第341页。

《太姥宝卷》的文本构成及其仪式指涉
——兼谈吴地神灵宝卷的历史渊源

陈泳超

中国传统典籍中有许多关于神佛灵怪的传记作品,其主要目标在于讲述神灵的特殊身世,并时常延及其灵验事迹,故兼有宗教和文学两方面的色彩。像《三教源流搜神大全》,基本被视为近古之世的民间神谱,具有一定的神圣性;而像《南海观音出身传》《北方真武祖师玄天上帝出身志传》(《北游记》)之类,因其叙事曲折敷衍夸饰,又常常被载入文学史的著述之中。

而在民间信仰的具体实践中,还有一类神灵传记文本,它们在讲述神灵身世业绩以激发或加固民众普遍性宗教情怀的同时,又与某地具体的信仰活动粘连紧密,负载着对其信仰仪式的直接解说和指导功能,因而其文本构成,就会显示出明显的"合目的性",有时甚至不惜损伤叙事的逻辑性与节奏感。比如在明代传奇剧本《香山记》的第二十五出中,尚未成为大悲观音的妙善,竟然全本宣读起《妙法莲华经观世音菩萨普门品》,泽田瑞穗指责它是在讨好那些信仰虔诚的一般读者,但杜德桥(Glen Dudbridge)却慧眼独具地认为"艺术上的难以解释使我们更具信心把这一部分视为民间传统",从而推断它很可能是民间仪式剧的脚本。[①]杜德桥甚至将文本与"外在环境"的关系当作自己全部研究的基本方法:"本研究的基本原则是:一个故事的形成有其外在的环境,而且在讨论此一故事时必须一方面不脱离其外在环境,另一方面又能彰明其外在环境。"[②]这里所谓"外在环境",英语原文是"context",现在通常译作"语境",而神灵传记的实用仪式功能,显然是理解文本最重要的"语境"了。

宝卷便是民间信仰中仪式文本的典型代表,它本身就是宣卷活动的核心部分。研究者在将其置入讲唱文学范畴的同时,更需对其仪式功能予以重点关注,才能对文本的构成和意义有更贴切的理解。本文将以江苏省苏州市常熟地区流传久远、影响卓著的《太姥宝卷》为例,通过对其文本组织的详细解析,来揭示此类文本的一些基本特质。

一、《太姥宝卷》的基本情况

本文所谓"常熟地区",不仅指今天的常熟市,也包括历史上与常熟市分分合合但文化脉络时常关联的周边地区,比如今日张家港的东部地区等,它们地处太湖和苏州的北面,濒临长江。当地宣卷活动,经车锡伦[3]、丘慧莹[4]、余鼎君[5]、白若思[6]等人详略不等的介绍,其基本面貌已经清晰可知。笔者虽在当地调查多年,暂亦没有补苴之意,只是为了更好地说明《太姥宝卷》,先对其概貌略加说明。

吴语地区的宣卷活动,据车锡伦先生考证,"形成的时间可能在明末清初",而"至迟在道光年间已具规模"。[7]目前常熟地区发现的最早的宝卷文本是抄录于嘉庆己卯年(1819)的《虎堆岭逆子》[8],故常熟地区宣卷活动最晚在清代中期即已出现,在清末民国时期最为盛行,新中国成立后因政治原因而沉寂,改革开放后又逐渐恢复,目前在当地非常兴盛。其形式大致而言分荤、素二台。素台供奉的是佛祖、观音、祖师等佛道两教知名大神,供品纯素,主讲《香山宝卷》;荤台则供有猪头三牲等荤腥,供奉对象以地方神灵为主,比如周神、李王、总管、猛将之类,其中又以太姥为尊,其神码必定摆放在中心位置,并常以宣颂《太姥宝卷》开场。有些宣卷先生认为荤台就是为太姥而设的,其他神灵只是附带陪筵的性质,甚至有"没有太姥就没有宣卷"之说。无论如何,太姥及其五个儿子(称"灵公",实即五通神)被当地公认为法力高深而广受信奉,俨然是地方神灵的领袖。故《太姥宝卷》的重要性,就不言而喻了。

然而,堪称当地神灵宝卷"双璧"的《香山宝卷》和《太姥宝卷》,得到学界的关注程度却有天壤之别。《香山宝卷》因与观音身世密切相关,海内外相关研究非常丰富;而对《太姥宝卷》的专门研究,笔者仅见二种:其一为周凯燕《〈太郡宝卷〉与五通神信仰的变迁》(下简称"周文")[9],作者根据张家港市杨舍地区宣卷活动中的《太郡宝卷》,比较它与《南游记》的异同,认为它的主要功能在于

"去除了五通的邪性而以劝善为主题";其二是南京大学顾珏的《苏州上方山地区〈太姥宝卷〉及其信仰研究》(下简称"顾文")⑩,该文通过对苏州上方山太姥信仰的田野调查,以《太姥宝卷》为主,阐释太姥及五通神在上方山地区的沿革历史,重点揭示当今上方山上太姥信仰的民众实践。这两篇文章虽然都是硕士生的写作,但能敏锐地发现《太姥宝卷》的研究潜力并先着一鞭,具有一定的开创之功。只是各自搜集的《太姥宝卷》文本太少,不易观察其共性,对其文本的细读与"深描"(thick description)尚不够到位,对文本中隐含的仪式功能也未予特别的重视,本文正是希望在这些方面有所推进。

笔者在常熟地区一共收集到10种《太姥宝卷》,其别名甚多,详见本文"附录一 版本情况"。它们除了仪式小段的不同穿插之外,差异仅仅体现在一些细节上(笔者已将文中论及的重要差异制成了"附录二 重要细节对照表"),而主干情节却高度一致,故笔者撮其大意,分10个情节单元予以介绍如下:

1. 太姥下凡

太姥原是天宫蜘蛛圣母,与徽州婺源县萧家庄萧员外有夙缘。萧员外富而行善,院君作恶,无嗣,太姥乃下凡替代李氏。【《南游记》卷二"华光来千田国显灵"】

2. 五圣出生

怀孕廿四月,于太始元年九月廿八日卯时生一肉球,被丢弃水中。西天红玉寺火炎王佛救之,用刀划开得一胞五郎君,乃花光菩萨化身,少年时外出,被妙乐天尊收为弟子学习武艺。【《南游记》卷二"华光在萧家庄投胎"】

3. 太姥下狱

太姥在家吃童男女,被龙树法王摄去酆都十八层地狱受苦。【《南游记》卷二"华光在萧家庄投胎"】

4. 救王小姐

五圣灵公回来得知,四处寻母。在泗州青城山,打败石落大仙,救出王小姐,护送回成都,要求建小庙供奉。【《南游记》卷四"华光闹蜻蜓观"】

5. 地狱救母

五圣寻母不得,拜求观音知实情,得妙法,打入酆都,救出母亲,暂居绿水芙蓉洞。太姥仍想吃儿童。观音告知须王母的蟠桃方能治愈。【《南游记》卷

四"华光三下酆都"】

6. 偷桃发配

五圣上天偷仙桃回来,太姥吃了,从此茹素。王母发现偷桃,领兵讨伐,观音解劝,玉帝罚太姥母子六人去日出扶桑国沉香树上居住。【《南游记》卷四"华光三下酆都"】

7. 比武娶妻

四百年后,五灵公游春到凤凰山,见铁扇五公主大言欺人,打将起来,被铁扇扇出十万八千里,到定风山由黑风师授以定风法术,打败五女,娶为五灵公夫人,同住沉香树。【《南游记》卷三"华光与铁扇公主成亲"】

8. 泗州造塔

隋炀帝时,龟山水母作怪泗州,观音与众神灵设计让其吃面,面条化作穿肠锁力擒水母,将造塔镇妖,塔心务须沉香木。观音便去扶桑向太姥商借沉香,造塔成功,答应将太姥一家迁居苏州享受香烟。

9. 落位上方

五圣与太姥跟观音来苏州,经虎丘、灵岩山等地,香火都不旺盛,后迁至上方山建庙,成为福地,太姥与五圣俱受皇封。

10. 陪神花筵

金元七相等南朝圣众俱上山吃花筵,各建香火庙,保佑众生。

二、对《南游记》的借鉴与改造

通过上述介绍,熟悉神魔小说的读者立即会发现,情节单元1—7显然是对明代余象斗《五显灵官大帝华光天王传》(即《南游记》)中部分情节的借鉴,具体的对应关系,已在上文每个情节单元末尾用【标注了。对此,"周文"已经有所指明,但脱漏了情节单元4,其实该情节单元是对《南游记》卷四第一回"华光闹蜻蜓观"的改写,连受害女子的籍贯也都是成都人,而妖怪的名字"石落大仙",显然来自该回目中的"落石大仙"。

除了上述作为基干情节的单元之外,许多细节也直接源自《南游记》,像五灵公用金砖对敌、让对手拔金枪赌赛输赢等;甚至,其中涉及的诸多神名地名,诸如"红玉寺火炎王佛""龙树法王""凤凰山玉环圣母",也显然来自《南游记》中的"洪玉寺火炎王光佛""龙瑞王"⑪"凤凰山玉环圣母",等等。另外,有些细节从表面上看不出特别之处,其实也暗含了身份信息。比如石落大仙被五灵公收服后现出原形,乃"马天君枪上的白蛇精";而在《南游记》中则说原形只是白蛇,从此缠在了华光金枪上。这里其实正说明了华光与马天君(《三教源流搜神大全》中称"灵官马元帅")以及五通神某种程度上的异名同实关系,这一关系后来逐渐罕为人知,所以常熟宝卷中的一些版本,比如"缪本""朱本"和"丁本"就脱落了"马天君",单说是白蛇精了。

吴地宝卷中的五灵公,乃是"五通/五显"神⑫的本地异称。关于五通神的渊源演变,经过捷克学者蔡雾溪(Ursula-Angelika Cedzich)⑬、美国学者万志英(Richard von Glahn)⑭以及中国学者贾二强⑮等人的众多考辨,其脉络已经相当清晰了,五通与华光、马元帅几个神灵之间互有异同,而《南游记》中的华光,相当部分即为五通神的叙事延伸,因此《太姥宝卷》借鉴《南游记》,就像近代民间信仰多借鉴《封神演义》一样顺理成章。

但《太姥宝卷》毕竟不是《南游记》的节选本,它并不一味照抄《南游记》中的相关段落,而是根据本地对太姥和五灵公的信仰实践,重新创编的一部自足的地方神灵宝卷。它非但减省了《南游记》中太多拉杂的夸诞事迹,而且对人物关系也有所调整。比如《南游记》中的华光始终是一个人,虽然一胞五胎,但另外四个诞生后就直接出门修炼,真正留下活动的只有华光一人,这其实曲折反映了五通神到底是一人还是五人的历史纠葛。而《太姥宝卷》中虽明确说五灵公乃"花(华)光菩萨化身临凡",但当地坚信五通神乃是五人,所以始终以五兄弟面目出现。至于《南游记》中五兄弟出生之后还带出一个妹妹"琼娘",乃是照应书中琼花故事,她在吴地信仰中没有功能,故宝卷将之直接抹去了。此外,《太姥宝卷》中还有一些机智的发明。在《南游记》中,华光的生母乃是"吉芝陀圣母",原本是个被镇压的妖怪,被华光莽撞放走后投身下界作孽。她在《太姥宝卷》中则被改造成上界天宫御桃园中金莲座上的一只蜘蛛,"蜘蛛"一名,显然是对"吉芝"的音变联想,可"吉芝陀"本来是一个专有名词,无法拆分,现在拆出"吉芝"二字,"陀"字便没了着落,一些文本中仍以"蛣蛛屠圣母""结蜘度圣母""蜘蛛屠圣母"称之,显然这个"屠(度)"是个历史遗留物(survival)。

而另外一些文本索性以"蜘蛛"或"蜘蛛精"称之,当是长期失忆后破旧立新的断然之举。更有趣的是,《南游记》中的萧员外只是一个普通凡人,但在一些《太姥宝卷》文本中,为了强调他与太姥的夙世因缘,就给他添加了"螟蛉屠圣公下凡"的身世,而这个"螟蛉屠圣公",显然是"蜘蛛屠圣母"的联类推想,显示出民间文学惯有的天真机趣。

不止于此,对太姥名字的改动,更深层的用意还在于祛除她在《南游记》中的妖怪身份,尽量将神灵塑造成正面形象,"蜘蛛""螟蛉"虽然只是小小昆虫,但却是上界天宫中的真灵,自然不同凡响。事实上,这样祛魅求正的努力,充斥着《太姥宝卷》的全文。比如圣母吃人这一中心事件,《南游记》中只说是恶习难改,这恐怕难以餍足群众的信仰心理,多数《太姥宝卷》对吃人事件未加说明,可能是比较原始的版本;而另有一些版本则以"养空肚皮"("胡本")或"失子之恨"("丁本""马本")等并不一致的理由来解释,其中"马本"解说得最为详细:说五灵公去妙乐天尊那里学艺不归,太姥四处寻找不得,"那夫人自从不见孩儿,日夜啼哭,谅必孩儿被妖怪吃掉,顿时起了杀心便了",这就大大减轻了太姥吃人的罪恶。五灵公来自五通神,该神在历史上颇有劣迹,以致江苏巡抚汤斌在康熙二十五年(1686)予以禁毁,便引发全国性禁毁淫祀的政策。在《南游记》中,华光也是一位不守规矩、正邪相参的角色;即便在今天的吴地信仰中,五灵公也远非光明磊落之神。但在《太姥宝卷》里,还是要尽可能为他们正面说话的。像娶铁扇公主一事,《南游记》中说是因为华光丢了看家法器金砖,就觊觎玉环圣母的金塔,于是一路打斗,才引出玉环圣母的女儿铁扇公主的。而在《太姥宝卷》中,则说是铁扇公主母女几个口出狂言,引动五灵公的好胜之心,多少有些不平则鸣的正面品德了。关于《太姥宝卷》祛魅求正的用心,"周文"中多有提及,此不赘述。

尤为重要的是,从上述各情节单元与《南游记》的对应关系可知,《太姥宝卷》并非完全按照《南游记》的顺序来安排情节。从情理上分析,情节1、2、3、5、6是《太姥宝卷》的主体,在交代太姥和灵公的来历之后,主要围绕灵公救母展开情节,逻辑与时序井然顺畅,也都与《南游记》顺序相符。而情节4"救王小姐"和情节7"比武娶妻",是与主线相对疏离的插入段,其位置就不必非常固定,因而与《南游记》的顺序颇有不同,却正显示了宝卷文本的特定功能。

"救王小姐"这一情节单元,以单纯的文学叙事眼光来看,它对"灵公寻母"这一叙事主线毫无用处,只是途中发生的一起孤立事件罢了。它在《南游记》中的功能在于让被救小姐为之建庙供奉。事实上,"显灵——供奉"是神灵信仰得以发生的常见套路,在《南游记》中就出现多次。而在《太姥宝卷》中,情节虽然大为简化,但"显灵——供奉"的功能丝毫未变,而且它不同于《南游记》那样的一般性供养,它是要为吴地民间信仰里五灵公乃"树头五圣"的地祇属性、以及"三尺一箭、彩板画像"这样奇特的供奉形式,提供合法性的。明代晚期吴县(一说常熟)人钱希言《狯园》卷十二里记载:

树头五圣

> 苏杭民间,凡遇大树下架一矮屋如斗大,绘五郎神母子弟兄夫妇于方版上,设香烛供养,以时享之不废者,此名树头五圣。⑯

而这样的信仰方式,至今还在常熟有所遗留,凡供养太姥或灵公之家,一般都设有"庄台",以代替"三尺一箭"的小庙,仍不塑像,但也不直接画神像,而是有宣卷先生画一个"塔符"贴在墙上,可见其传承中又有变异。因此,这一情节单元的功能主要不在叙事,而在于对地方信仰实践的直接说明,这才是吴地神灵宝卷叙事的核心特质。"比武娶妻"的情节单元也是如此,因为在吴地信仰中,五灵公和五夫人是必须同时供奉的,因而《南游记》中的一个铁扇公主,在《太姥宝卷》中就必须变成铁扇公主五姐妹了。

三、新创情节的仪式功能

为本地信仰仪式服务的叙事功能,在《太姥宝卷》情节单元8—10中体现得尤为充分,因为这部分情节完全脱离了《南游记》,应该是吴地信众的独立创编。

当然,所谓创编也不是完全凭空拟想,它还是有一些借鉴的。情节单元8"泗州造塔",就借鉴了龟山圣母水淹泗州的著名故事。此故事源远流长,最晚在南宋王象之的《舆地纪胜》中就有记载⑰,且其影响遍及全国,在俗文学中多有展现,详情可参刘康乐《泗州水母传奇新论》⑱。在《太姥宝卷》中,这个情节段落本身没有任何新创特色,其重点仅在于借观音镇服水妖的故事,引出叙事和仪式两方面的功能。从叙事角度说，之前太姥和灵公一家居住在海外扶桑国沉香树上，现在观音要来借用其沉香树，并答应在富庶的苏州地区为之重新建庙供奉香火，这样就为太姥一家的落户吴地，提供了合法缘由。这还在其次，更重要的是其中的信仰仪式功能。

观音借沉香是为了造塔，除了佛塔可以镇妖的一般观念之外，这里更须揭示造塔叙事对于吴地太姥信仰的直接功用[19]。事实上，作为吴地太姥和五灵公香火祖庭的苏州上方山（一名楞伽山），其标志性建筑正是山顶有一座七级宝塔。此塔原为建于隋代的舍利塔，最晚在明代中叶，已经成为五通神繁盛的香火地，且虽屡经废毁重修，却始终保持着内木外砖的材质结构。明末张世伟《重修上方塔碑记》说：

> 今之上方塔，盖即隋大业四年吴郡太守李显所建横山顶舍利灵塔……历唐宋迄我明，修废不一，可考者，易塔心木，木穷而刻砖见，并见珠宝舍利等物，则大明正统年间事焉。其再毁则崇祯壬申之六月，再修则丙子之五月……而塔铭中云此山为古之佛殿，则塔之附寺本来已久，独不见有所谓五显神者，不知始自何时。[20]

此段中的"塔心木"和"五显神"，显然与《太姥宝卷》遥相呼应。更重要的是，泗州水母故事是唐宋以来才渐次出现蔓延的，一般不提是何时代背景，《太姥宝卷》诸版本却都明确说是"隋炀帝时"，若非应和上方山塔的创建时代，笔者实在找不出理由了。事实上，后代延续至今的上方山信仰格局，是将太姥塑像直接安放在上方塔的第一层门洞里，而五灵公及五夫人则在塔下空地上建庙祭祀，这就难怪常熟民众会以"塔符"来代替太姥一家的神灵画像而予以供奉了。而且在吴地信仰中，太姥本身具有镇服邪祟的极高法力，许多信众遇到邪祟时，会与巫觋及宣卷先生一起到上方山塔前向太姥求助祛魅，可见对于塔的叙事是多么具有现实仪式的针对性。

不仅于此，在《太姥宝卷》中，造塔情节除了散文叙事外，会特别加入长短不等的韵文唱段，通常唱七层，也有唱十二层、十三层的。这正好显示了泗州塔与上方山塔的错位映照关系，因为上方山塔是七层，而泗州塔据记载是十三层[21]。而且，宝卷中通常会说水怪是被镇压在塔底或者塔上的某一层，而其他各层都有各种佛道神灵镇守着，许多唱段里还将《太姥宝卷》中的主要"人物"

都分别安置于塔上某层,比如"缪本"只唱七层,其神灵分别为:第一层是太郡圣母,第二层是五显灵官,第三层五福夫人,第四层玉环圣母与黑风道人,第五层五圣侯王,第六层观音,第七层为如来,其中"五显灵官"和"五圣侯王"其实是异名同实的。这样的安置不单表明神灵的合法性,而且直接具有仪式功能。在民间宣颂《太姥宝卷》时,到造塔这一段是最为热闹精彩的时分,宣卷先生、和佛人员以及在场的所有人员,包括主家及其亲友邻居,都会一起合唱,福德均沾,形成一个高潮。这一段也有专有名词叫《造塔调》,有些宣卷先生甚至将之单列出来,形成专门的科仪卷,便于使用,所以有些《太姥宝卷》文本(比如"胡本")中反而不再抄录造塔唱词了。

正是基于造塔一事的重要性,笔者认为《太姥宝卷》之所以借鉴泗州水母的故事,还有一层内在的理由在于,泗州水母本身就有被镇压在佛塔下的说法。元人陶宗仪《南村辍耕录》卷二十九"淮涡神"载:"泗州塔下,相传泗州大圣锁水母处,缪也。"[22]文人认为"缪也"而急于辩驳,正可见民间传说的流播广远。甚至其叙事情节很可能也跟《太姥宝卷》差不多,明代吴承恩《西游记》第六十六回"诸神遭毒手 弥勒缚妖魔"中,就提及泗州大圣"昔年曾降服水母娘娘",而此回目中弥勒缚妖魔的情节,即是《太姥宝卷》中观音降水母的模板,只是一个用西瓜,一个用面条来哄骗水母吃下罢了。值得注意的是,此回中孙悟空去拜访泗州大圣时,还对其寺庙和宝塔分别有韵文赞词,其中竟有"五显祠龟山寺"[23]的连称,或许泗州水母故事很早就与五通神有所关联,也未可知。

而情节9和10,则空无依傍,完全新创,却最具有信仰仪式的直接功能。

情节9主要是交代落位上方山的神圣经历,从苏州郊外的虎丘、灵岩山直到上方山,尤其是最后一程,还特意交代从灵岩山到上方山的一路地名,比如"图本"写道:"观音叫道莫心焦,离宫别处好搜寻。横山一路对南走,木渎水口往东行。龙泉渡口穿山过,杏春桥在面前存。来到楞伽山一座,此山仙景罕曾闻……"这样与实际地理的一一对应,从感性上大大增加了传记文学的真实性,常熟作为非遗传承人的宣卷先生余鼎君就说:"我们宝卷里要是能抓到现实当中能对应的东西,一般都会加进去,表示这个东西是真的。"[24]但此段在不同的文本中繁简不等,有的跳过灵岩山只写虎丘到上方山,有的甚至直接就到上方山,这也说明其根本目的只在证明神灵落位上方山的合法性。

而情节10本身连接得很突兀，无论哪个文本，都是横空插入金七总管以及"南朝诸圣神"等芸芸众神的，他们几乎没有情节展演，主要只是上山陪筵，最后在山上建庙，作为太姥的陪神受人供养。事实上，我们从各种记载中可知，上方山上除了太姥和五灵公五夫人之外，确实还有一些陪神，比如马公宋相之类，但到底有多少陪神在山上建庙受供，没有典籍明证，也没人说得清楚。《太姥宝卷》中虽然列出了金七总管、马公、水参庙、刘李周金四大神等几个名目，但通常还是以"南朝诸圣神"或"南朝圣众"这样一个集合名词予以概说，从而将上方山描画成一个以太姥为领袖而包罗万神的"奥林匹斯山"。这与其说是对上方山庙宇群的真实写照，不如说是对以上方山为中心的地方性神灵信仰格局的象征表达。

这里的陪筵行为尤其值得关注。事实上，在常熟地区的民间信仰中，无论在上方山上还是在乡村民户，传统上还盛行一种叫作"花筵"或"茶筵"的仪式活动，一般是主家遇到特别重大的事件，由巫觋看好日子而进行的大规模仪式性酒筵活动，以供奉太姥一家神灵。"花筵"非常铺张，明清笔记中多有"酒海肉山"之说。《太姥宝卷》的情节单元10，据余鼎君先生说，就是对传统"花筵"的描写。文中一面写当时场景，一面又插入对主家的提示和歌颂，显示出文本神界与现实人间的同构情状，也分外凸显《太姥宝卷》的仪式指涉。以《中国常熟宝卷》中揭载的《茶筵科》为例，开筵时所要奉请的诸多神灵："观音大士""萧公筵公""金元七总管""陈沈二府尊神""施相宋相""五路财帛大神""都督武烈王高大神""水府龙王""龙子龙孙""上方山太姆元君""马福总广""游奕尊神""采花夫人""左右侍卫尊神""关西五路坛下""七丧尊神""宝积夫人""黑风仙师""炎王佛""妙乐天尊""高低新旧五圣尊神""凤凰山玉环圣母""五宫夫人""千圣小王""南朝刘李周金大神""顶山小白龙王""水仙瘟部""当方土地大王""五灵公""五夫人"等⑥，这正是对《太姥宝卷》情节10的具体展示，但如此众多的神灵，其实没有一个宣卷先生能一一道其始末。"花筵"过程中会穿插许多提示行为的科仪小曲，它们既可以单独存在（比如《中国常熟宝卷》里的《楞伽小曲》），又可以穿插在《太姥宝卷》的相应位置，比如"缪本"中将"花筵"场景放置在五灵公与五夫人的婚宴处，记有"赏金花""五把扇子""五梳头""三杯酒""献团面饭""献扇""献明镜""献花粉香水""献木梳""献手帕""十二月花名"

以及带有历史故事的所谓"南歌",唱这些小曲的时候,必定要进行相应的仪式动作,比如"献明镜"之类。

四、神灵宝卷的历史渊源

以上通过文本细读,已将《太姥宝卷》的文本构成及其包含的仪式指涉揭示清楚,下面要提一个问题:《太姥宝卷》产生于何时呢?

据车锡伦先生《中国宝卷总目》的著录,《太姥宝卷》有明确时间标示的是1943年,笔者所据10种宝卷的最早标示时间是1946年,这当然只能说明其时代下限,"周文"考虑到吴地宝卷整体上在清末民初的繁盛历史以及《太姥宝卷》中包含民国时期的风情小曲,认为应该产生于"清末或民国时期",这是一个稳妥但过于保守的推论。我们知道,宝卷因为实用宣颂,易于破损,故经常需要重新抄录。而其文本又不具有佛道宗教经卷那样的严格要求,一些不太重要的部分尤其是那些松散的插入段,字句变化非常随意,像《中国常熟宝卷》里记录的一首《献妆小曲》,可以唱出"分田到户""要做万元户"㉖之类的时事流行语,这些都只能被视为演变的痕迹。但其核心情节,尤其是其中包含的信仰和仪式的关键点,是相当稳固的,否则就毫无神圣性了。

比如神灵的圣诞日。在《太姥宝卷》中,大多说五灵公的生日是"太始元年九月廿八日卯时",个别说是"初八"或"十八"的,很可能是笔误。这个生日最晚在宋末元初即已确立,长期以来一直流传;因为后来上方山太姥的神性更大于五通,所以有时也会被误认为是太姥的生日,《穹窿山志》卷二有《福神显化》一文,其中记载民女代神传话就说:"九月廿八日系上方圣母圣诞。"㉗可见俗信之盛。汤斌当年禁毁上方山祠祀也是在这个日子,据清初褚人获《坚瓠集》辛集卷四载:"苏俗酷尚五通神,供之家堂。楞伽山鼓乐演唱,日无虚刻。河南汤公抚吴,严为禁止。乙丑九月,公往淮上,值神诞,画船箫鼓,祭赛更甚于昔。公归闻之,立拘僧至,将神像沈于河,茶筵款待一概禁绝。"㉘很可能正因为汤斌这次严厉打击,后来复兴的上方山太姥和五通信仰,就逐渐改在每年的八月十八,与著名的"石湖串月"风俗混在一起以遮人耳目。清末百一居士《壶天录》卷上即有记载:"姑苏石湖,相传为范大成别墅,岁逢八月十八日,吴人皆买舟游湖,谓之串月。先于十七日夜,渔舟数百号,及俗称师娘者,鳞集水次,至上方山进香。……十八日香舟渐杳,画舫偕来。诚一时胜事也。"㉙至今仍以八月十八日为其庙节,甚至许多香客认为此日乃太姥圣诞。而《太姥宝卷》中不用八月十八却沿用九月二十八的生日,或可推论其创编当早于清末。

再比如五通封号。五通神宋代以来有很多次皇封,爵位越来越高,宋孝宗乾道三年(1167)加封八字侯,淳熙元年(1174)始封公爵,皆以"显"字开头,故称"五显",之后又累封至于八字王、圣诸名号,但上方山五通神的封号却始终以侯爵自居,名号也很奇特,《穹窿山志》卷二《福神茹斋小记》中说:"(上方山)山有五侯,福、宁、嘉、康、休。"㉚此乃乾道三年五通所封八字侯各自的最后一字,顺序略有差异,可见它们是上方山五圣的专名。高万桑(Vincent Goossaert)还列举了五侯的完整神号:

上方永康侯欧野四灵公
上方永宁侯花果二灵公
上方永福侯通灵大灵公
上方永嘉侯财帛三灵公
上方永庥侯风雅五灵公㉛

笔者所据《太姥宝卷》中都称"五圣侯王","图本""缪本""胡本"更直接说是"福宁加康侯王",显然也是有所脱漏的历史遗留物,其历史至少可以上推至明清交代之际。

从圣诞日和封号这些信仰标志的古老性来看,《太姥宝卷》应该有更早的信仰源头,由此观照其文本形成时间的上限,"顾文"仅根据它多借鉴《南游记》这一特点,就认为应该在《南游记》之后的"明代后期",自然有些轻率。若从吴地宣卷活动的历史记载及实物留存来看,尚无证据支持;但若从宝卷所叙内容来看,或许并非全无参考价值。本文要追问的正是:《太姥宝卷》的叙事内容应该产生于何时呢?换句话说,该情节叙事必须与宝卷文体同时产生吗?在《太姥宝卷》产生之前,会不会已经有别样的仪式性文体在叙述类似的情节呢?

这正是宝卷的仪式功能给予笔者的最大启发,因为在宝卷之前,类似的仪式早就存在了,请看两条明代中期对吴地太姥信仰活动的文字记载。其一见于黄暐《蓬窗类纪》卷五:

祛惑纪

……吴下多淫祠。五神者,人敬之尤甚,居民亿万计,无五神庙者不数家。庙必极庄严,富者斗胜相夸。神象赭衣,冲天巾,类王者,列于左;五夫人盛饰如后妃,列于右。中设太夫人,五神母也,皆面南。贫者亦绘于版,奉之曰"圣版"。迎版绘工家,主人赍香以往,乐导以归,迎象亦然。至则盛设以祀,名曰"茶筵",又曰"待天地"。召歌者为神侑,歌则详神出处灵应以怵人。自后主人朝夕庙见,娶妇不祀庙,不敢会亲友。有事必祷,祷必许茶筵祈神祐,病愈讼胜,咸归功之神,报礼不敢后。苟病死讼败,则曰心不诚耳,罔出一语为神讪。中人之家,一祀费千钱,多称贷为之。㉜

其二见于陆粲《庚巳编》卷五:

说 妖

吴俗所奉妖神,号曰"五圣",又曰"五显灵公",乡村中呼为五郎神,……五魅皆称侯王,其牝称夫人,母称太夫人,又曰"太妈"。民畏之甚,家家置庙庄严,设五人冠服如王者,夫人为后妃饰。贫者绘像于板事之,曰"圣板"。祭则杂以观音、城隍、土地之神,别祭马下,谓是其从官。每一举则击牲设乐,巫者叹歌,辞皆道神之出处,云神听之则乐,谓之"茶筵"。尤盛者曰"烧纸"。虽士大夫家皆然,小民竭产以从事,至称贷为之。一切事必祷,祷则许茶筵,以祈阴祐。偶获祐则归功于神,祸则自咎不诚,竟死不敢出一言怨讪。有疾病,巫卜动指五圣见责,或戒不得服药,愚人信之,有却医待尽者。又有一辈媪,能为收惊、见鬼诸法,自谓"五圣阴教",其人率与魅为奸云。城西楞伽山是魅巢窟,山中人言,往往见火炬出没湖中,或见五丈夫拥驺从姬妾入古坟屋下,张乐设宴,就地掷倒,竟夕乃散去以为常。……㉝

黄昈,吴县人,弘治庚戌(1490)进士,官至刑部郎中。陆粲(1494—1551),字子余,一字浚明,号贞山,长洲(今苏州)人,嘉靖五年(1526)进士,时代与黄昈相近而略后。这两条记载,几乎条缕相应,若非互有参考,或可说明苏州地区对太姥五通的信仰已具非常鲜明的特色,很容易被时人共同感知。

从这两条记载可以发现几个特点：首先，太姥和五通神信仰在吴地已经非常普及，主要的神灵形象是五灵公、五夫人和太夫人，其中太夫人俗名"太妈"，神位居中，显然最受尊崇。吴地的五通神信仰，多数来自婺源，此前都以五通神为主神，其父母、夫人甚至还有妹妹等，都只是毫无特色的陪祀，但在明代吴地却以太姥为主神了，正体现出五通信仰的地域特色。其次，彩绘"圣版"，正与《太姥宝卷》里所谓的"彩板画像"相合。再次，频繁而盛大的"茶筵"活动，每事必祷，耗费极巨。又次，苏州城西的楞伽山即上方山，乃是太姥五通这班神灵的巢窟。上述特点都与《太姥宝卷》以及相关"茶筵"科仪卷本密合无间，直至今日也没有太大变化。更为重要的是，在"茶筵"仪式上必须"召歌者为神侑，歌则详神出处灵应以怵人""巫者叹歌，辞皆道神之出处"，明代后期嘉定人李流芳甚至说："其赞神之词，叙置始末甚详甚异，不知何所本，大要巫者傅会之耳。"㉔所谓"叙置始末甚详甚异"，说明已经形成较为复杂成熟的叙事模式，这是否可以看作《太姥宝卷》文本的叙事先声呢？而且，吴地这样的"歌者"，恐怕已经是职业或半职业的了，据明末周清原编辑的白话小说集《西湖二集》中《吹凤箫女诱东墙》载：

> 话说这杏春小姐害了这相思病症，弄得一丝两气，十生九死，父母好生着急，遍觅医人医治；还又请和尚诵经，道姑画符解禳，道士祈星礼斗，歌师茶筵保佑。㉕

此处将"歌师茶筵"与"和尚诵经，道姑画符解禳，道士祈星礼斗"并称，足见是专门行当了。

余象斗的《南游记》，通常认为应该成书于十七世纪初期前后，那么这两条记载，时间上要远早于《南游记》，自然不可能去借鉴它；或许《南游记》的编撰，反倒借鉴过吴地"歌师茶筵"的"赞神之词"，因为《南游记》本身就是借鉴各种通俗神传文本来设想敷衍的，像元人所作《新编连相搜神广记》中的《五圣始末》《灵官马元帅》等篇目，显然是它的直接来源，尤其是《灵官马元帅》，几乎可以视为《南游记》的情节梗概，至于华光与五通神的关联混淆，也从南宋开始即已发生并不断在各种通俗文艺中有所展示，详情可参贾二强《说五显灵官和华光天王》一文，此不赘。

当然，笔者完全无意于推论《太姥宝卷》本身必然早于《南游记》而产生，毕竟当时"歌师茶筵"的具体演唱内容如何,我们不得而知,况且现在流行于太湖流域与太姥信仰有关的民间文艺形式,也不止宝卷一种,至少还有一种叫作"赞神歌"的文体也很盛行。归根结底,从现存的文本实物来看,《南游记》与《太姥宝卷》的时代差距悬殊判然,所以前文笔者还是以《太姥宝卷》借鉴《南游记》这样的定位在叙述。笔者在这里只是想说明:《太姥宝卷》可能具有比《南游记》更早的、本地仪式性的叙事作品为其借鉴,它与《南游记》的相应部分或许都以此类早期文本为其共同源头。吴语地区的神灵宝卷,因其文本特殊的仪式指涉和一定程度的开放特质,很可能其产生、演变,都有类似的隐形历史,这是需要提请研究者注意的。

附录一 版本情况

笔者在常熟地区共收集到 10 种《太姥宝卷》,其中朱彩英所藏有繁简二本,实为 11 本。其中 9 种皆为笔者亲自在常熟地区搜集所得,只有胡正兴抄录本转录自《河阳宝卷》,流传于今张家港港口地区,此地区原本就是常熟的一部分,宝卷中也经常自称"常熟",故一并列入考察对象。这 10 种文本里除了图书馆所藏本之外,皆为目前尚在使用的台本。依次介绍如下:

A. 项坤元藏《感应宝卷》(简称"项本")

此本内芯卷首称"五圣家堂宝卷",卷末诗赞中又称"太平卷",全卷之后又署:"民国丙戌年季冬月　日立 抄",可知此本抄于 1946 年。内芯之外另有封面、扉页,显为保护内芯而后加,线装成册。封面竖写三行,从左往右分别题署:"感应宝卷""虞北坤元藏""民国丙戌年　春月 抄",扉页亦竖写三行,从左往右分别题署:"感应宝卷""颍川鹤亭藏""岁在戊辰年　季秋月 抄"。封面与扉页的书法比内芯明显要差,当为后代补写,则所谓"戊辰年",当是 1988 年。

B. 常熟图书馆藏《五圣宝卷》(简称"图本")

封面及开卷诗都提及《五圣宝卷》,卷末诗句中称《家堂宝卷》,无其他信息。但从图书馆所藏同类宝卷及其书法来看,应是 20 世纪前半期的抄本。

C. 桑雪原藏《太姥》(简称"桑本")

仅封面上有"太姥"二字,无任何其他信息。

D. 缪鸿翔藏《太姆宝卷》（简称"缪本"）

封面竖写三行，从左往右分别题署："太姆宝卷""缪 记""丁亥年　正月 日订抄"，卷首诗中称《太郡宝卷》。"丁亥年"当为2007年。

E. 高云根藏《太姥宝卷》（简称"高本"）

复写本，内芯首题《太姥宝卷》，无其他信息。

F. 胡正兴抄《太姥宝卷》（简称"胡本"）

此据《河阳宝卷》排印本，其末尾署为"据港口庄泾村胡正兴抄本"。

G. 朱彩英藏《太姥宝卷》（简称"朱本"）

封面竖写三行，从左往右分别题署："太姥宝卷""朱藏""乙亥年"，当为1995年抄本。朱氏抄有繁简两种本子，本文择其繁本。

H. 丁素英藏《太姥宝卷》（简称"丁本"）

封面竖写三行，从左往右分别题署："太姥宝卷　全部""张府""天运　太岁戊寅年六月　重抄"，当为1998年抄本。

I. 马雪峰藏《太姥宝卷》（简称"马本"）

封面竖写三行，从左往右分别题署："太姥宝卷""马扶风""癸未年　三月印"，当为2003年抄本。

附录二　重要细节对照表

	项本	图本	桑本	缪本	高本	胡本	朱本	丁本	马本
卷名	感应宝卷、五圣家堂宝卷、太平卷	五圣、家堂宝卷	太姥	太姆宝卷、太郡宝卷	太姥宝卷	太姥宝卷	太姥宝卷	太姥宝卷	太姥宝卷
太姥来历	蛞蛛（屠）圣母	蛞蛛屠圣母	结蜘度圣母	蜘蛛精		结蛛屠圣母	结蜘圣母	蛛蜘	蜘蛛屠圣母

续表

	项本	图本	桑本	缪本	高本	胡本	朱本	丁本	马本
父名来历	蝾蚖屠圣公萧日昌			萧永甫	蝾蛉屠圣公萧日昌	萧员外	蝾蛉屠圣萧日昌	蝾蛉屠圣公萧日昌	蝾蛉屠圣公萧日昌
怀孕时长	二十四个月	二十四个月	二十四个月	超过十个月	二十四个月	十四个月	二十四个月	二十四个月	二十四个月
五灵公生日	太始元年九月廿八日卯时	太始元年九月廿八日卯时	太始元年九月廿八日卯时	太始元年九月初八日吉时	太始元年九月廿八日卯时	太始元年九月十八日卯时	太始元年九月廿八日卯时	太始元年九月廿八日卯时	太始元年九月廿八日卯时
五子来历	花光菩萨化身临凡	花光菩萨化身临凡	华光菩萨化身临凡	花菩萨化身下凡	花菩萨化身下凡		花菩萨化身下凡	花菩萨化身下凡	花菩萨化身下凡
解释吃人						养空肚皮	失子之恨	失子之恨	失子之恨
石落大仙原形	马天君枪上白蛇精	马天君枪上白蛇精	马天君枪上白蛇精	白蛇精		马天君枪上白蛇精	白蛇精	白蛇精	马天君枪上白蛇精
小庙	三尺一进、彩板画像	三尺一箭、彩板画像	三尺一箭、彩板画像	一尺一箭，画像	三尺一箭，画像	三尺一箭、彩板画像	三尺一进、彩板画像	三尺一箭、彩板画像	横上各一箭，彩板画像
神名	树头仙五圣	树头五圣	树头五圣	南方树头五圣	树头五圣		树头五圣	树头五圣	
苏州线路	虎丘—灵岩山—上方山	虎丘—灵岩山—上方山	虎丘—灵岩山—上方山	虎丘—灵岩山—上方山	虎丘—上方山	虎丘—灵岩山—上方山	虎丘—灵岩山—上方山	上方山	虎丘—灵岩山—上方山
五子封号	侯王五通	福宁加康侯王	福宁喜康侯	福宁加康侯王	五圣侯王	福宁嘉康侯王	五圣侯王	五圣侯王	五圣贤王
其他神灵	金元七兄弟、水仙、马公、"南朝祀典神祇"	金元、小参庙，刘李周金，南朝众职务	金元、水参庙，刘李周金，南朝众职务	总管、南朝祀典	金元七及同朝官员俱成神有庙	金元、小参庙，南朝众职务	金元七及同朝官员俱成神有庙	金元七及同朝官员俱成神有庙	金元七及同朝官员俱成神有庙

原载《民族文学研究》2017 年第 2 期。

注 释

① 以上引文均出自杜德桥著《妙善传说》，李文彬等译，台湾巨流图书公司,1990 年,第 77—78 页。

② 杜德桥《妙善传说》，李文彬等译，第20页。
③ 车锡伦《江苏常熟的"做会讲经"和宝卷简目》，载车锡伦著《中国宝卷研究》，广西师范大学出版社，2009年，第401—414页。
④ 丘慧莹《江苏常熟白茆地区宣卷活动调查报告》，《民俗曲艺》（台湾）2010年第169期。
⑤ 余鼎君《江苏常熟的讲经宣卷》，载《妈祖与民间信仰：研究通讯2》，台北博扬文化事业有限公司，2012年。
⑥ 白若思《〈香山宝卷〉的表演与仪式侧面——以常熟地区"讲经宣卷"活动为例》，载《汉学研究》（台湾）2015年第3期。
⑦ 车锡伦《中国宝卷研究》，第208、212页。
⑧ 见常熟市文化广电新闻出版局编《中国常熟宝卷·概况》，古吴轩出版社，2015年。
⑨ 周凯燕《〈太郡宝卷〉与五通神信仰的变迁》，《常熟理工学院学报（哲学社会科学版）》2009年第3期。
⑩ 顾珏《苏州上方山地区〈太姥宝卷〉及其信仰研究》，南京大学硕士学位论文，2007年。
⑪ 吴方言中"树"与"瑞"音近，"缪本"作"龙如法王"的"如"，亦同音。
⑫ "五通"与"五显"有同有异，关系复杂，本文不事纠缠，一律以"五通"称之。
⑬ Ursula-Angelika Cedzich, "The Cult of the Wu-t'ung/Wu-hsien in History and Fiction——The Religious Roots of *The Journey to the South*," in David Johnson(ed.), *Ritual and Scripture in Chinese Popular Religion: Five Studies*. Berkeley: Chinese Popular Culture Project, 1995.
⑭ Richard von Glahn, *The Sinister Way: The Divine and the Demonic in Chinese Religious Culture*, Berkeley and Los Angeles: University of California Press. 2004.
⑮ 贾二强《说五显灵官和华光天王》，《中国典籍与文化》2002年第3期。
⑯ 钱希言著，栾保群点校《狯园》，文物出版社，2014年，第385—386页。
⑰ "圣母井 在龟山灵济庙内，俗传泗州僧伽降水母于此。水母洞 在龟山寺，俗传泗州僧伽降水母于此。"载王象之《舆地纪胜》卷第四十四，台北文海出版社有限公司，1971年，第320页。
⑱ 刘康乐《泗州水母传奇新论》，《中国俗文化研究》第七辑，巴蜀书社，2012年。
⑲ "顾文"中对此已有提及，但尚未到位，本文不避嫌疑合而论之。
⑳ 张世伟《张异度先生自广斋集》卷一，《四库全书禁毁书丛刊》集部162，北京出版社，1997年，第181—182页。
㉑ "余自幼闻长老言，京师地方与泗州塔尖等，泗州塔一十三级，每级高一丈，是京师地形比泗州高一十三丈尔。"载袁文《瓮牖闲评》卷三，李伟国点校，中华书局，2007年，第

56页。
㉒ 陶宗仪《南村辍耕录》,王雪玲校点,辽宁教育出版社,1998年,第350页。
㉓ 吴承恩《西游记》,人民文学出版社,2005年,第798—799页。
㉔ 2016年12月9日,陈泳超在常熟国际宾馆对余鼎君先生的采访录音。
㉕ 常熟市文化广电新闻出版局编《中国常熟宝卷》,第2205—2206页。
㉖ 同上书,第2356页。
㉗ 见《藏外道书》第33册,巴蜀书社,1992—1994年,第456页。文中纪年为康熙五年(1666)。
㉘ 褚人获《坚瓠集》第二册,浙江人民出版社,1986年,第10叶上。
㉙ 文中"范大成"应为"范成大"。《续修四库全书》"1271 子部·小说家类",上海古籍出版社,2002年,第160页。
㉚ 《藏外道书》第33册,第453页。文中纪年有辛丑,当为1661年。
㉛ 高万桑、张安琪《清初苏州的道教与民间信仰》,《清史研究》2015年第1期。
㉜ 《续修四库全书》"1271 子部·小说家类",第617页。
㉝ 陆粲《庚巳编》,谭棣华、陈稼禾点校,中华书局,1987年,第51页。
㉞ 明代后期嘉定人李流芳《檀园集》卷八《重建五方贤圣殿疏》中也记录类似的信仰民俗,其中提到:"吴中祀神,皆设圣母、五侯、五夫人位,洁粢盛,陈歌乐,婆娑累日夕。其赞神之词,叙置始末甚详甚异,不知何所本,大要巫者傅会之耳。"见《嘉定李流芳全集》,陶继明、王光乾校注,上海古籍出版社,2013年,第225页。原标点有误,此为笔者自定,因其写作时间不能确证在《南游记》之前,仅补录于此已备参考。
㉟ 周清原著,周楞伽整理《西湖二集》,人民文学出版社,1989年,第209页。

严复"信达雅"爰及"所谓文字上的一种洁癖"

王　风

一

严复"信达雅",可以说是现代中国最成功的理论——不止是指翻译界,而是笼括整个学界而言。当然最成功未必意味着最优越,恰恰其所受到的批评,和赞誉一样都是最多的。周作人所谓,"自从严几道发表宣言以来,信达雅三者为译书不刊的典则,至今悬之国门无人能损益一字"[①],其固未必是。但正如罗新璋所言,"不论攻之者还是辩之者,凡是探讨翻译标准的,基本上不脱信达雅的范围"[②]。1998年,沈苏儒出版《论信达雅》,"谨以本书纪念严复《天演论·译例言》刊行一百周年",其中专章罗列各家评议,有"肯定",有"大体肯定或不否定而代之以新说",还有"否定或不置评",计109家。[③]其实可以想见,未及见者恐不是个小数。自有"信达雅"一说,中国从事翻译的基本都得念叨这"三字经",而翻译遍布于几乎所有学科。至于其所涉文章、书写的范畴,文学界、语言学界自然亦无可回避。

百多年不断的言说,"信达雅"汇聚了不可胜数的笺释。由于严复对这三个概念没有给出清晰的"界说",故而后人各各望文生义,误会也可谓不计其数。自然,论者因误解而生批评,本身就是为了立论。从这个意义上说,"信达雅"既是一个缺乏明确阐述的理论,也因此成为一个生产力极为旺盛的体系。它在很大程度上构建了中国现代翻译史,影响所及,又非翻译史所能笼罩。

"信达雅"所在的《译例言》,最早出现于光绪二十四年(1898)《天演论》沔阳慎始基斋本。《天演论》的翻译过程和版本状况是一个极为复杂的问题,大体而言,赫胥黎 Evolution and Ethics(《进化论与伦理学》)完成于 1894 年,严复应很快得到,并开始翻译。随后有牌记"光绪乙未"(1895)的陕西味经售书处重刊本,不过这个本子是个未被授权的刻本,没有吴序、自序和译例言,"乙未"也不大对。再就是《严复集》第五册收有存于中国历史博物馆的手稿本,系丁酉年(1897)的作者删改本。此本自序题《赫胥黎治功天演论序》,末署"光绪丙申重九",亦即西历 1896 年 10 月 15 日,这个署款为此后所有版本所沿用。但实际上,从题名到内容,都曾经历过不小的改动。

所谓"治功天演论","治功"指的是人事之功,而"天演",即严复所总结的"物竞天择,适者生存"。依其"自序"所言:"赫胥黎氏此书之恉,本所以救斯宾塞任天为治之末流……且于自强保种之图洞若观火。"也就是说,取赫胥黎之强调"治功",救弊斯宾塞"贯天地人而一理之"的"天演"。④《赫胥黎治功天演论》这个版本,除了现存国家博物馆的稿本外,至少还有梁启超处的抄本。1897 年年中梁的《论译书》,两次提到《治功天演论》。⑤而孙宝瑄是年日记十二月初二:"诣《蒙学报》馆,晤浩吾论教,携赫胥黎《治功天演论》归,即严复所译者。"⑥叶瀚浩吾为《蒙学报》"总撰述",梁启超为《时务报》"总笔",这两个刊物俱由汪康年"总董"或"总理"。就这层关系而言,孙宝瑄借去的很可能就是梁启超手里的那个本子。⑦

1897 年 12 月 18 日《国闻汇编》第二册,序言正式刊出,但已经题为《译天演论自序》。对勘可以发现,文字较《赫胥黎治功天演论序》,有了不小的改动。是为定本,与次年正式出版的慎始基斋本《自序》完全一致,惟"内导""外导"二词被替换为"内籀""外籀"。⑧因而这个本子《译例言》所谓,"稿经新会梁任公、沔阳卢木斋诸君借钞",所借者并不是同一个本子,虽然仍延续了"光绪丙申重九"的署款。

其实"治功"一语应该更早就为严复所放弃,甚至在梁启超《论译书》提到《治功天演论》时,严复那儿已经删除了该词。关于《天演论》,尽管当年的阅读抄录者不在少数,但严复最看重的请教对象无疑是吴汝纶。吴去世后严集李商隐、陆游句所成挽联:"平生风义兼师友,天下英雄惟使君。"兼及交谊与评价,堪称绝对。有关严吴二人的讨论,张丽华曾有完整的解读。⑨此姑在其基础上申说张皇之。

目前存留的吴、严当年的通信并不完整,但大体还是能够还原他们的往复过程。丙申(1896)七月十八日吴汝纶《答严幼陵》言:"尊译《天演论》,计已脱稿。"⑩可知此时吴清楚严译《天演论》事,而尚未得见其书。三个月后严复撰《赫胥黎治功天演论序》,也许此时才有此书名。至丁酉(1897)二月七日吴《答严幼陵》:"得惠书并大著《天演论》,虽刘先主之得荆州,不足为喻。比经手录副本,秘之枕中。"则刚得此书,而书名已是《天演论》。因而半年后梁启超《论译书》,所谈及的《治功天演论序》,是更早的书稿。

吴汝纶初读《天演论》后,对严复的体例提出了一项异议:

> ……顾蒙意尚有不能尽无私疑者,以谓执事若自为一书,则可纵意驰骋,若以译赫氏之书为名,则篇中所引古书古事,皆宜以元书所称西方者为当,似不必改用中国人语,以中事中人固非赫氏所及知。法宜如晋、宋名流所译佛书,与中儒著述,显分体制,似为入式。此在大著虽为小节,又已见之例言,然究不若纯用元书之为尤美。⑪

这里所谓"又已见之例言",并非现在尽人皆知的《译例言》,那是撰于次年,即"光绪二十四年岁在戊戌"。吴汝纶所读到的固已不可复睹,但《赫胥黎治功天演论序》后所附的《译例》四条,应就是当年吴之所见,其前两条如此:

> 一、是译以理解明白为主,词语颠倒增减,无非求达作者深意,然未尝离宗也。
>
> 一、原书引喻多取西洋古书,事理相当,则以中国古书故事代之,为用本同,凡以求达而已。

在译著中,用"换例"的办法,"以中国古书故事"替换"西洋古书"的"引喻"。要说起来,是犯了翻译的大忌。以严复的学养,断不至于此,故一定另有缘由。《译例》中另有一条:"有作者所持公理已为中国古人先发者,谨就谫陋所知,列为后案,以备参观。"⑫如果回头再看他的"自序",持《易》《春秋》之理,印证"西国近二百年学术",是在于认为二者有相通之处。中学的问题是"发其端而莫能竟其绪,拟其大而未能议其精",需要"转籍西学以为还读我书之用"。就严复的角度,并非仅是接引西学而已,还要借助西学来激发中学自身的潜力,中西之学在他这儿岂止可以对话,简直是要互相融汇的。

因而《天演论》一书,对于严复来说并不简单是译著,或者主要不是译著,毋宁说是论说。"中国古人先发者"是他使用的材料[13],赫胥黎之论述对他来说何尝不是材料。中西古今之说,在此汇为一编,或按或断,以阐发一己之见。这样的话,"词语颠倒增减"不是问题,"西洋古书""引喻"换成"中国古书故事",只要"事理相当",也不成其为问题了。能达到"理解明白"的目的即可,亦即这两条"译例"中都提到的"求达"。"信达雅"一说,在严复最初的想法中,原不存在。他的目的很简单,就是要将自己的意思表达出来,让读者清楚。至于是否尊重原文,是否符合翻译的一般原则,皆在所不计。因而一言以蔽之,或者一"字"以蔽之,就是"达"。

吴汝纶固然清楚该著"特借赫胥黎之书,用为主文谲谏之资而已。必绳以舌人之法,固执事之所不乐居,亦大失述作之深旨"。但他还是从翻译的原则,提出了异议。以为尽管"已见之例言",但总是"以译赫氏之书为名",而非"执事""自为一书",因而其中的"中事中人"并不合适。[14]由此引发了严复近半年的修改,至该年十月十五日,与吴汝纶函中报告:

> 拙译《天演论》近已删改就绪,其参引己说多者,皆削归后案而张皇之,虽未能悉用晋唐名流翻译义例,而似较前为优,凡此皆受先生之赐矣。[15]

这里提到的"虽未能悉用晋唐名流翻译义例",是回应吴汝纶来函中,"法宜如晋、宋名流所译佛书,与中儒著述,显分体制,似为入式"。显然,"义例"或"体制"的问题,并不光是"削归后案"就可以简单解决,以满足吴汝纶对"入式""得体"的关切。[16]又信中"许序《天演论》,感极"之语[17],可知此前有严复求序的去函,和吴汝纶应允的答件。

《天演论》吴序款署"光绪戊戌孟夏 桐城吴汝纶叙",但这个时间颇为可疑。戊戌(1898)二月二十八日吴汝纶《答严几道》,"接二月十九日惠书,知拙序已呈左右",二月可是"仲春"。由此可见,《桐城吴先生年谱》记载此序作于"光绪二十四年戊戌正月",是没有问题的。何况此"天演论序"条,还特别说明:"自此以下,皆有手稿,其叙次先后厘然不紊。"[18]依吴汝纶作为长者的辈分和古文大家的身份,序给出去了,再要回来修改并新署时间,这个应该是不会有的,[19]那么就是严复的更动了。为何如此,可以注意到的是,《译例言》署款

"光绪二十四年岁在戊戌四月二十二日　严复识于天津尊疑学塾",与吴序同是"孟夏"。也就是说,严复是为了表明,他写《译例言》时并未见到吴汝纶的序,目的在掩饰这两篇文章的关系。

当然尚可疑问,严复大可以保留吴序的时间,而将《译例言》的署款时间提前。但事实上又不可能,二月二十八日吴汝纶函并言,"《天演论》凡己意所发明,皆退入后案,义例精审,其命篇立名,尚疑未惬。厄言既成滥语,悬疏又袭释氏,皆似非所谓能树立不因循者之所为。"⑳《译例言》介绍其事经过:

> 仆始翻"厄言",而钱唐夏穗卿曾佑,病其滥恶,谓内典原有此种,可名"悬谈"。及桐城吴丈挚父汝纶见之,又谓"厄言"既成滥词,"悬谈"亦沿释氏,均非能自树立者所为,不如用诸子旧例,随篇标目为佳。穗卿又谓如此则篇自为文,于原书建立一本之义稍晦。而"悬谈"、"悬疏"诸名,悬者玄也,乃会撮精旨之言,与此不合,必不可用。于是乃依其原目,质译"导言",而分注吴之篇目于下,取便阅者。㉑

可知到三月之后,严复还在跟夏曾佑就吴汝纶的意见讨论篇目的"定名",《译例言》无法倒填日月。

吴序用了大部分篇幅谈"文"的问题,实际上暗含着他与严复之间,关于书写语言选择的分歧,也就是是否走类似于佛典翻译的路线。作为古文大家,吴汝纶自然是不会在"序"这样的文体中,直截了当地异议或批评。尤其自命接续着桐城本籍前辈姚鼐以来的文统,如何委婉而不着痕迹地道出自己的看法,此类"文章作法",在他那儿自是驾轻就熟。序言梳理了整个中国文章史,指出晚周以来,有"集录"和"自著"两类,"自著"原于《易》《春秋》,汉代《太史公书》《太玄》是其流亚。"集录"起于《诗》《书》,乃韩愈以后唐宋人所原本。这实际上说的是专著和文集两类著述。吴汝纶认为"自著"汉以后衰弱,继以"集录"的兴盛,而这个兴盛的集录之文,说的其实就是八大家以降的古文传统。那么西学进来,从性质上类似于"自著"的体例。然而"士大夫相矜尚以为学者,时文耳,公牍耳,说部耳。舍此三者,几无所为书。而是三者,固不足与文学之事"。这么轰轰烈烈地说了一通之后,转入正题,"文如几道,可与言译书矣":

> 往者释氏之入中国,中学未衰也,能者笔受,前后相望,顾其文自为一

类,不与中国同。今赫胥黎氏之道,未知于释氏何如?然欲侪其书于太史氏、扬氏之列,吾知其难也;即欲侪之唐宋作者,吾亦知其难也。严子一文之,而其书乃骎骎与晚周诸子相上下,然则文顾不重耶。㉒

这段话说得非常微妙,也正是桐城古文的长技。表面上是极高的赞誉,"骎骎与晚周诸子相上下",在后世确实也成为涉及严复的一句著名的评语。但吴汝纶的真正看法是在前面,释氏之书,"顾其文自为一类,不与中国同。今赫胥黎氏之道,未知于释氏何如",说到底就是认为西书与释氏典籍一样,"不与中国同"。"欲侪其书于太史氏、扬氏之列,吾知其难也;即欲侪之唐宋作者,吾亦知其难也",则是并不认同严译的书写语言路线。

印证前一年吴汝纶给严复的函件,建议"与中儒著述,显分体制",就可以很清楚看出吴序的真正意思。事实上,撰序次年己亥(1899)二月廿三日《答严几道》,吴又将这个意见更清晰肯定地重复了一遍:

> 欧洲文字与吾国绝殊,译之似宜别创体制,如六朝人之译佛书,其体全是特创。今不但不宜袭用中文,亦并不宜袭用佛书。窃谓以执事雄笔,必可自我作古。又妄意彼书固自有体制,或易其辞而仍其体,似亦可也。不通西文,不敢意定,独中国诸书,无可仿效耳。

吴汝纶所持的立场,未始没有道理。用以往的书写语言翻译西书,肯定会遇到很多问题,即便如严复,自也不可能身无体会。但吴这样主张,另有一层隐秘的心理,就是不愿意西学这样的新东西,带着大量的概念和辞汇,掺进汉文原有的书写,尤其是八大家以来的古文传统中。吴汝纶是古文家,也是洋务派,他知道西学对中国是必须的,这方面并不保守。但另一方面,他希望能坚守古文的"纯洁","《古文辞类纂》一书,二千年高文略具于此,以为六经后之第一书。此后必应改习西学,中国浩如烟海之书,行当废去,独留此书,可令周、孔遗文绵延不绝"。因而,西学应该像佛典那样,被中土吸收后,仍自成一类,保持很强的异质性,这样才不会威胁到"二千年高文"。这是他不断建议严复的真正原因。

吴、严当年的通信,应极为频密,现在所能见到的只是有限几通。可以想见,此类的讨论远不止于此。吴汝纶的主张,以及为《天演论》所撰序的言下之意,严复自然心知肚明。但在他那儿,一方面中西之学是可以会通的;另一方面,文章上严复之向吴汝纶请教,正是希望自己的文字能够到达那样的层面。不管是"一名之立,旬月踟蹰"的艰苦努力,还是向吴汝纶请教"行文欲求尔雅,有不可阑入之字,改窜则失真,因仍则伤洁,此诚难事"的解决方案,㉓无不是朝着吴所建议的相反方向行进。吴汝纶将严复方之"晚周诸子",实则桐城"文统",由方姚上溯归有光、八大家、《史记》、《左传》,归源于"五经",原没有"诸子"太多事。即便他的主张未必如此狭隘㉔,无意识中也不无将严复轻轻推开的心情吧。这是两人之间微妙至极的一拒一迎。《译例言》中,所谓"实则精理微言,用汉以前字法、句法,则为达易。用近世利俗文字,则求达难",是严复有关书写语言选择的宣言。相较吴序,对"近世利俗文字"的拒绝两人立场一致;而严对"汉以前字法、句法"的坚持,表面上与吴的"乃骎骎与晚周诸子相上下"不谋而合,实则真只是表面上的默契,内里却埋藏着致命的分歧。《译例言》是严复见到吴序之后所写,则极少数的知者,看到的是严的异议,而大多数的不知者,以为他是借吴之嘉言给自己贴金,则不免知者失笑而不知者讶笑了。严复将二文的写作时间调为同一个月,以表明各各独立成文,原因或在于此。

二

《治功天演论》的《译例》,本是非常简单的交代。其目的恰在说明该书违反普通翻译原则的做法,乃为"求达",说白了是要读者不要当作一般译书看。而到《天演论》正式出版,因为师友间,尤其是与吴汝纶的诸多讨论,发展出著名的《译例言》,却是正面阐述普通的翻译原则。对于《天演论》实际的翻译路线与《译例言》所阐发的扞格之处,条目中做了前提性的说明:

> 题曰达恉,不云笔译,取便发挥,实非正法。什法师有云:"学我者病。"来者方多,幸勿以是书为口实也。

确实,《天演论》诸版本都署的是"英国赫胥黎造论 侯官严复达恉"。这与随后如《原富》初版本署"英伦斯密亚当原本 侯官严复几道翻译"㉕,显是判然有别。也就是说,在严复那儿,《原富》这样的才是"笔译",《天演论》不是。"来者方多,幸勿以是书为口实也",说的其实就是不能用《天演论》来印证《译例言》,

那只是"达恉"。

《译例言》第一条开宗明义,曰:

> 译事三难:信、达、雅。求其信已大难矣,顾信矣不达,虽译犹不译也,则达尚焉。

"信达雅"从此成为不刊之论,三者并举,论者纷纭。但如果回到原文,可以看出,"达"始终是核心。此前《治功天演论》的《译例》,凡所言说,皆是"为达",只有"达"而无"信""雅"。《译例言》所谓"达尚焉"之"尚",说明"信""雅"皆是为了"达"。"信矣不达,虽译犹不译也",目的是"达"。第二条言,"凡此经营,皆以为达,为达即所以为信也",也是"为达"。第三条之"求其尔雅","用汉以前字法、句法,则为达易;用近世利俗文字,则求达难",所谓"为达""求达",最终目标还是"达"。

"信达雅"的关系,各种解释非常之多。如要取其简明,则"信"是针对原文而言,"雅"是针对译文而言。而"达",是关系于译出语和译入语的,也就是二者之间的"交通"。故而"求信""求其尔雅",都是为了"达"。"求其信已大难",就翻译而言,"信"是基础,自然无需多做解释。而"雅",则涉及他的书写语言选择,也是他与吴汝纶等反复讨论的问题。《译例言》第三条:

> 《易》曰:"修辞立诚。"子曰:"辞达而已。"又曰:"言之无文,行之不远。"三曰[者]乃文章正轨,亦即为译事楷模。故信达而外,求其尔雅,此不仅期以行远已耳。实则精理微言,用汉以前字法、句法,则为达易;用近世利俗文字,则求达难。往往抑义就词,毫厘千里。审择于斯二者之间,夫固有所不得已也,岂钓奇哉! 不佞此译,颇贻艰深文陋之讥,实则刻意求显,不过如是。㉖

这里引了三条古老而著名的圣人经书文句,用来作为"信达雅"的靠山。"诚"即"信","辞达"本就有"达"。至于"雅",后人绝大多都理解为文雅、古雅、典雅,高明点的则大体释成"风格"。钱钟书所谓"译事之信,当包达、雅;达正以尽信,而雅非为饰达。依义旨以传,而能如风格以出,斯之谓信",其"雅"对应的是"风格"。不过这是他的别解,并批评严复"尚未推究"。㉗钱钟书理解严复说的是"in itself possess high literary merits"㉘,大体还是近于"高雅",或"言之无文"的"文"。总之一百多年来,有无数牛头不对马嘴的议论、批评、发挥,几乎看不到说得对的。其实"尔雅"本训为"近正","求其尔雅"勉强翻译成现在的说法,就是使用符合轨范的语言。㉙"言之无文,行之不远",此语的引用,解者每为之干扰,事实上严复要说的不是"文"。"此不仅期以行远已耳",首要是"行远",再者则是"求达"。依其本意,或可改写成这样的句式:"求其尔雅,辄用汉以前字法、句法,可以行远,可以为达。"

在严复的认识里,正式的、正规的书写语言,自然是文言,尤其是"汉以前字法、句法"的文言。而这是相对于"近世利俗文字"而言的。所谓"近世利俗文字",指的是当年为了开启民智,所使用的浅文白话,有利于文化程度较低民众的接受。要说起来,持有这些主张的开明士人,恰恰是严复的同志。因此,"不佞此译,颇贻艰深文陋之讥,实则刻意求显"的辩解,是说给周围朋友听的。果不其然,翌年致张元济函,就有这样的抱怨:

> 昨晤汪、杨二君,皆极口赞许笔墨之佳,然于书中妙义实未领略,而皆有怪我示人以难之意。天乎冤哉!仆下笔时,求浅、求显、求明、求顺之不暇,何敢一毫好作高古之意耶?又可怪者,于拙作既病其难矣,与言同事诸人后日有作,当不外文从字顺,彼则又病其笔墨其[之]不文。有求于世,则啼笑皆非。此吴挚甫所以劝复不宜于并世中求知己……

严复自是满腹委屈,此函言及"《原富》拙稿,刻接译十数册,而于原书仅乃过半工程"。㉚严译经常是边译边为人所借阅,"汪、杨二君"所"怪",或许指的是此书。两年后《原富》正式出版,翌年亦即 1902 年壬寅大年初一,流亡日本的梁启超在横滨创办《新民丛报》。梁也是严的老熟人了,此时正忙于主张涉及文字的各种"革命"。创刊号书评栏"绍介新著",评介的就是《原富》:

> 但吾辈所犹有憾者,其文笔太务渊雅,刻意摹仿先秦文体,非多读古书之人,一翻殆难索解。夫文界之宜革命久矣,欧美日本诸国文体之变化,常与其文明程度成比例。况此等学理邃赜之书,非以流畅锐达之笔行之,安能使学僮受其益乎。著译之业,将以播文明思想于国民也,非为藏山不朽之名誉也。文人结习,吾不能为贤者讳矣。㉛

意见类似于"汪、杨二君"朋友间私下的评论,而梁启超以公开的方式表达出

来,严复自也不能只是在私函中回应,于是报之以公开信:

> 窃以谓文辞者,载理想之羽翼,而以达情感之音声也。是故理之精者不能载以粗犷之词,而情之正者不可达以鄙倍之气。中国文之美者,莫若司马迁、韩愈。而迁之言曰:"其志洁者,其称物芳。"愈之言曰:"文无难易,惟其是。"仆之于文,非务渊雅也,务其是耳……若徒为近俗之辞,以取便市井乡僻之不学,此于文界,乃所谓陵迟,非革命也。且不佞之所从事者,学理邃赜之书也,非以饷学僮而望其受益也,吾译正以待多读中国古书之人。㉜

办报的梁启超,正以言论耸动天下,所关心自然在影响力。而严复是要将中国需要的西学引入,考虑的是什么样的方式才是最准确的。具体到书写语言,当时的白话确实无法承担这样的任务,尽管白话有上千年的历史,但主要用于民众的消费读物。到了近代,也只是增加了启蒙性的功能。相较而言,文言的应用面要更为广泛,是官方正式的书写语言,其来源于上古经典,辞汇文法比较稳定。从这个角度说,严复的选择并没有错。但就晚清当时的气氛,梁启超这样的批评是必然会出现的。㉝吴汝纶在《天演论序》中说:"凡为书必与其时之学者相入,而后其效明。今学者方以时文、公牍、说部为学,而严子乃欲进之以可久之词,与晚周诸子相上下之书,吾惧其舛驰而不相入也。"㉞真可谓不幸而言中。

不过,吴汝纶所称许"与晚周诸子相上下",与严复自言之"用汉以前字法、句法",其实都是言过其实。己亥(1899)二月廿三日吴汝纶《答严几道》,有下面的讨论:

> 未[来]示谓:行文欲求尔雅,有不可阑入之字,改窜则失真,因仍则伤洁,此诚难事。鄙意:与其伤洁,毋宁失真。凡琐屑不足道之事不记何伤!若名之为文,而俚俗鄙浅,荐绅所不道,此则昔之知言者无不悬为戒律,曾氏所谓辞气远鄙也。文固有化俗为雅之一法,如左氏之言"马矢",庄生之言"矢溺",公羊之言"登来",太史之言"伙颐"。在当时固皆以俚语为文,而不失为雅。若范书所载"铁胫"、"尤来"、"大抢"、"五楼"、"五幡"等名目,窃料太史公执笔,必皆芟薙不书,不然胜、广、项氏时,必多有俚鄙不经

之事,何以《史记》中绝不一见。如今时鸦片馆等比,自难入文,削之似不为过。倘令为林文忠作传,则烧鸦片一事,固当大书特书,但必叙明源委,如史公之记平准,班氏之叙《盐铁论》耳,亦非一切割弃,至失事实也……㉟

所谓"与其伤洁,毋宁失真",正是桐城一脉相承的心法。当年祖师方苞曾就"雅洁","训门人沈廷芳曰":"古文中,不可入语录中语,魏晋六朝人藻丽俳语,汉赋中板重字法,诗歌中隽语,南北史佻巧语。"㊱又"答程夔州"云:"传记用佛氏语则不雅……岂惟佛说,即宋五子讲学口语,亦不宜入散体文。"㊲吴汝纶所举例证,以及语言禁忌,无不是这一观念的产物,"汉以前"何尝如此"忌口"?因而严复所走的书写语言路向,正是向桐城派学习和靠近的过程,与"晚周诸子"更是水米无干。当然,即便桐城,他也是半路出家,在深知文章的人眼里,必然是逃不过去的。吴汝纶心里清楚而不便明言,而与严复同辈的文章大家章太炎,说起话来就不会客气。《与人论文书》纵论天下:

> 曩尝与足下言,仆重汪中,未尝薄姚鼐、张惠言。姚、张所法,上不过唐、宋,然视吴、蜀六士为谨(夸言稍少,此近代文所长。若恽敬之恣,龚自珍之儇,则不可同论)。仆视此,虽不与宋祁、司马光等,要之,文能循俗,后生以是为法,犹有坛宇,不下堕于猥言酿辞,兹所以无废也。并世所见,王闿运能尽雅,其次吴汝纶以下,有桐城马其昶为能尽俗(萧穆犹未能尽俗)。下流所仰,乃在严复、林纾之徒。复辞虽饬,气体比于制举,若将所谓曳行作姿者也。纾视复又弥下……㊳

太炎为文法魏晋,与唐宋八大家以来的"古文"异路。这段文字,虽视桐城为"俗",但还是认为"无废"。而到了严林,则直指等而下之。"气体比于制举",说是有八股的气味了。这是非常伤人的评价,其来源当是钱大昕《与友人书》:"王若霖言:'灵皋以古文为时文,却以时文为古文。'方终身病之。"㊴

太炎个性有谑而虐的一面,最刻薄的比喻是冲着"视复又弥下"的林纾去的。其实他对严复不无尊重,但还是忍不住"刻画"了一句,"若将所谓曳行作姿者也"。不过这在他的文章中也不是独此一处,别无分号。1903年严复出版译著《社会通诠》,四年之后,章太炎在他主笔的《民报》十二号上,刊发《社会通诠商兑》。正面批驳之余,也来了一段"杂文笔法":

> 严氏固略知小学,而于周秦两汉唐宋儒先之文史,能得其句读矣。然相其文质,于声音节奏之间,犹未离于帖括。申夭之态,回复之词,载飞载鸣,情状可见。盖俯仰于桐城之道左,而未趋其庭庑者也。⑩

既穷形尽相又尖冷刻薄。"犹未离于帖括",说的还是八股气。"俯仰于桐城之道左,而未趋其庭庑者",指明严复想学的是桐城,而实际上并未学到家。当时周氏兄弟都在东京,于太炎执弟子礼。这段话给他们留下的印象实在太深了,尤其出于《诗经·小宛》的"载飞载鸣"一语,可谓终生难忘。鲁迅直到去世前一年,文章中还提到这个早年看到的"典故":

> 五四时代的所谓"桐城谬种"和"选学妖孽",是指做"载飞载鸣"的文章和抱住《文选》寻字汇的人们的,而某一种人确也是这一流,形容惬当,所以这名目的流传也较为永久。⑪

"五四"时期的"桐城谬种",指的是林纾。但在太炎那儿,林更下于严一等,所以连"未趋其庭庑"都算不上。同样是太炎弟子的钱玄同自然熟知乃师的评价,因而谥其为"谬种"。鲁迅这儿是拖出"载飞载鸣"与其相配,典出于严复身上,但并不指严复。对于鲁迅来说,严复的译著是他极为重要的阅读经历。

> ……他所看见的是那时出版的严译"天演论"。这是一本不三不四的译本,因为原来不是专讲进化论的,乃是赫胥黎的一篇论文,题目是"进化与伦理",译者严几道又是用了"达恉"的办法,就原本的意思大做其文章,吴挚甫给做序文,恭维得了不得,说原书的意思不见得怎么高深,经译者用了上好的古文一译,这便可以和先秦的子书媲美了。鲁迅在当时也还不明白他们的底细,只觉得很是新奇,如"朝花夕拾"中"琐记"一篇里所说,什么"赫胥黎独处一室之中,在英伦之南,背山而面野,槛外诸境,历历如在几下",琅琅可诵,有如"八大家"的文章。因此大家便看重了严几道,以后他每译出一部书来,鲁迅一定设法买来……直到后来在东京,看见"民报"上章太炎先生的文章,说严几道的译文"载飞载鸣",不脱八股文习气,这才恍然大悟,不再佩服了。⑫

这是周作人对于鲁迅的回忆,其实也是自己的经验。此前三十多年,《我的复古的经验》中谈到:"最初读严几道林琴南的译书,觉得这种以诸子之文写夷人的话的办法非常正当，便竭力的学他。虽然因为不懂‘义法’的奥妙，固然学得不像，但自己却觉得不很背于迻译的正宗了。随后听了太炎先生的教诲，更进一步，改去那‘载飞载鸣’的调子，换上许多古字……多谢这种努力，《域外小说集》的原板只卖去了二十部。”㊸

《域外小说集》1909年出版，是晚清周氏兄弟在日本共同工作的最重要成果。事实上，鲁迅和周作人进入文学领域，最早受到的影响不外乎梁启超、林纾、严复。鲁迅于梁启超多些，而周作人是林纾，严复在他们心目中则比梁林更要高明。1906年年中章太炎到了日本，几个月后周氏兄弟东京聚首，他们之间于是有了师弟之谊。鲁迅去世时，周作人的回忆文章，明确点明了这个时间点，以及他们文笔的变化：

> 丙丁之际我们翻译小说，还多用林氏的笔调，这时候就有点不满意，即严氏的文章也嫌他有八股气了。㊹

“丙丁”即丙午、丁未，1906到1907年。从《红星佚史》的翻译开始，他们逐渐脱离此前梁、林、严，还有陈冷血文风的影响，探索自己的书写语言路线。这在《域外小说集》时达到了极端。㊺

《域外小说集》标举“迻译亦期弗失文情”㊻，周作人所说的“多喜用本字古义”还属其次㊼。重要的是“任情删易，即为不诚。故宁拂戾时人，迻徙具足耳”㊽。这与严复主张的路线已经完全相反，是将外文的“字法、句法”，直接移用到汉语书写中。或者说，严复走的是“归化”的路线，他与时人的争论要点，在于何种汉语书写语言是合适的，或者说是“尔雅”的。而周氏兄弟坚决将汉语书写“异化”，全面向翻译的源语言靠近。

严复“信达雅”之“雅”，其本意在于语言选择，这在周氏兄弟自然不会误解，周作人就直接指明“乃由于珍重古文的缘故”“乃是以古文为本的”㊾。因此，严复所谓“求其尔雅”，已经完全不在他们的考虑范围之内。《域外小说集》出版后，鲁迅写了一则广告称：“因慎为译述，抽意以期于信，绎辞以求其达。”㊿几乎同时，《〈劲草〉译本序》也说：“爰加厘定，使益近于信达。托氏撰述之真，得以表著；而译者求诚之志，或亦稍遂矣。”(51)所谓“期于信”“求其达”，所谓“近于信达”“求诚之志”，均是保存“信达”而刊落“雅”。严复“信达雅”的构架在周氏兄弟那儿还保留着，只不过“雅”被放逐了。

三

去除"雅",也就是不认同于严复的语言选择,但周氏兄弟并未因此彻底转到章太炎的"魏晋文",而是"逶徙具足"地任由译出语影响自己的译入语。不过,固然都尊崇"信"与"达","信"自不待言,而如何"达",其实二人之间也并不完全一致。1944年周作人回忆晚清时他的翻译,曾这样解释:

> 先将原文看过一遍,记清内中的意思,随将原本搁起,拆碎其意思,另找相当的汉文——配合,原文一字可以写作六七字,原文半句也无妨变成一二字,上下前后随意安置,总之要凑得像妥帖的汉文,便都无妨碍,唯一的条件是一整句还他一整句,意思完全,不减少也不加多,那就行了。这种译文不能纯用八大家,最好是利用骈散夹杂的文体,伸缩比较自由,不至于为格调所拘牵,非增减字句不能成章,而且这种文体看去也有色泽,因近雅而似达,所以易于讨好。[52]

"意思完全",不增减原文,是周作人的"信"。而"凑得像妥帖的汉文",就是他的"达"。但他所说的"近雅而似达",乃事后之言,其"雅"已与严复所言不同,不是"八大家",而是他自己选择的"骈散夹杂的文体"。

共居日本时期的周氏兄弟,总体上还是鲁迅在主导。周作人表面个性随和,思维似乎亦偏于折中,实则未必完全如斯。这样"骈散夹杂的文体",本质上还是"将就",他不是不清楚。民国元年以后一人蛰居家乡,遂以中西合璧的依据,写了一批豆腐块文章:

> 以前我作古文,都用一句一圈的点句法。后来想到希腊古人都是整块的连写,不分句读段落,也不分字,觉得很是古朴,可以取法;中国文章的写法正是这样,可谓不谋而合,用圈点句殊欠古雅……因此我就主张取消圈点的办法,一篇文章必须整块的连写到底,(虽然仍有题目,不能彻底的遵循古法,)在本县的《教育会月刊》上还留存着我的这种成绩。

这是其"复古"的"第三支路","言行一致的做去",而得到"'此路不通'的一个教训"。[53]于是转而为新文学,此即周作人自叙的逻辑。

至于鲁迅,则以其理论的彻底性,一以贯之,从不妥协。他的"信"的范畴,从来是连"文体",乃至"字法、句法"也包括在内的。这不但晚清时的几篇翻译如此,民国元年以后乃至进入白话时代,始终不变。1913年他翻译上野阳一《艺术玩赏之教育》,其"附记"特别交代,"用亟循字迻译,庶不甚损原意"㊴。极端到尽可能地"循字移译",是要将"信"执行到文法以及语序的层面。1917年底表彰周瘦鹃《欧美名家短篇小说丛刊》,同时也批评"命题造语,又系用本国成语,原本固未尝有此,未免不诚"㊵。一年后《新青年》中,应该是他借周作人的名义,用白话文做出这样的宣言:

> 我以为此后译本,仍当杂入原文,要使中国文中有容得别国文的度量,不必多造怪字。又当竭力保存原作的"风气习惯,语言条理";最好是逐字译,不得已也应逐句译,宁可"中不像中,西不像西",不必改头换面……㊶

仍然是要"逐字译",其目的是以此改造并创造新的"中国文"。这体现出兄弟二人对于汉语现代书写语言不同的想象。鲁迅的主要路向,是引入外文的语法方式,拓宽汉文新的表达手段。而周作人,则首先是考虑到汉文本身的表达限度,在这个限度内尽可能地丰富,由此来创造新的书写语言:"我们的理想是在国语能力的范围内,以现代语为主,采纳古代的以及外国的分子,使他丰富柔软,能够表现大概感情思想……如能这样的做去,国语渐益丰美,语法也益精密,庶几可以适应现代的要求了。"㊷因而涉及翻译,同样是主张"直译",周作人的意见与鲁迅其实并不一致。《陀螺序》言:

> 我现在还是相信直译法,因为我觉得没有更好的方法。但是直译也有条件,便是必须达意,尽汉语的能力所及的范围内,保存原文的风格,表现原语的意义,换一句话就是信与达。㊸

前提仍在"汉语的能力",必须在这个"达意"的基础上,"保存原文的风格,表现原语的意义"才有基础。这是周作人在"信"与"达"之间所作的平衡。

《陀螺序》刊于1925年6月22日《语丝》第32期,而到本年12月,鲁迅出版译著《出了象牙之塔》,在其"后记"有这样一段话:

> 文句仍然是直译,和我历来所取的方法一样;也竭力想保存原书的口

吻,大抵连语句的前后次序也不甚颠倒。

这里他界定"直译",则特别强调"语句的前后次序"。固然这是其一贯的主张,但此处特别补写并点出,⁵⁹很有可能是对周作人说法的异议。因为在此前一年,也就是《陀螺序》发表的前半年,具体是1924年的11月22日,鲁迅在其译著《苦闷的象征》的"引言"中,是这样说的:

> 文句大概是直译的,也极愿意一并保存原文的口吻。但我于国语文法是外行,想必很有不合轨范的句子在里面。⁶⁰

两相对照,可以很明显看出语气的差异。《苦闷的象征》的"引言",自谦背后所表明的,是对"轨范"原无异议。而到《出了象牙之塔》的"后记",特意点出"不甚颠倒",是我们熟悉的鲁迅特有的"强项"作风,其所隐含,则是对"轨范"的不以为意了。

此一时期已是兄弟"失和"之后,不同意见自然无法像以往可以当面商讨,是以化为曲折的公开发言。不过这并不是什么严重的问题。况且其时兄弟两人共处《语丝》阵营,正与《现代评论》派激烈冲突。而兄弟"失和"的事情,似乎亲近的周边之外,知道的人并不多。⁶¹此后1926年8月底,鲁迅南下厦门,1927年1月转到广州,10月抵上海,与许广平公开同居。则其家事也就不成其什么秘密了。而在上海头两年,鲁迅一方面急剧"左转",一方面又遭"革命文学"的"围剿"。骂战之中,周作人也被故意扯出,以为讥诮。1929年9月,在中共干涉下,"围剿"结束。也恰在此时,梁实秋发表《论鲁迅先生的"硬译"》,就鲁迅当时所翻译的左派文艺理论,予以评论。

梁实秋与鲁迅的争论,从鲁迅甫到上海就已开始。也许由此缘故,他对鲁迅的作品一直跟踪注意。1929年6月和10月,鲁迅译卢那察尔斯基《艺术论》和《文艺与批评》相继出版,梁实秋第一时间看到,即在《新月》上发表书评。⁶²

梁文题目中"硬译"加了引号,这个词其实就来源于鲁迅本人。《文艺与批评》的《译者附记》里说:

> 从译本看来,卢那卡尔斯基的论说就已经很够明白,痛快了。但因为译者的能力不够和中国文本来的缺点,译完一看,晦涩,甚而至于难解之处也真多;倘将仂句拆下来呢,又失了原来的精悍的语气。在我,是除了

还是这样的硬译之外,只有"束手"这一条路——就是所谓"没有出路"——了,所余的惟一的希望,只在读者还肯硬着头皮看下去而已。㊳

1929年鲁迅开始翻译"现代新兴文学",或许由于首先处理的都是理论文本,所采取的确实是比以往更加激进的翻译策略,因而有不少"希奇古怪的句法"。也确如梁实秋所言,"读这样的书,就如同看地图一般,要伸着手指出来寻找句法的线索位置"。㊴

《论鲁迅先生的"硬译"》一开头就提到鲁迅十分不愿意听到的名字:陈西滢。此前几个月,也是在《新月》上,陈源发表了《论翻译》,不过此文与鲁迅毫无关联。西滢对严复"信达雅"不满意,标榜"形似、意似、神似"㊵,大有"彼可取而代之"的架势。而梁实秋引陈西滢,特别举出的是陈提到周作人的地方:

> 什么叫死译?西滢先生说:"他们非但字比句次,而且一字不可增,一字不可减,一字不可先,一字不可后,名曰翻译,而'译犹不译',这种方法,即提倡直译的周作人先生都谥之为'死译'。""死译"这个名词大概是周作人先生的创造了。㊶

陈西滢是鲁迅的死敌,周作人与鲁迅已经决裂。这些梁实秋应该都清楚,特别援引陈周,不无故意刺激的打算,其心思颇为可议。而所谓"死译",也确实是"周作人先生的创造",就在《陀螺序》中:

> 近来似乎不免有人误会了直译的意思,以为只要一字一字地将原文换成汉语,就是直译,譬如英文的 Lying on his back 一句,不译作"仰卧着"而译为"卧着在他的背上",那便是欲求信而反不词了。据我的意见,"仰卧着"是直译,也可以说即意译,将牠略去不译,或是作"坦腹高卧"以至"卧北窗下自以为羲皇上人"是胡译,"卧着在他的背上"这一派乃是死译了。古时翻译佛经的时候,也曾有过这样的事,在《金刚经》中"与大比丘众千二百五十人俱"这一句话,达摩笈多译本为"大比丘众共半十三比丘百",正是相同的例:在梵文里可以如此说法,但译成汉文却不得不稍加变化,因为这是在汉语表现力的范围之外了,这是我对于翻译的意见,在这里顺便说及……㊷

周作人的"一字一字地将原文换成汉语",陈西滢的"非但字比句次,而且一字不可增,一字不可减,一字不可先,一字不可后",其实都不是直接针对鲁迅的发言,却均被梁实秋征发来讨伐鲁迅,谥为"死译"。为此鲁迅作《"硬译"与"文学的阶级性"》以反击,将翻译与"阶级性"并在一处,类于八股文之"截搭题",也是鲁迅愤怒时文章之一体。文中,就"硬译"问题,鲁迅再度声明自己的方针:

> 日本语和欧美很"不同",但他们逐渐添加了新句法,比起古文来,更宜于翻译而不失原来的精悍的语气,开初自然是须"找寻句法的线索位置",很给了一些人不"愉快"的,但经找寻和习惯,现在已经同化,成为己有了。中国的文法,比日本的古文还要不完备,然而也曾有些变迁,例如《史》《汉》不同于《书经》,现在的白话文又不同于《史》《汉》;有添造,例如唐译佛经,元译上谕,当时很有些"文法句法词法"是生造的,一经习用,便不必伸出手指,就懂得了。现在又来了"外国文",许多句子,即也须新造,——说得坏点,就是硬造。据我的经验,这样译来,较之化为几句,更能保存原来的精悍的语气,但因为有待于新造,所以原先的中国文是有缺点的。

也就是说,鲁迅的翻译,于传播思想文学之外,还有个重大目的,即改造汉语的书写语言。为此不惜跨越限度,以"硬译"来输入新的"文法句法词法"。周作人局于"汉语表现力的范围"而"化为几句"的做法,本就是他要去打破的。为此,他重申晚清以来一直坚持的观点,"按板规逐句,甚而至于逐字译"。⑱这种最死板、最笨拙的翻译路线,并非能力问题,而是是非任所月旦,使命一身担待的抱负。

这场争论后过了一年,赵景深也写了一篇《论翻译》,虽非冲着鲁迅而来,但其所论说,实在比梁实秋又跨前了不止一步:

> 我以为译书应为读者打算;换一句话说,首先我们应该注重于读者方面。译得错不错是第二个问题,最要紧的是译得顺不顺。倘若译得一点也不错,而文字格里格达,吉里吉八,拖拖拉拉一长串,要折断人家的嗓子,其害处当甚于误译。……所以严复的"信""达""雅"三个条件,我认为其次序应该是"达""信""雅"。⑲

这些主张,被鲁迅总结为"与其信而不顺,不如顺而不信"[20]。赵景深"译得错不错是第二个问题",根本上触及了鲁迅的底线,遭到严厉的批驳事属当然。

赵景深提到"最要紧的是译得顺不顺",又将"信达雅"变换次序,置"达"于首位。因此尽管"顺"和"达",意义并不完全相同,但也差不远了。鲁迅的反驳事实上也在于此。本来,按鲁迅一贯并不断强化的主张,不避于"硬译""硬造",则"达"之坚持与否实已属极为可疑。因而,赵景深的立论,刺激着鲁迅进一步的明确阐述。

鲁迅针对赵景深而发的几篇,是在赵文刊出九个月之后所写。[21]此时将他拎出来,实际上是由于瞿秋白,鲁迅原先应该没有注意到这篇文章。1931年9、10月间,鲁迅翻译的《毁灭》出版,瞿秋白来函与他就翻译问题进行讨论,信中提到了严复,也提到赵景深:

> 严几道的翻译,不用说了。他是:
> 译须信雅达,
> 文必夏殷周。
> 其实,他是用一个"雅"字打消了"信"和"达"……
> 在赵景深之流,又来要求:
> 宁错而务顺,
> 毋拗而仅信!

瞿秋白批严批赵,但也并不同意鲁迅翻译的做法。他是站在"群众"的立场,要求"遵照着中国白话的文法公律","违反这些公律的新字眼,新句法,——就是说不上口的——自然淘汰出去,不能够存在"。因此,在翻译上,瞿秋白主张,一方面"应当把原文的本意,完全正确的介绍给中国读者",另一方面"这样的直译,应当用中国人口头上可以讲得出来的白话来写"。他认为大众的口语完全足够使用于书写了,鲁迅用不着"容忍着'多少的不顺'"。

也就是说,相对赵景深所主张的"宁错而务顺",瞿秋白不过是认为可以做到"信"而"顺"的,只要照着平常说话来就成。与梁实秋、赵景深不同,瞿秋白是同志、知己,因此鲁迅的回复很是客气,但原则一点不退:

> ……无论什么,我是至今主张"宁信而不顺"的……这样的译本,不但

> 在输入新的内容,也在输入新的表现法。中国的文或话,法子实在太不精密了……这语法的不精密,就在证明思路的不精密,换一句话,就是脑筋有些胡涂……要医这病,我以为只好陆续吃一点苦,装进异样的句法去,古的,外省外府的,外国的,后来便可以据为己有……一面尽量的输入,一面尽量的消化,吸收,可用的传下去了,渣滓就听他剩落在过去里。

这里"古的,外省外府的,外国的",与周作人"采纳古代的以及外国的分子",原则一致,只是策略不同。相较瞿秋白,经历晚清、"五四"的鲁迅,尽管正在转化为革命者,但其原先的启蒙立场一直是深入骨髓的。事实上,他自己之被启蒙,正来自晚清如严复、章太炎等辈,而终身抱有感激之情。对于瞿秋白将严复与赵景深扯在一处,鲁迅特意提醒,严赵"实有虎狗之差,不能相提并论的"。在这封信中,他大段议论严复,并总结说:

> 他的翻译,实在是汉唐译经历史的缩图。中国之译佛经,汉末质直,他没有取法。六朝真是"达"而"雅"了,他的《天演论》的模范就在此。唐则以"信"为主,粗粗一看,简直是不能懂的,这就仿佛他后来的译书。

所谓"后来的译书",是鲁迅很准确地将《天演论》,与严复的其他译著区分开来:"最好懂的自然是《天演论》,桐城气息十足,连字的平仄也都留心,摇头晃脑的读起来,真是音调铿锵,使人不自觉其头晕……然而严又陵自己却知道这太'达'的译法是不对的,所以他不称为'翻译',而写作'侯官严复达恉';序例上发了一通'信达雅'之类的议论之后,结末却声明道:'什法师云,"学我者病"。来者方多,慎勿以是书为口实也!'"

鲁迅揣测,严复虽"信达雅"并提,但在《天演论》时,就意识到"太'达'的译法是不对的"。之后"有《名学》,有《法意》,有《原富》等等……看得'信'比'达雅'都重一些"。[22] 这也只能是鲁迅的理解了。严译之中,《天演论》确实异样,但那是有意如此。而此后所译数种,严复从没有对"达"有过怀疑。他自认为是"求浅、求显、求明、求顺"。之所以有"示人以难"的印象,是因为原书学理深邃,而并非他的译语作怪。

不过正是借助严复,在"信达雅"体系中,鲁迅继晚清放逐"雅"之后,三十年代初又放逐了"达",最终倔强地坚守在"信"这样一个高地上。"修辞立诚"

在他那儿始终是不可有一丝退让的道德自律的底线。

鲁迅去世之后,周作人有两篇回忆文章,其中言及留日期间师从章太炎,遂对林纾、严复皆有不满,"以后写文多喜用本字古义",并说"此所谓文字上的一种洁癖,与复古全无关系"。[73]其实,"文字上的洁癖",原无关于"复古"还是"革命",而是对于汉语书写语言的维护之心所表现出的一种"态度"。正如严复自称,"不佞译文,亦字字由戥子称出"[74]。而吴汝纶于"入式""得体"的反复致意,章太炎对"正名""法式"的无穷尽追求,鲁迅从"循字移译"到"硬译"的强项,以及周作人再三要求"名从主人",反对专有名词一概据英语音译,[75]关心问题固所畸轻畸重,价值取向或是南辕北辙,而怵怵惕惕、孜孜汲汲、区区矻矻,无不以斯文在兹而身任天下后世者。

汉语现代书写语言,孳乳于清季,成就于文学革命。甲午以降,举凡拼音化运动、白话文运动、国语运动,以及梁启超诸多主张,均系胡适"刍议"之源头。其后国语罗马字、汉字拉丁化,乃至简化字,一以贯之,皆在宜民便俗,所谓"方便法门"。周氏兄弟之一而再再而三,一者自严几道,再者自章太炎,三者君子豹变,其文蔚也。是所一脉流衍,则在锻炼汉语书写。此得彼失容或有之,而"文字上的洁癖",正是其精神的表象。《中庸》云"致广大而尽精微",汉语现代书写,甫自发端,"广大""精微",道分两歧,于今百年,久矣夫其权宜偏至,无如不克执其两端,此中国之患也。

原载《文艺争鸣》2020年第4期。

注　释

① 周作人《谈翻译》,《苦口甘口》,太平书局,1944年。
② 罗新璋《我国自成体系的翻译理论》,罗新璋、陈应年编《翻译论集》,商务印书馆,1984年,第10页。
③ 参见沈苏儒《论信达雅——严复翻译理论研究》第三章,商务印书馆,1998年,第65—112页。
④ 严复《赫胥黎治功天演论序》,王栻主编《严复集》第五册"附:《天演论》手稿",中华书局,1986年,第1412页。
⑤ 梁启超《论译书》,黎难秋主编《中国科学翻译史料》,中国科学技术大学出版社,1996

年,第 318—330 页。

⑥ 孙宝瑄《忘山庐日记》,上海古籍出版社,1983 年,第 155 页。

⑦ 可参看王天根《〈天演论〉的早期稿本及其流传考析》,《史学史研究》2002 年第 3 期。

⑧ 见《国闻汇编》第二册,1897 年 12 月 18 日。

⑨ 参看张丽华《现代中国"短篇小说"的兴起——以文类形构为视角》第三章第一节,北京大学出版社,2011 年。

⑩ 吴汝纶《答严幼陵》丙申(1896)七月十八日,徐寿凯、施培毅校点《吴汝纶尺牍》,黄山书社,1990 年,第 81 页。

⑪ 吴汝纶《答严幼陵》丁酉(1897)二月七日,徐寿凯、施培毅校点《吴汝纶尺牍》,第 99 页。

⑫ 严复《赫胥黎治功天演论》"译例",王栻主编《严复集》第五册"附:《天演论》手稿",第 1412—1413 页。

⑬ 严复《赫胥黎治功天演论序》、"译例",王栻主编《严复集》第五册"附:《天演论》手稿",第 1411—1413 页。

⑭ 吴汝纶《答严幼陵》丁酉(1897)二月七日,徐寿凯、施培毅校点《吴汝纶尺牍》,第 99 页。

⑮ 严复《与吴汝纶书》"一"(1897)十月十五日,王栻主编《严复集》第三册,第 520—521 页。

⑯ 吴汝纶《答严几道》己亥(1899)二月廿三日,徐寿凯、施培毅校点《吴汝纶尺牍》,第 161 页。其中云:"来示谓《欧洲国史略》似中国所谓长编、纪事本末等比,然则欲译其书,即用曾太傅所称叙记、典志二门,似为得体。"

⑰ 严复《与吴汝纶书》"一"(1897)十月十五日,王栻主编《严复集》第三册,第 522 页。

⑱ 郭立志编《桐城吴先生(汝纶)年谱》卷三"文集笺证",文海出版社,1972 年,第 228 页。

⑲ 也有论者注意到时间的矛盾,推论严复退回吴汝纶修改。揆诸情理,实难以想象。参见郑永福、田海林《关于〈天演论〉的几个问题》,《史学月刊》1989 年第 2 期。

⑳ 吴汝纶《答严几道》戊戌(1898)二月廿八日,徐寿凯、施培毅校点《吴汝纶尺牍》,第 120 页。

㉑ 严复《天演论》"译例言",王栻主编《严复集》第五册,第 1322 页。

㉒ 吴汝纶《天演论》"吴序",王栻主编《严复集》第五册,第 1318 页。

㉓ 吴汝纶《答严几道》己亥(1899)二月廿三日,徐寿凯、施培毅校点《吴汝纶尺牍》,第 161 页。

㉔ 姚鼐《古文辞类纂》为桐城派建立文统,并无先秦诸子位置。曾国藩《经史百家杂钞》规模较广,但主要是扩入"经史"、"子"部微乎其微。吴汝纶为曾之弟子,但又是桐城人,大体师曾国藩而祖姚鼐,其主张调剂二者。可参看关爱和《桐城派的立诚求真与道统

㉔ 文统情结》,《河南大学学报》1990年第5期;《桐城派的中兴、改造与复归——试论曾国藩、吴汝纶的文学活动与作用》,《文学遗产》1985年第3期。王风《林纾非桐城派说》,《世运推移与文章兴替——中国近代文学论集》,北京大学出版社,2015年。

㉕ 见光绪二十七年(1901)南洋公学译书院弟一次印行本。

㉖ 严复《天演论》"译例言",王栻主编《严复集》第五册,第1322页。

㉗ 钱钟书《管锥编》"一〇一 全三国文卷七五",生活·读书·新知三联书店,2007年,第1748页。

㉘ Ch'ien Chung—shu(钱钟书):*A Chapter In The History Of Chinese Translation*,*The China Critic*,Vol. Ⅶ No. 45,November 8,1934.

㉙ 严复此意,解者稀少。沈苏儒较为准确,见《论信达雅——严复翻译理论研究》第二章(四)之"'雅'作为翻译原则的本意是什么?"(第49—53页)另马祖毅《中国翻译简史——五四以前部分》(中国对外翻译出版公司,1984年,第261页)和王宏志《重释"信、达、雅"》(清华大学出版社,2007年,第91页),都指出"雅"指"雅言",或"尔雅"乃"近正"意,却转而又认为严复说得不对,或所指并非如此。

㉚ 严复《与张元济书》"六"(1899),王栻主编《严复集》第三册,第534—535页。

㉛ 见《新民丛报》第一号,1902年2月8日。

㉜ 严复《与新民丛报论所译原富书》,《新民丛报》第七号,1902年5月8日。文署"壬寅三月"。

㉝ 《新民丛报》此后还有涉及严复译词的讨论。参看沈国威《一名之立 旬月踟蹰——严复译词研究》第四章"一",社会科学文献出版社,2019年。

㉞ 吴汝纶《天演论》"吴序",王栻主编《严复集》第五册,第1318—1319页。

㉟ 吴汝纶《答严几道》己亥(1899)二月廿三日,徐寿凯、施培毅校点《吴汝纶尺牍》,第161页。

㊱ 苏惇元编《望溪先生年谱》"十四年己巳",清咸丰刻本。

㊲ 方苞《答程夔州书》,《望溪集》文集卷六"书",咸丰元年(1851)戴钧衡刻本。

㊳ 章太炎《与人论文书》,《章太炎全集》(四),上海人民出版社,1985年,第168页。

㊴ 钱大昕《与友人书》,《潜研堂集》文集卷三十三,清嘉庆刻本。

㊵ 章太炎《社会通诠商兑》,《民报》十二号,1907年3月6日。

㊶ 鲁迅《五论"文人相轻"——明术》,《且介亭杂文二集》,《鲁迅全集》第六卷,人民文学出版社,2005年,第396页。

㊷ 周启明(作人)《鲁迅的青年时代》"鲁迅与清末文坛",中国青年出版社,1957年,第76—77页。

㊸ 周作人《我的复古的经验》,《雨天的书》,北新书局,1931年,第181—182页。

㊹ 周作人《关于鲁迅之二》,《瓜豆集》,宇宙风社,1937年,第240—241页。

㊺ 参看王风《周氏兄弟早期著译与汉语现代书写语言》,《世运推移与文章兴替——中国近代文学论集》。

㊻ 鲁迅《〈域外小说集〉序言》,《鲁迅全集》第十卷,第168页。

㊼ 周作人《关于鲁迅之二》,《瓜豆集》,第241页。

㊽ 鲁迅《〈域外小说集〉略例》,《鲁迅全集》第十卷,第170页。

㊾ 遐寿《翻译四题》,《翻译通报》2卷6期,1951年6月。

㊿ 见《时报》宣统元年(1909)闰二月二十七日。参看郭长海《新发现的鲁迅佚文〈域外小说集〉(第一册)广告》,《鲁迅研究月刊》1992年第1期。又见次日《神州日报》,参看谢仁敏《新发现〈域外小说集〉最早的赠书文告一则》,《鲁迅研究月刊》2009年第11期。

(51) 见《集外集拾遗补编》,《鲁迅全集》第八卷,第457页。按,此文是鲁迅还是周作人所作,窃以为尚需考究。

(52) 周作人《谈翻译》,《苦口甘口》,第36页。

(53) 周作人《我的复古的经验》,《雨天的书》,第182—184页。

(54) 鲁迅《〈艺术玩赏之教育〉译者附记》,《鲁迅全集》第十卷,第459页。

(55) 《教育公报》第四年第十五期,1917年11月。

(56) "周作人答张寿朋",《新青年》第五卷第六号"通信",1918年12月15日。按,这段话的语感、态度均是鲁迅式的,而且周作人从未主张"逐字译"。

(57) 周作人《国语改造的意见》,《艺术与生活》,中华书局,1936年,第115页。

(58) 周作人《陀螺序》,《语丝》第32期,1925年6月22日。

(59) 鲁迅《〈出了象牙之塔〉后记》,《鲁迅全集》第十卷,第271页。原刊于《语丝》57期(1925年12月14日)时,并无所引内容,乃成书时补写。

(60) 鲁迅《〈苦闷的象征〉引言》,《鲁迅全集》第十卷,第257页。

(61) 在《语丝》与《现代评论》两派论争期间,从陈源、徐志摩文字看,显然不知道周氏兄弟已经失和。

(62) 梁实秋《论鲁迅先生的"硬译"》,《新月》2卷6、7合期,1929年9月。文中提到鲁迅《文艺与批评》,该书10月出版,因而或许《新月》该号实际上脱期了。

(63) 鲁迅《〈文艺与批评〉译者附记》,《鲁迅全集》第十卷,第329页。原刊《春潮》月刊一卷三期(1929年1月),系卢那卡尔斯基《托尔斯泰之死与少年欧罗巴》译者跋语。

(64) 梁实秋《论鲁迅先生的"硬译"》,《新月》2卷6、7合期。

(65) 西滢《论翻译》,《新月》2卷4期,1929年6月。

㊅㊅ 梁实秋《论鲁迅先生的"硬译"》,《新月》2卷6、7合期。按,梁实秋漏引"一字不可减",姑据西滢文补。

㊆㊆ 周作人《陀螺序》,《语丝》第32期,1925年6月22日。其中提到达摩译文"共半十三比丘百",系梵文计数。"十三比丘百",意为十三百比丘,即一千三百之数;而"半十三百",乃第十三"百"仅"半",去此半百,共得一千二百五十。

㊇㊇ 鲁迅《"硬译"与"文学的阶级性"》,《二心集》,《鲁迅全集》第四卷,第204页。

㊈㊈ 赵景深《论翻译》,《读书月刊》1卷6期,1931年3月。

㊉㊉ 鲁迅《几条"顺"的翻译》,《二心集》,《鲁迅全集》第四卷,第350页。

㊆㊀ 有《几条"顺"的翻译》(1931年12月20日《北斗》1卷4期)、《风马牛》(1931年12月20日《北斗》1卷4期)、《再来一条"顺"的翻译》(1932年1月20日《北斗》2卷1期)。

㊆㊁ 鲁迅《关于翻译的通信》(并J.K.来信),《二心集》,《鲁迅全集》第四卷,第381—393页。

㊆㊂ 周作人《关于鲁迅之二》,《瓜豆集》,第241页。

㊆㊃ 严复译《孟德斯鸠法意》,商务印书馆,1981年,第219页。

㊆㊄ 此类文章甚多,如遐寿《名从主人的音译》,《翻译通报》2卷2期,1951年2月。

以媒介变革为契机的"爱欲生产力"的解放
——对中国网络文学发展动因的再认识

邵燕君

尽管中国网络文学发展已经超过二十年,但对一些基本概念,尚缺乏有效讨论。一个经常被提及的问题是,到底什么是"网络文学"?对于这一概念的定义,学术界一直没有达成共识。在对"网络文学"的不同定义背后,也存在着文学观念的冲突。目前最有代表性的观点有两个:一是"通俗文学论",从通俗文学的脉络出发,将其视为被"五四"新文学压抑的通俗文学在网络时代的复兴;二是"新媒介文学论",从媒介变革的角度出发,将之定义为在互联网环境中出现的文学形态。笔者一直持后一种观点。之所以反对将网络文学视为通俗文学的网络版,是因为这会使网络文学落入精英本位的雅俗文学等级秩序,而这一秩序正在互联网时代瓦解。但强调网络文学的新媒介属性也存在一个问题,就是会淡化今天中国网络文学的主体确实是通俗文学这一事实。

无论"通俗文学论"还是"新媒介文学论",都没有直接提及中国网络文学的商业性问题。不过,"通俗文学论"其实已经包含了商业性,且具有贬义。"新媒介文学论"用媒介绕过了商业性,背后也有对商业性的回避。而在网络文学从业者和作者那里,商业性却是被坦然承认并认真经营的。可以说,定义和定位网络文学的艰难,症结正在于如何看待文学的商业性。进一步说,如何评价商业文学的消遣娱乐功能?为什么当初带有自由探索性质的网络文学,最终演变成以商业类型小说为绝对主导?网络和商业性的结合是不是必然的?如果中国网络文学发展壮大的动力是起点中文网等网站原创的付费阅读制度,那么这套商业机制的服务对象是谁?建立在草根文化趣味上的"以爽为本"的原则如何与"文以载道"的文学理念发生碰撞?网络时代的文学研究者应如何反思精英价值体系的傲慢、僵化和盲视,为普通文学爱好者的消费权和创作权进行合法性论证?在消费社会日益深化之后,又该如何保持理论警觉并获得重新建构文化批评的能力?要回答这些问题,必须对网络文学的一些基本概念进行研讨和界定,这必然关乎对既有文学评价体系的颠覆。

一、"爽",可以吗?

如果用一个字概括中国网络文学的核心属性,那就是"爽"。因而,网络文学也经常被称为"爽文"。"爽"是中国网络文学一个自创的概念,特指读者在阅读专门针对其喜好和欲望而写作的类型文时获得的充分的满足感和畅快感[①]。需要补充的是,"爽"的情感模式本身包含"虐",如男频文中常有的"虐主"情节(让主角遭受痛苦境遇),目的是为了起到"先抑后扬"的爽感效果。女频文中还专门有"虐文"。在中国网络文学研究界,最早对网络文学的"爽"做出明确肯定的是来自韩国的学者崔宰溶。他指出"爽"追求的是即时的、单纯的快感。"爽文"之所以不是深刻、典雅、深奥的文学,不是因为水平达不到其标准,而是因为网络文学的享受者故意主动排斥这种深刻性。因此,"爽",一方面是单纯的欲望发泄,另一方面又是积极、主动的自我辩护逻辑。草根的"爽文享受者"因为长期面对精英主义者的攻击,在激烈辩驳的过程中,明确地意识到了自己观点的出发点,进而将它巩固化,形成一种单纯而坚定的逻辑,即"爽文学观"。[②]这一观点可以在中国网络文学发展初期的几次重要论争中得到佐证。略有不同的是,"爽文学观"与"精英文学观"最早的短兵相接并非发生在网络文学外部,而是在内部。事实上,从体制外的新媒介空间成长起来的网络文学,真正得到主流文学界的关注是在其发展了十年之后(2008年左右)。在此之前,即在"爽文"开始成型、走强的2002—2004年,发生在网络文学内部(相对精英的作者、读者与新晋的"爽文"作者、读者之间)的论争,更生动地显示了两种文学观的冲突。

这几次论争都发生在网络文学最重要的评论基地"龙的天空"论坛上。主要包括《我是大法师》事件(2002)、文以载道事件(2003)、九州香蕉论(2004)等,论争的主题分别围绕"爽文"写作的合法性问题、文学的价值观和社会功能问题、类型小说世界观设定的本土化问题展开。③从网络文学内部发展进程来看,这几次论争也可看作"新老之争"。中国第一批网民是在1995年上网的,由于网络资源、网费、技术门槛等限制,大都是带有技术精英色彩的"理工男",年龄上以"70后"为主体。此后,上网用户逐年上升,2002年激增至5910万④。一批后来被称为"小白"的读者涌入⑤,其中有不少是刚入学的"80后"大学生(可以享受校园免费网络),冲淡了早期网络空间的理想主义色彩。

值得关注的是,自称"大白"的早期网络精英,虽然在价值观上传承了传统知识分子的责任意识,但在文学趣味上并非深受传统文学影响的"文学青年"("文学青年"主要集中在"榕树下"网站),而是不折不扣的通俗文学爱好者。他们千呼万唤的"小说,好看的小说,看得起的好看的小说"⑥,受到传统精英文学机制的压制,因而在网络出现前他们处于普遍的阅读饥渴状态。然而,当"小白"以更简单、粗暴的"爽文"直接满足"好看"的需求时,"大白"又觉得与自己的文学观不符。与对方辩论时,操起的武器全是特别正统的文学理论,如"文学的意义,并不是拿来消遣的,文以载道……"(邪月)、"看看前辈们是怎么说的吧,白居易:文章合为时而著,诗歌合为事而作。巴金:我写作是为了战斗,为了揭露,为了对国家、人民有所贡献。列夫·托尔斯泰:写作而没有目的,又不求有益于人,这在我是绝对做不到的"(碧绿海)⑦。其实在网络之外,这些理论经常被用来批评"大白"热爱的通俗小说。然而正是在这样的矛盾中,我们看到精英文学观对普通读者根深蒂固的影响。而网络空间孕育出来的"爽文学观",无疑对精英文学观具有冒犯性。

2002—2004年也是网络文学商业化转型的关键时期。虽然在几场论争中,"小白"一方并不占优势,但却用点击率投了票。随着起点中文网成功建立起付费阅读制度(2003年10月),网络文学不再依赖线下出版盈利,实现了"内循环",建立在"爽文"基础上的"起点模式"成为中国网络文学的主导模式,"以爽为本"成为网络文学内部实际奉行的自然法则——它不证自明,或者说,一直在用点击率证明。

随着网络文学的发展,"小白文"开始进化和分化——虽然每年数千万新用户的涌入,使一些老套路似乎永不过时,但进化的趋势是稳定的。"小白文"中开始出现"精品文"(比如"中原五白"⑧等作家的作品),"小白"中也开始分化出"老白"(这一群体与早期精英者不同,由"小白"进化而来,是具有较高趣味的资深读者)。在"老白"的支持下,各种"专业文""小众特色文""文青文"有了纵深发展的空间。特别是"有情怀"的"文青文"的出现,在思想性和艺术性上都达到了极高的水准。[9]这使得很多人认为"爽文"仅仅是网络文学发展的初级阶段,它在提升之后将与传统精英文学融合,甚至担纲主流文学的职能,笔者也曾持这种看法。[10]

然而,随着对网络文学理解进一步深入,笔者意识到,这样的期盼仍然是囿于"精英本位"的思维模式。"精英文学观"和"爽文学观"各有各的"前提"。如果用弗洛伊德的概念进行划分,"爽文"遵循的是"快乐原则"(pleasure principle),以满足"本我"(id)需要为第一目的;精英文学遵循的是"现实原则"和"道德原则",由"自我"(ego)和"超我"(superego)人格主导(这里的精英文学既包括以"认识世界、改造世界"为目标的现实主义文学,也包括强调艺术自律性、以"为艺术而艺术"实现审美升华的"纯文学")。它们是两棵彼此独立的树,树冠或有缠绕,但决定本性的是树根。

"以爽为本"对"文以载道"(或"寓教于乐")最根本的抵抗在于,"爽文"不是不可以载道,但也可以不载道。这里"载"不是"承载",而是"搭载"之意(网文圈内部称"塞私货")。升级版的"爽文"可以搭载很多"道"(如人生经验、专业知识、人文情怀、审美素养等),但这些并不是目的。换句话说,"爽"本身就是目的[11]。"爽文学观"与"精英文学观"的不同,不仅在于文学观,也在于人生观;既关乎生活态度,也关乎生命政治[12]。

在当下的网络文学研究界,主张从快乐原则肯定网络文学核心价值的,还有王祥、杨玲。前者认为,网络文学通过"代入感"的营造,通过"上瘾—满足"机制,在作者、主角与读者之间形成"愿望—情感共同体"。[13]后者也结合"体验经济"的概念,提出代入感对网络文学的重要性,认为真实感、认同感和爽感是影响代入感的三个主要因素。[14]笔者认为,这类研究直指网络文学的实质,迫切需要进一步的理论建设。这就需要从概念辨析入手。本文从"爽"和"YY"这两个中国网络文学最核心的原生概念出发,结合对相关史料的梳理,考察其理论"前提"和内部逻辑,并发掘其中的理论潜能。笔者尝试的突破点主要在两个方面。

首先,强调"爽"对读者的独立价值,为此,暂时悬置价值观的讨论。这并非意味着"爽"可以与价值观剥离,相反,无论是作为个人代入,还是处于"情感—愿望共同体"内,价值观都是"爽"的基石,正所谓"三观"不合是最大的"毒点"。与此同时,这种"情感—愿望共同体"式的二次元社区,也容易形成"茧房效应",使人在不自觉间把"三次元"的"三观"建立在"二次元"YY 的延长线上,这也是需要特别警惕的。本文之所以提出"暂时悬置",主要是担心,在"爽"的本体价值没有获得充分论证和普遍接受的前提下,强调其价值观传导功能,很难不陷入寓教于乐的工具论窠臼。而且大众幻想本身就是一种社会压抑机制的表征和补偿,很多类型文的模式都既不高级也不健康,如"屌丝逆袭""霸道总裁爱上我"等。指认出其中的精神胜利法,剖析其对社会压迫结构的无意识复制,固然深刻而有意义,但在现实秩序难以撼动的前提下,若过于执着于批判立场,难免妨碍对其宣泄、疗伤功能的充分体认,也会忽视其中可能存在的颠覆性。此外,对于那些小众、另类的亚文化群体,其价值观该由谁来评判?这本身是一个复杂的问题。如果离开网络部落空间,很难不受到各种霸权(如性别霸权、精英霸权、社会主流话语霸权)的影响。

其次,在肯定"白日梦"创作合法性的基础上,着重区分以往作家审美升华性的艺术创作和当下在网络上"码字"的"写手"随心所欲的"YY"。笔者认为,后者真正实现了某种"创作民主",这是互联网媒介变革对广大文学创作者的一次"普惠式"赋权,也是中国网络文学发展的核心动力。

这两方面突破的背后,必然涉及对弗洛伊德"压抑—文明论"的突破。虽然"白日梦"理论看起来特别适合阐释网络文学创作,但其内在的"压抑—文明论"正是建构等级秩序(严肃文学比消遣文学更高级)的基石。"以爽为本"的原则多年来在网络文学内部"只能做,不能说",以往的通俗文学也常要拉各种大旗证明自己"有用"(如讽喻劝善),正是因为它冒犯的不仅是主流的文学观,也是"普世"的文明观。

为此,本文借用马尔库塞《爱欲与文明》中提出的"爱欲解放论",突破弗洛伊德的"压抑—文明论"。之所以把这部著作作为本文的核心理论资源,绝非用中国网络文学发展的新事实作为西方理论的注脚。虽然,马尔库塞当年提出的"另类选择方案"在今天看来已经是一个遥远的乌托邦,但网络的出现又给我们提供了在现实世界内部建立"异托邦"的可能性。换个角度说,马尔库塞当年提出的激进社会革命理论,至少可以帮助我们在媒介变革的层面上,对网络文学的颠覆性进行积极的理论阐释。

二、"额外压抑""内心禁欲"与"消费系统"

《爱欲与文明》一书写于20世纪50年代初,当时,"二战"后的西方社会已经全面富裕起来,但尚未进入消费社会阶段。中国网络文学发展初期的社会发展状态正与之类似。马尔库塞结合马克思关于异化劳动的观点,对弗洛伊德学说进行重新阐释,描绘出一种解放快乐原则。在"由快乐原则与现实原则的和解而导致的生命本能的完整满足"的"全面发展人的"文明图景中[15],爱欲成为创作的动力,消遣本身就是劳动。他提出,对于"压抑—文明论"需要历史化的分析。因为,当这一理论的现实基础(匮乏社会)发生重大变化后,压抑原则实际已成为延长统治者特定利益的意识形态,"快乐原则被废黜,不仅是因为它妨碍文明进步,还因为它所反抗的恰恰是一种其进步将使统治和苦役持久存在的文明"[16]。该书几个核心观点为我们论证"爽文学观"的合法性提供了理论基础,也与鲍德里亚的消费主义理论有内在相通性。为论述方便,先对其进行集中梳理。

(一)打破"额外压抑"的"延长统治"

马尔库塞指出,在弗洛伊德这里,欲望和文明是对立的,人类只有压抑欲望,将之转化为生产力才能建构文明。"所谓文化,就是有条不紊地牺牲力比多,并把它强行转移到对社会有用的活动和表现上去。"[17]但是,弗洛伊德却没有区分"异化劳动"和"非异化劳动"、"现实原则"和"操作原则"、"基本压抑"和"额外压抑",也没有给"压抑原则"以条件限制,从而使其整体化、永恒化了。

异化劳动是借用马克思的概念,而操作原则和额外压抑则是马尔库塞自己提出的。操作原则指无论在人类的哪个发展阶段(物质匮乏还是富裕),统治阶级总是会按照自己的特定利益进行生产组织和物质分配,并将之强加于整个社会,这种经常以现实原则面目出现的统治术就是操作原则。在操作原则下,统治者在一般文明要求的"基本压抑"外施加的压抑,就是"额外压抑"。额外压抑是特定历史时期的产物,当技术不断进步,特别是自动化技术发明后,人类本可大大压缩工作时间,把自由时间作为专职时间,把作为现存文明基础的工作时间和自由时间的关系颠倒过来。然而,作为资本主义额外压抑的清教伦理仍然是人们的"内心禁欲",人们仍然需要在无价值的异化劳动中获得价值感,"非工作不可乃是一种神经症症状"[18]。

因而,"爱欲文明论"意在打破这一"延长统治"[19]。马尔库塞声称这是一种"使人懂得作乐的科学","以使人在反抗死亡威胁的一贯斗争中,学会按照自己的生命本能,用社会财富来塑造自己的环境。这种乐观主义的根据是假定那些使人们长期接受统治的理论根据已经失效,匮乏和苦役这些现象也只是为了维护统治制度而被'人为地'维持着"[20]。

(二)以"消遣"跳出"内心禁欲"

提高人类生命质量的一个关键点是争取自由时间。虽然异化劳动不能根除,但只要它被控制在"必然王国",随着劳动时间和劳动能量在量上的减少,将导致人类生存发生质的变化:"决定人类生存内容的,不是劳动时间,而是自由时间。不断扩展的自由王国真正成了消遣的王国,即个体机能得到自由消遣的王国。"得到解放的个体机能又可以产生"新的实现形式和发现世界的形式",转而改变必然王国和生存斗争。[21]

然而,阻止人们进入自由王国的并非异化劳动,而是内心禁欲。因而,马尔库塞提出了"消遣"(play)的概念,并赋予其积极含义。其在基础层面的含义,是自由消闲的状态,"消遣的基本特征是,它是自在地起满足作用的,除了本能满足之外,没有任何其他目的"[22]。"消遣"在这个层面的含义基本符合中文定义——"做自己感觉愉快的事来度过空闲时间;消闲解闷儿"[23],也很贴近"五四"新文学秩序中"消遣文学"的含义:缺乏严肃性和使命感的、单纯为市民提供休闲娱乐的文学。

在马尔库塞看来,消遣时间之所以重要,因为那才是人类"没有被征服的时间"。本来,随着人类从事必要的异化劳动的时间越来越少,"自由王国"的疆土应该逐渐扩大。然而,"进步的加速似乎与不自由的加剧联系在一起。在整个工业文明世界,人对人的统治,无论是在规模上还是在效率上,都日益加强……人对人的最有效征服和摧残恰恰发生在文明之巅,恰恰发生在人类的物质和精神成就仿佛可以使人建立一个真正自由的世界的时刻"[24]。因而,消遣是自由的象征,代表着人类理想的生活状态。马尔库塞明确提出,这种理想状态下人的形象是对尼采超人的断然否定:这种人智力发达、体魄健壮,不崇尚英雄也无需具备英雄品德;这种人不想过岌岌可危的生活,也不想迎接挑战;这种人心安理得地过着无忧无虑的生活。[25]

事实上,这种胸无大志的快乐普通人形象,近几年在中国网络文学中已经渐成主角,他们代替了以往那些信奉丛林法则、以力证道的"逆袭屌丝",后者正是尼采超人的变体。这一变化发生的主要原因是网络文学的内部迭代——"90后""00后"成为主体,他们生长于中国更加富裕的时代,没有特别大的生存压力,也没有什么宏伟的生活目标。对应其欲望模式的转型,以往"苦大仇深"的升级模式也改为轻松搞笑的风格。

马尔库塞之所以赋予平庸、幸福之人如此积极的意义,是因为他们并非内心禁欲所统治的人,而内心禁欲是一切压迫和统治的心理基础。所以,对人类消遣合法权的捍卫,是一种解放,更是一种抵抗。在《单向度的人》(1964)等论著里,马尔库塞继续讨论这一命题,呼吁战后西方国家"必须扭转进步的方向",从"压抑性的富裕"中解脱出来,争取一个新的出发点,"使人能在没有'内心禁欲'的前提下重建生产设施"。[26]否则,"超人"逻辑下的超强社会将对人进行更全面的统治。

(三) 抗拒消费对消遣的征召

随着西方社会从"富裕社会"向"丰盛社会"迈进,人日益成为"单向度的人"。所谓"单向度",并不是人被取消了精神向度,只保留了物质向度,而是被"额外压抑"统治的精神需求成了物质需求的驱动程序。鲍德里亚对消费主义的批判可以视为马尔库塞思想的延伸。他称在消费社会,人被改造为"消费的主体""符号的秩序",陷入被"丰盛"而"全套"的商品"景观"所环绕、被"物"的体系所奴役的处境,其深层欲望被引导和支配,被结构进消费符号的权力话语秩序里。[27]

表面上看消费和消遣是一致的,实际却恰恰相反。鲍德里亚说,消费是"对享受的否认","消费的真相在于它并非一种享受功能,而是一种生产功能——并且因此,它和物质生产一样并非一种个体功能,而是即时而全面的集体功能"。为什么消费"被规定为排斥享受"呢?因为"享受会把消费规定为自为的、自主的和终极性的。然而,消费从来都不是如此"。消费者顾不上享受,总是要和别人攀比,"总是怕错过任何一种享受"。因此,消费伦理和清教徒的生产伦理本质上是一样的,都是把自己奉献给一个系统。㉘

消费主义对人更深的统治在于,它征用的不是人们的劳动时间而是休闲时间。后者在消费社会成了人的私有财产,其有无是一种身份的"标签",怎样消磨也是一种身份的"标签"。在生产主导的社会里,"时间就是金钱",消闲时间被异化了,被当作"恢复劳动力所必需的时间"。而在消费主导的社会里,"你的时间就是他人的金钱"。因而,休闲被更深异化,"它并不直接隶属于劳动时间,而是与消磨时间之不可能性本身相联系"。㉙

由以上分析看到,"爽,可以吗"这一看似简单的问题,纠缠了诸多概念关系:异化劳动/非异化劳动、现实原则/操作原则、基本压抑/额外压抑、自由王国/必然王国、消遣/消费……如果不加以辨析,就很难把问题讨论清楚。

三、反抗"延迟压抑"与"提前压抑"的无缝对接

让我们回到"爽文学观"与"精英文学观"的冲突问题。在网络文学内部发生的相关论争中,支持"精英文学观"的人多怀有朴素的知识分子的责任意识:文学总该有所承担,不应纯粹以消遣为目的。这种责任意识延续了"五四"新文学传统。在"五四"新文化运动中,胡适、陈独秀虽然明确反对"文以载道",文学革命在"破"的一面,主张"文"与"道"分离,使文学具有独立价值,而非"代圣人立言";但在"立"的一面,又令其承担新文学的启蒙价值观。陈独秀倡导的新文学是"平易的、抒情的国民文学""新鲜的立诚的写实文学"和"明了的通俗的社会文学"。㉚白话文运动革命性地提升了白话小说的地位,使其成为承载救国之道的主要文类。

在"救国图存"的压力下,以现实主义文学为主导的"严肃文学"对以蝴蝶鸳鸯派为代表的"消遣文学"的压抑,可以说是"必要"的压抑。而且,在新中国成立前,这样的压抑仅在知识分子群体内生效。在20世纪50—70年代社会

主义文学"一体化"的建构中,"消遣文学"才逐渐从文化体制上和文学观念上被拒斥。㉛进入新时期以后,"严肃文学"再次成为"新启蒙话语",推动改革开放的发展。"伤痕文学""反思文学""改革文学""知青文学"等与民众生活密切相关的现实主义文学潮流,与长期教育培养起的"读者人民"之间,形成一个短暂的"蜜月期"。而当80年代中期经济改革真正开启后,文学在社会组织功能中不再具有中心位置。此时,现实主义文学本身也遭遇诸多困境。文学开始"向内转",逐渐成为以"纯文学"为主导的"主流文学"。

可以说,自文学"失却轰动效应"㉜起,"主流文学"就不再能覆盖主流阅读人群,在此后的二三十年间,其受众越来越小,也越来越老龄化、圈子化㉝。然而,"主流文学"在各个历史时期形成的精英文学传统,如严肃文学的责任感,现实主义文学反映现实的功能,"纯文学"的文学性,甚至"先锋文学"的挑战性等,都构成"好文学"的标准,以一种模糊、混杂的方式留了下来。这些标准,有的失去了特定历史时期的迫切性,有的自身正面临危机,有的则属于学院派的专家趣味,当它们以"文学原理"的面目出现时,几乎对所有的文学构成"额外压抑"。比如,在"纯文学"势力上升时期,传统现实主义创作被认为"缺乏文学性",而"纯文学"后来又因缺乏社会关怀而被批评。对于遵循快乐原则的消遣文学,这样的额外压抑自然更深、更普遍,以至折射进网络文学内部论争中。

在主流学术界,源自"严肃文学"的精英文学批评传统一直延续到当下。20世纪90中期以后,伴随中国进入消费社会,又与源自西方左翼理论的消费主义批评话语结合,对尚在释放期的消费欲望形成"提前压抑"。在延迟压抑和提前压抑无缝对接的封闭话语系统中,有一个关键性环节被遗漏,就是中国的文学消费者从未获得过消费者的权利。为什么网络文学界几乎没有中文系科班出身的人?就因为只有"圈外人"才没有那么深的"内心禁欲",能够任由本能去寻找快乐的文学。

被称为网络文学"教父"的吴文辉(起点中文网创始人之一、前阅文集团联席CEO)在接受笔者采访时说,他的"初心"就是做出"轻松、愉快、有趣的小说","原来的文学处于一个比较苦闷的阶段。我小时候也看过很多名著……但我发现,无论中国的还是外国的,通常都以苦痛为主题,好像你不悲伤、不苦痛,就不是文学。虽然从某种程度上《平凡的世界》是一本很爽的书,但是大部分内容仍然充满了生活的苦难。虽然看上去有很多书可看,但是轻松、愉快、有趣的书很少"。㉞文学网站的创始人、管理者大部分和吴文辉一样,是纯朴的文学爱好者,他们的"初心"在很大程度上决定了这种文学的草根性质。至少在2015年大资本进入和"IP"化、主流化之前,网络文学总体而言是属于"爱好者写—爱好者看(买)—爱好者经营"的文学。尽管网络文学靠成功建立了商业模式才活下来,并且以消费者需求为主导,但并不适合作为消费主义话语的批判对象。因为,消费欲望在这里并不是生产的结果而是动力。而从一贯受鄙夷的"消遣文学"角度进入,反而能打开理论空间,真正发掘出网络文学的价值和活力。

当年,像吴文辉那样的文学爱好者到底有多少并不好统计。但我们知道,在网络文学蓬勃发展二十年后,其用户规模已经超过4亿㉟。在这二十年间,中国人的生活被绑上了全世界最高速度的发展主义和消费主义战车。在人人被物挤压的时代,网络文学是最便宜的消费。如果网络文学能够稳定提供人们看得起的小说,让他们可以放心地交托自己的休闲时间,这本身是一种实实在在的生命质量的提升。

从抵抗内心禁欲的角度出发,我们发现了自由消遣的重要意义。如何分清基本压抑和额外压抑?如何能尽早结束额外压抑的延迟统治,不让自己白白受苦?如何保护自己在消闲时间内"什么都不做"的自由,避免被各种"宏大叙事"和"幸福指数"征召?鲁迅说:"时间就是性命。无端的空耗别人的时间,其实是无异于谋财害命的。"㊱那么,压抑别人的快乐时间是不是也是一种对生命的侵害?所谓"以爽为本",就是拒绝自己的快感通道被占据,捍卫快乐本身的生命意义。

四、"YY",白日梦与消遣

在网络文学的话语体系里,"YY"是唯一可以和"爽"并列的关键词,"爽文"又称"YY小说"。"爽"指读者读着爽;"YY"则指作者写得嗨。"YY"是"意淫"的拼音首字母组合,语出《红楼梦》中警幻仙子对贾宝玉的评语,本意是精神层面的"淫"。在网络语境中,"YY"并非特指与性有关的幻想,而是泛指一

切超越现实、与欲望有关的幻想,所以,通常被认为相当于弗洛伊德所说的"白日梦"(day-dream)。㊲

然而,文学可以直接是白日梦吗?"YY"是否就是白日梦?将文学创作比作白日梦,并揭示其与快乐原则的关系,是弗洛伊德的创造性贡献。在《创造性作家与白日梦》一文中,他提出白日梦仅仅是作家创作的动力,而不是创作本身。在现实原则的操控下,那些由快乐原则主导的本能欲望被压抑进潜意识。它们以梦或白日梦的形式浮现出来时,虽然已经过内心禁欲的两轮审查,但仍然是赤裸的、有侵犯性的、羞于言表的。㊳

在白日梦和艺术作品之间,有一个必要环节,就是升华,这是作家的专属工作。作家要用一套特定的叙述技巧,将人的本能欲望从其直接的目的物中移开,在合情合理的故事中获得变相满足。在弗洛伊德那里,作家通过创作获得自我升华和解救,也为人类找到一条从潜意识回归现实的途径,并且创造了审美形式。因而他们的创作必然是高深精微的、象征含蓄的,需要文学评论家像精神分析师释梦一样进行阐释。作家和评论家构成一个专家型的文学精英集团,他们与印刷文明时期的出版机制和教育机制结合,形成文学精英秩序。

不过,在弗洛伊德看来,无论作家的艺术创作还是普通人的白日梦,都是一种替代性补偿,替代的就是人类童年时期的游戏。他称游戏中的孩子与创作性作家的所作所为别无二致,他们以极其严肃、认真的态度创造了一个幻想的世界,投入大量情感,所以"游戏的对立面不是什么严肃的事物,而是实在的事物"。因为儿童不必遵守大人的现实原则,其快乐原则也不由性欲主导,因而,他们不必羞愧,不必寻求变相满足的方式,而是可以直接按自己"高兴的方式"安排幻想世界中的一切。㊴

网络文学的"YY"是白日梦吗?很多人认为是。但当作者说"好羞耻"时,其实并不真正羞愧,其内心坦然的态度更像儿童在做游戏,准确地说,是以儿童做游戏的方式做成年人的白日梦。是谁给了成年人继续童年游戏的福利?答案是互联网。白日梦之所以不能直接是文学创作,是因为两重阻隔:道德羞耻和表达隔膜。因此,需要作家用文学技巧"使自我中心的白日梦趋于柔和"㊵,以纯形式的审美快感克服反感,诱人上钩。互联网的出现把这两重阻隔都打通了。首先,虚拟空间使人们可以一定程度上逃避现实原则压抑下的羞耻感。其次,趣缘空间人们可以超越"自我表达"产生的隔膜。互联网能把全世界同好聚集在一起,形成所谓的"愿望—情感共同体"。在其内部,社群成员的"爽点"被反复印证、"毒点"被随时排除。网络文学不断细化的类型分类,就是作者和读者间不断达成的契约和标识。在这里,文学技巧是强化而非柔化白日梦。快感通道早就蓄势待发,好的文学技巧可以使代入感更强,建构出逻辑更自洽的"小宇宙"。

"YY"一词一向自带鄙夷气息,即使在网文圈内部也是如此,它本来就出自当年"龙空论争"中早期精英作者(碧绿海)对新晋"小白"作者的批评㊶。然而,在消遣的向度上,它却可以读解为学术概念:非压抑性升华。这个概念也是马尔库塞针对"压抑—升华说"提出的。他认为在"非压抑文明中",人的本能欲望(主要是性欲)可以得到直接满足,并在此过程中获得升华。在这里,性欲的升华之所以是非压抑性的,是由于"性欲的目标既没有被偏移,也没有受阻碍。相反,在获得这个目标时,它并不就此罢休,还想追求其他目标,追求更充分的满足"㊷。

人类的欲望可以直接被满足吗?难道纵欲不会祸国吗?马尔库塞认为,人类历史上那些引发国家败亡的道德沦丧,恰恰是力比多被遏制后爆发的结果。在非压抑的社会,在摆脱了重重额外压抑后,力比多将得到扩展,"把它从限于生殖器至上的性欲改造成对整个人格的爱欲化"㊸。通过"非压抑性升华",性欲发展成"爱欲"。爱欲包括性欲,但不限于性欲,还包括日常生活、审美活动、消遣、工作等,"在爱欲的实现中,从对一个人的肉体的爱到对其他人的肉体的爱,再到对美的作品和消遣的爱,最后到对美的知识的爱,乃是一个完整的上升路线"㊹。这样的"多形态爱欲"看似"倒退",回到人类童年时期的母性状态,其实是一种更成熟、更接近幸福的文明,正如弗洛伊德对幸福的定义,"前历史的愿望在后来的实现"㊺。

马尔库塞的这一理论预期,可以在中国网络文学的发展历程中获得印证。互联网兴起后,海峡两岸暨香港的很多作者、读者都聚集在台湾情色论坛元元社区(1998年建立),这里诞生了第一批网络连载长篇小说和网络类型小说大神,如罗森、泥人、端木、半只青蛙等。然而,正当情色小说兴盛之际,部分作者却开始主动减少作品中的情色部分,创作不含情色内容的玄幻、奇幻小说。

2000年6月,鲜文学网成立,专门发布、出版非情色文学。少数坚持情色写作的作者(如罗森)退入小众的、封闭性的论坛,继续非商业性的创作、交流。[46]

直到2005—2006年大陆网络文学收费机制真正成熟之前,在台湾出版是大陆网络文学作者的主要挣钱方式[47]。情色小说在大陆网站没有一个自由的发展期,真正喷发的不是情色小说,而是情色动力转化而成的"小白文"。早期的"小白文"中含有大量的情色、暴力元素,但很快,核心爽点转为各种升级模式。这种转向固然与监管政策更加严格、网站商业化追求更迫切有关,但内在原因仍是读者和作者的兴趣转移。

正如弗洛伊德所说,在男性的两个最本能的欲望中,"提升本人自我人格的雄心勃勃的愿望"比性欲更重要[48]。对于"女性向"创作来说,情爱曾被当作"永恒的主题"。然而在2015年前后网络文学发生内部迭代、向"数据库—游戏化"方向转型之后,一部分网文的关注点也开始转向世界设定、"玩梗",情爱的比重不断下降,甚至被认为"越来越像男频文"[49]。在此之前,"女性向"言情文的爽感模式已经从传统的"代入模式"转向更依赖读者粉丝参与(同时读者粉丝也可以更置身事外的)"磕CP",在"亲密关系的实验场"里,爱欲呈现出一种极具虚拟性和流动性的特征。[50]"女性向"网络文学的兴趣转型更具性别革命的意味。否则很难解释,2014年"净网行动"之后,业内圈规严格到"脖子以下都不能写"[51],而创作和创新的欲望为什么仍如此旺盛。

"非压抑性性欲"如何自我升华为爱欲?马尔库塞认为解放爱欲的关键是解放劳动,使爱欲进入劳动领域。将爱欲解放落实于爱欲劳动,突出体现了马尔库塞作为一个马克思主义者的理论特征。他强调,只有非异化的劳动才是爱欲的劳动,这种打通劳动和享受的"第三种冲动"被称为消遣。他借用席勒在《美学教育书简》中对消遣的政治功能的论述进一步提出,消遣是人的各种器官和机能的自由展现,"消遣的冲动"是"解放的工具","这冲动的目的不是'借助'某物来消遣;而是生命本身的消遣,它超越了欲望和外部强制,是无忧无虑的生存的表现,因而是自由本身的表现……在一种真正人道的文明中,人类生存将是消遣,而不是苦役,人将在表演中而不是在需要中生活"[52]。

包括网络文学在内的很多互联网文艺创作都带有这种自由创造的"表演"性质,粉丝的参与性劳动(如写评论、同人创作)都可以称为"爱欲劳动"。职业作者基本都是从粉丝转化而来,在"产消者"(prosumer,由 producer 和 consumer 组合而成)这样的概念里,生产者和消费者的界限被打通,目的(享乐)和手段(劳动)统一了,这样,被理性压抑的感性就可以以建设性和而非破坏性的方式表现出来。㊿在"非压抑文明""无目的的合目的性"和"无规律的和规律性"的两个范畴下,工作就是消遣,消遣就是自由,自由就是审美,审美就是秩序。㊾

将消遣作为一种"爱欲劳动",摆脱了在"压抑性文明"系统下对生产/消遣的价值评判体系:生产是有用的,因而是高尚的;消遣是消耗的,因而是危险的。这回应了人们的普遍担忧,即"本能的解放(及随之而得到的完整的解放)将破坏文明本身,因为只有通过克制和工作(劳动),换言之,通过对本能能量的压抑性利用,文明才能得以维持"㊽。如此就将"弗洛伊德在'本能压抑——于社会有用的劳动——文明'这三者之间的相互关系转变成'本能解放——于社会有用的工作——文明'这样的相互关系"㊻。

五、"码字":一种爱欲生产力的解放

马尔库塞的理论非常有助于解释中国网络文学的发生和发展动因。为什么互联网遍布世界,中国的网络文学却独成奇观?最主要的原因是,中国在媒介变革之际出现了一个可以称为异托邦的网络自由空间。在中国特有的文化体制的限制和"精英文学观"的延迟压抑下,消费主义的势力一直未能深入文学领域,精英文学的影响也长期阻隔在外。媒介革命开辟出一片新天地,提供了"小白"自由撒欢的空间。尽管当初很多知识分子对网络空间的自由抱有热切期望,但大都是从精英的角度考虑的。在普通民众中,竟然有一股如此强大的创作力被解放出来,这确实出人预料。每个时代都有文学青年,他们在被鼓励"大胆写"的同时,要接受各种规训,从"写什么"到"怎么写",再到一层一层的发表阶梯。在艰苦攀登过程中很多人退却了,熄灭了写作的热情。网络文学对于新手最友好的地方是,不但没有发表门槛,也没有写作技巧的门槛,甚至还可以打破一切内心禁欲。为了与传统作家区分,网络文学作者自称"写手",管自己的写作叫"码字"。这样自贬的称谓既是主动的回避,也是有意的

拒绝。

如果说"爽"是一种草根文化消费权益的满足,"YY"写作则是一种群众写作的普惠式赋权。其实,社会主义中国的文学机制里一直有庞大的深入村镇的"群文系统"(群众文化系统的简称),新时期文学的繁荣与这一基层业余作家培养机制直接相关。⑰这份无形资产也是中国特色的文化制度对网络文学的馈赠。网络写手挑战的是专家系统的特权,但不再有"工农兵作者"的身份,可以在率性的"码字"中直接获得升华。

当写作可以是消遣,并且在只遵从快乐原则时,就成了一件人人可为而且容易上瘾的事。最初的写手大都非常"小白",除"YY"一无所有。然而,"YY"多了就有了套路。套路一向被各路精英鄙夷,但对新手来说,有了套路,"YY"就不再是私人呓语,而是大众或小众的写作。套路的另一个好处是,由于它的爽感模式很明确,对应的是一部分读者的"刚需",因而哪怕写得再差,都可能有人看。而一旦在茫茫人海中获得回应,写作者的写作信心、成就感,甚至更文的责任感都会被刺激起来。如果写得好,就可能成为签约作家(可以拿"低保"),进而成为职业作家、大神级作家。

根据官方统计⑱,2018年,国内主要网络文学网站的驻站创作者已达到1755万人(较上年新增355万人,其中还不包括很多小网站作者和分散在各个平台的同人作者)。然而,有收入的签约作者只有61万,其中全职作者占比38.1%。也就是说,在众多写作者中,有收入的不过3%,能靠"码字"吃饭的人堪称百里挑一。这个收入比是不可能支持任何一种"异化劳动"的。只有爱欲劳动才能让这么多人甘受"苦役"。当然,在大众化的商业写作中,"爱欲劳动"的成分会比"小众化"或非营利的爱好者写作(如同人创作)低。那些挣扎在"低保线"上的签约作者,也会抱怨自己日更万字,形同劳工。即便如此,他们和流水线上的工人也不同。他们都是有创作欲望的人,并且已经被证明具有一定的写作才华。因此,虽然身处金字塔底层,心中却有成神的梦想。数以千万计的普通人在爱欲驱使下辛苦"码字",这样的盛况是人类历史上前所未有的。

中国网络文学因环境自由而发生,而其能持续性地发展壮大,主要得力于起点中文网等网站成功建立起与互联网这种新媒介最匹配的商业模式——付费阅读制度。这条原创的路其实也是被逼出来的。2000年纳斯达克股市崩盘、第一轮互联网金融泡沫破灭后,网络文学很难获得外部投资。在努力寻求商业模式的几家大型网站中,起点中文网是建站最晚、也是资源最少的。它既不像"榕树下"可以借用一定的国内传统文学资源,也不像"龙的天空"打通了台湾出版渠道。由于"线上发表—线下出版"的模式走不通,只能背水一战走当时不被看好的线上收费道路。又由于当时没有方便的线上付费方式,盗版问题极为严重,如果不能抓住最大规模用户的核心欲求,把他们中间一部分人变为自愿付费的会员制用户,线上付费模式就不可能成功。但从另一角度讲,没有了资源也就没有了束缚。网文圈里有句话叫"得小白者得天下",起点中文网能够最终胜出,从此奠定了其在网文界的霸主地位,就因为它以单纯明确的商业性抓住了"小白"这个最大规模的用户群体,为他们建立了"用户生产内容"的正反馈机制:一方面以"爽"抓住用户的刚需,把他们的"心流"变成现金流;另一方面,通过招揽最具"YY属性"的"小白文作家"[59],建立包括"低保"福利制度在内的职业作家培养体系,将众多小白写手的写作欲望变成文学生产力。

"网络文学恢复了千万人的阅读梦和写作梦。"[60]在以往的研究中,研究者更多地重视阅读梦,对写作梦的意义重视不足。很多人担心随着人工智能的发展,网络文学的"套路文"写作早晚会被机器写作取代。然而,再先进的"AI"也不能代替人们码字的乐趣。随着网络化的进一步深入,粉丝的参与意愿和参与能力越来越强。抖音、快手等短视频软件的迅猛发展,让人们看到群众中蕴含的巨大的"文创"力量,其实这种力量在网络文学领域已经爆发了二十余年。

结语

笔者认为,在理想的网络空间,文学可以按照现实原则和快乐原则分成两类。每个人都可以自由地"登录"不同的文学空间,自觉遵循不同空间的文学原则。目前以网络类型小说为主体的、"以爽为本"的网络文学[61],遵循的自然是快乐原则,以消遣本身为目的。基于这一划分原则,笔者将网络文学定义为:以网络为媒介的新消遣文学。这里的消遣,既指纯娱乐的、供人消磨时光的消遣之物,也指马尔库塞意义上的爱欲劳动。相对于"五四"新文学定义的"消遣文学",这里的"消遣文学"的新处在于,从"网络性"出发,发现其"自由享受"和"自由创作"的积极面向,将之从严肃文学/消遣文学这一等级秩序的延迟压抑中解放出来,同时与消费主义主导下的消费文学做区分。

作为一种"新消遣文学",商业性是网络文学的内在属性。虽然从理论上讲,爱欲劳动似乎不应与商业性发生关系,但网络时代却是与消费时代重叠的。在消费社会,一种满足人们刚需的快乐文学很难不是商业性的,除非刻意抗拒(比如全球最大同人网站之一 AO3,就是基于抵抗商业和资本收编的理念,全部由粉丝义务管理、运营的)。从中国网络文学发展的实际情况看,在 2003 年起点中文网成功建立起付费阅读制度之后,爱好者网站大都陆续转型为商业网站,仍然坚持非营利创作的作者基本集中在同人社区,但如果没有了版权和相关法规的限制,恐怕很难避免商业化。

不过,需要强调的是,与爱欲劳动相关的商业性必须是粉丝经济。只有粉丝经济,才能免除文学商业性的"原罪感",也能将"精英文学"依靠的"以输为赢"的"颠倒的经济原则"再颠倒过来。布迪厄认为,"文学自由原则"建立在一种"以输为赢"的"颠倒的经济原则"上:艺术家只有在经济地位上失败,才能在象征地位上获胜[②]。在粉丝经济中,粉丝直接用钱投票,用颁发经济资本的方式颁发象征资本,作品的商业价值和文学价值并不是对立关系。特别值得欣慰的是,盘点中国网络文学二十余年的创作成果,几位在"老白"中口碑最好、同时也在主流学术界评价最高的作家(如猫腻、烽火戏诸侯、愤怒的香蕉等著名的"文青作家"和女频的 priest、非天夜翔),个个商业业绩不俗。这说明中国网络文学的粉丝经济相当成熟、健康。当然,随着网络文学产业规模的扩大,资本的主宰力量也越来越强大。粉丝如何能成为粉丝经济的主导者,而不是消费经济的提款机,这是需要他们长期与资本进行的斗争。

原载《文艺研究》2020 年第 8 期。

注　释

① 参见邵燕君主编《破壁书:网络文化关键词》,生活·读书·新知三联书店,2018 年,第

227—228页。

② 参见崔宰溶《中国网络文学研究的困境与突破——网络文学的土著理论与网络性》,北京大学2011年博士学位论文。

③ 参见谭天《网络文学发展早期的"精英"与"小白"之争——"龙的天空"论坛三次论战综述》,《中国当代文学研究》2020年第6期。

④ 参见中国互联网中心(CNNIC)发布的《中国互联网络发展状况统计报告》,http://www.cnnic.net.cn/hlwfzyj/hlwxzbg/hlwtjbg/。

⑤ "小白"有三重含义:一是指不花钱、白看书的读者,这一含义目前已经很少有人使用;二是指刚开始阅读网文、阅读量较少的新读者;三是指只看爽文的一类读者。以"小白"为预设读者、满足其爽点的"爽文",被称为"小白文"。参见邵燕君主编《破壁书:网络文化关键词》,第258—259页。

⑥ Weid《网上阅读十年事(1998—2008)》,http://www.lkong.net/thread-236350-1-1.html。

⑦ 论战原帖已不可查。引自网友晓风飞翔在"龙的天空"论坛发表的帖子《经典重温:由龙的天空原创作家发起的——"对玄幻作品的讨论"》,http://www.lkong.net/thread-231-1-1.html。

⑧ 指唐家三少、我吃西红柿、天蚕土豆、梦入神机、辰东等读者最多、吸金能力最强的作家。参见邵燕君主编《破壁书:网络文化关键词》,第258—259页。

⑨ 参见邵燕君、薛静主编《中国网络文学二十年·典文集》(漓江出版社,2019年)。该书推出15种网络类型文的代表作(每种一部),在此基础上,推出五位"经典性作家"(猫腻、冰临神下、愤怒的香蕉、priest、非天夜翔),以肯定网络文学经典化方向的文学成绩。

⑩ 邵燕君《网络文学时代中国"主流文学"的重建》,《艺术评论》2014年第12期。

⑪ 这些观点来自笔者与作家猫腻的对谈《以"爽文"写"情怀"——专访著名网络文学作家猫腻》(《南方文坛》2015年第5期)。关于这一问题的详细论述,参见邵燕君《从乌托邦到异托邦——网络文学"爽文学观"对精英文学观的"他者化"》(《中国现代文学研究丛刊》2016年第8期)。

⑫ 在《爱欲与文明·1966年政治序言》的结尾,马尔库塞指出:"在今天,为生命而战,为爱欲而战,也就是为政治而战。"(马尔库塞《爱欲与文明》,黄勇、薛民译,上海译文出版社,1987年,第11页)此后,福柯、阿甘本继续就"生命政治"的问题进行了深入讨论。

⑬ 王祥《网络文学创作原理》,中国人民大学出版社,2015年,第21—23页。

⑭ 杨玲《代入感、体验经济与网络文学研究的范式转型》,《新世纪文学研究的重构——以

郭敬明和耽美为起点的探索》,厦门大学出版社,2019 年,第 3 页。

⑮ 马尔库塞《爱欲与文明》,黄勇、薛民译,第 106 页。

⑯ 同上书,第 24 页。

⑰ 同上书,"导言",第 18 页。

⑱ 同上书,第 163 页。

⑲ 马尔库塞指出:"文明在操作原则下的进步本身已达到了一个新的生产水平,在这里,社会对用于异化劳动的本能能量的要求可以大大降低。因此,连续的、压抑性的本能组织所以必须存在,与其说是为了'生存斗争',不如说是为了延长这一斗争,即为了延长统治。"马尔库塞《爱欲与文明》,黄勇、薛民译,第 93 页。

⑳ 马尔库塞《爱欲与文明·1966 年政治序言》,黄勇、薛民译,第 1 页。

㉑ 马尔库塞《爱欲与文明》,黄勇、薛民译,第 164 页。

㉒ 巴巴拉·兰托丝《工作与本能》,转引自马尔库塞《爱欲与文明》,黄勇、薛民译,第 157 页。

㉓ 《现代汉语词典》(第 7 版),商务印书馆,2016 年,第 1437 页。

㉔ 马尔库塞《爱欲与文明·导言》,黄勇、薛民译,第 18—19 页。

㉕ 同上书,"1966 年政治序言",第 3 页。

㉖ 同上书,"1966 年政治序言",第 3 页。

㉗ 让·鲍德里亚《消费社会》,刘成富、全志钢译,南京大学出版社,2014 年,第 2、198 页。

㉘ 同上书,第 60 页。

㉙ 同上书,第 150 页。

㉚ 陈独秀《文学革命论》,《新青年》第 2 卷第 6 期,1917 年 2 月。

㉛ 参见洪子诚《中国当代文学史》,北京大学出版社,1999 年,第 125—127 页。

㉜ 参见阳雨(王蒙)《文学:失却轰动效应以后》,《人民日报(海外版)》1988 年 2 月 12 日。

㉝ 参见邵燕君《网络时代:新文学传统的断裂与"主流文学"的重建》,《南方文坛》2012 年第 6 期。

㉞ 邵燕君、吉云飞《中国网络文学比其他娱乐产业成熟十年——专访起点中文网创始人、阅文集团 CEO 吴文辉》,《网络文学评论》2017 年第 1 期。

㉟ 据中国互联网中心(CNNIC)2019 年发布第 44 次报告,截至 2019 年 6 月,我国网络文学用户规模达 4.55 亿,http://www.cnnic.net.cn/hlwfzyj/hlwxzbg/hlwtjbg/201908/t20190830_70800.htm。

㊱ 鲁迅《门外文谈》,《鲁迅全集》第 6 卷,人民文学出版社,2005 年,第 99 页。

㊲ 参见邵燕君主编《破壁书:网络文化关键词》,第 224—225、194—198 页。

㊳ 西·弗洛伊德《创造性作家与白日梦》(上册),黄宏煦译,戴维·洛奇编《二十世纪文学评论》,上海译文出版社,1987年,第74—75页。

㊴ 同上书,第65页。

㊵ 同上书,第74页。

㊶ 《经典重温:由龙的天空原创作家发起的——“对玄幻作品的讨论”》,http://www.lkong.net/thread-231-1-1.html。

㊷ 马尔库塞《爱欲与文明》,黄勇、薛民译,第155页。

㊸ 同上书,第147页。

㊹ 同上书,第154—155页。

㊺ 转引自马尔库塞《爱欲与文明》,黄勇、薛民译,第149页。

㊻ 史料来自多方采访,参见邵燕君主编《新中国文学史料与研究·网络文学卷》(即出)。

㊼ 关于中国网络文学早期发展历程与台湾武侠小说业的渊源关系,参见储卉娟《说书人与梦工厂——技术、法律与网络文学生产》,社会科学文献出版社,2019年。

㊽ 西·弗洛伊德:《创造性作家与白日梦》(上册),黄宏煦译,第68页。

㊾ 参见肖映萱《“磕CP”、玩设定的女频新时代——2018—19年中国网络文学女频综述》,《文艺理论与批评》2020年第1期。

㊿ “CP”是英文coupling一词的缩写,指强调观众/读者对角色进行配对的这一行为及其过程。热衷于此的粉丝从中获得愉悦感与满足感,常被戏称为“嗑CP”。参见高寒凝《虚拟化的亲密关系——网络时代的偶像工业与偶像粉丝经济》,《文化研究》第34辑,社会科学文献出版社,2018年;《亲密关系的实验场:“女性向”网络空间与文化生产》,《文艺理论与批评》2020年第3期。

(51) “脖子以下不能描写”是“女性向”网络文学圈内通行的一个对性描写尺度的戏谑性说法。

(52) 马尔库塞《爱欲与文明》,黄勇、薛民译,第137页。

(53) 同上书,第126页。

(54) 同上书,第128—129页。

(55) 同上书,第128页。

(56) 同上书,第112页。

(57) 石岸书《群众的身影:“新时期文学”的“后群众性”(1977—1984)》,清华大学2019年博士学位论文。

(58) 参见2019年8月9日第三届中国网络文学+大会上公布的《2018中国网络文学发展报告》,http://culture.people.com.cn/n1/2019/0810/c429145-31287235.html。

(59) 如《我是大法师》作者网络骑士，因写作《我就是流氓》在幻剑书盟引发争议而出走血红，以及因“码字”太快致使幻剑书盟难以及时付酬的唐家三少。

(60) 邵燕君、吉云飞《中国网络文学比其他娱乐产业成熟十年——专访起点中文网创始人、阅文集团 CEO 吴文辉》，《网络文学评论》2017 年第 1 期。

(61) 笔者认为，“网络文学”包含一切在网络空间生产的文学，外延极其宽泛，包括小说、诗歌、散文等，以及直播贴、段子等网络空间出现的新文体。由于目前网络类型小说是中国网络文学的主体形式，所以，也经常被等同于网络文学。但如果按概念逻辑划分，网络类型小说应该是第三级的概念：网络文学—网络小说—网络类型小说。从“网络性”出发，笔者更愿意用网文圈内部的“网文”概念取代“网络类型小说”概念。所以，笔者定义的“以网络为媒介的新消遣文学”指的是“网文”。有关“网络文学”“网络类型小说”“网文”的概念辨析需要专文阐述，此处因篇幅所限，姑且使用目前研究者通常使用的“网络文学”概念。

(62) 皮埃尔・布迪厄《艺术的法则——文学场的生成和结构》，刘晖译，中央编译出版社，2001 年，第 99 页。

王元化《文心雕龙创作论》的三重结构

王丽丽

《文心雕龙创作论》是王元化一生学术生涯的枢纽。以它在1979年的正式出版为界,王元化前此的学术准备和修为几乎悉数汇聚于此,在它以后的学术发抒也都由此奔泻而出。因此,这一著作很自然地呈现出了米歇尔·福柯(Michel Foucault,1926—1984)在他的《知识考古学》中描述过的那种学术沉积的丰富纹理。本文拟从福柯的理论视角出发,对王元化这部前半生学术潜修的集成之作展开知识考古,试图呈现出其学术沉积地层中的三重主要结构,以便在中国现当代学术史的视野中,探明王元化思想发展历程中的一个核心环节。

一、黑格尔《美学》(第一卷)的问题框架

《文心雕龙创作论》框架结构的基础地层,首先由黑格尔《美学》(第一卷)中的问题及其相应的理论思考所奠定。

王元化写作《文心雕龙创作论》,并不只系心刘勰的创作理论。因为无论是出于中国知人论世的传统治学方法,还是经典马列主义理论研究的基本要求,王元化在研究《文心雕龙》之前,都必须首先探明刘勰的思想体系。但通过对《文心雕龙》的枢纽篇章《原道篇》及其所体现的宇宙构成论和文学起源论的考察,王元化得出结论,就刘勰的世界观和对文学的本质理解来说,其思想的根底,基本上是属于客观唯心主义的。又由于刘勰的原道观点以儒家思想为骨干,因此又可称为儒家唯心主义。

探明《原道篇》及其所体现的文学起源论,是全面把握刘勰文学思想的关

键和前提,但"儒学唯心主义"的实质和结论,又注定让王元化只能使用"极其混乱而荒唐的形式""制约与局限""不科学""神秘"等几乎完全否定性的描述与判断。这也是王元化写作的年代给他划设的禁区。因此,"刘勰的文学创作论"就几乎成了他合法化《文心雕龙》研究的较好理由,因为王元化是以恩格斯在客观唯心主义者黑格尔身上所发现的"原理和原理的运用之间,体系和方法之间,形式和内容之间"所"可能存在"的矛盾和"不一致的情况",来类比刘勰以文学起源论为基础的思想体系与《文心雕龙》创作论之间的关系,并决心从前者客观唯心主义"先验结构的拘囿"中,打捞出"时时闪露出卓识创见"①的后者,而这也正是《文心雕龙创作论》的主要工作。

由于黑格尔与刘勰之间的类比,王元化在20世纪70年代开始阅读黑格尔《美学》(第一卷)也就有了针对性。在王元化看来,《美学》的"精华部分是关于美的法则的论述"②。它直接启发了王元化在《文心雕龙创作论》中,对一系列"中外相通、带有最根本最普遍意义的艺术规律和艺术方法"③问题,展开比较性的考辨和探讨。

黑格尔的美学论述从美的定义开始:"美就是理念的感性显现。"④王元化的理解是:"如果理念不是完善地直接地从感性中显现出来,那就不能认为是艺术的理想。"自然美之所以被黑格尔认作"美的理念"发展的低级阶段,就是因为即便是"自然美的最高峰""人体这个构造最精的有机体",如果作为"现实生活中的个别人物",他的性格也不能"在他的日常生活中的任何一个片断中可以完整地表现出来",而"只是零碎地分散地表现在他的一系列的生活经验里面","因而,就每一断片来说,他的完整性格仍然是内在的,受到局限的,并且是互相依存的"。⑤

黑格尔对"艺术美的理念或理想"的要求是:"理念和它的表现,即它的具体现实,应该配合得彼此完全符合。"⑥王元化认为,"所谓理想就是指的艺术美。艺术美要求事物的外在形象必须完善地表现它的内在本质"。这就涉及了"现象和本质的关系问题"。⑦

在黑格尔的美学体系中,不仅"自然美和艺术美的关系是颠倒的",而且"美的理念"还先于自然美而独立存在。实际上,依马克思探明"绝对理念"来源的方法去类推,黑格尔所谓"美的理念","正是他在《自然生命作为美》的部分中对生命有机体作了周密研究之后","从作为生命的自然美中概括出来的","主要是把关于生命有机体的一些带有规律性的东西加以规范化,以更提炼更精确的形态表述出来"而已。于是,"从体系看似乎是黑格尔《美学》中最唯心的"部分,"就其内容来说,却是现实的"。就这样,王元化对头脚倒置的黑格尔美学体系完成了顺转。

在解神秘化之后,"美的理念"实际上也"就是客观存在的真实性在感性事物中的显现"。这里的重点是,"理念"之前冠以一个"美"字,也即意味着,"在美学里,真实的理念不像在哲学里那样以普遍性的思考形式出现,而是以个体性的感性形式显现出来",美,也即概念"直接和它的外在现象处于统一体"中。由此美的统一体出发,黑格尔推演出了"一些美的法则"。⑧

在此,王元化又发现了黑格尔的《小逻辑》中他最为服膺的总(概)念论的三范畴:普遍性、特殊性和个体性。在美的统一体中,这三个范畴体现为基于近乎合纵连横基础之上的辩证统一关系:

> 具有普遍性的内在本质方面和特殊个体的外在现象方面可以互相渗透。普遍性的内在本质可以把特殊个体的外在现象统摄于自身之内,同时,特殊个体的外在现象也可以把普遍性的内在本质宣泄于外,从而形成各差异面的和谐一致。⑨

由此得出一条"美的法则":

> 在艺术作品中,内容意蕴和表现它的外在形象必须显现为完满的通体融贯。内容意蕴作为艺术生命的主体,把生气灌注到外在形象的各部分中去,使它们活起来。外在形象的各部分都弥漫同一内容意蕴灌注给它们的生命,而形成和谐一致的有机体。⑩

除了内容意蕴和外在形象的和谐一致之外,作为统一体的美的对象还体现了必然性和偶然性的辩证统一。黑格尔《美学》这样论述:

> 美的对象必须同时现出两方面:一方面是由概念所假定的各部分协调一致的必然性,另一方面是这些部分的自由性的显现是为它们本身的,不只是为它们的统一体。单就它本身来说,必然性是各部分按照它们的本质即必须紧密联系在一起,有这一部分就必有那一部分的那种关系。

这种必然性在美的对象里固不可少,但是它也不应该就以必然性本身出现在美的对象里,应该隐藏在不经意的偶然性后面。⑪

黑格尔对必然性和偶然性辩证关系的论述,仍然以对生命过程矛盾统一关系的洞悉为蓝本。根据达尔文的"生长相关律","一个有机生物的个别部分的特定形态经常是和其他部分的某些形态相联系的,虽然在表面上它们似乎并没有任何关联"。因此,"居维埃可以根据一枚牙齿的化石勾勒出一种早已灭绝的古动物的大致正确的全体图像"。同理,"艺术形象的任何一部分的任意改动",都"必然会影响其他部分以至整个作品的原有性质"。王元化认为:

> 这种整体与部分和部分与部分之间的有机关联,就是黑格尔所说的必然性。

另一方面,"在互相关联协调一致的生命有机体中,各部分又显示了它们各自所具有的独立自在的面貌"。它们不仅"形体构造不同",而且"各有专司","不能互相替代"。

> 它们的独立自在性显得是为它们本身的,而不是为了它们的统一体。虽然在各部分的独立自在性里可以见出一种内在的联系,但是这种经过生命灌注作用所产生的统一,不但不消除各个别方面的特性,反而把这些特性充分地表现出来,把它们保持住。

王元化指出:

> 这就是黑格尔所说的必然性必须隐藏在不经意的偶然性后面。

以此类推至美的对象,偶然性"在艺术作品里也是不能排除的"。

> 艺术创作一方面要把生活真实中各个分散现象间的内在联系这种必然性直接表现出来呈现于感性观照,另方面又必须保持生活中自然形态的偶然性,使两方面协调一致,这是艺术创作的真正困难所在。

王元化又把这叫作"必然性通过偶然性为自己开辟了道路"。⑫

《美学》中另一让王元化赞叹不已并反复为之推介的,是黑格尔关于情况、情境、情节三个环节的论述。在此,总念论的普遍性、特殊性和个体性这三个范畴又一次贯穿其中。

在《美学》的字典里,理念、理想和艺术美,几乎是同一个东西的不同表达。当理念"符合理念本质而现为具体形象的现实"时,"这种理念就是理想",[13]而理想也即艺术美。

黑格尔认为,情况即"一般的世界情况,这是个别动作(情节)及其性质的前提"[14]。既然艺术的理念与理想是同义词,那么,"艺术的理想"也就应该像理念一样是一个普遍性,而且"不能是普泛的普遍性",而是"普遍性实现自身于特殊的个体之中",亦即"理想的定性"。这理想的定性"必须实现自己,通过动作及一般运动和活动展示出来","成为可供感性观照的艺术作品"。"这种运动或活动的场所或前提就是'情况'。"王元化指出,作为"矛盾的普遍性",情况,也就是"作为人物活动场所的时代或社会背景"。然而,"同一普遍矛盾"或同样的时代社会背景影响和支配着"同一社会的每一个成员",因而,"情况只能形成个别形象表现的可能性",而要想"成为激发人物行动的直接的力量",就必须再"具化为特殊的矛盾"。[15]

情境就是"情况的特殊性,这情况的定性使""实体性的统一发生差异对立面和紧张,就是这种对立和紧张成为动作的推动力——这就是情境及其冲突"[16]。王元化这样理解:"情境克服了矛盾普遍性的抽象形式,和人物的具体处境、生活、遭遇结合起来",形成"他不得不行动起来的必然趋势",这就是"冲突"。"冲突的必然性"体现为"人物的内在要求"。"但是,情境只是激发人物行动起来的机缘和动力","发出行动的是人,动作的蓄谋,最后决定和实际完成都要依靠人来实现"。而在此过程中,"性格的差异往往在相同的情境或冲突中使他们发出千差万别的动作和反动作"。换言之,"人物的个性起着决定作用"。由此,情境又进入到情节。

"情节,即动作,是以人物性格为核心的。人物性格属于个体性范畴。"对于总念三范畴之间的辩证关系,王元化已非常熟稔:

> 矛盾的个体性包含着矛盾的普遍性(种)和矛盾的特殊性(类)于自身之内。所以……人物性格一方面体现着人的本质和阶级属性,另方面也体现着时代矛盾的特定冲突和纠纷。这两方面都要通过主体的动作和反动作显现出来。

王元化小结说,"从情况到情境再到情节,也就是矛盾的普遍性进入矛盾的特殊性再进入到矛盾的个体性"。黑格尔借此提供了一条"把人物和环境联系起来考察"的线索,这条线索可以帮助我们深入理解恩格斯所提出的"典型环境中的典型性格"。[17]

围绕着人物性格,王元化还对黑格尔的"情志"说表现出了格外的着迷。黑格尔用一个希腊文 παθoζ(英文对应词为 Pathos)来表达"活跃在人心中,使人的心情在最深刻处受到感动的普遍力量"。朱光潜先生将它译成了"情致"。黑格尔说这个希腊词"很难译",原因是英文的 Passion(情欲)虽然从它而来,但意义已经发生了改变,"因为'情欲'总是带着一种低劣的意味"。"用'情致'这个名词是取它的较高尚较普遍的意义","例如安蒂贡的兄妹情谊就是希腊文的'情致'。这个意义的'情致'是一件本身合理的情绪方面的力量,是理性和自由意志的基本内容"。又"例如俄瑞斯特杀死自己的母亲","驱遣他采取这种行动的正是'情致',而这情致是经过很慎重的衡量考虑来的"。"情致"应该被"了解为存在于人的自我中而充塞渗透到全部心情的那种基本的理性的内容(意蕴)"。[18]

王元化感觉到用"情致"翻译 Pathos 与原旨不太相符,决定借用刘勰的"情志"来代替。刘勰在《文心雕龙》中把作为情感因素的'情'和作为志思因素的'志'连缀成词,用以表示情感和志思的互相渗透",应该更切合黑格尔赋予 Pathos 一词"合理的情绪方面的力量"的本意;况且,刘勰所谓的"志思蓄愤","是说情志含有一种悲怆性","是一种打动人们心弦唤起人们共鸣的动情力",[19]这又与 Pathos 所内含的"冲突激起人物行动起来的内在要求"这一意义相对应。王元化的一字之改译,不仅突出了黑格尔的"情志(Pathos)"概念情感和理性交融于一体的特征,而且也清晰地体现了《文心雕龙》与《美学》在王元化身上所切实发生的双向交流交互影响的效应。

黑格尔对"情志"的论述在显示了深刻的艺术鉴赏力的同时,也难免些许晦涩和神秘。王元化认为,"情志应该合理地理解作在人的内心中所反映的时代精神"。更确切地说,亦即该时代"具有普遍性的伦理观念"。[20]

王元化从黑格尔处所汲取的辩证法,还包括《美学》对审美主客体关系的论述。在《艺术美的概念》里,黑格尔说:

> 在艺术里,感性的东西是经过心灵化了,而心灵的东西也借感性化

而显现出来。㉑

王元化的阐释别有会心：

> 这意思是说，在文艺创作过程中，心灵的现实化和现实的心灵化一直在交错进行着。文艺创作所反映的现实不是现实世界的自然形态，而是心灵化的现实，从而使艺术美区别于自然美。同时，文艺创作所表现的思想感情不是精神世界的抽象形态，而是现实化的心灵，从而使以形象为特征的艺术区别（于）以概念为特征的科学。㉒

黑格尔对审美主客体关系的进一步阐述，是通过对"有限智力"与"有限意志"的批判完成的。既然名之为"有限"，那显然都属于知性的思维。王元化将黑格尔的辩证思考综述如下：

> 有限的智力对待对象的态度是假定客观事物是独立自在的，而我们的认识只是被动地接受。表面上看，这好象是克服了主观的幻想和成见，按照客观世界的原状去吸取眼前的事物。但主体在这种关系上是有限的、不自由的，因为这是先已假定了客观事物的独立自在性，从而取消了主观的自确定作用。而有限的意志则相反，主体在对象上力图实现自己的旨趣、目的、意图，根据自己的意志牺牲事物的存在和特性，把对象作为服务自己的有力工具，从而剥夺了事物的独立自在性，以致使对象依靠主体，对象的本质就在于对主体的目的有用。但这种主体的自由只是一种假象，在实践的关系上，它仍是有限的、不自由的。因为由于有限意志的片面性，对象的抵抗就不能消除，结果就造成了对象和主体的分裂和对抗。㉓

阅读黑格尔《美学》（第一卷）的意义，对《文心雕龙创作论》的诞生而言，首先在于提供了研究方法的启迪和写作架构的示范。《文心雕龙创作论》多篇文章的附录，几乎直接由黑格尔《美学》中对相关问题的论述构成，诸如《审美主客关系札记》为《释〈物色篇〉心物交融说》的"附录三"；《美学》中对必然性和偶然性辩证关系的论述，化身为《释〈附会篇〉杂而不越说》的两篇附录；"情况——情境——情节"三环节的部分构成了《释〈熔裁篇〉三准说》的"附录二"《文学创作过程问题》的主干内容。

总之，王元化如何从黑格尔的客观唯心主义美学体系中，批判清理出一系列放射着辩证法光芒的美的法则，他也就照样在刘勰儒家唯心主义的文艺思想中，批判继承了丰富而渊博深刻的创作论精华。

二、《文心雕龙》创作论的自身逻辑

《文心雕龙创作论》的第二重也是最核心的一层结构，由刘勰创作论的自身逻辑构成。王元化非常推重《文心雕龙》，认为它是早在中国的中古时期，就足以与后来近代欧洲像黑格尔的《美学》这样的著作相匹敌的一部巨著，所以格外注重凸显《文心雕龙》创作论的自身逻辑及其所代表的中国古代文论"自成系统的民族特色"㉔。

王元化对《文心雕龙》创作论的阐发，以《物色篇》中的"心物交融说"为发端：

> 写气图貌，既随物以宛转；属采附声，亦与心而徘徊。

王元化释义说，这两个对偶的分句互文足义。气、貌、采、声，指的是自然的气象和形貌。写、图、属、附，则指作家的模写与表现。刘勰以此表述作家进入创作活动之后所发生的"一种心物之间的融汇交流的现象"。"物"指客体对象；"心"指作家主体的思想活动。"作家在模写并表现自然的时候"，一方面"必须克服自己的主观随意性，以与客观对象宛转适合"；另一方面又应该以主体之"心"，去"锻炼""改造""征服"客体对象。"随物宛转，与心徘徊"相反相成、对立统一。作家的创作活动"以物我对峙为起点，以物我交融为结束"㉕。

王元化认定"《神思篇》是《文心雕龙》创作论的总纲，几乎统摄了创作论以下诸篇的各重要论点"㉖。"神思"也就是想象。根据刘勰的描述，"'神思'具有一种身在此而心在彼、可以由此及彼的联想功能"；同时，"想象活动具有一种突破感觉经验局限的性能，是一种不受身观限制的心理现象"。

王元化希望借助刘勰创作论的纲领之作，对想象这一心理现象作一全面而深入的探析。他的阐释主要集中在三个方面：首先是"杼轴献功说"：

> 拙辞或孕于巧义，庸事或萌于新意，视布于麻，虽云未贵，杼轴献功，

焕然乃珍。

王元化指出：刘勰用"杼轴"一词来表示"文学的想象活动"或"作家的构思活动"，是本于陆机的《文赋》。理解此段文字的关键是"视布于麻"的比喻。"布"即"麻布"。"'布'是由'麻'纺绩而成的，两者质地相若"，"从这方面来看，'布'并不贵于'麻'，但经过纺绩加工以后，就变成'焕然乃珍'的成品了。没有'麻'，纺不出'布'，没有现实素材，就失去了想象活动的依据。就这一点来说，想象和现实的关系，正犹如'布之于麻'"。

一旦明白了这一比喻，"拙辞"与"庸事"一句也就"迎刃而解了"，因为它"是针对作家运用想象对现实进行加工而言"：

> 怎样才能使看来并不华丽的"拙辞"孕含着意味深长的"巧义"呢？怎样才能使大家都熟悉的"庸事"萌生出人所未见的"新意"呢？作家并不需要把看来朴讷的"拙辞"变成花言巧语，并不需要把大家熟悉的"庸事"变成怪谈奇闻。……他只是凭借想象作用去揭示其中为人所忽略的"巧义"，为人所未见的"新意"罢了。[27]

《神思篇》论述想象的第二段话为：

> 神居胸臆，而志气统其关键；物沿耳目，而辞令管其枢机。枢机方通，则物无隐貌；关键将塞，则神有遁心。

这段话表达了刘勰对"志气"和"辞令"在想象中作用的看法，他分别将两者当作指导和支配想象活动的"关键"和"枢机"。王元化分而析之：

"志气"可解为"情志与气质"，泛指思想感情。"思想感情不但鼓舞了想象活动"，成为后者的动力，而且还对之进行指导，为它提供运行的轨道。当然另一方面，"想象活动也可以加深并加强思想感情的内容。"

"辞令"也即"语言或语词"，它是想象活动所必需的"媒介或手段"。[28]

《神思篇》第三处论及想象的文字是：

> 陶钧文思，贵在虚静。

说到"虚静"，人们很自然就把它和道家联在一起。王元化辨析说，刘勰的"虚静说"是促进作家思想感情更为充沛的准备手段，而老庄的虚静说则是导致绝圣弃智、返朴归真的最终归宿,两者恰成鲜明的对照。刘勰的"虚静说"不本于老庄,而本于荀子《解蔽篇》中"虚壹而静"的知"道"之术:

> 虚的对面是臧;臧者,藏也;含有积藏之义。壹的对面是异;异者,指心兼知也。静的对面是动;动者,指心自动运行也。从心的本性来说,它是有臧、异、动的特点的。……心往往积藏了许多固定看法,包含了许多纷杂不一的成分,并且又往往是不由自主地运行着的。倘要以心知道,那末就必须由臧而虚,由异而壹,由动而静。……要做到这一步,首先,"不以己所臧,害所将受",这就是说,不以自己心中原来积存的固定看法去损害将要准备接受的东西。这就叫做虚。其次是"不以夫一害此一"。这就是说,不要以彼一事理去损害此一事理;或者更确切地说,不要用片面的观点去损害全面的观察。……从一元论的立场把纷杂互异的万物统一起来观察,这就叫做壹。最后是"不以梦剧乱知"。……一切凌乱杂念,下意识的心理活动均可归入梦的范畴。倘能克服这种现象,役心而不为心役,使思想集中起来,这就叫做静。荀子认为:虚则入——心能虚,才能摄取万物万理;壹则尽——心能壹,才能穷尽万物万理;静则察——心能静,才能明察万物万理。㉙

王元化对《神思篇》三方面的阐释,在《文心雕龙创作论》中也据有枢纽的位置。它们既构成了想象运行的流程:从虚静说的前期心理准备,到"志气"和"辞令"在想象活动中发挥出功能,再到想象通过"杼轴献功"对外物进行加工改造;同时又大致聚合成"想象与现实的关系"和"想象活动各环节"这两方面的论题,分别贯穿起《文心雕龙创作论》的各部分释义。

在释读《比兴篇》时,王元化表现出了某种"比刘勰更刘勰"的意味,亦即阐发出刘勰原本已经包含在文本中但他本人未曾清楚意识到的内容。一般人都认为《比兴篇》对"比兴"是作分训的理解:

> 比者,附也;兴者,起也。附理者切类以指事,起情者依微以拟议。㉚

王元化则认为,可以"把比兴二字连缀成词,作为一个整体概念来看",并且主张将整体"比兴""解释作一种艺术性的特征"或"艺术形象"。他由此声称:

《比兴篇》是刘勰探讨艺术形象问题的专论,其中所谓"诗人比兴,拟容取心"一语,可以说是他对于艺术形象问题所提出的要旨和精髓。

何为"拟容取心"说的精髓?

在外者为"容",在内者为"心"。前者是就艺术形象的形式而言,后者是就艺术形象的内容而言。"容"指的是客体之容,……实际上,这也就是针对艺术形象所提供的现实的表象这一方面。"心"指的是客体之心,……也就是针对艺术形象所提供的现实意义这一方面。"拟容取心"合起来的意思就是:塑造艺术形象不仅要摹拟现实的表象,而且还要摄取现实的意义,通过现实表象的描绘,以达到现实意义的揭示。现实的表象是个别的、具体的东西,现实的意义是普遍的、概念的东西。而艺术形象的塑造就在于实现个别与普遍的综合,或表象与概念的统一。

王元化又指出,"刘勰既然把比兴作为代表艺术形象的整体概念看待",所以即使"在分论比兴的时候",也"没有割裂两者之间的有机联系","认为比属于描绘现实表象的范畴,亦即拟容切象之义。兴属于揭示现实意义的范畴,亦即取心示理之义"。"自然,刘勰并不抹煞拟容切象的意义",但"艺术形象的意义毕竟还是在于通过拟容切象的手段去达到取心示义的目的"。[31]

王元化对整体"比兴"概念的论证理据充足,但他用来诠释它的"艺术形象"一词,却不足以全面准确地概括和传达出他赋予整体"比兴"概念的内涵。

在一般人的印象中,"艺术形象"更偏向于"拟容取心"中"容"的一面,似乎不太长于表达出"心"的含义,更难以传达出通过"客体之容"透视"客体之心"这样的深度模式。为此,王元化先是给"艺术形象"加上"完整的"这一形容词,但这一做法适足以暗示出"艺术形象"概念的可能不完整。事实上,在面对质疑的时候,王元化就承认,"从早期的文学理论中"所可能发现的,更准确地说应该是今天"艺术形象"这个概念的"萌芽或胚胎",或者说是"文学从它诞生的那一天起"就已存在的、"作为文学特征的形象性"。因此,王元化又试图把他所说的"艺术形象"解释成"一种凝聚在作品中的艺术性的特征"。[32]如此说来,"艺术形象"像是某种类似结果的东西,而为了达成这一结果或目的,它又可能要求某种相应的手段或方法。而在一开始,当王元化在追溯"形象"的拉丁文字源、并且根据刘勰"比显而兴隐"的说法将"比兴"与西方的"明喻"和"隐喻"类比之时,他又确实将后两者视为"艺术性的达意方法或手段"。换言之,"艺术形象"既可能是结果和目的,也可能是方法和手段。而当王元化明确说出"艺术形象的意义毕竟还是在于通过拟容切象的手段去达到取心示义的目的"之时,它又开始在手段和目的之间游移。王元化给《比兴篇》释义正文所加的副标题为"关于意象:表象与概念的综合"③,似乎是对"比兴"整体概念的较好诠解,但"意象"一词外延太窄,无法容纳王元化关心的典型等"大"问题。在"附录一"考究陆机《文赋》中的"离方遁圆"说究竟针对文体还是形象问题的时候,王元化又另外用了两个与"艺术形象"相近的概念:"审美客体"和"文学的描写对象"④。

其实,如果改用黑格尔《美学》的概念,王元化就不必如此大费周章地苦心思量,他所论述的"艺术形象"之"容"和"心"的结合,或者"个别与普遍的综合"和"表象与概念的统一",不就是体现在黑格尔"美的统一体"中内容意蕴和外在形象的通体融贯与和谐一致吗?不也就是总念论的三范畴个体性、特殊性和普遍性基于相互间的合纵连横之上的彼此统摄互为渗透吗?细察王元化的意图,他其实就是想探讨在艺术创作中,如何使美的对象获得由其内在一系列辩证统一所保证的美的素质和艺术效果。一言以蔽之,也就是形象思维在艺术创作过程中的具体体现。

紧接着《神思篇》"神居胸臆,而志气统其关键"所开拓的论题方向,王元化又从《情采篇》中提取出了"情志说",并试图研探这样一个问题:在想象和构思活动中,于创作思维中起着驱动、指导作用的思想感情,在艺术作品中究竟应该以怎样的形态呈现?

王元化首先从《情采篇》里先后出现的"为文造情"和"述志为本"二语中,洞察到"情志"概念的整体性:"刘勰认为'情'和'志'这两个概念不是彼此排斥的,而是互相渗透",因此"企图用'情'来拓广'志'的领域,用'志'来充实'情'的内容",使两者结合为一个整体。

据王元化考究,"情"和"志"综合起来在刘勰那里具有两种意义。第一种"就文学创作的性能功用而言",刘勰将发源于《诗》的"言志美刺"传统和脱胎于《骚》的"发愤抒情"路数,"加以融汇,成一家之言"。第二种则是"就文学创作的构成因素而言",在创作活动中,"属于感性范畴的'情'和属于理性范畴的'志'是互相补充彼此渗透的"。

王元化发现,"刘勰把思想感情交织为一个整体"而铸成的"情志"概念,"颇接近于渗透了思想成分的感情这种意义",所以"可以十分恰当地"㉟翻译黑格尔《美学》中的那个希腊词。通过在刘勰和黑格尔之间充当跨时空交流的媒介,王元化也找到了他所关心问题的答案:

> 在文学创作中,……感性方面和理性方面互相渗透,交织成难以分解的有机整体。……作为构成文学因素的感情,……必须被现实所唤起,被思想所提高。作为构成文学因素的思想,……必须融化在艺术形象里面,充分得到感情的支持。

简言之:

> 文学创作中的感情,只能是一种经过思想深化的感情,文学创作中的思想只能是一种被感情所渗透的思想。㊱

如果说,《情采篇》对《神思篇》中的"志气"作了深入阐发的话,那么,《熔裁篇》则与"辞令"保持着某种关联。《神思篇》云:

> 意授于思,言授于意,密则无际,疏则千里。

刘勰在这里论述"思""意""言"三者之间依次传达的关系,同时也预示了《熔裁篇》中"三准说"的格式。因为后者正是按照"'思'(情志)——'意'(意象)——'言'(文辞)"㊲的次序来分析文学创作过程的三个步骤:

> 履端于始,则设情以位体;举正于中,则酌事以取类;归余于终,则撮辞以举要。

王元化解释说:

> 刘勰在这里借用《左传》"始"、"中"、"终"(见文公元年)的说法,以表明文学创作过程可分为"设情"、"酌事"、"撮辞"三个步骤。

"刘勰认为,人类生来就有不学而能的'人情'",作家"在和大自然的接触中得到一种深刻感受,盘踞在自己的心田里,排遣不掉,驱除不开,这就是推动作家行动起来的动力"。"作为创作冲动核心的感受也就是刘勰所说的'设情以位体'",这里的"情",是"经过了作家长期孕育,酝酿产生出来的'情志'"。

然后是"酌事":

> 作家凭借生活中的记忆唤起了想象活动,逐渐摆脱了开头萌生在自己心中的情志的普泛性和朦胧性,使之依次转化为具体的事类,然后再听从情志的指引,把它们熔铸成鲜明生动的意象,使"事切而情举"。⑧

"撮辞"也就是作家如何把自己酝酿成熟的构思表现出来。这又回到了《神思篇》对"思""意""言"关系的论述。

刘勰试图用"设情""酌事""撮辞"去说明作家在创作过程中所进行的艺术思维活动。刘勰对创作过程的探索也使王元化再一次想到了黑格尔的"情志"概念。《美学》对理念经过了"情况——情境——情节"的"自我发展""而形成为具体的艺术作品"的论述,实际上也就是黑格尔的创作过程论。黑格尔的创作过程三阶段不仅可以与刘勰的"三准说"相互生发,而且在"情志"问题上颇与刘勰英雄所见略同。

黑格尔的"情志"概念出现在"情节"环节。"情节即动作,是以人物性格为中心的。人物性格属于个体性范畴。"根据黑格尔的说法,"矛盾的个别性包含着矛盾的普遍性(种)和矛盾的特殊性(类)于自身之内"。王元化将这一理论移用到人物性格方面:

> 人物一方面体现着作为社会关系总和的阶级属性,另方面也体现着表现时代矛盾的特定冲突和纠纷。这两方面都要通过主体的动作或反动作显现出来。黑格尔把冲突激起人物行动起来的内在要求,借用古希腊人所说的 παθος 一词来表达。大体说来,黑格尔用这个字以表明特定时代的具有普遍性的伦理观念,但这种观念在人物身上不是由理智,而是由渗透着理性内容的感情表现出来。⑨

显然,在黑格尔的"情志"概念与刘勰的"设情以位体"之间,王元化察觉到了某种神似之处。

就创作活动而言,除了可以分析把握的各环节和完整的流程以外,还有一个非作家的意志可以左右的特殊现象,那就是灵感的爆发。王元化选用了别林斯基朴素平实的说法:"创作的直接性"。

刘勰有两处论及"创作的直接性"。《神思篇》说:

> 秉心养术,无务苦虑;含章司契,不必劳情。

《养气篇》表述更清楚:

> 率志委和,则理融而情畅;钻砺过分,则神疲而气衰。㊵

王元化这样疏释刘勰的"率志委和"说:

> "率志委和"一语是指文学创作过程中的一种从容不迫直接抒写的自然态度。率,遵也,循也。委,付属也。"率志委和"就是循心之所至,任气之和畅的意思。

"为什么刘勰在论述最复杂最需要思想高度集中的创作活动的时候",竟然反对"钻砺过分"而主张"率志委和"呢?因为他注意到了文学创作中的一个辩证现象:

> 作家从事于文学的创作活动,一方面必须依靠平日的辛勤磨练,经过不断的积累,另方面又必须在写作的时候,采取一种直接抒写胸臆的自然态度。

当作家在创作前"经过异常复杂、异常艰巨的准备工作"之后,"一旦进入创作过程","就往往会产生一种创作激情突然迸发的现象"。这就是"灵感",亦即别林斯基所谓的"创作的直接性"。其实质则是:

> 作家把认识生活方面的活跃想象力和艺术实践方面的敏锐表现力结合在一起,让它们在整个创作过程中间携手并进。㊶

这一点也可得到黑格尔《小逻辑》的印证:

> 许多真理我们深知系由于复杂异常间接思索步骤所得到的结果,却毫不费力地直接呈现其自身于熟习此种知识的人的心灵之前。㊷

王元化认为灵感也是如此:

创作的直接性正是经历了极其复杂的间接历程才在创作活动中出现。它往往是沉潜反复的思索和长期生活经验的结果。㊸

三、胡风理论的投影

至此,我们已经明显可见《文心雕龙创作论》的双重结构。其实,还有第三层不那么明显的结构存在:胡风理论的投影。

1991年,在为修订更名后的《文心雕龙讲疏》写作序言的时候,王元化回顾他撰写《文心雕龙创作论》的"旨趣":"通过《文心雕龙》这部古代文论去揭示文学的一般规律。"因为"在文艺领域内,长期忽视艺术性的探索,是众所周知的事实"。㊹王元化这一写作初衷的深层驱动来自他本人的创伤经历:胡风就曾一直致力于保持和维护文艺领域内的艺术性,对它们大面积不可阻挡的流失感到"触目心伤",并由于试图阻挡文学普遍概念化和公式化的潮流而成为文艺领域审美质素的祭品。

这也在《文心雕龙创作论》的写作次序上留下了印记。《神思篇》明明位列《文心雕龙》创作论之首,被刘勰誉为"驭文之首术,谋篇之大端"㊺,王元化也一再表示《神思篇》为《文心雕龙》创作论的总纲,但他为什么偏偏首选《文心雕龙》创作论的最末一篇《物色篇》作为自己释义的开端呢?因为王元化已经深刻领受过《物色篇》所论及的"文学与自然"关系问题的利害。"文学与自然"改用王元化写作当时的说法,也就是"文学与现实"或"文学与生活",在这个问题上,胡风犯过两个大忌。

首先,胡风从他的主客观相生相克的文学理论出发,把作家带着自己的思想武装,深入到"血肉的现实人生"当中,与这一感性的对象展开搏斗之后,所产生的作家主观的"自我斗争"和"自我扩张",称作"艺术创造的源泉"。㊻这就与反映论的经典表述"现实生活是艺术创作的惟一源泉"形成了字面上的明显歧异,构成了对权威理论的冒犯。其次,与此紧密相关,胡风的主客观化合论也被指责为单纯重视主观而被冠以唯心主义的罪名。

王元化探究刘勰的创作论,首选《物色篇》中的"心物交融说",并以"关于创作活动中的主客关系"为副标题,一方面固然表达了对唯物反映论第一命题的恪守和尊重,另方面也是为胡风申辩。"心物交融"也就是主客观化合,创作活动"以物我对峙为起点",而"以物我交融为结束",正可以用来描述胡风的主客双方经过相生相克的搏斗,达到辩证统一的过程。

王元化说,"随物婉转,与心徘徊",是对"物"和"我"既相互"对峙"又彼此"交织"的有力说明,两者不可偏废:

> 仅仅以心为主,用心去驾驭物,就会流于妄诞,违反真实。仅仅以物为主,以心屈服于物,就会陷入奴从、抄袭现象。[47]

王元化对辩证视角的强调,不仅表明了对胡风主观唯心主义的指责是多么的子虚乌有,而且也有力声援了胡风对文学创作中的两大痼疾主观公式主义与客观主义的批评与出击。

此外,黑格尔有关艺术美中"心灵的现实化和现实的心灵化""交错进行"的论述,对"知性的有限智力和有限意志的批判"及其对"主观自确定作用"的强调,[48]也从正反两面确证了胡风理论的有效性。

王元化还把"物我交融、和谐默契的最高境界"目为"围绕着形象所进行的艺术思维的一个突出的特征"。[49]王元化委婉指称的是"形象思维"。后者之所以成为"忌语",在很大程度上也是因为这一概念正是由胡风首倡。

胡风最早是在1935年摘要评介苏联文学顾问会编的《给初学写作者的一封信》的时候,有感于当时国内文坛出现的不能用"艺术的力量"表现政治的"标语口号作品",以及借人物之口抽象议论的"哲理小说",省悟到:"感觉的世界才是艺术的目的,'形象的思索'才是艺术家的本领。"[50]

胡风正式提出"形象的思维"是在1942年的桂林,针对的是他认为含有"毒素"的"诗的形象化"理论:"诗的形象化"这用语,容易给人造成"形象就是诗"的印象,从而忽视了对诗歌的生命而言更重要的"诗人的主观精神""诗人对人生的战斗欲求""诗人对于人生的献身情热",所以非但不能挽救却"反而加强了诗人的主观能动精神的衰退"。因此:

> 在美学或艺术学上,我们可以说"形象的思维"或"形象地思维",但却不能说"形象化"。

两者之间细微而本质的差别在于:

在艺术创造过程里面，思想（思维、作家的主观认识）只能是一根引线，始终要附着在生活现实里面，它的被提高只能被统一在血肉的生活现实里面同时进行。要这样，才能谈生活和创作的统一，才能谈思想和艺术的统一；要这样，思想才是活的思想而形象才是活的形象……至于“形象化”，那是先有一种离开生活形象的思想（即使在科学上是正确的思想），然后再把它“化”成“形象”，那就思想成了不是被现实生活所怀抱的，死的思想，形象成了思想的绘图和图案的，不是从血肉的现实生活里面诞生的，死的形象了。

为此，胡风辛辣指出：

这是真现实主义和假现实主义的分歧点，它叫做机械论，庸俗的现实主义就是它生下来的小宝宝。(51)

因为后来被批“反对作家应该有正确的世界观”，胡风经过进一步思考，将“形象的思维”从“创作方法”上升为“具体的世界观”，也就是在美学上，“看自然，看社会，看人类的意识行为怎样才能够从它们的原始状态上升为具有美感力量的艺术品的观点”。

胡风反省自己在国内首倡“形象的思维”之时，“没有强调形象的思维应该有‘逻辑的思维’引导，甚至在形象思维过程中也伴随着逻辑的思维”，两种思维“处在对立统一关系里面”。不过，与逻辑的思维或“抽象的思维”不同的是，“形象的思维”“不能舍掉现象”，“而是要在形象上感受到客观事物的实质和运动动态”，“而且还要通过艺术家本人的喜怒爱憎的感情去体验客观事物形象的实质和运动动态，用创造性的思维作用反映出事物的实质和运动动态的真实性”。胡风最后强调，“形象的思维”的“形象性反对了主观公式主义，它的真实性反对了客观主义”。(52)

在“形象地思维”过程中，艺术家的感情与抽象的逻辑（理性）思维相伴而行。胡风的“形象的思维”，是否又把握住了黑格尔和刘勰“情志”概念的精髓？

至于王元化，他以《神思篇》为总纲，全面探析以作家想象为核心环节的文学创作活动全程，就此而言，他的《文心雕龙创作论》，实际上也就是一篇以胡风的“形象思维”概念为论题的美学上的大论文。这篇论文东西求索，多方求证,处处透露出要为"形象思维"正名的强烈愿望。

对于《给初学写作者的一封信》,胡风也感到一丝不满,因为该书"完全没有提到"创作活动中作家的"想象"和"直观作用"。胡风觉得,"在创造形象的过程上,现实性和虚构性是互相纠合在一起的"。所谓"虚构性",也就是"作家的想象或直观在现实的材料里面发现出普通人眼看不见的东西,给以加工、发展,使他的形象取得某种凸出的鲜明的面貌"。"虚构性"也就是"作家的主观活动""对于现实材料的批判",从中体现了"作品的对于时代精神的反映"。⑤

如果将胡风对作家的"想象"和"直观"在创作活动中具体作用的说明,与王元化对"杼轴献功说"中"拙辞"如何"孕于巧义"、"庸事"如何"萌于新意"的解释作一对照,我们只能感叹,无论从思路还是表述方式来看,二者都是何其相似!

王元化对"拟容取心说"中"容和心或现实表象和现实意义的统一"的强调,与他对艺术形象中两者分裂的防范是双面一体的。而从他对分裂结果的描述中,又可再次看出胡风警惕文坛两大痼疾的影子:

> 有"心"无"容"就会使现实表象湮没在抽象的原则里面。有"容"无"心"则会使现实意义消灭在僵死的躯壳里面。⑭

在《释〈比兴篇〉拟容取心说》中,王元化的另一关注重点是"艺术思维是以怎样的特殊形态去体现""认识的共同规律"的?这里的关键是艺术思维的特殊之处,因为在认识"由个别到一般,再由一般到个别"这样循环往复螺旋上升的过程中,如果将艺术与科学掌握世界的方式一律相绳,忽视艺术作品的形象性,或者将原本"互相联结""互相渗透"的两种认识过程,理解成"截然分割",从而使创作过程变成"表象——概念——表象的公式",那么,文学创作中的"形象思维",就会被概念化的"形象图解论"⑮所代替。在此,王元化的期望和忧思,又与胡风区分"形象思维"与"形象化"的执着与焦虑相同。

此外,无论是王元化对刘勰"情志"概念的发掘,还是对黑格尔"情志"范畴的激赏,其中都叠印着胡风在相关问题上的思考。对于思想和感情或理性和感性在作家身上或作品当中的相互渗透,胡风有时也用"艺术力和思想力的高度的统一"⑯来称呼。胡风说:

> 对于作家,思想立场不能停止在逻辑概念上面,非得化合为实践的生活意志不可。

而这,又必须经过作家"能动的主观作用",在创作实践中,和感性的创作对象,展开相生相克的搏斗才能达到:

> 对于血肉的现实人生的搏斗,是体现对象的摄取过程,但也是克服对象的批判过程。不过,在这里批判的精神必得是从逻辑的思维前进一步,在对象的具体的活的感性表现里面把捉它的社会意义,在对象的具体的活的感性表现里面溶注着作家的同感的肯定精神或反感的否定精神。所以,体现对象的摄取过程就同时是克服对象的批判过程。这就一方面要求主观力量的坚强,坚强到能够和血肉的对象搏斗,能够对血肉的对象进行批判,由这得到可能,创造出包含有比个别的对象更高的真实性的艺术世界,另一方面要求作家向感性的对象深入,深入到和对象的感性表现结为一体,不致自得其乐地离开对象飞去或不关痛痒地站在对象旁边,由这得到可能,使他所创造的艺术世界真正是历史真实在活的感性表现里的反映,不致成为抽象概念的冷冰冰的绘图演义。⑰

这段著名的表述,既是胡风主客观化合论的生动展现,也是胡风对思想和感情在作家主观这一熔炉中如何浑然交融的勉力剖析,它同时也是活生生的"形象的思维"。

在《文心雕龙创作论》的最后一章,王元化又将"作家和他所描写的对象融为一体"视为作家灵感爆发的重要触发因素和关键特征:

> 他用不着去思量它,欣赏它,它自然而然地从他心中涌现出来,这就是我们所说的作家在写作过程中创作激情突然迸发那种最美妙的现象。⑱

这种带有明显胡风标志的语言,王元化在分析陆机的"感兴说"时再次使用:

> 陆机所说的"天机骏利"事实上是指构成意象和技巧表达的轻巧灵活。就构成意象方面来说,作家的想象活动,首先取决于他在外来的材料中所捕捉的对象是否真正具有艺术意义。如果这个对象和作家的爱憎血

肉相连，而且又是他所熟悉的，可以从他的记忆中唤起丰富的联想，那么它就成为推动他的想象焕发起来的活力，使他轻而易举地去实现构思计划，这时他就会迸发出创作的激情来。

对于技巧表达，王元化的解释乍看之下似乎是黑格尔的：

> 当作家创作激情迸发的时候，各种美妙的意象，生动的语言，全都自然而然地奔赴笔下，……这时，作家的主体好象反而成为传达客体内容的一种器官，似乎完全听从自己手中的笔所驱使。对于陆机不能解释的这种情况，我们可以试从艺术思维的特点来加以说明。通常有一种错误的看法，以为艺术的表现是把概念翻译成为形象。事实上恰恰相反，艺术表现是作家的一种直接需要，一种自然的推动力；形象的表现的方式应该正是作家的感受和知觉的方式。这些感受和知觉是作家长年累月大量积蓄在他的记忆之中的，因此当他一旦进入创作过程，它们就会不招自来，自然汇聚笔下。⑲

不知不觉中，王元化在《小逻辑》对"直接性和间接性"的关系论述、黑格尔的"情志"概念，以及《美学》有关"作家表现形象的方式与其感受和知觉的方式同一"的见解中，先是揉进胡风的无时无刻不努力以"形象的思维"来纠正"形象化"的思想，并且最终以胡风否弃"技巧"的思想作结。胡风下面这段话也为王元化深深认同：

> "技巧"，我讨厌这个用语，从来不愿意采用，但如果指的是和内容相应相成的活的表现能力而要借用它，那也就只好听便。然而，表现能力是依据什么呢？依据内容的活的特质的性格。依据诗人的主观向某一对象的，活的特质的拥合状态。平日积蓄起来的对于语言的感觉力和鉴别力，平日积蓄起来的对于形式的控制力和构成力，到走进了某一创作过程的时候，就溶进了诗人的主观向特定对象的，活的特质的拥合方法里面，成了一种只有在这一场合才有的，新的表现能力而涌现出来。⑳

在胡风的理解中，那种"和内容相应相成的活的表现能力"，在创作中是自然"涌现出来"的。这种自然涌现，在陆机那里是"天机骏利"，在王元化这里是"不招自来，自然汇聚笔下"，它也是别林斯基"创作的直接性"。

四、结语:"存亡继绝"的学术史意义

《文心雕龙创作论》还呈现出了学术沉积的其他纹理:现代新儒学的开宗大师熊十力先生在佛学义理方面对王元化的接引点拨及治学方法的启迪,康德专家韦卓民先生就黑格尔哲学为王元化释疑解惑以及在此过程中的现身治学示范,郭绍虞先生对王元化赶超黄侃《文心雕龙札记》的期许和激励……不一而足。

福柯在将学术思想的历史进程描述成具有丰富沉积纹理的地质岩块的不规则延伸的同时,主张着重考察其间的断裂、缝隙或参差之处。如果将王元化的《文心雕龙创作论》置于这样的理论视景中来衡量,那么,它似乎正好出现在学术史的行将断裂之处,然而却好像宿命般的,被某种历史际遇选中,担纲了在裂口两边的学术板块之间接续和传承的重要角色。

《文心雕龙创作论》孕育于1960年代初那个继"大跃进"以及接踵而至的三年严重困难时期之后出现的学术界短暂的活跃时期,但好景如昙花一现,其后学术环境风云突变。从王元化撰写初稿并为此向熊十力、韦卓民等前辈问学之时算起,再不出数年,几乎所有的学术活动都将因接连的政治运动而陷于全面停顿。在十余年的时间中,王元化同辈或下一辈学人基本上都丧失了学术研究的机会或者自由。尽管像十力和卓民先生等少数老一辈学者出于对学术的虔诚,并未中辍日常的写、读、译、著工作,但他们当时都接近或已届耄耋之年。在此种状况中,熊十力破例与王元化交接并为之提供指导,韦卓民积多日余暇方孜孜草就一封为王元化答疑的长函,除了同情王元化的处境、感佩他的正直和好学的因素外,显然还有不希望自己的学术后继无人的情怀在。

换言之,在中国现代学术史上,王元化和他的《文心雕龙创作论》,以其在艰难时世的坚韧持守,上承鲁迅、黄侃、熊十力、韦卓民等"开拓一代"[⑩]学人的学术传统,下启新时期学术新世代的"拨乱反正",并且凭借在这一接续过程中的广博吸纳和深厚积累,王元化还使自己的学术生命超越了生理年龄和所属自然世代的局限,以花甲和古稀之年,占据二十世纪八十和九十年代思想文化界的引领地位。或许,对于具体的"龙学"研究一个专业学科而言,《文心雕龙

创作论》仅仅是一家之言,甚至必然地带有时代的深重烙印,其具体观点也可能会被后人补充、商讨甚至刷新,但在一个特殊的时期内,它对于中国学术,却具有了某种"存亡继绝"的意义。

原载王丽丽著《王元化评传》,黄山书社 2016 年 8 月出版。

注 释

① 王元化《刘勰的文学起源论与文学创作论》,见王元化《文心雕龙创作论》,上海古籍出版社,1979 年,第 50 页。
② 王元化《读〈美学〉(第一卷)·读后附释》,见王元化《读黑格尔》,百花洲文艺出版社,1997 年,第 144 页。
③ 王元化《〈文心雕龙〉创作论八说释义小引》,见王元化《文心雕龙创作论》,第 69 页。
④ 黑格尔《美学》(第一卷),朱光潜译,商务印书馆,1979 年,第 142 页。
⑤ 王元化《读〈美学〉(第一卷)·读后札记》,见王元化《读黑格尔》,第 116—117 页。
⑥ 黑格尔《美学》(第一卷),第 92 页。
⑦ 王元化《读〈美学〉(第一卷)·读后札记》,见王元化《读黑格尔》,第 117 页。
⑧ 同上书,第 119 页。
⑨ 同上书,第 120 页。
⑩ 同上书,第 121 页。
⑪ 黑格尔《美学》(第一卷),第 147—148 页。
⑫ 王元化《读〈美学〉(第一卷)·读后札记》,见王元化《读黑格尔》,第 122—124 页。
⑬ 黑格尔《美学》(第一卷),第 92 页。
⑭ 同上书,第 228 页。
⑮ 王元化《读〈美学〉(第一卷)·读后札记》,见王元化《读黑格尔》,第 126—127 页。
⑯ 黑格尔《美学》(第一卷),第 228 页。
⑰ 王元化《读〈美学〉(第一卷)·读后札记》,见王元化《读黑格尔》,第 128—129 页。
⑱ 黑格尔《美学》(第一卷),第 295—296 页。
⑲ 王元化《读〈美学〉(第一卷)·读后附释》,见王元化《读黑格尔》,第 138 页。
⑳ 同上书,第 129 页。
㉑ 黑格尔《美学》(第一卷),第 49 页。
㉒ 王元化《黑格尔〈美学〉札记三则·审美主客关系》,见王元化《传统与反传统》,上海文

艺出版社,1990 年,第 113 页。
㉓ 同上书,第 113—114 页。
㉔ 王元化《〈文心雕龙〉创作论八说释义小引》,见王元化《文心雕龙创作论》,第 68 页。
㉕ 王元化《释〈物色篇〉心物交融说》,同上书,第 72—75 页。
㉖ 王元化《思意言关系兼释〈文心雕龙〉体例》,同上书,第 191 页。
㉗ 王元化《释〈神思篇〉杼轴献功说》,同上书,第 95—98 页。
㉘ 王元化《"志气"和"辞令"在想象中的作用》,同上书,第 104—105 页。
㉙ 王元化《刘勰的虚静说》,同上书,113—115 页。
㉚ 刘勰《比兴第三十六》,见戚良德《文心雕龙校注通译》,上海古籍出版社,2008 年,第 410 页。
㉛ 王元化《释〈比兴篇〉拟容取心说》,见王元化《文心雕龙创作论》,第 135—139 页。
㉜ 王元化《再释〈比兴篇〉拟容取心说》,同上书,第 157—158 页。
㉝ 王元化《释〈比兴篇〉拟容取心说》,同上书,第 135 页。
㉞ 王元化《"离方遁圆"补释》,同上书,第 140—141 页。
㉟ 王元化《释〈情采篇〉情志说》,同上书,第 170—174 页。
㊱ 王元化《文学创作中的思想和感情》,同上书,第 183—184 页。
㊲ 王元化《思意言关系兼释〈文心雕龙〉体例》,同上书,第 190 页。
㊳ 王元化《释〈熔裁篇〉三准说》,同上书,第 185—188 页。
㊴ 王元化《文学创作过程问题》,同上书,第 196—198 页。
㊵ 以上两则引文分别见刘勰《神思第二十六》《养气第四十二》,见戚良德《文心雕龙校注通译》,第 323 页、第 466 页。
㊶ 王元化《释〈养气篇〉率志委和说》,见王元化《文心雕龙创作论》,第 219—221 页。
㊷ 黑格尔《小逻辑》,贺麟译,生活·读书·新知三联书店,1954 年,第 171 页。
㊸ 王元化《释〈养气篇〉率志委和说》,见王元化《文心雕龙创作论》,第 222 页。
㊹ 王元化《序》,见王元化《文心雕龙讲疏》,上海古籍出版社,1992 年,第 2 页。
㊺ 刘勰《神思第二十六》,见戚良德《文心雕龙校注通译》,第 322 页。
㊻ 胡风《置身在为民主的斗争里面》,见胡风著,梅志、张小风整理辑注《胡风全集》,第 3 卷,湖北人民出版社,1999 年,第 187—189 页。
㊼ 王元化《释〈物色篇〉心物交融说》,见王元化《文心雕龙创作论》,第 72—75 页。
㊽ 王元化《审美主客关系札记》,同上书,第 87—88 页。
㊾ 王元化《释〈物色篇〉心物交融说》,同上书,第 75 页。
㊿ 胡风《为初执笔者的创作谈》,见胡风著,梅志、张小风整理辑注《胡风全集》,第 2 卷,第

242—243页。

(51) 胡风《关于"诗的形象化"》,见胡风著,梅志、张小风整理辑注《胡风全集》,第3卷,第85—86、90—91页。

(52) 胡风《"形象的思维"观点的提出和发展》,见胡风著,梅志、张小风整理辑注《胡风全集》,第7卷,第237—240页。

(53) 胡风《为初执笔者的创作谈》,见胡风著,梅志、张小风整理辑注《胡风全集》,第2卷,第241—242页。

(54) 王元化《释〈比兴篇〉拟容取心说》,见王元化《文心雕龙创作论》,第138页。

(55) 王元化《刘勰的譬喻说与歌德的意蕴说》,同上书,第146—147页。

(56) 胡风《一个要点备忘录》,见胡风著,梅志、张小风整理辑注《胡风全集》,第2卷,第633页。

(57) 胡风《置身在为民主的斗争里面》,见胡风著,梅志、张小风整理辑注《胡风全集》,第3卷,第187—188页。

(58) 王元化《释〈养气篇〉率志委和说》,见王元化《文心雕龙创作论》,第223页注①。

(59) 王元化《陆机的感兴说》,同上书,第227—228页。

(60) 胡风《关于题材,关于"技巧",关于接受遗产》,见胡风著,梅志、张小风整理辑注《胡风全集》,第3卷,第81页。

(61) 参见陈平原《四代学人的"文学史"图像》,见陈平原《假如没有"文学史"……》,三联书店出版社,2011年,第9—11页。

丁玲的逻辑

贺桂梅

一

在20世纪中国的经典作家中,丁玲可以说是唯一一个与"革命"相始终的历史人物。这不仅指作家活跃程度和创作时间之长,也指终其一生她都对革命保持了一种信念式的执着。从初登文坛的1920年代后期,到"流放者归来"的1980年代,丁玲一生三起三落,都与20世纪中国革命及其文艺体制的曲折历史过程关联在一起。革命成就了她,革命也残酷地磨砺了她。丁玲生命中的荣衰毁誉,与20世纪中国革命实践不分彼此、紧密纠缠。

在她青春犹在的革命辉煌时代,她是革命的迷人化身。孙犁写道:"在30年代,丁玲的名望,她的影响,她的吸引力,对当时的文学青年来说,是能使万人空巷、举国若狂的。不只因为她写小说,还因为她献身革命。"在她的晚年,革命衰落的年代,她是革命漫画式刻板面孔的化身。王蒙评价,她一生至死未解"革命"情意结,是一个"并未成功地政治化了的,但确是在政治火焰中烧了自己也烧了别人的艺术家典型"。

丁玲的一生,可以说活生生地演示20世纪中国不同的革命形态。1909年,中国末代皇帝溥仪登基的第二年,丁玲随湖湘"新女性"的母亲一同入读新式女校:31岁的母亲读预科,5岁的丁玲读幼稚班。那应是她革命生涯的开端。1984年,80岁高龄的丁玲雄心勃勃地创办了"新时期"第一份"民办公助"刊物《中国》。很多人对这一举动表示不解。李锐说:"总觉得像办刊物这样繁重的工作,决不是一个八十老妪能够担当的了。"丁玲生命的最后两年,也耗尽在这份新式刊物上。其间的77年中,从"五四"新文化运动的反抗封建包办婚姻、无政府主义革命的"自己决定自己的生活"而走向革命政党的"螺丝钉",从延安边区的明星作家、新政权文艺机构的核心组建者、新中国的文艺官员和多次政治批判运动中的受难者,到"新时期"不合时宜的"老左派"作家,丁玲不止用手中的笔,更用她的生命书写了20世纪中国革命的历史。

英国历史学家霍布斯鲍姆曾将20世纪称为"短促的""革命的"世纪。他的纪年法主要以欧洲为依据,这个世纪只有77年。事实上,中国革命的历史比霍布斯鲍姆所论述的,要更长、更广阔、更深刻,也更复杂和更酷烈,以至费正清说,历史上所有的革命形态,在现代中国都发生了。而丁玲,是(这些)革命的一个活的化身:她是革命的肉身形态。

二

如何评价丁玲这样一个作家在20世纪中国的存在,不仅是文学史的核心问题,无疑也是思想史乃至政治史的难题。

一般研究著作,主要关注丁玲作为"文学家"的一面。人们记住的,是那个在20—30年代上海文坛"挂头牌"的先锋女作家丁玲。在"民国范儿"风靡一时的今天,《良友》杂志上排在"十大新女性"之首的年轻丁玲,成为那个被美化的时髦时代的象征。人们又或者愿意记住的,是那个延安时期的"明星作家"丁玲,一身戎装的西北战地服务团主任,由"昨日文小姐"而为"今日武将军",满足了无数人的传奇想象。而丁玲最辉煌的时期,是她50年代初担当新中国文艺机构首席官员的时候。亲历者这样描述见到丁玲的场面:"先从大门口传来一串朗朗笑声,丁玲来了!只见一大群人簇拥着她,那情景,我毫不夸张,就像迎接一位女王……"(丁宁)

但是,仅仅从文学家的角度去理解丁玲,便会忽略她生命中许多更重要的时刻。

1933至1936年,被国民党秘密囚禁的三年,是丁玲一生最幽暗的时段。一个风头正健的革命女作家的人间蒸发,曾使鲁迅慨叹"可怜无女耀高丘",更是此后丁玲革命生涯最重要的历史"污点",最要说清又难以说清的暧昧岁月。

晚年丁玲曾以"魍魉世界"为题，记录这段历史。鬼魅一般的影子生存，对于一生以"飞蛾扑火"般的热情和决绝投身革命之光的丁玲，是多么不堪的记忆，恐怕很少有人能够体会吧。

1943年，是丁玲一生中"最难捱的一年"。她因批判性杂文《"三八节"有感》和小说《在医院中》，在1942年"整风运动"中被点名批评，因主动检讨和毛泽东的保护，未受大碍。但南京被捕的历史，却使她成为"抢救运动"中的重点审查对象。亲历者描述，"丁玲当时精神负担很重"。那"可怕的两个月"对她是"恶梦似的日子"，"我已经向党承认我是复兴的特务了"（丁玲日记）。虽然不久"特务"问题得到澄清，但这个"历史的污点"此后伴随丁玲一生。"新时期"平反的作家中，丁玲是最晚的一个，仅次于胡风，关键原因就在这"污点"无法在一些革命同志那里过关。1984年拿到"恢复名誉"通知的丁玲感慨："40年的沉冤终于大白了，这下我可以死了！"

另一重要时期是1958年后，丁玲从辉煌的顶点跌落至另一幽谷，她珍惜的一切都被剥夺：政治名誉、文坛位置，特别是共产党员的党籍。她被从革命队伍中开除出去了："以后，没有人叫你'同志'了。你该怎么想？"54岁的丁玲，追随丈夫陈明去往北大荒，像一个传统妇女那样，靠丈夫的工资，在冰天雪地的世界生活了12年。在脸上刻着"右派"金印的岁月里，丁玲记住的仍旧是许多温馨情义和充满着劳动欢愉的时刻。她后来的北大荒回忆，题名"风雪人间"。虽有"风雪"，却还是"人间"的生活。但是，那些文字中留下的被文革造反派审讯、暴打和批斗的时刻，一脸血污的"老不死"，无疑也构成了革命历史中最难堪的记忆之一。

真正的难题，其实不在丁玲那里，而在人们无法理解处于"新时期"的"丁玲的逻辑"。

1979年，丁玲回到离开了21年的北京。这是王蒙慨叹"故国八千里，风云三十年"的时期，是张贤亮从"灵"到"肉"地书写"唯物论者的启示录"的时期，是曾经的"右派"书写"伤痕"、"反思"历史的时期。但是，丁玲却说，她真正要写的作品，并不是记录伤痕的《"牛棚小品"》，而是歌颂共产党员模范的《杜晚香》。她对"新时期"引领风潮的年青作家发出批评之声，她猛烈抨击30年代的故交、不革命的沈从文，她与重掌文坛的周扬在许多场合针锋相对，她在"清除精神污染"运动中强调作家是"政治化了的人",特别是她出访美国,当那些同情她的西方文人们希望听到她讲述自己的受难经历时,丁玲却很有兴味地说起北大荒的养鸡生活……所有的这些"不合时宜",使得曾经的"右派"丁玲,在"反思革命"的"新时期",又变成了人人避之唯恐不及的"左派"。

20世纪的中国历史,无疑也是一部知识分子与革命爱恨(怨)交织的心态史和精神史。亲历者的故事,常常有两种讲法。一种是"受难史",在压迫/反抗的关系模式中,将革命体制的挤压、改造、批判和伤害,视为一部具有独立人格的思想者受难的历史;另一种讲法是"醒悟史",在革命已不为人们所欲的年代,忘记了曾经的革命热情,而将自己的革命经历描述为一部充满怨恨的屈辱史。"往事并不如烟",可是留下来的,都是"思痛录",是受伤害被侮辱的记忆。但丁玲是例外。她的故事无法纳入其中。

2014年热映电影《黄金时代》的编剧李樯,在访谈中称丁玲是"浓缩了百年中国意识形态的活化石"。在这部萧红传记电影中,丁玲也是怀旧目光中光彩照人的民国文人群中的一个。但那是革命的"风暴"未来之前的"黄金时代"。萧红和丁玲,同为左翼文坛最重要的女作家,在30年代战火中,她们对延安政权一去一留的不同选择,实在意味深长。《黄金时代》的宣传纪录片取名"她认出了风暴",似乎萧红有历史的先见之明:她预先认出了"风暴"而选择避开,在南方战乱中的小岛寂寞地留下了传世之作。而丁玲则始终"飞蛾扑火",在"风暴"的最中心燃烧自己,然后历经炼狱而成"活化石"。这是故事的第三种讲法了,是丧失了独立思考能力的"异化史"。

丁玲与革命不弃不离的这种紧密关系,也有深思者尝试别样的故事讲法。李陀在1993年的一篇文章中,力图说明丁玲的"不简单"。他质疑那种"受难史"叙述,认为知识分子接受革命话语并非"仅仅靠政治压力"就可能,而是因为革命话语本身是"一种和西方现代性话语有着密切关系,却被深刻地中国化了的中国现代性话语"。正因为这一话语解答现代中国问题的有效性,才使得像丁玲这样的无数知识分子被感召,"心甘情愿"地进入"毛话语体制",并参与具体实践。因此,革命话语与知识分子之间,并非分离乃至对立的关系,而是一种"共生"的历史关系:"如果说毛文体的形成、发展是一个历史过程的话,正是千万知识分子的智慧和努力使这一过程成为可能。"

经历"新时期"的话语转型之后,指认毛话语的历史失误和压迫性,成为一种新常识。这是"受难史""醒悟史"以及"认出风暴"的叙述成为可能的历史前提。但是,如果遗忘了知识分子与革命曾经的共生关系,遗忘了"知识分子都有过浪漫的、充满理想的'参加革命'的经历……",那就遗忘了历史的真实。特别是,"即使在他们一生最困难的日子里,在出卖和被出卖、迫害和被迫害、批判和被批判等尴尬困惑的时刻,许许多多的人仍然坚持毛文体的生产,并且把检讨、批判、迫害都变成毛文体再生产的特定形式",这些记忆事实上构成了理解 20 世纪中国知识分子与革命的焦点问题。它们不应该被忘记,但也不应该在压迫/反抗的后见之明中轻易地遗弃。关键是,如果把知识分子与革命视为两个彼此分离的事物,那就失去了进入复杂纠缠的历史深处的契机,实则是一种后革命时代的金蝉脱壳之术。

在这样的意义上,丁玲确实是"不简单"的。与其说她是一个"活化石",莫如说她是革命的肉身形态:她用自己活生生的生命,展示了 20 世纪中国革命的全部复杂性。

三

为丁玲作传,因此也是困难的。她的一生在荣辱毁誉之间的巨大落差,特别是她在后革命时代的"不合时宜",使得要讲述她的故事,总是难免捉襟见肘、顾此而失彼。

同情和热爱她的人,容易把故事讲成"辩诬史"。丁玲是复杂的,因此围绕着她的种种误解和传说,常使熟悉和理解她的人不平。特别是,作为革命体制内最有才华的作家之一,丁玲的后半生,其实大部分时间都不是在写文学作品,而是在写"申辩书"。要告诉人们一个"真实的丁玲",总是要与复杂的历史人事关系相关的各种谣言、传说、误解和歪曲作斗争,总是难掩难抑辩护之情。但是,如果将丁玲的一生,固执在说明她之"不是",反而使人无法看清她之所"是"。更重要的是,辩护式写法其实也使写作者停留在丁玲置身的历史关系结构中,而无法超越出来尽量"客观"地描述这个"结构"本身,由此重新理解丁玲的所作所为、所思所想。20 世纪已然远去,曾经与丁玲爱恨纠葛的当事人和利益格局,今天也大都已成历史。在这样的情境下,客观地描述丁玲的一生,不止具备可能,也是新的历史条件下重新认知丁玲和 20 世纪革命的必要步骤。

讲一个完整的丁玲故事,或许最好的办法,是回到"丁玲的逻辑"。1941 年在延安的时候,丁玲写了后来引起无数争议的著名小说《在医院中》。关于小说的主人公陆萍,丁玲说,这是一个"在我的逻辑里生长出来的人物"。这固然是在谈小说创作,其实也是丁玲的现身说法。

丁玲是一个个性和主体性极强的历史人物,对她喜者恶者大都因为此。喜欢者谓之"光彩照人""个性十足",不喜欢者谓之"艺术气质浓厚""不成熟""明星意识",批判者谓之"自由主义和骄傲自满""个人主义"……所谓"丁玲的逻辑",就是她始终以强烈的主体意识面对、认知外在世界,并在行动和实践过程中重新构造自他、主客关系,以形成新的自我。她有强烈的自我意识,但并不自恋;她有突出的主观诉求,但并不主观主义;她有丰富的内心世界,但并不封闭;她人情练达,但并不世故;她的生命历程是开放的,但不失性格的统一性……尽管一生大起大落,经历极其复杂,晚年丁玲对自己的评价却是"依然故我"。

如何理解这种"丁玲的逻辑",实则构成理解丁玲生命史的关键。

四

在尝试以"丁玲的逻辑"完整地描述丁玲生命史的传记作品中,新近由中国大百科全书出版社出版的《丁玲传》,做出了特别值得称道的努力。

这本传记的两位作者李向东和王增如,多年从事丁玲研究,而且成果斐然。他们具备其他研究者所没有的一大优势:王增如是丁玲生前最后一任秘书,在她身边工作 4 年,耳濡目染丁玲的风采,并参与采集、整理了许多丁玲的第一手史料。这些史料,有的是对丁玲的录音采访,有的是丁玲的书信、日记与文件,还有一些以前未曾披露或未受到关注的创作手稿。与此同时,他们也细致阅读了丁玲的全部作品、既有丁玲研究的多种史料和学术成果,以及与丁玲相关的文学与历史事件的研究著作。在写作这部传记之前,关于"丁玲最后的日子""丁陈反党集团"及丁玲办《中国》的过程,他们都有专著出版。特别是2006年出版的60万字的《丁玲年谱长编》,综合各种史料,对丁玲的一生做了详细梳理,是目前丁玲研究的集大成之作。

在充分的文献和研究准备基础上,他们写作了这部传记,力图探索丁玲"曲折复杂的心路历程"。应当说,《丁玲传》颇为完满地达成了这一诉求。这是目前已有的多部丁玲传记中,史料最翔实、丰富,生平经历梳理清晰、准确,叙述语言生动、流畅且具可读性,评价方式也中肯而平实的一部。可以说,它写出了一个"活生生"而又"完整"的丁玲。

传记掌握了丰富的文献史料,因而对许多此前丁玲生平中模糊不清的人生经历、人际关系和历史事件过程,都做了清晰明确的描述。更重要的是,它体认丁玲的角度,是颇为"平民化"的。书中记录和描述丁玲一生经历的详细过程,既包括人际关系和重要事件,也包括日常生活的饮食起居行止,以及主要活动场所的历史氛围,从而颇为生动地还原出了某种历史现场感。丁玲当年住什么地方、居所的格局、吃些什么用些什么等,都在传记中做了细致的呈现。缺乏对丁玲当年生活的详细勘察,缺少对历史现场中的人物的深入体认,这些日常生活细节恐怕也很难"还原"。这就把丁玲从历史的"抽象"中,拉回到作为一个普通"人"的生活状态中。

这部尝试写丁玲"心路历程"的传记,在丁玲所作所为的基础上,更关心她之所以如此作为的"所思所想"与"思想和情感"。对于后者,传记作者很少做介入式评价,而主要借助丁玲自己的作品、回忆录、书信和文件等,描述这些行为背后的心理动机和思想活动。事实上,像丁玲这样的极善书写自己内心活动的作家,这样的史料并不难得到,真正需要的,是仔细阅读作品和深入体察丁玲的内心世界。例一是1924年初到北京的丁玲。不体认此时丁玲对已故好友王剑虹的思念,就难以理解她之写出《梦珂》和《莎菲女士的日记》的内在情绪底蕴。传记将此时丁玲人际交往的基调,落实在与王剑虹的情感关系上:"'你像剑虹!'这是她择友的最高评价。"这种描述,实则相当准确地把握到了丁玲的内心世界。例二是1931年胡也频就义之后,丁玲不久即主编左联的机关刊物《北斗》,并加入共产党,担任左联的党团书记。这一丁玲急剧"左倾"的过程,一般解释为她受胡也频牺牲的激励。固然有很大这方面的因素,但传记也用一小节"我是被恋爱苦着",写丁玲与冯雪峰的恋情及其对丁玲革命行为的影响。事实上,当年在《不算情书》中,丁玲就毫不隐讳地写到了她与冯雪峰的情感关系。传记结合相关的书信史料,展示这一时期丁玲颇为复杂的心理过程,仍需要一定的勇气。

基于对丁玲作品和相关史料的详细解读,从丁玲自身的逻辑出发,对她生命中丰富的情感世界和人际关系做出准确把握,这样的例子在这本传记中很多。这包括丁玲南京时期与冯达的关系,延安时期与萧军、毛泽东、彭德怀等人的交往,包括她与陈明的恋情,也包括她与周扬的矛盾,以及50年代初期与萧也牧的关系等。值得称道的,是叙述者的态度。显然,作为现代文学史上"绯闻"不下于萧红、曾风传与毛泽东恋爱、要和彭德怀结婚的明星女作家,丁玲的"传奇"故事并不少。但是,《丁玲传》采取的基本态度,是不回避也不猎奇,而是据可靠的史料陈述历史过程,道出丁玲的真实心态。

解志熙称道这部传记的一大优点,是"叙述事迹的平实道来和分析问题的平情而论"。所谓"平实",是以史料说话,所谓"平情",是力求实事求是的客观分析。这也使本书摆脱了"辩诬史"的态度。重要一例,涉及1940年代后期,周扬阻挠《太阳照在桑干河上》的出版。这是丁玲与周扬结怨的关键。不同于一般研究者只站在丁玲的立场上看问题,《丁玲传》也尝试从周扬的心理和动机出发,解释他之所以如此的缘由。另外一例,涉及50年代初期丁玲主持文坛期间对萧也牧小说《我们夫妇之间》的批判。与那种简单地评判丁玲用一篇文章(《作为一种倾向来看》)"消灭了萧也牧"不同,传记分析了萧也牧小说的内容、丁萧的私人交往、新中国建立初期解放区干部及解放区文学在京津沪等大城市面临的处境,和作为文艺界领导与解放区干部代表的丁玲的态度,从而较为丰满地呈现了这一事件的不同侧面。这使传记表现出了颇高的历史研究的"客观性"。所谓"客观",并不是一定能够有确凿的史料坐实历史人物的行为逻辑,而是超越"私怨说",不仅站在传主的立场,也体认相关其他历史人物的心理和处境,尽量对事件作出相对合理和公正的解释。这就是"平情而论"的真实涵义了。

与叙述角度、叙述态度相关,《丁玲传》的叙述结构也颇值得一说。它以十章、101小节和生动准确的"小标题",讲述丁玲的生命历程。这十章分别以丁玲生活过的地方为对象,叙写她在生命的不同时段,在不同地点和历史氛围中的作为和思想。这就好像一幅"生命地图",形象而明晰地勾画了丁玲一生的行止,格外具有可读性,也避免了一般传记研究的学术腔和八股气。丁玲一生在中国许多地方生活过,这些地方往往是某一历史时期的文化、政治中心,而同时丁玲也卷入这些"中心"之核心。丁玲的生命历程、特定地域的社会文化氛围、时代的地理学之间,因此建立了有意味的历史关联。在中国现当代文学史上,丁玲并不是一个特别有地域性标记的作家。与之构成对比的,仍然是萧红。萧红一生行迹是"从异乡到异乡",而精神的世界却一直停留在故乡呼兰。但丁玲的一生,却真如"游子"一般,是以"四海"为家。湖湘是她生命的起点,上海、陕北和北京是她生命的高潮段落,而南京、北大荒则是她生命的低潮期。丁玲的生命遭际与地域场所的这种关联性,在《丁玲传》中做了极好的呈现。这既方便于组织传记的叙述结构,也恰如其分地揭示出了丁玲生命的历史广度、流动性和开放性。那同样是革命的 20 世纪在丁玲生命中的投影,也是丁玲以自己独特的生存态度和生存逻辑对革命做出的回应与呼应方式。

五

可以说,《丁玲传》以尽可能完美的方式、用"丁玲的逻辑"书写了丁玲完整而丰富的生命史。它同时涉及了所需的三个层面:外在性或客观性的丁玲一生行止,内在性或主观性的丁玲心路历程,分析性或阐释性的在历史关系格局中评价丁玲。在这部传记的"后记"中,作者道出写作意图,即"贴近丁玲复杂丰富的内心世界"来写丁玲的一生,以"让传主眉目清晰"。尽管是一部如此丰富而复杂的生命史,但作者指出,丁玲仍有她之为"丁玲"的独特性所在,那就是其"性格"的三大鲜明特点:"孤独、骄傲、反抗。"

这一概括方式可以说并非传记书写本身所需,而是写作者对丁玲人格的一种体认方式。这也是"难题"所在。尽管从个人性格而言,确可说丁玲有这样的气质,但是仅有这样的气质,并不能使丁玲成为革命者,并与中国革命历史相始终。贯穿丁玲一生的,与其说是一种"性格",莫如说是一种生存态度和独特的生命哲学。那就是"丁玲的逻辑"。

最能显示这种"丁玲的逻辑"的,是她用小说塑造的女性人物。从上海时期的梦珂和莎菲,到延安时期的贞贞和陆萍、桑干河畔的黑妮,再到晚年的杜晚香,人们普遍能辨识出这个女性形象序列的巨大变化,但也很快能意识到她们的某种一致性。这种巨大变化和内在一致性,共同构成"丁玲的逻辑",正如她丰富广阔、多变多舛的生命经历。"性格"可以解释丁玲的"一致性",但无法解释她如此强大的生命可塑性和承受能力。

理解"丁玲的逻辑"离不开"革命"。可以说,"丁玲的逻辑"就是"革命的逻辑"。瞿秋白曾评价丁玲是"飞蛾扑火,非死不止"。对"火"的向往,包含着对"在黑暗中"的现实的反抗,和对"光明"的未来的追逐。这是革命者的内在精神气质。晚年的丁玲仍如是说:"革命是什么?革命就是走在时代最前面的一股力量,是代表时代的东西。"这种理想主义的气质,固然可以说是20世纪进化论史观的投影,不过,没有这种气质就不可能有任何革命的行动。这是历史赋予丁玲而被她内在化的一种精神气质。

在丁玲的意识中,"革命"有其具体所指,那就是共产党和社会主义革命。丁玲早在她少女时代的湖湘,就已通过母亲的好友向警予而知道了革命,更在上海平民女校和上海大学与瞿秋白、王剑虹等交往的时期,直接进入革命文人圈,但是,直到1932年才加入共产党。而一旦加入,终其一生她都对革命保持着"爱情"般的忠诚。特别是"新时期"仍旧如此。许多研究把"新时期"丁玲对革命信念的表白,视为受周扬等宗派挤压而被迫做出的"表演"。这可以解释丁玲在某些场合与周扬针锋相对的行为和言辞,但无法解释她"新时期"之后写作的200多篇文章。在这些作品中,丁玲仍旧是那个"革命的丁玲"。考察一下丁玲如何言说她理解的"党"是有意思的,因为其中很少理论性的阶级分析,而是情感性的表白和信念式的执着。她说:"共产党员对党只能一往情深,不能和党算账,更不能讲等价交换。"表达的正是一种"忘我""无我"的投入状态,而且是一种情感结构式的精神状态。在这里,革命体制的酷烈和挤压,可以与革命信念剥离开来,"受难史"也可以转化为"考验"和"磨砺"。由此衍生出一种独特的反抗性革命哲学,就像她在1940年代给予陆萍的赠言:"人是在艰苦中生长。"

1931年之前,丁玲就是向往"革命"的,但那是无政府主义式的革命,是"自己安排自己在世界上的生活"。这使丁玲甫一出现在文坛,就是最激进最摩登的个人主义姿态。如福柯理论所言,这种现代个人主义实则深刻地内在于西方基督教文化传统。它所塑造的现代个人,是一种"内在的人",一种实际上与外在的现实相隔离、丧失行动能力的人。莎菲时代的丁玲也是如此。加入革命政党而自愿做"螺丝钉",对于丁玲是一次巨大的跳跃,但非彻底的"断裂",而是以革命的方式改造了这种自我的结构:它赋予这一结构一种不断地朝向外部、通过实践而更新自我的能力。无产阶级政党革命召唤的固然是"献身"是"无我",也是"更大的自我"的获得。那意味着在革命的斗争实践中,在与"艰苦"展开搏斗的生活经历中,不断地磨砺自身,不断地认知外在世界,并通过实践转化成自我的构成部分,以塑造新我。莎菲式向内的个人主义是脆弱的,但陆萍式"在艰苦中生长"的主体却是坚韧的。这种主体哲学的终点形态,就是那个卑微而强大的杜晚香:她像是一枝被人遗忘但生命力顽强的"红杏",在不断地吸纳世界的美好愿望中塑造自己的新品质,最终用她的生命感动了世界。

《杜晚香》实则是丁玲最有意味的作品。那是丁玲在历经磨难的晚年,终于完成的革命者形象。据王增如对丁玲创作手稿的考证,还在写《在医院中》时,丁玲就说其实她并不想写陆萍这样"脆弱""感伤"的小资产阶级知识分子,而是想写一个"共产党员"。只是苦于无法在生活中找到模型,不得已写成了那个"未完成"的陆萍。杜晚香是其完成形态。她身上包含着两个关键要素:其一是主人公孤独地生长,其二是外在的革命之光全部转化为个人的内在修炼。至此,革命者终于可以超越革命体制而独立存在了:她不是革命体制的附属品,而是革命信念的化身。丁玲就是以这样的方式,超越了受难史的逻辑。

显然,要理解丁玲的生命史,需要理解这样的属于丁玲的"革命的逻辑"。她以理想主义的气质、以对革命信念爱情式的投入、以在艰苦中生长的生存态度,独自承担了革命和革命的全部后果。"新时期"的丁玲对革命史的反思,显然并没有达到应有的深度。但有意味的是,她只批判革命中的"封建"(宗派主义),从不否定革命信念和革命体制。真正使得丁玲显得不合时宜的,其实是"新时期"的历史情势。具体到文艺体制的重构方面,很难说 80 年代的丁玲就一定是落伍的。"新时期"是以破竹之势展开的,共同的历史情绪使人们将那次断裂看作是"历史的必然"。但正是丁玲的存在,显示出了"新时期"的"时"之建构性。80年代已成历史,在"新时期"的社会变革产生了如此复杂的历史后果的今天,更为心平气和地理解丁玲的"逆时"之举,或许并非不可能。这并不是要在"左"与"右"之间重新肯定丁玲,而是去思考革命体制自身的断裂与延续,是否可能以更深厚的方式展开。在"新时期"的主流逻辑中,革命已成漫画式的刻板面孔,是人人不欲甚或厌弃的对象,但人们常常忘记,新的历史其实就是从那样的革命史中生长出来的。

丁玲是一个历史人物,"她的一生凝聚了太多中国现、当代文学史乃至思想史的内涵"(张永泉)。深入丁玲的逻辑中去理解她的生命史,才能把握丁玲"不简单"在何处,更是超越丁玲的时代性、更深刻地反思其革命经历的前提。而且,这种理解,显然不止关乎丁玲个人,同时也是进入20世纪革命者"丰富复杂的内在世界",深入到革命史的肌理层面以把握历史的复杂性,从而更为自觉地承担20世纪中国革命作为"遗产"与"债务"的双重品性的契机。没有这样的理解,20世纪的历史将始终缺少必要的现实重量:它或将被迅速地遗忘,或将换一种方式重复归来。

原载《读书》2015年第5期。

"有情"的位置:再读沈从文的"土改书信"

姜 涛

"抒情传统"与中国现代性的议题,自提出以来,引发了持续的讨论。除了"抒情传统"本身的构造性、海外学人特定的文化政治立场之外,试图在"革命""启蒙"之外,将"抒情"树立为中国现代性主体建构的另一维度,这一"三分天下"的理论构想,自然也是争议的焦点。事实上,无论"启蒙"还是"革命",都离不开"心声"与"内曜"的唤醒,离不开"心之力"的发动与整合,怎样从"二元"转为"三角",怎样界定三者之间的区隔,必然是理论上遭遇的一大挑战。再有,在近现代中国的特定语境中,相对于个人、主体的强调,"抒情"不乏向公共历史和知识论述敞开的面向,诚如王德威教授自己所言:"'抒情'不仅标示一种文类风格而已,更指向一组政教论述,知识方法,感官符号,生存情境的编码方式。"这个话题提出本身就包含了与"西方启蒙、浪漫主义以降的情感论述"的对话意图。①但如果在对象的选择上,更多偏重那些与"现代性"风暴相疏远、相抵拒的知识分子、文艺家个案,那无形中还是落回公与私、历史与个人的二元对峙,暗中龃龉于自身的论述前提。与此相关的是,在左翼及社会主义文艺的脉络中,抒情的话语同样强劲,如果忽略了对这一"主流"脉络的检视,不免也会隔膜于20世纪中国活生生的历史经验。

当然,上述争议的持续产生,本身也说明"抒情传统"这一话题的可能性、生产性。去年十月,我有幸在北大参加"再论启蒙、革命与抒情"讨论会,聆听了王德威教授的主题发言,也读到《史诗时代的抒情声音》一书的导言与尾声,注意他的论述方式已经有所调整,甚至吸纳了一些批评性的意见。"抒情"不再被刻意树立为一对峙的"去政治化"方案,而被理解为一个"批判性的界面","启蒙""革命""抒情"三者的联动关系也得到了更多的重视,比如,强调知识启蒙无论如何诉诸理性，都离不开想象力的驱动，而"革命如果没有感人心弦的感召，无以让千万人生死相与"。抒情所具有的动员、召唤、提供乌托邦远景的功能，在这里已经被谈到。这一调整无疑会为"抒情传统"的议题打开新的面向，带来更多思考的层次、幅面。

一

王德威教授早年的长文《"有情"的历史：抒情传统与中国文学现代性》，作为一篇纲领性的文章，为"抒情"论述提供了基本的理论框架，其中"有情"一语，出自沈从文20世纪50年代初写下的一批"土改书信"。1951年10月，沈从文赴四川内江参加土改工作，在1952年1月给家人的书信中，曾以《史记》为模板，提出了"有情"与"事功"这两条线索："（两者）有时合而为一，居多却相对存在，形成一种矛盾对峙。对人生'有情'，就常和在社会中'事功'相背斥，易顾此失彼。管晏为事功，屈贾为有情……诸书诸表属事功，诸传诸记则近于有情。事功为可学，有情则难知！"②文章引述了这一段书信，并进行了相应的阐发，"有情"与"事功"之别，连同沈从文60年代初提出的"抽象的抒情"，对应于文学与政治、个人与历史的分化，构成了现代中国"抒情传统"论述的支撑性材料之一。

50年代初，中共组织大批知识分子赴"新区"参加土改，思想改造的意图自然包含其中。③和大多数参加的知识分子一样，沈从文的态度相当积极，真诚地希望这次川南之行能带来"我一生重要一回转变"④，改变自己游离的"个"的状态，真正加入"群"中，加入新中国的建设进程当中。此前，他曾在华北人民革命大学学习改造，因为不善于在生活上"走群众路线，打成一片"，对于学习的方式也有看法，自我的"改造"并不顺利。这一次，沈从文却因能"共同来参预历史性的大革命"而异常兴奋，甚至自言"人在群中实在离奇"，离开北京十五天里，"看到的人事和景物都是一生未见也未能想象的"。⑤

由于对乡村世界的变革有了近距离的感知，比照赵树理等作家的创作，他也萌生了新的文学冲动，试图改变以往偏爱"风景画"的旧方法，平平实实地记录这一场"波澜壮阔又关合奇巧"的乡村变革历史。"有情"与"事功"之说，正是在这样的前提下提出的,与其说是借此抒发新中国成立前后的"身世之感",接续"发愤以抒情"的文人传统,不如说更多表达了土改运动中重塑自我、摸索新文学方式的兴奋与困惑。从这个角度看,后来的研究者往往摘录书信中的片段,评说"有情"与"事功"的矛盾对峙,其实是不甚全面的,一定程度上抽离了具体的上下文语境,没有留意到沈从文思考中的曲折与反复。"有情"与"事功"之别,在他那里并没有被结论化,他当时的用心,更在二者"综合"之难度与可能性。这一特殊心境下提出的"有情"之说,其实特别值得玩味,某种意义上,也提供了一个触摸"抒情"与20世纪中国"革命"之关系的别样个案。

自1951年10月25日从北京出发,到1952年2月土改工作结束,在四个月左右的时间内,沈从文持续写下了数十封家信,记录参加土改见闻、感受,以及对川南山川风物的体验。他似乎有意要复制1934年返乡探母的经验,用书信来为后续的创作准备素材。[⑥]有关这批"川行散记"或"土改书信"的讨论,相关的研究与评传都有涉及,最近又相继读到姚丹、李斌两位的论文,对于沈从文在"土改书写"中面对的困境、挣扎,有了更为深入、体贴的分析。特别是李斌的论文,结合川南土改的材料,指出由于身体不适等原因,沈从文当时并未参与土改的核心工作,"参加土改"变成了"参观土改"。相对边缘的位置以及创作思想上的矛盾,导致了"土改书写"最终的挫败,这也表征了知识分子改造的艰难与限度。[⑦]从这个角度看,"有情"与"事功"的提出,也正是其创作思想上矛盾、挣扎的一种表现。

在书信中,沈从文花了相当多的笔墨,探讨个人文学方式应有的转换,尤其是反省爱好"自然风景画"的旧习,认为这"实在不是农民情感,也不是工人情感,只是小资情感"。他打算向赵树理学习,放弃作风景画的旧方法,"只要能忠忠实实来叙述封建土地制度下的多数和少数人事变迁及斗争发展,就必然可以将现代史一部分重现到文字中"。[⑧]这似乎是一种改造"旧我"、主动迎向新时代的姿态,但他又深知"写土地人事关联,配上景物画,使人事在背景中动"是自己的文学特长,很难轻易割舍,不时重申"把人事的变动,历史的变动,安置到一个特别平静的自然背景中"的必要性。[⑨]他此一时期的书信,也包含了不少寄情山水的文字,或登高远眺,或寂然凝虑,"看风景"的装置在个的感觉结构中,依然十分稳固。

在"风景"与"人事"、"抒情"与"叙事"、"动"与"静"之间,沈从文态度的犹疑、踌躇,与"有情"之说内在的张力,多少有些牵连。简言之,在他的逻辑中,如果将"事功"理解为具体的历史实践,那么"有情"则是实践中的主体状态——"作者对于人,对于事,对于问题,对于社会,所抱有态度",而"风景"抑或"静的空气",正是"有情"的内面得以凸显的一种场景、舞台。"有情"区别于"事功",却并不一定外在于事功,恰恰可以通过穿透、包容后者而实现一种内外的综合。在书信中,沈从文以司马迁为参照,认为"有情"的形成,需要"一生从各方面得来的教育","又都是和痛苦忧患相关","必由痛苦方能成熟积聚的情——这个情即深入的体会,深至的爱,以及透过事功以上的理解和认识"。[10]换言之,"有情"是一种抒情装置,也是一种认识装置,如何在一个困苦又饱满的主体内部,去整合现代历史的变迁及其对脆弱个体生命的意义,是沈从文谈论这个话题时关切的焦点。实际上,从 30 年代中后期开始,他在文学形式方面的兴奋、焦灼和困惑,就大体围绕这一轴心展开。

二

1952 年 1 月 24 日,临近旧历新年,在村中独自一人过年的沈从文,在给张兆和的信中回忆起以往"三个旧年,都是在辰州过的",自言这是"用温习旧年来过旧年"。这"三个旧年"中,就包括 1934 年那次返乡,一个人在小船上顺沅水下行,"《湘行散记》和《边城》,因之而产生";另一次则是 1937 年底"和小五哥萧乾等从武昌过沅陵,同在沅陵,同在芸庐",又是"独自在楼上一个大房中烤火,也是完全单独"。在个人生命史的脉络中,将当前的感受衔接于记忆中的场景,是沈从文相当内在的一种心理机制,此次赴川南土改的途中,也伴随了过往经验的不断闪回、重复,计划中的"川行散记"对《湘行散记》的模仿就是一例。

有意味的是,30 年代的两次"返乡",对沈从文的文学都产生了相当内在的影响,将两次"返乡"与此次的"下乡"放置在一起,似乎能构造出一个理解个人心路的动态框架。第一次返乡,因目睹了湘西社会的解体,所谓"不易形诸笔墨的悲哀",已渗透在他返乡归来后完成的《边城》之结尾、题记以及《湘行散记》中,正是这两部作品确立了沈从文乡土挽歌者的抒情形象。第二次返乡,是在抗战爆发后,沈从文与友人一路南下,曾在湘西沅陵小住了三个月左右,由于对湘西地方的变化、内部错综的矛盾以及在战争中的位置,有了更为切近的了解,他又产生了一种"重写湘西"的想法,即:不再刻意营造乌托邦式的乡土社会,转而将湘西变动的"人事"放回具体历史的"长河"中,检讨它的历史困局与可能的出路,从 30 年代末到 40 年代中后期,《湘西》《长河》《芸庐纪事》《雪晴》等一系列作品,都属于此类"重写"之作。50 年代初参加土改时的文学动念,其实也在这一"重写"的延长线上。⑪ 如果将这三次"下乡"(或"回乡")联系起来,或许更能够看出一个对生产斗争无多知识的知识分子,不断更换书写的框架,试图贴近乡土、在历史变动重构自我位置的持续努力。

  对于习惯牧歌抒情的沈从文而言,"大规模"处理社会人事的长篇叙事,并不是他擅长的方式,如何克服抒情牧歌的限制,将历史变动经验纳入自己的写作中,是他面对的一大挑战,用他的话来说,"小说既以人事为经纬,举凡机智的说教,梦幻的抒情,一切有关人类向上的抽象原则的说明,都无不可以把它综合组织到一个故事发展中"。⑫ 他 40 年代尝试的"重写湘西"系列,都不同程度上伴随了"风景"与"人事"、"抒情"与"历史"之间的张力,如《长河》试图在"牧歌的谐趣"中,夹杂人事的乖张与相左,大量消息、闲谈的加入,也造成了一种夹叙夹议的"谈话风",这在一定程度上影响了叙述内在的有机性、流畅性。小说《芸庐纪事》的处理则更为极端,借主人公"大先生"之口,沈从文在叙事中直接插入了一大段完整的"政论","讲故事"与"发议论"的冲突,造成了小说内在的解体;相对而言,40 年代中后期写作的《雪晴》系列,将鲜明逼人的"风景"描写、湘西社会内部暴力的分析,个人意识觉醒的回溯,衔接、组织于一个家族仇杀的故事中,似乎部分达成了"综合"的意图。⑬

  总体来看,在 40 年代"重写湘西"的作品系列中,文体"综合"的实验并没有成功,《长河》《芸庐纪事》《雪晴》等均未完成。当局审查制度造成的干扰之外,作品内部无法化解的文体张力,或许是更内在的原因。在长文《水云》中,沈从文也曾检讨《长河》《芸庐纪事》"两个作品到后终于被扣留无从出版,不是偶然事件",问题还是出在"用这种'从深处认识'的情感来写战事"的方式上,因为从当时普遍的社会需求看,"对战事描写,是不必要如此向人性深处掘发的。其实我那时最宜写的是忠忠实实记述那些偶然行为如何形成一种抽象意象的过程"。[14]看得出,困境内在于自身的文学机制之中,沈从文对此不是没有觉悟,在事实与抽象、情感的纵深与战争的实际之间,他一时还找不到有效的"综合"方式。

更进一步说,"综合"不只是一个文体自身的问题,更关系到抒情之自我能否在认识与实践的层面建立起更为有效的历史关联。众所周知,40年代的沈从文,在文化政治参与方面热情十分高涨:抗战初期关心湘西地方的前途,鼓励家乡子弟莫错过千载难逢的报国机会;在昆明及北京的时期,又热衷于"讽世议政",撰写不少杂文、政论。另外,他对新闻、报告文学、社会学考察一类写作也有极浓厚的兴趣,认为一个兼具记者身份的作家,"因为为生活接触面范围比较宽广,且更紧贴土地人民,一支笔又因习惯不必过于受词藻格式困缚",只要肯从这方面用笔,成就会比职业作家更大。[15]虽然有种种热烈的构想,但毕竟仍置身西南联大知识分子的"场域",他有关"事功"的体知,更多来自二手的消息、听闻。"综合"不能的困境,个人文学惯习的制约之外,一定程度上也源于他相对游离的社会位置与社会认知的片面。40年代末,面对即将到来的新时代,他也意识到文学方式的落伍,1948年11月的一封书信,就谈到现时代的变化要求一个作家的,"必须活活泼泼来把握政治上常在变动不居的新办法,新政策,新方向",作家也有必要从一个旧式"思想家"变成"工作员",而自己显然和"进步"游离了,"我即用笔,也得从头学起,方能把握'动'的一面。如依然只能处理'静'的农村分解过程……自然不能与目下文运作一致发展"。[16]由此说来,50年代初"土改书信"中表现出的困惑、犹疑,延续了他40年代已然遭遇的"问题结构","风景"与"人事"、"有情"与"事功"的综合背后,是一个对生产斗争无多知识的知识分子试图加入历史进程的焦灼与热忱。

三

从知识分子改造的角度看,这样的"有情"不过"旧我"之残余,一种知识分子的病的情绪,需要在参与集体性实践的过程中逐步克服。但过于明快的贬抑,如同将"有情"拔高为知识分子安身立命之寄托一样,都有可能简化问题的复杂性。既然改造的过程本来曲折艰难,那么挫折与挣扎也并非毫无意义。特别是,始终尝试在个人思想、文学、感受的内在脉络中,去认识40—50年代中国的历史巨变经验,正是沈从文这一个案的特殊性所在。在此过程中,"有情"的内涵是否有所变化,"有情"能否向"事功"敞开,"有情"的执念在内部是否具有可转换性,都是可以深入分析的。沈从文笔下"自然风景画"的延续与变异,就是一个可能的切入点:

> 望着汤汤的流水,我心中好像忽然彻悟了一点人生,同时又好像从这条河上,新得到了一点智慧。的的确确,这河水过去给我的是"知识",如今给我的却是"智慧"。……看到日夜不断千古长流的河水里石头和砂子,以及水面腐烂的草木,破碎的船板,使我触着了一个使人感觉惆怅的名词,我想起"历史"。一套用文字写成的历史,除了告给我们一些另一时代另一群人在这地面上相斫相杀的故事以外,我们决不会再多知道一些要知道的事情。但这条河流,却告给了我若干年来若干人类的哀乐!小小灰色的渔船,船舷船顶站满了黑色沉默的鹭鸶,向下游缓缓划去了。石滩上走着脊梁略弯的拉船人。这些东西于历史似乎毫无关系,百年前或百年后皆仿佛同目前一样。他们那么忠实庄严的生活,担负了自己那分命运,为自己,为儿女,继续在这世界中活下去。⑰

这是三十年代的《湘行散记》中颇为著名的一段:"我"面对汤汤流淌的河水,凝眸于河上的百汇万物,在四时推移的宏阔自然中,体会普通劳动者生存的艰辛、卑微,感叹历史的无常与必然。这显然是一种"有情"的凝视,也得到了文学史家的好评。司马长风认为其"雄浑苍淳,物我古今兼忘于刹那"⑱。无独有偶,王德威教授也引述过这一段独白,认为其中潜藏了一种超越"传统史观"的历史意识,"他的叙事所重的,是看似没有意义的微观层面,是处于历史'意义'裂缝之间的空无所在","偶然的人与事以一种缄默的方式延绵重复","它们天长地久地'在'那里","延展却也掏空了"线性历史的自足。⑲

在沈从文的"有情"书写中,上面这段"风景"中的独白,确实有相当的代表性。"风景"在他这里,不止于一般所谓"内面"的发现,或无利害的审美静观,"风景"中往往包含某种深长的历史启悟,山川自然静美无言,而人民生活含辛茹苦,对历史的"常"与"变"的体知,就寄托在"人事"与"风景"的参差对照中。

在40年代的写作中,"风景"的启示意义,又指向了对所谓"抽象的原则"的领悟,按照他的说法,"向远景凝眸"会给人以一种"无言之教,比目前政论家的文章,宣传家的讲演,杂感家的讽刺文,都高明得多,深刻得多"。⑳他在40年代中后期写下的《虹桥》《赤魇》等作品,更是以一个画家的眼光,来探讨壮美、鲜明之自然所带给人的崇高启示和对复杂多方之生命图景的认识。

回头来看50年代初的"土改书信",李斌在他的文章中也指出,书信中对山川风物的描写,在一定程度上未脱传统文人的山水、隐逸趣味,而在长时段的视角及自然风物的背景中书写历史的手法,也会消解土改斗争的真切具体,甚至会使"动"的历史回收于"天地不仁、视万物为刍狗"的悲悯境界中。这一分析相当深透,揭示了"有情"的限度,但稍深细一些来看的话,"风景"的意涵,前后还是有所变化的,"动"的历史也并未完全被"静"的自然所吸收。比如,1951年11月20日信中的这一段:

> 我一天可有点时间到山顶上去看看,好像是自由主义游山玩水看风景,不会想到我是在那个悬崖顶上,从每个远近村子丘陵的位置,每个在山地工作的人民,从过去,到当前,到未来,加以贯通,我生命即融合到这个现实万千种历史悲欢里,行动发展里,而有所综合,有所取舍,孕育和酝酿。这种教育的深刻意义,也可说相当可怕,因为在摧毁我又重造我,比任何力量都来得严重而深远。㉑

登高远眺,将当下的"人"与"事"放置于宏阔的自然背景中去体知,这无疑延续了"向远景凝眸"的旧习,但"好像是自由主义游山玩水看风景"一句,无形中却打破了"看"的自足,表明"风景"已经被主动间离了,风景中已经有了动作中的"人事"。在"看"的视野里,远近高低山地里的人民,不再是生存艰辛、命运无常的默默承受者,而是在工作中、在行动中,在历史万千变化中。居高临下的长时段视角,也不只是超然静观的视角,而显现为过去、当前与未来之间的贯通。

在浪漫主义的风景模式中,采用一种整体性的视角来凝视自然,除了凸显一个疏离的主体内面,往往也会指向某种地方经验的整合、以及共同体感受的生成。㉒比照前面《湘行散记》中的文字,如果说三十年代面对湘西风物的凝眸,代表了"有情"之我对乡土世界"变"与"常"之法则的认同,那么在上面这段文字中,"看"的位置也是一种认同的位置,"我"要主动融入"现实万千种历史悲欢"中,融入总体的时代进程,"有情"的内面也正是生成于一系列的"综合""取舍""孕育""酝酿"之中。这意味着,从 30 年代到 50 年代,"看风景"的形式、视角多有延续,但此"有情"与彼"有情",其实已经有所不同了。

这仅是土改书信中风景描写的一例,再看一例,涉及更为具体的土改经验。1951 年底到 1952 年初,内江的土改进入高潮阶段,各村相继组织批斗地主的大会,沈从文在书信中也多次写到目击斗争场景的震撼之感,他采用的方式,仍然是"风景"与"人事"之间有意的错综:

> 今天四号,我们到一个山上糖房去,开一个五千人大会,……来开会的群众同时都还押了大群地主(约四百),用粗细绳子捆绑,有的只缚颈子牵着走,有的全绑。押地主的武装农民,男女具备,多带刀矛,露刃……从各个山路上走来时,拉成一道极长的线,用大红旗引路,从油菜田蚕豆麦田间通过,实在是历史奇观。人人都若有一种不可理解的力量在支配,进行时代所排定的程序。……情形离奇得很,也庄严得很。任何书中都不曾这么描写过。正因为自然背景太安静,每每听得锣鼓声,大都如被土地的平静所吸收……反而给人以一种异常沉静感。㉓

在沈从文三四十年的湘西书写中,由勤劳致富或主持一方事务的乡绅、地主,往往是较为正面的形象,沈从文自己出身于湘西的"军绅"之家,对于这个阶层不仅相当熟悉,而且颇多认同之感。㉔而此次赴川南土改,沈从文的一大收获,就是认识到了乡村中阶级矛盾、剥削关系以及基层统治结构的盘根错节㉕。姚丹在论文中,对此进行了饶有意味的分析,认为一方面沈从文在情感指向上认同地方的乡绅、强人,另一方面新的理论认知和土改经验,又让他服膺于乡村革命的必然性,这种情感与理性之间的困扰矛盾,带来了他土改书写中的暧昧性。

的确,在上面一段"风景"描写中,读者不难感受到这种暧昧性。沈从文似乎无意间强化了土改中的暴力感受,对于被捆地主的描写,多少包含了一丝看客的同情,甚或某种"天地不仁"的悲悯。但从根本上说,理性认知的介入,还是内在扭转了"有情"的感受结构,在自然的沉静背景中,行动着、发生着的一切,带给他强烈的震撼,"天地不仁"的历史悲悯,更多让位于一种宏阔的历史必然性所引发的庄严、肃穆之感。在这个意义上,所谓"情形离奇得很"的感受,并没有真的消解"庄严",倒是增加了某种情绪上、心理上起伏的层次。至于有论者认为,沈从文"土改书写"的策略在于以"静"来消解"动",进行非政治化的日常审美㉖,则显然是一种误读了。沈从文以"静"写"动"的目的,是在构造一种辩证性的感受结构,在"动"与"静"的交替中,被革命政治强力推动的历史,才会显出了一种整体性、纵深感。

沈从文的"有情"与"事功"之说,是在 1952 年 1 月 25 日左右的家信中提出的。就在前一天(1 月 24 日)的信中,他又一次谈及目击斗争地主大会的感受——"六百地主一同缚在竹林子中光景",并极为动情地写道:

> 但是这种种,却和我三十年前所见到的事情一样,在生命中如燃烧一种希望和理想,只要体力能支持得住,必然会要和此后工作相结合,而且还可能要和千万人情感相结合的。也因此感觉得写作真是一种离奇的学习过程。㉗

联系上下文,"有情"之说随后的提出,某种意义上正是以这种"离奇又庄严"的历史认知为前提的,也指向了与工作相结合、与千万人情感相结合的个人愿景。因而,"有情"也可理解为一种"热情",它不只生成于主体的寂寞之中,同时也可以在翻天覆地的社会变革中被不断打开、转置并重造。这是检讨"有情"之限度的同时,有必要注意到的一点。

四

土改工作结束回到北京后,沈从文完成了一篇长达万言的考察报告《川南内江县第四区的糖房》,这篇报告采用了阶级分析的视角,体现了沈从文努力把握"事功"的专注和耐心。但在文学方面,他却收获不多,除了一篇不成功的小说《中队部——川南土改杂记》外,构想中的"土改书写"并没有实现。要真的将写作和工作结合,将"有情"与"事功"结合,对于沈从文而言,还有相当漫长曲折的心路有待展开。包括上面引述的两个书信片段,"有情"的观望,即便表达了对"土改"的认同,但居高临下的位置,仍显示了某种旁观性、外在性。希望在主体内部扬弃个我与历史的差异,在个人生命史的纵深中去把握时代变化,整合复杂多方的生命及历史经验,这多少还是一种知识分子浪漫的主体幻觉。[28]要表现千万人的工作、斗争和情感,将历史进程风景化、崇高化,以获取内在的认同和审美愉悦,肯定是远远不够的,他笔下工作的、行动的人民,更类似于自然背景中一群"动"的却也是抽象的剪影。然而,即使有这样的挫败,但并不等于说沈从文的文学思考,如怎样在"静"中写"动"、在"风景"中写"人事",在情感与认识的纵深中去书写革命带来的转变,就完全外在于新的人民文艺的生成。关键是,在何种结构、何种关系里去处理"风景",去书写"有情",怎样跳出游离个我的限制,真的将"有情"理解为触摸千万人情感结构的内在基石。

在书信中,沈从文处处以赵树理为参照,反省自己过往的文学方式。赵树理的小说不着力刻画人物心理,也没有无关的风景描写,表面看,只是平实地讲故事,沈从文大概也感受到了竹内好所说的某种文学的"新颖性"吧。这种"新颖性"突破了现代文学个性主义、心理主义的框架,在沈从文眼里,代表了新的人民文学的方向。然而,赵树理的突破不单单表现在叙述的方式上,如果没有对乡村社会矛盾和伦理变迁的结构性把握,单靠"讲故事"的技巧,是无法构成一个"方向"的。沈从文对于他有意模仿乃至竞争的对象,可能还缺乏深入的认识。与此相关的是,赵树理文学之"新颖性"是在与现代文学固有之"现代性"的张力中呈现的,新的人民的文学的前景,也并不是来自这种张力的简单取消。相反,塑造人物内心世界的诸多"成规",包括自然风景的描写,在社会主义现实主义文学的探索中,依然具有相当的支配性。[29]重要的是,怎样扬弃旧的"风景"、旧的心理,探索新的内面世界呈现的方法。

相比于赵树理,在"有情"方面,近年来备受关注的柳青,倒是一个更可以参照的对象。作为"社会主义现实主义"文学的代表,柳青对如何透过人物的思想、感情和行动来表现历史的进程,有十分独到的认识,这也包括对特定环境中生活世界、情感世界乃至自然风景的描绘。最近读到刘可风整理的《柳青随笔录》,其中记录了相当具体的思考,比如,他谈到有些作品充满了文学技巧,叙事流畅,但不能给人以激动,但有的作品初读觉得作者才气不大,却会感觉人物亲近,对他们的事也关心,怎么也不能放下。这其中的区别就在于能否写出"生活气息"。再比如谈到风景描写,认为要写"人物感觉幅度内的风景",

如果以作者感觉代替人物感觉,实际只是静物罗列。"你可以继续写细雨和灰色的天空,可是在短篇小说里应该依据主人公的观点。如果短篇小说里充满你自己的观点,那你写出来的不是主人公,而是你。"这是高尔基的一段话,柳青也特别引用,并评论说"这就是为什么浅薄的作家写出千篇一律的小说"。㉚

这种以"人物"为中心,从"人物"的感觉、情感出发的写作,看似是一种主观情绪的节制,其实是另一种"有情",一种可以进入他者的生活世界,把不同人物的思想、行动落实在内在感觉或情感结构中的"有情"。《创业史》每一章都从特定人物的主观视角来展开叙述的方式,一直为人称道,贺桂梅在最近的文章中,就分析了支撑这一方法的"对象化"理论,这一方法又与文学的总体性相关,即文学不是自我表现,而是作家通过自我"放空"而进入对象的感觉体系并由此重构自身的主观感觉的过程。这样一来,"由于需要将各种描写对象纳入作家的感觉世界,作家的精神世界就空前地扩大,具有以主观形式把握世界对象总体性的可能"㉛。沈从文希望以"有情"来消化"事功",以司马迁以及历史上的诸多大师为典范,叹服他们"可惊的消化力,可惊的深入融化",预设一个普遍历史书写者身份的同时,也预设了一种在"有情"内部达成的文学总体性。然而,这样的"有情"还是以书写者自身为中心的,只希望做到"群众哀乐实在我生命里",尚不能进入到对象的哀乐、斗争和希望之中。这样的"总体性"不免仍是一种自我执着的内在性、一种主观化的历史崇高体验。由此或许可以说,沈从文面对的困境,一方面是"有情"的冗余过多,另一方面又可能表现为"有情"的能力不够,"有情"内面的构造还只是一种单向度的"综合",并没有真的深入到他所热烈凝视的千万人集体行动的行列之中、对象之中。

五

1952 年 2 月,沈从文的川南之行临近尾声,"有情"与"事功"之说的提出,类似于几个月来思考与困惑的某种总结。值得注意的是,在后续几封书信中,他进一步探讨综合二者的难度以及相关的社会认知状况,涉及建国初期一系列宣传、动员政策的检讨。针对某些简单化、教条化的方式,他提出要在"作用"以外,对"作者"有更进一步的认识,要注意"启发待生长应生长的对国家新的情感"。沈从文似乎转换了问题的框架,不只关注"有情"如何消化"事功",同样强调"事功"之中"有情"的作用,即:个体内在的理想与热情,对于国家建设的重要:

> 国家在崭新情况中发展,万千种事都从摸索中推进。关于人的科学,如果到明天有可能会发展成为一科真正的科学,目前还只是刚好开始。到另外一时,人的功能从种种旧的或过时了的因袭成见观念束缚中脱出,在一个更新一些关系上,会充分得到解放的。到那时,有情的长处与事功的好处,将一致成为促进社会向前发展的动力,再无丝毫龃龉。㉒

在这里,"有情"不仅是文学性的,更是政治性的,指向了社会重造过程中一种主体情感、意志的焕发状态,"有情"与"事功"的综合,也就不单纯是一个经验整合问题,更要寄希望于一种人与社会关系的重造,一种个体能动性与社会组织性的内在协调。显然,沈从文已更新了讨论的层次,将"有情"与"事功"的关系,从文学书写转置于更宽广的社会政治视野中。从某个角度看,如何调动不同群体及个体的内在活力,包括对生产斗争知识不多的知识分子,让新国家、新社会的蓝图落实在情感与认识的纵深处,落实在人之深层精神与感觉结构的塑造中,也的确是20世纪中国社会变革的贯穿性命题。

还是回到"抒情传统"的议题。近年来,从情感史的角度,讨论20世纪中国革命对社会组织、伦理状况、群体及个体心态的深层塑造,已是相关研究领域中的一个潮流。如果能与这样的问题面向相衔接,"抒情传统"与现代中国之关系的讨论,想必会有更大的展开空间。在这个意义,沈从文建国初期的一系列挣扎、困惑与思考,作为一个别样的精神个案,仍具有相当的症候性,其所显示的,非但不是"有情"与"事功"之间固化的二元,而恰恰是"有情"(或"抒情")可以被历史变革不断打开、内在于20世纪中国革命而非别树一帜的复杂图像。

原载《文艺争鸣》2018年第10期。

注 释

① 王德威《"有情"的历史:抒情传统与中国文学现代性》,《抒情传统与中国现代性》,生

活·读书·新知三联书店，2010年，第5页。
② 1952年1月25日左右致张兆和、沈龙朱、沈虎雏，《沈从文全集》19卷，北岳文艺出版社，2002年，第318页。
③ 参见常利兵《文人土改：建国初期知识分子的革命实践与话语表达》，《上海大学学报（社会科学版）》2018年2期。
④ 1951年10月25日致张兆和，《沈从文全集》19卷，第121页。
⑤ 1951年10月31日、11月4日及8日致家人书信，《沈从文全集》19卷，第132、145、155页。
⑥ 1934年回乡的途中，他也是不断写信给张兆和，后来在"湘行书简"的基础上，整理出版了代表作《湘行散记》。1951年11月8日，刚刚抵达内江县，沈从文就写信给张兆和，谈到了这样的计划："这么学习下去，三个月结果，大致可以写一厚本五十个川行散记故事。"（1951年11月8日致张兆和，《沈从文全集》19卷，第156页）
⑦ 姚丹《沈从文失败的"土改"叙事——"抽象的抒情"之困惑》，"新与旧·公与私·理与时·情与势——再论建国初期历史实践的社会、思想、文化、生活意涵"研讨会论文，2016年4月；李斌《沈从文的土改书写与思想改造》，《中国现代文学研究丛刊》2018年第4期。
⑧ 1951年12月26日至沈龙朱、沈虎雏，1952年1月24日致张兆和，《沈从文全集》19卷，第246、313页。
⑨ 1951年12月2日致金野，《沈从文全集》19卷，第197页。
⑩ 1952年1月25日左右致张兆和、沈龙朱、沈虎雏，《沈从文全集》19卷，第318—319页。
⑪ 在1951年11月13日、1952年1月24日等书信中，沈从文多次谈到要将40年代《雪晴》等小说写完的构想。（《沈从文全集》19卷，第160、310页）
⑫ 沈从文《短篇小说》，《沈从文全集》16卷，第494页。
⑬ 有关《雪晴》等作品中文学"综合"实验的深入探讨，参见路杨《"新的综合"：沈从文四十年代中后期的形式理想和实践——以"雪晴"系列小说为中心》，《现代中国文化与文学》2015年第1期。
⑭ 沈从文《水云》，《沈从文全集》12卷，第121页。
⑮ 沈从文《致周定一先生》，《沈从文全集》17卷，第470页。
⑯ 1948年11月28日复姚明清信，此信《全集》未收，引自吴世勇编《沈从文年谱》，天津人民出版社，2006年，第304页。
⑰ 沈从文《湘行散记·一九三四年一月十八》，《沈从文全集》11卷，第252—253页。

⑱ 司马长风《论沈从文的创作——〈中国新文学史〉节选》，刘洪涛、杨瑞仁主编《沈从文研究资料》上卷，天津人民出版社，2006年，第391页。

⑲ 王德威《批判的抒情——沈从文的现实主义》，刘洪涛、杨瑞仁主编《沈从文研究资料》下卷，天津人民出版社，2006年，第900页。

⑳ 沈从文《云南看云》，《沈从文全集》17卷，第309—311页。

㉑ 1951年11月19—25日致张兆和，《沈从文全集》19卷，第180页。

㉒ 温迪·J·达比在《风景与认同：英国民族与阶级地理》一书中，分析过英国浪漫主义者借由绘画、诗歌和小说等艺术形式，完成了对"苏格兰、威尔士和爱尔兰的凯尔特边区的凝视与整合"，使"湖区"成为一个"想象性或不那么想象性的过去的存储之地"。参见该书第90—93页，译林出版社，2011年。

㉓ 1952年1月5日致沈虎雏、沈龙朱，《沈从文全集》19卷，第267页。

㉔ 1948年，冯乃超在《大众文艺丛刊》上就指斥沈从文是一个地主阶级的弄臣，他的写作起到了粉饰地主阶级统治，"慰娱"没落主子的作用。(乃超《略评沈从文的"熊公馆"》，《大众文艺丛刊》第一辑，1948年3月1日)

㉕ 例如，在1952年1月12日致沈龙朱信中，他就谈到"土改工作实不简单"，"许多地主都是身兼四五种身份：地主，流氓头，国民党员，乡保长，一贯道，有的还是土匪。几几乎无例外"。《沈从文全集》19卷，第278页。

㉖ 张谦芬《沈从文建国初期的土改书写》，《中国现代文学论丛》2008年第2期。

㉗ 1952年1月24日致张兆和，《沈从文全集》19卷，第311页。

㉘ 1944年"双十节"所作《七色魇(魔)》题记中，他对自己当时的生活与思想，有这样的描述："到我绝对单独时，国家明日种种，目前种种，和近三十年种种，便重新来到我的心上，咬住我这颗衰弱的心。"此文未收全集，原载1944年11月1日昆明《自由论坛》3卷3期，由解志熙教授辑校，与其他几篇佚文以《沈从文佚文废邮钩沉》为题，发表于《中国现代文学研究丛刊》2008年第1期。

㉙ 最近，洪子诚老师在《文学史中的柳青与赵树理(1949—1970)》(《文艺争鸣》2018年第1期)中指出，在建国初期的文学正规化、精英化的总体趋向中，以"中世纪文学"为"媒介"的赵树理等，属于文艺界的"弱势群体"，"倒是明显'外国化'的柳青等的创作才会被看作是'新颖'的文学"。

㉚ 刘可风整理《柳青随笔录》，刊载于《长安学术》第十一辑，引自"长安学术"的微信公号，参见其中的18、21、79等几则。

㉛ 贺桂梅《"总体性世界"的文学书写：重读〈创业史〉》，《文艺争鸣》2018年第1期。

㉜ 1952年1月29日致张兆和(之二)，《沈从文全集》19卷，第335—336页。

"文学"概念的古今榫合

周兴陆

中国近现代的"文学"概念,不是自然地从传统文化中发展而来,而是在19、20世纪之交,由日本学者和欧美传教士从汉语传统中发掘出"文学"一词以对译英语的Literature。这已是众所周知的常识。不少学者还对"文学"一词的引入路径做出过细致的勾稽和描述。因为现代的"文学"是一个引入的概念,引入后需要与传统对接,对传统的文学观念加以重释和改造,这就存在一个古今"文学"概念相互榫合的问题。这里的"古今榫合",不是通常意义上的"古今演变"。从内涵上说,固有的骈俪论接引了外来的审美文学观念,形成了中国的"纯文学"思想,试图取代过去的载道文学观;而在现代艰难时势中,"文以载道"并没有被审美超功利文学观完全取代,反而在二十世纪三四十年代得到重新确立。从外延上说,传统的"文章"被排斥挤压,小说戏曲进入现代"文学"的中心;而强大的"文章"传统又使得"三分法"渐被"四分法"所代替。中外"文学"概念相互修正,而最终硬性铆合起来。

一、从骈体正宗论到纯文学观

"美在形式"是西方美学的一个基本命题,具体到文学,语言美是文学之美的一个重要方面。早在西方"纯文学"观念引入之前的清嘉庆、道光年间,阮元就将文笔之论转释为骈散之争,强调"文"用韵比偶的语言之美。至近代,刘师培在中西文化冲突交融中重提乡贤阮元的"文笔论"并作出新的发挥,阮元立论的侧重点在用韵比偶,刘师培在此基础上进一步强调藻饰,把藻饰之美视作"文之为文"的本质属性。基于这种藻饰论,他提出"骈文一体,实为文体之正宗"。刘师培提出藻饰文学观,一方面是继续与当时势头依然强劲的桐城古文相争锋,另一方面是对梁启超等效法日本的"报章体""新民体"的扼制,同时也是应对自西方而来的审美文学观。他标举讲究藻饰的"俪文律诗"为中国的审美文学,以与西方文学相对应。骈文在从唐宋明清时期被人"以为不美之名也"①,到近代被视为"固自有其特殊之美,不可磨灭"的文学样式②,固然是阮元、刘师培等自觉努力的结果,但也是因为西方近代审美文学观传入中国后带来的一种新认识。

以藻饰为文学之美,是当时许多人的共同看法。甚至于早期的新派文人也是从这个意义上理解文学美的。如常乃德致陈独秀信说:"吾国之骈文,实世界唯一最优美之文。……愚意此后文学改良,说理纪事之文,必当以白话行之,但不可施于美术之文耳。"③意思是骈文作为最优美之文,还可以继续存在。蔡元培1919年11月17日在北京女子高等师范学校演说,谓:"美术文,或者有一部分仍用文言。……旧式的五七言律诗与骈文,音调铿锵,合乎调适的原则,对仗工整,合乎均齐的原则,在美术上不能说毫无价值。"④显然在"美文"这一点上是认同刘师培的,与年轻的常乃德也比较接近。这样来看,蔡元培担任北大校长后聘请刘师培为国文系教授,解聘姚永朴等桐城派文人,未尝没有文学观念上的考量。新文化运动的主将陈独秀是排斥骈文的,反对以骈文为中国文章正宗的看法,视骈文为"雕琢的、阿谀的、铺张的、空泛的贵族古典文学"⑤;但他也是从语言角度理解文学美的,在回复常乃德的信中,陈独秀说:"结构之佳,择词之丽(即俗语亦丽,非必骈与典也),文气之清新,表情之真切而动人,此四者其为文学美文之要素乎。"⑥在《我们为甚么要做白话文》里,陈独秀从意思充足明瞭、声韵调协、趣味动人三个方面阐述文学的"饰美"⑦。比起阮元的"声韵排偶"论、刘师培的"藻绘成章"论,陈独秀对"文学美文"的界定更为宽泛,但他依然是从"饰美",即语言美的角度认识文学的审美性。这实际上是中国文学观念中一个纵贯古今的传统,即重视文学的语言之美。

在"骈文正宗论"的氛围中,有人开始把传统的骈文与自西方而来的"美文"作对接。谢无量就认同刘师培的藻饰文学观,在《中国大文学史》中称"中国文章形式之最美者,莫如骈文律诗,此诸夏所独有者也。……故吾国文章,所长虽非一端,骈文律诗,则尤独有之美文也"⑧;又撰《论中国文学之特质》说:

> 中国文学为最美之文学。今世以文学为美术之尤美者,故谓之 Fine Art,然文学中又有美文 Belle-lettres,中国文字本为单音,形式整齐,易致于美,而六朝时之文,殆又美文之尤者焉。自汉魏以后,渐有文笔之分,其所谓文,大抵即如今所指美文,虽曰有韵为文,无韵谓笔,有韵云者,非专指句末之韵,一句之中取其平仄调适,亦谓之韵,故骈俪之文,声律之诗,皆是昔之所谓文,而美之至者也。……故欧美诸邦虽有美文而欲使体制谨密,差肩于吾国之骈文律诗,当属万不可能之事。

谢无量对于外国的审美文学观已有充分的了解,他把"文笔论"中的"文"解释为"美文"Belle-lettres,这远远超出了阮元和刘师培的界定,对稍后杨鸿烈、郭绍虞等都不无启发。

"五四"新文化运动后,杨鸿烈在《文心雕龙的研究》中径直地说:"我们中国从晋代以后,文学的观念就渐渐的确定;所谓'文笔之分'就是纯文学和杂文学有分别,狭义的文学和广义的文学有分别,这是文学观念进化的一件可喜的事!"[9]说"文"就是纯文学,"笔"就是杂文学,显然不符合刘勰、萧绎的原义,也超越了阮元、刘师培的解释,是"纯文学"观念引入之后的牵强比附。但这却是二三十年代比较流行的说法,如茅盾就说:"把应用文、学术文与文艺文分开得明明白白,实是那时代(引者按,指魏晋南北朝)普遍的事实。当时称文艺文为'文',称应用文及学术文为'笔'。"[10]翻看《文心雕龙》就可知这种说法是不成立的,刘勰所谓"文"绝大多数是应用文,"笔"中"散郁陶,托风采"的书牍,也有不少是文艺文的。郭绍虞继续这种"以西律中"的阐释方式,创造性地解释"文笔":"'笔'重在知,'文'重在情;'笔'重在应用,'文'重在美感;始与近人所云纯文学、杂文学之分,其意义亦相似。"[11]通过这种重新阐释,自西方引入的"纯文学"观念在中国传统文论中找到了相对应的概念,相互嫁接,传统文论被赋予了现代意义。这种阐释是以对传统文论的扭曲为代价的。当时,李笠就敏锐地发现用西方纯杂文学观解释中国"文笔"论之不妥:与西洋相比,我国文字更侧重于形式之美,"是以文笔之分,与西洋文学之区纯文、杂文,终难共轨"[12]。

二、审美超功利与"情的文学"

在19世纪末20世纪初,欧洲超功利主义审美观念传入中国,汇聚为一股冲决传统文学功利论的巨大力量。在对西洋美学的介绍上，王国维得风气之先。他接受西方的审美超功利文艺观，突出文学的游戏功能、情感慰藉功能，反对以文学为手段追求眼前的实利，甚至于说过"生百政治家，不如生一大文学家"这样极端的话[13]。王国维是近代中国审美超功利主义文学论的先行者。

在20世纪初，西方超功利主义美学和文论的引介成为一股热潮。除了王国维介绍较多的康德、席勒、叔本华美学外，如法国维龙[14]、英国斯宾塞[15]、德国黑格尔[16]等美学思想也纷纷介绍到国内，文学的审美属性得到前所未有的重视，被标举为文学的本质特征。1904年左右，黄人编撰《中国文学史》，采纳日本太田善男《文学概论》的文学观念而提出："文学则属于美之一部分。……自广义观之，则实为代表文明之要具，达审美之目的，而并以达求诚明善之目的者也。"1907年又撰文说："盖文学之性质，多倾向于美的一方面而不暇兼及于真、善。"[17]同时金天羽提出文学的双重美术性，即："文之为物，其第一之效用，固在表其心之感，其第二之效用，则以其感之美，将俪乎物之美以传，此文学者之心所以有时而显其双性也。"[18]心感之美，指作者因外物感动而兴起的美好情感；俪物之美，指这种情感通过生动直观的形象而得到逼真的显现。随着在认知上将审美尊为文学的本质属性而带来了文学观念的两大变化：

其一，接受康德、斯宾塞等人理论，将实用与审美明确地划分开来，强调"纯文学"的审美超实用性。王国维1905年在《论哲学家与美术家之天职》中明确揭橥了"纯文学"的概念[19]，在他心目中纯文学是审美超功利的，决不能有现实的功利目的。1907年，周树人在《摩罗诗力说》中说："由纯文学上言之，则以一切美术之本质，皆在使观听之人，为之兴感怡悦。文章为美术之一，质当亦然。"文学"实利既尽，究理弗存"，因此对于国家和个人没有实际的功用。但是，"涵养人之神思，即文章之职与用也"。这就是文学的"不用之用"。严复翻译英人倭斯弗《美术通诠》按语说："文字分为创意、实录二种，中国亦然。"创意、实录，就是后来所谓美术文与应用文的区别。1913年，汪炳台撰文区别"应用文字"和"著述文字"，说："文字派别千端万绪，一言以断之曰：应用与著述二者而已。"所谓应用文字，就是实用的文章；所谓著述文字，主乎隐秀，不求人人必知，不必求达一时之目的，相当于当时的"纯文学"。[20]到了"五四"新文化运动前后，美术文与应用文，成为文章的基本分类。前者为纯文学，后者为杂文学。

1917年，年方弱冠的方孝岳对"纯文学"的性质作出明晰的阐释：

> 今日言改良文学，首当知文学以美观为主，知见之事，不当厕入。以文学概各种学术，实为大谬，物各有其所长，分功而功益精，学术亦犹是也。今一纳之于文学，是诸学术皆无价值，必以文学之价值为价值，学与文遂并沉滞，此为其大原因。故著手改良，当定文学之界说，凡单表感想之著作，不关他种学术者，谓之文学（即西方的纯文学是文学）。诗、文、戏曲、小说及文学批评等是也。本此定义，则著述之文，学术家用之；记载之文，史家用之；告语之文，官府用之。是皆应用之作，以辞达意尽为极，不必以美观施之也。世有作者，首当从事戏曲、小说，为国人先导，而寻常诗文集，亦当大改面目。㉑

方孝岳对文学的内涵与外延作了明确的界定：文学以美观为主，单表感想，与以知见为主的学术相区别；文学包括诗、文、戏曲、小说及文学批评；各种著述、记载、告语之文都以实用为目的，不属于文学。此外，如张学古说："文章不出于美术、应用二端。"㉒按照是否有功利目的，把文章划分为应用文与美术文是当时比较通行的做法。超功利的非实用性，似乎成为"纯文学"不证自明的特征，成为现代文论的一条原则。

其二，接受英国浪漫主义文学批评家戴昆西（De Quincey）的"知的文学""情的文学"的划分，强调"纯文学"的情感特征。1911年黄人编纂《普通百科新大辞典》为"文学"下定义说："以广义言，则能以言语表出思想感情者，皆为文学。然注重在动读者之感情，必当使寻常皆可会解，是名纯文学。而欲动人感情，其文词不可不美。故文学虽与人之知意上皆有关系，而大端在美，所以美文学亦为美术之一。"虽然黄人论"纯文学"也注意到文词之美，但核心内容是根据戴昆西对情与知的分辨而视文学"注重在动读者之感情"，"大端在美"。1914年，吕思勉在《小说丛话》中说："纯文学的小说，专感人以情；杂文学的小说，则兼诉之知一方面。"㉓也是接受戴昆西的理论，从情与知的角度分辨纯文学与杂文学。此后出版的各类《文学概论》和《中国文学史》类著作，多引述并认同戴昆西所谓"知的文学"和"情的文学"（或译为"力的文学"）。金受申《文学概论讲义》说得非常明白：

> 台昆雪氏(按,即戴昆西)曾把文学与其他科学的界限,分得十分清楚;他说:"先有知的文学,后有力的文学;前者职能是教,后者职能是动。"这里所谓"知的文学",便是指一切普通科学来说;所谓"力的文学",方是指纯文学来说的。知的文学——普通科学——的任务,是输入一切知识。力的文学——纯文学的任务,是予人以心灵上的感动。所以他这样的分法实在是最精当不过了。㉔

这种看法在当时有一定的代表性,不少文论家奉戴昆西为"纯文学"的先导者。戴昆西这种"情的文学"之所以能毫无阻碍地为国人所接受,除了"五四"浪漫主义文学的时代精神需求以外,还与中国古代的抒情传统有关系,正是久远而强大的抒情文学传统,使得戴昆西的理论容易得到国人的认同。许啸天和曹百川等文论家都从传统中发掘出曾国藩《湖南文征》所谓"人心各具自然之文,约有二端:曰理,曰情",以与戴昆西的"知的文学""情的文学"相对接。

纯文学的上面两个特征,即以情感人和审美超实用性,在一般论者眼里多是融合在一起的。情与知相对,美与实用相对,再加上前节所论的语言美,纯文学的三个特征已得到充分的确立。童行白曾通过与杂文学的比较而精粹地揭示纯文学的特征:

> 文学有纯、杂之别,纯文学者即美术文学,杂文学者即实用文学也;纯文学以情为主,杂文学以知为主;纯文学重辞彩,杂文学重说理。纯文学之内容为诗歌,小说,戏剧;杂文学之内容为一切科学、哲学、历史等之论著。二者不独异其形,且异其质,故昭昭也。㉕

"异其质"指内涵的不同,纯文学的内涵是"美术""以情为主""重辞彩",杂文学反之。"异其形"指外延的差异,纯文学外延包括诗歌,小说,戏剧,杂文学则几乎无所不包。新文化运动及以后一段时间里新文学家为文学下定义,都不违背上述的纯文学内涵,如在二三十年代影响较大的罗家伦的定义:

> 文学是人生的表现和批评,从最好的思想里写下来的,有想象,有感情,有体裁,有合于艺术的组织;集此众长,能使人类普遍心理,都觉得他是极明瞭、极有趣的东西。㉖

罗家伦这个被誉为"是中国人所下的最完美的文学的定义"㉗,虽然带有"五四"

时代特征,如"文学是人生的表现和批评"一句,但其基本原则是不与"纯文学"相违背的,已摆脱了传统杂文学、大文学的束缚,既不像章太炎"以有文字箸于书帛,故谓之文"那样失之宽泛,也不同于阮元所谓用韵比偶方为文那样狭窄。

三、从"三分法"到"四分法"

"三分法"是指西方近代的文学类别,把文学分为诗歌、小说、戏剧。"四分法"是指中国现代文论家根据中国文学的特殊情况,在"三分法"的基础上增加"散文"一体。

中国古代的文章体裁分类颇为碎杂。刘勰《文心雕龙》、萧统《文选》分文章为30余体,可谓庞杂矣。至清代姚鼐《古文辞类纂》尚分为13体,依然名目繁多。而小说、戏曲从来都未列入文章的范围之内。至20世纪初,西方的文学"三分法"就已渐为国人所接受,传统的文章分类法被破坏和取代。其中的变化是小说、戏曲进入文学范围,并一跃而为文学之正宗,文章特别是散体文被逐出文学之外。

小说戏曲的地位自宋元以来就有上升的趋势,近代在西方文学思想的启发下,梁启超在《小说与群治之关系》中尊"小说为文学之最上乘"(按,梁启超谈"小说"往往包含戏曲在内)。此后把小说戏曲视为文学,已经少有异议。传统的散文则多被摒斥于文学范围之外。王国维引入"纯文学"概念时,指涉的就是诗歌、小说和戏剧,未论及散文。㉘周作人最早从体裁的角度提出纯文学、杂文学的划分。1908年发表《论文章之意义暨其使命因及中国近来论文之失》,所谓"文章"就是文学的意思,他分"纯文章""杂文章",就是纯文学和杂文学。纯文学包括有韵的诗赋、词曲、传奇和无韵的小说。书记论状诸属,即传统的文章被"别"为杂文学。到了新文化运动时期,"三分法"已经得到明确。蔡元培《国文之将来》说:"美术文,大约可分为诗歌、小说、剧本三类。"㉙后来,这个命题进一步被辞典释义所固定下来,成为难以动摇的文学常识。

胡云翼说:"理想的《中国文学史》是纯文学的文学史,不是学术史。"㉚这是当时新派人物编写文学史的基本立场。二三十年代主流的"文学史""文学概论"著述,多采用"三分法",只论及诗歌、小说、戏曲,连过去一度被视为"美文"

的骈体,也没能进入这些纯而又纯的文学史叙述之中。其实,纯文学的"三分法"进入中国文坛并非是畅通无阻、大行其道的,相反,它遭遇了传统的杂文学的对抗。林传甲编撰的《中国文学史》教材,采用的就是传统的杂文学观,广泛述及奏议、论说、词赋、记述等,而对于小说、戏曲等通俗文学,采取极端轻视的态度。即使在新文学兴起之后,还出现过龚道耕的《中国文学史略论》、林山腴《中国文学概要》、袁厚之《中国文学概要》之类教材,视文学为国学,囊括经史子集。这类著述,被新派人物唾弃为不知文学的边界,其与"纯文学"对抗的力量越来越微弱,不占主流,更不足以动摇"纯文学"的主导地位。

对"三分法"有力的矫正,是现代文学理论界根据中国文学的实际情况,将散文纳入文学范围而提出"四分法"。中国本来就具有强大的散文传统,而且散文自身也在不断地变革和演化。随着《时务报》等维新报刊的发行,出现了一种新的文体——报章体,以讨论政治的论说文为主,思想新鲜,内容务实,语言平易畅达。梁启超的"新民体",在青年中激起了强烈的反响,影响一代文风,实现了文体的一大解放。白话文运动兴起后,《新青年》等报刊除了政论外还发表了大量通讯、随感类文章,鲁迅的散文集《热风》便是在《新青年》上发表的"随感录"的结集,被称为"中国现代散文的第一期"[31]。"五四"时期的随感和后来的杂文,都是现代意义上的文学散文,这是不容否认的。更重要的是在理论上,周作人1921年倡导"美文",紧接着,王统照提出"纯散文",胡梦华提倡"絮语散文"[32],林语堂提倡小品文。现代散文创作的巨大成就,使得文学理论上不得不正视它,做出回应和推助。

因为强大的散文传统和繁盛的现代散文创作,现代文学理论逐渐修正了西方"三分法",增入散文一类而形成"四分法"。考察二三十年代《文学概论》《中国文学史》类著作涉及的文体,情况非常驳杂。

第一类是大致在1920年前后出版的各类《中国文学史》教材,依然根据以文章为中心的传统文学观来构筑中国文学史,如林传甲(1904年)、王梦曾(1914年)、张之纯(1915年)、钱基厚(1917)、谢无量(1918年)、汪剑余(1925年)等人编写之作,均以文章为主,兼及诗和词,有的还略微涉及小说,但传统的文章占较大的篇幅。这在新派人物看来是落后的文学观,到20年代后期这种情况已比较少见。朱荣泉曾批评说:

> 我们研究中国文学史是研究"文学"的历史,不是研究"文字"的和"文章"的历史。……文学是文章,而文章却不全是文学。……历来治中国文学史者,皆奉古文式的散文为正统,作畸形的研究。对于放过灿烂之光的诗词、小说、戏曲等,反视为"小道"或非文学,不去注重。这种传统的武断的研究法,非唯不能找寻中国文学的新出路,而且也是不能夸张过去的成绩的。况且古文式的散文,是否即是文学,尚有问题,怎样就可奉为正统呢?㉝

第二类是大致在1930年前后出现的一批《文学概论》和《中国文学史》教材,依据"纯文学"观念,只论及诗歌、小说、戏曲,将散文排除在外。早在1922年,段青云就对第一种类型的文学史作出严厉的抨击,他依据戴昆西"知的文学"和"情的文学"的分别,说:

> 所谓"知的文",当然属于哲学科学的范围,不是文学;唯有"情的文"一类,真是文学。上古文学底作品,唯有《诗经》《楚辞》是纯粹的文学;秦汉以下,唯有诗歌、赋颂、骈文、词曲(小说附)等有韵的文章是纯粹的文学。他如周秦诸子及后代散文的议论、传记等,止可取其有关情感者,附在里面,其专属析理、载道或记事等类的文字,则属于哲学史或其他史底范围,我们作文学史,绝对不可羼入。㉞

这是接受了"纯文学"观念后对文学史划定的新范围,二十年代后期采用"三分法"的《文学史》和《文学概论》越来越多,上面已有列举。他们这样处理的根据,完全是纯文学的立场,如李幼泉、洪北平合编《文学概论》只论述诗歌、小说、戏剧,理由是"为创作而创作,为表现而表现,不为狭窄的功利,这就是文学家唯一的目的"㉟。陈伯欧《新文学概论》引述莱列(Ranie)所谓"诗偏于文学的个人主义,表现自己,或自己的感情;文则为实用主义的"等五点理由㊱,作为他不论散文的理论根据。有少数几种文学史在坚持"三分法"的同时稍微扩大,涉猎了在当时被视为"美文"的赋、骈文、小品文之类,如郑宾于《中国文学流变史》(北新书局1930年),论及汉赋;陈彬龢《中国文学论略》(商务印书馆1931年),以韵文为主体,散文则从略焉;胡云翼认定:"只有诗歌、辞赋、词曲、小说及一部分美的散文和游记等,才是纯粹的文学。"㊲

这类依"三分法"编写的《文学概论》《中国文学史》，看似观念先进，跟得上时代，实际上是削足适履，肢解了中国文学史。中国古代，散文是文章的重心，一部不涉及秦汉散文、六朝骈体、唐宋古文的文学史，怎么也不能说是完整的。研究中国文学，能不能照搬西洋的模式？1925年，尚是武昌师大本科生的蒋鉴璋撰文对此作出可贵的反思。他说：

> 盖文学乃主情之物，至于主知之事，应属哲学范围。文学乃尚美之什，至于尚真之文，应属科学范围也。……晚近西洋文学思潮，流入中土，嗜文之士，常以西洋文学界说，用以范围中国文学。夫西洋文学，小说、诗歌、戏剧三者，乃其最大主干，故其成就者为独多。我国则诗学成就，亦足自豪。而小说戏剧，诚有难言。近数年来，以受西洋思潮，始认小说、戏剧为文学，前此则直视为猥丛之邪道耳，亦何有于文学之正宗乎？今虽此等谬见，渐即损除。然而中国文学，范围较广，历史之沿革如此，社会之倾向如此。若必以为如西洋所指之纯文学，方足称为文学，外此则尽摈弃之，是又不可。吾意国文一科，包含二部：一曰文字，二曰文学。文字之作用在达意，文学之作用在表情。文字之程度，只须合于文法，文学则进而求其合于修词。文字之性质为真，文学之性质为美。如各种科学，皆用文字以记述者也，吾人不能谓之文学，然又不能不承认为文字也。至于诗词、小说、戏剧，以及不朽之散文，取其有关情感者，皆应列入文学范围之中。今取时人某氏之文学界说，录之如此，以完此篇："凡用以表情，有修词之程度，其性质属于美之著作，谓之文学。"⑱

蒋鉴璋是认同"纯文学"的，不同于早期的林传甲、王梦曾等人文学观念模糊。但是，他意识到中西文学的差异，西方文学是小说、戏曲发达，中国则相反，发达的是诗文。他既接受了西方的"纯文学"观，又反对套用西方文学观念来"范围"中国文学，尊重中国文学"历史沿革、社会之倾向"的特殊性，提出对于"不朽之散文"，"取其有关情感者"，列入文学范围之中。这是对"三分法"的修正，是较早对于"四分法"的明确表达。蒋鉴璋随后编著了一部《中国文学史》，给文学下定义："文学者，乃宣达情感，发抒理想，代表言语，使文字互相连续，而成美的篇什。于以觇人生之忧乐，与社会之变迁者也。……兹编所取，凡历代文家与其篇什，但能代表时代，左右当世，而与本书所为文学定义无大背谬者，脊欲论列,以见其全。"㊴他给《左传》《庄子》、贾谊、司马相如、司马迁、扬雄、班固、陈寿,以及宋、明、清的散文列了专节,散文的文学史地位得到了充分的肯定。

对"三分法"作出修正,按"四分法"编著《中国文学史》《文学概论》在二十世纪三十年代以后逐渐成为主流。潘梓年《文学概论》分文学为小说、诗歌、戏剧三类,又补充说:"自然论文、杂记、以及小品文等,也是可以包括在文学之内。"㊵正反映出从"三分法"向"四分法"过渡时一些论者的踌躇心态。虽然"三分法"并非顿然绝迹,但"四分法"取而代之的趋势愈益明显,甚至有的把文学体裁分为五类、六类,总之都把散文纳入文学范围。陆永恒《中国新文学概论》(克文印务局 1932 年)在体裁分类中列了散文,但只包括小品文和文学评论;陈介白《文学概论》(协和印书局 1932 年)分散文、诗歌、小说、戏剧 4 类;赵景深《文学概论》(世界书局 1932 年)分作小说、诗、戏剧、散文、文学论著五类;姜亮夫《文学概论讲述》(北新书局 1933 年)分为诗、词、戏曲、小说、赋、散文六类;许钦文《文学概论》(北新书局 1936 年)分小说、剧本、诗歌、童话、散文诗和随笔(小品文)。顾仲彝、朱志泰《文学概论》(永祥印书馆 1945 年)论散文包括小品文、传记、书信、日记、历史、文学批评,范围较广。金受申《文学概论讲义》还对散文作出具体的剖析,分为五类:"故事底""记述底",都是"以表现心理及感情为目的",属于纯文学;"讨论底""哲学底",杂有思想或知识的成分,属于杂文学;"批评底",是纯、杂文学之外独树一帜的批评文学。

再看三十年代以后的《中国文学史》,多能给予古代散文以一定的篇幅,如陈冠同《中国文学史大纲》(民智书局 1931 年)、张振镛《中国文学史分论》(商务印书馆 1934 年)、朱子陵《中国历朝文学史纲要》(北平炳林印书馆 1935 年)、容肇祖《中国文学史大纲》(朴社 1935 年)、赵景深《中国文学史新编》(北新书局 1936 年)、羊达之《中国文学史提要》(正中书局 1937 年),刘大杰《中国文学发展史》(中华书局 1941、1949 年)、林庚《中国文学史》(厦门大学 1947 年)等,都是采用"四分法",将古代散文纳入文学史叙述中,只是详略不同而已。他们论及散文,但与 20 世纪初林传甲等人以文章为中心不同,他们是在确立了"纯文学"立场之后,尊重中国文学的特殊性,对西方"三分法"作了修正而将散文纳入的。正如朱子陵所说:"狭义的文学范围,那才是正确的,而且适宜于现代的文学范围。本文学史的取材,以狭义的文学范围为标准;同时,为说明历朝文学的思潮,和历朝文学的重要变迁起见,而于此范围外的重要材料,亦间叙及。"正是基于这种处理方式,他的《中国历朝文学史纲要》以诗、赋、词、曲、小说为主,但也涉及韩柳古文、明清散文和骈文。

三十年后的《中国文学史》之所以采用"四分法"还有一个原因,是文学史家接受了马克思主义唯物史观和无产阶级文学思想,对文学的实用性和功利性有了更为肯定的认识。如贺凯和谭丕模都是最早以马克思主义历史观和文艺观编著《中国文学史》的。贺凯说:"韩愈文起八代之衰,废骈俪复古文,这正表现了虚伪机械的骈文,不切实际应用,势不能不改变,这种古文派的势力,后起的有宋欧阳修、三苏,明八子,清桐城派,直到鸦片战后,古文派的势力渐次衰微了。因为古文的格调,只适用于封建社会的贵族生活,在资本主义化的时代,形式需要通俗普遍的新体文了,内容所载的'道',不是封建社会的'道',而是适应资本主义的'新道'。"㊶谭丕模说:"古文就是拥护封建社会的'道'的最厉害工具,这是古文运动产生的最根本的因子。"㊷尽管他们对马克思主义的运用难免机械,但是因为对文学功利性有了新的认识,于是对一度被排斥在纯文学之外的古文更为包容,给予了一定的位置。

四、"文以载道"的破与立

不论是中国还是西方的传统文论,都重视文学的道德意义和政治功能。西方文论到了启蒙时期,提倡文艺自由,特别是康德提出"无目的的合目的性"之后,审美超功利似乎成为文艺的本质属性。一百年后,在西方文论的刺激之下,国内发起了一场审美性对功利性的冲击。

王国维在引介康德、席勒美学的同时,抨击传统的政治功利主义文学观将文学羁縻于政治之下,文学不能自由发展。他感慨说:

> 呜呼!美术之无独立之价值也久矣。此无怪历代诗人,多托于忠君爱国、劝善惩恶之意以自解免,而纯粹美术上之著述,往往受世之迫害,而无人为之昭雪者也。此亦我国哲学、美术不发达之一原因也。㊸

至辛亥革命前夕,周树人、周作人等对中国传统文论进行大破大立式的革新。

他们强调文学应该自由地、毫无顾忌地抒情言志,抨击传统儒家思想加给文学的种种束缚。周树人责难曰:"夫既言志矣,何'持'之云?强以'无邪',即非人志。许自繇(同'由')于鞭策羁縻之下,殆此事乎?"㊹"思无邪""诗者持也",是儒家文论的经典命题。传统社会的种种政治高压和思想钳制,导致文学界恹恹不振,"故伟美之声,不震吾人之耳鼓者,亦不始于今日",从无文字"能宣彼妙音,传其灵觉,以美善吾人之性情,崇大吾人之思理者"。周树人在热情地引介、赞颂"摩罗诗派"后,沉痛地感慨:"今索诸中国,为精神界之战士者安在?"后来在"五四"新文化运动中,他就是这样一位精神界的战士。周作人也抨击传统儒家文化导致"中国之思想,类皆拘囚蜷屈,莫得自展";孔子删《诗》定礼,束缚人心,"戕阏国民思想之春华,阴以为帝王之右助。推其后祸,犹秦火也",其结果是"文章之士,非以是为致君尧、舜之方,即以为弋誉求荣之道,孜孜者唯实利之是图,至不惜折其天赋之性灵以自就樊鞅"。㊺可见,周氏兄弟作为激进的资产阶级民主革命者,已经站在儒家政教功利主义文学理论的对立面,而对其大加挞伐。

  但是,根深蒂固的传统并不因为几篇文章而发生动摇,辛亥革命后其力量依然强大,如《艺文杂志》1917年第1期发表吴启枫、王纲分别撰写的《文以载道说》,都是正面阐述这个文论命题。所以,新文化运动兴起后,首先要破除的,就是这根深蒂固的"文以载道"观。胡适《文学改良刍议》说:"吾所谓'物',非古人所谓'文以载道'之说也。"㊻陈独秀《文学革命论》指摘韩愈误于"文以载道"之谬见,说:"文学本非为载道而设,而自昌黎以讫曾国藩所谓载道之文,不过抄袭孔、孟以来极肤浅极空泛之门面语而已。余尝谓唐、宋八家文之所谓'文以载道',直与八股家之所谓'代圣贤立言',同一鼻孔出气。"㊼1917年可谓是思想交锋最为激烈的一年,与胡适同样在哥伦比亚大学哲学系师从约翰·杜威的汪懋祖,就对胡、陈二人之论很不以为然,撰文为"文以载道"辩护㊽,但并不能阻止时代的大潮。新文化运动摧枯拉朽地冲决了传统专制思想和文化的禁锢,"道"的根基被破坏了,"文以载道"也很自然地遭到人们的唾弃,"载道"之文被视为"知的文学"的范畴,属于哲学,从"纯文学"中剔除出去,代之而起的是"为人生而艺术""为艺术而艺术"等更为时髦的命题,文艺似乎真正独立了。

周作人在"五四"新文化运动时期提出"人的文学""平民文学"等新口号以取代过去的"文以载道",到了30年代初,他从传统文论中发掘出"言志"和"载道",并将它们对立起来,抬高前者,贬抑后者,认为中国文学思潮的演进,是由"载道"派与"言志"派相互交替的,"五四"时期的新文学运动,是"言志"派替代了"载道"派。[49]周作人所谓的"载道"派,就是功利主义文学观念,文学有一定的外在目的;"言志"派则没有确定的外在目的,重在抒写个人情感获得审美愉悦。联系近现代的文学思潮来看,梁启超与王国维、文学研究会与创造社,都体现出文学观念上的这种分野。"革命文学"的兴起,显然是功利主义的载道派,而同时还存在个性主义和唯美主义文学观,算是"言志"派。周作人在30年代初提出"言志"和"载道"的对立,就是继续"五四"时期站在个性主义、审美主义立场上借批判"文以载道"而抨击当时的"革命文学"。周氏的观念在当时产生较大的反响,如林语堂《小品文之遗绪》把现代散文分为说理与言情二派,明显就是受到周作人的启发。

与周作人的文学观念较为接近的是朱光潜。朱光潜接受了从康德到克罗齐一脉相承的审美超功利主义文艺观,主张文艺自由与超实用性。从1924年发表的第一篇美学论文《无言之美》,到1937年在北京创办短暂的《文学杂志》,再到1946年7月复刊,朱光潜都坚持"纯文学"的立场,抨击文艺上的功利主义。1937年在《我对于本刊的希望》中,朱光潜列举了"为大众""为革命""为阶级意识",甚至于"为国防"等文艺宣传口号,认为是"文以载道"的继续,而加以否定。他反对统一思想,主张自由,期望文艺本身应该有多方面的调和的自由发展。

但是,正如顾仲彝所说:"'纯文学'是国家社会安宁状态下必然的产物。"[50]20世纪上半叶的中国,先是内战,后是抗日战争,政治动荡,社会极不安宁,没有给"纯文学"提供适宜生存和发展的土壤。不论是30年代初无产阶级文学运动和民族主义文学运动的斗争,还是后来民族革命战争的大众文学,都摆脱了"纯文学"的褊狭,而赋予文学以新的社会政治任务,换句话说是新的"载道文学"。除了各派势力从各自的政治立场出发宣言自己的文学主张外,他们还对周作人和朱光潜展开激烈的斗争,对"文以载道"命题给予新的阐发,确立了"文以载道"的新的合法地位。

周作人的“言志”“载道”论具有先天的局限。“诗以言志”“文以载道”,二者各行其是,在古代从来都不是对立关系,现在将“文”与“诗”统合到“文学”的名下,人为地把古代文学划分为言志派和载道派,加以对立,并不符合文学史事实。[51]“志”与“道”是很难分得开的,正如叶圣陶所说:“就一方面说,任何作品的材料都是心之所之,所以创作都是‘言志’。就另一方面说,任何作品都含有某些东西,都要人家接受这某些东西,所以创作都是‘载道’。……既然如此,说‘言志’和‘载道’标明中国文学的两道主流,似乎未必的当了。”[52]“五四”时期,陈独秀斥责传统的“文以载道”为谬见,但他提出国民文学、写实文学、社会文学“三大主义”,其实也是“文以载道”,不过是把传统的儒家之“道”换成了近代的内容。周作人说:“我想破坏他们的伪道德、不道德的道德,其实却同时非意识地想建设起自己所信的新的道德来。”[53]“人的文学”“平民文学”就是以文学表达这种“新的道德”,这不是周作人的“文以载道”吗? 30年代的无产阶级文学运动和民族主义文学运动都是新的“文以载道”。“道”虽已换了新的内容,但把“文”当作一种工具,服务于文学之外的社会目的,古今是一致的。

随着抗战形势的日益紧迫,传统“文以载道”的命题被重新激活起来,确立文学社会功用论的正当性。郑朝宗提出口号:“言志派回头! 载道派努力!”[54]1937年,时任中国国民党中央宣传部部长的邵力子在中国文艺协会上海本会成立大会上致辞说:“‘文以载道’就是文艺可以指示人生以及国家民族所应该走的道路。”[55]1942年5月,毛泽东《在延安文艺座谈会上的讲话》提出文艺是为中国人民解放的斗争中的文化战线,是有力的武器。它的功利主义,不是一己之利,而是“以最广和最远为目标的革命的功利主义”。这正是新时代的“文以载道”。

新的“文以载道”是在对审美主义、个性自由主义文学观的斗争中确立起来的。前述朱光潜持审美主义文学观,崇尚艺术自由,在三四十年代受到周扬、郭沫若等的激烈批判[56],迫使他在新中国成立后放弃了“纯文学”的观念。新中国成立后的文艺也是“文以载道”。俞平伯就曾说过,所谓“新文学”指为人民大众服务的文学,“咱们似已回到‘文以载道’的路线上来了。从前所谓‘道’,或利于统治阶级或个人主观的气味很重,拿这‘文’来载那个‘道’,没有什么好处,反而降低了文学的水准。现在却不然了,咱们所谓道是多数人的,

为人民大伙儿服务的,拿这'文'来载这个'道',岂不再好没有?"⁵⁷

五、结语

梳理"文学"概念古今榫合中存在的一些对应和龃龉,可以发现,传统与现代文学理论会通适变,既有内在的联系,也发生新的飞跃。这其中有几个值得省思的现象:

第一,"纯文学"取代传统"大文学",成为少数人的事业,曲高和寡,其结果是导致社会上大多数人,文而不"文"。早在"纯文学"初兴时,沈昌就感慨:"今之学者,常务末而弃本,其为文也,唯求华丽雄伟之作,以耀人耳目;一旦为社会服务,求其作一小简,订一规程,则反瞠目搁笔而不能达。嗟乎,此岂所谓能文者乎?"⁵⁸ 20世纪30年代,施蛰存也看到了这个问题。他说:

> 大抵在这二十年来我国新文学运动所影响到的还不过是一些以文学为专业的人。……在我们现代的史、地、哲学或科学书中,不容易寻找出一本足以兼占文学上的地位的著作了。……我们也可以说杂文学作品比之于纯文学作品更有社会的意义,因为它除了文学的趣味之外,还能给予读者以实感和智识。……若是有一部分作家,放弃了向诗歌、小说、剧本这些狭窄的纯文学路上去钻研,而利用他们的文学天才,去研究一些别的学问,写出一本书来,既可达到他的文学表现之欲望,又可使读者获得文学趣味以外的享受,岂不是更有益处的事吗?⁵⁹

二人所论甚是。只要看一看今天的实用文体之枯槁拙劣,就可以理解他所言并非无的放矢。中国古代,无论实用文体还是非实用文体,都讲究文体规范,注重可读性和感染力,骈体重辞采,散体讲义法,都将"文"当作一种"技进乎道"来考究。今天可能只有从事纯文学创作和研究的人还重视辞章,而社会上一般人多已放弃对辞章之美的讲究了。

第二,"纯文学"的精粹,并没有为现代文论所吸收,"纯文学"在中国现代文学史上并没有绽放出绚丽的花朵。正如前面分析的那样,中国现代文论史上的"纯文学"有三方面意义,一是辞采华美,二是抒情性,三是审美超功利。前面两点往往被视为"纯文学"的要义,而最重要的一点,即审美超功利,却被有意无意地忽略了。关于"纯文学"的意义,王国维释为"追求人类永恒的福祉",周作人说是"发扬神思,趣人生以进于高尚",朱光潜提出美术"帮助我们超脱现实而求安慰于理想境界",而这依然是遥不可及的奢望。现在大多数人理解的"纯文学",无非是辞采华丽一点,着力在抒写个人情感甚至是男女之情,这在王国维看来是"导欲增悲"的"眩惑",而非纯文学。如果说在20世纪乱世里,没有纯文学的生存土壤,那么在国家社会安宁的今天,是不是更应该倡导真正意义上的"纯文学"呢?

第三,"文以载道"论被多重扭曲。传统的"文以载道"论,在"五四"时期遭到质疑和否定,三四十年代后被重新确立,似乎是古今一贯的命题,但实际上这个命题被多重扭曲了:(1)这个"文",在古代是指文章,且多指实用性的文章;在现代被置换为"文学",甚至特指"纯文学",要"纯文学"去担负起古代"杂文学"的载道责任,这不是扭曲吗?古代的诗歌多抒写个人情志,小说戏曲有的具有明确的教化用意,有的只是作者泄愤、娱情之作,如果通通迫使它们肩负"载道"的责任,那真是文艺的灾难!(2)这个"道",在古代文论家眼里范围是很广泛的:韩愈的"道"既有强烈的道统意识,也具有切实的生活内容,如《马说》《师说》谈的是用人之道、为师之道。柳宗元倡言"文以明道",现实性更为鲜明,《种树郭橐驼传》从种树谈到为官之道。欧阳修论道,须"修之于身,施之于事"⑩;"中于时病,而不为空言"⑪。苏轼提倡"言必中当世之过",如疗饥之五谷、伐病之药石。但是现代文论中,"道"的内涵被狭隘化,往往成为特定时期政治理论的宣传,文学赤裸裸地为政治主张、思想宣传服务。这在特定时期(比如抗战时期)还有一定的合理性,但绝不是一个周全的、普遍的原则。(3)"文以载道"是宋代理学家周敦颐提出来的,古文家用得更多的是"文以明道",文以"载道"是一种文学工具论,文学是不独立的;文以"明道"则不同,文是本体性的,首先是作文,在作文中彰显某种道理。"五四"时期为了打倒封建文化,对"文以载道"加以抨击。三四十年代又重新确立"文以载道"的合法性,"载道"的工具性就被融入现代文论中,支撑"革命文学"时期的宣传工具论。如周木斋就说:"因为文是一种工具,道也未始不可以载,但要看所载的道是什么。"⑫这种文学工具论在当时是占绝对主流的论调,后来也没有做出认真的检省,产生了一些负面的后果。重新检讨"文学"的概念,思考文学与社会的关系,还是值得重视的基础工作。

原载《文学评论》2019 年第 5 期。

注 释

① 李兆洛《答庄卿珊》:"今日之所谓骈体者,以为不美之名也。"《养一斋文集》卷八,《清代诗文集汇编》,上海古籍出版社,2010 年,第 493 册第 119 页。

② 梁启超《痛苦中的小玩意儿》,《晨报纪念增刊》,晨报社出版部,1924 年,第 288 页。

③ 常乃德《致陈独秀》,《新青年》1916 年第 4 号。

④ 蔡元培《国文之将来》,《北京高师教育丛刊》1919 年第 1 期。

⑤ 陈独秀《文学革命论》,《新青年》1917 年第 2 卷第 6 期。

⑥ 陈独秀《答常乃德》,《新青年》1916 年第 2 卷第 4 期。

⑦ 陈独秀《我们为甚么要做白话文》,1920 年 2 月 12 日《晨报》。

⑧ 谢无量《中国大文学史》,中华书局,1918 年,第 40、41 页。

⑨ 杨鸿烈《文心雕龙的研究》,《晨报副刊》1922 年 10 月 28 日。按,杨氏《中国文学观念的进化》《为萧统的〈文选〉呼冤》(分别载《京报副刊》1924 年第 1—5 期、第 7 期)表达了相近的认识,参张健《纯文学、杂文学观念与中国文学批评史》,《复旦学报(社会科学版)》2018 年第 2 期。

⑩ 茅盾《中国文学不能健全发展之原因》,《文学周报》1928 年第 251—275 期。

⑪ 郭绍虞《中国文学批评史》上册,商务印书馆 1934 年,第 3 页。

⑫ 李笠《中国文学述评》,中华书局,1928 年,第 11 页。

⑬ 王国维《教育偶感四则·文学与教育》,《教育世界》1904 年第 81 期。

⑭ 蒋智由(观云)《维朗氏诗学论》,《新民丛报》第三年第 22、24 号。

⑮ 蓝公武《斯宾塞之美论》(《教育》1906 年第 1 卷第 2 期)、周越然翻译《实用与美观:英国斯宾塞杂说之一》(《江苏高等学堂校友会杂志》1911 年第 1 期)等。

⑯ 徐念慈《〈小说林〉缘起》,《小说林》1907 年第 1 期。

⑰ 黄人《国文学赘说》,《东吴月报》1907 年第 8 期。

⑱ 金天羽《文学上之美术观》,《国粹学报》1907 年第 3 卷第 3 期。

⑲ 王国维《论哲学家与美术家之天职》,《教育世界》1905 年第 99 期。

⑳ 汪炳台《论应用文字与著述文字之区别》,《吴县教育杂志》1913 年第 2 期。

㉑ 方孝岳《我之改良文学观》,《新青年》1917 年第 3 卷第 2 期。

㉒ 张学古《美术文与应用文之根本谈》，《南开思潮》1918年第2期。

㉓ 吕思勉（成）《小说丛话》，《中华小说界》1914年第3期。

㉔ 金受申讲述、贾溥龄笔记《文学概论讲义》，崇实中学丛书民国间铅印本，第51页。

㉕ 童行白《中国文学史纲》，大东书局，1933年，第1页。

㉖ 罗家伦《什么是文学？》，《新潮》1919年第1卷第2期。

㉗ 汪静之《文学定义的综合研究》，《东方文艺》1933年第1卷第2期。

㉘ 如王国维《论哲学家与美术家之天职》曰："甚至戏曲、小说之纯文学。"载《教育世界》1905年第99期。

㉙ 蔡元培《国文之将来》，《北京高师教育丛刊》1919年第1期。

㉚ 胡云翼《中国文学概论》，启智书局，1928年，第31页。

㉛ 杨之华《中国现代散文的派别及其流变》，《中国与东亚》1943年第1卷第1期。

㉜ 胡梦华《絮语散文》，《小说月报》1926年第17卷第3号。

㉝ 朱荣泉《我之治中国文学史的几个信条》，《沪江大学月刊》1928年第17卷第13期。

㉞ 段青云《敬告今日之编中国文学史者》，《觉灯》1922年第1卷第1期。

㉟ 李幼泉、洪北平《文学概论》，民智书局，1930年，第63页。

㊱ 陈伯欧《新文学概论》，立连书局，1932年，第143页。

㊲ 胡云翼《新著中国文学史》，北新书局，1932年，第5页。

㊳ 蒋鉴璋《文学范围论略》，《晨报副刊·艺林旬刊》1925年第9期。

㊴ 蒋鉴璋《中国文学史纲》，亚西亚书局，1930年，第4、5页。

㊵ 潘梓年《文学概论》，北新书局，1928年，第109页。

㊶ 贺凯《中国文学史纲要·自序》，北平文化学社，1931年，第1页。

㊷ 谭丕模《中国文学史纲》，和济印书局，1933年，第164页。

㊸ 王国维《论哲学家与美术家之天职》，《王国维全集》第一卷，浙江教育出版社、广东教育出版社，2009年，第132页。

㊹ 令飞（周树人）《摩罗诗力说》，《河南》1908年第2、3期。

㊺ 独应（周作人）《论文章之意义暨其使命因及中国近时论文之失》，《河南》1908年第4、5期。

㊻ 胡适《文学改良刍议》，《新青年》1917年第2卷第5期。

㊼ 陈独秀《文学革命论》，《新青年》1917年第2卷第6期。

㊽ 汪懋祖《论文以载道》，《留美学生季报》1917年第4卷第4期。

㊾ 参见周作人《中国新文学的源流》，人文书店，1932年，第34—36页。相近的意思又见周氏《金鱼》《冰雪小品选序》等文章。

(50) 顾仲彝《纯文学》,《新中华》1937 年第 5 卷第 7 期。

(51) 钱锺书曾指出这一点,见其《书报春秋·中国新文学的源流》,《新月》1932 年第 4 卷第 4 期。

(52) 叶圣陶《工余随笔》,《今文学丛刊》1947 年第 1 期。

(53) 周作人《〈雨天的书〉序》,《语丝》1925 年第 55 期。

(54) (郑)朝宗《载道与言志》,《清华周刊》1936 年第 44 卷第 4 期。

(55) 转引自馨艺《文以载道的新旧解说及其他》,《务实》1937 年第 1 卷第 3 期。

(56) 周扬《我们需要新的美学》,《认识月刊》1937 年第 1 卷第 1 期;方极盦《文学上的新启蒙运动:新美学的建立》,《金箭》1937 年第 1 卷第 2 期;郭沫若《斥反动文艺》,《大众文艺丛刊》1948 年第 1 期;蔡仪《论朱光潜》,《民讯》1948 年第 3 期。

(57) 俞平伯《新文学写作的一些问题》,《华北文艺》1949 年第 5 期。

(58) 沈昌《寄友论国文当注重应用文字书》,《江苏省立第四中学校校友会杂志》1918 年第 3 期。

(59) 施蛰存《杂文学》,《新中华》1937 年第 5 卷第 7 期。按,施蛰存后于《文学之贫困》(《文艺先锋》1942 年第 1 卷第 3 期)中进一步阐发了该观点。

(60) 欧阳修《送徐无党南归序》,洪本健校笺《欧阳修诗文集校笺》,上海古籍出版社,2009 年,第 1099 页。

(61) 欧阳修《与黄校书论文章书》,洪本健校笺《欧阳修诗文集校笺》,第 1784 页。

(62) 周木斋《文学上的"言志"与"载道"》,《社会月报》1934 年第 1 卷第 6 期。

关于鲁迅与托派关系的一桩公案

蒋洪生

引子

　　近年的鲁迅研究界有一个热点问题,就是鲁迅与托洛茨基的关系问题。在这个问题上,出现了一大批优秀的研究成果,其中还不乏出色的学位论文和专著①。在处理鲁迅和托洛茨基的关系问题时,存在着几大研究重点,重点之一就是托洛茨基的《文学与革命》对鲁迅的影响问题;另外一个重点,便是原题为"(鲁迅)先生口授,O. V. 笔写"的《答托洛斯基派的信》和《论现在我们的文学运动》的问题。在第二个问题上,又以《答托洛斯基派的信》的署名和著作权问题讨论最烈。但是在近年有关这个问题的讨论上,实际上形成了一边倒的舆论,就是认为《答托洛斯基派的信》和《论现在我们的文学运动》是冯雪峰的"越俎代庖"之作,其著作权应该归于冯雪峰,而不能归于鲁迅②,这两篇文章不能代表鲁迅的意见,而只能代表拟写人冯雪峰,以及冯雪峰背后的中国共产党的意见,而主张将两篇文章从《鲁迅全集》中剔除出去。本文试图根据现有的资料,也来谈谈这两篇文章能否归在鲁迅名下,能否代表鲁迅的一己之见。

答托派信的写作与发表背景

　　《答托洛斯基派的信》和《论现在我们的文学运动》发表的背景,是此前在上海由中国共产党领导的左翼作家联盟内部,发生了"国防文学"和"民族革命战争的大众文学"这两大口号之争。"国防文学"这一派以周扬、夏衍等为代表,他们是当时左联的主流派,也占据了左联的主要领导位置;另外一派,则是以鲁迅为代表,包括胡风、聂绀弩等人。鲁迅等人虽然赞成中国共产党在新的抗日形势下所采取的"联合战线"的方针政策,但是对上海左联的领导层周扬、夏衍等人所倡导的"国防文学"非常反感,认为周扬等人在文化上采取的是一种放弃无产阶级领导权的、有利于国民党的"投降主义"路线,是无原则的和机会主义的。想来,周扬等人受的主要是中国共产党内王明一派(留苏派)的放弃独立自主、"一切经过统一战线"的思想影响。而鲁迅等人所采取的立场,则接近于中国共产党内以毛泽东为代表的本土派的立场。这一派不是对苏联的所有立场都完全接受,在关于中国革命的问题上,则更是如此。而周扬等左联领导层对鲁迅的这一立场非常不满,认为这是鲁迅反对中国共产党的"联合战线"的方略,甚至是有意破坏"抗日民族统一战线"的表现。在论战中,周扬等人甚至有意无意地暗示鲁迅是"托派"分子[③]。要知道,在当时的共产党舆论内,宣布某某人是"托派",这是一种后果非常严重的指控。对于周扬等人的这一行径,鲁迅为着左翼作家的团结,迟迟隐忍未发。但是,该来的总是会来的,也就是说,鲁迅迟早会在周扬等人试图将自己打成"托派"这一点上表明自己的态度,迟早会对无原则的"国防文学"的口号发动猛烈的反击的。

当时在上海真正的托派团体,虽然人数很少,但是也在勉力维持着。中国托派团体的一大特点,就是"拳打国民党,脚踢共产党",尤其致力于针对中国共产党的理论斗争。所以,中国共产党的文艺组织"左联"内部的纷争,他们也一直非常关注。在周扬等人伺机将鲁迅打成"托派"之际,陈独秀的追随者、上海一个托派小团体的负责人之一陈其昌认为有机可乘,在 1936 年 6 月 3 日以陈仲山的化名给鲁迅写了一封信,试图拉拢鲁迅,同时对中共领导的左翼文化群体进行分化瓦解。这封信虽然是一封私信,但是里面谈的内容基本上都是关于"我们这个团体"即陈其昌为中央委员之一的中国一托派团体的"政治意见"。根据冯雪峰的回忆,收到这封信之后,正在病中的鲁迅非常生气。鲁迅对陈其昌的信,一方面觉得"可恶"和气愤,另一方面也觉得寒心。[④]"可恶"和气愤的原因,可能一方面是出于陈其昌在信中对中国共产党以及在鲁迅心目中总体形象是正面的斯大林[⑤]的谩骂和攻击,另一方面可能是出于陈其昌对自己进行拉拢,庶几引自己为"同志"的行为。"寒心"则应该是针对周扬等人的,对周扬等人企图将自己打成"托派",将自己视为政治上的仇雠而感到"寒心"。

冯雪峰当时是陕北的中国共产党派驻上海的代表(他于1936年4月下旬再次入沪),也是鲁迅多年的好友,他主张反击。可是其时鲁迅正在病中,鲁迅这次生病比较厉害,乃至于"艰于起坐",1936年6月6日到6月30日之间,鲁迅连日记都停了,所以无法亲自操持此事。但是这封信不得不反击。根据冯雪峰的说法,鲁迅把回信的事情交给冯雪峰去全权处理。对此,冯雪峰在1966年8月10日(1972年冯雪峰又再次确认了这一说法)回忆说:

> 我回来后,即以"O. V. 笔录"形式拟了《答托洛斯基派的信》和《论现在我们的文学运动》,都是完全按照他的立场、态度和多次谈话中他所表示的意见写的。发表后他自己都看了,认为符合他的立场、态度和意见的;并且从刊物上剪下来,放到他的积稿堆中去,准备将来编进他的文集。⑥

冯雪峰拟写的这两封信中,《答托洛斯基派的信》直接驳斥托派陈仲山及其所属的托派团体的"政治意见",旨在划清鲁迅与托派的界线。而《论现在我们的文学运动》则正面阐述鲁迅关于在抗日民族统一战线中必须坚持无产阶级的领导权和领导责任的观点,明确地解释了鲁迅所倡导的"民族革命战争的大众文学"的口号,实际上也是对"托洛斯基的中国的徒孙们"⑦反对中国共产党"联合战线"的"新政策"的驳斥。这样来看,《答托洛斯基派的信》和《论现在我们的文学运动》都可以视为对中国的托洛茨基派的公开的政治答复。

一些论者以为,从冯雪峰这段话可以见出,因为《答托洛斯基派的信》和《论现在我们的文学运动》不是鲁迅亲自撰写,而是冯雪峰拟写的,所以著作权不能归于鲁迅,也不能代表鲁迅的意见,更不能收进《鲁迅全集》中去,而只能是冯雪峰自己的作品,代表冯雪峰自己的意见或者是冯雪峰背后的当时的中国共产党的意见。这种意见乍看起来不无道理。如果一篇文章不是自己撰写的,似乎一般不能算在自己名下。但是细想起来,如果一篇文章是受自己委托,别人根据自己的"立场、态度和意见"以及相关的"多次谈话"来代笔,自己又认可,同意以自己的名字发表的,则这篇文章不能不算成是这个委托人的作品。这在政治人物的著作集中,这样的授权别人代写(通常是秘书或友人)而经授权人认可,以授权人名字发表的文章比比皆是,人们并不会由此怀疑此种署名的正当性问题。《答托洛斯基派的信》和《论现在我们的文学运动》主要是一种政治表态,前者主要针对中国托派的拉拢,旨在划清鲁迅与中国托派的政治界限;而后者以访谈录的形式发表,主要是针对左翼内部的两个口号论争,看起来是一个文学问题,但实际上不仅仅是,或者说不主要是一个文学问题,而是关于"联合战线"的"新政策"在文艺界如何运作的大的政治问题。这两篇文章,主要是要表达鲁迅的政治态度和政治意见,文辞、语气等什么的倒还在其次。按照政治性文章署名的惯例,委托别人(比如秘书,在鲁迅的例子,是自己的多年好友冯雪峰)代笔的文章自然可以不署代笔人,而署委托人的名字。

又有论者暗示说,因为冯雪峰是代表党去的,冯雪峰代表党的意思写的拟稿,作为左翼作家的鲁迅,自然是要接受的。这就是不了解鲁迅的性格了。鲁迅认的是理,认的是他以为正确的立场,而不是任何外在的权威。如果鲁迅不认同的东西,就是党的领导人亲自找他去谈,都一样是要被驳回的。这样的情形其实也确实发生过。据冯雪峰回忆,在左联成立之后,作为中共中央政治局常委的李立三,曾经在1930年5月7日与鲁迅在上海爵禄饭店会谈过。冯雪峰写道:

> 李立三约鲁迅谈话的目的,据我了解,是希望鲁迅公开发表一篇宣言,表示拥护当时立三路线的各项政治主张。李立三在谈话中曾经提到当时法国作家巴比塞,因为巴比塞不久前曾经发表过宣言,意思是希望鲁迅也这样做。鲁迅没有同意,他认为中国革命是不能不长期的,艰巨的,必须"韧战",持久战。⑧

在冯雪峰在场的情况下,作为中国共产党高层领导的李立三尚且无法说服鲁迅做他不愿意做的事情,那么作为仅仅是中共中央特派员的冯雪峰本人,自然也无法强加给鲁迅自己或者是中国共产党的意思,即便是强加给病中的鲁迅。

胡风的说法

一种反驳的意见认为,从冯雪峰1966年8月10日的回忆可以推断,《答托洛斯基派的信》和《论现在我们的文学运动》这两篇文章送去发表之前,并没有送交鲁迅过目,或者说,鲁迅并不知道两篇文章的具体内容,鲁迅只是在发表后通读一遍而已。这种论断旨在证明,这两篇文章冯雪峰虽然有鲁迅事先的授权,但是关于两文具体的内容,冯雪峰是对鲁迅做了隐瞒的,也就是欺骗了鲁迅,冯雪峰将自己的意志强加于鲁迅之上。但这种推断也不一定靠得住,因为冯雪峰1966年的回忆录里并没有说,这两篇文章在发表之前,鲁迅不知道两篇文章的具体内容。冯雪峰1951年的回忆文章《党给鲁迅以力量——片断回忆》中则说,《答托洛斯基派的信》是先由鲁迅说个大意让冯雪峰笔录的,冯雪峰还说,自己主张早日答复,是认为打击托派固然重要,而同时也实在为了鲁迅可以早日减轻愤怒以免加重他的病。⑨作为这两篇文章的当事人之一的胡风,在1984年2月的回忆录《鲁迅先生》(最初发表于1993年《新文学史料》第1期)中,也否定了鲁迅在文章发表前不知道其内容的说法,胡风说:

> 他(按指冯雪峰)约我一道拿着拟稿(按指《答托洛斯基派的信》的拟稿)去看鲁迅,把拟稿念给他听了。鲁迅闭着眼睛听了,没有说什么,只简单地点了点头,表示了同意。⑩

这就是说,冯雪峰不仅事先从鲁迅那里获得了拟写(或整理⑪)《答托洛斯基派的信》的全权授权,而且在拟写好之后,特意找了胡风一起去鲁迅那里,念给病床上的鲁迅听,鲁迅对该信的内容表示了同意。鲁迅的这一同意非同小可,因为信里提到了"毛泽东先生"。《答托洛斯基派的信》不仅完全认同"毛泽东先生"的"一致抗日论",而且认为"毛泽东先生"们是"切切实实,足踏在地上,为着现在中国人的生存而流血奋斗者"。拟稿中鲁迅将"毛泽东先生"们"引为同志"且"自以为光荣"。根据冯雪峰等人的回忆,在平常的谈话中,鲁迅也经常说起毛泽东,但是以鲁迅的名义将"毛泽东"这三个字行诸正式文字的,《答托洛斯基派的信》恐怕是唯一的一次。如果不是鲁迅对毛泽东有着肯定的看法、有过相应的言谈,冯雪峰断不敢也不应在拟稿中提到毛泽东的名字,更不会把这种作重大的、公开的、而且是有可能危及人身安全的政治表态的拟稿念给鲁迅本人听。鲁迅虽然身在病中,但既然能够听读文章,那么说明他的神志还是清醒的,要不然冯雪峰和胡风也不会去找鲁迅宣读拟稿的。如果鲁迅不满意拟信的内容,尤其是不同意点出"毛泽东"的名字,那他是绝对不会点头认可的。

根据胡风的回忆,《答托洛斯基派的信》和《论现在我们的文学运动》这两篇文章不是同一天写就的,也不是同一天念给鲁迅听的。《答托洛斯基派的信》正式发表时署的日期是 1936 年 6 月 9 日,而《论现在我们的文学运动》署的写作日期是 1936 年 6 月 10 日。胡风回忆说,他们将《答托洛斯基派的信》的拟稿念给病床上的鲁迅听,两人告辞鲁迅回家后,冯雪峰觉得"对口号问题本身也得提出点理论根据来。于是又拟了《论现在我们的文学运动》",所以第二天晚上两人又一起去找鲁迅,将《论现在我们的文学运动》念给鲁迅听。胡风写道:

> 鲁迅显得比昨晚更衰弱一些,更没有力气说什么,只是点了点头,表示了同意,但略略现出了一点不耐烦的神色。一道出来后,雪峰马上对我说:鲁迅还是不行,不如高尔基;高尔基那些政论,都是党派给他的秘书写的,他只是签一个名。⑫

胡风在写《鲁迅先生》这一回忆录时,已经 82 岁高龄了,回忆的是近 50 年前的往事。他对当晚细节的回忆(鲁迅"略略现出了一点不耐烦的神色",及冯雪峰拿鲁迅与高尔基比较⑬)能否确当姑且不论,但即使鲁迅当晚的不耐烦是真的,也可以做不同的理解。通常的理解,是病人不愿意被打扰,所以鲁迅显露出"略略"的不耐烦的神态。其实这一点,胡风也点到了,就是:"鲁迅病得这样沉重,应该尽一切可能抢救他,应该尽最大的努力避免刺激他打扰他。"胡风接着说:"鲁迅在思想问题上是非常严正的,要他对没有经过深思熟虑(这时候绝不可能深思熟虑)的思想观点担负责任,那一定要引起他精神上的不安,对病情产生不利的影响。"⑭但是胡风在这里也是马后炮,因为在拟写、刊发这两篇文章的事情上,胡风也是当事人之一。冯雪峰两次去病院向鲁迅宣读拟稿,胡风两次都在场。在他 1984 年的回忆录中,胡风并未提到自己是否规劝过冯雪峰,让冯雪峰不要以这样的重大事情去"刺激"和"打扰"鲁迅,来引起鲁迅"精神上的不安"。冯雪峰事后的解释,是之所以以回信之事打搅病中的鲁迅,是他觉得,早日回复托派的信实际上有利于减轻鲁迅淤积于心的愤懑情绪,以免加重鲁迅的病情。但是胡风在其 82 岁时的回忆里作了这样的暗示,就是《论现在我们的文学运动》这篇文章(一定程度上可能也包括《答托洛斯基派的信》)不是深思熟虑的结果,冯雪峰不应该"用鲁迅的名义匆忙地作出断语"。

胡风这也就是间接否定了这两篇文章是属于鲁迅,因其不是鲁迅"深思熟虑"的结果,所以不能代表鲁迅的意思,只是冯雪峰使用鲁迅的名义匆忙下的"断语"。

但是这也就是胡风在近50年后的一种事后推测,而据他自己的同一个回忆,胡风提到:

> 到病情好转,恢复了常态生活和工作的时候,我提了一句:"雪峰模仿周先生的语气倒很像……"鲁迅淡淡地笑了一笑,说:"我看一点也不像。"⑮

在这里,不管是当时的胡风,还是鲁迅本人,都没有对两篇文章的内容提出质疑,都没有表示过这两篇文章的主旨不符合鲁迅本人的意思;鲁迅和胡风的分歧仅仅在于,鲁迅认为文章的语气与自己的不相符合,而胡风认为文章的语气和鲁迅平日文章的语气很像。至于胡风提出的文章是否"深思熟虑"的问题,这倒是一个问题,但"深思熟虑"似乎也很难界定。作为论战性的文章,尤其是要在短期内(三日左右)作复的文章,到什么程度才能算是"深思熟虑"呢?胡风认为因为鲁迅在病中,所以对冯雪峰的拟稿不太可能"深思熟虑"地加以评判;但是如果冯雪峰说的是对的话,那么这两篇文章是"完全按照他(鲁迅)的立场、态度和多次谈话中他所表示的意见写的",则又似乎不能完全算是没有经过鲁迅的"深思熟虑",因为冯雪峰依据的是鲁迅的"多次谈话",在文章中表达的是鲁迅其时的一贯立场。实际上,一般作为即时论辩性的杂文文章,即使对健康人而言,也是很难做到完全"深思熟虑"的。鲁迅本人一向是把这种杂文当成是"匕首"和"投枪"来看待的,这就是说,文章的目的不在于以严密的逻辑和充分的论证来争取对手,而在于消灭敌人,在于鼓舞同侪的士气,这样的杂文,能够做到"深思熟虑"当然更好,不能做到"深思熟虑",也不太要紧。冯雪峰提到了鲁迅的类似态度:

> "但民族革命战争的大众文学,正如无产阶级文学的口号一样,大概是一个总的口号罢"一句里面的"大概"和"罢"三个字,在措辞上就不够妥当和肯定;发表后我也对鲁迅说到过这一点,鲁迅却说:"这也不要紧!"⑯

这就是说,只要主旨不违鲁迅本人的意思,鲁迅是不会计较文章之个别字词、语气等枝节问题的。从现存的资料来看,鲁迅此后一直到逝世前,从来没有对任何人表示过这两篇文章不是自己的文章,不能代表自己的意见。

根据冯雪峰的回忆,这两篇文章首先通过王学文在 1936 年 6 月 15 日之前送到洪深、沈起予主编,夏衍直接领导的《光明》半月刊,希望在该刊创刊号上发表,但是两稿均被退回。⑰ 既然稿子在 1936 年 6 月 15 日前尚未有杂志正式接纳,那么鲁迅仍然有机会对此进行"深思熟虑",口头提出修改的意见。实际上,在这两篇文章发表之前,鲁迅有许多的机会收回和否定这两篇文章。第一次机会,是冯雪峰和胡风在次晚一起去鲁迅病床前宣读《论现在我们的文学运动》的时候,鲁迅完全可以对前一晚听读到的《答托洛斯基派的信》表示不同的意见,尤其是可以收回对"毛泽东先生们"的高度赞扬和对托洛茨基"用敌人金钱"的讽刺和挖苦。但是第二天晚上,鲁迅没有对前一天晚上冯雪峰所拟写的《答托洛斯基派的信》表示过需要再加斟酌的任何意见。鲁迅这晚没有表达反对的意见,或许还可理解,因为根据鲁迅 1936 年 6 月 19 日亲手撰写的《致邵文熔》的书信中所言,自己此次害病,"其间数日,颇虞淹忽,直至约十日前始脱险境,今则已能暂时危坐,作百余字矣"。⑱ 这就是说,1936 年 6 月 9 日左右是鲁迅这次生病最厉害的时候;害病之烈,当然也不排除有托派陈其昌来信,企图引为同调,使得鲁迅急火攻心所致的因素。(不过鲁迅对自己病情的描述,也有其不一致之处。1936 年 7 月 6 日鲁迅在给自己母亲的信中,称"男自五月十六日起,突然发热,加以气喘,从此日见沈重,至月底,颇近危险,幸一二日后,即见转机,而发热终不退"⑲。就是说病情最重的时候是 5 月底,到 6 月初的时候已见转机,只是发烧不退)但是至迟至 6 月 19 日,鲁迅病体稍好,能够自己阅读友人邵文熔来信,并不需要许广平笔录而亲自复信,而这时《答托洛斯基派的信》和《论现在我们的文学运动》二文并未发表,鲁迅完全可以提出对这封信的修改意见或者全然收回。

1936 年 6 月份,对于病中的鲁迅来说,是很不平静的。6 月 7 日,以茅盾为首的中国文艺家协会在上海成立,在当天的成立大会上,通过了茅盾起草的《中国文艺家协会宣言》⑳。6 月 10 日该宣言在《光明》半月刊创刊号上公开发表㉑。由于鲁迅认为中国文艺家协会实行关门主义路线,且不满意协会所倡导的"国防文学"口号,所以他此前就拒绝加入该协会。在《中国文艺家协会宣言》发表之后,巴金、黎烈文等不愿意入会的人认为,有必要发表一个与此相区别的宣言,这就是由巴金和黎烈文起草、包括鲁迅在内的数十人联名在《作家》《译文》《文学丛报》等刊物发表的《中国文艺工作者宣言》。其中《作家》月刊刊发鲁迅等人宣言的时间在1936年6月15日(载《作家》第1卷第3号)[22]。根据宣言起草人之一巴金的回忆,病中的鲁迅参与了该宣言的最后定夺工作。巴金说:

> 《中国文艺工作者宣言》是我和黎烈文起草的。当时《中国文艺家协会宣言》已经发表,鲁迅、黎烈文、黄源和我都没有签名。我和黎烈文都认为我们也应该发一个宣言,表示我们的态度。这样,就由我和黎烈文分头起草宣言,第二天见面时我把自己起草的那份交给黎烈文。鲁迅当时在病中,黎烈文带着两份宣言草稿去征求鲁迅的意见,在鲁迅家中把它们合并成一份,鲁迅在宣言定稿上签了名。因此,正式发表的《宣言》很可能经过鲁迅的修改,但鲁迅到底怎样修改的,我就不清楚了。[23]

如果巴金的回忆是准确的话,那么1936年6月10日至6月15日之间的某天,黎烈文探访了病中的鲁迅,鲁迅审定了他带来的《中国文艺工作者宣言》的两份草稿,并在宣言定稿上签下了自己的名字。前面说到,这时《答托洛斯基派的信》和《论现在我们的文学运动》这两篇文章仍然没有得到发表的机会。鲁迅此时既然有精力审定巴金和黎烈文起草的《中国文艺工作者宣言》,假如他认为冯雪峰拟写的答托派文不能表达自己的本意的话,那么鲁迅应该也可以对其进行修订或全然收回,然而事实上,鲁迅没有。

答托派文章发表之后,鲁迅的公开确认

《答托洛斯基派的信》最终于1936年7月1日由《文学丛报》月刊[24]第四期登出,同时也登载在《现实文学》月刊的创刊号上面。《现实文学》由尹庚、白曙编辑,经理林秩成则以出版者代表人身份负责具名。出版时间也选在1936年7月1日,是因为编辑部同仁一致主张在中国共产党建立15周年的7月1日出版第一期杂志,以志纪念。《论现在我们的文学运动》也同时刊登在创刊号的《现实文学》上,但是没能登载在《文学丛报》月刊第四期上。冯雪峰还将两

文通过茅盾送到"文艺家协会"的机关杂志、由周扬主持的《文学界》月刊去,但《文学界》在其第一卷第二号(7月10日出刊)只刊登了《论现在我们的文学运动》一文,却在后面附了茅盾的一篇评论文章和一篇千把字的编者附记。茅盾的《关于〈论现在我们的文学运动〉——给本刊的信》一文,试图在两个口号之间和稀泥,实际上仍然偏于"国防文学"的主张。编者附记则认为鲁迅的"民族革命战争的大众文学"的口号太笼统,不如"国防文学"的口号具体,鲁迅的口号中的"大众"一词因"向来是被解释作'工农大众'的",所以不堪用,这就实际上否定了鲁迅提出的"民族革命战争的大众文学"的口号。㉕《答托洛斯基派的信》一文,《文学界》却拒绝刊登,理由是"环境关系"㉖,意思是担心登载这篇文章会引发国民党当局查封杂志。从茅盾的评论文章写于6月26日来看,《答托洛斯基派的信》和《论现在我们的文学运动》两文不迟于6月26日送达《文学界》。但在6月23日,鲁迅仍然能够口授许广平《〈苏联版画集〉序》一文。可见在此之前,鲁迅仍然不乏修正冯雪峰拟稿的精力和时间。1936年7月1日,鲁迅恢复记日记。在7月5日的日记中,鲁迅"得文学丛报社信并稿费廿"㉗,似指《文学丛报》第四期刊登《论我们现在的文学运动》一文的稿费,在鲁迅的日记中和冯雪峰的回忆中,没有鲁迅将此稿费交给冯雪峰的记录。也就是说,鲁迅一方面对署名"鲁迅"的文章"文责自负",另一方面也享受领取稿费的权利。

周扬亲自领导的《文学界》以"环境关系"为理由拒绝登载鲁迅的《答托洛斯基派的信》,也不能说没有一点道理。对左翼知识人出版和传播进步读物的行为,当时的国民党政权进行着大肆的迫害。以当时的进步书店、出版过《鲁迅自选集》的天马书店为例,其首任编辑楼适夷和第二任编辑叶以群,甚至一些书店的营业员都被捕入狱。书店经理韩振业因为出版发行了鲁迅鼎力支持的《天马丛书》二十多种,国民党当局竟然使他突然"暴卒"㉘。在国民党的政治和文化高压政策之下,要公开登载左翼文坛领袖鲁迅赞成中共的"抗日统一战线"政策和高度评价共产党领袖毛泽东的文字,在当时是要冒极大的风险的。实际上,刊载《答托洛斯基派的信》和《论现在我们的文学运动》的《现实文学》杂志的出版者代表人林秩成,就为此付出了年轻的生命。两篇文章7月份刊出,8月份他就被国民党特务不明不白地暗杀身死㉙。在这种严酷的、鲁迅深有体会的血腥政治环境之下,鲁迅授权和首肯以公开的署名文字赞扬中共及其领袖毛泽东,绝对不能说是没有经过思虑的。鉴于仅仅在几个月之后,鲁迅就溘然长逝,所以在一定程度上,作为政治宣言的这两篇文字可以视为鲁迅之决绝的"政治遗嘱"。

实际上,冯雪峰为鲁迅代笔,这也不是第一次了。1930年鲁迅在左联成立大会上的讲演《对于左翼作家联盟的意见》事先并没有文字稿,而是即席的讲演。因为会议的秘密性,所以也没有安排会议记录。一些与会者,尤其是原创造社、太阳社中的一些人对鲁迅的演讲很不以为然,认为鲁迅是"老调重弹"。基于此,组织者在会后也没有安排专人整理鲁迅此次的重要讲演。但是参会的冯雪峰却认为鲁迅的发言非常可贵,是"空谷足音"。所以在过了三四天之后凭记忆追记,为鲁迅整理和代写了《对于左翼作家联盟的意见》,"其中有些话在大会上未说过,是他平日谈话时说的"。鲁迅后来对冯雪峰的代笔作了审阅和修改,比如加上了"汉官威仪""峨冠博带"这样的冯雪峰当时不会用的文语。③可以说,正因为鲁迅和冯雪峰之间有过这样的成功合作,在1936年6月鲁迅病重期间,鲁迅才可能放心地授权冯雪峰去处理拟写答复托派的公开信这种重要的事情。1930年冯雪峰在为鲁迅代写《对于左翼作家联盟的意见》时,加入了不少鲁迅平日谈话的内容;1936年冯雪峰在代写《答托洛斯基派的信》和《论现在我们的文学运动》时,也强调自己是"完全按照他(鲁迅)的立场、态度和多次谈话中他所表示的意见写的"。如果此说属实,那么这两篇文章实际上带有记录的性质,也就是说,可以算成是一种记录稿。从这个意义上出发,冯雪峰在二文文末注明"先生口授,O. V. 笔写",也不为大过。何况根据胡风的回忆,这两篇文章实际上在发表之前给鲁迅听读过,获得过鲁迅的首肯。而根据冯雪峰自己的回忆,文章在发表之后,鲁迅"认为符合他的立场、态度和意见的",也就是鲁迅对两篇文章进行了再次的确认。

鲁迅在两篇文章发表之后,不管是在公开场合,还是在私下场合,都没有对文章署自己的名字有过任何的否定性的暗示,而肯定性的说法,也就是有意无意地承认这两篇文章属于自己的作品的说法则不乏其例。举其著者,则属1936年8月初冯雪峰根据鲁迅的意见草拟,由鲁迅补充、修改后定稿的《答徐懋庸并关于抗日统一战线问题》。因其经过鲁迅的仔细审阅和修改,这篇文章被公认为是鲁迅的作品（冯雪峰回忆说鲁迅大约修改和加写了一两天时间；而鲁迅与他人如姚克、曹白的谈话中，则说自己共写了[也就是修订了]四天㉛）；到现在为止，似乎还没有人主张把它从《鲁迅全集》中删除。正是在这篇文章中，鲁迅提到："但现在文坛上仿佛已有'国防文学'牌与'民族革命战争大众文学'牌的两家，这责任应该徐懋庸他们来负，我在病中答访问者的一文里是并没有把它们看成两家的。"这里无疑是鲁迅确认了自己对《论现在我们的文学运动》一文的冠名权。在反驳徐懋庸说鲁迅在《论现在我们的文学运动》中试图将"民族革命战争的大众文学"作为"统一战争的总口号时"，鲁迅认为这是"胡说"，他驳斥说：

> 我问徐懋庸究竟看了我的文章没有？人们如果看过我的文章，如果不以徐懋庸他们解释"国防文学"的那一套来解释这口号，如聂绀弩等所致的错误，那么这口号和宗派主义或关门主义是并不相干的。这里的"大众"，即照一向的"群众"，"民众"的意思解释也可以，何况在现在，当然有"人民大众"这意思呢。㉜

根据现存这篇文章的手稿，对于上述这段文字，鲁迅对冯雪峰的草稿作了特别的订正，把原草稿中的"我问徐懋庸究竟读过我的文章没有？徐懋庸如果读过我的文章"这一表述改成了"我问徐懋庸究竟看了我的文章没有？人们如果看过我的文章"。在这里，鲁迅明确肯定了《论现在我们的文学运动》一文是"我的"文章。这里对"大众"一词的解释，应该主要是反驳《文学界》在刊发《论现在我们的文学运动》一文时所加的编者附记，附记中认为，"民族革命战争的大众文学"这一口号中的"大众"一词不能用，因为"大众"只能指"工农大众"，不利于"联合战线"的"新政策"。这就是说，鲁迅在《答徐懋庸并关于抗日统一战线问题》这篇文章改就的 8 月 3 日至 6 日，对 6 月初由冯雪峰拟就的《论现在我们的文学运动》一文是公开认账的，是担负一切文责的。而在《答徐懋庸并关于抗日统一战线问题》一文的后半部，也就是鲁迅重写和加写较多的部分，鲁迅着重提到当时的小报对他和胡风的造谣：

> 然而奇怪，此后的小报，每当攻击胡风时，便往往不免拉上我，或由我而涉及胡风。最近的则如《现实文学》发表了 O. V. 笔录的我的主张以后，

《社会日报》就说O.V.是胡风,笔录也和我的本意不合,稍远的则如周文向傅东华抗议删改他的小说时,同报也说背后是我和胡风。㉝

显而易见,鲁迅在此明确表达了同时发表在《现实文学》上的《答托洛斯基派的信》和《论我们现在的文学运动》是他本人主张的意见,坚决否认了《社会日报》㉞所称O.V.也即冯雪峰的笔录与自己的本意不符的指称。1936年6月份冯雪峰的两篇代笔与鲁迅的原意基本相符,这从冯雪峰的回忆中也能找到更多的线索。在谈到为鲁迅拟写《答徐懋庸并关于抗日统一战线问题》一文的缘由时,冯雪峰说:

> 当时鲁迅在大病之后,我看他身体确实远没有恢复健康;又因为六月间我曾以"O.V.笔录"形式,代他处理过两件事情,还符合他的意思,于是我看完徐信后就说:"还是由我按照先生的意思去起一个稿子吧。"但鲁迅说:"不要了,你已经给我枪替过两次了。这回,我可以自己动手。"(意思是说,他身体已经可以写文章。)㉟

这段话经常被论者引为"铁证",说是鲁迅因为不满意冯雪峰为自己代拟的《答托洛斯基派的信》和《论我们现在的文学运动》,所以不再信任冯雪峰,从而婉拒了冯雪峰再次为自己代写答徐懋庸信的请求。可是明明冯雪峰在这里说鲁迅觉得自己为鲁迅代写的两篇文章"还符合他的意思"。而且从常理推断,如果鲁迅对冯雪峰6月份为自己代写的两篇文章表示过不满的话,那么冯雪峰是绝无胆量再次提出为鲁迅拟写文章的。鲁迅在回答冯雪峰使用的"枪替"一词,也明明白白地表达了鲁迅对冯雪峰关爱自己身体的感谢之情,这哪里有半点不满的意思?!冯雪峰还回忆说,《答托洛斯基派的信》发表后,"他(鲁迅)翻着那杂志的时候是高兴的;可是,过几天我去看他时,他笑着说:'我们还是便宜了托派!他们的来信没有比我的回信低两格排,这样,我们就把来信和回信平等看待了。我们当时没有注意,便宜了他们!'"㊱在另一篇关于《答托洛斯基派的信》的回忆中,冯雪峰的回忆与此稍有不同:"鲁迅看了,面带笑容地说,'这次便宜他们了,来信也用同一字号,没加区别,太便宜他们了'。"㊲但是两处回忆的主要精神都是一致的,就是鲁迅没有对信的主旨(是否符合他的初衷)有所质疑,而只是挑了一些形式上的小毛病。如果鲁迅不满意6月份冯雪峰为自己拟写的两篇稿子,认为不忠实于自己的本意的话,那么,8月份冯雪峰重操旧伎,试图再次给鲁迅代笔《答徐懋庸并关于抗日统一战线问题》的时候,鲁迅一定会断然拒绝的。但是鲁迅没有,而是认为冯雪峰的稿子基本可用。冯雪峰回忆说:

> 大概第三天,我(把草稿)拿到鲁迅家去,说都是按他谈过的话写的,也许可以给他参考;不料他看了后说:"就用这个做一个架子也可以,我来修改、添加吧。"又说:"前面部分都可用。后面部分,有些事情你不清楚,我来弄吧。"其实,这也不足为奇,因为那些话都是他自己说过的,同"口授"的差不多。所以,这件事,关系很小。重要的是他原来要写这篇文章。⑱

可以说,由于冯雪峰的稿子基本上都是"按他(鲁迅)谈过的话写的",冯雪峰再次为鲁迅拟写的《答徐懋庸并关于抗日统一战线问题》也是基本符合鲁迅本人的意思的。从冯雪峰忠实地依据鲁迅的意思,拟写约7000字的《答徐懋庸并关于抗日统一战线问题》的长篇文字来看,我们没有理由相信他根据鲁迅平日的言论而为鲁迅所拟写的《答托洛斯基派的信》和《论我们现在的文学运动》是不忠实于鲁迅的本意的。

经过鲁迅审阅和订正的《答徐懋庸并关于抗日统一战线问题》一文和前此的《答托洛斯基派的信》相比,在内容上也有很大的一致性。《答托洛斯基派的信》一方面不相信中国托派"会下作到拿日本人钱来出报攻击毛泽东先生们的一致抗日论",认为这应该算是谣言,另一方面,对中国托派不遗余力地猛烈攻击"史太林(即斯大林)党"的政治路线,以及毛泽东领导的中国共产党的"抗日民族统一战线"之政策的做法,无可讳言,《答托洛斯基派的信》也隐隐流露出些许怀疑,怀疑这种行径是否为日伪敌特所主使。而在《答徐懋庸并关于抗日统一战线问题》一文中也有类似的表述:

> 因为据我的经验,那种表面上扮着"革命"的面孔,而轻易诬陷别人为"内奸",为"反革命",为"托派",以至为"汉奸"者,大半不是正路人;因为他们巧妙地格杀革命的民族的力量,不顾革命的大众的利益,而只借革命以营私,老实说,我甚至怀疑过他们是否系敌人所派遣。⑲

"我甚至怀疑过他们是否系敌人所派遣"一句,草稿作"我甚至怀疑过他们是否是敌人派遣来的",鲁迅作了现在的修正。⑩怀疑归怀疑,在答徐懋庸的信中,鲁迅对论敌的诬陷和无端攻击,并不主张"以其之道还治其人之身"。所以,鲁迅在该文的定稿中,把草稿中的"不能提出真凭实据,而任意诬我的朋友为'内奸',为'卑劣'者,我则要×以此道还敬于其人的"订正为"不能提出真凭实据,而任意诬我的朋友为'内奸',为'卑劣'者,我是要加以辩正的"⑪。这句话与《答托洛斯基派的信》的下述一段话,其内在精神是相当一致的:

> 因为你们高超的理论为日本所欢迎,我看了你们印出的很整齐的刊物,就不禁为你们捏一把汗,在大众面前,倘若有人造一个攻击你们的谣,说日本人出钱叫你们办报,你们能够洗刷得很清楚么?这决不是因为从前你们中曾有人跟着别人骂过我拿卢布,现在就来这一手以报复。不是的,我还不至于这样下流,因为我不相信你们会下作到拿日本人钱来出报攻击毛泽东先生们的一致抗日论。⑫

《答托洛斯基派的信》在这里说得很清楚,不能因为某些中国托派跟在自由派知识分子后面诬陷鲁迅拿苏联的"卢布",鲁迅自己就反过来也要诬陷托派拿帝国主义的钱。这封公开信明确表示,鲁迅"还不至于这样下流"。如果没有证据而造谣,那鲁迅无疑是自甘"下流"了。这个精神,与鲁迅在《答徐懋庸并关于抗日统一战线问题》所申明的,即便对方诬陷自己为拿苏联的"卢布",如果没有真凭实据的话,自己也不能凿空诬陷别人为"内奸"、为"卑劣"的意思是高度一致的。

鲁迅托洛茨基观的转变

一些鲁迅研究者之所以否认《答托洛斯基派的信》是出自鲁迅的本意,一个很重要的原因,是1920年代末以前的鲁迅对托洛茨基还是很有好感的。从1925年到1928年,鲁迅对托洛茨基的著作相当关注。从现存鲁迅的藏书目录来看,鲁迅购入过数种托洛茨基的日译著作,它们分别是《文学与革命》《无产者文化论》和《西伯利亚脱逃记》。⑬鲁迅不仅仔细研究了托洛茨基的《文学与革命》一书,深受托洛茨基"同路人""革命人"和"革命文学"论等的影响,1926年自己还翻译了《文学与革命》中关于俄苏诗人亚历山大·勃洛克的第三章的中文译文,作为胡斅译、北新书局出版的亚历山大·勃洛克长诗《十二个》的序言公开出版。既然如此,为什么到了1936年6月的《答托洛斯基派的信》和《论现在我们的文学运动》两篇文章中,鲁迅会对托洛茨基本人如此地讽刺挖苦,而对"托洛斯基的中国的徒孙们"如此声色俱厉呢?毕竟,从1928年到1936年间,鲁迅似乎没有对托洛茨基作过系统的、严厉的批判。

其实,从鲁迅现存的文字我们即可看出,到1920年代末之后,鲁迅的托洛茨基观开始发生微妙的转变。1928年8月10日,在回复读者恺良就韩侍桁所译林癸未夫的文章《文学上之个人性与阶级性》时,鲁迅提到了脱罗兹基(即托洛茨基),认为脱罗兹基以对于"死之恐怖"这种人的生物性为古今人所共同,来说明文学中有不带阶级性的因素,其论证方法过于简单,类似于"讲笑话"[44],不能令人信服。1928年8月11日,在《奔流》编校后记(三)中,鲁迅评价托洛茨基说:"托罗兹基是博学的,又以雄辩著名,所以他的演说,恰如狂涛,声势浩大,喷沫四飞。但那结末的豫想,其实是太过于理想底的。"[45]这段话寓贬于褒,一方面赞扬了托洛茨基的博学和雄辩,另一方面以"喷沫四飞"这样的用语,暗示了托洛茨基的夸夸其谈和华而不实,所以托洛茨基的理论在鲁迅看来,总体上是"过于理想"而缺乏现实性的一种空谈;用《答托洛斯基派的信》中的用语来说,托派理论无异于是一种过于"高超"的理论。1932年9月19日,鲁迅在其《〈一天的工作〉后记》中附带提到了托罗兹基的名字,但是对于他没有任何臧否。1932年12月10鲁迅在《辱骂和恐吓决不是战斗——致〈文学月报〉编辑的一封信》中批评了该刊编发的芸生的诗《汉奸的供状》,这首诗是对苏联诗人别德纳衣讽刺托洛茨基的长诗《没工夫唾骂》[46]的模仿。鲁迅认为这一模仿是非常拙劣的,如果说别德纳衣的诗是"笑骂"的话,那么,芸生的诗则是"辱骂,有恐吓,还有无聊的攻击"[47]。但是鲁迅在这封信中,并没有对别德纳衣所描绘的托洛茨基有所评价。鉴于别德纳衣的诗是其时与鲁迅来往相当密切、鲁迅又深受其影响的瞿秋白翻译的,想来鲁迅会比较认同这首诗对托洛茨基的负面评价。而且鲁迅对这首诗相当感兴趣,这也是可以肯定的,因为鲁迅在1933年2月9日《致曹靖华》(编号330209)的信中询问曹靖华:"前回曾发一信(忘记月日),托兄再买别德纳衣诗(骂托罗茨基的)之有图者一本,又《文学家像》第一本(第二本我已有)一本,未知已收到否,能得否?"⑧此处体现鲁迅不仅感兴趣别德纳衣讽刺托洛茨基的长诗《没工夫唾骂》本身,还对书中讽刺托洛茨基的插画很感兴趣。从鲁迅亲自编辑,并自费为亡友瞿秋白出版的瞿秋白译文集《海上述林》(下卷)之《没工夫唾骂》中所配的台尼插画来看,鲁迅在此试图找寻的,可能就是台尼(Deni)所作的托洛茨基讽刺画⑨,他需要将瞿秋白的精彩译文配上台尼的精彩讽刺画。

鉴于鲁迅此前几年对托洛茨基的大力推介,除非形势所迫,进入1930年代的鲁迅似乎不太愿意出来公开地、明确地撰文批判托洛茨基及中国托派的思想,但是在私下的谈话中,情形就不一样了。现在我们知道,虽然鲁迅1936年6月前没有公开的文字系统地批判托洛茨基的理论,但是在小范围谈话的场合,鲁迅对托洛茨基的理论尤其是其政治理论,是深不以为然的。冯雪峰说自己1936年6月为鲁迅拟写的《答托洛斯基派的信》是"完全按照他的立场、态度和多次谈话中他所表示的意见写的",这是完全可能的。另外,当时与鲁迅有着密切交往的青年出版人、当时有托派倾向的张友松⑩也有一段重要的回忆。1928年,在鲁迅的大力支持下,张友松在上海与人创办了春潮书店,在1928年至1930年间,由于业务等的关系,张友松与鲁迅交往很多,常常与鲁迅一起吃饭、聊天。春潮书店及其刊行的《春潮月刊》也经常发表和出版鲁迅或鲁迅推荐的作品。在回忆当年与鲁迅的交往时,张友松说:

> 我在大姐牺牲后,译过一部托洛茨基的《大英帝国的前途》,后来由"春潮"出版了。我在思想上受过两个托派分子的影响,对托洛茨基曾经颇为崇拜,夏康农和党家斌当时也有同样的倾向。有一次我们同鲁迅谈到斯大林和托洛茨基的斗争时,说这是权力之争。鲁迅当即斩钉截铁地说,不是这么回事,并拿出一份地下党组织揭露托洛茨基叛徒嘴脸和罪恶活动的小册子给我们,说道:"看看这个就明白了。"后来我读了这份材料,还半信半疑。直到几年以后,大量事实说明了这场斗争的性质,我才醒悟过来,深感鲁迅对人对事判断是非真伪的眼力远非一般人所及。㉛

张友松没有明确这次谈话的具体时间,从他因办春潮书局而与鲁迅直接交往的年限来看,时间当在1928至1930年的某天。鲁迅日记有一百多处提到张友松,日记里首次提到张友松,是在1928年8月4日,当晚,北新书局老板李小峰宴请,同席11人,中间就有张友松。想来此前张友松和鲁迅来往不多,两人并不熟悉,鲁迅不会贸然与他谈论托派这样的敏感话题。所以谈话的具体时间不会早于1928年8月4日。从张友松的行文来推测,鲁迅与张友松等人谈论托洛茨基的时间似在1930年某天。此时鲁迅有没有可能得到中共地下党揭批托洛茨基及托派的材料呢?从他当时与诸多左翼人士如冯雪峰㉜等密切交往的情况来看,这是极有可能的。当时确实也出现过这样的材料,例如中共中央在上海的机关报刊《红旗》㉝在1930年4月9日(总第91期)就登载了两篇揭批托派的文章,一篇是署名"立三"(即李立三)的《回答托洛茨基的问题》,对托洛茨基的《中国发生了什么事》一文进行了批判,并指出"陈独秀们竟与国民党改组派豪绅资产阶级一样的骂红军为土匪,可见陈独秀们走到甚么地方去了"。另外一篇是署名"问友"的《反对取消派:托洛茨基之取消中国革命的理论》。此外,中国共产党当时的领导人之一、其时公开发表过反托政论的李立三1930年5月7日也跟鲁迅进行过秘密会谈。从张友松的回忆可以见出,至迟从1930年开始,鲁迅对托洛茨基尤其是中国托派的看法有了急剧的变化。再加上鲁迅在1932年夏秋之交与瞿秋白见面之后,深受瞿秋白的托洛茨基观的影响。众所周知,鲁迅1932年后与瞿秋白展开了密切的交往和合作,以至于瞿秋白经常以鲁迅的笔名发表文章,而鲁迅也把瞿秋白以自己笔名发表的文章收入自己的文集之中,数目高达14篇之多。瞿秋白本来也跟鲁迅一样,对托洛茨基有着比较积极的看法,但是到了1930年代,在苏联官方和共产国际的托洛茨基观的影响下,瞿秋白对托洛茨基越来越持否定的态度,以至于在1932年10月翻译发表了前文所述的苏联诗人别德内衣讽刺托洛茨基的长诗。推想起来,这应该会深深影响到鲁迅的托洛茨基观。㉞比如,在瞿秋白翻译《没工夫唾骂》的同时,鲁迅就撰写了《论"第三种人"》一文(写于1932年10月10日),不点名地批判了托派,文中说:"这三年来,关于文艺上的论争是沉寂的,除了在指挥刀的保护之下,挂着'左翼'的招牌,在马克斯主义里发见了文艺自由论,列宁主义里找到了杀尽共匪说的论客的'理论'之外,几乎没有人能够开口……"这里提到的论客,即是指胡秋原和某些托洛茨基派分子,当时这些托洛茨基派分子诬蔑中国工农红军为"土匪"。㉟所有这些因素,无疑建构了鲁迅认可由冯雪峰拟写的《答托洛斯基派的信》和《论现在我们的文学运动》的坚实思想基础。

从答托派文的结集情况,不能推定鲁迅否定自己是其著作权人

《答托洛斯基派的信》和《论现在我们的文学运动》两文在《现实文学》等杂志发表后,初次结集,是在鲁迅去世之后由鲁迅夫人许广平编辑的《且介亭杂文末编》之中。《且介亭杂文末编》由正集和附集两部分构成,其中正集14篇,附集21篇。对于《且介亭杂文末编》如此处理的原因,许广平在后记中说:

> 《且介亭杂文》共三集,一九三四和三五年的两本,由先生自己于三五年最末的两天编好了,只差未有重看一遍和标明格式。这,或者因为那时总不大健康,所以没有能够做到。
>
> 一九三六年作的《末编》,先生自己把存稿放在一起的,是自第一篇至《曹靖华译〈苏联作家七人集〉序》。《因太炎先生而想起的二三事》,和《关于太炎先生二三事》,似乎同属姊妹篇,虽然当时因是未完稿而另外搁开,此刻也把它放在一起了。
>
> 《附集》的文章,收自《海燕》,《作家》,《现实文学》,《中流》等。《半夏小集》,《这也是生活》,《死》,《女吊》四篇,先生另外保存的,但都是这一年的文章,也就附在《末编》一起了。[56]

以上提到的鲁迅作品,都是鲁迅生前尚未来得及结集出版的文章。其中的手稿部分,被鲁迅生前分为两部分,一部分是初步选定要入选《且介亭杂文末编》的存稿(共14篇手稿,其中一篇是鲁迅没有归到为编集《末编》而准备的存稿堆的《因太炎先生而想起的二三事》,而许广平以为应该编入《末编》的)。另一部分是鲁迅另外保存的《半夏小集》《这也是生活》《死》《女吊》等四篇文章,根据冯雪峰的回忆,这是鲁迅打算撰写十来篇类似的诗体散文,以后单独结为一集用的(类似《朝花夕拾》风格)。其他剩下的17篇,有的有手稿存世,如《立此存照》第一篇至第五篇;有的只有残稿存世,如《我的第一个师父》;有的无手稿存世[57],估计是许广平从杂志上剪下来的剪报,如《文人比较学》《大小奇迹》《难答的问题》《登错的文章》四篇;有的因是冯雪峰拟写(《答托洛斯基派的信》和《论现在我们的文学运动》两篇)或许广平笔录(《〈苏联版画集〉序》),

所以原无鲁迅手迹。

现在的问题是,如果许广平的记述是正确的话,《答托洛斯基派的信》和《论现在我们的文学运动》两篇没有被鲁迅本人归入为编集《末编》而准备的存稿堆,那么能如不少论者所断定的那样,这就表明鲁迅不把这两篇东西视为自己的文章,不认为这两篇文章代表自己的本意吗?恐怕很难。鲁迅编集《且介亭杂文》和《且介亭杂文二集》的时间是在1935年最后两天,按此推定,鲁迅编集《且介亭杂文末编》的时间当在1936年末,可是鲁迅不幸于1936年10月19日去世,《且介亭杂文末编》最后未能由鲁迅亲自编成。假如鲁迅能活过1936年末,《答托洛斯基派的信》和《论我们现在的文学运动》两文未必不会被鲁迅编入《且介亭杂文末编》。即便鲁迅不把两文编入《且介亭杂文末编》,也未必不会被鲁迅编入到自己别的文集中去。总不能说,未编入《且介亭杂文末编》正集、也不在鲁迅所规划的新的诗体散文集的17篇(21减4篇)文章,都是鲁迅不愿意承认为自己的作品,都是不能代表鲁迅本人思想的作品吧。

实际上,根据冯雪峰的回忆,鲁迅认为《答托洛斯基派的信》和《论现在我们的文学运动》是符合他的立场、态度和意见的,在两篇文章发表之后,特意"从刊物上剪下来,放到他的积稿堆中去,准备将来编进他的文集"。许广平说手稿堆中没有这两篇,也许是鲁迅将这两篇文章堆到专门的自己文章的剪报堆里去了?因为根据许广平的记述,鲁迅初步选定要入选《且介亭杂文末编》的存稿13篇全部是鲁迅的手稿。采自四本期刊的《附集》的文章,许广平也未明确到底是鲁迅自己生前从期刊上剪下来的,还是鲁迅去世后由许广平剪下来的,或者部分由鲁迅、部分由许广平剪下来的。冯雪峰的回忆也许是准确的,就是鲁迅确实把《答托洛斯基派的信》和《论现在我们的文学运动》这两篇文章从杂志上剪下来,但是并没有放到手稿堆中,而是和《文人比较学》等文章的剪报稿堆放到一起,因为这些文章的手稿很可能被鲁迅自己毁弃了。当然另外一种可能性是,鲁迅也许认为《答托洛斯基派的信》和《论现在我们的文学运动》这两篇文章和《〈苏联版画集〉序》一样,因为没有经过自己的笔头润色,文字上可能稍有欠缺,措辞上可能稍欠严谨,如何处理这两篇文稿,编入何种文集,他还要再作仔细的斟酌。但是从现有材料来看,鲁迅从未有过否认自己是这三篇文章的责任人和著作权人的任何表示。实际上,《答托洛斯基派的信》和《论现在我们的文学运动》造成了如此大的社会影响,鲁迅是不可能否认自己是这两篇文章的作者的。如果鲁迅泉下有知,对于当下一些论者主张将这两篇文章从他的全集中驱逐出去的言论,会感到哭笑不得吧。

当然,虽然《答托洛斯基派的信》和《论现在我们的文学运动》这两篇文章中"迎头痛击"了中国托派,但是对于托洛茨基本人的一些思想尤其是文学思想,不管是冯雪峰,还是鲁迅,恐怕也并没有全盘否定。比如,托洛茨基在《文学与革命》第8章《革命的与社会主义的艺术》中将两种艺术视为"革命艺术",一种是"主题反映革命的作品,和那些主题并不与革命相连,但却澈底地为革命所煊染,而且被由革命而生的新意识着了色的作品。这些十分显然是,或可以是属于完全不同的种类的现象"㊳。托洛茨基的这一思想,在《论现在我们的文学运动》中仍然有所体现:

> 民族革命战争的大众文学决不是只局限于写义勇军打仗,学生请愿示威……等等的作品。这些当然是最好的,但不应这样狭窄。它广泛得多,广泛到包括描写现在中国各种生活和斗争的意识的一切文学。……而中国的唯一的出路,是全国一致对日的民族革命战争。懂得这一点,则作家观察生活,处理材料,就如理丝有绪;作者可以自由地去写工人,农民,学生,强盗,娼妓,穷人,阔佬,什么材料都可以,写出来都可以成为民族革命战争的大众文学。也无需在作品的后面有意地插一条民族革命战争的尾巴,翘起来当作旗子;因为我们需要的,不是作品后面添上去的口号和矫作的尾巴,而是那全部作品中的真实的生活,生龙活虎的战斗,跳动着的脉搏,思想和热情,等等。㊴

这就是说,鲁迅等倡导的民族革命战争的大众文学,不一定非要写战争,作品中不"有意地插一条民族革命战争的尾巴",但只要作家有着全国一致对日的民族革命战争的新意识,则其作品一定会为民族革命战争所感染,为由民族革命战争而生的新意识所"着色"。这种思想,与鲁迅接受托洛茨基《文学与革命》一书的思想影响,在1926年以后反复在其《中山先生逝世后一周年》《革命时代的文学》《革命文学》等文章和讲演中所提出和强调的"革命人"的理念是高度一致的。如在1927年10月21日发表的《革命文学》一文中,鲁迅提到"我认为根本问题是在作者可是一个'革命人',倘是的,则无论写的是什么事件,用的是什么材料,即都是'革命文学'。从喷泉里出来的都是水,从血管里出来的都是血"[60]。从《论现在我们的文学运动》这篇文章中表达的鲁迅所认可的此种托洛茨基文学思想来看,代笔者冯雪峰可谓深得鲁迅文学思想之神髓。的确,对托洛茨基的某些文学观点,鲁迅是不会以人废言的。仅以此点而论,也不能排除冯雪峰确实是根据鲁迅平日谈话的内容,或者是根据病中的鲁迅口授的大意来拟写《答托洛斯基派的信》和《论现在我们的文学运动》这两篇文章的。

《答托洛斯基派的信》和《论现在我们的文学运动》这两篇文章发表之后,深深震动了中国的托派分子,给鲁迅写信的陈其昌受到了其同侪的严厉批评,认为陈其昌事先不应该对鲁迅抱有幻想,给鲁迅写这么一封意在拉拢的信。压力之下,陈其昌1936年7月3日又给鲁迅写了一封言辞激烈的长信,鲁迅1936年7月7日收到了陈其昌的信,但是在日记中对其不置一词,只简单地记述道:"得陈仲山信,托罗茨基派也。"[61]观陈其昌信,其对《答托洛斯基派的信》的反驳也不是一无是处,比如这一句反驳不可谓不力:"托洛斯基在欧洲贫病交加,靠版税维持生活,因出版他的著作的是资本主义国家的书店,造谣者就指着说,他'用敌人的金钱'。鲁迅先生,你拿版税稿费的地方,是资本主义国家还是社会主义国家?"[62]鲁迅对这第二封信没有再作答复,我们无从知道鲁迅会否接受陈其昌的某些反驳,会否修正对托派的某些批判。如果真的如某些论者所言,鲁迅不愿遽然将《答托洛斯基派的信》和《论现在我们的文学运动》这两篇文章编入《且介亭杂文末编》中去的话,那么这也许可以从陈其昌的反驳信中找到某种线索,但绝不能由此推论说鲁迅不承认这是自己的作品,不能表达鲁迅的本意。另一方面,鲁迅对陈其昌第二封来信的置之不理,也正说明了他认为《答托洛斯基派的信》和《论现在我们的文学运动》没有大的问题,也达到了自己与托派划清界限的主要目的,所以没有再次作复的必要。

余 言

2010年,针对有人刊文说,《答托洛斯基派的信》和《论现在我们的文学运动》这两篇文章是冯雪峰假冒鲁迅名义硬塞给鲁迅的私货,建议从《鲁迅全集》

中删除掉,老出版人,曾经与晚年的冯雪峰一起到湖北咸宁文化部"五七干校"放过鸭子的陈早春评论说:"凭我多年来的所见所闻,类似的问题其实是个政治问题,即鲁迅不应该受冯雪峰的'蒙蔽',跟毛泽东领导的共产党搞得那么热乎,这就使我更不敢涉及这类问题了。"陈先生又说:"很难想象,在鲁迅眼睁睁看着一切的时候,居然敢假冒鲁迅的名义去发表自己的作品。"陈早春先生此论是否公允,是否诛心之论,恐怕也是一个仁者见仁,智者见智的问题。但陈早春先生"就事论事",在他的《为鲁迅代笔——近四十年前听冯雪峰闲聊(一)》⑥一文中,为我们提供了解决真相的宝贵材料。我以上的文字,也算是响应陈早春先生"就事论事"的号召,为就此问题展开进一步的论争添一把柴火吧。

原载《文艺理论与批评》2016 年第 5 期。

注　释

① 学位论文有张广海《革命与阶级视野中的鲁迅文学观——以鲁迅对托洛茨基文艺理论的接受为例》(北京师范大学 2007 年硕士论文)、刘晓静《鲁迅与"托派"关系研究》(陕西师范大学 2008 年硕士论文),专著有长堀祐造著《鲁迅与托洛茨基》(『鲁迅とトロッキー』,平凡社,二〇一一年)。长堀祐造有关托洛茨基与鲁迅关系的不少文章也在中国杂志上发表过。

② 持此论的代表性学者有朱正、长堀祐造、田刚等。

③ 冯雪峰《1928 至 1936 年的鲁迅:冯雪峰回忆鲁迅全编》,上海文化出版社,2009 年,第 229、230、234、237、265、282 页;胡风《胡风全集》第七卷,湖北人民出版社,1999 年,第 106 页。当然,将鲁迅指认为"托派",可能也不是始于共产党内部的周扬等人,在一九三四年四月六日于上海刊行的《社会新闻》报纸中,就登载有一篇署名"少离"的短文《鲁迅与托派》,文中煞有介事地声称:"鲁迅翁加入托派的动机,主要的却是被火一般的领袖欲所驱使着的。"(见《1913—1983 鲁迅研究学术论著资料汇编》第 1 卷,中国文联出版公司,1985 年,第 943 页)

④ 冯雪峰《1928 至 1936 年的鲁迅:冯雪峰回忆鲁迅全编》,第 235 页。

⑤ 比如 1936 年 4、5 月间,鲁迅为良友图书公司编选的《苏联版画集》中,就收入了多幅斯大林的画像。根据当时跟鲁迅联络的良友编务赵家璧回忆,在选画时,鲁迅"对于十月革命的历史画和列宁、斯大林的画像一幅都不删。他说,这些画,过去一直无缘同中国

广大读者见面,这次既印成画册,就应当让读者尽量多看到一些。为了满足中国人民对世界革命导师的渴望和崇敬,让他们对第一个社会主义国家革命斗争的历史多留下一点形象化的印象,鲁迅想得多么周到啊!"(赵家璧《编辑生涯忆鲁迅》,人民文学出版社,1981年,第108—109页。)

⑥ 冯雪峰《1928至1936年的鲁迅:冯雪峰回忆鲁迅全编》,第235页。
⑦ 《论现在我们的文学运动》中用语。
⑧ 冯雪峰《1928至1936年的鲁迅:冯雪峰回忆鲁迅全编》,第253页。
⑨ 冯雪峰《1928至1936年的鲁迅:冯雪峰回忆鲁迅全编》,第217页。
⑩ 胡风《胡风全集》第七卷,第106页。
⑪ 如果冯雪峰1951年的回忆是准确的话,那么两篇文章实际上是由鲁迅口述、冯雪峰笔写的整理稿。实际上冯雪峰1966年和1972年的回忆中也说到两文是"完全按照他(鲁迅)的立场、态度和多次谈话中他所表示的意见写的",也就是说,两文都有鲁迅口述的整理稿的性质。但是为了下文行文的方便,我们一律把《答托洛斯基派的信》和《论现在我们的文学运动》两文称为冯雪峰的"拟写"或"代笔"。
⑫ 胡风《胡风全集》第七卷,第106—107页。
⑬ 前文说到,冯雪峰1930年5月7日参加过中共中央政治局常委李立三与鲁迅的会谈,会谈以鲁迅不赞成李立三的意见而无果而终。这充分体现了鲁迅不盲目服从外在权威,不会因为领导人意愿而轻易改变自己的观点的个性。对于参加过那天的会谈,亲身领教过鲁迅这一刚性特点的冯雪峰,是否会发牢骚,说鲁迅不如高尔基盲从共产党?胡风在此的说法,存疑。
⑭ 胡风《胡风全集》第七卷,第107页。
⑮ 同上。
⑯ 冯雪峰《1928至1936年的鲁迅:冯雪峰回忆鲁迅全编》,第236页。
⑰ 同上。
⑱ 李新宇、周海婴主编《鲁迅大全集》卷10,长江文艺出版社,2011年,第149页。
⑲ 同上书,第152页。
⑳ 茅盾《茅盾全集》第21卷,人民文学出版社,1996年,第142页。
㉑ 载上海《光明》半月刊(每月10日、25日发行),1936年,第1卷第1期,第68页。
㉒ 《鲁迅大词典》,人民文学出版社,2009年,第178页。
㉓ 上海师大中文系鲁迅著作注释组《访问巴金同志:谈〈中国文艺工作者宣言〉起草经过及其他》,载《新文学史料》1978年第1期,人民文学出版社,第74页。
㉔ 《文学丛报》,月刊。1936年4月在上海创刊,王元亨等编辑,出至第5期停刊。根据

该杂志每期的标识,《文学丛报》每月1日出版。

㉕《文学界》第1卷第2号第12页,1936年7月10日,上海出版。

㉖ 同上书,第12页,第16页。

㉗ 李新宇、周海婴主编《鲁迅大全集》卷10,第151页。

㉘ 尹庚《鲁迅先生与〈天马丛书〉和〈现实文学〉》,载《鲁迅研究资料(6)》,天津人民出版社,1980年,第92—94页。

㉙ 同上书,第99—100页。

㉚ 陈早春《为鲁迅代笔——近四十年前听冯雪峰闲聊(一)》,载《新文学史料》2010年第2期,第80页。除为鲁迅整理《对于左翼作家联盟的意见》外,陈文尚记录了鲁迅和冯雪峰之间更多的文字合作;冯雪峰《1928至1936年的鲁迅:冯雪峰回忆鲁迅全编》,第304页。

㉛ 武德运编《鲁迅谈话辑录》,北京图书馆出版社,1998年,第51—52页。

㉜ 李新宇、周海婴主编《鲁迅大全集》卷10,第173页。

㉝ 同上书,第175页。

㉞ 这份上海小报在1936年9月1日也摘要发表了陈其昌7月3日给鲁迅的第二封信,署名"肖蓬"。见陈根生《鲁迅名篇问世之后》,复旦大学出版社,1986年,第254页。

㉟ 冯雪峰《1928至1936年的鲁迅:冯雪峰回忆鲁迅全编》,第238页。

㊱ 同上书,第217—218页。

㊲ 陈早春《为鲁迅代笔——近四十年前听冯雪峰闲聊(一)》,载《新文学史料》2010第2期,第80页。

㊳ 冯雪峰《1928至1936年的鲁迅:冯雪峰回忆鲁迅全编》,第238—239页。

㊴ 李新宇、周海婴主编《鲁迅大全集》卷10,第171页。

㊵ 相关影印件见朱正《跟鲁迅学改文章》,岳麓书社,2005年,第176页。

㊶ 此句鲁迅改定稿的影印件见朱正《跟鲁迅学改文章》,第196页。

㊷ 李新宇、周海婴主编《鲁迅大全集》卷10,第299页。

㊸ 参看姚锡佩《鲁迅藏书中的托洛茨基著作及其影响》,载《鲁迅藏书研究》,中国文联出版社,1991年。当然鲁迅也同时收藏反托书籍,比如斯大林的《论反对派》(1933年浦江书局出版)和斯大林的《列宁主义问题》(1933年扬子江书店出版),见《鲁迅手迹和藏书目录1—3》,北京鲁迅博物馆编,该馆1959年印。

㊹ 李新宇、周海婴主编《鲁迅大全集》卷4,第348页。

㊺ 同上书,第350—351页。

㊻ 瞿秋白译,载1932年10月《文学月报》第1卷第3期。

㊼ 李新宇、周海婴主编《鲁迅大全集》卷6,第161页。

㊽ 同上书,第231页。

㊾ 台尼的托洛茨基讽刺画见鲁迅编瞿秋白译文集《海上述林》下卷,四川人民出版社,1983年,第7—40页。

㊿ 张友松(1903—1995),著名翻译家。湖南醴陵人。北京大学肄业。曾任上海北新书局编辑。1928年在鲁迅帮助下创办春潮书局,任经理兼编辑。《鲁迅日记》中114处提到张友松。其中,仅1929年便有89处,主要记载张友松帮他打官司的事情。日记记载,鲁迅孩子出生第五天,鲁迅就带张友松去医院看望自己的夫人和孩子。张"赠毛线一包",并送鲁迅"仙果牌烟卷四盒"。日记还记载,张友松结婚的前一天下午,鲁迅同他的三弟周建人一道上街,亲自"买铝制什器八件",托人次日送去张家"贺其结婚"。1954年后任人民文学出版社专业翻译,"反右运动"后被划为右派。晚年定居成都,贫病而死。

㉛ 鲁迅博物馆等选编《鲁迅回忆录》(全三册),北京出版社,1999年,第1228页。

㉜ 冯雪峰在1932年5月发表过《致〈文艺新闻〉的一封信》,该信在批判胡秋原的同时,顺带批判了"托洛斯基派"。见《冯雪峰论文集》(上),人民文学出版社,1981年,第85页。

㉝ 《红旗》为中国共产党中央在第二次国内革命战争时期的机关报刊,1928年11月20日在上海创刊,共出版126期,前23期为周刊,后103期为三日刊。

㉞ 关于瞿秋白托洛茨基观的转变,详见长堀祐造著《鲁迅与托洛茨基》一书的第5章《试论鲁迅托洛茨基观的转变——鲁迅与瞿秋白》。

㉟ 胡秋原本人晚年回忆说,自己从不是托派,鲁迅在这里说的主张"杀尽共匪"的论客,就是托派陈仲山(古远清《胡秋原——从"自由人"到民族主义战士》,载《武汉文史资料》2001年第6期,第22页),此说待考。

㊱ 鲁迅著,许广平编《且介亭杂文末编》之《后记》,三闲书屋,1937年初版。

㊲ 我们从许广平和其他人的回忆录中可以得知,鲁迅不甚爱惜自己的手稿,文稿一经发表之后,手稿可能被鲁迅随意处置,或流失到油条铺包油条,或用来给客人擦手、擦桌子,甚或用于"特殊用处"即如厕。见许广平《关于鲁迅的生活》,人民文学出版社,1954年,第22页;萧军《鲁迅给萧军萧红信简注释录》,金城出版社,2011年,第184页。

㊳ 托洛茨基著,韦素园、李霁野译《文学与革命》,未名社,1928年,第301页。

㊴ 李新宇、周海婴主编《鲁迅大全集》卷10,第300—301页。

㊵ 李新宇、周海婴主编《鲁迅大全集》卷4,第203页。

㊶ 李新宇、周海婴主编《鲁迅大全集》卷10,第153页。

㊷ 张杰编《鲁迅藏同时代人书信》,河南教育出版社,2011年,第463页。

㊸ 文见《新文学史料》2010第2期第77—82页。此处引自陈早春的文字,均见此文。

论新历史主义的理论旨趣及其文化影响

金永兵

新历史主义(New Historicism)是一种既杂糅了形式主义、后结构主义、历史相对主义等学说的理论成果,同时又作为它们的挑战者出现的文化理论与批评方法。1982 年,美国学者斯蒂芬·格林布莱特(Stephen Greenblatt)在为《体裁》(Genre)杂志撰文时首先使用了这一术语,其后逐渐发展,成为一种新的文学批评派别。新历史主义主张"历史的文本性"和"文本的历史性",关注文化赖以生存的历史语境,要求对历史文本进行重新阐释和政治解读。新历史主义之"新",在于它是一种将历史文本化,用文化阐释的方式解读历史的理论,它的核心不再是由实在事件构成的"历史",而是由话语符号构成的文本和贯穿于文本之中的"文化",因而对其更为准确的描述应是"历史文化主义"。新历史主义有意打通学科壁垒,将文学放回其他文化形式和实践活动中去研究,从诞生之日起,这一理论就在文学创作实践和理论批评实践中获得了巨大的反响,它既颠覆性地批判了形式主义与旧历史主义设下的理论迷障,进行了学术的纠偏与改造,又因其理论的杂糅性和不彻底性使其自身存在着深刻的悖论与矛盾。虽然这一热潮正在过去,但它播撒于文学研究的影响并未消失,而是留下了深刻的"新历史精神"的烙印。热潮沉寂之后的冷静反思也许会带给我们许多启示。本文试图从新历史主义关于"历史是什么""历史如何形成"以及"应该形成什么样的历史"等根本问题的批评实践及其庞杂的理论旨趣中,从方法论的意义上考察它对文学理论研究,尤其是对文学理论的反思所产生的启发与影响,进而给我们考察中国当代文学理论的问题与方向提供思考的路径。

一、以历史文本化反思语言的透明性

  文学研究曾一度认为,历史维度相对于文本形式而言是一种纯然外在的视角,因此,20世纪以来,新批评、形式主义、结构主义等理论在一定程度上都反对历史作为一种外在性要素对文本自律性的干扰。不过,拒绝历史,不讨论历史,并非解决了历史的外在性问题,历史即便在一些研究中被排斥在外,但当文本自律性的理论路径遭遇困境时,历史的外在性幽灵便又重新回到理论之中。然而,正是在新历史主义者这里,通过将语言哲学中的研究成果应用到历史话语中,并借助语言哲学的话语理论来分析历史的性质,外在性研究最主要的理论阵地开始真正被动摇。历史的话语化、文本化、阐释化、学科化思路既受到文学理论的深刻影响,同时也给文学理论研究带来了深刻的影响。福克斯—杰诺韦塞就认为"'新历史主义'乃是一种采用人类学的'厚描'方法(thick description)的历史学和一种旨在探寻其自身的可能意义的文学理论的混合产物,其中融汇了泛文化研究中的多种相互趋同然而又相互冲突的潮流"[①]。

  首先,历史的文本化、话语化,建立起历史写作与文学理论的密切关系。在新历史主义看来,历史首先应该被理解为"历史话语"。历史是被写出来的,"历史首先是一种言语的人工制品、是一种特殊的语言运用的产物"[②]。以往的历史理论把"事件"与"事实"相混淆,然而,"事件是实际发生的,而事实则是被语言描述所建造的"[③]。新历史主义这种将历史界定为一种特定语境下的叙事结构而非一种纯然客观的文本的理论,其中显示出它与语言哲学、结构主义的亲缘关系。从结构主义语言学中兴起的那种文本批评方法,需要论者首先承认"任何观察者必定从他的观察中创造出某种东西。因此,观察者和被观察对象之间的关系就显得至关重要。这种关系成了唯一能被观察到的东西。……因此可以说,事物的真正本质不在于事物本身,而在于我们在各种事物之间构造,然后又在它们之间感觉到的那种关系"[④]。简言之,对于人来说没有自在的世界,只有为人而存在的世界。"这是一个关于符号的世界,而不是经验的世界。"[⑤]

新历史主义者们并不反对历史事件的客观存在,他们只是认为"历史"首先是一种"写作",或者说借助一类特别的写作出来的话语而达到的与"过去"的某种联系。历史是一种话语叙述,一种"写作",一种叙事,历史"事件"只是这种叙事的素材而已,并不是历史本身。过去发生的事件、人物、结构和过程,并非因为它们具有"过去"这一属性所以就是历史的,而"只是就它们被表现为历史所特有的那一类写作题材而言,它们才成为历史的"⑥。这种关于事件历史性的看法,取消了事件本身独立的历史意义,它必须被编织进文本叙事之网中才能生成其历史意义与价值。历史叙事所生成的文本结构并不是所谓"秉笔直书"、客观记录,它有着自己的语言规则和叙事逻辑,因而"一部历史不是试图与它谈论的对象达到相似的一幅图画,或'被某些翻译规则缚着在过去之上'的一种模式,而是'为了显示过去的一部分而特别建立的复杂的语言结构'"⑦。新历史主义具有明显的反实证主义的特征,其历史书写与文学虚构有了惊人的相似性,因此,它特别关注文学理论在历史写作中的作用,"所以文学理论不仅和历史编纂学、而且特别和历史哲学有关系"⑧。文学理论中所包含的关于情节、结构、叙事策略以及比喻、象征等语言修辞,本来生成发展于虚构文本的各种形式与内容要素,在历史文本化、话语化的过程中显示出强大的创造力。也就是说,历史事件被作为叙事素材,对于历史叙事而言,一如对于历史文学,说什么当然重要,但更重要的却在于怎么说。这就是新历史主义者海登·怀特所做的归纳:"就我对这种理论的理解而言,新历史主义实际上提出了一种'文化诗学'的观点,并进而提出一种'历史诗学'的观点。"⑨因此,海登·怀特特别强调历史写作与文学理论之间的密切联系:"正因为历史话语运用了文学虚构作品中以最纯粹的形式出现的意义—生产(meaning—production)结构,现代文学理论、尤其是它与转义论的话言、话语和文本性概念相一致的那些观点就和当代历史写作理论发生了直接关系。"⑩

新历史主义对文学理论的场外征用,虽然不是直接讨论文学理论的功能与价值,却也为我们思考文学理论何为提供了一个非常重要的维度。文学理论关于文本、话语、叙事的哲学思考和技术创新不但可以为文学而且可以溢出文学,在学科交叉与跨学科领域发挥重要作用,更进一步,从这一维度考量中国当代文学理论的发展,我们也可以发现在文本、话语、叙事研究等方面的严重不足,尤其是在更高的哲学层面,缺乏足够的思考。

其次,在阐释与再阐释中打开历史文本的意义,不断开拓讨论的空间。在新历史主义这里,历史话语不应当首先被看作力图了解现实或描绘现实,而应当被看作一种特殊的语言运用,但是它并不像人们对于虚构文学的某种说法即努力把"谎话说圆",历史话语并不因为强调其叙事性而必然变成虚无主义,反而可能会彰显出在文本表面义背后的深层内涵,因为历史话语,"它像隐喻性言语、象征性语言和譬喻性描述一样,意味着的东西总是多于字面上说出来的东西,所说的某些东西总是不同于它似乎想要表达的东西,并且在揭示关于这个世界的某些东西时总要以隐藏某些其他东西作为代价"[11]。就是说,历史文本不是对过去的描述与说明,而是对历史的一种写作(writing)与阐释,"历史话语所生产的是历史学家掌握的任何关于过去的资料和源于过去的知识的种种阐释"[12],并在不断的书写与阐释中获得意义。任何一次历史书写与阐释都不能垄断历史内涵本身,任何伟大的历史经典著作都不会把某个历史问题"包裹"起来,也未终结对历史的讨论或争论,并没有让人们感到终于知道了过去的实际情况是怎样的,因而一切都水落石出,清楚明白,"而总是开拓了观察过去的视野、激励人们作更多的研究","它不是安抚我们求知的意愿,而是激发我们更多的探索、更多的话语、更多的写作",[13]历史书写的经典著作是产生新的历史写作的激发物。历史的真理与意义是在一次次的历史写作与历史文本的再阐释中敞开自身的。这里我们可以明显感受到现象学、存在主义和接受理论的理论影响。

在从档案研究过渡到话语的构建并向书写形式转化的过程中,历史学家必须运用富于想象力的作家所使用的那些同样的语言比喻化策略,从而给他们的话语赋予那种潜在的、派生的、或内涵性(connotative)的意义。这将要求人们不仅要把他们的著作当成信息来接受,而且要当成象征性结构来读解。历史话语中所包含的那种潜在的、派生的、或内涵的意义就是它对构成其内容的那些事件所作的阐释。正是历史话语通常产生的这种阐释,使事件获得了在叙述性虚构作品中所见到的那种情节结构形式上的一致性,否则它们仍然只能是按年代顺序排列的一连串事件而已。[14]

新历史主义确乎带来了历史认识的反思性、批判性,开启"读史使人明智"之路。但是,当历史变成了对话,变成了写作、阐释、再阐释,"'历史'是在于街垒两边制作的,一方的制作和另一方的制作都同样有效力"⑮。这样历史会不会失去了连续性与客观性,只是被嵌入语言结构的碎片？新历史主义走向了文本主义,它虽没有明确否认话语外实体的存在和语言具有指称和表达的功能,但这一实体并不体现在新历史主义的话语中,或者说它是无法认识无法把握的,是被其"悬置"了的;同样,也没有任何东西足以保证这样的历史存在所谓的"文本间性"或"主体间性",走向绝对的相对主义是其理论内在的逻辑。这里,历史的真理与意义尚且如此,文学的意义又当如何产生呢？作者、读者、文本、世界,哪一方居于主导？文学可能存在意义吗？意义如何比较与评判？

再次,学科反思的启发。这种将历史理解为文本的理论路径也进一步摧毁了文本观中残存的语言透明性的非反思性或非批判性。在新历史主义之前,对语言透明性的反思虽然已经在对现实主义文学的批判中取得了卓越的成效,但是在历史叙事这种传统意义上非虚构的话语体系中,语言则仍然被当作透明之物来理解,承载于语言之上的意识形态、文化结构、思想原型、个人风格等因素在历史叙事中便因而被忽略,成为非反思性的话语。在新历史主义者那种把事件情节化为故事的叙述过程中,历史学家所使用的语言不是描述过去事件和表达他们关于这些事件思想的一种不成问题的透明的媒介,而是"稠密的"和"不透明的",具有类似诗的话语的"意向性""物体性"。胡塞尔曾认为我们在进行文本理解时所使用的"认识论所有的基本错误——一方面是心理主义的,另一方面是人本主义和生物主义的——都与所说的超越有关"⑯。所谓"超越"就是指"心理""人性"等概念超越了我们理论可以确知的限度,胡塞尔在此基础上提出了我们的所有意识不能超越"意向性"这一限度,即意识与其对象是融为一体的,不是像实证主义认为的那样意识之外存在所谓认识的对象,并以此为依据去寻求意识与对象的符合性。

新历史主义的这种理路既提醒了文学研究对文学语言和形式结构的本体性关注,也同时带来了文学研究本身的自我反思和警醒。在历史叙述中"不仅过去的人类生活形式被赋予了在某种特定文化产生的虚构形式中得到的种种意义,而且这些虚构形式对于历史实存事实的'真实性'和'实在性'程度、以及我们对它的知识也都能受到衡量"⑰。这里可以见出,每一种历史叙述方式本身也参与了现实生活文化机制的建构过程。这是新历史主义对福柯的"知识考古学"思想的利用。福柯的"知识考古学"目的是"把握知识作为权力的一种形式和播撒权力的效应的过程"⑱,它不是讨论话语本身说的是什么,也不是话语内容的真理性问题,而是研究一种话语与其他言语活动之间的关系及其话语的形成。他认为,某种学科一旦形成了话语,它就有了自己的概念、范畴、领域、对象方法、学理基础和一套操作规则,形成了自己的"知识型"。而在一种学科的内部,话语的形成意味着产生这样一套符码,它使自身所包含的意义和规则成为不容怀疑的知识,不但获得了说话的权力而且拥有了支配说话的权力,拥有了真理的权威性。这意味着话语就是知识,就是权力,就是真理。话语的这种性质必然规约着人们对问题的理解和解释,并自以为获得了真理而深信不疑。话语的这种机制充分反映了"权力与知识之间的关系",显示了话语霸权对于人的思想的钳制作用,它使人不可能在所属的知识型以外进行思考。可见,话语不是一般语言学意义上的范畴,而是更多地体现了言说活动的意识形态内涵。正是在这种意义上,"怎么说""用什么话语形式来说""以什么样的方式来说"具有了与"谁在说""说什么"同等的价值。话语言说方式不但成为一种可以影响和规定文本意蕴的重要因素,而且里面包含了权力的斗争。这也是新历史主义自我反思性的一个表现。譬如,文学史权力问题、文学经典的生成问题、文学理论和文学批评的合法性问题等。

二、从文学互文到文化内部跨文体互文

以历史语境为出发点对文学的关照,实则是从一个文本出发对另一个文本的互文性(intertexuality)生产。如海登·怀特所言,新历史主义"关注代码本身甚于关注代码的具体运用所能传输的任何偶然信息"⑲。符号、代码、叙述方式等形式自身就是信息内容,这里吸收了形式主义关于形式即内容的观点。这无疑产生于对纯粹文本性的阐释方法的批判,事实上,作为新历史主义的理论来源之一的后结构主义,同样通过这样的方式来对基于语言哲学基础上的结构主义理论进行批判。在结构主义理论中,结构具有某种程度上的先在性,

它们经常被理论家们理解为某种人类不能回避的认知模式；而在后结构主义者那里，为了防止意义陷入结构内部纯粹的内在性中，转而将文本结构理解为奠基在社会结构之上的思维模式。在新历史主义看来，"历史话语并非以一个形象或一个模式与某种外在'现实'相匹配（matching），而是制造（making）一个言语形象、一种话语的'事物'，当我们把注意力集中于它并阐明它的同时，它又干扰着我们对其假定指称对象的知觉"[20]。叙述绝不仅仅被看作传输信息的一种媒介，而是被看作其自身也是一种信息，这种信息具有自己的指称对象，具有与它看来仅仅"容纳"的意义十分不同的其他意义[21]。

新历史主义的"互文性"并不等同于在形式主义者、结构主义者那里出现的互文性思想。在后者那里，互文主要是文学文本之间的相互影响，或者一个文学文本内部词句与词句、结构与结构之间的相互作用。新历史主义者将那种盛行于理论中的纯内在性互文变成了以文化总体语境，以历史和文学为文化语境内的不同文本类型的"跨文体互文"。从这个意义上讲，新历史主义不但动摇了文学研究中最具外在性的历史维度，外在性的历史被内在化了；同时也反过来动摇了形式主义理论、新批评理论以来形成的那种纯粹内在性的文本理论。新历史主义的这种研究着重考察的是历史文本与社会文化语境中其他文本之间的互文性。以文化为总体语境，实际上新历史主义将文本中的互文性提升到了一个新的更大的系统中进行理解，文学系统第一次被以文本生产为媒介整合到了文化系统中进行理解。

在新历史主义中，文本和历史互相剥夺了对方在阐释过程中的绝对权力。它们之间的关系正如"意向性"概念为意识与所意识之物设定的关系一样：文本召唤着历史语境，而历史又呼唤着文本的书写，二者都不能独立存在。因此在新历史主义那里，历史及对其进行的语言叙述均由于不能摆脱彼此之间的联系而变得有待从一种互文性的角度上进行阐释。而这种互文性的不透明性，正是由于语言和历史都不能将意义的相互指涉封闭起来，换言之，由于新历史主义者既需要历史来对文本做"事件化"的阐释，同时又需要文本来将历史事件作为一种话语模式来理解，这便使得"文本"与"历史"均不再居于独立的自明地位，在互为论据的意义生成模式中，那种凌驾于文本之上、拥有最终解释权的"客观历史"和那种凌驾于历史事件之上、在文本内部以一种纯粹共时性的方法来完成诠释的形式—结构主义阐释方法均不再可能。

　　文本与社会历史之间的"互文性",意味着历史必须通过叙事才能被确立,而叙事又只有通过历史才能被理解。格林布莱特便认为"艺术作品是一番谈判(negotiation)以后的产物,谈判的一方是一个或一群创作者,他们掌握了一套复杂的、人所公认的创作成规,另一方则是社会机制和实践。为使谈判达成协议,艺术家需要创造出一种在有意义的、互利的交易中得到承认的通货"②。也就是说,"新历史主义"不仅要将历史视为艺术的,还要将艺术视为历史的,它必须能够建立一种双向的联系。这其中历史语境被置换成了文化系统,试图以文化、文学话语或诗学符码来取代更为基本的阶级、民族和性别符码,社会制度和实践(包括政治在内),都被解释成文化系统的功能,而不是相反。这样,复杂的社会现实就被新历史主义者置于"文化"功能的地位,然后又将文化置于"文本"的地位。尽管文学理论并不曾因为引入了历史维度而内生出一种外在性,但是,文学实际上走向了"文学之外",因为,此时由互文性而产生的理论内在性不再是内在于"文学",而是内在于包含了历史事件、社会制度、传统思想等一系列维度的"文化"。

　　新历史主义虽然在恢复文学研究中的历史维度,加强对文学文本缘起的历史语境的注意,将文本历史化并进而对盛行的形式主义的研究实践进行某种补充等方面,做出了颇具影响力的贡献,但是,当新历史主义者亲近后结构主义"文外无物"的观念而面目一"新"时,他们实际上已被封闭在能指符号的转换链上,在"叙述的、再现的历史"层面穿梭。这无疑承认了他们不可能,也无意于再去企及那最终的所指,那本源的历史,那个"非叙事的、非再现性的"历史事实③,而是通过对"文本的历史性和历史的文本性"的强调,将"解释与历史修撰、历史与历史书写"叠加起来而视为"同一回事"。④

　　新历史主义沉浸在历史阐释的欢愉中。然而被新历史主义者忽略了的是,后结构主义者们那种沉浸在阐释的欢愉之中的做法,首要意图在于要以特定社会结构之下形成的文本特性来取代早期结构主义者坚持的那种纯粹的语言性批评。后结构主义在坚持历史的叙事性的同时,也对作为历史书写和文学批评的媒介的语言是否具有方法论上的绝对明晰性这一问题提出了质疑。罗兰·巴尔特认为写作"本身也包含着历史的、不可穿透的记号和字词的内容",它们不能被孤立地理解,因而写作的"形式往往是纷歧多变的,又永远是令人困惑的"。⑤从这种意义上来说,新历史主义者和后结构主义者之间的区别便在于:后结构主义者所坚持的互文性,通过承认特定的阐释和书写方法形成于历史语境中,从而为文学批评打开了一种新的外向阐释的可能性;而新历史主义则通过将历史本身也视为一种文本,从而将这种丰富的可能性再次封闭到了文化文本内部。如果"历史就是历史学家描写过去事情的方式,至于历史上究竟发生过什么事情,他们则不管,他们认为历史主要由一些本文(按:现在通常翻译为文本)和一种阅读、诠释这些本文的策略组成"⑥,那么,这就完全将历史文本化了,历史变成了历史观念,历史事实变成了被人们不断叙述的故事,历史存在、历史过程变成了对历史事件的阐释过程。就是说,"本文除了是我们能知道的一切之外,还是唯一使我们感知到这一切的形式"⑦。

新历史主义的这种困境也是文学理论尝试反对实证主义、经验主义,重建一种文本自律性的理论体系这一尝试的最终困境。当文学理论试图通过语言和文化来兼并外在性研究的时候,内在性本身仍然难以解决文学发展的问题、形式演变的问题等一系列与"生成""生产""变化"有关的理论问题。如果一种理论坚定地相信以互文性为基础的"文本生产"理论,那么它实际上相信的是一种"文本有机论"的神话:这种神话认为,文本具有内在的生命,文本和文本之间的相互作用便足以生成新的文本,这种生成的动力不源于特定时代下有血有肉的作家,而依赖于文本之间的相互影响。这正是一种以否定生产主体的方式来凸显生产的理论悖谬。

这种状况的出现主要是由于"互文性"首先是一个共时性的范畴,互文即是一种将两处文本置于同一语境下来进行阐释的过程,当两个文本发生互文的时候,它们之间的时代差异便消失了,发生了语境的融合。共时性虽然能揭示在同一文化体系中各种元素的关系,但是对这种关系的揭示却是以牺牲对时间性的考量来完成的。正如在索绪尔的语言哲学中出现的那样,它对于新的事物如何产生完全不能给出答案,只能以一种否定性的贫乏化来对变化做任意性、偶然性的阐释。⑧当新历史主义者过分关注互文性的时候,历史中的历时维度就全然被共时性取代了。在这样的历史观中,由于意义产生于已经存在的诸要素之间的联系之中,新意义的出现变成了已有要素的某种新式的排列组合。在这里,新历史主义者重新堕入了作为自己批判对象的形式主义泥淖中。形式主义根深蒂固的弊病之一,便是将文学的发展理解为一种文学家通过某种手段实现的对已有形式的"陌生化",而不能对新形式的产生给出非偶然性的解释,便只能将新变理解为一种对原有事物的否定。新历史主义同样也将文学文本的变迁否定性地归结于纯粹偶然的历史事件,却对这种历史事件的内在逻辑缺乏应有的建构意识和批判意识。

三、历史诗学的困境:二元对立与"意义短路"

新历史主义吸收后结构主义二元对立、非此即彼的逆向思维方法,因而不重视历史本身的丰富内涵和文学文本的多样性,屡屡出现"意义短路"的险情。新历史主义是反形式主义的,但又在反形式的"主义"之中,吸收了不少形式主义的框架、范式和言说方式。这主要表现在新历史主义过分热衷地吸取了解构主义的逆向思维精神,形式主义的核心思想便是将意义的生成与体系内要素之间的差异性之间建立起联系,没有差异的地方就没有意义的生成。新历史主义对这种思维方式的借鉴使它对一切都以"二元对立"的方式去看,如颠覆与反颠覆、权力与反权力、历史与反历史、语言与反语言,甚至也以二元对立的方式去看待文学文本与社会文本、历史意识与非历史意识。这种反形式的新历史主义,有可能将形式主义的边缘化、对立化的批评策略挪为己用,使其不重视历史本身的丰富内涵,一味强调文本与现实相关联的强制性阅读,从而出现"意义短路"的危险。

从其根本的理论思路依然与形式主义等理论思潮相一致这个意义上来说,新历史主义之"新"实则仍然是一种否定性的"新"。形式主义、结构主义等内在性的理论路径,最核心的特点之一便是以否定性的态度来看待文本的发展和意义的生成,"陌生化""体系"等概念无一不把意义的来源建立在一种否定性的"差异性"上。简言之,意义并不来自一个概念"是"什么,而来自它"不是"什么。在新历史主义者以文本的方式进入历史的时候,他们最终关心的是一种历史叙事与另一种历史叙事的区别,而非导致这种区别的根源,因此,我们也就不难理解为什么新历史主义者对权力的最终关注使其以权力的宏大叙事代替其他种类的宏大叙事。杰姆逊认为,"历史本身在任何意义上不是一个本文,也不是主导文本或主导叙事,但我们只能了解以本文形式或叙事模式体现出来的历史,换句话说,我们只能通过预先的本文或叙事建构才能接触历史"㉙。海登·怀特也认为历史叙事"利用真实事件和虚构中的常规结构之间的隐喻式的类似性来使过去的事件产生意义"㉚。他们一方面都否认我们能接触以任何形式出现的所谓"真实的历史";另一方面也都否认以叙事的形式被再现出来的历史有如真实历史一样的实在性。对于杰姆逊来说,被叙述的历史中都带有了某种政治性,以后结构主义为基础,他认为每一种叙事结构背后都隐藏着与其所处时代相联系的政治秩序,因此被讲述的历史必将在某种程度上被叙事结构背后隐藏的政治秩序所"篡改",但却又恰恰能够经由对叙事的分析来碰触作为大写历史的秩序。对于海登·怀特来说,每一种叙事都必然是一种对历史发展的"拟合",叙事中包含的事件顺序只是在象征的意义上"像是"真实的历史事件顺序,但是实际上,它们之间只是相似而已,并没有什么实在的联系,说到底,我们只能了解叙事的秩序,而不能了解真实的历史秩序。正是在这样的历史观念上,借助形式主义对边缘性的强调,解构主义对中心主义颠覆的思想,依赖于开放权力的话语场,新历史主义强调边缘、次等文化的中心位置和政治表述,高度注重轶文趣事的小叙事,以此来颠覆大历史叙事模式的政治解读方式。新历史主义清楚自己所挑战的对象——形式主义的范畴,却很难逃离这种形式主义的藩篱,因而,它陷入了一种误区,即采用将负面引申为正面的反置逻辑,将戏剧风格由权力对抗的位置转为权力施行的基本模式,也就是说,凡是形式主义或历史主义是这样的,它就反其道而行之,颇有些另类历史或翻案研究的味道。这里,他们"揭露、批判和树立对立面时所使用的方法往往都是采用对方的手段,因此有可能沦陷为自己所揭露的实践的牺牲品"㉛。

如果说历史只是一种文化文本的书写方式的话,那么,由于这种书写又是基于一种区别化的否定思维和反置逻辑,因此,新历史主义必然因沉湎于边缘的琐细的"历史"叙事,导致纯粹的话语与客观现实脱离联系,其结果是使历史叙事的价值判断一直处于相对主义的悬而未决状态,无从成为一种现实力量,这种研究范式的现实伦理效力便成了可疑的。从文学理论的角度来看,受新历史主义影响的文学创作、文学研究沉沦或迷失于野史资料、档案记录、传说故事等历史碎片之中。当初形式主义者恰恰由于取消了叙事的客观性而使文学批评与价值领域拉开了距离,而这种批评对于备受形式主义纠缠的新历史主义来讲也是恰切的。韦勒克就曾经针对形式主义理论批判道:"文学的本质恰恰就是价值。"㉜

文本是一个"事件",文学文本占据一定历史文化场所,在这里并通过这里,各种历史力量相互碰撞,各种政治意识形态的矛盾得以上演。"文本是历史变化过程的一部分,而且,文本的确可以构成历史变化。"㉝但是,由于将历史仅仅理解为一种叙事,新历史主义不承认任何超越于文本之外的"客观性",它的这种做法无法抵达那"非再现的"真实历史事件和历史过程,"历史"这一范畴便具有了高度的抽象性,因此它便成了可替代的,我们大可以将历史置换为"性别身体""生态""种族"等在历史语境中形成的任何概念,然后将一种"新政治化"(new politicization)的批判模式加诸其上。这种"新政治化"模式就是将历史抽象出来,使它变成合法性与反合法性、政治与反政治之间的一种权力斗争的历史,借此模式来说明权力本身制造出它的内涵及其颠覆性,并把这种权力斗争和政治模式置于所有历史文化的研究之中。在这里,"历史"成了权力斗争的象征物,历史文本是这种象征方式的媒介,唯一真实且具体的只有作为象征本体的权力而已,充当象征的媒介的文本和历史则被琐碎的政治批评抽空了所有具体内核。这种权力在文本叙事中,有可能被化为一种超历史(transhistorical)的力量。这种力量无情地制造颠覆,以至于任何对抗和相敌对的力量,总是以被控制的方式来加以呈现。这样,新历史文本分析,并不将分析对象历史化,而是将其解历史化(dehistoricize),使之成为被权力所局限的一个标本。无论文学被看作是对抗权力的总体形式的观点,还是将文学作为权力的基本模式的历史观点,无疑都在新历史主义理论意向中有所体现。㉞

必须承认,新历史主义揭示出了历史与文本之间的种种联系,并且对那种纯粹将目光聚焦在文本内部的文学研究模式做出了一定的合理批判,然而,他们在做出这种贡献的同时又矫枉过正地过分凸显了历史叙述的文本性,使"历史"由一种对纯粹文本性的补充维度,变成了文本的内在组成部分。可以说,在根本上新历史主义者是观念的历史主义者,是反历史的历史主义者。新历史主义者所论及的"历史"在肯定了文化与社会、政治等维度的关系的同时,又将历史叙事的实在性以"文学""文化"的方式消弭掉了。从文学理论的角度来讲,新历史主义以一种泛文本观的方式将文学的相对独立性消弭在了文化大语境中,形式主义的文学走出被限定的樊笼,走入文化语境;从语境出发,文学与历史之间的界限便模糊不清,历史和文学之间的差异被简化成了一种文体学意义上的差异。可以说新历史主义并没有真正把文学引出形式,更没有引向广阔的历史与社会。以语言化、文本化为主要方法论的 20 世纪文论范式转型在新历史主义这里可以说达到了一个高峰,也正是在这一尝试将最具外在性的历史维度转化为内在性文本的极端尝试中,我们发现了这种范式转型的核心困境:20 世纪的内在性文论转向归根结底建立在一种依赖于区别、差异的否定性之上,否定在文本差异性之外有任何坚实可靠的东西。互文性思想早已有之,然而建立在否定性基础上的差异性互文则是 20 世纪以来索绪尔语言哲学的产物。在新历史主义那里唯一存在的只有一种文化体系内部跨文体的否定的互文性。

马克思主义经典作家在论及"真正的社会主义者"时指出:他们"经常把文献的历史和现实的历史当作意义相同的东西而混淆起来"[⑤],"在他们根本把人们关于自身的意识的历史变为人们的现实历史的基础之后,——在所有这一切之后,把意识、观念、圣物、固定观念的历史称为'人'的历史并用这种历史来偷换现实的历史"[⑥],"这样,历史便成为单纯的先入之见的历史,成为关于精神和怪影的神话"[⑦]。这些评价用于新历史主义者也是很适当的。这种非历史或反历史的历史观念和历史精神在我国文学理论的研究,特别是在对百年文论发展里程的反思性研究中,有着不小的余响。无论是百年来现代文学理论的历史评价问题,马克思主义文学理论的历史作用问题,文学理论的现代性、后现代性的生发与发展问题,也无论是古典文论系统的汰变与转型问题,新历史主义都如幽灵般隐现其中。值得思考的是,新历史主义的困境实则揭示了一种新的理论可能性,即我们需要在文本观中恢复某种形式的肯定性思想,以新的方式建立起不依赖于文本间由二元对立方式所形成的差异的文本观,极端的否定性思维往往只能不断以新的方式肯定已有的理论困境,却难以带来实质性的理论变革。

原载《北京师范大学学报(社会科学版)》2019年第4期。

注 释

① [美]伊丽莎白·福克斯—杰诺韦塞《文学批评和新历史主义的政治》,孔书玉译,张京媛主编《新历史主义与文学批评》,北京大学出版社,1993年,第52页。
② [美]海登·怀特《"描绘逝去时代的性质":文学理论与历史写作》,伍厚恺译,[美]拉尔夫·科恩主编《文学理论的未来》,程锡麟等译,中国社会科学出版社,1993年,第48页。
③ [美]海登·怀特《"描绘逝去时代的性质":文学理论与历史写作》,伍厚恺译,[美]拉尔夫·科恩主编《文学理论的未来》,程锡麟等译,第66页。
④ [英]特伦斯·霍克斯《结构主义和符号学》,瞿铁鹏译,上海译文出版社,1987年,第8页。
⑤ 同上书,第125页。
⑥ [美]海登·怀特《"描绘逝去时代的性质":文学理论与历史写作》,伍厚恺译,[美]拉尔夫·科恩主编《文学理论的未来》,程锡麟等译,第44页。
⑦ 同上书,第50页。
⑧ 同上书,第44页。
⑨ [美]海登·怀特《评新历史主义》,陈跃红译,选自张京媛主编《新历史主义与文学批评》,第106页。
⑩ [美]海登·怀特《"描绘逝去时代的性质":文学理论与历史写作》,伍厚恺译,[美]拉尔夫·科恩主编《文学理论的未来》,程锡麟等译,第67页。
⑪ 同上书,第51—52页。
⑫ 同上书,第45页。
⑬ 同上书,第52页。
⑭ 同上书,第53页。
⑮ 同上书,第60页。
⑯ [德]埃德蒙德·胡塞尔《现象学的观念》,倪梁康译,上海译文出版社,1986年,第37页。
⑰ [美]海登·怀特《"描绘逝去时代的性质":文学理论与历史写作》,伍厚恺译,[美]拉尔

夫·科恩主编《文学理论的未来》,程锡麟等译,第67页。

⑱ [法]米歇尔·福柯《权力的眼睛——福柯访谈录》,严锋译,上海人民出版社,1997年,第205页。

⑲ [美]海登·怀特《"描绘逝去时代的性质":文学理论与历史写作》,伍厚恺译,[美]拉尔夫·科恩主编《文学理论的未来》,程锡麟等译,第65页。

⑳ 同上书,第50—51页。

㉑ 同上书,第70页。

㉒ [美]斯蒂芬·葛林伯雷(格林布莱特)《通向一种文化诗学》,盛宁译,张京媛主编《新历史主义与文学批评》,第14页。

㉓ [美]弗雷德里克·詹姆逊《政治无意识:作为社会象征行为的叙事》,王逢振、陈永国译,中国社会科学出版社,1999年,第70页。

㉔ Hamilton P. *Historicism*. London:Routledge,1996,p. 21.

㉕ [法]罗兰·巴尔特《写作的零度》,《罗兰·巴尔特文集》,李幼蒸译,中国人民大学出版社,2008年,第53页。

㉖ [美]伊丽莎白·福克斯—杰诺韦塞《文学批评和新历史主义的政治》,孔书玉译,张京媛主编《新历史主义与文学批评》,第56—57页。

㉗ 同上书,第59页。

㉘ [美]J·卡勒《索绪尔》,张景智译,中国社会科学出版社,1989年,第42—43页。

㉙ [美]弗雷德里克·詹姆森(杰姆逊)《马克思主义与历史主义》,张京媛译,张京媛主编《新历史主义与文学批评》,第19页。

㉚ [美]海登·怀特《作为文学虚构的历史本文》,张京媛译,张京媛主编《新历史主义与文学批评》,第171页。

㉛ Veeser,H. Aram. *The New Historicism Reader*. New York:Routledge,1994,p. 2.

㉜ [美]勒内·韦勒克《批评的诸种概念》,罗钢等译,上海人民出版社,2015年,第73页。

㉝ Brannigan J. *New Historicism and Cultural Materialism*. London:Macmillan Press Ltd. ,1998,p. 203.

㉞ Carolyn Porter,*History and Literature:After the New Historicism*,NLH,21. 2. Winter,1990,pp. 253—272.

㉟ 《马克思恩格斯全集》第3卷,人民出版社,1960年,第551页。

㊱ 同上书,第200页。

㊲ 同上书,第132页。

不以诗怨:惠特曼的《草叶集》

秦立彦

惠特曼对美国和世界的前景曾有乐观的预想,站在二百年后的今天,他还能认出这世界吗?他所热烈歌唱的美国已经不再像从前那样闪光,他预言的人类共同的乌托邦也并未到来。如果他目睹了"一战"与"二战",他会怎么说?在《荒原》之后,在卡夫卡之后,我们应该如何阅读惠特曼?

惠特曼作为诗人的很多品质会令我们感到有些陌生。现代诗人大多敏感、孤独、悲伤、脆弱。而从《草叶集》中浮现的惠特曼骄傲、勇敢,充满能量和希望,不迷惘,不虚无,有明确的目标和自我身份。他的健旺的语气,与比他小十岁左右的狄金森很不同。惠特曼少有异化的感觉,他在大自然里和城市里都如在家中。华兹华斯书写了大都市伦敦的异化感,而惠特曼自豪地称纽约为"我的城"(my city)。走在城市的人群中,他没有陌生感。他认为每个人都是自己的同伴,没有社交恐惧症。他拥抱现代性,拥抱现代机器。在他看来,"现代"这个词是英雄性的(the heroic modern),是应当歌颂的,而"现代"的前沿与代表就是美国。

惠特曼笔下的劳动不异化,不辛苦,劳动者都强壮。他参与了美国南北战争(不是作为士兵,而是作为志愿的医护人员),目睹了惨烈的伤亡,但这并未打消他的热情。战后他没有感到幻灭,也没有 PTSD(创伤后应激障碍)。他笃信自由、平等、民主与个人,相信这些将最终胜利。

钱锺书从"兴观群怨"的中国诗学中,提取了"诗可以怨"这一条古今中外名诗的特点,就是诗歌主要用以抒发郁结,这样的诗也容易写好。钱锺书援引弗洛伊德的理论为一种依据:文艺是作者日常生活中不能实现的愿望的替代。钱锺书所引的清代陈兆仑之言尤其具有启发性:"盖乐主散,一发而无余;忧主留,辗转而不尽。意味之浅深别矣。""诗可以怨"是在中外文学中具有相当解释力的概念,惠特曼却是一个醒目的反例。然而作为纽约人,当代人,难道他没有感受到当代人的忧郁与危机?他如何以诗歌处理个人际遇,尤其是其中的伤痛?

惠特曼的自我定位是美国的国民诗人,扩而广之,是人类的诗人,甚至诗人自身就像大自然一样是无所不包的,神一般的。"我赞美我自己,歌唱我自己/……/属于我的每一个原子也同样属于你。""我"与你没有差别,也就没有隔阂。"我"唱歌自己,也就是歌唱一切人。"每个男人女人都是我的邻人","我的同志"(my comrade)。惠特曼与他人合一,他相信,自己要说的也是人人都要说的,他就是人人。他一直关注读者,他的许多诗都是对读者的召唤,虽然《草叶集》第一版销量甚少,虽然至少在较早的时候,大众并不承认他是他们的代言人或"同志"。

从这样一个视角,惠特曼作为一个独特个人的品质和他个人的悲喜,在他的诗中就并非很重要。他确认自己的诗歌主题是"事物是多么令人惊奇"。在这样的信念之下他写道:"我在宇宙中没有看到过残缺,/我从来未见过宇宙中有一桩可悲的前因或后果。"他歌唱人类的集体身份,歌唱一个超越了个人"小我"的自我。他爱自然的部分与华兹华斯类似,但爱人类的部分相当激进。他写自然的部分要少于写人的,人是他最重要的关注点。人人平等的观念使他尊重女性,尊重黑奴,走在了自己时代的前面。虽然他最著名的作品题为《我自己的歌》(Song of Myself),然而这首诗并非歌唱惠特曼自己,而是歌唱每个人的"自我",也召唤每个人都像他这样歌唱。正如他另一首诗的题目是《普遍性之歌》(Song of the Universal),他写的是普遍性,而较少写具体之人或物。

在《草叶集》中,名词常常以复数的形式出现。惠特曼多次使用"all"这个无所不包的、超越式的、淹没了个体的代词。他有一首题为《一个女人在等着我》(A Woman Waits for Me)的弘扬性爱的诗,诗题里是"一个女人",而在诗的正文中则写道:"我要做那些妇女的壮硕的丈夫。"("I will be the robust husband of those women")类似地,他的男性爱人们在诗中也没有名字或具体生平,常表现为复数。

复数,多,是惠特曼的力量之一,他的句法也促成了这样的效果。他的诗歌风格是此前的西方诗歌史上不曾有过的。大量并列的名词、同位语、分词,如同滚滚不穷的海浪(catalogues)。在排比之中,诗行的前后顺序并非固定,在长诗中多一行少一行对全局也没有大影响。他的句法不是碎片与切断,而是难以句摘,有一种贯穿的淋漓之气和强烈的激情。他不甚关心炼字、炼句。甚至许多诗如同同一首诗,是对同一主题的多角度的反复表达。我们可以将博尔赫斯诗歌中有惠特曼风的排比列举法与《草叶集》对照,更能看出两位诗人各自的特点。博尔赫斯大量列举静态之物,句子不长,不追求力量,而惠特曼则有一种"奔流到海"般的腾涌。

　　惠特曼的复数与长篇列举,形成宏大而众多的效果,在这中间,单个人的面目一闪而过。他的诗歌写法并不是现实主义小说的那种针对具体事物的精雕细琢,如福楼拜做到的那样。我们可以说惠特曼的视角是全景照相机式的,而不是显微镜式的。他很少写一朵花、一只鸟。以他的诗《一只沉默而坚韧的蜘蛛》(A Noiseless Patient Spider)为例,这首十行的小诗写一只蜘蛛,但并非像华兹华斯或狄金森那样对自然界中微物的凝视,而是以这只在虚空中释放蛛丝的蜘蛛,比喻诗人的灵魂在无限空间中寻找落脚之处。蜘蛛在虚空中结网,诗人的灵魂也如此,诗的结尾的声音是有信心和安全感的,仍归于自我。类似地,另一首写于一八八八年的诗《老水手柯萨朋》(Old Salt Kossabone)写自己的一位已经去世的祖先——他九十多岁的时候日日坐在扶手椅上遥望大海,最后一天看见一条挣扎的船终于找到了方向,然后就死去。这首诗的目的也并非记录一位祖先的生平故事,而是以他作为惠特曼自己面对死亡的榜样。

　　惠特曼的诗具有某种英雄性和公共性,诗人尤其书写失败的英雄:"失败的人们万岁!/战舰沉没在海里的人们万岁!/自己也沉没在海里的人们万岁!"在对南北战争的死伤者的描绘中,诗人不只感到他们生命的可贵,也感到北方士兵为之而死的事业的可贵。那种失败就具有了崇高感,诗人本人也被英雄们所激励。作于一八七六年的一首诗《在遥远的达科他峡谷》(From Far Dakota's Canons),赞美在达科他州的一次印第安人袭击中,一百多美国士兵英勇战斗而死。在这首诗中也出现了诗人的自我:"就像在艰难的日子里坐着,/孤单,闷闷不乐,在时间的浓厚黑暗里找不到一线光明,一线希望。"惠特曼对日常生活的阴郁描述，近似于华兹华斯对一些低落时刻的描述。但惠特曼几乎是有意识地在当代寻找英雄性。在这首诗中，他书写的英雄就鼓舞了他。在此诗的几个段落中，包含着"我"与那些死去的英雄两类人物，英雄在西部的战场，"我"在东部城市的房间里，形成鲜明的对照。勇于赴死的无畏战士，正是他觉得自己应具有的面对生活重负的态度。惠特曼笔下的华盛顿、林肯、格兰特将军也是英雄式的。在英雄主义视角下，日常生活的痛苦也变得可以忍受。

这也可以解释为什么惠特曼乐于以士兵自比，为什么他在战后对战争岁月有留恋之意。惠特曼不是反战的。这固然因为美国南北战争可以视为一场正义战争、民主国家的阵痛，一种为未来付出的值得的代价。同时也因为恰是在战争中，惠特曼强调的人们之间的同志关系（camerado）能够实现。《列队急行军与陌生之路》（*A March in the Ranks Hard-prest*, *and the Road Unknown*）一诗，非常真切地书写了战地医院里的情景、气味、死亡。在美国诺顿出版社二〇〇二年版本的《草叶集》中，编者对此诗中的战地场面颇为赞誉，加脚注说这些描绘很"现代"，不亚于斯蒂芬·克莱恩（Stephen Crane）和海明威。但我们可以说不同的是，惠特曼所写的战争是正义的，在正义战争的框架下，血腥与残酷可以得到解释，而不导向绝望与虚无。

惠特曼也多次写到死亡。他关于死亡的诗时间不一，显然很早就在思考这个问题，而这个主题在他晚年的时候尤为凸显。虽然他没有明确的关于死后的主张，但对于他而言，死亡不是终结。一八八八年的《将结束六十九岁时的一支颂歌》（*A Carol Closing Sixty-nine*）一诗中，他说自己身体虽然衰残，但欢乐与希望之歌仍将继续。他的这种态度使他能够承受死亡的到来。一八七四年的《哥伦布的祈祷》（*Prayer of Columbus*）以哥伦布的第一人称书写，而哥伦布显然也是惠特曼。诗中"我"老朽失败，但仿佛看见"在远方的浪头上航驶着无数船只"。作为熟悉纽约和大海的诗人，惠特曼多次以水手、船、航行等意象，将死亡比为重新出海。惠特曼以英雄主义和探险者的身份对待死亡。虽然他不舍此生，但死后未来的不确定性变为一种期待，死亡是另一种开始。

除了战争、死亡这样的重大问题外，或许更难以乐观处理的是当代平庸的日常。惠特曼的诗是诚挚的，但不包含很多的个人色彩。在《草叶集》中，人类的每一分子都是诗人的朋友,但他写具体人物的诗并不多,最突出的就是写林肯总统的,亦有写格兰特将军的(格兰特战后也担任了总统)。林肯与格兰特都是公共人物,并不是惠特曼私人生活中的人物。惠特曼很少在诗中具体写到他的父母、爱人、朋友、兄弟。他仿佛与一切人都亲密,而并没有固定的亲密者。

在《有那么一个孩子出得门来》(There Was a Child Went Forth)一诗中,惠特曼列举各时节的自然风物与人,并很罕见地写到了父亲和母亲:"父亲,健壮,过于自信,男子气,难对付,发脾气,不公正,/打人,尖锐地大声骂人,苛刻论价,诡计多端。"在这里我们仿佛窥见了惠特曼的秘密,找到了他原生家庭的缺陷,然而这一点私人信息埋藏在他的大量列举之中,父母在众人众物之中并不醒目。惠特曼在母亲去世八年后,有一首纪念自己母亲的十行小诗——《死亡也走到你门口时》(As at Thy Portals also Death),写自己的母亲"那理想的女性,务实的,富有精神性的,对我说来,在所有大地、生命和爱情之中是最好的"。但这样一个完美的母亲在惠特曼的诗中很少露面,只有这一首小诗是专门为她而作。

虽然惠特曼不断提到"我",大部分诗都采用"第一人称",但他并没有在诗中融入很多的个人生平信息。他很少说到自己生活中的具体欢乐烦恼,从他的诗中很难勾勒出他的生平或年谱,连他的个性都是不怎么清晰的。他自己或许也看到这一点。在他的诗《在我随着生活的海洋落潮时》(As I Ebb'd with the Ocean of Life)中他写道:"真正的我尚未被触及,被说出,完全没有被抵达。"("the real Me stands yet untouch'd, untold, altogether unreach'd")

博尔赫斯有一文一诗论及惠特曼的作品和他的生平之间的这种差距。博尔赫斯曾翻译《草叶集》,在译序中说,看过"炫目与晕眩"的《草叶集》的读者再去看惠特曼的传记,会有上当之感。在《草叶集》中,惠特曼到处游荡,爱人众多,而在生活中他并未去过多少地方,不过是一个普通的记者。博尔赫斯由此认为有两个惠特曼:普通记者惠特曼,和"惠特曼想成为却并不是的另一个人,一个爱与冒险之人,一个游荡的、热情的、无忧无虑地在美国游历的旅行者"。博尔赫斯的诗《卡姆登,1892》(Camden, 1892)也循着这样的思路(惠特曼一八九二年死于美国新泽西州的卡姆登);垂死的惠特曼看见镜中老朽的自己,但感到满足,因为"我曾是沃特·惠特曼"。两个惠特曼,与博尔赫斯许多作品中的多重自我类似。博尔赫斯的言下之意是,生活平淡的惠特曼创造出了另一个与自己迥异的文本的自我,作为一种补偿,这也是惠特曼的天才所在,而那个日常的自我在诗歌中几乎没有留下痕迹。博尔赫斯是将惠特曼进行了"博尔赫斯式"的解读,正如博尔赫斯在另一首诗里将塞万提斯描绘为忧伤失败、失去了祖国的人。

  我更愿意相信惠特曼并非在诗中掩藏了日常的自我。如果我们在一切过往的诗人中都看到一个当代的脆弱失败的诗人,文学版图将趋于平面化、单一化。惠特曼异于当代诗人的部分,也许恰是值得我们注意的地方,是我们的另一种资源。

  惠特曼也有纯然书写痛苦与焦虑的诗,但很少,篇幅也不长,且不进入细节。《泪水》(Tears)一诗特别沉重,写一个人晚上在海边痛哭,而白天他那么整齐有序(regulated),我们不知此人痛苦的具体缘故,诗中也没有说那人是谁。《然而,然而,你们这些懊丧的时刻》(Yet, Yet, Ye Downcast Hours)中,惠特曼说自己对懊丧的时刻十分熟悉,但语焉不详。在别的诗中,他告诉我们他完全理解那些邪恶的人,因为他自己也"充满邪恶",但同样没有细节。《你们这些在法院受审判的重罪犯》(You Felons on Trial in Courts)写"我"与那些罪犯和妓女一样,"在这张看似冷漠的脸下面地狱的潮水不断在奔涌",然而从这首诗看惠特曼并无罪感,而是接受这些底层犯罪者,将他们也纳入世界的神圣秩序。

  更多的时候,生活苦痛只在《草叶集》的字里行间出现,较少作为诗的主体。惠特曼的处理方法之一是将其埋藏在长篇的列举中。在《我自己的歌》中,他列举了众多健康的劳动者,包括木匠、农夫、纺织的女子,然而在其中我们发现了几个不和谐的人:一个被送进疯人院的疯子,手术台上一个血肉模糊的畸形身体,还有"自杀者趴伏在卧室里血淋淋的地板上,/我目睹了尸体和它黏湿的头发,注意到手枪落在什么地方"。《草叶集》中共有两处提及"自杀者"(suicide),然而"自杀者"并非这两首诗的题目,没有被突出地集中书写,也并不醒目。在《我自己的歌》大量健康的人物谱中,几个不和谐者几乎被淹没,是大幅群像里的几张痛苦的面孔。我想这并非是惠特曼将世界的阴暗面隐藏在诗中，而是在看到这些的同时，他也看到了许多健康者，他的心思和笔都没有在黑暗的部分过久停留。当诗人的视野放宽，容纳了众多的人与物时，黑暗也仿佛得以冲淡。或以他的名诗《来自不停摆动着的摇篮那里》(Out of the Cradle Endlessly Rocking)为例，诗中之人从鸟和大海那里听到的是爱与死的主题，与惠特曼大部分诗中的明亮色彩不一样。此诗加入了鸟的哀声，形成多声部的效果。这也是《草叶集》从开篇到此唯一一首哀伤痛苦的诗，然而那是一只鸟痛失爱侣。而且那是使一个诗人觉醒的时刻，是他的起步和开始，鸟是诗人的启发者和唤醒者，这也减弱了诗的哀伤。

在惠特曼的几首关于忧郁的诗中，我们瞥见了熟悉的忧郁诗人形象，读到了华兹华斯的很多诗中、雪莱的《西风颂》、济慈的《夜莺颂》中的那种对尘世生活的抱怨，读到孤独。然而惠特曼很少表达逃世的想法。他没有想变成西风、夜莺，没有在过去寻找梦境。他是未来导向的，不像欧洲浪漫主义者有时指向中世纪的过去，也没有想象到远方无人的幻美之地躲藏。在他的大部分书写忧郁的诗歌，也就是"怨诗"中，他都找到了鼓舞自己的办法。

他有时以士兵的勇敢对待痛苦。《啊，贫穷，畏缩，闷闷不乐的隐避所》(Ah Poverties, Wincings, and Sulky Retreats)列举日常的许多痛苦，最后宣布："我还会作为一个赢得最后胜利的士兵那样站起来。"他的"怨诗"中常自带解决方案，尤其是老年，当他非常看重的美好身体变得衰朽的时候。《你那欢乐的歌喉》(Of That Blithe Throat of Thine)写一个北极探险者听到一只孤鸟的歌声，诗人也如那被冰雪包围的北极探险者一样，被老迈所包围，但那只鸟给诗人以教导。鸟鸣改变了一切，包括"老年被封锁在冬天的海港内——（冷，冷，真冷啊！）"。《致日落时的微风》(To the Sunset Breeze)中，"我，老迈，孤独，患着病，给汗水浸得筋疲力尽"，但一阵清风吹来使"我"重生。这些诗有杜甫的"秋风病欲苏"之感，甚至题目都不是痛苦的。诗中对老年困境的描写令人动容，但诗人主动突围和自救。惠特曼把诗笔献给那些安慰之物，而并不在痛苦之上过多"逗留"。他是可以安慰的，不沉溺于自怜。

我想，我们不应当将这些品质视为惠特曼的幼稚，或者他"不够现代"。我们所处的现代阶段并非多么令人自豪，我们对悲伤知道得更多，而不是快乐。

也许我们可以从惠特曼身上获得灵感与鼓舞,以减轻我们的现代负担。也许我们可以重新呼唤勇气和乐观,不过多耽留于悲伤与怨诉,更注目于我们共同的身份,而不是个人的悲喜。我相信这也是为什么博尔赫斯这位与惠特曼如此不同的诗人,会乐于翻译惠特曼的《草叶集》,而且视惠特曼为天才。

原载《读书》2020年第1期。

阐释的僭政与意义的流亡:
伽达默尔、德里达、施特劳斯三家异同略说

张 沛

> 那地方叫福基斯,通往得尔斐和道利亚的两条岔路在那里会合。
> (索福克勒斯:《奥狄浦斯王》第733—734行)

上篇:伽达默尔 vs 德里达

1981年4月25日,伽达默尔和德里达同时出席索邦大学在巴黎歌德学院召开的"文本与解释"研讨会并作讲座发言。伽达默尔发言后德里达当场提问,伽达默尔即席作答。二人的发言和对话发表于《国际哲学评论》(1984),并以《文本与阐释》为名单独结集出版,成为解释学(hermeneutics)与解构主义(deconstruction)世纪对话的经典文本。伽达默尔在后来题为《文本与阐释》的发言中指出:"文本"必须被理解为一个解释学的概念,即其以他人的"理解"为指向,此理解意味着"读者"与"文本"的对话,或者说读者与文本"视域融合"的"阐释";这种阐释有赖于对话双方的"善良意志",即"相互理解的良好愿望",事实上"凡在人们寻求理解之处,就有善良意志"。[①]对于他的表述,德里达提出三点质疑[②]:

1. 作为理解前提的善良意志的自明性:它是否预设了意志的无条件性?
2. 阐释语境的扩大是连续的扩展还是非连续性的重构?
3. 理解的条件是否更多是一种关联的断裂?

在德里达看来,理解发生的前提是"不理解",即理解—意义连续体的断裂,而"阐释语境的扩大"(伽达默尔所谓"活生生的对话中的生活联系")更多

是"非连续性的重构",即意义的"延异""替补"与"灰烬",而非一厢情愿、胜券在握的"视域融合"。即如伊格尔顿所说:伽达默尔假定在历史中"我们始终在家并随处在家,过去的作品将加深而不是消灭我们当下的自我理解,而生疏则始终是秘密的熟悉","这是一种极其自负的历史理论",即认为"历史不是一个斗争、打断和排斥的场所,而是一条'连续的链',一条永远流动的河",在这里"种种历史差异都被宽容地承认",但同时也都被"理解"消解了。③不仅如此,伽达默尔的"善良意志"仿佛康德的"绝对律令"一般预设了阐释的正当,但它无法保证阐释的公正——很可能,自我假"善良意志"之名而成为"共同理解"的主人④——事实上重蹈了主体形而上学—意志哲学(德里达称之为"意志形而上学")的覆辙,因此是一种伪善的强力意志。

德里达认定理解始于"断裂",伽达默尔对此并无异议:"一切作为文字出现的话语始终已经是一个断裂";但他同时指出:在理解发生之初,即意义"断裂"处,"文学文本、语言的艺术作品,不仅像一种冲力一样击中我们,而且也被接受下来——带着一种同意,这种同意乃是长久的、往往重复出现的相互理解之努力的开始"。⑤换言之,理解的发生契机与其说是"断裂",不如说是对于"断裂"事实的共同意识以及愿意理解(在伽达默尔看来,这是一个通过互为主体的"对话"而克服理解"断裂"的过程)的"善良意志",例如"德里达向我提出问题,就必定同时预设了我是愿意理解他的问题的"。⑥

伽达默尔言之有理,但德里达的问题意识初不在此。后者在"文本与解释"研讨会中的发言以"善良的强力意志"为题,聚焦海德格尔对尼采的哲学解读而透析了阐释的形而上学本性:

> 在阅读海德格尔的尼采读物时,要紧的事情可能在于,少去怀疑一种阐释的内容,而要更多地怀疑其前提预设或者公理系统。也许那就是形而上学的公理系统,只要**这种**形而上学本身追求或者梦想或者设想它自己的统一性。一个奇怪的循环——一种阐释必须据以完成的公理系统在一种思想周围聚集起来,而这种思想本身使一个惟一的文本,说到底就是表示存在、表示存在之经验的惟一名字统一起来。以这个名字的价值,这样一种统一性和这样一种惟一性相互依靠,以防播散(Dissemination)的危险。⑦

就此而言,德里达对伽达默尔的批判实为"项庄舞剑",意在借题发挥而批判柏拉图—海德格尔一脉的逻各斯中心主义。在他看来,"理解的善良意志"监控意义而连续重构了阐释的自身同一,正是逻各斯中心主义的主权宣示与传统形而上学的"魂兮归来"。⑧

尽管如此,伽达默尔的"善良意志"依然立于不败之地:"德里达向我提出问题,就必定同时预设了我是愿意理解他的问题的";换言之,德里达本人虽然质疑"善良意志",但是他的质疑恰恰见证了"善良意志"的存在:"他在这里求助于尼采,这当然是我很能理解的",但是"他们两人都对自己不公:他们都是为了被人理解才去说和写"。⑨

对于伽达默尔的反讽回应,德里达保持了反讽的沉默。他拒绝回应,以退出对话、人为制造"断裂"而成为伽达默尔"善良意志"之决绝他者的方式捍卫了自己的哲学立场,同时对伽达默尔的解释学构成了根本性的"道路挑战"。

但他并没有取得成功。首先,德里达在向伽达默尔发问的那一刻,便已落入对方——其实是语言或者说"话语"本身——的"问答逻辑"而启动了对话的"效果历史";他随后抽身离去,但伽达默尔仍以"善良的强力意志"接受此"不答之答",并向意中"伊人"继续发出对话的邀请。如其所说(伽达默尔的独白本身即是对话的重演和继续),他的思想与德里达的"解构"同根而生:"在整个法国哲学舞台上,与我具有共同起点的显然就是德里达","他的思想也是从海德格尔那里来的"(《解释学与逻各斯中心主义》),⑩这就是后者对形而上学的"解析"(Destruction)⑪;"我与德里达都确信,一个文本不再依赖它的作者或其意图","我也承认,理解总是不同地理解",事实上"理解发生之处并非仅有着一种同一性"(《致达梅尔的信》)⑫——甚至不是同一,而是同一的差异:"差异存在于同一性中,否则同一性就不是同一性。思想蕴含着延迟和间距,否则思想就不是思想了。"(《解释学与逻各斯中心主义》)⑬理解正因差异(他者)而可能(实现),或者说理解即是自身的差异(他者)化。就此而言,解构与解释并无不同:它们都是对传统形而上学 ἀρχή(原则—统治)——德里达所谓逻各斯中心主义——的成功化解与克服。

尽管如此,"解释"和"解构"之间依然存在巨大的分歧,事实上它们代表了

两种不同的阐释学理或解释学道路,如伽达默尔所说:

> 在我看来,为了反对辩证法所特有的存在学上的自我驯服而指出一条通向自由之路,只有两条道路似乎是可行的,并且已经有人行乎其上了。一条道路是从辩证法回到对话,回到会话。我本人已经在我的哲学解释学中尝试走这条道路。另一条道路则是主要由德里达指出的解构之路。这条道路恰恰不是要在活生生的会话中重新唤起已失落的意义,相反,是要在作为一切言说之基础的意义关系的隐秘交织中,也即在一个关于书写(而不是关于闲谈或对话)的存在学概念中,根本上消除意义的统一性,从而实现对形而上学的根本性粉碎。(《解析与解构》)⑭

有论者指出:伽达默尔"试图通过将这些概念回归到言说中去以打破形而上学概念的僵化、可决定的意义",而德里达的目标则"在于一种更为彻底的散播,在于打乱意义的可决定性",由此"揭明全然为他者的东西,而不是发现意义与真理"(米歇尔菲尔德、帕尔默《〈对话与解构:伽达默尔与德里达的交锋〉导论》)。⑮这样说来,"解释"与"解构"——我们不妨视之为海德格尔"解析主义"的左右两翼或阴阳两极——并不对立,而是在不同层面上展开的两种思想路径(伽达默尔所谓"真理与方法"的"方法")与话语空间(德里达所谓"Khora"⑯)。

然而,伽达默尔本人并不这样认为。在他看来,"解释"不同于"解构"不假,但这"不同"并非水平的差异(并因此互补),而是层级上的超越:

> 我超出了德里达的解构论,例如我认为话语根本上只在会话中才存在,在会话中的话语并非作为个别的词语,而是作为言语和回答状态的整体而存在的。(《解析与解构》)⑰

他在另一场合也指出(同时是向德里达隔空"喊话"):

> 根本就没有形而上学语言。始终只有我们自己的语言。在形而上学传统中形成的概念以种种变化和不同层面存活在我们的语言中。(《解释学与逻各斯中心主义》)⑱

解释学既不是、也不依赖于任何"在场哲学"。德里达从符号概念而不是活生

生的对话语词出发切入语言问题,因此未能真正理解解释学:

> 惟有了理解,书写才能返回到说(这种说决非必须是一种"出声的读")。无论在何种情形下,书写的现实化就像被说出的词语的现实化,始终就已经要求一种富有思想的理解意义上的阐释。根据这一情景,我认为,德里达在此看到有在场的形而上学在起作用,看来是一种彻头彻尾的误解。(《解释学与逻各斯中心主义》)[19]

伽达默尔认为德里达误解了自己,但这恐怕也是他的误解;更可能的是,德里达为闪避、化解"善良意志"预设的"视域融合—共同理解"而故作不解——虽然说"不解之解"也是一"解"。德里达的立场始终是一种反立场,即绝对的他者立场;伽达默尔所说的理解——作为此在的自我解释(海德格尔所谓"此在存在的基本样式"[20])——取决于对话,而对话意味着"去他者化",即对差异—他者的征服;但在德里达,差异或者说他者之为他的"他者性"无法穿透,否则理解无非是阐释(者)的僭政(虽然它以"善良意志"为名出现),而"视域融合"将成为监控差异—他者、使之有序发生(事实上,一旦排除意外,即理性无法预测和监视的偶然性,差异也就不成其为差异了)[21]的意义监牢。为此,他选择了流亡:流亡意味着拒绝,但并非拒绝对话本身,而是以拒绝的方式——拒绝对方(或任何一方)单方面无条件指定的规则或秩序,即只讲一种语言(这往往是强者的权力话语)——介入对话,打破意义的管制并推翻阐释(者)的专政[22]。在这个意义上,德里达的拒绝——确切说是对伽达默尔阐释学的拒绝——正是他对后者的"他者召唤"的"应答(oui)"[23],这应答同时预示了德里达后来转向的"好客":如其所说,"语言是好客","好客始于没有问题的接待","让我们在任何规定、任何预设、任何认同之前对来者说'是',不管对方是谁"(《不好客》,1996)[24]——即便他是伽达默尔。事隔多年,德里达终于签名——接收了(re-marks)他者(伽达默尔)"善良意志"的邀请。

根据古希腊神话传说,英雄奥德修斯(Odysseus)攻克特洛伊后一直在回家的路上离乡漂泊,而当他终于踏上故土时,却因离家太久,"周围的一切令国王感到陌生",兀自以为身在异乡(*Odyssey*, 13. 187—194);即便后来复辟成功、重新成为自己家园的主人,他仍将远离故土,继续流浪于海上,直至生命的终点(11. 121—136)[25]。奥德修斯的故事正是德里达的故事(μῦθος)——哲学的"奥德修斯故事"（*Odyssey*），而这个故事的主题就是逻各斯（λόγος）的永恒延异：回归的流亡或流亡的回归。

如果德里达是回—离家乡的奥德修斯，那么伽达默尔呢？在荷马的故事中，奥德修斯杀死外来求婚者（制造混乱的他者）后与家人（一度疏离为异己的自我）相见，并与妻子（他的另一自我，或者说我之异—己[㉖]）商议重整家业："这家宅里的各种财产仍需你照料，高傲无耻的求婚人宰杀了许多肥羊，大部分将靠我劫夺（ληΐσσομαι）补充，其他的将由阿开奥斯人馈赠，充满（ἐνιπλήσωσιν）所有的羊圈。"（23.355—358）[㉗]而在伽达默尔的哲学故事中，理解—阐释是一个（重新）占有—生发的过程："一切用文字固定下来的东西都具有某些陌生的因素"，而"文字的解释者……必须去除掉其中的陌生性并能把它占为己有"（《诠释学与历史主义》）[㉘]，这一过程同时实现了"在的扩充"[㉙]，即"与此在的历史性一起被给出的存在的展开"（《诠释学与历史主义》）[㉚]。正如奥德修斯通过"劫夺—馈赠"实现家业的"补充—充满"一样，伽达默尔通过对话—视域融合实现了此在经验的"扩充"和"展开"。伽达默尔的阐释者宛似在家主政的奥德修斯：如果说永远归来—去的奥德修斯体现了解构哲学的精神，那么这个在他者身上认出自己并通过他者充实自身所有的奥德修斯正是现代解释学的人格象征。

如前所说，伽达默尔认为"在整个法国哲学舞台上，与我具有共同起点的显然就是德里达"，"他的思想也是从海德格尔那里来的"，又说"为了反对辩证法所特有的存在学上的自我驯服而指出一条通向自由之路，只有两条道路似乎是可行的"，一条是他本人主张的"从辩证法回到对话"的哲学解释学道路，"另一条道路则主要是由德里达指出的解构之路"——这话是否真实可信？面对伽达默尔的邀请—攻势，德里达置若罔闻，甚至"不架而走"，对话（我们知道，伽达默尔解释学的一切有效性和现实性均有系于此）一时陷入僵局；但是十五年后，德里达本人以"绝对的好客"解构"友爱的政治学"而签名—应允对话之"不可能的可能"，则似乎又认可了"善良意志"之"不可解构的正义"。虽然时过境迁，伽达默尔还是赢了。

尽管如此，我们仍然想问：在伽达默尔的解释学与德里达的解构主义之外，是否存在其他阐释路径？如果存在其他路径，这个路径从何而来并指向何方? 与此同时,它与伽达默尔的解释学路径和德里达的解构路径构成怎样的关系:平行、补充抑或超越(内涵)、替代?

下篇:施特劳斯 vs 伽达默尔

1952年,列奥·施特劳斯(1899—1973)在《形而上学评论》季刊发表《评柯林武德的历史哲学》一文。柯林武德的"科学历史学"强调历史是心灵对过去经验的再生与重建并因此是"活着的心灵的自我认识"[31],而施特劳斯对此大不以为然:"为了理解过去的思想,人们必须怀疑科学历史学的基本观点。人们必须怀疑'当代精神'的独特原则。人们必须放弃从当前的观点去理解过去的企图。"[32]他在文章最后指出:

> 对基本问题之理解的失落在哲学的历史化或历史主义中达到了顶点……历史主义否认基本问题的永恒性,借此批准了对人类思想之自然视域(natural horizon)的失落或遗忘。正是那种自然视域的存在使"客观性"成为可能,因而尤其使"历史的客观性"成为可能。[33]

这是一个非常严厉的批评,同时也是一项重大的判断。施特劳斯在此批判的,不仅是柯林武德个人的"科学历史学",更是作为"当代精神"即西方现代性思想核心原则和基本表征的"历史主义"。在他看来,历史主义源于自由主义的相对主义,并最终走向虚无[34];而虚无,或者说虚无主义,正是西方现代性[35]愈演愈烈而登峰造极的产物。

正如海德格尔相信人类历史本质上是人步入歧途和存在被遮蔽的历史一样,施特劳斯认为近代早期以来的西方思想(及其政治现实)不断偏离古典"自然正当"(natural right)和自我解构而经历了"现代性的三次浪潮":第一次浪潮以马基雅维利、霍布斯和洛克为代表,其结果是自由主义民主政制理念及其政治现实(如美国);第二次浪潮以卢梭、康德、黑格尔、马克思为代表,其结果是共产主义运动及其政治现实(如苏联);第三次浪潮以尼采、海德格尔为代表,其结果是法西斯主义及其政治现实(如纳粹德国)。[36]根据施特劳斯的诊断,我们现在正处于第三次浪潮引发的现代性危机之中。

在现代性浪潮的引领者当中,施特劳斯尤其重视海德格尔:在他看来,海德格尔作为希特勒"在智识领域的对应者"㊲代表了"现代思想"的"终极完成"与"最高自我意识"㊳。按施特劳斯在德国弗莱堡大学学习时期(当时他的导师是胡塞尔)即与海德格尔结识;据他后来回忆,"海德格尔在思辨理智方面远远超越了所有他的同时代人","在我们的心智逐渐形成持久方向的那些年里,没有什么比海德格尔思想对我们的影响更为深远"。㊴不仅如此,施特劳斯后来正是通过反思和回应海德格尔的"最彻底的历史主义"㊵,开始质疑和批判西方的现代性事业㊶。就此而言,他同伽达默尔、德里达一样都是海德格尔哲学的直系传人。

同时也是他最主要的批判者。施特劳斯认为:彻底转向历史主义的现代哲学在道德和知识学上都已经破产而进一步激化了"现代性的危机";为了克服这一危机,我们亟需返回现代思想的源头和西方文明的根基,在超越"进步与保守主义、左派与右派、启蒙运动与浪漫派的对立"的视域下"重新理解永恒的好、永恒的秩序的思想"(《科亨与迈蒙尼德》)㊷。这就需要以一种非历史主义的方式重新审视古典哲学,如其所说:

> 历史远未证明历史主义推论的合法性,相反它倒是证明一切人类思想——自然也是一切哲学思想——均涉及相同的基本主题或相同的基本问题,因此在人类事实与原理知识的一切变化中,有一个总体框架(framework)始终保持不变。㊸

历史经验并不能否认根本问题的存在,而历史主义——作为伪哲学(pseudo-philosophy)或"自然洞穴"之下的洞穴,即"人类思想史"㊹——无法根本解决这些问题:

> 历史主义的问题必须首先从古典哲学的角度来考虑,而最纯粹的古典哲学正是非历史主义的思想。只有通过这样的历史研究,即像古典哲学理解自身那样理解古典哲学,而不是在历史主义的基础上去理解它,才能解决目前最迫切的需求。㊺

施特劳斯要求"像古典哲学理解自身那样理解古典哲学",这意味着他的古典研究——确切说是古典政治哲学㊻研究——本质上是一种解释学的工作。事实上,海德格尔、伽达默尔、德里达等人也都致力于(重新)理解—解释古典哲学，但施特劳斯的独特之处在于：他既不是在现时的交互对话——视域融合中重新演绎古代经典，也不是在未来向度的语言游戏中解构——另建前人思想，而是直接返回和切入经典文本——思想本身（现象学意义上的"事情本身"，德里达会说这是"灰烬"或"幽灵"），以"本质直观"的方式聆听本原的逻各斯声音。质言之，施特劳斯采取了一条本质主义—基础主义的解释学道路。在实践中，这体现为对古人——作者原意（施特劳斯所谓"原初教诲"）的承认与尊重：

> 人们必须首先理解某个陈述，亦即，首先必须按照作者有意识地赋予的意义去理解某个陈述，然后才能使用或批评那个陈述。（《评柯林武德的历史哲学》）[47]

> 在最好的情况下，历史学家的理解也只不过是对原初教诲的某种创造性转换。然而，如果不可能把握原初教诲本身，又怎么能说对原初教诲的创造性转换呢？（《我们时代的危机》）[48]

在施特劳斯看来，"原初教诲"的存在及其真理性是理解得以发生的前提，也是保证理解具有正当性的基础；但在今人——现代人如后现代—解构主义者，甚至是一般意义上的现代学者——看来，施特劳斯（或者说施特劳斯主义）公然宣扬知识原教旨主义，正是逻各斯中心主义和理性主义僭政的绝佳样本。他们一定想问（虽然他们早有答案）："解释学致力于同情地理解过去的意义，但是除了仅仅是当前话语的作用（function）之外，真有什么需要了解的过去吗？"[49]问题本来指向伽达默尔[50]，但施特劳斯首当其冲。面对不同信仰（者）的挑战（这也是意料中事），他将如何作答？

施特劳斯的回答是：这个"过去"确实存在，而且正是它提供了思想——历史中的思想，或者说思想的历史（思想史）——的客观标准：

> 思想史家的任务是就像过去的思想家理解自身那样去理解他们，或者是根据他们本人的解释复活（revitalize）他们的思想。倘若我们放弃了这一目标，我们就放弃了思想史中唯一可行的"客观性"标准。（《政治哲学与历史》）[51]

> 如果人们否认历史客观性的可能性，人们就不过是用一种关于主观性和随意论断的虚假权利代替了真诚的坦白，即承认我们对人类过去的大多数重要事实都很无知。(《评柯林武德的历史哲学》)㊷

所谓历史或思想史的"客观性"，即知识的确定性。在历史主义—相对主义—虚无主义（解构主义为其最新变种）大行其道几成公理常识的时代，施特劳斯坚决捍卫已是明日黄花的确定性，这不仅需要非凡的勇气，也需要过人的智慧。

这个智慧就是对人之自然（human nature）的原始洞见。在古典哲人看来，人之自然（人性）有其大限（或者说必然），这就是人类机体的死亡和人类理性对整全真理的无知。"认识你自己"（γνῶθι σεαυτόν）即是认识人自身存在与知识的有限性。现代启蒙哲学高扬理性而崇尚科学，认为"自然界对于我们的希望并没有布置下任何限度"㊸，因此我们要"敢于认识"（sapere aude）并征服自然，包括人之自然："人类的可完善性是无限的。"㊹但在施特劳斯看来，知识或"科学的无限进步恰恰意味着那些尚未解决的问题的永恒性"，同时"任何科学解释都已经预先假定了对科学的无根基的选择"，事实上"科学本身即基于一种非理性的选择"，如宗教然。(《弗洛伊德论摩西与一神教》)㊺在这个意义上，科学（或者说科学主义）乃是一种遗忘——人类对于自身无知（有限性）这一根本境况（conditio humana）的遗忘，和僭越——人类理性对人性必然（有限境况）的僭越。另一方面，现代哲学也遗忘了人之必死性，或者说有意屏蔽了这一认识。现代哲人之父尼采㊻宣称：世界是"无限重复自身"的"生存游戏"，"作为必然永恒回归的东西……它没有目的"并"被虚无包围"，这就是"永恒自我创造—自我毁灭的狄奥尼索斯世界"，"这就是权力意志的世界——此外一切皆无！"㊼因此，不存在什么真理：真理只是欲望（权力意志）的自我解释；而解释只是权力意志的话语实现：这是一种永恒的此在运动。现代解释学同样信奉人类精神的实存和永动，如伽达默尔在《真理与方法》第2版序言中所说：

> 理解不属于主体的行为方式，而是此在本身的存在方式。本书的"诠释学"概念正是在这个意义上使用的。它标志着此在的根本运动性，这种运动性构成此在的有限性和历史性，因而也包括此在的全部历史经验。

既不是随心所欲,也不是片面夸大,而是事情的本性使得理解运动成为无所不包而无所不在。⑱

"无所不包而无所不在"的"此在的全部历史经验",作为"某种一直是而且始终是实在的东西"(《第2版序言》)⑲,构成了"人类的整个世界经验"(《导言》)⑳、一个自身有限而向无限开启的"诠释学宇宙"(《导言》)㉑。但在施特劳斯看来,这也是一个失落了原初—自然视域而导致自身隐沦的"历史主义"世界。

施特劳斯的原初—自然视域直接否定了伽达默尔的视域融合—效果历史。伽达默尔认为"理解按其本性乃是一种效果历史事件"——这是"真正的历史对象",即"自己和他者的统一体,或一种关系,在这种关系中同时存在着历史的实在以及历史理解的实在"㉒,而解释(学)的经验即是在效果历史意识中实现的(《真理与方法》III.3.b)㉓。作为"在历史进程中获得并被历史所规定的意识"(《真理与方法》第2版序言)㉔,效果历史意识"把作品和效果作为意义的统一体进行考虑",而"视域融合就是这种统一的实现形式",事实上"构成一件文本的历史视域就已经是视域融合"。(《真理与方法》第3版后记)㉕另一方面,作为"在历史进程中获得并被历史所规定的意识","效果历史的规定性仍然支配着现代的、历史的和科学的意识",因此是一种超越历史的普遍原则,即"不应局限于某一历史境况的基本见识"。(《真理与方法》第2版序言)㉖在施特劳斯看来,伽达默尔的视域融合—效果历史意识恰是丧失原初—自然视域(客观标准)而随波逐流、每况愈下的历史主义产物,并因其自命为超越历史的真理——同时否认永恒真理㉗或"根本问题的永恒性"——而显得格外虚伪和可疑。

在伽达默尔看来,施特劳斯的主张过于天真,或者说太激进了。他在《诠释学与历史主义》一文中回应指出:"他(施特劳斯)所批判的,正是'历史地'理解传统思想所要求的,即对这种过去的思想世界的理解要比这种思想世界过去对自己的理解来得更好";然而,"他反对他所谓的历史主义的论据首先也是在历史的基础上提出来的",换言之"他本人也深深地浸染于现代意识之中,以致他不可能'纯洁'地代表古典哲学的权利",因此"当他论证说,为了更好地理解,我们就必须像作者自己理解的那样理解这位作者,我认为他就是低估了一切理解所具有的困难,因为他忽视了我们可以称之为论述辩证法的东西"。㉘在此他特别提醒对手:"难道作者真的详细地知道他在每句话中的含意?"其次,如果我们相信自己正确理解了古人的观点,这是否正因我们事先(尽管也许是不自觉地)接受和使用了合适或相应的现代理论——换言之,这是否已经是古今对话"视域融合"的结果?[69]

伽达默尔的反诘看似温和,实则咄咄逼人;但在施特劳斯,这些并不成为问题。伽达默尔认为"一切诠释学条件中最首要的条件总是前理解",因为"一切自我认识都是从历史地在先给定的东西开始的",[70]换言之正是"前理解"——它本身是变动不居、持续扩充—生成的"历史传承物"——使视域融合—效果历史成为可能。但在施特劳斯看来,原初—自然视域构成了首要的和根本的前理解,它不但启动了最初的视域融合—效果历史,同时也为此后连续转换生成的视域融合—效果历史提供了内在超越的动力和标准。如果说理解—解释是一种有限的经验,其有限性正源于原初—自然视域的确定性,即原初教诲—作者之意的客观存在。在这个意义上,解释就是向自然视域—原初教诲或意义起点的出走—回航,而古人——确切说,古代的"伟大思想家"——就是矗立于彼岸的长明灯塔,作为差异—他者指示正确的航向并确保(如果我们足够幸运和明智的话)航行的安全。因此,我们必须如其所是地——就是说,像他们理解自身那样——理解他们的思想,如施特劳斯所说:

> 与那些绝无可能成为伟大思想家的历史学家相比,伟大思想家们本人能更好地理解自己的思想。(《注意一种被遗忘的写作艺术》)[71]

> 人们若不严肃对待伟大思想家们的意图,即认识整全之真相的意图,就不可能理解这些思想家。(同上)[72]

伟大思想家"只用一种方式"理解自己的学说,今人要理解这些思想家也"只有一种方式",即他们的自我理解方式。(《政治哲学与历史》)[73]这是唯一正确的理解方式,或至少是正确理解的首选方式:"即使我们真的能比古人更好地理解古典,我们也只能是在准确地如他们自己理解自身那样理解他们之后才能确信我们的优越。"(《重述色诺芬〈希耶罗〉》)[74]施特劳斯如是说。

我们看到,施特劳斯和伽达默尔的争执在很大程度上是西方"古今之争"(*la querelle des anciens et des modernes*)的现代重演[75],其中施特劳斯坚守自然视域—原初教诲而为古人代言,伽达默尔则投身视域融合的效果历史而表达了今人的立场。伽达默尔自信现代解释学以平等对话—视域融合取代非此即彼的二元对立(《真理与方法》第 2 版序言)而超越了古今之争的传统议题(《逻辑学还是修辞学?》)[26],但施特劳斯并不这样认为:如果我们不了解——甚至根本不去了解——古人的原始意图以及由此奠定的根本问题—自然视域,那么我们是在和—还能与古人对话么?我们现在与之对话的古人究竟是当时真实存在的古人,还是他在现代世界的虚拟替身(效果历史)?进一步说,没有实质性谈话对象(伽达默尔所谓"你"的他者[27])的对话是否还可以称为对话?同理,排除了自然视域的视域融合是否是真实有效的视域融合?这难道不是"我"的自言自语或主体投射的"洞穴幻象"?在"我"的戏剧独白和幻觉中,"我"究竟是入住居有了意义——它由"古人"即人类思想的创始人开启并成为一切后来理解的目标和标准——还是被意义的幻影所裹挟,在虚假意见的历史效果之海中漂泊流亡?[28]

对此,伽达默尔可能会说:即便存在这样一个超越历史—意见的确定过去,但逝者如斯,我们果真还能回去—来吗?如果不能,那么这个未来愿景(尽管它是作为"过去"而出现)除了进一步引诱助长"存在的冒险"[29]之外,有何实际意义?如果能,我们如何回去—来?另外,回去—来之后,我们将如何处置先前的存在历史?据说这是一段误入歧途的流亡—堕落历史,但它确实发生过,并作为过去的现在或在场的过去——无论我们是否愿意承认接受——影响和塑造着我们的未来。

对于第一个问题,施特劳斯的回答是肯定的:至少,他本人就是一个成功的例子。施特劳斯认为基督教神学的道德个体性观念导致了现代平等主义,因此基督教是现代性——它体现为日益深重而每况愈下的历史主义—相对主义—虚无主义,施特劳斯将之比喻为柏拉图"自然洞穴"之下的第二洞穴(历史洞穴)——的前导,而现代性则是基督教观念的世俗化产物;为了化解现代性危机,我们需要取道犹太—伊斯兰中世纪理性主义(特别是阿尔法拉比—迈蒙尼德),绕过基督教的"风暴眼"、经由中世纪启蒙哲学而重返西方智慧源头的"前苏格拉底教诲"或前现代理性主义。[30]这是施特劳斯选择的道路,也是他对第二个问题的回答。

在此,施特劳斯显示出对古人——确切说是某些特定的古人:苏格拉底、柏拉图、亚里士多德及其传人,如阿尔法拉比、阿维森纳、阿维罗伊、迈蒙尼德——的友爱或"好客",以及对"非我族类"者的"不好客"或"敌视"。这使人们想到了荷马史诗中流亡归来的复仇英雄奥德修斯。"神一样的"奥德修斯历经艰险后终于返回故乡,却发现自己的家园被外人侵占,家产挥霍殆尽,妻子寄人篱下,家人[31]二三其德;他先是潜伏隐忍,最后决定复仇:

> 你们这群狗东西,你们以为我不会
> 从特洛亚地区归返,从而消耗我家产
> ……
> 现在死亡的绳索已缚住你们每个人。

求婚者恳求宽恕和解,但被他严词拒绝:

> 即使你们把全部财产
> 悉数作赔偿,外加许多其他财富,
> 我也不会让我的这双手停止杀戮,
> 要直到求婚人偿清自己的累累罪恶。[32]

在血腥屠杀所有外敌—异己后,奥德修斯重新成为自己家园—城邦的主人:"他想痛哭想叹息,他一个个认出了她们。"[33]这个时候,英雄真正回家了——同时作为胜利归来的亲人—复仇者和成功逆袭的外来杀手。

正如返回故乡伊塔卡的奥德修斯通过清除一切异己而重新建立了统治(ἀρχή),现在人们担心重返"自然视域"——这是哲学—人的伊塔卡——和"原初教诲"(ἀρχή)的施特劳斯将泯灭一切随时变化、自相差异的"视域融合—效果历史"而建立起阐释—哲学的僭政。例如德鲁里即断言"施特劳斯既不是一个传统的保守主义者,也不是一个老实的古代文本的阐释者,而是激进、极端、虚无主义的后现代保守主义者的新派代表",他"培育了傲慢、无节制和虚伪的精英"(所谓"施特劳斯派"),这些人自以为是而不可一世,并致力于建立少数人——他们自己人——的"隐秘僭政"。[34]另外也有学者指出:"施特劳斯主义"是伪装成保守主义的现代激进主义或"新雅各宾主义",它和它批判的后现代主义一样意在"消灭启蒙时期和法国大革命所挑战的那种精神、文化和思想遗产"而对现代自由民主制度构成了严重威胁。⑧还有人从另一角度提出质疑,认为施特劳斯的主张——即由中世纪犹太—伊斯兰启蒙哲学返归苏格拉底—柏拉图——完全忽视了"今人"的后见之明与现代的比较优势(施特劳斯的问题意识与方法洞见正由此而来),也忽视了人类存在历史的不可逆转性(例如古希腊人并不知道也不会认同基督教学说,但是后者已经深刻影响和改造了现代人的情感与认知),因此他的"回归"根本是有问题的,也是不可能实现的。⑧如果强行为之,这甚至是危险的:法国大革命的政治实践——它始于"自由"而终于"恐怖"⑨(黑格尔所谓"制造毁灭的狂暴"⑧)——即是前车之鉴。

可是,施特劳斯真的想—在回归吗?他大谈秘传或隐秘教诲(esoteric teaching),而隐秘教诲——它是面向城邦(政治)的哲学,即政治的哲学⑧——正是城邦哲人锦衣夜行的防身术,也是他"默而成之"的教学法。如果施特劳斯已经回归真理故土并安居自在澄明之境,他还需要隐秘教诲做什么?而他需要隐秘教诲(政治哲学),正说明他虽然放眼过去(作为现代的未来),立足点却是现代(政治—常识社会)。在这个意义上,他回到了过去—未来,又从过去—未来返回(比较柏拉图的重返洞穴⑩),乃是从未来世界朝圣归来的现代旅人。作为穿越古代而来的现代人和寓居现代城邦的异乡人,他秘密抉择并接引⑪有缘之人——潜在的哲人,即未来的同道——回到—去往未来世界的"应许之地"。这与其说是哲学—人的僭政,不如说是存在—者的流亡。如同摩西带领族人出埃及,这流亡同时也是回归——作为一种"或许"(vielleicht)可能的永恒回归。它既是一种解释,即重新理解未来在过去的投影—预表(spectre/messianicity),也是一种解构,即重建过去允诺—期待的未来。⑫在这个意义上,施特劳斯与德里达实为同道中人——不过是在相反的方向上。所谓"反者道之动",他们或有朝一日道上相遇,亦未可知。未来无法预见,且让我们拭目以待。

本文曾分别以《阐释的僭政与意义的流亡:伽达默尔 vs 德里达》和《阐释的僭政与意义的流亡 II:施特劳斯 vs 伽达默尔》为题先后发表于《比较文学与世界文学》2015 年第 8 期和《中山大学学报(社会科学版)》2016 年第 3 期。今仍合为一篇,主标题不变,副标题为本次新加。

注　释

① 伽达默尔《文本与阐释》，孙周兴、孙善春编译《德法之争：伽达默尔与德里达的对话》（以下简称《德法之争》），同济大学出版社，2004年，第17、28—29、20页。

② 《德法之争》，第42—43页。

③ Terry Eagleton: *Literary Theory: An Introduction*, 2nd edition, Blackwell Publishers Ltd., 2003, p. 63. 美国学者艾伦·布鲁姆（Allen Bloom）也以莎士比亚为例提到了解释（经典及其效果历史）构成的存在之链，不过他的结论正好相反："莎士比亚对不同时代、不同国家里那些认真阅读他的人产生的影响证明了，我们身上存在着某些永恒的东西，为了这些永恒的东西，我们必须一次又一次重新回到他的戏剧。（略）一个思想共同体是由这位伟大的艺术家以及围绕他聚集起来的传统解释构成的。这是实际上存在的最接近'存在大链条'的东西。（略）正是这一解释传统为我们建立了文明。这一传统非'创造性误读'，也非对'影响的焦虑'所表现的空洞的叛逆，而是顺理而做的解释，并为有幸与比自己更优秀者相伴而快乐。……抛弃解释所形成的伟大体系，也就是抛弃（……）对自我认识的追寻。"（《莎士比亚笔下的爱与友谊》结束语，马涛红译，华夏出版社，2012年，第156页）布鲁姆是列奥·施特劳斯（Leo Strauss）的入室弟子，然其说与乃师貌合神离，倒是更接近伽达默尔的立场。关于施特劳斯的解释学——朗佩特（Laurence Lampert）称其"开启了一条理解哲学史和整个西方精神传统的新途径"（《施特劳斯与尼采》，田立年、贺志刚等译，上海三联书店、华东师范大学出版社，2005年，第178页）——我们将另文探讨。

④ 伊格尔顿认为伽达默尔的解释学无法面对"意识形态的问题"，即人类历史中的"对话"多半为强者对弱者的发话，而即便它确实是对话，对话双方——例如男人和女人——也几乎从不是平等的（*Literary Theory: An Introduction*, p. 64），即申说此意。

⑤ 《德法之争》，第48页。

⑥ 同上书，第46页。

⑦ 同上书，第63页。

⑧ 事实上，解构主义者往往为了规避传统形而上学—逻各斯中心主义的意义管制而陷入意义涣散流亡的另一极端，即如韦勒克（René Wellek）所说："如果每个文本都是歧义丛生，复义交错，'无从确定'，我们就走到了学术研究的尽头，得出一个极其虚无主义的结论。"（《近代文学批评史》第6卷，杨自伍译，上海译文出版社，2005年，第486页）甚至伊格尔顿——他本来是德里达的支持者——也不无遗憾地指出解构主义认为"我们是自己的话语的囚徒，因此无法合理地提出一些真实主张"是一个无懈可击但却纯

粹空洞无物的立场:"认为一切语言现象的最重要方面都不自知其所云,这是向真理之不可能性的颓然接受,而这与 1968 年后的历史幻灭感绝非毫无关系。"(Literary Theory: An Introduction,p. 125)

⑨ 《德法之争》,第 47 页。

⑩ 《德法之争》,第 101 页。

⑪ 伽达默尔认为"海德格尔的伟大功绩就是对形而上学学院语言的解析"(《解释学与逻各斯中心主义》,《德法之争》,第 112 页),用海德格尔本人的话说就是"在对已经变得流行和空洞的观念的拆解(Abbau)中重新赢回形而上学的源始的存在经验"(《面向存在问题》,载《路标》,孙周兴译,商务印书馆,2000 年,第 490—491 页)。按海德格尔在《存在与时间》导论第 6 节中首次提出"解析"概念,强调它"并不想把过去埋葬在虚无中",而是"有积极的目的",即"以存在问题为线索,把古代存在论传下来的内容解析为一些源始经验",从而解除"传统作成的一切遮蔽"并"标明存在论传统的各种积极可能性"及其"限度"(陈嘉映、王庆节译,生活·读书·新知三联书店,2000 年,第 28—29 页)。就此而言,"解析"从语言出发,但并不仅限于语言(除非我们像海德格尔一样将语言理解为"存在之家")。

⑫ 《德法之争》,第 77、78 页。

⑬ 《德法之争》,第 117 页。

⑭ 《德法之争》,第 94—95 页。

⑮ 《德法之争》,第 131 页。

⑯ 德里达这样描述(确切说是以描述的方式界定,甚至是相当独断地启示)"Khora"(希腊语"χώρα":场所,空间):"Khora 接受所有规定性的目的是为了给它们以位置而发生,但是她/它并不把它们当中的任何一项规定据为己有。[……]她不是所有这些阐释的主体或者在场的支撑,即使她可以还原为它们。这个过度纯粹是虚无,可以存在论地存在或者被谈论的虚无。"(德里达《Khora》,《解构与思想的未来》,夏可君编校,吉林人民出版社,2006 年,第 246 页,参见第 241—242 页)中国古人所谓"生而不有""若存若亡(无)"之"道",庶几近之。

⑰ 《德法之争》,第 98—99 页。

⑱ 《德法之争》,第 111 页。伽达默尔在《在现象学和辩证法之间:一种自我批判的尝试》再次强调(这一次是针对海德格尔):"我认为根本不存在形而上学的语言。[……]实际上只存在其内容由语词的运用而规定的形而上学概念,就如所有的语词一样。"(《诠释学 II:真理与方法》,洪汉鼎译,商务印书馆,2013 年,第 13—14 页)

⑲ 《德法之争》,第 107 页。

⑳ 海德格尔《存在与时间》第 31 节,第 175 页。

㉑ 在这个意义上,伽达默尔所谓"此在的根本运动性"(《诠释学 II:真理与方法》,第 554 页)不过是按部就班、单调重复的自我规训罢了。这是一种虚假的自由,或者说自由的假释(虚假解释)。但是我们也想问:德里达的解构(延异、撒播……)是否就实现了真正的自由呢?而且,它是否在追求自决自由的同时也丧失了并不总是和自决自由并行不悖的"本真性"(authenticity)? 即如查尔斯·泰勒所说,"寻求生活的意义、试图有意义地定义自己的行为者,必须存在于一个有关重要问题的视野之中",而这个视野与"对话中的自我"共同构成了我们的"本真性"(《本真性的伦理》,程炼译,上海三联书店,2012 年,第 83、51、81 页)。

㉒ 即如伊格尔顿所说:德里达的"解构最终是一种政治实践"而不仅仅是提供"一些新的阅读技艺":"他并不是在荒诞地试图否定存在相对确定的种种真理、意义、同一性、意向和历史连续性,而是试图把它们视作一个更加深广的历史——语言的历史、无意识的历史、社会制度与实践历史——的效果。"(*Literary Theory:An Introduction*,p. 128)哈贝马斯也持同样观点:德里达"满脑子都是打破历史连续性的无政府主义想法",他的"解构是一种革命活动,目的是要打破基本概念之间隐蔽的等级秩序,推翻基础关系和概念的统治关系,诸如言语和书写、理智与感性、自然与文化、内在与外在、精神与物质、男性和女性等"(《现代性的哲学话语》,曹卫东译,译林出版社,2011 年,第 213 页、第 220 页)。

㉓ Jacques Derrida:*Ulysses Gramophone:Hear Say Yes in Joyce*,in Derek Attridge (ed.):*Acts of Literature*,New York:Routledge,1992,p. 294.

㉔ 德里达等《论好客》,贾江鸿译,广西师范大学出版社,2008 年,第 27、133、75 页。后期德里达也用"弥赛亚性"(messianicity)指称这种经验,如其所说:"弥赛亚性结构是种普遍的结构。只要你一开始与他者交谈,向未来开放,只要你有等待未来的现世经验,或者等待某人到来,这就是一种开放的经验。"(《解构与思想的未来》,第 58 页)

㉕ 在但丁的版本中,奥德修斯最后驶向"太阳背后的无人世界"(《神曲·地狱篇》,第 26 章,田德望译,人民文学出版社,2014 年,第 174 页),即存在的彼岸,或绝对的他者的世界。如海德格尔所说,此在向此而在,并在此达致全一真。(《存在与时间》,第 47—48 节)

㉖ 例如他们见面时互称对方"怪人"(*Odyssey*,23. 166 & 174),即为佐证。

㉗ 《奥德赛》,王焕生译,人民文学出版社,2013 年,第 422、436 页。

㉘ 《诠释学 II:真理与方法》,第 529 页。

㉙ 《诠释学 I：真理与方法》，洪汉鼎译，商务印书馆，2013 年，第 206 页。

㉚ 《诠释学 II：真理与方法》，第 519 页。

㉛ 柯林武德《历史的观念》，何兆武、张文杰译，商务印书馆，2004 年，第 286 页，另外参观第 244、250—251、307 页等处。

㉜ 《苏格拉底问题与现代性——施特劳斯讲演与论文集：卷二》（以下简称《苏格拉底问题与现代性》），刘小枫编，彭磊、丁耘等译，华夏出版社，2008 年，第 146 页。

㉝ 《苏格拉底问题与现代性》，第 155 页。

㉞ 如其所说："历史主义的观点简单说来就是：自然正当（natural right）是不可能的，因为完全意义上的哲学是不可能的"；"当代对自然正当的拒斥导致了虚无主义——不，它就是虚无主义"。(Leo Strauss: *Natural Right and History*, The University of Chicago Press, 1965, p. 35 & p. 12)

㉟ 加拿大学者德鲁里（Shadia B. Drury）总结了施特劳斯所谓现代性的六个特征，它们分别是：个体神圣不可侵犯、公共领域的消失、德性观念的转变、对自然（自然差异）的拒斥、价值相对主义、公开性或对隐秘主义的拒绝。在施特劳斯看来，隐秘主义等于古典哲学本身，因此现代性意味着古典哲学（或者说政治哲学）的衰落。(《列奥·施特劳斯的政治观念》，张新刚、张源译，新星出版社，2010 年，第 256、260 页)

㊱ 详见施特劳斯《现代性的三次浪潮》一文，《苏格拉底问题与现代性》，第 32—46 页。

㊲ 《犹太哲人与启蒙——施特劳斯讲演与论文集：卷一》（以下简称《犹太哲人与启蒙》），刘小枫编，张缨等译，华夏出版社，2010 年，第 377 页。

㊳ Leo Strauss: *What Is Political Philosophy and Other Studies*, Chicago & London: The University of Chicago Press, 1959, p. 55.

㊴ 《犹太哲人与启蒙》，第 377 页。

㊵ *What Is Political Philosophy and Other Studies*, p. 55.

㊶ 参见格林《现代犹太思想流变中的施特劳斯》，载刘小枫编《施特劳斯与现代性危机》，华东师范大学出版社，2010 年，第 322 页。

㊷ 《犹太哲人与启蒙》，第 163 页。

㊸ *Natural Right and History*, pp. 23—24.

㊹ Leo Strauss: *Persecution and the Art of Writing*, The University of Chicago Press, 1988, pp. 155—157.

㊺ *Natural Right and History*, p. 33.

㊻ 施特劳斯认为哲人与大众（非哲人）之间的不平等或自然差异是人性和人类社会的一项根本事实：哲人必须怀疑而大众需要信仰，因此哲学思考只限于一些精英人物（哲

人),他们需要尽可能地远离社会(公共政治)而退藏于密,但在思想中怀疑并只告诉同道;如果要公开发表,则须隐约其辞,通过"高贵的谎言"(施特劳斯所谓"显白教诲")隐藏真实的想法(《施特劳斯与现代性危机》,第358页),一方面"保护世界免受哲学危害",另一方面"也保护哲学免受世界的危害"(《列奥·施特劳斯的政治观念》,第94页)。此即所谓"政治哲学",或者说"哲学的政治面向"(*Persecution and the Art of Writing*, p. 18)。

㊼ 《苏格拉底问题与现代性》,第151页。

㊽ 《苏格拉底问题与现代性》,第15页。

㊾ Terry Eagleton: *Literary Theory: An Introduction* (2nd edition), p. 124.

㊿ 这就是伽达默尔在现代世界的尴尬处境:基础主义者认为他偏于激进,而非基础主义者又觉得他太保守了。Cf. Donald D. Stone: *Communications with the Future: Matthew Arnold in Dialogue*, The University of Chicago Press, 1997, p. 106.

(51) *What Is Political Philosophy and Other Studies*, p. 67.

(52) 《苏格拉底问题与现代性》,第154页。

(53) 孔多塞《人类精神进步史表纲要》"第十个时代",何兆武、何冰译,江苏教育出版社,2006年,第157页。

(54) 《人类精神进步史表纲要》,第179页。

(55) 《犹太哲人与启蒙》,第373、374页。

(56) 施特劳斯的批评者德鲁里认为尼采是施特劳斯最重视的哲人,可以说他的全部著作都是对尼采的回应(《列奥·施特劳斯的政治观念》,第294—295页)。他的另外一位批评者朗佩特(Laurence Lampert)也暗示施特劳斯是柏拉图—尼采的合体,确切说是柏拉图其表而尼采其里的现代哲人(《施特劳斯与尼采》,田立年、贺志刚等译,导言及第1章,特别参见第177—178页)。

(57) Nietzsche: *The Will to Power*, translated by Walter Kaufman, New York: Random House, Inc., 1968, p. 549 & p. 550.

(58) 《诠释学II:真理与方法》,第554页。

(59) 《诠释学II:真理与方法》,第566页。

(60) 《诠释学I:真理与方法》,第3页。

(61) 《诠释学I:真理与方法》,第7页。伽达默尔声称解释学过程和美的事件(发生)一样以人类存在的有限性为基本前提,但这一过程最终融入澄明而与真理"照面"(比较但丁《神曲·天堂篇》最后上帝在"我的心被一道闪光照亮"时的霎那现身),因此本身是对人类有限经验的无限突破(同书第682、686页)。这一点同样适用于解构主义。如德里达明言“作为无限分延的理念的显现只能在对一般死亡的关系中才能产生”，因此“无限分延的显现本身就是有限的”，换言之“无限的分延是有限的”（《声音与现象》，杜小真译，商务印书馆，2010 年，第 130 页）；但在话语实践中，解构总是表现为无限（无目的、无规则）的分延或意义的永恒出走。

(62) 《诠释学 I：真理与方法》，第 424 页。

(63) 《诠释学 I：真理与方法》，第 664 页。

(64) 《诠释学 I：真理与方法》，第 560 页。

(65) 《诠释学 I：真理与方法》，第 601 页。

(66) 《诠释学 I：真理与方法》，第 560 页。

(67) 伽达默尔明确指出：“并不存在任何永恒的真理。真理就是与此在的历史性一起被给出的存在的展开。”（《诠释学 I：真理与方法》，第 519 页）

(68) 《诠释学 II：真理与方法》，第 525、524、526 页。

(69) 《诠释学 II：真理与方法》，第 532、528 页。

(70) 《诠释学 I：真理与方法》，第 417、427 页。

(71) 《苏格拉底问题与现代性》，第 163 页。

(72) 《苏格拉底问题与现代性》，第 162 页。

(73) *What Is Political Philosophy and Other Studies*, pp. 67—68.

(74) 施特劳斯《论僭政——色诺芬〈希耶罗〉义疏》，何地译，观溟校，华夏出版社，2006 年，第 199 页。

(75) 施特劳斯对此有充分自觉，并在致伽达默尔的信中直接明言：“我们从相同的基础出发，但是背道而驰”（1961 年 2 月 26 日）；“我们之间的根本分歧：古人与今人的争执，其中我们采取了不同的立场；我们关于解释学的分歧不过是这一根本分歧的结果罢了”（同年 5 月 14 日）。Leo Strauss and Hans-Georg Gadamer, “Correspondence concerning *Wahrheit und Methode*,” *The Independent Journal of Philosophy* 2 (1978), p. 5 & p. 11.

(76) 《诠释学 II：真理与方法》，第 376、560 页。

(77) 参见《诠释学 I：真理与方法》第 506 页以及《诠释学 II：真理与方法》第 276、562 页等处。

(78) 美国文艺复兴学者克里斯特勒(Paul Oskar Kristeller)曾这样指责师心自用、凭空议论的（后）现代研究者：“这类研究的倡导者相信，他们通过将现代观念强加给过去而丰富了历史，但由于忽略和遗忘了绝大部分传统文献，放弃了以传统文献所能提供的多种观念和见解丰富现代读者的机会，他们因而在事实上使当代和未来趋于枯竭。”（《文艺复兴时期的思想和艺术》,邵宏译,东方出版社,2008年,1990年序言第3页)他在此描述的——因"前不见古人"以至于"后不见来者"——即是伽达默尔方法的内在弊端和现实表现,从一个侧面印证了施特劳斯对现代性的整体判断。

⑦⑨ 如海德格尔所说:"存在者之存在是冒险。这种冒险基于意志中。"(《诗人何为?》,载《林中路》,孙周兴译,上海译文出版社,2004年,第292页)"存在"无根而自根,它基于自身意志的冒险——或者说人作为自身意愿者的存在——因此是一种自作主张的决断或"生存还是死亡"、成败在此一举的"信仰之跃"。参见尼采《查拉图斯特拉如是说》第2部第34节"自我克服"。

⑧⓪ 参见丹尼尔·唐格维《列奥·施特劳斯:思想传记》,林国荣译,吉林出版集团,2011年,第54—55、257页;佩鲁肯《施特劳斯与基督教》,《施特劳斯与现代性危机》第231—234、237、241—242页。

⑧① 按照维柯的说法,家人(*famuli*)是被主人收留的外来流民,即无本地户籍产业者;他们是最初的奴隶—佃户,后来演变为城邦中的"平民"阶级。(《新科学》,朱光潜译,人民文学出版社,2008年,第14—16页)在《奥德赛》中,"高贵的牧猪奴"欧迈奥斯、"高贵的"牧牛奴菲洛提奥斯、牧羊奴墨兰提奥斯、老女仆欧律克勒娅等都是奥德修斯名下的"家人"。

⑧② 《奥德赛》22.35—41 & 61—64,第405—406页。

⑧③ 《奥德赛》22.501,第422页。

⑧④ 《列奥·施特劳斯的政治观念》,第1、7—8、10页;参见同作者《列奥·施特劳斯与美国右派》,刘华等译,华东师范大学出版社,2006年,第19—20页。

⑧⑤ 瑞恩《道德自负的美国:民主的危机与霸权的图谋》,程农译,上海人民出版社,2008年,第27页。

⑧⑥ 《列奥·施特劳斯:思想传记》,第265—266页。

⑧⑦ 法国古典学者库朗热提醒世人:"今人的命运多少取决于对古人的理解",但是"人类的巨大不幸往往源自历史性的错误",这就是"拙劣模仿古代"——"因为拙劣模仿古代,我们才有了法国大革命的恐怖时代"。如其所说,"人们挖掘出这些古老的政制,却没有考虑,它们属于另一个时代,存在于另一个时代,而在我们的时代里并无生存的机会";如果更好地研究古代,我们将发现"古人与今人、古人思想与今人思想、古代社会状态与现今社会状态之间存在着诸多太大的差异"而"不会像现在那样随意借用他们的思想、他们的话语、他们的统治模式"。(《古代城邦——古希腊罗马祭祀、权利和政制研究》,华东师范大学出版社,2006年,第371—372页)

⑧⑧ 黑格尔《精神现象学》,贺麟、王玖兴译,商务印书馆,1997年,下卷第119页。

(89) *Persecution and the Art of Writing*, p. 18.

(90) *Republic*, 516e—521b.

(91) 我们看到,施特劳斯这样做正是效仿了法拉比(Fārābi)讲述的那位被公认为虔诚正直而从不说谎、后来却因此得以佯狂逃脱的苦行僧。如其所说,他并没有在言辞上(in speech)说谎,但在行动上(in deed)说了谎,而前者正是后者的一个组成部分,甚至是前提条件(*What Is Political Philosophy and Other Studies*, pp. 135—136)。与之相似,施特劳斯通过揭发哲人(也就是自己)的秘密而获得了公开传授秘密的机会。因此,施特劳斯的"回归古典"决非天真无知的刻舟求剑,而是故作天真的明知故犯,即如他的批评者朗佩特所见:"施特劳斯总是如此微妙和狡猾,情愿忍受被人认为幼稚。"(《施特劳斯与尼采》,第 199 页)我们则说:知其不可而为之,其愚不可及也!(《论语·公冶长》记孔子语:"宁武子邦有道则知,邦无道则愚;其知可及也,其愚不可及也。")毕竟,"在后—禁欲主义时代,公开宣扬隐微教诲的行动本身就成了一种复兴的武器",我们由此得以"理性地理解欧洲的过去"(朗佩特《尼采与现时代——解读培根、笛卡尔与尼采》,李致远、彭磊、李春长译,华夏出版社,2009 年,第 491 页)或人类的真实历史。

(92) 如德里达所说:"每一种言说行为本质上都是许诺。这种许诺的普遍性,这种对未来的期待的普遍性,还有这种期待与正义之间的关系,就是我所说的弥赛亚性(messianicity)。"(《解构与思想的未来》,第 58 页)

艺术话语的思想脉络与
中国艺术话语问题的提出

时 胜 勋

任何学术前沿的拓展都是范式转换的结果。在20世纪思想史上,后结构主义转向是一个根本转向。在艺术领域,后结构主义转向具体体现为话语转向、图像转向与文化转向,它们深刻影响并改变了艺术研究的既有局面,推动了一个崭新学术前沿领域的出现——艺术话语,也给中国当代艺术研究提出了新的问题。

一、话语转向:从语言学到思想史

20世纪初兴起的语言学研究,大范围地改变了学术研究的风貌和方法。于是,任何学术研究再也无法忽略语言的重要性。然而,到20世纪60年代以后,语言学转向进一步深化,话语一跃成为新的中心,话语转向的纵深发展给包括艺术研究在内的人文学术研究提出了新的课题和思路。[①] 大体来说,话语在现代学术研究中经历了三个阶段。

第一个阶段是"前话语"时期,体现在20世纪初期的结构主义语言学研究中,此时(应用性的)话语研究从属于语言研究,还未成为独立的研究主题。索绪尔确立了语言(langue)在语言学中的首要地位,将其视为"言语活动的其他一切表现的准则",[②] 相比言语活动(langage)的复杂性、多面性,语言是一个确定的对象,因而也是语言学的最重要的研究对象。言语活动大体包括两大部分,一是社会部分的(语言),二是个人部分的(言语,parole)。二者是相互依存的,"语言既是言语的工具,又是言语的产物"[③]。语言是集体性的、社会性的、系统性的、原则性,而言语则是个体性的,是个人对语言系统的运用。由此,索绪尔确定了两种语言学——"语言的语言学"和"言语的语言学"。不过,索绪尔认为社会性的语言系统比个人的言语行为更具有优先性。索绪尔发现了语言的不同层次,但却规定它们属于本质与表象二元结构,使得应用性的言语的研究只能从属于语言研究。索绪尔虽然没有给予言语以充分的重视,但他的结构主义语言学的研究思路、方法却为言语研究提供了绝佳的参照系。如索绪尔强调语言研究的共时维度,这迥异于历史(比较)语言学研究模式,不注重比较、历史、社会,而注重结构、体系、内部。不过,索绪尔并没有明确排斥语言历史研究和外部研究,只是相对侧重于共时研究和内部研究。在这一内部的语言系统中,索绪尔划分为能指和所指。能指是任意性,而所指是确定性的,即概念。任意性原则也被索绪尔认为是"第一原则"。索绪尔结构主义语言学的历史意义在于,在方法上有别于此前历史主义、实证主义语言学研究,内容上有别于历时研究,而重共时研究,从将语言视为一个系统,从系统和整体视角发现语言规律。这一系列的改进和变革,在语言学、思想史上具有重大的范式转换意义。

第二个阶段是"话语语言学"时期,20世纪五六十年代话语分析的兴起及话语语言学的逐步确立,话语成为语言学的重要研究对象。随着历史社会和语言学的发展,比如新闻、传媒、国际交流、文化(跨语际)交际等的发展,原有的以对句子分析为主的传统语言学很难适应时代了。传统语言学将句子视为中心,研究句法结构,注重系统性、普遍性,但对篇章结构、语境、功能等则一直缺乏必要的审视。另外,传统语言学将句法静态化、孤立化,对句法乃至篇章所涉及的文化、历史、心理等因素难以有足够多关注。故此,话语的重要性越来越明显,话语语言学逐步建立起来。话语语言学不再仅仅关注研究语言的静态关系(结构语言学),而是从特定语境、特定主体出发,从动态的、交际的视角来研究语言交际现象。

在话语语言学领域,话语分析是一个重要的内容。话语分析是1952年由语言学家哈里斯提出的。[①]哈里斯将语言学的研究从字词句上升至对篇章(即连贯性话语)。可以说,话语分析是语言研究从形式(本质)到功能、从语言内部到语言外部、从静态到动态、从字词句分析到语篇分析、从单一领域到跨学科领域的研究范式转变的表现。

在话语语言学中,话语因不同性质而有不同的表现形态,主要有两点,一是分为可数的(复数的)话语和不可数的话语。不可数的话语即专指话语分析,用以区分话语分析和语言分析,而可数的话语,则是现实存在的各类话语,是话语分析的对象。⑤ 二是分为大写的话语和小写的话语。小写的话语指具体的语言使用,如会话、故事等,而大写的话语指的是建筑在其他非语言材料如肢体语言、交际事件、物质环境、思想意识等社会文化因素基础之上的话语,这种话语不是单纯语言性的,而是符号化的语言和文化。⑥ 这种话语也称为"语境"。

语言学晚近的发展日益注重功能、社会研究。20世纪70年代,功能语言学逐步建立。法国语言学家马丁内就认为,语言的最重要的功能就是交际功能。韩德礼提出语言"三功能"说:理念功能、交际功能、篇章功能,交际功能涉及语气、情态、人称等。比功能语言学走得更远的是社会语言学,他们把视角从语言内部转向更为广阔的社会文化内容。⑦

第三阶段是话语的多学科、跨文化的思想史阶段。大约在语言学领域话语广泛运用的同时或稍后,思想史(观念史、社会史、文化史等)领域的话语研究也如火如荼开展起来,如后结构主义、后现代主义、新历史主义、媒介研究、文化研究等。这无疑是话语转向的必然结果。从思想意义上说,相对于高高在上的、绝对化的、本质化的语言,话语的灵活性、多样性、具体性、实践性、对话性,显然同哲学、体系、规范、本质、主体性构成重大互补,或者更真切地表明了人类的思想状况,即活动的、动态的、互主体性的状况。在20世纪60年代之前,哲学、体系、规范、语言、本质等成为思想关注的中心,具有某种形而上学的形式,但是到了20世纪中后期,话语以其独具特色的方法论、世界观转换的重大意义而获得了更多的关注。借此,后结构主义、文化研究在西方兴起,其基本轨迹是:从语言研究转向话语研究,从本质研究转向功能研究,从静态研究转向动态研究,从宏观政治研究到微观的文化政治研究。

二、图像转向:从形式主义到视觉文化

艺术话语的发展除了语言学这一维度外,另外一个重要维度是艺术史研

究维度,具体说就是形式主义—图像学—视觉文化,即图像转向。在这一维度上,视觉艺术占据重要的地位。

现代艺术史研究所关注的主要是艺术作品的风格和形式,将这一点发挥至极致的是沃尔夫林,他是艺术科学学派(或称纯艺术形式分析派)的代表人物。传统的艺术史研究注重艺术家,或者注重外部社会环境,对艺术作品本身关注并不充分、具体,而艺术科学学派则迥异其趣:其一,摒弃内容,注重形式;其二,摒弃价值判断,倡导科学、中立、客观的立场。艺术科学学派是针对传统艺术史研究过分注重内容、艺术家而忽视形式、风格,过分注重高下优劣之分,而对某些艺术加以贬低(尤其受到进化论的影响)而提出来的,因而具有历史的合理性。沃尔夫林虽然严格说不是形式主义者,但他具有形式主义者的一般气质,就是忽略外部(如艺术家)而关注内部,他所注重的就是对作品本身(特别是艺术风格)的形式分析。在其代表作《艺术风格学》(1915)中,沃尔夫林提炼了五对概念用于艺术风格分析,即线描与图绘,平面与纵深,封闭与开放,多样与同一,清晰与模糊。这五对概念中,第一对线描和图绘是最根本的,后面四对和它们构成一一对应的关系,即线描对应平面、封闭、多样、清晰,图绘对应纵深、开放、同一、模糊。⑧它们分别以古典艺术(文艺复兴时期的艺术)和巴洛克艺术为代表。沃尔夫林对古典艺术和巴洛克艺术所做的形式分析客观上扭转了对巴洛克艺术的偏见,但随之而来的问题就是,艺术的高下优劣之分的审美价值判断弱化了,从而走向了相对主义,其对形式的过分关注,势必忽略内容、主题的重要性。对沃尔夫林形式分析加以矫正的是潘诺夫斯基。

潘诺夫斯基是结构主义图像学(一译圣像学)的重要代表人物。⑨图像学是对图像的描述与阐释。图像学分为两个阶段,一是图像志,二是图像学。图像志偏重于描述,图像学偏重于阐释,但二者又是紧密相关的,图像学是从图像志发展出来的。图像志方法最早可追溯至古希腊,而图像阐释要晚得多,理论化的建构更晚至20世纪初,其创始人是瓦尔堡。瓦尔堡的图像学方法从更大的文化背景(语境、环境)来阐释作品的含义,不再局限于形式分析,而侧重于文化分析。将瓦尔堡图像学发扬光大的正是他的弟子潘诺夫斯基。

潘诺夫斯基图像学最重要的在于他在《图像学研究》(1939)一书中提出的图像分析的三阶段理论:前图像志描述、图像志分析、图像志阐释。⑩前图像志描述所涉及的就是我们的"所见之物",即眼见到的一切,是图像本身直接呈现给我们的东西。前图像志描述需要事无巨细,不能有任何遗漏。图像志描述所涉及的超越于"所见之物",是"所见之物"的象征(隐喻)意义,或者各类类型化的主题,如爱情、自由、正义、审判、死亡等。图像志描述不能仅仅局限于作品本身,而涉及更多的文化、历史、现实等因素。对西方艺术而言,图像志分析所倚傍的文献材料(文学作品)主要是古希腊神话、圣经、民间故事等。图像志阐释所涉及的又超越于主题,因为主题还是泛化的、类型化的,图像志阐释所涉及的乃是作品的"深层意义"。深层意义就是超越作品本身而对整个世界的某种折射或体现。潘诺夫斯基以《最后的晚餐》为例说明,这部作品表现了当时人的世界观和价值体系。[11]

潘诺夫斯基的图像学方法同沃尔夫林的艺术纯形式的分析是截然不同的两条道路。不过,图像学也有它的不足。最突出的是,图像学并不关注作者和美学问题。不关注作者这一点和艺术纯形式分析一样,而不关注美学问题乃是因为图像学更多地转向于宗教、风俗、社会、经济、心理等因素,概言之文化。所以说,图像学也可以成为图像文化学,而不是所谓的图像美学。图像学的另一缺陷是,它所依据的主要文献资源来自西方(《圣经》故事),所形成的一整套的方法论自然也更适合西方艺术(文艺复兴时期)。图像学方法生成于艺术史界对文艺复兴等近代艺术的研究,主要侧重于再现性、叙事性的艺术,而对抽象艺术、机械复制艺术(摄影)无能为力。因此,将图像学应用于现代艺术、当代艺术分析就显得捉襟见肘了。[12]那么如何解决这一艺术难题呢?视觉文化研究提出了自己的方案。

巴克森德尔被认为是视觉文化研究的奠基者。巴克森德尔的艺术史研究和潘诺夫斯基的不同。巴氏最大的困惑是,我们对艺术史的研究都使用着非艺术性的语言。就绘画而言,我们的研究只能以文字来呈现。巴氏认为,呈现绘画本来面貌是终极无解的,因此研究的重心不在意义,即绘画本身或作者,而在原因,即艺术作品为何如此这般地呈现? 对这一问题的回答,图像学侧重于作者的或文化的意图,而巴氏则转向社会、经济、宗教、文化、日常生活方面的分析。这种分析可以称之为"情境分析"(或语境分析)。特定情境下的特定生活内容可能对艺术作品的呈现具有决定性的作用。比如,如果不理解当时的舞蹈形式,就可能无法理解波提切利的一些作品。正因为如此,巴克森德尔的艺术史研究被称为"艺术社会史"。

视觉文化研究在最近二十年发展迅猛。相比图像学,视觉文化的范围更为宽阔。图像学的主要对象是所谓"高级文化"的艺术史,但视觉文化研究的内容已经扩大到所谓"低级文化"的影视、摄影、媒介、广告等领域。其二,图像学具有精英主义的气质,而视觉文化研究更倾向于大众文化趣味。其三,图像学研究对象是再现性、叙事性的作品,而视觉文化研究则不限于再现性、非叙事性的作品,非再现性的作品,如抽象作品、机械复制作品,都可以成为视觉文化研究的对象。其四,图像学的理论资源主要是宗教学、文化学、社会学等规范性学科,而视觉文化则大量吸收20世纪特别是后期兴起的各种理论。这里要强调的是,视觉文化研究不是所谓的"看图说话",也不是"读图时代"的狂欢,恰恰相反,视觉文化蕴含着批判性和建构性的立场。视觉文化研究不仅仅止于视觉,而是在视觉中发现非视觉的人类精神、价值和意义。[13]

随着图像学、视觉文化的逐渐深入,1992年,美国艺术理论家W. J. T. 米歇尔正式提出"图像转向(Pictorial turn)"。[14]"图像转向"的提出无疑得力于潘诺夫斯基的图像学奠基性贡献,但更得力于20世纪60年代以后视觉文化的兴起。如德波的"景观社会"研究[15],鲍德里亚、麦克卢汉等人的媒介研究。米歇尔意义上的"图像转向"具有后现代的特性,它表明这样一种立场——反理性中心主义、反逻各斯中心主义、反语言中心主义、反霸权主义,而倡导感性、视觉、形象、自由的复归。对艺术研究而言,如何更真切地呈现艺术本身始终是艺术研究的根本问题。[16]

大体而言,艺术史研究领域从艺术形式主义分析到图像学,再到视觉文化研究,和话语转向的思路是一致的,就是从内部转向外部,从文本转向文化(语境),从静态转向动态(交往),体现着后现代主义、反本质主义、跨学科研究的特性。

三、文化转向:福柯、后殖民主义与意识形态话语(权)理论

无论是话语转向,还是图像转向,艺术研究最终都走向了艺术的文化研

究,或曰文化转向。⑰在这一领域,福柯、后殖民主义与文化研究做了开创性的拓展。

福柯是20世纪法国最为著名的思想家之一。他吸收了尼采的关于权力的思想,将其应用在知识、话语层面,其最重要的贡献就是指出了权力和话语的密切关系。福柯认为文艺复兴以来,西方大体经历了四种知识型(即词与物的配置模式,或曰思想范型)⑱,分别是文艺复兴的"相似性"、古典主义时期的"再现"(或"表象")、现代社会的"人"(或人类学主体主义)、当代社会的"无意识"(尼采、精神分析等所揭示)结构。⑲其中第三个阶段的知识型是福柯着力批判的,这也是福柯所说的"人之死"(或者大写的理性之死、无限之人与绝对主体性之死)的原因。

在批判了人类学主体性之后,福柯重点转向了对话语的分析。在《知识考古学》(1969)中,福柯分析了话语形成的四个维度——话语对象、陈述方式(行为)、概念和策略(主题或理论的选择)。其中陈述是话语的"基本单位"(原子)⑳,而话语就是"陈述的整体"㉑。知识考古学就是考察话语的形成过程的复杂性、差异性、矛盾性、不连续性,或者说是让话语自我呈现,而非被呈现。㉒知识是"由某种话语实践按其规则构成的并为某门科学的建立所不可缺少的成分整体","不具有确定的话语实践的知识是不存在的,而每一个话语实践都可以由它所形成的知识来确定"。㉓在《知识考古学》中福柯已经涉及权力知识问题,一是话语实践对知识的决定作用,二是意识形态与科学的密切关系。

在《话语的秩序》(1971)里,福柯对权力知识(权力话语)的分析更为系统明晰。福柯认为,"在每个社会,话语的制造是同时受一定数量程序的控制、选择、组织和重新分配的",这些程序划分为三类,一是内部程序,如言语的排斥、疯狂的区分、真理意志,二是外部程序,如阐释(评论)、作者、学科等,三是主体限制程序,即话语应用的条件和范围。为了真切解释权力运作模式,福柯提出来四个原则——反向、断裂、特殊性、外在性,在分析方法上,它们又分为两组,一组是批判性方法,针对反向原则,"试图把握我刚才所说的排斥、限制和挪用的形式;展示它们如何应需而成形,怎样被修正和置换,它们实施了怎样的限制,在何种程度上被规避"。另一组是谱系方法,针对后三种原则,"话语系列是怎样通过、不顾或借助于这些限制系统而形成的;它们每一个的具体标准是什么；它们出现、发展、变化的条件又是什么"。批判分析和谱系分析不可割裂,只是一个重视否定因素(限制、排斥),一个重视肯定因素(规律性)。㉔通过这些描述,话语控制无所不在,如影随形。70年代后,福柯的《规训与惩罚》《性意识史》又将前期的"话语—权力"的两重维度深拓为"话语—权力—身体"的三重维度,使福柯对权力的分析达到其学术的顶峰。㉕

以福柯为代表的话语理论主要属于后现代主义(或后结构主义)话语理论,与其相关并吸收后现代话语理论资源生发了一些新的话语理论,其中后殖民主义话语理论是最强劲的一支。后殖民话语理论有三点值得注意。

一是东方主义话语,主要以萨义德的研究为代表。萨义德在《东方学》(1978)中通过对殖民时期的文本进行研究后,认为东方主义正是西方审视东方的话语策略,将东方"文本化"的同时,又将其"他者化""历史化",其根本思想模式就是西方中心主义与东西二元对立,并且创造了专属的"东方主义"话语,成为表述东方的原则和基础,从而使东方长久地匍匐于西方面前。㉖所以,在东方主义话语里,"东方不是东方",不是作为本我的、家的东方,显示了家的破碎和失家状态。由此萨义德也提出反殖民策略,他认为像后现代(利奥塔)对宏大叙事的拆解并不适用于东方,也即诸如革命、解放等仍然是殖民地的重要话语。

二是臣属(或译属下、底层)话语㉗,以斯皮瓦克为代表。斯皮瓦克在80年代的时候参加印度的"属下研究小组",通过对印度殖民历史的具体研究,对臣属作了深入的说明。她的代表论文是《属下能说话吗?》(1988)㉘。斯皮瓦克认为属下不能说话,其根本原因在于属下自身没有话语权,即便说话,也没有人听。斯皮瓦克认为臣属话语独立性的获得应该摒弃二元对立思维模式,不是在西方和本土做绝对的选择,而是经由去中心化、批判分析进而通过后殖民批评人文话语呈现臣属的存在境况。为此,斯皮瓦克提出了一种"策略的本质主义",通过对本质主义积极的运用,推进属下话语的自觉和独立性。这一点在表面上与萨义德宏大叙事有效论接近,但秉持一种自觉意识。

三是混杂性(hybridity)话语,以霍米·巴巴为代表。在其《民族与叙事》(1990)导言及其论文《播撒(Dissemination)》中,巴巴吸收安德森的"想象的共同体"观点,进一步将民族视为一种叙事。㉙为了达到解构本质主义和二元对立的目的,巴巴思想方法论是混杂性(模棱两可)策略,如模拟(mimicry)。通过混杂性策略被殖民话语渗入殖民话语,达到对殖民话语纯粹性的拆解。同时,被殖民话语也变得不纯粹,这也引出了文化身份问题,那种本质主义、二元对立的民族文化认同对被殖民地而言业已失效。这种混杂性策略构成了所谓的第三空间,即不是纯粹的殖民文化空间,也不是纯粹的被殖民文化空间,而是混杂空间。对殖民地话语或者反殖民话语而言,巴巴提出的"文化定位"具有启示意义,这也是他的混杂性理论所揭示的,即文化立场定位在"离家"状态——既不反对家,又不以特定之家为家,而始终处于寻家的边缘、流动状态。为此才能对本质主义、二元对立构成思想的优势,才能真正反映当代后殖民文化的实质。㉚

　　除了福柯、后殖民外,话语理论不可忽视的还有意识形态话语(权)理论,主要由西方马克思主义、文化研究、新左派等推动。他们有一个共同的理论资源——葛兰西的文化领导权(hegemony)。葛兰西指出一个社会集团的领导权分为两个方面,一是实际的"统治",二是"精神和道德的领导"(或文化霸权),后者对前者而言具有重要的先决意义,并认为,文艺批评与创作应为"新文化而斗争",而不仅仅止步于批评与创作本身。㉛60年代以后,意识形态话语理论主要探讨话语的意识形态功能,或者意识形态的话语维度,从注重对阶级斗争的分析转向了文化分析。这里不得不提文化研究学派的话语理论,其代表人物有拉克劳和墨菲(合称"拉墨")、霍尔等人。

　　拉墨的话语理论受到葛兰西等西方马克思主义者的影响很大,主要集中于领导权,他们旗帜鲜明地说"回到领导权斗争中去"。如何进行斗争呢?他们的关键词是articulation(链接,中译本做"连结")。㉜链接与话语有着非常密切的联系,链接构成话语,但链接本身又是动态的,因而呈现的是一种差异性。链接所要破除的是这样一种观点——事物之间的必然关系,相反,事物之间的关系都是链接的结果,并且这种结果也非一成不变。除了话语外,链接还同身份有关。链接产生话语,而话语对主体身份的确定至关重要。这说明身份并不是传统意义上身份,而是具有了后现代的意义,即"后身份"。由此,领导权的斗争就由话语、链接、身份三个要素构成。链接构成了话语,并在主体身上形成身份。因此,身份的形成已经和经济、政治的关系越来越远而与话语的链接实践密切相关。这种意义的领导权就是"话语领导权"。③

四、艺术话语研究的奠基与成形：巴赫金、罗兰·巴特与布迪厄

以话语转向、图像转向、文化转向为合力，艺术话语问题呼之欲出。这三大转向可以视为艺术话语划时代标志。在转向之中，艺术话语研究的实践就已经在不断开展了。所谓艺术话语就是对受到上述转向影响而出现的艺术研究新局面的一种概括和提炼。这一新局面显然迥异于传统的艺术研究，而是一种"语境—交往—文化研究"。有三位理论家在艺术话语的奠基和成形上起到了重要作用。

第一位是巴赫金，他是艺术话语研究的奠基人，是迄今为止笔者发现最早的明确提出"艺术话语"这一概念的人。巴赫金是后结构主义语言学在俄苏的代表，极具理论自觉性和独立意识，对当时具有统治地位的索绪尔结构主义语言学表达了反对意见。㉞在巴赫金看来，真正的语言学应该研究话语，而非抽象的语言系统（即独白），同时不脱离社会因素。为此，巴赫金提出的"超语言学"，其研究对象便是"活的语言中超出语言学范围的那些方面，而这种研究尚未形成特定的独立学科"。这种超语言学从性质上说正是话语研究。

巴赫金认为话语的根本特性是它的对话性，"实际上话语是一个两面性的行为。它在同等程度上由两面所决定，即无论它是谁的，还是它为了谁。它作为一个话语，正是说话者与听话者相互关系的产物。任何话语都是在对'他人'的关系中来表现一个意义的。在话语中我是相对于他人形成自我的……话语，是连结我和别人之间的桥梁。……话语是说话者与对话者之间共同的领地"㉟。除了话语，巴赫金深入探讨的还有"表述"。表述即索绪尔谈到的parole，其原指个体的话语实践，但巴赫金不同意这种个人主义的主观主义，而认为"表述是社会的"㊱。因此，"人们交流的是思想，亦即表述"㊲。从一定程度上说，话语和表述是一个概念。"我们的言语，即我们的全部表述（包括创作的作品），充斥着他人的话语；只是这些他人话语的他性程度深浅、我们掌握程度的深浅、我们意识到和区分出来的程度深浅有所不同。这些他人话语还带来

了自己的情态、自己的评价语调,我们对这一语调则要加以把握、改造、转换。"㊳巴赫金认为我们总是生活在"话语的世界"里,"在没有话语、没有语言的地方,不可能有对话关系"㊴。话语是我们的存在方式,它将我们从个体汇聚为人类大我。㊵从根本上说,巴赫金的话语就是社会交往性的话语。

巴赫金话语语言学的一个重点是对言语体裁的阐述。所谓言语体裁就是言说作品的体式、形态,是典型的语言表现形式。巴赫金认为,我们说话不是在说简单的字词句,而是在说某种言语体裁:"学会说话就意味着学会建构表述……言语体裁组织我们的言语,几乎就像语法形式(句法形式)组织我们的言语一样。""如果不存在言语体裁……那么言语交际、思想交流便几乎是不可能的了。"㊶话语不是现成地被表达出来,而必须通过某种特定的言语体裁,以使我们的话语得到更好的表达。"作者寻找自己的话语,基本上是寻找体裁和风格,寻找作者的立场。"㊷显然,巴赫金已经触及话语的核心问题,并且其话语理论也被认为是巴赫金思想的最精彩的部分。㊸

第二位是罗兰·巴特,他是 20 世纪结构主义语言学向后结构主义语言学转向的关键人物之一。他以其广泛的笔触探讨了文本、神话、摄影问题。罗兰·巴特的研究有两点特别重要,一是对写作的研究,一是对文本的研究。在《写作的零度》(1953)中,巴特探讨了西方写作的历史,他认为写作介于语言结构(语言、社会、历史、文化等)和风格(作家个体、精神、性格)之间,但往往不独立,或受制于权力化的语言结构,或沉醉于个体世界。为此,为拯救写作的危机,巴特提出"零度写作",就是处于语言结构和个人风格的中间位置。㊹后期巴特转向了后结构主义,在《从作品到文本》(1971)中,他清晰描述了结构主义与后结构主义在面对文学时的不同立场,即结构主义视文学作品为"具有确定意义的封闭实体",而后结构主义则视文学作品"为不可还原的复合物和一个永远不能被最终固定到单一的中心、本质或意义上去的无限的能指游戏"。前者的研究对象是封闭的作品(语言、所指),而后者的研究对象则是开放的文本(话语、能指)。㊺在《S/Z》中,巴特将文本区分为两种,一是"可写文本"(能引人写作),一是"可读文本"(能引人阅读)。"可读文本"就是作者创作的封闭式的文本,即作品,以作者为核心,读者再创造的可能性小。"可写文本"就是读者再创作的文本。"可写文本"预示着读者的自由,发现自己的主动性,破除"可读文本"对意义的封闭,从而解放了读者的阅读行为。㊻在此意义上,巴特提出的"作者死了"就势所必然了:"为使写作有其未来,就必须把写作的神话翻倒过来:读者的诞生应以作者的死亡为代价来换取。"㊼于是,读者在解放了的、可写文本的创造性中臻达"醉境"(jouissance)㊽。

巴特在视觉艺术话语研究上的另一大贡献是对图像学研究的拓展。符号学是巴特的视觉艺术研究的思想基础和理论武器。巴特论述视觉艺术的对象是摄影。巴特认为摄影有两个阶段,一是符号学阶段,二是现象学阶段。符号学阶段也可以称为描述阶段,而现象学阶段可以称为解释阶段。在符号学阶段,摄影分为三个层次,第一个层次是语言信息层,如标题、解说词(配文)、影像中的文字等,它不是图像性的。语言信息的功能是固定(规定、导向)意义和中转(传送)意义。第二个层次是直接意指(非编码)图像层,就是人们所见到的图像,是画面直接给予我们的,用巴特的话说就是"外延信息",是符号的"所指"。第三个层次是含蓄意指(编码)图像层,指的是图像所蕴含的象征意义,是图像背后的意义,用巴特的话说就是"内涵信息",是符号的"能指滑动",新的"所指"诞生。㊾这三个层次和潘诺夫斯基的图像学三阶段有异曲同工之处。巴特的摄影符号学三层次的最高层次和潘氏图像学最高层次是一致的,都是探寻图像本身或背后的象征意义,从社会角度解读图像。然而,作为哲学家的巴特自然比作为艺术史家的潘诺夫斯基更高一筹。因为摄影还有一个现象学阶段。现象学方法的最重要的特征就是"悬隔",而直面事物本身。故此在现象学阶段,观看图像就是悬隔一切,而进入图像本身,达到"醉"的状态。㊿

巴特的艺术话语研究具有鲜明的后现代主义特色。他的一个富有启发意义上的思想学说是"神话"。巴特眼中的神话并非远古先民眼中的神话,但它们的功能是一致的——形成价值观。神话的最大特色是将神话关系"去政治化",或者"看起来不像是神话"。神话消泯自身有两种方式,一是转喻,二是隐喻。转喻就是部分代整体,隐喻就是相似性。在很多广告中,转喻隐喻使用比比皆是。品牌成为新的大众时代的"图腾"。于是,人们消费的不是商品,消费的是安全、健康、青春、爱心等,此时商品就不再具有商品的使用功能了,而具有文化功能,或者意识形态功能。但是,这些转喻隐喻只是神话关系的某种体现之一而已,而不是唯一或者全部体现。为了寻获人类自身的批判理性,只有

破除神话关系,还原事物的本来貌。㉛

巴特的艺术话语研究横贯文学(话语)、视觉艺术(图像及大众文化)两大领域,并且符号学、现象学、神话学、结构主义、后结构主义、意识形态理论等构成了他的思想基础,尤其是他的哲学符号学功底,使他在分析艺术话语的时候游刃有余自成一家,是名副其实的艺术话语开创者。

第三位是皮埃尔·布迪厄,同样是一位后结构主义思想家,他对艺术话语的研究表现在两个方面,一是否定了索绪尔的结构主义语言观。㉜他认为:"创造语言并不是为了进行语言学分析,而是用来说话,用来得体地说话。"㉝同时,布迪厄将社会学思路注入语言研究之中,注重探讨语言活动场域的支配与被支配关系。"每一次语言交流都包含了成为权力行为的潜在可能性,当交流所涉及的行动者在相关资本的分配中占据着不对称的位置时,情况就更是如此。"㉞

二是对艺术场域的分析,将语境、权力话语(福柯)和政治经济学(马克思)结合起来,深刻呈现了资本主义时代艺术的存在方式。"场"(或场域)是布迪厄最重要的术语之一。布迪厄说:"在高度分化的社会里,社会世界是由大量具有相对自主性的社会小世界构成的,这些社会小世界就是具有自身逻辑和必然性的客观关系的空间。"㉟他从社会学的角度切入艺术领域,将人们的审美实践同社会条件或者社会场域结合起来,认为什么样的审美,其背后都有相应的审美规范,这种规范就是权力规范。

在某一场域里,资本是最为重要的,进入场域的每个人都在尽力遵守规则的同时获取最大的资本——生产与再生产。场域中的"资本赋予了某种支配场域的权力,赋予了某种支配那些体现在物质或身体上的生产或再生产工具(这些工具的分配就构成了场域结构本身)的权力,并赋予了某种支配那些确定场域日常运作的常规和规则、以及从中产生的利润的权力"㊱。艺术场域建构了艺术行为(习性,或惯习),在艺术场域中的主体都必须遵从艺术场域所设定的法则,否则就将被逐出场域或者边缘化,但当其所占资本足够大的时候,这种行为可能上升为主流行为。由此,"规则(法则、逻辑)—习性(行为方式)—资本"成为艺术场域中的三大要素,而其运行模式则是支配与被支配关系。

布迪厄的艺术社会学研究将权力之间的支配与被支配关系放置在特定的场域之中,从而具有了微观社会学的特色,他提示我们,艺术场域永远充满着

竞争与斗争（权力、利益），特别是符号、话语的斗争："是斗争本身构成场的历史；斗争才使得场有了时间性。"㊄

五、艺术话语研究学术史：从西方到中国的学术播撒

　　三大转向和艺术话语研究的成形可以视为艺术话语思想脉络的第一个维度，即思想史维度，是艺术话语研究的开创阶段，提供多种多样的思想背景和理论资源。20世纪80、90年代以后，艺术话语的专业研究日益发展，艺术话语研究的美学家、文艺理论家方阵开始登场。在国际文艺研究界，系统讨论艺术话语的专门著作出现于20世纪80年代。

　　艺术话语研究的专业化方面最突出的是门类艺术话语研究，其中最重要的是文学话语研究，这主要受到话语转向的重要影响。1985年，荷兰语言学家冯·戴伊克编辑的《话语与文学》出版㊄，共收论文12篇，探讨话语与文学的密切联系，涉及修辞学、文体学、话语分析等领域。戴伊克还出版了《话语与语境》，提出了语境的"社会—认知"的属性。㊄1989年，英国语言学家罗纳德·卡特编辑的《语言、话语与文学：话语分析导引读本》出版㊄，同年，英国语言学家盖伊·库克的《话语》一书出版㊄，1994年，《话语与文学》（英文版）出版㊄。这些研究多数都是由语言学家完成的，纯粹的文学理论家进行的话语研究较少。

　　大约同期或稍后，艺术话语研究也出现了。1986年美国学者杰西卡·普林茨完成了自己的博士论文《艺术话语/艺术中的话语》㊄，1991年该书出版㊄。该书所关注的正是后现代以后，艺术将自己的注意力放在了语言、话语上这一事实。这些艺术（往往是一些概念艺术）认为语言是不可或缺的。这部书主要关注的是抽象（概念）艺术与语言的关系。该书是第一部明确以"艺术话语"命名的专门著作。2008年，两位比利时学者 Nico Carpentier 与 Erik Spinoy 选编的《话语理论与文化分析：媒介、艺术与文学》出版㊄，该书多篇论文借鉴文化研究话语理论，将其对抗性、霸权、不确定性等观念应用到文学艺术分析，拓展了当代艺术话语研究的理论维度。

　　由于 Discourse 一词除了话语、（专题）论文外，也有对话、讲话、谈话的意思，故此，艺术话语本身就可能是非常动态化的。一些西方的先锋艺术家和理

论家喜欢尝试用这种方式。如 1990 年美国策展人罗素·弗格森等编辑出版的《话语：后现代艺术与文化的对话》⑥。更有甚者将艺术家的谈话、对话、访谈做成有声杂志。如《听觉艺术》，是 1973 年在英国伦敦出版的有声"杂志"（磁带），是英国概念艺术家威廉·福尔隆创立的，主要是和当代艺术家的对话。1994 年出版《听觉艺术：当代艺术中的话语与实践》是对这一杂志的文字呈现⑦。这种对话学术在思想界并不鲜见，如福柯、萨义德、布迪厄，均有访谈集，对艺术对话产生了积极的影响，在国内也有一些以对话（访谈）为主题的艺术话语实践研究。⑧艺术对话大体显示了当代艺术家的前卫姿态、前沿意识和现实态度，将艺术和话语体裁（讲演、对谈、访谈等）紧密联系起来加以思考，或者将自己高深的学问以通俗而直接的方式表达出来，进而使艺术以更加积极的态度介入现实、文化、社会，不再仅仅局限于学院规范和封闭的文本。

　　从国内来说，艺术话语经过了从偶尔使用到明确使用，再到自觉研究的阶段。艺术话语逐渐成为当代艺术家、美学家、艺术理论家笔下的关键词。1985 年，曹威凤对艺术话语有一段描述："一篇艺术话语是思想美学内容、组织结构、语言表达手段这三要素组成的有机的整体。"⑨此处的艺术话语主要指的是整体的语篇，主要是从话语分析的角度进行作品解读，是话语语言学研究在文学研究领域的反映。

　　1990 年，舒群的《图式话语与字词话语——艺术语言研究的嬗变和延伸》是笔者所知的国内第一篇专门研究艺术话语的论文，他借鉴福柯话语理论，认为艺术话语即艺术话语实践，话语实践就是某种语言的研究，因为研究本身也就是一种实践活动。⑩1993 年，中国文艺理论界召开了一次以"美学与现代艺术"为主题的学术会议。有学者将此次会议的议题之一提炼为"重建人文科学话语系统"，具体而言就是"如何在现代文化、传统文化、西方文化的交汇点上重建自身的话语系统"。⑪

　　1993 年，王岳川的《后现代文化艺术话语转型与写作定位》一文是国内第一篇在标题明确提示艺术话语的论文，该文将西方艺术话语前沿——后现代话语引介到国内，强调后现代文化艺术的话语转型对写作构成新的挑战。⑫1994 年，王一川提出当代美学的"修辞论转向"，其关注的"正是艺术话语同历史不可分割的关系"，强调"话语—文化语境的互赖关系"。⑬实质而言，这种修辞论(话语)美学无疑是话语转向的必然反映。1996年,柴小刚使用"纯艺术话语"一词,意指坚持纯艺术这种理念的创作观念和思潮。这里的纯艺术旨在"追求智慧的纯粹性或基本的陈述"的个体话语,它以"完美、理智、精雅为基本特征",其核心就是形式主义。[74]

21世纪以来的一些文章更明确地使用和讨论中国艺术话语问题。2003年,罗徕对网络艺术话语作了论述,并辩证思考网络艺术与传统艺术的关系问题。[75]2010年,黄宗贤认为,当代艺术话语应该超越流俗与前卫,尝试重构当代中国自己的艺术话语,从艺术创作方面,强调了艺术话语自我意识的重要性。[76]2011年,李兴涛提出并讨论"中国当代艺术话语体系",认为中国当代艺术(前卫艺术)经过若干年的发展,到新世纪并没有形成自己的话语立场和话语体系,仍然跟在西方艺术后面走。[77]2012年,凌晨光指出艺术话语自身的建构性特征。[78]暂且不论上述论断的有效性如何,我们至少可以看出,对当代中国艺术话语的建设与反思已经成为一个不容忽视的重要问题。

六、"如何表述当代中国":从艺术话语到中国艺术话语

就世界范围而言,从1926年有明确的艺术话语(巴赫金)研究开始,经过长期的学术思想积淀和相关研究的推进,在80年代,艺术领域中的话语研究日益扩大。对中国而言,除了艺术话语研究的思想史维度我们没有赶上外,学术史维度已经和世界接轨,我们又完成一次追赶。然而,在我看来,如果中国的艺术话语研究在专业化阶段就此止步则十分遗憾,因为艺术话语除了思想史、学术史维度外,还有一个重要的维度没有触及,这就是艺术话语的实践史。艺术话语的实践史的拓展是艺术话语自身特性所决定的,它不是纯学术问题。

现代艺术话语研究其根本特性有三:一是理论反思性和能动性。艺术话语思想史表明,任何对艺术的崭新理解都是一种对既有思想的反抗、否定和超越,没有原封不动的艺术研究。理论的反思性和能动性表明艺术话语强劲的思想原动力,实现了从学术到思想的跨越。二是话语实践性,注重社会性、文化性。传统艺术研究注重审美、形式、内部,而艺术话语研究则重视艺术同社

会、历史、文化的互动联系。艺术不再固守于纯艺术范畴,而是日益参与到社会文化的建构当中,并且深刻揭示了艺术是人类精神的重要表征。在这一点上,艺术话语研究实现了从思想到实践的跨越。三是文化能动性,注重对话性、交往性。艺术话语研究所处的时代是人类交往日益频繁深入的时代,新的艺术形式不仅含有本土文化的传统,还含有外来文化传统,还含有意识形态的内容。艺术不是被动呈现着这些传统,而是构造着这些传统,当代艺术大大加深了人类的文化联系和精神联系,也是世界艺术的前期准备。所以,艺术话语研究的推进将实现从区域化到整体化的跨越。

由此,从学术到思想,从思想到实践,从区域到整体,这三大跨越凸显了艺术话语研究的重大的范式转换意义,凸显了艺术与社会、历史、文化、政治、生态、场域、精神、立场、策略等多方位、深层次的复杂动态关系,克服传统艺术研究固守的内部与外部、本质与功能的二元对立倾向,倡导多元性,更真切地发掘了艺术的当代存在境况。因此,艺术话语研究根本上具有本体论转换的意义,它不是仅仅对艺术话语的一种学术研究,其注重综合性、跨学科、跨文化的特性,更表明一种崭新的艺术观、价值观、方法论。反观当代中国艺术理论,各类问题层出不穷。理论霸权傲视艺术,西方霸权傲视中国,但是,真正的艺术和真正的中国艺术却很少得到充分而客观的关注。

第一,理论研究与艺术现实严重脱节。面对中国艺术,各类西方理论各试身手,但没有形成一个崭新的艺术研究领域,艺术反而成为女性主义、后现代主义、后殖民主义、文化研究的实验场。艺术话语则不然,它明确彰显艺术研究的本体地位,是艺术与话语的紧密结合,强调理论在艺术话语研究领域的自我反思、完善和提升,它不是一般的学术研究,而是一种能动的思想生发和话语实践,它比艺术学理论更直接地参与到艺术建构和文化建构当中。

第二,中国问题意识欠缺。一提中国,就被认为是保守主义,其实,中国意味着我们的身份、立场、精神,是建构世界的主体基础和文化地基。所以,中国对中国艺术而言是生死与共的。但是,在西方理论冲击之下,中国问题不断被掩盖和走样,是被他人阐释的中国,而不是自我阐释的中国。实际上,诸如:"中国当代艺术史写作的西方模式与中国模式","艺术终结与中国艺术史叙事","全球化语境中的当代中国艺术身份","当代艺术的当代性、中国性、世界性、现代性(后现代性)""中国艺术话语权与软实力(价值观)""中国当代艺术与社会、市场、政治的关系""中国艺术精神资本(核心竞争力)""艺术范式与中国艺术创新模式""中国艺术批评理论创新与原创""'读图时代'的中国艺术存在方式""视觉文化转向下的中国当代艺术""中国艺术的跨文化交往与艺术输出"等,都是当代中国艺术话语亟待解决的"中国问题"。这一"中国问题"具体落实就是中国艺术问题,而中国艺术问题的核心就是中国艺术精神问题。因此,中国艺术话语所关注的并不单是艺术形式,不单是审美或美学问题,而更是当代中国人的跨文化交际能力、想象力与创造力,是彰显中国价值,发扬中国智慧,传递中国精神。

第三,艺术理论原创性不够。各种理论资源只是对艺术进行一种阐释、解读,但是理论的最高境界就是创造,并且超越自己。如果仅仅止于解释,理论的完满性、完美性得以表现,但它无助于人们更高层次的认识。真正的理论都是勇于去创造新的解读,敢于触碰未曾解释、未曾接触过的问题。福柯的"权力话语",巴赫金的"元语言学",巴特的"神话""文本",布迪厄的"资本",莫不如此。就中国艺术话语研究而言,它不单是引进西方艺术话语研究,不单是翻译介绍西方话语研究,不单是进行当代中国各类艺术话语的分门别类的研究,它不单是要追问当代中国艺术应该具有何种形态,更重要的在于,艺术话语研究要追问:谁需要这种形态?向谁表述(即谁在倾听)这种形态?这种形态是什么形态?这种形态是如何被建构出来的?为何具有这种形态?这种形态存在于何处、何时(艺术语境)?如何具有这种形态?这就是中国艺术话语的原创性的问题域。

可以说,当代中国艺术已经到了需要对当代中国艺术的话语结构与规律、合法性、身份、立场、意图、策略、表述方式、文化语境、社会机制等做出反思性梳理的时候了,⑳而归根结底的一个核心问题就是艺术"如何表述当代中国":吸取艺术话语的思想史与学术史资源,确立当代中国艺术话语的表意实践意识,即面对艺术"如何表述当代中国"这一问题,有深刻的自觉和切实的行动,这才是横亘在当代艺术界最前沿的中国问题。

原载《清华大学学报(哲学社会科学版)》2014年第3期。

注　释

① 苗兴伟《"话语转向"时代的语篇分析》,《中国海洋大学学报(社会科学版)》2004 年第 6 期。

② 索绪尔《普通语言学教程》,高名凯译,商务印书馆,1980 年,第 30 页。

③ 索绪尔《普通语言学教程》,第 41 页。

④ Z. S. Harris, Discourse analysis. *Language* 28:1—30.

⑤ Barbara Johnstone, *Discourse Analysis*, *Second Edition*. Malden, Mass.: Blackwell. 2002.

⑥ J. P. Gee, *An Introduction to Discourse Analysis*: *Theory and Method*, London: Taylor and Francis Limited, 1999.

⑦ 周流溪《近五十年来语言学的发展》,《外语教学与研究》1997 年第 3—4 期、1998 年第 1 期。

⑧ 沃尔夫林《艺术风格学》,潘耀昌译,辽宁人民出版社,1987 年。

⑨ 潘诺夫斯基有"艺术史的索绪尔"的称号,也被施特劳斯认为是一个"伟大的结构主义者"。

⑩ 潘诺夫斯基《图像学研究:文艺复兴时期艺术的人文主题》,戚印平、范景中译,上海三联书店,2011 年。

⑪ 高名潞《意派论:一个颠覆再现的理论》,广西师范大学出版社,2009 年,第 97 页。

⑫ 杨贤宗《潘诺夫斯基图像学方法的根源与适用范围》,《新美术》2010 年第 6 期。

⑬ 曹意强《艺术史中的视觉文化》,《美苑》2010 年第 5 期。

⑭ 1992 年,托马斯·米歇尔在《艺术论坛》中首次提出"图像转向"(pictorial turn)。1994 年,他出版了《图像理论——视觉再现与语言再现文集》,其中第一章为"图像转向"。图像转向的意思是语言学转向之后出现的新的动向,图像转向是克服语言霸权、文本霸权,而发现视觉经验同阅读经验同样意义重大。见米歇尔著《图像理论》,陈永国、胡文征译,北京大学出版社,2006 年,第 2—7 页。

⑮ 居伊·德波《景观社会》,王昭风译,南京大学出版社,2006 年。

⑯ 图像学研究日益将自身与艺术史、视觉文化研究等融为一体,尤其是"新图像学"研究,如布雷德坎普(1947—　),参布雷德坎普《被忽视的传统?——作为图像学的艺术史》,李震译,《艺术设计研究》2011 年第 1 期。

⑰ 施旭《话语分析的文化转向:试论建立当代中国话语研究范式的动因、目标和策略》,《浙江大学学报(人文社会科学版)》2008 年第 1 期。

⑱ 在《知识考古学》中,福柯说,知识型是"能在某一既定时代的各种科学之间发现的关系整体","它是由区分、差距、巧合组成的极灵活的整体,它们组建起来又拆散"。《知识

⑱ 考古学》,谢强、马月译,生活·读书·新知三联书店,2003 年,第 249、250 页。

⑲ 福柯《词与物——人文科学考古学》,莫伟民译,上海三联书店,2002 年。

⑳ 福柯《知识考古学》,第 99 页。

㉑ 福柯《知识考古学》,第 150 页。

㉒ 福柯《知识考古学》,第 177—179 页。

㉓ 福柯《知识考古学》,第 236、237 页。

㉔ 福柯《话语的秩序》,许宝强、袁伟选编《语言与翻译的政治》,中央编译出版社,2001 年,第 1—31 页。

㉕ 杜小真编选《福柯集》,"编者前言",远东出版社,1994 年,第 3—4 页。

㉖ 萨义德《东方学》,王宇根译,生活·读书·新知三联书店,1999 年。

㉗ Subaltern,葛兰西用语,指资本主义社会相对于资产阶级的无产阶级(主要是农民),是边缘群体。

㉘ Spivak,"Can the Subaltern Speak?" Cary Nelson and Lawrence Grossberg, *Marxism and the Interpretation of Culture* ,University of Illinois Press,1988. 中译参陈永国等主编《从解构到全球化批判:斯皮瓦克读本》,北京大学出版社 2007 年出版。

㉙ Homi K. Bhabha ed., *Nation and Narration*, Landon and New York: Routledge, 1990.

㉚ 王宁《叙述、文化定位和身份认同——霍米·巴巴的后殖民批评理论》,《外国文学》2002 年第 6 期。

㉛ 葛兰西《狱中札记》,葆煦译,人民出版社,1983 年,第 316—317、456 页。

㉜ 恩斯特·拉克劳、查特尔·墨菲《领导权与社会主义的策略——走向激进民主政治》,尹树广、鉴传今译,黑龙江人民出版社,2003 年。

㉝ 陈炳辉《从政治领导权、意识形态领导权到话语领导权——拉克劳、墨菲的领导权理论》,《厦门大学学报(哲学社会科学版)》2010 年第 1 期。

㉞ 巴赫金在当时就说:"我们语言学思想的大多数代表人物受到了索绪尔及其弟子——巴利与薛施霭的影响。"巴赫金《马克思主义与语言哲学》,《巴赫金全集》第 2 卷,李辉凡等译,河北教育出版社,1998 年,第 404 页。

㉟ 巴赫金《马克思主义与语言哲学》,《巴赫金全集》第 2 卷,第 436 页。

㊱ 同上书,第 432 页。

㊲ 巴赫金《言语体裁问题》,《巴赫金全集》第 4 卷,第 158 页。

㊳ 同上书,第 174—175 页。

㊴ 巴赫金《文本问题》,《巴赫金全集》第 4 卷,第 321 页。

㊵ 巴赫金《1970—1971 年笔记》,《巴赫金全集》第 4 卷,第 397、407 页。

㊶ 巴赫金《言语体裁问题》,《巴赫金全集》第 4 卷,第 162 页。

㊷ 巴赫金《1970—1971 年笔记》,《巴赫金全集》第 4 卷,第 416 页。

㊸ 凌建侯《话语的对话性——巴赫金研究概说》,《外语教学与研究》2000 年第 3 期。

㊹ 罗兰·巴特《写作的零度》,李幼蒸译,中国人民大学出版社,2008 年。

㊺ 罗兰·巴特《从作品到文本》,杨扬译,《文艺理论研究》1988 年第 5 期。

㊻ 罗兰·巴特《S/Z》,屠友祥译,上海人民出版社,2000 年,第 55—57 页。

㊼ 罗兰·巴特《作者的死亡》,见《罗兰·巴特随笔选》,怀宇译,百花文艺出版社,2005 年,第 301 页。

㊽ 罗兰·巴特《文之悦》,屠友祥译,上海人民出版社,2002 年,第 6、63—64 页。

㊾ 罗兰·巴特《形象的修辞》,见陈永国主编《视觉文化研究读本》,北京大学出版社,2009 年。

㊿ 罗兰·巴特《明室——摄影纵横谈》,赵克非译,文化艺术出版社,2003 年。

(51) 罗兰·巴特《神话——大众文化诠释》,许蔷蔷、许绮玲译,上海人民出版社,1999 年。

(52) 布迪厄、华康德《实践与反思:反思社会学导引》,李猛、李康译,邓正来校,中央编译出版社,1998 年,第 187 页。

(53) 同上书,第 188 页。

(54) 同上书,第 192 页。

(55) 同上书,第 134 页。

(56) 同上书,第 139 页。

(57) 布迪厄《艺术的法则:文学场的生成和结构》,刘晖译,中央编译出版社,2001 年,第 193 页。

(58) Teun A. van Dijk ed., *Discourse and literature: new approaches to the analyses of literary genres*, Amsterdam; Philadelphia: J. Benjamins Pub. Co., 1985.

(59) Teun A. van Dijk, *Discourse and Context A sociocognitive approach*, Cambridge University Press, 2008.

(60) Ronald Carter ed., *Language, discourse, and literature : an introductory reader in discourse stylistics*, Unwin Hyman, 1989.

(61) Guy Cook, *Discourse*, Oxford: Oxford University Press, 1989.

(62) Guy Cook, *Discourse and literature: the interplay of form and mind*, Oxford: Oxford University Press, 1994.

(63) Jessica Prinz, *Art discourse, discourse in art* (1960—1985), University of Southern California, 1986.

㉞ Jessica Prinz, *Art discourse/discourse in art*, New Brunswick, N. J. Rutgers University Press，1991.

㉟ Nico Carpentier，Erik Spinoy ed. ，*Discourse theory and cultural analysis media，art and literature*，Hampton Press，2008.

㊱ Russell Ferguson(et al)ed. ，*Discourses：conversations in postmodern art and culture*，New York：New Museum of Contemporary Art；Cambridge, Mass. ：MIT Press，1990. 该书另有中文译本《艺术论述：后现代艺术与文化的对话》，吴介祯译，台湾远流出版社，1999 年。

㊲ William Furlong ,*Audio arts ：discourse and practice in contemporary art*，London：Academy Editions；New York，NY：Distributed in the United States by St. Martin's Press，1994.

㊳ 例如李世涛等主持的课题《话语的踪迹——中国当代文艺思潮、文艺理论、美学访谈与研究》(2007 年结项)。

㊴ 曹威凤《试论俄语中的隐喻与篇章的关系》，《外国语文教学》1985 年第 4 期。

㊵ 舒群《图式话语与字词话语——艺术语言研究的嬗变和延伸》，《美术》1990 年第 5 期。

㊶ 姚文放《重建美学和现代艺术的话语系统——"美学与现代艺术"学术讨论会综述》，《学术月刊》1993 年第 9 期。

㊷ 王岳川《后现代文化艺术话语转型与写作定位》，《当代作家评论》1993 年第 4 期。

㊸ 王一川《走向修辞论美学——90 年代中国美学的修辞论转向》，《天津社会科学》1994 年第 3 期。

㊹ 柴小刚《纯艺术话语是对当代艺术本质的背离》，《连云港教育学院学报》1996 年第 1 期。

㊺ 罗徕《网络艺术话语——兼论传统艺术的立场和灵魂》，《装饰》2003 年第 11 期。

㊻ 黄宗贤《艺术话语重构：跨越流俗与"前卫"的合谋》，《文艺报》2010 年 12 月 27 日。

㊼ 李兴涛《浅析中国当代艺术话语体系的重建》，《大众文艺》2011 年第 18 期。

㊽ 凌晨光《艺术作为话语分析的对象》，《天津社会科学》2012 年第 6 期。

㊾ 参见王宁、曹顺庆、池昌海、施旭《重建当代中国学术话语》，《社会科学报》2009 年 6 月 4 日；施旭《文化话语研究：探索中国的理论、方法与问题》，北京大学出版社，2010 年。

生产者的诗学
——鲁迅杂文一解

李国华

一、解题

"生产者的诗学",这一概念从鲁迅1934年5月4日发表的《论"旧形式的采用"》一文中使用的"生产者的艺术"一词引申而来。鲁迅在文中举了唐的佛画、宋的院画、米点山水、文人写意画等旧艺术形式之后表示:

> 都是消费的艺术。它一向独得有力者的宠爱,所以还有许多存留。但既有消费者,必有生产者,所以一面有消费者的艺术,一面也有生产者的艺术。古代的东西,因为无人保护,除小说的插画以外,我们几乎什么也看不见了。至于现在,却还有市上新年的花纸,和猛克先生所指出的连环图画。这些虽未必是真正的生产者的艺术,但和高等有闲者的艺术对立,是无疑的。但虽然如此,它还是大受着消费者艺术的影响,例如在文学上,则民歌大抵脱不开七言的范围,在图画上,则题材多是士大夫的故事,然而已经加以提炼,成为明快,简捷的东西了。这也就是蜕变,一向则谓之"俗"。注意于大众的艺术家,来注意于这些东西,大约也未必错,至于仍要加以提炼,那也是无须赘说的。①

这里的生产者和消费者,很显然不是指商品生产和流通领域中每一个参与者都可能获得的身份,而是指向二者对立的阶级身份以及随之而来的文化追求。又,消费者的艺术得到有力者的宠爱,生产者的艺术无人保护,因此一者存留许多,一者几乎不见。这意味着在鲁迅看来,在阶级社会中生产者的艺术受到统治阶级压抑，艺术问题绝不只是审美问题，更是阶级政治问题。尤其值得注意的是，鲁迅并没有将生产者的艺术和消费者的艺术视为因阶级对立而毫无瓜葛的两个阵营，相反，他强调生产者的艺术"大受着消费者艺术的影响"，故而从生产者的艺术的基础上构建艺术新形式"仍要加以提炼"，批判生产者的艺术中的消费者艺术成分，对于消费者艺术也要批判地吸收其精华，不可全盘接受，亦不可全盘抛却。这也就是说，在阶级社会的土壤中，生产者的艺术的种子不可能在与阶级社会的土壤不发生关系的情况下发芽、开花、结果，"真正的生产者的艺术"是个需要讨论的问题。这里蕴含着丰富的蓄而待发的理论信息，本文试图凭借"生产者的诗学"这一概念进入其中，并进而谋求对鲁迅杂文有所解释。

所谓"生产者的诗学"，是对"真正的生产者的艺术"的理论阐明，即试图从诗学的意义上勾画鲁迅提出"真正的生产者的艺术"的理论图景，且以鲁迅自身的杂文创作佐证之。因此，"生产者的诗学"作为论题而言，并非一种抽象的理论企图，而是一种对鲁迅杂文进行解读的阐释学。因为这一概念引申自鲁迅本人《论"旧形式的采用"》一文，根据文本语境，有四个前提不妨先抽象出来，以待下文的阐发：

其一，生产者的艺术对立于消费者的艺术而存在，背后隐藏的是阶级政治问题，故而"生产者的诗学"必然是一种阶级政治的诗学；

其二，有力者宠爱消费者的艺术而压抑生产者的艺术，这构成了可能比阶级政治更为一般化的文化政治问题，因此"生产者的诗学"也必然是一种文化政治的诗学；

其三，"真正的生产者的艺术"尚未见，而理论上则是一种可视的图景，构成一种可能破坏既有艺术秩序并建立新形式的历史动力，因此使得"生产者的诗学"须是一种乌托邦诗学，可能并无现成的艺术范本；

其四，以"生产者的诗学"来解读鲁迅杂文，与其说是受到了一种可能诗学的理论诱引，不如说是魅惑于如何重新激发鲁迅杂文的可读性这一更具活力的命题，故而"生产者的诗学"是一种有限的、尝试性的诗学。

二、寻找整一性

张旭东在讨论鲁迅的杂文自觉时,特别强调执滞于小事的意义。②诚然,与西滢战时写的文章,周作人是不收集的。鲁迅却不但收集,而且在《华盖集·题记》中为集中文章辩诘,的确是别有千秋。但有别于周作人,未见得就是有别于与西滢战之前的鲁迅自己。鲁迅在《华盖集·题记》中强调自己偏有这样的脾气,显然是指自己早就有这样的脾气,而不是在与西滢战时才有这样的脾气。《范爱农》写鲁迅与范爱农之相厌、相知,相厌即是因为一件小事,范爱农等人的行李中有女人的绣花鞋。事实上,在《呐喊》集中,有一篇小说就名《一件小事》。小说所写也的确只是洋车夫撞人之后的琐屑行为,但叙事者却以为一件小事胜过了子曰诗云、文治武功等大事。针对成仿吾批评《一件小事》是拙劣的随笔,茅盾表示自己感到深厚的趣味和强烈的感动,认为在解释人类的脆弱和世事的矛盾的同时,鲁迅"决不忘记自己也分有这本性上的脆弱和潜伏的矛盾"③。茅盾极为敏锐地意识到了鲁迅执滞于小事的内在性。这种内在性使得鲁迅的写作即使所论甚小,有时不过是"花边文学",却能溢出文本表层的私人性和社会性,与人类本性问题直接相关。因此,承担着社会批评和文明批评功能的鲁迅杂文,也勾连着个人、社会与人类,或天、人与天人之际,是关于中国现代社会的三位一体式的书写和批判。在这一意义上,张旭东的理论分析延续了茅盾的艺术敏感,自有洞见。但如果从他的分析推导出执滞于小事乃是鲁迅杂文的特色,则人为地割裂了鲁迅写作本有的整一性。事实上,即使在留日时期写作的文言论文中,青年鲁迅也表现出执滞于小事的脾气。从《人之历史》到《破恶声论》,作者论及的都是人类、种族、家国天下、社会制度的大事,但对于古民白心、乡曲迷信的念兹在兹,说明鲁迅善于以小观大,以小博大。也许,对于一个作家而言,小事才是真正的大事。鲁迅之为鲁迅,正因其执滞于小事。执滞于小事首先是鲁迅之为鲁迅的一个原因,然后才是鲁迅杂文自觉的原因之一。因此,在张旭东设想另一个鲁迅起源的理论图景中,一个可以用来缝合出鲁迅整一性的要素被找到了,那就是鲁迅一贯执滞于小事的脾气。这一要素无疑有助于识别鲁迅杂文与其他左翼作家的杂文。当然,更为重要的是执滞于哪些小事。鲁迅明言是切己的小事,而非"宇宙之大,苍蝇之微"式的小事。这意味着小事关乎切身利害,鲁迅的写作是从切身利害发生的,未必能与当时现成的知识、价值、伦理无缝连接。就此而言,鲁迅表现得像个小农经济的生产者,局促在以自己所感到的为限的视域内,写作出独异的文章来。如果说《呐喊》《热风》等尚因须听将令而涵容了一些非鲁迅特质的东西,那么《华盖集》以来的杂文则几乎清除了它们,鲁迅恣意地表现了自己"躲进小楼成一统,管他冬夏与春秋"的执滞于小事的脾气。在执滞于小事这一点上,不是有无,而是多少,充分不充分,构成了鲁迅不同时期不同(?)文体的区别。

薛毅同样强调执滞于小事的问题,但他更愿意从整体上将鲁迅视为反抗者,将其杂文视为反抗者的文学,同时也不明确否认(或明确承认)杂文之外的鲁迅文章是反抗者的文学。薛毅强调《野草》中有一个被鲁迅有意对象化的叙事者[④],这一精彩的发现同样适用于鲁迅的小说[⑤]和杂文。薛毅认为鲁迅杂文一个非常重要的特点是"引语"性,即鲁迅杂文不是关于"事实"的话语,而是关于"话语"的话语,鲁迅的杂文写作是一种有"他者"性存在的寓言式写作。[⑥]所谓关于"话语"的话语,在并不以鲁迅之是非为是非的人看来,恰好呈现出复调性,即鲁迅在将他者的话语对象化的同时,也将自己的引语编织进了对象化的情境,从而不管作者本人意愿如何,都有被对象化的可能。这种客观效果提示出一种思考路向,即所谓"引语"性虽然是鲁迅杂文很重要的性质,但与鲁迅其他文章并不构成质的差别。相反,与执滞于小事一样,"引语"性也是鲁迅之为鲁迅的一个原因,而不仅仅是鲁迅杂文之为鲁迅杂文的原因。这里隐藏着缝合出鲁迅整一性的另一要素,即鲁迅写作通常是关于话语的话语。《野草·题辞》已经被薛毅精到地解释为《野草》的"引语",而《狂人日记》的文言小序,其"引语"性质更是一目了然。事实上,留日时期的鲁迅写作就已经表现出"引语"性的特点。当他在《破恶声论》中大声疾呼"伪士当去,迷信可存,今日之急也",鲁迅关于话语的话语其实已经达到一个谣言政治学的高度。因此,所谓"引语"性或寓言式写作,并非仅存于鲁迅杂文中的性质,而是普遍存在于鲁迅写作中的性质。

而且,如果不考虑"引语"性所关涉的具体对象,即不考虑鲁迅所关心的具体的话语,而仅仅从抽象的逻辑上考虑这一性质,就会发现鲁迅的文章与周作人的文章颇有异曲同工之妙。他者不论,以《夜读抄》和《书房一角》而言,周作人的写作表现出相当明显的"引语"性。周作人有时也把自己的文章称为杂文,如编集《药堂杂文》,另在1945年还专门写了带有盖棺论定性质的《杂文的路》一文。在那篇文章中,周作人认为,所谓杂文,杂在两点,一是思想杂,一是语体杂,但都不乱,都不定于一尊。⑦杂而不乱,不定于一尊,正有话语与话语之间相互对象化的意味,故而仅就"引语"性而言,如果提升为一种抽象的反美学原则的话,是不便说此乃鲁迅文章独有的性质的。

但是,鲁迅杂文的确表现出某些可以感觉到的独特的文本面貌,仅仅鲁迅有,仅仅鲁迅杂文有。与周作人的区别比较容易理解,二周文章俱在,合观参详即可。鲁迅1933年写的《小品文的危机》⑧和周作人1935年写的《关于写文章》⑨,存有明显的隔空对话的关系。他们都认为时代是危局,风沙扑面,只是一者选择直面,以文章为匕首、投枪,希望杀出一条生存的血路来,一者选择逃避,以文章为无用的消遣,寄沉痛于悠闲,并且嘲讽鲁迅式的功利论乃是以文章为祭器。两相对照,"引语"性不成特点,战斗与逃避,讽刺与幽默,乃是各成特点的分水岭。瞿秋白在《鲁迅杂感选集序言》中断言鲁迅杂文是战斗的阜利通⑩,废名在写给《周作人散文钞》中的序中说鲁迅感情多故近于诗人的抒情,蒙蔽真理,与自己不相信的群众为伍,周作人提倡净观故自然归入于社会人类学的探讨而沉默,⑪更在各摆阵势、对垒而战的意义上说明了"引语"性之不成特点,而要在立场的分歧及人格的差异。废名所谓的感情多,其实即是鲁迅自己所说的执滞于小事。这也就是说,当执滞于小事的与进行"引语"性写作的是同一个鲁迅时,鲁迅之为鲁迅就显得区别度明显起来。这个像小农经济生产者一样执滞于切身小事的作者,同时进行的却是"引语"性写作,因此在自说自家利害的同时,却和我田引水的周作人一样,将理智与热情融为一体,选择了反知识分子写作的杂文写作,在一定程度上靠近了生产者的艺术。这就意味着,战士与诗人合体的人格,乃是鲁迅之为鲁迅的更为核心的原因,⑫也是鲁迅杂感与周作人散文两样的核心原因,甚至也是鲁迅从小说中的批评庸众到杂文中的表示中国的民族脊梁在地底下的核心原因。日后,当鲁迅试图建构自己杂文的文学性时,乃建构出一个以生产者为喻的创作主体形象,尽最大的努力摆脱现代性知识对于自己杂文写作事实的拒斥与吸附。

三、以生产者为喻

鲁迅 1925 年 11 月 6 日完成的短篇小说《离婚》,是他的最后一篇现代小说[13]。从时间点上来说,鲁迅在 1925 年 12 月 31 日写的《华盖集·题记》中对杂文所作的辩解[14],显得相当微妙。"倒不如不进去""艺术之宫"的态度,意味着鲁迅可能并没有想好如何对自己写作的杂文进行定位。他虽然不否认杂文表意抒情的作用,但也没有承认杂文与艺术之间建设性的关系。"时时抚摩自己的凝血,觉得若有花纹","花纹"当然是文采或艺术的借喻,但"也并非不知道创作之可贵",则意味着鲁迅并不否认其时文人共享的现代性知识所建构的艺术秩序,至少他并不否认杂文不能算是创作。因此,对自己写作杂文的行为进行辩解,虽然意味着鲁迅有意替杂文正名,但还没有进入到将由创作构成的艺术之宫摧毁重建的自觉。

半年多过去之后,在 1926 年 8 月 10 日发表的《记"发薪"》一文中,鲁迅对于杂文的自觉开始以对于消费者的艺术的厌恶的方式表现出来。[15]所谓"公理"之类,鲁迅言下是包括名人论定"文学艺术,天下国家"的理论的,而它们只是"就让公理专家去消遣罢"的东西,则说明鲁迅视自己"专和几个人闹意见"的杂文写作是无法用来消遣的文章。这里的"公理",如众所周知,是影射陈源、徐志摩、李四光等人用以批评鲁迅文章及为人处世的那些现代知识,如小说创作高于杂文写作、大家都是"负有指导青年重责的前辈",等等,鲁迅在论战中要求抛弃这些"公理"来赤条条的交手,与"身历其境的小事,尚且参不透,说不清"的意见存有互文关系。鲁迅认为"公理"妨害了人们对切身小事的认知,因此不可能抵达"公理"这一概念所指代的"高尚伟大"的事业本身。相反,"公理"成为人们逃避切身生活的一种消遣,既是对公众隐瞒真相,也是自欺欺人,自己也放弃了真相。因此,为求以一己之切身经验("身历其境的小事")直接面对现代生活,就必须放逐"公理",而在写作上,对鲁迅来说,就表现为对于"公理"认定的"文学艺术"的放逐,以及对于杂文写作的认同和坚持。从自觉的意义上来说,鲁迅不得已进行的杂文写作,乃是超越"公理"所标识的现代性观念世界的执持。因此,在 1926 年 11 月 16 日发表的《华盖集续编》"小引"中,鲁迅说"'杂感'而已"[16],就是指《华盖集续编》里面的文章无法被"公理"式的文学艺术所命名,是一种从个人经验中直接生长出来的、凭借既有的概念体系难以指名的文学事实。虽然难以指名,但鲁迅拒绝被"公理"消费的用意是明确的。"公理"对于鲁迅杂文的酷评,和鲁迅对于"公理"的拒绝,在互为敌对的同时,鲜明地揭示了鲁迅杂文的非消费者艺术的特征。但非消费者艺术是怎样的一种另外的艺术,1926 年的鲁迅并无明确认知。其所谓悲喜时节的歌哭以及释愤抒情,也仅止于现象性的、经验性的描述,并非性质的认定。而歌哭、愤、情,也是明显的中国古典文论中的词汇,未见得有多少对于新的文学事实的针对性。这也就是说,鲁迅在理论上对于杂文的自觉或于此时开始,但并未完成。

鲁迅在理论上对于杂文自觉的完成形态可能是他 1935 年 5 月 5 日发表的《徐懋庸作〈打杂集〉序》一文中的两段表述。[17]首先,鲁迅认为"文学概论"从来都是对于文学既成事实的事后追认,故而以既成的"文学概论"来批评正在发生的杂文写作事实,是本末倒置的;其次,杂文写作的发生源于自我内在的表达需要,而非外在的标准或名利;第三,写作杂文犹如"农夫耕田,泥匠打墙",是一种切身的功利主义,一种生产者的艺术,并非为了他者的消费;第四,杂文写作造成的文学事实可能改变既有的文学秩序,"恐怕要侵入高尚的文学楼台去的";第五,鲁迅对借助西方文学的历史和理论来建构中国文学的历史和秩序的路径持反讽态度,他试图以一种世界文学眼光打破中西比较文学背后可能存在的等级结构,并进而肯定杂文的文学价值和位置;因此,第六,对于鲁迅而言,杂文的文学性建构问题,不仅是与中国现代历史密切相关的文学事实,而且是一个世界文学问题,是一个能够超越具体的地域、现实和历史的文学性问题。其中以"农夫耕田,泥匠打墙"为喻,说明杂文作者的身份和写作动机,意味着鲁迅进入了以生产者自喻的诗学伦理。

鲁迅这种以生产者为喻的杂文作者形象,建立在对于普列汉诺夫文艺观点的理解上。在 1930 年 5 月 8 日夜写完的《〈艺术论〉译本序》中,他特别重视普列汉诺夫"美为人而存在"这个观念。鲁迅一直强调自己的杂文是不得已而作,是为了自己的切身利益,并由此旁及"社会,种族,阶级"的功利。而他将

"公理"式的文学艺术当成消费者的艺术,是没有价值的,其意见也正是"美底愉乐的根柢里,倘不伏着功用,那事物也就不见得美了"的具体表现。只是消遣,而不能"于为了生存而和自然以及别的社会人生的斗争上有着意义",就不是可以称得上美的艺术。⑱而鲁迅杂文恰好是于鲁迅个人的生存及其时社会之生存都有着意义,故而应当是美的艺术。普列汉诺夫的艺术论,给予了鲁迅充分的理论底气。于是,他不再如《华盖集·题记》中所勾勒的杂文作者形象那样,战斗于艺术之宫的外面,而是要"侵入高尚的文学楼台去",改造由现代性原则确立的文学秩序。因此,鲁迅将杂文作者比喻为生产者,将杂文比喻为生产者的艺术,从正面构建杂文的非消费性质,也即生产性,切身的功利性。

四、消费的魅影

正如鲁迅自己所说的那样,生产者的艺术"大受着消费者艺术的影响",在他的文学观念、杂文写作及杂文自觉中,也遍布消费的魅影。这首先表现在他的"余裕"论上。1927年前后谈论革命文学时,鲁迅一直强调,"文学总是一种余裕的产物",并再三与革命撇清关系。⑲按照普列汉诺夫的意见,美是在追求功利的同时产生的,即并非种田之余产生的。如果是种田之余产生的,也即是"余裕的产物",那就和"高等有闲者的艺术",也即消费者的艺术,并没有本质上的区别,即都是供消费的;区别只是存乎"高等""下等"这样的阶级性质。这就说明,鲁迅对生产者艺术的理解,渗透着强烈的消费者艺术的特征。在这样的观念之下,鲁迅提出文学与政治歧异的看法,表现出较为明显的非功利性质。而他在1935年6月6日写的《从帮忙到扯淡》一文中肯定屈原、宋玉、司马相如这些帮忙文人的文学史地位时说"究竟有文采",更表现出确切的超越功利主义之见的文学立场。再加上鲁迅对于绥拉比翁兄弟"没有立场的立场"的欣赏,也许不得不承认,鲁迅对于生产者艺术的理解和接受,始终与他自己悬想中的"真正的生产者艺术"相隔一间,其中隔膜,无法消除。正如他在《二心集·序言》中所体认的那样,自己身上所有的是"中产的智识阶级分子的坏脾气",鲁迅恐怕难以蜕变成自己悬想中的生产者。在杂文写作中,例如《"硬译"与"文学的阶级性"》一文,谈论着文学的阶级性,悬拟着无产者的未来,却突然飞逸出"中产的智识阶级分子的坏脾气",将自己的翻译喻为窃火煮肉。[20] 恰恰是这样的笔墨,让无法理解鲁迅杂文的学者,竟然也对鲁迅杂文难以割舍,认为是动人的姿态,究竟是有些文学意味的。

事实上,这种动人的姿态,在鲁迅给自己的杂文集子写的题序、后记中,是反复出现的,而尤以1935年12月30日写的《且介亭杂文·序言》为顾影自怜。[21] 深夜街头摆地摊卖小钉、瓦碟的形象,自然与"农夫耕田,泥匠打墙"有极高的一致性,是鲁迅悬拟的生产者形象。但对于深夜买主来临的渴望,对于自己的杂文乃是"诗史"的曲折认定,则未免有点要用既有的文学秩序的现代知识来包装或装点不受待见的杂文的用心,这就主动进入了消费者艺术的逻辑,不是要将杂文"俗"下去,彻底地蜕变,而是要将杂文雅起来。所谓"侵入高尚的文学楼台",因此不仅有破旧立新的生产性,也有回到现代知识构建的文学怀抱的消费性。甚至毋宁说,晚年鲁迅堕入消费者艺术的魅惑中,渴望得到既有文学秩序的接纳和认同。这种鲁迅自身难以察觉和抗拒的影响,比鲁迅指出的生产者艺术"大受着消费者艺术的影响",更加深刻地表明了"真正的生产者的艺术",是难以从"中产的智识阶级分子"鲁迅手上出现的。而鲁迅坚持和坚守杂文的努力,因此显得充满诗学伦理色彩,既是文化政治的分野,又是乌托邦的守望。所谓文化政治分野,是指鲁迅始终不惜以自身的一切为牺牲,蜕去自身的中产阶级趣味,去求得一个更为广博、更为可靠的对于社会、文化、人生的理解;所谓乌托邦的守望,是指被后世认为始终反抗绝望的鲁迅,其实更加努力的是为自身构建可视的图景,进入历史。当然,一个在小说中批判"黄金世界"的作家,却在杂文中塑造"中国的脊梁",吁求看"地底下",除了阶级意识的蜕变以外,应当是杂文写作本身带给鲁迅的对于历史远景的想象。

在杂文写作的意义上,鲁迅1933年4月1日写的《现代史》一文[22],也许是最合适的文本,用来分析生产与消费的博弈表现在具体写作的内部如何。题目《现代史》是个严肃的题目,文章内容却是以小说笔法出之,且不著一字,全从虚处着笔,结尾还反讽地表示"写错了题目",写作风格相当别致。就文章的文字表述层面内容而言,是关于变戏法的有趣介绍,足以娱人眼目。但这是一个消费者艺术的外壳,作者的用心似乎不在文字表层,只是必须借由消费者艺术的外壳进入消费社会,引起必要的关注。如果作者的用心在文字背后的寓意,这样一来,变戏法的内容就成了关于现代史的寓言故事。作为寓言故事来读,这又正是现代性知识或曰"公理"式的文学艺术的消费逻辑。如何读法?左右为难。鲁迅的用心也许希望对"公理"式的文学艺术的消费逻辑进行逆转,从而重新回到文章的文字表层,即关于"现代史"并没有什么深刻的寓意可言,其秘密一旦揭开,即如文字表层所讲述的变戏法故事一样浮浅、庸俗、直接。也就是说,"现代史"是变戏法故事本身,而不是变戏法故事背后可能指向的什么寓意。作者的意图都在字面上,真是"俗"得不得了,"意思也浅得很"。

但是,这样的读法仍然有可能是错误的,因为它过于决绝地抛弃了消费者艺术的读解逻辑。当《现代史》文本的文字表层的消费性质和寓言意义上的消费性质都那么明显地可以在文本语境中获得圆融之时,拒斥它们,似乎就是武断的。而这,就是渗透在鲁迅杂文写作的字句之间的消费的魅影。它吞噬,然而又刺激着具体文本的生产性,使读者难以对具体的文本进行文体归类。

五、败落的诗史

鲁迅1935年12月瞭望自己写下的大量杂文时,于顾影自怜中提起诗史,虽然字面上是否定自己的杂文是诗史,事实上则是要以诗史一词来为自己的杂文写作提供形而上的判断,构建杂文写作及认知的总体性。在1934年10月给《准风月谈》写的后记中,面对当时文坛的攻讦,他就曾表示,"我的杂文,所写的常是一鼻,一嘴,一毛,但合起来,已几乎是或一形象的全体",而且认为"'中国的大众的灵魂',现在是反映在我的杂文里了"。[23]一鼻、一嘴、一毛等碎片能够拼合起来,变成或一形象的全体,且反映了中国的大众的灵魂,这样的表述与鲁迅对于自己小说的意见几乎一模一样。[24]这种相似的思维逻辑意味着,鲁迅并不认为小说与杂文在功能上有根本的区别;虽然写作的事实完成后有依类编集的习惯,但在写作发生之前,鲁迅可能在意的首先是如何将问题表达出来,然后才是采用何种文体进行表达。因此,正如李广田指出鲁迅杂文有诗的成分一样[25],鲁迅杂文也有着丰富的小说性。薛毅解释鲁迅杂文的"引语"性时,曾以鲁迅对胡适的言论及报道进行讽刺的几篇杂文为例,认为鲁迅在杂文中并不考虑胡适本人的动机和事实,而是将胡适不同时间、场合上发表的言论嫁接在一起,以寓言的方式批判其言论的社会效果。㉖嫁接即是虚构,在事实的基础上重造情节,这是鲁迅杂文小说性很重要的表现。如果说在对自己杂文的总体判断上有着与判断小说相似的思维逻辑,在具体的写作上,也采用小说的技法,那么,就不得不做出一种推断,即鲁迅杂文作为诗史,乃是一种败落的诗史,全面隐喻着中国现代社会难以实录的性质。

  按照张晖的研究,"诗史"概念始终与春秋义理及缘情说相纠葛,㉗并不简单地表现为作者以诗写史,读者以诗得史。如果只是从鲁迅杂文中寻找历史,这种读法当然是不相配的。即使是要将其作为历史来读,也应以读野史而非正史的眼光来读。正史负责传达时代精神和时间流向,而野史专拣正史的纰漏,留存历史的精神病症。在题为"立此存照"的系列文章中,鲁迅拨假面上的胡须的野史取向,不言自明。然而,似乎是生怕读者不够明白自己的用心,他在《南腔北调集》的题记中说:"一年要出一本书,确也可以使学者们摇头的,然而只有这一本,虽然浅薄,却还借此存留一点遗闻逸事,以中国之大,世变之亟,恐怕也未必就算太多了罢。"㉘所谓"存留一点遗闻逸事",强调的即是其杂文的野史倾向。对于鲁迅而言,杂文作为野史,不仅是一种历史书写,而且是关于正史书写的书写,是指向历史与真实之间不可靠的关系的。相对于传统诗史观念中蕴含的实录精神,鲁迅的杂文表现出的不是以实录精神书写历史,而是以实录精神的追求质疑历史书写。虽然在杂文,尤其是杂文集子的后记中,保留了大量历史现场的材料,有新闻报道,有报刊文章,有来往书信,实录了各种历史材料,但鲁迅还是只有承认"以中国之大,世变之亟",历史书写无法从容进行,只能以最快的速度在文字上做出反应,来不及整理出对于时代精神和时间流向的描述。因此,鲁迅虽然曲折地希望自己的杂文能够让读者见到时代的眉目,成为诗史,但写出来的大量杂文以碎片的方式拼合出来的整体,只能是一种败落的诗史。

  这种败落的诗史有两个重要的面向:一是鲁迅以清道夫自居,清扫平安旧战场以等待新兴无产者的到来,而自己将与自己的杂文一道随黑暗偕逝;一是鲁迅对中国现代社会存有一种迷思,他以为他的杂文撕破了中国现代社会一切无价值的东西,使之沦为喜剧,但同时却发现他所反对的知识话语不能有效认知现代社会,他自己所使用的知识话语的效用也是有限的。在清道夫的面向里,鲁迅像看见要倒下的车就上去推一把的尼采一样,有横扫千军如卷席的气势,甚至表现出反知识分子的特征。在应史沫特莱之约而于1931年写的《黑暗中国的文艺界的现状——为美国〈新群众〉作》的一文中,他表示:"所可惜的,是左翼作家之中,还没有农工出身的作家。"[29]对于没有农工出身的作家的遗憾,意味着鲁迅认为当时的左翼作家虽然有大众的支持,与右翼相比是拥有将来的,但仍然不是真正的生产者,不能生产出真正的生产者的艺术。在这个意义上,作为知识者的鲁迅显然无法获得生产者的身份,而只能是一个同路人。因此,在诗学的论定上,鲁迅杂文也就展现出一种平行的也即无望的诗学面貌。鲁迅及其杂文眺望着"真正的生产者的艺术",永远可望而不及,这是极为动人的自毁姿态。当然,如果只有知识者或文字所表达的智慧才是智慧的话,甚至不得不认为,感叹工农作家缺乏、主张大众语、向往有声的中国的鲁迅,乃是一个民粹主义者或反智主义者;至少,鲁迅有这些方面的倾向。但是,显然这里隐藏着鲁迅曾经批判过的知识者的傲慢逻辑,鲁迅向往的乃是一种破除主奴关系并以更为广大的人群为主体的未来文明形态。正是在这种向往里,鲁迅发生了对于当时苏联社会的兴趣和辩护。在这种清道夫的面向上,杂文以速朽的、离开历史语境难以释读感兴的特征表现出挽歌气质。鲁迅希望他的杂文及身而绝,是最后的、永不再生的文体。当然,历史的螺旋往往逃逸人类朴素、脆弱的愿景,另有一番因果。

  作为常有故鬼重来之惧的文人,鲁迅应当是敏感到了这种历史的螺旋的。因此,在另外一个面向里,他在杂文中化身"游光",试图从现实的反片[30]中找到真相,但结果所得往往是不可究诘的迷思,无从定义中国现代社会。在第一篇以"游光"为笔名写作的杂文《夜颂》中,鲁迅在文章结尾以反噬的方式表示,"夜"的诚实反衬了光明的虚假,[31]鲁迅的黑暗照相术和显影术捕捉到了光明的真相,光天化日不过是黑暗的反片。但对于"夜"也即黑暗本身,鲁迅爱其诚实的同时,却在文章开头说"夜是造化所织的幽玄的天衣"[32]。"夜"虽然带来真相,剔除人造的面具和衣裳,但它本身是造化所织的幽玄天衣,爱夜的人要有听夜的耳朵和看夜的眼睛才能自暗中看一切暗。这就是说,夜作为幽玄天衣,本身即是装饰,而且比光天化日更加难以看透,需要专门的眼睛和耳朵。如果说光天化日喻指的乃是中国现代社会的现象,那么,"夜"与黑暗喻指的即是中国现代社会的本质。现象被黑暗照相术和显影术捕捉住了,本质却仍然是幽玄天衣,不可究诘。在反片的世界里,鲁迅捕捉到的只是中国现代社会的现象。抉心自食,欲知本味?然而,本味何由知?即使是在杂文里,鲁迅也陷入了《野草》式的迷思,无法清楚地表达自己对于中国现代社会本质的认知。但他并未因此裹足不前,也并未另选逃路,而是继续以速朽的文体"立此存照",试图抵达中国现代社会的本质。这当然不是什么反抗绝望,而是他发现了战斗胜利的可能。至少在显影光天化日的真相上,鲁迅是相信自己的胜利的。否则,很难想象,他会说自己的杂文是"或一形象的全体",并期待着深夜的顾客以及拾荒者的赏识。

针对这两种败落的面向,解读鲁迅杂文有必要重新沟通鲁迅的写作与历史事实、历史书写的关系,更有必要意识到,鲁迅杂文本身生产出了一种新的话语事实。这一新的话语事实构建了中国现代社会不断衰败的颓相,也暗示了某种新的文明形态的来临。毛泽东关于文化新军的旗手的论断[③],是可以在这里获得证据的。这也就是说,败落的诗史试图加速中国现代社会的衰败,以便通向新兴无产者的未来。在这个意义上,鲁迅杂文即使不能算是"真正的生产者的艺术",也应当算是它的前身,蕴藏着丰富的文化、文学及政治的可能性。

六、行动如何可能

鲁迅自言写作杂文,乃是为了同黑暗捣乱,让读了他的杂文不舒服的更其不舒服。这自然是鲁迅杂文写作非常重要的一个方面,但并非唯一的方面。当与西滢战之时,所谓同黑暗捣乱,并非鲁迅笔锋的主要标的,倒都是切己的小事,其后笔锋扫向中国现代社会政治、文化、文学诸事项,不惮以最大的恶意揣测中国人心,乃可谓不为私仇,专同黑暗捣乱。但是,鲁迅可能并非加缪笔下的西西弗,仅仅因为反抗的热情而属意杂文写作。杂文写作带给鲁迅的不仅是坦然面对地火的向死而生的热情,而且是察觉或感受到未来的某个瞬间或面相的希望,是乌托邦远景的显现。正是在杂文中,他发现自己的对手"正人君子"根本不是对手,这使他意识到,中国的生命圈将被打破。"正人君子"

不是对手,意味着其人所操持之现代知识伦理缺乏有效地维持中国现代社会秩序的能力。而维持秩序能力的缺失,则意味着鲁迅在杂文中观察到的空间化的中国现代社会形态将无法继续稳定下去,时间将重新流动起来。不管历史时间是否真如所料而流动起来,鲁迅自己是看见了希望的星光,看见了中华民族的脊梁,发现了拥有未来的新兴无产者。

需要先做区分的是,鲁迅是将自己乌托邦视景中的新兴无产者落实在当时尚未能够有效发声的工农大众身上,并非其时政党政治中具体的革命工作者。尤其重要的是,对于周扬、夏衍、田汉、成仿吾为代表的革命人士,鲁迅洞察到了他们身上残留的无效的现代知识伦理,并且认为左、右是可能转到一起去的。这是他"伪士当去,迷信可存"智慧的变形,是对投身革命之后的知识者的无法遏抑的紧张。投身革命的知识者仍然有可能身染旧患新疫,并非未来世界的主人,这也是鲁迅中间物意识的发现。对于未来的历史主体,鲁迅在小说《理水》中赋予了沉默寡言、脚踏实地的形象。当然,大禹及其随从沉默寡言的形象,与其说是出于作者的自觉虚构,不如说是因为作者不知这未来的历史主体如何发声。文化山上学者的话语,鲁迅是稔熟于心的,对于从不上文化山的人群,他就无可如何了。在启蒙的理念里,鲁迅应当教他们或替他们发声。然而,这已不是启蒙的视野所能及的处所,鲁迅在小说里只能塑造一群无声的人。而在杂文里,他也只能指出当时的中国社会是无声的,并且设想某种获得声音的途径,但却无法具体地设想有声的中国。因此,所谓以工农大众为具体人群的新兴的无产者,鲁迅并未看见地底下的事实,而只看见了由自己的观念折射出来的影像。这一影像当然并非不重要,它构成了鲁迅想象行动如何可能的历史动力,在发生学的意义上与同黑暗捣乱一起构成了鲁迅持之以恒地写作杂文的动力。这也就是说,鲁迅写作杂文并非黑暗世界的自动行为,有来自历史必然律的制动力。如果说鲁迅杂文写作是功利主义的话,这是最大的功利主义,是事关未来的写作。

但是,鲁迅并非耽于观念及由之而来的玄想的作家,他有着无与伦比的清醒的现实主义精神。这使得他在杂文中一方面以清道夫自居,尽力打扫旧战场以容纳新兴事物的来临,另一方面又疑惑着,新兴事物的来临,是否会变成另一次"来了"? 也即,又一次知识和话语生产完成了,而中国现代社会仍然按老谱运转。在这个意义上解读鲁迅1934年12月写作的杂文《阿金》㉞,也许能见到他杂文中的乌托邦图景相当复杂的面相。《阿金》一文颇涉争议,有论者视其为小说,也有视为随笔。㉟对于强调地方性经验的研究者来说,《阿金》是证明鲁迅面对上海的现代性无所适从的经典文本。㊱的确,这一文本最困扰作者和读者的地方就是阿金这个娘姨让作者不知如何是好。结尾说愿阿金不是中国女性的标本,似乎意味着文章可能专门指向的是妇女问题。但她是扁形人物,代表的是一类人及相应的观念形态。这就说明,在类型的意义上,阿金的女性身份也不是不可以忽略的。当然,女性身份在鲁迅思想的语境里,有时也并非性别问题,而是压迫与被压迫的问题,即女性处于奴役结构的最底层。那么,强调阿金的女性身份,就可转喻为鲁迅对处于奴役结构最底层的一类人的关心。按照阶级观念来划分,阿金是当然的无产者。但就是这样的一个无产者阿金,与阶级观念意义上无产者似乎全然两样,也与鲁迅熟悉的主奴结构中奴隶、奴才不同,她有自己的兴趣、主张,而且对于外国主子这种主奴结构及阶级结构的标志,也毫不在乎。因此,作者感到三十多年来的信念和主张都动摇了,通往未来的路也仿佛被塞住了。这信念和主张是什么呢?大约就是鲁迅对于奴役结构的认知。而被塞住的路呢?大约就是通往新兴无产者的未来的路。鲁迅在文章开头就说得很清楚,阿金是从乡下来大都市上海做女仆的。可见阿金并非上海人,讨论《阿金》的地方性(上海性)是危险的。从阶级论的意义上来说,阿金当然不是大都市上海兴起的基础,即产业工人,但无疑是产业工人阶级的伴生人群,是可以归入到新兴的无产者中去的。阿金既是新兴的无产者的一员,又处在奴役结构的最底层,按照鲁迅的理解,应当是充满反抗性的一类人。或者借用胡风的说法,至少阿金身上应该有精神奴役的创伤。但鲁迅观察到的事实是,阿金充满庸俗而泼辣的生命力,平凡而正常,并无精神奴役的创伤的表现,更无反抗的想法和无产者的阶级意识。阿金连鲁迅在杂文里处处写到的上海社会空间的奴役的压力都"毫不受影响",整天"嘻嘻哈哈"。这就意味着,鲁迅发现自己观念中的新兴无产者与现实生活的阿金简直毫无关系,那么,所谓新兴无产者的未来,究竟是观念折射出来的影像,还是历史必然律的时间流向,就不得不重新考虑了。于是,鲁迅说:"她塞住了我的一条路。"

一面也写着《阿金》这样的杂文，一面在同时期写着《中国人失掉自信力了吗?》(1934年9月作)这样的批判"九一八"事变带来的悲观、展望未来的杂文，写着《理水》那样的小说，鲁迅杂文中的乌托邦视景的确并非一清如水。虽然不便说《阿金》是鲁迅有意识在思考无产者这一可能的未来历史的主体，但他疑虑不去，不敢盼望黄金世界般的乌托邦来临，恐怕是《阿金》一文的潜在意识。三十年多年来的信念和主张，鲁迅直接写在了纸面上，即关于男权社会的议论，但那被塞住的路是什么呢？作者语焉不详。这语焉不详的部分可能就是鲁迅潜意识里对于乌托邦视景的疑虑。这也就是说，鲁迅对于自己的杂文写作介入的乌托邦视景，热情中夹杂着冷冷的疑虑。行动是可能的吗？生产者就是未来的历史主体吗？鲁迅杂文在提供正面的答案的同时，也提供了丰富的质疑。因此，所谓的乌托邦诗学问题，也是有限的，尝试性的。

原载《中国现代文学研究丛刊》2015年第1期。

注　释

① 鲁迅《鲁迅全集》第6卷，人民文学出版社，2005年，第24—25页。
② 张旭东《杂文的"自觉"——鲁迅"过渡期"写作的现代性与语言政治（上）》，《文艺理论与批评》，2009年第1期。
③ 茅盾《鲁迅论》，中国现代文学馆编《茅盾文集》下，华夏出版社，2000年，第277—278页。
④ 薛毅《反抗者的文学——论鲁迅的杂文写作》，《视界》第4辑，河北教育出版社，2001年，第6—9页。
⑤ 不少学者都讨论过鲁迅小说的复调性质，认为鲁迅小说的叙事者在文本内部即处于一种被对象化的位置。参见严家炎《论鲁迅的复调小说》，上海教育出版社，2002年。
⑥ 薛毅《反抗者的文学——论鲁迅的杂文写作》，《视界》第4辑，第26—32页。
⑦ 周作人《立春以前》，太平书局，1945年，第111—116页。
⑧ 鲁迅《鲁迅全集》第4卷，人民文学出版社，2005年，第590—593页。
⑨ 周作人《苦茶随笔》，北新书局，1935年，第291—295页。
⑩ 何凝《鲁迅杂感选集序言》，《鲁迅杂感选集》，上海文艺出版社，1980年，第2页。
⑪ 废名《废名序》，见《周作人散文钞》，开明书店，1933年。

⑫ 李长之《鲁迅批判》,北新书局,1935年,第171—204页。
⑬ 按照高远东的意见,《呐喊》是现代小说,《彷徨》是中国的现代小说,《故事新编》是超越现代小说的小说。说见高远东《〈故事新编〉的读法》,《中国现代文学研究丛刊》,2012年第12期。
⑭ 鲁迅《鲁迅全集》第3卷,人民文学出版社,2005年,第4页。
⑮ 鲁迅《鲁迅全集》第3卷,第369页。
⑯ 鲁迅《鲁迅全集》第3卷,第195页。
⑰ 鲁迅《鲁迅全集》第6卷,第300—301页。
⑱ 鲁迅《鲁迅全集》第4卷,第269页。
⑲ 鲁迅《文艺与政治的歧途》,《鲁迅全集》第7卷,人民文学出版社,2005年,第119—120页。
⑳ 鲁迅《鲁迅全集》第4卷,第213—214页。
㉑ 鲁迅《鲁迅全集》第6卷,第3—4页。
㉒ 鲁迅《鲁迅全集》第5卷,人民文学出版社,2005年,第95—96页。
㉓ 鲁迅《鲁迅全集》第5卷,第403—423页。
㉔ 鲁迅《鲁迅全集》第4卷,第526—527页。
㉕ 李广田《鲁迅的杂文》,《李广田全集》第5卷,云南人民出版社,2010年,第23—25页。
㉖ 薛毅《反抗者的文学——论鲁迅的杂文写作》,《视界》第4辑,第30—31页。
㉗ 张晖《中国"诗史"传统》,生活·读书·新知三联书店,2012年,第15—16页。
㉘ 鲁迅《鲁迅全集》第4卷,第428页。
㉙ 鲁迅《鲁迅全集》第4卷,第295页。
㉚ 张旭东解析张爱玲小说《封锁》时,认为"张爱玲的城市文学照相术采用的是'反片印刷'"。见张旭东《全球化与文化政治:90年代中国与20世纪的终结》,北京大学出版社,2014年,第193页。
㉛ 鲁迅《鲁迅全集》第5卷,第204页。
㉜ 同上书,第203页。
㉝ 毛泽东《新民主主义论》,解放社,1949年,第55页。
㉞ 鲁迅《鲁迅全集》第6卷,第208—209页。
㉟ 参见李冬木《鲁迅怎样"看"到的"阿金"?——兼谈鲁迅与〈支那人气质〉关系的一项考察》,《鲁迅研究月刊》2007年第7期。
㊱ 薛羽《观看与疑惑:"上海经验"和鲁迅的杂文生产——重读〈阿金〉》,《现代中文学刊》2011年第3期。

文学革命与《域外小说集》的经典化

张丽华

1921年,上海群益书社重订再版了周树人(鲁迅)、周作人兄弟1909年出版于东京的《域外小说集》。与东京版相比,群益版新增了不少译作,并在译者署名、编目、注释、标点等方面都有显著变化。但在已有的关于《域外小说集》之微言大义的阐述中,甚少学者注意到群益书社再版的意义。藏书家会关注《域外小说集》的版本①,但从藏书的角度,因群益版并非初版本,且"书品"不如东京版,其价值和受关注的程度也大打折扣。换言之,无论在学术界还是藏书界,群益版《域外小说集》这一诞生于文学革命之后、且在内容和形式上都有大幅改动的新版本,却通常被视为一个透明的乃至隐形的存在。

重订再版《域外小说集》的群益书社,同时也是《新青年》前七卷(1915—1920)的出版商。实际上,随着周氏兄弟1918年正式加入《新青年》的作者队伍,《域外小说集》也进入了《新青年》同人的视野。在钱玄同、刘半农的"双簧信"以及蔡元培答林纾公开函这些文学革命的核心文献中,在晚清市场上销售完全失败的《域外小说集》,得到了高度评价,它被视为足以与"林译小说"匹敌、乃至胜过林译的作品。此书1921年在群益书社的再版,正是这一背景下的产物。群益版《域外小说集》以周作人的名义印行,在当时的出版广告中,它即被称作"(周)先生'人的文学'之主张之表现"②。这意味着,群益书社对《域外小说集》的再版,不是简单的旧书重印③,而是深深嵌入文学革命的历史背景与话语脉络中的一次出版行为。

《域外小说集》在东京初版时仅卖出了几十册,却在后世成为经典,这是一个困扰着不少研究者的问题。王宏志曾著文指出,后世关于《域外小说集》的不少论述,如"鲁迅的翻译杰作"、对"弱小民族文学"的译介等,其实存在着虚构或是矛盾的地方;通过对周氏兄弟在东京翻译《域外小说集》历史状况的还原,王宏志指出,周作人其实在其中扮演了更重要的角色,因此他将此书称作"'人的文学'之'哀弦篇'",并将它在后世"名不副实"的声誉,归结为是随着鲁迅形象的膨胀而建构出的神话。④在《域外小说集》被经典化的过程中,"鲁迅"自然是一个十分重要的因素。不过,王宏志的上述论断,一定程度上忽视了民国时期《域外小说集》以群益书社的再版为契机的"再生"。这一"再生",不仅大大拓展了《域外小说集》的读者范围,也在很大程度上奠定了此书在20世纪文学史和翻译史中的论述基调。

本文拟以群益书社的再版为中心,钩稽周氏兄弟的《域外小说集》在文学革命的语境中如何被重新激活、重新生产以及重新评价的历史,目的不仅是呈现《域外小说集》在20世纪中国经典化过程的一个侧面,更希望借此提供一个新的角度来观察文学革命的内在机制。书籍的再版,其实也是一次历史的擦拭与重写。文学革命作为一场宣告与传统断裂的文学活动,其合法性的建立,除了尽快创作出如《女神》《呐喊》这样面向未来的作品之外,同时也需要重构自身的过去,并在过去与现在之间建立内在的连续性。在笔者看来,群益书社1921年再版周氏兄弟的晚清文言译作《域外小说集》,正是绝妙地呈现这一断裂与绵延辩证共存的"革命"机制的症候性事件。对这一事件的详尽探究,无疑有助于我们从一个具体而微的角度来观察文学革命的发生逻辑与运行机制,并重新审视周氏兄弟(及其所代表的新文化人)的晚清经验与"五四"文学的关系,从而为讨论中国现代文学与文化的起源,增添一个更为辩证的维度。

一、《域外小说集》的"复活"

1909年3月和7月,周氏兄弟合作翻译的《域外小说集》第一、二册在东京相继出版,这是他们在东京文艺活动的一部分,目标是向国人介绍"异域文术新宗",以便唤起有心的读者对异域文化及其民族精神的想象。《域外小说集》的选编和翻译十分用心,装帧与印刷亦颇为考究,然而,自费出版、小本经营,以及将总寄售处设在"上海广昌隆绸庄"这一近乎前现代的销售方式⑤,未能取得应有的市场效应,其影响力与商务印书馆推出的"林译小说"不可同日而语。

尽管当时周氏兄弟也在报纸上刊登告白⑥、赠书文告⑦，并意外地引起了日本人的关注⑧，但在东京和上海总计六十一册左右的销售业绩，仍然不能不说是归于失败了。

1909年8月，鲁迅从东京回国。回国后的鲁迅，一方面忙于生计，一方面则沉浸于"抄古书、抄古碑"，《域外小说集》式的介绍域外新文学的事业，已暂告结束。留在东京的周作人，虽仍有治文艺和译书的余暇，但他在1910年译完育珂摩尔小说《黄华》（后改题《黄蔷薇》出版）之后，对欧洲文学的兴趣即转向了"古昔"和"民间"——古希腊诗歌、拟曲和安徒生童话；1911年回绍兴后，则将主要精力投入童话、儿歌的比较研究。换言之，如《域外小说集》一般系统地介绍"异域文术新宗"（即19世纪欧洲近世文学）的工作，在周作人这里也逐渐淡出视野。

《域外小说集》在《新青年》同人中被公开提起，始于1917年《新青年》3卷6号钱玄同与陈独秀的通信。钱玄同此信的主题，是建议《新青年》的印刷应仿西洋办法改为左行横式，后半谈到小说，则干脆将其"西化"主张贯彻到底，呼吁青年读者应该舍弃中国小说、直接阅读西文名著，并称：

> 若是不懂西文的，像胡适之先生译的《二渔夫》，马君武先生译的《心狱》，和我的朋友周豫才、起孟两先生译的《城[域]外小说集》《炭画》，都还可以读得。（但是某大文豪用《聊斋志异》文笔和别人对译的外国小说，多失原意。并且自己搀进一种迂谬批评，这种译本，还是不读的好。）

在此，钱玄同将尚未在《新青年》露面的"周豫才、起孟两先生"介绍给了读者，并将他们的《域外小说集》《炭画》与胡适、马君武的译作相提并论，共同构成对当时的译界主流——"大文豪"林纾的反抗。

钱玄同与周氏兄弟1908年相识于东京，是章太炎国学小班的同学。对于《域外小说集》，他很早就是一位有心的读者。1913年9月，钱玄同到国立北京高等师范学校任职，在与鲁迅晤面后不久即去函索书，鲁迅日记这年9月29日曾记载："午前稻孙持来中季书，索《或外小说》。"9月30日又云："上午以《或外小说集》二册交稻孙，托以一册赠中季。"⑨此外，周作人1908年翻译的显克微支中篇小说《炭画》，1914年经鲁迅联系后在文明书局出版，钱稻孙（即钱玄同之侄）曾参与此事并为此书设计了封面⑩，因此，对于《炭画》，钱玄同大概也并不陌生。

钱玄同在《新青年》中对《域外小说集》《炭画》的推举,与此时正在预备北京大学课程、重拾欧洲近世文学兴趣的周作人,几乎一拍即合。1917年3月,周作人离开绍兴北上谋职,4月,在北京大学国史编纂处办事,9月,正式得北京大学教授聘书,开始在国文门教授希腊文学史、近世欧洲文学史两门课程。从4月开始,周作人日记中即频频出现购读欧洲近世文学书籍的记录⑪,6月份他还重操译笔,用文言译出了梭罗古勃的《未生者之爱》及寓言八篇录⑫(后来收入群益版《域外小说集》)。钱玄同的上述通信写于"七月秒间"⑬,正是周作人获得北京大学教授聘书的前夕,他在此时对《域外小说集》《炭画》的特意标举,颇有为周作人在北大担任教授鸣锣开道的意味。

由于《域外小说集》已不在市场流通,经钱玄同在《新青年》中的鼓吹,周作人即主动将此书分送北大同事,其日记1917年8月30日云:

往大学访蔡先生,遇君默,便交予域外小说二册。⑭

10月24日又云:

寄玄同函,以域外小说二部留校,转交刘、胡二君。⑮

这里的"刘、胡二君",指的应是刘文典(叔雅)和胡适⑯。沈尹默是北大老人,刘文典、胡适则分别是1917年4月和9月新到的北大教员。

论及东京版《域外小说集》的存世数量及传播范围时,不少学者注意到鲁迅在民国初年的赠书⑰。不过,鲁迅的赠书效果,与周作人的不可同日而语。笔者根据鲁迅日记略作统计,1912至1917年间,鲁迅曾收到周作人从绍兴寄来的《域外小说集》24套48册,截至1919年10月,他共送出了16套32册,赠书对象有董恂士、钱稻孙、戴螺舲、季自求、夏穗卿(曾佑)、刘霁青、游允白、夏揖颜、袁文薮、钱玄同、黄季刚、许寿裳、陈寅恪、张春霆、宋子佩、许诗堇等十六人,多为鲁迅的教育部同僚及留日旧友。虽然分送广泛,但受赠诸人中,除钱玄同外,对《域外小说集》有所反馈的,寥寥无几。鲁迅的赠书,可以说是习惯性的持赠知音,并无章法可言。而周作人的则不同,除了持赠知音,还有在北大教授、《新青年》同人中"投石问路"的意图——而他的赠书很快就见了效果。

1918年《新青年》4卷3号刊出了题为《文学革命之反响》的由钱玄同戏作

的《王敬轩君来信》和"记者"刘半农的复信,此即著名的"双簧信"。在此,《域外小说集》又得到了一次猝不及防的宣传。刘半农在复信中用了非常多的篇幅来讨论翻译问题,他以鸠摩罗什的译经为范本,倡导一种"以原本为主体""把本国文字去凑外国文"的翻译理念,而林纾则被树立为反面典型;为了反驳"王敬轩"来信中褒扬林纾的翻译文体、贬低周作人在《新青年》4卷1号刊出的《陀思妥夫斯奇之小说》之译笔的言论,刘半农遂将《域外小说集》抬了出来:

> 万一先生在旧文学上所用的功夫较深,竟能看得比林先生分外高古的著作,那就要请先生费些功夫,把周先生十年前抱复古主义时代所译的《域外小说集》看看。

这里,《域外小说集》成为证明《新青年》同人"古文功夫"的重要依凭,有力地回击了"王敬轩"来信中关于文学革命者"偏谬""不通"以及"得新忘旧"的指控。

《新青年》中这番虚构的通信很快就引出了林纾这一真实的反对派。林纾对新文化人的攻击、蔡元培的公开回应,以及新文化人如何大获全胜,这一曲折回环的故事我们已耳熟能详,在此不赘[18]。值得注意的是,在蔡元培答林纾的公开函中,针对林纾来信中对新文化人"尽废古书,行用土语为文字"的指控,再次出现了《域外小说集》的身影:

> 北京大学教员中,善作白话文者,为胡适之、钱玄同、周启孟诸公。公何以证知为非博极群书、非能为古文,而仅以白话文藏拙者?……周君所译之域外小说,则文笔之古奥,非浅学者所能解。[19]

从这一角度来看,林、蔡斗争文件堪称《新青年》之"双簧信"的现实版,且这一次真刀实枪的斗争,其影响力已不是《新青年》中虚拟的"双簧信"所可比拟的了。

经过钱玄同、刘半农等《新青年》同人的宣传,周作人的赠书,尤其是蔡元培在答林纾公开信中的提点,在晚清小说市场上失败了的《域外小说集》,很快在一个全新的读者圈中,获得了良好的口碑和声誉。1918年4月3日,即《新青年》4卷3号的"双簧信"刊出后不久,北大教授、《新青年》编委之一陶孟和即来信索书,周作人次日便将《域外小说集》二册寄出[20]。1918年12月4日,周作人又"以域外小说集四部交半农代售"[21]。至此,周作人从绍兴寄往北京的

24套《域外小说集》,已基本送、售完毕。1919年3月28日,周作人日记中又有"得家中……廿四日寄域外小说集六本"的记录,但很快也分赠出去或是由孙伏园等同乡、友人来借走了㉒。1920年2月6日,高语罕在致胡适的信中写道:

> 你那里有周作人兄弟的《域外小说集》么?若有的话寄把我一看,看完便寄还。㉓

高语罕是陈独秀的安徽同乡、革命同志,曾在《青年杂志》上发表过《青年与国家之前途》《青年之敌》等文章,此时则是芜湖五中的国文教师、胡适白话文学的拥护者。这意味着《域外小说集》的声名已超出了北大师生的圈子,并且颇有一书难求之势。

就在高语罕写信向胡适借书后不久,1920年3月,《新青年》的出版商群益书社即启动了《域外小说集》的再版计划。鲁迅在群益版新序中写道:

> 到近年,有几位著作家,忽然又提起《域外小说集》,因而也常有问到《域外小说集》的人。但《域外小说集》却早烧了,没有法子呈教。几个友人,因此很有劝告重印,以及想法张罗的。

"劝告重印"或是"想法张罗"的友人,其中之一即是《新青年》的主编陈独秀㉔。陈独秀在1920年3月11日致周作人的一封信中曾提及此事:

> 重印《域外小说集》的事,群益很感谢你的好意。你开来的办法,芝寿兄托我转答如左:
> 一、照原议。
> 二、照原议。
> 三、版权既不让群益,报酬若干,群益的意思,决计请先生自定。㉕

"芝寿"即群益书社的老板之一陈子寿。陈独秀的信虽仅寥寥数语,我们却可获悉,重印《域外小说集》很可能是周作人主动向群益提起的,而群益的态度则十分积极友好。

目前笔者未见周作人的去信,不能确知陈独秀信中"照原议"的内容;周作人后来在文章中引用过一封1920年1月5日刘半农的来信,是和他商议在群

益出版一套"近代文艺小丛书"的计划,刘半农在信中开列了他与群益老板关于出版细节的谈判结果,我们不妨作为参照:

> 今天群益的老板陈芝寿先生来同我谈天,我同他一谈,他就非常高兴,极愿意我和贤昆仲二人把这事完全包办下来。于是我就和他正式谈判,其结果如下:
>
> 一、编制法可完全依我的主张。
>
> 二、书用横行小本,其印刷法以精美为条件,我等可与斟酌讨论,他必一一依从。
>
> 三、各书取均价法。(中略)
>
> 四、出版人对于编译人处置稿件之法,可于下三项中任择其一。甲、版权共有,即你的《欧洲文学史》的办法。乙、租赁版权,即规定在若干部之内,抽租值若干,过若干部则抽若干。丙、收买版权。[26]

刘半农计划与周氏兄弟合作的这套"近代文艺小丛书",其初衷是"想要翻译外国文学上的作品,用小本子一本一本的出版",形式上以短篇为主,内容上则拟分为甲乙丙三集:甲集收小说、诗歌、戏剧等文艺创作,乙集则收与文艺相关的传记、批评,丙集则是音乐、雕刻、绘画等其他文艺形式。[27]这套文艺丛书的设想(尤其是甲集),与周氏兄弟在东京出版的《域外小说集》(第一、二册)颇有相通之处,只是刘半农1920年春天便携家眷赴欧洲留学了,这一丛书计划便搁浅下来。周作人在1920年3月向群益书社提起再版《域外小说集》,大概与刘半农曾经与群益老板商议过这套文艺丛书的出版事宜有关;换言之,《域外小说集》的再版,无形中成了未能问世的"近代文艺小丛书"的替代物。

群益书社是一家以出版教科书起家的民营机构[28],陈独秀1913年亡命上海,经汪孟邹介绍与群益书社的老板结识,由此促成了1915年《青年杂志》(一年后改名为《新青年》)的出版。据邱雪松的研究,《新青年》初刊时,销量不多,群益书社几乎是亏本经营,因此杂志的运营也受制于出版商的态度,《新青年》的两次停刊,都与此有关;但随着陈独秀的北上,《新青年》4卷1号改为"同人杂志",尤其是1919年之后《新青年》的热销,编辑部与出版商之间的权力才得到了扭转。[29]1920年5月,陈独秀因《新青年》7卷6号(劳动节号)的定价和广告问题,与群益书社发生龃龉并最终导致"决裂",自1920年9月开始,《新青

年》8卷1号便独立出来,由新成立的"新青年社"负责编辑印刷发行等一切事务,结束了与群益长达六年的合作。㉚

群益书社启动《域外小说集》的再版事宜,发生在陈独秀与之"决裂"之前。上引陈独秀致周作人的信写于3月11日,而鲁迅在3月20日即完成了新序,可见群益的动作十分迅速。综合上引陈独秀、刘半农两信,我们还可发现,作为译者和编者的周作人,在"编制法""印刷法"以及版税报酬上,都有着很大的话语权。周氏兄弟早年的译作出版经历十分曲折,1909年的《域外小说集》只能自费出版,《劲草》《炭画》都经历过不止一次的退稿,最终前者原稿丢失,后者虽经鲁迅居中联络于1914年在文明书局出版,但周作人所得版税仅为时值估价的一半,且最终并未收到分文。㉛与这些早年的挫折和委曲求全相比,群益书社此时开出的条件,折射出周氏兄弟(尤其是周作人)在文学革命之后迅速攀升的文化资本。

新版《域外小说集》于1921年初正式出版,同年《申报》1月27日刊出的出版广告云:

> 新出版《域外小说集》周作人先生译 全一册定价六角
> 是书乃先生历年用文言翻译之短篇小说。凡先生友朋中之曾见是书者,无不极口称道之。蔡子民先生于答林琴南君函中有云"周君所译之域外小说,则文笔之古奥,非浅学者所能解",可以见其工力。大氏先生之文,清真澹远,描画入神,为最不可及,其味之隽者,如嚼橄榄,愈久而弥厚也。先生最近纯以白话作文。而是书则擅文言最难几及之境,足为后学楷模。至于原文本质,皆含有极高尚之理趣,此又先生"人的文学"之主张之表现也。
> 上海棋盘街群益书社印行

"短篇小说""蔡子民""林琴南""人的文学"……广告中的这些词语明白地提醒我们,这乃是一个在文学革命的历史背景和话语脉络中"再生"的文本。

二、《域外小说集》的"重写":群益版与东京版的对勘

群益版《域外小说集》以周作人的名义出版,将东京版的两册合为一册,新

增了21篇译作,按照国别重新编目,由鲁迅(以周作人的名义)新写了序言,保留东京版旧序,删去《略例》;已有的正文内容变动不大,但在编目、注释、标点、字体等形式层面,都作了明显的改动。从传统校勘学的角度来看,由于东京版已有的译文在群益版中并无太多内容上的改动,因此这两个版本之间的差异,很少得到学者的关注;相反,版本混淆的情况倒比比皆是㉜。在笔者看来,除了篇目的增加、作者小传的增订这些内容上的改动之外,群益版在编目、标点、注释、字体等形式层面的"异文",更值得关注——这些形式上的异文,恰是文学革命诸多习而不察的话语和意识形态书写在《域外小说集》上的印记。

下文将对群益版和东京版进行对勘,从"篇目与编目""注释与小传""新序与旧序"三个角度,略述其内容和形式上的异文,并分析这些异文与文学革命的话语和实践之间的关系。

(一) 篇目与编目

群益版新增了21篇译作,篇目如下:

法国须华勃拟曲五篇:《婚夕》《舟师》《萨摩思之酒》《昔思美》《明器》
丹麦安兑尔然一篇:《皇帝之新衣》
俄国梭罗古勃十一篇:《未生者之爱》、寓言十篇
波兰显克微支一篇:《酋长》
新希腊蔼夫达利阿谛斯三篇:《老泰诺思》《秘密之爱》《同命》

这些皆是周作人在1910—1917年间的文言短篇译作,除了显克微支的《酋长》,其他作品的原作者,如须华勃、安兑尔然、梭罗古勃、蔼夫达利阿谛斯,都是东京版不曾译介过的,㉝它们反映的是周作人民国初年对"古昔"和"民间"的文学兴趣。

尽管新增译作从篇幅上讲,足以构成东京版《域外小说集》第三册的分量,但群益书社并没有叠加成第三册出版,而是将全部作品合为一册,按照作者的国别顺序重新编目。东京版《域外小说集》是一个长期的出版计划,其《略例》云"后当渐及十九世纪以前名作,……惟累卷既多,则以次及南欧暨泰东诸邦","前后篇首尾各不相衔,他日能视其邦国古今之别,类聚成书",揭示出这一出版计划的远景;已出版的第一、二册,乃是一种具有杂志性质的未完成之

"书"。群益版则结束了这一未完成状态,它将一、二两册的内容及新增21篇作品合为一册,以国别为序编排,宣告"完成"。鲁迅在新序中以周作人的口气写道:"我的文言译的短篇,可以说全在里面了。"这自然是拜文学革命所赐——只有在开启了全新的白话书写模式之后,才能如此宣告文言时代的结束。

(二) 注释与小传

东京版《域外小说集》第一、二册卷末均附有《杂识》,《略例》云:"文中典故,间以括弧注其下。此他不关鸿旨者,则与著者小传及未译原文等,并录卷末杂识中"。群益版将《杂识》中的注释以及未译原文的译文,皆移入正文,变成行间注,而将著者小传重加增补、厘定,以《著者事略》为题附于卷末。这一变动,对《域外小说集》的意义表达,似小而实大。

首先来看《著者事略》。

东京版《杂识》中的著者小传非常简略,不过四五行,其功能与译注类似;群益版的《著者事略》经过周作人的大量增补,除了介绍作者生平之外,"对于所译短篇,偶然有一点意见的,也就在略传里说了"(群益版新序),最后长达12页的《著者事略》,其功能已从简单的译注,变成了文学史的雏形。

实际上,周作人在《著者事略》中的增订,有不少即与他1917年后在北大讲授的欧洲文学史课程有关。如"须华勃"条对"拟曲"的介绍,便是对《欧洲文学史》第一卷第八章中论希腊拟曲的撮要。此外,"迦尔洵""安特来夫"两条,群益版的增订,如称迦尔洵《四日》为"俄国非战文学中名作",以及对安特来夫小说《赤笑》《七死囚记》的介绍,据笔者考察,其材源即出自菲尔普斯(W. L. Phelps)《论俄国小说家》(*Essays on Russian Novelists*)一书对俄国"非战文学"谱系的勾勒③,周作人1917年5月27日日记中有"阅フェルプス(即Phelps——引者注)俄国小说家论了"④的记录,此书乃是他随后开设欧洲文学史课程的重要参考书。

除了文学史知识的补充,《著者事略》的增订内容中,还有不少周作人文学革命时期言论意见的反响。安徒生(周作人译作"安兑尔然")的《皇帝之新衣》是群益版的新增篇目,《著者事略》中的"安兑尔然"条,不仅撮录了周作人民初所写的《安兑尔然》一文中的观点,连他不久前在《新青年》发表的《随感录(二四)》中批评陈家麟、陈大镫所译安徒生童话集《十之九》的意见,也被写了进去:"唯转为华言、即失其纯白简易之长、遂不能仿佛百一。近有译者、言是搜神志怪一流、则去之弥远矣。"(《著者事略》,第四页)又如关于"王尔德",东京版《杂识》和群益版《著者事略》的介绍,分别如下:

> 淮尔特
> 生一千八百五十六年。爱尔兰人也。所著诗文传奇遗稿凡十三卷。九十五年。以事下狱。二年。出居法国。易名美勒穆思。郁郁以死。当时国人恶之。书无读者。近为欧洲文坛所赏。盛翻译之。英国亦梓其全集行于世。(第一册,第百六——百七页)

> 淮尔特(Oscar Wilde 1854—1905)
> 淮尔特生于一八五四年、爱尔兰人。九十五年以事下狱、二年后出居法国、易名美勒穆思(Melmoth)、郁郁而死。淮尔特素持唯美主义,主张人生之艺术化,尝自制奇服服之、持向日葵之华、游行于市。其说多见于小说《格来之肖像》中。所著喜剧数种、虽别无精意、然多妙语、故亦为世所赏。又有童话集二,一曰《柘榴之家》、一曰《安乐王子》、共九篇、亦甚美妙、含讽刺。今所译安乐王子、即第二种之首篇、可例其他、而特有人道主义倾向、又其著作中之特殊者也。(《著者事略》,第一——二页)

这与其说是增补,不如说是重写。周作人《自己的园地》中有一篇《王尔德童话》,可与群益版的介绍互相参看;其时,周作人对王尔德、佩得(Walter Pater)、波德莱尔等代表的"颓废的唯美主义"思潮,有着非同寻常的兴趣。而将《安乐王子》阐释为"特有人道主义倾向",很显然,也只能是发表了《人的文学》之后的周作人才会具有的"意识形态"。

其次,关于注释形式的变动。

既然东京版《杂识》的内容由《著者事略》取代,其"不关鸿旨"的注释和正文中未译原文的译文,在群益版中都被移入正文,变成了行间注(个别注释略有删节)。这一注释形式的变动,看似细微,其意义却不可小觑。

如上引《略例》所示,东京版有两套注释系统:一是以文间注形式呈现的"文中典故",如《戚施》中的"晳"(即白骨头),文后括弧注云"贵胄之别名"(第一册,第十二页),《塞外》中"老人绥蒙。浑名多尔珂微","多尔珂微"后注云"此言智士"(第一册,第二十五页),这类典故释义对原文读者而言也是必不可少的,故以括弧注于正文中;另一套注释系统,则是以尾注形式在《杂识》中呈现的各国语言习俗以及人地名的释义,如"扬珂　扬。波兰言约翰也。珂者小词。示亲爱意。斯拉夫语皆有之","福烛　波兰语为格伦尼加。人垂死时。然之床头"(第一册,第百五页),以及"堂克诃第　西班牙人色勒凡提氏著书。言堂克诃第生十七世纪。犹慕古代游侠。仿而行之。卒困顿以死。事至吊诡可笑"(第一册,第百六页)等,这类注释在原文中一般不会存在,它们是针对不懂外文或不了解西方文学背景的读者而写的"译注"。

此外,原作中出现的外国语,东京版在正文中皆保留原文,只在《杂识》中附注译文。如《乐人扬珂》的最后一段:

次日。庄主偕其女归自意太利。一少年俱。盖女欢也。少年曰。Quel beau pays que I'Italie! 女应之曰。且亦艺文之民也。On est heureux de chercher Iàbas des talents et de les protéger.

赤杨萧萧鸣扬珂墓上矣。(第一册,第九、十页)

这里,庄园主女儿和她情人之间的对话,是波兰语和法语的混合。说法语本身就是身份和地位的象征,显克微支喜欢在小说中插入这类外国语(如《酋长》中也有不少德国殖民者的德语对话),以"写实"的方式来表达特别的反讽意味。周作人所用底本——寇丁(Jeremiah Curtin)的英译本中保留了法语原文[⑤],周作人亦萧规曹随,保留了显克微支小说中这一语言的反讽形式。这些法语的中文译文,则以译注的形式附录在《杂识》"显克微支"的条目之下。《乐人扬珂》之外,《戚施》《塞外》中出现的法语、德语,也是同样的处理方式。

东京版这套层次分明的注释系统,在正文和《杂识》之间进行了有效的功能区分:正文试图最大限度地如实传达原作在原作语言环境中的阅读效果,以求其"信";《杂识》中包括语言习俗、人地名释义以及外国语译文在内的"译注",则面向不懂原文的译文读者,以求其"达"。如果我们了解周作人和鲁迅各自的翻译理念,这一功能性的区分,也可以视为周氏兄弟在合作中所留下的分工痕迹:对原作之"信"的执念,主要来自鲁迅;而通过添加详细的译注来沟通不同文化之间的鸿沟,弥补正文文本翻译的不足,则是周作人一直坚持到晚年的翻译方法。

群益版将东京版《杂识》中的这些"译注",一律移入正文,变成行间注,如此,东京版在正文和《杂识》之间"信"与"达"的功能区分已然失效,周氏兄弟之间分工合作的痕迹也消失不见了。此外,更为重要的是,这一改动也是对(预设)读者的"消费降级":一方面,直接降低了阅读难度;另一方面,译文的预设读者,不再是东京版所拟想的"卓特"之"士"(可能可以同时阅读原文和译文),而是主要面对不懂外文原文、也不了解西方文化习俗的普通读者。

这一注释形式上的细微改动,与群益版正文中另外两点显著的形式变化:一、将"偏僻"的古字、本字改为常用字,二、采用大量的新式标点排版(东京版虽引入了省略号和破折号,也间或使用感叹号和问号,同时也采用了分段,但每段自成一片,有圈点,无句读,且从未使用引号来标注人物对话;群益版则将句读标于文字之中,替读者点断了文句,且新增了引号用于人物对话及书名的标识,并在人地名右侧标明竖线),其功能是一致的,即令阅读变得更为简便,其背后的目标,则与白话文运动殊途同归——通向一个更广大的读者群。下文还将揭示,这个读者群体与《点滴》《呐喊》等新文学的读者群,在事实上有着庞大的交集。

(三) 新序与旧序

群益书社再版《域外小说集》,主要由周作人参与其事,但鲁迅为其撰写了新序。《域外小说集》在东京寄售处卖出四十一册的故事,经过鲁迅这篇序文的高妙叙述,早已深入人心,成为文化价值与商业利润对抗的佳话——因"曲高"而"和寡"。这恐怕是关于《域外小说集》的宣传中最为得力的一次。

和旧序相比,新序的叙述还有两处不同,值得关注。首先是"短篇小说"的定位。鲁迅在叙述了东京版《域外小说集》的售卖故事之后,将销售失败的原因,归结为所译短篇小说文类的先锋性:

> 《域外小说集》初出的时候,见过的人,往往摇头说,"以为他才开头,却已完了!"那时短篇小说还很少,读书人看惯了一二百回的章回体,所以短篇便等于无物。现在已不是那时候,不必虑了。

关于读书人看惯章回体而不习惯短篇,这其实是一个虚构的论述,因清末报刊中各式各样的短篇作品并不少见。㊲鲁迅这一叙述值得关注的地方在于，他首先用"短篇小说"这一术语来概括《域外小说集》中的作品，继而又将短篇小说视为比章回体小说更加进步和先锋的文类；而东京版《域外小说集》，无论是旧《序》，还是《杂识》中，都只称"异域文术新宗""小品"，并没有短篇小说的文类意识。

"短篇小说"一词虽在1904年前后的清末报章中即已出现，但真正使得它作为一种区别于笔记、杂纂的现代文类得到界定并获得通行，还要归功于胡适1918年发表在北大文科研究所小说科、随后刊于《新青年》的《论短篇小说》㊳。在此，胡适仿照美国学者为 short story 所下的定义，将"短篇小说"界定为"用最经济的文学手段描写事实中最精采之一段或一方面而能使人充分满意之文章"㊴，并认为是符合世界文学潮流、代表未来文学发展方向的先进形式。周氏兄弟未必认可胡适的短篇小说定义，但他们在《新青年》中发表的小说译、著，无一例外皆是短篇小说的体例；鲁迅的《狂人日记》更是与胡适的《论短篇小说》，颇具象征意味地刊在同一期《新青年》上。

《域外小说集》所收作品的文类形式其实十分多样，除了契诃夫、莫泊桑的短篇小说之外，还有童话（如《安乐王子》）、民间故事（如《一文钱》），群益版增订的篇目中则还有拟曲、寓言。对此，鲁迅自然明了于心；但他在群益版新序中仍然将之通称为"短篇小说"并强调这一文类的先锋性，很明显是对胡适以及"五四""短篇小说"理论和实践的呼应。无独有偶，胡适在1919年出版的《短篇小说第一集》的《译者自序》中，已在周氏兄弟、周瘦鹃和他自己的翻译之间，建立了一条"短篇小说"译作的文类谱系：

> 短篇小说汇刻的有周豫才、周启明弟兄译的《域外小说集》（1909）两册，周瘦鹃的《欧美名家短篇小说丛刊》（1917）三册。㊵

在这一谱系之中，《域外小说集》令人瞩目地居于榜首。值得一提的是，继鲁迅这篇写于1920年3月的群益版新序之后，周作人1920年8月出版的《点滴》，其副标题即径直题为"近代名家短篇小说"。

新序与旧序的另一不同之处，在于对译文本身的态度。旧序起首即云："词致朴讷，不足方近世名人译本。"而鲁迅在新序的末尾却写道：

倘使这《域外小说集》不因为我的译文,却因为他本来的实质,能使读者得到一点东西,我就自己觉得是极大的幸福了。

旧序虽谦称"不足方近世名人译本",但开宗明义,强调"词致朴讷",显然希望读者关注到其独特的译文文体。而新序则干脆试图取消译文,希望读者穿过译文而直接得到原作"本来的实质"。这部后世视为翻译典范的《域外小说集》,鲁迅在序言中却简直以取消翻译为诉求,这听起来有点不可思议。鲁迅此语并非简单的谦辞,而是对文学革命的另一主流话语——"直译"的深切认同。

三、"直译"作为典范

"直译"在文学革命之前,其实是一个中性的、甚至是名声不佳的词语,它通常指仅考虑词语的字面含义而不加以解释,或是照搬原文的句式而不加以调整的翻译。如章太炎《文学论略》即云"素怛缆(梵文中的佛经)者,直译为线,译意为经"[41];而在晚清报章和民初政府公报中,也常有"直译日本报"或"中学教材直译外籍"等用法[42]。陈平原曾指出,在清末民初的读者心目中,"直译"的效果,通常与"率尔操觚""诘屈聱牙",或是"味同嚼蜡""无从索解"等联系在一起。[43]但到了"五四"时期,"直译"却一跃而为翻译所应当遵守的最高法则,并成为抵达"忠实于原文"这一翻译的最高目标的唯一途径。这背后既有从晚清到"五四"翻译规范的变迁[44],同时更为重要的是,还因为"直译"的理念与方法,与另一项文学革命大计——白话文运动,有着密切的关联。

《域外小说集》新序虽由鲁迅执笔,但亦不乏周作人的理念;新序末尾对原作"本来的实质"的推崇,即与周作人当时的想法颇为一致。周作人在1918年8月18日给胡适的一封信中写道:

> 翻译别人著作,总有"嚼饭"之嫌;文言尤甚:《或外小说集》系"复古时代"所作,故今日视之,甚不惬意;唯原作颇有佳者,如以白话写之,当有可观。来函所云《扬珂》等,弟亦曾有改译之意,但终未果行。有同人所作《酋长》,亦曾用文言译出来,未有发表机会;今夏在家闲住,用白话改写,草稿已具。下月来京,当送上,请编入《新青年》五卷之四也。(五卷之三,

已译有短篇二种。)《安乐王子》如以白话译之,自更佳妙;不知何时可成,甚望早日为之。㊹

上文已提及,周作人1917年10月曾将东京版的两册《域外小说集》通过钱玄同转送给胡适,此信当是答复胡适对此书的评论的。尽管周作人在1922年之后对白话和文言的关系开始发表自己的看法,但此时却与胡适保持高度一致,认为白话文是翻译更为直接和灵活的媒介,并尝试将《域外小说集》中的作品用白话改译——这背后自然是基于对原作"本来的实质"的看重,以及对"白话"作为一种近乎"透明的"书写媒介的想象。《酋长》一篇的白话译文,后来即刊于《新青年》5卷4号。值得注意的是,在这封信中,周作人还用"翻译"来阐释他对白话作为一种"透明的"书写媒介的理解:

> 表现思想,自以白话为"正宗",有时觉得古文别有佳处,然此恐系习惯之故。吾辈所懂只有俗语;如见文言,必先将原文一一改译俗语,方才了解。(正同看别国语一样,至习惯时,也一样的一见可解了。)俗语与文言的短长,就在直接与间接这一件事。㊻

在周作人看来,既然翻译是"嚼饭哺人"的次等事业,而文言要有赖于俗语的翻译才能为读者所理解,其表现力自然要劣于白话;换言之,理想的白话和理想的翻译一样,都应该是直致地,乃至透明地传达思想或传达原文的媒介。这里,"五四"的"直译"理论已呼之欲出。

1919年,傅斯年在发表于《新潮》1卷2号的《怎样做白话文》一文中,正式提出"直译"的主张,并将"直译"视为建设"欧化的白话文"的重要途径。傅斯年将"留心说话"和"直用西洋词法"视为写作白话散文的两种主要途径;而"直用西洋词法"的方法之一,即用直译的笔法去翻译西洋文章,"径自用他的字调,句调,务必使他原来的旨趣一点不失"。在傅斯年看来,周作人在《新青年》中发表的《童子Lin之奇迹》《酋长》等白话短篇小说译作,正是"直译的笔法"的代表:

> 《新青年》里的文章,像周作人先生译的小说是极好的,那宗直译的笔法,不特是译书的正道,并且是我们自己做文的榜样。

随后,在刊于《新潮》1卷3号的《译书感言》中,傅斯年又将"直译的笔法"上升

为当下译书应遵守的第一的"公同的原则",并从思想与语言关系的哲学高度作了一番阐释:

> 严几道先生那种"达恉"的办法,实在不可为训,势必至于"改恉"而后已。(中略)况且思想受语言的支配,犹之乎语言受思想的支配。作者的思想,必不能脱离作者的语言而独立。我们想存留作者的思想,必须存留作者的语法;若果另换一副腔调,定不是作者的思想。所以直译一种办法,是"存真"的必由之径。一字一字的直译,或者做不到的,因为中西语言太隔阂,——一句一句的直译,却是做得到的,因为句的次叙,正是思想的次序,人的思想却不因国别而别。

以"直译"可以"存(语言及思想之)真"为由,傅斯年又将严复用"子家八股合调"的文体"达恉"的译书以及林纾更加等而下之的小说翻译,一概称作"意译",并斥为"作伪""虚诈"的翻译方法,二者被建构成一种二元对立、非此即彼的关系。

就翻译理论而言,傅斯年提出的"直译"主张,其实经不起推敲。直用西洋词法、句法的"直译",并不必然能够抵达对于原作的忠实——雅格布森、Anton Popovic等理论家已指出,在翻译过程中要如实传达原文的意义和风格,不同语言之间"表达的切换"(shift of expression)其实是必不可少的;⑰傅斯年这里所标举的"直译"和"意译"的二元对立,借用翻译理论家奈达(Eugene A. Nida)的说法,只不过是面向原文的"形式对等"和注重接受者反应的"灵活对等"的区分,⑱二者各有利弊,并不是非此即彼的关系。尽管在理论上颇为粗疏⑲,但由于"直译"的方法直接服务于文学革命的大计——"做白话文",而就语言与思想之通透的表达关系而言,"直译"的理念又与"做白话文"的主张共享了文学革命最基本的意识形态——"言文一致"的诉求,即对"(白话)文"作为一种透明的书写媒介的想象,以及对"言"(在翻译中即为原著、原文)的至高位置的推崇,傅斯年对"直译"的倡导,很快就得到了新文化人的响应,不胫而走。

1921年前后,"直译"已成为一个十分流行的术语,并成为衡量翻译好坏的重要标尺。茅盾在1921年发表于《小说月报》的《译文学书方法的讨论》一文中,起首即称"翻译文学之应直译,在今日已没有讨论之必要"⑳;随后,他还专门写了一则《"直译"与"死译"》㉑的短文,来纠正流行的误解。此外,梁启超在

1920年春夏间所作《佛典之翻译》㉜中,论及道安、鸠摩罗什关于翻译文体的讨论,尚沿用严复的信达雅三义;而在1921年刊出的《中国古代之翻译事业(翻译文学与佛典)》中,则赫然以直译、意译为框架,将道安的译论归入"纯粹直译之主张",并称"其严正强硬态度,视近一二年来时贤之鼓吹直译者,盖有过之而无不及矣"㉝。从"信达雅"到"直译—意译",梁启超这一术语变化的背后,恰是晚清到"五四"的概念框架与话语体系发生急剧转换的表征。

在"直译"上升为"五四"翻译典范的过程中,周作人及其白话短篇小说翻译,发挥了重要作用。1918—1919年间,周作人在《新青年》上发表了近二十篇白话短篇小说译作,如《童子Lin之奇迹》《皇帝之公园》《改革》《不自然淘汰》《酋长》《空大鼓》《小小的一个人》等。这些译作得到了傅斯年、钱玄同的高度评价。继傅斯年在《怎样做白话文》中的表彰之后,1919年11月,钱玄同在《新青年》6卷6号的通信《关于新文学的三件要事》中,又再次强调了周作人的翻译对严复、林纾所代表的翻译方法的"革命":

> 周启明君翻译外国小说,照原文直译,不敢稍以己意变更。他既不愿用那"达恉"的办法,强外国人学中国人说话的调子;尤不屑像那"清室举人"的办法,叫外国人都变成蒲松龄的不通徒弟。我以为他在中国近来的翻译界中,却是开新纪元的。

钱玄同此信回应的是潘公展来信中认为《新青年》应创作模范文学、但目前刊载的翻译作品居多的意见;其言下之意,周作人的译作,与"《新青年》里的几篇较好的白话论文,新体诗,和鲁迅君的小说"一样,不仅是"照原文直译"的翻译典范,更是白话文和新文学的模范文本。

1920年,在傅斯年和罗家伦的催促下,周作人将他文学革命以来在《新青年》等杂志上发表的白话短篇小说译作结集为《点滴:近代名家短篇小说》,作为"新潮社丛书第三种"由北京大学出版部出版。在《〈点滴〉序》中,周作人用"直译的文体"和"人道主义的精神"来概括他这部短篇小说译作集的特点,这恰是文学革命中最重要的两种话语。论及"直译的文体",周作人引用了他自己的两则论述来作为说明,其一是写于1917年11月的《〈古诗今译〉题记》(刊《新青年》4卷2号),其二则是写于1918年11月的《答某君通信》(《新青年》5卷6号)。如此,则把"直译"理论主张的开端,从傅斯年1919年的《怎样做白话文》,往前推进到周作人自己1917年11月所写的《〈古诗今译〉题记》㊸。《点滴》的印数至少有七千部㊹,即便仅仅通过周作人这篇《〈点滴〉序》,"直译"理念的传播效果,也十分可观;而《点滴》一书,也在很大程度上奠定了周作人作为"五四""直译"旗手的地位。

《点滴》的出版与群益书社对《域外小说集》的再版,几乎同时进行;实际上,无论从内容还是形式上来看,这两部集子都堪称"姊妹篇"。两部集子中,重出的作者有五位:契诃夫、安特来夫、显克微支、梭罗古勃、安兑尔然,其中后两位是群益版新增的作家;而显克微支的《酋长》则分别以白话和文言的形态出现在《点滴》和群益版《域外小说集》中。此外,在编目、标点以及著者小传的呈现方式上,两部集子也有高度相似的地方:《点滴》所收译作,与群益版《域外小说集》一样,按作者国别进行编排,也采用了当时的新式标点,另外,每篇小说译文之后则附有对作者以及相关文学史知识的介绍——值得注意的是,按国别编目、新增大量新式标点以及具有文学史雏形的《著者事略》,恰是上文对勘中所揭示的群益版《域外小说集》与东京版不同的地方。目前无法判定《点滴》和群益版《域外小说集》编订的先后顺序(《点滴》的出版在先,但鲁迅群益版序言的写作在前),但无论如何,群益版《域外小说集》与周作人1920年出版的《点滴》,而不是与它的东京版"前身",有着更多的相似性。

在《〈点滴〉序》中,周作人还回顾了一番自己晚清以来的翻译史:

> 我从前翻译小说,很受林琴南先生的影响;1906年往东京以后,听章太炎先生的讲论,又发生多少变化,1909年出版的《域外小说集》正是那一时期的结果。1917年在《新青年》上做文章,才用口语体,当时第一篇的翻译,是古希腊的牧歌。㊺

对"古希腊的牧歌"的翻译,即周作人刊于《新青年》4卷2号的《古诗今译》。这里,周作人很巧妙地在他的《域外小说集》(1909)、《古诗今译》(1917)和《点滴》(1920)之间,建立了一条个人翻译的"进化"小史:"1909年出版的《域外小说集》"成为他摆脱林纾的影响、走上独立翻译道路的标志。后来在1922年《我的复古的经验》一文中,周作人又强化了这一说法:

> 最初读严几道林琴南的译书,觉得这种以诸子之文写夷人的话的办

法非常正当,便竭力的学他。虽然因为不懂"义法"的奥妙,固然学得不像,但自己却觉得不很背于迻译的正宗了。随后听了太炎先生的教诲,更进一步,改去那"载飞载鸣"的调子,换上许多古字(中略),——多谢这种努力,《域外小说集》的原板只卖去了二十部。这是我复古的第一支路。㊼

周作人的这些说法与钱玄同最初在《新青年》通信中对《域外小说集》《炭画》的推举——作为"大文豪"林纾"用《聊斋志异》文笔和别人对译的外国小说"的对立面,正好互相发明。不过,与钱玄同不同的是,作为摆脱林译小说影响的标志,周作人这里只标举出与"五四""短篇小说"潮流相契合的《域外小说集》,其同时期的中篇小说译作《炭画》(以及《黄蔷薇》)却不再提及;此外,《域外小说集》的译者也从"周豫才、起孟两先生"变成了周作人一人("我")——这与群益书社再版《域外小说集》时署名的变更(从"会稽周氏兄弟"到"周作人先生"),形成了有趣的呼应。更有意味的是,与《〈点滴〉序》相比,周作人在《我的复古的经验》的叙述中,《域外小说集》所试图摆脱的来自前辈译者的影响,在林纾之外,又多了一位被章太炎批评为"载飞载鸣"的严复!

从钱玄同、刘半农的"双簧信"开始,林纾和严复就是新文化人随意拉来的"靶子",以便与《新青年》同人的文学改革方案形成对照;在傅斯年的理论框架中,他们更是被夸张地塑造成"直译"的反面典型。周作人的上述追忆和叙述,显然是这一文学革命话语体系的产物。如果说《点滴》奠定了周作人"五四""直译"旗手的地位,那么,周作人在《〈点滴〉序》《我的复古的经验》中将《域外小说集》与文学革命的对手——林纾、严复所进行的区隔,则成功地将这部晚清时期的译作,建构成了自己的革命"前史"。在这个意义上,1921年以《点滴》"姊妹篇"的方式出现的群益书社对《域外小说集》的再版,不啻是一种周作人的"五四文学"对其晚清经验的"招魂"。

1922年,胡适为纪念《申报》创刊五十周年撰《五十年来之中国文学》,其中有一节专门论述严复、林纾的翻译,他很自然地就将《域外小说集》和林译小说进行对举:

十几年前,周作人同他的哥哥也曾用古文来译小说。他们的古文工夫既是很高的,又都能直接了解西文,故他们译的《域外小说集》,比林译的小说确是高的多。我且引《安乐王子》的一部分作例:(中略)这种文字,

以译书论,以文章论,都可算是好作品。㊾

虽然胡适从白话文学的角度,认为用古文翻译的《域外小说集》在"适用的"方面并不成功,但他的这番文学史论述,却极大地提高了《域外小说集》的历史地位:原本在清末市场上销售惨淡、影响甚微的无名译作,此时却获得了与晚清主流译界中的林译小说相提并论的资格,并在价值上被评价为"高的多"。这也奠定了《域外小说集》日后在文学史和翻译史中相关论述的基础:阿英在1937年出版的《晚清小说史》中,便用了几乎相同的篇幅来论述《域外小说集》和林译小说,并径直将周氏兄弟视为"五四直译运动的前车"㊿;许寿裳在1947年发表的《亡友鲁迅印象记》中,则称誉鲁迅在《域外小说集》中的翻译"字字忠实,丝毫不苟,无丝毫增删之弊"㊿;1959年,冯至等学者又将此书誉为"是采取进步而严肃的态度介绍欧洲文学最早的第一燕。只可惜这只燕子来的时候太早了"㊿。值得注意的是,胡适这里对《域外小说集》译者的称谓,也从"周豫才、周启明弟兄"变成了"周作人同他的哥哥",这显然与周作人"五四"时期显赫的翻译成绩有关,在同文论及文学革命的成果时,胡适即高度评价了周作人"严格的尽量保全原文的文法和口气"的"直译"方法,并称之为"是国语的欧化的一个起点"。㊿

1922年10月,胡适参与新学制课程纲要的制定工作,他将《域外小说集》与周作人的《点滴:近代名家短篇小说》、《胡适译短篇小说》以及鲁迅尚未出版的短篇小说集《呐喊》一起,写入了《新学制(初中)课程纲要》的《略读书目》之中。胡适此举,无疑又为群益版《域外小说集》的销量,提供了有力的制度保障。群益书社再版《域外小说集》时没有注明印数㊿,但在1921年初印之后,1924年即重印,1929年又出了三印,说明有着持续的市场需求。查《申报》广告,从1921年10月22日开始,即群益版《域外小说集》初印九个月之后,此书便进入半价促销的状态;但在《新学制(初中)课程纲要》制定后不久,它在《申报》中的广告词就变成了"极高尚的文言作品,绝无'流毒'的国文教材"㊿;到了1923年8月31日,即1922年"壬戌学制"制定之后各中学的开学之际,此书便又恢复了原价销售。很显然,《域外小说集》在群益书社后续的重印、三印以及后来中华书局的再版㊿,所仰赖的主要是中学师、生这一读者市场。鲁迅在1926年10月20日致许广平的信中提到,随信给她寄了一本"北新新近寄来的"《域外小说集》,并称"现在你不教国文,已没有用,……自己不要,可以给人"⑯,由此可知,鲁迅此时亦将群益书社再版的《域外小说集》视为国文教科书。

《域外小说集》被胡适写入中学课程的《略读书目》,除了刺激群益版的销量之外,也使得此书中的单篇作品,如《月夜》《乐人扬珂》《安乐王子》《先驱》《一文钱》等,频频选入1920—1930年代的中学国文课本和讲义之中,作为中学生阅读和写作的范本。在这些教科书中,《域外小说集》所译作品的描写和叙述技巧,得到了高度强调:譬如,1926年董鲁安编的《修辞学讲义》是一部"供给高级中学、旧制中学及师范学校选科国文之用"的教科书,其中,作者即借《域外小说集》中《摩诃末翁》一篇,来谈"名家布局的手段";⑰又如,叶圣陶在收入《创造国文读本》的《描写》和《叙述的方法》二文中,其注释分别引用了《月夜》和《灯台守》中的选段,作为对如何"以作者曾有的印象为蓝本"来描写、以及在叙述中如何"接榫"的说明。⑱

略显吊诡的是,《域外小说集》在《新青年》的"双簧信"和蔡元培致林纾的公开函中被推举出来,原本是为了证明《新青年》同人的"古文功夫";而随着群益书社的再版、重写,此书与新文学的白话著译作品一起,被推向了一个包括中学师生在内的更为广泛的读者群体,这时,《域外小说集》的"古文功夫"不再受到重视,而是如鲁迅在群益版新序中强调的原作"本来的实质",得到了关注和强调。换言之,《域外小说集》当初为新文化人所看重的、可与林纾译文匹敌的"古文功夫",经过群益书社的"重写",以及"五四""直译"理念的涤荡,其译文文体的特殊价值,无形中已被消解,周氏兄弟古奥的文言与白话一样,奇妙地成为能够直致地乃至透明地传达原文的翻译媒介。在此,我们可以清晰地看到,文学革命中与白话文运动共享着"言文一致"之意识形态的"直译"话语,如何对《域外小说集》进行了精微的雕塑与重造。

四、结语

从1917年钱玄同在《新青年》杂志中的偶然标举,经过"双簧信"的宣传和蔡元培的提点、1921年群益书社的再版,再到1922年胡适在《五十年来中国之文学》中的文学史定位,以及作为"略读书目"之一写入《新学制(初中)课程纲要》,短短五年之间,《域外小说集》从两册名不见经传的晚清译作,变成了一部可以与《点滴》《呐喊》等新文学作品相提并论的典范之作。本文所勾勒的《域外小说集》在文学革命中"复活"与"再生"的过程,不啻是一部侧面描摹的文学革命的"小史"。借助这番"小史"的勾勒,我们得以从一个新的角度来观察文学革命的微观场景与内在逻辑。本雅明在《历史哲学论纲》中曾借助保罗·克利(Paul Klee)的《新天使》(Angelus Novus)画来阐述他对历史的理解:天使的脸"朝着过去",一场被称作"进步"的风暴却"把天使刮向他背对着的未来"。⑲在本雅明看来,过去只有被此刻关注才是有意义的,历史正是在对过去的不停阐释中走向未来。《域外小说集》在文学革命中的复活与再生,恰是本雅明这一历史哲学的绝妙演绎,它生动地呈现了文学革命如何一面走向未来、一面重构"过去"的辩证风景。

直到今天,论及《域外小说集》,不少研究者仍然不假思索地沿用阿英、许寿裳、冯至等人的说法,将之视为"五四""直译"理念的先驱,有的甚至干脆宣称周氏兄弟使用了"直译"的手法,并用"直译"来解释此书在晚清市场上失败的原因,愈加凸显其先驱者的地位。实际上,只要略为检视原文,我们很容易发现这一论述的虚构性。譬如东京版第一册第一篇《乐人扬珂》中,周作人即将他所用英译底本中的"sparrows(麻雀)""swallows(燕子)"一律译为"黄雀",而"nightingale(夜莺)"则译为"黄鹂",这明显是一种向中国文化归化的译法;此外,"what was it,——did he know? Pines, beeches, golden orioles, all were playing(那是什么,——他知道吗? 松树,山毛榉,金莺鸟,全都在奏鸣)"⑳也变成了"松柏鸣禽,咸有好音"(第一册,第三页)。这显然并非致力于引入西洋词法、句法的"直译",甚至也难称是与严复、林纾的"归化"式翻译相对的"异化"。更不用说,其中,还有将"cuffs(教鞭)"译为"夏楚"这样颇有林译风味的译法。㉑

1944年,周作人在一篇谈翻译的文章中,全面回顾了其文言时代的翻译经验:"简单的办法是先将原文看过一遍,记清内中的意思,随将原本搁起,拆碎其意思,另找相当的汉文一一配合,……上下前后随意安置,总之只要凑得象妥帖的汉文,便都无妨碍。……我们于1909年译出《域外小说集》二卷,其方法即是如此,其后又译了《炭画》和《黄蔷薇》。"⑫笔者曾分析过,周作人这一方法,与他此前翻译《玉虫缘》《红星佚史》的方式,并没有根本的不同;⑬而《玉虫缘》《红星佚史》的翻译,又是他自称"很受林琴南先生的影响"的作品。这就意味着,我们很难在周作人的晚清译作中,以是否摆脱林纾影响为标准,划出一条截然的分界线来。以林纾在晚清译界的市场号召力和影响力而言,恐怕周作人一直处于其"影响的焦虑"中,才更符合实情。周氏兄弟在晚清对林纾的翻译确有不满⑭,但这不满主要是针对林纾对西方文化的误读以及随之而来可能的误译,却不是翻译方法上的"意译"与"直译"之别。

很显然,《域外小说集》在后世文学史和翻译史中与林译小说对举的地位,并非历史的真实,而是文学革命的"发明"。在文学革命时期,严复、林纾仍然是文坛上颇具影响力的译者。为了声称白话文以及与之相关的一系列文学改革方案的合理性,新文化人同仇敌忾地将他们树立为"白话文"的对立面、"直译"的反面典型,并将自身的过去和现在都与之区隔开来,从而形成稳固的身份认同。《域外小说集》正是在这一背景中,被新文化人重新激活、重新出版,并在"直译"与"意译"的二元对立框架中,被追认为"五四"的"直译"旗手周作人的革命"前史",从而获得了足以与林译小说相抗衡的历史地位。文学革命的展开与《域外小说集》的"再生"和经典化,恰如一体之两面,为我们微妙地呈现了革命中断裂与绵延的辩证。

厘清文学革命与《域外小说集》之"再生"的关系,无疑有助于我们摆脱习以为常的关于文学革命的目的论叙事,重新审视周氏兄弟的晚清经验与"五四"文学的关系。日本学者木山英雄曾对周氏兄弟的文学观、语言观与章太炎的复古主义思想之间的关系,作过精微而深入的阐释,并认为他们的晚清经验"为即将到来的新文学准备了不可替代的基础",从而在胡适的白话文学视野之外,提供了一个另类的关于文学革命的解释。⑮这一论述对中国学界产生了不小的影响。⑯然而,就对《域外小说集》的讨论而言,当木山先生称章太炎的文论为周氏兄弟暗示了行之有效的办法,"(周氏兄弟)在阅读原文时,把自己前所未有的文学体验忠实不贰地转换为母语,创造了独特的翻译文体"时,他仍然掉入了"五四""直译"话语的陷阱,而这背后,则是他尚未摆脱的以周作人的"复古"论为代表的新文化人对自身晚清经验的追认和叙述。

通过本文的考察，我们不难发现，1909年出版于东京的两册《域外小说集》，原本是周氏兄弟晚清尚未定型、且并未完成的文艺活动的一部分——其中，兄弟二人分工的痕迹历历可见，全书的翻译风格以及所译作品的文体范畴也并不统一，它们与流产的《新生》杂志以及在当时未能出版的译作《炭画》《黄蔷薇》一样，未能对当时的文坛产生有效的作用；但随着周氏兄弟"五四"文学活动的展开，《域外小说集》被从众多的晚清译作中挑选出来，并以群益书社的再版为契机，在内容和形式上都经历了一番"重写"——群益版与东京版之间的异文，正是文学革命的诸多话语和意识形态留下的印记，最终，经过周作人、胡适等新文化人的自我追忆和叙述，它又被嫁接在周氏兄弟"五四"时期的文学实践之上，成为"直译"的先驱、文学革命的"前史"。至此，周氏兄弟暧昧不明的晚清经验，才获得了稳定的秩序与意义。换言之，后世加在《域外小说集》之上的诸多标签，如"直译"的典范、"短篇小说"的翻译，以及本文尚未展开讨论的"弱小民族文学"的翻译等，与其说是周氏兄弟的晚清经验具有为新文学奠定基础的先驱性，不如说是他们的"五四"文学对晚清经验的"招魂"。

文学革命作为一场除旧布新的文学运动，其合法性的建立，不仅需要面向未来的新作品的创造，还需要重构自身的过去，以便在过去与现在之间建立连续性。关于新文化人如何重构历史以证明当下的合法性，如胡适"白话文学史"的建构，以及周作人将中国新文学的源流追溯到晚明，这种"事后追认先驱"的事例，钱锺书早有敏锐的批评[⑦]。不过，或许由于近在眼前，新文化人对自身晚清经验的提炼与攫取，其背后的意识形态性和建构性，却少有关注。周氏兄弟的《域外小说集》在文学革命中的复活与再写，并被建构为"直译"典范、文学革命先驱的过程，与胡适将其旧体诗作品《去国集》附录在《尝试集》之中，其实颇有异曲同工之妙：都是在宣告与传统"断裂"的同时，一面又迅速地建构起自己个体的内在延续性。这种新文化人对自身"过去"的迅速建构或者说自我经典化，是文学革命能够成功的关键；而恰恰因为文学革命的成功，这些新文化人的叙述通常被原封不动地接受下来，并在后世的文学史书写中不断被强化，以至于我们逐渐忘了它们的历史和起源。本文对《域外小说集》在文学革命中再生和重构的历史考察，以及对这一过程中的裂缝与褶皱的展示，不仅有助于拂去长期附着于《域外小说集》之上名不副实的标签，还有助于我们在新文化人自我经典化的叙述中撕开一道裂口,拆解已有的关于文学革命的目的论叙事,为重新考察周氏兄弟(及其所代表的新文化人)的晚清经验与"五四"文学的关系,进而再思现代中国文学与文化的起源,释放出更有弹性的阐释空间。

原载《文艺争鸣》2019年第5期。

注　释

① 参阅唐弢《〈域外小说集〉》,《晦庵书话》,生活·读书·新知三联书店,1980年,第12—15页;胡从经《大涛之微沤　巨响之先声——〈域外小说集〉》,《柘园草》,湖南文艺出版社,1982年,第7—18页。

② 《新出版 域外小说集 周作人先生译》(广告),《申报》1921年1月27日。

③ 陈洁《〈域外小说集〉重印考》(《中国现代文学论丛》2014年第2期)一文,对1921年群益书社再版《域外小说集》的背景作了初步考察,但遗憾的是,此文仅从"重印"的角度入手,未能关注群益版的改写及其意义。

④ 王宏志《"人的文学"之"哀弦篇":论周作人与〈域外小说集〉》,《中国文化研究所学报》2006年总第46期。

⑤ 据周作人回忆,《域外小说集》第一册印了一千本,第二册只有五百本,印刷费是由友人蒋抑厄代付的,上海寄售处的广昌隆绸庄亦是蒋氏产业。(周作人《关于鲁迅之二》,《宇宙风》1936年第30期)另据许寿裳回忆,1909年4月,他正有回国之行,交给上海寄售处的书(即《域外小说集》第一册),乃是由他带去的(许寿裳《亡友鲁迅印象记·杂谈翻译》,《人世间》1947年第6期),这也是《域外小说集》小本经营的一个例证。

⑥ 《域外小说集》第一册(广告),原刊1909年4月18日《时报》,见郭长海《新发现的鲁迅佚文〈域外小说集〉(第一册)广告》,《鲁迅研究月刊》1992年第1期。

⑦ 《赠书志谢》,原刊1909年4月18日《神州日报》,见谢仁敏《新发现〈域外小说集〉最早的赠书文告一则》,《鲁迅研究月刊》2009年第11期。

⑧ 藤井省三《日本介绍鲁迅文学活动最早的文字》,《复旦学报(社会科学版)》1980年第2期。

⑨ 《鲁迅全集》第15卷,人民文学出版社,2005年,第80—81页。侯桂新在《钱玄同与鲁迅交往始末——以日记为视角》(《鲁迅研究月刊》2016年第8期)一文中提到了这一细节。

⑩ 鲁迅日记1914年1月16日云:"晚顾养吾招饮于醉琼林,以印二弟所译《炭画》事与文明书局总纂商榷也。……同席又有钱稻孙。"同年4月27日又云:"午后稻孙持来文明书局所印《炭画》三十本,即以六本赠。"(《鲁迅全集》第15卷,第101、114页)又周作人日记1914年5月2日:"得北京廿八日寄书两包,内……炭画十册,文明书局出板,……表纸图案乃钱稻孙作者。"(《周作人日记(影印本)》(上),大象出版社,1996年,第500页)

⑪ 如4月14日"托紫佩向图书分馆假波兰史、俄文学史各一本",30日"阅トルストイ(托尔斯泰——引者注)传",5月7日"丸善寄波兰小说集一册",26日"联日稍阅アンドレエフ(安德烈耶夫——引者注)七刑人至今日已了",28日"得丸善十五日寄ソログーブ(梭罗古勃——引者注)及クープリン(库普林——引者注)小说集各一册",30日"托紫佩借法美文学史二本",6月30日"得东京堂二十日寄露国现代ノ思想ト文学一册"。(《周作人日记(影印本)》(上),第664—679页)

⑫ 参阅周作人1917年6月6、7日日记,《周作人日记(影印本)》(上),第673页。

⑬ 钱玄同在《论小说及白话韵文》(刊《新青年》4卷1号"通信"栏中引用了这则通信的内容,并称"此信是七月杪间写的"。

⑭ 《周作人日记(影印本)》(上),第690页。

⑮ 《周作人日记(影印本)》(上),第703页。

⑯ 不少学者(包括笔者在内)曾认为"刘、胡二君"指的是刘半农和胡适,不确。刘半农直到1917年11月13日才出现在周作人日记中,其契机是二人共同认领了北大文科研究所小说科的教员;此前周作人日记中的"刘"指的是刘文典(叔雅),如1917年8月18日:"上午往大学……至校长室见沈君默、刘叔雅、马幼渔、朱逷先诸君,分阅预科卷,至下午五时了,同沈、马、刘三君至王府井大街喫点心。"又9月2日:"上午雨,得蔡先生函属阅卷,即往大学。沈、刘、朱、钱四君亦在。"(《周作人日记(影印本)》(上),第688、691页)另,据《知堂回想录》对北大"卯字号名人"的介绍,在四公主府的"卯字号"(即北大文科教员的预备室)日常聚集的教授,有钱玄同、朱希祖、刘文典、胡适等,而刘半农因担任预科功课,则住在第三院的译学馆里;考虑到这一空间因素,周作人将《域外小说集》"留校",托钱玄同"转交",其对象是刘文典的可能性也更大。

⑰ 参阅胡从经《大涛之微沤 巨响之先声——〈域外小说集〉》、陈洁《〈域外小说集〉重印考》、谢其章《〈域外小说集〉拍卖亲闻亲历记》(《鲁迅研究月刊》2008年第1期)、葛涛《再谈〈域外小说集〉的存世数量》(《上海鲁迅研究》2008年第3期)、王祖华《〈域外小说集〉的隐性传播》(《东方翻译》2015年第5期)诸文。

⑱ 参阅王风《林纾:拼我残年 极力卫道》、《世运推移与文章兴替——中国近代文学论

集》，北京大学出版社，2015年，第238—252页。关于林纾与北京大学之纠葛最新近的讨论，见陈平原《林纾与北京大学的离合悲欢》，《文艺争鸣》2016年第1期及陈平原《古文传授的现代命运——教育史上的林纾》，《文学评论》2016年第1期。

⑲《蔡校长致公言报函并附答林琴南君函》，《北京大学日刊》1919年3月21日。

⑳《周作人日记（影印本）》（上），第742页。

㉑《周作人日记（影印本）》（上），第788页。

㉒ 如周作人日记1919年3月29日："寄上海吴君片，又域外小说一本。"11月2日："伏园来借去域外小说集一部。"11月8日："寄叶君函，又域外小说一册。"1920年3月8日："成君送还域外小说二本。"《周作人日记（影印本）》（中），第19、52、110页。

㉓ 耿云志编《胡适遗稿及秘藏书信》，黄山书社，1994年，第31册第353页。

㉔ 参阅《鲁迅全集》所收《域外小说集序》注释3，《鲁迅全集》第10卷，第179页。

㉕《陈独秀致周启明》，水如编《陈独秀书信集》，新华出版，1987年，第251页。

㉖ 周作人《曲庵的尺牍》，钟叔河编《周作人文类编·八十心情》，湖南文艺出版社，1998年，第422页。

㉗ 同上书，第421页。

㉘ 关于群益书社早年出版教科书的历史，可参阅邹振环《作为〈新青年〉赞助者的群益书社》，《史学月刊》2016年第4期。

㉙ 邱雪松《"启蒙"与"生意"之间——"五四"新文化与出版业关系论》，《文艺研究》2018年第7期。

㉚ 关于陈独秀与群益的"决裂"，因近年有"陈独秀等致胡适信札"的公开，其过程及原因已得到很好的梳理和阐释。参阅黄兴涛、张丁《中国人民大学博物馆藏"陈独秀等致胡适信札"原文整理注释》及黄兴涛《中国人民大学博物馆藏"陈独秀等致胡适信札"释读》（刊《中国人民大学学报》2012年第1期），以及齐鹏飞《〈新青年〉与"群益书社"的决裂及独立办刊再梳理》（刊2012年5月10日《光明日报》）诸文。

㉛ 参阅周作人《关于〈炭画〉》，波兰显克微支著，会稽周作人译《炭画》，北新书局，1926年，第109—117页。

㉜ 譬如阿英《晚清小说史》（商务印书馆1937年版）称周氏兄弟1909年出版的《域外小说集》为"小说、童话、寓言、拟曲的合集"（第284页），即不确切，是把群益版新增的须华勃和梭罗古勃的作品都纳入进去了。此外，岳麓书社1987年印行的文白对照版《域外小说集》（伍国庆编），是一个当代流传颇广的版本，此书具有前言性质的《戈宝权文》和编者《后记》都指向1909年的东京版（只字未提群益版的情况），但所收小说篇目与《著者事略》却是以1921年群益版为底本的，书首则同时收录了群益版新序、东京版旧序

（群益版保留）、以及东京版《略例》（群益版删去）三个文本，堪称版本杂糅的"典范"。另外，钟叔和编辑的《周作人散文全集》（广西师范大学出版社，2009年），将《著者事略》系于1909年2—6月作，也是将群益版和东京版混为一谈所致。

㉝ 其中，安兑尔然（安徒生）曾出现在第一册和第二册的译文预告中，但所预告的篇目是《廖天声绘》与《和美洛斯陇上之华》，而非具有民间故事性质的《皇帝之新衣》。

㉞ William Lyon Phelps, *Essays on Russian Novelists*, New York: The Macmillan Company, 1926（1911年初版），pp. 264—267.

㉟ 《周作人日记（影印本）》（上），第671页。

㊱ Henryk Sienkiewicz, "Yanko the Musician," in *Sielanka: a forest picture, and other stories*, trans. Jeremiah Curtin, Boston: Little, Brown and Company, 1899, p. 264, p. 257. 关于周作人所用底本的考证，参阅张丽华《现代中国"短篇小说"的兴起——以文类形构为视角》，北京大学出版社，2011年，第125页注释3。

㊲ 张丽华《现代中国"短篇小说"的兴起——以文类形构为视角》，第33—72、241—263、111—114页。

㊳ 张丽华《现代中国"短篇小说"的兴起——以文类形构为视角》，第241—263页。

㊴ 胡适《论短篇小说》，《新青年》1918年4卷5号。

㊵ 胡适《译者自序》，《短篇小说第一集》，亚东图书馆，1919年，第1—2页。

㊶ 章太炎《文学论略》，《国粹学报》1906年第22期。

㊷ 如《法人与云南》（直译日本报），《云南》1907年第5期；《教育部批第七十七号公文（中华民国元年十二月十一日）》，《政府公报》1912年第236期。

㊸ 陈平原《中国现代小说的起点——清末民初小说研究》，北京大学出版社，2005年，第39页。

㊹ 参阅关诗珮《从林纾看翻译规范从晚清中国到五四的变化：西化、现代化和以原著为中心的观念》，《中国文化研究所学报》2008年第48期。

㊺ 耿云志编《胡适遗稿及秘藏书信》，第29册第542页。

㊻ 同上书，第542—543页。

㊼ Roman Jakobson, "On linguistic aspects of translation," in: L. Venuti（ed.），*The Translation Studies Reader*, Routledge: London and New York, 2000, pp. 113—118. Anton Popovic, "The concept of 'shift of expression' in translation analysis," in: James S. Holms（ed.），*The Nature of Translation: Essays on the Theory and Practice of Literary Translation*, Bratislava: Publishing House of the Slovak Academy of Sciences, 1970, pp. 79—87.

㊽ 参阅陈德鸿、张南峰编《西方翻译理论精选》，香港城市大学出版社，2000年，第41—53页。

㊾ 关于用"直译"和"意译"的对立框架来描述晚清至"五四"翻译史所存在的问题，参阅王宏志《重释"信、达、雅"——20世纪中国翻译研究》一书的"绪论"，清华大学出版社，2007年，第1—86页。

㊿ 沈雁冰《译文学书方法的讨论》，《小说月报》1921年12卷第4期。

[51] 雁冰《"直译"与"死译"》，《小说月报》1922年13卷8号。

[52] 梁启超《佛典之翻译》，《梁任公近著第一辑（中卷）》，商务印书馆，1926年。

[53] 梁启超《翻译事业之研究：中国古代之翻译事业（翻译文学与佛典）》，原刊1921年《改造（上海[1919]）3卷第11期，后以《翻译文学与佛典》为题，收入《梁任公近著第一辑（中卷）》。

[54] 周作人在引用时细心地注明了这两则论述的写作时间，显然是想让读者注意到这一点。值得注意的是，周作人在《〈古诗今译〉题记》中对"翻译的要素"的说明，除了强调"不像汉文"（不能像林纾一样套用汉文的声调与样式）之外，还有一条是"不及原本"（不能像原作者写得一样好），这与傅斯年的"直译"主张并不一致。关于周作人《〈古诗今译〉题记》中所表达的翻译理念及其与文学革命的离合，参阅张丽华《无声的"口语"——从〈古诗今译〉透视周作人的白话文理想》，《中国现代文学研究丛刊》2011年第1期。

[55] 鲁迅在《〈中国新文学大系〉小说二集序》中称，《新潮》社的健将留学欧美后，"留给国内的社员的，是一万部《子民先生言行录》和七千部《点滴》"。（《鲁迅全集》第6卷，第249页）

[56] 《序言》，周作人辑译《点滴：近代名家短篇小说》，北京大学出版部，1920年8月，第1页。

[57] 周作人《我的复古的经验》，《晨报副镌》1922年11月1日。

[58] 胡适《五十年来之中国文学》，申报馆，1924年3月，第24—25、84页。

[59] 阿英《晚清小说史》，商务印书馆，1937年，第283页。

[60] 许寿裳《亡友鲁迅印象记·杂谈翻译》，《人世间》1947年第6期。

[61] 冯至、陈祚敏、罗业森《五四时期俄罗斯文学和其他欧洲国家文学的翻译和介绍》，《北京大学学报（人文科学）》1959年第2期。

[62] 胡适《五十年来中国之文学》，第84页。

[63] 鲁迅在1921年7月27日致周作人的信中曾提到，家中的（群益版）《域外小说集》"甚多"，随后便将此书送给了并不太熟的来信索书的宫竹心，并在信中说"《欧洲文学史》

与《域外小说集》都有多余之本,现在各各奉赠一册,请不必寄还"(《210729 致宫竹心》,《鲁迅全集》第 11 卷,第 399 页),这意味着初印的数量不会太少。

⑭ 《域外小说集》(广告),《申报》1922 年 10 月 21 日。

⑮ 1937 年,中华书局将《域外小说集》收入"现代文学丛刊"再版发行(使用的是群益书社的纸型,重新设计了封面),且在 1939 年重印,1940 年三印。

⑯ 鲁迅《261010 致许广平》,《鲁迅全集》第 11 卷,第 582 页。

⑰ 董鲁安编《修辞学讲义》,北京文化学社印行,1926 年,第 150—151 页。

⑱ 徐蔚南编《创造国文读本》(世界书局,1933 年)第三册注释第 8 页、第四册注释第 9 页。

⑲ 汉娜·阿伦特编,张旭东、王斑译《启迪:本雅明文选》,生活·读书·新知三联书店,2008 年,第 270 页。

⑳ Henryk Sienkiewicz, "Yanko the Musician," in *Sielanka: a forest picture, and other stories*, trans. Jeremiah Curtin, p. 257.

㉑ 周作人的翻译在东京版《域外小说集》中即占了五分之四以上的篇幅(在群益版中占的比重更大),因此,以上举例颇能说明《域外小说集》的整体风貌。鲁迅在东京版《略例》中提到的"人地名悉如原音",以及引入破折号以输入西洋句式的主张,的确与后来傅斯年提倡的"直译"理念颇有相通之处;但很显然,周作人的翻译并没有很好地贯彻鲁迅这一理念:与鲁迅对翻译之"信"的执着相比,周作人更在意译文之"达"的效果。限于篇幅,这里不对周氏兄弟翻译理念的差异及其缘由展开讨论。

㉒ 周作人《谈翻译》,钟叔河编《周作人文类编·希腊之余光》,第 686 页。

㉓ 张丽华《现代中国"短篇小说"的兴起——以文类形构为视角》,第 111—114 页。

㉔ 参见周作人 1907 年《论俄国革命与虚无主义之别》一文的"附言",钟叔河编《周作人散文全编》第 1 册,第 84 页,及鲁迅 1932 年 1 月 16 日致增田涉信,《鲁迅全集》第 14 卷,第 196 页。

㉕ [日]木山英雄《"文学复古"与"文学革命"》,孙歌译,收赵京华编译《文学复古与文学革命——木山英雄中国现代文学思想论集》,北京大学出版社,2004 年,第 209—238 页。

㉖ 参阅王风《文学革命的胡适叙事与周氏兄弟路线——兼及"新文学"、"现代文学"的概念问题》,《中国现代文学研究丛刊》2006 年第 1 期。

㉗ 钱锺书《中国诗与中国画》,《七缀集(修订本)》,上海古籍出版社,1985 年,第 3 页。

何谓"东北"？何种"文艺"？何以"复兴"？
——双雪涛、班宇、郑执与当前审美趣味的复杂结构

丛治辰

零、事件！

2020年初的双雪涛、班宇和郑执已经不仅仅是三位小说家，而且共同构成了一个事件。

2011年，双雪涛的小说处女作《翅鬼》获台湾举办的首届华文世界电影小说奖首奖，从此开始认真创作小说；2015年，《平原上的摩西》在《收获》发表，令双雪涛得到批评界前所未有的关注，并在此后持续处于关注之中；同一年班宇在豆瓣阅读初次发表小说，翌年以《打你总在下雨天：工人村蓝调故事集》获第四届豆瓣阅读征文大赛喜剧故事组首奖；2018年，同样在《收获》，班宇发表了《逍遥游》，引发差可与当年的双雪涛相比的热度，同年他的小说集《冬泳》也出版了，并在第二年为他赢得诸多荣誉；仍在2018年，双雪涛和班宇都参加了由"鲤""腾讯大家"和"理想国"联合主办的匿名作家计划，然而最终获奖的却是比他们年龄还小，却比他们更早开始写小说的郑执，这让这位在新媒体文艺平台"ONE·一个"上已经小有名气的写作者，得到了更为严肃的对待。①——关于三位作者的履历，已经有不少论者详尽整理，并相信还会有人持续整理下去，此不赘述。总之，即便从郑执最早开始创作小说的2006年算起，三位作家也不过用了不到十四年的时间就获得了批评家和媒体的高度认可；而如果从双雪涛声名鹊起的2015年算起，这个时间不足五年。在此过程中，关于他们的访谈与论述为数众多，几可与其发表字数等量齐观——这的确可以算是一

个事件了。

而在2019年末谈及一年文学成就时,王宏图特意将这一跨年度的事件写入总结中去,尽管其讨论内容真正与本年度相关的只是班宇在《青年作家》发表的一个中篇小说。这一略显反常的追认,隐约透露出论者急于及时地将这一事件与时间铭刻在一起的冲动,这在某种程度上或许意味着,该事件已经具备了写入文学史的价值。②这一判定或许并非哗众取宠,21世纪以来的中国文学版图与上世纪八九十年代相比多少显得琐碎,批评界已经很久无法提供如"寻根文学""先锋小说"那样清晰饱满的概念来对文学现场加以概括总结和引导规训了。除了底层叙述兴起、网络文学泛滥和科幻小说再认识等少数话题以外,大概只有乡土叙述—都市文学、小资写作和失败青年书写等几个从上世纪遗留下来的旧瓶可供装进新酒。至于70后、80后、90后……这样不断衍生的代际命题,似乎至今也未得到有效的学理填充,从而沦为一种批评界的权宜之计,某种程度上恰恰证实了文学与批评的乏力。在此背景下,一个已经被反复讨论了五年并可能还将继续讨论下去的事件,理应在这一时段的文学记忆里占有位置。

三位年未不惑、写作几乎刚刚开始(这当然是相较于他们有可能展开的终其一生的漫长写作而言)的作家得到如此隆重的肯定,是否有些过誉了?他们写得真有那么好吗?这样的质询实际上是混淆了作为小说家个体的双雪涛、班宇、郑执和他们共同构成的事件。写得好不好与是否能够成为事件,二者之间并无必然联系;何况判断文学作品好与不好,本身就是可疑和令人感到尴尬的。文学批评家和理论家们曾经付出过艰苦的努力,力图使文学研究科学化和标准化,但最终却不得不承认,"没有任何的普遍法则可以用来达到文学研究的目的"③。不可否认的是,文学阅读和审美判断仍是一项或多或少依赖主观的精神活动。至少在作品的文学品质达到一定程度之后,孰优孰劣难免取决于读者的个人趣味。因此小说写得好不好,当然得允许不同读者见仁见智。就我的个人趣味而言,我认为这三位作者都是非常优秀的小说家,他们每个人都有不止一篇作品深深打动了我;但要说他们篇篇都写得好,我也很难同意。双雪涛似乎也愿意承认,检视旧作,自己写过一些"做作"和"浅薄冰冷"的东西,但是对此他有着理直气壮的解释:"从另一个层面,我一直认为,写作需要一点任性的东西,放肆的东西,浅薄的东西,不那么贪图赞美,但是自己想写的东西。有时候,认真地走一些弯路,是有益的。"④ 这番挑战常识的表态其实是对读者的一种含蓄抵抗,它指出即便对于那些所谓"不好"的作品,也可以有更加复杂的认识。那无异于说:对作家而言,每篇作品都自有价值。但事实是,他们三人的作品并非每一篇都得到了认真而充分的讨论,甚至不乏有些时候,小说家和批评家的意见并不一致⑤。而恰恰是这些作者和读者也许并不彼此认同的意见,在各自言说或有意不说之间隐隐呼应与交锋,于评判作品的同时透露出作品以外的信息,才共同交织形成了一个事件值得深入探讨的意义。

　　因此,对于文学作品优劣的判断并不稳定。张定浩对三位作者作品的判断可能就与我和双雪涛都不一样,他甚至因此而怀疑双雪涛等人是否确实拥有想象中那么广泛的读者:"我接触到很多普通读者私下对于班宇和双雪涛的阅读感受都不好,但他们不会公开表达,或者说没有能力或没有欲望形成文章来表达,这个大家看一看豆瓣短评就能看出来,豆瓣短评中有时会看到一些中肯的意见,但豆瓣长评就可能百分之九十都是五星好评,因为能写长评的,大多是书评人或评论家,还有一个宣传因素,以及评论界一窝蜂追捧新人的趋势,这些因素加在一起,也就使得这两本书的声誉超出了它们本来应有的水准。很多普通读者的看法某种程度上是被遮蔽的,这里面就有一个王小波说过的'沉默的大多数'的问题。"⑥张定浩的论证可能也有武断之处:对作品持否定意见的人不像喜欢作品的读者那么热情,因而懒于长篇大论,亦在情理之中,因此豆瓣短评与长评的倾向差别或许与读者专业与否并不完全相关,而且豆瓣用户在多大程度上能够代表"普通读者",似乎也尚可存疑。但图书销售记录一定程度上印证了张定浩的判断,从专事图书行业咨询、研究与调查的北京开卷信息技术有限公司提供的数据推算,双雪涛等人的作品销量尽管在文学类图书中已算表现优异,但与媒体和批评界给予的巨大热情相比,似乎仍令人感到失落。⑦因此,张定浩的论断仍是具有说服力的:文学事件的形成及形态,并不取决于作品优劣,甚至与作品是否拥有为数众多的普通读者都关系不大,起关键作用的是专业读者。专业读者可以引导普通读者,左右事件走向,并且往往是由他们完成对事件的总结与升华,并将之嵌入历史当中。事实上,文学史早已为我们提供了足够多的证据:多少在文学史当中被重点讨论的作家与作品,如今看来乏善可陈,仅仅具有"文学史意义";而张恨水这样销量巨大的作家,却在很长一段时间里都被文学史排斥在外。但是这并不意味着专业读者就可以构成一种宰制性的力量。事实上,当文学事件从作家与作品中逃逸出来之后,也就逃逸出了任何一种宰制性的力量。它呈现为一种多元参与的对话状态,即便作品自身的质地,即便作者本人的声音,都不过是众多声音中的一种。这诸种声音合奏齐鸣,不仅丰富了关于作家与作品本身的评判,而且未尝不能以一种压抑或替换的方式透露出那些普通读者的真实意见,从而表现出整个时代的审美趣味,乃至于政治、经济、伦理、情感等方方面面的信息。正如那些鲜活的文学现场即便被文学史盖棺定论,我们依然可以从文学史家的选择、遮蔽及叙述语调中摸索到历史的缝隙,并在文学史的反复重写中拼贴还原出生动复杂的记忆;在建构文学事件的种种言说之间,我们同样可以有所作为。抵抗宰制最好的办法,就是对那些专业读者的发言详加分析并提出疑问:他们到底倾诉了什么,又掩盖了什么?关于双雪涛、班宇和郑执,什么被有意无意地放大了,什么又被有意无意地忽略?而在强调和遗忘的背后,又有怎样可资讨论的话题?

一、东北……

或许首先应该提问的就是:为什么是这三个作家共同构成了事件?

将双雪涛、班宇和郑执捆绑在一起进行讨论,最直接的原因似乎是:他们都出身于辽宁省沈阳市铁西区,都在这个不足五百平方公里的区域里度过了他们的童年与少年时代。如此高密度的空间分布当然引人注意,也不能不让他们的故乡感到与有荣焉。因此"铁西三剑客"的名号不胫而走,甚至写在了《人民日报》的文章标题里。在那篇报道里作者指出:"3位作家的共性是生长的环境:大量的东北日常口语、俚语、谚语,还有方言特有的修辞方式和修辞习惯,都被他们融入了叙事和对话。由此,形成一种既带有浓厚的东北风味,又充满着时代特有气息的叙述语言,有点土、有点硬,又自然流畅。"而在文章落脚处,作者更将这三位铁西作家与地方公共文化建设的成绩联系在一起:"近年来,辽宁省图书馆建立'图书馆+信用+互联网+物联网'的公共文化服新平台……不同类型、不同规模的新型实体书店相继开业,构筑起一座座文化栖居的'最美空间'。""近年来"图书馆与实体书店的完善与繁荣多大程度上滋养了双雪涛等人的文学创作难以考察,但无疑他们已经共同构成了故乡的一张文化名片。⑧

共同的生长环境真的会造成相近的文学特性吗？的确,不难在他们的作品中找到相似之处。郑执的长篇小说《生吞》与双雪涛的《平原上的摩西》《北方化为乌有》、班宇的《枪墓》在很多方面都能彼此呼应,以至于刘岩认为,"双雪涛的短篇小说《北方化为乌有》和班宇的中篇小说《枪墓》可以看作是郑执的长篇小说《生吞》的元小说"⑨；而走走在双雪涛小说里找到的那些一再重复的元素(大火、工厂、踢足球、引用圣经、打枪、艳粉街、残疾、抢劫、诗歌……),也至少有一半都在班宇和郑执的叙事中不断闪现。⑩但无论如何,他们之间的差异一定大过相像,甚至每个人的不同作品之间,都未必共享同样的特质。即以《人民日报》那篇报道谈及的叙述语言而论,双雪涛的早期作品《天吾手记》和《刺杀小说家》其实很难说自觉地使用了当地方言,相反有一种浓郁的林少华译村上春树腔⑪,偶尔于字里行间辨识出的乡音,倒会让人诡异地想起那位在东北学习汉语的日籍乒乓球运动员福原爱。而即便在那些有意操作语言的小说里,双雪涛使用方言的方式似乎也与班宇、郑执有所不同。班宇的语言与全国人民已经非常熟悉的东北方言最为接近,他甚至乐于在小说里直接引用赵本山的小品台词⑫,尽管那在有些论者看来,很可能是一种未必真实的景观语言⑬；而双雪涛并不大规模地使用方言词汇和语法,他更致力于将方言的内在韵味融汇到普通话中,从而消除不同方言区读者的阅读障碍；至于郑执,他的小说里尽管也有东北口音,但是对方言的使用恐怕还谈不上自觉。这或许意味着,仅就文学层面,将三人并置在一起缺乏足够的合法性。这种并置很可能是一种有意建构的想象。

而这一"想象的共同体"所指涉的区域还在不断扩大。《人民日报》那篇报道尽管在标题中还是以"铁西三剑客"来指称双雪涛、班宇与郑执,但文末所提及的公共文化服务已至少涵盖了整个沈阳；而当文章将他们三人放置在萧红、萧军以降的文学史脉络中加以讨论时,其实已经是在努力将其与更为广阔的地理范畴相联结。事实上类似的联结存在于大量相关报道与论文当中。李雪早在2016年对双雪涛加以评论时,即以"城市的乡愁"讨论双雪涛小说的价值,这里所说的"城市"乃是指沈阳;但在文章中,李雪还提出了一个更为复杂的地理圈层结构:"东北—沈阳—铁西区—艳粉街"。⑭双雪涛,以及后来的班宇和郑执,其意义因之从一条街膨胀到三省四盟。不过真正在学理层面将这三位作家与东北广阔大地联结在一起,恐怕还有待于黄平的论证。

在2019年底与张定浩的那次对谈中,黄平已经使用了"新东北作家群"的说法,而从他加之于这一概念之前的"所谓"一词判断,至少在私下里该称号应该已被频繁使用。⑮此时黄平应该已经完成了《"新东北作家群"论纲》,这篇宏论发表在2020年初的《吉林大学社会科学学报》,的确堪称纲领性的文件。或许是考虑到以区区三人代表面积超过140万平方公里、人口过亿的东北,多少有些不合比例,在论文开始黄平特意提到了赵松的《抚顺故事集》和贾行家的"他们"系列;但文章主要讨论的对象,仍是双雪涛、班宇和郑执。其实将赵松和贾行家纳入论述之中,或许有画蛇添足之嫌,尽管他们也出身东北、书写东北,但细究其题材选择与书写方式,与双雪涛等人却大异其趣。如此一来,则有可能模糊"新东北作家群"这一概念的学理边界。事实上,如果不考虑所指的具体内涵,仅仅作为能指的"新东北作家群"并不是新鲜的概念。从2011年开始,《渤海大学学报》即提出"新东北作家群"的说法,并设置相关栏目加以研究;2015年,该刊主编林喦已经发表文章对相关研究进行阶段性总结。但是被林喦等人纳入"新东北作家群"的作家有数十人之多,其操持的文体、写作的面向都大相径庭,只能说他们之间存在着同乡之谊,却很难在文学层面找到相互间的关联。⑯与前述《人民日报》报道的内在目标类似,这一系列研究更多表现出的是区域内文学从业者力图形成规模,共同推进地方文化建设的强烈诉求,这一诉求甚至可以放置在20世纪90年代以来各地"文化搭台,经济唱戏"的潮流中加以考量。⑰2017年辽宁作家团访问吉林,举办跨省座谈会,也借用了"新东北作家群"这一名头。座谈的具体内容未见记录,但从参会作家名单来看,恐怕同样难以从中找到可供形成概念的共性。⑱2019年李帅提出"当代东北作家群"的概念,其实与"新东北作家群"大同小异。借由李帅的总结,我们得以更加深刻地认识到各地建构区域性文学共同体的巨大热情和持久努力,据他称:"(国内学术界)对小群体如辽宁儿童文学'小虎队'、大连海蛎子组合、铁岭女诗人群体等作家群体的研究已经相当丰富。"可惜的是,这些丰富的研究中提出的作家群体概念,似乎都未能产生特别广泛的影响,其原因或许正如李帅指出的:一个作家群体概念要想真正凝聚成形,不能仅仅突出"地域作家群体集束性出场或'亮相'",而必须"以文化生态学视阈中的'群落'相似性、文化地理学视域中的地缘相似性和社会心理学视域中的心理趋同性"联结起来。简言之,类似"新东北作家群"或"当代东北作家群"概念的提出,仅仅因为被收纳在概念之下的诸多作家出身同一地域是不够的,还必须找到他们在审美、文化等多个层面的共通之处。历史上以萧红、萧军为代表的"东北作家群"之所以成立,也不仅仅因为他们都生在东北,还因为他们都具有——或被论述为具有相近的文学质地和精神追求。[19]因此黄平也唯有以双雪涛、班宇、郑执三人为核心,提炼和强调他们的共同点,才能真正完成想象的建构和概念的提出。但与此相应,这样做也必然面临三重遮蔽的风险:一方面,双雪涛等三人不合乎这一概念内涵的创作,难免会遭到一定程度的压抑;另一方面,被林喦和李帅论及的数十位东北作家乃至于更多的作家,都将被排斥在关注范围之外;而更为重要的是,仅仅是双雪涛、班宇和郑执有关东北的书写,而且仅仅是他们书写中被"新东北作家群"这一概念所选择过的那些,会被视为合理的"东北故事",而除此之外有关东北的一切,都将在这一论述范式中化为乌有。

那么黄平以双雪涛、班宇、郑执三人为核心,提炼出来以供确定"新东北作家群"这一概念边界的共性,到底是什么呢?李帅曾经展望"当代东北作家群"研究的意义,认为"从实践价值上说,当代东北作家群与东北老工业基地振兴息息相关,既能产生经济价值,又能产生社会效益"[20]。黄平同样将"新东北作家群"与东北老工业基地联系在一起,但是却反其意而用之。黄平表示:"'新东北作家群'所体现的东北文艺不是地方文艺,而是隐藏在地方性怀旧中的普遍的工人阶级乡愁。这也合乎逻辑地解释了这一次'新东北作家群'的主体是辽宁作家群,或者进一步说是沈阳作家群。如果没有东北老工业基地90年代的'下岗',就不会有今天的'新东北作家群'。"[21]事实上早在2017年黄平庄严宣告《平原上的摩西》标志着"新的美学原则在崛起"时,就已经相当自觉地指出"作为历史事件的'下岗'"对于这篇小说极为重要,那意味着某种"共同体的破碎",并决定了小说的叙事形态。继而,黄平谈到"平原",将之视作小说为破碎的共同体提供的黏合剂:"'平原'在初始的瞬间铭刻了作为生命本质的爱与美,在历史时间中铭刻了对于被侮辱与被损害的共同体的体认。"㉒回到双雪涛和黄平都着意强调的1995年,我们当然很容易理解那破碎的共同体指涉着什么:庄德增和李守廉都曾是国有企业的工人,从这一年开始才分道扬镳。正如与张定浩对谈时黄平明确表示的:"我不认为'东北'是一个纯粹的地域范畴,我更愿意将其理解为被地域所遮蔽的'阶级'范畴。"㉓通过这样的转喻,黄平将"双雪涛、班宇、郑执—铁西区—沈阳—东北"的链条进一步延伸,接上了"阶级",并由此可以指向更为宏大的命题。刘岩就曾经论证,"只有转义为一种超越其地方性的历史,'这个工业城市'作为'悬案'的意味才得以充分显现,沈阳就是社会主义普遍历史的寓言"㉔——经过诸多论者尤其是黄平的论述,生于沈阳的刘岩所习惯聚焦的这座城市,其实已经可以与东北及东北任何一座工业城市进行语意置换,所以那句话的意思等于是:"东北就是社会主义普遍历史的寓言。""东北"二字因此得以面向不可穷尽的空间与时间范畴展开其意义,以至于我们不得不在它后面加上省略号作为后缀。

黄平认为"阶级"的范畴被地域遮蔽了,但是如前所述,当他为"新东北作家群"确立了学理边界之后,"东北"的所指在不断延伸的同时也必然遭到"阶级"的遮蔽——东北这块土地连同它的所有历史都仅仅被凝聚为一个创伤性体验的时刻。然而即便只讨论那一时刻,就真的只有"创伤"这一种理解角度吗?黄平没有解释《无赖》当中的老马算不算工人阶级,他的"创伤"只与外在的、不可抗拒的历史变迁有关吗?——对于历史上关于那一创伤时刻的主流解释(或者"新自由主义的霸权想象"?㉕),具体该予以怎样的回应呢?关于遮蔽的一个更为复杂而有趣的案例是刘岩的相关研究。从2018年对《平原上的摩西》的研究,到2019年对双雪涛、班宇、郑执的综论,刘岩都对命名与言说当中的遮蔽保持了足够警惕。在他看来,仅仅认为《平原上的摩西》写出了工人阶级的创伤时刻其实是将小说与《铁西区》等影片等量齐观,恰恰窄化了双雪涛的意义,因为经过阐释话语的运作与现实社会的变迁,《铁西区》所展示的老工业区及工人阶级面貌,已然被消费社会景观化,"被挪用和收编为意识形态再生产的材料"。如果说赵本山的乡土喜剧让全国观众误将东北人认作"都市外乡人",而忘记了即便在世纪之交,东北仍是全国城市化率最高的地区;那么

《铁西区》等影片同样"以孤立封闭的工业生产及其简单再生产的空间"塑造了"东北=老工业区"的认知谬误。而"'老工业区'由此与'都市外乡人'悖谬性地彼此意指,自动遮蔽了社会主义历史中形成的工人阶级的有机城市"。而在刘岩看来,双雪涛等三位作家的价值,并不在于简单地抒发特定阶级的历史乡愁,而在于复原了那座有机城市,重新使工人阶级成为城市中活跃而生动的元素,从而打破了"区域景观化的历史再现逻辑"。刘岩的洞见的确打开了更为开阔的论域,令考察双雪涛、班宇和郑执的学术视野在时间上追溯至计划经济时代东北最美好的历史时期,同时在空间上下沉到工人阶级的日常生活空间,并试图在新一代作家的精神内面寻求能够超越历史而前行的力量。但是他的论述仍旧无法脱出"东北—阶级"的阐释框架,而其逻辑起点仍在那个共同体破碎的创伤时刻:"20 世纪 90 年代到 21 世纪初的历史创伤是老工业区悬疑叙事的缘起。"[26]当他循此阐释框架,将《平原上的摩西》中的蒋不凡视作"城市治安维护者",并进而指认为"主流的城市叙述者"时,尽管极为漂亮地论述了工人阶级如何从城市的主人沦落为危险的他者,却取消了理解蒋不凡这个人物的其他一切可能:他还是一个大龄未婚的单身男子、同事的好兄长、尽职尽责却丢了佩枪的公安干警,后来还成为长久依靠年迈父母照料的植物人。而在刘岩力图颠倒以"都市外乡人"面目呈现的东北人形象时,是否意识到的确需要追问在东北那些工业城市之外,农民如何生活,而他们又是否同样有着不可让渡的尊严?

为什么明知必定造成遮蔽,仍要提出概念并严格确定其边界? 黄平给出了自己的理由,却令人颇感意外地采取了现身说法的感性方式:"不管是双雪涛还是班宇,他们小说里都写了一个情节就是 9000 元的学费,我们都知道上世纪 90 年代 9000 元学费意味着什么。这个事情在东北是真实的,我也交过类似的学费,压力也非常大。对于他们的小说,我这个读者的感受是真实的。"[27]"笔者不愿强化共同体经验来论证自己的看法,但不得不说'平原'对于出生在'东北平原'上的我们,不是一个晦涩的象征。这里的'东北'不仅仅是地理空间,更是以地理空间转喻被粉碎的共同体。"[28]这是一个学者少有而可贵的动情时刻,或者说,坚定的立场和共同体意识。在具体的对话与辩论中,情感和立场都是不容置疑和拒绝论证的,但我们不得不追问,是否情感动机足以构成论者持类似阐释框架的唯一理由？像黄平一样成长于东北的论者具备这样的情感动机或可理解，但仍有不少与东北无关也不应对那一创伤时刻保有记忆的批评家和媒体人，也于无意识间将"东北—阶级"作为阅读和阐释双雪涛等人作品的预设。尤其难以解释的是王德威，尽管就祖籍而言他也可以算作东北人，但是却长于台湾而工作在美国。很显然他并未分享那种创伤记忆，却同样以国有企业改制和工人阶级下岗为讨论的切入点，尽管对创伤时刻何以发生的理解与黄平、刘岩或有不同，但王德威对于小说中人物的遭际似乎也并不缺乏理解之同情。㉙这至少提醒我们，"新东北作家群"这一概念的特殊指向，除了情感动机之外，一定肇因于其他可供分享、传递和学习的因素。

事实上关于黄平所说的那个共同体破碎的时刻，知识界早有讨论，并形成颇为可观的理论资源。1999年，在与佩里·安德森对谈的时候，汪晖追溯了1990年代中国大陆知识分子群体的分化，尤其是"新左派"（尽管汪晖更愿意称之为"批判知识分子"）的产生。汪晖认为，其产生的背景一方面是1992年之后"日常生活和文化的所有结构和内容都被'南巡'唤起的商业化大潮席卷而去"，因而使部分知识分子感到幻灭；而另一方面，则正是市场扩张的重要内容表现为"非国有化"。这里所说的非国有化或私有化，指的正是国有企业改制。汪晖认为这一过程造成了当代中国最大的社会危机，因此有必要对"自发私有化"或"新自由主义"予以批判，而是否"将私有化或'国企分家'设定为不能质疑的目的"，也成为"左翼知识群体与'新自由主义'及其妥协形式的真正区别之所在"。在汪晖的追溯中我们依稀可以辨认出熟悉的话语和逻辑，当黄平动情地表述自己的共同体认同时，当刘岩迫切地召唤对工人阶级有机城市的公正记忆时，不正和汪晖的诉求不谋而合吗："我们必须要回头审视中国社会自从1949年以来的历史和变化，这段历史的丰富性并不能简单归纳为阶级斗争或计划经济的失败，它同时也包含了许多其他内容——很多人们仍然珍视的东西。"㉚或许只有以二十世纪九十年代以来大陆知识界的立场分化为背景，才能够更加深刻地理解黄平、刘岩等人赋予"新东北作家群"的特殊内涵，也才能够理解为什么"从李陀到王德威，不同美学立场的批评大家都著文肯定这一批作家的文学探索"㉛。

基于此，"新东北作家群"大概可以算是在21世纪之初的"底层叙事"之后,又一个被深深打上"新左派"思想烙印的文学事件——这或许提醒我们在对"新东北作家群"保持持续关注时,可时时以"底层叙事"的经验教训作为参照。"底层叙事"的发轫之作和最重要代表《那儿》(曹征路),同样围绕国企改制和工人下岗展开叙述,一时之间引发诸多讨论,甚至久不关注文学现场的学者亦为之振奋鼓呼,由此引发了书写底层与苦难的热潮。但随着讨论深入,论者却围绕知识分子是否有资格为底层代言而展开激烈争论[32];以此为背景,黄平关于个人经验的动情表述,以及黄平在内的多名论者对双雪涛等人工人阶级子弟身份的强调[33],或许并非无的放矢——那成功地解决了小说家和批评家为工人阶级代言的合法性问题。但"新东北作家群"毕竟不是"底层叙事",前者身处更加复杂的社会现场和文化生态之中,因而呈现出更为暧昧的面貌。这种暧昧复杂的一个直接表现就是,"不同美学立场的批评大家"都能在双雪涛等人的创作中找到自己欣赏的审美趣味:李陀认为"新世纪里成长、成熟起来的一代青年作家,很多人都在追求或者倾向于现实主义写作"[34],并将班宇作为例证;而王德威则从双雪涛的写作中发现"他明显受到现代主义风格的影响"[35]。另一个更为耐人寻味的表现是:在讨论双雪涛的时候,黄平不能不提及王小波。双雪涛自称是"王小波的拥趸"[36],而黄平本人也从不掩饰自己对王小波的喜爱[37]——事实上,出生于1980年代的文学从业者,未曾被王小波深刻影响过的恐怕为数不多,1997年王小波逝世之后的"王小波热"几乎席卷了整个阅读界。如黄平所说,那同样是一种深刻的情感记忆。然而吊诡之处在于,无论黄平如何努力将"纯文学"的王小波与"王小波热"及其背后"历史的密谋"剥离开来,仍难于否认:之所以彼时刚刚浮出水面的自由主义会选择王小波来加以"塑造与生产",实因其种种叙述与言说中,的确流露出浓郁的自由主义气息——他跟"新左派"的差异一定比"自由主义"大得多,对于他生前已经开始的国企改制与工人下岗,他未置一词。[38]

这样的复杂暧昧甚至吊诡,同样可以在汪晖的追溯中找到解释:"我也不赞成用'新左派'和'自由主义'的二元对立描述当代中国的知识状况,因为被归纳在'新左派'之中的一些知识分子理论上也汲取了大量的自由主义的因素,而被归纳在'自由主义'范畴内的知识分子也包含了偏左和偏右的差异。"[39]时至今日,无论"左"还是"右",在其来源、构成与诉求上,或许都远比汪晖二十余年前所讲述的更为复杂。对于年轻一辈知识分子而言,恐怕没有人能够简单以"左"或"右"的立场、阵营来表达自己的良知与真诚。更常见的是,他们在生活趣味、文学审美和公共事务等不同方面,可能表现出完全不同的立场;甚至在同一事件推进的不同时刻,立场也不尽相同。在此意义上,他们全都深刻理解和精熟掌握了左翼经典理论的精髓:世界是复杂辩证而变动不居的,具体问题需要具体分析。

而这也再一次提醒我们,即便在"东北—阶级"的阐释框架之下,也可以包含广泛而复杂的课题:黄平和刘岩的立论就不尽相同。而随着事件推进,共享同种思想资源的论者也难免发生进一步分化。这让"东北"这一概念不仅朝向未知的空间和时间指涉无限敞开,而且还将在意义赋值的层面越走越远。

二、"文艺"

既然前文中指出,王小波之所以会被自由主义选择,乃是因其本身包含了自由主义元素;则或许在此必须回答,双雪涛、班宇和郑执被置于"东北—阶级"的阐释框架下讨论,是否他们的写作中也的确存在着与这一框架相合之处?答案当然是肯定的。双雪涛就曾明确表示,自己写作的出发点是:"东北人下岗时,东北三省上百万人下岗,而且都是青壮劳力,是很可怕的。那时抢五块钱就把人弄死了,这些人找不到地方挣钱,出了很大问题,但这段历史被遮蔽掉了,很多人不写。"[40]班宇在谈到自己的小说为什么总是聚焦工厂工人时,也表示那是因为"我对工人这一群体非常熟悉,这些形象出自我的父辈,或者他们的朋友。他们的部分青春与改革开放进程关系密切,所以其命运或许可以成为时代的一种注脚"[41]。而郑执在"一席"演讲时,也详细讲述了"穷鬼乐园"的那些穷鬼们,把对父亲个人的悼怀上升为对整个"东北"的悲悯[42]。三位作者的确都写了不少衰败的老工业区和过得不顺心的下岗工人,不过在谈及自己小说的题材时,他们其实很少像上文引述的那样明确表达立场态度,而基本止于承认自己对那些人、那些事、那一区域和那一时刻比较熟悉。而当相关讨论一再地围绕着东北、阶级与创伤时刻展开,他们便明显表现出想要逃离这些标签的冲动。这种逃离甚至直接表现在创作层面:双雪涛最新的小说集《猎人》几乎是在有意地抹去笔下的东北色彩,让黄平多少有些不以为然。[43]刘岩或许认为,双雪涛、班宇和郑执对于工人阶级有机城市的书写乃是其创作的最重要价值,并将不断召唤后来的书写者,而一旦如双雪涛《武术家》那样的文本呈现出某种复杂性,则有可能造成"前景的不确定性"——但是很显然,作家们未必这么想。[44]其实这无可厚非:优秀的批评家和学者致力于阐释提炼,而有出息的作家总是想要突围出去,这是相当正常而健康的文学生态;唯有在这样的互动中,作家和批评家才能构成一种良性关系,持续不断地为彼此提供创新动力。至于逃跑得漂亮不漂亮,《武术家》这样的作品写得好不好,尤其是,逃跑之后的前景如何,过早定论难免显得武断,而且很容易再次陷入见仁见智的莫衷一是。更加值得探讨的,或许是他们采取了怎样的逃跑路线,以及何以作这样的选择。

在北京大学"我们"文学社举办的一次活动中,鲁太光、双雪涛与刘岩的对谈就极为有趣,颇耐分析。[45]除主持人鲁太光的开场白之外,双雪涛是第一个发言者,看似应该起到破题的作用,却不得不面对已经预设的活动主题:"文学中的东北"。对此双雪涛轻描淡写地表示,之所以写的东西多与东北相关,不过因为生于斯长于斯,"是一个无法选择的命运";他强调对于东北的认识不应该是固定不变的,而"对于一位作家而言,他写作的材料是一个问题,但更重要的是他看待材料的方式和处理问题的方法"。由此,双雪涛硬生生地将话题转到小说技术的层面,转到纳博科夫。但是之后发言的是学者刘岩,他再一次把话题拉回了东北,不无揶揄地指出:此前双雪涛分明表示过"想反映一点东北人的思想、特有的行为习惯,尤其是几个大工厂",但是"当今天越来越多的批评家和媒体以'东北'这样一个标识来塑造你作为小说家的形象时,你似乎要从这种定型化的塑造中挣脱出来,强调自己不是在记录、反映真实的东北。这就形成了一种悖论"。面对这个尖锐的问题,双雪涛承认写作时难免要调动自己熟悉的历史,但是当媒体和专家朋友们对此过分关注时,作为作家他就难免有所警惕。他再一次努力把话题从小说的材料转向小说的技术,并强调自己"在写作里面得到的最大的愉悦可能还是虚构的愉悦,一些精神的乐趣"。而后,他特别提醒读者,"从小说里认识真正的客观世界是比较困难的,在小说里更重要的是认识到精神世界"。作为主持人的鲁太光在此时起到了重要的调和作用,他说自己的确在《天吾手记》里读到了"不屈不挠的故事、精神",进而指出双雪涛的小说有两个面向,其一是"世界瓦解、粉碎的过程",其二是"很强的救赎意味",此外鲁太光也特别指出双雪涛对艺术性的重视。——世界的瓦解粉碎、精神层面的救赎和小说艺术性,鲁太光的发言几乎涵盖了之前刘岩和双雪涛涉及的所有方面。在这样的缓冲之后,双雪涛谈起文学对于自己的意义,他提到了经典作家的名字,提到了自己的阅读,也提到了此前的工作,但是却偏偏并未涉及媒体和批评家们关心的那个"东北"。他特别说到,对于自己的小说,鲁太光、刘岩乃至于任何一个读者都可以有自己的解读,他无法预料也无法控制,而在他看来,写作处理的是"人和意义的关系"。在这组关系里,当然有"铁肩担道义"的责任,但是"道义很重要,妙手也很重要",至少就他个人而言,最难的是要"对自己写的这点字负责任"。接下来双雪涛主要谈的是自己对文稿近乎强迫症的一再修改,则基本可以确定这里他所说的"负责任"大概仅就"这点字"本身,即文学内部。接下来发言的刘岩表示要"接着说一点自己的阅读感受",但实际上却并没有"接着"双雪涛的话讲,而是重整旗鼓,又一次顽强地回到了沈阳,回到了艳粉街。刘岩谈到《平原上的摩西》中对艳粉街地理位置的有意错置,谈到作为警察的蒋不凡丧失了正确理解下岗工人李守廉的能力,谈到在小说的诸多叙事声音中唯独缺少了案件当事人李守廉的经验表述,也谈到《北方化为乌有》的元小说写法,然后他对双雪涛提出了问题:"无法直接呈现的父亲的声音和消失的北方、消失的社群的关系,在你的小说创作里,是不是一个有意识的连接?"刘岩所谈到的几个问题,在他的那篇研究双雪涛的论文里皆有涉及,这篇文章在座谈当时应该已处于编发过程中,并将于次月正式刊出。在文章中他以强劲的理论武器和绵密的学术修辞将他对双雪涛发问时提到的那些零散元件,组装成精致的话语装置:在他看来,小说中艳粉街位置的有意错置乃是双雪涛将沈阳从消费社会的意识形态化想象中"脱嵌"而出的努力,其目的是尝试复原那个工人阶级的有机城市;蒋不凡对李守廉的误判,印证了下岗工人已经成为自己城市的他者;但未能发言的李守廉,尽管只能在警察、资本家和知识分子的叙述中以他者身份出现,丧失了发声的机会,却在一定程度上将自己的经验和思想传递给了女儿李斐,从而构成对话的可能。⑩刘岩的繁复论证是否当真合乎双雪涛的创作意图姑且不论,至少我很怀疑,在缺乏以上讨论前提的座谈现场,双雪涛真的能够理解刘岩问题所涉及的全部内涵吗?他们两人的话语结构与思维方式显然大相径庭。因而意料之中,双雪涛的答复非但不合乎刘岩在论文中设立的框架,甚至有些答非所问:他简单地在一般意义上谈了两句父亲形象与父子关系,便表达了悔于少作的意思:"说到《平原上的摩西》和《北方化为乌有》,我觉得这两部小说写得有点问题,这两部小说写得有点机巧,尤其是《北方化为乌有》。这个题目虽然比较容易被人记住,但我稍微有点武断。"这与其说是在反省过去的自己,不如说是在反对批评家们对他的指认。在此之后的两轮对话基本都围绕着双雪涛的写作和发表展开,直到鲁太光突然提到双雪涛小说中的红旗广场和广场上的毛主席像。这一次,其实能够明显看出双雪涛对刘岩的解读是认同的,但或许仍是因为学者与作家发言方式的差异,二者的意思依旧存在着微妙区别。刘岩操持精巧的理论话语,雄辩地阐释出双雪涛小说对某种蕴含复杂历史经验之底层情感结构的揭示,其视野朝向整个共和国历史;而双雪涛则以一种典型的小说家叙述语调,从自己与父母的经验谈起,兜兜转转,还是将书写广场与雕像的理由归因为自己对特定环境和特定环境中人的熟悉。

——发生在北京大学的这整场座谈就像是阐释者与作者之间一场惊心动魄的追逃游戏:刘岩努力把双雪涛讲进一个"东北—阶级"的宏大历史叙事里;而双雪涛则扭头向两个方向逃跑,一个方向是某种纯粹的"文学性",另一个方向是个人的精神世界。其实不仅仅是双雪涛向这两个方向逃跑,班宇和郑执也有过类似的表述[⑦],而且不少论者也的确是沿着这两个方向展开他们对于双雪涛、班宇和郑执三人的研究。事实上,像刘岩这样几乎完全聚焦在理论命题与现实关怀的研究者少之又少,绝大部分论者尽管以"东北—阶级"为阐释框架,却往往只是以此为论述的起点或背景,最终仍要落实在文学层面讨论三位作者的价值:要么从"文学性"角度探讨双雪涛等人在小说技术方面的成就与贡献,要么褒扬他们在作品中赋予小说人物的尊严和精神力量,要么则兼而有之。[⑧]就此而言,座谈中那场追逃游戏就不仅仅是发生在阐释者与作者之间,还发生在一种话语与另外一种话语之间。那么在双雪涛等人的自述与研究者的阐释中浮现出来的两个逃跑方向,或许也指向左翼话语之外,造成双雪涛、班宇和郑执这一文学事件的其他思想资源。考虑到三位作家对于前一种话语避之唯恐不及,却并未拒绝后一种话语的指认,则显然至少对于写作者而言,后者更具有吸引力,因而也更有可能造成内在的盲视。

双雪涛等人及其大量研究者们热情奔向的两个方向,构成他们于无意识间认定为"文学"之物的基本轮廓,那完全可以在贺桂梅所说的"纯文学"意识形态中找到其渊源[49],并在20世纪80年代以来中国当代文学的更迭与反复中找到具体线索。如果依贺桂梅所说,文学/政治的二元结构乃是"纯文学"首要的认知框架,那么先锋文学是一个标志性的节点。在此之前的中国当代文学,无论是书写一种政治,还是另一种政治,抑或是以文化替代政治作为文学的填充物,都不如先锋文学来得彻底。它根本不再考虑在内容层面"写什么",而转向关注"怎么写",并由此在对以政治为核心的他者之排斥中塑造出某种纯粹的"文学"概念。以此为参照或许更容易理解,为什么双雪涛等人那么不愿意认同自己作品的价值在于书写了东北和工人阶级,而一再表示自己对"怎么写"更为关心。他们几乎每个人都曾经谈及先锋作家如余华对他们的深刻影响[50],而双雪涛和黄平共同热爱的王小波,尽管因迟到太久而未被归入先锋作家的行列,却至少在小说形式上与先锋作家们有着同样对复杂的追求。

但是如贺桂梅所说,先锋文学始终存在着一个严重的问题,就是"在完成一种语言秩序的革命时,并没有更多地关注与当代中国历史与现实的关联"[51]。以所谓的世界文学传统为话语背景的单纯形式实验,因为无法对现实问题予以有效回应,而难以符合长久以来已然形成的中国读者阅读期待,显然不足以支撑文学的持续发展。因此即便是先锋文学最热情的支持者也不得不承认,"面对人物和故事,'先锋派'注重形式的叙事方式并没有释放出充足的艺术能量",于是不得不"在90年代完成了故事和人物的复归"[52]。仅仅在形式层面运行的先锋文学实际上终结了,或者如有些学者理解的那样:转型了,幻化为其他形态。[53]但无论如何,先锋文学之后的中国当代文学都不得不以先锋文学为前提。徐则臣就曾经明确表示,"所有好小说都需要一种先锋精神"[54],二十一世纪"中国可能出现的好小说应该是:在形式上回归古典,在意蕴上趋于现代"[55]。就此而言,先锋文学的偃旗息鼓并不仅仅是因为内部创新能力不足,更因为其历史任务已经完成。无论是终结了还是转型了,先锋文学都绝没有失败,而是被讲述成某种常识,从而构成新的意识形态。

而随着1990年代文学外部环境的变化，尤其是市场经济的繁荣，人文精神大讨论又不无吊诡意味地为这一意识形态提供了新的他者，将与商业有关的文化生产也明确地驱逐出这意识形态之外，从而大致完成了对所谓"纯文学"的定义。"纯文学"的概念边界看起来是泾渭判然的，通常来说那包含着对以下等级差序的认同：刻意为配合政治而写的文学当然是浅薄庸俗的；与商业资本关系密切的影视文学、通俗文学同样也不入流；对于外在世界的关注与思考或许应该算作文学的一部分，但是却必须以所谓的艺术性为前提，如果二者不能得兼，则"文胜于质"总好过"质胜于文"。因此双雪涛、班宇和郑执不仅对"东北—阶级"的标签颇感不适，也总是委婉而坚决地撇清自己和影视工业之间的关系：尽管承认"电影不是文学的敌人"，双雪涛仍然强调二者是两码事，而自己对于电影只是外行和观众；⑯班宇也表示自己"写小说的初衷，几乎没有考虑过影视化……影像是在创立或复制语言，小说却可以抵达语言和一切事物的最深处"；⑰至于郑执，在"一席"演讲介绍自己"缺钱的时候就会写剧本"时，更是分明透露出一种不得已而身在曹营的委屈与不甘。⑱这倒并不是说这三位作者深深服膺于"纯文学"的自我想象，从而拉斯蒂涅般地非要挤进那个所谓的"文化精英"阶层，毕竟双雪涛就曾经颇为不屑地表示过，很多"自称是纯文学"的作品，"其实是很乏味的东西"。⑲但是当他凭借着后来被视为类型文学或青春小说的《翅鬼》赢得台湾的文学奖金，开始盘算自己的未来文学之路时，想的恰恰是"我又不是写网络文学的，我得给文学期刊投稿"⑳——那分明证实了"纯文学"的意识形态已经牢固地内化在他的认知结构当中。

双雪涛心理活动中的"文学期刊"，是"纯文学"得以持续存在并发挥作用的重要载体。它们都是官方主办的刊物，但是在1980年代特殊的历史诉求下，实际上是体制内的文学期刊与一批青年作者们，以"文学现代化"为旗号共同完成了"纯文学"的革命。因此自那以后，尽管文学期刊仍然承担着文艺宣传的任务，尽管在局部仍会存在政治与文学的张力关系，但是文学期刊的编辑们大致都已经接受了八十年代文学变法的成果。㉑更何况到了1990年代，市场经济与大众文化才是"纯文学"更加危险的敌人。于是文学期刊代表"纯文学"，与商业气息浓重的其他文学形态针锋相对，便成为大部分写作者理所当然的认识。但是体制内刊物毕竟要求对中国现实有所反映，而且1984年《国务院关于对期刊出版实行自负盈亏的通知》颁布之后,市场化趋势下的文学期刊也不能不考虑普通读者的文学趣味和需求。因此"纯文学"从高度精英化的形式实验向书写现实撤退,既是贺桂梅所指出的文学内部规律使然,也与文学期刊所承受的外部压力不无关系。20 世纪 90 年代以来新写实主义、新历史小说、底层叙事和非虚构的潮流,某种程度上都可以视为这内外因共同推动的产物。但是身处体制之内又要兼顾阅读市场惯性的文学期刊难免求稳多于求变,从而使其所愿意容纳的"纯文学"很容易呈现出一种同质化的疲怠状态:具有事件意义的作品一旦出现,大量平庸的跟风之作便蜂拥而至,《那儿》之后哀鸿遍野的"伪底层"苦难书写[62],就至今都还不绝如缕。疲怠的"纯文学"当然不能令人满意,于是必定又有关于创新的呼喊,可是像 1980 年代那样的风云变幻未免过于刺激,因此最好的创新不过是题材上无伤大雅的微调:看惯了乡土风情,繁华都市便足以令人耳目一新;读多了小镇青年,可以把笔尖轻轻一抬,挪到县城。在此逻辑之下,双雪涛、班宇和郑执受到"纯文学"的欢迎简直顺理成章:一定程度上他们的书写也可以被纳入"底层叙事"这个已被认可的稳妥的小传统当中,但是他们还提供了新的空间场景,他们还真诚热忱,他们还有讲述故事的合法性,他们还在艺术上颇有追求。同样在此逻辑之下,双雪涛在最新小说集《猎人》中"去东北化"的努力其实值得肯定,尽管力求创新未必一定得离开"东北",但有创新的野心总比甘于自我重复要好。

不过"纯文学"的疲怠状态还不仅仅来自创新的惰性,更根本的原因或许是王德威所说的:对于"神性"的思考在当代中国文学里已成为"久违了的题材"[63]。中国当代文学长久在一种对历史总体性的笃信中展开,这让它从一开始就获得了某种宏大而刚健的力量。但是当"纯文学"从政治的紧缚中松绑,也就必然同时从历史总体性中跌落,自此之后,再难找到一个足够达成共识的信念来填充精神空白。足够达成共识的信念好还是不好?一定要在某种总体性下进行文学创作吗?这些问题当然都可以长久探讨,而且恐怕难有定论,但是王德威所谓"神性"的缺位似乎的确容易使文学陷入一种琐碎、绵软、犹疑、颓废的气质——新写实主义中的现实只能一地鸡毛,新历史主义让时间迷失了方向,底层叙事里的《国际歌》也只剩下两个虚弱的字节[64]。其实无须比较这样的气质与宏大刚健孰优孰劣,任何一种气质独占文学版图过久都难免遭人厌腻。因此近年来失败青年书写中一败涂地的颓丧，令论者再次迫不及待地呼唤某种超越性的精神力量：金理期待郑小驴《可悲的第一人称》中那个小娄，能够通过劳动完成"主体修养的内在建设"，寻找到人类真正联合的可能；[65]而李雪则为蔡东笔下的人物凭借自我反省而完成主体重建深感欣慰，哪怕那看上去很像是对现实的逃避。[66]双雪涛、班宇和郑执的小说对于日常生活的关注、对于历史事件与场景的虚构、对于边缘人群的关切，使他们当然可以被放置在新写实小说—新历史主义—底层叙事—失败青年书写的脉络中加以理解，但是令人眼前一亮的是，他们极为自觉地也极有华彩地写出了那些小人物的尊严。论者往往喜欢将这种尊严归之于阶级，或者归之于宗教，但其实也可以如双雪涛所说，那就是一个写作者对个人精神世界的重视。无论如何，它满足了"纯文学"长久以来的期待。

但是仅仅在一般所谓的"纯文学"概念中，能够完满地理解双雪涛、班宇和郑执吗？双雪涛对"纯文学"的表态早已证明，尽管无法外在于"纯文学"的意识形态去理解文学场域的构成，但是对这一意识形态作家并非没有反省。论者早已指出，和以往青年作家相比，双雪涛等人的出场"更多地受到市场化媒体的支持"[67]，而这种出场方式其实通向三十年来文学史发展的一条隐在的线索。20世纪90年代以来涌现的类型小说、网络文学、青春写作等潮流，由于与大众文化、消费市场与新兴媒体联系紧密，并获得了巨大的商业成功，因而长久以来隐隐遭到"纯文学"的排斥，被目为低人一等的"亚文学"。但双雪涛等人对待它们的态度却显然与"纯文学"有所不同。班宇和郑执都曾参与由《中华文学选刊》组织的一次"当代青年作家问卷调查"，在回答"科幻、奇幻、推理等类型文学，非虚构写作以及互联网时代种种新的写作实践，是否正移动着文学的边界"这一问题时，两人的回答惊人相似，都认为文学不应该存在边界；[68]而双雪涛也早就表示过，不应将小说分为纯文学和类型文学。[69]尽管早已改旗易帜，但是类型小说、网络文学和青春写作的影子，始终浮现在他们的文字之中。论者并非没有注意到这一点，但有趣的是经过阐释却会发现，那些"亚文学"的元素总是可以被纳入"纯文学"的认知当中：张元珂将双雪涛的校园题材小说视为一种"反类型的青春写作"[70]；在刘岩看来双雪涛之所以采取悬疑叙事来结构小说，正和他的写作对象和写作目的吻合[71]；而徐勇指出双雪涛的成长小说指向的并非个体而是社会现实的思考,也让我们恍然大悟,原来刘岩、黄平对双雪涛等人工人阶级子弟身份的强调在为他们提供了底层代言合法性的同时,也顺便抹除了他们青春写作的色彩。⑫这提醒我们,"纯文学"的概念边界很可能只有在下意识表明立场的时候是泾渭判然的,细究起来却暧昧模糊,并且始终处在不断变动当中:近年来科幻小说不是已经为纯文学作家们提供了新的实验场地？而在麦家、须一瓜、弋舟等人的创作中,早已能够读出悬疑推理小说的潜在影响。所谓"亚文学"未尝不可以对"纯文学"产生建设性作用,双雪涛、班宇和郑执的写作再次证明了这一点。这使得由他们三人构成的这一事件所涉及的层面,必须从知识界、文学界延伸至大众文化领域,而我们也因此格外需要将"文艺"一词置于双引号中。

三、复兴？

引入大众文化的视域,我们会发现,本文讨论的文学事件实际上可以视为一个更大事件的组成部分。正是在双雪涛、班宇和郑执全部浮出地表为人所知的 2018 年底,网络上有一个说法开始流行,叫作"东北文艺复兴"。网友们评出了"东北文艺复兴三杰":唱歌的宝石 Gem(本名董宝石,网友们更喜欢称呼他之前的艺名"老舅")、抖音上拍短视频的老四,还有写小说的班宇。这个阵容里居然没有为视频主播留一个座席多少让人感到诧异,毕竟"重工业烧烤,轻工业直播(或喊麦)"已经成为东北人尽皆知的俗语,甚至不止一次出现在论文当中。⑬"复兴"必然指向一个曾经的辉煌时刻,但是找来找去似乎只能追溯到赵本山的乡土喜剧,然而正如有人已经指出的:如果提到赵本山,那么从一年一度的春晚小品到连绵不绝的《乡村爱情》,几十年来东北文艺何曾衰落过？与工业东北的衰落形成鲜明对照的是,大众文化领域的东北始终如火如荼。将作家放在这样的背景下,或许会让"纯文学"的拥趸颇感不适,但事实上双雪涛和班宇在写小说之前已经写过多年影评和乐评,而郑执的本职工作也应该算是编剧,因此很难说他们是从文学界"出圈",还是"跨界"来写作。并且这种复杂的身份恐怕还将继续下去:双雪涛来到北京之后,"最常聚的都是电影人",小说的电影版权也险些被打包收购,⑭这也很可能是班宇和郑执可预期的未来。

　　重要的并不是这三位作者应该属于文学界还是娱乐圈,而是他们让我们更加清醒地认识到:时至今日,所谓"纯文学"的边界不但一直面向大众文化和娱乐市场敞开着,而且日益遭受冲击。一个极富标志性意义的事件是易烊千玺对班宇小说集《冬泳》的推荐。2019年2月21日,在移动社交软件instagram上沉默了两月半之久的顶级流量偶像易烊千玺(ins号为:_444x_)突然发图晒出班宇的小说集《冬泳》。尽管该软件在国内无法直接访问,但相关截图还是迅速流传开来,当天上午9时22分班宇即在自己的新浪微博对易烊千玺表示感谢,并"祝大家早日拥有今冬最后一款时尚单品"。无论这是否可能是经纪公司或出版商有策划的行动,客观上都的确令《冬泳》立刻引起广泛关注。班宇"到长沙、南京的书店做活动,不少易烊千玺的粉丝过来参加",网上购物平台也纷纷在《冬泳》的商品页面注明"易烊千玺推荐",据"TFBOYS易烊千玺"搜狐号称:"网络上甚至有人调侃:'易烊千玺是文学的大救星,拯救了严肃文学!'"[15]而班宇的图书销量能够远超被批评家关注多年的双雪涛,易烊千玺的推荐恐怕也是原因之一。[16]事实上这并非易烊千玺第一次推荐文学书籍,余华的《活着》能够在2018年登上虚构类畅销书冠军,就被认为与当年世界读书日易烊千玺的力推有关,易烊千玺是否拯救了严肃文学虽难定论,但至少大概率左右了部分粉丝的阅读趣味。[17]

　　另一个影响范围略小但更加耐人寻味的事件是第二届"宝珀理想国文学奖"引发的争议。"宝珀理想国文学奖"由在国内知识界小有名气的民营出版品牌"理想国"和瑞士高级制表品牌"宝珀Blancpain"携手创办,旨在发掘和鼓励优秀并具潜力的青年华语作家。其对参评作品的要求中明确表示,无论"纯文学"还是"跨类型的犯罪、推理、科幻等均可参加"。或许正因为此,每届评委尽管人数不多,构成却相对多元:2018年首届评委团中既有作家金宇澄、唐诺、阎连科,也有因参与凤凰卫视"锵锵三人行"节目而广为人知的学者许子东,以及音乐制作人、主持人高晓松;而2019年评委除学者黄子平、戴锦华和作家张大春、路内以外,还有知名电影导演贾樟柯。2019年10月25日,该奖第二届在北京揭晓,作家、编辑、翻译家黄昱宁凭借小说集《八部半》获得首奖,颁奖词中透露出的仍旧是浓郁的"纯文学"趣味,强调"文学修养""短篇小说的形式"

和"西方现代小说传统"。㉘然而大概就在颁奖礼刚刚结束的当天下午17时22分,贾樟柯在微博贴出班宇《冬泳》的封面图,并附文字:"今年读过的最好的小说。"当晚22时18分,贾樟柯微博转发关于颁奖礼的官方报道,配发文字:"我的票是投给《冬泳》的。"班宇于晚19时04分回复并转发贾樟柯第一条微博表示感谢("感谢贾导,我提一杯,心思全懂,都在酒里");深夜23时49分回复并转发贾樟柯第二条微博,言辞间似已暗有所指("望周知。我对自己与朋友们的未来只有一个期许,如贾导一般,永不油腻");翌日凌晨0时10分在贾樟柯第二条微博下回复浙江文艺出版社上海分社社长曹元勇并转发(曹元勇:"无论投给谁,都是投给宝珀的。"班宇:"作为资深出版人与获奖作品的出版方,曹老师这话啥逻辑,具体讲讲。别无论了,咱论一论");而后在一小时内连发三条微博宣示战斗姿态("奖当然不是非我不可,从未这样想过。各部作品都优秀。但有人愿意为我站出头,我也不能缩起来当王八。基本礼仪,还请谅解"),并为夸奖自己"爷们儿"的粉丝点赞;最终,在回复"写下去,这最重要"的建议时,班宇明确指出:"这不涉及任何写作问题。所以不必在日后的作品上见,就只在今天的微博上干。"㉙如果允许仍以我的个人趣味来说,《八部半》和《冬泳》其实都是难得的佳作;奖只有一个,最终结果就难免具偶然性。班宇显然也深知这一点,因此强调"各部作品都优秀",但他仍然如此愤懑不平,不能不让围观者怀疑其中必有蹊跷。在媒体追问下,同为评委的路内不得不在微信朋友圈发言澄清,表示"就我的观察,本届终评时没有内定",进而指出偶然性之所以能够存在,恰恰是因为没有内定,并拉来上届"宝珀理想国文学奖"作为例证——2018年该奖得主王占黑同样是凭借第一部作品集折桂的黑马,进入决选名单的还有成名已久的作家阿乙、张悦然,以及双雪涛。㉚内情究竟如何无从查证,不过经此一役,"宝珀理想国文学奖"、两届获奖作家和获奖作品,以及由"理想国"出版的《冬泳》,都更加为人所知。在这剑拔弩张而扑朔迷离的事件中唯一可以追问的或许是:何以在围观者看来,评委中特意设置的非"纯文学"代言人贾樟柯对文学的判定会比黄子平、戴锦华、张大春和路内更值得信赖?难道贾樟柯的朋友韩寒不是早就提醒过大家,"民间高手"不大可能与"专业人员"抗衡吗?㉛

——似乎很容易印证我们此前的论断:"纯文学"正日益遭受大众文化(或

许还包括其背后资本运作)的侵入,第二届"宝珀理想国文学奖"的颁奖词不过是"纯文学"的一次勉力阻击。但是事情或许并没有那么简单。即以易烊千玺为例,即便"热爱文学"只是经纪公司出于营销考虑而建构的"人设",不也意味着"纯文学"仍然拥有不可小觑的象征资本?而贾樟柯的情况就更加复杂。在"纯文学"与大众文化的二元对立结构中,贾樟柯很可能被视为大众文化甚至其背后资本的代言人——贾樟柯的电影如今早已获得资方认可,而截至2020年3月18日,由他拥有疑似实际控制权的企业有9家,注册资本总额达2866.2038万元人民币[⑪]。但是迄今为止,贾樟柯始终被看作是一位文艺片导演,他也从未否认自己对"纯文学"的热爱[⑫]。只是文学与电影毕竟是不同的艺术门类,"先锋文学"式的形式实验很难直接为电影借鉴,因此贾樟柯"文艺片导演"的固化形象主要是因为他在早期作品《小武》《站台》《任逍遥》中,极富风格地表现了那些底层社会的边缘人物。在双雪涛、班宇和郑执那里,关于"写什么"的强调被认为多多少少损害了其"纯文学"性,而在贾樟柯这里却让他显得"文艺",这看上去有些矛盾。但我们早已论证,并不存在一个"纯文学"的本质,而必须结构化地理解这一概念。在电影工业内部存在着另外的二元对立:贾樟柯所关注的题材,以及由此而发展出的纪录片般粗粝的电影语言,使之与当时已经占据主流的"第五代"导演那种色彩饱满的宏大叙事格格不入;而其在执导之初所能掌握的公共资源极为匮乏,使得早期几部电影的拍摄与传播都处在非法状态,更增添了其"地下"和"小众"的色彩。因此,与主旋律电影相比,贾樟柯显得更具知识分子立场;而与商业电影相比,他则更富精英文化的趣味。正是在这样的意义上,贾樟柯与"纯文学"站在了一起。

这或许也可以用来解释"东北文艺复兴"。董宝石与班宇在GQ Talk对谈时反复回忆的那个游荡在录像厅、游戏厅和迪厅的少年身影,不正是另一座城市另一个时代的小武?而"GQ报道"微信公众号发布对谈记录时为董宝石配发的那些与计划经济时代遗留建筑的合影,似乎有意营造出一个巨大世界对倔强个体的压抑感,像极了贾樟柯电影画面的风格——只是像素高了很多。而"东北文艺复兴"不约而同对小人物的关注,以及有意无意表露出的"草根"姿态与艺术风格,也同样与创作者的社会处境有关:董宝石就坦言自己之所以创造出"老舅"的人设,源于没能参加成第一季《中国有嘻哈》而产生的挫败感[84];而亦有论者指出,构成"东北文艺复兴"重要基础的网络直播从业者之所以数量如此庞大,乃是因为如今东北地区就业机会稀少,而这些年轻人又缺乏过硬的人脉关系。[85]以此言之,"东北文艺复兴"很可能与赵本山毫无关系,也无意回应东北历史上任何一个文艺繁荣的时刻,而只是用"文艺复兴"的方式和口号反讽地表达了对"经济振兴"的强烈渴望和巨大焦虑。这样内在于现实背景、创作过程与文本形态之中的二元对立结构,一定也会让受众在接受"东北文艺复兴"时多少感到某种挑衅主流的隐秘快感;正如世纪之交的大学校园里,那些贾樟柯早期作品的观众们在从互联网上下载资源或以学术名义内部观影时,会因为正在触碰未被获准公开放映的禁忌,而产生一种浪漫的自我想象。在相当程度上,正是这种浪漫的自我想象,让贾樟柯完成了最初的象征资本积累。

但是近二十年过去,当年小众的地下导演已经成为大众文化的传奇;"东北文艺复兴"掀起了席卷互联网的全民狂欢;而那些因《小武》而泪流满面的清癯大学生们应该已经长成了大腹便便的中年人,如今他们怎么也找不到那些经常变更网址的免费电影资源,如果要看电影,他们宁可多花点钱走进大学时代还未充分发展起来的商业影院,不过更多时候他们可能会选择瘫在沙发上刷抖音短视频。——在这个过程中,还有什么被悄然改变了?或许可以从那首让董宝石一夜成名的《野狼 disco》里找到答案。《野狼 disco》当然也应该视为"东北文艺复兴"的代表作,某音乐 APP 里关于它最热门的一条评论是:"东北现实文学,工人阶级 rapper,劳动人民艺术家。"——看上去这完全可以被"东北—阶级"持论者拿去作为对双雪涛、班宇和郑执的评价。然而吊诡的是,至少从歌词来看,既找不到"劳动人民",也找不到"工人阶级",甚至如果抛去方言的因素,"东北"的痕迹都微乎其微。按道理讲,《野狼 disco》讲述的时代的确应该与双雪涛等人小说里的时代高度重合,但是在这个尴尬的迪厅搭讪故事里,令黄平念念不忘的共同体破碎时刻的痛感被挡在了喧嚣的音乐和暧昧的灯光之外,所有抒情都由 BP 机、大哥大和港台娱乐构成的记忆碎片来拼成。大众文化的逻辑丝毫不理会左翼话语的关切,批评家们思考"东北"时呈现出来的历史意识、理论深度与道德良知,被大众文化轻易地抹除了,代之以主要由自嘲和怀旧构成的情感抚慰。同样的情况也发生在贾樟柯这里:随着那个时代日渐远去，越来越少的观众会去追问为什么电影里的县城那么破败，而那些年轻人又几乎全都无所事事，更多大概只是在那些卑微的爱情故事里轻轻抚摸自己的青春伤痕。因此将双雪涛、班宇和郑执的写作命名为某种"乡愁"其实有其危险，在脱离了具体论述语境之后，这样的命名会让他们被同样的情感结构复制与改写。不过没关系——他们大概根本就很难逃脱这一命运。

或许有必要重新提及张定浩与黄平的那次对话，事实上对话的缘起也与第二届"宝珀理想国文学奖"引发的争议有关。张定浩对所谓"新东北作家群"的不同意见，正是因该事件才有感而发；而黄平的看法与他又略有不同，于是就产生了对话的必要。——当然，他们的讨论早已超越了事件本身，却也因此让我们看到所谓"纯文学"内部的探讨如何与大众文化现场交叠在一起。在对话接近结束的时候，两人似乎终于在对某种"中产阶级美学"的否定上达成共识，但共识很快就出现了缝隙：张定浩认为反"中产阶级美学"不一定要"反智"，不一定要有意塑造"屌丝形象"去贬损"善与美"，那其实是靠着塑造特定的形象或表达特定的立场来讨好读者，"只不过是用一种虚伪替代另一种虚伪"；黄平则指出问题在于中产阶级写作垄断了对善与美的诠释，这种诠释傲慢地断定写工人共同体就不会是好的文学。张定浩与黄平在此问题上的共识与分歧来自他们对"中产阶级美学"这一概念认识的差异：他们都同意这是一种虚伪的美学，是有意讨好的美学；但是在张定浩看来这种不真诚是能力问题，是作者在艺术上不够下功夫；黄平则认为这所谓的"艺术"本身就包含了一个共同体对另一个共同体的视而不见。[⑧]而既然两人不尽相同的指责都可以在"中产阶级美学"这同一个概念下展开，是否也意味着，其实广义而言，两人所持有的观念都是"中产阶级美学"的一部分？

事实上，中国知识界和文学界对"中产阶级美学"的警惕由来已久，可以一直上溯到现代文学时期。而与本文直接相关的，是从世纪之交重新开启的持续讨论，二十世纪九十年代以来另一个被压抑的"亚文学"传统"小资写作"便与此有关。"中产阶级"和"小资产阶级"经常被混为一谈，在社会学意义上，它们的确难分彼此。南帆曾经对这一问题予以考证辨析，指出："尽管中产阶级与小资产阶级的社会学涵义时常重叠，但是，二个术语聚焦的层面并不一致。

中产阶级意味的是稳定、可靠、拘谨、克制的安全生活……中产阶级身上平庸中等的美学趣味显然是他们古板生活方式的写照……相对地说，小资产阶级的称谓背后更多地暴露出激进的文化成分。……总而言之，'中产阶级'和'小资产阶级'是同一批人分裂出来的两个形象。当人们用'小资产阶级'这个术语代替'中产阶级'来谈论同一个群体的时候，他们身上种种'超越'社会地位的文化表演得到了更多的考虑。通常的情况下，中产阶级保守、刻板、循规蹈矩；小资产阶级浪漫、狂热、波西米亚。"㉑但是，如果"历史告别了大规模阶级对垒的颠簸期"，尤其是在20世纪90年代以来大众文化日益繁荣的中国，南帆所作出的区分就与其说是指同一批人中两种不同文化表现的群体，不如说是这一批人同时具备的两面性。因此在一般的讨论中，"中产阶级美学"与"小资审美"往往还是被混同使用，围绕着它们的言说聚讼纷纭，却大致都认可以下几点：其一，"中产阶级"或者"小资产阶级"在当下并非阶级身份而是文化身份，某种意义上，正是对"中产阶级美学"或"小资审美"的认同使一个人成为中产阶级或小资产阶级。其二，"中产阶级美学"或"小资审美"已然或即将掌控文化领导权，构成当前中国社会的主流审美趣味。第三点与南帆以区分的方式所描述的这一人群的复杂性有着密切关系：中产阶级或小资产阶级极其渴望并善于将异质性的审美趣味（既包括高于他们的文化，也包括边缘小众尚不合法的文化）吸纳为自己的审美趣味，并使之合法化——与此同时，也庸俗化。㉒依照这一认识，则无论是"纯文学"的审美趣味，还是"新左派"的理论资源，都可以被"中产阶级美学"不可餍足的胃口消化，成为大众文化的一部分。否则我们便很难理解，双雪涛所热爱的余华、王小波与村上春树，是怎么成为小资阅读的热门——难道他们不是"纯文学"作家吗？第二届"宝珀理想国文学奖"那洋溢着"纯文学"气息的颁奖词套用在他们身上毫无违和，只是当村上春树使用的时候，需要把"中文写作"改成"日文写作"。而李云雷则指出："在当今这个时代，在小资文化中占据主流的是'自由主义'及其价值理念，但并非从来如此。"在2012年写成的这篇文章中，李云雷热切地期待着，"当小资逐渐底层化的时候，他们会对自己的现实处境有越来越清醒的认识，他们也会将这一认识带入到他们对当代文化的理解之中，在与底层的接触中形成新的小资文化，而这样的文化必定会为当代文化带来新的气象"㉓。如今八年过去了，包括双雪涛、班宇和郑执在内的"东北文艺复兴"应该可以让李云雷稍感欣慰。

借用"中产阶级美学"或"小资审美"来整合与阐释聚集在双雪涛、班宇和郑执身上的种种言说及背后复杂的脉络，或许会令人感到不快，但其实这并非悲观的结论。如李云雷所说，加诸这两个概念之上的偏见或许应予清除："在社会价值观处于混乱状态的今天，小资或许会通过自己的文化选择为我们这个社会提供一帖黏合剂，让我们更加清醒地认识自己和这个世界，让我们这个社会形成一种新的核心价值观。"[30]某种意义而言，"中产阶级美学"或"小资审美"的确就是当前主流文化的重要生产者，它们呈现出也持续制造着审美趣味的复杂构成。承认这一点，便能够心平气和地接受：不仅仅是双雪涛、班宇、郑执，也不仅仅是本文所涉及或未来得及涉及的任何一方事件参与者，而且或许我们每一个人都身处"中产阶级美学"或"小资审美"的内部；相应地，每一个人也都应对当前的审美趣味负有责任——尽管本文也同意张定浩所说，总有一些人一些力量，比那些匿名的"中产阶级"或"小资产阶级"发挥了更为积极的作用。所以，到底主流文化与审美趣味将会变成怎样的面目？最终东北文艺又将以何种形态复兴？这样的问题目前不会有答案，却呼唤着每一个人更加自觉的责任担当，和更加谦虚理性的审美实践。

原载《中国现代文学研究丛刊》2020年第4期。

注　释

① 在"一席"演讲时，郑执不无幽默也不无感慨地说："一席邀请我来的那个时间点，刚好是我在去年12月份的一个文章赛事上拿到首奖的第二天，所以不得不让我认为，社会有的时候稍微势利眼一点也没什么不好。"参见郑执《面与乐园》，"一席"微信公众号2019年1月19日。

② 王宏图《2019年文坛掠影：柳暗花明又一村》，《文汇报》2019年12月30日。

③ [美]雷·韦勒克、奥·沃伦《文学理论》，刘象愚、邢培明、陈圣生、李哲明译，生活·读书·新知三联书店，1984年，第5页。

④ 双雪涛、走走《写小说的人，不能放过那道稍瞬即逝的光芒》，《野草》2015年第3期。

⑤ 在北京大学与鲁太光、刘岩对谈时，双雪涛就对评论界赞声一片的《平原上的摩西》表示了反省，尽管那可能是有意为之。参见鲁太光、双雪涛、刘岩《纪实与虚构：文学中的

"东北"》,《文艺理论与批评》2019年第2期。

⑥ 张定浩、黄平《"向内"的写作与"向外"的写作》,《文艺报》2019年12月18日。

⑦ "开卷"显示,截至2020年2月:双雪涛销量最好的作品《平原上的摩西》数据为20227,班宇《冬泳》为80365,郑执《从此学会隐藏悲伤》为17083。但是"开卷"的数据只涵盖新华书店和部分网店,因此并不代表全部销量,大致应在此数据基础上乘以系数3,或可接近真实数字,但即便如此,除《冬泳》外,三人作品销量都未突破十万。数据来源:openbook开卷,http://www.openbook.com.cn。

⑧ 辛阳、胡婧怡《曾经的东北作家群,如今的"铁西三剑客"——他们,在同一文学时空相逢》,《人民日报》2019年10月24日。

⑨ 刘岩《世纪之交的东北经验、反自动化书写与一座小说城的崛起——双雪涛、班宇、郑执沈阳叙事综论》,《文艺争鸣》2019年第11期。

⑩ 双雪涛、走走《写小说的人,不能放过那道稍瞬即逝的光芒》,《野草》2015年第3期。

⑪ 在《天吾手记》的后记中,双雪涛自己也谦虚地承认:"当时迷恋村上春树,追求趣味,有时过头,有点轻浮。"与走走的访谈中,双雪涛也坦然表示:"《融城记》和《刺杀小说家》,都是村上春树的产物。""融城记"即《天吾手记》原题。参见双雪涛《天吾手记》,花城出版社,2016年,第294页;双雪涛、走走《写小说的人,不能放过那道稍瞬即逝的光芒》,《野草》2015年第3期。

⑫ 班宇《冬泳》,上海三联书店,2018年,第8页。

⑬ 参见刘岩《世纪之交的东北经验、反自动化书写与一座小说城的崛起——双雪涛、班宇、郑执沈阳叙事综论》,《文艺争鸣》2019年第11期。关于班宇小说里有意使用的东北方言,或者说"口语",张定浩也从另外一个角度有所批评,可参见张定浩、黄平《"向内"的写作与"向外"的写作》,《文艺报》2019年12月18日。

⑭ 李雪《城市的乡愁——谈双雪涛的沈阳故事兼及一种城市文学》,《当代作家评论》2016年第6期。

⑮ 张定浩、黄平《"向内"的写作与"向外"的写作》,《文艺报》2019年12月18日。

⑯ 林喦《"新东北作家群"的提出及"新东北作家群"研究的可能性》,《芒种》2015年第23期。

⑰ 在谈及当代东北作家群研究的实践价值时,李帅指出:当代东北作家群乃是"东北经济政治振兴的隐形文化资本,而文化资本的富足和象征资本的突出,必然转化为社会资本与经济资本"。这一多少有些想当然的推论,显然渊源有自。参见李帅《当代东北作家群的研究向度与价值》,《沈阳工程学院学报(社会科学版)》,2019年第1期。

⑱ 王禹琪《辽宁省作家协会来吉交流》,《吉林年鉴》2017年。雷宇《举办"东北地域文化

与新东北作家群"座谈会》,《中国共产党辽宁执政实录》2017年。

⑲ 李帅《当代东北作家群的研究向度与价值》,《沈阳工程学院学报(社会科学版)》,2019年第1期。

⑳ 同上。

㉑ 黄平《"新东北作家群"论纲》,《吉林大学社会科学学报》2020年第1期。

㉒ 黄平《"新的美学原则在崛起"——以双雪涛〈平原上的摩西〉为例》,《扬子江评论》2017年第3期。

㉓ 张定浩、黄平《"向内"的写作与"向外"的写作》,《文艺报》2019年12月18日。

㉔ 刘岩《双雪涛的小说与当代中国老工业区的悬疑叙事——以〈平原上的摩西〉为中心》,《文艺研究》2018年第12期。

㉕ 张定浩、黄平《"向内"的写作与"向外"的写作》,《文艺报》2019年12月18日。

㉖ 参见刘岩《双雪涛的小说与当代中国老工业区的悬疑叙事——以〈平原上的摩西〉为中心》,《文艺研究》2018年第12期;刘岩:《世纪之交的东北经验、反自动化书写与一座小说城的崛起——双雪涛、班宇、郑执沈阳叙事综论》,《文艺争鸣》2019年第11期。

㉗ 张定浩、黄平《"向内"的写作与"向外"的写作》,《文艺报》2019年12月18日。

㉘ 黄平《"新的美学原则在崛起"——以双雪涛〈平原上的摩西〉为例》,《扬子江评论》2017年第3期。

㉙ 参见王德威《艳粉街启示录——双雪涛〈平原上的摩西〉》,《文艺争鸣》2019年第7期。

㉚ 汪晖《别求新声:汪晖访谈录》,北京大学出版社,2009年,第8页,第12页,第16页,第13页。

㉛ 黄平《"新东北作家群"论纲》,《吉林大学社会科学学报》2020年第1期。

㉜ 可参看南帆等《底层经验的文学表述如何可能?》,《上海文学》2005年第11期;吴亮《底层手稿》,《上海文学》2006年第1期。

㉝ 可参看黄平《"新东北作家群"论纲》,《吉林大学社会科学学报》2020年第1期;刘岩《世纪之交的东北经验、反自动化书写与一座小说城的崛起——双雪涛、班宇、郑执沈阳叙事综论》,《文艺争鸣》2019年第11期;李音《城市的乡愁——谈双雪涛的沈阳故事兼及一种城市文学》,《当代作家评论》2016年第6期等。

㉞ 李陀《沉重的逍遥游——细读〈逍遥游〉中的"穷二代"形象并及复兴现实主义》,"保马"微信公众号2019年5月10日。

㉟ 王德威《艳粉街启示录——双雪涛〈平原上的摩西〉》,《文艺争鸣》2019年第7期。

㊱ 双雪涛《我的师承》,《文艺争鸣》2015年第8期。

㊲ "克制对王小波作品的喜爱,对笔者而言过于艰难",参见黄平《十年:作为"神话"的王

小波》,《中国社会导刊》2007 年第 8 期。

㊳ 黄平《十年:作为“神话”的王小波》,《中国社会导刊》2007 年第 8 期。

㊴ 汪晖《别求新声:汪晖访谈录》,第 12 页。

㊵ 鲁太光、双雪涛、刘岩《纪实与虚构:文学中的“东北”》,《文艺理论与批评》2019 年第 2 期。

㊶ 朱蓉婷《班宇:我更愿意对小说本质进行一些探寻》,《南方都市报》2019 年 5 月 26 日。

㊷ 郑执《面与乐园》,“一席”微信公众号 2019 年 1 月 19 日。

㊸ 参见黄平《“新东北作家群”论纲》,《吉林大学社会科学学报》2020 年第 1 期。

㊹ 参见刘岩《世纪之交的东北经验、反自动化书写与一座小说城的崛起——双雪涛、班宇、郑执沈阳叙事综论》,《文艺争鸣》2019 年第 11 期。

㊺ 鲁太光、双雪涛、刘岩《纪实与虚构:文学中的“东北”》,《文艺理论与批评》2019 年第 2 期。

㊻ 刘岩《双雪涛的小说与当代中国老工业区的悬疑叙事——以〈平原上的摩西〉为中心》,《文艺研究》2018 年第 12 期。

㊼ 可参看曾璇《班宇:小说要勇于尝试 抵达语言和事物的最深处》,《羊城晚报》2019 年 4 月 15 日;《郑执是谁?》,腾讯网,https://new. qq. com/omn/20190321/20190321A0LW5J. html? Pc。

㊽ 譬如王德威和黄平的相关论文,就非常典型。可参看黄平《“新的美学原则在崛起”——以双雪涛〈平原上的摩西〉为例》,《扬子江评论》2017 年第 3 期;王德威《艳粉街启示录——双雪涛〈平原上的摩西〉》,《文艺争鸣》2019 年第 7 期。再如木叶对双雪涛小说语言成就的肯定,并指出其小说中有某种“内在的光源”;李德南认为“双雪涛既发挥了小说介入现实的功能,又意识到他是在写小说,并没有完全忘却艺术的自律”;田耳同为小说家,更是主要从写作技艺的层面讨论双雪涛的小说。可参看木叶《我们总是比生活既多些又少些——读双雪涛》,《上海文化》2016 年第 11 期;李德南《最初的爱情 最后的仪式——读双雪涛的〈安娜〉》,《创作与评论》2014 年 9 月号(上半月刊);田耳《瞬间成型的小说工艺——双雪涛的小说》,《上海文化》2015 年第 7 期。

㊾ 可参看贺桂梅在《“新启蒙”知识档案:80 年代中国文化研究》第六章中的相关讨论。贺桂梅《“新启蒙”知识档案:80 年代中国文化研究》,北京大学出版社,2010 年。

㊿ 可参看双雪涛《我的师承》,《文艺争鸣》2015 年第 8 期;孙磊《班宇〈越过冬天的小说〉》,金羊网·金羊文化,http://culture. ycwb. com/2019—04/15/content_30239646. htm。

(51) 贺桂梅《“新启蒙”知识档案:80 年代中国文化研究》,第 163 页。

(52) 陈晓明《中国当代文学主潮(第二版)》,北京大学出版社,2013 年,第 360 页。

(53) 可参看谢有顺《历史时代的终结：回到当代——论先锋小说的转型》，《当代作家评论》1994年第2期；张清华《先锋的终结与幻化——关于近三十年文学演变的一个视角》，《文艺研究》2016年第4期。

(54) 徐则臣、马季《徐则臣：一个悲观的理想主义者》，《大家》2008年第4期。

(55) 徐则臣《小说的可能性》，《文学港》2005年第2期。在接受《北京青年报》采访时，双雪涛表达了和徐则臣完全相同的看法，而在提问时，《北京青年报》直接将双雪涛指认为“先锋文学写作者”。参见唐山《双雪涛：从不想最终会下一个什么蛋》，《北京青年报》2019年9月20日。

(56) 《电影不是文学的敌人》，“单读”微信公众号2018年1月10日。

(57) 曾璇《班宇：小说要勇于尝试 抵达语言和事物的最深处》，《羊城晚报》2019年4月15日。

(58) 郑执《面与乐园》，“一席”微信公众号2019年1月19日。

(59) 双雪涛、三色堇《写小说是为了证明自己不庸俗》，《北京青年报》2016年9月22日。

(60) 淡豹《养成作家》，《界面新闻·正午》2017年1月5日，https://www.jiemian.com/article/1053713.html? _t=t。

(61) 可参看叶祝弟《纯文学刊物的式微与先锋派小说的终结》，《理论与创作》2005年第9期。

(62) 可参看丁智才《当前文学底层书写的误区刍议》，《当代文坛》2005年第1期。

(63) 可参看王德威《艳粉街启示录——双雪涛〈平原上的摩西〉》，《文艺争鸣》2019年第7期。

(64) 此指曹征路故意取《国际歌》中“英特纳雄耐尔”末尾两字的谐音，作为《那儿》的标题。

(65) 金理《失败青年故事的限制与可能——以〈可悲的第一人称〉为例》，《中国现代文学研究丛刊》2018年第5期。

(66) 李雪《大城小事·浮城旧梦——蔡东小说阅读札记》，《小说评论》2019年第6期。

(67) 黄平《“新东北作家群”论纲》，《吉林大学社会科学学报》2020年第1期。

(68) 《当代青年作家问卷：班宇×大头马×董夏青青×郑执》，“中华文学选刊杂志”微信公众号2019年5月9日。

(69) 双雪涛、三色堇《写小说是为了证明自己不庸俗》，《北京青年报》2016年9月22日。

(70) 张元珂《反类型的青春写作——双雪涛中短篇小说论》，《创作与评论》2014年9月号（上半月刊）。

(71) 刘岩《双雪涛的小说与当代中国老工业区的悬疑叙事——以〈平原上的摩西〉为中心》，《文艺研究》2018年第12期。

㉒ 徐勇《成长写作与"小说家"的诞生——双雪涛〈聋哑时代〉阅读札记》,《鸭绿江(上半月版)》2015年第5期。

㉓ 如谢雯《历史社会学视角下的东北工业单位制社会的变迁》,《开放时代》2019年第6期;张丹《困顿之城的文学想象——谈双雪涛的城市文学创作特色和经验》,《芒种》2018年第12期;赵艺《"80后"文学的变局——双雪涛小说论》,2019年华东师范大学硕士学位论文。

㉔ 吴呈杰《双雪涛:像小说家一样存在》,《人物》2017年第12期。

㉕ 可参见instagram上"_444x_"与新浪微博"坦克手贝吉塔"(即班宇)于2019年2月21日发布的信息。并参看李颖迪《班宇:易烊千玺喜欢看我的书,这小孩挺好,我挺高兴》,《智族GQ》2019年9月刊;《有人说易烊千玺拯救了严肃文学?! 粉丝:买的书确实比以前多了很多》,"TFBOYS易烊千玺"搜狐号,https://www.sohu.com/a/301190478_157121。

㉖ 至少从"开卷"提供的数据看,《冬泳》的月销量在2019年2月出现了跨越式提升,从1月份的1685册增长到5940册,且直到2019年2月也未低过4000册。或许同样值得关注的是,2019年11月该书销量迎来峰值,暴增到11530册。而就在前月6日,以《野狼Disco》火遍网络的董宝石与班宇在GQ Talk对谈,12日,董宝石在微博透露正和老四一起拍《野狼Disco》MV,"东北文艺复兴三杰"的说法也许就是从这时候开始不胫而走。数据来源:openbook开卷,http://www.openbook.com.cn。参见"宝石Gem"(即董宝石)新浪微博,2019年10月8日,2019年10月12日。

㉗ 《有人说易烊千玺拯救了严肃文学?! 粉丝:买的书确实比以前多了很多》,"TFBOYS易烊千玺"搜狐号,https://www.sohu.com/a/301190478_157121。

㉘ 颁奖词为:"黄昱宁展现了很丰富的文学修养,以洞澈的世情与人情观察,使短篇小说的形式深度生动展现。不同类型作品于焉也示范了作者打通西方现代小说传统与中文写作的卓越能力。"参见《2019宝珀理想国文学奖首奖揭晓》,"理想国imaginist"微信公众号2019年10月25日。

㉙ 参见"贾樟柯"新浪微博,2019年10月25日;"坦克手贝吉塔"新浪微博,2019年10月25—26日。

㉚ 聂丽平《宝珀理想国文学奖揭晓后,班宇发微博质疑引发争议》,新京报网·文化2109年10月28日,http://www.bjnews.com.cn/culture/2019/10/28/642629.html。

㉛ 参见韩寒《我也曾对这种力量一无所知》,"韩寒"微博,2018年1月12日。

㉜ 数据来源:天眼查,https://www.tianyancha.com。另可参看聂伟《一个概念的熵变:"第六代"电影的生成、转型与耗散》,《文艺研究》2012年第2期。

㉘ 这位语文教师之子"从小体现出文学天赋,中学时已经在《山西文学》发表小说,高中时创办诗社。即便没考上大学,山西作协也愿意吸纳他为成员"。考进北京电影学院,他读的也是文学系,多年之后仍对入学初谢飞老师"一定要学好文学"的告诫记忆深刻。参见《贾樟柯:你变了!贾科长,你又变了!》,腾讯网·腾讯娱乐·封面人物第123期,https://ent.qq.com/original/bigstar/f123.html;陈波整理《寻找电影之美——贾樟柯十年电影之路》,《北京电影学院学报》2008年第6期。

㉙ 《GQ Talk|董宝石对话班宇:野狼 disco 不是终点,我要用老舅构建东北神奇宇宙》,"GQ报道"微信公众号2019年10月9日。

㉚ 谢雯《历史社会学视角下的东北工业单位制社会的变迁》,《开放时代》2019年第6期。

㉛ 张定浩、黄平《"向内"的写作与"向外"的写作》,《文艺报》2019年12月18日。

㉜ 南帆《小资产阶级:压抑、膨胀和分裂》,《文艺理论研究》2006年第5期。

㉝ 关于这三点共识,除了这里提到的南帆和李云雷的文章,亦可参看何平、张光芒、汪政、何言宏《当下文学中的"小资情调"和"中产阶级趣味"》,《文艺评论》2005年第6期;朱国华《中国人也在诗意地栖居吗?——略论日常生活审美化的语境条件》,《文艺争鸣》2003年第6期等。

㉞ 李云雷《新小资的"底层化"与文化领导权问题》,《南方文坛》2013年第1期。

㉟ 同上。

La réception de Montaigne en Chine

高 冀

Il est important de rappeler que les mentions de la Chine ne sont guère nombreuses dans les *Essais*. Les voici :

> Nous nous écrions, du miracle de l'invention de notre artillerie, de notre impression : d'autres hommes, un autre bout du monde à la Chine, en jouissaient mille ans auparavant. ①

> En la Chine, [duquel royaume la police et les arts, sans commerce et connaissance des nôtres,] surpassent nos exemples en plusieurs parties d'excellence, et duquel l'histoire m'apprend combien le monde est plus ample et plus divers que ni les anciens ni nous ne pénétrons, les officiers députés par le prince pour visiter l'état de ses provinces, comme ils punissent ceux qui malversent en leur charge, ils rémunèrent aussi de pure libéralité, ceux qui s'y sont bien portés outre la commune sorte et outre la nécessité de leur devoir : on s'y présente non pour garantir seulement, mais pour y acquérir : ni simplement pour être payé, mais pour y être aussi étrenné. ②

Si la première occurrence figure dans l'édition de 1588 et suggère que la Chine, à « un autre bout du monde », est en avance sur l'Occident dans de nombreux domaines, la seconde, qui fait partie des additions manuscrites de l'exemplaire de Bordeaux, donne une présentation plus détaillée. Cette information sur la Chine provient de l'ouvrage contemporain *Historia de las cosas más notables, ritos y costumbres del gran reyno de la China* de Juan González de Mendoza, dont Montaigne avait certainement connu l'édition française de 1588, selon Pierre Villey③. Aux yeux d'un Montaigne doté d'une grande curiosité pour les autres peuples et cultures, la Chine, pays aussi lointain qu'inconnu, avait donc une civilisation très ancienne et hautement avancée.

La première mention d'un ouvrage de Montaigne en Chine date du XVIIe siècle. Le jésuite Nicolas Trigault (1577—1628), originaire de Douai, qui venait de rentrer en Europe pour ramener des missionnaires, des subsides et des livres, connut un grand succès, grâce à la générosité des mécènes. Il forma une bibliothèque assez importante qu'il achemina par la suite d'abord à Macao, puis à Pékin. *L'Apologie de Raymond Sebond* (titre donné dans l'inventaire de ses livres, mais on peut penser qu'il s'agit bien des *Essais*) figurait parmi ces livres—là qui, après avoir subi de nombreuses péripéties au cours des siècles, finirent dans la bibliothèque de Pé-t'ang (《 L'Église du Nord 》)④. Le contexte historique et la barrière linguistique et culturelle aidant, il n'existe pourtant aucune preuve qui suggère que ce texte montaignien avait été effectivement lu par des Chinois.

Ce n'est que durant les premières décennies du XXe siècle, durant la mouvance connue sous le nom de 《 Mouvement de la Nouvelle Culture 》, que les gens de lettres chinois ont commencé à connaître et à traduire Montaigne, directement ou indirectement. Au cours du XXe siècle, et jusqu'à ce jour, Montaigne a figuré dans diverses histoires de la littérature française ou européenne rédigées par des universitaires chinois et a fait l'objet d'un grand nombre d'articles. De plus, le style particulier des *Essais* fait que Montaigne a été une inspiration, le plus souvent indirecte, souvent par le biais des éditions anglaises des *Essais*, pour la prose chinoise moderne.

La présente étude de réception examinera respectivement les traductions, la recherche et l'influence de Montaigne en Chine et sera divisée en trois parties : 《 Montaigne en chinois 》, 《 Les chercheurs chinois face à Montaigne 》 et 《 Montaigne et la littérature chinoise moderne 》.

Montaigne en chinois

En tâchant de rendre phonétiquement 《 Montaigne 》 avec exactitude, les traducteurs chinois ont opté pour diverses combinaisons de syllabes chinoises. Il y a eu, par exemple, 《 meng tian 》, 《 meng tai nie 》, 《 meng dan 》, 《 meng tai nu 》, 《 meng dan ni 》, 《 meng tai yin 》, 《 meng dai ni 》. L'existence des caractères homonymes en langue chinoise donne lieu, encore aujourd'hui, à une diversité de traductions possibles. Si l'usage était plutôt varié durant la première moitié du XXe siècle, 《 meng tian 》 est devenu, grâce à Liang Zongdai (1903—1983), la traduction de 《 Montaigne 》 la plus répandue de nos jours.

C'était en 1930 que deux essais de Montaigne furent publiés en chinois pour la première fois. L'historien de l'éducation Lei Tongqun a publié en un petit volume 《 De l'institution des enfants 》 et 《 Du pédantisme 》 sous le titre *La méthode montaignienne de l'institution des enfants*[5]. Dans la préface, il précise qu'il s'agit en fait d'une retraduction d'après la traduction japonaise richement annotée de Kozaburo Tsuji publiée en 1928[6], d'où est issue aussi, dans les premières pages du volume chinois, la brève introduction à la vie et l'œuvre de Montaigne. Lei Tongqun admet aussi s'être référé à la traduction anglaise de Charles Cotton au cours de son travail. Cette première édition de deux chapitres des *Essais* en langue chinoise contribua à faire de Montaigne une figure importante dans l'histoire de la pensée de l'éducation en Occident.

Le premier à traduire Montaigne directement du français en chinois fut Liang Zongdai (1903—1983). Connu pour sa poésiede jeunesse (il avait à peine 16 ans), Liang Zongdai avait rejoint l'Europe en 1924, où il avait fait la connaissance d'hommes de lettres français, dont Romain Rolland, Paul Valéry et Jean Prévost. Valéry avait d'ailleurs préfacé sa traduction en langue française des œuvres du poète chinois Tao Qian (365—427) ou Tao Yuanming, publiée à Paris en 1930⑦. À son retour en Chine en 1931, Liang Zongdai était devenu, à l'âge de 28 ans, directeur du département de français à l'Université de Pékin, avant d'enseigner dans d'autres institutions chinoises.

C'était en 1933 que parut, dans le premier numéro de la revue *Littérature* publiée à Shanghai, un article rédigé par Liang Zongdai (《 Commémoration du quatre centième anniversaire de Montaigne 》), suivi de sa traduction du chapitre 《 Que philosopher, c'est apprendre à mourir 》. Plus tard, 21 essais de Montaigne furent traduits par lui et publiés en 1935 et 1936 sous le titre général de 《 Sélection de la prose de Montaigne 》 dans une 《 Collection de la littérature mondiale 》 (*Shi jie wen ku*), comportant douze tomes, dirigée par Zheng Zhenduo (1898—1958), écrivain et historien de la littérature. Le nom de Montaigne s'y trouve à côté de ceux d'Ovide, Cervantès, Nietzche, Hugo, Balzac, Hardy et Twain, ainsi que des écrivains chinois les plus connus.

Actif dans le milieu littéraire de l'époque, Liang Zongdai poursuivit sa traduction de Montaigne en plus de ses autres publications, même après le début de la Guerre de Résistance contre l'Agression japonaise (1937—1945), c'est-à-dire durant la Seconde Guerre mondiale. Du 25 août 1938 au 4 février 1939, sur l'invitation de Dai Wangshu (1905—1950), éminent poète qui avait étudié à l'Institut franco-chinois de Lyon et qui avait traduit de nombreuses œuvres du français vers le chinois, Liang Zongdai publia onze essais traduits dans la rubrique 《 Horoscope 》 du *Star Island Daily* (*Xing dao ri bao*) basé à Hong Kong, ville qui tombera à son tour sous l'occupation japonaise en décembre 1941. La limite de la place imposée par cette rubrique fit que les essais sélectionnés étaient d'une longueur plutôt courte. En 1943, Liang Zongdai fit encore paraître une traduction de deux essais plus longs dans deux revues littéraires⑧ basées à Chongqing, ville qui était à l'époque la capitale par intérim du pays.

Polyglotte talentueux, traducteur aussi des sonnets de Shakespeare et du tome I de *Faust*, Liang Zongdai avait fait le vœu de traduire la totalité des *Essais*[9]. Dans les années 1950 et 60, il aurait effectivement traduit, selon ses élèves Lu Lan[10] et Huang Jianhua[11], de nombreux autres essais de Montaigne, mais les manuscrits ont été malheureusement perdus au cours de la « Révolution culturelle prolétarienne » (1966—1976). Les traductions qui subsistent à ce jour ne sont donc que les essais déjà publiés et énumérés ci-dessus.

Quels sont donc ces essais ? Ils proviennent tous du Livre I : l'avis « Au lecteur » et les essais 1—28, 32—34, 36, 38—39, et 42. Si Liang Zongdai semble avoir voulu traduire les chapitres un par un pour la première moitié du tome, il s'est limité à ne sélectionner que quelques chapitres de la seconde moitié. Il est intéressant de remarquer que, dans cette sélection, le chapitre « Des Cannibales », un des essais les plus lus de nos jours, est absent, alors que deux autres essais d'à peu près la même longueur, « Que Philosopher, c'est apprendre à mourir » et « De la coutume et de ne changer aisément une loi reçue », ont par contre été sélectionnés. Vu l'énorme différence entre l'histoire de la Chine et celle de l'Occident, l'idée du relativisme culturel ne fut sans doute pas jugée essentielle pour le lecteur chinois de l'époque.

Cette sélection aurait été, comme le souligne Rivi Handler-Spitz[12], une raison pour laquelle l'influence de sa traduction fut limitée. Représentant principalement la première phase de l'évolution intellectuelle de Montaigne, c'est-à-dire celle d'avant 1580, beaucoup de ces premiers essais, très orientés vers un aspect public ou politique de Montaigne, n'ont pas connu un grand retentissement chez les lecteurs chinois. L'autre facteur crucial aurait été, comme nous le verrons, l'existence et la diffusion des traductions anglaises et japonaises à l'époque.

Il faudra attendre très longtemps, jusqu'en 1987, pour que cette belle traduction de Liang Zongdai soit finalement rééditée. Ce nouveau recueil des *Essais de Montaigne*, *le premier après plusieurs décennies*, *est divisé en deux parties*[13]. La première réunit les essais traduits par Liang Zongdai, la seconde comporte des essais des livres II et III, sélectionnés et traduits par Huang Jianhua (1936—), son élève et collègue, professeur de français à l'Université des études étrangères de Guangdong. Afin de faciliter la lecture, Huang Jianhua a choisi de traduire des passages qu'il juge importants et les a réorganisés, regroupés et réintitulés selon l'ordre thématique suivant : 1) le moi selon Montaigne ; 2) le mode de vie et les sentiments humains chez Montaigne ; 3) le monde réel d'après la compréhension de Montaigne. Pour satisfaire les exigences d'un mince volume, une telle approche, dont le grand succès se confirme par de nombreuses rééditions, permet de donner au lecteur chinois un aperçu général des « passages clés » montaigniens. La diffusion de cette édition est sans doute la raison pour laquelle « meng tian » est devenue, des années 1980 jusqu'à ce jour, la transcription de loin la plus commune du nom de 《 Montaigne 》.

La traduction de la totalité des *Essais* n'a pas tardé à paraître. Grâce au projet collectif coordonné par la maison d'édition Yilin basée à Nankin, l'année 1996 a marqué la publication de la première traduction complète des *Essais*. La traduction fut effectuée à partir de l'édition Gallimard publiée en 1965. Le Livre I est traduit par Pan Lizhen, Wang Lunyue (Frédéric Wang) et Ding Buzhou, le Livre II par Ma Zhencheng, Xu Hejin, Pan Lizhen, Ding Buzhou, et le Livre III par Lu Binghui et Liu Fang.

Les sept traducteurs étaient tous expérimentés. Par exemple, Pan Lizhen (1943—) avait déjà traduit *Les Misérables*, *Notre-Dame de Paris* et le troisième tome d'*A la recherche du temps perdu* dans le cadre d'un autre projet collectif, auquel avaient aussi participé Xu Hejin et Lu Binghui. Xu Hejin (1940—2015), traducteur fécond, avait traduit, entre autres, *Nana*, *Bel—Ami*, *Voyage au bout de la nuit*, *Les caves de Vatican* et *Les Faux-*

monnayeurs, avant d'entreprendre seul, à partir de 2004, la traduction du chef-d'œuvre de Proust, dont il acheva quatre tomes avant sa mort en 2015. Même si cette collaboration fait que le langage de Montaigne, transposé en chinois par sept plumes différentes, demeure inévitablement hétérogène, le très grand dévouement des traducteurs a garanti la qualité générale du résultat.

Après cette collaboration, un des participants, Ma Zhencheng (1934—), eut l'idée de traduire à lui seul tout Montaigne. Traducteur des œuvres telles que *La Terre des hommes* et *Le Petit Prince* de Saint-Exupéry, *L'immoraliste*, *La symphonie pastorale* et *La porte étroite* de Gide, *Horace* de Corneille, il fit publier, après de longues années de travail, sa traduction des *Essais* en 2009[⑭], ce qui fut un moment important dans la réception de Montaigne en Chine.

Si la traduction de Liang Zongdai, quoiqu'incomplète, se distingue par son excellente qualité, elle a été entreprise à une époque particulière où la littérature chinoise moderne était en pleine formation et paraît donc légèrement archaïque au lecteur de nos jours. Cela sert justement, aux yeux de certains, à reproduire l'impression que donne le langage de Montaigne aux générations modernes. La traduction de Ma Zhencheng est plus proche du langage contemporain et lui a valu le prestigieux Prix Fu Lei[⑮] en 2009.

Selon la préface de la traduction de Ma Zhencheng, le texte qu'il avait utilisé provient de l'édition de la Pléiade publiée en 1962[⑯]. La grande majorité des notes sont celles de cette édition et seules quelques-unes proviennent de la traduction anglaise de Donald Frame et de celle de Michael Screech. Afin de faciliter la lecture, Ma Zhencheng a d'ailleurs coupé les paragraphes longs dans le texte original pour former des paragraphes plus courts. De même, dans la table des matières, le traducteur a voulu introduire sous le titre de chaque essai un petit extrait explicatif. En plus d'avoir inclus et traduit l'introduction dans l'édition originale, Ma Zhencheng a encore rédigé une chronologie détaillée de la vie de Montaigne, insérée au début de sa traduction.

En 2011, ce traducteur intarissable publia, toujours d'après l'édition de la Pléiade, sa traduction du *Journal de voyage en Italie* de Montaigne. Selon notre connaissance, c'est la première et l'unique traduction chinoise du *Journal* jusqu'à ce jour. La totalité des œuvres de Montaigne – du moins pour le lecteur non spécialiste-était désormais disponible en langue chinoise.

La traduction partielle de Liang Zongdai et de Huang Jianhua, la traduction complète résultant de la collaboration de sept traducteurs, et celle accomplie par Ma Zhencheng, voici les principales traductions chinoises faites à partir d'éditions originales des *Essais*. C'est d'elles que sont dérivées la vaste majorité des nombreuses rééditions et réimpressions des *Essais* en chinois. Les motifs commerciaux aidant, on assiste aujourd'hui à une grande ferveur pour Montaigne et à l'émergence d'un très grand nombre de traductions, partielles pour la plupart, principalement d'après des traductions anglaises. Des essais montaigniens, souvent avec les textes des autres auteurs, sont souvent publiés sous des titres tels que *Livre de bonheur*[17], *La plus belle prose du monde*[18], *Pensées d'une vie de sagesse*[19], *60 essais philosophiques à lire dans la vie*[20], *Montaigne sur la vie*[21], *Il faut bien traiter la vie – la philosophie en quête du bonheur*[22], etc. Ces nombreuses publications, qui illustrent l'intérêt croissant pour Montaigne ces dernières années, font de l'auteur des *Essais* un philosophe, un moraliste ou un sage. Il existe en outre une traduction d'une sélection des *Essais* en tibétain[23], une des autres langues importantes utilisées en Chine.

Les chercheurs chinois face à Montaigne

À l'époque où Liang Zongdai entreprit la traduction des *Essais*, Montaigne n'était pas totalement inconnu. En l'espace de plusieurs décennies, de nombreux ouvrages sur l'histoire de la littérature française ou européenne avaient vu le jour et faisaient mention de l'auteur des *Essais*. Si le présent article se focalise sur les œuvres importantes rédigées par des chercheurs chinois, il faut prendre en considération qu'à cette époque, la connaissance chinoise de la culture occidentale était assez superficielle. Il était par exemple assez courant pour les publications chinoises portant sur l'histoire de la littérature française d'emprunter aux sources étrangères, le plus souvent en français, en anglais ou en japonais.

Dans l'*Histoire de la littérature européenne* rédigée en 1918[24] par Zhou Zuoren (1885—1967), éminent homme de lettres qui avait fait ses études en langues étrangères au Japon et qui, en 1917, était devenu professeur à l'Université de Pékin, la très brève mention de Montaigne souligne son « optimisme similaire à Rabelais mais plus tranquille » et son « scepticisme ».

Utilisé comme le manuel d'un cours qu'il enseignait à l'époque, ce livre condensait toute l'histoire littéraire européenne de l'Antiquité au XVIIIe siècle dans un fort mince volume. Nonobstant, ce volume eut le mérite d'être le premier de son genre en Chine, en dépit de ses insuffisances. Cette connaissance de la littérature européenne était tirée de nombreuses sources diverses en anglais – histoires littéraires, biographies des hommes de lettres, critiques littéraires – dont Zhou Zuoren s'est servi dans sa compilation de l'ouvrage[25].

En 1929, Yuan Changying (1894—1973), qui avait étudié à l'Université d'Edinburgh et à l'Université de Paris, fit publier *La littérature française*[26], le manuel rédigé d'après plusieurs ouvrages français pour un cours qu'elle enseignait à l'époque à l'Université de Wuhan. La mention de Montaigne est brève et plutôt floue mais contient néanmoins des points importants :

> Au temps de Montaigne, la ferveur de l'humanisme s'était dissipée, et on admirait la critique tranquille. Montaigne étudie les

problèmes de la vie, des plus insignifiants et minutieux aux plus difficiles et complexes. Aucun nelui échappe. Son style, riche en métaphores, est marqué par la franchise et la douceur. Les discussions dans les *Essais* ne dépassent pas, en fin de compte, deux questions : l'une est le scepticisme vis-à-vis de la philosophie de la vie, comme l'exprime la devise 《 Que sais-je ? 》, ce qu'il dit souvent dans son argumentation ; l'autre est la description de soi, comme sa physionomie, sa nature, sa santé, ses habitudes et son histoire. Tout est raconté avec la plus grande honnêteté. Montaigne n'est ni grand philosophe ni artiste, il n'est qu' un sage gentilhomme.⑰

Ce paragraphe mérite d'être cité ici en entier parce qu'il s'agit d'un des premiers commentaires critiques sur Montaigne rédigés par quelqu'un capable de lire la langue originale des *Essais*. Déjà, le scepticisme de Montaigne et sa description de soi sont présentés comme deux caractéristiques majeures de l'œuvre.

Un an après, en 1930, Xu Xiacun (1907—1986) publia son*Histoire de la littérature française*⑱. La partie sur Montaigne y est beaucoup plus étendue. Après avoir signalé que Montaigne vivait à une époque tout autre que celle de Rabelais, après avoir également effectué une présentation relativement brève de la vie de Montaigne, Xu Xiacun souligne avec justesse que Montaigne n'accorde aucune attention à la structure de ses essais, et souvent le titre n'est qu'un point de départ. Pour Xu Xiacun, les *Essais*, marqués par une sincérité totale de leur auteur, constituent une conversation remplie de fraîcheur et possèdent une caractéristique générale qui exprime l' individualité singulière de l'auteur. Il note également que si la philosophie d' un Montaigne sceptique manque de système en soi, sa perspicacité fait que ses essais méritent d'être appréciés. Xu Xiacun voit dans les *Essais* le livre de la plus grande vivacité dans la littérature européenne du XVIe siècle. Mais, selon lui, si Montaigne a exercé une énorme influence sur la postérité, cela n' est pas dû à la grandeur ou à l'originalité de sa pensée, mais à la nature de son esprit, l'essayiste étant disposé à repenser sans aucun préjugé tous les problèmes déjà posés. Et chaque phrase, par conséquent, sort de son individualité, ce qui explique la fraîcheur de son texte malgré la distance temporelle. Professeur de chinois à de nombreuses universités, Xu Xiacun avait étudié en 1927 à l'Université de Paris et était actif dans le milieu littéraire chinois des années 1930, époque durant laquelle, polyglotte, il avait établi sa réputation grâce à une remarquable traduction de *Robinson Crusoe*.

En 1932, dans une *Histoire des courants de pensée littéraires et artistiques en Europe aux temps modernes*㉙, Gao Tao (1902—1950) avait lui aussi relevé le scepticisme de Montaigne. La pensée de Montaigne sur l'éducation avait également reçu sa plus grande attention. L'année suivante vit la parution d'un livre très bref intitulé *Les ABC de la littérature française*㉚. Rédigé par Xu Zhongnian (1904—1981), ancien élève de l'Institut Franco-Chinois de Lyon, ce livre qualifie Montaigne de 《 moraliste 》. Montaigne serait donc 《 égoïste, sceptique et épicurien 》, ce qui n'est pas sans rappeler, selon l'auteur, le penseur chinois Yang Zhu, actif au quatrième siècle avant Jésus-Christ. Xu Zhongnian reconnaît également chez Montaigne la description de soi, l'attachement à l'amitié, l'amour pour la liberté sans contrainte, ainsi que sa pensée sur l'éducation.

C'est à cette époque où Montaigne commençait à être connu par le lecteur chinois que l'article de Liang Zongdai, 《 Commémoration du quatre centième anniversaire de Montaigne 》, fut publiée avec la traduction d'un chapitre des *Essais*. Liang Zongdai, après quelques mots sur la vie de Montaigne et la genèse des *Essais*, situe Montaigne dans le contexte de la Renaissance. Selon lui, Montaigne et Rabelais, humanistes authentiques, s'inscrivent tous les deux dans le même mouvement consistant qui vise à connaître, assimiler et illustrer la culture gréco — romaine. Leur différence principale réside dans le genre littéraire adopté. Liang Zongdai dresse ensuite une liste d'auteurs influencés par Montaigne, y compris Bacon, Shakespeare, Ben Jonson en Angleterre, Chanon, Molière, La Fontaine, Pascal, La Bruyère, Montesquieu, Rousseau, Sainte-Beuve en France. Vers la fin, Liang Zongdai souligne que, puisque《 je suis moi-même la matière de mon livre 》et que《 chaque homme porte la forme entière de l'humaine condition 》, les *Essais* présentent mille facettes changeantes de son auteur et ne peuvent se limiter à une seule interprétation.

Cet article fut suivi, dans la revue *Littérature*, d'un poème intitulé《 Quatre cent ans auparavant et aujourd'hui 》. De son vrai nom Fu Donghua (1893—1971), le poète《 Wu Shi 》(nom de plume), tout en faisant l'éloge du scepticisme de Montaigne qui avait fait tomber les obstacles médiévaux, se lamente sur la situation en Chine, où les《 seigneurs de guerre 》s'affluent pour rétablir ces obstacles. Il aspire vivement à l'apparition d'un Montaigne moderne.

En 1935, l'*Histoire de la littérature française*[31] éditée par Mu Mutian (1900—1971) nous fournit une perspective bien différente. Mu Mutian avait étudié la littérature française à l'Université de Tokyo de 1923 en 1926. Il précise dans la préface que son ouvrage est une traduction et compilation à partir de nombreux ouvrages publiés en France, dont ceux de Joseph Bédier, Paul Hazard, René Canat, Gustave Lanson, Marcel Braunschvig, et au Japon, dont ceux de Tatsuno Yutaka, Yoshie Takamatsu et Yodono Ryuzo. Poète et critique littéraire de gauche, Mu Mutian affirme que l'histoire de la littérature française est l'histoire de l'incompatibilité – ne pouvant jamais être interprétée de manière mécanique – entre la classe féodale et la classe bourgeoise et que le courant principal de la littérature française du XXe siècle n'est rien de plus que l'antagonisme entre les littératures impérialiste et anti-impérialiste.

Une telle interprétation marxiste de l'histoire littéraire est visible dans sa présentation de Montaigne. Mu Mutian énumère et analyse respectivement son scepticisme, son épicurisme, sa modération, et souligne sa différence par rapport à Rabelais. Mais dans un même temps, il attribue les idées de Montaigne à une 《 conscience de la grande bourgeoisie 》 et interprète sa pensée sur l'éducation comme une sorte de 《 compromis avec la noblesse 》. Le refroidissement de la passion humaniste au temps de Montaigne est, à son tour, expliqué chez lui par un 《 rapprochement entre la noblesse et la bourgeoisie 》.

L'œuvre de jeunesse de l'économiste Xia Yande (1911—2000) est dépourvue d'une telle empreinte idéologique. En 1936, alors qu'il venait d'être diplômé de l'Université Jinan à Canton en langues étrangères et en droit, Xia Yande fit publier son *Histoire de la littérature française*, un gros volume de plus de six cent pages qu'il aurait rédigé en deux années en puisant à de nombreuses sources étrangères. Montaigne figure dans l'ouvrage au chapitre 《 la prose au XVIe siècle 》 comme un des trois principaux auteurs de la prose, avec Rabelais et Calvin, et le fondateur de la prose européenne moderne. Il souligne en outre l'《 individualisme 》 de Montaigne, sa croyance en l'《 individualité 》 ainsi que son culte de la 《 Nature 》, traits essentiels de sa personnalité qui se manifeste dans les *Essais*.

C'était durant la Guerre de Résistance contre l'Agression japonaise que Wu Dayuan (1906—1976) rédigea son *Histoire de la littérature française*, livre publié en 1946 qui porte la forte empreinte d'un ouvrage français du même genre. Professeur de français d'abord à l'Université Tsinghua puis à l'Université de Pékin, il avait étudié la littérature française à Dijon, Paris et Lyon de 1930 à 1934. Dans la section sur Montaigne, après avoir présenté la vie de Montaigne et énuméré les différentes phases de la rédaction des *Essais*, Wu Dayuan évoque l'exemplaire de Bordeaux et l'Edition Strowski des *Essais*. Pour ce qui est de la pensée de Montaigne, il souligne que le scepticisme montaignien, parce qu'il est mêlé à l'épicurisme, ne va pas suffisamment loin. Wu Dayuan évoque ensuite la croyance de Montaigne en la Nature comme l'illustre le chapitre 《 Des Cannibales 》, sa pensée sur la mort dans 《 Que philosopher, c'est apprendre à mourir 》, et sa pensée sur l'éducation dans 《 De l'institution des enfants 》. Il s'attarde encore sur le langage de Montaigne, qu'il juge fort naturel.

Si l'on devait résumer l'image de Montaigne en Chine avant 1949, on remarquerait que les principaux aspects qui reçoivent le plus d'attention sont le scepticisme, la pensée sur l'éducation, ainsi que la description de soi ou l'individualisme de l'auteur.

Peu après la Révolution communiste de 1949, le climat politique en Chine continentale fit que la recherche sur la littérature occidentale connut une longue période durant laquelle les auteurs occidentaux étaient triés et interprétés selon certains critères politiques et, après l'éclatement de la 《 Révolution culturelle 》 en 1966, ignorés et rejetés complètement. Cet étatd'abandon allait durer jusqu'à la fin des années 1970. Montaigne, peu propice au goût du réalisme socialiste, n'a donc pas connu un sort heureux.

L'oubli ne fut pourtant pas total. En 1964 parut une *Histoire de la littérature européenne*[②], ouvrage rédigé par Yang Zhouhan (1915—1989), Wu Dayuan et Zhao Luorui (1912—1998). Yang Zhouhan et Zhao Luorui, qui avaient étudié la littérature anglo-américaine respectivement à l'Université Oxford et à l'Université de Chicago, figuraient à l'époque parmi les meilleurs spécialistes chinois. Cet ouvrage, le fruit d'un projet collectif du département des langues et littératures occidentales à l'Université de Pékin, a eu une influence considérable sur des générations d'étudiants chinois. La partie dédiée à Montaigne n'occupe pourtant qu'une seule page au sein de la section 《 La littérature française et Rabelais 》 dans le chapitre sur la Renaissance et relève essentiellement d'une reformulation abrégée de ce qui avait été dit sur Montaigne dans l'ouvrage de Wu Dayuan en 1946, mais les idées de Montaigne, cette fois-ci, étaient attribuées à un 《 reflet de la pensée de la classe supérieure de la bourgeoisie française 》.

La lecture de Montaigne était aussi restée gravée dans la mémoire de certains hommes de lettres. Qian Zhongshu (1910—1998), écrivain et érudit polyglotte, publia en 1979 *Vues limitées* (《 Guan zhu bian 》)[33], une fresque monumentale sur la littérature universelle où il fit des commentaires détaillés sur des textes canoniques chinois en créant des liens avec des œuvres occidentales. Commencé durant la 《 Révolution culturelle 》, ce recueil unique en son genre fait référence à quatre mille auteurs environ, et les très nombreuses citations en langues étrangères, telles que l'anglais, le français, l'italien, l'espagnol, l'allemand et le latin, sont traduites élégamment en chinois classique. On y repère au total 22 citations des *Essais*, ce qui prouve la familiarité de Qian Zhongshu avec Montaigne.

En pleine ferveur de la 《 Révolution culturelle 》, Liu Mingjiu (1934—), avec ses collègues Zheng Kelu (1939—) et Zhang Yinglun (1938—) de l'Académie chinoise des sciences sociales, entamèrent clandestinement une *Histoire de la littérature française*[34], dont le premier tome fut publiéen 1979[35]. Selon la préface, cette idée leur était venue en raison de l'absence d'une histoire de la littérature française en langue chinoise à partir de 1949, à l'exception d'une *Histoire brève de la littérature française* traduite du russe en 1958 et tirée de l'*Encyclopédie de l'Union soviétique*. Liu Mingjiu et ses collègues, excédés de la folie révolutionnaire, étaient confiants de rédiger un ouvrage bien meilleur que la brochure soviétique. Révisé et republié en 2007[36], cet ouvrage en trois volumes demeure jusqu'à ce jour une référence incontournable. En effet, à la différence des références du même genre publiées avant 1949, ouvrages qui, malgré leur mérite et utilité à une certaine époque, empruntent abondamment aux livres similaires disponibles en langues étrangères, l'entreprise de Liu Mingjiu et ses collègues consiste à écrire une histoire de la littérature française d'après la lecture et la compréhension des chercheurs chinois pour le public chinois.

La partie sur Montaigne dans l'édition de 1979 a été rédigée par Zheng

Kelu. Selon la préface, les auteurs avaient d'abordvoulu prendre leurs distances avec la doctrine de Zhdanov pour revenir aux jugements de Marx et d'Engels. Dans la partie sur Montaigne, ils évoquent son appel à la paix et ses diverses opinions et idées qui reflètent bien la conscience de la « bourgeoisie émergente ». Les auteurs s'attardent surtout sur son scepticisme (《 L'Apologie de Raymond Sebond 》) qui tend parfois vers l'agnosticisme, sa condamnation des supplices durant les guerres de religion (《 Des Cannibales 》), sa pensée sur l'éducation (《 De l'institution des enfants 》) qui sert en fin de compte à former les enfants de la classe supérieure, sa critique du colonialisme (《 Des Coches 》), son écriture de soi qui est un aboutissement de la pensée humaniste, et son influence sur la littérature « bourgeoise » du XVIIIe et XIXe siècles. Ils soulignent également la confusion et le coq-à-l'âne dans le texte de l'essayiste, qu'ils considèrent comme un « défaut ».

Dans l'édition de 2007, la section sur Montaigne fut placée sous la responsabilité de Liu Mingjiu qui précise explicitement – dans la préface – que l'histoire de la littérature doit être considérée comme 《 l'histoire de l'apparition des auteurs et de leurs œuvres 》. La marque de l'idéologie soviétique a été entièrement débarrassée. Après avoir évoqué la consubstantialité entre l'homme et le livre, Liu Mingjiu constate que, vu la violence et le tumulte de l'époque, l'existence d'un homme tel que Montaigne est miraculeuse. Il note que, bien que Montaigne eût beaucoup à dire sur la politique, la critique des institutions de son temps n'a pourtant occupé qu'une partie infime de ses écrits et que la plupart des *Essais* ont eu pour principal sujet la philosophie. Il remarque encore la particularité de Montaigne qui a su garder l'esprit détaché au milieu du tumulte, qui a philosophé tranquillement tout en écrivant, comme en témoigne l'abondance de ses citations des sources antiques. D'après Liu Mingjiu, grâce à une vision matérialiste de l'univers et de la Nature, une perception humaniste du monde et de la vie, Montaigne est resté relativement affranchi de la théologie catholique dominante, de même que le scepticisme de

Montaigne s'inscrit dans la tradition du matérialisme et s'oppose au fanatisme religieux. Quant au style de Montaigne, Liu Mingjiu fait surtout l'éloge de sa franchise et de l'absence totale de tout maniérisme dans les *Essais*.

Il faut aussi mentionner l'*Histoire de la littérature française*⑦ de Zheng Kelu et celle⑧ de Chen Zhenyao (1933—), publiées ces dernières années. Cet ouvrage en deux tomes de Zheng Kelu représente une sorte de conclusion de sa longue et féconde carrière de chercheur en littérature française. Comme Liu Mingjiu, Zheng Kelu se donne également pour tâche d'écrire une histoire de la littérature française du point de vue chinois. Dans ce nouveau livre paru en 2003, la section sur Montaigne nous rappelle celle qu'il avait rédigée en 1979 dans l'ouvrage collectif, mais elle présente néanmoins des points nouveaux. L'auteur souligne par exemple le stoïcisme, le scepticisme (《 L'Apologie de Raymond Sebond 》), la condamnation des horribles faits dans les guerres de religion (《 Des Cannibales 》) et des crimes commis par les colonisateurs (《 Des Coches 》), la pensée montaignienne sur l'éducation, la description de soi, ainsi que l'opinion toujours dualiste de Montaigne, à la fois réformateur et conservateur, sur de nombreux sujets. L'analyse de classe a totalement disparu.

Si cet ouvrage de Zheng Kelu et l'édition révisée de l'ouvrage collectif en 2007 consacrèrent tous les deux une section entière au style de Montaigne, après celles sur sa vie et sa pensée, c'est que Liu Mingjiu et Zheng Kelu, figures majeures dans la recherche sur la littérature française en Chine, avaient tous les deux commencé à apprécier Montaigne non seulement sur le plan philosophique, mais aussi sur le plan littéraire et stylistique. Un tel choix mérite notre attention.

Qian Linsen (1937—), connu pour ses recherches sur les rapports culturels entre la France et la Chine, a dédié un sous-chapitre à 《 Montaigne et la Chine 》, divisé en deux parties 《 Montaigne et la culture traditionnelle chinoise » et « Montaigne et la littérature chinoise moderne », dans son ouvrage *Les écrivains français et la Chine*[39]. Guo Hongan (1943—), éminent chercheur en littérature française, a contribué à cet intérêt pour une approche purement littéraire grâce à sa pratique de la critique littéraire proposée par Jean Starobinski. Dans un autre article, « Examen des essais modernes à travers les *Essais* de Montaigne »[40], Guo Hongan retrace l'histoire de l'introduction du genre « essay » ou « essai » en Chine moderne, et étudie ses diverses connotations par rapport à l'essai chez Montaigne.

Par ailleurs, les articles sur Montaigne, dont le nombre ne cesse de croître ces dernières années grâce à la publication des traductions, restent à ce jour pour la plupart des présentations relativement générales de la vie et l'œuvre de Montaigne, des notes de lecture, ou l'analyse d'un certain aspect de sa pensée, par exemple, « la pensée de Montaigne sur la religion », « la pensée humaniste de Montaigne sur l'éducation », etc.

Ce qui retient aussi notre attention, c'est qu'en dehors des écrits des chercheurs chinois sur Montaigne, la réception de Montaigne en Chine est aussi sous l'influence de la présentation et la traduction des ouvrages sur Montaigne. Les chercheurs chinois d'avant 1949 portaient déjà uncertain intérêt pour la recherche sur Montaigne en Occident. Il y avait, par exemple, la présentation[41] de *The Living Thoughts of Montaigne*[42], la traduction[43] de l'article « Michel de Montaigne et Pierre Charron » d'Harald Höffding[44], ainsi que la traduction[45] de l'article « Montaigne the Educator » de M. Joubert[46]. Durant les dernières années, les traductions des ouvrages occidentaux sur Montaigne comprennent notamment *Montaigne*[47] de Stefan Zweig, *Montaigne*[48] de Peter Burke, *How to live : Or a Life of Montaigne in One Question and Twenty Attempts at an Answer*[49] de Sarah Bakewell et *Montaigne's Politics : Authority and Governance in the Essais*[50] de Biancamaria Fontana. Mais les traductions réalisées jusqu'ici sont toujours très loin de couvrir les principaux ouvrages sur Montaigne.

Montaigne et la littérature chinoise moderne

Si les *Essais* de Montaigne ont connu plusieurs traductions et si Montaigne s'est fait connaître en Chine grâce aux nombreux ouvrages et articles, nous devons néanmoins nous interroger sur le terme chinois employé pour traduire《 essai 》. Montaigne étant le pionnier d'un genre littéraire inédit, il n'y a aucun genre littéraire dans la tradition littéraire chinoise qui soit l'équivalent exact de l'《 essai 》. Pourtant deux genres lui sont comparables. L'un est《 *sui bi* 》（随筆）, l'autre est《 *xiao pin* 》（小品）ou《 *xiao pin wen* 》（小品文）.

《 *Sui bi* 》, littéralement《 la plume libre 》, a d'abord paru comme genre littéraire avec *rong zhai sui bi* de Hong Mai（1123—1202）, ouvrage qui comprend 74 volumes et 1220 articles. La rédaction du recueil s'étend sur plus de quarante ans et les articles, d'une longueur plutôt courte, portent sur à peu près tous les sujets, des canons confucianistes à l'astronomie ou la médecine, en passant par la littérature et les arts, et s'attarde particulièrement sur l'histoire des dynasties précédentes. Afin de mieux apprécier ce qu'il entend par《 *sui bi* 》, nous introduisons ici une citation de la préface du recueil：《 Étant âgé et paresseux et n'ayant pas beaucoup lu, je note rapidement tout ce que je pense. Comme mes écrits ne sont pas dans l'ordre, je les nomme '*sui bi*' 》.[①] Les écrits de Hong Mai, avec leurs références à l'histoire ancienne, avec la liberté de la forme et du sujet, présentent effectivement certaines similarités avec ceux de Montaigne.

Après Hong Mai, d'autres recueils du même genre comprenaient《 *sui bi* 》 dans leur titre, tels *tian xiang ge sui bi* de Li Ji（1619—1690）, où il raconte et commente sur l'histoire de la chute de la dynastie des Ming（1368—1644）et l'émergence de la dynastie des Qing（1644—1912）, et *liu nan sui bi* de Wang Yingkui（1683—?）, où l'auteur présente ses notes de lecture sur ce qu'il a vu ou vécu.

《*Xiao pin* 》, dont le sens originel indique la version abrégée des canons bouddhiques, a été appliqué à la littérature vers la fin de la dynastie des Ming. Ce genre nouveau se distingue des genres littéraires orthodoxes et, grâce à sa forme courte et libre, se donne pour tâche de noter des pensées ou des commentaires sur la vie, de raconter vivement une histoire, de présenter une anecdote sur quelqu'un, etc. Nous avons par exemple *wu meng yuan ji xiao pin* de Chen Renxi (1581—1636), *mei gong xian sheng wan xiang tang xiao pin* de Chen Jiru (1558—1639), *wen fan xiao pin* de Wang Siren (1574—1646) et *yong zhuang xiao pin* de Zhu Guozhen (? —1632), tous des recueils de 《 *xiao pin* 》 rédigés par les hommes de lettres de l'époque.

Face au genre 《 essai 》 issu de la culture occidentale, les lettrés chinois, se rappelant inévitablement la tradition chinoise, eurent des réactions très différentes. Wang Guowei (1877—1927), grand érudit chinois qui a fait d'importantes contributions à la recherche sur la littérature et l'histoire chinoises, pense naturellement au 《 *sui bi* 》 chinois dans sa présentation des 《 Essays 》 de Francis Bacon, dans un article publié en 1907[52]. Mais il ne tarde pas à souligner que le 《 *sui bi* 》 chinois, qui n'a pas d'ordre fixe dans la rédaction, est très différent des 《 Essays 》 soigneusement conçus de Bacon. Quant à Liang Yuchun (1906—1932), essayiste et grand traducteur-admirateur des essais anglais, dont notamment ceux de Charles Lamb, il a quant à lui opté pour le terme chinois 《 *xiao pin* 》 pour traduire 《 Essay 》. Selon lui, ce n'est pas une traduction tout à fait satisfaisante, mais puisque l'équivalent exact est très difficile à trouver, ce terme, dont les connotations n'en sont pas très éloignées, lui paraît le plus idéal pour l'instant[53].

Si 《*sui bi* 》 est devenu de nos jours le nom chinois le plus courant pour l' 《 essai 》 montaignien, de nombreuses autres traductions ont été utilisées et sont toujours en usage. Tout comme Zhou Zuoren dans l' *Histoire de la littérature européenne* de 1918, Liang Zongdai, dans son premier article sur

Montaigne publié en 1933, avait employé 《 lun wen 》(論文), littéralement 《 article à thèse 》, pour traduire 《 essai 》. Mais peu de temps après, lorsque ses traductions parurent dans la 《 Collection de la littérature mondiale 》, le nom pour 《 essai 》 fut 《 san wen 》(散文), le terme générique pour 《 prose 》. Cinq ans plus tard, dans le *Star Island Daily* du 25 août 1938, Liang Zongdai proposa une traduction nouvelle qui lui avait semblé plus appropriée: 《 shi bi 》(試筆). En combinant 《 shi 》, le verbe pour 《 essayer 》, et 《 bi 》, le nom pour 《 stylo 》 ou 《 pinceau 》, Liang Zongdai voulut rendre au mieux les subtilités du double sens d'《 essai 》 en français. Zhu Guangqian (1897—1986), fondateur de l'étude esthétique en Chine moderne, avait d'ailleurs eu la même idée deux années auparavant pour traduire 《 essay 》[54]. En outre, Hu Menghua (1903—1983), dans son introduction au genre 《 essay 》 publiée en 1926[55], se contentant d'une brève introduction à Montaigne qu'il avait connu par le biais de la traduction anglaise, choisit la traduction 《*xu yu san wen*》(絮語散文), littéralement 《 la prose fragmentaire 》.

Cette confusion dans la traduction de l'《 essai 》 ou 《 essay 》 est un reflet des hésitations des lettrés chinois face à ce genre nouveau et s'inscrit dans un contexte plus large. C'était l'époque du Mouvement de la Nouvelle Culture, une époque où la littérature moderne en langue vernaculaire était en pleine croissance, et où les journaux et revues littéraires étaient en pleine floraison.

L'article[56] de Zhou Zuoren en 1921, intitulé 《 *mei wen* 》, littéralement 《 la belle prose 》, fut un premier appel à la rédaction des essais en chinois vernaculaire à l'exemple des essais anglais. Certains hommes de lettres commencèrent à préconiser les 《 *xiao pin wen* 》 vers la fin de la dynastie des Ming, par exemple les œuvres de Yuan Hongdao (1568—1610), dont l'écriture, dégagée de l'imitation des anciens, était marquée par une originalité et une authenticité. En faisant revivre cette tradition chinoise sous l'inspiration de l'influence étrangère, ils voulaient encourager l'écriture des essais chinois et enrichir la littérature chinoise vernaculaire. Lin Yutang (1895—

1976), écrivain bilingue (chinois et anglais), auteur d'un grand nombre de livres publiés en Chine et aux États-Unis, fut un des champions d'un tel renouveau de 《 *xiao pin wen* 》 dans les années 1920 et 30. Fondateur de plusieurs revues littéraires spécialisées sur ce genre, Lin Yutang définit le《 *xiao pin wen* 》 à l'époque moderne comme un style personnel[57], provenant de la littérature occidentale, qui permet une libération de la plume dans tout ce dont on parle. Il jugea d'ailleurs, en 1934, que ce genre,《 avec soi—même comme centre, avec l'aise et le confort comme goût 》[58], avait été l'unique succès de la littérature chinoise moderne depuis 1920.

Si la floraison des essais fut un trait significatif de la littérature chinoise à l'époque, l'attention excessivequi tendait à mettre en avant《 l'aise et le confort 》 ne plut pas à d'autres hommes de lettres, dont Lu Xun (1881—1936), grand écrivain qui, de son vrai nom Zhou Shuren et frère aîné de Zhou Zuoren, est largement reconnu comme un des fondateurs de la littérature chinoise moderne. Constatant une crise dans le genre et s'en prenant à certains 《 *xiao pin wen* 》 qui, à ses yeux, seraient dégradés en 《 bibelots 》, Lu Xun affirme que ce genre vernaculaire, né sous l'influence de l'《 essay 》 anglais, représentait une sorte de combat pour se démarquer de la littérature classique et devait donc se présenter sous forme de 《 poignards 》 et de 《 lances 》 afin de survivre[59].

Si les approches divergent dans l'écriture des essais, l'influence étrangère est évidente et cruciale. La présence de nombreux nouveaux traits dans la prose chinoise moderne ne peut être attribuée simplement à une résurgence de la tradition chinoise. Si Lin Yutang, né dans une famille de missionnaires et éduqué à l'occidentale, se réclame des 《 *xiao pin wen* 》 classiques et exprime son admiration pour Yuan Hongdao, son propre style est en réalité plus proche de la tradition des essais anglais[60]. Il ne faut donc pass'étonner que son œuvre en anglais *The Importance of Living*, publié à New York en 1937, présente de nombreux points en commun avec les *Essais* de

Montaigne, comme l'a signalé Rivi Handler-Spitz[61]. Lin Yutang aurait ainsi lu Montaigne longtemps auparavant, lorsqu'il faisait ses études à l'Université de Leipzig au début des années 1920. Dans un poème intitulé 《 Moi, à quarante ans 》 publié en 1934[62], il écrit, en évoquant ses lectures dans le passé, le vers 《 j'apprends uniquement auprès de mon maître Montaigne 》.

Profondément influencé par Charles Lamb, Liang Yuchun était aussi dès les années 1920 lecteur de Montaigne grâce à la traduction anglaise[63]. Ancien élève en littérature anglaise à l'Université de Pékin, il reconnut en Montaigne le fondateur du genre de l'《 essay 》 dans plusieurs de ses préfaces des recueils d'essais anglais[64]. Selon lui, s'il avait choisi de traduire ces 《*xiao pin wen*》 anglais, c'était surtout pour favoriser le fleurissement des 《*xiao pin wen*》 chinois, tels ceux de Lu Xun ou de Zhou Zuoren, en Chine. Liang Yuchun avait d'ailleurs publié en 1929 une courte introduction à la traduction anglaise récente du *Journal de voyage en Italie*, où il remarque que 《 récemment nos compatriotes apprécient la littérature de '*xiao pin*', Montaigne est par conséquent un auteur qui mérite d'être lu avec soin, et cela vaut donc la peine d'introduire ce journal 》.[65] Par le biais des essais anglais, un certain lien s'était déjà créé entre Montaigne et la littérature chinoise moderne. Pour ces écrivains chinois anglophones qui apprécient les essais anglais, Montaigne, en tant que fondateur du genre de l'《 essai 》, était donc une figure incontournable qu'ils allaient immanquablement connaître tôt ou tard.

L'autre source d'information pour les écrivains chinois de l'époque était le Japon. Les frères Lu Xun et Zhou Zuoren, ayant étudié ensemble au Japon, avaient tous les deux étéprofondément marqués par la littérature japonaise. En 1924, Lu Xun traduisit l'ouvrage *Sorti de la Tour d'Ivoire*[66] de Kuriyagawa Hakuson (1880—1923), très influent en Chine à l'époque. Dans cet ouvrage, le critique littéraire japonais retrace l'évolution du genre littéraire de l'《 essay 》 en Europe et présente Montaigne comme son fondateur. Selon le journal de Lu Xun, on sait aussi qu'il avait acheté en 1935 les trois volumes des *Essais* de Montaigne traduits en japonais par Sekine Hideo[67]. Si l'écriture de Lu Xun ne porte aucune empreinte évidente des essais montaigniens, Montaigne lui était au moins familier grâce aux sources japonaises.

Il est intéressant de noter que les essais de Zhou Zuoren, chez qui se trouvent des influences occidentales et japonaises, présentent en effet de nombreuses similarités avec ceux de Montaigne, dans leur description de soi, leur goût pour la modération, et leur style conversationnel. Montaigne, pour qui Zhou Zuoren avait une grande admiration[68], figure parmi les nombreux écrivains occidentaux et japonais qui auraient, dans une certaine mesure, marqué l'écriture de Zhou Zuoren.

Dans le cas de Li Jianwu (1906—1982), écrivain et traducteur, nous avons l'exemple d'un auteur pour qui l'influence de Montaigne était plus directe. Diplômé du département de la littérature occidentale à l'Université Tsinghua, Li Jianwu avait fait ses études en France de 1931 à 1933 et a surtout été connu pour une biographie de Flaubert et une traduction du théâtre complet de Molière. Lecteur avide de la littérature française, il imite consciencieusement la structure et le style des essais de Montaigne dans sa propre critique littéraire[69]. Dans son essai sur la critique littéraire《 Le soi et le style 》[70], il fait surtout référence à l'aspect constamment changeant du monde et au scepticisme qu'il dit avoir appris auprès de Montaigne.

Les années 1920 et 1930 avaient vu l'émergence de grands essayistes chinois qui, se situant entre la tradition chinoise et l'influence étrangère, ont œuvré, grâce à leur maîtrise des langues étrangères, pour la création d'un genre nouveau en chinois vernaculaire. Outre les auteurs évoqués ci-dessus, il y avait encore des essayistes illustres tels Liang Shiqiu (1903—1987), essayiste fécond et traducteur du théâtre complet de Shakespeare, et Chen Xiying

(1896—1970), essayiste profondément influencé par les essais anglais. Si l'influence de Montaigne était indirecte et passait pour la plupart du temps par les essais anglais, ce fondateur du genre de l'《 essai 》 dans la tradition occidentale fut constamment une référence lointaine et importante.

* * *

Nous avons successivement présenté la traduction de Montaigne en chinois, la recherche sur Montaigne, ainsi que son influence sur la littérature chinoise moderne. Grâce à la traduction de la totalité des *Essais* et du *Journal de voyage en Italie*, Montaigne, déjà connu en Chine, continue de susciter l'intérêt d'un plus grand nombre de lecteurs. Si les traducteurs que nous avons cités, expérimentés et pour la plupart dédiés à leur travail, ont permis de mieux faire connaître Montaigne en Chine, il n'y a malheureusement pas encore, jusqu'à ce jour, de monographie de qualité sur Montaigne rédigée par un chercheur chinois. Et par rapport à la recherche sur d'autres auteurs français, notamment certains auteurs importants des XIXe et XXe siècles, les articles publiés sur Montaigne demeurent relativement peu nombreux. Les affinités entre la pensée de Montaigne et la pensée chinoise, confucianiste, taoïste ou bouddhique, ne sont jusqu'ici qu'effleurées de manière éparse et sont susceptibles de devenir des sujets d'étude dans l'avenir. Par exemple, l'étude comparative menée par Rivi Handler-Spitz entre Montaigne et Li Zhi (1527—1602) nous fournit un modèle pour ce genre de recherche[1].

L'influence de Montaigne en Chine ne cessera de croître. Comme au temps du Mouvement de la Nouvelle Culture, on constate, grâce à la croissance économique rapide ces dernières années et à la profusion des revues et journaux, une résurgence des genres littéraires de 《 *xiao pin wen* 》 et de 《 *sui bi* 》, ce qui explique l'intérêt croissant pour les *Essais*. Malgré l'énorme différence culturelle, Montaigne reste et restera, comme dans les années 1920 et 1930, une référence importante pour les essayistes chinois.

Pour terminer ce survol de la réception de Montaigne en Chine, nous proposons ici la traduction du poème de Fu Donghua paru en 1933 après l'article de Liang Zongdai, au temps où les guerres civiles ravageaient le pays :

Quatre cent ans auparavant, la France était toujours couverte par les cendres féodales ;

Sacré Montaigne ! Avec un esprit sceptique, avec un style aisé,

Il se débarrasse pêle-mêle des mystères et obstacles médiévaux,

Faisant voir le soleil de nouveau au monde humain, découvrant qu'on a sa propre pensée.

Et pourtant, nos compatriotes d'aujourd'hui veulent forcer le train du temps à reculer !

Ne voyez-vous pas, les seigneurs de guerre s'affluant pour construire leurs châteaux, il n'y a que la noirceur féodale, l'ignorance et la cruauté qui se répandent en l'air !

Ah, comment peut-on avoir un Montaigne d'aujourd'hui, où peut-on trouver le Montaigne d'aujourd'hui !

Glossaire

Transcriptions de "Montaigne"
meng tian 蒙田 (traduction la plus utilisée), 蒙恬, 孟田
meng dan 蒙旦, 孟丹
meng dan ni 蒙旦尼, 孟丹尼
meng dai ni 蒙戴尼, 蒙黛尼
meng dai re 蒙戴热
meng tai nie 蒙泰涅, 蒙台涅
meng tai nu 蒙泰奴
meng tai yin 孟泰因

Noms chinois

Chen Jiru 陈继儒

Chen Pingyuan 陈平原

Chen Renxi 陈仁锡

Chen Xiying 陈西滢

Chen Zhenyao 陈振尧

Dai Wangshu 戴望舒

Ding Buzhou 丁步洲

Fu Lei 傅雷

Gao Tao 高滔

Guo Hongan 郭宏安

Hong Mai 洪迈

Hu Menghua 胡梦华

Huang Jianhua 黄建华

Lei Tongqun 雷通群

Li Ji 李寄

Li Jianwu 李健吾

Liang Shiqiu 梁实秋

Liang Yuchun 梁遇春

Liang Zongdai 梁宗岱

Liao Siqi 廖思齐

Lin Yutang 林语堂

Liu Fang 刘方

Liu Mingjiu 柳鸣九

Liu Xuyuan 刘绪源

Lu Binghui 陆秉慧

Lu Lan 卢岚

Ma Zhencheng 马振骋

Mu Mutian 穆木天

Pan Lizhen 潘丽珍

Qian Linsen 钱林森

Qian Zhongshu 钱锺书

Tao Qian / Tao Ts'ien 陶潜（Tao Yuanming 陶渊明）

Wang Guowei 王国维

Wang Jinwen 王进文（Zhi An 止庵）

Wang Lunyue 王论跃

Wang Siren 王思任

Wang Yingkui 王应奎

Wen Rumin 温儒敏

Wen Yuanning 温源宁

Wu Dayuan 吴达元

Wu Fuhui 吴福辉

Wu Shi 伍实（Fu Donghua 傅东华）

Xia Yande 夏炎德

Xu Hejin 徐和瑾

Xu Xiacun 徐霞村

Xu Zhongnian 徐仲年

Yang Zhouhan 杨周翰

Yang Zhu 杨朱

Yuan Changying 袁昌英

Yuan Hongdao 袁宏道

Zhao Luorui 赵萝蕤

Zhang Yinglun 张英伦

Zheng Kelu 郑克鲁

Zheng Zhenduo 郑振铎

Zhou Shuren 周树人（Lu Xun 鲁迅）

Zhou Zuoren 周作人

Zhu Guangqian 朱光潜

Zhu Guozhen 朱国祯

Noms des chercheurs japonais
SEKINE Hideo 关根秀雄
TATSUNO Yutaka 辰野隆
YODONO Ryuzo 淀野隆三
YOSHIE Takamatsu 吉江乔松
KURIYAGAWA Hakuson 厨川白村

Concepts clés en caractères chinois
sui bi 随笔
tian xiang ge sui bi 天香阁随笔
liu nan sui bi 柳南随笔
xiao pin 小品 *xiao pin wen* 小品文
wu meng yuan ji xiao pin 无梦园集小品
mei gong xian sheng wan xiang tang xiao pin 眉公先生晚香堂小品
wen fan xiao pin 文饭小品
yong zhuang xiao pin 湧幢小品
shi bi 试笔
san wen 散文
lun wen 论文
xu yu san wen 絮语散文

Titres des ouvrages et articles
La méthode montaignienne de l'institution des enfants（Meng shi you zhi jiao yu fa 孟氏幼稚教育法）
Histoire de la littérature européenne（Ou zhou wen xue shi 欧洲文学史）
Biographie de Zhou Zuoren（Zhou Zuoren zhuan 周作人传）
La Littérature française（Fa lan xi wen xue 法兰西文学）

Histoire de la littérature française（Fa guo wen xue shi 法国文学史）

Histoire des courants de pensée littéraires et artistiques en Europe aux temps modernes（Jin dai ou zhou wen yi si chao shi gang 近代欧洲文艺思潮史纲）

Les ABC de la littérature française（Fa guo wen xue ABC 法国文学ABC）

Vues limitées（Guan zhui bian 管锥编）

Les écrivains français et la Chine（Fa guo zuo jia yu zhong guo 法国作家与中国）

Écrits de Zhu Guangqian（Meng shi wen chao 孟实文抄）

Écrits de Rong Zhai（Rong zhai sui bi 容斋随笔）

Sélection des essais anglais（Ying guo xiao pin wen xuan 英国小品文选）

Histoire de la prose et du roman chinois（Zhong guo san wen xiao shuo shi 中国散文小说史）

Histoire de la critique littéraire moderne（Zhong guo xian dai wen xue pi ping shi 中国现代文学批评史）

Sorti de la Tour d'Ivoire（Chu le xiang ya zhi ta 出了象牙之塔）

Sélection des textes critiques de Li Jianwu（Li Jianwu wen xue ping lun xuan 李健吾文学评论选）

Analyse de Zhou Zuoren（Jie du Zhou Zuoren 解读周作人）

"Examen des essais modernes à travers les essais de Montaigne"（Cong meng tian sui bi kan xian dai sui bi 从蒙田随笔看现代随笔）

"La crise de 'xiao pin wen'"（Xiao pin wen de wei ji 小品文的危机）

"Moi，à quarante ans"（Si shi zi shu 四十自述）- "j'apprends uniquement auprès de mon maître Montaigne"（Wei xue meng dan wo xian shi 惟学孟丹我先师）

Noms des revues

Littérature（Wen xue 文学）

Star Island Daily（Xing dao ri bao 星岛日报）

Collection de la littérature mondiale（Shi jie wen ku 世界文库）

Avant-garde culturelle（Wen hua xian feng 文化先锋）

Avant-garde littéraire et artistique（Wen yi xian feng 文艺先锋）

Littérature occidentale（Xi yang wen xue 西洋文学）

Mensuel de l'Institut Franco-chinois（Zhong fa da xue yue kan 中法大学月刊）

Compilation de l'Actualité（Shi shi lei bian 时事类编）

Mensuel de romans（Xiao shuo yue bao 小说月报）

The China Critic Weekly（Zhong guo ping lun zhou bao 中国评论周报）

Journal du matin – Supplément（Chen bao fu kan 晨报副刊）

Le Monde humain（Ren jian shi 人间世）

Le monde de l'éducation（Jiao yu shi jie 教育世界）

Temps modernes（Xian dai 现代）

Les Entretiens（Lun yu 论语）

Le Croissant（Xin yue 新月）

原载 *Montaigne Studies*，2016，vol. XXVIII。

注　释

① Montaigne, *Essais III*, éd. Emmanuel Naya, Delphine Reguig et Alexandre Tarrête, Paris, Gallimard, 2009 et 2012, p. 181.

② *Ibid.*, pp. 412—413.

③ Pierre Villey, *Les sources et l'évolution des Essais de Montaigne*, Paris, 1908, tome I, p. 138.

④ André Rétif, Jean Filliozat, 《Une bibliothèque de la Renaissance en Chine》, *Bulletin de l'Association Guillaume Budé*, n°3, octobre 1953, pp. 113—125.

⑤ Tongqun Lei, *La méthode montaignienne de l'institution des enfants* [*meng shi youzhi jiaoyu fa*], Shanghai, Shang wu yin shu guan, 1930.

⑥ Montaigne, *De l'institution des enfants*, tr. Kozaburo Tsuji, Tokyo, Meguro-shoten, 1928 (qui contient 《 De l'institution des enfants 》 et 《 Du pédantisme 》)

⑦ Ts'ien Tao, *Les Poèmes de T'ao Ts'ien*, tr. Tsong-taï Liang, Paris, Éditions Lemarget, 1930.

⑧ 《 De la coutume et de ne changer aisément une loi reçue 》 dans *Avant-garde culturel* (*Wen hua xian feng*), no. 2, vol. 19, 1943 ; 《 Divers événements de même conseil 》 dans *Avant-garde littéraire et artistique* (*Wen yi xian feng*), no. 2, vol. 3, août 1943.

⑨ 《 Préface 》, *Star Island Daily - Horoscope*, no. 25, le 25 août 1938.

⑩ Lan Lu, 《 Montaigne, un philosophe littéraire 》, dans Montaigne, *Les Essais de Montaigne*, tr. Zongdai Liang, éd. Lan Lu, Beijing, Zhong yang bian yi chu ban she, 2006.

⑪ 《 Préface du traducteur 》, Montaigne, *Les Essais de Montaigne*, tr. Zongdai Liang, Jianhua Huang, Changsha : Hu nan ren min chu ban she, 1987.

⑫ Rivi Handler-Spitz, 《 The Importance of Cannibalism : Montaigne's *Essays* as a Vehicle for the Cultural Translation of Chineseness in Lin Yutang's *The Importance of Living* 》, *Compilation and Translation Review*, no. 1, vol. 5, mars 2012, pp. 121-158.

⑬ Montaigne, *Les Essais de Montaigne*, tr. Zongdai Liang, Jianhua Huang, Changsha : Hu nan ren min chu ban she, 1987.

⑭ Montaigne, *Essais* (I, II, III), tr. Zhencheng Ma, Shanghai, Shanghai shu dian chu ban she, 2009.

⑮ Prix chinois pour les œuvres traduites du français. Fu Lei (1908-1966), traducteur de très nombreuses œuvres, notamment celles de Balzac et de Romain Rolland, du français en chinois. Ses traductions avaient profondément marqué toute une génération.

⑯ Montaigne, *Œuvres complètes*, Bibliothèque de la Pléiade, Paris, Gallimard, 1962.

⑰ Montaigne, *Livre de bonheur*, éd. Yi Lu, Beijing, Zhong guo hua qiao chu ban she, 2012.

⑱ Montaigne, *La plus belle prose du monde*, tr. et éd. Yue Zhang, Harbin, Bei fang wen yi chu ban she, 2009.

⑲ Montaigne, *Pensées d'une vie de sagesse*, tr. Fenglian Long, Wuhan, Chang jiang wen yi chu ban she, 2008.

⑳ Montaigne et al., *60 essais philosophiques à lire dans la vie*, éd. Juan Yu, Beijing,

Zhong guo he ping chu ban she, 2006.

㉑ Montaigne, *Montaigne sur la vie*, tr. Jing Long, Harbin, Harbin chu ban she, 2004.

㉒ Montaigne, *Il faut bien traiter la vie - la philosophie en quête du bonheur*, tr. Jing Long, Xi'an, Shan xi shi fan da xue chu ban she, 2006.

㉓ Montaigne, *Essais* (extraits), tr. Lha phyug skyid, Lanzhou, Gan su min zu chu ban she, 2010.

㉔ Zuoren Zhou, *Histoire de la littérature européenne*[*Ou zhou wen xue shi*], Shanghai, Shang wu yin shu guan, 1918.

㉕ An Zhi (Jinwen Wang), *Biographie de Zhou Zuoren* [*Zhou Zuoren zhuan*], Jinan, Shan dong hua bao chu ban she, 2009, p. 66.

㉖ Changying Yuan, *La littérature française* [*Fa lan xi wen xue*], Shanghai, Shang wu yin shu guan, 1929.

㉗ Changying Yuan, *ibid.*, pp. 36—37.

㉘ Xiacun Xu, *Histoire de la littérature française* [*Fa guo wen xue shi*], Shanghai, Bei xin shu ju, 1930.

㉙ Tao Gao, *Histoire des courants de pensée littéraires et artistiques en Europe aux temps modernes* [*Jin dai ou zhou wen yi si chao shi gang*], Peiping (Beijing), Zhu zhe shu dian, 1932.

㉚ Zhongnian Xu, *Les ABC de la littérature française* [*Fa guo wen xue ABC*], Shanghai, Shi jie shu ju, 1933.

㉛ *Histoire de la littérature française* [*Fa guo wen xue shi*], éd. Mutian Mu, Shanghai, Shi jie shu ju, 1935.

㉜ Zhouhan Yang, Dayuan Wu, Luorui Zhao, *Histoire de la littérature européenne* [*Ou zhou wen xue shi*], Beijing, Ren min wen xue chu ban she, 1964.

㉝ Zhongshu Qian, *Vues limitées*[*Guan zhui bian*], Beijing, Zhong hua shu jv, 1979.

㉞ Mingjiu Liu, Kelu Zheng, Yinglun Zhang, *Histoire de la littérature française* [*Fa guo wen xue shi*], tome I, Beijing, Ren min wen xue chu ban she, 1979.

㉟ Les deuxième et troisième tomes ont été publiés en 1981 et 1991.

㊱ Mingjiu Liu, Kelu Zheng, Yinglun Zhang, *Histoire de la littérature française* [*Fa guo wen xue shi*], Beijing, Ren min wen xue chu ban she, 2007.

㊲ Kelu Zheng, *Histoire de la littérature française* [*Fa guo wen xue shi*], Shanghai, Shanghai wai yu jiao yu chu ban she, 2003.

㊳ Zhenyao Chen, *Histoire de la littérature française* [*Fa guo wen xue shi*], Beijing, Wai yu jiao xue yu yan jiu chu ban she, 1989.

㊴ Linsen Qian, *Les écrivains français et la Chine* [*Fa guo zuo jia yu zhong guo*], Fuzhou, Fujian jiao yu chu ban she, 1995.

㊵ Hongan Guo, 《 Examen des essais modernes *à* travers les essais de Montaigne 》[*Cong meng tian sui bi kan xian dai sui bi*], *China Book Review*, 2002.

㊶ Siqi Liao, 《 Anthologie de Montaigne 》, *Littérature occidentale* [*Xi yang wen xue*], 1941, no. 7, p. 137—138.

㊷ Montaigne, *The Living Thoughts of Montaigne*, éd. Andre Gide, John Florio et Dorothy Bussy, New York—Toronto, Longmans, Green and co. , 1939.

㊸ 《 Michel de Montaigne et Pierre Carron 》, tr. Yang Li, *Mensuel de l'Institut Franco—chinois* [*Zhong fa da xue yue kan*], 1935, no. 5, vol. 6.

㊹ Harald Höffding, tr. P. Bordier, *Histoire de la philosophie moderne*, Paris, Félix Alcan, 1906.

㊺ 《 La pensée de Montaigne et ses théories sur l'éducation 》, tr. Yingshen Hua, *Compilation de l'Actualité* [*Shi shi lei bian*], no. 3, vol. 3, 1935.

㊻ M. Joubert, 《 Montaigne The Educator 》, *The Contemporary Review*, no. 828, vol. 146, Déc. 1934.

㊼ Stefan Zweig, *Montaigne*, tr. Changshan Shu, Bejing, San lian shu dian, 2008. Stefan Zweig, *Remerciements à Montaigne*, tr. Changshan Shu, Taipei, Ying shu gai man qun dao shang wang lu yu shu gu fen you xian gong si taiwan fen gong si, 2009.

㊽ Peter Burke, *Montaigne*, tr. Qifan Lin, Taipei, Lian jing chu ban shi ye gong si, 1983. Peter Burke, *Montaigne*, tr. Naixiu Sun, Beijing, Gon ren chu ban she, 1985.

㊾ Sarah Bakewell, *How to live : Or a Life of Montaigne in One Question and Twenty Attempts at an Answer*, tr. Yuwen Huang, Taipei, Shang zhou chu ban, 2012. Sarah Bakewell, *How to live : Or a Life of Montaigne in One Question and Twenty Attempts at an Answer*, tr. Chenzhi Zhu, Beijing, Fa lv chu ban she, 2013.

㊿ Biancamaria Fontana, *Montaigne's Politics: Authority and Governance in the Essais*, tr. Yongxi Chen&Li Chen, Beijing, Beijing da xue chu ban she, 2010.

51 Mai Hong, *Écrits de Rong Zhai* [*Rong zhai sui bi*], Shanghai, Shanghai gu ji chu ban she, 1996, p. 1.

52 Guowei Wang, 《 Petite biographie de Bacon 》, *Le monde de l'éducation* [*Jiao yu shi*

jie], no. 18, 1907.

(53) « Préface du traducteur », *Sélection des essais anglais* [*Ying guo xiao pin wen xuan*], tr. Yuchun Liang, Shanghai, Kai ming shu dian, 1929.

(54) Guangqian Zhu, *Sur « xiao pin wen » — lettre ouverte à M. Xu, rédacteur de la revue* Tian di ren, le 7 janvier 1936. Dans *Écrits de Zhu Guangqian* [*Meng shi wen chao*], Shanghai, Liang you tu shu yin shua gong si, 1936, pp. 199—208.

(55) *Mensuel de romans* [*Xiao shuo yue bao*], no. 3, vol. 17, le 10 mars 1926.

(56) *Journal du matin - Supplément* [*Chen bao fu kan*], le 8 juin 1921.

(57) *Le monde humain* [*Ren jian shi*], no. 6, le 20 juin 1934.

(58) « *Avant—propos* », *Le monde humain* [*Ren jian shi*], no. 1, le 5 avril 1934.

(59) Xun Lu, « La crise de 'xiao pin wen' » [*Xiao pin wen de wei ji*], *Temps modernes* [*Xian dai*], no. 6, vol. 3, le 1 octobre 1933.

(60) Pingyuan Chen, *Histoire de la prose et du roman chinois* [*Zhongguo sanwen xiaoshuo shi*], Shanghai, Shanghai ren min chu ban she, 2004. p. 203.

(61) Rivi Handler—Spitz, *op. cit.*, 121—158.

(62) Yutang Lin, « Moi, *à* quarante ans » [*Si shi zi shu*], *Les Entretiens* [*Lun Yu*], vol. 49, le 16 septembre 1934.

(63) « For one thing, Yu—ch'un, like Lamb, is a great reader, but not of the omnivorous sort: he browses only in certain chosen meadows - Berkeley, among the philosophers ; Defoe, among the novelists ; Lytton Strachey, among the biographers ; and Lamb, Hazlitt, and Montaigne, among the essayists. » WEN Yuanning, « Liang Yu—ch'un, A Chinese Elia », *The China Critic*, no. 15, le 12 avril, 1935.

(64) *Œuvres complètes de Liang Yuchun - Prose* [*Liang Yuchun sanwen quan bian*], éd. Fuhui Wu, Hangzhou, Zhejiang wenyi chubanshe, 1992.

(65) *Le Croissant* [*Xin yue*], no. 6—7, vol. 2, le 10 septembre 1929.

(66) Kuriyagawa Hakuson, *Sorti de la Tour d'Ivoire* [*Chu le xiang ya zhi ta*], tr. Xun Lu, Beijing, Ren min wen xue chu ban she, 2007.

(67) Les volumes 1 et 2 ont été achetés le 13 août 1935, et le volume 3 le 30 novembre 1935. *Œuvre complètes de Lu Xun*, vol. 15, « Journal », Beijing, Ren min wen xue chu ban she, 1981. Montaigne, *Essais*, tr. Hideo Sekine, Tokyo, Hakusuisha, 1935.

(68) Xuyuan Liu, *Analyse de Zhou Zuoren* [*Jie du Zhou Zuoren*], Shanghai, Shanghai wen yi chu ban she, 1994, p. 171.

㊉ Rumin Wen, *Histoire de la critique littéraire moderne* [Zhong guo xian dai wen xue pi ping shi], Bejing, Beijing da xue chu ban she, 1993, p. 142.

㊊ *Sélection des textes critiques de Li Jianwu* [*Li Jianwu wen xue ping lun xuan*], Yinchuan: Ningxia ren min chu ban she, 1983, pp. 213—219.

㊋ Rivi Handler—Spitz, 《Provocative Texts: Li Zhi, Montaigne, and the Promotion of Critical Judgement in Early Modern Readers 》, *Chinese Literature: Essays, Articles, Reviews*, no. 35, 2013, pp. 123—153.

图书在版编目（CIP）数据

斯文在兹：北京大学中文系建系110周年纪念论文集·现代思想与文学卷／北京大学中文系编．—北京：北京大学出版社，2021.1

ISBN 978-7-301-31988-8

Ⅰ．①斯… Ⅱ．①北… Ⅲ．①社会科学–文集 ②中国文学–现代文学–文学研究–文集 ③中国文学–当代文学–文学研究–文集 Ⅳ．① C53 ② I206.6-53

中国版本图书馆CIP数据核字(2021)第022882号

书　　名	斯文在兹：北京大学中文系建系110周年纪念论文集·现代思想与文学卷 SIWENZAIZI: BEIJING DAXUE ZHONGWENXI JIANXI 110 ZHOUNIAN JINIAN LUNWENJI · XIANDAI SIXIANG YU WENXUE JUAN
著作责任者	北京大学中文系　编
责任编辑	吴冰妮
标准书号	ISBN 978-7-301-31988-8
出版发行	北京大学出版社
地　　址	北京市海淀区成府路205号　100871
网　　址	http://www.pup.cn　新浪微博：@北京大学出版社
电子信箱	dianjiwenhua@163.com
电　　话	邮购部 010-62752015　发行部 010-62750672 编辑部 010-62756694
印　刷　者	北京九天鸿程印刷有限责任公司
经　销　者	新华书店
	720毫米×1020毫米　16开本　59印张　934千字 2021年1月第1版　2021年1月第1次印刷
定　　价	180.00元

未经许可，不得以任何方式复制或抄袭本书之部分或全部内容。
版权所有，侵权必究
举报电话：010-62752024　电子信箱：fd@pup.pku.edu.cn
图书如有印装质量问题，请与出版部联系，电话：010-62756370